Wissen aus erster Hand

Immer gut informiert
News, Service, Updates unter:

www.microsoft-press.de
www.twitter.com/mspress_de

Jürgen Schwenk, Dieter Schiecke, Helmut Schuster, Eckehard Pfeifer

Microsoft Office Excel 2010 – Das Handbuch

Jürgen Schwenk, Dieter Schiecke, Helmut Schuster, Eckehard Pfeifer: Microsoft Office Excel 2010 – Das Handbuch
Copyright © 2010 O'Reilly Verlag GmbH & Co. KG

Das in diesem Buch enthaltene Programmmaterial ist mit keiner Verpflichtung oder Garantie irgendeiner Art verbunden. Autor, Übersetzer und der Verlag übernehmen folglich keine Verantwortung und werden keine daraus folgende oder sonstige Haftung übernehmen, die auf irgendeine Art aus der Benutzung dieses Programmmaterials oder Teilen davon entsteht.

Das Werk einschließlich aller Teile ist urheberrechtlich geschützt. Jede Verwertung außerhalb der engen Grenzen des Urheberrechtsgesetzes ist ohne Zustimmung des Verlags unzulässig und strafbar. Das gilt insbesondere für Vervielfältigungen, Übersetzungen, Mikroverfilmungen und die Einspeicherung und Verarbeitung in elektronischen Systemen.

Die in den Beispielen verwendeten Namen von Firmen, Organisationen, Produkten, Domänen, Personen, Orten, Ereignissen sowie E-Mail-Adressen und Logos sind frei erfunden, soweit nichts anderes angegeben ist. Jede Ähnlichkeit mit tatsächlichen Firmen, Organisationen, Produkten, Domänen, Personen, Orten, Ereignissen, E-Mail-Adressen und Logos ist rein zufällig.

Universitätsstadt Tübingen
Fachabteilung Stadtbücherei
Nonnengasse 19
72070 Tübingen

15 14 13 12 11 10 9 8 7 6 5 4 3 2 1
13 12 11 10

ISBN 978-3-86645-142-1

© 2010 O'Reilly Verlag GmbH & Co. KG
Balthasarstr. 81, 50670 Köln
Alle Rechte vorbehalten

Fachlektorat: Georg Weiherer, Münzenberg
Korrektorat: Judith Klein, Siegen
Layout und Satz: Gerhard Alfes, mediaService, Siegen (www.media-service.tv)
Umschlaggestaltung: Hommer Design GmbH, Haar (www.HommerDesign.com)
Gesamtherstellung: Kösel, Krugzell (www.KoeselBuch.de)

Jürgen Schwenk, Dieter Schiecke, Helmut Schuster, Eckehard Pfeifer

Microsoft Office Excel 2010 – Das Handbuch

Übersicht

Vorwort 27

Was ist neu? 31

Teil A
Grundlagen 41

1. Die Installation 43
2. Die Arbeitsumgebung mit Neuerungen und Verbesserungen 51
3. Arbeitsmappen erstellen, speichern und öffnen 87
4. Im Arbeitsblatt arbeiten 137
5. Vom Bildschirm auf Papier 185

Teil B
Daten und Formeln eingeben 207

6. Grundlagen für das Rechnen mit Formeln 209
7. Funktionen einsetzen 237
8. Daten bei der Eingabe prüfen 269

Teil C
Tabellen und Daten formatieren 289

9. Zellen und Tabellen formatieren – der Einstieg 291
10. Mit eigenen Zahlenformaten Tabellen übersichtlicher machen . 337
11. Mit Vorlagen schneller formatieren 361
12. Bedingte Formatierung, Scorecards und Sparklines einsetzen .. 383
13. Formulare entwickeln und kommentieren 419

Teil D
Fotos, Zeichnungen, Schaubilder 435

14. Tabellen mit Grafiken aufwerten 437

Teil E
Informationen mit Tabellenfunktionen gewinnen 473

15. Weitere Funktionen einsetzen 475
16. Statistische und finanzmathematische Funktionen einsetzen .. 543

Teil F
Daten in Diagrammen darstellen ... 575
17 Diagramme schnell erstellen und überarbeiten ... 577
18 Fortgeschrittene Diagrammtechniken einsetzen ... 609

Teil G
Listenmanagement ... 635
19 Neue Horizonte durch Namen und Tabellen ... 637
20 Sortieren von Daten ... 669
21 Der Blick aufs Wesentliche – Datensätze filtern ... 685
22 Datenbankfunktionen für komplexe Berechnungen ... 707
23 Teilergebnisse bilden und Daten konsolidieren ... 727
24 PivotTable und PivotChart einsetzen ... 741

Teil H
Planung und Prognose ... 799
25 Was-wäre-wenn-Analyse ... 801
26 Add-Ins einsetzen – Beispiel zum Solver ... 831

Teil I
Datenaustausch mit anderen Anwendungen ... 853
27 Excel in Netzwerk und im Web ... 855
28 Excel und XML ... 877
29 Excel und die anderen Office-Anwendungen ... 887

Teil J
Eigene Makros programmieren ... 905
30 Eigene Makros programmieren ... 907

Teil K
Anhang ... 929
A Inhalt der CD-ROM ... 931

Praxisindex ... 937

Stichwortverzeichnis ... 941

Inhaltsverzeichnis

Vorwort 27
Die Autoren 28
Danksagung 28
Wichtige Hinweise 29
Die Maustasten 29
Wie ist dieses Buch aufgebaut? 29
So finden Sie, was Sie suchen 30

Was ist neu? 31
Backstage, aber nicht hinter den Kulissen 32
    Der Zugang 32
    Die Highlights 33
    Dateien werden mehrere Tage gehalten 33
Von vielen erwartet – Anpassen des Menübands 34
Optionen für das Einfügen aus der Zwischenablage sind visualisiert 34
Die Kraft der Visualisierung 35
    Daten vergleichen mit Sparklines 36
    Bedingte Formatierung 36
    Verbesserte Diagramme 37
Mathematische Gleichungen 37
    VBA 7 37
Neues im Umgang mit Arbeitsblättern 38
    AutoFilter fixiert im Fenster 38
    Suchen im Filter 38
    Neue Formeln mit @ 39
    Transponieren 39
    Datenschnitte – Kick für PivotTables 39
Teamarbeit und Rechnen im Web 40
Neues im Bereich Sicherheit 40
Fazit 40

Teil A
Grundlagen 41

1 Die Installation 43
Erstmalige Installation 44
    Systemanforderungen 44
    Standardinstallation 45

Angepasste Installation	47
Nachträgliche Anpassungen der Installation	48
Upgrade/Update früherer Versionen	49
Parallele Installationen verschiedener Versionen	50
Zusammenfassung	50

2 Die Arbeitsumgebung mit Neuerungen und Verbesserungen — 51

Excel starten und beenden	52
Eine Arbeitsmappe automatisch öffnen	53
Excel beenden	53
Die Objekte der Excel-Arbeitsfläche	54
Aufgabenbezogene Befehle im Menüband	54
Tastaturbefehle anzeigen	55
Alte Bekannte in neuem Kleid: Registerkarte *Datei*	55
Symbolleiste für den Schnellzugriff	57
Neu in Excel 2010: Menüband anpassen	60
Menüband in unterschiedlicher Größe	63
Kontextbezogene Werkzeuge	64
Mit Kontextmenüs arbeiten	64
Befehle ausführen	66
Startprogramm für Dialogfelder	67
Elemente von Dialogfeldern	68
Schnell formatieren mithilfe von Katalogen	70
Die Elemente der Bearbeitungsleiste	71
Bildschirmansicht über Ansichten wechseln	72
Die Statusleiste anpassen	73
Mit der Bildlaufleiste blättern	74
Die Fenstergröße einstellen	76
Optionen in Excel einstellen	77
Hilfe finden und Startprobleme lösen	79
Die Hilfe verwenden	80
Probleme beim Starten von Excel lösen	82
Inhalt der Startordner prüfen	83
Zusammenfassung	84

3 Arbeitsmappen erstellen, speichern und öffnen — 87

Eine neue Excel-Arbeitsmappe erstellen	88
Vorlagen online von Microsoft beziehen	89
Öffnen einer vorhandenen Excel-Arbeitsmappe	90
Eine Arbeitsmappe schließen	94
Speichern von Dateien	94
XML-Format für Dateien	95
Geändertes Binärformat für Dateien	95
Speichern im Excel 97-2003-Format	96
Eine Arbeitsmappe auf Kompatibilität prüfen	97
Welches Format ist das richtige Standardformat für mich?	97
Dateien mit früheren Excel-Versionen erstellen	98

Standardformat für Dateien einstellen	98
Arbeitsmappen speichern	98
Das Dialogfeld *Speichern unter*	99
Datei im PDF-Format speichern	100
Arbeitsmappe schützen	104
Persönliche Informationen entfernen	105
Prüfung auf Barrierefreiheit	107
Dateien konvertieren	108
In einem Textformat speichern und öffnen	110
Textdateiformate	110
Zwischenablageformate	112
Excel und die Datensicherheit	113
Wiederherstellen von Dateien	113
Sicherheit zuerst: vertrauenswürdige Speicherorte	115
Geschützte Ansicht	116
Vertrauenswürdige Dokumente	117
Das Sicherheitscenter öffnen	118
Gemeinsam an einer Arbeitsmappe arbeiten	119
Exklusive Rechte sind Standard	119
Eine Arbeitsmappe freigeben	120
Eine Arbeitsmappe signieren	123
Eine Signaturzeile hinzufügen	126
Eine Arbeitsmappe als abgeschlossen kennzeichnen	127
Die Arbeitsblatt-Register	127
Arbeitsblätter gruppieren	128
Arbeitsblätter umbenennen und verschieben	128
Arbeitsblätter löschen	129
Arbeitsblätter einfügen	130
Arbeitsblätter aus- und einblenden	130
Blattregisterkarten farblich gestalten	131
Mehrere Arbeitsmappen-Fenster anzeigen	132
Arbeitsmappen ausblenden	133
Arbeitsmappenstruktur schützen	134
Zusammenfassung	135

4 Im Arbeitsblatt arbeiten — 137

Aufbau eines Excel-Arbeitsblatts	138
Zellen aktivieren	139
Mehrere Zellen auswählen	139
Daten eingeben und bearbeiten	144
Daten in einen markierten Bereich eingeben	144
Zellen mit gleichen Inhalten füllen	145
AutoVervollständigen zur Dateneingabe verwenden	145
Auswahllisten anzeigen und verwenden	146
Daten in der Zelle bearbeiten	146
Besonderheiten bei der Dateneingabe	146
Feste Dezimalstelle verwenden	146

Mit sehr großen Zahlen arbeiten	147
Einen Bruch eingeben	147
Internet- und Netzwerkpfade eingeben	147
Es werden nur Rauten angezeigt	148
Datumseingabe auf dem numerischen Block	148
Reihen erstellen und ausfüllen	149
Die Anwendung der AutoAusfüllen-Funktion	149
Eine Reihe erzeugen	150
Ausfüllen einer Reihe von Zahlen, Datumswerten oder anderen Elementen	151
Benutzerdefinierte Reihe festlegen	152
Zellinhalte löschen, Eingaben wiederholen und rückgängig machen	154
Einfügen und Löschen von Zellen	154
Zellen, Zeilen und Spalten löschen	154
Verschieben, Kopieren und Einfügen von Daten	157
Kopieren und Einfügen mit Einfügevorschau	159
Kopieren und Einfügen mit zusätzlichen Aktionen	160
Zeilen und Spalten vertauschen	162
Verschiedene Tabellen vergleichen	163
Zeilenhöhe und Spaltenbreite ändern	164
Optimale Spaltenbreite und Zeilenhöhe einstellen	164
Zellen verbinden	165
Zellen über Auswahl zentrieren	166
Zellen ein- und ausblenden	166
Mehrere Tabellenbereiche im Blick behalten	167
Überschriften und Vorspalten fixieren	168
Benutzerdefinierte Ansichten erstellen	168
Ganzer Bildschirm	169
Inhalte suchen	170
Zeichenfolgen ersetzen	172
Rechtschreibprüfung durchführen	173
Die AutoKorrektur verwenden	174
AutoKorrektur für die Eingabe von Zeitwerten	175
AutoKorrektur-Eintrag löschen	175
Ausnahmen festlegen	176
Zusätzliche Aktionen (früher Smarttags)	176
Formeleditor und mathematische AutoKorrektur	177
Eine Recherche durchführen	178
Arbeitsblatt schützen	179
Erweiterter Blattschutz	180
Blattschutz aufheben	183
Zusammenfassung	183

5 Vom Bildschirm auf Papier 185

Die Seitenlayoutansicht verwenden	186
Spaltenbreiten und Seitenränder in der Seitenlayoutansicht ändern	186
Kopf- und Fußzeilen gestalten	187

Druckvorbereitung – Seite einrichten 191
    Skalierung und Papierformat auswählen 192
    Seitenrand und Zentrierung einstellen 193
    Passendes Layout für Ihr Arbeitsblatt einstellen 194
    Kopienanzahl und Sortierung einstellen 198
Die neue Backstage-Ansicht vor dem Ausdruck 198
Tipps und Tricks zum Drucken 201
    Mehrere Blätter ausdrucken 201
    Formeln drucken 201
    Den Ausdruck abbrechen 202
    Das Zeichen »&« im Firmennamen 202
    Seitenzahlen anpassen 203
    Ein Wasserzeichen einfügen 203
    Die Seitenumbruchvorschau 204
    Mehrere Bereiche auf eine Seite drucken 205
Zusammenfassung 205

Teil B
Daten und Formeln eingeben 207

6 Grundlagen für das Rechnen mit Formeln 209
Formeln eingeben 210
    Arithmetische Operatoren einsetzen 210
    Klammern setzen 211
    Zellbezüge statt Konstanten verwenden 211
    AutoVervollständigen in Formeln 213
    Mit externen Daten rechnen 215
Mit Matrixformeln ganze Bereiche berechnen 217
    Bearbeiten von Matrix-Formeln 218
Formeln verschieben und kopieren 218
    Formelzellen verschieben 218
    Kopieren von Formelzellen 220
    Relative Zellbezüge 221
    Absolute Zellbezüge 222
    Gemischte Zellbezüge 224
    Kopieren durch Ausfüllen 225
    Neue Einfügeoptionen 227
Die Neuberechnung kontrollieren 227
Fehler erkennen, finden und beseitigen 228
    Fehlerüberprüfung einstellen 229
    Was ist ein Zirkelbezug? 230
    Formeln analysieren 231
    Daten- und Formelfluss verfolgen 232
    Die Fehlerüberprüfung hilft 233
    Formeln schrittweise auswerten 235
Zusammenfassung 236

7 Funktionen einsetzen ... 237
Die Funktion *SUMME* ... 238
    Mit der automatischen Summenfunktion arbeiten ... 239
    Laufende Summe berechnen ... 242
Wie funktionieren Funktionen eigentlich? ... 242
    Funktionen sind fehlertolerant ... 243
    Syntax einer Funktion ... 244
    Argumente übergeben Daten an eine Funktion ... 245
Funktionen eingeben ... 245
    Der Funktions-Assistent: Eingabehilfe für Funktionen ... 246
Mit Bezugsoperatoren arbeiten ... 251
    Schreibweisen von Bereichsbezügen ... 251
    Bezüge auf ganze Spalten oder Zeilen ... 252
    Der Vereinigungsoperator verbindet entfernt liegende Zellen ... 252
    Der Schnittmengenoperator ermittelt Gemeinsamkeiten ... 253
    Implizite Schnittmenge ... 253
Mit dem Textoperator Zeichenfolgen verketten ... 254
Funktionen einsetzen ... 255
    SUMMENPRODUKT-Funktion ... 255
    RUNDEN-Funktion ... 257
    AUFRUNDEN-Funktion ... 258
    ABRUNDEN-Funktion ... 259
    SUMMEWENN-Funktion ... 259
    ZÄHLENWENN-Funktion ... 260
Alles ganz logisch ... 261
    WENN-Funktion ... 261
    Beispiel zur *WENN*-Funktion ... 263
Mit Datums- und Zeitfunktionen rechnen ... 264
    Die Eingabe von Datumswerten ... 264
    HEUTE- und *JETZT*-Funktion ... 264
    MONAT-Funktion ... 265
    WOCHENTAG-Funktion ... 265
Zusammenfassung ... 267

8 Daten bei der Eingabe prüfen ... 269
Eingabewerte einschränken ... 270
    Wann wird die Datenüberprüfung aktiv? ... 271
Eingabemeldung festlegen ... 272
Typ der Fehlermeldung einstellen ... 273
Einstellungen für die Datenüberprüfung ... 274
Gültigkeitsregeln finden, ändern und löschen ... 275
    Zellen mit Gültigkeitsregeln finden ... 275
    Regeln zur Datenüberprüfung ändern ... 277
    Gültigkeitsregeln löschen ... 277
Werte aus einer Liste verwenden ... 277
    Einen Zellbereich als Liste verwenden ... 278
    Dynamische Liste für die Gültigkeit festlegen ... 279
    Variable Listenbereiche einsetzten ... 280

Weitere Beispiele mit Formeln	282
Doppelte Einträge verhindern	282
Zeilenweise Eingabe erzwingen	283
Tabellen führen die Datenprüfung fort	284
Auf ein ausgeschöpftes Budget hinweisen	285
Angepasste Datenprüfung für jede Zeile	286
Zusammenfassung	287

Teil C
Tabellen und Daten formatieren 289

9 Zellen und Tabellen formatieren – der Einstieg 291

Mehr Klarheit durch richtige Gestaltung	292
Die Möglichkeiten zum Formatieren von Zellen und Tabellen im Überblick	292
Was sind Zellformate?	293
Was sind Zahlenformate?	294
Schnelleinstieg: eine Tabelle Zelle für Zelle in Form bringen	294
Die Ausgangstabelle	295
Bestandsaufnahme und Aufgabenstellung	295
Schritt für Schritt: die Aufstellung formatieren	296
Mit Zahlenformaten die Zahlen lesbarer machen	300
Die Anteile in Prozent darstellen	302
Der Tabelle mit Rahmenlinien eine Struktur geben	305
Zum Schluss wichtige Teile der Tabelle schützen	308
Fazit	313
Die Formatierungsbefehle im Detail	313
Auf verschiedenen Wegen zum gleichen Ziel	313
Schrift formatieren	315
Die Ausrichtung in Zellen bestimmen	318
Zahlen formatieren	324
Mit Rahmenlinien aus Zahlenkolonnen übersichtliche Tabellen machen	327
Wichtiges hervorheben mit Zellfarbe und -muster	329
Zellen schützen	332
Tipps für zeitsparendes Formatieren	333
Formate blitzschnell übertragen und vereinheitlichen	333
Tastenkombinationen verwenden	334
Zusammenfassung	335

10 Mit eigenen Zahlenformaten Tabellen übersichtlicher machen 337

Wofür werden benutzerdefinierte Zahlenformate gebraucht?	338
Ein Beispiel: negative Zahlen besser anzeigen	339
Den Aufbau benutzerdefinierter Zahlenformate kennen und verstehen	340
Die Einteilung von Zahlenformaten in Abschnitte	341

Eigene Zahlenformate erstellen 343
    Formatcodes und ihre Bedeutung 343
Aus der Praxis: Beispiele für benutzerdefinierte Zahlenformate 346
    Führende Nullen anzeigen 347
    Alle Nullwerte nicht anzeigen 347
    Nur positive Zahlen sind erlaubt 348
    Bei der Eingabe von Nullen den Buchstaben »O« vermeiden 348
    Große Werte verkürzt darstellen als Tsd. € oder Mio. € 349
    Spezielle Platzhalter in Formatcodes 350
    Texte gliedern mit Aufzählungszeichen 357
Benutzerdefinierte Zahlenformate verwalten 359
    Benutzerdefinierte Zahlenformate löschen 359
    Benutzerdefinierte Zahlenformate in anderen Arbeitsmappen verwenden 359
Zusammenfassung 360

11 Mit Vorlagen schneller formatieren 361

Das System aus Formatvorlagen, Designs und Mustervorlagen verstehen 362
    Zellenformatvorlagen 363
    Tabellenformatvorlagen 364
    Diagrammformatvorlagen 365
    Designs 365
    Mustervorlagen 366
Einzelne Zellen leichter formatieren: Zellenformatvorlagen 367
    Zellenformatvorlagen anpassen 368
    Eigene Zellenformatvorlagen anlegen 369
    Zellenformatvorlagen löschen 370
    Die Formate einer Zellenformatvorlage aus ausgewählten Zellen entfernen 370
    Gut organisiert: Zellenformatvorlagen zwischen verschiedenen Arbeitsmappen
    austauschen 370
Komplette Tabellen gestalten: Tabellenformatvorlagen 371
    Einem Zellbereich eine Tabellenformatvorlage zuweisen 371
    Eigene Tabellenformatvorlagen anlegen 373
Das Aussehen der gesamten Arbeitsmappe ändern: Designs 374
    Was gehört zu einem Design? 374
    Designs verwenden 374
    Designs anpassen 375
    Schriften und Effekte eines Designs verwenden 378
    Den Effekt für ein Design ändern 378
    Benutzerdefinierte Designs speichern 378
Nicht nur Standard: eigene Vorlagen für Arbeitsmappen 379
    Was wird in einer Mustervorlage gespeichert? 379
    Vorhandene Mustervorlagen nutzen 380
    Eine eigene Mustervorlage anlegen 381
Zusammenfassung 382

12 Bedingte Formatierung, Scorecards und Sparklines einsetzen 383
Wie funktioniert die »Bedingte Formatierung«? 384
    Wie werden bedingte Formate zugewiesen? 384
    Welche Format-Optionen sind verfügbar? 386
    Wie viele Bedingungen sind möglich? 386
Schnelleinstieg mit Praxisbeispielen 386
    Beispiel 1: Texte vergleichen 386
    Beispiel 2: Obergrenzen überwachen 387
    Beispiel 3: Einträge aus diesem Monat einfärben 388
    Beispiel 4: doppelte Werte hervorheben 389
    Beispiel 5: Bedingte Formate sorgen für Ordnung 390
    Beispiel 6: eine Regel bei Bedarf ausschalten 392
Bedingte Formate anpassen, kopieren und löschen mithilfe des Managers 393
    Bedingte Formate kopieren 395
Tipps & Tricks zum Umgang mit bedingten Formaten 396
    Bedingte Formate finden 396
    Zelle mit gleichen bedingten Formaten finden 397
Weitere Beispiele für den Einsatz bedingter Formate 397
    Wochenenden in Listen optisch hervorheben 397
Scorecards: Datenbalken, Farbskalen und Symbolsätze einsetzen 401
    Werte mit einem farbigen Symbol ergänzen 402
    Farbige Symbole statt Werten anzeigen 403
Verbesserungen bei Fehlerwerten 404
Bedingte Formatierung in PivotTable-Berichten 405
Sparklines: schnelle Übersicht mit Minidiagrammen 407
    Umgang mit Sparklines anhand von Beispielen 407
    Fazit 415
Zusammenfassung 416

13 Formulare entwickeln und kommentieren 419
Formulare entwickeln 420
    Steuerelementtypen unterscheiden 420
    Ein elektronisches Formular erstellen 422
Tabellen kommentieren 428
    Kommentar einfügen 429
    Kommentar bearbeiten und löschen 430
    Kommentare anzeigen und finden 430
    Kommentare formatieren 430
    Position und Größe von Kommentaren ändern 431
    Kommentare kopieren 432
    Kommentare komfortabel auswählen 432
    Kommentare drucken 433
Zusammenfassung 434

Teil D
Fotos, Zeichnungen, Schaubilder ... 435

14 Tabellen mit Grafiken aufwerten ... 437
Die Optik von Tabellen verbessern ... 438
    Die vier Möglichkeiten zum Verbessern der Optik ... 438
    Der Weg zum Einfügen grafischer Objekte ... 439
Wichtiges mithilfe von Formen hervorheben ... 439
    Beispiele für den Einsatz von Formen ... 440
    Ein Rechteck zeichnen ... 440
    Formen bearbeiten ... 441
    Eine Form mit Text und Zahlen füllen ... 444
    Textfelder nutzen ... 445
    Beispiel Infobox für Umsatz- und Kostenänderung ... 445
Tipps und Beispiele zum Einsatz von Formen ... 446
    Mehrere Objekte markieren ... 446
    Formen anordnen ... 447
    Eine Form durch eine andere ersetzen ... 448
    Die Gestalt einer Form ändern ... 448
    Formen durch Linien verbinden ... 449
    Beispiele zum Einsatz von Formen ... 449
Bilder einfügen und anpassen ... 452
    Beispiel 1: eine Grafikdatei einfügen, mit 3D-Effekt versehen und freistellen ... 452
    Beispiel 2: ein Foto nachbearbeiten ... 455
    Genial einfach: Bilder in Excel nachbearbeiten ... 457
Wenn's schnell gehen muss: ClipArts ... 460
    ClipArts suchen und einfügen ... 460
    Mit den Suchergebnissen arbeiten ... 461
    Eine ClipArt-Grafik aus dem Internet speichern ... 462
    Office.com als Online-Datenbank für Bilder nutzen ... 462
    Ein Deckblatt mit ClipArts und Hyperlinks ... 465
SmartArt: professionelle Schaubilder auf Knopfdruck ... 467
    Wann ist der Einsatz der SmartArts sinnvoll? ... 468
    Die passende SmartArt-Grafik auswählen ... 468
    Schritt für Schritt: eine Projektübersicht anlegen ... 469
Zusammenfassung ... 471

Teil E
Informationen mit Tabellenfunktionen gewinnen ... 473

15 Weitere Funktionen einsetzen ... 475
Runden mit Formeln ... 476
    Schnell alle Werte runden – ohne Funktion ... 476
    Vorsicht Falle: Zahlenformat ... 477
    Die Tabellenfunktion *RUNDEN* einsetzen ... 477

Inhaltsverzeichnis

Aufrunden und Abrunden	**478**
Runden auf ein Vielfaches	**479**
Runden auf bestimmte Werte	**480**
Der ganzzahlige Teil einer Zahl	**481**
Bei der Division runden	**481**
Auf gerade oder ungerade Zahlen runden	**481**
Runden und Zahlenformat festlegen in einer Funktion	**482**
Logikfunktionen benutzen	**483**
Die Funktion WENN	**483**
Die WENN-Funktion verschachteln	**484**
Die Funktion UND	**485**
Die Funktion ODER	**486**
Ergebnisse mit der Funktion NICHT umkehren	**487**
Funktionen für Wahrheitswerte verwenden	**487**
Matrixformeln: Rechnen mit Bereichen	**487**
Summe und Mittelwert mit einer Bedingung berechnen	**487**
Doppelte Datensätze zählen	**489**
Summen mit Matrixformeln berechnen	**493**
Zählen mit einer Matrixfunktion	**494**
Den kleinsten Wert ermitteln und Null nicht berücksichtigen	**495**
Tabellen dynamisch drehen	**500**
Matrix ändern oder Zellen löschen	**501**
Gleichungssysteme lösen	**502**
Einen Hyperlink erstellen	**502**
Prüfen mit Informationsfunktionen	**503**
Prüfen, ob eine Zelle leer ist	**503**
Die Funktion WENNFEHLER verwenden	**504**
Mit einer Formel den Dateinamen ermitteln	**505**
Verweisfunktionen nutzen	**506**
Daten in einer Spalte suchen	**507**
Daten in einer Zeile suchen	**510**
Werte auslesen mit VERGLEICH	**510**
Die Funktion INDEX	**510**
Aus einer Liste von Werten auswählen	**514**
In welcher Zelle steht der größte Wert?	**514**
Aus einem Zellbezug den Inhalt ermitteln	**516**
Summe eines variablen Bereichs berechnen	**518**
Zeichenfolgen mit Textfunktionen untersuchen	**519**
Wichtige Textfunktionen	**520**
Eine Teilzeichenfolge extrahieren	**521**
Zeichenfolgen zusammenfassen	**523**
Zeichenfolgen manipulieren	**524**
Zeichenfolge durchsuchen: Suchen und Finden	**526**

Mit Datums- und Zeitwerten rechnen 528
    Datumsunterschiede berechnen 528
    Wichtige Funktionen für Datumsberechnungen 530
    Vier-Tage-Arbeitswoche: Die neue Funktion mit *NETTOARBEITSTAGE.INTL* macht's möglich 533
    Hilfsspalten zum Sortieren und Filtern aufbauen 534
    Datumswerte vor der Excel-Zeitrechnung sortieren 535
    Wie rechnet Excel mit der Zeit? 536
    Mit Uhrzeiten rechnen 536
Zusammenfassung 542

16 Statistische und finanzmathematische Funktionen einsetzen 543

Statistische Funktionen 544
    Das arithmetische Mittel berechnen 544
    Das gestutzte Mittel 545
    Das gewogene arithmetische Mittel 545
    Der Median 546
    Der Modalwert 547
    Streumaße berechnen 548
    RANG-Funktion 550
    Rang ohne doppelte Werte 550
    KGRÖSSTE- und *KKLEINSTE*-Funktion 552
Funktionen für die Häufigkeitsanalyse 552
    Die Anzahl aller Werte ermitteln 552
    Einteilung in Klassen 553
    Häufigkeitsverteilung mit einer Tabellenfunktion berechnen 553
    Ein Histogramm erstellen 554
Voraussagen mit Trendfunktionen 556
    Lineare Trends berechnen 557
    Exponentielle Trends berechnen 557
    Regressionskenngrößen ermitteln 557
Kombinatorik 560
    Zufallszahlen berechnen 560
    Permutationen 561
    Kombinationen 562
    Variationen 563
Finanzmathematische Funktionen einsetzen 564
    Vorbemerkungen 564
    Einfache Zinsrechnung 565
    Zinseszinsrechnung 568
    Rentenrechnung 570
    Tilgungsrechnung 571
Zusammenfassung 573

Teil F
Daten in Diagrammen darstellen 575

17 Diagramme schnell erstellen und überarbeiten 577
Diagramme mit Excel 2010 578
    Neuerungen und Wiederentdecktes 579
    Die Befehlsgruppe *Diagramme* 579
    Werte als Säulen darstellen 580
    Den Datenbereich anpassen 582
    Diagrammlayouts und Diagrammformatvorlage einstellen 582
    Layout für einzelne Diagrammelemente einstellen 584
    Diagrammformat anpassen 585
    Diagrammtyp ändern 586
    Feinarbeiten erledigen 587
Wichtige Elemente in einem Diagramm 588
    Größen oder Y-Achse 590
    Eingebettete Diagramme ausrichten 590
Ein Balkendiagramm anlegen 591
Diagramme ausdrucken 592
Anteile im Kreisdiagramm zeigen 592
    Kreissegmente hervorheben 593
    Zusatzinformationen aus Tabellen im Diagramm zeigen 594
Daten in ein Liniendiagramm zeichnen 595
    Datenlinien glätten 596
    Problemfall überlagernde Linien 598
    Diagramm verschieben 598
Daten im Flächendiagramm zeigen 599
    Anordnung der Datenreihen im Flächendiagramm ändern 599
Drei Datenreihen für Blasendiagramme 600
Netzdiagramm fürs Assessment Center 602
    Ein Netzdiagramm erstellen 603
    Die Einzeldiagramme durch Kopieren erstellen 603
    Diagramm in eine andere Arbeitsmappe kopieren 604
Eigene Diagrammvorlage erstellen 605
    Diagrammvorlage anwenden 605
    Entfernen oder Löschen einer Diagrammvorlage 606
    Standardvorlage für Diagramme einstellen 606
Zusammenfassung 607

18 Fortgeschrittene Diagrammtechniken einsetzen 609
Dynamisch wachsendes Diagramm mit Zeitfenster 610
    Die Datentabelle vorbereiten 610
    Zeitraum für die Anzeige einschränken 612
Schluss mit der Dynamik: statische Diagramme 614
    Diagramm als Bild kopieren 614
    Bezüge in Werte umwandeln 615

Daten gegenüberstellen 616
    Erste Möglichkeit: negative Werte erzeugen 616
    Zweite Möglichkeit: zusätzliche Daten verwenden 618
Mit Hilfslinien den Break-Even-Point einzeichnen und ablesen 620
    Die Hilfswerte mit Namen berechnen 621
    Ein Punktdiagramm erstellen 621
Eine einzelne Datenbeschriftung hervorheben 623
    Daten berechnen 623
    Das Balkendiagramm erstellen 623
Übersicht, Details und Struktur in einem Diagramm zeigen 625
    Wichtige Vorarbeit: die besondere Anordnung der Daten 626
    Das Diagramm erstellen 626
Bilder in Liniendiagrammen verwenden 627
    Das Basisdiagramm anfertigen 627
    Das zweite Diagramm schnell erstellen 628
Trends im Diagramm 629
    Der Begriff der Zeitreihe 629
    Die Wahl des richtigen Diagrammtyps 630
    Das Beispiel 630
    Der optische Trend 631
    Gleitende Durchschnitte 632
    Der lineare Trend 632
Zusammenfassung 634

Teil G
Listenmanagement 635

19 Neue Horizonte durch Namen und Tabellen 637
Definition von Namen 638
    Das Namenfeld in der Bearbeitungsleiste 638
    Namenskonventionen beachten 639
    Namen festlegen im Dialogfeld 640
Namens-Manager für die Verwaltung von Namen 641
    Möglichkeiten im Namens-Manager 642
    Namen aus Überschriften ableiten 642
    Einen Namen für einen konstanten Wert einsetzen 644
    Der Name steht für eine Formel 644
    Namen mit gemischten und relativen Bezügen verwenden 644
    Besondere Namen kennenlernen 646
    Ein Name für die Verwendung in allen Blättern 646
    Die Krönung – ein dynamischer Bereichsname 646
    Eine Liste der Namen erstellen 648
    Benannte Bereiche anzeigen 648
Namen in der Praxis einsetzen 649
    Benannte Bereiche markieren 649
    Namen nachträglich in Formeln einbauen 649

Namen in Dokumenteigenschaften verwenden 650
Dokumenteigenschaften mit Namen auslesen 651
Was passiert beim Löschen? 652
Was passiert beim Verschieben? 652
Tabellenblätter mit Namen kopieren 653
Implizite Namen früherer Versionen 653
Mit Tabellen arbeiten 653
Intelligentes Verhalten beim Markieren 656
Neuer Suchfilter in Tabellen 657
Einen Suchfilter löschen 661
Neue Daten für die Tabelle 662
Reihenfolge der Spalten ändern 663
Tabellennamen und Bezeichner 663
Den Tabellenbereich drucken 666
Tabellen für PivotTable-Berichte verwenden 666
Einen Bereich in eine Tabelle umwandeln 667
Zusammenfassung 667

20 Sortieren von Daten 669
Sortieren von Listen 670
Einfache Sortierung – Klicken und Sortieren 670
Mehrfachsortierung – eins, zwei und mehr 673
Sortieren nach einer Spalte mit Zahl oder Text 674
Sortieren von Zahlen in Verbindung mit Text 675
Individuelle Ordnung – benutzerdefinierte Sortierfolge 676
Erstellen einer benutzerdefinierten Liste 677
Sortieren nach benutzerdefinierten Kriterien 678
Sortieren von Daten in einer Gliederung 678
Spalten sortieren 679
Sortieren nach Zellfarben 680
Sortieren nach Symbolen 681
Datenzusammenhang erhalten 683
Zusammenfassung 684

21 Der Blick aufs Wesentliche – Datensätze filtern 685
Daten filtern 686
Automatisches Filtern 686
Filter zusammensetzen 688
Löschen eines aktiven Filters 689
Löschen aller Filter im Arbeitsblatt 689
Filter aufheben und entfernen 690
Filter auf bestimmte Spalten anwenden 690
AutoFilter wählen – der Weg zum Detail 690
Der benutzerdefinierte AutoFilter 692
Gruppierung der Datumshierarchie im Menü *AutoFilter* 693
Die Vertreterregelung – Stellvertreterzeichen 694
Filtern auf Grundlage des Zellinhalts 697
Filtern nach Zahlen über oder unter dem Durchschnitt 698

	Weitere Möglichkeiten mit Spezialfiltern	698
	Arbeitsumgebung bei der Anwendung von Spezialfiltern	699
	Aufbau des Kriterienbereichs	699
	Gefilterte Daten an andere Stelle kopieren	702
	Daten filtern mit berechneten Kriterien	703
	Filtern und Duplikate entfernen	705
	Zusammenfassung	705
22	**Datenbankfunktionen für komplexe Berechnungen**	**707**
	Daten aus einer Textdatei importieren	708
	Datenquelle aktualisieren oder ändern	710
	Der Textkonvertierungs-Assistent hilft	711
	Welche Datenbank-Funktionen gibt es?	711
	Das Argument *Datenbank*	712
	Das Argument *Datenbankfeld*	713
	Das Argument *Suchkriterien*	713
	Datenbankfunktionen in der Praxis	714
	Eine Tabelle für den Datenbereich	714
	Den Bereich für die Suchkriterien auswählen	715
	Beispiele für Suchkriterien	716
	Datensätze zählen	718
	Bedingungen mit der *UND*-Verknüpfung	719
	Bedingungen mit der *ODER*-Verknüpfung	720
	Die Datenbank analysieren	720
	Suchkriterien für exakte Übereinstimmung verwenden	721
	Vorsicht mit Leerzeichen am Ende von Zeichenfolgen	721
	Suchkriterien kontrollieren	721
	Nur Felder mit bzw. ohne Inhalt berücksichtigen	722
	Für komplexere Bedingungen: berechnete Kriterien einsetzen	722
	Die Tabellenfunktion *TEILERGEBNIS*	724
	Die neue Funktion *AGGREGAT*	725
	Zusammenfassung	726
23	**Teilergebnisse bilden und Daten konsolidieren**	**727**
	Was leisten automatische Teilergebnisse?	728
	Daten für Teilergebnisse organisieren	728
	Erstellen eines Teilergebnisses	728
	Teilergebnisse entfernen	731
	Durch Gliederung die Übersicht in den Daten verbessern	731
	Komplexe Teilergebnisse	731
	Formatierung von Teilergebnissen	734
	Ein Diagramm aus einer Liste mit Teilergebnissen	734
	Daten konsolidieren	736
	Daten aus mehreren Arbeitsblättern zusammenfassen	736
	Gliederungssymbole anzeigen	738
	Zusammenfassung	739

24 PivotTable und PivotChart einsetzen ... 741
Von den Basisdaten zur PivotTable ... 742
Der Weg zur PivotTable ... 743
   Schnellformatierung von PivotTables ... 750
   Aussagekraft und Übersicht durch Anordnung ... 750
   Die Mitarbeiterentwicklung ermitteln ... 751
PivotTable im Kompatibilitätsmodus ... 752
Löschen eines PivotTable-Berichts oder PivotChart-Berichts ... 753
   Die Ausgabe der PivotTable im gleichen Arbeitsblatt ... 754
   Tabellenoptionen erleichtern die Darstellung ... 755
Die Übersichtlichkeit der Daten bestimmt den Informationsgehalt ... 758
   Jetzt geht's rund – pivotieren Sie ... 758
   Grundsätzliches zum Verschieben von Feldern in den vier Berichtsbereichen ... 759
   Neuanordnen oder Hinzufügen von Feldern ... 759
Felder hinzufügen, entfernen oder neu anordnen ... 761
   Ändern der PivotTable-Feldlistenansicht ... 762
   Automatische oder manuelle Aktualisierung des Berichtslayouts ... 763
   Ein- und Ausblenden von Details ... 763
Das Layout für Berichte beeinflussen ... 764
   Teilergebnisse und Gesamtergebnisse anzeigen ... 766
   Praxisbeispiel: arbeiten mit Teilergebnissen ... 766
Neue Position für ein Feldelement ... 768
Vom Globalen zum Detail ... 769
   Komplexe Filter mit dem Eingabefeld *Suchen* aufbauen ... 770
   Weitere Filtermöglichkeiten ... 771
Datenanalyse – die nächste Funktion ... 772
Multidimensionale Darstellung der Daten ... 774
Interaktives Filtern mittels Datenschnitt ... 776
   Datenschnitt bearbeiten ... 778
   Auswahl und Sichtbarkeit von Datenschnitten ... 778
   Elemente ohne Daten anzeigen ... 780
   Filtern nach obersten oder untersten Werten ... 781
Der direkte Weg zur Businessgrafik (PivotChart-Bericht) ... 783
Mit berechneten Feldern aufschlussreiche Informationen gewinnen ... 785
   Berechnungsfeld in einer PivotTable erstellen ... 786
   Automatische Berechnungen über die Wertfeldeinstellungen ... 789
   Verschieben einer PivotTable ... 791
   Ergebnisse einer PivotTable verwenden mit der Funktion *PIVOTDATENZUORDNEN* ... 791
PowerPivot ... 792
   Auswerten von zwei Excel-Tabellen mit PowerPivot ... 794
Zusammenfassung ... 797

Teil H
Planung und Prognose 799

25 Was-wäre-wenn-Analyse 801
Ersetzen und Berechnen: automatische Zielwertsuche 802
    Praxisbeispiel: Break-Even-Berechnung 802
    Die Aufgabe mit der Zielwertsuche lösen 803
Die Iteration gezielt einsetzen 804
    Einen Zirkelbezug auflösen 804
    Neuberechnungen zählen 805
    Eingabezeit festhalten 807
Mit dem Szenario-Manager arbeiten 808
    Ein Szenario erstellen 809
    Ein Szenario vor Veränderung schützen 810
    Szenarien bearbeiten 810
    Weitere Szenarien hinzufügen 811
    Ein weiteres Szenario speichern 811
    Szenariowerte über ein Dialogfeld eingeben 812
    Die Befehle im Dialogfeld *Szenario-Manager* 813
    Szenarien zusammenführen 813
    Szenariobericht erstellen 815
    Grenzen für Szenarien 816
Was sind Datentabellen? 817
    Multiplikationstabellen erstellen 817
    Multiplikationsliste und Divisionsliste in einem Schritt 820
    Multiplikationsliste mit zwei Parametern 821
    Datentabelle verschieben und kopieren 822
    Werteliste erweitern oder verkleinern 822
    Wie wirken sich unterschiedliche Laufzeiten aus? 823
    Datenbanken mit der Mehrfachoperation auswerten 824
Zusammenfassung 829

26 Add-Ins einsetzen – Beispiel zum Solver 831
Zusätzliche Funktionen durch Add-Ins 832
    Speicherort von Add-Ins 832
    Add-In einbinden und entfernen 833
Verfügbare Add-Ins 835
    Analyse-Funktionen 835
    Analyse-Funktionen – VBA 836
    Eurowährungs-Tools 836
    Organigramme erstellen mit Office-Organigramm 836
    Mehr Möglichkeiten für PivotTables – PowerPivot 837
Operations Research und der Solver 837

Ein einführendes Beispiel 838
    Vom Problem zur Formel 838
    Von der Formel zum Arbeitsblatt 839
    Vorbereiten und Einsatz des Solvers 840
    Die Auswertung des Ergebnisses 844
Etwas Mathematik der späten Schulzeit 844
Gewinnmaximierung bei beschränkten Ressourcen 846
Die Solverberichte 848
    Der Antwortbericht 848
    Der Sensitivitätsbericht 849
Solveroptionen 850
Zusammenfassung 851

Teil I
Datenaustausch mit anderen Anwendungen 853

27 Excel in Netzwerk und im Web 855

Nutzung von E-Mails 856
Speichern und Veröffentlichen im HTML-Format – zwei verschiedene Ziele 857
    Einige Worte zu HTML 857
    Server und Browser 858
    Office und HTML 859
    Die Vorbereitung – Weboptionen 860
    Als Webseite speichern 862
    Webarchive anlegen 864
    Veröffentlichen von Arbeitsmappen oder ihren Teilen 864
Wie kommen die Veröffentlichungen ins Web? 866
    Veröffentlichen im Intranet 866
    Veröffentlichen im Internet 866
Excel Web Apps 867
Ein kurzer Blick auf einen SharePoint-Server 867
    Die technischen Voraussetzungen 867
    Die Teilnehmerstruktur im Überblick 868
Arbeitsmappen auf einem Dokumentverwaltungsserver 868
    Veröffentlichung und Weiterbearbeitung 868
    Workflows 869
Document Sharing in freigegebenen Arbeitsbereichen 869
Arbeitsmappen und Excel Services 870
    Mögliche Ergebnisse 870
    Vorbereitungen einer Arbeitsmappe mit Parametern 870
Listen auf SharePoint-Seiten 872
    Listen veröffentlichen 872
    Import von Informationen 873
Webabfragen – Informationen abrufen 873
Zusammenfassung 874

28 Excel und XML ... 877
Exkurs: Was ist eigentlich XML? ... 878
    Ein Beispiel ... 878
    Wohlgeformt und gültig ... 879
    Anzeige im Internet Explorer ... 879
Office Open XML – das grundlegende Dateiformat seit Office 2007 ... 880
XML-Daten – Import und Export ... 881
    XML-Dateien mit Excel öffnen ... 881
    Arbeitsblätter – Formulare auf XML-Basis ... 883
Zusammenfassung ... 886

29 Excel und die anderen Office-Anwendungen ... 887
Umfangreicher Informationsaustausch mit Word ... 888
    Import und Export, Quelle und Ziel ... 888
    Export – von Excel nach Word ... 889
    Import und OLE-Objekte ... 891
    Etwas ganz anderes: Sendungen ... 891
PowerPoint stellt etwas eigene Ansprüche ... 892
    Export – von Excel nach PowerPoint ... 892
    Import und OLE-Objekte ... 893
Der Partner fürs Leben – Access ... 893
    Datenimport durch Abfragen ... 893
    Eine Datenbank greift auf Excel-Tabellen zu ... 896
    Eine Datenbank liefert Informationen an Excel ... 896
Outlook – nicht nur E-Mail im Programm ... 897
    E-Mails aus Excel versenden ... 897
    Ordner-Informationen austauschen ... 897
InfoPath – Formulare erstellen, Auswertungen erleichtern ... 898
Auch Excel kann mal der »Andere« sein ... 900
Hyperlinks – der Weg nach draußen ... 902
Zusammenfassung ... 903

Teil J
Eigene Makros programmieren ... 905

30 Eigene Makros programmieren ... 907
Vorbereitungen: Entwicklertools anzeigen lassen ... 908
Aufzeichnen mit dem Makrorekorder ... 909
    Zellen ändern und formatieren ... 910
    Das Makro testen ... 910
    Grundeinstellungen bei der Makroaufzeichnung ... 911
    Unterschiedliche Aufzeichnungsmodi verwenden ... 912
Makros mit Schaltflächen starten ... 912
    Wohin hat der Makrorekorder die Aktionen geschrieben? ... 913
    Aufzeichnung überarbeiten und kürzen ... 913

Der VBA-Editor **914**
    Das Codefenster für die Makroanweisungen **914**
    Makros starten und unterbrechen über die Tastatur **914**
    Hilfestellung im VBA-Editor **915**
Benutzereingaben auswerten **915**
Aktionen wiederholen mit Schleifen **916**
Verzweigungen in Programmen **916**
Eine eigene Tabellenfunktion erstellen **918**
Ein eigenes Add-In erstellen **919**
Anpassung des Menübands **920**
    Was passiert mit Modifizierungen von Menü- und Symbolleisten der Versionen bis 2003? **920**
    Designtipps von Microsoft **921**
    XML-Grundlagen der Gestaltung des Menübands **922**
    XML Notepad – einer der unentbehrlichen Helfer **924**
    Callback-Prozeduren **927**
Zusammenfassung **928**

Teil K
Anhang **929**

A Inhalt der CD-ROM **931**

Praxisindex **937**

Stichwortverzeichnis **941**

Vorwort

In diesem Vorwort:

Die Autoren	28
Danksagung	28
Wichtige Hinweise	29
Die Maustasten	29
Wie ist dieses Buch aufgebaut?	29
So finden Sie, was Sie suchen	30

Dieses Handbuch verfolgt das Ziel, Ihnen die Möglichkeiten von Excel 2010 anhand konkreter Aufgaben zu beschreiben und Ihnen so die Information zur Verfügung zu stellen, die Sie in ihrem Arbeitsumfeld benötigen. Es orientiert sich am Nutzen des beruflichen Anwenders und verwendet in der Regel entsprechende Beispiele.

Die Erfahrungen, die wir selbst im täglichen Einsatz von Excel, in Hunderten von Trainings mit Excel-Anwendern aus allen Bereichen, bei der Programmierung und nicht zuletzt beim Verfassen dieses Buchs gemacht haben, kommen Ihnen, liebe Leser, zu Gute: Wir haben sie in diesem Buch zusammengefasst.

Die Autoren

Gestatten Sie, dass wir uns kurz vorstellen:

- Jürgen Schwenk aus Stuttgart beschäftigt sich schon seit den frühen Programmversionen mit der statistischen Auswertung und Analyse von Datenbeständen unter Verwendung von Excel und Access. Bei den konsequent an der Praxis orientierten Beispielen setzt er die zahlreichen Tabellenfunktionen und Analyse-Tools ein. Mithilfe der VBA-Programmierung steigern seine Lösungen die Flexibilität von Excel oder versehen komplexe Aufgabenstellungen mit hohem Automatisierungsgrad. Er ist Autor zahlreicher Artikel und Bücher zu verschiedenen Office-Programmen – speziell zu Excel und zur VBA-Programmierung.

- Helmut Schuster aus München ist ein im Management erfahrener Betriebswirt und ein versierter Trainer mit Coaching-Kompetenz. In einer Vielzahl von Projekten hat er Betriebswirtschaft und Excel immer wieder miteinander verzahnt und Tools zur Optimierung der Datenanalyse verwendet. Er ist ein Spezialist, wenn es darum geht, für die Messbarkeit von Leistungen und für das Controlling eines Projekterfolgs das erforderliche Instrumentarium zu entwickeln. Seine Erfahrung bei der Unternehmenssteuerung mithilfe der Office-Produkte überträgt er auch auf die Gestaltung der Kommunikations- und Veränderungsprozesse in Firmen.

- Dieter Schiecke aus Berlin ist seit 1992 freiberuflich als Berater und Trainer für Microsoft-Produkte tätig. Als Trainer vermittelt er Anwendern, wie sie ihre Daten mit Excel und PowerPoint professionell aufbereiten und visualisieren. Er hat zahlreiche Beiträge zum Praxis-Einsatz von Excel in betriebswirtschaftlichen und Computer-Fachzeitschriften veröffentlicht. Bekannt ist er vielen auch als Autor der PowerPoint-Handbücher bei Microsoft Press und als Chefredakteur von »PowerPoint aktuell«. Im Dezember 2009 hat er zusammen mit anderen Enthusiasten den Office 2010-Blog (*www.office2010-blog.de*) ins Leben gerufen, der von Anwendern und IT-Profis gern als Fundgrube genutzt wird.

- Dr. Eckehard Pfeifer aus Dresden ist habilitierter Mathematiker und als freiberuflicher Berater, Entwickler und Trainer tätig. Er ist Microsoft Certified Application Developer .NET und hat sich auf das Office-Umfeld spezialisiert. Er schreibt für verschiedene Fachmagazine und hat zahlreiche Microsoft Press-Bücher mitverfasst.

Danksagung

Bei der Klärung technischer Fragen hat uns das Team um Florian Helmchen von Microsoft Press unterstützt. Vielen Dank dafür, dass Sie Ihr Kommunikationstalent für uns eingesetzt haben.

Unserem Lektor Georg Weiherer gebührt Dank für den unermüdlichen Umgang mit unseren Stilblüten. Seine freundliche Art und die Tatsache, dass er selbst unter großer Anspannung noch ein Augenzwinkern parat hat, macht einfach Spaß.

Nicht zuletzt möchten wir unseren Familien danken, welche die Anspannung während der Arbeiten an diesem Buch ertragen haben.

Ein besonderer Dank gilt Ihnen, liebe Leser, für das entgegengebrachte Vertrauen. Wir wünschen Ihnen eine interessante Lektüre und viel Erfolg beim Umsetzen der Lösungsvorschläge an Ihrem Arbeitsplatz oder ganz einfach beim schmökern.

Wichtige Hinweise

Bei der Beschreibung der Befehlsfolgen in diesem Buch gehen wir davon aus, dass Excel den Bildschirm vollständig ausfüllt und das Menüband damit nicht nur die Befehlsgruppen zeigt, sondern auch die jeweils enthaltenen Befehle. Auf die Nennung der Befehlsgruppe wird in den meisten Fällen verzichtet.

Die Abbildungen in diesem Buch wurden bei einer Auflösung von 1.024x768 unter Windows 7 erstellt. Verwenden Sie eine abweichende Auflösung, erhalten Sie eine andere Darstellung, insbesondere des Menübands.

Wenn Sie dieses Buch ohne Begleitmedium erworben haben (z.B. als E-Book), können Sie die für das Durcharbeiten notwendigen Dateien aus dem Internet herunterladen. Rufen Sie dazu die folgende Adresse auf und geben Sie – wie auf der Internetseite beschrieben – die Teilnummer der ISBN zu diesem Buch ein:

http://www.microsoft-press.de/support.asp?cnt=support

Die Maustasten

Wenn in diesem Buch von der linken Maustaste gesprochen wird, ist darunter die Maustaste zu verstehen, mit welcher Sie die primären Funktionen ausführen. Haben Sie unter Windows in der *Systemsteuerung* in der Gruppe *Hardware und Sound* für die *Maus* das Kontrollkästchen *Primäre und sekundäre Taste umschalten* aktiviert, etwa weil Sie Linkshänder sind, müssen Sie in diesen Fällen die rechte Maustaste verwenden.

Wie ist dieses Buch aufgebaut?

Das Buch ist in zehn anwendungsorientierte Abschnitte mit insgesamt 30 Kapiteln unterteilt. Es enthält besondere Formatierungen und Texte, die Ihnen immer wieder begegnen werden:

ACHTUNG   Damit wird auf Umstände und Auswirkungen hingewiesen, die besondere Beachtung verdienen.

HINWEIS   Hiermit werden zusätzliche Informationen zu einem Thema hervorgehoben. Dies kann z.B. eine notwendige Voraussetzung für die Ausführung eines Befehls sein.

TIPP Eine alternative Vorgehensweise, eine besondere Lösung oder Tipps sind so gekennzeichnet.

WICHTIG Macht Sie auf Fakten aufmerksam, die Sie unbedingt wissen und beachten sollten.

CD-ROM Dieser Hinweis zeigt Ihnen die Fundstelle der Beispiele auf der CD-ROM. Ein Inhaltsverzeichnis mit allen Dateien der CD-ROM zu diesem Buch finden Sie in Anhang A.

So finden Sie, was Sie suchen

Damit Sie garantiert und ohne viel Mühe eine Lösung für Ihre Excel-Probleme finden, enthält dieses Buch eine Reihe von Hilfen:

- ein umfangreiches Inhaltsverzeichnis, das eine Gliederung für die einzelnen Kapitel enthält
- eine kurze Zusammenfassung am Ende jedes Kapitels mit einem Seitenverweis auf einige wichtige Aufgaben
- einen ausführlichen Index mit den Schlagworten für Aufgaben, Excel-Objekte und Befehle
    - unter dem Schlagwort »Probleme« finden Sie Hinweise auf Beschreibungen zu häufigen Problemen
    - unter dem Schlagwort »Optionen« finden Sie Informationen zu Einstellungen der Excel-Optionen
- ein zusätzliches Praxisregister, das die Fundstellen von Schritt-für-Schritt-Lösungen anzeigt.

Diese Wegweiser sollen Ihnen helfen, die gesuchte Information auch zu finden.

Apropos finden: Garantiert hilfreich ist das Wissen, wie die einzelnen Elemente von Excel benannt sind. Ob Menüband, Registerkarte, Befehlsgruppe etc. – all diese Begriffe werden in Kapitel 2 erläutert.

Schreiben Sie uns, was Ihnen gefällt oder welches Thema Sie gerne umfangreicher behandelt sehen würden. Besuchen Sie uns auf der Webseite

http://www.office2010-blog.de

Hier finden Sie zahlreiche Tipps, spannende Techniken und informative Videos. Mit Ihren Kommentaren können Sie zudem Anregungen für neue Beiträge geben und Ihre Erfahrungen mit der Gemeinde der Anwender austauschen.

Was ist neu?

Backstage, aber nicht hinter den Kulissen	32
Von vielen erwartet – Anpassen des Menübands	34
Optionen für das Einfügen aus der Zwischenablage sind visualisiert	34
Die Kraft der Visualisierung	35
Mathematische Gleichungen	37
Neues im Umgang mit Arbeitsblättern	38
Teamarbeit und Rechnen im Web	40
Neues im Bereich Sicherheit	40
Fazit	40

Kapitel der Art dieses Kapitels haben in den Handbüchern des Verlags eine gute Tradition. In der aktuellen Version von Excel hat sich vieles bewährt und wurde an einigen Stellen feingeschliffen. Für einen kurzen Überblick bleibt an Herausragendem zu nennen: Der Einstieg in die Arbeit mit Dokumenten (Arbeitsmappen) ist in der so genannten Backstage-Ansicht zusammengefasst und verbessert worden. Es gibt eine 64-Bit-Version von Excel, die vor allem für Anwender mit »sehr großen« Arbeitsmappen interessant sein dürfte. Der Umgang mit bedingten Formatierungen ist einfacher geworden. Das Zusammenspiel mit SharePoint Server wurde übersichtlicher gestaltet. Verbesserungen gibt es im Diagrammbereich und im Rechenwerk von Excel. Und: Die Multifunktionsleiste, die jetzt Menüband heißt, lässt sich vom Anwender anpassen.

Backstage, aber nicht hinter den Kulissen

Die Backstage-Ansicht ist der neue Bereich zum Einstieg in die Arbeit mit *Excel* als Programm und mit seinen Arbeitsmappen als die zu bearbeitenden Dokumente. Er löst das ab, was sich in der Version 2007 unter der *Office-Schaltfläche* verbarg, und macht einen sehr aufgeräumten Eindruck – die Eingewöhnungszeit für Umsteiger dauert sicher nicht sehr lange.

Der Zugang

Zugang finden Sie über die Schaltfläche *Datei*, die wie eine Registerkarte des Menübands wirkt und mit ihrer Lage an Versionen vor 2007 erinnert (Abbildung E.1).

Abbildg. E.1 Neuer Einstieg in die Dateiarbeit

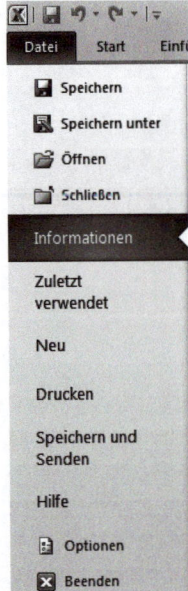

Die Highlights

Zu den Highlights zählen aus Sicht der Autoren wenigstens drei Dinge:

- Die integrierte und sofort sichtbare Druckvorschau in der Kategorie *Drucken* sowie die ebenso integrierte Dialogführung zum Einrichten des Druckvorgangs selbst.
- Der Umgang mit zuletzt verwendeten Dateien. Hier ist es möglich, eine Liste der zuletzt geöffneten Dateien in die Backstage-Ansicht zu integrieren und Dateien, die man häufiger benötigt, festzupinnen. Diese Pinnwand hat gegenüber der Vorgängerversion den Vorteil, dass Gepinntes alphabetisch geordnet an der Spitze steht.
- Die übersichtliche Gestaltung der Dialogführung zum *Speichern und Senden*.

Mehr zum Thema Drucken finden Sie in Kapitel 5, mehr zur Arbeit mit Dateien in Kapitel 3 und mehr zum Speichern und Senden in Kapitel 27.

Dateien werden mehrere Tage gehalten

Ein nettes neues Feature ist der Umgang mit Dateiversionen und damit verbunden das »Merken« von Dateien, auch wenn der Anwender diese beabsichtigt oder unbeabsichtigt beim Schließen nicht gespeichert hat. Voraussetzung ist eine Einstellung in den Excel-Optionen.

Abbildg. E.2   Die Sicherungseinstellungen im Dialogfeld *Excel-Optionen*

Ist das Häkchen an der entsprechenden Stelle gesetzt, bringt ein Link in der Backstage-Ansicht die Sicherungskopie auf den Bildschirm.

Abbildg. E.3   Sicherungskopien von Dateien werden vier Tage in einem speziellen Ordner gespeichert

Je nachdem, ob Sie eine nicht gespeicherte Datei oder eine andere Version einer gespeicherten Datei öffnen wollen, finden Sie diesen Link in der Kategorie *Zuletzt verwendet* bzw. in der Kategorie *Informationen*. Auch dazu mehr in Kapitel 3.

Abbildg. E.4   Sie haben auch Zugriff auf nicht gespeicherte Versionen einer Datei

Von vielen erwartet – Anpassen des Menübands

Die Anpassung der Symbolleiste für den Schnellzugriff gestaltet sich wie in der Vorgängerversion auch. Neu, und vermutlich den Wünschen vieler Anwender sehr entgegenkommend (Supporter sind vielleicht nicht so begeistert), ist der Umstand, dass sich nunmehr auch das Menüband anpassen lässt. Die Flexibilität ist dabei nicht unbeschränkt, sollte aber den Vorstellungen der meisten Anwender weitestgehend entsprechen. Die Abbildung E.5 zeigt, dass es nicht schwierig ist, sich »sein Excel« an dieser Stelle einzurichten.

Abbildg. E.5 Intuitiv klar – Anpassung des Menübands

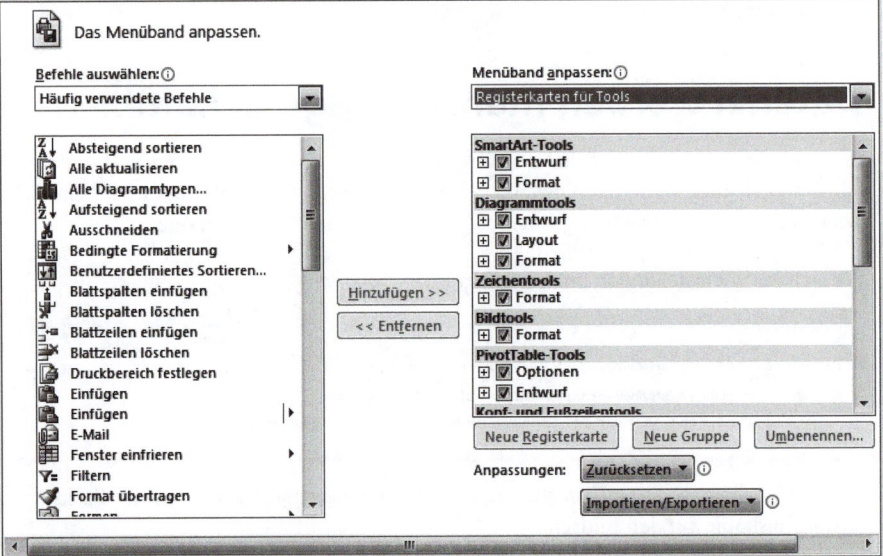

Bemerkenswert ist der mögliche Import und Export von Einstellungen durch XML-Dateien, der in Kapitel 2 besprochen wird. Die exportierten Dateien sind denen, die in Kapitel 30 besprochen werden, sehr ähnlich und können als Anregung für die dort besprochenen Techniken dienen.

Optionen für das Einfügen aus der Zwischenablage sind visualisiert

Die Tastenkombinationen [Strg]+[C] zum Aufnehmen in und [Strg]+[V] zum Herausholen aus der Zwischenablage gehören zum Einmaleins des Handwerks jeden Anwenders. Ärgerlich ist, dass das Einfügen immer nach einem Muster erfolgt, welches in vielen Situationen nicht den Vorstellungen des Anwenders entspricht. Befindet sich ein Objekt in der Zwischenablage, erscheint nach dem Einfügen ein visualisierter Hinweis auf die Einfügeoptionen wie in Abbildung E.6.

Abbildg. E.6   Einfügeoptionen – bequemer Umgang mit der Zwischenablage

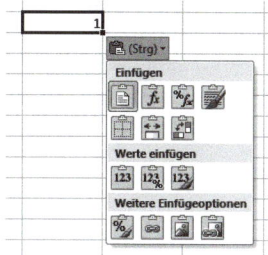

Voraussetzung dafür ist, dass die entsprechenden Excel-Optionen aktiviert sind (etwas Lernen der Symbolik ist angesagt). Den in Word enthaltenen Komfort zur Festlegung der Standardoption gibt es in Excel leider nicht. Mehr zu diesem Thema finden Sie in Kapitel 4.

Die Kraft der Visualisierung

Ein Bild sagt mehr als viele Zahlen – das ist mehr als einsichtig. Excel kann mit Diagrammen seinen Teil dazu beitragen. Doch es gibt noch mehr:

- Neue Designs und neue Effekte
- Neue Tools für die Bildbearbeitung
- Neu integrierte Screenshot-Funktion
- Neue SmartArt-Grafiklayouts
- Neue Bildkorrektur und bessere Komprimierung
- Neue Funktionen zum Zuschneiden und Freistellen

Abbildg. 0.1   Neue *Bildtools* lassen Ihrer Kreativität eine Menge Spielraum

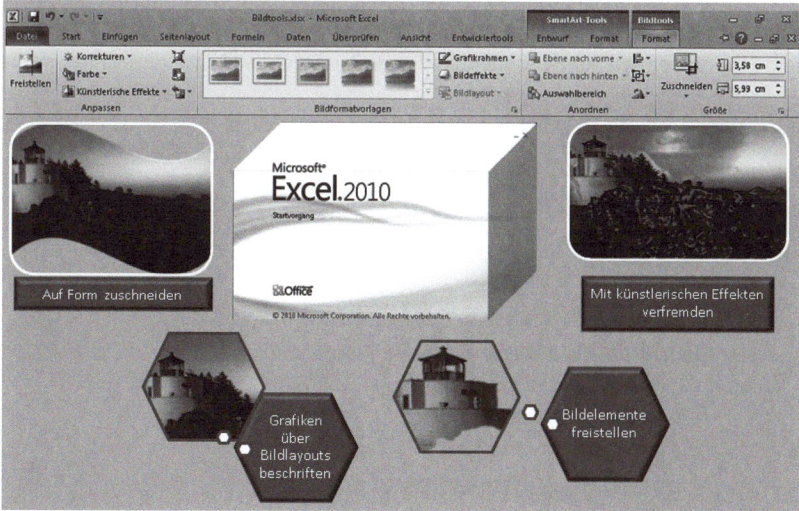

Das Kapitel 14 befasst sich ausführlich mit dem Thema Illustrationen.

Daten vergleichen mit Sparklines

Der Einsatz von Datenbalken, Farbskalen und Symbolsätzen zur Visualisierung von Zellwertverhältnissen, den es im Rahmen bedingter Formatierung seit Excel 2007 gibt, wird durch Sparklines ergänzt und erweitert. Bei Sparklines handelt es sich um kleine Diagramme ohne Titel und Legende mit einfachen Achsen ohne Beschriftungen, die in Zellen Platz finden.

Abbildg. E.7   Ein Sparkline ist ein kleines Diagramm in einer Zelle, das Daten optisch aufbereitet

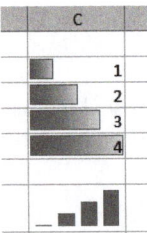

Bedingte Formatierung

Bei der bedingten Formatierung wurde die Darstellung der Datenbalken sowie der Umgang mit Symbolen verbessert. So können Sie zwar noch immer keine eigenen Symbolsätze definieren, aber Sie können die vorhandenen Symbolsätze mischen und auch festlegen, dass bestimmte Symbole (z.B. im mittleren Datenbereich) ausgelassen werden. Dabei sind auch neue Symbolsätze hinzugekommen.

Die Datenbalken stehen jetzt besser im Verhältnis zu den dargestellten Daten. So wird ein Wert von Null (0) nicht als ein Balken von gewisser Länge gezeichnet und negative Werte werden in anderer Farbe auf der gegebenüberliegenden Seite gezeichnet. Die Position der Achse kann ebenso wie die Farbe für negative Werte geändert werden. Außerdem können die etwas undeutlichen Farbverläufe durch einfarbige Füllungen ersetzt und bei Bedarf durch Rahmen weiter verstärkt werden.

Abbildg. E.8   Negative Werte können auf der gegenüberliegenden Seite der Achse gezeichnet werden

	A	B	C	D
1	Datenbalken			
2		Excel 2007	Excel 2010	
3	Nord	15	15	
4	Süd	-20	-20	
5	Ost	25	25	
6	West	30	30	
7				

Ganz wichtig auch, dass die Werte für die Bedingungen nun auch auf einem anderen Blatt der Arbeitsmappe verwaltet werden können.

Mehr zur bedingten Formatierung finden Sie in Kapitel 12.

Verbesserte Diagramme

Bei 2D-Diagrammen wurde die Beschränkung auf 32.000 Datenpunkte aufgehoben, die Grenze wird nun durch den verfügbaren Arbeitsspeicher gesetzt. Durch einen Doppelklick auf ein Diagrammelement können Sie schnell das Dialogfeld *Formatieren* aufrufen. Für die Formatierung von Datenreihen stehen wieder Musterfüllungen zur Verfügung. Mehr zu Diagrammen erfahren Sie in den Kapiteln 17 und 18.

PivotCharts haben (wieder wie in Excel 2003 und früher) Schaltflächen erhalten, die das Filtern der Daten erleichtern. Mehr zum spannenden Thema PivotTable enthält das Kapitel 24.

Abbildg. E.9   Schaltflächen für schnelles Filtern im PivotChart

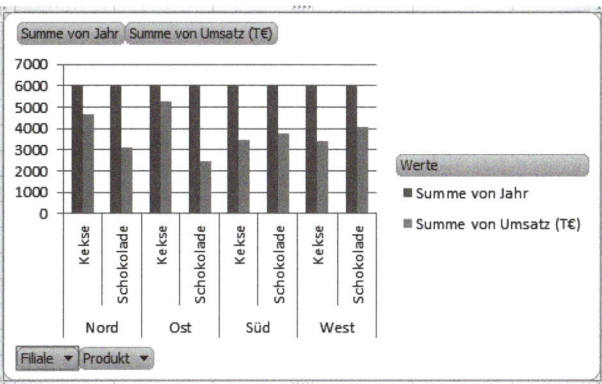

Mathematische Gleichungen

Über *Einfügen/Formel* können Sie ein Textfeld mit mathematischen Gleichungen erstellen. Damit ist der Formeleditor früherer Versionen besser in die Arbeitsumgebung integriert. Mehr dazu steht in Kapitel 4.

Abbildg. E.10   Die Registerkarte *Formeltools* hält eine Vielzahl mathematischer Symbole und Strukturen bereit

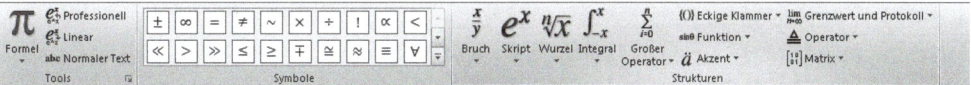

VBA 7

Hinsichtlich der Visualisierung wird es sicher für Entwickler und Anwender mit Ambitionen zur Makroprogrammierung interessant sein, dass es nun eine neue Version von VBA, nämlich die mit der Nummer 7 gibt. In dieser Version ist es möglich, Makros beim Erstellen und Anpassen von Diagrammen so aufzuzeichnen, dass der Code hinreichend Gelegenheit zum Studium des Objektmodells gibt – ein Mangel von Excel 2007 ist damit beseitigt. VBA ist Thema von Kapitel 30.

Neues im Umgang mit Arbeitsblättern

Tabellen sind die Teile der Arbeitsblätter, die in der Version 2003 noch *Listen* hießen. Mit diesem Namen wurde besser beschrieben, worum es geht: die lückenlose Aufzählung von Datensätzen in Zeilen, deren Gemeinsamkeit in den Überschriften der Spalten besteht.

AutoFilter fixiert im Fenster

Ist die aktive Zelle in einer Tabelle und wird im Fenster geblättert, verschwindet der AutoFilter nicht mehr, sondern reiht sich in die Spaltenbezeichner ein. Damit können Sie auch dann schnell einen Filter setzen, wenn sich die aktive Zelle nicht in der Nähe der Überschriften befindet.

Abbildg. E.11 Die Filterschaltflächen wandern nun ebenfalls in die Spaltenbeschriftung, wenn die aktive Zelle in einer Tabelle liegt

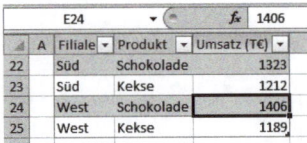

Suchen im Filter

Der AutoFilter hat eine Suchfunktion bekommen, was alle diejenigen freuen wird, die vor allem in langen Listen suchen. Damit können verschiedene Suchkriterien angewandt und über das Kontrollkästchen *Dem Filter die aktuelle Auswahl hinzufügen* zusammengefasst werden.

Abbildg. E.12 Durch Hinzufügen eines weiteren Filters können Sie Filter zusammenfassen

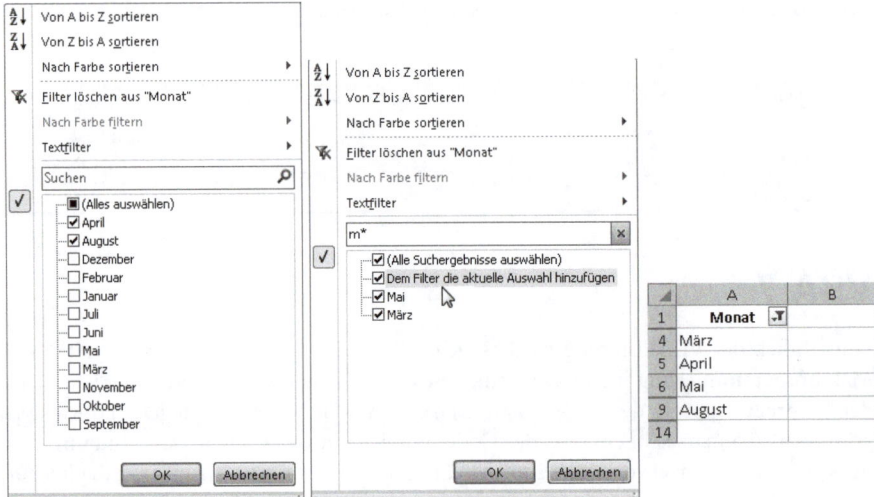

Mehr zu dieser Filtermethode finden Sie in Kapitel 19 und 24.

Neue Formeln mit @

Wer mit Bezügen auf Tabellen, wie sie mit Excel 2007 eingeführt wurden, arbeitet, wird dankbar die Verkürzung von

=Tabelle1[[#Diese Zeile];[Umsatz]]

zu

=[@Umsatz]

registrieren. Tauschen Sie Arbeitsmappen mit Anwendern der Version Excel 2007 aus, funktionieren diese strukturierten Verweise weiterhin, weil die Verkürzung nur die Anzeige betrifft. Mehr zu Tabellen finden Sie in Kapitel 19.

Auch bei den Tabellenfunktionen gibt es Neues zu berichten. Der Algorithmus und die Genauigkeit einiger Funktionen, insbesondere aus der Kategorie *Statistik*, wurde verbessert. Gleichzeitig wird ein neues Namensschema für Funktionen eingeführt, das dem der Wissenschaft eher entsprechen soll. Dabei folgt dem Funktionsnamen ein Punkt und ein Bezeichner, z.B. die Funktion *RANG.MITTELW(Zahl;Bezug;Reihenfolge)*, die bei gleichen Rängen den Mittelwert dieser Ränge zurückgibt. Die bisherige Funktion *RANG(Zahl;Bezug;Reihenfolge)* ist weiterhin verfügbar und wird in der neuen Funktionskategorie *Kompatibilität* gelistet. Mehr dazu finden Sie in Kapitel 16.

Es sind auch einige Funktionen neu hinzugekommen, z.B. *ARBEITSTAG.INTL(Ausgangsdatum;Tage;Wochenende;Freie_Tage)* für die Berechnung eines Datums unter Berücksichtigung verschiedener Wochenendparameter.

Transponieren

Hin und wieder passiert es, dass beim Anlegen von Listen die Rolle von Zeilen und Spalten nicht richtig bedacht wurde und deren Tausch (Transponieren) bei bereits gefüllter Tabelle beabsichtigt ist. Das geschieht nunmehr spielend mithilfe der weiter oben genannten Einfügeoptionen. Es gibt ein Symbol (siehe Marginalspalte), welches das Transponieren vorbereitet und das Ergebnis bereits in der Vorschau anzeigt.

Datenschnitte – Kick für PivotTables

Und noch ein Feature für Anwender von PivotTables: *Datenschnitte* (engl. slicer). Diese erlauben das schnelle Filtern in der PivotTable ohne Filterschaltflächen. Der Filter wird durch einen Klick auf den gewünschten Eintrag im Datenschnitt festgelegt.

Abbildg. E.13   Mit Datenschnitten werden die anzuzeigenden Daten mit nur einem Mausklick ausgewählt

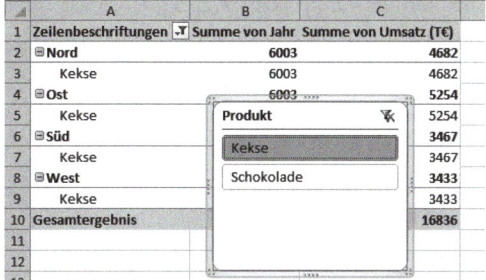

Außerdem können Sie jetzt neue Berechnungsmöglichkeiten wie z.B. % der Vorgängerzeilen bzw. -spalten einsetzen. Außerdem dürfen Sie sich auf Leistungsverbesserungen beim Sortieren und Filtern freuen.

Teamarbeit und Rechnen im Web

Erhebliche Veränderungen gibt es beim Umgang mit *SharePoint Server*. Es ist nicht mehr möglich, freigegebene Dokumentarbeitsbereiche aus Excel heraus einzurichten; Arbeitsmappen werden nur in Bibliotheken gespeichert. Wurde ein Arbeitsbereich auf dem Server eingerichtet, gibt es für diesen aus Excel heraus kein zentrales Dokument mehr. Das ist zwar weniger komfortabel als bisher, macht für den Anwender aber manches einfacher.

Weggefallen sind die Aufgabenbereiche zur Steuerung der Serverdokumente. Alles geschieht einheitlich aus der Backstage-Ansicht heraus.

Für manchen schmerzlich war der Abschied von den *Office-Webkomponenten* mit Office 2007. Die gute Nachricht lautet nun: Es ist Ersatz da. Mit den *Office Web Apps* ist es möglich, Teamarbeit im Web umzusetzen. Dabei gibt es zwei Möglichkeiten:

- Im privaten Bereich bietet Microsoft mit *SkyDrive* den Platz zum Nutzen gemeinsamer Dokumente auf Basis einer Windows Live ID. Die *Web Apps* gestatten im Falle von Word, PowerPoint und Excel das Betrachten und ein eingeschränktes Editieren im Browser. Excel verfügt zusätzlich über das Feature des gleichzeitigen Editierens durch mehrere Anwender, ein guter Ersatz für das Freigeben von Mappen auf einem Fileserver.
- Im Unternehmensbereich können die *Office Web Apps* auf einem *SharePoint-Server* installiert werden.

Mehr zu Excel im Netz finden Sie in Kapitel 27.

Neues im Bereich Sicherheit

Das Vertrauensstellungscenter heißt jetzt Sicherheitscenter. Zu vertrauenswürdigen Herausgebern und Speicherorten sind vertrauenswürdige Dokumente hinzu gekommen. Das heißt, gewissen Dokumenten kann manuell hinsichtlich der Makros und sonstigen Inhalten vertraut werden. Dieses Vertrauen gilt bis auf Widerruf.

Sollen Dokumente aus nicht vertrauenswürdigen Speicherorten, also etwa dem Internet, geöffnet werden, erscheint bei Beibehaltung der Standardoptionen ein Warnhinweis. Dies ist unabhängig von vorhandenen oder nicht vorhandenen Makros bzw. sonstigen Inhalten. Sie können anschließend die Datei in der geschützten Ansicht öffnen, ohne Gefahr zu laufen, dass unbeabsichtigte Aktionen ausgeführt werden. Mehr dazu zeigt das Kapitel 3.

Fazit

Wie Sie in dieser kurzen Vorschau gesehen haben, gibt es neben den vielen Verbesserungen im Detail auch einige interessante Neuerungen in Excel 2010 gegenüber der Vorgängerversion. Wir hoffen, dass Ihre Neugier damit geweckt wurde.

Teil A
Grundlagen

Kapitel 1	Die Installation	43
Kapitel 2	Die Arbeitsumgebung mit Neuerungen und Verbesserungen	51
Kapitel 3	Arbeitsmappen erstellen, speichern und öffnen	87
Kapitel 4	Im Arbeitsblatt arbeiten	137
Kapitel 5	Vom Bildschirm auf Papier	185

Nach einer kurzen Beschreibung der Installation erwarten Sie in diesem Buchteil Informationen zu den Änderungen an der Benutzeroberfläche. Wenn Sie von der Excel-Version 2003 und früher umsteigen, ist die Beschreibung der neuen Elemente wie Menüband, kontextbezogene Registerkarte oder Minisymbolleiste besonders hilfreich. Die Änderungen am Dateiformat werden ebenso ausführlich beschrieben wie die Möglichkeiten, Dateien in unterschiedlichen Formaten zu speichern. Dieser Teil empfiehlt sich wegen geänderten Namenskonventionen und Neuerungen auch für erfahrene Benutzer, die sich bereits mit Excel 2007 auskennen.

Zusätzlich erfahren Sie In diesem Teil, wie Sie Excel starten bzw. beenden, wie Sie dabei eventuell auftretende Probleme meistern und spezielle Optionen einstellen. Außerdem lernen Sie die neuen Sicherheitsmechanismen kennen. Die Verwendung der Excel-Hilfe wird ebenfalls erklärt.

Teil A **Grundlagen**

Der Aufbau von Arbeitsmappen und Arbeitsblättern, einige Tricks im Umgang mit der Maus, z.B. das Ziehen per Drag & Drop, die AutoKorrektur und die Grundzüge der Bewegung und Arbeit im Arbeitsblatt sowie Informationen zum Drucken runden diesen ersten Buchteil ab.

Kapitel 1

Die Installation

In diesem Kapitel:

Erstmalige Installation	44
Upgrade/Update früherer Versionen	49
Parallele Installationen verschiedener Versionen	50
Zusammenfassung	50

Kapitel 1   Die Installation

Excel 2010 ist Bestandteil der Produkte Office Home and Business 2010, Office Professional 2010 und Office Professional Plus 2010.

Vor der Installation sollten Sie einige Überlegungen anstellen:

- Handelt es sich um die erstmalige Installation eines Office-Produkts auf dem Zielrechner? Welche Anforderungen werden an diesen gestellt?
- Gibt es bereits eine frühere Version von Excel auf Ihrem Rechner? In einem solchen Fall sollten Sie sich vergewissern, dass Sie zu wichtigen Dokumenten (Arbeitsmappen), Mustervorlagen und selbst erstellten Add-Ins Sicherungskopien erstellt haben.
- Soll eine eventuell vorhandene Version (etwa 2003) parallel zu 2010 betrieben werden? Gemeint ist hier nicht eine Betavariante der Version 2010, denn diese ist in jedem Fall vollständig vom Rechner zu entfernen.

Dieses Kapitel wird Sie bei der Durchführung der erforderlichen Schritte begleiten.

Erstmalige Installation

Die folgende Beschreibung einiger Installationsdetails basiert auf der Installation von Office Professional Plus 2010. Andere Versionen lassen sich auf analoge Weise installieren.

Systemanforderungen

Um vernünftig mit dem Produkt arbeiten zu können, sollten Sie die folgenden von Microsoft empfohlenen minimalen Voraussetzungen schaffen (*http://office2010.microsoft.com*):

- Der Computer verfügt über ein integriertes oder externes DVD-Laufwerk
- Der auf der Festplatte (nach der Installation des Betriebssystems) verbleibende Speicherplatz soll auf einer zusammenhängenden Partition 3,5 Gigabyte zur Installation von Office Professional Plus nicht unterschreiten. Ein Teil davon wird nach der Installation wieder freigegeben. Der Bedarf für andere Editionen ist deren Beschreibung zu entnehmen und fällt in aller Regel geringer aus.
- Der Computer soll mit einem 32-Bit- bzw. 64-Bit-Prozessor ausgestattet sein, der wenigstens mit 500 Megahertz taktet[1]
- Der Arbeitsspeicher (RAM) soll mindestens 256 Megabyte betragen
- Vom Bildschirm wird eine Auflösung von 1.024 mal 768 Pixel erwartet

Folgende Betriebssysteme sind geeignet

- Windows XP mit Service Pack (SP) 3 (32 Bit)
- Windows Vista mit SP1 (32 Bit oder 64 Bit)
- Windows Server 2003 R2 (32 Bit oder 64 Bit) mit installiertem MSXLM 6.0
- Windows Server 2008 mit SP2 (32 Bit oder 64 Bit)

---

[1] Erstmals gibt es spezielle 64-Bit-Versionen von Office. Dies dürfte vor allem jene Anwender interessieren, deren Excel-Arbeitsmappen extreme Größen erreichen können.

- Windows 7 (32 Bit oder 64 Bit)
- Terminal Server und Windows on Windows (WOW, welche die Installation der 32-Bit-Versionen von Office 2010 auf 64-Bit-Betriebssystemen erlauben) werden unterstützt

Neben diesen Grundvoraussetzungen gibt es solche, die nur bestimmte Features betreffen. Diese verlangen zu ihrer Nutzung das Vorhandensein eines Mikrofons bzw. das von Lautsprechern, die Installation von Microsoft Windows XP Tablet PC Edition unter Windows XP[1], die Verbindung zu einem Unternehmensserver auf der Basis von Windows 2003 Server bzw. die zu einem Microsoft Exchange Server 2000 (oder einer späteren Version). Die meisten Features zur Teamarbeit sind nur dann nutzbar, wenn eine Verbindung zu einem Rechner besteht, auf welchem die Microsoft Windows SharePoint Services installiert sind.

Standardinstallation

Sie beginnen die Installation mit dem Einlegen des Datenträgers in das Laufwerk[2]. Das Setupprogramm sollte dann von selbst starten. Dies geschieht mit einem Dialogfeld, in welchem Sie sich für »SETUP.EXE ausführen« entscheiden. Die anschließende Bestätigungsfrage der Benutzerkontensteuerung beantworten Sie zustimmend.

HINWEIS Startet die Installation nicht von selbst, suchen Sie mit dem Windows-Explorer im Stammverzeichnis des Datenträgers nach der Datei *setup.exe* und klicken doppelt darauf. Die Endung *.exe* ist allerdings nur zu sehen, wenn Sie die Ordneroptionen Ihres Betriebssystems so angepasst haben, dass die Endungen bekannter (registrierter) Dateitypen nicht ausgeblendet werden. Im anderen Fall heißt die Datei einfach *Setup*.

Der nächste aktive Schritt besteht in der Eingabe des *Product Key* (Produktschlüssel), bei der die Beachtung von Groß- und Kleinschreibung keine Rolle spielt. Ohne die Eingabe eines gültigen Schlüssels kann die Installation nicht fortgeführt werden. Achten Sie im Dialogfeld auf das Kontrollkästchen *Automatische Onlineaktivierung meines Produkts versuchen*, in welchem Sie einem ansonsten manuell vorzunehmenden Schritt nach dem Start der ersten Office-Anwendung zuvorkommen.

Im nächsten Schritt sollten Sie sich die Software-Lizenzbedingungen durchlesen und, was zur Verwendung des Produkts unumstößlich ist, akzeptieren. Damit stehen Sie vor der Wahl des gewünschten Installationstyps als

- Standardinstallation (Schaltfläche *Jetzt installieren*) oder
- angepasste Installation (Schaltfläche *Anpassen*).

Haben Sie in der Vergangenheit noch kein Office-Produkt auf dem momentanen Rechner installiert, sollten Sie zunächst der Standardinstallation mit »Jetzt installieren« folgen. Dabei werden die grundlegenden Features installiert und viele andere (nicht alle) so bereitgestellt, dass sie bei erstmaliger Verwendung relativ automatisch nachinstalliert werden. Sie selbst können jederzeit später (siehe den Abschnitt »Nachträgliche Anpassungen der Installation« ab Seite 48) mithilfe weniger Handgriffe den Zustand Ihrer Installation verändern und damit Ihren Bedürfnissen anpassen.

---

[1] Windows Vista und Windows 7 besitzen integrierte Features.
[2] Installationen, die mit einem Download aus dem Internet beginnen, laufen in wesentlichen Schritten wie die folgende Beschreibung ab.

Während des nun folgenden Kopier- und Einrichtungsvorgangs hält Sie ein Dialogfeld mit Informationen zum Installationsfortschritt in Kenntnis, nach erfolgreicher Installation informiert Sie ein abschließendes Dialogfeld über die Möglichkeit, direkt auf die Office-Website von Microsoft zu wechseln (eine aktive Internetverbindung wird dazu natürlich vorausgesetzt) und das dortige Leistungsangebot zu nutzen.

Um sofort mit Excel zu arbeiten, haben Sie mindestens zwei Möglichkeiten:

- Sie klicken auf die *Start*-Schaltfläche von Windows, suchen unter *Alle Programme/Microsoft Office* den Eintrag *Microsoft Excel 2010* und klicken darauf oder
- Sie klicken in einen Ordner Ihrer Wahl (das kann auch der Desktop sein) mit der rechten Maustaste, suchen den Eintrag *Neu* und im darauf erscheinenden Popupmenü den Eintrag *Microsoft Excel-Arbeitsblatt*. Ein Klick auf diesen legt nicht, wie in bereits wenigstens vier vorhergehenden Versionen suggeriert, ein Arbeitsblatt, sondern eine neue Arbeitsmappe an. Diese öffnen Sie per Doppelklick und Excel steht zur Arbeit bereit.

Nach dem ersten Start von Excel haben Sie allerdings noch drei Dinge zu tun:

- Das Produkt ist zu aktivieren
- Einige Einstellungen zum Updateverhalten bzw. dem Schutz des Office-Programms bzw. zu seiner weiteren Verbesserung sind vorzunehmen
- Die Standarddateitypen von Office sind festzulegen

Die Produktaktivierung können Sie sofort starten oder aber den Vorgang um einige Starts des Programms in die Zukunft verschieben. Vermeiden lässt sie sich aber nicht, irgendwann läuft das Programm in einem reduzierten Modus, der es nur noch erlaubt, Dinge zu betrachten, aber nicht mehr zu bearbeiten. Folgen Sie zur Aktivierung den Instruktionen des Bildschirms.

Die vorzunehmen Einstellungen zu Updates etc. bestehen aus

- der unmittelbaren Anforderung von Onlinehilfe während der Arbeit mit Excel oder einem der anderen Office-Programme und dem Download von Dateien, die als Problemlösungstools bezeichnet werden können (für die Fälle, dass das Office-Produkt nicht einwandfrei arbeitet) oder
- der Beschränkung auf den Download wichtiger Produktanpassungen (Updates).

Im ersten Fall ist sicher bemerkenswert, dass Informationen von Ihrem Computer via Internet an Microsoft gesendet werden, wobei Anonymität und Vertraulichkeit zugesichert werden. Sie können später in den Optionen zu Excel diese Einstellungen korrigieren (in den *Datenschutzoptionen* des *Sicherheitscenters*).

Bei den Einstellungen zu Updates selbst handelt es sich um die Möglichkeit des automatischen Herunterladens von Programmteilen (Patches), die Office fehlerfreier und vor allem sicherer machen sollen. Gerade der letzte Aspekt ist angesichts der häufigen Attacken aus dem Internet auch auf private Rechner des Nachdenkens wert.

Die Wahl des Standarddateiformats ist neu unter Office 2010. Sie haben die Möglichkeit, sich für die *Microsoft Office Open XML Formate* zu entscheiden und damit volle Anpassung an die Office-Programme zu garantieren. Oder Sie nehmen das von Drittanbietern favorisierte *OpenDocument-Format*. Ein Wechsel pro Datei von einem Format ins andere ist später jederzeit möglich. Wie Sie das Standardformat für Dateien einstellen, steht in Kapitel 3.

Wie es nach diesen ersten Schritten weitergeht, lesen Sie in den Folgekapiteln.

Angepasste Installation

Eine angepasste Installation beginnen Sie im weiter oben besprochenen Dialogfeld per Klick auf die Schaltfläche *Anpassen*. Danach sind drei Einstellungsthemen im erscheinenden Dialogfeld relevant:

- Installationsoptionen
- Speicherort der Installation
- Benutzerinformationen

Während die letzten beiden Anpassungen im Wesentlichen selbsterklärend sind, bedarf die erste einiger Erläuterungen.

Die Kombinationsschaltflächen im »Baum« der Einstellungsoptionen (Plus- bzw. Minusschaltflächen helfen beim »Auf- und Zuklappen« des Baums) haben vier verschiedene Bedeutungen, die Sie sich erarbeiten, wenn Sie auf das kleine dreieckige Symbol der Schaltflächen klicken (Abbildung 1.1):

- ein Feature wird installiert
- ein Feature wird mit allen seinen untergeordneten Features installiert
- ein Feature wird beim ersten Gebrauch nachinstalliert
- ein Feature steht niemals zur Verfügung (diese Entscheidung lässt sich, wie Sie weiter unten sehen werden, jederzeit widerrufen)

Abbildg. 1.1   Die Art, wie Features installiert bzw. nachinstalliert werden

TIPP   In den Dialogfeldern des Installationsprozesses findet sich rechts oben eine Hilfeschaltfläche, nach deren Anklicken in einem separaten Fenster einige Instruktionen als Setuphilfe erscheinen. Diese eignen sich, obwohl sich die dort verwendete Symbolik leicht von der des Dialogfelds unterscheidet, zum besseren Verständnis der vorzunehmenden Handlungen.

Den in dieser Hilfe enthaltenen Satz, dass ein Feature nicht installiert wird, weil es nicht zur Verfügung steht, deuten Sie um: Es wird nicht installiert, steht also später nicht zur Verfügung.

Installieren Sie nur Excel, ist der Aufwand für Entscheidungen gering: Vorgeschlagen wird, alles zu installieren, also belassen Sie es bei diesem Vorschlag.

HINWEIS Die Dialogfelder zum Ändern des Speicherorts bzw. der Benutzerinformationen erschließen Sie sich leicht selbst.

Lassen Sie sich beim *Speicherort* des Produkts nicht verwirren. Eine deutsche Version von Windows 7 zeigt die *Beschriftungen* von für den Nutzer wichtigen Ordnern wie »Benutzer« oder »Programme« in deutscher Sprache an. Dahinter verbergen sich allerdings Dateipfade auf der Festplatte in englischer Sprache. Das sind in den beiden genannten Fällen *C:\Users* und *C:\Program Files*.

Benutzerinformationen werden Office-übergreifend verwendet. Der Name kann in den Excel-Optionen, die Initialen interessanterweise in den Optionen von Microsoft Word verändert werden, ohne die Installation selbst nochmals anzupassen.

Nachdem Sie alle Einstellungen vorgenommen habe, klicken Sie auf die Schaltfläche *Jetzt installieren*. Die Installation wird mit dem oben genannten Abschlussdialogfeld beendet.

Nachträgliche Anpassungen der Installation

Um zu einem späteren Zeitpunkt die vorgenommene Installation zu verändern, gibt es wenigstens zwei Wege:

- Sie legen den Datenträger erneut in das Laufwerk und folgen wie oben beschrieben den einzelnen Schritten (starten also automatisch oder manuell die Datei *setup.exe*) oder
- Sie wechseln in die Systemsteuerung Ihres Computers und suchen dort den Eintrag *Programme/Programm deinstallieren*. Ein Klick darauf führt Sie in die Liste der installierten Anwendungen, in der Sie auch Ihre Office-Installation finden. Wählen Sie diese aus und klicken Sie auf das oben rechts erscheinende *Ändern*.

In beiden Fällen erscheint ein Dialogfeld der Office-Installation, in welchem die Möglichkeit besteht

- Features hinzuzufügen oder zu entfernen
- die Installation zu reparieren (das heißt deren Originalzustand, der durch andere Programme oder Unachtsamkeit gestört worden ist, wiederherzustellen)
- die Installation zu entfernen bzw.
- den Product Key einzugeben.

Wenn Sie sich für *Features hinzufügen oder entfernen* entschlossen haben, führt der nächste Schritt zum bekannten Dialogfeld, wobei dort nur die Registerkarte zu den Installationsoptionen zu sehen ist. Nun folgen Sie den Hinweisen aus dem Abschnitt »Angepasste Installation« ab Seite 47 und nehmen Ihre Korrekturen vor.

TIPP Der Installationsprozess legt auf Ihrem Rechner den versteckten Ordner *C:\MSOCache* an. Dieser wird für eine eventuelle Reparatur Ihrer Installation sowie für fällige automatische bzw. manuelle Nachinstallation optionaler Features genutzt.

Wenn Sie diesen Ordner aus Platzgründen löschen, müssen Sie bei Veränderungen den Datenträger zur Hand haben oder, je nach Installationsstart, die Verbindung zur Datei *setup.exe* im Netzwerk herstellen.

Upgrade/Update früherer Versionen

Darüber, was ein *Upgrade* ist und wie es sich von einem *Update* unterscheidet, gehen die Meinungen auseinander. Hier soll darunter der Wechsel von einem Produkt einer früheren Version von Office mit dem aus der Office 2010 verstanden werden.

Es wird also davon ausgegangen, dass Sie Excel in einer früheren Version auf Ihrem Rechner installiert haben.

TIPP Obwohl es nicht notwendig zu Komplikationen kommen muss, kann eine Sicherung selbst erstellter Dateien, das sind Arbeitsmappen, Mustervorlagen und Add-Ins, in einen Order oder auf eine beschreibbare CD nur empfohlen werden. Schritt für Schritt sollten Sie dann die verbleibenden Originale auf ihre Verträglichkeit mit der neuen Version prüfen.

Legen Sie wie oben beschrieben Ihren Produktdatenträger ein und folgen Sie den Anweisungen. Das erscheinende Dialogfeld ist nahezu das gleiche wie bei der Neuinstallation. Der einzige Unterschied besteht in den beiden Schaltflächen *Jetzt installieren* und *Upgrade*, die zweite erscheint an Stelle der ersten.

Entscheiden Sie sich für den Standard-Upgradevorgang, installiert Windows alle Programme der neuen Version und entfernt die dazu gehörigen Vorgänger. Es wir so installiert, als ob Sie in einer Erstinstallation *Jetzt installieren* gewählt haben.

Wollen Sie diesen Standard durchbrechen, wählen Sie im Dialogfeld die Schaltfläche *Anpassen*. Zu den aus den obigen Beschreibungen bekannten Registerkarten des nunmehr erscheinenden Dialogfelds kommt als erste noch eine weitere (*Upgrade*) hinzu, die über den Verbleib der alten Version entscheidet.

Drei Dinge stehen zur Auswahl:

- Alle Anwendungen der früheren Version entfernen
- Alle früheren Anwendungen behalten
- Nur einen Teil der früheren Anwendungen entfernen

HINWEIS Unter »frühere Version« darf hier in keinem Fall eine Betaversion von Office 2010 verstanden werden. Diese ist vor der Installation über die Systemsteuerung vollständig zu deinstallieren.

Bei den zu entfernenden Programme auf der ersten Registerkarte erscheinen diejenigen, die bereits als »Vorgänger« installiert sind, unabhängig davon, ob auf dem eingelegten Datenträger ein »Nachfolger« existiert.

Die anderen Installationsoptionen auf den restlichen drei Registerkarten entsprechen denen, die bei der angepassten Neuinstallation weiter oben beschrieben wurden. Vorhandene Benutzerinformationen werden beibehalten.

Parallele Installationen verschiedener Versionen

Microsoft empfiehlt auf der Website zu den Office-Produkten nachdrücklich, Parallelinstallationen mit früheren Versionen zu vermeiden. Hinsichtlich einer parallelen Verwendung von Office 2007 sehen die Autoren keine unbedingte Notwendigkeit, allerdings auch keine großen Probleme. Die parallele Verwendung von Versionen bis 2003 (die aus verschiedenen praktischen Gründen von manchem Anwender gewünscht ist) konnte schon mit der Einführung von Office 2007 nicht empfohlen werden. Besser ist die Installation in verschiedenen virtuellen Umgebungen unter einem Hostsystem (Verwendung des kostenlosen Microsoft Virtual PC oder fortgeschrittener Virtualisierungstechniken von Windows), wenn dies durch entsprechende Lizenzen gedeckt ist.

Zusammenfassung

Es kann festgestellt werden, dass der Installationsprozess sowohl für den Erstanwender als auch für den bereits erfahrenden Office-Profi nicht schwierig ist. Es gibt zwei Installationstypen: Standardinstallation (ohne Eingriffe des Anwenders) und angepasste Installation (entsprechend mit Eingriffsmöglichkeiten durch den Anwender). Wer ein späteres Nachinstallieren von Features der Standardinstallation vermeiden möchte, kann von Anfang an bei einer angepassten Installation alle Features als »Alle von 'Arbeitsplatz' ausführen« markieren (siehe Abbildung 1.1 auf Seite 47).

Frage	Lösung
Welche Systemanforderungen gibt es für die Installation?	Vor der Installation sollte Ihr Rechner aktualisiert werden und zudem die auf Seite 44 aufgeführten Anforderungen erfüllen
Was ist eine angepasste Installation?	Bei der angepassten Installation können Sie einzelne Features aktivieren bzw. deaktivieren. Wie das geht, ist ab Seite 47 beschrieben.
Wie kann ich die Installation nachträglich anpassen?	Die Setuproutine bietet die Möglichkeit der nachträglichen Änderung. Mehr dazu finden Sie ab Seite 48.
Kann ich mehrere Office-Versionen parallel installieren?	Anstatt einer parallelen Installation wird heute meist eine virtuelle Umgebung benutzt. Mehr dazu ab Seite 50.

Kapitel 2

Die Arbeitsumgebung mit Neuerungen und Verbesserungen

In diesem Kapitel:

Excel starten und beenden	52
Die Objekte der Excel-Arbeitsfläche	54
Aufgabenbezogene Befehle im Menüband	54
Optionen in Excel einstellen	77
Hilfe finden und Startprobleme lösen	79
Zusammenfassung	84

Dieses Kapitel befasst sich mit der Bildschirmansicht von Excel sowie den allgemeinen Einstellungen, den Optionen. Anwender der Version Excel 2003 und früher werden feststellen, dass sich die gesamte Arbeitsumgebung geändert hat. Die mit Excel 2007 eingeführte Microsoft Office Fluent-Oberfläche stellt in der Tat eine einschneidende Änderung der Art und Weise dar, wie Befehle verfügbar gemacht und damit Aufgaben erledigt werden können. Als Benutzer früherer Versionen bedeutet das für Sie natürlich einen gewissen Aufwand. Die grafische Darstellung der Befehle ist in aller Regel identisch mit den Symbolen der Version 2003. Dies ist ein nicht ganz unwichtiger Aspekt, weil Sie damit nur die neue Anordnung der Befehle und die neu hinzugekommenen Möglichkeiten lernen müssen.

Informieren Sie sich also darüber und lernen Sie die Namen der wichtigsten Objekte kennen. Aber auch für Umsteiger von der Version Excel 2007 gibt es einige Neuigkeiten: So können Sie in Excel 2010 nicht nur die Symbolleiste für den Schnellzugriff, sondern auch das Menüband über eine neue Benutzerschnittstelle an Ihren ganz persönlichen Arbeitsstil anpassen.

Excel starten und beenden

Wenn Sie Excel starten wollen, öffnen Sie das Startmenü von Windows und wählen die Befehlsfolge *Alle Programme/Microsoft Office/Microsoft Excel 2010*.

Neben der herkömmlichen Methode, ein Programm unter Windows zu starten, gibt es noch ein paar weitere interessante Möglichkeiten.

WICHTIG Beachten Sie bitte, dass für manche Änderungen Administratorrechte erforderlich sind.

- **Über eine Desktopverknüpfung** Klicken Sie im Startmenü mit der rechten Maustaste auf den Eintrag von Microsoft Excel und wählen im Kontextmenü den Untermenübefehl *Senden an/ Desktop (Verknüpfung erstellen)*. Über das auf dem Desktop abgelegte Symbol können Sie Excel anschließend mit einem Doppelklick starten.

- **Über das Windows-Startmenü** Wählen Sie die Befehlsfolge *Alle Programme/Microsoft Office* und klicken Sie auf den Eintrag *Microsoft Excel 2010*. Wenn Sie nicht immer durch die Befehlsfolge blättern wollen, klicken Sie den Eintrag *Microsoft Excel 2010* mit der rechten Maustaste an und wählen im Kontextmenü unter folgenden Optionen:
  - *An Startmenü anheften*
  - *An Taskleiste anheften*

- **Unter Windows 7** Wenn Sie Excel 2010 starten, wird standardmäßig das Excel-Symbol in der Taskleiste angezeigt. Klicken Sie dieses Symbol mit der rechten Maustaste an und wählen Sie den Befehl *Dieses Programm an Taskleiste anheften*, um künftig Excel mit einem einfachen Mausklick von der Taskleiste aus zu starten.

- **Durch Aufruf einer Arbeitsmappe** Windows speichert die von Ihnen bearbeiteten Dateien in einer Liste, die Sie über den Befehl *Start* schnell erreichen können, wenn Sie auf das kleine Dreieck neben dem Eintrag *Microsoft Excel 2010* klicken. Sollten Sie also in letzter Zeit eine Excel-Arbeitsmappe erstellt haben, können Sie diese hier direkt aufrufen. Nach dem Start von Excel wird die gewünschte Arbeitsmappe geöffnet. Wenn Sie Excel bereits gestartet haben, können Sie diese sogenannte Jumplist auch mit einem rechten Mausklick auf das Symbol in der Taskleiste anzeigen lassen.

Wie Sie die Liste der zuletzt verwendeten Dateien in Excel einsetzen, zeigt das Kapitel 3.

Eine Arbeitsmappe automatisch öffnen

Wenn Sie immer mit derselben Arbeitsmappe arbeiten, können Sie diese bei jedem Excel-Start automatisch öffnen lassen. Dazu speichern Sie die Datei im Ordner *XLSTART*:

- *C:\Program Files\Microsoft Office\Office14\XLSTART* (gültig für alle Benutzer des Rechners, daher sind Administratorrechte erforderlich)
- *C:\Users\<Benutzername>\AppData\Roaming\Microsoft\Excel\XLSTART* (unter Ihrem Profil, also nur für Ihre Anmeldung gültig)

Außer der Standardarbeitsmappe öffnet Excel beim Start alle Arbeitsmappen, die in diesen Ordnern gespeichert sind. Alternativ haben Sie die Möglichkeit, einen eigenen zusätzlichen Startordner festzulegen, von dem aus Arbeitsmappen automatisch geöffnet werden.

Wenn Sie einen zusätzlichen Startordner festlegen wollen, gehen Sie so vor:

1. Öffnen Sie die Registerkarte *Datei* und klicken Sie auf die Schaltfläche *Optionen*.
2. Wechseln Sie im Dialogfeld *Excel-Optionen* zur Kategorie *Erweitert*.
3. Im Abschnitt *Allgemein* geben Sie im Eingabefeld *Beim Start alle Dateien öffnen in* den Pfadnamen des alternativen Startordners an.

WICHTIG Da Excel versucht, jede Datei in diesem zusätzlichen Startordner zu öffnen, stellen Sie sicher, dass dieser Ordner nur Dateien enthält, die Excel öffnen soll und kann. Dieser Ordner sollte also nur Dateien in einem Excel-Dateiformat enthalten.

Wollen Sie verhindern, dass eine Datei aus dem Startordner geöffnet wird, verschieben Sie diese mithilfe des Windows-Explorers in einen anderen Ordner.

Excel beenden

Für das Beenden von Excel können Sie ebenfalls unter einer ganzen Reihe von Möglichkeiten wählen:

- Über die Registerkarte *Datei* mit einem Klick auf den Befehl *Beenden*
- Einen Doppelklick auf das Excel-Logo links oben im Programmfenster
- Die Schaltfläche *Schließen* rechts oben im Programmfenster
- Die Tastenkombination [Alt]+[F4]

Excel schließt daraufhin alle geöffneten Arbeitsmappen und anschließend das Fenster der Anwendung selbst.

HINWEIS Wenn Sie Excel beenden und eine geänderte Arbeitsmappe noch nicht gespeichert wurde, erfolgt eine Sicherheitsabfrage, die Sie zum Speichern auffordert.

Den Task-Manager aufrufen

Wenn Excel nicht mehr reagiert, können Sie über die Tastenkombination [Strg]+[Alt]+[Entf] den Task-Manager von Windows aufrufen. Dort wechseln Sie auf die Registerkarte *Anwendungen*, markieren den Eintrag von Excel und wählen die Schaltfläche *Task beenden*.

Auch wenn Sie beim Beenden von Excel 2010 eine Datei nicht speichern können, kann eventuell dennoch eine Kopie Ihrer Daten wiederhergestellt werden. Mehr dazu finden Sie in Kapitel 3.

Die Objekte der Excel-Arbeitsfläche

Während Umsteiger von der Version Excel 2003 oder früher eine vollständig neue Benutzeroberfläche vorfinden, sind die Änderungen gegenüber der Version Excel 2007 auf den ersten Blick nicht gravierend. Einzig das Office-Symbol musste der Registerkarte *Datei* weichen (übrigens in allen Office-Anwendungen).

WICHTIG Wichtig für die weitere Arbeit mit diesem Buch ist die Bezeichnung der einzelnen Bildschirmobjekte. Für das Erlernen dieser Bezeichnungen sollten Sie sich etwas Zeit nehmen.

Die Titelleiste zeigt, wie der Name schon sagt, den Namen der Anwendung, also *Microsoft Excel*. Zusätzlich wird hier auch der Name der aktiven Arbeitsmappe aufgeführt. Wenn diese nicht im Vollbildmodus angezeigt wird, wird der Name in der Titelleiste der Arbeitsmappe angezeigt (siehe Abbildung 2.26).

Auf der rechten Seite finden Sie die Schaltflächen *Minimieren* und *Verkleinern*, mit denen Sie die Größe des Anwendungsfensters einstellen können, sowie die Schaltfläche *Schließen*, mit der Sie Excel beenden können.

Über das Excel-Symbol auf der linken Seite sind ebenfalls verschiedene Optionen das Anwendungsfenster betreffend erreichbar. Ein Doppelklick auf dieses Symbol beendet Excel ebenfalls.

Auf das Excel-Symbol folgt die Symbolleiste für den Schnellzugriff mit häufig benötigten Befehlen. Wie Sie die Symbolleiste für den Schnellzugriff an persönliche Arbeitsbedingungen anpassen können, erfahren Sie im Abschnitt »Symbolleiste für den Schnellzugriff« auf Seite 57.

Abbildg. 2.1 Titelleiste des Anwendungsfensters

Aufgabenbezogene Befehle im Menüband

Das Menüband der einzelnen Office-Produkte enthält Registerkarten für die wichtigsten Funktionen der jeweiligen Anwendung. Dort sind die Befehle aufgabenbezogen zusammengefasst (ganz ähnlich einem Kontextmenü, das Befehle für ausgewählte Objekte zur Verfügung stellt). In Excel enthält das Menüband standardmäßig die folgenden Elemente:

- Symbolleiste für den Schnellzugriff (Punkt 1 in Abbildung 2.2)
- Registerkarten (*Datei*, *Start*, *Einfügen*, *Seitenlayout*, *Formeln*, *Daten*, *Überprüfen* und *Ansicht*), hervorgehoben wenn aktiv (Punkt 2)
- Befehlsgruppen auf den Registerkarten, welche die einzelnen Befehle enthalten (Punkt 3)
- Kontextbezogene Befehle und Registerkarten (Punkt 4)
- Andere Elemente, die sich auf die jeweilige Aufgabe beziehen, wie z.B. eine Sicherheitswarnung (Punkt 5)

Aufgabenbezogene Befehle im Menüband

Abbildg. 2.2   Das Menüband bietet Zugriff auf die in logischen Gruppen zusammengefassten Befehle

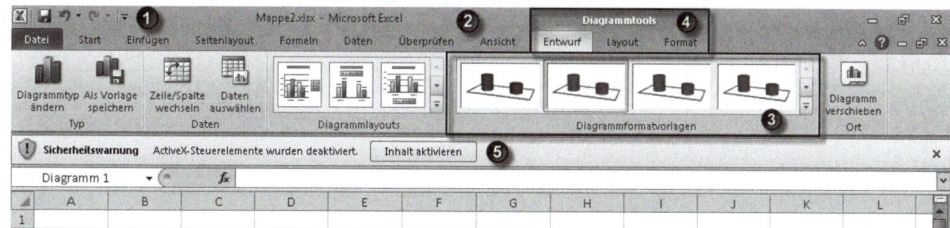

> **HINWEIS**   Auch in Office 2010 ist die alte Menü- und Symbolleistenstruktur der Versionen Excel 2003 und früher nicht verfügbar.

Tastaturbefehle anzeigen

Anstatt Befehle mit der Maus anzuklicken, verwenden viele Anwender gerne Tastenkombinationen. Sie können für die angezeigten Befehle einen Tastaturtipp anzeigen lassen. Drücken Sie dazu die Alt-Taste und warten Sie einen Moment. Wie im folgenden Bild werden die Tastaturtipps angezeigt. Drücken Sie anschließend die Taste für den gewünschten Befehl oder die Taste Esc, um die Tipps auszublenden.

Abbildg. 2.3   Mit der Alt-Taste können die verfügbaren Tastenkombinationen angezeigt werden

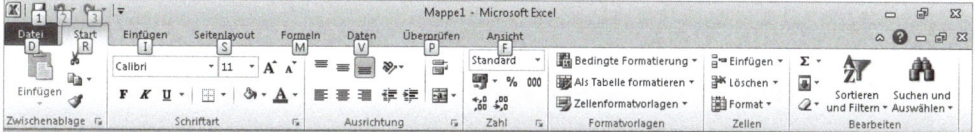

Weitere Informationen hierzu finden Sie in der Excel-Hilfe unter dem Suchbegriff *Tastenkombinationen in Excel 2010*.

Alte Bekannte in neuem Kleid: Registerkarte *Datei*

Das Office-Menü der Version Excel 2007 wurde durch die Registerkarte *Datei* ersetzt. Microsoft hat die mit der Version 2007 begonnene Bereinigung und Zentralisierung der Befehle für die Arbeit mit Dateien konsequent fortgesetzt. Herausgekommen ist die Backstage-Ansicht. Nicht von ungefähr erreichen Sie diese Ansicht über den Namen *Datei*, ist dieser doch praktisch allen Excel-Anwendern ein Begriff, weil er über Jahrzehnte an der gewohnten Stelle zu finden war. Über die Backstage-Ansicht erreichen Sie Befehle zum Öffnen und Speichern von Dateien ebenso wie Befehle für das Einstellen von Dateieigenschaften, die Verwaltung von Dateiberechtigungen und das Drucken von Dateien. Ganz wichtig auch der Zugang zur Hilfe sowie die Optionen, mit denen Sie grundlegende Einstellungen in Excel vornehmen.

Diese Ansicht ist neu und soll alle Informationen zu einer Datei zusammenfassen. Dateieigenschaften, Speicherort, Freigabe und Bearbeitungsstatus ebenso wie die aktuellen Druckeinstellungen. Er zeigt zwei Bereiche: links eine Reihe von Befehlen (*Speichern*, *Neu*, *Öffnen* usw.) und rechts daneben die jeweils verfügbaren Optionen (Abbildung 2.4).

Während die übrigen Registerkarten des Menübands Sie bei der Arbeit **in** der Arbeitsmappe unterstützen (Formatieren, Sortieren usw.), enthält die Backstage-Ansicht alle Befehle für die Arbeit **mit** der Arbeitsmappe als Ganzes (Drucken, Speichern, Senden usw.).

Abbildg. 2.4   Wichtige Befehle wie *Speichern*, *Öffnen* und *Schließen* befinden sich gleich am Beginn der Backstage-Ansicht

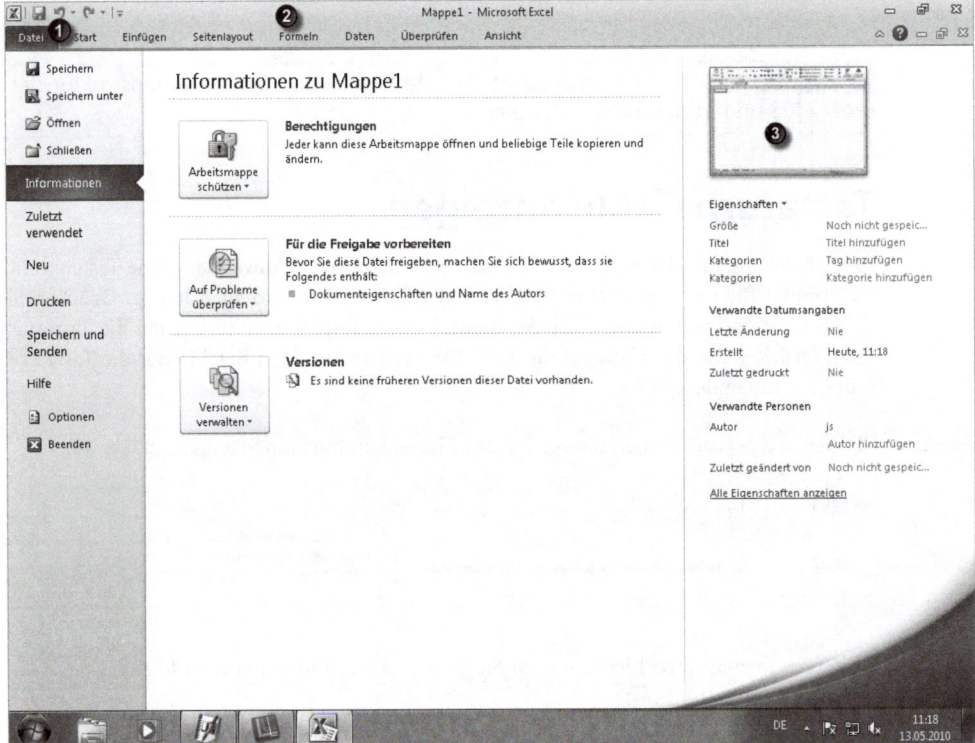

Um die Backstage-Ansicht zu beenden, ohne eine der angebotenen Aktionen auszuführen, haben Sie folgende Möglichkeiten:

- Klicken Sie erneut auf die Registerkarte *Datei* (Punkt 1 in Abbildung 2.4)
- Klicken Sie auf eine der weiterhin sichtbaren anderen Registerkarten (Punkt 2)
- Wird die Kategorie *Informationen* angezeigt, können Sie mit einem Klick auf die Dateivorschau rechts oben zur bearbeiteten Arbeitsmappe zurückkehren (Punkt 3)
- Drücken Sie die `Esc`-Taste

Diese Ansicht erlaubt erstmals beim Ausführen des Befehls *Drucken* eine abschließende Kontrolle über die Seite. Damit sollen fehlerhafte Ausdrucke reduziert werden. Stellen Sie fest, dass eine der Druckeinstellungen nicht Ihren Erwartungen entspricht (z.B. die Seitenausrichtung), können Sie diese direkt vor dem Auslösen des Druckvorgangs ändern. Mehr zum Thema Drucken finden Sie in Kapitel 5, mehr zur Backstage-Ansicht finden Sie auch in Kapitel 3.

Symbolleiste für den Schnellzugriff

Über die *Symbolleiste für den Schnellzugriff* (siehe Abbildung 2.2) können Befehle aufgerufen werden, die unabhängig von der jeweiligen Arbeitssituation ausgeführt werden sollen. So ist der Befehl *Speichern* unabhängig von der aktuellen Ansicht oder der aktuellen Markierung und soll daher auch immer verfügbar sein.

Über den Befehl *Symbolleiste für den Schnellzugriff anpassen* in dieser Symbolleiste können Sie weitere Befehle in diese Symbolleiste aufnehmen und damit Ihre persönliche Schnellzugriffsleiste erstellen. Ganz praktisch ist dies beispielsweise, um das Dialogfeld *Excel-Optionen* schnell aufzurufen. Stellen Sie dazu das Listenfeld *Befehle auswählen* auf *Registerkarte "Datei"*, wählen Sie den Eintrag *Optionen* und anschließend die Schaltfläche *Hinzufügen*.

Abbildg. 2.5   Die Schnellzugriffsleiste kann angepasst und an eine Arbeitsmappe gebunden werden

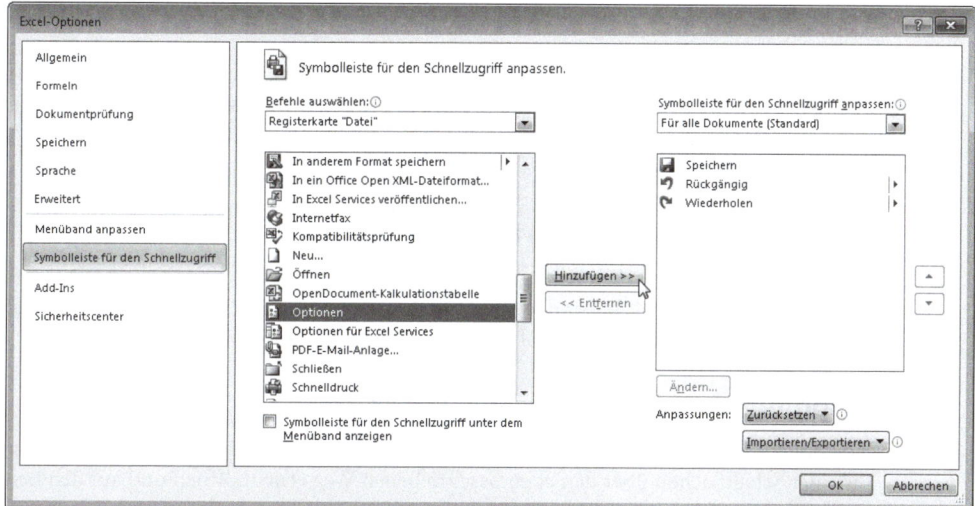

Klicken Sie auf die Pfeilschaltfläche und aktivieren Sie einen der vorgesehenen Befehle oder fügen Sie über die Option *Weitere Befehle* einen beliebigen Befehl zur Symbolleiste für den Schnellzugriff hinzu (Abbildung 2.6).

Um die Befehle in der Schnellzugriffsleiste zu gruppieren, fügen Sie eine Trennlinie ein. Stellen Sie dazu das Listenfeld *Befehle auswählen* (Abbildung 2.5) auf *Häufig verwendete Befehle* und fügen Sie den Befehl *<Trennzeichen>* hinzu.

Haben Sie die Symbolleiste für den Schnellzugriff angepasst, finden Sie die Datei *Excel.officeUI* im Ordner *C:\Users\<Benutzername>\AppData\Local\Microsoft\Office* (im Unternehmensnetzwerk mit Gruppenrichtlinien *C:\Users\<Benutzername>\AppData\Roaming\Microsoft\Office*). In dieser Datei werden die Einstellungen zur Symbolleiste und zum Menüband gespeichert.

Abbildg. 2.6 Die Symbolleiste für den Schnellzugriff kann bei Bedarf auch unter dem Menüband angezeigt werden

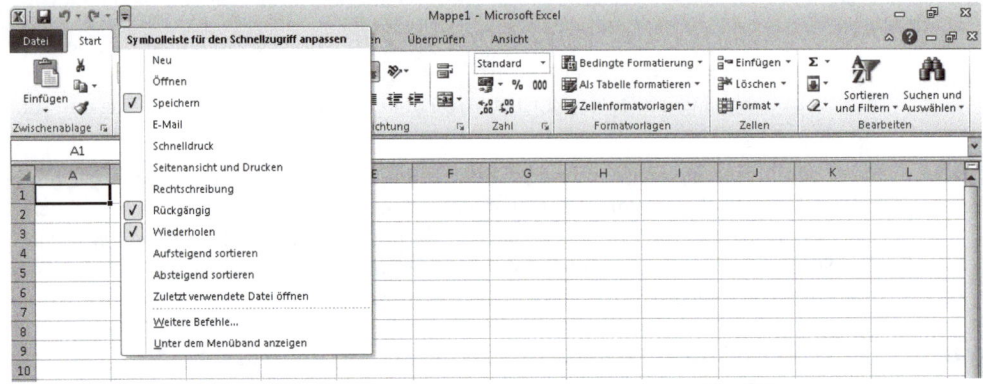

PROFITIPP Für Befehle, die auf dem Menüband sichtbar sind, gibt es eine schnelle Methode, mit der Sie diese in die Schnellzugriffsleiste aufnehmen können. Klicken Sie den gewünschten Befehl mit der rechten Maustaste an und wählen Sie im Kontextmenü den Befehl *Zu Symbolleiste für den Schnellzugriff hinzufügen*.

Befehl aus der Schnellzugriffsleiste löschen

Um einen Befehl aus der Schnellzugriffsleiste zu löschen, klicken Sie mit der rechten Maustaste auf die betreffende Schaltfläche und wählen im Kontextmenü den Eintrag *Aus Symbolleiste für den Schnellzugriff entfernen*. Das Symbol wird ohne Rückfrage entfernt.

Ursprünglichen Zustand wieder herstellen

Sie können den Originalzustand der Schnellzugriffsleiste jederzeit wieder herstellen, indem Sie die Liste der Schaltflächen über den eben beschriebenen Weg erneut öffnen und auf den Befehl *Zurücksetzen* klicken (Abbildung 2.5).

Eine Schnellzugriffsleiste an eine Mappe binden

Vielleicht wollen Sie erreichen, dass Ihre eigene Schnellzugriffsleiste immer dann angezeigt wird, wenn Sie eine bestimmte Arbeitsmappe öffnen. Damit können für die Arbeit an dieser Mappe spezifische Befehle schnell verfügbar gemacht werden.

Um eine benutzerdefinierte Schnellzugriffsleiste mit einer Mappe zu verbinden, gehen Sie wie folgt vor:

1. Öffnen Sie die Datei, an welche die Schnellzugriffsleiste gebunden werden soll.
2. Klicken Sie auf die Pfeilschaltfläche in der Schnellzugriffsleiste und wählen Sie den Befehl *Weitere Befehle* (Abbildung 2.6).
3. Das Dialogfeld *Excel-Optionen* wird mit der Kategorie *Symbolleiste für den Schnellzugriff* geöffnet.
4. Im Listenfeld *Symbolleiste für den Schnellzugriff anpassen* auf der rechten Seite wählen Sie die Datei aus, an welche die Leiste angefügt werden soll. Dieser Punkt ist wichtig, weil Änderungen

an der Schnellzugriffsleiste normalerweise für alle Dokumente, besser die Standard-Schnellzugriffsleiste, gelten.

5. Im Listenfeld *Befehle auswählen* markieren Sie die Kategorie, in welcher die Befehle gespeichert sind, die hinzugefügt werden sollen. Als Kategorie stehen häufig verwendete Befehle ebenso zur Auswahl wie Befehle, die nicht im Menüband angezeigt werden. Auch die Registerkarten und kontextbezogenen Registerkarten (mehr dazu im Abschnitt »Kontextbezogene Werkzeuge« ab Seite 64) werden als Kategorie angezeigt. Die Kategorie *Alle Befehle* zeigt die gesamte Palette der verfügbaren Befehle.

6. Dadurch werden im darunterliegenden Listenfeld die verfügbaren Befehle eingeschränkt. Ist Ihnen der Name eines Befehls bekannt, können Sie im aktivierten Listenfeld schneller zur gesuchten Stelle gelangen, wenn Sie den Anfangsbuchstaben des Befehls drücken. Markieren Sie dann den gewünschten Befehl und fügen ihn mit der Schaltfläche *Hinzufügen* der Schnellzugriffsleiste hinzu.

7. Fügen Sie – falls gewünscht – auf die gleiche Weise weitere Befehle hinzu. Beachten Sie dabei, dass jeder Befehl nur einmal aufgenommen werden kann.

8. Haben Sie versehentlich einen falschen Befehl aufgenommen, markieren Sie diesen im rechten Listenfeld und wählen die Schaltfläche *Entfernen*.

9. Bestätigen Sie die Änderungen mit *OK*.

Wenn Sie die Arbeitsmappe schließen, wird die damit verbundene Symbolleiste ebenfalls geschlossen.

Einstellungen der Symbolleiste exportieren

In Excel 2010 neu hinzugekommen ist die Möglichkeit, die Änderungen an der Symbolleiste für den Schnellzugriff zu exportieren. Damit erhalten Sie eine einfache Möglichkeit:

- die gleichen Einstellungen an einem anderen Computer zu verwenden,
- die Einstellungen komfortabel an andere Benutzer weiterzugeben und
- die exakt gleichen Einstellungen für Arbeitsgruppen verfügbar zu machen.

Führen Sie dazu zunächst wie weiter oben beschrieben alle Anpassungen durch. Wählen Sie anschließend den Befehl *Importieren/Exportieren* und den Unterbefehl *Alle Anpassungen exportieren*. Excel öffnet daraufhin das Dialogfeld *Datei speichern* mit dem Dateinamen *Excel-Anpassungen.exportedUI*, wobei *UI* für *User Interface* steht. Wechseln Sie in einen beliebigen Ordner und wählen Sie die Schaltfläche *Speichern*, um den Vorgang abzuschließen.

Einstellungen für die Symbolleiste importieren

Wollen Sie in einer Datei gespeicherte Einstellungen an der Symbolleiste für den Schnellzugriff laden, gehen Sie wie folgt vor:

1. Klicken Sie mit der rechten Maustaste auf die Symbolleiste für den Schnellzugriff und wählen Sie den Befehl *Symbolleiste für den Schnellzugriff anpassen*.

2. Im Dialogfeld *Excel-Optionen* wählen Sie die Schaltfläche *Importieren/Exportieren* und dort den Unterbefehl *Anpassungsdatei importieren*.

3. Wählen Sie die gewünschte Datei aus und klicken Sie auf die Schaltfläche *Öffnen*.

4. Bestätigen Sie die Sicherheitsabfrage.

5. Schließen Sie das Dialogfeld *Excel-Optionen*.

Kapitel 2 Die Arbeitsumgebung mit Neuerungen und Verbesserungen

> **WICHTIG** Nach dem Import einer Anpassungsdatei werden alle bisherigen Änderungen an der Symbolleiste für den Schnellzugriff und dem Menüband verworfen und die neuen Einstellungen übernommen.

Neu in Excel 2010: Menüband anpassen

Mit Excel 2010 wird nun auch das Ändern des Menübands über eine Benutzerschnittstelle ganz ohne Programmierung möglich. Sollten Ihnen die Voreinstellungen bei Ihrem ganz persönlichen Arbeitsstil nicht den gewünschten schnellen Zugriff bieten, haben Sie damit die Möglichkeit, dies zu verbessern und Ihre eigenen Favoriten zusammenstellen.

In den Optionen können Sie über die Registerkarte *Menüband anpassen* Änderungen an den Registerkarten vornehmen oder auch neue Registerkarten erstellen. Wenn man von der Gestaltung eigener Symbole und der beliebigen Anordnung von Symbolleisten auf dem Bildschirm in früheren Versionen absieht, hat die neue Version damit dieselben Möglichkeiten der Anpassung erhalten.

Abbildg. 2.7   Die Registerkarte *Entwicklertools*, über die z.B. Steuerelemente erstellt werden können, wird standardmäßig nicht angezeigt

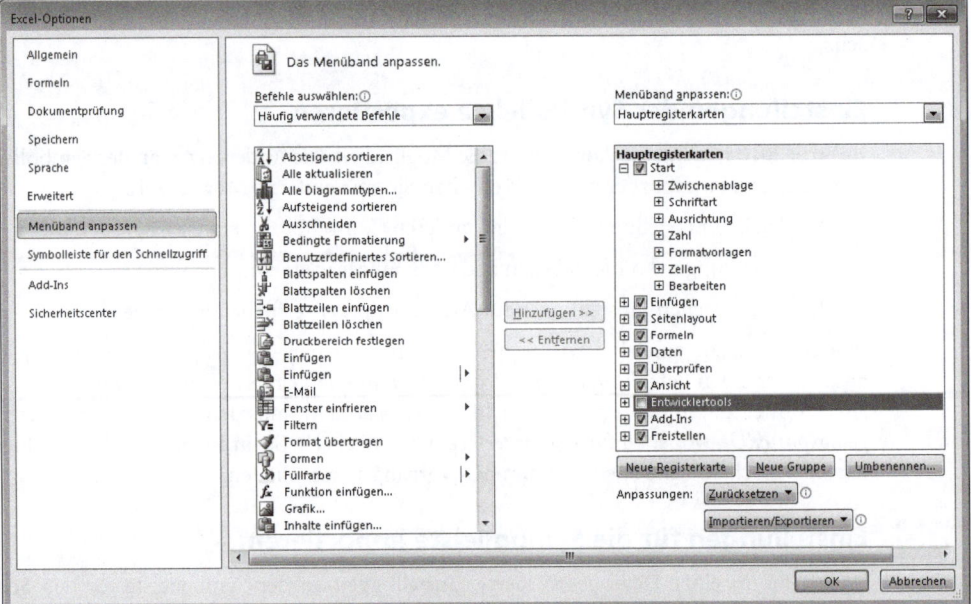

Um eine neue Registerkarte zu erstellen, gehen Sie wie folgt vor:
1. Klicken Sie mit der rechten Maustaste auf eine freie Stelle im Menüband.
2. Wählen Sie den Befehl *Menüband anpassen*.
3. Über das Listenfeld *Menüband anpassen* auf der rechten Seite stellen Sie ein, welche Registerkarten angezeigt werden sollen.

4. Erstellen Sie dann zunächst über die Schaltfläche *Neue Registerkarte* eine benutzerdefinierte Registerkarte.

> **TIPP** Wenn Sie die Registerkarte an einer bestimmten Stelle einfügen wollen, wählen Sie zunächst diejenige Hauptregisterkarte aus, **nach** welcher die neue Registerkarte eingefügt werden soll.

5. Über die Schaltfläche *Umbenennen* legen Sie den gewünschten Namen fest.
6. Wollen Sie die Position innerhalb des Menübands ändern, klicken Sie auf einen Eintrag, halten die linke Maustaste gedrückt und ziehen die Registerkarte oder den Befehl an die gewünschte Position. Ist Ihnen diese Mausaktion nicht exakt genug, dann verbreitern Sie das Dialogfeld *Excel-Optionen* nach rechts. Dadurch werden zwei Schaltflächen für die Änderung der Position angezeigt.
7. Aktivieren Sie anschließend den Eintrag *Neue Gruppe* und benennen Sie diesen ebenfalls wie gewünscht. In einer Gruppe werden Befehle zu logischen Gruppen zusammengefasst.
8. Stellen Sie dann den Filter *Befehle auswählen* auf die Auswahl mit dem gewünschten Befehl ein. Sie finden hier nicht nur die einzelnen Befehle, sondern auch die Hauptregisterkarten. Wenn Sie z.B. ganze Gruppen einer vorhandenen Registerkarte übernehmen wollen, ist diese Einstellung hilfreich. Über den Eintrag *Makros* können Sie aus einer Liste mit Makros der geöffneten Arbeitsmappen auswählen.
9. Blättern Sie durch die Liste mit den verfügbaren Befehlen, klicken Sie den gewünschten Befehl an und fügen Sie diesen durch Ziehen mit der Maus (Drag & Drop) oder über die Schaltfläche *Hinzufügen* der neuen Gruppe hinzu. Einen versehentlich hinzugefügten Befehl entfernen Sie, indem Sie diesen markieren und anschließend auf die Schaltfläche *Entfernen* klicken.
10. Verfahren Sie mit weiteren Gruppen bzw. Befehlen entsprechend.
11. Bestätigen Sie die Änderungen über die Schaltfläche *OK*.

Vor jeder Registerkarte sowie vor jeder Befehlsgruppe können Sie mithilfe der +/– Schaltflächen die Anzeige erweitern bzw. reduzieren. Über die Kontrollkästchen vor den Registerkarten steuern Sie die Anzeige der jeweiligen Registerkarte.

> **HINWEIS** Während Sie eine Symbolleiste für den Schnellzugriff an eine Arbeitsmappe binden können, ist dies für das Menüband nicht über eine Benutzerschnittstelle vorgesehen. Die Änderungen am Menüband bleiben immer für die gesamte Excel-Sitzung gültig. Wie Sie das Menüband für eine einzelne Mappe anpassen können, zeigt das Kapitel 30.

Wenn Sie einen Befehl markiert haben, bietet die Schaltfläche *Umbenennen* nicht nur die Möglichkeit, einen benutzerdefinierten Namen für den Befehl zu vergeben, sondern auch das angezeigte Symbol zu ändern.

> **TIPP** Wundern Sie sich nicht: Bei manchen Befehlen stimmt der Name im Auswahldialog nicht mit dem auf dem Menüband angezeigten Namen überein (z.B. wird aus *Füllfarbe* im Dialogfeld der Name *Schattierung* im Menüband). Wollen Sie auf selbst erstellten Registerkarten nur Symbole im Menüband anzeigen lassen, entfernen Sie den Anzeigenamen (siehe Abbildung 2.8).

Abbildg. 2.8   Lassen Sie das Eingabefeld *Anzeigename* leer, wenn nur das Symbol angezeigt werden soll

HINWEIS   Arbeiten Sie in einem Firmennetzwerk, können Sie unter Umständen keine Änderungen am Menüband vornehmen, weil der Administrator dies unterbunden hat. Es ist auch möglich, dass Sie bei der Arbeit an bestimmten Dateien nicht alle Befehle auswählen können. In diesem Fall handelt es sich um eine Datei mit Zugriffschutz, bei welcher der Eigentümer das Ausführen der Befehle untersagt hat.

Ändern der Hauptregisterkarten

Obwohl eingebaute Befehlsgruppen nicht geändert werden können, lassen sie sich doch an eine andere Stelle innerhalb der Registerkarte und sogar auf eine andere Registerkarte verschieben. Dazu ziehen Sie die gewünschte Befehlsgruppe bei gedrückter linker Maustaste an den gewünschten Ort oder Sie wählen im Kontextmenü den Befehl *Nach oben* bzw. *Nach unten*.

Wenn Sie eine der Hauptregisterkarten anpassen wollen, müssen Sie zunächst eine neue Gruppe erstellen:

1. Markieren Sie im Dialogfeld *Excel-Optionen* die Hauptregisterkarte, welche den neuen Befehl aufnehmen soll.
2. Klicken Sie auf den Befehl *Neue Gruppe*.
3. Legen Sie über die Schaltfläche *Umbenennen* einen Namen für diese Gruppe fest.
4. Fügen Sie dieser Gruppe wie zuvor beschrieben die gewünschten Befehle hinzu.

Wie Sie das Menüband per XML (Extensible Markup Language, erweiterbare Auszeichnungssprache) anpassen können, erfahren Sie in Kapitel 30.

Menüband zurücksetzen

Wollen Sie Änderungen am Menüband rückgängig machen, haben Sie verschiedene Möglichkeiten:

- Sie deaktivieren das Kontrollkästchen einer neuen Registerkarte und blenden diese damit aus. Damit kann die Registerkarte bei Bedarf schnell wieder angezeigt werden.
- Sie wählen die Schaltfläche *Zurücksetzen* mit den Optionen:
  - *Nur ausgewählte Registerkarte des Menübands zurücksetzen,* ist nur verfügbar, wenn zuvor eine geänderte Registerkarte aktiviert wurde
  - *Alle Anpassungen zurücksetzen* setzt alle Anpassungen von Menüband und Symbolleiste für den Schnellzugriff zurück
- Sie laden eine zuvor erstellte Datei mit dem ursprünglichen Zustand der Benutzeroberfläche

Menüband in unterschiedlicher Größe

Die Registerkarte *Start* enthält die wohl am häufigsten benötigten Befehlsgruppen *Zwischenablage, Schriftart, Ausrichtung, Zahl, Formatvorlagen, Zellen* und *Bearbeiten.*

TIPP Verwenden Sie eine Microsoft IntelliMouse, können Sie zwischen den unterschiedlichen Registerkarten wechseln, indem Sie mit dem Mauszeiger auf das Menüband zeigen und das Mausrad bewegen.

Je nachdem welche Bildschirmauflösung Sie verwenden und wie die Größe des Anwendungsfensters eingestellt ist, kann das Menüband durchaus unterschiedlich aussehen. Es ist eine Eigenschaft des Menübands, dass dieses – anders als die Menüleiste früherer Versionen – bei geänderter Auflösung keine weitere Zeile verwendet, sondern in verschiedenen Größen angezeigt wird. Damit bleibt der Anteil des Menübands am Bildschirm immer gleich groß.

Abbildg. 2.9   Beim Anpassen der Bildschirmbreite wird das Menüband gestaucht, die Höhe bleibt unverändert

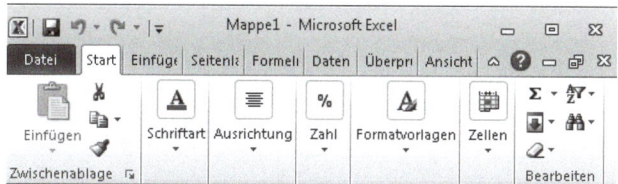

WICHTIG Bei der Beschreibung der Befehlsfolgen in diesem Buch gehen wir davon aus, dass Excel den Bildschirm vollständig ausfüllt und das Menüband damit nicht nur die Befehlsgruppen zeigt, sondern auch die jeweils enthaltenen Befehle. Auf die Nennung der Befehlsgruppe wird in den meisten Fällen verzichtet. Verwenden Sie eine Auflösung, die niedriger oder wesentlich höher als 1.024x768 ist, erhalten Sie eine andere Darstellung, als sie in den Abbildungen dieses Buchs gezeigt wird.

Das Menüband ausblenden

Mit der Tastenkombination [Strg]+[F1] können Sie das Menüband ausblenden. Sichtbar bleibt dann lediglich die Zeile mit den Registerkarten. Ein Klick auf eine dieser Registerkarten blendet dann das Menüband mit den entsprechenden Befehlsgruppen ein. Sie können jetzt einen Befehl auswählen und das Menüband wird wieder ausgeblendet.

Drücken Sie erneut [Strg]+[F1], wird das Menüband wieder dauerhaft angezeigt.

Für die Anzeige bzw. das Ausblenden des Menübands gibt es gleich mehrere Alternativen:

- ein Doppelklick auf eine beliebige Registerlasche, ausgenommen bei der Registerkarte Datei, oder

- ein Klick auf das Symbol *Menüband minimieren* bzw. *Menüband erweitern* rechts oberhalb des Menübands oder

- ein Klick mit der rechten Maustaste auf das Menüband bzw. die Registerlaschen und anschließendes Aktivieren bzw. Deaktivieren des Befehls *Menüband minimieren*.

Kontextbezogene Werkzeuge

Kontextbezogene Werkzeuge (auch Kontextregisterkarten genannt) sind Registerkarten, die zusätzlich zu den üblichen Registerkarten nur dann angezeigt werden, wenn ein bestimmtes Objekt (z.B. ein Diagramm, eine Tabelle, ein Bild etc.) ausgewählt ist. Diese kontextbezogenen Werkzeuge haben zur besseren Unterscheidung verschiedene Farben und enthalten wiederum Registerkarten mit speziell auf das aktive Objekt abgestimmten Befehlen.

Abbildg. 2.10 Kontextbezogene Werkzeuge bieten schnellen Zugriff auf objektbezogene Befehle

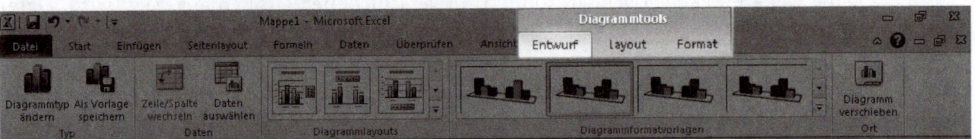

> **HINWEIS** Fügen Sie einer kontextbezogenen Registerkarte über *Menüband anpassen* einen Befehl hinzu, wird dieser auch nur für das zugrundeliegende Objekt angezeigt.

Mit Kontextmenüs arbeiten

Wie bisher können Sie mit der rechten Maustaste eine Auswahl an kontextbezogenen Befehlen anzeigen lassen. Kontext bedeutet in diesem Fall, dass Excel differenzierte Befehle anbietet, je nachdem auf welches Objekt (z.B. Zelle, Zeichenobjekt, Diagramm etc.) Sie geklickt haben. Auch die Kontextmenüs sind überarbeitet worden, um tatsächlich die wichtigsten Befehle für das aktuell ausgewählte Objekt anzubieten. Eine *Minisymbolleiste* im Kontextmenü zeigt zusätzliche Formatierungsoptionen an.

Aufgabenbezogene Befehle im Menüband

Abbildg. 2.11   Die Minisymbolleiste im Kontextmenü mit den wichtigsten Formatierungsoptionen

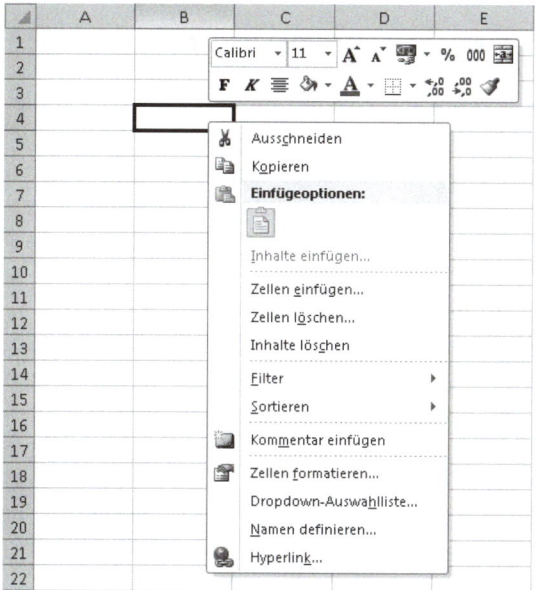

Die *Minisymbolleiste* wird auch angezeigt, wenn in einer Zelle ein Text markiert oder ein Kommentar überarbeitet wird. Sie erscheint zunächst halb durchsichtig und wird dann vollständig angezeigt, wenn Sie den Mauszeiger darauf positionieren. Haben Sie einen Befehl auf der Minisymbolleiste angeklickt, wird diese wieder ausgeblendet.

Abbildg. 2.12   Die Minisymbolleiste des Kontextmenüs für den schnellen Zugriff auf Formatierungsoptionen

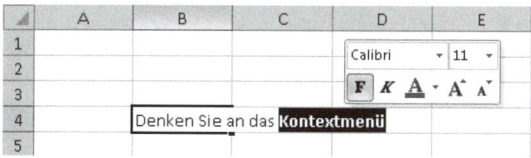

PROFITIPP   Die wichtigsten Befehle für ein Objekt sind im Kontextmenü zu finden: vom Kopieren und Einfügen bis hin zum Erstellen von Hyperlinks, der Benennung von Bereichen und sogar dem Sortieren und Filtern, um nur einige der Kontextbefehle für Zellen zu nennen. Die Minisymbolleiste tut ein Übriges dazu, Ihnen den Wechsel zwischen einzelnen Registerkarten zu ersparen. Wenn Sie also einmal einen Befehl suchen, denken Sie an das Kontextmenü, das über die rechte Maustaste die wichtigsten Befehle für unterschiedliche Objekte anbietet.

Befehle ausführen

Bei der Schaltfläche *Einfügen* auf der Registerkarte *Start* handelt es sich um eine zweigeteilte Schaltfläche: Während ein Klick auf den oberen Teil der Schaltfläche die Standardaktion – also das Einfügen von Werten und Formaten ausführt – können Sie mit einem Klick auf das kleine Dreieck im unteren Teil das Schaltflächenmenü öffnen, das spezielle Optionen für diesen Befehl enthält.

Einige Befehle des Menübands führen direkt ein Kommando aus, etwa der Befehl *Fett*, um die aktuelle Markierung im Schriftstil *Fett* zu formatieren. Andere öffnen ein Pulldownmenü, das eine Reihe von Optionen enthält, die den gewünschten Befehl näher spezifizieren. So etwa die Schaltfläche *Bedingte Formatierung* in der Abbildung 2.13.

Abbildg. 2.13 Befehl über ein Pulldownmenü ausführen

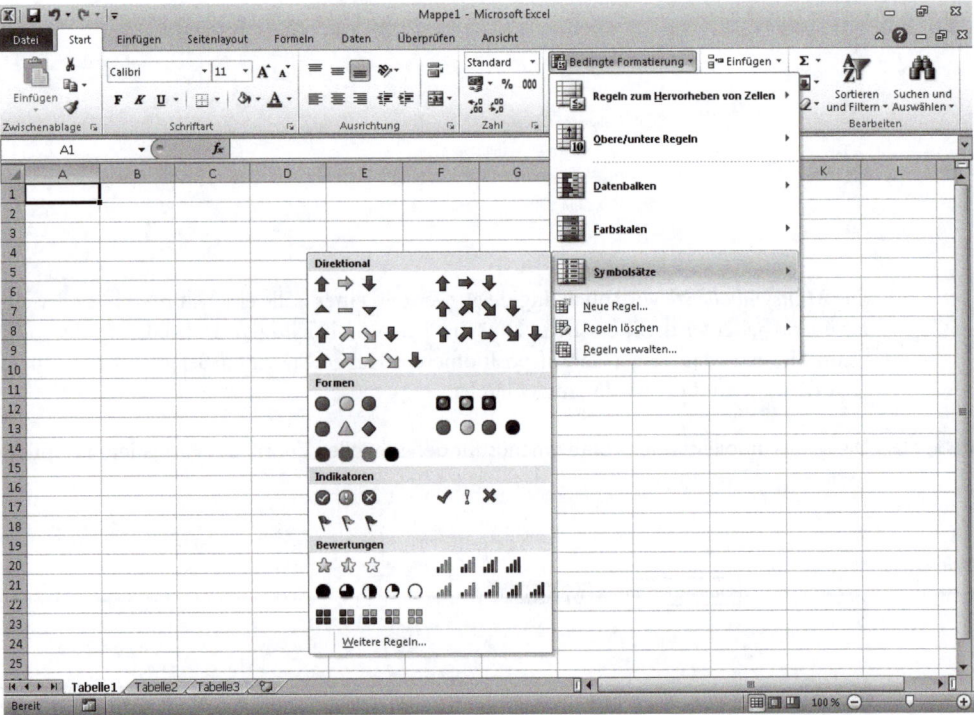

Enthält die Befehlsgruppe eine Option *Weitere* und wählen Sie diese, wird das Dialogfeld *Neue Formatierungsregel* für die Eingabe benutzerspezifischer Einstellungen angezeigt.

Abbildg. 2.14 Der Befehl *Weitere* zeigt jeweils ein Dialogfeld für die exakte Einstellung von Parametern an

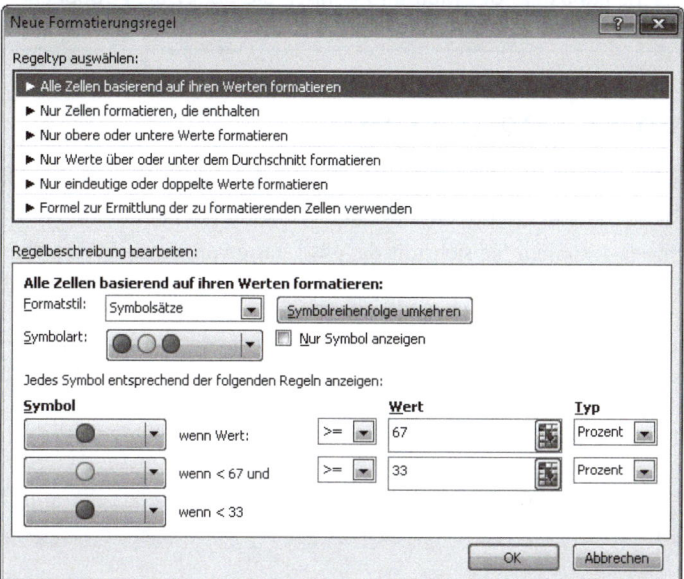

Wie Sie sehen, gibt es bei der bedingten Formatierung neue Einstellungen. Mehr dazu finden Sie in Kapitel 12.

Startprogramm für Dialogfelder

Einige Befehlsgruppen enthalten die Möglichkeit, Einstellungen über Dialogfelder vorzunehmen. Klicken Sie dazu auf das Symbol namens *Startprogramm für Dialogfelder*, das sich jeweils in der rechten unteren Ecke einiger Befehlsgruppen befindet.

Wenn Sie mit der Maus auf die entsprechende Schaltfläche zeigen, wird eine MultiInfo angezeigt, das ist eine kurze Beschreibung und eine verkleinerte Vorschau auf das Dialogfeld, das geöffnet wird, wenn Sie den Befehl ausführen. Dies erleichtert die Entscheidung, ob Sie die richtige Auswahl treffen.

Abbildg. 2.15 Das Startprogramm bietet Ihnen den Zugriff auf erweiterte Einstellungen über Dialogfelder

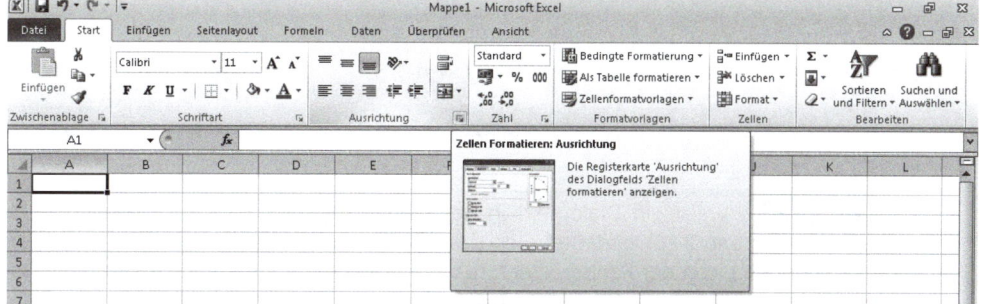

TIPP Das Erscheinungsbild der MultiInfo können Sie über *Datei/Optionen* in der Kategorie *Allgemein* einstellen. Suchen Sie dort nach *QuickInfo-Format*.

Elemente von Dialogfeldern

Wie jedes Fenster besitzt auch das Dialogfeld in der obersten Zeile eine Titelleiste mit dem Dialogfeldnamen, einer Schaltfläche für die Hilfe und einer Schaltfläche zum *Schließen*.

In den Dialogfeldern selbst können Sie sich mit der ⇆-Taste von einem Element zum anderen bewegen oder diese mit der Maus anklicken. Des Weiteren lassen sich die einzelnen Befehle mit einer Tastenkombination einstellen. Die Befehle von Dialogfeldern haben einen unterstrichenen Buchstaben, der in Kombination mit der Alt-Taste dazu verwendet werden kann, den jeweiligen Befehl auszuführen. Beispielsweise können Sie in Abbildung 2.16 mit der Tastenkombination Alt+G den Befehl *Cursorbewegung: Logisch* (bzw. bei wiederholter Ausführung unter Umständen weitere Befehle) markieren.

Abbildg. 2.16   Dialogfeld mit einigen Steuerelementen zur komfortablen Änderung

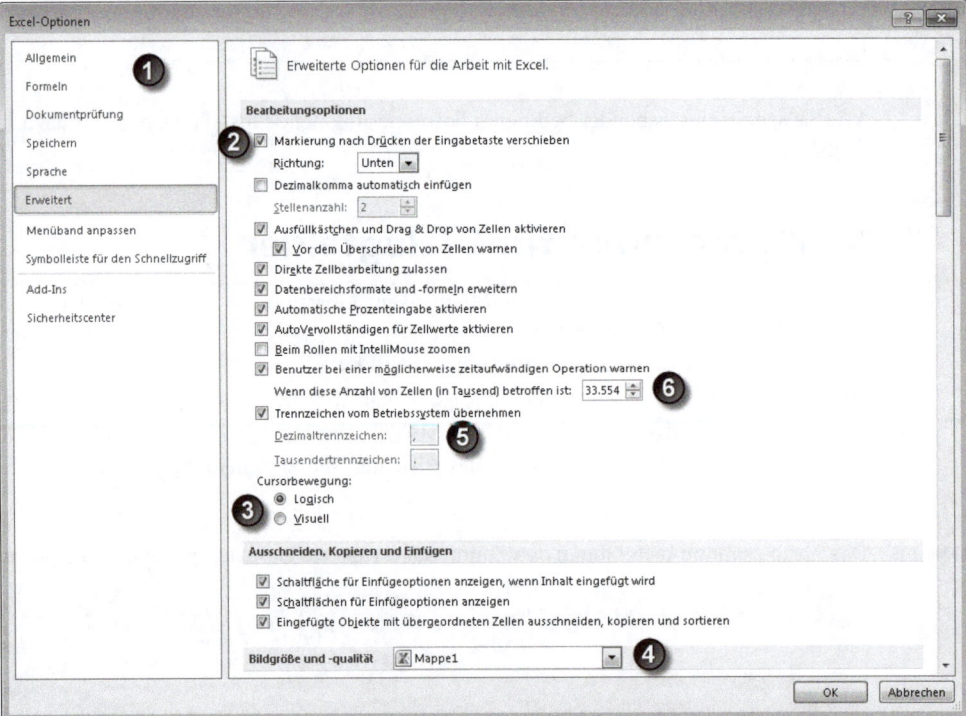

TIPP Weist ein Dialogfeld in der rechten unteren Ecke ein Dreieck mit Punkten auf (siehe Abbildung 2.16), bedeutet dies, dass das Dialogfeld frei skalierbar ist. Dazu zeigen Sie mit der Maus auf einen der Ränder. Wenn sich der Mauszeiger ändert, halten Sie die linke Maustaste gedrückt und ziehen am Dialogfeld, bis die gewünschte Größe erreicht ist.

In Abbildung 2.16 sehen Sie einige Markierungen, die bestimmte, immer wiederkehrende Elemente bezeichnen:

- **Registerkarten/Kategorien** (Punkt 1)   Einige Dialogfelder enthalten mehrere Seiten. Im Dialogfeld *Zellen formatieren* sind diese horizontal angeordnet und werden daher als **Registerkarten** bezeichnet. Im Dialogfeld *Excel-Optionen* (vgl. Abbildung 2.16) ist die Anordnung dagegen vertikal und man spricht von **Kategorien**. Um eine Registerkarte zu aktivieren, klicken Sie deren »Reiter« an.

- **Kontrollkästchen** (Punkt 2)   Enthält ein Kontrollkästchen ein Häkchen, ist die betreffende Funktion aktiviert, zum Beispiel *Direkte Zellbearbeitung zulassen* in Abbildung 2.16. Mit der linken Maustaste oder der `Leertaste` kann die Funktion des Kontrollkästchens aktiviert und deaktiviert werden. In einer Gruppe können mehrere Kontrollkästchen aktiviert werden.

- **Optionsfeld** (Punkt 3)   Optionsfelder stehen standardmäßig in einem Gruppenfeld. In Abbildung 2.16 sehen Sie die Gruppe *Cursorbewegung*. In einer Optionsfeldgruppe kann jeweils nur ein Optionsfeld aktiviert sein. Wählen Sie eine bestimmte Option aus, wird die bisher aktive Option deaktiviert.

- **Dropdownlistenfelder** (Punkt 4)   In Listenfeldern, wie z.B. bei der *Richtung*, können die darin enthaltenen Einträge per Mausklick ausgewählt werden. Der Pfeil rechts daneben deutet darauf hin, dass es mehrere Auswahlmöglichkeiten gibt.

- **Eingabefelder** (Punkt 5)   Einige Dialogfelder, wie das in Abbildung 2.16 im Ausschnitt gezeigte Dialogfeld *Excel-Optionen* mit der Kategorie *Erweitert*, enthalten Eingabefelder, in die Sie Daten eingeben können, beispielsweise *Dezimaltrennzeichen*

- **Drehfelder** (Punkt 6)   Ein Klick auf den Pfeil nach oben eines Drehfelds erhöht den Wert des benachbarten Eingabefelds, ein Klick auf den Pfeil nach unten verringert den Wert. Sie können den gewünschten Wert auch über die Tastatur direkt in das Eingabefeld eintragen.

Um die Änderungen in einem Dialogfeld dauerhaft zu übernehmen, bestätigen Sie diese mit der Schaltfläche *OK*. Wollen Sie alle Änderungen verwerfen, klicken Sie auf die Schaltfläche *Abbrechen* oder drücken die `Esc`-Taste.

Wie sich Steuerelemente wie z.B. Dropdownlistenfelder oder Drehfelder in Tabellen nutzen lassen, erfahren Sie in Kapitel 13.

Einstellungen in einem Aufgabenbereich vornehmen

Für spezielle Aufgaben wird ein zusätzlicher *Aufgabenbereich* angezeigt. Ein Aufgabenbereich kann sich an der linken oder rechten Seite des Arbeitsfensters befinden. Wenn mehrere Arbeitsbereiche geöffnet sind, lassen sich diese nebeneinander oder auch auf beiden Seiten des Arbeitsfensters anzeigen.

Die einzelnen Aufgabenbereiche (z.B. *Recherchieren*, *Thesaurus*, *Übersetzen*, *PivotTable-Feldliste*, *Dokumentwiederherstellung*, *Auswahl und Sichtbarkeit* und *XML-Quelle*) lernen Sie in den Kapiteln dieses Buchs kennen, die sich mit dem jeweiligen Aufgabenthema beschäftigen.

Kapitel 2 Die Arbeitsumgebung mit Neuerungen und Verbesserungen

Abbildg. 2.17   Aufgabenbereiche können am Bildschirmrand fixiert oder frei positioniert werden

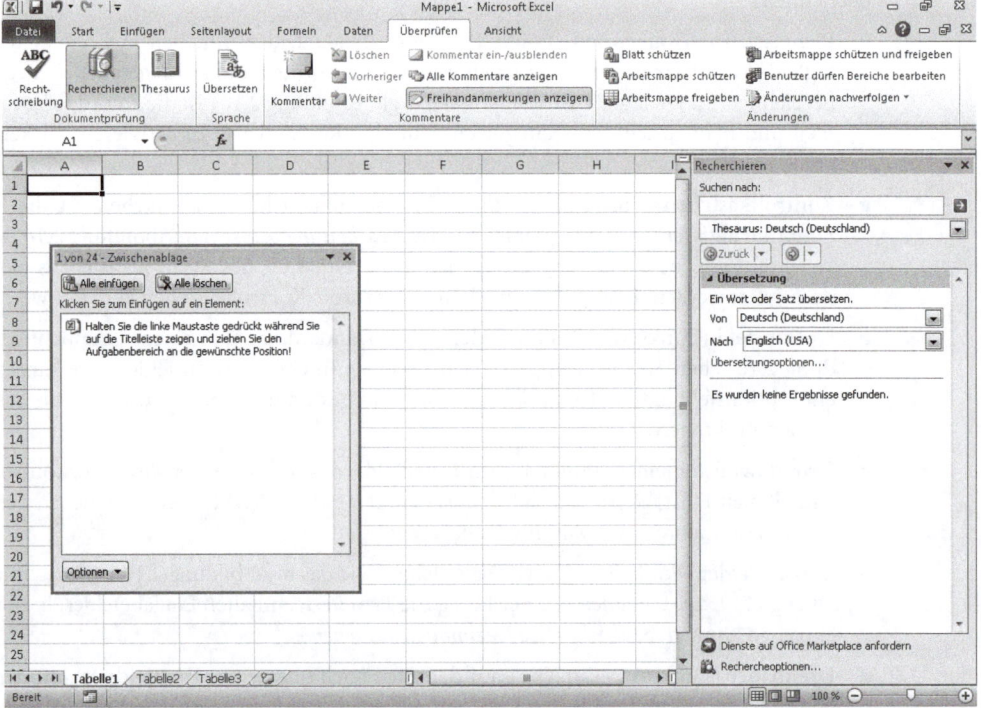

Schnell formatieren mithilfe von Katalogen

Mit Einführung der Office-Suite 2007 ist die Verwendung von Vorlagen zu einem wichtigen Thema geworden. Ob es sich um Dokumentvorlagen, Farbvorlagen oder Designs (damit ändern Sie Farben, Schriftarten und Effekte in einem Arbeitsgang) handelt, überall stehen eine ganze Reihe von eingebauten Vorlagen bereit. Auch in Excel 2010 werden (gegenüber der vorigen Version) erweiterte Kataloge für die Zuweisung einer Gruppe von Formatoptionen verwendet.

Erkennt Excel Ihre Markierung als Tabelle (Liste), können Sie über den Katalog *Als Tabelle formatieren* unter verschiedenen vordefinierten Tabellenformaten wählen (Abbildung 2.18). Zeigen Sie mit der Maus auf eines der Muster, erhalten Sie eine Livevorschau, welche die Tabelle mit den entsprechenden Formatierungen anzeigt. Erkennt Excel den Bereich nicht, wird das Dialogfeld *Als Tabelle formatieren* angezeigt. Tragen Sie hier den Bereich ein, auf den die Formatierung angewandt werden soll. Mehr zur Arbeit mit Tabellen und der in Abbildung 2.16 sichtbaren kontextsensitiven Registerkarte *Tabellentools* finden Sie in Kapitel 19.

> **HINWEIS**   Die Einstellungen zur Livevorschau finden Sie über *Datei/Optionen*. Wechseln Sie im Dialogfeld *Excel-Optionen* zur Kategorie *Allgemein*. In der Gruppe *Benutzeroberflächenoptionen* aktivieren Sie das Kontrollkästchen *Livevorschau aktivieren*.

Abbildg. 2.18   Schnelle Formatierung mithilfe von Katalogen, mit zahlreichen neuen Vorlagen

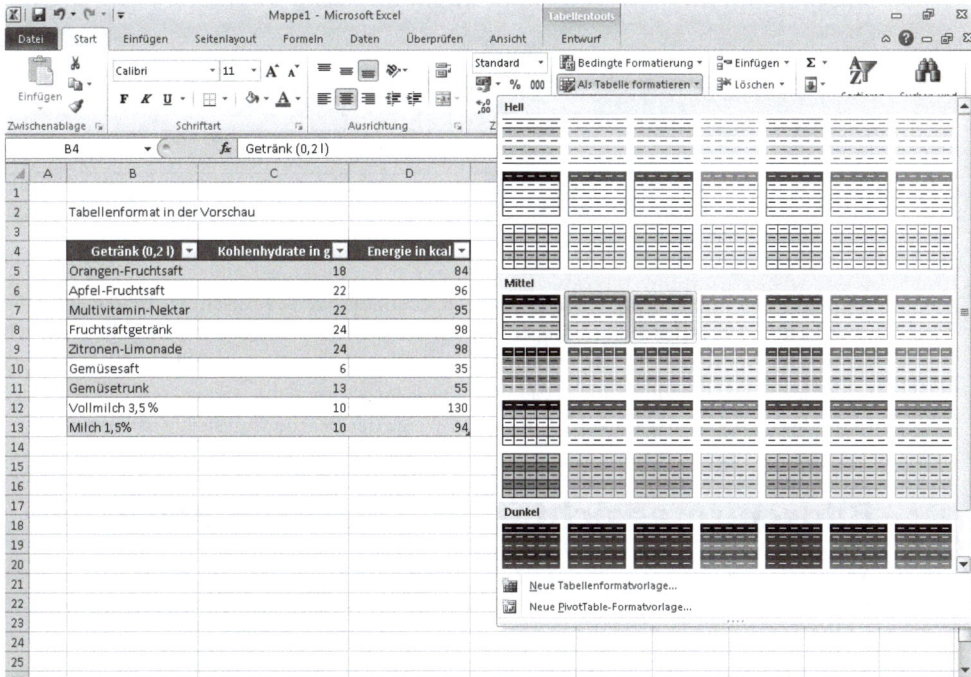

Die Elemente der Bearbeitungsleiste

Die Bearbeitungsleiste befindet sich direkt über der Tabelle (siehe Abbildung 2.19). Sie sieht auf den ersten Blick etwas unscheinbar aus, ist aber für die Arbeit sehr wichtig. Sie enthält das Namenfeld, die Schaltfläche *Funktion einfügen* und die Eingabezeile. Die Funktion dieser Elemente wird in den nachfolgenden Kapiteln ausführlich beschrieben. Über *Datei/Optionen* können Sie in der Kategorie *Erweitert* in der Gruppe *Anzeige* die Bearbeitungsleiste ein- bzw. ausblenden.

Sie können die Breite des Namenfelds ändern, um auch längere Namen vollständig anzeigen zu lassen. Zeigen Sie dazu mit der Maus auf den Punkt und halten Sie die linke Maustaste gedrückt, während Sie die gewünschte Breite einstellen (Abbildung 2.19).

Abbildg. 2.19   Die Dimensionen der Elemente in der Bearbeitungsleiste können angepasst werden

Tabelle 2.1   Beschreibung der Elemente in Abbildung 2.19

Nummer	Bedeutung
1	Namenfeld
2	Schaltfläche zur Änderung der Breite
3	Schaltfläche *Funktion einfügen*
4	Bearbeitungsleiste
5	Bearbeitungsleiste erweitern

Die Höhe der Bearbeitungsleiste können Sie ebenfalls wie gewünscht einstellen. Zeigen Sie auf den unteren Rand der Bearbeitungsleiste, halten Sie die linke Maustaste gedrückt und ziehen Sie mit gedrückter Maustaste, bis die gewünschte Größe erreicht ist. Anschließend können Sie mit der Schaltfläche *Bearbeitungsleiste erweitern* bzw. *Bearbeitungsleiste reduzieren* zwischen der normalen (einzeiligen) und der benutzerdefinierten Anzeige der Bearbeitungsleiste wechseln.

Bildschirmansicht über Ansichten wechseln

An der rechten unteren Ecke des Bildschirms finden Sie in der Statusleiste drei Ansicht-Steuerelemente. Damit können Sie unabhängig von der gerade angezeigten Registerkarte schnell zwischen folgenden Ansichten wechseln:

- Normal   Ist die Ansicht, die Sie »normalerweise« sehen, wenn Sie Excel aufrufen. Haben Sie die Seiten bereits für den Druck eingerichtet, erscheinen die Seitenumbrüche durch gestrichelte Linien. Neu ist dabei, dass die Seitenumbrüche beim Öffnen der Datei wieder angezeigt werden. Bisher mussten Sie dazu zunächst erneut in die Seitenansicht wechseln.

- Seitenlayout   In dieser Ansicht können Sie Kopf- und Fußzeilen hinzufügen oder die Spaltenbreite bzw. Zeilenhöhe mithilfe eines Lineals in verschiedenen Einheiten anpassen

- Umbruchvorschau   Beim Seitenumbruch wird ein Arbeitsblatt auf mehrere Seiten aufgeteilt, wenn es zu groß ist, um auf eine Seite zu passen. Excel fügt dabei automatische Seitenumbrüche ein.

Das Thema Drucken wird ausführlich in Kapitel 5 behandelt.

Elemente in der Seitenlayout-Ansicht

Wenn Sie die Ansicht *Seitenlayout* aktiviert haben, werden zusätzlich zu den Spalten- und Zeilenbeschriftungen zwei Lineale angezeigt. Diese Lineale können Sie verwenden, um Spalten oder Zeilen auf ein bestimmtes Maß einzustellen.

Dabei kann die Spaltenbreite auch in Zentimeter angegeben werden. In der Normalansicht werden Änderungen an der Spaltenbreite – etwa über das Kontextmenü bei einem rechten Mausklick auf eine Spaltenüberschrift – durch die Angabe eines Pixelwerts vorgenommen.

Abbildg. 2.20   Einstellung der Spaltenbreite und Zeilenhöhe mithilfe von Linealen

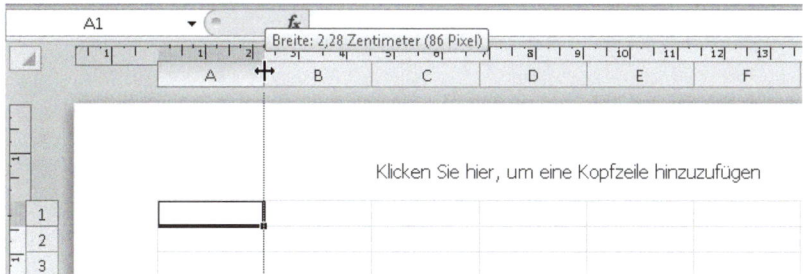

Die Seitenlayout-Ansicht kann aber noch mehr. Sie können in der Seitenlayout-Ansicht die Tabelle weiterhin editieren. Das gilt nicht nur für die Stelle, an der Sie zur Eingabe einer Kopfzeile aufgefordert werden, sondern für den gesamten Tabellenbereich.

Die Einstellung der Ansicht kann für jedes Blatt einer Mappe unterschiedlich sein und gespeichert werden. Es ist durchaus denkbar, dass Sie diese Ansicht als Standardansicht für Ihre Arbeit verwenden. Mehr zum Thema Ansichten finden Sie in Kapitel 4.

Mit der Lupe arbeiten: die Zoomfunktion

Die Bildschirmanzeige und das gedruckte Dokument stimmen am genauesten überein, wenn Sie auf der Registerkarte *Ansicht* den Befehl *Zoom/100%* auswählen. Diese Einstellung lässt sich auf bis zu 10 % verkleinern oder auf 400 % vergrößern.

Schnellen Zugriff auf die Zoomeinstellung bietet der Zoomregler in der Statusleiste (siehe Abbildung 2.18). Über den Zoomregler kann die Anzeige maßgenau eingestellt werden, indem Sie den Regler mit gedrückter linker Maustaste in die gewünschte Richtung ziehen oder auf die kleine Schaltfläche »–« bzw. »+« klicken.

TIPP   Mit dem Befehl *Zoom/An Markierung anpassen* auf der Registerkarte *Ansicht* wird der Bildschirm so angepasst, dass die aktuelle Markierung auf der gesamten Bildschirmbreite dargestellt wird.

Die Statusleiste anpassen

Die Statusleiste zeigt auf der linken Seite den Berechnungsstatus sowie eine Schaltfläche zum Start der Makroaufzeichnung.

Abbildg. 2.21   Die Statusleiste; hier werden evtl. zusätzliche Informationen angezeigt (reduzierte Darstellung)

Welche Elemente die Statusleiste anzeigt, können Sie selbst einstellen, wenn Sie mit der rechten Maustaste auf die Statusleiste klicken und im Kontextmenü *Statusleiste anpassen* die gewünschten Funktionen ein- bzw. ausschalten.

Abbildg. 2.22 Die Statusleiste kann als Informationszentrale gute Dienste leisten

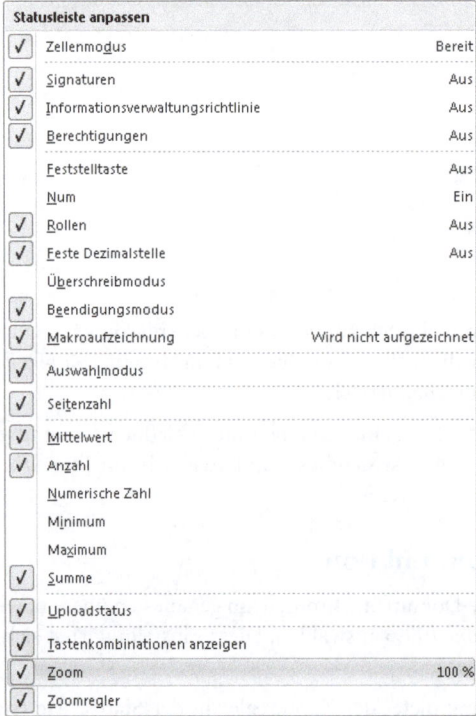

Neben den verfügbaren Befehlen wird hier auch die aktuelle Einstellung angezeigt. Im obigen Bild wird rechts neben der Option *Zoom* die aktuelle Einstellung *100 %* angezeigt.

Einige der Optionen sind nur in bestimmten Ansichten in der Statusleiste verfügbar. So wird beispielsweise die *Seitenzahl* nur in der *Seitenlayoutansicht* angezeigt.

Mit der Bildlaufleiste blättern

Wenn Sie die Pfeile an den Enden der horizontalen oder vertikalen Bildlaufleisten anklicken, können Sie den sichtbaren Bereich der Tabelle nach Belieben horizontal bzw. vertikal verschieben.

Eine weitere Möglichkeit, sich in der Tabelle zu bewegen, ist das Ziehen des Bildlauffelds in der Bildlaufleiste mit gedrückter linker Maustaste. Ihre Position in der Tabelle sehen Sie mithilfe der Zeilen- bzw. Spaltenköpfe, die beim Ziehen mitlaufen. Diese Methode funktioniert allerdings nur für den Bereich der Tabelle, in dem Daten enthalten sind. Wenn beispielsweise die Zelle *V50* die letzte Zelle mit Daten in Ihrer Tabelle ist, können Sie mittels der Bildlaufleisten den sichtbaren Tabellenbereich auch nur bis zu diesem Bereich verschieben, denn die Bildlaufleisten stoßen an die untere bzw. rechte Begrenzung (siehe Abbildung 2.23).

Abbildg. 2.23   Durch Ziehen an der Bildlaufleiste kann der angezeigte Bereich geändert werden

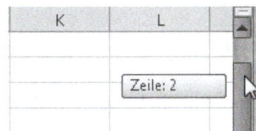

> **TIPP**   Wollen Sie die Zellen über diesen Bereich hinaus einsehen, klicken Sie auf den Pfeil am Ende der Bildlaufleiste. Einen schnellen Bildlauf führen Sie aus, indem Sie den Mauszeiger auf das Bildlauffeld setzen, die ⇧-Taste gedrückt halten und mit gedrückter linker Maustaste das Bildlauffeld weiterziehen.

Durch Klicken in den freien Bereich der Bildlaufleiste (je nachdem, wo das Bildlauffeld steht) lässt sich der sichtbare Tabellenbereich um jeweils ein Bildschirmfenster aufwärts oder abwärts bzw. nach rechts oder links bewegen.

Klicken Sie mit der rechten Maustaste auf eine Bildlaufleiste, wird eine Auswahl angezeigt. Damit können Sie einen schrittweisen Bildlauf ausführen. Die Abbildung 2.24 zeigt das Kontextmenü für die horizontale Bildlaufleiste. Für die vertikale Bildlaufleiste werden entsprechende Befehle über das Kontextmenü angeboten.

Abbildg. 2.24   Das Kontextmenü der Bildlaufleiste mit einer Reihe von Optionen

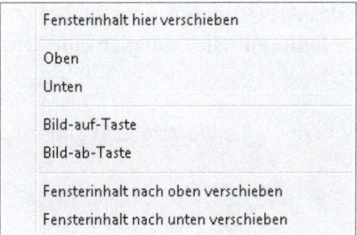

Bildlaufleiste einblenden

So können Sie die Bildlaufleisten ein- oder ausblenden:

1. Klicken Sie im Menü *Datei* auf die Schaltfläche *Optionen*.
2. Wechseln Sie zur Kategorie *Erweitert*.
3. Im Abschnitt *Optionen für diese Arbeitsmappe anzeigen* finden Sie die Kontrollkästchen *Horizontale Bildlaufleiste anzeigen* und *Vertikale Bildlaufleiste anzeigen*. Aktivieren Sie beide Kontrollkästchen, um die Bildlaufleisten anzuzeigen.

> **TIPP**   Wenn Sie über eine IntelliMouse verfügen, können Sie diese auch so einstellen, dass bei einer Bewegung des Mausrads ein Bildlauf ausgeführt wird. Alternativ können Sie über das Mausrad auch die Zoomeinstellung ändern. Die Einstellung *Beim Rollen mit IntelliMouse zoomen* finden Sie über die Registerkarte *Datei*. Klicken Sie auf die Schaltfläche *Optionen* und wechseln Sie in der Kategorie *Erweitert* zum Abschnitt *Bearbeitungsoptionen*.

Die Fenstergröße einstellen

Am rechten oberen Bildschirmrand befinden sich einige Symbole, mit der sich die Fenstergröße einstellen lässt. Die oberen Fenstersymbole in Abbildung 2.25 beziehen sich auf das Excel-Programmfenster. Wenn Sie hier die Schaltfläche zum Minimieren des Fensters anklicken, wird das Programm als Schaltfläche auf der Windows-Taskleiste angezeigt.

Mit den Fenstersymbolen des Programmfensters können Sie die Bildschirmdarstellung auf verschiedene Weise beeinflussen (von links nach rechts):

- Fenster auf Symbolgröße minimieren
- Fenster zum Vollbild maximieren
- Eine Mappe schließen und – wenn keine Mappe angezeigt wird – das Programmfenster schließen

Abbildg. 2.25   Fenstersymbole für die Größenänderung und das Schließen der Fenster (oben Programmfenster, darunter Arbeitsmappenfenster)

Mit den Schaltflächen in der zweiten Reihe verhält es sich genauso, jedoch mit dem Unterschied, dass die Einstellungen nicht für das Programmfenster gelten, sondern für das Arbeitsmappenfenster. Jedes Fenster, sowohl das Programmfenster als auch das Arbeitsmappenfenster, besitzt also eigene Schaltflächen für die Bildschirmdarstellung. Die zweite Reihe enthält zusätzlich eine Schaltfläche für die Anzeige des Menübands und der Hilfe.

Abbildg. 2.26   Das Fenster der aktiven Arbeitsmappe. Wird diese nicht in der Vollbilddarstellung angezeigt, verfügt die Arbeitsmappe über eine Titelleiste.

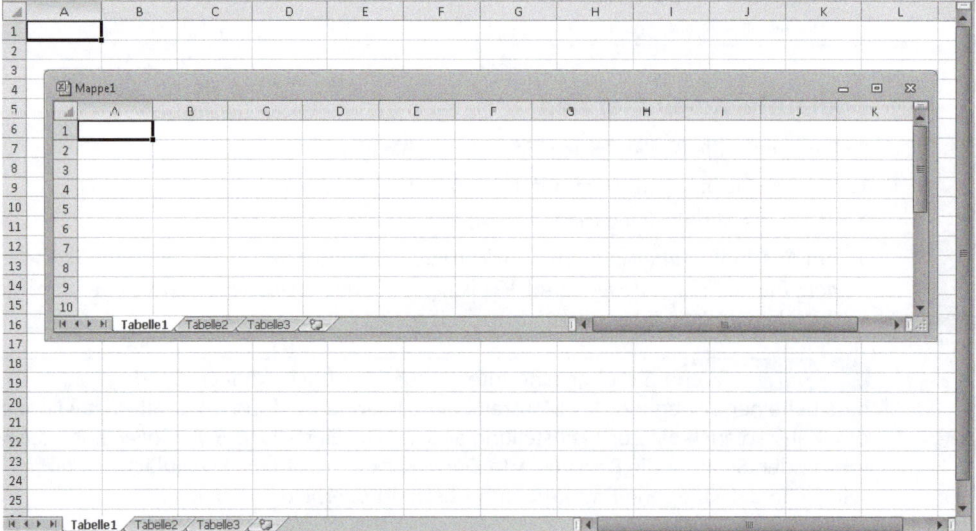

Das Fenster des Arbeitsblatts zeigt den von früheren Excel-Versionen gewohnten Aufbau. Als Zeilenbeschriftung eine Folge von Zahlen, für die Spaltenbeschriftungen üblicherweise Buchstaben. Am unteren Rand wird das *Arbeitsblattregister* angezeigt. Dort können die Tabellen der Mappe mit einem einfachen Mausklick aktiviert bzw. auch neue Tabellen eingefügt werden.

Am rechten sowie am unteren Rand befinden sich die Bildlaufleisten, mit denen Sie durch große Tabellen blättern können.

Genauso erscheint auch jedes Arbeitsmappenfenster als eigene Schaltfläche in der Windows-Taskleiste, wie in Abbildung 2.27 dargestellt.

Abbildg. 2.27 Die Windows-Taskleiste zeigt die geöffneten Arbeitsmappen

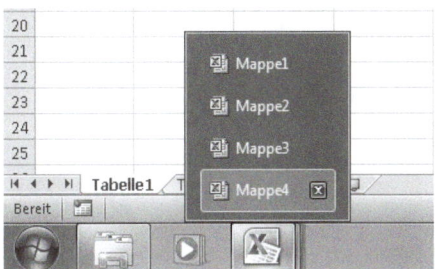

Sollte dies bei Ihnen nicht der Fall sein, finden Sie über *Datei/Optionen* in der Kategorie *Erweitert* im Abschnitt *Anzeige* das Kontrollkästchen *Alle Fenster in der Taskleiste anzeigen*. Über dieses Kontrollkästchen können Sie die Anzeige aktivieren und deaktivieren.

Optionen in Excel einstellen

Jeder Arbeitsplatz stellt bestimmte Anforderungen und Sie können in Excel Ihre ganz persönliche Arbeitsumgebung einrichten. Die globalen Einstellungen sind an einer einzigen Stelle zusammengefasst. Sie erreichen diese in der Registerkarte *Datei* über die Schaltfläche *Optionen*. Nach der Installation können hier benutzerspezifische Einstellungen vorgenommen werden, wie sie vor Excel 2007 unter *Extras/Optionen* zu finden waren.

In den Versionen Excel 2003 und früher herrschte immer wieder Verwirrung darüber, ob eine Option für eine Arbeitsmappe, alle geöffneten Arbeitsmappen oder die gesamte Excel-Sitzung gültig ist. Besonderes Augenmerk hat Microsoft darauf verwendet, deutlich zu machen, auf welches Objekt sich die Einstellungen auswirken.

Für Einstellungen, welche nicht die gesamte Arbeitsumgebung betreffen, stellen Sie zunächst die Arbeitsmappe über ein Listenfeld ein und weisen dieser dann die entsprechenden Optionen zu. Entsprechend wählen Sie für die Einstellung eines Arbeitsblatts dieses zunächst aus.

Abbildg. 2.28 Die Überschrift der Optionsgruppen enthält den Namen des Objekts, auf das sich die Einstellung auswirkt

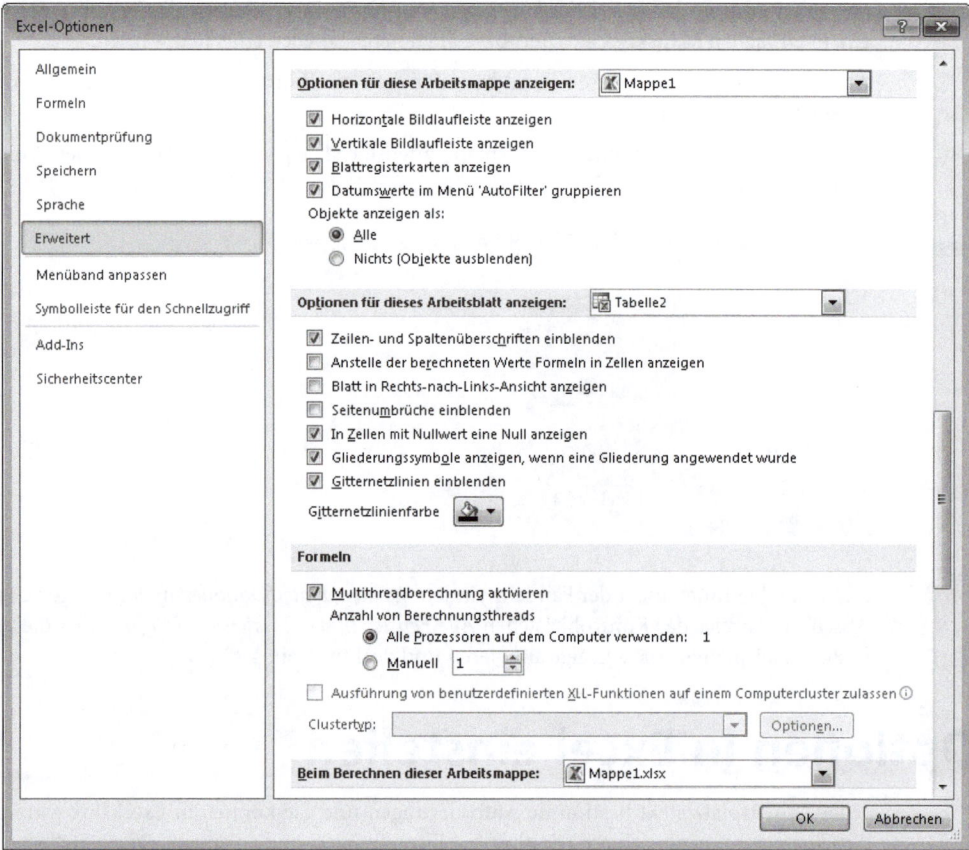

> **TIPP** Die Schaltfläche *Optionen* in die Schnellzugriffsleiste aufzunehmen macht nicht nur zum Erkunden der neuen Einstellungen Sinn. Im weiteren Verlauf des Buchs werden Sie immer wieder Hinweise auf die dortigen Einstellungen finden. Im Stichwortverzeichnis zu diesem Buch finden Sie unter dem Stichwort *Optionen* die Fundstellen zu den wichtigsten Einstellungen.

Für einige Optionen wird eine kurze Beschreibung in einer MultiInfo angezeigt, wenn Sie mit der Maus auf das kleine »i« im Kreis zeigen (siehe Abbildung 2.28).

Arbeiten Sie mit mehreren Sprachen, können Sie auf der Registerkarte *Sprache* Änderungen vornehmen. Unterschieden wird dabei zwischen Anzeige- und Hilfesprachen und Bearbeitungssprachen.

Abbildg. 2.29 Die Einstellungen zur Sprache gelten für alle Office-Anwendungen

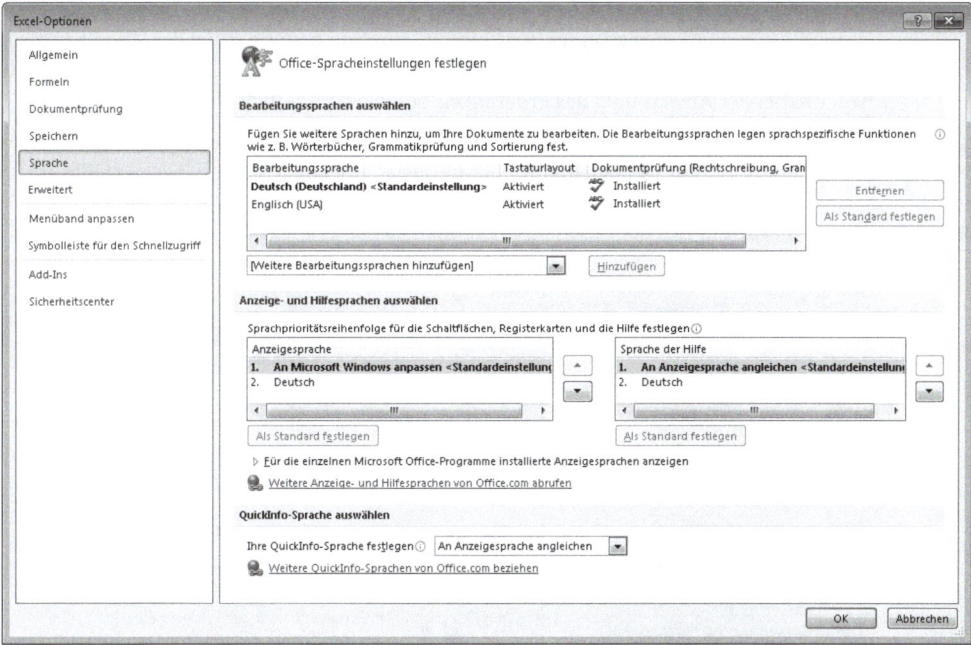

HINWEIS Diese Einstellungen finden Sie auch im Windows-Startmenü unter *Start/Alle Programme/Microsoft Office/Microsoft Office 2010-Tools/Microsoft Office 2010-Spracheinstellungen*.

Eine Beschreibung der wichtigsten Einstellungen in der Kategorie *Formeln* finden Sie in Kapitel 6. Nähere Informationen zur *Dokumentprüfung* und der Kategorie *Speichern* enthält das Kapitel 3.

Hilfe finden und Startprobleme lösen

In den folgenden Abschnitten erfahren Sie, welche Hilfewerkzeuge in Excel 2010 integriert sind und wie Sie mit den einzelnen Elementen des Hilfefensters umgehen. Die neue Backstage-Ansicht fasst auf der Registerkarte *Hilfe* alle Informationsquellen zusammen. Dort können Sie

- die Microsoft Office-Hilfe aufrufen
- im Internet eine Einführungsseite *Erste Schritte mit Excel 2010* aufrufen
- die Supportseite im Internet aufrufen
- die Optionen für Excel anzeigen
- eine Überprüfung auf Updates durchführen
- den Product Key ändern
- über *Weitere Versions- und Copyrightinformationen* das Dialogfeld *Info zu Microsoft Excel* aufrufen, von wo aus Sie über die Schaltfläche *Systeminfo* die Systeminformationen abrufen können

Die Hilfe verwenden

Wenn Sie Informationen zu einer bestimmten Funktion benötigen, ist der Weg über die *Hilfe* oft der schnellste Weg – übrigens auch, um Excel besser kennenzulernen. Excel bietet zahlreiche Funktionen, um bei der Anwendung des Programms benutzerfreundlich Unterstützung anzuzeigen.

Neben der neuen Backstage-Ansicht führt Sie die Taste F1 in nahezu allen Windows-Programmen zur Hilfefunktion. In Dialogfeldern zeigt die Taste F1 eine kontextbezogene Hilfe an.

Abbildg. 2.30   Hilfe und Anleitungen, aber auch Informationen zu Funktionen sind in der Hilfe zu finden

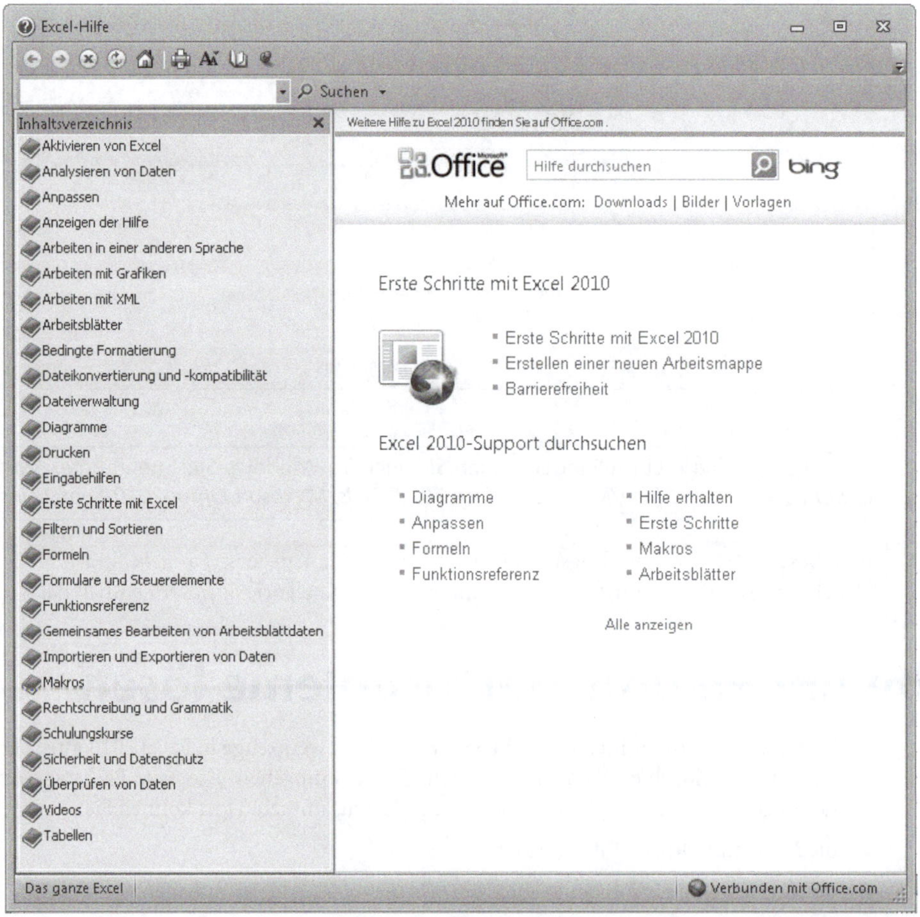

Standardmäßig ist die Hilfe so konfiguriert, dass Informationen auf der Internetseite *Office.com* gesucht werden. Sie erhalten hier z.B. Zugriff auf Neuigkeiten rund um Microsoft Office System und natürlich auch zu Excel. Weitere technische Informationen und kostenlose Komponenten können heruntergeladen werden, ohne Excel verlassen zu müssen. Um die Einstellung zu ändern, klicken Sie auf den unteren rechten Rand des Hilfefensters.

Abbildg. 2.31   Der Eintrag *Diese Optionen beschreiben* zeigt Informationen zum Abrufen von Hilfe, Vorlagen und zusätzlichen Inhalten

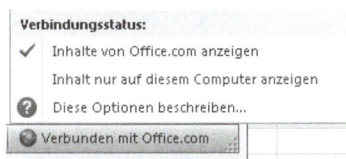

Diese Einstellung finden Sie auch in den *Optionen*, allerdings ist sie dort ziemlich versteckt:

1. Klicken Sie in der Registerkarte *Datei* auf *Optionen*.
2. Wechseln Sie zur Kategorie *Sicherheitscenter*.
3. Klicken Sie auf die Schaltfläche *Einstellungen für das Sicherheitscenter ...*
4. Wählen Sie im Dialogfeld *Sicherheitscenter* die Kategorie *Datenschutzoptionen* und aktivieren Sie dort das erste Kontrollkästchen *Verbindung mit Office.com herstellen*.

Hilfe über *Inhaltsverzeichnis* holen

Über das Symbol *Inhaltsverzeichnis anzeigen* im Hilfefenster können Sie einen zusätzlichen Bereich anzeigen, der die Hilfeinhalte nach Themen sortiert auflistet. Unter der Überschrift *Inhaltsverzeichnis* ist die Hilfe-Bibliothek nach Sachgebieten untergliedert. Die Buchsymbole können Sie per Mausklick aufklappen, um die Untergliederung anzuzeigen. Ein weiterer Klick zeigt das gewählte Thema im Hilfefenster an.

Nehmen wir an, Sie wollen nach dem Thema *Eingabehilfen* suchen:

1. Drücken Sie die Taste F1, um das Hilfefenster anzuzeigen.

2. Klicken Sie im Fenster *Excel-Hilfe* auf die Schaltfläche *Inhaltsverzeichnis*, um das Inhaltsverzeichnis der Hilfedatei für Excel durchzublättern.
3. Öffnen Sie das »Buch« *Eingabehilfen*.
4. Wählen Sie eines der Unterthemen aus, z.B. *Tastenkombinationen in Excel 2010*.

Hilfe über Stichwortsuche abrufen

Geben Sie im Eingabefeld *Suchen nach* im Hilfefenster den zu suchenden Begriff ein und bestätigen mit der ⏎-Taste, erscheinen die Schlüsselwörter in der darunter befindlichen Suchergebnisliste. Die betreffenden Themen können hier per Mausklick angezeigt werden.

Angenommen, Sie wollen über *Suchen nach* das Thema *Sparklines* suchen:

1. Aktivieren Sie mit einem Druck auf F1 die Hilfe.
2. Geben Sie im Eingabefeld *Suchen nach* den Begriff *Sparklines* ein und bestätigen Sie mit der ⏎-Taste.
3. Klicken Sie auf das Thema *Verwenden von Sparklines zum Anzeigen von Datentrends* in der Suchergebnisliste.

TIPP   Das Eingabefeld *Suchen* speichert die zuletzt verwendeten Suchbegriffe. Klicken Sie auf den Pfeil nach unten, um einen Suchbegriff erneut zu verwenden.

Abbildg. 2.32 Im Pulldownmenü des Befehls *Suchen* können Sie die durchsuchte Region einstellen, um aufgabenbezogene Hilfethemen anzuzeigen

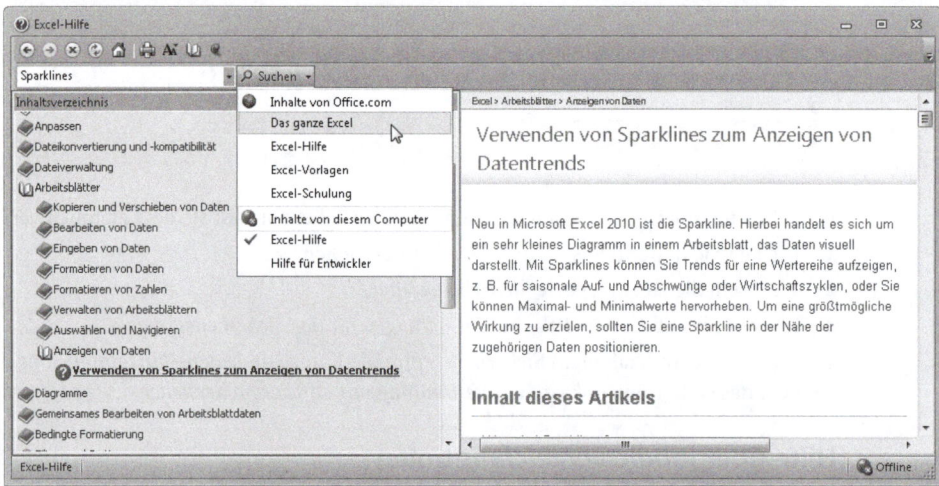

Probleme beim Starten von Excel lösen

Manchmal gibt es Probleme beim Starten von Excel. Eine »Ferndiagnose« des individuellen Falls ist an dieser Stelle natürlich nicht möglich. Aber vielleicht helfen Ihnen die folgenden Tipps weiter.

Grob gesagt, können zwei unterschiedliche Probleme auftreten:

- Excel startet und zeigt eine Fehlermeldung an
- Excel startet und wird gleich wieder beendet

Problematische Elemente deaktivieren

Wenn Sie Excel starten können und eine Fehlermeldung erhalten, wird unter Umständen die problematische Datei deaktiviert. Es ist eines der Leistungsmerkmale von Office, dass die Anwendungen beim Start problematische Elemente deaktivieren.

Ob Excel beim Starten auf ein Problem gestoßen ist, können Sie wie folgt feststellen.

1. Klicken Sie in der Registerkarte *Datei* auf die Schaltfläche *Optionen*.
2. Im Dialogfeld *Excel-Optionen* wählen Sie die Kategorie *Add-Ins*.
3. Im Listenfeld *Verwalten* wählen Sie den Eintrag *Deaktivierte Elemente* aus und klicken auf die Schaltfläche *Gehe zu*.
4. Das Dialogfeld *Deaktivierte Elemente* sollte keine Einträge haben. Werden hier jedoch Elemente aufgelistet, können Sie diese nacheinander aktivieren und den Fehler so eingrenzen. Markieren Sie dazu einen Eintrag und wählen Sie die Schaltfläche *Aktivieren* (siehe Abbildung 2.33).

Hilfe finden und Startprobleme lösen

Abbildg. 2.33   Beim Excel-Start deaktivierte Elemente können Sie nachträglich aktivieren

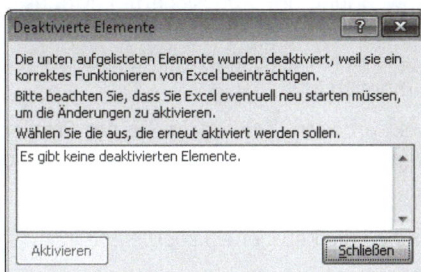

Weitere Informationen zum abgesicherten Office-Modus finden Sie in der Excel-Hilfe unter dem Stichwort *Arbeiten mit den abgesicherten Modi von Office*.

TIPP   Während der Installation von Office 2010 wird die Datei *README.HTM* im Verzeichnis *C:\Program Files\Common Files\microsoft shared\OFFICE14\1031* gespeichert (bei Verwendung des Standardspeicherorts). Diese Datei enthält einen Hyperlink zur Microsoft Office Online-Website, die bekannte Probleme auflistet. Mehr zum Thema Installation finden Sie in Kapitel 1.

Inhalt der Startordner prüfen

In aller Regel sind zusätzlich installierte oder auch selbst erstellte Add-Ins bzw. Mustervorlagen die Ursache von Problemen beim Start. Durchsuchen Sie daher zunächst die Startverzeichnisse nach diesen Dateien und überprüfen Sie die temporären Ordner.

Die Ordner enthalten eventuell ebenfalls Dateien, die das Problem verursacht haben können:

- *C:\Program Files\Microsoft Office\Office14\XLSTART* (gültig für alle Benutzer eines Computers, daher sind Administratorrechte erforderlich)
- *C:\Users\<Benutzername>\AppData\Roaming\Microsoft\Excel\XLSTART* (unter Ihrem Profil, also nur für Ihre Anmeldung gültig)
- *C:\Windows\Temp* (der Ordner für temporäre Dateien im Windows-Ordner)
- *C:\Users\<Benutzername>\AppData\Local\Temp* (ist der persönliche Ordner eines Benutzers)
- *C:\Users\<Benutzername>\AppData\Local\Microsoft\Office\UnsavedFiles* (Ordner für die vorübergehende Speicherung nicht gespeicherter Dateien)

Verschieben Sie diese in einen anderen Ordner bzw. löschen Sie die temporären Dateien und versuchen Sie daraufhin, Excel erneut zu starten.

WICHTIG   Auch wenn zu viele temporäre Dateien Probleme verursachen können, sollten Sie beim Löschen dennoch vorsichtig sein. Wenn Sie neue Programme installiert und seitdem keinen Neustart von Windows ausgeführt haben, sollten Sie die temporären Dateien **nicht** löschen. Manche Programme beenden ihre Installation erst nach einem Neustart und müssen eventuell noch einmal auf temporäre Dateien zugreifen.

> **TIPP** Sie können jede Office-Anwendung im abgesicherten Modus starten lassen, indem Sie beim Start die `Strg`-Taste festhalten und die Anfrage mit *Ja* beantworten. Beachten Sie, dass im abgesicherten Modus nicht alle Befehle verfügbar sind und auch nur ein eingeschränkter Zugriff auf die Excel-Optionen möglich ist.

Sollte eine Office-Anwendung nicht korrekt arbeiten, behandeln Sie das Problem mithilfe der *Microsoft Office-Diagnose*. Um diese verwenden zu können, gehen Sie wie folgt vor:

1. Wählen Sie den Befehl *Datei/Optionen*.
2. Aktivieren Sie im Dialogfeld *Excel-Optionen* die Kategorie *Sicherheitscenter*.
3. Klicken Sie auf die Schaltfläche *Einstellungen für das Sicherheitscenter*.
4. Aktivieren Sie in der Kategorie *Datenschutzoptionen* das Kontrollkästchen *Datei in bestimmten Abständen herunterladen, mit der Systemprobleme bestimmt werden können*.

Zusammenfassung

Anfangs ist es vielleicht etwas erdrückend, was man an der Arbeitsumgebung alles einstellen kann. Mit zunehmender Vertrautheit werden Sie diese Möglichkeiten sicher schätzen lernen, erlauben sie Ihnen doch, den Excel-Bildschirm und die Anzeige sowie das Verhalten der Anwendung ganz an Ihre persönliche Arbeitsweise anzupassen.

Frage	Lösung
Welche verschiedenen Startmöglichkeiten gibt es für Excel?	Neben dem Aufrufen einer Excel-Datei aus dem Windows-Explorer können Sie z.B. eine Desktopverknüpfung erstellen oder die Liste der zuletzt verwendeten Dokumente verwenden. Mehr dazu ab Seite 52.
Kann ich beim Start automatisch eine Mappe öffnen?	Excel öffnet beim Start alle Dateien, die sich im Ordner *XLSTART* befinden. Ab Seite 53 erfahren Sie, wo Sie diesen Ordner finden.
Gibt es neue Bildschirmelemente in der neuen Excel-Version?	Neu hinzugekommen ist die Backstage-Ansicht. Eine Übersicht zu wichtigen Bildschirmelementen finden Sie ab Seite 54.
Kann man die Befehle auch mit Tastenkombinationen ausführen?	Mit der `Alt`-Taste können Sie Tastaturtipps anzeigen lassen. Eine Beschreibung dazu finden Sie auf Seite 55.
Kann ich der Excel-Umgebung auch eigene Symbole hinzufügen?	Wie Sie die Symbolleiste für den Schnellzugriff anpassen und zurücksetzen, erfahren Sie ab Seite 57, wie Sie das Menüband anpassen, auf Seite 60.
Manchmal werden zusätzliche Registerkarten angezeigt und manchmal wieder nicht. Was steckt dahinter?	In Excel werden kontextbezogene Werkzeuge in Abhängigkeit der aktuellen Auswahl angezeigt. Ein Beispiel dazu finden Sie auf Seite 64.
Welche Namen haben die Steuerelemente in Dialogfeldern?	Wollen Sie die Elemente von Dialogfeldern erkunden, schlagen Sie auf Seite 67 nach.
Was hat es mit dem kleinen Symbol auf sich, das sich rechts unten an manchen Befehlsgruppen befindet?	Das Startprogramm für Dialogfelder zeigt ausführliche Dialoge an. Was es genau leistet, ist ab Seite 67 beschrieben.
Was ist in Excel ein »Katalog«?	Über Kataloge werden eine Reihe von Formatoptionen in einem Schritt angewandt. Ab Seite 70 erfahren mehr dazu.

Zusammenfassung

Frage	Lösung
In der Statusleiste gibt es drei Symbole für verschiedene Ansichten. Was hat es damit auf sich?	Wie Sie die Ansicht wechseln und die Standardansicht einstellen, erfahren Sie ab Seite 72
Wo kann ich die Optionen einstellen, die früher unter *Extras/Optionen* zu finden waren?	Die programmspezifischen Einstellungen zu Excel erreichen Sie über den Befehl *Optionen* in der neuen Backstage-Ansicht. Ab Seite 77 finden Sie weitere Informationen.
Wie finde ich Informationen in der Hilfe?	Informationen zum Hilfefenster erhalten Sie ab Seite 80
Excel startet nicht mehr. Was kann ich tun?	Ab Seite 82 finden Sie einige Hinweise zu Startproblemen

Kapitel 3

Arbeitsmappen erstellen, speichern und öffnen

In diesem Kapitel:

Eine neue Excel-Arbeitsmappe erstellen	88
Speichern von Dateien	94
Dateien konvertieren	108
Excel und die Datensicherheit	113
Geschützte Ansicht	116
Gemeinsam an einer Arbeitsmappe arbeiten	119
Eine Arbeitsmappe signieren	123
Die Arbeitsblatt-Register	127
Zusammenfassung	135

Kapitel 3 Arbeitsmappen erstellen, speichern und öffnen

Zentrale Aufgabe bei der Arbeit mit Excel ist die Erstellung und Bearbeitung von Arbeitsmappen. Für einen Benutzer ist das Dateiformat normalerweise nicht besonders wichtig. Wollen Sie allerdings Dateien mit anderen Anwendern austauschen, sind grundlegende Informationen zum Dateiformat wichtig. Nachdem mit der Version Excel 2007 nach Jahren erstmals das Dateiformat geändert wurde, lassen sich Dateien der neueren Versionen nicht ohne Weiteres mit Excel 2003 oder früher öffnen. Allerdings gibt es weiterhin die Möglichkeit, Dateien in einem anderen Format abzuspeichern und damit auch solchen Benutzern Daten zur Verfügung zu stellen, die nicht über die aktuelle Excel-Version verfügen.

Wie Sie Dateien öffnen und speichern, welche Dateiformate sich für die Verwendung in einer Arbeitsgruppe mit unterschiedlichen Programmversionen eignen und wie Sie gleichzeitig und gemeinsam an Dateien arbeiten können, erfahren Sie in diesem Kapitel.

Eine neue Excel-Arbeitsmappe erstellen

Um eine neue Datei zu erstellen, klicken Sie im Registerkarte *Datei* auf die Schaltfläche *Neu*. Hierbei werden die verfügbaren Vorlagen in der neuen Backstage-Ansicht angezeigt. Dabei sind nur wenige Vorlagen bereits bei der Installation auf den Rechner kopiert worden. Die meisten Vorlagen können bei Bedarf nachträglich von der Internetseite heruntergeladen werden.

Abbildg. 3.1   Viele Vorlagen für unterschiedliche Einsatzzwecke

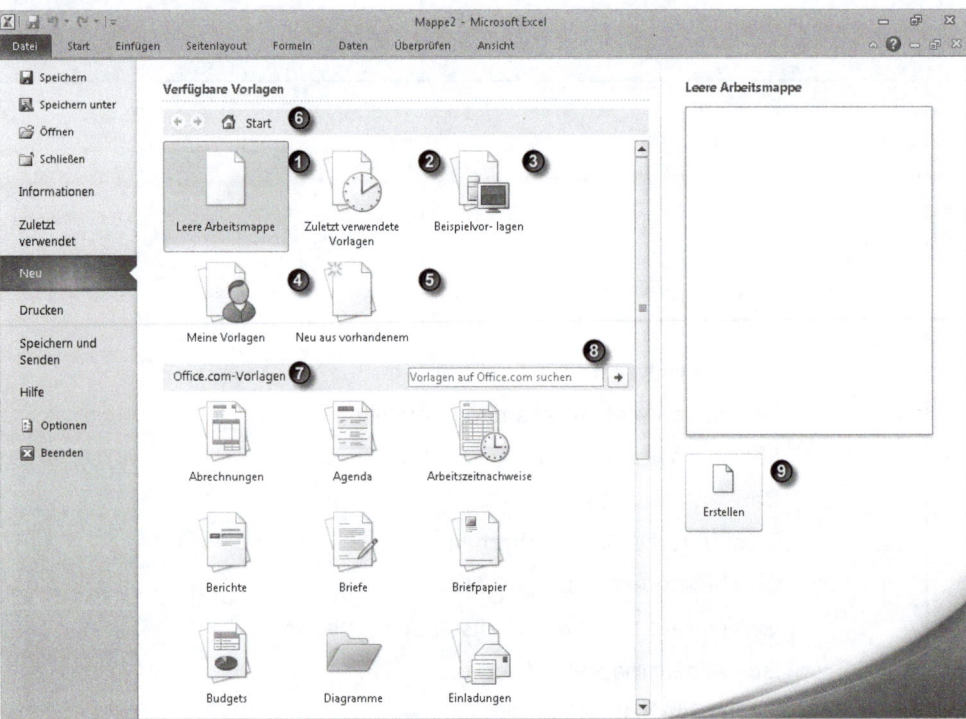

Über einen Doppelklick auf das Symbol *Leere Arbeitsmappe* (Punkt 1 in Abbildung 3.1) erstellen Sie eine neue Mappe, basierend auf der Standard-Arbeitsmappe.

Wenn gerade keine Mappe geöffnet ist, bietet das Kontextmenü (Klick mit der rechten Maustaste auf die leere Fläche) die Möglichkeit, mit dem Befehl *Neu ?* über die Backstage-Ansicht eine neue Arbeitsmappe zu erstellen.. Die Tastenkombination Strg+N öffnet direkt eine neue Arbeitsmappe.

TIPP Die leere Standard-Arbeitsmappe enthält zunächst nur eine bestimmte Anzahl leerer Arbeitsblätter (in der Voreinstellung sind es drei). Die genaue Anzahl der leeren Blätter können Sie wie folgt einstellen:

1. Klicken Sie den Befehl *Datei/Optionen*.
2. Wechseln Sie im Dialogfeld *Excel-Optionen* zur Kategorie *Allgemein*.
3. Stellen Sie neben *Die folgende Anzahl Blätter aufnehmen* den gewünschten Wert ein.

Haben Sie in der Vergangenheit eine neue Arbeitsmappe basierend auf einer anderen Vorlage erstellt, speichert Excel dies in der Gruppe *Zuletzt verwendete Vorlagen* (Punkt 2). Nach einem Klick auf diesen Befehl werden die zuletzt verwendeten Vorlagen in der aktualisierten Backstage-Ansicht angezeigt. Excel speichert die zuletzt verwendeten Vorlagen in der Windows-Registrierungsdatenbank unter *HKEY_CURRENT_USER\Software\Microsoft\Office\14.0\Excel\Recent Templates*.

Die Verknüpfung *Beispielvorlagen* (Punkt 3) zeigt die bei der Installation im Programmordner von Excel (*C:\Program Files\Microsoft Office\Templates\1031*) installierten Vorlagen.

In der Gruppe *Meine Vorlagen* (Punkt 4) finden Sie die im persönlichen Ordner (*C:\Users\<Benutzername>\AppData\Roaming\Microsoft\Templates*) auf dem Computer gespeicherten Vorlagen.

PROFITIPP Fügen Sie im persönlichen Ordner unter *C:\Users\<Benutzername>\AppData\Roaming\Microsoft\Templates* einen Unterordner ein, wird dieser dann nach einem Klick auf *Meine Vorlagen* im Dialogfeld *Neu* als zusätzliche Registerkarte angezeigt, wenn der Ordner wenigstens eine Excel-Vorlage enthält. Wie Sie eine eigene Mustervorlage für Arbeitsblätter und Arbeitsmappen erstellen, zeigt Ihnen das Kapitel 11.

Sie haben aber über den Link *Neu aus vorhandenem* (Punkt 5) auch die Möglichkeit, eine zuvor erstellte beliebige Datei als Vorlage zu verwenden.

Über die Pfeilschaltflächen und die Schaltfläche *Start* (Punkt 6) navigieren Sie zwischen den verschiedenen Vorlagenordnern.

Vorlagen online von Microsoft beziehen

In der Gruppe *Office.com-Vorlagen* (Punkt 7) finden Sie Vorlagen, die Microsoft oder Partnerunternehmen an einem Speicherplatz im Web zur Verfügung stellen. Um diese Vorlagen zu verwenden, ist also eine Internetverbindung erforderlich. Diese Vorlagen sind in zahlreichen aufgabenbezogenen Kategorien zusammengefasst. Wählen Sie die gesuchte Kategorie und markieren Sie anschließend die Vorlage Ihrer Wahl, wird eine Vorschau auf die Datei in der Backstage-Ansicht angezeigt. Die Schaltfläche *Download* öffnet die Vorlage anschließend auf Ihrem Rechner.

Wenn Sie eine spezielle Vorlage suchen, können Sie im Eingabefeld *Vorlagen auf Office.com suchen* (Punkt 8) einen Suchbegriff eintragen und damit die Anzeige einschränken.

Über die Schaltfläche *Erstellen* (Punkt 9) öffnen Sie eine Datei aus der gewählten Vorlage. Für Vorlagen von Office.com ändert die Schaltfläche die Beschriftung in *Download*.

Wofür Sie sich auch entscheiden, Excel öffnet eine Kopie Ihrer Auswahl, was Sie in der Titelleiste im Excel-Hauptfenster an einer angefügten Nummer im Dateinamen erkennen.

Öffnen einer vorhandenen Excel-Arbeitsmappe

In Excel können Sie Arbeitsmappen öffnen, die auf der Festplatte des Computers oder auf Netzwerklaufwerken, zu denen Sie Verbindung haben, gespeichert sind. Wählen Sie dazu auf der Registerkarte *Datei* den Befehl *Öffnen* oder drücken Sie die Tastenkombination [Strg]+[O].

Abbildg. 3.2 Das Dialogfeld *Öffnen* für die Auswahl und das Öffnen einer bestehenden Datei

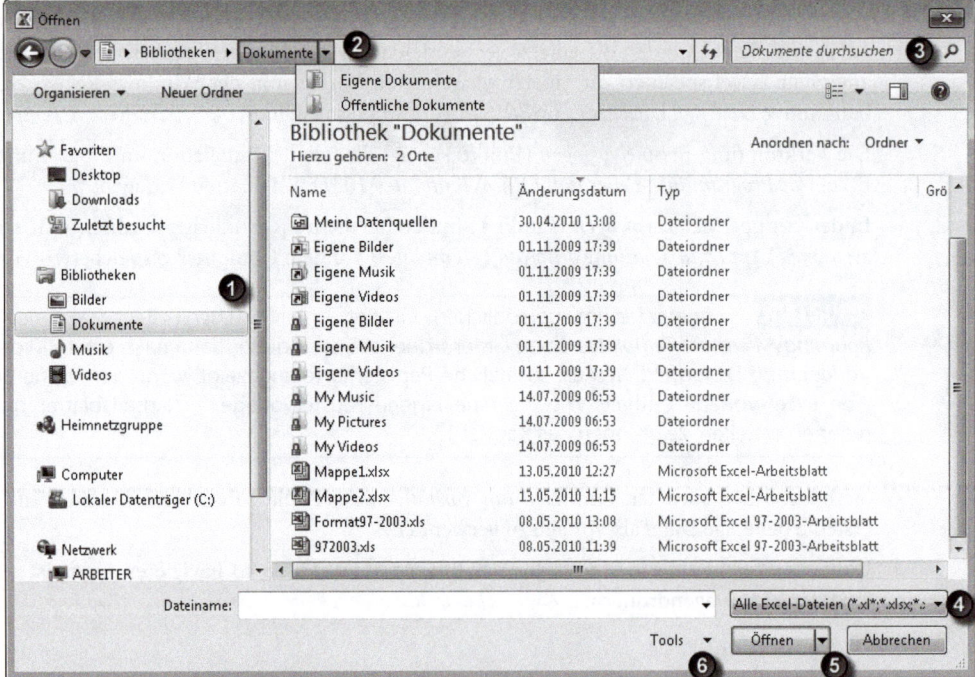

Das Dialogfeld *Öffnen* bietet oben links einen Navigationsbereich mit Bibliotheken und den einbezogenen Ordnern (Punkt 1 in Abbildung 3.2). Über Bibliotheken können Sie unter Windows 7 Informationen auch dann zusammenfassen, wenn diese in verschiedenen Ordnern abgelegt werden. Um einen Ordner in eine Bibliothek aufzunehmen, klicken Sie diesen im Dialogfeld *Öffnen* mit der rechten Maustaste an, wählen den Befehl *In Bibliothek aufnehmen* und anschließend die gewünschte Bibliothek aus oder erstellen eine neue.

Über den Ordner *Zuletzt besucht* ist eine mehr oder weniger umfangreiche Liste der zuletzt geöffneten Dateien und Ordner verfügbar.

Eine neue Excel-Arbeitsmappe erstellen

TIPP Auch im Dialogfeld *Öffnen* zeigt das Kontextmenü häufig benötigte Befehle an. Klicken Sie mit der rechten Maustaste auf eine markierte, jedoch momentan nicht geöffnete Datei, lässt sich diese z.B. auch löschen.

Eine weitere Möglichkeit, einen bestimmten Ordner anzeigen zu lassen, bietet das Listenfeld *Ordner* (Punkt 3). Dieses enthält einige Pfeile, die nach einem Klick alle Unterordner eines Ordners anzeigen, ein weiterer Mausklick wechselt in das gewünschte Verzeichnis. Klicken Sie in dieses Feld, wird der Pfad in gewohnter Schreibweise angezeigt (siehe Abbildung 3.3). Das ist ganz praktisch, um längere Pfadangaben mit der Tastenkombination [Strg]+[C] zu kopieren.

HINWEIS Windows zeigt üblicherweise die lokalisierten Beschriftungen (Deutsch: *C:\Benutzer*) für Ordner an. Erst wenn Sie in die Adressleiste klicken, wird der Pfad (Englisch: *C:\Users*) angezeigt.

Abbildg. 3.3   Klicken Sie in die Adressleiste, um den ganzen Pfad anzuzeigen

Am rechten oberen Rand des Dialogfelds *Öffnen* können Sie die Suche auf bestimmte Eigenschaften der Datei eingrenzen, indem Sie einen Suchfilter hinzufügen (Punkt 3). Die Suche startet bereits bei der Eingabe und wird mit jedem Zeichen aktualisiert. Normalerweise werden Dateinamen und Inhalte nach dem Suchbegriff durchsucht. Sie können aber auch ganz gezielt einen Suchfilter (z.B. für die Suche nach einem Autor) hinzufügen, indem Sie auf die Lupe klicken. Ist die Suche erfolgreich, werden die gefundenen Dateien im Listenfeld angezeigt. Sie können dort eine Datei markieren und mit einem Klick auf die Schaltfläche *Öffnen* oder einem Doppelklick auf den Dateinamen öffnen.

Wollen Sie mehrere Dateien gleichzeitig bearbeiten, dann

- rufen Sie entweder das Dialogfeld *Öffnen* mehrmals nacheinander auf oder
- Sie markieren in diesem Dialogfeld mit gedrückter [Strg]-Taste bzw. [⇧]-Taste mehrere Dateien und öffnen diese Mehrfachauswahl.

Über das Listenfeld *Alle Excel-Dateien* am unteren rechten Rand (Punkt 4) lässt sich der Dateityp einstellen. Damit werden die angezeigten Dateien gefiltert und nur solche Dateien angezeigt, die der Einstellung entsprechen.

Optionen der Schaltfläche *Öffnen*

Die Schaltfläche *Öffnen* (Punkt 5) im Dialogfeld *Öffnen* (siehe Abbildung 3.2 auf Seite 90) hält einige Optionen bereit. Erreichbar sind diese Optionen über den Pfeil auf der Schaltfläche *Öffnen*. Damit können Sie eine Datei

- öffnen
- schreibgeschützt öffnen
- als Kopie öffnen (Die Kopie wird im gleichen Ordner erstellt, in dem sich auch die ursprüngliche Datei befindet. Dieser Befehl steht nicht für alle Dateiformate zur Verfügung.)
- im Browser öffnen, wenn es sich um eine HTML-Datei handelt

- in geschützter Ansicht öffnen und damit aktive Inhalte blockieren. Mehr dazu erfahren Sie im Abschnitt »Geschützte Ansicht« ab Seite 116.
- die beschädigt ist, eventuell öffnen und reparieren

Abbildg. 3.4   Reparaturversuch für beschädigte Dateien

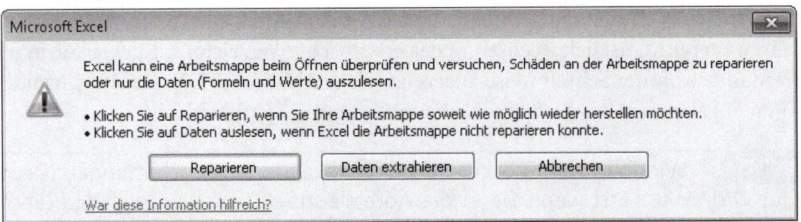

Über den Befehl *Öffnen und reparieren* im Dropdownmenü zur Schaltfläche *Öffnen* startet Excel den Reparaturversuch. Nach einem Klick auf die Schaltfläche *Daten extrahieren* weist Excel darauf hin, dass unter Umständen Formeln nicht wiederhergestellt werden können. In diesem Fall können Sie eventuell wenigstens die Daten wiederherstellen.

TIPP   Auch die geschützte Ansicht kann Ihnen unter Umständen helfen, wenn Sie eine beschädigte Datei öffnen wollen, weil auch hier bestimmte Fehler korrigiert werden.

Über die Schaltfläche *Tools* (Punkt 6) unten im Dialogfeld *Öffnen* wird ein Netzlaufwerk eingebunden. Diesem Laufwerk kann ein Buchstabe zugeordnet werden. Ist das Kontrollkästchen *Verbindung bei Anmeldung wiederherstellen* aktiv, wird der Laufwerksbuchstabe dauerhaft zugewiesen.

Bestimmte Dateien schneller öffnen

Bei der Arbeit an Projekten werden über einen gewissen Zeitraum immer wieder dieselben Dateien bearbeitet. Solche Dateien können Sie schnell öffnen, wenn Sie auf die Registerkarte *Datei* klicken und den Befehl *Zuletzt verwendet* wählen (Punkt 1 in Abbildung 3.5). Dort wird eine Liste mit den zuletzt verwendeten Arbeitsmappen verwaltet, die Sie über einen Doppelklick öffnen können.

Die Anzahl der hier angezeigten Dateien stellen Sie über *Datei/Optionen* im Dialogfeld *Excel-Optionen* ein. Wechseln Sie dort in der Kategorie *Erweitert* zum Abschnitt *Anzeige* und stellen Sie im Drehfeld *Diese Anzahl zuletzt verwendeter Dokumente anzeigen* einen Wert zwischen 0 und 50 ein.

Außerdem haben Sie dort Zugriff auf diejenigen Ordner, welche Sie zuletzt besucht haben (Punkt 2).

Über die Pinnadel (Punkt 3) an der rechten Seite einer Datei können Sie diese dauerhaft in der Liste verfügbar machen, bzw. bei einem erneuten Klick aus der Prioritätenliste entfernen.

TIPP   Ein Klick mit der rechten Maustaste auf eine Datei eröffnet zusätzliche Möglichkeiten (Punkt 4).

Neben der Liste zuletzt verwendeter Dateien bietet die Registerkarte *Datei* einen direkten Schnellzugriff. Die Anzahl der hier angezeigten Dateinamen können Sie ebenfalls einstellen. Am unteren Rand der zuletzt verwendeten Arbeitsmappen wird hierzu das Kontrollkästchen *Schnellzugriff auf diese Anzahl zuletzt verwendeter Arbeitsmappen* aktiviert (Punkt 5).

Eine neue Excel-Arbeitsmappe erstellen

Abbildg. 3.5 Die Backstage-Ansicht bietet auch Verbesserungen für den schnellen Zugriff auf Dateien

Über ein Drehfeld (Punkt 6) stellen Sie die Anzahl ein. Maximal können Sie hier die Zahl verwenden, die Sie wie oben beschrieben in den *Excel-Optionen* eingestellt haben.

Wenn Sie das Kontrollkästchen *Schnellzugriff auf diese Anzahl zuletzt verwendeter Arbeitsmappen* aktiviert haben, wird die eingestellte Anzahl an Dateien im Navigationsbereich der Backstage-Ansicht angezeigt (Punkt 7).

TIPP   Wenn Sie das Kontrollkästchen *Schnellzugriff auf diese Anzahl zuletzt verwendeter Arbeitsmappen* aktiviert haben, können Sie auch über eine Tastenkombination auf die Liste zuletzt geöffneter Dateien zugreifen. So zeigt die Tastenkombination (Alt)+(D)+(1) die zuletzt geöffnete Datei, (Alt)+(D)+(2) die vorletzte usw. Wenn Sie mehr als neun Dateien in dieser Liste zugelassen haben, dann drücken Sie die Tastenkombination (Alt)+(D) um die Zugriffstasten für die weiteren Dateien in der Backstage-Ansicht anzuzeigen.

Klicken Sie auf die Schaltfläche *Symbolleiste für den Schnellzugriff anpassen* und fügen Sie den Befehl *Zuletzt verwendete Datei öffnen* hinzu, um schnell die Backstage-Ansicht mit der gewünschten Registerkarte zu öffnen.

Dateien an die Windows 7-Taskleiste anbinden

Klicken Sie mit der rechten Maustaste auf das Excel-Anwendungssymbol in der Taskleiste, wird eine Liste der zuletzt verwendeten Arbeitsmappen angezeigt. Markieren Sie eine Arbeitsmappe und klicken Sie auf die dann sichtbare Pinnadel, können Sie die jeweilige Datei anheften. Auch hier bietet die rechte Maustaste zusätzliche Optionen.

> **TIPP** Aktivieren Sie nach Aufruf der *Excel-Optionen* in der Kategorie *Erweitert* im Abschnitt *Anzeige* das Kontrollkästchen *Alle Fenster in der Taskleiste anzeigen*, wird jede geöffnete Arbeitsmappe in der Windows-Taskleiste aufgeführt.

Zwischen mehreren Arbeitsmappen wechseln

Sind mehrere Arbeitsmappen geöffnet, können Sie zwischen diesen Arbeitsmappen auf unterschiedlichen Wegen wechseln:

- Auf der Registerkarte *Ansicht* in der Gruppe *Fenster* über den Befehl *Fenster wechseln* und einen anschließenden Klick auf einen im Untermenü aufgeführten Dateinamen
- Über die Tastenkombination `Strg`+`F6`
- Über die Windows-Taskleiste

Eine Arbeitsmappe schließen

Zum Schließen einer Arbeitsmappe wählen Sie eine der folgenden Möglichkeiten:

- Wählen Sie den Befehl *Datei/Schließen*
- Klicken Sie die Schaltfläche *Fenster schließen* (das kleinere der beiden »X« oben rechts) an
- Beenden Sie Excel, z.B. über den Befehl *Datei/Beenden*

Sollte die Mappe geändert, aber noch nicht gespeichert worden sein, erhalten Sie eine Sicherheitswarnung angezeigt, die Sie zum Speichern auffordert.

Speichern von Dateien

Bei der Arbeit mit Excel speichern Sie Ihre Daten in einer Datei. Diese Datei können Sie zur Bearbeitung weitergeben oder später erneut öffnen und bearbeiten. Das Speichern und Öffnen sind also zentrale Arbeitsschritte, die immer wieder anfallen. Erfahren Sie hier, welche Einstellungen es beim Speichern gibt.

Im Hintergrund wurden in Excel 2010 Verbesserungen am Lade- und Speicherverhalten vorgenommen, welche das Öffnen und Schließen von Arbeitsmappen beschleunigen und nicht benötigten Arbeitsspeicher freigeben. Dass Excel nun in zwei Versionen (32- bzw. 64-Bit-Version) vorliegt, bringt zusätzlich die Möglichkeit, deutlich größere Dateien mit intensiven Rechenvorgängen zu erstellen.

Mit Einführung des neuen Dateiformats in Excel 2007 sind einige neue Dateiformate hinzugekommen. Auf der anderen Seite wurde auf einige weniger gebräuchliche Dateiformate verzichtet. Neu bei den Dateiformaten in Excel 2010 ist lediglich, dass Sie PDF-Dateien ohne Installation eines Add-Ins erstellen können. Mehr zum Erstellen von PDF-Dateien finden Sie im Abschnitt »Datei im PDF-Format speichern« auf Seite 100.

XML-Format für Dateien

Frühere Versionen unterstützten zwar bereits das XML-Format, jedoch ist seit Excel 2007 ein XML-basiertes Dateiformat als Standardformat eingestellt. Dies vereinfacht den Datenaustausch zwischen den einzelnen Office-Produkten, aber auch der Austausch mit anderen Systemen wird damit auf eine neue Basis gestellt.

Die einzelnen Teile einer Arbeitsmappe wie Eigenschaften, Daten, Diagramme, VBA-Projekte oder auch eine gebundene Symbolleiste für den Schnellzugriff werden in eigenen XML-Dateien gespeichert. Diese einzelnen Dateien sind über Beziehungen verknüpft und werden in einer ZIP-Datei zusammengefasst. Das ZIP-Dateiformat ist ein Format, bei dem der Speicherbedarf von Dateien durch die Verwendung spezieller Algorithmen teilweise deutlich reduziert wird. Zum Einsatz kommen üblicherweise spezielle Programme, die mehrere Dateien oder auch ganze Ordner wie in einem Container zusammenfassen können. Das Verwenden der ZIP-Technologie reduziert die Dateigröße einer Excel-Datei um rund zwei Drittel.

WICHTIG Sie müssen nun nicht jede Datei vor deren Verwendung entpacken. Excel erledigt diese Aufgabe beim Speichern und beim Öffnen automatisch.

Das XML-Format unterstützt alle Inhalte, die in einer Excel-Arbeitsmappe gespeichert werden können: Daten, Formate, Diagramme und Zeichenobjekte. Objekte, die nicht in ein XML-Format gebracht werden können, z.B. eingebundene Objekte anderer Anwendungen, werden in einer binären Datei gespeichert.

Einer der Vorteile dieses Dateiformats liegt genau in dieser Aufteilung in verschiedene Teile. Sollte aus irgendeinem Grund ein Teil der Datei beschädigt sein, können Sie dennoch auf die restlichen Teile zugreifen.

Auch andere Programme können auf diese Dateien zugreifen und dies sogar, wenn Excel gar nicht installiert ist. Dadurch, dass das Office Open XML-Format offen und gut dokumentiert ist, können Entwickler diese Dateien lesen, ändern oder auch neu erstellen.

CD-ROM Auf der CD-ROM zu diesem Buch finden Sie im Ordner *\Buch\Kap03* die Dateien *Dateiformat.xlsx* und *Dateiformat.zip*. Die *.xlsx*-Datei enthält eine einfache Tabelle und ein Diagramm. Bei der Datei *Dateiformat.zip* handelt es sich um eine exakte Kopie der Excel-Datei, bei der lediglich die Dateierweiterung (auch Dateinamenerweiterung oder File Extension genannt) geändert wurde.

Geändertes Binärformat für Dateien

Excel bietet ein weiteres Dateiformat an, mit dem alle unterstützten Zellformate und Objekte gespeichert werden können. Dateien dieses Typs haben die Endung *.xlsb* (»b« für binary). Auch dieses Dateiformat speichert die Inhalte in verschiedenen Dateien, die untereinander verknüpft sind und in einer ZIP-Datei zusammengefasst werden. Anders als beim XML-basierten Dateityp werden die einzelnen Teile hier in binärer Form gespeichert.

Auch das binäre Format entspricht seit Excel 2007 nicht dem der Versionen 97 bis 2003. Gleichwohl unterstützt das neue Format Makros, und zwar sowohl VBA-Projekte als auch Excel4-Makroblätter.

Mit dem Thema Excel und XML können Sie sich in Kapitel 28 ausführlicher vertraut machen. Mehr zu Dateinamenerweiterungen finden Sie in der Excel-Hilfe unter *Open XML-Formate und -Dateinamenerweiterungen*. Mehr zum Thema Makros finden Sie in Kapitel 30.

Speichern im Excel 97-2003-Format

Setzen Sie Excel in einer gemischten Umgebung mit verschiedenen Versionen ein, z.B. im Firmennetzwerk, können Sie Ihre Dateien auch im Format 97-2003 speichern. Dieses Dateiformat entspricht bis auf einige Ergänzungen dem der früheren Versionen. Bei Verwendung des Formats *Excel 97-2003 (*.xls)* können Benutzer von Excel 97 bis 2003 auch weiterhin an der Arbeitsmappe arbeiten und alle Merkmale bzw. Formatierungen verwenden, die für diese Version spezifisch sind.

HINWEIS Beachten Sie bitte, dass die maximale Anzahl der Spalten in den Versionen Excel 97-2003 bei 256 liegt und die Anzahl der Zeilen das Limit von 65.536 nicht übersteigen kann. Seit der Version Excel 2007 kann ein Arbeitsblatt dagegen 16.384 Spalten und 1.048.576 Zeilen enthalten.

Haben Sie Änderungen an der Mappe durchgeführt und dabei von den neuen Möglichkeiten Gebrauch gemacht, zeigt die Kompatibilitätsprüfung das Ergebnis an. Dabei wird eine Beurteilung ebenso wie die Anzahl der gefundenen Probleme angezeigt. Da in Excel 2010 zahlreiche statistische Funktionen mit einem neuen Namensschema hinzugekommen sind und diese in früheren Versionen nicht unterstützt werden, wird deren Verwendung ebenfalls bei der Kompatibilitätsprüfung angezeigt. Prüfen Sie dann, ob Sie die verwendete Funktion durch eine andere Funktion aus der Funktionskategorie *Kompatibilität* ersetzen können. Dagegen werden Funktionen, bei denen lediglich Verbesserungen an der Genauigkeit vorgenommen wurden, nicht gemeldet.

Abbildg. 3.6 Das Ergebnis fügen Sie über die Schaltfläche *In neues Blatt kopieren* in ein Arbeitsblatt ein

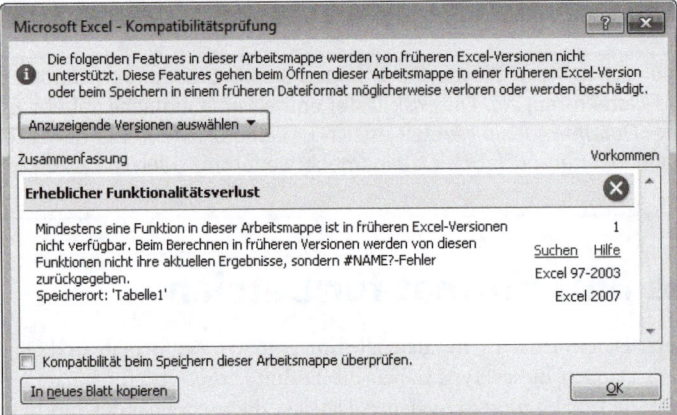

Da Excel 2007 und Excel 2010 dasselbe Dateiformat verwenden, wird eine Excel 2007-Arbeitsmappe nicht im Kompatibilitätsmodus geöffnet.

Hinweise auf Kompatibilitätsprobleme erhalten Sie in der Hilfe unter *Verwendung von Office Excel 2010 mit früheren Excel-Versionen*.

Eine Arbeitsmappe auf Kompatibilität prüfen

Wollen Sie eine Datei im neuen Format weitergeben und sind Sie nicht sicher, ob der Empfänger die neueste Version einsetzt, verwenden Sie ein früheres Format und führen Sie die Kompatibilitätsprüfung durch, um sicherzustellen, dass keine Kompatibilitätsprobleme vorliegen. Die Prüfung ermittelt alle potenziellen Kompatibilitätsprobleme. Gehen Sie dazu wie folgt vor:

1. Öffnen Sie die Excel-Arbeitsmappe, die Sie auf Kompatibilität überprüfen möchten.
2. Klicken Sie in der Registerkarte *Datei* auf *Informationen*.
3. Wählen Sie *Auf Probleme überprüfen* und anschließend den Befehl *Kompatibilität prüfen*.
4. Aktivieren Sie das Kontrollkästchen *Kompatibilität beim Speichern dieser Arbeitsmappe überprüfen*, um die Arbeitsmappe bei jedem Speichervorgang auf Kompatibilität zu überprüfen.
5. Klicken Sie auf die Schaltfläche *In neues Blatt kopieren*, um in einem separaten Arbeitsblatt einen Bericht zu allen im Feld *Zusammenfassung* aufgeführten Problemen zu erstellen.

Klicken Sie auf den Link *Suchen* (vgl. Abbildung 3.6) wird die entsprechende Fundstelle in der Arbeitsmappe markiert. Für einfache Probleme, z.B. wenn Sie eine Kopfzeile formatiert haben, wird stattdessen der Link *Korrigieren* angezeigt. In diesem Beispiel wird über diesen Link die Formatierung der Fußzeile entfernt. Der Link *Hilfe* zeigt weitere Informationen zum Thema an.

HINWEIS Wenn Sie an einer Arbeitsmappe im Kompatibilitätsmodus arbeiten und die Arbeitsmappe im Excel 97-2003-Dateiformat (*.xls*) und nicht in einem neueren Excel-Format (XML-basierten oder Binärdateiformat) vorliegt, wird beim Speichern der Arbeitsmappe automatisch die Kompatibilitätsprüfung ausgeführt. Die neue Backstage-Ansicht zeigt die Information an, wenn eine Datei im Kompatibilitätsmodus geöffnet ist.

Welches Format ist das richtige Standardformat für mich?

Bei so vielen Dateiformaten und Möglichkeiten stellt sich die Frage, welches Dateiformat eingesetzt werden soll. Hier einige Überlegungen dazu:

- Arbeiten Sie zu Hause an einem Rechner und tauschen Sie keine Dateien aus, verwenden Sie das neue XML-Format, entweder die makrofreie Version mit der Dateinamenerweiterung *.xlsx* oder – falls Sie überwiegend als Entwickler arbeiten – das Dateiformat mit aktivierten Makros und der Dateinamenerweiterung *.xlsm*

- Wollen Sie im Unternehmen die Excel Services für die Zusammenarbeit an Arbeitsmappen nutzen, verwenden Sie eines der neuen Dateiformate, also entweder *.xlsx* oder *.xlsb*. Mehr zu den Excel Services in Kapitel 27.

- Setzen Sie Excel in einer Arbeitsgruppe mit unterschiedlichen Excel-Versionen ein, verwenden Sie das *.xls*-Format von Excel 97-2003. Damit ist sichergestellt, dass jeder Benutzer die Datei öffnen kann.

- Versenden Sie Dateien und sind Sie nicht sicher, ob ein Empfänger mit dem neuen Dateiformat arbeiten kann, verwenden Sie ebenfalls das *.xls*-Format von Excel 97-2003

- Achten Sie bei der Arbeit mit der 64-Bit-Version von Excel auf die Datenmenge in der Datei, wenn andere Bearbeiter lediglich die 32-Bit-Version einsetzen, die eine Beschränkung auf 2 Gigabyte Arbeitsspeicher (RAM) hat
- Wenn Sie eigene Lösungen unter Verwendung von ActiveX-Steuerelementen entwickeln, müssen Sie die Unterschiede zwischen der 32- und der 64-Bit-Version berücksichtigen

PROFITIPP Um redundante Daten zu vermeiden, sollten Sie sicherstellen, dass Informationen jeweils nur in einer Datei gespeichert werden. Wählen Sie beim Speichern möglichst jenes Format aus, das **alle** Beteiligten öffnen können. Dies bedeutet, die niedrigste verwendete Version entscheidet. Es führt zu deutlicher Mehrarbeit, wenn Sie – etwa wegen einer bestimmten Formatierung – das neue Dateiformat wählen, für die Weitergabe dann aber eine weitere Datei erstellen müssen.

Dateien mit früheren Excel-Versionen erstellen

Frühere Versionen von Microsoft Office können mit dem *Microsoft Office Compatibility Pack für Dateiformate von Word, Excel und PowerPoint 2007* aktualisiert werden. Stellen Sie dazu sicher, dass das System aktualisiert ist. Installieren Sie also sämtliche erforderlichen Updates bzw. Updates mit hoher Priorität von der Windows Update-Seite (erforderlich für Office XP- und Office 2003-Benutzer).

Laden Sie anschließend die Datei *FileFormatConverters.exe* von der Internetseite *http://www.microsoft.com/downloads/* herunter und installieren Sie diese. Nach Ausführung dieser Schritte lassen sich Dateien unter Verwendung der neuen Dateiformate von Excel öffnen, bearbeiten, speichern und erstellen:

HINWEIS Neben den Excel-Formaten können Sie mit dem Konverter auch Dateien für Word und PowerPoint im neuen Format bearbeiten, speichern und öffnen.

Standardformat für Dateien einstellen

Welches Dateiformat als Standardformat verwendet wird, können Sie selbst bestimmen. Gehen Sie dazu wie folgt vor:

1. Wählen Sie in der Registerkarte *Datei* den Befehl *Optionen*.
2. Wechseln Sie im Dialogfeld *Excel-Optionen* zur Kategorie *Speichern*.
3. Passen Sie das Listenfeld *Dateien in diesem Format speichern* an Ihre Bedürfnisse an.
4. Bestätigen Sie die Änderungen mit *OK*.

Arbeitsmappen speichern

Wenn Sie in einer vorhandenen Datei einige Änderungen vornehmen und anschließend diese Korrekturen speichern wollen, müssen Sie nur auf die Schaltfläche *Speichern* in der Symbolleiste für den Schnellzugriff klicken. Die Datei wird dabei mit den Änderungen genau dort gespeichert, wo sie geöffnet wurde, und behält ihren Namen bei. Die gleiche Funktion hat der Befehl *Speichern* auf der Registerkarte *Datei* bzw. die Tastenkombination [Strg]+[S].

Speichern von Dateien

Benutzen Sie den Befehl *Speichern unter* auf der Registerkarte *Datei* immer dann

- wenn Sie eine Datei erstmals speichern,
- einer Arbeitsmappe einen neuen Namen oder Dateityp zuweisen oder
- diese an einem anderen Ort als bisher ablegen wollen.

Das Dialogfeld *Speichern unter*

Wenn Sie eine Arbeitsmappe das erste Mal speichern, wird in jedem Fall das Dialogfeld *Speichern unter* angezeigt.

Abbildg. 3.7   Zahlreiche Einstellungen beim ersten Speichern einer Datei im Dialogfeld *Speichern unter*

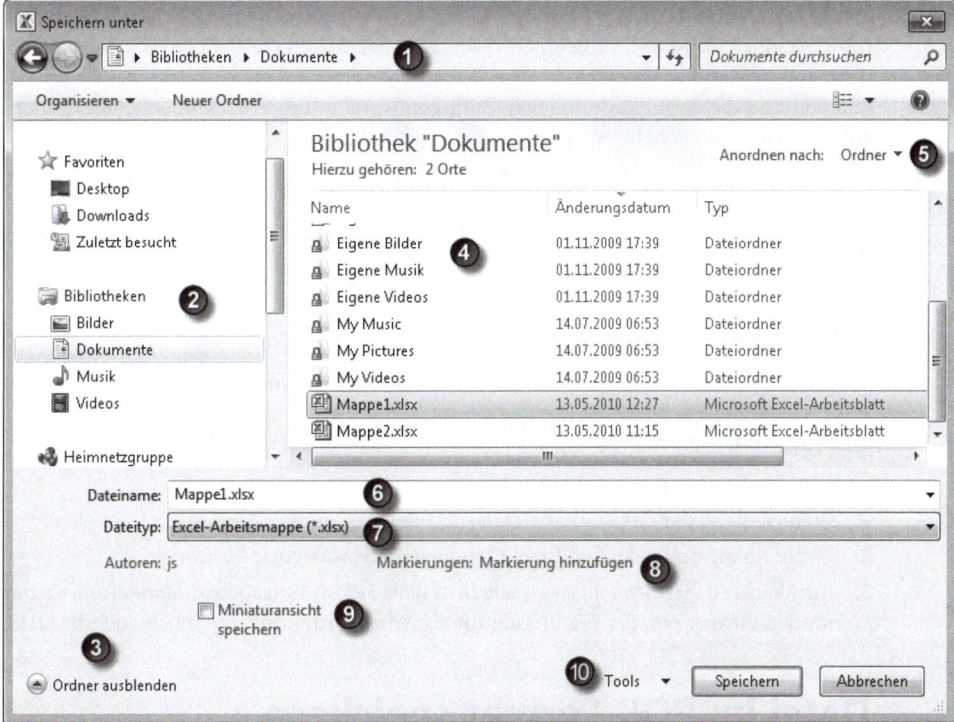

Im Listenfeld *Ordner* (Punkt 1 in Abbildung 3.7) wählen Sie den Speicherort aus der Liste zuvor besuchter Orte aus oder wechseln in einen anderen Ordner.

Wird das Dialogfeld vollständig angezeigt, sind auf der linken Seite verschiedene Linkfavoriten angeordnet (Punkt 2). Klicken Sie diese an, wird das Listenfeld auf der rechten Seite aktualisiert.

Über die Schaltfläche *Ordner ausblenden* (Punkt 3) wird die Ordnerstruktur ausgeblendet. Der eingestellte Pfad bleibt sichtbar. Damit können Sie auch im reduzierten Dialogfeld weiterhin den Speicherort wählen.

Die aufgelisteten Ordner und Dokumente (Punkt 4) können Sie nach den angezeigten Eigenschaften sortieren, wenn Sie die jeweilige Überschrift anklicken. Klicken Sie auf *Änderungsdatum*, um die aktuellsten Dateien an den Anfang zu sortieren. Klicken Sie erneut auf *Änderungsdatum*, um die Dateien aufsteigend zu sortieren.

Über das Listenfeld *Anordnen nach* (Punkt 5) stellen Sie einen Filter für die Anzeige im Listenfeld ein. Wählen Sie beispielsweise den Eintrag *Autor*, werden die Ordner ausgeblendet und statt des Dateinamens werden die Namen des jeweiligen Autors angezeigt.

Im Eingabefeld *Dateiname* (Punkt 6) tragen Sie den gewünschten Dateinamen ein. Wenn Sie im Listenfeld eine Datei markieren, wird deren Name hier eingetragen.

Im Listenfeld *Dateityp* (Punkt 7) können Sie das Dateiformat einstellen, das für diese Datei verwendet werden soll. Abhängig von diesem Dateityp ergänzt Excel den Dateinamen um eine Dateierweiterung, welche den Dateityp identifiziert.

Direkt unter dem Dateityp ist über *Markierung hinzufügen* (Punkt 8) auch Gelegenheit, weitere Informationen als Markierung (auch Dokumenteigenschaft) festzulegen. Einträge, die Sie hier vornehmen, werden als *Kategorie* in den Dokumenteigenschaften eingetragen. Die Dokumenteigenschaften und die damit verbundenen Optionen werden unter »Dokumenteigenschaften eintragen« auf Seite 102 noch genauer vorgestellt.

Eine interessante Möglichkeit bietet Ihnen das Kontrollkästchen *Miniaturansicht speichern* (Punkt 9). Wenn Sie dieses Kontrollkästchen aktivieren, können Sie im Dialogfeld *Öffnen* eine Vorschau auf das erste Blatt einer Mappe anzeigen lassen und damit künftig vorab entscheiden, ob es sich um die gewünschte Datei handelt.

Einen Arbeitsordner festlegen

In den Dialogfeldern zum Öffnen und Speichern ist als Arbeitsordner *Dokumente* aus Ihrem Benutzerprofil voreingestellt. Diese Voreinstellung können Sie ändern, wenn Sie Ihre Dateien in einem anderen Ordner speichern wollen.

So legen Sie einen anderen Arbeitsordner fest:

1. Wählen Sie in der Registerkarte *Datei* den Befehl *Optionen*.
2. Wechseln Sie im Dialogfeld *Excel-Optionen* in die Kategorie *Speichern*.
3. Im Abschnitt *Arbeitsmappen speichern* tragen Sie im Eingabefeld *Standardspeicherort* den Pfad für den Ordner ein, den Sie in Zukunft als Arbeitsordner nutzen möchten (z.B. *C:\Daten*).

Datei im PDF-Format speichern

Für das Speichern im PDF-Format benötigen Sie in Excel 2010 kein Add-In mehr, das Dateiformat ist bereits nach der Standardinstallation verfügbar.

Um eine Datei im PDF-Format zu speichern, gehen Sie wie folgt vor:

1. Erstellen Sie die Datei wie gewünscht oder öffnen Sie die Datei, welche im PDF-Format gespeichert werden soll.
2. Wählen Sie auf der Registerkarte *Datei* den Befehl *Speichern unter*.
3. Im Dialogfeld *Speichern unter* legen Sie den Speicherort fest und tragen den Dateinamen ein.
4. Legen Sie als Dateityp *PDF (*.pdf)* fest.

Speichern von Dateien

5. Klicken Sie auf die Schaltfläche *Optionen*, um spezielle Eigenschaften für das PDF-Dokument vorzunehmen (Abbildung 3.8), und schließen Sie das Dialogfeld *Optionen* über *OK*.
6. Wählen Sie die Schaltfläche *Speichern*, um den Vorgang abzuschließen.

Abbildg. 3.8   Legen Sie fest, ob z.B. das gesamte Dokument oder nur bestimmte Seiten ausgegeben werden sollen

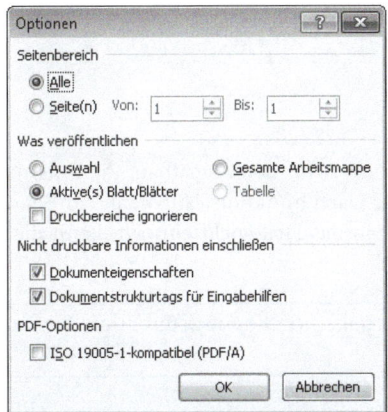

PDF-Format – was ist das?

Das Portable Document Format (PDF) ist ein plattformübergreifendes Dateiformat für Dokumente, das von der Firma Adobe Systems entwickelt wurde. Dateien verschiedenen Ursprungs lassen sich als PDF-Dokumente speichern und mit einem Leseprogramm (z.B. dem kostenlosen Adobe Reader) öffnen und drucken. PDF-Dateien geben das in der ursprünglichen Datei erzeugte Layout in einer vom eingestellten Drucker unabhängigen Darstellung wieder und Excel bettet die verwendeten Schriftarten ein. Daher ist dieses Format ideal für die Weitergabe geeignet.

Mehr zum PDF-Format finden Sie im Internet unter *http://www.adobe.com/de/products/acrobat/adobepdf.html*.

Speicheroptionen für die Datei einstellen

Im Dialogfeld *Speichern unter* können Sie über die Schaltfläche *Tools* einige interessante Einstellungen vornehmen. Über den Befehl *Allgemeine Optionen* blenden Sie ein gleichnamiges Dialogfeld ein. Dort finden Sie das Kontrollkästchen *Sicherungsdatei erstellen*. Diese Einstellung veranlasst Excel dazu, vor dem Speichern zu prüfen, ob bereits eine Datei mit dem gleichen Namen wie die aktuelle Datei im eingestellten Zielordner vorhanden ist. Ist dies der Fall, wird diese Datei umbenannt und die aktuelle Datei unter dem gewünschten Namen gespeichert. Was sich vielleicht etwas umständlich anhört, ist nichts anderes, als dass die ursprüngliche Version unter einem anderen Namen gespeichert wird. Sie haben also beim erneuten Speichern eine Sicherungskopie angelegt. Angenommen, Sie haben diese Einstellung für eine Datei mit dem Namen *Mappe2.xlsx* verwendet, wird die Sicherungskopie unter dem Namen *Sicherungskopie von Mappe2.xlk* gespeichert.

> **HINWEIS** Auch wenn die Dateinamenerweiterung der Sicherungskopie wie in den früheren Versionen nur drei Buchstaben enthält, wird die Datei dennoch im neuen XML-basierten Dateiformat gespeichert.

Abbildg. 3.9   Beim Speichern zusätzliche Optionen einstellen (mehr zu den Weboptionen finden Sie in Kapitel 27)

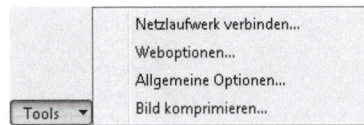

Über *Allgemeine Optionen* können Sie ein Kennwort für den Zugriff auf die Datei vergeben. Dabei tritt das *Kennwort zum Öffnen* beim Öffnen der Datei in Aktion. Nur wenn der Benutzer das Kennwort kennt und in der richtigen Schreibweise in das Dialogfeld einträgt, kann die Datei geöffnet werden. Ansonsten wird der Zugriff verweigert.

> **WICHTIG** Berücksichtigen Sie bei der Vergabe von Kennwörtern, dass Sie (auch später) die Groß-/Kleinschreibung beachten müssen!

Das *Kennwort zum Ändern* zeigt Ihnen dagegen beim Öffnen einen Warnhinweis auf den Dateischutz an. Damit erhalten Sie einen Hinweis auf besonders wichtige Daten und können selbst entscheiden, ob Sie diese ändern wollen. Wenn Sie die Datei später speichern wollen, müssen Sie das Kennwort angeben. Ansonsten wird die Datei schreibgeschützt geöffnet: Das bedeutet, dass die Datei zwar gelesen und geändert werden kann, wollen Sie die Änderungen speichern, müssen Sie die Datei allerdings unter einem anderen Namen ablegen. Die Datei ist also vor versehentlichem Überschreiben geschützt.

Dokumenteigenschaften eintragen

Allgemeine Informationen zum Inhalt der Arbeitsmappe, wie z.B. Autor, Titel, Betreff, Schlüsselwörter oder auch einen Kommentar usw. können Sie in den Dokumenteigenschaften eintragen. Aktivieren Sie über die Registerkarte *Datei* die neue Backstage-Ansicht und dort die Kategorie *Informationen*, werden die Eigenschaften der aktiven Arbeitsmappe auf der rechten Seite in der Backstage-Ansicht angezeigt. Die Kategorie *Informationen* ist nur wählbar, wenn eine Datei geöffnet ist.

In der Backstage-Ansicht können Sie die Eigenschaften (Punkt 1 in Abbildung 3.10) einsehen **und** ändern. Klicken Sie dazu auf einen bestehenden Eintrag und überschreiben Sie diesen.

Ist noch kein Eintrag vorhanden, klicken Sie auf den grauen Text, z.B. *Autor hinzufügen* (Punkt 2). Tragen Sie dann den gewünschten Namen ein. Wenn das Eingabefeld aktiv ist oder Sie mit der Maus auf den Eintrag *Autor hinzufügen* zeigen, werden zwei Schaltflächen angezeigt, mit denen Sie die Kontaktdaten für den eingetragenen Namen überprüfen können oder im Adressbuch nach einem Kontakt durchsuchen können.

Abbildg. 3.10 Die Eigenschaften sind in der Backstage-Ansicht auch editierbar

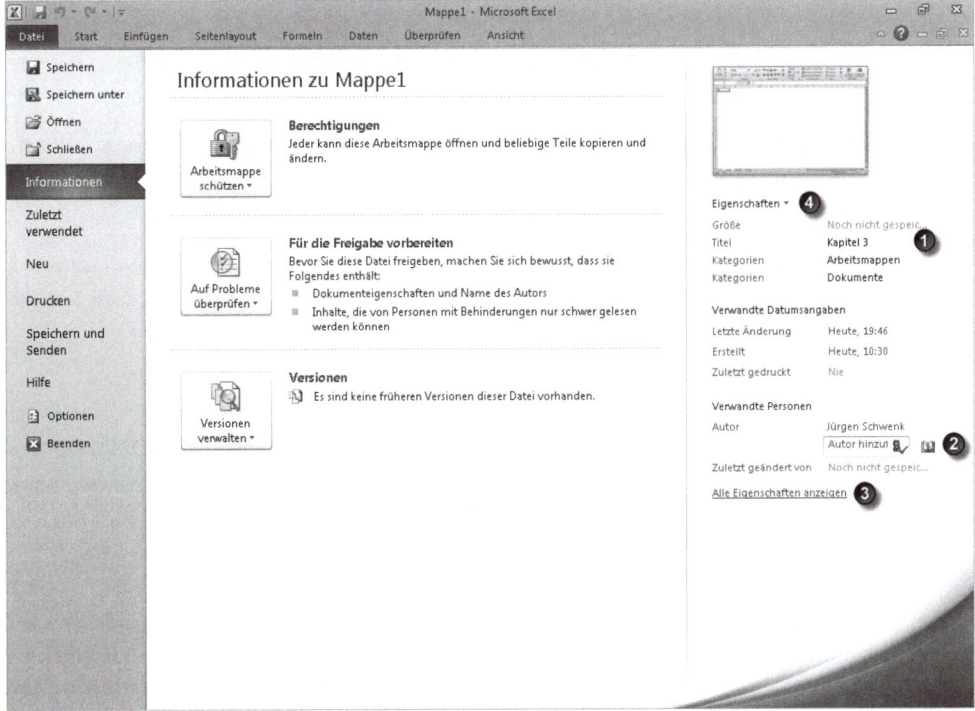

Über *Autor hinzufügen* wird das Adressbuch geöffnet und Sie können Autoren hinzufügen. Außerdem können Sie weitere Aktionen ausführen, etwa eine E-Mail schreiben oder eine Besprechung planen. Ein Mausklick auf den Pfeil nach unten erlaubt den direkten Zugriff auf verschiedene Adressbestandteile.

Abbildg. 3.11 Sie können weitere Autoren aus dem Adressbuch hinzufügen

Für eine bereits gespeicherte Datei wird zusätzlich der Befehl *Dateispeicherort öffnen* angezeigt. Dieser startet den Windows-Explorer mit dem angegebenen Ordner.

Alle Eigenschaften anzeigen (Punkt 3) bringt weitere Eigenschaften, wie z.B. *Betreff* oder *Firma*, in die Backstage-Ansicht. Auch diese Eigenschaften können Sie auf die beschriebene Art und Weise festlegen.

Wählen Sie im Listenfeld *Eigenschaften* (Punkt 4) den Unterbefehl *Dokumentbereich anzeigen*, wird der Aufgabenbereich für Dokumenteigenschaften unter dem Menüband angezeigt.

Kapitel 3 Arbeitsmappen erstellen, speichern und öffnen

Abbildg. 3.12 Dokumenteigenschaften werden direkt im Arbeitsfenster angezeigt und dort auch editiert

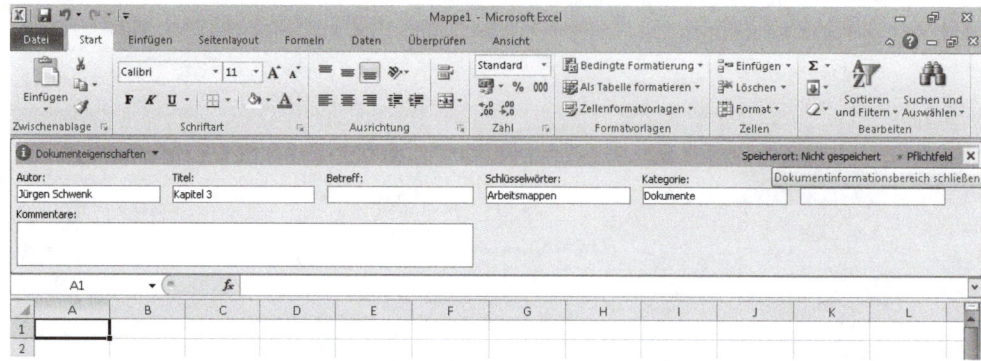

Wählen Sie dagegen den Unterbefehl *Erweiterte Eigenschaften*, werden zusätzliche Dateieigenschaften im Dialogfeld *Eigenschaften* wie im Windows-Explorer (Kontextmenü) angezeigt.

Wie Sie weitere Dokumenteigenschaften festlegen und mit Tabelleninhalten verknüpfen können, erfahren Sie in Kapitel 19.

Versionen verwalten

Über *Datei/Informationen/Versionen verwalten/Nicht gespeicherte Arbeitsmappen wiederherstellen* können Sie Dateien öffnen, die nicht gespeichert wurden. Klicken Sie auf diesen Befehl, wird das Dialogfeld *Öffnen* mit dem Ordner *C:\Users\<Benutzername>\AppData\Local\Microsoft\Office \UnsavedFiles* geöffnet. Dort werden von Excel 2010 die nicht gespeicherten Dateien für vier Tage abgelegt, bevor sie gelöscht werden.

Damit dieses Feature zur Verfügung steht, müssen im Dialogfeld *Excel-Optionen* in der Kategorie *Speichern* die Kontrollkästchen *AutoWiederherstellen-Informationen speichern* und *Beim Schließen ohne Speichern die letzte automatisch gespeicherte Version beibehalten* aktiviert sein, was standardmäßig der Fall ist. Den zeitlichen Abstand dieser Speicherung stellen Sie über das Feld *Minuten* ein. Möglich sind hier Werte zwischen 1 und 120. Bei einem Absturz des Computers oder im Falle eines unerwarteten Stromausfalls öffnet Excel die AutoWiederherstellen-Datei beim nächsten Starten.

Auch wenn Sie eine Datei ändern und diese vor dem Schließen nicht speichern, wird beim erneuten Öffnen die veränderte Datei angezeigt. Dieses Verhalten ist neu in Excel 2010 und bietet zusätzliche Sicherheit vor dem versehentlichen Verwerfen von Änderungen. Mehr dazu finden Sie im Abschnitt »Excel und die Datensicherheit« ab Seite 113 in diesem Kapitel.

Arbeitsmappe schützen

Das Thema Schutz wird immer wichtiger und dies spiegelt sich auch in Excel wieder. So bietet die Backstage-Ansicht Zugriff auf eine ganze Reihe von Möglichkeiten, um den Zugriff auf eine Datei einzuschränken.

Abbildg. 3.13 Sie können Zugriffsrechte auf Dateiebene einstellen

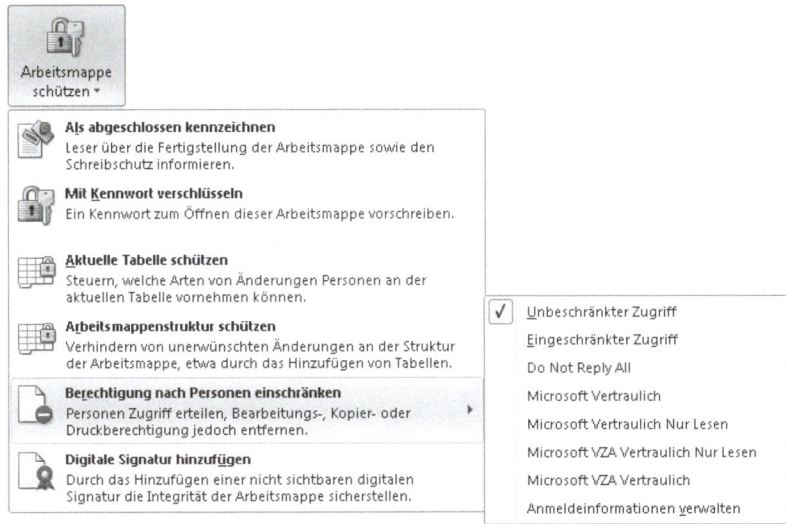

Über die Option *Mit Kennwort verschlüsseln* können Sie ein Kennwort festlegen, das zum Öffnen der Datei angefordert wird. Vorsicht: Ohne dieses Kennwort kann die Arbeitsmappe nicht geöffnet werden!

HINWEIS   Welchen Regeln ein Kennwort folgen muss, wird über entsprechende Schlüssel in der Registry festgelegt. Weil es durchaus vorkommt, dass ein Benutzer ein Kennwort vergisst, kann im Firmennetzwerk die Vergabe eines Kennworts vom Administrator auch unterbunden und dadurch ein eventueller Datenverlust verhindert werden.

Über *Arbeitsmappenstruktur schützen* können Sie sowohl die Struktur als auch das Fenster einer Arbeitsmappe mit einem Passwort schützen. Diesen Befehl, der das aus früheren Versionen bekannte Dialogfeld *Struktur und Fenster schützen* anzeigt, können Sie auch über die Registerkarte *Überprüfen* ausführen.

Wie Sie eine Arbeitsmappe als abgeschlossen kennzeichnen und eine digitale Signatur hinzufügen, erfahren Sie unter »Eine Arbeitsmappe signieren« ab Seite 123 in diesem Kapitel. Wie Sie den Befehl *Aktuelle Tabelle schützen* einsetzen, erfahren Sie in Kapitel 4. Mehr zum Thema Blattschutz zeigt auch Kapitel 9.

Persönliche Informationen entfernen

Beim Arbeiten mit einem Dokument fügen Sie vielleicht eine Reihe von Informationen ein, welche über den reinen Inhalt hinausgehen und beispielsweise einen bestimmten Stand der Arbeiten dokumentieren. Solche Informationen werden häufig z.B. in Kommentaren oder auch auf ausgeblendeten Arbeitsblättern abgelegt. Wenn die Arbeitsmappe weitergegeben wird, sollen vielleicht bestimmte Informationen aus der Mappe entfernt werden, weil sie vertraulich und nicht für jedermann bestimmt sind. Um die persönlichen Informationen zu entfernen, ist in Excel eine Dokumentprüfung integriert.

WICHTIG Sie sollten die Dokumentprüfung auf eine Kopie der Arbeitsmappe anwenden, weil nicht alle Aktionen rückgängig gemacht werden können.

Öffnen Sie also eine Kopie der Arbeitsmappe, die Sie weitergeben möchten, und rufen Sie die Dokumentprüfung wie folgt auf:

1. Öffnen Sie die Registerkarte *Datei*.
2. Wählen Sie in der Kategorie *Informationen* den Befehl *Auf Probleme überprüfen* und klicken Sie auf *Dokument prüfen*.
3. Im Dialogfeld *Dokumentprüfung* aktivieren Sie die betreffenden Kontrollkästchen für die durchzuführende Prüfung.
4. Klicken Sie auf *Prüfen*.

Im Dialogfeld *Dokumentprüfung* (Abbildung 3.14) können Sie die einzelnen Prüfungen über Kontrollkästchen ein- bzw. ausschalten.

Abbildg. 3.14 Über die Kontrollkästchen können Sie die Optionen für die Dokumentprüfung steuern

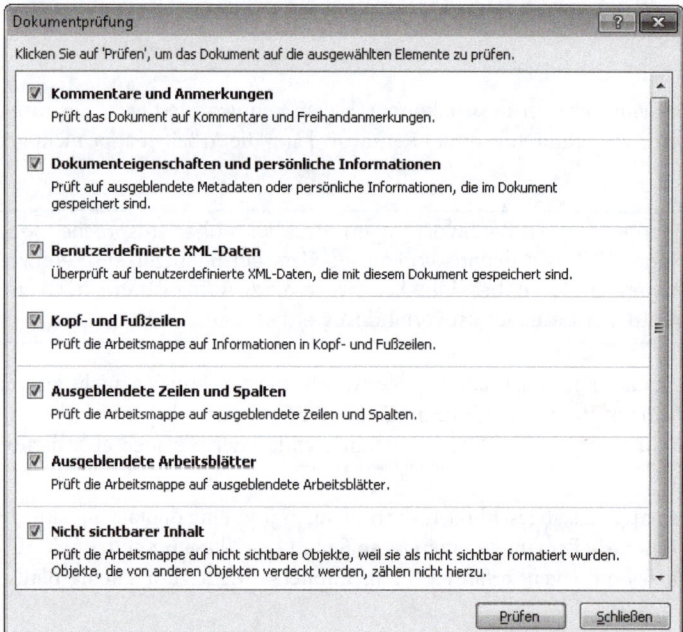

Das Ergebnis der Prüfung wird im Dialogfeld *Dokumentprüfung* angezeigt. Wählen Sie die Schaltfläche *Alle entfernen*, um gefundene Informationen einer Kategorie zu entfernen.

HINWEIS Nicht immer ist das Entfernen der Informationen erforderlich, weil das Einfügen des Dateinamens oder des Datums in der Kopfzeile nicht wirklich eine persönliche Information darstellt. Prüfen Sie daher die Fundstellen und entscheiden Sie selbst.

Abbildg. 3.15 Die Dokumentprüfung zeigt das Ergebnis der Prüfung an und erwartet Ihre Aktion

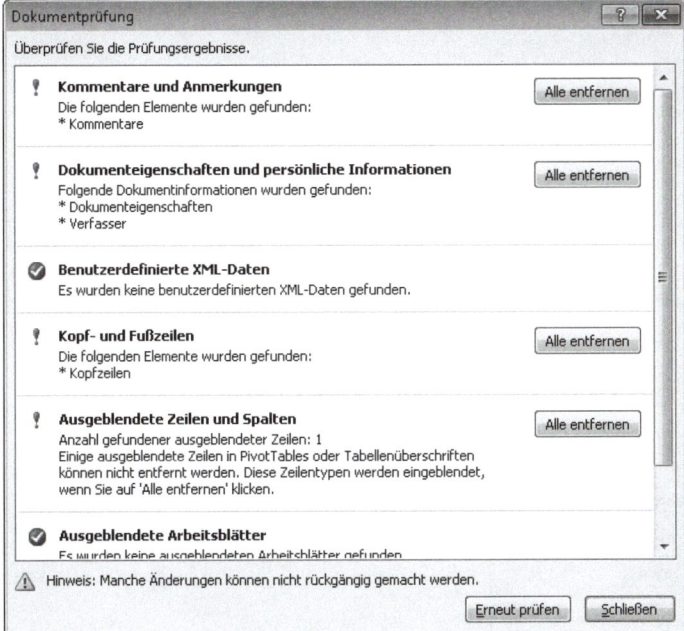

Weitere Hinweise finden Sie in der Hilfe unter *Entfernen von ausgeblendeten Daten und persönlichen Informationen durch Prüfen von Arbeitsmappen*.

Prüfung auf Barrierefreiheit

Über *Datei/Informationen/Auf Probleme überprüfen/Barrierefreiheit überprüfen* können Sie Arbeitsmappen auf Inhalte überprüfen, die eventuell für Personen mit Behinderungen schwer lesbar sind. Diese in Excel 2010 neu eingeführte Überprüfung hilft aber auch dabei, den Inhalt einer Arbeitsmappe zu strukturieren. So werden die Standardnamen der Arbeitsblätter ebenso beanstandet wie verbundene Zellen oder fehlender Alternativtext bei Grafiken, PivotTables und Diagrammen.

Das Ergebnis der Überprüfung wird im Aufgabenbereich *Barrierefreiheitsprüfung* in den drei Kategorien *Fehler*, *Warnung* und *Tipp* angezeigt. Dort wird auch eine Erklärung für die Beanstandung sowie ein Hinweis auf die Behebung genannt.

Abbildg. 3.16 Wenn Sie den Aufgabenbereich *Barrierefreiheitsprüfung* angezeigt lassen, wird dieser bei Änderungen an der Arbeitsmappe aktualisiert

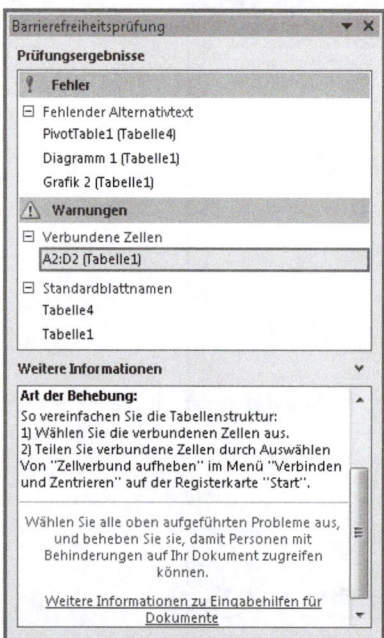

Dateien konvertieren

Um eine Datei fremden Ursprungs mit Excel zu öffnen, stellen Sie im Dialogfeld *Öffnen* den entsprechenden Dateityp über das Listenfeld *Dateityp* ein. Die Einstellungen zum Dateityp funktionieren einschränkend wie ein Filter, sodass nur dem Filter entsprechende Dateien angezeigt werden. Alternativ können Sie auch den Filter *Alle Dateien (*.*)* einstellen und damit sämtliche in einem Ordner vorhandenen Dateien anzeigen lassen.

Dateien, die in älteren Versionen von Excel gespeichert wurden, werden im Kompatibilitätsmodus geöffnet, wie der Hinweis in der Titelleiste in Abbildung 3.17 zeigt. In der Backstage-Ansicht wird dann der zusätzliche Befehl *Konvertieren* angezeigt.

TIPP Wurde eine Datei gespeichert, zeigt die Backstage-Ansicht auf der Registerkarte *Informationen* unter dem Dateinamen den kompletten Pfad zur Datei in einem Textfeld an. Sie können den Pfad dort markieren und an einen beliebigen Ort kopieren.

Beim Arbeiten im Kompatibilitätsmodus bleibt das Dateiformat der Arbeitsmappe erhalten, die Datei kann nach dem Speichern mit Excel 2010 problemlos in der früheren Version wieder geöffnet werden.

Abbildg. 3.17 Im Kompatibilitätsmodus enthält die Registerkarte *Datei* zusätzlich den Befehl *Konvertieren*

Wenn Sie sich für eine Aktualisierung der Arbeitsmappe auf das aktuelle Dateiformat entscheiden, können Sie die Kompatibilität der aktualisierten Arbeitsmappe mit früheren Versionen von Excel überprüfen. Damit lässt sich ein Datenverlust oder Verlust bei der Wiedergabegenauigkeit beim Öffnen der Arbeitsmappe in einer früheren Version von Excel vermeiden.

Konvertieren einer Arbeitsmappe in das aktuelle Dateiformat

Um eine Arbeitsmappe in das aktuelle Dateiformat zu konvertieren, gehen Sie wie folgt vor:

1. Öffnen Sie die Arbeitsmappe, die Sie in das aktuelle Dateiformat konvertieren möchten.
2. Die Arbeitsmappe wird im Kompatibilitätsmodus geöffnet.
3. Öffnen Sie die Registerkarte *Datei* und wählen Sie in der Kategorie *Informationen* den Befehl *Konvertieren*.
4. Excel zeigt das Dialogfeld *Speichern unter* an. Speichern Sie die Datei unter einem anderen Namen.
5. Klicken Sie auf *OK*, wenn eine Meldung zum Konvertieren von Arbeitsmappen angezeigt wird.

Abbildg. 3.18 Bestätigen Sie hier die Konvertierung in das neue Dateiformat

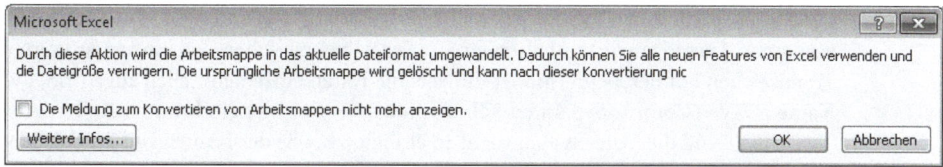

> **TIPP** Aktivieren Sie das Kontrollkästchen *Die Meldung zum Konvertieren von Arbeitsmappen nicht mehr anzeigen*, wenn Sie diese Meldung künftig unterdrücken möchten.

6. Zum Arbeiten im aktuellen Dateiformat klicken Sie in der folgenden Meldung auf *Ja*. Damit wird die Arbeitsmappe geschlossen und im neuen Format erneut geöffnet.

WICHTIG Die Konvertierung ist damit abgeschlossen. Die Arbeitsmappe wurde durch eine Kopie im aktuellen Dateiformat (.*xlsx*) ersetzt. Nach der Konvertierung ist die Arbeitsmappe nicht mehr im ursprünglichen Dateiformat verfügbar. Wenn Sie die Datei im ursprünglichen Format erhalten wollen, wählen Sie statt der Konvertierung den Befehl *Speichern unter* und wählen das neue Dateiformat aus.

In einem Textformat speichern und öffnen

Sie können Dateien auch in anderen als den Excel-Dateiformaten speichern. Dazu stellen Sie im Dialogfeld *Speichern unter* das gewünscht Format über das Listenfeld *Dateityp* ein. Um eine solche Datei später mit Excel zu öffnen, stellen Sie im Dialogfeld *Öffnen* den entsprechenden Dateityp ein. Kennen Sie den Dateityp nicht, wählen Sie den Eintrag *Alle Dateien (*.*)*.

Bei den meisten Dateiformaten konvertiert Excel beim Speichern allerdings nur das aktive Blatt. Um die anderen Blätter zu konvertieren, wechseln Sie zu dem jeweiligen Blatt und speichern dieses ebenfalls separat ab.

Textdateiformate

Wenn Sie eine Arbeitsmappe im Textformat speichern, erfolgt dies meist, weil praktisch jede Anwendung ein Textformat importieren kann. Das Textformat ist damit hervorragend für den Datenaustausch geeignet. Außerdem benötigen die Daten wegen der fehlenden Formatierungen nur wenig Speicherplatz.

WICHTIG Wenn Sie ein Arbeitsblatt als Textdatei speichern, gehen die meisten Formate verloren. Es werden auch keine Formeln, Kommentare, Grafiken, eingebettete Diagramme oder AutoFormen gespeichert.

Dateien im CSV-Format öffnen

Bei der Installation von Excel werden Dateien mit der Dateiendung »CSV« standardmäßig mit Excel verknüpft. Diese Dateien enthalten ein Trennzeichen zwischen den einzelnen Werten. Durch dieses Trennzeichen können beim Import in Excel die Daten einzelnen Zellen zugeordnet werden. Wie der Name »CSV« (**C**omma **S**eparated **V**alue) andeutet, wird hier ein Komma als Trennzeichen erwartet. Tatsächlich sind die Dateien aber nicht so einheitlich, wie der Name glauben machen könnte. Daher kann es beim Öffnen einer CSV-Datei mit Excel vorkommen, dass die Inhalte in einer einzigen Spalte angeordnet sind. Excel verwendet beim Öffnen und Speichern von CSV-Dateien das Trennzeichen, das Sie in den *Excel-Optionen* in der Kategorie *Erweitert* im Abschnitt *Optionen bearbeiten* festlegen. Üblicherweise ist dort das Kontrollkästchen *Trennzeichen vom Betriebssystem übernehmen* aktiviert. Welches Zeichen dort eingestellt ist, können Sie überprüfen, indem Sie *Start/Systemsteuerung/Zeit, Sprache und Region/Region und Sprache* wählen und im Dialogfeld *Region und Sprache* auf der Registerkarte *Formate* die Schaltfläche *Weitere Einstellungen* anklicken. Im Dialogfeld *Format anpassen* ist auf der Registerkarte *Zahlen* die Einstellung *Listentrennzeichen* verantwortlich für das Verhalten im Umgang mit CSV-Dateien.

Dateien konvertieren

Wenn Sie an den Systemeinstellungen nichts ändern wollen, können Sie auch die importierte Datei überarbeiten. Markieren Sie dazu die Spalte mit den importierten Daten und wählen Sie auf der Registerkarte *Daten* in der Gruppe *Datentools* den Befehl *Text in Spalten*. Daraufhin wird der *Textkonvertierungs-Assistent* gestartet. Achten Sie darauf, dass die Option *Getrennt* aktiviert ist und klicken Sie auf die Schaltfläche *Weiter*.

Abbildg. 3.19 Der Textkonvertierungs-Assistent hilft auch bei der Umwandlung bereits importierter Daten

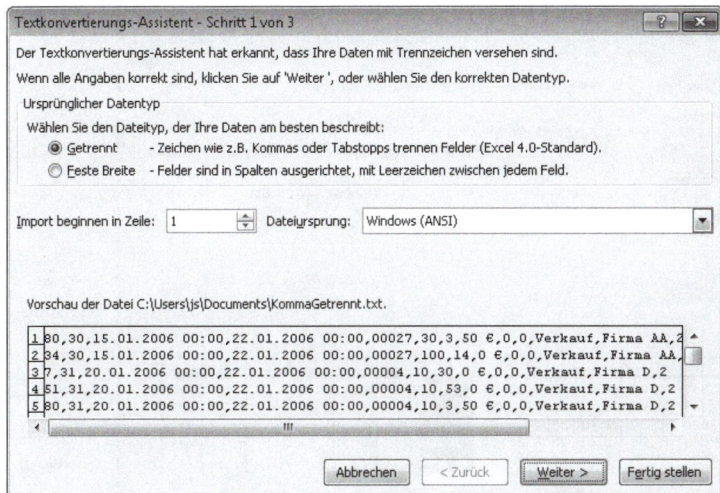

Im *Schritt 2 von 3* aktivieren Sie in der Gruppe *Trennzeichen* das Kontrollkästchen mit dem Trennzeichen in der Datei. Wenn Sie das Kontrollkästchen *Andere* aktivieren, können Sie im Eingabefeld daneben ein beliebiges Zeichen eintragen, welches die einzelnen Spalten trennt.

Abbildg. 3.20 Die aktualisierte Dateivorschau informiert Sie über die Auswirkungen der getroffen Auswahl

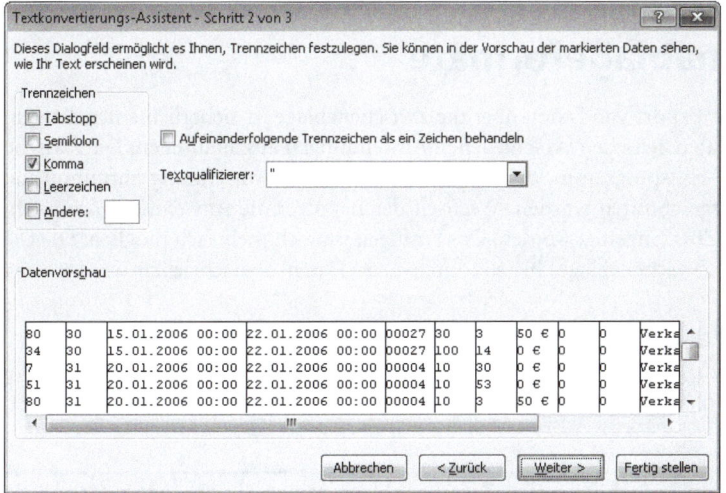

111

Klicken Sie auf die Schaltfläche *Weiter*, wenn Sie für einzelne Spalten ein bestimmtes Datenformat einstellen wollen. Wichtig kann dies z.B. beim Import von Telefonnummern oder Artikelnummern sein, weil Excel standardmäßig keine führende Null anzeigt. Um Zahlen mit führender Null korrekt zu importieren, markieren Sie im letzten Schritt des Textkonvertierungs-Assistenten in der Datenvorschau die betreffende Spalte und aktivieren die Option *Text*. Über die Schaltfläche *Fertig stellen* führen Sie die Zuordnung der Daten in einzelne Spalten durch.

Abbildg. 3.21 Für jede einzelne Spalte können Sie das Format einstellen

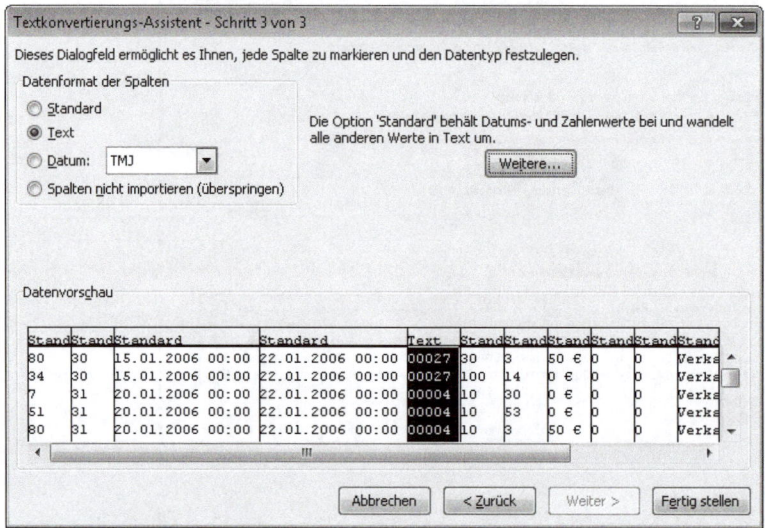

TIPP Aktivieren Sie die Option *Spalten nicht importieren (überspringen)*, wenn Sie Daten einer bestimmten Spalte nicht benötigen.

Zwischenablageformate

Der Import bzw. Export von Daten über die Zwischenablage ist sicherlich einer der gebräuchlichsten Wege, um Daten zwischen verschiedenen Anwendungen auszutauschen. Die Zwischenablage ist ein (Windows-) Hilfsprogramm, das dabei die Daten einer Anwendung aufnimmt, die entweder kopiert oder ausgeschnitten wurden. Wechselt der Benutzer die Anwendung, kann der Inhalt der Zwischenablage dort eingefügt werden. Das Einfügen ist auch mehrfach möglich. Die Daten bleiben so lange in der Zwischenablage, bis sie durch neue Daten überschrieben werden oder Windows beendet wird.

Sie können die Zwischenablage in Excel nutzen, indem Sie auf der Registerkarte *Start* in der Gruppe *Zwischenablage* den Befehl *Einfügen/Inhalte einfügen* verwenden. Die angebotenen Formate sind abhängig vom Inhalt der Zwischenablage. Weitere Informationen zur Zwischenablage liefert das Kapitel 29.

TIPP Den Aufgabenbereich *Zwischenablage* zeigen Sie an, indem Sie auf der Registerkarte *Start* auf das Startprogramm für Dialogfelder in der Gruppe *Zwischenablage* klicken.

Excel und die Datensicherheit

An jedem Arbeitsplatz gibt es wichtige Dokumente, die von zentraler Bedeutung sind und daher besser nicht verloren gehen sollten. Datensicherheit ist daher ein wichtiges Thema in der neuen Office-Version. Dabei werden zwei Aspekte unterschieden:

- Sicherheit bei einem unvorhersehbaren Ereignis, etwa Stromausfall, oder einem falschen Verhalten des Benutzers, etwa versehentliches nicht Speichern
- Sicherheit bei Dokumenten externen Ursprungs, die der Benutzer z.B. über das Internet oder per E-Mail erhalten hat

Für beide Szenarien hat die neue Version einige Verbesserungen zu bieten.

Wiederherstellen von Dateien

Microsoft Excel verfügt wie die anderen Microsoft Office-Anwendungen über Wiederherstellungsmechanismen, die Sie vor Datenverlusten schützen sollen. Diese sollen vor unerwarteten Anwendungsfehlern, wie Abstürzen oder Stromausfall, schützen. Nach einem Neustart von Excel wird der Aufgabenbereich *Dokumentwiederherstellung* zum Wiederherstellen betroffener Arbeitsmappen angezeigt. In Abbildung 3.22 sehen Sie ein Beispiel dafür.

Abbildg. 3.22   Nach einem Absturz bringt Sie Excel in allen Arbeitsmappen wieder an die Stelle, an der Sie unterbrochen wurden

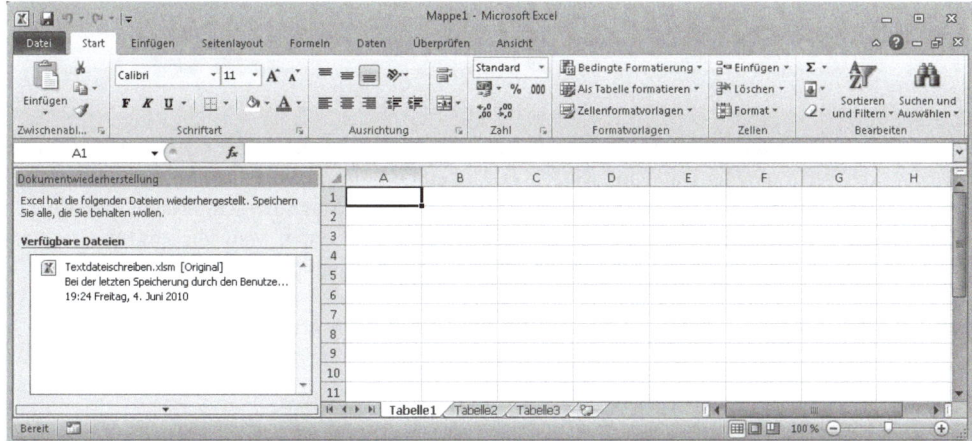

Um eine der im Aufgabenbereich *Dokumentwiederherstellung* angezeigten Arbeitsmappen wiederherzustellen, gehen Sie so vor:

1. Markieren Sie den Eintrag für die betreffende Arbeitsmappe.
2. Klicken Sie dann auf *Öffnen*.
3. Wählen Sie auf der Registerkarte *Datei* den Befehl *Speichern unter* und treffen Sie die entsprechenden Festlegungen für das Speichern.

Um eine der angebotenen Arbeitsmappen zu löschen, markieren Sie diese und klicken auf *Löschen*.

Wenn Sie Excel beenden und zuvor für keine der im Aufgabenbereich *Dokumentwiederherstellung* aufgeführten Dateien eine Aktion ausgeführt haben, zeigt Excel eine Warnmeldung an. Sie können dann entscheiden, ob Sie die Sicherungskopien der Dateien später einsehen wollen oder ob Excel diese entfernen soll.

Verschiedene Dateiversionen wiederherstellen

Neben der Möglichkeit, die AutoWiederherstellung in der Registerkarte *Datei* über den Befehl *Optionen* in der Kategorie *Speichern* zu aktivieren und die Speicherintervalle zu bestimmen, haben Sie in Excel 2010 jetzt die Möglichkeit, eine Datei mit dem Zustand wiederherzustellen, den diese vor dem Schließen ohne Speichern hatte. Ist das Kontrollkästchen *Beim Schließen ohne Speichern die letzte automatisch gespeicherte Version beibehalten* aktiv, wird beim erneuten Öffnen der Datei ein Hinweis auf die automatisch gespeicherte Version angezeigt und zwar

- in der Anwendungsleiste mit dem Speicherdatum der zuletzt gespeicherten Version und
- in der Statusleiste oberhalb der Bearbeitungsleiste, der sogenannten Business-Leiste.

Wollen Sie die Änderungen endgültig verwerfen, wählen Sie die Schaltfläche *Wiederherstellen* auf der Business-Leiste, um damit die zuletzt gespeicherte Version zu verwenden.

Abbildg. 3.23   Hinweis in der Business-Leiste auf die nicht gespeicherte Version mit den letzten Änderungen an der Datei

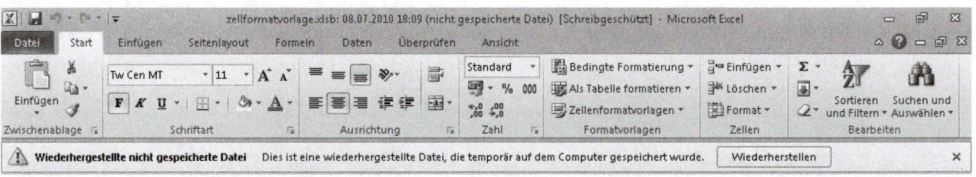

Für eine geöffnete Datei listet der Befehl *Datei/Informationen* in der Gruppe *Versionen* die verfügbaren Versionen der Datei auf. Klicken Sie auf einen Eintrag, wird diese Version geöffnet und der Hinweis aus Abbildung 3.25 angezeigt. Öffnen Sie die Backstage-Ansicht erneut, wird dort ebenfalls auf die wiederhergestellte Dateiversion hingewiesen. Über einen Mausklick mit der rechten Maustaste auf einen Eintrag können Sie einen Zwischenstand gezielt löschen.

Abbildg. 3.24   Immer auf dem aktuellen Stand mit der neuen Backstage-Ansicht

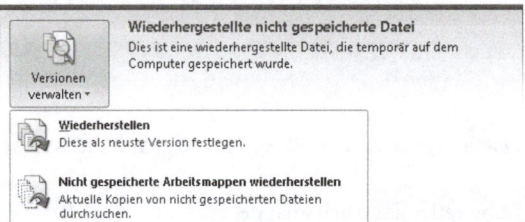

Nicht gespeicherte Dateien wiederherstellen

Excel 2010 speichert aber auch Dateien, welche Sie nicht explizit gespeichert haben. In der Backstage-Ansicht haben Sie folgende Möglichkeiten, automatisch gespeicherte Dateien zu öffnen:

- Über *Datei/Informationen/Versionen verwalten/Nicht gespeicherte Arbeitsmappen wiederherstellen* wird das Dialogfeld *Öffnen* angezeigt. Dabei wird der Standardspeicherort für nicht gespeicherte Dateien verwendet und die dort gespeicherten Dateien angelistet. Markieren Sie eine Datei und wählen Sie die Schaltfläche *Öffnen*.
- Über *Datei/Zuletzt verwendet/Nicht gespeicherte Arbeitsmappen wiederherstellen* wird das zuvor beschriebene Verfahren eingeleitet

Abbildg. 3.25   Excel kann nicht gespeicherte Dateien anzeigen

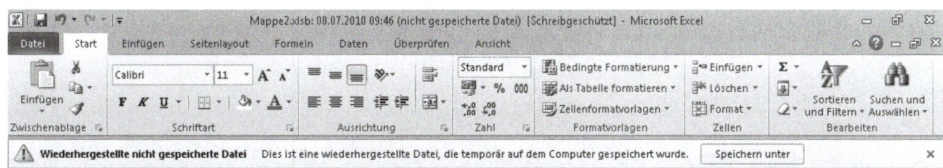

HINWEIS   Unter Windows 7 werden die Dateien im Ordner *C:\Users\<Benutzername>\App-Data\Local\Microsoft\Office\UnsavedFiles* gespeichert und bis zu vier Tagen nach der Erstellung aufbewahrt.

Sicherheit zuerst: vertrauenswürdige Speicherorte

Ein vertrauenswürdiger Speicherort ist ein Ordner auf der Festplatte oder in einem Netzwerk. Jede Datei, die Sie an einem vertrauenswürdigen Speicherort ablegen, wird beim Öffnen nicht durch das *Sicherheitscenter* geprüft. Enthält die Datei Makros, erhalten Sie keine Sicherheitswarnung, die Makros sind aktiviert und können verwendet werden. Dies bedeutet natürlich, dass Sie beim Erstellen vertrauenswürdiger Speicherorte vorsichtig vorgehen sollten.

Abbildg. 3.26   Über die Schaltfläche *Neuen Speicherort hinzufügen* können Sie Ordner für sicher erklären

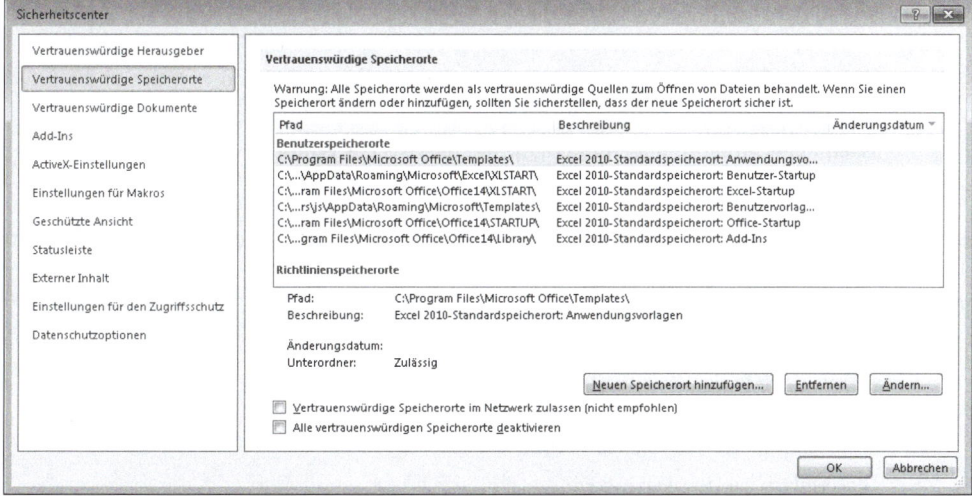

Bereits bei der Installation werden einige Ordner der Liste mit den vertrauenswürdigen Speicherorten hinzugefügt. Dazu zählen beispielsweise die Excel-Startordner sowie die Ordner, in denen die Vorlagen abgelegt sind. Die Informationen dazu werden in der Windows-Registrierungsdatenbank unter *HKEY_CURRENT_USER\Software\Microsoft\Office\14.0\Excel\Security\Trusted Locations* gespeichert.

Abbildg. 3.27   Wählen Sie den sicheren Ordner aus und geben Sie eine zusätzliche Beschreibung an

Geschützte Ansicht

Wenn Sie Arbeitsmappen aus dem Internet oder einem E-Mail-Anhang öffnen, werden diese zunächst in der geschützten Ansicht angezeigt. Das bedeutet, wenn die Arbeitsmappe keinen sonstigen Schutz hat, können Sie zumindest den Inhalt ohne Risiko prüfen. Für den vollen Funktionsumfang kann es jedoch erforderlich sein, dass Sie den Inhalt aktivieren.

WICHTIG   Beachten Sie, dass Berechnungen in der geschützten Ansicht eventuell den Fehlerwert *#Name?* anzeigen, wenn eine benutzerdefinierte Funktion über ein Makro bereitgestellt wird. Mehr zum Thema Makros finden Sie in Kapitel 30.

Im Dialogfeld *Öffnen* können Sie eine Datei auswählen und über die Optionen der Schaltfläche *Öffnen* die gewünschte Mappe ganz gezielt *In geschützter Ansicht öffnen*.

Wenn eine Arbeitsmappe in der geschützten Ansicht geöffnet wird, wird eine Sicherheitswarnung angezeigt.

Abbildg. 3.28   Sicherheitswarnung bei Dateien von vermeintlich unsicheren Speicherorten oder kritischem Inhalt

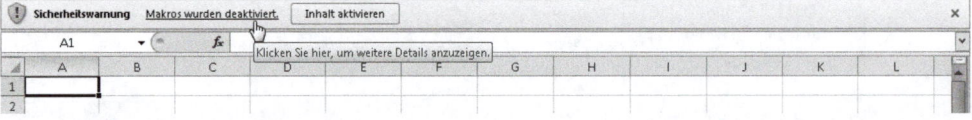

Die Sicherheitswarnung kann folgende Meldungen zeigen:

- *Makros wurden deaktiviert*
- *ActiveX-Steuerelemente wurden deaktiviert*

- *Datenverbindungen wurden deaktiviert*
- *Die automatische Aktualisierung von Hyperlinks wurde deaktiviert*
- *Diese Datei stammt von einem Internetspeicherort und kann ein Risiko darstellen* (diese Meldung wird unter Umständen auch für Dateien im Netzwerk angezeigt)
- *Diese Datei stammt aus einer E-Mail-Anlage und kann ein Risiko darstellen*
- *Diese Datei wurde von einem potenziell unsicheren Speicherort geöffnet*
- *Ein Problem mit dieser Datei wurde erkannt.* Zeigt ein Problem mit der Dateivalidierung. Die Dateivalidierung ist jetzt neu in Office 2010 und dabei werden nicht die Inhalte (etwa ob schädliche Makros enthalten sind), sondern die Struktur (binärer) Dateien geprüft, also ob die Datei den erwarteten Dateiaufbau hat.

Funktionell hat die Sicherheitswarnung immer dieselben Möglichkeiten, daher werden hier nur die Aktionen bei vorhandenen Makros gezeigt.

Klicken Sie auf den Hyperlink *Makros wurden deaktiviert*, wird die Backstage-Ansicht mit der Kategorie *Informationen* geöffnet.

Abbildg. 3.29 Die Backstage-Ansicht bietet nicht nur Zugriff auf Befehle, sondern zeigt den aktuellen Status der Datei

Klicken Sie auf die Schaltfläche *Inhalt aktivieren* und wählen Sie *Erweiterte Optionen*. Im Dialogfeld *Microsoft Office-Sicherheitsoptionen* können Sie den *Inhalt für diese Sitzung aktivieren*. Damit ist der aktive Inhalt verfügbar, aber beim wiederholten Öffnen wird die Warnung erneut angezeigt.

Wählen Sie in der Backstage-Ansicht den Befehl *Alle Inhalte aktivieren* oder klicken Sie in der Sicherheitswarnung auf *Inhalt aktivieren*, wird die Arbeitsmappe der Liste der vertrauenswürdigen Dokumente hinzugefügt. Beim erneuten Öffnen wird dann keine Warnmeldung mehr angezeigt.

Wenn Sie die Schaltfläche *Diese Meldung schließen* am rechten Rand wählen, wird die Sicherheitswarnung ausgeblendet. Die Datei bleibt aber in der geschützten Ansicht, was Sie in der Backstage-Ansicht sehen können. Dort bietet die Schaltfläche *Bearbeitung aktivieren* vollen Zugriff auf die Datei.

WICHTIG   In der geschützten Ansicht werden eventuell vorhandene automatisch startende Makros nicht ausgeführt. Erst wenn Sie den Inhalt aktivieren, werden solche Makros gestartet.

Vertrauenswürdige Dokumente

Beim Öffnen von Arbeitsmappen mit
- Makros
- ActiveX-Steuerelementen
- Datenverbindungen
- sonstigen aktiven Inhalten

wurden vor Excel 2007 beim Öffnen ein Dialogfeld angezeigt, über welches Sie die Frage nach dem Aktivieren des Inhalts beantworten mussten. In Excel 2007 wurde dieses Verhalten dahingehend geändert, dass die Datei geöffnet wurde und über die Schaltfläche die Makros aktiviert werden konnten. Das hat zwar den Vorteil, dass Sie den Inhalt der Datei auch ohne aktive Inhalte lesen konnten. Es hat jedoch den Nachteil, dass Sie bei jedem Öffnen erneut den Inhalt aktivieren müssen, das sogar auch dann, wenn Sie den Inhalt selbst erstellt haben.

Mit Excel 2010 wird dieses Verhalten um die Möglichkeit erweitert, für Dokumente mit aktiven Inhalten wie weiter oben beschrieben einmal festzulegen, dass dieser Inhalt aktiviert werden soll. Beim erneuten Öffnen werden Sie nicht mehr mit lästigen Dialogfeldern konfrontiert.

HINWEIS Die Information über vertrauenswürdige Dokumente wird in der Registry unter *HKEY_Current_User\Software\Microsoft\Office\14.0\Excel\Security\Trusted Documents\TrustRecords* gespeichert. Wenn Sie ein vertrauenswürdiges Dokument umbenennen oder in einen anderen Ordner verschieben, ist es damit nicht mehr vertrauenswürdig und die Meldung beim Öffnen wird wieder angezeigt. Auch wenn Sie die Datei im Netzwerk von einem anderen Rechner aus öffnen, wird die Warnung angezeigt.

Es ist künftig also nicht mehr erforderlich, eine solche Arbeitsmappe an einem vertrauenswürdigen Speicherort abzulegen. Im Sicherheitscenter finden Sie auf der Registerkarte *Vertrauenswürdige Dokumente* einige Einstellungen dazu. Dort ist auch die Möglichkeit vorhanden, über die Schaltfläche *Bereinigen* die Liste mit vertrauenswürdigen Dokumenten zu löschen. Die Dokumente selbst werden damit nicht gelöscht, sondern die Markierung in der Registry. Die Dokumente werden dann nach den vorhandenen Sicherheitsregeln geöffnet.

HINWEIS In einem Firmennetzwerk werden die Einstellungen eventuell vom Administrator vorgenommen, für Änderungen sind dann entsprechende Rechte erforderlich.

Das Sicherheitscenter öffnen

Die Einstellungen für Sicherheit und Datenschutz sowie der geschützten Ansicht und der Statusleiste in den Office-Programmen werden im Sicherheitscenter angepasst.

Und so ändern Sie die Einstellungen im Sicherheitscenter:

1. Wählen Sie den Befehl *Datei*.
2. Klicken Sie in der Backstage-Ansicht auf *Optionen*.
3. Klicken Sie im Dialogfeld *Excel-Optionen* auf die Kategorie *Sicherheitscenter*. Dort finden Sie Verknüpfungen mit weiterführenden Informationen zum Datenschutz und zur Sicherheit. Der Link *Programm zur Verbesserung der Benutzerfreundlichkeit* zeigt die Internetseite von Microsoft mit Informationen zu diesem Programm. Wenn Sie an diesem Programm teilnehmen, sendet Windows automatisch Informationen über Ihre Verwendung bestimmter Produkte an Microsoft. Ziel ist, dass Microsoft Probleme lösen und häufig verwendete Features optimieren kann.
4. Die Schaltfläche *Einstellungen für das Sicherheitscenter* führt Sie zum Sicherheitscenter. Dort werden verschiedene sicherheitsrelevante Einstellungen vorgenommen. Legen Sie hier vertrauenswürdige Herausgeber und Speicherorte oder das Verhalten beim Öffnen von Dateien mit ActiveX-Elementen fest.

Abbildg. 3.30   Die Sicherheitseinstellungen für externe Datenverbindungen werden im Sicherheitscenter vorgenommen

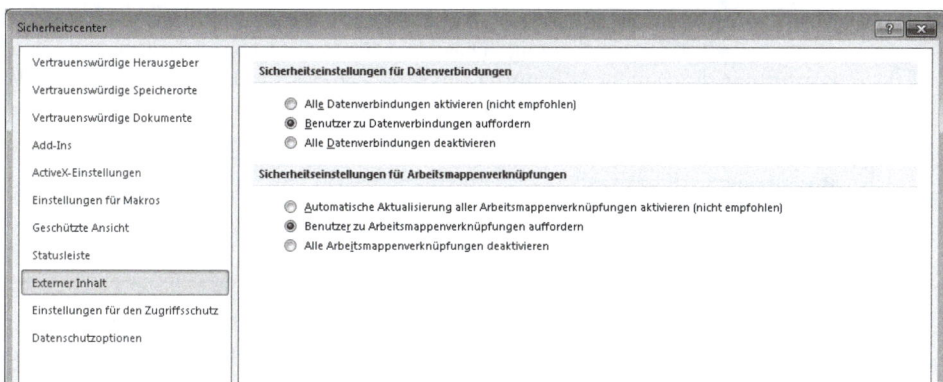

Mehr zu diesem Thema finden Sie in der Hilfe unter den Suchbegriffen *Anzeigen der Optionen und Einstellungen im Sicherheitscenter.*

Gemeinsam an einer Arbeitsmappe arbeiten

Wenn Sie Excel in einem Netzwerk einsetzen, können mehrere Benutzer gleichzeitig eine Arbeitsmappe öffnen und bearbeiten. Die Mitarbeiter einer Arbeitsgruppe können so z.B. eine zentrale Auftragsliste oder einen Kalender gemeinsam nutzen.

Exklusive Rechte sind Standard

Beim Öffnen einer Arbeitsmappe haben Sie zunächst exklusive Rechte für die Bearbeitung. Wenn ein weiterer Benutzer dieselbe Arbeitsmappe öffnen will, erhält er die Meldung, dass die Mappe bereits bearbeitet wird (siehe Abbildung 3.31).

Abbildg. 3.31   Hinweis, wenn die Mappe bereits von einem anderen Benutzer geöffnet wurde

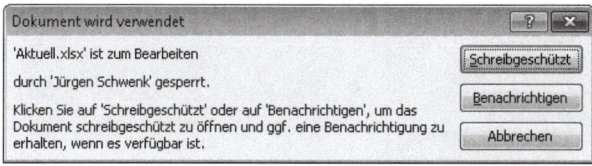

Wenn der zweite Benutzer lediglich Daten einsehen will, kann er die Arbeitsmappe schreibgeschützt öffnen. Sollen jedoch Änderungen erhalten bleiben, muss die Datei unter einem anderen Namen gespeichert werden. Über die Schaltfläche *Benachrichtigen* wird Excel veranlasst, in dem Moment eine Meldung anzuzeigen, wenn der zuerst angemeldete Benutzer die Arbeitsmappe schließt. Ist dies der Fall, wird dem zweiten Benutzer ein Dialogfeld angezeigt, das neben dieser Information auch die Möglichkeit bietet, die Arbeitsmappe im Lese-/Schreibmodus zu öffnen.

Eine Arbeitsmappe freigeben

Über die Registerkarte *Überprüfen* starten Sie in der Gruppe *Änderungen* mit dem Befehl *Arbeitsmappe freigeben* das gleichnamige Dialogfeld. Dort wird eine Arbeitsmappe für die gleichzeitige Bearbeitung durch mehrere Benutzer (maximal 256) verfügbar gemacht, wenn Sie das Kontrollkästchen *Bearbeitung von mehreren Benutzern zur selben Zeit zulassen* aktivieren. Die Mappe wird dann zunächst gespeichert.

WICHTIG Die Mappe bleibt so lange freigegeben, bis Sie über den Befehl *Arbeitsmappe freigeben* den Status wieder ändern. Das Schließen der Arbeitsmappe allein genügt nicht, um den Status zurückzusetzen.

Die Namen der angemeldeten Benutzer werden im Dialogfeld *Arbeitsmappe freigeben* angezeigt. Für die Anzeige wird der Name verwendet, den Sie in den *Excel-Optionen* in der Kategorie *Häufig verwendet* im Feld *Benutzername* eingetragen haben. Im Dialogfeld *Arbeitsmappe freigeben* (siehe Abbildung 3.32) können Sie über die Schaltfläche *Benutzer entfernen* auf der Registerkarte *Status* einen Benutzer wieder ausschließen. Mit anderen Worten: Der Benutzer ist nicht mehr mit der freigegebenen Arbeitsmappe verbunden und kann Änderungen nur noch unter einem anderen Dateinamen speichern.

Abbildg. 3.32 Mit der Schaltfläche *Benutzer entfernen* können Sie einen Benutzer von der freigegebenen Arbeitsmappe ausschließen

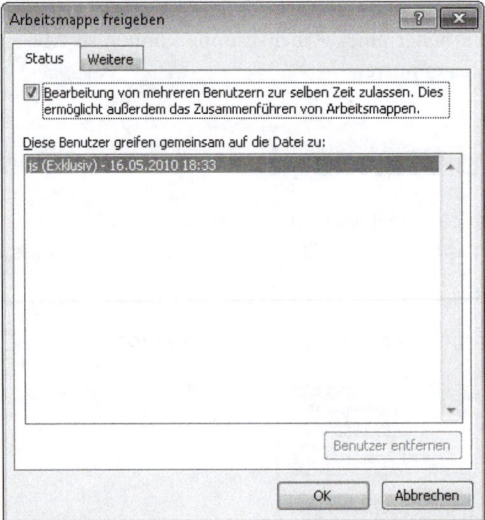

Auf der Registerkarte *Weitere* legen Sie fest, wie lange das Änderungsprotokoll gespeichert werden darf (maximal 32.767 Tage, Standard 30 Tage) und wie Excel mit den Änderungen verschiedener Benutzer verfahren soll.

In einer freigegebenen Arbeitsmappe können mehrere Benutzer gleichzeitig Daten eingeben und verändern, persönliche Druckereinstellungen und Filtereinstellungen verwenden usw. Allerdings können in einer freigegebenen Arbeitsmappe u.a. Zellen nicht zusammengefügt, keine bedingten

Formate und Gültigkeitsprüfungen festgelegt oder Änderungen des Layouts vorhandener Pivot-Tables vorgenommen werden.

PROFITIPP Wenn Sie ganz gezielt verhindern wollen, dass in einer Arbeitsmappe ein beliebiges Arbeitsblatt gelöscht werden kann, brauchen Sie dazu keine Makrolösung. Geben Sie stattdessen die Arbeitsmappe frei und Excel wacht über die Zahl der Arbeitsblätter.

Änderungen anzeigen

Wenn mehrere Benutzer Änderungen an einer Arbeitsmappe speichern, kann es mitunter interessant sein, festzustellen, wer welche Änderungen vorgenommen hat. Excel bietet zwei unterschiedliche Methoden an, solche Änderungen anzuzeigen.

Auf der Registerkarte *Überprüfen* können Sie mit dem Befehl *Änderungen nachverfolgen/Änderungen hervorheben* Änderungen auf dem Bildschirm anzeigen lassen, wenn Sie das Kontrollkästchen *Änderungen am Bildschirm hervorheben* aktivieren. Excel fügt dann in der linken oberen Ecke eine blaue Markierung (ähnlich dem Kommentarindikator) ein. Angezeigt werden dabei z.B. Änderungen an Zellinhalten, eingefügte und gelöschte Zellen. Nicht angezeigt werden dagegen Änderungen an der Formatierung und Kommentaren, eingeblendete bzw. ausgeblendete Zellen und Spalten.

Abbildg. 3.33   Auswahl für die anzuzeigenden Änderungen vornehmen

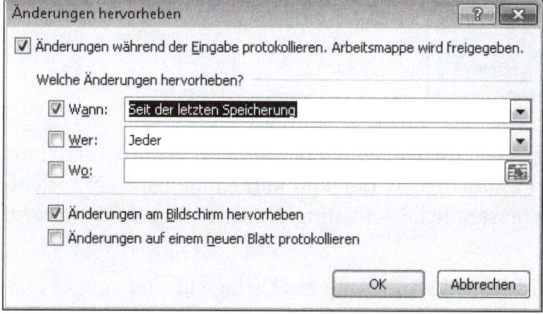

Das Protokoll anzeigen

Wenn Änderungen bereits gespeichert wurden, ist es möglich, diese in einem Protokoll anzeigen zu lassen. Auf der Registerkarte *Überprüfen* rufen Sie über den Befehl *Änderungen nachverfolgen/Änderungen hervorheben* das Dialogfeld *Änderungen hervorheben* auf und markieren das Kontrollkästchen *Änderungen während der Eingabe protokollieren* (siehe Abbildung 3.33). Dieses Kontrollkästchen aktiviert die Freigabe der Arbeitsmappe und das Änderungsprotokoll. Deaktivieren Sie die Kontrollkästchen *Wann*, *Wer* und *Wo*, um alle Änderungen anzuzeigen, und aktivieren Sie das Kontrollkästchen *Änderungen auf einem neuen Blatt protokollieren*. Nach dem Klick auf *OK* fügt Excel ein neues Arbeitsblatt ein, auf dem neben dem Datum und der Uhrzeit der Benutzername sowie weitere Informationen zur Änderung angezeigt werden.

HINWEIS Wenn Sie die Arbeitsmappe speichern oder schließen, entfernt Excel das Arbeitsblatt mit dem Protokoll. Wenn Sie das Protokoll nach dem Speichern einsehen möchten, müssen Sie das vorstehend beschriebene Verfahren wiederholen. Das gilt auch, wenn weitere Änderungen durchgeführt wurden, da das Protokoll nicht automatisch aktualisiert wird. Wenn Sie eine Datei aus einem früheren Dateiformat konvertieren, wird der Verlauf verworfen.

Änderungen akzeptieren oder ablehnen

Speichert ein Benutzer Änderungen an der freigegebenen Arbeitsmappe, führt Excel einen Vergleich durch und zeigt dies in einer Meldung an. Ist im Dialogfeld *Arbeitsmappe freigeben* auf der Registerkarte *Weitere* die Option *Manuell entscheiden* markiert, können Sie für jede Änderung eine Meldung mit Informationen anzeigen lassen. Mit der Befehlsfolge *Änderungen nachverfolgen/Änderungen annehmen/ablehnen* rufen Sie dazu zunächst das Dialogfeld *Änderungen zur Überprüfung auswählen* auf. Wählen Sie hier die Einstellungen für die Prüfungen aus (siehe Abbildung 3.34).

Abbildg. 3.34   Mit diesen Einstellungen werden alle Änderungen angezeigt

Sie können z.B. Änderungen überprüfen, die von einem bestimmten Benutzer vorgenommen wurden. Aktivieren Sie hierfür das Kontrollkästchen *Wer* und klicken Sie dann im Listenfeld auf den entsprechenden Benutzernamen. Um sämtliche Änderungen aller Benutzer zu überprüfen, deaktivieren Sie alle Kontrollkästchen.

Wenn Sie jetzt auf *OK* klicken, wird für jede Änderung das Dialogfeld *Änderungen annehmen oder ablehnen* angezeigt. Um die Änderung anzunehmen und die Hervorhebung in der Tabelle zu entfernen, klicken Sie auf *Annehmen*. Um die Änderung im Arbeitsblatt rückgängig zu machen, klicken Sie auf *Ablehnen*. Werden mehrere Werte zur Auswahl angezeigt, klicken Sie auf den gewünschten Wert und dann auf *Annehmen*. Sie müssen eine Änderung entweder annehmen oder ablehnen, bevor Sie mit der nächsten Änderung fortfahren können (siehe Abbildung 3.35). Mit den Schaltflächen *Alle annehmen* und *Alle ablehnen* können Sie das Verfahren ggf. beschleunigen.

Abbildg. 3.35   Für jede Änderung werden Informationen angezeigt und Sie können Änderungen annehmen oder ablehnen

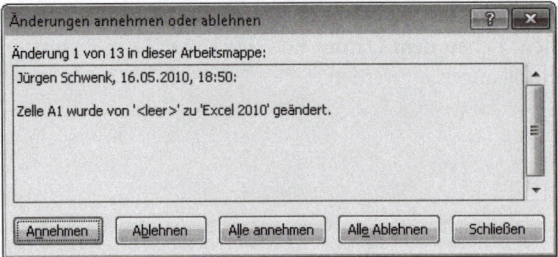

Im Protokoll wird bei abgelehnten Änderungen in der Spalte *Aktionstyp* der Eintrag *Abgelehnte Aktion rückgängig gemacht* angezeigt.

Das Protokoll schützen

Um das Änderungsprotokoll vor versehentlichem Löschen zu schützen, markieren Sie im Dialogfeld *Freigegebene Arbeitsmappe schützen* das entsprechende Kontrollkästchen. Ein Kennwort können Sie allerdings nur dann vergeben, wenn die Arbeitsmappe exklusiv geöffnet ist.

PROFITIPP Wenn Sie Excel nicht im Netzwerk, sondern nur auf einem Einzelplatz-PC ausführen, bringen Ihnen die Netzwerkfunktionalitäten scheinbar keinen Vorteil. Sollten Sie allerdings hin und wieder Dateien auf einen Laptop bzw. ein Notebook kopieren, um daran unterwegs zu arbeiten, sieht die Sache wieder ganz anders aus. Da kann es schon vorkommen, dass Sie unterschiedliche Änderungen an den beiden Dateien vornehmen – was dann? Wenn Sie die Dateien im Freigabemodus bearbeiten und ein Änderungsprotokoll führen, können Sie später die beiden Kopien zusammenführen und dabei sogar die Änderungen einzeln anzeigen lassen. Passen Sie dazu die Symbolleiste für den Schnellzugriff an, indem Sie aus der Befehlsgruppe *Alle Befehle* den Befehl *Arbeitsmappen vergleichen und zusammenführen* hinzufügen.

Mehr zum Arbeiten im Netzwerk finden Sie in Kapitel 27.

Eine Arbeitsmappe signieren

Seit Excel 2007 hat Microsoft das Hinzufügen einer digitalen Signatur in die Benutzerschnittstelle integriert. Eine digitale Signatur wird zum Authentifizieren digitaler Informationen verwendet. Mithilfe digitaler Signaturen können Sie sicherstellen:

- dass der Signierer derjenige ist, der er zu sein vorgibt (Echtheit)
- dass der Inhalt seit dem digitalen Signieren nicht geändert oder manipuliert wurde (Integrität)
- Sie können außerdem die Herkunft des signierten Inhalts einem Signierer zuordnen (Anerkennung)

Um eine Arbeitsmappe digital zu signieren, sind die folgenden Schritte nötig:

1. Wählen Sie auf der Registerkarte *Datei* in der Kategorie *Informationen* den Befehl *Arbeitsmappe schützen*.
2. Klicken Sie auf den Befehl *Digitale Signatur hinzufügen*. Sollte dieser Befehl nicht sichtbar sein, müssen Sie eventuell auf den Pfeil nach unten klicken, um den Befehl sichtbar zu machen.
3. Das folgende Dialogfeld informiert Sie über Signaturen und bietet einen Link auf die *Signaturdienste von Office Marketplace* im Internet an.

Abbildg. 3.36 Soll diese Meldung künftig nicht mehr gezeigt werden, aktivieren Sie das Kontrollkästchen

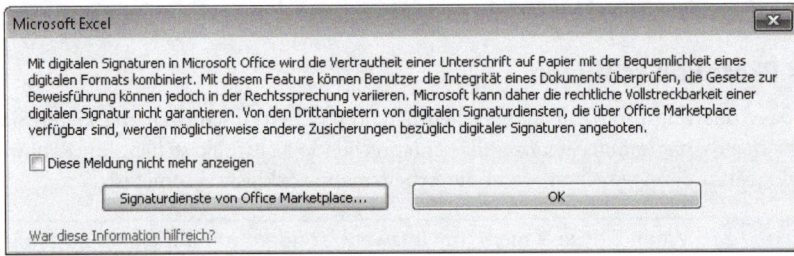

4. Wurde die aktive Datei noch gar nicht oder in einem nicht unterstützten Dateiformat gespeichert, werden Sie aufgefordert, dies nachzuholen.
5. Haben Sie bisher noch keine digitale Signatur angelegt, müssen Sie zunächst eine Signatur anfordern oder selbst erstellen:
   - Wählen Sie *Digitale ID von einem Microsoft-Partner erhalten*, wenn Sie ein Zertifikat von einer Zertifizierungsstelle erhalten wollen. Die Zertifizierungsstelle verwaltet diese Zertifikate und wacht über deren Gültigkeit.
   - Wählen Sie hier *Eigene digitale ID erstellen*, um ein eigenes Zertifikat zu erstellen. Wenn Sie nur für eigene Zwecke entwickeln, sind solche Zertifikate ausreichend.
6. Im nächsten Schritt geben Sie allgemeine Informationen für die digitale ID ein.

Abbildg. 3.37 Füllen Sie die allgemeinen Angaben zur neuen Signatur aus

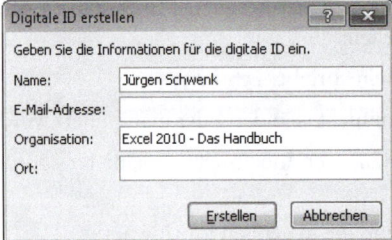

7. Klicken Sie auf die Schaltfläche *Erstellen*.
8. Geben Sie im nächsten Schritt im Dialogfeld *Signieren* noch eine nähere Beschreibung zur Signierung des aktuellen Dokuments an und wählen Sie die Schaltfläche *Signieren*.
9. Bestätigen Sie auch die Information zur erfolgreichen Signierung mit *OK*.

Sie haben damit ein digitales Zertifikat erstellt und dieses dem aktuellen Dokument hinzugefügt.

Eine Arbeitsmappe signieren

Abbildg. 3.38 In der Backstage-Ansicht wird die Registerkarte *Informationen* entsprechend aktualisiert

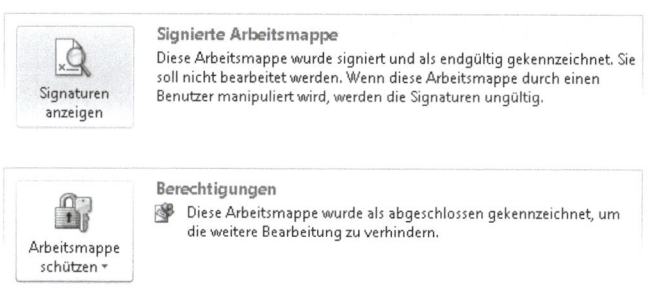

Wählen Sie in der Backstage-Ansicht die Kategorie *Informationen* und dort den Befehl *Signaturen anzeigen* wird der Aufgabenbereich *Signaturen* eingeblendet.

Abbildg. 3.39 Im Aufgabenbereich *Signaturen* können Sie Details zum Zertifikat anzeigen oder das Zertifikat entfernen

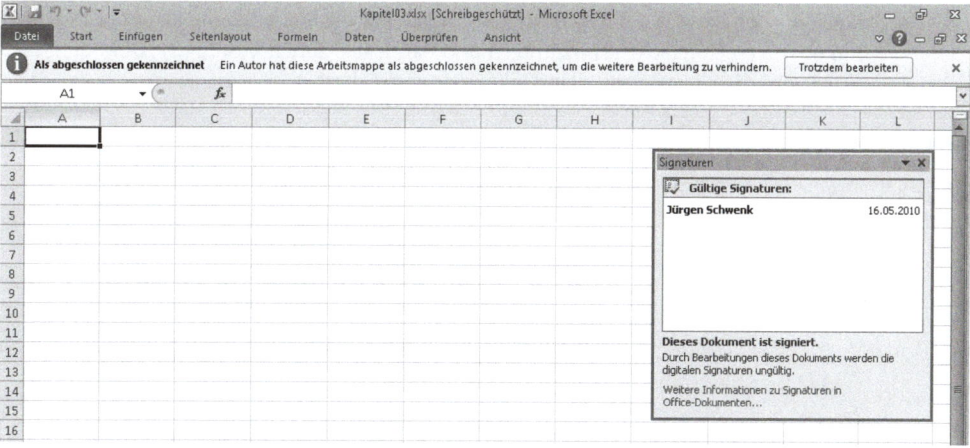

Am linken unteren Rand des Programmfensters wird der Status des Dokuments durch ein Symbol angezeigt.

Wollen Sie ein weiteres Dokument digital signieren, verkürzt sich der Vorgang, weil Sie das bereits erstelle Zertifikat lediglich zuweisen müssen.

HINWEIS Gespeichert wird das Zertifikat im Ordner *C:\Users\<Benutzername>\AppData\Roaming\Microsoft\SystemCertificates\My\Certificates*.

Eine Signaturzeile hinzufügen

Wollen Sie eine Arbeitsmappe verschiedenen Mitarbeitern zur Kenntnis geben und sollen diese eine Bestätigung eintragen, können Sie hierfür eine Signaturzeile erstellen. Rufen Sie dazu über *Einfügen/Text/Signaturzeile* das Dialogfeld *Signatureinrichtung* auf und füllen Sie die Eingabefelder aus. Bei Bedarf erstellen Sie weitere Signaturzeilen auf diesem Weg.

Abbildg. 3.40 Hinweise zur Person, welche die Arbeitsmappe signieren soll

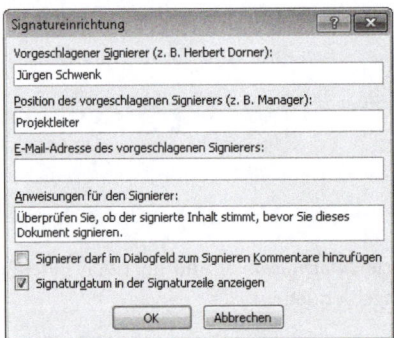

Excel fügt daraufhin einen speziellen Platzhalter an der aktuellen Position ein. Über den Befehl *Signieren* im Kontextmenü oder einen Doppelklick auf die Signaturzeile kann der Bearbeiter dann ein Bild oder eine Unterschrift hinzufügen und damit den Inhalt bestätigen. Über die Schaltfläche *Signieren* wird die Signatur mit dem Dokument gespeichert.

Abbildg. 3.41 Die digitale Signatur ist ein sichtbares Zeichen zur Authentifizierung

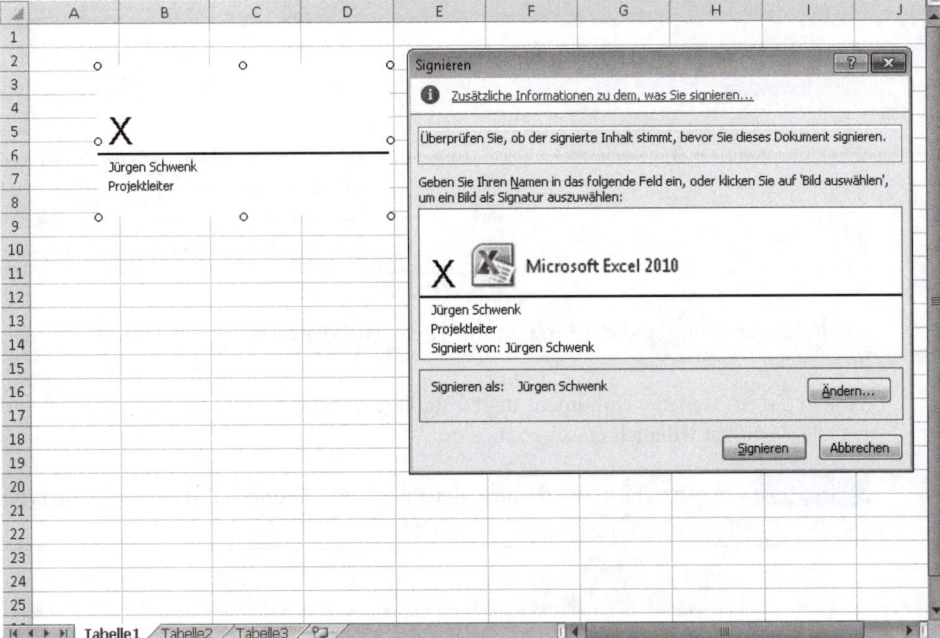

Mit dem Signieren einer Arbeitsmappe wird diese als abgeschlossen gekennzeichnet. Damit erhält jeder Benutzer einen Hinweis auf den aktuellen Status des Dokuments. Wird die Arbeitsmappe trotzdem bearbeitet, wird nach einem Hinweis die Signaturzeile entfernt. Sichtbar bleibt die Signatur, aber sie kann nicht wieder aktiviert werden.

Eine Arbeitsmappe als abgeschlossen kennzeichnen

Arbeiten mehrere Mitglieder einer Arbeitsgruppe an einer Arbeitsmappe, können Sie den Abschluss aller Arbeiten im Dokument speichern. Wählen Sie dazu in der Registerkarte *Datei* in der Kategorie *Informationen* den Befehl *Arbeitsmappe schützen/Als abgeschlossen kennzeichnen*. Die Arbeitsmappe wird anschließend als abgeschlossen gekennzeichnet und gespeichert. Gleichzeitig wird die Eingabe gesperrt sowie Bearbeitungsbefehle deaktiviert. In der Statusleiste wird beim Öffnen einer solchen Datei ein Hinweis angezeigt. Für alle Benutzer ist damit der Status des Dokuments ersichtlich.

Abbildg. 3.42   Eine zusätzliche Statusleiste zeigt den Status der abgeschlossenen Arbeitsmappe

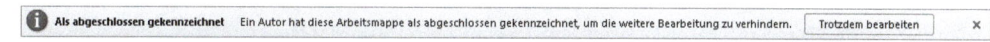

Wichtig ist dabei, dass es sich hierbei nicht um ein Dateischutz handelt, sondern lediglich um eine Information den Inhalt betreffend. Jeder Benutzer kann eine als abgeschlossen gekennzeichnete Arbeitsmappe bearbeiten, indem er auf die Schaltfläche *Trotzdem bearbeiten* klickt oder den Befehl *Datei/Informationen/Arbeitsmappe schützen/Als abgeschlossen kennzeichnen* erneut ausführt.

Die Arbeitsblatt-Register

Wenn Sie Excel starten, wird eine neue Arbeitsmappe mit drei Arbeitsblättern erstellt. Das erste Arbeitsblatt – *Tabelle1* – ist dabei das aktive Blatt, in dem Sie Ihre Arbeit beginnen können.

Die Registerkarten (Abbildung 3.43) befinden sich am unteren Fensterrand und gestatten Ihnen den Wechsel zwischen den einzelnen Arbeitsblättern. Dazu haben Sie mehrere Möglichkeiten:

- Klicken Sie mit der Maus auf das gewünschte Register (*Tabelle1*, *Tabelle2* oder *Tabelle3*) und das Arbeitsblatt wird aktiviert

- Sie können sich aber auch mit den Steuerungstasten zwischen den einzelnen Arbeitsblättern bewegen: Mit der Tastenkombination [Strg]+[Bild↓] wählen Sie das nächste Arbeitsblatt, mit der Tastenkombination [Strg]+[Bild↑] das vorherige

Abbildg. 3.43   Die Arbeitsblattregister einer neuen Mappe, ganz rechts die Schaltfläche *Tabellenblatt einfügen*

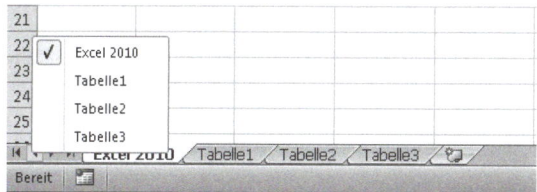

Bei umfangreichen Arbeitsmappen erweist sich die Auswahl eines Arbeitsblatts über die Registerlaufpfeile oft als umständlich. Eine schnellere Auswahl erfolgt über das Kontextmenü der Registerlaufpfeile. Klicken Sie mit der rechten Maustaste auf die Registerlaufpfeile, erhalten Sie alle Arbeitsblätter aufgelistet und brauchen nur eines auszuwählen (siehe Abbildung 3.43).

HINWEIS Sind in der Arbeitsmappe sehr viele Blätter vorhanden, wird am Ende der Liste der Eintrag *Weitere Blätter* aufgeführt. Klicken Sie diesen an, erhalten Sie das Dialogfeld *Aktivieren* angezeigt, über das Sie wiederum in einem Listenfeld das gesuchte Blatt aktivieren können.

Arbeitsblätter gruppieren

Es ist auch möglich, mehrere Arbeitsblätter gleichzeitig auszuwählen. Benachbarte Arbeitsblätter selektieren Sie, indem Sie die ⇧-Taste gedrückt halten und ein Register nach dem anderen anklicken. Alternativ können Sie nach dem Klick auf das erste Register bei gedrückter ⇧-Taste auch gleich das letzte Register anklicken, wodurch auch die dazwischenliegenden Blätter ausgewählt werden. Wollen Sie nicht benachbarte Arbeitsblätter selektieren, halten Sie beim Anklicken der betreffenden Register stattdessen die Strg-Taste gedrückt.

HINWEIS Die Mehrfachmarkierung von Arbeitsblättern wird auch als *Gruppieren* von Arbeitsblättern bezeichnet. In der Titelleiste des Arbeitsmappenfensters erscheint der Zusatz *[Gruppe]*. Alle Aktionen wie Eingaben, Formatieren, Spaltenbreite und Zeilenhöhe sowie die Einstellungen zur Seiteneinrichtung werden gleichzeitig auf allen markierten Blättern realisiert. Sie schreiben und gestalten sozusagen »mit Durchschlag«.

Arbeitsblätter umbenennen und verschieben

Zum besseren Verständnis (insbesondere für andere Anwender Ihrer Arbeitsmappe) sollten Sie die einzelnen Arbeitsblätter in einer Arbeitsmappe mit entsprechenden Benennungen versehen.

Um ein Arbeitsblatt mit einem neuen Namen zu versehen, gehen Sie wie folgt vor:

1. Doppelklicken Sie im Blattregister auf den Tabellennamen.
2. Der Name wird markiert und Sie können nun mit der Eingabe eines anderen Namens für das Arbeitsblatt beginnen (maximal 31 Zeichen).
3. Bestätigen Sie die Änderung mit der ↵-Taste.

Wollen Sie die Reihenfolge der Arbeitsblätter im Blattregister ändern, gehen Sie dazu wie folgt vor:

1. Markieren Sie das Arbeitsblatt, dessen Position Sie ändern wollen.
2. Ziehen Sie die Registerkarte mit gedrückter linker Maustaste an die gewünschte Stelle im Arbeitsblattregister.
3. Lassen Sie die Maustaste los.

Alle Aktionen für ein oder mehrere markierte Arbeitsblätter finden Sie grundsätzlich im Kontextmenü für das markierte Register (siehe Abbildung 3.44). Wollen Sie stattdessen einen Befehl des Menübands verwenden, finden Sie diesen auf der Registerkarte *Start* in der Gruppe *Zellen* über das Sammelsymbol *Format* in Form von *Blatt umbenennen* und *Blatt verschieben/kopieren*.

Die Arbeitsblatt-Register

Abbildg. 3.44 Das Kontextmenü für Blattregister enthält alle Befehle für Arbeitsblätter

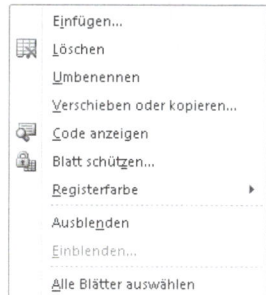

Wählen Sie im Kontextmenü den Befehl *Verschieben oder kopieren*, erhalten Sie ein Dialogfeld angezeigt (siehe Abbildung 3.45), über das Sie das ausgewählte Arbeitsblatt verschieben bzw. kopieren können. Dabei muss die Zielmappe geöffnet sein, sonst ist sie nicht als Ziel auswählbar.

Alternativ können Blätter auch in eine neue Arbeitsmappe kopiert werden, wenn dieses Ziel im Listenfeld *Zur Mappe* markiert wurde.

Abbildg. 3.45 Das Dialogfeld zum Verschieben oder Kopieren von Arbeitsblättern

Sie können dieses Dialogfeld auch verwenden, um ein Arbeitsblatt in der aktuellen Arbeitsmappe an eine andere Stelle zu verschieben. Dazu darf das Kontrollkästchen *Kopie erstellen* nicht markiert werden. Wählen Sie die Position, an welcher das aktive Blatt eingefügt werden soll, und schließen Sie den Vorgang mit *OK* ab.

WICHTIG Beachten Sie bitte, dass als Standard die Aktion *Verschieben* festgelegt ist. Wenn Sie eine Kopie erstellen wollen, müssen Sie das Kontrollkästchen *Kopie erstellen* aktivieren.

Arbeitsblätter löschen

Wollen Sie ein Arbeitsblatt der Mappe löschen, stehen Ihnen zwei Möglichkeiten zur Verfügung – zum einen auf der Registerkarte *Start* in der Gruppe *Zellen* über den Befehl *Löschen/Blatt löschen*, zum anderen über das Kontextmenü der rechten Maustaste.

Wollen Sie das Arbeitsblatt *Tabelle2* aus der aktuellen Mappe löschen, geht das so:

1. Klicken Sie mit der rechten Maustaste in der Registerleiste auf *Tabelle2*.
2. Wählen Sie im Kontextmenü den Befehl *Löschen* aus.
3. Enthält das Arbeitsblatt Daten, bestätigen Sie die Sicherheitsabfrage.

TIPP Haben Sie versehentlich ein Blatt gelöscht, sollten Sie erst mal Ruhe bewahren. Speichern Sie die Datei unter einem anderen Namen. Öffnen Sie dann die ursprüngliche Datei, welche das gelöschte Blatt enthält, und kopieren Sie das Blatt in die neue Datei.

Arbeitsblätter einfügen

Wollen Sie weitere Arbeitsblätter einfügen, haben Sie dazu folgende Möglichkeiten:

- Verwenden Sie dazu die Schaltfläche *Tabellenblatt einfügen*, die sich am Ende des Blattregisters befindet (siehe Abbildung 3.43 auf Seite 127)
- Alternativ klicken Sie mit der rechten Maustaste auf das Register des Arbeitsblatts, **vor** dem Sie ein weiteres Arbeitsblatt einfügen wollen, wählen den Befehl *Einfügen* und doppelklicken Sie im daraufhin geöffneten Dialogfeld *Einfügen* auf das Symbol *Tabellenblatt*

- Öffnen Sie auf der Registerkarte *Start* in der Gruppe *Zellen* das Dropdownmenü zum Befehl *Einfügen* und wählen Sie darin den Eintrag *Blatt einfügen*

So fügen Sie das Arbeitsblatt *Tabelle2* wieder in die aktuelle Arbeitsmappe ein:

1. Klicken Sie im Blattregister mit der rechten Maustaste auf *Tabelle3* und wählen Sie im Kontextmenü den Befehl *Einfügen* aus. Das Dialogfeld zum Einfügen von Tabellen und anderen Blättern wird geöffnet.
2. Doppelklicken Sie auf das Symbol *Tabellenblatt*.

Jetzt haben Sie vor der *Tabelle3* ein neues Arbeitsblatt, das allerdings den Namen *Tabelle4* trägt. Excel fügt also ein neues Arbeitsblatt an die gewünschte Position, verwendet als Namen aber die Folgenummer des letzten Arbeitsblatts der Arbeitsmappe.

Um wieder ein Arbeitsblatt *Tabelle2* zu bekommen, müssen Sie das neue Blatt wie oben beschrieben umbenennen.

Arbeitsblätter aus- und einblenden

In einigen Fällen gibt es Arbeitsblätter in der Mappe, die nicht ständig angezeigt werden müssen. Sie enthalten evtl. Hilfstabellen oder -berechnungen, die vor unbeabsichtigter Änderung geschützt werden sollen.

Sie können solche Arbeitsblätter unsichtbar machen, indem Sie das Blatt bzw. die betreffenden Blätter markieren und

- im Kontextmenü des Arbeitsblattregisters den Befehl *Ausblenden* wählen oder
- auf der Registerkarte *Start* in der Gruppe *Zellen* den Befehl *Format/Ausblenden* & *Einblenden/Blatt ausblenden* wählen.

Auf diese Art und Weise erhöhen Sie eventuell auch die Übersichtlichkeit in der Arbeitsmappe. Nur die wichtigen Blätter sind zu sehen. Wird später eine Bearbeitung der ausgeblendeten Blätter notwendig, gehen Sie so vor:

1. Wählen Sie im Kontextmenü des Blattregisters den Befehl *Einblenden*.
2. Markieren Sie den Blattnamen im Dialogfeld *Einblenden* (siehe Abbildung 3.46) und machen Sie das Blatt durch einen Klick auf die *OK*-Schaltfläche wieder sichtbar.

Leider müssen die Blätter einzeln eingeblendet werden, da eine Mehrfachmarkierung im Dialogfeld *Einblenden* nicht möglich ist.

Die Befehle stehen auch auf der Registerkarte *Start* zu Verfügung. Wählen Sie dort in der Befehlsgruppe *Zellen* die Symbolschaltfläche *Format* und anschließend die Befehlsfolge *Ausblenden & Einblenden/Blatt ausblenden* bzw. *Ausblenden & Einblenden/Blatt einblenden* ?

Abbildg. 3.46   Alle ausgeblendeten Blätter werden im *Einblenden*-Dialogfeld aufgelistet

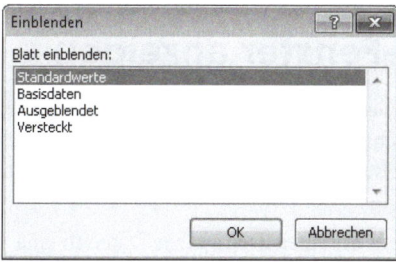

HINWEIS   Beim Drucken der gesamten Arbeitsmappe werden die ausgeblendeten Blätter von Excel nicht berücksichtigt. Mehr zum Thema Drucken finden Sie in Kapitel 5.

Blattregisterkarten farblich gestalten

Seit Excel 2002 haben Sie die Möglichkeit, die Blattregisterkarten farblich zu gestalten, um sie noch besser unterscheiden zu können. Beispielsweise sollen in einer Mappe mit Monatsblättern die Register farblich unterschieden werden. Das geht so:

1. Wählen Sie das Tabellenblatt aus, welches eingefärbt werden soll. Mit gedrückter `Strg` bzw. `⇧`-Taste können Sie mehrere Registerkarten auswählen und diese in einem Arbeitsgang einfärben.
2. Klicken Sie mit der rechten Maustaste auf die einzufärbende Registerkarte.
3. Im Kontextmenü wählen Sie den Eintrag *Registerfarbe* und markieren die gewünschte Farbe (Abbildung 3.47).
4. Wählen Sie eine Farbe aus, wird das Kontextmenü geschlossen und die Farbe zugewiesen.

Auf der Registerkarte *Start* finden Sie in der Gruppe *Zellen* den Befehl *Format/Registerfarbe,* den Sie als Alternative verwenden können. Das Ergebnis ist in beiden Fällen eine Registerbeschriftung, die mit der gewählten Farbe unterlegt ist. Wechseln Sie jetzt das Registerblatt, indem Sie auf ein anderes klicken. Jetzt ist die farbliche Hervorhebung des Registers zu sehen.

Abbildg. 3.47 Über das Kontextmenü können Sie die Registerfarbe nach Belieben einstellen und damit z.B. logische Gruppen bilden

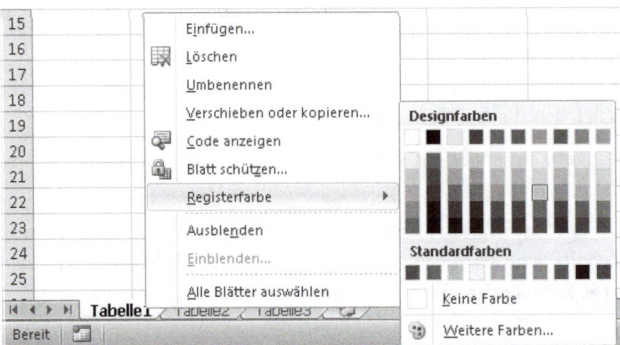

Mehrere Arbeitsmappen-Fenster anzeigen

Wenn Sie für Ihre Arbeit Daten aus mehreren Arbeitsblättern einer Excel-Arbeitsmappe benötigen, besteht die Möglichkeit, diese Arbeitsblätter gleichzeitig in mehreren Fenstern darzustellen. Damit haben Sie alle notwendigen Daten im Blick, ohne ständig zwischen den Arbeitsblättern hin und her springen zu müssen.

Nehmen wir an, Sie wollen ein Diagramm anzeigen und gleichzeitig neue Daten in eine Tabelle eintragen (siehe Abbildung 3.49 auf Seite 133). Dies bewerkstelligen Sie wie folgt:

1. Öffnen Sie die entsprechende Excel-Arbeitsmappe.

2. Wählen Sie auf der Registerkarte *Ansicht* in der Gruppe *Fenster* den Befehl *Neues Fenster*. Sie haben jetzt zwei Fenster derselben Arbeitsmappe geöffnet.

3. Wählen Sie auf der Registerkarte *Ansicht* in der Gruppe *Fenster* den Befehl *Alle anordnen*.

Abbildg. 3.48 Aktivieren Sie das Kontrollkästchen *Fenster der aktiven Arbeitsmappe*, wenn nur diese angeordnet werden sollen

4. Im Dialogfeld *Fenster anordnen* bestimmen Sie die Anordnung der Fenster. Für unser Beispiel wählen Sie die Option *Vertikal* und bestätigen per Klick auf die Schaltfläche *OK*.

Jetzt haben Sie das Diagramm immer im Blick und können am Ende der Tabelle weitere Daten erfassen.

Die Arbeitsblatt-Register

Abbildg. 3.49   Wie die Zeilennummern zeigen, können Sie verschiedene Bereiche einer Tabelle gleichzeitig anzeigen lassen

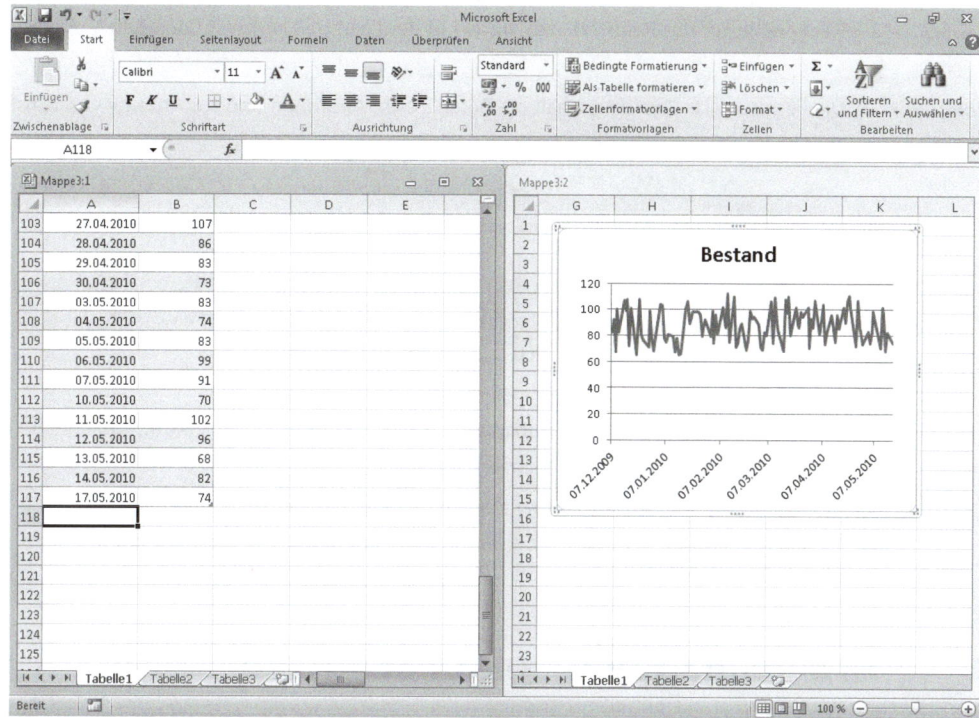

Wenn Sie mehrere Excel-Arbeitsmappen in einem Fenster anzeigen lassen wollen, öffnen Sie die entsprechenden Arbeitsmappen über das Registerkarte *Datei* und ordnen die offenen Mappen wie in Schritt 4 beschrieben an.

> **TIPP**   Mit der Tastenkombination `Strg`+`↹` oder `Strg`+`F6` können Sie zwischen den Fenstern wechseln.

Um ein zusätzliches Fenster zu schließen, aktivieren Sie das betreffende Fenster und klicken in der Titelleiste auf die Schaltfläche *Schließen*.

Wie Sie das Fenster eines Arbeitsblatts teilen und damit verschiedene Bereiche einer Tabelle im Blick behalten können, zeigt Kapitel 4. Mehr zum Thema Diagramme finden Sie in den Kapiteln 17 und 18.

Arbeitsmappen ausblenden

Sie können ganze Arbeitsmappen ausblenden, um die Anzahl der Fenster und Blätter auf dem Bildschirm zu reduzieren oder ungewollte Änderungen zu verhindern. Sie können beispielsweise eine Arbeitsmappe mit Makros ausblenden, damit die Makros ausgeführt werden können, für die Makroarbeitsmappe jedoch kein Fenster angezeigt wird. Die ausgeblendete Arbeitsmappe bzw. das ausgeblendete Blatt bleiben geöffnet und andere Dokumente können die Informationen nutzen.

So blenden Sie eine Arbeitsmappe aus:

1. Öffnen Sie die betreffende Arbeitsmappe.
2. Klicken Sie auf der Registerkarte *Ansicht* in der Gruppe *Fenster* auf den Befehl *Ausblenden*.

Abbildg. 3.50   Die Registerkarte *Ansicht* enthält die Befehle zum Anordnen und zur Anzeige von Fenstern

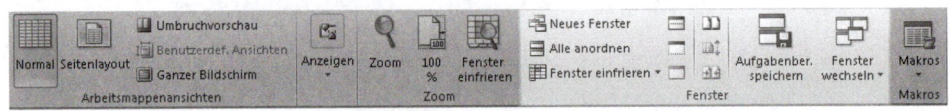

Beim Ausblenden einer Arbeitsmappe werden die Daten aus der Ansicht, jedoch nicht aus der Arbeitsmappe gelöscht. Wenn Sie Excel beenden und die Arbeitsmappe speichern, bleiben die versteckten Daten beim nächsten Öffnen der Arbeitsmappe ausgeblendet.

Die erneute Anzeige der Arbeitsmappe erfolgt mit diesen Schritten:

1. Öffnen Sie die betreffende Arbeitsmappe. Sie erscheint nicht wie gewohnt in einem Fenster.
2. Aktivieren Sie die Registerkarte *Ansicht*.
3. Wählen Sie in der Gruppe *Fenster* die Schaltfläche *Einblenden*.
4. Im Dialogfeld *Einblenden* markieren Sie den Dateinamen der betreffenden Arbeitsmappe und klicken auf die Schaltfläche *OK*.

Arbeitsmappenstruktur schützen

Wollen Sie den Aufbau einer Arbeitsmappe, also die Anordnung der Arbeitsblätter im Arbeitsmappenregister, schützen, wechseln Sie über den Befehl *Datei* in die Backstage-Ansicht und wählen in der Kategorie *Informationen* den Befehl *Arbeitsmappe schützen/Arbeitsmappenstruktur schützen*.

Abbildg. 3.51   Bei Bedarf können Sie auch ein Kennwort vergeben

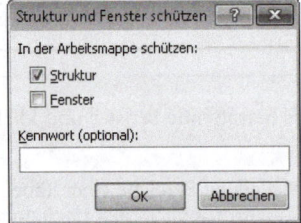

Wenn Sie ein Kennwort vergeben und beide Kontrollkästchen aktiviert haben, ist eine Änderung an der Struktur und die Auswahl bestimmter Befehle für die Anzeige des Fensters nur nach Eingabe dieses Kennworts möglich. Ansonsten hebt ein erneutes Ausführen des Befehls *Datei/Informationen/Arbeitsmappe schützen/Arbeitsmappenstruktur schützen* den Schutz wieder auf.

Zusammenfassung

Jede Information auf dem Computer wird in einer Datei abgelegt und jede Anwendung verwendet in der Regel ein eigenes Dateiformat. Wenn Sie Daten mit anderen Anwendern austauschen wollen, ist es wichtig, zu wissen, ob Ihr Gegenüber ebenfalls Excel im Einsatz hat und welche Version dieser verwendet. Setzt die Gegenstelle ein anderes Programm ein, müssen Sie sich zuerst über ein geeignetes Format für den Datenaustausch verständigen.

Das Thema Sicherheit spielt auch bei der Dateiablage eine wichtige Rolle. Vertrauenswürdige Speicherorte und Dateien helfen Ihnen dabei, eine sicher Arbeitsumgebung aufzubauen, die Sie beim Öffnen von bekannten Dateien nicht mit unnötigen Meldungen konfrontiert.

Frage	Lösung
Wie kann ich eine neue Arbeitsmappe anlegen?	Mit der Tastenkombination [Strg]+[N] fügen Sie eine neue Standardarbeitsmappe ein. Wie Sie eine der zahlreichen Vorlagen aufrufen, finden Sie ab Seite 88.
Welche Möglichkeiten gibt es, um zwischen mehreren geöffneten Arbeitsmappen zu wechseln?	Dazu können Sie Befehle oder Tastenkombinationen einsetzen, welche das sind, finden Sie auf Seite 94
Wo stelle ich das Standardformat für neue Dateien ein?	Die Einstellung dazu finden Sie in den Optionen, weitere Informationen dazu ab Seite 98
Welche Speicheroptionen kann ich für eine Datei einstellen?	Mit Speicheroptionen können Sie beispielsweise ein Kennwort festlegen oder eine Sicherungskopie anlegen. Mehr dazu ab Seite 100.
Was kann ich mit Dokumenteigenschaften anfangen?	In den Dokumenteigenschaften können Sie allgemeine Hinweise zu einer Datei ablegen. Nach diesen Dokumenteigenschaften können Sie auch suchen. Mehr zu den Dokumenteigenschaften ab Seite 102.
Ich habe versehentlich eine Arbeitsmappe geschlossen, ohne diese zu speichern. Sind meine Ergänzungen an der Datei verloren?	Excel enthält einige Mechanismen, die unbeabsichtigtem Datenverlust vorbeugen sollen. Mehr dazu erfahren Sie auf Seite 113.
Was sind vertrauenswürdige Speicherorte?	Dateien, die an vertrauenswürdigen Speicherorten abgelegt sind, werden beim Öffnen nicht vom Sicherheitscenter geprüft. Mehr dazu auf Seite 115.
Kann ich im Netzwerk eine Arbeitsmappe gemeinsam mit anderen Benutzern bearbeiten?	Dazu verwenden Sie auf der Registerkarte *Überprüfen* den Befehl *Arbeitsmappe freigeben*. Mehr zu freigegebenen Arbeitsmappen erfahren Sie ab Seite 120.
Was ist eine Signatur?	Mit einer Signatur kennzeichnen Sie eine Arbeitsmappe als abgeschlossen und bestätigen die Prüfung des Inhalts. Mehr dazu auf Seite 123.
Wie kann ich eine Datei kennzeichnen, wenn ich die Bearbeitung abgeschlossen habe?	Sie können eine Datei dazu mit einem digitalen Stempel versehen. Wie das geht, erfahren Sie ab Seite 127.
Wie können Arbeitsblätter gruppiert werden?	Zur Mehrfachmarkierung von Tabellenblättern verwenden Sie die Tasten [Strg] bzw. [⇧] in Verbindung mit einem Mausklick. Mehr dazu auf Seite 128.
Wie können die Blattregister farblich hervorgehoben werden?	Wenn Sie Arbeitsblätter beispielsweise nach Quartalen einfärben wollen, dann finden Sie auf Seite 131 dazu die Lösung

Kapitel 4

Im Arbeitsblatt arbeiten

In diesem Kapitel:

Aufbau eines Excel-Arbeitsblatts	138
Daten eingeben und bearbeiten	144
Reihen erstellen und ausfüllen	149
Zellinhalte löschen, Eingaben wiederholen und rückgängig machen	154
Einfügen und Löschen von Zellen	154
Zeilenhöhe und Spaltenbreite ändern	164
Benutzerdefinierte Ansichten erstellen	168
Inhalte suchen	170
Rechtschreibprüfung durchführen	173
Die AutoKorrektur verwenden	174
Eine Recherche durchführen	178
Arbeitsblatt schützen	179
Zusammenfassung	183

Dieses Kapitel befasst sich damit, wie Sie Daten eingeben. In Excel erfolgt die Eingabe nicht nur über die Tastatur, sondern Sie können dies auch mit der Maus erledigen. Die Eingabe häufig wiederkehrender Aufstellungen wird durch benutzerdefinierte Listen erleichtert. Damit können Sie einfach und schnell an beliebiger Stelle eine einmal definierte Reihe erzeugen.

Eine wichtige Eingabemöglichkeit ist das Kopieren, Ausschneiden und Einfügen. Dabei können Daten auch aus anderen Programmen oder dem Internet in ein Excel-Arbeitsblatt übernommen werden. Dieses Kapitel zeigt, welche Möglichkeiten Sie dabei haben.

Damit Sie Inhalte in einem Arbeitsblatt auch wiederfinden, enthält dieses Kapitel grundlegende Informationen zum Thema Suchen. Die AutoKorrektur und die Rechtschreibprüfung helfen Ihnen dabei, beschreibende Texte korrekt abzufassen.

Aufbau eines Excel-Arbeitsblatts

Die Dateien bzw. Dokumente, welche in Excel bearbeitet werden, heißen *Arbeitsmappen* (manchmal wird auch der englische Begriff *workbook* verwendet). Eine Arbeitsmappe enthält mehrheitlich Arbeitsblätter (englisch: *worksheet* oder *spreadsheet*). In diesem Arbeitsblatt speichern Sie Texte und numerische Daten, die Sie dann über die von Excel zur Verfügung gestellten Befehle und Werkzeuge weiterverarbeiten können. Daneben gibt es aber auch andere Blatttypen, z.B. Diagrammblätter. Die Anzahl der Blätter in einer Arbeitsmappe ist nur durch den verfügbaren Speicher begrenzt.

Ein Arbeitsblatt enthält *Spalten* und *Zeilen*, wobei die Zeilen mit Zahlen und die Spalten mit Buchstaben in den Spalten- bzw. Zeilenköpfen nummeriert sind. Die Kreuzungspunkte von Spalten und Zeilen stellen die einzelnen Tabellenzellen dar. Sie werden durch ihre Position in der Spalte und Zeile gekennzeichnet. Diese Kombination von Spaltenbuchstaben und Zeilennummern für eine Zelle bezeichnet man als *Zellbezug*. Der Zellbezug für die Zelle in Spalte B und Zeile 1 lautet *B1*, für die Zelle darunter *B2*, für die Zelle rechts daneben *C2* usw. Den Zellbezug können Sie aus dem *Namenfeld* ersehen.

Abbildg. 4.1 Das Namenfeld zeigt den Zellbezug der aktiven Zelle in unterschiedlichen Schreibweisen an

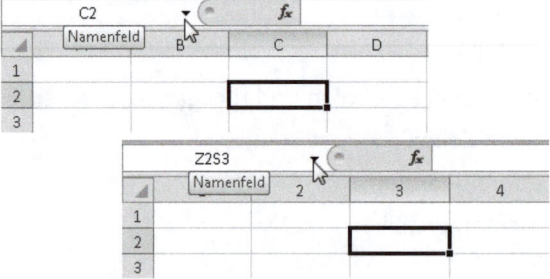

Excel verwendet standardmäßig die *A1-Bezugsart*, bei der sich der Zellbezug aus dem Spaltenbuchstaben und der Zeilennummer zusammensetzt. Sie können jedoch auch eine Bezugsart verwenden, bei der sowohl die Zeilen als auch die Spalten im Arbeitsblatt mit Ziffern durchnummeriert sind. Diese sogenannte *Z1S1-Bezugsart* (oder auch *R1C1*, siehe Abbildung 4.1) eignet sich besonders zur Berechnung von Zeilen- und Spaltenpositionen in Makros sowie in bestimmten Fällen zum Anzeigen von relativen Zellbezügen. Sie können Ihre bevorzugte Bezugsart über *Datei/Excel-Optionen* in der Kategorie *Formeln* einstellen. Mehr zu Bezugsarten finden Sie in Kapitel 6.

Aufbau eines Excel-Arbeitsblatts

Die sichtbare Arbeitsfläche im Excel-Fenster stellt nur einen kleinen Teil des gesamten Arbeitsblatts dar. Insgesamt umfasst ein Arbeitsblatt in der aktuellen Excel-Version 1.048.576 Zeilen und 16.384 Spalten.

CD-ROM Sie finden die in diesem Kapitel beschriebenen Übungen in der Beispieldatei *Kap04.xlsx* im Ordner *\Buch\Kap04* auf der CD-ROM zu diesem Buch.

Zellen aktivieren

Die aktive Zelle ist mit einem breiten Rahmen versehen, der anzeigt, dass sich der momentane Arbeitsschritt auf diese Zelle bezieht. Um eine andere Zelle zu aktivieren, klicken Sie mit der linken Maustaste auf eine Zelle Ihrer Wahl oder verwenden die Pfeiltasten (siehe hierzu auch Tabelle 4.1). Diese wird dann zur aktiven Zelle, in die Sie Text, Zahlen oder Formeln eingeben oder die Sie formatieren können.

Tabelle 4.1 Mit diesen Tasten können Sie sich im Arbeitsblatt bewegen

Gewünschtes Ziel	Taste/Tastenkombination
Eine Zelle nach links	←
Eine Zelle nach rechts	→
Eine Zelle nach oben	↑
Eine Zelle nach unten	↓
Eine Bildschirmseite nach oben	Bild auf
Eine Bildschirmseite nach unten	Bild ab
Zum Beginn oder Ende des nächsten linken Blocks, der Daten enthält	Strg + ←
Zum Beginn oder Ende des nächsten rechten Blocks, der Daten enthält	Strg + →
Zur Anfangszelle (A1)	Strg + Pos1
Zum Ende des Bereichs, der Daten enthält	Strg + Ende

Mehrere Zellen auswählen

Sie können auch mehrere Zellen gleichzeitig bearbeiten. Und so wählen Sie zusammenhängende Zellen aus:

1. Klicken Sie auf die Zelle *A1*.
2. Halten Sie die ⇧-Taste gedrückt und klicken Sie auf die Zelle *B22* oder ziehen Sie den Mauszeiger mit gedrückter linker Maustaste von *A1* nach *B22*.

Alle Zellen im dazwischen liegenden Bereich werden markiert.

So wählen Sie mehrere, nicht zusammenhängende Zellen aus:

1. Drücken Sie die Tastenkombination Strg + Pos1. Die Zelle *A1* wird aktiviert.
2. Halten Sie die Strg-Taste gedrückt und klicken Sie mit dem Mauszeiger in die Zelle *B5*. Damit haben Sie gleichzeitig die Zelle *A1* und die Zelle *B5* markiert.

3. Wollen Sie dieser Auswahl weitere Zellen hinzufügen, halten Sie die [Strg]-Taste gedrückt und klicken Sie die gewünschten Zellen mit der Maus an.

Mit einem Klick ohne Zusatztasten auf eine beliebige Zelle heben Sie diese Mehrfachmarkierung wieder auf.

Weitere Markierungstechniken anwenden

Die einfachste und bequemste Art des Markierens wird Ihnen durch die Maus angeboten. Dennoch kann es bisweilen sinnvoll sein, mit den Tasten bzw. mit Tastenkombinationen zu markieren. In Tabelle 4.2 finden Sie nützliche Tastenkombinationen zum Markieren.

Tabelle 4.2 Markieren mit der Tastatur

Markierung	Tastenkombination
Aktuelle Zeile	[⇧]+[Leertaste]
Aktuelle Spalte	[Strg]+[Leertaste]
Aktueller Block eingegebener Daten	[Strg]+[⇧]+[+]
Von aktiver Zelle in gewünschte Richtung	[⇧]+[Pfeiltasten]
Von aktiver Zelle zum Ende des Datenblocks	[⇧]+[Strg]+[Ende]
Von aktiver Zelle zum Anfang des Datenblocks	[⇧]+[Strg]+[Pos1]
Gesamtes Arbeitsblatt	[Strg]+[⇧]+[Leertaste] oder [Strg]+[A]

Um ausgehend von der aktiven Zelle die Markierung zu erweitern, können Sie dies durch Drücken der [F8]-Taste erreichen. Dadurch gelangen Sie in den sogenannten *Erweiterungsmodus*, was in der Statusleiste durch *Auswahl erweitern* angezeigt wird. Jetzt können Sie mit den Pfeiltasten die Markierung bequem in alle Richtungen erweitern. Um den Erweiterungsmodus abzuschalten, drücken Sie erneut die Taste [F8] oder die [Esc]-Taste.

Mit der Maus können Sie Zellbereiche durch Ziehen markieren. Unter dem Ziehen ist das Bewegen der Maus bei gedrückter linker Maustaste zu verstehen. Achten Sie darauf, dass Sie nebenstehendes Maussymbol zum Markieren haben. Tabelle 4.3 beschreibt nützliche Markiertechniken mithilfe der Maus.

Tabelle 4.3 Markieren mit der Maus

Bereich	Tätigkeit
Eine einzelne Zelle	Klicken Sie auf diese Zelle
Einen zusammenhängenden Zellbereich	Ziehen Sie den Mauszeiger mit gedrückter linker Maustaste von der ersten Zelle diagonal zur letzten Zelle
Nicht zusammenhängende Einzelzellen oder Zellbereiche (Mehrfachauswahl)	Halten Sie die [Strg]-Taste gedrückt, während Sie auf weitere zu markierende Zellen klicken oder weitere Zellbereiche markieren
Eine Spalte	Klicken Sie auf den entsprechenden Spaltenkopf oder Drücken Sie die Tastenkombination [Strg]+[Leertaste]

Tabelle 4.3   Markieren mit der Maus *(Fortsetzung)*

Bereich	Tätigkeit
Nebeneinanderliegende Spalten	Klicken Sie auf die erste Spaltenbeschriftung und halten Sie die linke Maustaste gedrückt, während Sie die Maus über weitere Spaltenbeschriftungen führen
Mehrere Spalten, die nicht direkt nebeneinanderliegen	Klicken Sie die erste Spaltenbeschriftung an, halten Sie die `Strg`-Taste gedrückt und klicken Sie weitere Spaltenbeschriftungen an
Eine Zeile	Klicken Sie auf den entsprechenden Zeilenkopf oder drücken Sie die Tastenkombination `⇧` + `Leertaste`
Untereinanderliegende Zeilen	Klicken Sie auf die erste Zeilenbeschriftung und halten Sie die linke Maustaste gedrückt, während Sie die Maus über weitere Zeilenbeschriftungen führen
Mehrere Zeilen, die nicht direkt untereinanderliegen	Klicken Sie auf die erste Zeilenbeschriftung und halten Sie die `Strg`-Taste gedrückt, während Sie weitere Zeilenbeschriftungen anklicken
Alle Zellen in einem Arbeitsblatt	Klicken Sie auf die Fläche, die sich im Schnittpunkt der Spalten- und Zeilenköpfe befindet (linke obere Ecke des Tabellenfensters)

HINWEIS   Innerhalb eines markierten Zellbereichs können Sie die aktive Zelle nach unten oder nach rechts durch Drücken der `↹`-Taste versetzen. Für die umgekehrte Richtung drücken Sie die Tastenkombination `⇧` + `↹`.

Scotty beam mich hoch: Bereiche gezielt *auswählen*

Auf der Registerkarte *Start* enthält die Gruppe *Bearbeiten* die Befehlsgruppenschaltfläche *Suchen und Auswählen*. Nach einem Klick auf diese Schaltfläche wird ein Menü geöffnet, in dem Sie den Befehl *Gehe zu* auswählen. Der Aufruf dieses Befehls öffnet das Dialogfeld aus Abbildung 4.2. Wenn Sie die aktive Mappe eben erst geöffnet haben, werden in dem Listenfeld eventuell gar keine Einträge angezeigt. Wenn Sie jedoch Bereichsnamen festgelegt haben – und das sollten Sie, wo immer möglich, tun –, erscheinen diese im Listenfeld, können markiert und über die Schaltfläche *OK* auch angewählt werden. Über die Arbeit mit Namen können Sie sich in Kapitel 19 informieren.

Abbildg. 4.2   Wie in Word eine Textmarke, so identifiziert eine Zelladresse einen Bereich in der Datei

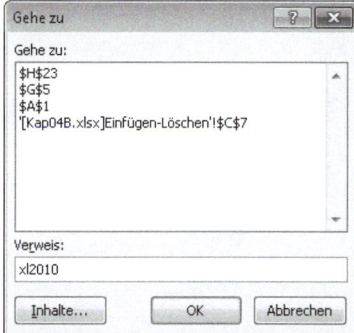

Im Textfeld *Verweis* können Sie eine Zelladresse, z.B. *B5*, eingeben und so von einer beliebigen Stelle eines Arbeitsblatts in diese Zelle wechseln. Auch ganze Zeilen lassen sich markieren. Verwenden Sie dazu die Zeilennummer der gewünschten Zeile. Eine einzelne Zeile, z.B. die Zeile 5, markieren Sie, indem Sie die Zeilennummer in der Form *5:5* eintragen. Um beispielsweise die Spalten *C*, *H* und *K* zu markieren, genügt der Eintrag *C:C;H:H;K:K* als *Verweis* im Dialogfeld *Gehe zu*.

TIPP Excel merkt sich die letzten vier Punkte, von denen aus Sie den Befehl *Gehe zu* aufgerufen haben, im Dialogfeld. Wenn Sie also eine bestimmte Adresse ausgewählt haben, können Sie über das Dialogfeld *Gehe zu* auch schnell wieder an die ursprüngliche Stelle zurückkehren. Dazu rufen Sie mit F5 das Dialogfeld *Gehe zu* auf. Dort ist der Ausgangspunkt des letzten Aufrufs als *Verweis* eingetragen und ein *OK* bringt Sie direkt dorthin.

Inhalte gezielt auswählen

Wenn das Dialogfeld *Gehe zu* aktiv ist, können Sie über die Schaltfläche *Inhalte* eine Auswahl spezieller Sprungadressen einblenden. So lassen sich beispielsweise alle Zellen auswählen, die Kommentare enthalten. Mit der Option *Formeln* können Sie alle Formeln eines Arbeitsblatts auswählen, etwa um diese anschließend zu schützen.

HINWEIS Excel achtet dabei auf die aktuelle Markierung: Ist bereits ein Bereich markiert, wird nur dieser durchsucht; ist lediglich eine einzelne Zelle markiert, wird das gesamte Arbeitsblatt durchsucht.

Wollen Sie Zellen markieren, die Kommentare enthalten, geht das wie folgt:
1. Rufen Sie auf der Registerkarte *Start* den Befehl *Suchen und Auswählen/Gehe zu* auf. Alternativ können Sie auch die F5 -Taste oder die Tastenkombination Strg + G drücken.
2. Klicken Sie auf die Schaltfläche *Inhalte*.
3. Wählen Sie das Optionsfeld *Kommentare* und klicken Sie dann auf die Schaltfläche *OK*.

Verschiedene Optionen für die Auswahl sind auf der Registerkarte *Start* über *Suchen und Auswählen* direkt als Befehle verfügbar, so auch die Kommentare.

Abbildg. 4.3   Verschiedene Inhalte im Dialogfeld auswählen, z.B. die letzte Zelle der aktiven Tabelle

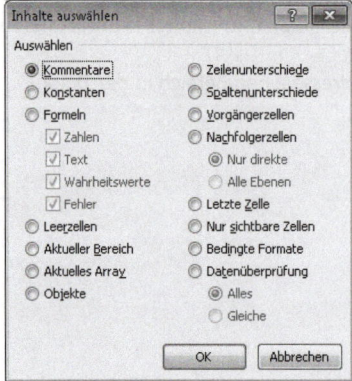

Das Thema Kommentare wird ausführlich in Kapitel 13 behandelt.

Unterschiede in Zeilen und Spalten finden

Das Dialogfeld *Inhalte auswählen* bietet eine interessante Hilfestellung, wenn es darum geht, Zellen zu vergleichen und unterschiedliche Werte zu finden. Um einen Zellbereich schnell auf unterschiedliche Werte zu prüfen, können Sie die Option *Zeilenunterschiede* und *Spaltenunterschiede* verwenden. Wenn Sie einen vertikal angeordneten Zellbereich untersuchen wollen, gehen Sie so vor:

1. Markieren Sie den Zellbereich.
2. Drücken Sie die [F5]-Taste und klicken Sie anschließend auf die Schaltfläche *Inhalte*.
3. Markieren Sie die Option *Spaltenunterschiede* und bestätigen Sie mit *OK*.

Gefunden werden die Zellen, deren Inhalte von der aktiven Zelle abweichen. Sie erhalten also eventuell unterschiedliche Ergebnisse, wenn Sie eine andere Reihenfolge beim Markieren wählen.

Analog dazu können Sie mit der Option *Zeilenunterschiede* einen horizontalen Bereich untersuchen.

Mehr zum Suchen in Tabellen erfahren Sie im Abschnitt »Inhalte suchen« ab Seite 170.

Leere Zellen füllen

Mit dem Dialogfeld *Gehe zu* können Sie auch leere Zellen in einem Bereich füllen, ohne bestehende Inhalte zu überschreiben. Öffnen Sie dazu das Arbeitsblatt *Füllen* in der Beispieldatei *Kap04.xlsx* und gehen Sie wie folgt vor:

1. Markieren Sie den gesamten Datenbereich, im Beispiel aus Abbildung 4.4 ist das der Bereich B6:D8.
2. Rufen Sie mit der Taste [F5] das Dialogfeld *Gehe zu* auf.
3. Wählen Sie die Schaltfläche *Inhalte*.
4. Im Dialogfeld *Inhalte auswählen* aktivieren Sie die Option *Leerzellen* und schließen das Dialogfeld mit *OK*.
5. Alle leeren Zellen sind nun markiert. Geben Sie den gewünschten Text ein und beenden Sie die Eingabe mit der Tastenkombination [Strg]+[↵], um den Inhalt in alle leeren Zellen zu übernehmen.

Abbildg. 4.4   Das Dialogfeld *Gehe zu* hilft auch bei schwierigen Aufgaben zum Ausfüllen von Zellen

	A	B	C	D	E
1					
2		Wie können die leeren Zellen in einem Bereich gefüllt werden?			
3		Bestehende Inhalte sollen erhalten bleiben.			
4					
5		Ausgangstabelle			
6		Excel		Excel	
7			Excel		
8		Excel		Excel	
9					
10		Wunschtabelle			
11		Excel	2010	Excel	
12		2010	Excel	2010	
13		Excel	2010	Excel	
14					

Daten eingeben und bearbeiten

Einzelne Zellen können mit Text, Zahlen oder Formeln ausgefüllt werden. Dazu markieren Sie die Zelle und tippen das Gewünschte ein. Starten Sie Ihre Eingabe beispielsweise mit dem Wort *Dateneingabe* in Zelle *A1*, erscheint der Text sowohl in der Zelle als auch in der Bearbeitungsleiste. Zur Übernahme der eingetippten Daten muss entweder die ⏎-Taste gedrückt, mit der Maus eine andere Zelle angewählt oder aber eine Pfeil-Taste bzw. die ↹-Taste betätigt werden.

Es gibt aber auch die Möglichkeit, die Eingabe durch Anklicken der Schaltfläche *Eingeben* zu bestätigen. Diese finden Sie in der Bearbeitungsleiste links von der Eingabezeile. Sie ist mit einem Häkchen versehen und wird nur dann angezeigt, wenn Sie eine Eingabe machen.

Abbildg. 4.5 Eine Dateneingabe kann auch mit einem Mausklick beendet werden

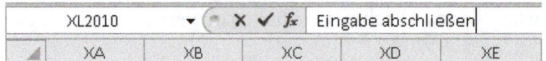

Wollen Sie eine Eingabe verwerfen, drücken Sie vor dem Bestätigen die Esc-Taste oder klicken auf die Schaltfläche *Abbrechen* (das Kreuz in der Bearbeitungsleiste).

Sollten Sie versehentlich ein falsches Zeichen getippt haben, können Sie die Rück-Taste drücken, um das Zeichen vor der Einfügemarke zu löschen, oder sich mit einer Pfeiltaste zur betreffenden Stelle bewegen bzw. mit der Maus an die betreffende Stelle klicken.

> **TIPP** Standardmäßig bewegt sich die Markierung nach dem Abschluss der Eingabe mit der ⏎-Taste auf die nächste Zelle nach unten. Wenn Sie das Verhalten nach der Eingabe ändern wollen, öffnen Sie in der Registerkarte *Datei* die *Excel-Optionen* und wählen dort die Kategorie *Erweitert*. Aktivieren Sie im Abschnitt *Bearbeitungsoptionen* das Kontrollkästchen *Markierung nach dem Drücken der Eingabetaste verschieben* und legen im Dropdownfeld darunter die Richtung fest.

Daten in einen markierten Bereich eingeben

Wollen Sie Daten in verschiedene Zellen eines Bereichs eingeben, können Sie dies komfortabel erledigen, wenn Sie vorher den Zellbereich für Ihre Eingabe markieren. Wenn Sie nach der Eingabe der Daten die ⏎-Taste oder die ↹-Taste drücken, wird die nächste Zelle im markierten Bereich zur Dateneingabe aktiviert. Die ⏎-Taste bewegt die Einfügemarke nacheinander bis zum unteren Rand des ausgewählten Bereichs und springt dann wieder zur oberen Zelle in der benachbarten Spalte im ausgewählten Bereich. Die ↹-Taste bewegt die Einfügemarke zur rechten benachbarten Zelle bis zum rechten Rand im ausgewählten Bereich und springt dann in die linke Zelle eine Zeile darunter.

> **TIPP** Wenn Sie die ⇧-Taste gedrückt halten, während Sie die ↹-Taste drücken, können Sie die markierten Zellen rückwärts durchlaufen.

So können Sie Daten in einen markierten Bereich eingeben:
1. Markieren Sie in einem leeren Arbeitsblatt die Zellen *A2* bis *C2*.

2. Geben Sie die Überschriften *Produkt, Menge, Preis* ein und drücken Sie nach jedem Wort die ⏎-Taste.
3. Vergleichen Sie Ihre Eingabe mit Abbildung 4.6.

Abbildg. 4.6   Der vorläufige Inhalt des Lieferscheins

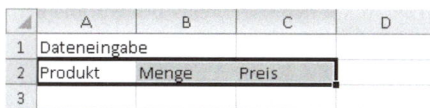

WICHTIG   Wenn Sie Daten in einen markierten Bereich eingeben wollen, dürfen Sie die Pfeiltasten nicht verwenden und auch keinen Klick mit der linken Maustaste ausführen. Diese Aktionen heben die Markierung auf.

Zellen mit gleichen Inhalten füllen

Soll ein Bereich mit den gleichen Inhalten gefüllt werden, können Sie dies rasch erledigen, indem Sie die Zeichenfolge eingeben, dann die Strg-Taste gedrückt halten und anschließend die ⏎-Taste betätigen. Das funktioniert nicht nur bei zusammenhängenden Bereichen, sondern bei jeder Markierung von Zellen – sogar über Blattgrenzen hinweg.

Angenommen, Sie wollen den Bereich *A1:D5* in *Tabelle1* und *Tabelle2* mit dem Text »Test« füllen. Gehen Sie wie folgt vor:

1. Aktivieren Sie die *Tabelle1* und markieren Sie den Bereich *A1:D5*.
2. Halten Sie die Strg-Taste gedrückt und klicken Sie im Blattregister auf den Reiter für die *Tabelle2*.
3. Lassen Sie die Strg-Taste los.
4. Geben Sie das Wort »Test« ein und beenden Sie die Eingabe mit der Tastenkombination Strg+⏎.

Wenn Sie nun die einzelnen Tabellen im Blattregister anklicken, sehen Sie das Ergebnis: Sowohl auf *Tabelle1* als auch auf *Tabelle2* wurde der Bereich *A1:D5* mit dem gewünschten Eintrag gefüllt.

AutoVervollständigen zur Dateneingabe verwenden

Wenn im Dialogfeld *Excel-Optionen* in der Kategorie *Erweitert* im Abschnitt *Bearbeitungsoptionen* das Kontrollkästchen *AutoVervollständigen für Zellwerte aktivieren* markiert ist, erhalten Sie von Excel Unterstützung bei der Dateneingabe. Schreiben Sie eine Reihe von Texten ohne Leerzeile untereinander, vergleicht Excel diese mit den bereits in den Zeilen darüber eingetragen Texteinträgen. In dem Moment, wenn die neue Eingabe eindeutig dem Beginn einer bereits vorhandenen Zeichenfolge entspricht, vervollständigt Excel die aktive Zelle. Dabei wird der noch nicht eingetragene Teil markiert. Wenn diese Vervollständigung erwünscht ist, können Sie durch Drücken der ⏎-Taste die Eingabe abschließen. Wollen Sie einen neuen Eintrag erstellen, überschreiben Sie die Markierung ganz einfach oder entfernen diesen mit der Entf-Taste.

Auswahllisten anzeigen und verwenden

Sollen mehrere Zellen mit Text gefüllt werden, können Sie wiederkehrende Begriffe ganz einfach über eine Auswahlliste eintragen. Klicken Sie in die nächste freie Zelle unterhalb des letzten Texteintrags und wählen Sie im Kontextmenü für die Zelle den Eintrag *Dropdown-Auswahlliste*. Daraufhin wird in der Zelle ein Listenfeld angezeigt. Der Inhalt des Listenfelds besteht aus den Einträgen, die oberhalb der aktiven Zelle bereits vorhanden sind.

HINWEIS Eventuell vorhandene Zahlenwerte werden in der *Dropdown-Auswahlliste* nicht angezeigt. Die *Dropdown-Auswahlliste* zeigt diejenigen Texteinträge an, die sich ausgehend von der aktiven Zelle bis zur ersten leeren Zelle befinden. Ist die aktive Zelle sowohl nach oben als auch nach unten von Text umgeben, werden die Einträge aus beiden Richtungen aufgelistet.

Daten in der Zelle bearbeiten

Vorhandene Daten lassen sich auf zweierlei Arten bearbeiten: Sie können die Zelle auswählen und dann in der Bearbeitungsleiste zusätzlichen Text eingeben oder Veränderungen vornehmen. Sie können aber auch auf die Zelle doppelklicken und die Daten direkt in die Zelle eingeben.

HINWEIS Damit der Doppelklick die Zelle aktiviert, muss in den *Excel-Optionen* in der Kategorie *Erweitert* im Abschnitt *Bearbeitungsoptionen* das Kontrollkästchen *Direkte Zellbearbeitung zulassen* aktiviert sein. Ansonsten hat ein Doppelklick auf eine Zelle unterschiedliche Auswirkungen: Enthält die Zelle eine Formel mit einem Bezug auf eine andere Zelle, wird diese Vorgängerzelle nach dem Doppelklick markiert. Enthält die Zelle, auf die Sie den Doppelklick ausführen, jedoch einen Kommentar, wird dieser zur Bearbeitung aktiviert. Mehr über Kommentare erfahren Sie in Kapitel 13.

Besonderheiten bei der Dateneingabe

Excel wendet verschiedene Formatierungen auf Ihre Dateneingabe an. So werden beispielsweise Zahlen standardmäßig rechtsbündig und Text linksbündig in der Zelle ausgerichtet.

Aber nicht nur die Ausrichtung der Zellen wird von Excel anhand der Eingabe vorgenommen; bestimmte Einträge (z.B. Zahlen, Datumswerte oder Geldbeträge) werden auch mit einem Standardformat formatiert. Mehr zum Thema »Formatieren von Zellen« finden Sie in Kapitel 9.

Feste Dezimalstelle verwenden

Wenn Sie sehr viele Dezimalzahlen eingeben müssen, kann Ihnen Excel die Eingabe der Kommata abnehmen. In den *Excel-Optionen* finden Sie in der Kategorie *Erweitert* im Abschnitt *Bearbeitungsoptionen* das Kontrollkästchen *Dezimalkomma automatisch einfügen*. Über das Drehfeld *Stellenanzahl* können Sie die Anzahl der Kommastellen festlegen. Legen Sie für die Stellenanzahl den Wert 3 fest, erreichen Sie damit die folgenden Ergebnisse.

Tabelle 4.4 Ergebnisse der Eingabe mit fester Dezimalstelle

Eingabe	Ergebnis
12	0,012
123	0,123
1234	1,234
2,5	2,5
2003,0	2003

Mit sehr großen Zahlen arbeiten

Bei der Anzeige sehr großer Zahlen gibt es eine Grenze: Excel kann keine Zahlen mit mehr als 15 Stellen anzeigen. Egal, was Sie ab der 16. Stelle eingeben, Excel ersetzt die Eingabe durch eine 0. Als Alternative bleibt hier lediglich die wissenschaftliche Exponentialschreibweise.

Einen Bruch eingeben

Wenn Sie in eine Zelle einen Bruch eingeben, z.B. »1/5«, macht Excel aus dieser Eingabe kurzerhand ein Datum. Im Falle von 1/5 wird aus Ihrer Eingabe der 1. Mai des aktuellen Jahrs. Ist eine der beiden Zahlen größer als 31 oder größer als 12, versucht Excel diesen Bruch als Eingabe eines Datums in der Form Monat und Jahr darzustellen. So wird aus dem Bruch 1/13 das Datum »Jan 13« (die Bearbeitungsleiste zeigt dann »01.01.2013« an). Ist dies nicht möglich, wird die Eingabe in einen Text umgewandelt, mit dem Sie nicht so einfach weiter rechnen können. Um einen Bruch korrekt einzugeben, beginnen Sie die Eingabe mit der Zahl 0, gefolgt von einem Leerzeichen, also z.B. 0[leer]1/5.

Internet- und Netzwerkpfade eingeben

Tragen Sie eine Netzwerkadresse oder auch eine Internetadresse (z.B. *www.microsoft.de*) ein, wandelt Excel diese standardmäßig in einen Hyperlink um (siehe Abbildung 4.7). Das kann lästig werden oder schlicht und einfach unerwünscht sein. Um diese Umwandlung zu verhindern, gehen Sie wie folgt vor:

1. Wählen Sie den Befehl Datei/Optionen.
2. Im Dialogfeld Excel-Optionen wechseln Sie in die Kategorie *Dokumentprüfung*.
3. Klicken Sie auf die Schaltfläche *AutoKorrektur-Optionen*?
4. Wechseln Sie auf die Registerkarte AutoFormat während der Eingabe und deaktivieren Sie das Kontrollkästchen Internet- und Netzwerkpfade durch Hyperlinks.
5. Schließen Sie alle Dialogfeld mit *OK*.

Abbildg. 4.7 Sie können die AutoKorrektur-Optionen über geänderte Zellen aufrufen

Es werden nur Rauten angezeigt

Bei Berechnungen mit Zeitwerten kommt es vor, dass als Ergebnis ein negativer Zeitwert (z.B. –16:15) auftritt. Dieses Ergebnis wird in Excel mit einem wunderschönen »Gartenzaun« angezeigt. Der Grund: Excel kann standardmäßig keine negativen Zeitwerte anzeigen.

Wenn Sie in den *Excel-Optionen* in der Kategorie *Erweitert* zum Abschnitt *Beim Berechnen dieser Arbeitsmappe* wechseln und dort das Kontrollkästchen *1904-Datumswerte verwenden* aktivieren, kann Excel auch negative Zeitwerte anzeigen. Aber Vorsicht: Die Einstellung hat Auswirkungen auf alle bereits eingetragenen Zeitwerte: Zu allen Datumswerten werden vier Jahre addiert! Wenn Sie also diese Einstellung verwenden wollen, sollten Sie diese zu Beginn der Arbeit vor dem Eingeben von Daten festlegen.

Mehr zum Thema »Datums- und Zeitfunktionen« finden Sie in Kapitel 7 und in Kapitel 15.

Datumseingabe auf dem numerischen Block

Bei der schnellen Erfassung von Zahlenwerten spielt der numerische Block (auf der Tastatur ganz rechts) eine wichtige Rolle. Neben den Zahlen von 0 bis 9 finden sich hier auch die wichtigsten Rechenoperationen sowie das Kommazeichen. Bei der Datumseingabe tun sich die meisten Anwender jedoch schwer, weil der Punkt hier nicht zu finden ist.

Um dennoch ein Datum ausschließlich über den numerischen Block einzugeben, können Sie jedoch das Minus-Zeichen des numerischen Blocks verwenden. Sie können dabei sogar auf die Eingabe der Jahreszahl verzichten, wenn Sie ein Datum für das aktuelle Jahr eintragen. Die Eingabe von *28-12-10* und *28-12* führt zum gleichen Datum (wenngleich in unterschiedlicher Formatierung von 28.12.2010 bzw. 28. Dez), wenn diese im Jahr 2010 erfolgt. Die einzige Aufgabe, die Sie noch erledigen müssen, ist die Einstellung des gewünschten Zahlenformats. Mehr zum Formatieren von Zahlen finden Sie in Kapitel 12.

> **WICHTIG** Um unerwünschte Ergebnisse zu vermeiden, sollten Sie die Eingabe in der Form »Tag-Monat« vornehmen. Ist der Wert nach dem Minuszeichen größer als 12, geht Excel davon aus, dass es sich dabei um die Jahreszahl handelt, und ergänzt die Zahl 1 für den Tag. Die Eingabe von *12-28* ergibt dann das Datum *01.12.2028*.

Wollen Sie statt eines Datumswerts eine Zeit auf dem numerischen Block erfassen, werden Sie den Doppelpunkt vermissen. Für diese Aufgabe gibt es leider keine so praktische Lösung wie für die Datumswerte. Allerdings können Sie dazu die AutoKorrektur nutzen (siehe den Abschnitt »AutoKorrektur für die Eingabe von Zeitwerten« ab Seite 175).

Reihen erstellen und ausfüllen

Excel bietet die Möglichkeit, Datenreihen über die *AutoAusfüllen*-Funktion komfortabel einzugeben. Die Datenreihen können aus Zahlen oder Text bestehen. Sie geben die ersten beiden Zahlen oder Texte ein und benutzen dann die Funktion *AutoAusfüllen*, um den Rest der Datenreihe einzutragen. Geben Sie beispielsweise in die erste Zelle *1* und in die zweite Zelle *2* ein, werden mit AutoAusfüllen die nächsten Zahlen *3*, *4*, *5* und *6* automatisch eingetragen. Sie können auch Reihen bilden, die mehr als eine Zahl vorgeben, zum Beispiel *1* und *5*. Markieren Sie beide Zellen vor dem *AutoAusfüllen*, ergänzt Excel *9*, *13* usw. Wollen Sie einen Bereich mit der gleichen Zahl ausfüllen, zum Beispiel *1*, führen Sie die *AutoAusfüllen*-Funktion nur mit dieser einen Zelle, welche die Zahl *1* enthält, aus.

Die Anwendung der AutoAusfüllen-Funktion

Probieren Sie die *AutoAusfüllen*-Funktion zur Eingabe der Positionsnummern am Beispiel eines Lieferscheins aus, indem Sie die Positionsnummern als Zahlenreihe eingeben:

1. Geben Sie in die Zelle *A1* die Zahl *1* und in die Zelle *A2* die Zahl *2* ein.
2. Markieren Sie diese beiden Zellen. Fahren Sie dann langsam mit der Maus an die rechte untere Ecke der Markierung zum sogenannten Ausfüllkästchen, bis ein kleines Kreuz erscheint.

Abbildg. 4.8   Eingabe einer Zahlenreihe mit *AutoAusfüllen*

3. Ziehen Sie das Ausfüllkästchen mit gedrückter linker Maustaste bis zur Zelle *A10* (Abbildung 4.8).

TIPP   Wollen Sie den Bereich bis A10 nicht mit einer fortlaufenden Reihe füllen, sondern mit den vorhandenen Werten (1 und 2), halten Sie beim Ziehen mit der Maus zusätzlich die `Strg`-Taste gedrückt. Mit dieser Taste in Verbindung mit der Mausaktion wechselt Excel zwischen dem Ausfüllen und Kopieren.

Auch Formeln können kopiert werden. Wie das geht, ist in Kapitel 6 erläutert.

Eine Reihe erzeugen

Excel kann aber nicht nur einfache Zahlen als Reihen automatisch ausfüllen, sondern auch Kombinationen aus Texten und Zahlen wie »Wert 1«, oder auch die Tage einer Woche oder die Monate eines Jahrs.

Erstellen Sie aus einem Eintrag wie *Quartal 1* eine Reihe, beginnt die Reihe nach dem vierten Eintrag wieder mit *Quartal 1*. Excel »weiß« also, dass ein Jahr nur vier Quartale hat.

So können Sie beispielsweise eine Monatsreihe eingeben:

1. Wählen Sie eine freie Zelle aus.
2. Tippen Sie *Januar* ein.
3. Klicken Sie diese Zelle an und ziehen Sie das Ausfüllkästchen an der rechten unteren Ecke elf Spalten weiter nach rechts.

TIPP Dabei können die Monate in der Form *Januar* oder *Jan* eingeben werden. Beim automatischen Ausfüllen folgen diese dem vorgegebenen Format. Weitere Beispiele für das AutoAusfüllen finden Sie in der Beispieldatei *Kap04.xlsx* auf dem Blatt *AutoAusfüllen*. Mehr zum Thema »Formatieren von Zellen« erfahren Sie in Kapitel 9.

Ein Problem taucht beim AutoAusfüllen auf, wenn eine Zeichenfolge gleichzeitig in einer benutzerdefinierten Liste (eine Liste, die Sie zum Erzeugen von Reihen und Sortierfolgen erstellen können, siehe den Abschnitt »Eine benutzerdefinierte Liste anlegen« ab Seite 152) auftaucht. So kann mit *Freitag* der Wochentag oder auch ein Mitarbeiter mit diesem Namen gemeint sein. Haben Sie die Namen der Mitarbeiter *Müller*, *Freitag* und *Maier* in drei Zellen eingetragen und kopieren Sie diese durch Ziehen mit der Maus in die angrenzenden Zellen, wird daraus die Reihe *Müller*, *Samstag*, *Maier*. Sie können das Problem lösen, indem Sie beim Kopieren mit der Maus zusätzlich die Strg-Taste gedrückt halten oder eine benutzerdefinierte Liste anlegen.

TIPP Wenn das Ausfüllen nicht wie erwartet funktioniert, versuchen Sie es mit gedrückter Strg-Taste noch einmal.

Mit AutoAusfüll-Optionen schneller arbeiten

Sicher ist Ihnen bei den vorangegangenen Versuchen bereits aufgefallen, dass nach dem AutoAusfüllen ein Symbol am Ende der Reihe angeboten wird. Mithilfe des Symbols *Auto-Ausfülloptionen* können Sie nachträglich das Ergebnis der Aktion bestimmen. Dazu klicken Sie auf das Symbol und wählen im zugehörigen Menü den entsprechenden Befehl (siehe Abbildung 4.9).

Wird diese Schaltfläche beim Ausfüllen nicht angezeigt, ist in den *Excel-Optionen* in der Kategorie *Erweitert* im Abschnitt *Ausschneiden, Kopieren und Einfügen* das Kontrollkästchen *Schaltfläche für Einfügeoptionen anzeigen, wenn Inhalt eingefügt wird* deaktiviert.

Abbildg. 4.9 Nach dem AutoAusfüllen das Ergebnis bestimmen

Ausfüllen einer Reihe von Zahlen, Datumswerten oder anderen Elementen

Excel bietet auch die Möglichkeit, einen Reihentyp festzulegen. Verschiedene Einstellungen ermöglichen beliebige Reihen.

So legen Sie den Reihentyp *Monat* und *Jahr* fest:

1. Geben Sie in Zelle A1 *Jan 2010* ein. Excel stellt das Datum im (voreingestellten) Datumsformat *MMM JJ* dar.
2. Drücken Sie die rechte Maustaste, während Sie das Ausfüllkästchen nach unten bis *A12* ziehen.
3. Lassen Sie die Maustaste los und klicken Sie im nun erscheinenden Kontextmenü auf den Befehl *Reihe*.
4. Klicken Sie im Abschnitt *Zeiteinheit* auf *Monat* (siehe Abbildung 4.10), um die Reihe *Feb 10, Mrz 10* usw. zu erstellen. Schließen Sie mit einem Klick auf *OK*.

Mit der Einheit *Jahr* würde die Reihe *Jan 10, Jan 11* usw. erstellt.

Abbildg. 4.10 Zellen mit speziellen Reihen ausfüllen

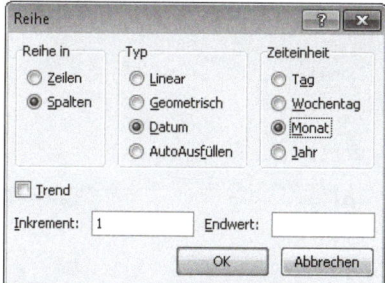

Statt mit der rechten Maustaste zu ziehen, um anschließend das Kontextmenü angeboten zu bekommen, können Sie auch die Schaltfläche *Auto-Ausfülloptionen* verwenden, die nach dem Ziehen des Ausfüllkästchens angezeigt wird. Excel erkennt an den markierten Daten, dass es sich um Datumswerte handelt und passt das Kontextmenü entsprechend an. Der Befehl lautet dann *Monate ausfüllen*.

Benutzerdefinierte Reihe festlegen

Häufig haben Tabellen gleiche oder ähnliche Vorspalten (etwa Mitarbeiternamen, Artikel oder Warengruppen). Viel Arbeit ersparen Sie sich, wenn Sie in einem solchen Fall eine Mustervorlage verwenden (lesen Sie hierzu auch Kapitel 11). Sie können aber auch selbst eine Reihe definieren. Mit einer benutzerdefinierten Liste können Sie die Aufgabe an jeder beliebigen Stelle in einer beliebigen Tabelle elegant erledigen.

Eine benutzerdefinierte Liste anlegen

Tragen Sie zunächst alle Elemente für die neue Liste zeilenweise in eine Tabelle ein. Nutzen Sie dabei die von Ihnen üblicherweise verwendete Sortierung. Sie können benutzerdefinierte Listen nämlich auch für eine eigene Sortierreihenfolge verwenden. Wie das geht, erfahren Sie in Kapitel 20.

Um eine neue Liste festzulegen, gehen Sie wie folgt vor:

1. Markieren Sie die Liste und rufen Sie in der Registerkarte *Datei* den Befehl *Optionen* auf.
2. Wechseln Sie im Dialogfeld *Excel-Optionen* zur Kategorie *Erweitert*.
3. Klicken Sie im Abschnitt *Allgemein* auf die Schaltfläche *Benutzerdefinierte Listen bearbeiten*.
4. Im Eingabefeld *Liste aus Zellen importieren* ist die aktuelle Markierung bereits eingetragen. Wählen Sie die Schaltfläche *Importieren*, wird eine neue Liste mit einem Listeneintrag für jede Zeile angelegt (siehe Abbildung 4.11).
5. Schließen Sie das Dialogfeld mit *OK* und die *Excel-Optionen* ebenfalls mit *OK*.

Abbildg. 4.11   Dialogfeld zum Importieren und Bearbeiten der Listen (beachten Sie die spezielle Sortierung)

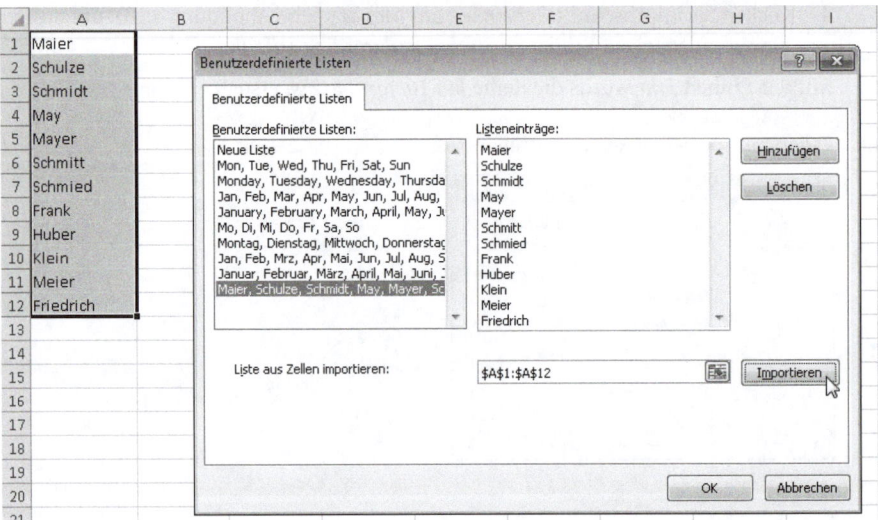

Wenn Sie im Listenfeld *Benutzerdefinierte Listen* den ersten Eintrag *Neue Liste* anklicken, können Sie im Listenfeld *Listeneinträge* die einzelnen Elemente auch direkt eintragen. Mit der ⏎-Taste wird dabei ein Zeilenumbruch eingefügt. Sind alle Einträge vorhanden, wählen Sie die Schaltfläche *Hinzufügen* und die Liste wird festgelegt. Auch Änderungen an bestehenden Listen können Sie im Feld *Listeneinträge* vornehmen. Wollen Sie beispielsweise einen einzelnen Wert löschen, markieren Sie diesen, drücken die Entf -Taste und anschließend die Schaltfläche *Hinzufügen,* um die geänderte Liste zu speichern.

TIPP Eine benutzerdefinierte Liste wird beim Beenden von Excel in der Registry unter dem Schlüssel *HKEY_CURRENT_USER\Software\Microsoft\Office\14.0\Excel\Options\SmartList* gespeichert. Wenn Sie intensiv von diesem Feature Gebrauch machen, sollten Sie eine Datei mit den Inhalten Ihrer benutzerdefinierten Listen erstellen, um diese bei einem Rechnerwechsel oder in der Arbeitsgruppe schnell verfügbar machen zu können.

Die neue Liste anwenden

Wie kommen Sie nun in einer Tabelle an die Liste? Tragen Sie einen beliebigen Wert einer benutzerdefinierten Liste in eine Tabelle ein. Ziehen Sie mit der Maus am Ausfüllkästchen (rechte untere Ecke der aktiven Zelle), wird eine Reihe auf der Grundlage der von Ihnen definierten Liste eingetragen. Ist übrigens dabei der markierte Bereich größer als die Anzahl der Listenelemente, wird wieder bei dem Element gestartet, das Sie als Startwert eingetragen hatten. Der Startwert muss nicht zwingend dem ersten Eintrag der benutzerdefinierten Liste entsprechen. Und das Beste daran: Das Ausfüllen funktioniert sowohl für Zeilen als auch für Spalten und kann Ihnen sicher viel Zeit sparen. Außerdem können benutzerdefinierte Listen für das Sortieren (auch in PivotTables) verwendet werden. Mehr dazu in Kapitel 20.

Besondere Datumsreihe ausfüllen

Wie Ihnen sicher aufgefallen ist, sind im Dialogfeld *Benutzerdefinierte Listen* bereits einige Listen definiert. Ganz praktisch ist die Liste der Wochentage. Tragen Sie *Montag* in eine Zelle und ziehen am Ausfüllkästchen, werden die übrigen Wochentage ausgefüllt.

Was für den einen Anwender sinnvoll ist, bringt den anderen schier zur Verzweiflung. So gibt es auch beim Ausfüllen manchmal den Wunsch, den Automatismus auszuschalten. Etwa wenn Sie eine längere Reihe mit Wochentagen ausfüllen wollen, dabei aber nur die Arbeitstage Montag bis Freitag angezeigt werden sollen. Normalerweise ergänzt Excel nach dem Freitag den Samstag, was in diesem Fall unerwünscht ist. Um eine Reihe der Arbeitstage mithilfe der Funktion *AutoAusfüllen* zu erstellen, gehen Sie wie folgt vor:

1. Tragen Sie den Begriff »Montag« in eine Zelle ein.
2. Ziehen Sie mit gedrückter rechter Maustaste am Ausfüllkästchen, bis die gewünschte Anzahl an Tagen erreicht ist.
3. Wählen Sie, nachdem Sie die Maustaste wieder losgelassen haben, im Kontextmenü den Befehl *Wochentage ausfüllen.*

Zellinhalte löschen, Eingaben wiederholen und rückgängig machen

Den Inhalt einer Zelle können Sie löschen, wenn Sie die Zelle markieren und die ⌈Entf⌉-Taste drücken. Der Befehl *Löschen* in der Gruppe *Bearbeiten* (**nicht** der mit *Löschen* beschriftete Befehl in der Gruppe *Zellen*, dieser löscht Zellen, Zeilen und Blätter) auf der Registerkarte *Start* bietet für das Löschen zusätzliche Möglichkeiten: So können Sie im Untermenü spezielle Inhalte, etwa Formate oder Kommentare, löschen.

Wollen Sie nicht den gesamten Inhalt einer Zelle, sondern nur eine bestimmte Zeichenfolge entfernen, aktivieren Sie die Zelle und markieren die zu löschende Zeichenfolge in der Bearbeitungsleiste. Über die ⌈Entf⌉-Taste wird die Markierung gelöscht und nach dem Drücken der ⌈↵⌉-Taste ist der Zellinhalt geändert.

Wenn Sie eine Zelle ausgewählt und beispielsweise einen komplizierten Inhalt versehentlich gelöscht oder durch einen falschen Text ersetzt haben, können Sie solche Fehler wieder rückgängig machen, indem Sie den Befehl *Rückgängig* in der Schnellzugriffsleiste auswählen. Wenn Sie sich gern Tasten merken: Nutzen Sie die Tastenkombination ⌈Strg⌉+⌈Z⌉.

Das »Gegenstück« dazu ist der Befehl *Wiederholen* ebenfalls in der Schnellzugriffsleiste. Wählen Sie diesen Befehl, um eine Aktion zu wiederholen oder eine rückgängig gemachte Aktion wiederherzustellen. Alternativ steht Ihnen die Tastenkombination ⌈Strg⌉+⌈Y⌉ für das Wiederholen der letzten Aktion zur Verfügung.

> **HINWEIS** Klicken Sie auf das kleine Dreieck neben der *Rückgängig-* oder *Wiederholen-*Schaltfläche, erhalten Sie eine Liste von Einträgen Ihrer vorherigen Aktivitäten angezeigt, die Sie wieder zurücknehmen bzw. wiederholen können.

Nach einem Speichervorgang können Sie vorherige Aktionen mit *Rückgängig* zurücknehmen, während die Liste *Wiederholen* gelöscht wird.

Einfügen und Löschen von Zellen

Wenn sich der Aufbau einer bestehenden Tabelle ändert, können Sie – je nach Aufgabenstellung – Zellen, Zeilen oder Spalten einfügen oder löschen.

Zellen, Zeilen und Spalten löschen

Mit dem Befehl *Löschen/Zellen löschen* auf der Registerkarte *Start* entfernen Sie Zellen, Zeilen oder Spalten aus einer Tabelle.

> **HINWEIS** Dabei gilt, dass immer das Element, das Sie zuvor markiert haben, gelöscht wird.

Wenn ganze Zeilen oder Spalten markiert sind (Zeilen oder Spalten werden durch einen Klick auf den entsprechenden Zeilen- oder Spaltenkopf markiert), wird die markierte Zeile oder Spalte ohne Nachfrage gelöscht. In diesem Fall wird kein Dialogfeld mit einer Sicherheitsabfrage angezeigt.

Einfügen und Löschen von Zellen

CD-ROM Wenn Sie die folgenden Übungen nachvollziehen möchten, verwenden Sie die Tabelle *Einfügen-Löschen* in der Beispielmappe *Kap04.xlsx* aus dem Ordner *\Buch\Kap04* auf der CD-ROM zu diesem Buch.

In dem in Abbildung 4.12 dargestellten Fall erfolgt keine Rückfrage über ein Dialogfeld. Es sind zwei Zeilen markiert und bei Aktivierung des Befehls *Zellen löschen* (Registerkarte *Start*, Gruppe *Zellen*, Schaltflächenmenü *Löschen*) werden die Zeilen 8 und 9 ohne Rückfrage gelöscht.

Abbildg. 4.12 Beim Löschen dieser Zeilen erfolgt keine Rückfrage

	A	B	C	D	E	F
1		Umsätze Januar				
2		Kunden-Nr.	Nachname	PLZ	Vertreter	Umsatz
3		10001	Maier	02227	1	24.896,00 €
4		10002	Schulze	03246	3	22.322,00 €
5		10005	Schmidt	12140	4	17.779,00 €
6		10006	May	31358	2	14.793,00 €
7		10007	Mayer	37119	3	18.209,00 €
8		10100	Schmitt	41991	2	23.291,00 €
9		10101	Schmied	42045	1	13.750,00 €
10		10102	Frank	63835	1	19.675,00 €
11		10103	Huber	65350	4	16.658,00 €
12		10104	Klein	66825	5	13.593,00 €
13		10105	Meier	84740	6	22.406,00 €
14		10106	Friedrich	94568	2	20.774,00 €
15						

Auf die gleiche Weise können Sie auch ganze Spalten aus einer Tabelle entfernen. Wesentlich ist hier ebenfalls das eindeutige Markieren der jeweiligen Elemente, z.B. *C:D*.

TIPP Klicken Sie mit der rechten Maustaste in den markierten Bereich. Das Kontextmenü bietet unter anderem auch den Befehl *Zellen löschen*.

Sollte das Löschen irrtümlich erfolgt sein und Sie bemerken diesen Fehler gleich danach, können Sie den Arbeitsschritt durch einen Klick auf die Schaltfläche *Rückgängig* auf der Schnellzugriffsleiste widerrufen.

Wenn Sie nur eine oder mehrere bestimmte Zellen aus einer Tabelle löschen möchten, müssen Sie diese Elemente ebenfalls zuvor markieren und entscheiden, in welche Richtung die übrigen Zellen verschoben werden sollen.

Abbildg. 4.13 Markierter Tabellenbereich mit dem Dialogfeld *Löschen*

	A	B	C	D	E	F	G
1		Umsätze Januar					
2		Kunden-Nr.	Nachname	PLZ	Vertreter	Umsatz	
3		10001	Maier	02227	1	24.896,00 €	
4		10002	Schulze	03246	3	22.322,00 €	
5		10005	Schmidt	12140	4	17.779,00 €	
6		10006	May	31358	2	14.793,00 €	
7		10007	Mayer	37119			
8		10100	Schmitt	41991			
9		10101	Schmied	42045			
10		10102	Frank	63835			
11		10103	Huber	65350			
12		10104	Klein	66825			
13		10105	Meier	84740			
14		10106	Friedrich	94568			
15							

Dialogfeld *Löschen*:
- ○ Zellen nach links verschieben
- ● Zellen nach oben verschieben
- ○ Ganze Zeile
- ○ Ganze Spalte

[OK] [Abbrechen]

Bei der Markierung in Abbildung 4.13 kann der Löschvorgang nicht eindeutig bestimmt werden. Wählen Sie deshalb die gewünschte Option im Dialogfeld *Löschen* aus.

Angenommen, Sie möchten Zellen, Zeilen oder Spalten vollständig aus einer Tabelle löschen, verfahren Sie wie folgt:

1. Markieren Sie die zu löschenden Zeilen oder Spalten bzw. die zu löschende(n) Zelle(n).
2. Rufen Sie auf der Registerkarte *Start* in der Gruppe *Zellen* den Befehl *Löschen* auf. Ganze Zeilen oder Spalten werden sofort gelöscht. Falls nur Zellen markiert sind, erscheint das in Abbildung 4.13 gezeigte Dialogfeld *Löschen*.
3. Beim Löschen von Zellen müssen Sie im Dialogfeld *Löschen* festlegen, in welche Richtung die angrenzenden Zellen verschoben werden sollen, um die entstehende Lücke zu füllen.
4. Schließen Sie das Dialogfeld per Klick auf die Schaltfläche *OK*.

Unter Verwendung der Tastatur gehen Sie wie folgt vor:

1. Markieren Sie die gewünschte(n) Zeile(n) oder Spalte(n).
2. Drücken Sie die Tastenkombination [Strg]+[-].

Einzelne Zellen, ganze Zeilen und Spalten einfügen

Zellen, Zeilen oder Spalten müssen Sie bisweilen in bestehende Tabellen einfügen, um Raum für neue Daten oder Formeln zu schaffen. Das Einfügen dieser Tabellenelemente ist ebenso einfach zu handhaben wie das Löschen.

WICHTIG Als Grundsatz gilt: Es werden immer so viele Zellen, Zeilen oder Spalten eingefügt, wie zuvor markiert worden waren. Wenn Sie z.B. zwei Zeilen einfügen möchten, markieren Sie die zwei Zeilen, **vor** denen eingefügt werden soll.

Die Markierung kennzeichnet die Einfügestelle. Dabei gilt:

- Sollen Zeilen eingefügt werden, wird über den markierten Zeilen eingefügt
- Sollen Spalten eingefügt werden wird links von den markierten Spalten eingefügt

Einfügen und Löschen von Zellen

- Werden einzelne Zellen eingefügt, legen Sie im Dialogfeld aus Abbildung 4.14 fest, in welche Richtung die bereits vorhandenen Zellen verschoben werden sollen

Abbildg. 4.14   Über verschiedene Optionen das Verschieben beim Einfügen von Zellen steuern

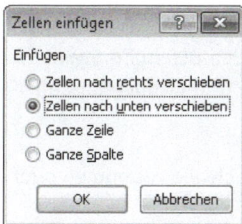

Angenommen, Sie möchten in eine bestehende Tabelle weitere Zeilen oder Spalten einfügen, um so Platz für weitere Daten zu schaffen.

1. Markieren Sie die Menge an Zeilen, Spalten oder die Zellenanzahl, die in die Tabelle eingefügt werden soll. Beachten Sie, dass an dem jeweiligen Ort der Markierung eingefügt wird.
2. Wählen Sie im Dropdownmenü zum Befehl *Einfügen* die Option aus, welche der einzufügenden Elementart entspricht (*Zellen*, *Zeilen* oder *Spalten*).

Unter Verwendung der Tastatur gehen Sie so vor:

1. Markieren Sie die Anzahl der einzufügenden Zeile(n) oder Spalte(n).
2. Drücken Sie die Tastenkombination `Strg`+`+`.

HINWEIS   Manchmal wird beim Einfügen die Fehlermeldung *Kann nicht über das Arbeitsblatt hinaus verschieben* ausgegeben, die für den Benutzer nicht wirklich verständlich ist. Oftmals sind gar nicht alle Spalten mit Inhalt gefüllt und es ist nicht auf den ersten Blick ersichtlich, was den Fehler verursacht. Excel betrachtet allerdings einige Formatierungen (z.B. Zellrahmen) als Inhalt. Sind nun alle Zellen einer Zelle mit einem Rahmen versehen und Sie versuchen eine Spalte einzufügen, wird die beschriebene Fehlermeldung angezeigt.

Verschieben, Kopieren und Einfügen von Daten

Im vorigen Fall haben Sie sich damit befasst, Platz für neue Daten in Tabellen zu schaffen. Nun aber geht es darum, Zellen, Zeilen oder Spalten, die bereits Daten enthalten, in eine bereits bestehende und mit Daten gefüllte Tabelle einzufügen.

TIPP   Arbeiten Sie gerne mit der Tastatur, sind sicherlich die folgenden Tastenkombinationen für Sie interessant:

- **Kopieren**   `Strg`+`C`
- **Ausschneiden**   `Strg`+`X`
- **Einfügen**   `Strg`+`V`

Leistungsfähige Sammelkiste: die Zwischenablage

Die Zwischenablage kann mehrere Einträge speichern. Rufen Sie den Aufgabenbereich *Zwischenablage* über das Startprogramm für Dialogfelder auf der Registerkarte *Start* in der Gruppe *Zwischenablage* auf. Kopieren Sie einmal verschiedene Bereiche, wird dieser Aufgabenbereich gefüllt. Wechseln Sie an eine andere Stelle, können Sie dort ein beliebiges Element aus der Zwischenablage einfügen. Markieren Sie dazu das gewünschte Element und wählen Sie den Befehl *Einfügen*. Die einzelnen Elemente bleiben auch nach dem Einfügen im Aufgabenbereich und können anschließend an anderer Stelle erneut eingefügt werden.

Abbildg. 4.15   Die Zwischenablage kann mehrere Bereiche aufnehmen, die auch alle zusammen oder einzeln eingefügt werden können

Verwenden der Maus

Sie haben eine Tabelle erstellt und im Nachhinein wollen Sie an einer exakt definierten Stelle bereits bestehende Daten zusätzlich in diese Tabelle einfügen.

Selbstverständlich können Sie leere Zellen in diese Tabelle einfügen, um anschließend in diese leeren Zellen die entsprechenden Daten zu kopieren. Um diesen Arbeitsweg abzukürzen, bietet Ihnen Excel die Möglichkeit, bereits bestehende Daten unmittelbar durch Verschieben oder Kopieren mit der Maus in die Tabelle einzufügen. Verfahren Sie dazu folgendermaßen:

1. Markieren Sie die Daten, welche zwischen die bestehenden Daten eingefügt werden sollen.

2. Bewegen Sie den Mauszeiger auf den Rahmen des markierten Bereichs, sodass er zu einem Pfeilkreuz wird, halten Sie die ⇧-Taste gedrückt und ziehen Sie den Rahmen an die gewünschte Stelle. Beim Ziehen nimmt der Rahmen die Form eines doppelten Ts an.

3. An der gewünschten Stelle lassen Sie **zuerst** die Maustaste und **danach** die ⇧-Taste los. Dadurch werden die markierten Zellen verschoben und zwischen den anderen Zellen eingefügt.

Wenn Sie statt der Technik des Verschiebens die des Kopierens anwenden möchten, verfahren Sie im Prinzip wie oben dargestellt. Im Schritt 2 drücken Sie zusätzlich noch die Strg-Taste. Dadurch erscheint ein kleines Pluszeichen neben dem Mauszeiger. Im Schritt 3 lassen Sie ebenfalls **zuerst** die Maustaste und **danach** die beiden gedrückten Tasten ⇧+Strg los.

Verwenden des Kontextmenüs

Wenn die oben dargestellten Mausaktionen für Sie nicht praktikabel sind, gibt es noch den Lösungsweg über das Kontextmenü. Um das Kontextmenü aufzurufen, verfahren Sie wie folgt:

1. Markieren Sie die Daten, die zwischen den bereits bestehenden Daten eingefügt werden sollen.
2. Bewegen Sie den Mauszeiger auf den Rahmen der Markierung, sodass er als Pfeilkreuz angezeigt wird. Drücken Sie die *rechte* Maustaste und ziehen Sie die Markierung an die gewünschte Stelle.
3. Wenn Sie die Maustaste loslassen, wird ein Kontextmenü geöffnet, das eine Reihe von Befehlen zum Kopieren und Verschieben anbietet (siehe Abbildung 4.16). Aus diesem Kontextmenü wählen Sie den gewünschten Befehl durch Anklicken mit der linken Maustaste aus.

Abbildg. 4.16   Auch zum Kopieren oder Ausschneiden ist das Kontextmenü erste Wahl

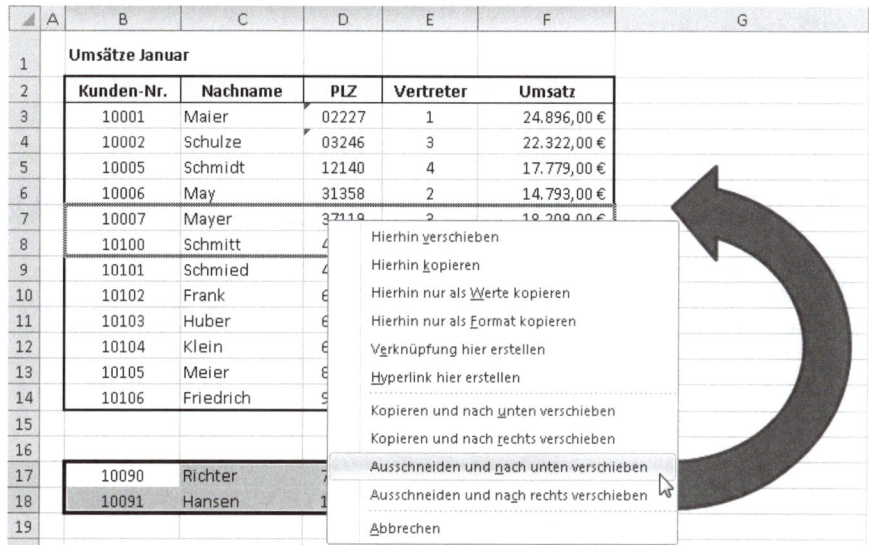

Dasselbe Ziel wie bei den zuvor geschilderten Arbeitstechniken erreichen Sie mit dem Befehl *Kopieren und nach unten verschieben* oder dem Befehl *Ausschneiden und nach unten verschieben*.

Kopieren und Einfügen mit Einfügevorschau

Neu in Excel 2010 ist die Einfügevorschau, mit der die Zwischenablage ausgehend von der aktiven Zelle angezeigt wird. Sie können damit sehen, wie sich verschiedene Optionen auswirken, wenn Sie z.B. nur Werte oder Formate einfügen. Ganz praktisch ist das auch für die Prüfung, ob eventuell vorhandene Daten überschrieben werden. Die Einfügeoptionen sind auf der Registerkarte *Start* über den Befehl *Einfügen* in der Gruppe *Zwischenablage* genauso verfügbar wie über das Kontextmenü.

Kapitel 4 Im Arbeitsblatt arbeiten

Abbildg. 4.17 Durch einfaches Zeigen mit der Maus auf die Einfügeoption wird die Vorschau sichtbar

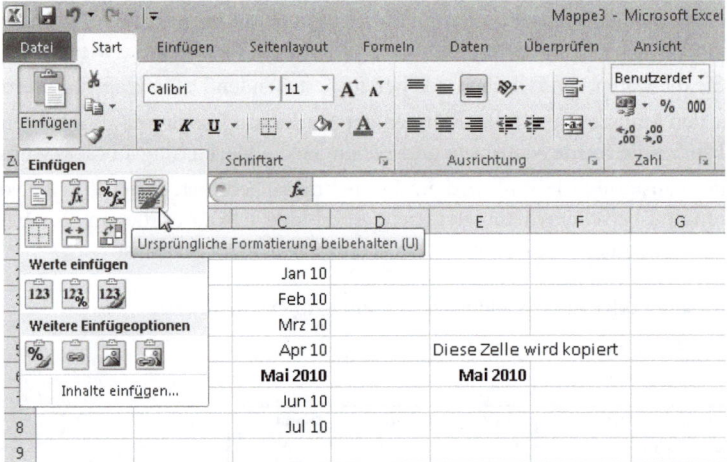

Kopieren und Einfügen mit zusätzlichen Aktionen

Beim Kopieren von Daten ist das Markieren und anschließende Kopieren der Daten eine einfache Angelegenheit. Beim Einfügen der Daten gibt es aber noch einen unter Umständen sehr nützlichen Befehl, der neben dem Einfügen gleichzeitig weiterführende Befehle ausführen kann.

Abbildg. 4.18 An die Stelle der Prozente soll der absolute Betrag treten

Einfügen und Löschen von Zellen

Beispiel: Sie haben die Provisionssätze für die einzelnen Vertreter in Prozenten in Ihrer Umsatztabelle stehen. Anstelle der Prozentsätze sollen jedoch die sich daraus ergebenden Provisionsbeträge in Euro gezeigt werden.

CD-ROM   Für die folgende Übung öffnen Sie bitte die Beispielarbeitsmappe *Kap04.xlsx* aus dem Ordner *\Buch\Kap04* auf der CD-ROM zum Buch. Verwenden Sie hier das Arbeitsblatt *Multiplizieren*.

Im Rahmen des Kopierbefehls können Sie diese Aufgabe recht einfach lösen. Benutzen Sie die Beispieltabelle *Multiplizieren* (siehe Abbildung 4.18) und gehen Sie wie folgt vor:

1. Markieren Sie die Daten in der Umsatzspalte (*F4:F15*) und klicken Sie auf der Registerkarte *Start* in der Gruppe *Zwischenablage* auf die Schaltfläche *Kopieren* oder drücken Sie alternativ die Tasten `Strg`+`C`.
2. Markieren Sie die Prozentdaten in der Provisionsspalte G und rufen Sie den Befehl *Start/Zwischenablage/Einfügen/Inhalte einfügen* auf.
3. Im Dialogfeld *Inhalte einfügen* wählen Sie im Feld *Vorgang* die Option *Multiplizieren* aus (siehe Abbildung 4.19) und klicken Sie auf die Schaltfläche *OK*.

Abbildg. 4.19   Beim Einfügen wurden die Daten neu berechnet

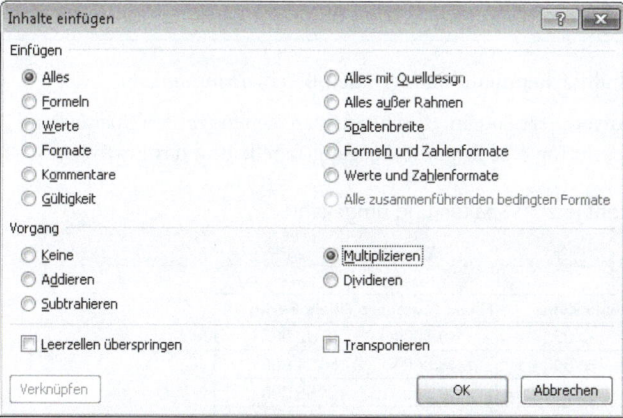

Die kopierten Inhalte der Quellzellen werden mit den jeweiligen Inhalten der Zielzellen multipliziert bzw. allgemein mit der in der Gruppe *Vorgang* festgelegten mathematischen Operation verändert. Ändern Sie nun noch das Zahlenformat.

Durch die Aktivierung des Kontrollkästchens *Leerzellen überspringen* erreichen Sie, dass kopierte Leerzellen nicht über die vorhandenen Zellen kopiert werden.

Über die Schaltfläche *Verknüpfen* erstellen Sie eine Verknüpfung mit den Ursprungsdaten, sodass Änderungen im Quellbereich gleichzeitig auch den Zielbereich aktualisieren.

PROFITIPP   Kopieren Sie eine Zelle in die Zwischenablage und wählen Sie beim Einfügen die Option *Spaltenbreite*, können Sie damit schnell die gewünschte Spaltenbreite einstellen, ohne den Inhalt zu verändern. Diese Schaltfläche ist nicht aktiv, wenn eine mathematische Operation angewandt werden soll.

Zeilen und Spalten vertauschen

Um die kopierten Zeilen als Spalten und die kopierten Spalten als Zeilen einzufügen, aktivieren Sie das Kontrollkästchen *Transponieren*.

Angenommen, Sie wollen in einer bestehenden Tabelle zur besseren Darstellung oder übersichtlicheren Gestaltung der Berechnung die Werte so anordnen, dass die Spaltenwerte in Zeilen stehen und umgekehrt.

CD-ROM Verwenden Sie für die folgende Übung das Arbeitsblatt *Transponieren* aus der Beispielmappe *Kap04.xlsx*. Sie finden die Datei im Ordner *\Buch\Kap04* auf der CD-ROM zu diesem Buch.

Am einfachsten kommen Sie durch das Transponieren der Tabelle zu einer Lösung. Gehen Sie dazu in der Beispieltabelle folgendermaßen vor:

1. Markieren Sie die Zellen von *B2* bis *E6* und kopieren Sie die Daten in die Zwischenablage.
2. Setzen Sie die aktive Zelle in die linke obere Ecke des Bereichs, in den die transponierte Tabelle kopiert werden soll. Im Beispiel ist das die Zelle *B10*.

WICHTIG Achten Sie darauf, dass keine Daten in dem Bereich stehen, in den sie eingefügt werden sollen. Daten in diesem Bereich werden ohne Vorwarnung überschrieben.

3. Wählen Sie im Schaltflächenmenü *Einfügen* den Befehl *Transponieren*.

Die Daten werden transponiert eingefügt, d.h. aus den Zeilen werden Spalten und aus den Spalten werden Zeilen. Die Abbildung 4.20 zeigt die Ausgangstabelle und das Ergebnis.

Abbildg. 4.20 Was in Zeilen stand, steht jetzt in Spalten und umgekehrt

	A	B	C	D	E	F	G
1							
2			Filiale Köln	Filiale Stuttgart	Filiale Berlin		
3		Januar	34.000 €	40.300 €	32.000 €		
4		Februar	36.000 €	43.900 €	34.600 €		
5		März	33.500 €	39.500 €	35.000 €		
6		April	34.900 €	38.000 €	34.900 €		
7							
8				Transponieren			
9							
10			Januar	Februar	März	April	
11		Filiale Köln	34.000 €	36.000 €	33.500 €	34.900 €	
12		Filiale Stuttgart	40.300 €	43.900 €	39.500 €	38.000 €	
13		Filiale Berlin	32.000 €	34.600 €	35.000 €	34.900 €	
14							

Um Daten anders anzuordnen, ohne diese erneut eingeben zu müssen, können Sie auch eine Pivot-Table erstellen. Mehr zu dieser Technik finden Sie in Kapitel 24.

Verschiedene Tabellen vergleichen

 Wollen Sie zwei Arbeitsmappen vergleichen, können Sie die Fenster verschiedener Tabellen nebeneinander anzeigen lassen und dabei sogar synchronisierte Bildläufe durchführen. In Excel 2010 rufen Sie dazu über die Registerkarte *Ansicht* in der Gruppe *Fenster* den Befehl *Nebeneinander anzeigen* auf. Sind mehr als zwei Arbeitsmappen geöffnet, wählen Sie die gewünschte Vergleichsmappe im Dialogfeld *Nebeneinander vergleichen* aus und bestätigen mit *OK* (Abbildung 4.21).

Abbildg. 4.21 Wählen Sie hier die Vergleichsmappe aus, die gleichzeitig mit der aktiven Mappe am Bildschirm angezeigt werden soll

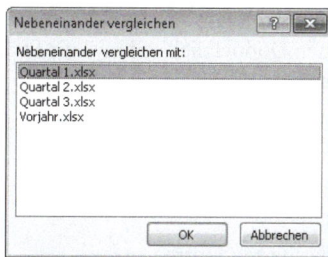

 Über das Symbol *Synchroner Bildlauf* können Sie bei einem Bildlauf die gleichen Bereiche der Mappen anzeigen, das ist hilfreich, wenn die Tabellen den gleichen Aufbau haben wie in Abbildung 4.22. Wenn Sie die Fensterposition geändert oder eine Größenänderung an einem Fenster durchgeführt haben, setzt das Symbol *Fensterposition zurücksetzen* diese Änderungen auf die Standardeinstellungen zurück.

Abbildg. 4.22 Die Vergleichstabellen teilen sich den Bildschirm

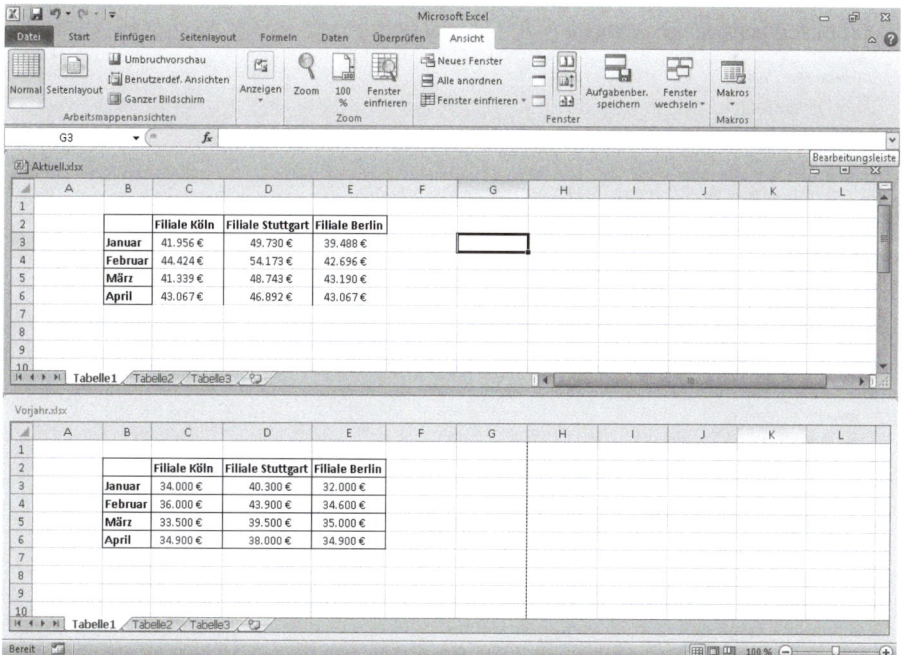

Zeilenhöhe und Spaltenbreite ändern

Wenn Sie in eine Zelle eine längere Zeichenfolge wie beispielsweise das Wort »Lieferschein« eingeben, erstreckt sich der Eintrag über die benachbarte Zelle. Um dies zu verhindern, bietet Excel die Anpassung der Spaltenbreite an.

Optimale Spaltenbreite und Zeilenhöhe einstellen

Excel kann die optimale Spaltenbreite an den breitesten Eintrag anpassen. Fahren Sie dazu mit dem Mauszeiger auf die Grenzlinie zwischen zwei Spaltenköpfen. Verformt sich der Mauszeiger zu einem senkrechten Strich mit einem Doppelpfeil, führen Sie einen Doppelklick aus und die Spalte wird an die Zelle mit dem breitesten Eintrag in dieser Spalte angepasst.

Genauso können Sie die Zeilenhöhe mit einem Doppelklick zwischen zwei Zeilenköpfen automatisch anpassen. Hier verformt sich der Mauszeiger zu einem waagerechten Strich mit einem Doppelpfeil, auf den Sie dann doppelklicken, um die Zeilenhöhe an die Zelle mit dem größten Schriftgrad in dieser Zelle anzupassen.

So passen Sie mit einem Befehl die Spaltenbreite an den breitesten Eintrag an:

1. Markieren Sie in der Beispieltabelle eine Zelle in Spalte *A*.
2. Aktivieren Sie die Registerkarte *Start*.
3. Wählen Sie in der Gruppe *Zellen* den Befehl *Format/Spaltenbreite automatisch anpassen* aus.

Sind Sie mit der neuen Spaltenbreite nicht zufrieden, machen Sie die Aktion über die *Rückgängig*-Schaltfläche der Symbolleiste für den Schnellzugriff rückgängig.

Abbildg. 4.23 Der Befehl *Format* bietet neben der Änderung der Zeilenhöhe und Spaltenbreite auch den Zugriff auf das Dialogfeld *Zellen formatieren*

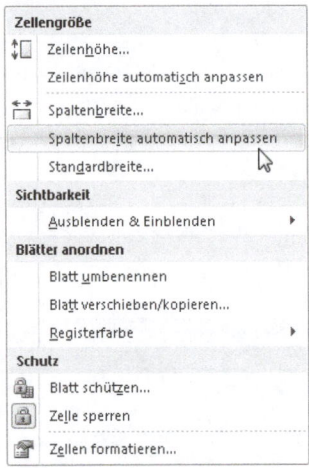

TIPP Sie können aber nicht nur die Spaltenbreite dem Zellinhalt anpassen, sondern auch die Schriftgröße an die Spaltenbreite. Wählen Sie dazu in der Gruppe *Zellen* den Befehl *Format/Zellen formatieren* (Abbildung 4.23) und aktivieren Sie auf der Registerkarte *Ausrichtung* das Kontrollkästchen *An Zellgröße anpassen*. Mehr zum Formatieren finden Sie in Kapitel 9.

In der Seitenlayoutansicht können Sie die Spaltenbreite und die Zeilenhöhe in Zentimetern einstellen. Mehr dazu finden Sie in Kapitel 3.

Zellen verbinden

Excel bietet die Möglichkeit, einzelne Zellen in der Breite und/oder Höhe zu verändern, wobei die übrigen Zellen ihre Breite und Höhe beibehalten. Sie erreichen dies auf der Registerkarte *Start* in der Gruppe *Zellen* über den Befehl *Format/Zellen*, indem Sie im zugehörigen Dialogfeld auf der Registerkarte *Ausrichtung* das Kontrollkästchen *Zellen verbinden* anklicken. Häufig wird diese Einstellung für Tabellenköpfe verwendet, weil damit sowohl horizontal als auch vertikal unabhängig von der Anzahl der Zellen zentriert werden kann (siehe Abbildung 4.25).

  Alternativ können Sie die Schaltfläche *Verbinden und zentrieren* in der Befehlsgruppe *Ausrichtung* verwenden.

Abbildg. 4.24 Zellverbund herstellen oder aufheben

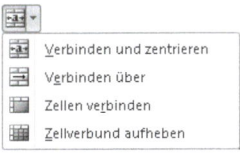

So können Sie zwei Zellen zu einer Zelle verbinden:
1. Markieren Sie die Zellen *A9:B9*.
2. Klicken Sie mit der rechten Maustaste auf diese Markierung und wählen Sie im Kontextmenü den Eintrag *Zellen formatieren* aus.
3. Holen Sie im daraufhin angezeigten Dialogfeld *Zellen formatieren* die Registerkarte *Ausrichtung* in den Vordergrund.
4. Markieren Sie das Kontrollkästchen *Zellen verbinden* und bestätigen Sie mit Klick auf *OK*.

HINWEIS Die Verwendung von verbundenen Zellen ist nicht ganz unproblematisch. So ist eine eventuell nachträglich notwendige Änderung mit reichlich Arbeit verbunden. Soll beispielsweise ein Verbund aus drei Zellen auf zwei Zellen reduziert werden, muss zunächst die Verbindung aufgehoben werden. Dann sind die Zellen zu markieren, welche den neuen Zellverbund ausmachen sollen, und schließlich sind die Zellen erneut zu verbinden.

Verwenden Sie verbundene Zellen als Spaltenüberschrift, lassen sich einzelne Spalten der Tabelle nicht mehr so einfach verschieben. Stattdessen erhalten Sie dabei die Fehlermeldung »Kann Teil einer verbundenen Zelle nicht ändern«. Aber zum Glück gibt es ja Alternativen.

Zellen über Auswahl zentrieren

Wesentlich weniger Probleme treten auf, wenn Sie Zellinhalte über eine Auswahl zentrieren. Soll beispielsweise der Inhalt der Zelle *A1* über den Bereich *A1:C1* zentriert werden, gehen Sie wie folgt vor:

1. Markieren Sie den Bereich *A1:C1*.
2. Rufen Sie das Startprogramm für Dialogfelder in der Gruppe *Ausrichtung* auf.
3. Wählen Sie im nun geöffneten Dialogfeld auf der Registerkarte *Ausrichtung* im Listenfeld *Horizontal* den Eintrag *Über Auswahl zentrieren*. Achten Sie darauf, dass das Kontrollkästchen *Zellen verbinden* nicht aktiviert ist.
4. Bestätigen Sie die Änderung mit *OK*.

Optisch entspricht das Ergebnis dem Verbinden von Zellen. Allerdings treten die oben genannten Probleme mit über Auswahl zentrierten Zellen nicht auf, weil die Zellen nicht verbunden werden.

Abbildg. 4.25 Beachten Sie, dass verbundene Zellen nur einen Zellinhalt haben

Zellen ein- und ausblenden

Um bestimmte Inhalte zu verbergen, ist es hilfreich, die jeweiligen Zellen auszublenden. Klicken Sie die betreffenden Zeilen- oder Spaltenköpfe mit der rechten Maustaste an und wählen Sie im Kontextmenü den Eintrag *Ausblenden*. Schneller geht es, wenn Sie den rechten Rand der betreffenden Spalte(n) nach links ziehen. Zum Einblenden markieren Sie die beiden benachbarten Spalten und doppelklicken am rechten Rand der letzten markierten Spalte.

Die Anpassung der Zeilenhöhe funktioniert ebenso: Zum *Ausblenden* ziehen Sie den unteren Rand nach oben, zum *Einblenden* markieren Sie die benachbarten Zeilen und doppelklicken zwischen den Zeilenköpfen der unteren markierten Zeile und der Zeile darunter.

So blenden Sie eine Spalte aus:

1. Markieren Sie auf einem leeren Blatt die Spalte *D*.
2. Ziehen Sie den rechten Rand des Spaltenkopfs nach links bis zum rechten Rand der Spalte *C*.

TIPP Schneller geht es, wenn Sie mit der rechten Maustaste auf den Spaltenkopf der Spalte *D* klicken und im Kontextmenü den Eintrag *Ausblenden* wählen.

Die Spalte *D* ist nun verdeckt. Wollen Sie die Spalte wieder einblenden, gehen Sie so vor:

1. Markieren Sie mit gedrückter linker Maustaste die Spalten *C* und *E*.
2. Klicken Sie mit der rechten Maustaste in den markierten Bereich.
3. Im Kontextmenü wählen Sie den Befehl *Einblenden*.

Die Spalte *D* ist wieder sichtbar. Durch das Markieren der beiden Nachbarspalten war die Spalte *D*, obwohl nicht sichtbar, in die Markierung eingeschlossen und der Befehl *Einblenden* wirkte sich somit auch auf diese aus.

Mehrere Tabellenbereiche im Blick behalten

Durch das Teilen von Fenstern können Sie gleichzeitig zwei Bereiche eines Arbeitsblatts anzeigen lassen. Wählen Sie dazu auf der Registerkarte *Ansicht* in der Befehlsgruppe *Fenster* den Befehl *Teilen*. Daraufhin werden die Fensterteiler angezeigt. Wo sich diese befinden, hängt davon ab, welche Zelle beim Ausführen des Befehls aktiv ist. Ist die Zelle *A1* aktiv, werden die Fensterteiler jeweils in der Mitte des Bildschirms eingeblendet. Bei jeder anderen Zelle ist es so, dass der horizontale Fensterteiler oberhalb, der vertikale Fensterteiler links von der aktiven Zelle eingeblendet wird. Durch Ziehen an den Fensterteilern mit gedrückter linker Maustaste können Sie die Teilung an eine andere Stelle verschieben.

Sie können die Teilung auch nur für einen vertikalen oder horizontalen Bereich und unabhängig von der aktiven Zelle vornehmen. Gehen Sie dazu wie folgt vor:

1. Zeigen Sie auf das Teilungsfeld oben in der vertikalen Bildlaufleiste (siehe Abbildung 4.26) oder am rechten Rand der horizontalen Bildlaufleiste. Beachten Sie, dass die Fensterteiler nur dann sichtbar sind, wenn das Fenster nicht bereits fixiert ist! Mehr zum Fixieren von Fenstern erfahren Sie im nächsten Abschnitt.
2. Hat der Mauszeiger die Form des Teilungszeigers angenommen, ziehen Sie das Teilungsfeld nach unten oder nach links an die gewünschte Position und lassen die Maustaste los.

Das Fenster ist daraufhin in zwei Teile mit jeweils eigenen Bildlaufleisten unterteilt. Damit können Sie gleichzeitig zwei unterschiedliche Bereiche ein und derselben Tabelle einsehen.

Abbildg. 4.26 Ein Arbeitsblatt in mehrere Bereiche aufteilen (beachten Sie die Zeilennummern)

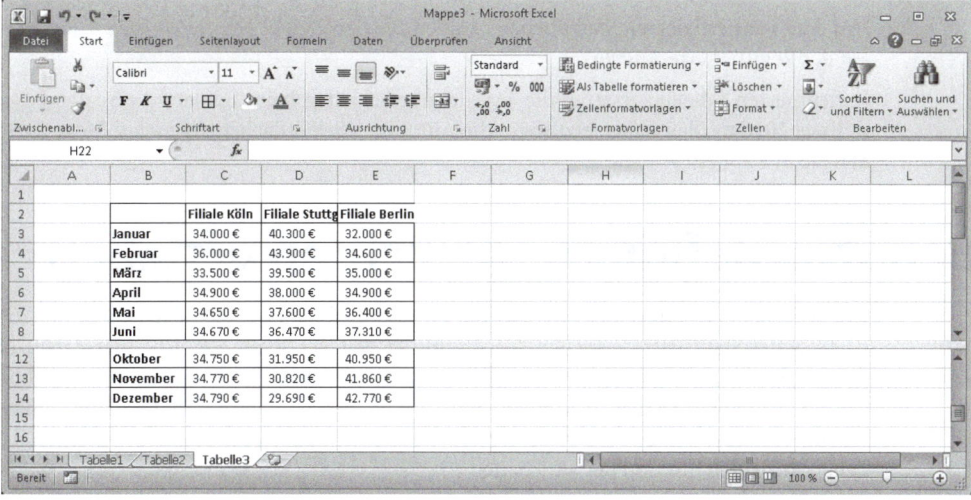

Um die Teilung aufzuheben, stehen Ihnen drei Wege offen:

- Sie wählen auf der Registerkarte *Ansicht* in der Gruppe *Fenster* den Befehl *Teilen*

- Sie führen das Teilungsfeld wieder zum Ausgangspunkt zurück, indem Sie es bei gedrückter linker Maustaste nach oben bzw. an den rechten Rand ziehen
- Sie führen einen Doppelklick auf das Teilungsfeld aus

Wie Sie eine Arbeitsmappe in mehreren Fenstern anzeigen und dabei unterschiedliche Bereiche im Blick behalten können, finden Sie in Kapitel 3.

Überschriften und Vorspalten fixieren

Insbesondere in größeren Tabellen mit mehreren Spalten kommt es beim Bildlauf vor, dass die Überschrift aus dem Sichtfeld wandert und man nicht mehr sicher bestimmen kann, in welcher Spalte oder Zeile welche Information gespeichert ist. Mit dem Fixieren von Fensterbereichen können Sie Beschriftungen festlegen, die bei einem Bildlauf sichtbar bleiben sollen. Dabei können Sie sowohl die Beschriftungen von Zeilen (Vorspalten) als auch die von Spalten (Überschriften) fixieren.

Auf der Registerkarte *Ansicht* befindet sich in der Gruppe *Fenster* der Befehl *Fenster einfrieren*, der drei Optionen enthält, mit denen Sie schnell unterschiedliche Fixierungen einstellen können:

- **Fenster einfrieren**   Beim Ausführen dieses Befehls ist es wichtig, welche Zelle gerade aktiv ist. Ist die Zelle *A1* aktiv, werden die Fixierungslinien jeweils in der Mitte des Bildschirms eingeblendet. Bei jeder anderen Zelle ist es so, dass die *horizontale* Fixierung *oberhalb*, die *vertikale* Fixierung *links* von der aktiven Zelle durchgeführt wird. Mit diesem Befehl können Sie die Fixierung also ganz nach den speziellen Anforderungen einer Tabelle einstellen.
- **Oberste Zeile einfrieren**   Dieser Befehl fixiert die erste Zeile unabhängig von der aktiven Zelle
- **Erste Spalte einfrieren**   Dieser Befehl fixiert die erste Spalte unabhängig von der aktiven Zelle

Dass ein Fenster fixiert ist, erkennen Sie an den schwarzen Fixierungslinien. Beim Blättern in der Tabelle über die Bildlaufleisten bleibt der fixierte Bereich stehen, sodass Sie die Spalten- und Zeilenbeschriftungen im Blick behalten können.

Um eine Fensterfixierung aufzuheben, wählen Sie den Befehl *Fenster einfrieren/Fixierung aufheben* auf der Registerkarte *Ansicht*.

In definierten Tabellen ersetzen die Tabellenüberschriften beim Bildlauf die Spaltenbeschriftungen, in Excel 2010 werden dabei jetzt sogar die AutoFilter-Schaltflächen angezeigt. Mehr zu Tabellen finden Sie in Kapitel 19.

Benutzerdefinierte Ansichten erstellen

Die verschiedenen Ansichten, welche Sie über die Befehle *Normal*, *Seitenlayout* und *Umbruchvorschau* in der Statusleiste erreichen, zeigen immer den sichtbaren Bereich eines Arbeitsblatts (mehr dazu in Kapitel 2 und in Kapitel 5). Mit benutzerdefinierten Ansichten ist es möglich, die Ansicht der Arbeitsmappen, Arbeitsblätter, Objekte und Fenster zu ändern und diese Einstellungen zu speichern. Sie können eine Reihe verschiedener Ansichten definieren, um dann zwischen den verschiedenen Ansichten hin und her zu schalten.

Die gespeicherten Einstellungen einer Ansicht beinhalten Spaltenbreite, Ansicht-Anzeigeoptionen (z.B. Normalansicht), Fenstergröße, die Position auf dem Bildschirm, geteilte und eingefrorene (fixierte) Fenster, das aktive Blatt, markierte Zellen, verborgene Arbeitsblätter, Filtereinstellungen

Benutzerdefinierte Ansichten erstellen

(dies ist besonders interessant, da es ansonsten keine Möglichkeit gibt, einen verwendeten Filter zu speichern!), Zeilen und Spalten der gesamten Arbeitsmappe sowie die Einstellungen zur Seiteneinrichtung.

Möchten Sie eine benutzerdefinierte Ansicht erstellen, gehen Sie so vor:

1. Nehmen Sie zunächst die gewünschten Änderungen, die in der Ansicht gespeichert werden sollen, in der Arbeitsmappe vor.
2. Klicken Sie in der Registerkarte *Ansicht* in der Gruppe *Arbeitsmappenansichten* auf *Benutzerdef. Ansichten*.
3. Klicken Sie im Dialogfeld *Benutzerdefinierte Ansichten* auf die Schaltfläche *Hinzufügen*.
4. Im Eingabefeld *Name* geben Sie einen Namen für die Ansicht ein.
5. Unter *Ansicht enthält* aktivieren Sie die gewünschten Kontrollkästchen.

Sie können diese benutzerdefinierten Ansichten jederzeit über die Registerkarte *Ansicht* und dort unter *Benutzerdef. Ansichten* anzeigen lassen, drucken oder aber auch wieder löschen.

Möchten Sie eine benutzerdefinierte Ansicht drucken, geht das mit diesen Schritten:

1. Klicken Sie auf der Registerkarte *Ansicht* in der Gruppe *Arbeitsmappenansichten* auf *Benutzerdef. Ansichten*.
2. Markieren Sie den Namen der Ansicht, die Sie drucken wollen.
3. Klicken Sie auf die Schaltfläche *Anzeigen*.

Abbildg. 4.27 Mit benutzerdefinierten Ansichten können Sie schnell verschiedene Bereiche anzeigen und drucken

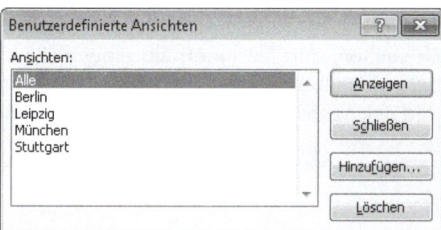

Nun können Sie das Arbeitsblatt mit den definierten Ansichtsoptionen über den Befehl *Drucken* in der Registerkarte *Datei* ausdrucken. Wenn das Arbeitsblatt keinen definierten Druckbereich enthält, druckt Excel das gesamte Arbeitsblatt.

Ganzer Bildschirm

Mit dem Befehl *Ganzer Bildschirm* auf der Registerkarte *Ansicht* können Sie Fensterelemente und Symbolleisten ausblenden, um größere Datenmengen auf dem Bildschirm anzuzeigen.

Um die übrigen Fensterelemente wieder herzustellen, klicken Sie mit der rechten Maustaste auf die Schaltfläche *Alles markieren* im Schnittpunkt der Zeilen- und Spaltenköpfe und wählen im Kontextmenü den Befehl *Ganzer Bildschirm schließen*.

Inhalte suchen

Mithilfe der Bildlaufleiste bzw. den Tasten `Bild↑` und `Bild↓` können Sie durch eine Tabelle blättern und bestimmte Inhalte suchen. In großen Tabellen ist diese Methode jedoch mühsam. Einfacher ist es dann, wenn Sie ganz gezielt nach bestimmten Textpassagen, Zahlen oder Formeln suchen, die Sie überprüfen oder bearbeiten möchten bzw. ersetzen lassen wollen.

Über den Befehl *Suchen und Auswählen/Suchen* in der Gruppe *Bearbeiten* oder per Tastenkombination `Strg`+`F` lässt sich die gesamte Tabelle oder auch nur ein markierter Bereich durchsuchen. Der gesuchte Begriff wird im Feld *Suchen nach* eingetragen; mit der Schaltfläche *Weitersuchen* wird die Suche ausgelöst und die erste Fundstelle wird aktiviert. Dabei bleibt das Dialogfeld im Vordergrund, sodass die Schaltfläche *Weitersuchen* benutzt werden kann, um nach dem nächsten Vorkommen des Begriffs zu suchen (siehe Abbildung 4.28).

TIPP Sie sollten bei der Suche in großen Tabellen die Zelladresse der ersten Fundstelle im Gedächtnis behalten, weil Excel die Suche am Ende der Tabelle nicht beendet, sondern ohne Hinweis wieder von vorne beginnt.

Die Schaltfläche *Alle suchen* löst ebenfalls die Suche aus, listet aber zusätzlich weitere Fundstellen im erweiterten Dialogfeld auf. Die Fundstellen werden dabei als Hyperlinks angezeigt. Durch einfaches Anklicken kann eine beliebige Fundstelle aktiviert werden (siehe Abbildung 4.28).

PROFITIPP Weil das Fragezeichen »?« als Joker bei der Suche verwendet werden kann, gilt es bei der Suche nach genau diesem Zeichen eine Besonderheit zu beachten. Sie müssen dem gesuchten Fragezeichen eine Tilde voranstellen, der Suchbegriff lautet also »~?«.

Möchten Sie nach einem Zeilenumbruch suchen, den Sie innerhalb einer Zelle mit der Tastenkombination `Alt`+`↵` eingefügt haben, aktivieren Sie das Eingabefeld *Suchen nach*. Halten Sie die `Alt`-Taste gedrückt, geben Sie die Zeichenfolge `0` `1` `0` auf dem numerischen Block ein und starten die Suche.

Abbildg. 4.28 Das kombinierte Dialogfeld *Suchen und Ersetzen*

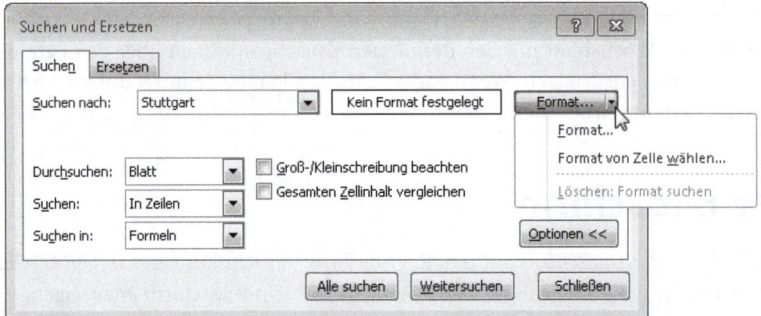

Über die Schaltfläche *Optionen* können für die Suche zusätzlich die im Folgenden aufgezählten Einstellungen berücksichtigt werden. Die Abbildung 4.29 zeigt das erweiterte Dialogfeld *Suchen und Ersetzen*. Hier ein paar Erklärungen dazu:

- Das Listenfeld *Durchsuchen* legt den Suchraum (*Blatt* oder *Arbeitsmappe*) fest

Inhalte suchen

- Das Listenfeld *Suchen* legt die Suchrichtung fest. Dabei führt der Eintrag *In Spalten* dazu, dass Excel zunächst die Zeilen der aktiven Spalte durchsucht, bevor die Suche in der nächsten Spalte fortgesetzt wird. *In Zeilen* führt dazu, dass Excel die Tabelle von links nach rechts durchsucht.
- Das Listenfeld *Suchen in* sucht in *Formeln*, in *Werten* oder in *Kommentaren* nach dem Suchbegriff
- Über ein Kontrollkästchen kann die Berücksichtigung der Groß-/Kleinschreibung aktiviert oder deaktiviert werden
- Das Kontrollkästchen *Gesamten Zellinhalt vergleichen* bestimmt, ob nur die Zellen gefunden werden sollen, deren Inhalt exakt mit dem Suchtext übereinstimmt. Suchen Sie beispielsweise nach »Maier« und das Kontrollkästchen *Gesamten Zellinhalt vergleichen* ist aktiviert, wird der Eintrag »Maierle« ebenso wenig markiert, wie der Eintrag »Herr Maier«.
- Über die Schaltfläche *Format* erhalten Sie die Möglichkeit, nur nach Einträgen zu suchen, die gleichzeitig eine bestimmte Formatierung aufweisen

- Klicken Sie auf den Pfeil der Schaltfläche *Format,* können Sie über die Option *Format von Zelle wählen* mit dem geänderten Mauszeiger eine Zelle markieren, welche das gesuchte Format enthält. Ist das Eingabefeld *Suchen nach* leer, können Sie mit dieser Einstellung alle Zellen mit dem eingestellten Format finden.

TIPP Mit der Funktionstaste `F4` lässt sich die Suche nach dem zuletzt eingegebenen Text auch bei geschlossenem Dialogfeld *Suchen* fortsetzen.

Abbildg. 4.29 Das erweiterte Dialogfeld *Suchen und Ersetzen*

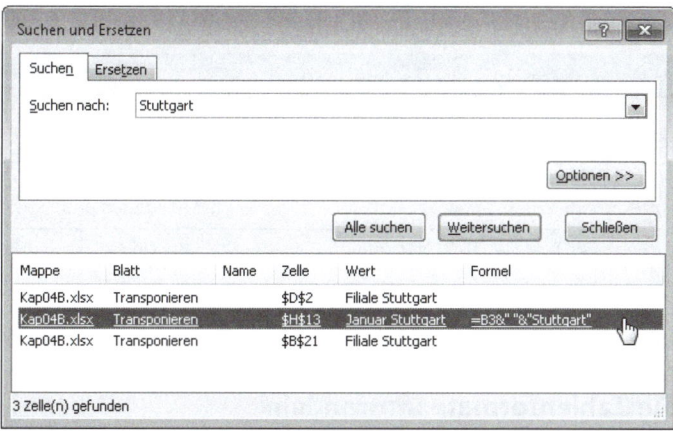

TIPP Auch in diesem Dialogfeld können Sie eine Mehrfachauswahl durchführen. Die `Strg`-Taste ermöglicht die Auswahl einzelner Einträge. Wollen Sie einen zusammenhängenden Bereich markieren, klicken Sie den ersten Eintrag an und halten die `⇧`-Taste gedrückt, während Sie auf die letzte gewünschte Zelle klicken. Wenn Sie mit dieser Methode den ersten und letzten Eintrag markieren, werden alle Fundstellen in der Tabelle ausgewählt.

Kapitel 4   Im Arbeitsblatt arbeiten

> **WICHTIG**   Für das Ergebnis der Suche ist es wichtig, wie die Markierung vor dem Ausführen des Befehls aussieht:
> 1. Ist lediglich eine einzelne Zelle aktiv, durchsucht Excel das gesamte Arbeitsblatt.
> 2. Ist ein Bereich markiert, etwa *A1:D20*, wird dieser Bereich durchsucht.
> 3. Und sind schließlich mehrere Arbeitsblätter markiert, können Sie diese in einem Arbeitsgang durchsuchen.
>
> Sie können die aktuelle Auswahl auch bei geöffnetem Dialogfeld ändern. Bringt die Suche nicht das gewünschte Ergebnis, kontrollieren Sie einmal die Einstellungen zum *Format* im Dialogfeld *Suchen und Ersetzen*. Excel speichert die zuletzt verwendeten Einstellungen zur Suche bis zum Beenden. Löschen Sie gegebenenfalls das zuvor gesuchte Format über *Format/Löschen: Format suchen*.

Zeichenfolgen ersetzen

Über den Befehl *Suchen und Auswählen/Ersetzen* oder die Tastenkombination ⌜Strg⌝+⌜H⌝ kann eine gefundene Stelle sofort durch einen Ersatztext (-zahlen, -formeln) ausgetauscht werden. Die Schaltfläche *Ersetzen* ersetzt die aktuell gefundene Stelle, während die Schaltfläche *Alle ersetzen* ohne Rückfrage sämtliche Fundstellen im festgelegten Bereich austauscht.

Den Wechsel zwischen dem *Suchen* und *Ersetzen* vollziehen Sie einfach über einen Klick auf die entsprechende Registerkarte. Die Verwendung von Platzhaltern (auch Wildcard, Markierung oder Trunkierung) ist beim Suchen und Ersetzen erlaubt. Beispiele hierzu zeigt die Tabelle 4.5.

Tabelle 4.5   Einsatz von Sonderzeichen als Platzhalter beim Suchen und Ersetzen

Suchtext	Stellvertreterzeichen	Beispiel
Ein beliebiges Zeichen an der Position des Fragezeichens	? (Fragezeichen)	Bei Eingabe von *Ma?er* wird nach *Maier* und *Mayer* gesucht
Eine beliebige Anzahl von Zeichen an der Position des Sternchens	* (Sternchen)	Bei Eingabe von **osten* wird nach *Nordosten* und *Südosten* gesucht
Fragezeichen, Sternchen oder Tilde	~ (Tilde) gefolgt von ?, *, oder ~	Bei Eingabe von *ab91~?* wird nach *ab91?* gesucht

Ein Beispiel, wie Sie Zellbezüge in einen Namen umwandeln, finden Sie in Kapitel 19.

Amerikanische Zahlenformate umwandeln

Beim Kopieren von Daten aus dem Internet Explorer werden teilweise Zahlenwerte im amerikanischen Format angezeigt, z.B. 1,111.11. Es wird also ein Komma als Tausendertrennzeichen und ein Punkt als Dezimaltrennzeichen verwendet. Solche Werte werden von Excel nicht als Zahl erkannt, sondern als Text behandelt. Die Konsequenz daraus ist, dass Sie damit nicht weiterrechnen können.

Über *Suchen und Ersetzen* können Sie diese Zahlen für weitere Berechnungen nutzen. Allerdings sind dazu drei Schritte notwendig.

1. Ersetzen Sie zunächst das Komma durch ein sonst nicht vorkommendes Zeichen (etwa ein Paragrafen-Zeichen »§«), weil ansonsten die zweite Ersetzung auch auf dieses Zeichen angewandt wird.
2. Dann ersetzen Sie den Punkt durch ein Komma.

3. Anschließend ersetzen Sie das »§« durch einen Punkt.

In Kapitel 15 werden solche Zahlen mit einer Textfunktion umgewandelt.

Manuellen Zeilenumbruch ersetzen

Eine besondere Aufgabe ist auch das Ersetzen von manuellen Zeilenumbrüchen. Leider fehlt im Dialogfeld *Suchen und Ersetzen* eine Funktion für die Suche nach Sonderzeichen, wie sie das entsprechende Dialogfeld in Word über die Schaltfläche *Sonderformat* bietet. Dennoch können Sie solche Zeilenumbrüche, die mit der Tastenkombination Alt + ↵ eingefügt werden, suchen und ersetzen.

Wenn Sie manuelle Zeilenumbrüche entfernen wollen, gehen Sie wie folgt vor.

1. Rufen Sie über den Befehl *Suchen und Auswählen/Ersetzen* in der Gruppe *Bearbeiten* das Dialogfeld *Suchen und Ersetzen* auf.
2. Aktivieren Sie das Eingabefeld *Suchen nach*.
3. Halten Sie die Alt -Taste gedrückt und geben Sie auf dem **numerischen Block** die Zahlenfolge 0 1 0 ein.
4. Lassen Sie die Alt -Taste los und aktivieren Sie das Eingabefeld *Ersetzen durch*.
5. Tragen Sie hier die neue Zeichenfolge ein. In der Regel sollten Sie hier ein Leerzeichen eingeben.
6. Wählen Sie die Schaltfläche *Ersetzen*, um die Fundstellen einzeln zu ersetzen, oder *Alle ersetzen*, um alle Zeilenumbrüche in einem Arbeitsgang durch Leerzeichen zu ersetzen.
7. Schließen Sie das Dialogfeld über die Schaltfläche *Schließen*.

Rechtschreibprüfung durchführen

Excel kann Sie auch bei der Rechtschreibprüfung unterstützen. Starten Sie diese entweder auf der Registerkarte *Überprüfen* über die Schaltfläche *Rechtschreibung* oder drücken Sie die Taste F7 . In einem reinen Rechenblatt wird nach der Prüfung lediglich die Meldung ausgegeben, dass das gesamte Blatt geprüft wurde. Wenn Sie jedoch Texte eingetragen haben und Excel auf einen unbekannten Begriff stößt, wird ein Dialogfeld wie in Abbildung 4.30 angezeigt.

Abbildg. 4.30 Die Rechtschreibkorrektur ermöglicht es, Eintragungen zu prüfen, und kann Korrekturen Ihrer persönlichen Umgebung hinzufügen

Im Feld *Nicht im Wörterbuch* wird der unbekannte Ausdruck eingetragen und Sie erhalten unter Umständen im Listenfeld *Vorschläge* einige alternative Begriffe zur Auswahl angezeigt. Klicken Sie auf einen solchen Vorschlag und wählen die Schaltfläche *Ändern*, ersetzt Excel den unbekannten durch den ausgewählten Begriff. Die Schaltfläche *Immer ändern* ersetzt alle Fundstellen des Begriffs und die Schaltfläche *AutoKorrektur* trägt den unbekannten Begriff und dessen Ersetzung in die *AutoKorrektur-Liste* ein. Mehr dazu finden Sie im Abschnitt »Die AutoKorrektur verwenden« auf Seite 174.

Über die Schaltflächen *Einmal ignorieren* und *Alle ignorieren* können Sie den Begriff einmalig bzw. gänzlich von der weiteren Prüfung ausschließen. Die Schaltfläche *Zum Wörterbuch hinzufügen* trägt den Begriff in Ihr persönliches Wörterbuch ein, sodass weitere Fundstellen nicht mehr als Fehler aufgeführt werden.

HINWEIS Die Rechtschreibprüfung beachtet die aktuelle Markierung in der Tabelle. Wenn lediglich eine einzelne Zelle markiert ist, wird die Rechtschreibprüfung für das gesamte Blatt durchgeführt. Haben Sie einen Bereich markiert, z.B. *A1:G20*, wird nur dieser Bereich geprüft.

Die AutoKorrektur verwenden

Die AutoKorrektur ist eine in allen Office-Anwendungen verfügbare Funktion. Die AutoKorrektur enthält eine Liste häufig vorkommender Tippfehler wie beispielsweise zwei Großbuchstaben am Wortanfang, die unbeabsichtigte Verwendung der Feststelltaste, Buchstabendreher (zum Beispiel *awr* statt *war*) usw. Haben Sie ein Wort falsch eingegeben, kann Excel es anhand dieser Liste automatisch für Sie korrigieren. Um das Dialogfeld *AutoKorrektur* zu öffnen, wählen Sie in der Registerkarte *Datei* die Schaltfläche *Excel-Optionen*. Wechseln Sie zur Kategorie *Dokumentprüfung* und klicken Sie anschließend die Schaltfläche *AutoKorrektur-Optionen*.

Abbildg. 4.31   Das Dialogfeld *AutoKorrektur* zum automatischen Korrigieren von Tippfehlern

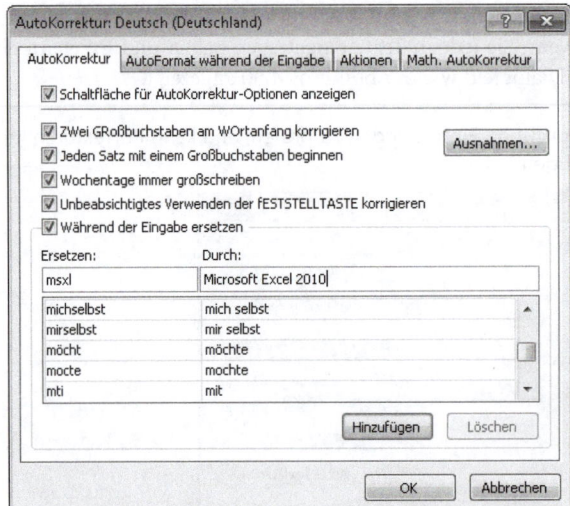

Eine Hitliste mit Ihren ganz persönlichen Tippfehlern erstellen Sie, indem Sie der Liste eigene Begriffe hinzufügen. Ebenso können Sie die AutoKorrektur als Abkürzungsverzeichnis für sich wiederholende lange Wörter benutzen. Excel ändert dann das Kürzel automatisch auf das lange Wort. So können Sie z.B. die Buchstabenfolge *msxl* automatisch durch *Microsoft Excel 2010* ersetzen lassen (siehe Abbildung 4.31).

Wollen Sie weitere Wörter in die AutoKorrektur-Liste eingeben, klicken Sie im Dialogfeld *AutoKorrektur* nach Ihren Eingaben jeweils auf die Schaltfläche *Hinzufügen*. Um das Dialogfeld zu schließen, nachdem Sie alle Wörter eingegeben haben, bestätigen Sie mit *OK*.

HINWEIS Sie sollten mit der Verwendung von Abkürzungen vorsichtig sein, weil sich Abkürzungen, für die eine *AutoKorrektur* festgelegt wurde, nur schwer in eine Zelle eingeben lassen (z.B. über die Zwischenablage), ohne dass eine automatische Ersetzung durchgeführt wird.

AutoKorrektur für die Eingabe von Zeitwerten

Die AutoKorrektur kann Ihnen auch helfen, wenn Sie häufig Uhrzeiten erfassen müssen. Da es sich dabei um Zahlen handelt, verwenden viele Benutzer den numerischen Block für die Eingabe. Bei einem Datum kann man dabei das Minuszeichen als Trennzeichen verwenden, die Eingabe von *10-12* wandelt Excel in den *10. Dezember* um. Für einen Zeitwert können Sie die AutoKorrektur verwenden, um die Eingabe zu beschleunigen.

So passen Sie die *AutoKorrektur* für die schnelle Erfassung von Zeitwerten an:

1. Wählen Sie in der Registerkarte *Datei* den Befehl *Excel-Optionen/Dokumentprüfung* und anschließend die Schaltfläche *AutoKorrektur-Optionen*.
2. Geben Sie im Eingabefeld *Ersetzen* zwei Minuszeichen ohne Trennzeichen (--) ein.
3. Im Eingabefeld *Durch* geben Sie einen Doppelpunkt (:) ein.
4. Klicken Sie auf die Schaltflächen *Hinzufügen* und *OK*.
5. Schließen Sie das Dialogfeld *Excel-Optionen*.

Testen Sie den neuen *AutoKorrektur*-Eintrag, indem Sie in eine Zelle *15--30* eingeben und die ⏎-Taste drücken.

AutoKorrektur-Eintrag löschen

Sie können die AutoKorrektur für ein Wort wieder aufheben, indem Sie den Text im Eingabefeld *Ersetzen* im Dialogfeld *AutoKorrektur* löschen.

WICHTIG Die AutoKorrektur für ein Wort lässt sich nur über die Schaltfläche *Löschen* im Dialogfeld *AutoKorrektur* entfernen. Das Löschen des *AutoKorrektur*-Eintrags über die Taste `Entf` im Eingabefeld *Ersetzen* oder im Eingabefeld *Durch* oder auch in beiden Eingabefeldern entfernt den Eintrag nicht!

Alle Einträge zur AutoKorrektur wirken nach den geschilderten Prinzipien, auch in den anderen Office-Anwendungen. Dazu wird für jede verwendete Sprache und jeden Benutzer im System eine eigene *AutoKorrektur*-Liste geführt. Sie finden diese Datei unter dem Namen *Mso1031.acl* (*1031* für Deutschland) unter Ihrem Profil im Ordner *C:\Users\<Benutzername>\AppData\Roaming\Microsoft\Office*. Die Pfade sind abhängig vom Betriebssystem und den Benutzereinstellungen.

Ausnahmen festlegen

Die Schaltfläche *Ausnahmen* führt Sie zum Dialogfeld *AutoKorrektur-Ausnahmen*, in dem Sie z.B. festlegen können, wann nach einem Punkt nicht der Wortanfang auf Großschreibung hin automatisch korrigiert werden soll; das ist z.B. bei Abkürzungen der Fall. Sie haben hier auch die Möglichkeit, festzulegen, welche Wörter am Wortanfang mit zwei Großbuchstaben automatisch korrigiert werden sollen.

Zusätzliche Aktionen (früher Smarttags)

Im Dialogfeld *AutoKorrektur* finden Sie auf der Registerkarte *Aktionen* die Einstellung für die Verwendung von Aktionen. Mithilfe von Aktionen ist es Excel (und anderen Office-Programmen) möglich, Ihre Eintragung zu analysieren und entsprechende Befehle anzubieten.

> **HINWEIS** Was in Excel 2002 (Office XP) als Smarttag eingeführt wurde, wird in Excel 2010 durch *Aktionen* ersetzt. Wundern Sie sich nicht, wenn die Excel-Hilfe keine umfassende Information dazu anbietet. Smarttags sind nur noch aus Gründen der Abwärtskompatibilität vorhanden.

Standardmäßig sind Aktionen nicht aktiviert. Aktivieren Sie im Dialogfeld aus Abbildung 4.32 das Kontrollkästchen *Zusätzliche Aktionen im Kontextmenü aktivieren*, um diese Funktionalität zu testen.

Abbildg. 4.32   Hier können Sie Smarttags aktivieren und weitere hinzufügen

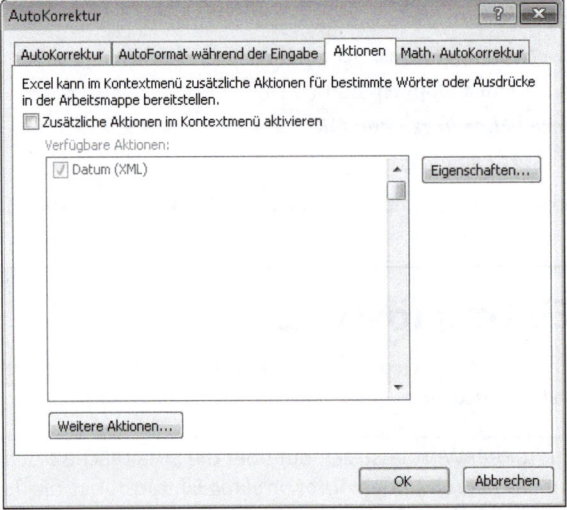

Wenn Sie jetzt ein Datum mit der rechten Maustaste anklicken, wird das Kontextmenü um den Befehl *Weitere Zellaktionen* mit den folgenden Befehlen erweitert:

- **Termin vereinbaren**   Öffnet das Dialogfeld zum Erstellen einer Besprechungsanfrage
- **Meinen Kalender anzeigen**   Öffnet den Outlook-Kalender mit dem markierten Datum
- **Optionen**   Öffnet das Dialogfeld *AutoKorrektur*

Voraussetzung dafür ist allerdings, dass es sich um ein Datumsformat mit Jahreszahl handelt, etwa *23.05.2010*.

Über die Schaltfläche *Weitere Aktionen* erreichen Sie die Internetseite von Microsoft, auf der weitere Aktionen (auch von Drittanbietern) vorgestellt werden.

Formeleditor und mathematische AutoKorrektur

Wenn Sie mathematische Formeln darstellen wollen, unterstützt Sie Excel 2010 jetzt mit einem neuen Formeleditor. Über *Einfügen/Formel* blenden Sie die kontextbezogene Registerkarte *Formeltools* ein. Dort finden Sie Werkzeuge für die Erstellung von Formeln, die in einem Zeichenobjekt erstellt werden. Der Befehl *Formel* bietet eine Reihe vordefinierter Formeln, die Sie nur mit der Maus auswählen können (Punkt 1 in Abbildung 4.33). Das Formelobjekt können Sie anschließend mit den Befehlen der Registerkarte *Entwurf* überarbeiten. Auf der Registerkarte *Format* der gleichzeitig eingeblendeten *Zeichentools* können Sie die Formatierung des Objekts überarbeiten, z.B. Größe ändern, Objekte ausrichten oder Form und Farbe anpassen.

Abbildg. 4.33 Die Registerkarte *Formeltools* bietet die Zeichenobjekte zur Auswahl an

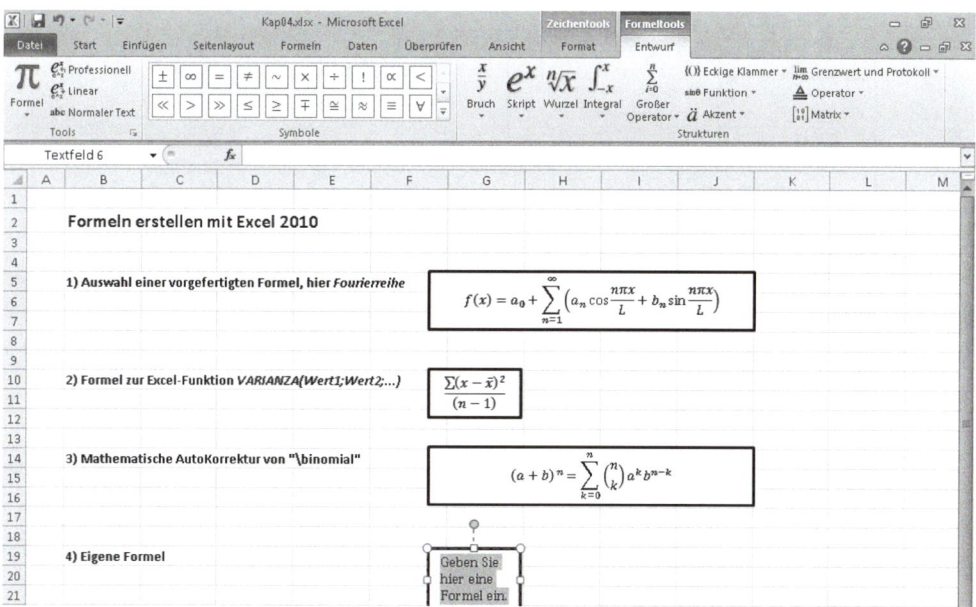

Bei der Eingabe der Formeln können Sie die mathematische AutoKorrektur verwenden (siehe Abbildung 4.32). Erstellen Sie beispielsweise in der Beispieldatei *Kap04.xlsx* im Arbeitsblatt *Formeleditor* eine Formel und geben dort die Zeichenfolge »\binomial« und ein Leerzeichen ein, wird die Eingabe durch die Formel unter Punkt 3 in Abbildung 4.33 ersetzt.

Kapitel 4 Im Arbeitsblatt arbeiten

Eine Recherche durchführen

Auf der Registerkarte *Überprüfen* öffnet der Befehl *Recherchieren* in der Gruppe *Dokumentprüfung* einen speziellen Aufgabenbereich. Der Aufgabenbereich *Recherchieren* ist ein zentraler Ausgangspunkt für die Suche nach alternativen Ausdrücken (Thesaurus) bzw. die Übersetzung in eine andere Sprache.

Tragen Sie dort den Suchbegriff in das Feld *Suchen nach* ein und starten Sie die Suche per Klick auf die grüne Schaltfläche *Suche starten*. Standardmäßig wird die Suche auf alle verfügbaren Nachschlagewerke ausgedehnt. Sie können die Suche aber auch auf bestimmte Quellen beschränken und damit die Bearbeitungszeit reduzieren. Für jede Fundstelle, die Informationen zu dem Begriff bieten kann, wird ein Eintrag angezeigt. Über die Schaltflächen mit dem Plus- und Minuszeichen können Sie die Informationen einer Quelle ein- bzw. ausblenden.

Die Schaltflächen *Vorige Suche* und *Nächste Suche* gestatten den Wechsel zwischen den durchgeführten Suchläufen.

Abbildg. 4.34   Über den Aufgabenbereich *Recherchieren* haben Sie Zugriff auf verschiedene Nachschlagewerke

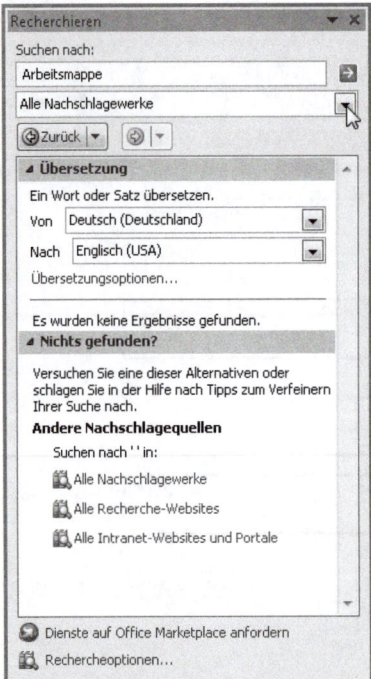

Ergibt die Suche keinen Treffer, wird die Schaltfläche *Nichts gefunden?* mit möglichen *Rechtschreibalternativen* angezeigt. Über die Links im Abschnitt *Andere Nachschlagequellen* können Sie die Suche ausdehnen.

TIPP Stellen Sie das Nachschlagewerk *Übersetzung* ein, um ein Wort oder einen Satz in eine andere Sprache zu übersetzen. Über die Listenfelder *Von* und *Nach* legen Sie die Quell- und Zielsprache fest.

Der Befehl *Thesaurus* öffnet ebenfalls den Aufgabenbereich *Recherchieren* und stellt das Nachschlagewerk auf *Thesaurus: Deutsch (Deutschland)* ein. Damit können Sie alternative Begriffe (Synonyme) und Gegensatzwörter (Antonyme) suchen.

Das Verhalten des Aufgabenbereichs *Recherchieren* steuern Sie über die *Rechercheoptionen* (siehe Abbildung 4.34). Hier wählen Sie nicht nur die verfügbaren Dienste aus, sondern können auch neue hinzufügen oder die *Jugendschutzeinstellungen* ändern. Dazu ist allerdings eine Internetverbindung erforderlich, für die Jugendschutzeinstellungen müssen Sie zudem als Administrator angemeldet sein.

Arbeitsblatt schützen

Wenn Sie Daten in einer Tabelle erfasst sowie formatiert haben und die Datei auch von anderen Anwendern benutzt wird, wollen Sie vielleicht Ihre Arbeit vor unerwünschten Veränderungen schützen. Excel bietet eine ganze Reihe von Möglichkeiten, einen solchen Schutz zu realisieren.

WICHTIG Der Schutz in einer Tabelle wird immer aus der Formatierung der Zellen (*Schutz*) **und** dem Befehl *Blatt schützen* erstellt.

Um einen Zellbereich in einer Tabelle zu schützen, sind die folgenden Schritte notwendig:

1. Zunächst markieren Sie die ganze Tabelle. Am schnellsten geht das mit der Schaltfläche *Alles auswählen*, die Sie im Schnittpunkt der Zeilen- und Spaltenköpfe vorfinden.

2. Wählen Sie anschließend auf der Registerkarte *Start* in der Gruppe *Zellen* den Befehl *Format/Zelle sperren*, der dadurch nicht mehr aktiviert erscheint. Standardmäßig sind alle Zellen eines Blatts gesperrt. Sie merken davon nichts, weil der eigentliche Schutz nicht aktiviert ist.

3. Markieren Sie dann die Zellen, die geschützt werden sollen, und aktivieren Sie für diese auf der Registerkarte *Start* in der Gruppe *Zellen* den Befehl *Format/Zelle sperren*.

4. Wählen Sie dann auf der Registerkarte *Überprüfen* in der Gruppe *Änderungen* den Befehl *Blatt schützen*. Im Dialogfeld *Blatt schützen* können Sie die Objekte festlegen, die geschützt werden sollen. Wenn Sie weiterhin Kommentare bearbeiten und eintragen wollen, müssen Sie das Kontrollkästchen *Objekte bearbeiten* aktivieren. Sie können in diesem Dialogfeld (siehe Abbildung 4.35) auch ein Kennwort vergeben. In den meisten Fällen wird aber ein Schutz ohne Kennwort genügen.

5. Schließen Sie den Vorgang mit *OK* ab.

Der Bereich ist nun vor Veränderungen geschützt, die Kommentare lassen sich jedoch weiterhin einfügen, bearbeiten und löschen. Sollten Sie dennoch versuchen, eine Änderung vorzunehmen, wird eine Warnmeldung angezeigt.

Abbildg. 4.35 Sie erreichen dieses Dialogfeld auch über die neue Backstage-Ansicht mit dem Aufruf *Datei/ Informationen/Arbeitsmappe schützen/Aktuelle Tabelle schützen*

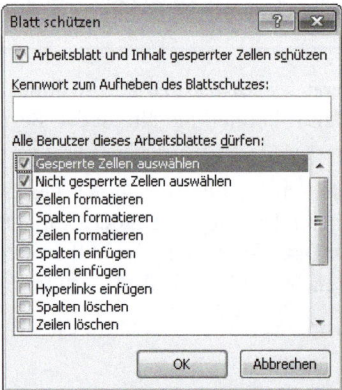

Sie können bei Bedarf auch nicht zusammenhängende Bereiche markieren, z.B. *A1:A10;E8:E17; G11:G12*, und für diese Zellen den Schutz aktivieren. Denken Sie daran: Tatsächlich wirksam wird der Zellschutz allerdings erst durch Aktivieren des Blattschutzes.

Erweiterter Blattschutz

Manchmal sollen bestimmte Blätter oder Bereiche nur vor bestimmten Bearbeitern geschützt werden, während andere vollen Zugriff haben sollen. Seit Excel 2002 gibt es erweiterte Möglichkeiten beim Blattschutz, mit denen Sie eine Liste berechtigter Benutzer mit jeweils unterschiedlichen Rechten anlegen können.

Bereiche schützen

Auf der Registerkarte *Überprüfen* in der Gruppe *Änderungen* können Sie über *Benutzer dürfen Bereiche bearbeiten* verschiedene Bereiche festlegen, für die besondere Einstellungen gelten sollen (siehe Abbildung 4.36).

Abbildg. 4.36 Das zentrale Dialogfeld für die Definition von Benutzerberechtigungen

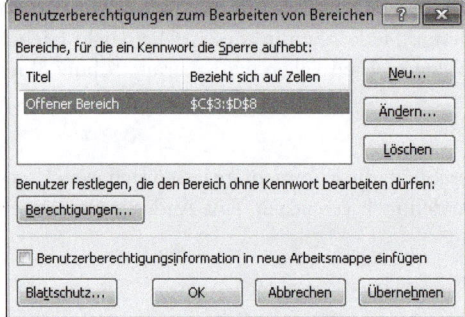

Arbeitsblatt schützen

Die Schaltfläche *Neu* führt Sie zum Dialogfeld *Neuer Bereich* (siehe Abbildung 4.37). Hier können Sie einen Namen für einen Bereich und den Bereich selbst festlegen. Außerdem kann für jeden Bereich ein Kennwort vergeben werden. Wird der Bereich für die Bearbeitung gesperrt, ist die Bearbeitung nur nach Eingabe dieses Kennworts möglich!

Der Name des Bereichs kann übrigens maximal 255 Zeichen lang sein. Er sollte mit einem Buchstaben beginnen und darf auch Unterstriche und Zahlen sowie einige Sonderzeichen (z.B. ».« und »?«) enthalten.

Abbildg. 4.37 Bereichsnamen und Adresse sowie Kennwort festlegen

Über die Schaltfläche *Berechtigungen* können Sie eine Liste der berechtigten Benutzer einsehen (Abbildung 4.38). Diese Schaltfläche kann nur dann aktiviert werden, wenn bereits ein Bereich festgelegt wurde.

Im Dialogfeld *Berechtigungen für Bereich* werden über die Schaltfläche *Hinzufügen* neue Benutzer angelegt.

Abbildg. 4.38 Benutzer hinzufügen und für jeden die Berechtigung einstellen

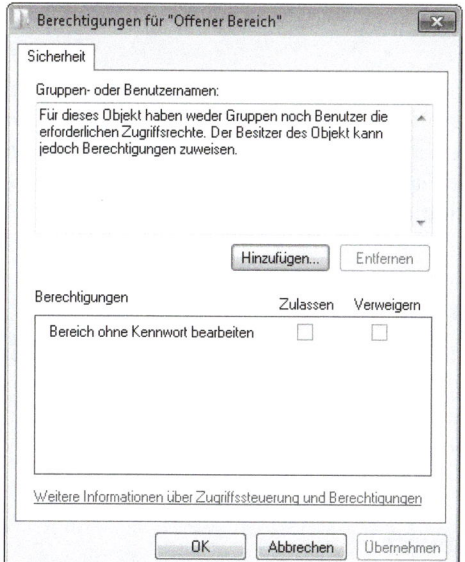

Im Dialogfeld *Benutzer oder Gruppen auswählen* können Sie mit der Schaltfläche *Erweitert* zusätzliche Optionen anzeigen und nach einem Klick auf die Schaltfläche *Jetzt suchen* den gewünschten Benutzer auswählen und in die Sicherheitseinstellungen für den Bereich übernehmen.

Für jeden Benutzer können Sie anschließend festlegen, ob die Eingabe des Kennworts erforderlich sein soll oder nicht. Markieren Sie hierfür das jeweilige Kontrollkästchen im Dialogfeld *Berechtigungen für Bereich*.

WICHTIG Wenn Sie den Kennwortschutz aktivieren, wird eine Sicherheitswarnung angezeigt. Diese Warnung ist wichtig! Prüfen Sie die Liste der berechtigten Benutzer unbedingt daraufhin, dass Ihr eigener Benutzername hier auftaucht. Ansonsten müssen auch Sie selbst das Kennwort vor jeder Änderung eingeben. Wird ein Kennwort vergeben, müssen Sie dies in einem weiteren Dialogfeld bestätigen (Groß-/Kleinschreibung beachten!).

Den Blattschutz aktivieren

Wenn Sie die Dialogfelder geschlossen haben, kehren Sie zum Dialogfeld *Benutzerberechtigungen zum Bearbeiten von Bereichen* (Abbildung 4.36) zurück. Wählen Sie den Befehl *Blatt schützen*. Wichtig: Hier wird der eigentliche Schutz aktiviert. Die Abbildung 4.35 zeigt die Standardeinstellung des Dialogfelds *Blatt schützen*.

Besondere Einstellungen

Wenn Sie im Dialogfeld aus Abbildung 4.35 das Kontrollkästchen *Nicht gesperrte Zellen auswählen* deaktivieren, kann keine Zelle mehr ausgewählt werden! Der Benutzer kann in einem solchermaßen geschützten Blatt lediglich über die Bildlaufleisten durch die Tabelle blättern. Dies hat in bestimmten Situationen durchaus auch seinen Sinn.

Eine wichtige Möglichkeit ist das Zulassen von AutoFiltern und der Verwendung von PivotTable-Berichten. Mehr zum Thema »AutoFilter und PivotTables« finden Sie in Kapitel 21 sowie in Kapitel 24.

Welche Einstellungen für Benutzer vorgenommen wurden, ermitteln Sie auf der Registerkarte *Überprüfen* in der Gruppe *Änderungen* über den Befehl *Benutzer dürfen Bereiche bearbeiten*. Wenn Sie anschließend das Kontrollkästchen *Benutzerberechtigungsinformation in neue Arbeitsmappe einfügen* wählen (Abbildung 4.36), erstellt Excel anschließend keine neue Mappe mit den identischen Einstellungen, sondern eine neue Arbeitsmappe mit den Hinweisen zu den Namen und Bereichen sowie den festgelegten Berechtigungen.

Geschützte Bereiche bearbeiten

Versucht ein Benutzer einen geschützten Bereich zu bearbeiten, wird das Dialogfeld *Sperrung des Bereichs aufheben* angezeigt. Nach der Eingabe des korrekten Kennworts (Groß-/Kleinschreibung beachten!) kann der Bereich bearbeitet werden. Der Bereich bleibt übrigens so lange zur Bearbeitung geöffnet, bis die Mappe geschlossen wird. Erst nach dem erneuten Öffnen ist auch die Eingabe des Kennworts wieder erforderlich.

Geschützte Bereiche und Diagramme

Wollen Sie aus den Daten eines geschützten Arbeitsblatts ein Diagramm erstellen, führt der Blattschutz dazu, dass der Quellbereich nicht mit der Maus markiert werden kann. Sie können aber den

Bezug manuell eintragen, z.B. *A1:B6*. Das Diagramm muss dann als eigenes Objekt erstellt werden, weil die Tabelle ja für den Zugriff gesperrt ist. Wenn Sie versuchen, die Daten über das Diagramm zu ändern, muss zuvor der Blattschutz deaktiviert werden.

Blattschutz aufheben

Entscheiden Sie sich für eine der beiden folgenden Möglichkeiten, um einen bestehenden Blattschutz wieder aufzuheben:

1. Wechseln Sie auf die Registerkarte *Überprüfen*.
2. Wählen Sie in der Befehlsgruppe *Änderungen* den Befehl *Blattschutz aufheben*.

oder

1. Wechseln Sie auf die Registerkarte *Start*.
2. Wählen Sie in der Befehlsgruppe *Zellen* die Befehlsschaltfläche *Format* und anschließend den Befehl *Blattschutz aufheben*.

Zusammenfassung

Das Arbeitsblatt ist der zentrale Arbeitsplatz in Excel. Alle Daten und Informationen werden hier gespeichert. Zahlreiche Eingabemethoden und schnelle Ausfüll-Optionen erleichtern das Erstellen von Datenreihen. Aber nicht nur für die Eingabe, auch für die schnelle Korrektur von Fehlern bieten sich viele Mechanismen an, die Sie auch an Ihren persönlichen Arbeitsstil anpassen können.

Frage	Lösung
Welche Tastenkombinationen kann ich für die Markierung in der Tabelle einsetzen?	Welche Tastenkombinationen Sie zum Navigieren in Tabellen einsetzen können, erfahren Sie auf Seite 139
Wie kann ich Bereiche schnell auswählen?	Das Dialogfeld *Inhalte auswählen* auf Seite 142 enthält Optionen für die Auswahl spezieller Bereiche
Ich habe in einer Spalte sehr viele Daten stehen und möchte feststellen, ob es unterschiedliche Werte gibt. Wie geht das?	Das Dialogfeld *Inhalte auswählen* kann auch Spalten- oder Zeilenunterschiede finden. Mehr dazu auf Seite 143.
Wie kann ich Daten schnell in einen bestimmten Bereich eintragen?	Markieren Sie den Bereich, der die Daten aufnehmen soll, und versetzen Sie mit der ⏎-Taste die aktive Zelle. Mehr dazu ab Seite 144.
Muss ich wiederkehrende Werte wirklich immer aufs Neue tippen?	Wie Sie Auswahllisten für die schnelle Eingabe nutzen, finden Sie auf Seite 146 beschrieben
Wie kann ich ein Datum schnell eingeben?	Wie Sie dazu den numerischen Block verwenden, steht auf Seite 148
Wie kann ich schnell eine Folge von Werten erstellen?	Wie Sie Reihen automatisch ausfüllen, erfahren Sie ab Seite 149
Ich benötige immer wieder eine Liste meiner Mitarbeiter und möchte diese nicht jedes Mal abschreiben oder kopieren. Geht es nicht etwas einfacher?	Wollen Sie eine eigene Reihe für das Ausfüllen festlegen und einsetzen, schlagen Sie auf Seite 152 nach

183

Kapitel 4 Im Arbeitsblatt arbeiten

Frage	Lösung
Ich habe versehentlich Zellinhalte gelöscht. Kann ich diese Daten wieder herstellen?	Mithilfe der Schaltfläche *Rückgängig* können Sie in einem solchen Fall die Daten wiederherstellen. Mehr dazu auf Seite 154.
Wie kann ich Zellen verschieben und kopieren?	Sie können dazu die Zwischenablage oder die Maus verwenden. Beispiele dazu finden Sie auf Seite 157.
Ich möchte die Zeilen und Spalten einer Tabelle vertauschen. Wie kann ich das ohne großen Aufwand erreichen?	Beim Einfügen können Sie mithilfe der speziellen Option *Transponieren* die Zeilen und Spalten tauschen. Mehr dazu auf Seite 162.
Wie kann ich die optimale Spaltenbreite einstellen?	Ein Doppelklick auf die Spaltenbegrenzung passt die Spaltenbreite an. Mehr zum Anpassen der Spaltenbreite und Zeilenhöhe finden Sie auf Seite 164.
Wie kann ich eine Überschrift über verschiedene Spalten zentrieren?	Mehr zum Verbinden und Zentrieren von Zellen finden Sie ab Seite 165
Beim Blättern in einem großen Tabellenblatt möchte ich erreichen, dass die Überschriften sichtbar bleiben. Wie kann ich das erreichen?	Seite 168 zeigt, wie Sie Überschriften und Vorspalten fixieren können
Wie kann ich bestimmte Begriffe in einem Tabellenblatt finden?	Auf Seite 170 lernen Sie die verschiedenen Möglichkeiten kennen, die das Dialogfeld Suchen und Ersetzen bietet
Immer wieder mache ich bei bestimmten Begriffen den gleichen Schreibfehler. Gibt es eine Hilfe für die Korrektur?	Setzen Sie die AutoKorrektur ein. Ab Seite 174 finden Sie Hinweise auf deren Verwendung.
Kann ich Benutzern unterschiedliche Zugriffsrechte auf eine Tabelle geben?	Sie können Benutzern auf Grundlage des Anmeldenamens verschiedene Rechte zuweisen. Wie das geht, erfahren Sie ab Seite 180.

Kapitel 5

Vom Bildschirm auf Papier

In diesem Kapitel:

Die Seitenlayoutansicht verwenden	186
Druckvorbereitung – Seite einrichten	191
Die neue Backstage-Ansicht vor dem Ausdruck	198
Tipps und Tricks zum Drucken	201
Zusammenfassung	205

Sicherlich wollen Sie Ihre Tabellen nicht nur auf dem Bildschirm betrachten, sondern auch ausdrucken. In diesem Kapitel geht es um das wichtige Thema Drucken, also wie Daten aus Excel auf Papier kommen. Dabei lernen Sie die zahlreichen Einstellmöglichkeiten bei der Seiteneinrichtung und -gestaltung ebenso kennen wie die neue Backstage-Ansicht, mit der Excel 2010 Sie bei der Beurteilung der Druckeinstellungen unterstützt.

Die Seitenlayoutansicht verwenden

Excel bietet eine Ansicht, die Sie über den Befehl *Seitenlayout* in der Statusleiste oder auf der Registerkarte *Ansicht* in der Gruppe *Arbeitsmappenansichten* über den Befehl *Seitenlayout* anzeigen lassen können. Das aktive Blatt wird daraufhin in der Seitenlayoutansicht angezeigt. Zeigen Sie mit dem Mauszeiger auf die Blattgrenzen und führen dort einen Doppelklick aus, wird der weiße Rand ausgeblendet und es steht mehr Raum für die Anzeige der Daten zur Verfügung.

> **TIPP** Diese Ansicht bietet so viele Möglichkeiten, dass Sie diese vielleicht als Standardansicht verwenden wollen. Die entsprechende Einstellung *Standardansicht für neue Blätter* finden Sie in den Excel-Optionen in der Kategorie *Allgemein*.

Aktivieren Sie zusätzlich die Registerkarte *Seitenlayout*, welche die am häufigsten benötigten Befehle die Seiteneinrichtung betreffend zur Verfügung stellt.

Abbildg. 5.1   Blenden Sie bei Bedarf Leerflächen aus oder ein

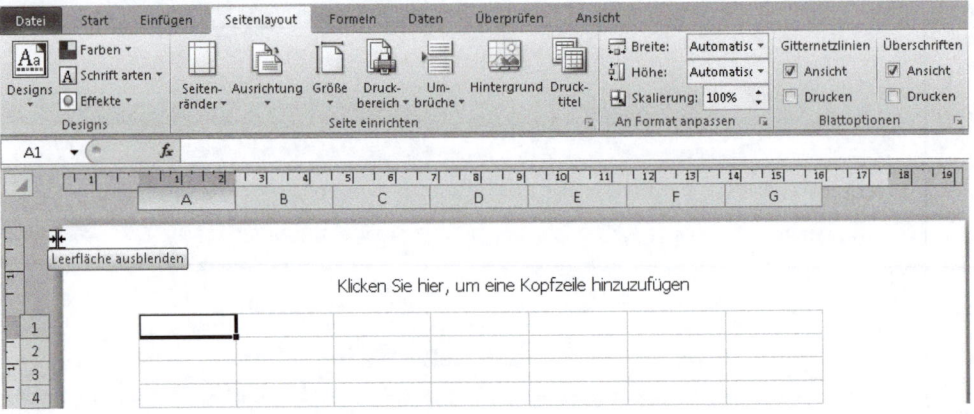

Wenn Sie eine Einstellung vornehmen wollen, die nicht auf der Registerkarte *Seitenlayout* verfügbar ist, wählen Sie das Startprogramm für Dialogfelder in der Gruppe *Seite einrichten*.

Spaltenbreiten und Seitenränder in der Seitenlayoutansicht ändern

Wenn Sie die Spaltenbreite bzw. die Zeilenhöhe oder die Seitenränder direkt im Seitenlayout ändern wollen, gehen Sie wie folgt vor:

Die Seitenlayoutansicht verwenden

1. Rufen Sie in der Registerkarte *Ansicht* den Befehl *Arbeitsmappenansichten/Seitenlayout* auf.
2. Wählen Sie auf der Registerkarte *Ansicht* den Befehl *Anzeigen/Lineal*.
3. Setzen Sie Ihren Mauszeiger direkt auf eine Randlinie zwischen zwei Spalten bzw. Zeilen. Dadurch nimmt der Mauszeiger die Gestalt eines Doppelpfeils an.
4. Ziehen Sie den Rand mit gedrückter linker Maustaste an die gewünschte Position. Dabei werden die aktuellen Maße in einer QuickInfo angezeigt.

Spaltenbreite exakt einstellen

Die in der Seitenlayoutansicht für die Spaltenbreite und Zeilenhöhe verwendete Maßeinheit können Sie in den Excel-Optionen ändern. Rufen Sie in der Registerkarte *Datei* den Befehl *Optionen* auf und wechseln Sie zur Kategorie *Erweitert*. Das Listenfeld *Linealeinheiten* im Abschnitt *Anzeige* ermöglicht das Auswählen der Einheiten, die für das Lineal in der Layoutansicht angezeigt werden sollen:

- Die Voreinstellung *Standardeinheiten* bezieht das Maßsystem aus der Systemsteuerung
- *Zoll, Zentimeter, Millimeter* verwenden das jeweilige Maßsystem

Abbildg. 5.2   Ändern Sie die *Linealeinheit* in den Excel-Optionen für die exakte Einstellung der Spaltenbreite

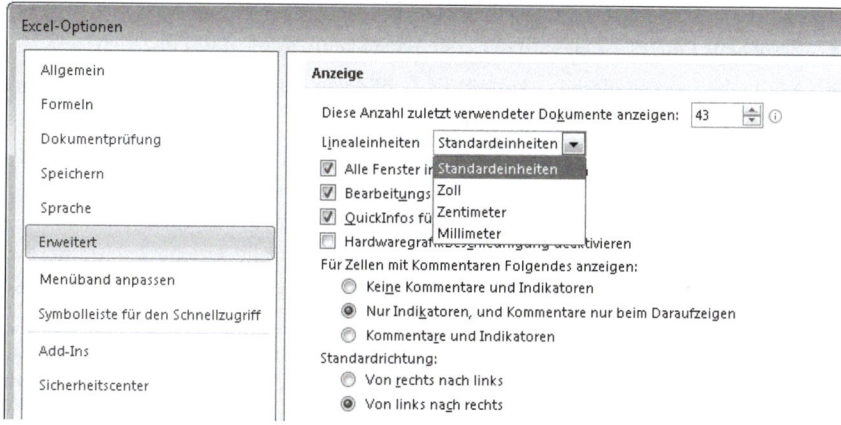

Kopf- und Fußzeilen gestalten

Beim Drucken erscheinen die Kopf- und Fußzeilen auf jedem Blatt. Üblicherweise werden hier Firmennamen, Seitenzahlen, ein Datum, Überschriften und sonstige Texte eingefügt. Um eine Kopfzeile einzufügen, klicken Sie an der Stelle auf das Wasserzeichen (Abbildung 5.3), an der Sie dann den Text eintragen. Wenn Sie eine Kopfzeile aktivieren, wird im Menüband die kontextbezogene Registerkarte *Kopf- und Fußzeilentools* mit zusätzlichen Befehlen angezeigt (Abbildung 5.4).

> **TIPP**   Verwenden Sie Kopf- und Fußzeilen, um Ihre Arbeit zu dokumentieren. Ausdrucke lassen sich schnell den dazugehörigen Dateien zuordnen, wenn Sie den Dateinamen evtl. mit dem kompletten Pfad in der Fußzeile angeben. Setzen Sie Kommentare ein, um wichtige Termine oder Sachverhalte nicht zu vergessen. Versehen Sie Ihre Dokumente mit Ihrem Namen, damit Kollegen bei Rückfragen gleich den richtigen Ansprechpartner kontaktieren können.

Abbildg. 5.3 Kopf- und Fußzeilen sind in drei Abschnitte aufgeteilt, die durch einen Mausklick aktiviert werden

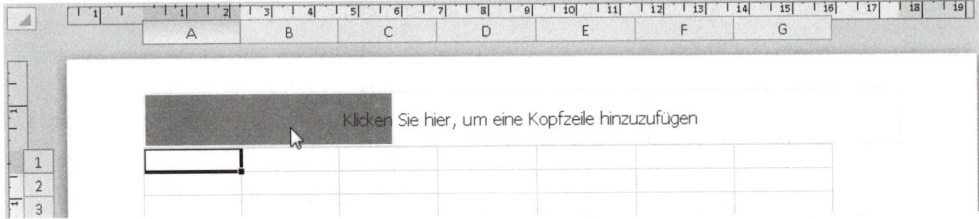

Wollen Sie die Dialogfelder für die Eingabe der Kopf- und Fußzeile verwenden, klicken Sie auf der Registerkarte *Seitenlayout* in der Gruppe *Seite einrichten* auf das Startprogramm für Dialogfelder (Abbildung 5.1).

HINWEIS Alle folgenden Beschreibungen gelten sowohl für das Ändern der Kopfzeile als auch der Fußzeile. Beide Elemente bieten grundsätzlich die gleichen Möglichkeiten.

Die Schaltfläche bzw. Gruppe *Optionen* der kontextbezogenen Registerkarte *Kopf- und Fußzeilentools* bietet den Zugriff auf neue Einstellungen:

- **Erste Seite anders** Zeigt auf der ersten Seite keine Kopf- und Fußzeilen
- **Mit Dokument skalieren** Ändert die Größe von Kopf- und Fußzeile (Schriftgrad, Skalierung) entsprechend den Änderungen am Druckbereich
- **Untersch. gerade ungerade Seiten** Zeigt unterschiedliche Kopfzeilen auf geraden bzw. ungeraden Seiten an.

Eingeben können Sie die verschiedenen Kopfzeilen z.B. in der Ansicht *Seitenlayout*. Ist der Befehl aktiv, zeigt ein entsprechender Hinweis über der Kopfzeile, welche Seite editiert wird (z.B. *gerade Seitenzahl*). Blättern Sie nach unten auf die nächste Seite und aktivieren Sie die Kopfzeile, ändert sich der Hinweis in *ungerade Seitenzahl*.

Alternativ können Sie die Einstellungen im erweiterten Dialogfeld *Kopfzeile* auf unterschiedlichen Registerkarten vornehmen. Ist das Kontrollkästchen *Untersch. gerade ungerade Seiten* nicht aktiv, zeigt das Dialogfeld nur eine Registerkarte (vgl. Abbildung 5.5).

- **An Seitenrändern ausrichten** Orientiert die Anzeige der Kopfzeile an den Seitenrändern (links und rechts). Wollen Sie bestimmte Werte dafür festlegen, deaktivieren Sie das Kontrollkästchen.

Abbildg. 5.4 Grau dargestellte Seiten werden nicht gedruckt, Kopf- und Fußzeilentools zeigen spezifische Befehle

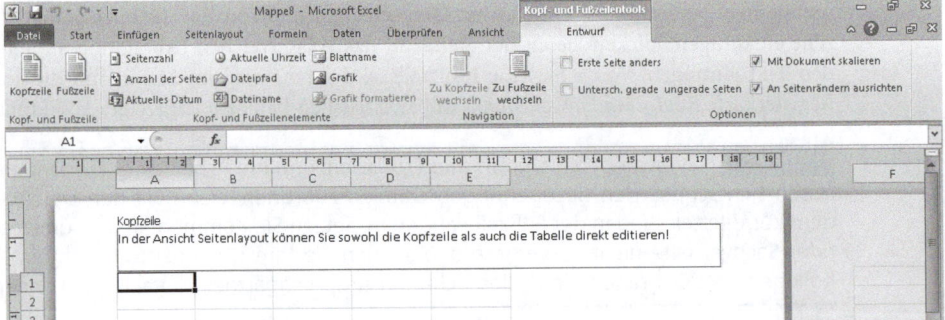

Die Seitenlayoutansicht verwenden

Die verschiedenen Befehle auf der Registerkarte *Kopf- und Fußzeilentools* erlauben das bequeme Einfügen von speziellen Informationen (bis zu 255 Zeichen und Formatierungszeichen je Abschnitt) oder auch Grafiken (z.B. ein Firmenlogo). Außerdem sind verschiedene Schaltflächen, z.B. für das Einfügen von Pfad und Dateiname, Datum, Seitenzahl usw. verfügbar.

So gestalten Sie die Kopf- und Fußzeile

Sie wollen die folgende Kopf- und Fußzeile einrichten: Links oben soll der Firmenname mit kursiver Formatierung stehen. Rechts oben prangt das Firmenlogo. Links unten soll der Dateiname inklusive Ordnerangabe in sehr kleiner Schrift erscheinen, unten in der Mitte soll die aktuelle Seitennummer sowie die Gesamtzahl der Seiten und rechts unten soll das aktuelle Druckdatum sowie Ihr Name platziert werden.

CD-ROM Für die folgenden Übungen können Sie die Tabelle *Stichprobendaten* in der Arbeitsmappe *Kap05.xlsx* aus dem Ordner *\Buch\Kap05* auf der CD-ROM zu diesem Buch verwenden.

Gehen Sie dazu wie folgt vor:

1. Wählen Sie die Schaltfläche *Seitenlayout* in der Statusleiste.
2. Aktivieren Sie die Registerkarte *Seitenlayout*.
3. Klicken Sie links neben das Wasserzeichen *Klicken Sie hier, um eine Kopfzeile hinzuzufügen* und geben Sie Ihren Firmennamen ein.
4. Daraufhin wird die kontextbezogene Registerkarte *Kopf- und Fußzeilentools* mit den wichtigsten Formatoptionen angezeigt.
5. Markieren Sie den Text mit der Maus, wird oberhalb der Markierung schwach sichtbar eine Minisymbolleiste eingeblendet. Zeigen Sie mit dem Mauszeiger darauf, wird diese voll sichtbar. Klicken Sie auf die Schaltfläche mit dem »K«.

TIPP Sie können auch nur Teile des Kopf-/Fußzeilentexts markieren und formatieren. Die Schriftart dieser Bereiche kann sich auch durchaus von der Schriftart der Tabelle unterscheiden.

6. Setzen Sie die Einfügemarke in den rechten Bereich der Kopfzeile und klicken Sie in der Registerkarte *Kopf- und Fußzeilentools* auf die Schaltfläche *Grafik*. Wählen Sie die Datei mit Ihrem Firmenlogo und fügen Sie es ein. Wenn Sie gerade keine Grafik zur Hand haben, können Sie auch die Beispieldatei *Kap05_Logo.bmp* von der CD-ROM zum Buch verwenden.
7. Klicken Sie auf *OK* und aktivieren Sie eine Zelle in der Tabelle.
8. Klicken Sie dann auf das Startprogramm für Dialogfelder in der Befehlsgruppe *Seite einrichten* der Registerkarte *Seitenlayout*.
9. Wählen Sie im Dialogfeld *Seite einrichten* die Schaltfläche *Seitenansicht*, um die Grafik in der Seitenansicht zu beurteilen. Sollte sie zu groß sein oder andere Veränderungen notwendig sein, klicken Sie unten im Abschnitt *Einstellungen* auf den Link *Seite einrichten*. Wechseln Sie im Dialogfeld auf die Registerkarte *Kopfzeile/Fußzeile* und klicken Sie auf *Benutzerdefinierte Kopfzeile*. Setzen Sie die Einfügemarke in den rechten Abschnitt und klicken dann auf die Schaltfläche *Grafik formatieren* (das Symbol ganz rechts).

Abbildg. 5.5 Einstellungen für die Kopfzeile auf jeder Seite

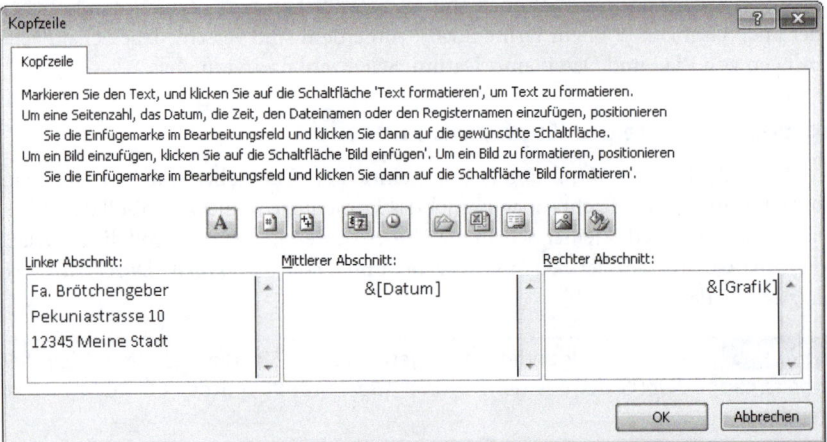

10. Nach den Grafikanpassungen übernehmen Sie die Einstellungen mit *OK*.
11. Wählen Sie anschließend die Schaltfläche *Benutzerdefinierte Fußzeile*. Klicken Sie in den Bereich *Linker Abschnitt* und dann auf die Schaltfläche *Dateipfad einfügen*. Markieren Sie die Angaben (siehe Abbildung 5.6) und legen Sie über die Schaltfläche *A* den Schriftgrad auf eine Größe von 6 Punkt fest.

12. Setzen Sie die Einfügemarke in den Bereich *Mittlerer Abschnitt*. Klicken Sie auf die Schaltfläche *Seitenzahl einfügen*, geben Sie einen Schrägstrich ein und klicken Sie auf die Schaltfläche *Anzahl der Seiten einfügen*.

Abbildg. 5.6 Die Definition der Fußzeile über verschiedene Schalter

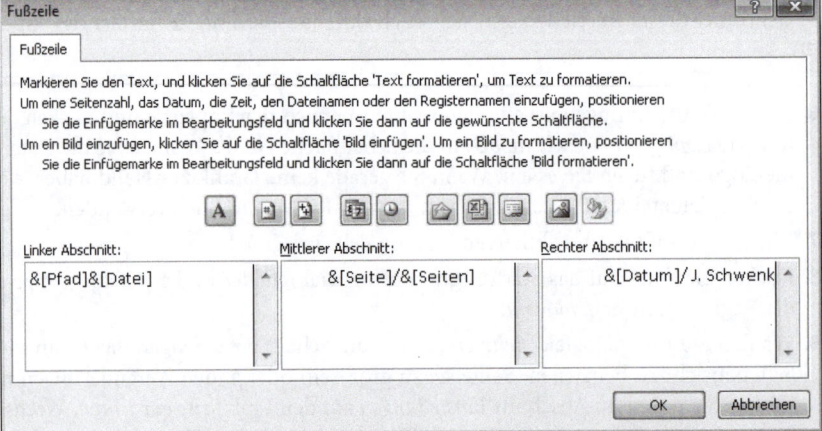

Druckvorbereitung – Seite einrichten

> **TIPP** Die Seitenzahl beginnt standardmäßig bei 1. Wollen Sie das ändern, etwa weil der Ausdruck Teil eines umfangreichen Berichts aus verschiedenen Dateien ist, dann addieren Sie die Differenz zwischen 1 und der gewünschten Seite. Soll die erste Seite die Seitennummer 10 haben erreichen Sie dies mit der Fußzeile &*[Seite]+9*.

13. Im Bereich *Rechter Abschnitt* klicken Sie auf die Schaltfläche *Datum einfügen*. Tippen Sie einen Schrägstrich sowie Ihren Namen ein und formatieren Sie bei Bedarf die Schrift. Auch hier steht Ihnen die Schriftgestaltung frei. Schließen Sie zwei Mal mit Klick auf *OK*.

Beachten Sie, dass die Anzeige der Grafik unter Umständen in Schwarzweiß erfolgt, obwohl es sich um eine farbige Grafik handelt. Die Anzeige ist abhängig vom eingestellten Drucker. Wenn es sich beim aktuellen Drucker nicht um einen Farbdrucker handelt, kann es je nach dem verwendeten Treiber vorkommen, dass auch in der Seitenansicht keine Farbe angezeigt wird.

> **PROFITIPP** Wollen Sie die Kopfzeile für mehrere Blätter festlegen, markieren Sie diese mit der `Strg`-Taste oder der `⇧`-Taste, **bevor** Sie die Änderungen vornehmen. Änderungen, die Sie in der Seitenlayoutansicht vornehmen, werden auf die markierten Blätter übernommen. Auch die im Folgenden beschriebenen Seiteneinstellungen können so gleichzeitig auf die markierten Blätter übertragen werden. Damit erreichen Sie schnell ein einheitliches Layout.

Wenn Sie immer wieder die Kopf- und Fußzeile von Tabellen mit vielen Einstellungen versehen müssen, sollten Sie den Einsatz einer Mustervorlage in Erwägung ziehen. Dabei handelt es sich um eine Datei, in welcher auch diese Einstellungen bereits enthalten sind. Mehr zum Thema Mustervorlagen finden Sie in Kapitel 11.

Druckvorbereitung – Seite einrichten

Die meisten Einstellungen zur Seiteneinrichtung können Sie über die Registerkarte *Seitenlayout* vornehmen. Ist die gewünschte Einstellung dort nicht direkt zugänglich, klicken Sie auf das Startprogramm für Dialogfelder, damit wird das Dialogfeld *Seite einrichten* angezeigt.

Abbildg. 5.7 Die Registerkarte *Seitenlayout* im Menüband für den schnellen Zugriff auf häufig benötigte Einstellungen

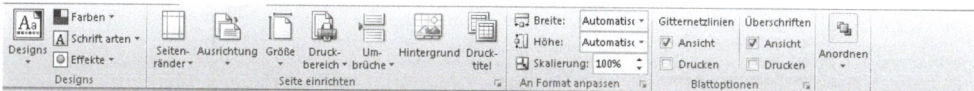

Im Dialogfeld *Seite einrichten* stehen Ihnen alle Möglichkeiten zur Verfügung, unter anderem:

- Skalieren des Arbeitsblatts
- Verringern der Seitenränder
- Anpassen auf eine bestimmte Seitenanzahl
- Schriftgrad verkleinern
- Nicht benötigte Spalten bzw. Zeilen ausblenden
- Spaltenbreite und Zeilenhöhe verkleinern

Skalierung und Papierformat auswählen

Wenn eine Tabelle nur wenig mehr Daten enthält, als auf eine vollständige Seite passen, können Sie Excel veranlassen, die Tabelle so zu skalieren, dass diese auf eine Seite gedruckt wird.

HINWEIS Beachten Sie beim Anpassen und bei der Skalierung der Seite, dass Sie nicht zu viele Daten auf eine Seite zwängen. Ausdrucke, die man »mit der Lupe« betrachten muss, sind schwer lesbar und ihr Nutzen ist fraglich. Außerdem sollten Sie wissen, dass die Einstellung *Anpassen* Vorrang vor eventuell eingestellten Seitenumbrüchen hat.

Wählen Sie diese Schritte für eine Seitenanpassung:

1. Wählen Sie auf der Registerkarte *Seitenlayout* in der Gruppe *Seite einrichten* das Startprogramm für Dialogfelder, um das Dialogfeld *Seite einrichten* anzuzeigen.
2. Dabei wird die Registerkarte *Papierformat* angezeigt (siehe Abbildung 5.8).
3. Aktivieren Sie das Optionsfeld *Anpassen* und stellen Sie in den Drehfeldern die gewünschte Seitenanzahl ein (siehe auch den folgenden Tipp). Sie können das Ganze aber auch über die Eingabe eines Prozentwerts verkleinern bzw. vergrößern. Klicken Sie dafür auf das Drehfeld, mit welchem Sie die Normalgröße, ausgehend vom Wert 100 % (in der Regel um 5 %-Schritte), in der Spanne von 5 bis 400 nach unten bzw. oben regulieren können.
4. Bestätigen Sie Ihre Einstellungen mit einem Klick auf die Schaltfläche *OK* und kontrollieren Sie dann die Auswirkung in der Seitenansicht.

Abbildg. 5.8   Das Anpassen der Seite und weitere Einstellmöglichkeiten

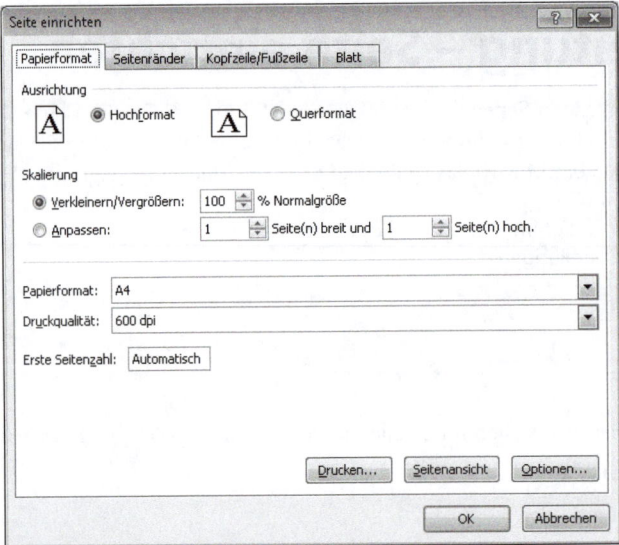

TIPP Die Eingabefelder für die Anpassung der Seitenzahl erlauben die Eingabe von Zahlen. Eine Besonderheit ist allerdings die Möglichkeit, eines der Felder leer lassen zu können. Damit können Sie die Seitenzahl in nur einer Richtung anpassen. Wenn beispielsweise eine Tabelle in der Breite nicht ganz auf eine Seite passt, verwenden Sie im ersten Eingabefeld *Seite(n)*

Druckvorbereitung – Seite einrichten

breit den voreingestellten Wert *1* und entfernen den Eintrag im Eingabefeld *Seite(n) hoch* durch Drücken der ⌈Entf⌉-Taste. Damit wird der Ausdruck in der Breite auf eine Seite angepasst, die Höhe des Ausdrucks wird dagegen nicht geändert.

Weitere Einstellungsmöglichkeiten im Dialogfeld *Seite einrichten*:

- Im Abschnitt *Ausrichtung* legen Sie fest, wie Ihre Daten ausgedruckt werden sollen. Zur Auswahl stehen das Hoch- oder das Querformat.

- Legen Sie das Papierformat im Listenfeld *Papierformat* fest. Dort stehen zahlreiche Formate zur Verfügung.

- Die *Druckqualität* können Sie ebenfalls beeinflussen. Wählen Sie eine niedrigere Auflösung, um schneller zu drucken und um Toner bzw. Tinte zu sparen.

WICHTIG Welche Einstellungen Sie für den Ausdruck wählen können, entscheidet zu einem Großteil der eingestellte Drucker. So können Sie beispielsweise nur dann das Papierformat A3 einstellen, wenn der Drucker dies unterstützt.

Das Eingabefeld *Erste Seitenzahl* weist die Voreinstellung *Automatisch* auf. Dies bedeutet, dass die Seitennummerierung mit der Seite *1* beginnt. Sie können den Standardwert mit einer gewünschten Seitenzahl überschreiben. Erstellen Sie beispielsweise einen Bericht, der Daten aus mehreren Dateien zeigt, lassen sich hier die Seitenzahlen an die bereits gedruckten Seiten anpassen.

Seitenrand und Zentrierung einstellen

Auf der Registerkarte *Seitenlayout* im Menüband bietet in der Gruppe *Seite einrichten* der Befehl *Seitenränder* den Zugriff auf die Einstellung der Seitenränder. Das besondere dabei ist, dass hier neben einigen Standardeinstellungen die letzte benutzerdefinierte Einstellung gespeichert wird. Dabei werden auch die Änderungen über das Dialogfeld *Seite einrichten* berücksichtigt. Damit können weitere Arbeitsblätter schnell mit den gleichen Einstellungen versehen werden.

Abbildg. 5.9   Die letzte Änderung an den Seitenrändern speichert Excel für die spätere Verwendung

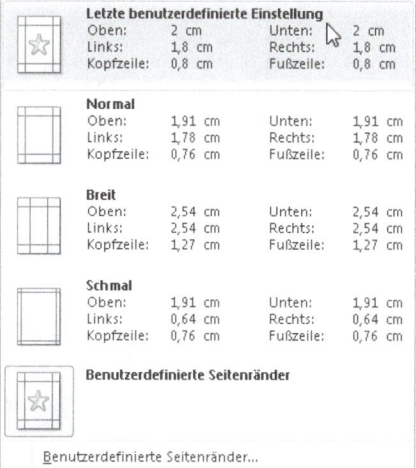

Nehmen wir an, Sie wollen die Seitenränder verringern, damit Ihre Tabelle auf eine Druckseite passt. Umgekehrt können Sie auch die Druckränder vergrößern, damit beim Lochen der Blätter keine Daten unleserlich werden.

Die Seitenränder ändern Sie folgendermaßen:

1. Rufen Sie in der Seitenansicht über die Registerkarte *Seitenlayout* das Startprogramm für Dialogfelder in der Gruppe *Seite einrichten* auf.
2. Wechseln Sie zur Registerkarte *Seitenränder* (Abbildung 5.10).
3. Stellen Sie über die Drehfelder die gewünschten Seitenränder (in Zentimetern) ein. Sie können diesen Wert auch manuell eintippen.
4. Bestätigen Sie Ihre Randeinstellungen mit Klick auf die Schaltfläche *OK*.

HINWEIS Anders als beispielsweise in Word erhalten Sie keinen Warnhinweis, wenn Sie beim Ändern der Ränder die physischen Möglichkeiten Ihres Druckers überschreiten, solange Sie keine negativen Werte eintragen.

Zusätzlich haben Sie hier die Möglichkeit, Ihre Daten auf der Seite horizontal oder/und vertikal zu zentrieren. Die entsprechenden Auswirkungen werden sofort im Vorschaufeld sichtbar.

Abbildg. 5.10 Flexible Einstellmöglichkeiten für die Seitenränder mit aktueller Vorschau

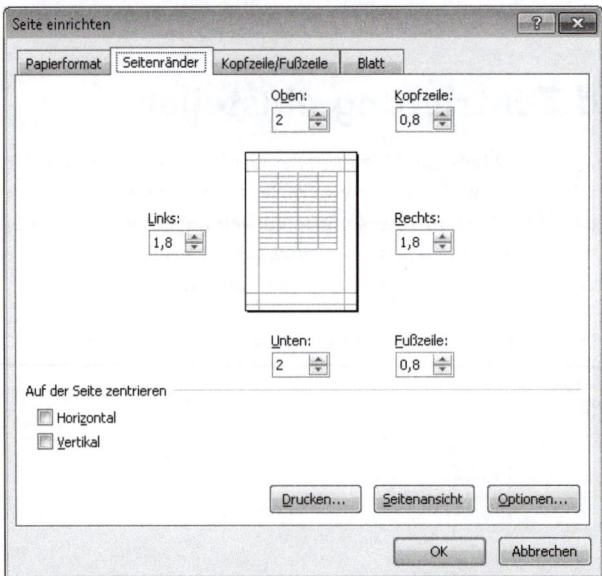

Passendes Layout für Ihr Arbeitsblatt einstellen

Über die Registerkarte *Seitenlayout* im Menüband rufen Sie Befehle auf, die teilweise direkt auf die entsprechende Registerkarte des Dialogfelds *Seite einrichten* führen. Diese bietet Ihnen einige hilfreiche Einstellungen, mit denen Sie die Lesbarkeit von Ausdrucken – insbesondere von umfangreichen Listen – deutlich erhöhen können.

HINWEIS Die Einstellungen lassen sich – mit Ausnahme der Befehle der Gruppe *Designs* – auch gänzlich über das Dialogfeld *Seite einrichten* vornehmen. Umfangreiche Änderungen sind dort eventuell schneller ausgeführt. Entscheiden Sie selbst, welche Vorgehensweise für Sie am praktischsten ist.

Mehr Übersichtlichkeit durch Wiederholungsspalten bzw. -zeilen

Bei umfangreichen Listen, die sich über mehrere Seiten erstrecken, ist es vorteilhaft, die Spaltenüberschriften auf jeder neuen Seite auszudrucken. Excel stellt aus diesem Grund auf der Registerkarte *Seitenlayout* die Funktion *Drucktitel* zur Verfügung. Sie legen den Bereich fest, der auf jeder neuen Seite erscheinen soll, und Excel kümmert sich automatisch um den Rest.

HINWEIS Diese Drucktitel sind nicht zu verwechseln mit dem Befehl *Überschriften* aus der Gruppe *Blattoptionen*. Die Kontrollkästchen *Ansicht* und *Drucken* beziehen sich auf die Anzeige und das Drucken der Zeilennummern (1, 2, 3 usw.) bzw. der Spaltennamen (A, B, C usw.).

Angenommen, Sie wollen für eine Tabelle einen Drucktitel festlegen. Darüber hinaus sollen im Ausdruck sowohl die Spaltenköpfe als auch die Zeilennummern zur besseren Orientierung mit ausgedruckt werden. Um einen individuellen Drucktitel festzulegen, gehen Sie folgendermaßen vor:

1. Rufen Sie die Registerkarte *Seitenlayout* auf und wählen Sie in der Gruppe *Seite einrichten* den Befehl *Drucktitel*.

Abbildg. 5.11 Wie und was soll gedruckt werden?

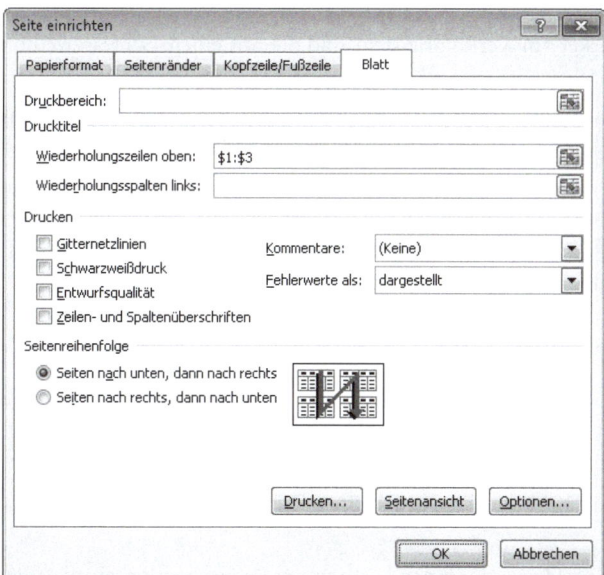

2. Im Dialogfeld *Seite einrichten* klicken Sie in das Textfeld *Wiederholungszeilen oben* (Abbildung 5.11).

3. Durch Klicken auf die Schaltfläche *Dialog reduzieren* im rechten Bereich des Textfelds wird das Dialogfeld zunächst verkleinert. Dadurch können Sie den Wiederholungsbereich durch Markieren der Zellen in Ihrem Arbeitsblatt festlegen. Markieren Sie z.B. die Zeilen *1* bis *3*.
4. Nach dem Markieren klicken Sie auf die Schaltfläche zum Einblenden des Dialogfelds.
5. Aktivieren Sie das Kontrollkästchen *Zeilen- und Spaltenüberschriften*. Bestätigen Sie Ihre Eingabe durch einen Klick auf die Schaltfläche *OK*.

Darstellung von Fehlerwerten ändern

Im Dialogfeld *Seite einrichten* haben Sie auf der Registerkarte *Blatt* auch die Möglichkeit, im Ausdruck für Fehlerwerte eine spezielle Anzeigeform zu wählen. Wenn beispielsweise eine Tabelle mit umfangreichen Berechnungen noch nicht vollständig gefüllt ist, zeigen unter Umständen einige Formeln einen Fehlerwert an. Über das Listenfeld *Fehlerwerte als* können Sie einstellen, wie solche Fehlerwerte angezeigt werden sollen. Mit der Standardeinstellung *dargestellt* werden die Fehlerwerte so gedruckt, wie sie auch in der Tabelle dargestellt werden. Alternativ können Sie mit der Einstellung *<leer>* die Anzeige ganz unterdrücken oder mit bzw. *#NV* eine einheitliche Anzeige für alle Fehlerwerte erreichen.

Wie Sie die Anzeige von Fehlerwerten mit einer Formel unterdrücken können, erfahren Sie in Kapitel 15.

Weitere Druckoptionen im Dialogfeld *Seite einrichten*

Das Dialogfeld *Seite einrichten* bietet auf der Registerkarte *Blatt* weitere Einstellungen:

- Aktivieren Sie das Kontrollkästchen *Schwarzweißdruck*, wenn Sie Daten farbig formatiert haben, jedoch kein Farbdrucker zur Verfügung steht und Sie mit einem Schwarzweißdrucker arbeiten müssen
- Aktivieren Sie das Kontrollkästchen *Entwurfsqualität*, um die Druckzeit zu verringern. Wenn Sie diese Option auswählen, druckt Excel automatisch keine Gitternetzlinien.
- Wählen Sie die Option *Kommentare: Am Ende des Blattes*, um Kommentare, die auf einer separaten Seite am Ende des Dokuments ausgegeben werden, zu drucken. Entscheiden Sie sich für die Option *Wie auf dem Blatt angezeigt*, werden die Kommentare an derjenigen Stelle gedruckt, an der sie im Arbeitsblatt angezeigt werden.

Mehr zu Kommentaren finden Sie in Kapitel 13.

Den Druckbereich festlegen

Häufig kommt es vor, dass Sie nur einen Teil Ihres Arbeitsblatts drucken wollen. Hier kann man zwischen zwei Varianten unterscheiden:

- Sie wollen nur für einen einzigen Ausdruck einen Teil des Arbeitsblatts drucken, sonst soll alles gedruckt werden
- Sie wollen bei jedem Ausdruck nur einen bestimmten Bereich des Arbeitsblatts ausgeben

Im ersten Fall verfahren Sie so:

1. Markieren Sie den zu druckenden Bereich des Arbeitsblatts.
2. Wählen Sie in der Registerkarte *Datei* den Befehl *Drucken*.

Druckvorbereitung – Seite einrichten

3. In der Backstage-Ansicht klicken Sie in der Gruppe *Einstellungen* auf den Pfeil neben *Aktive Tabellen drucken* und wählen den Befehl *Auswahl drucken* im Bereich *Drucken*. Excel druckt nur den markierten Bereich aus.

Im zweiten Fall, also wenn ständig nur ein bestimmter Bereich des Blatts gedruckt werden soll, verfahren Sie so:

1. Aktivieren Sie die Registerkarte *Seitenlayout*.
2. Rufen Sie über das Startprogramm für Dialogfelder das Dialogfeld *Seite einrichten* auf. Wechseln Sie zur Registerkarte *Blatt* (siehe Abbildung 5.11).
3. Klicken Sie in das Eingabefeld *Druckbereich*.

4. Durch Klicken auf die Schaltfläche *Dialog reduzieren* im rechten Bereich des Eingabefelds wird das Dialogfeld minimiert. Markieren Sie den Bereich des Arbeitsblatts, auf den die Druckausgabe eingeschränkt werden soll.

5. Nach dem Markieren klicken Sie auf die Schaltfläche zum Einblenden des Dialogfelds. Bestätigen Sie Ihre Eingabe über Klick auf *OK*.

Die Festlegung des Druckbereichs wird mit der Datei gespeichert und gilt bis zu dessen Aufhebung.

> **TIPP** Wenn Sie schnell einen Druckbereich festlegen und drucken möchten, können Sie den gewünschten Bereich Ihrer Tabelle markieren und diese Auswahl als Druckbereich bestimmen, indem Sie auf der Registerkarte *Seitenlayout* in der Gruppe *Seite einrichten* den Befehl *Druckbereich/Druckbereich festlegen* wählen.

Ein Druckbereich kann auch aus mehreren, nicht zusammenhängenden Bereichen bestehen. Im Dialogfeld *Seite einrichten* können Sie solche Bereiche im Eingabefeld *Druckbereich* eintragen, wenn Sie die Bereiche durch ein Semikolon trennen. Die Eingabe von *A1:B9;D5:H20* führt beispielsweise dazu, dass beim Drucken genau diese zwei Bereiche gedruckt werden. Allerdings werden solche Druckbereiche nicht auf einer Seite gedruckt, vielmehr beginnt mit jedem Bereich eine neue Seite. Im Abschnitt »Mehrere Bereiche auf eine Seite drucken« auf Seite 205 finden Sie ein Beispiel, wie Sie dennoch mehrere Bereiche auf einer Seite ausdrucken können.

Wollen Sie den Druckbereich vollständig aufheben, wählen Sie auf der Registerkarte *Seitenlayout* in der Gruppe *Seite einrichten* den Befehl *Druckbereich/Druckbereich aufheben*.

> **TIPP** Auch für den umgekehrten Fall – wenn Sie also nicht den zu druckenden Bereich festlegen, sondern verhindern wollen, dass bestimmte Zellen gedruckt werden – gibt es eine Lösung. Blenden Sie die Zeile oder Spalte mit den Zellen aus, die nicht gedruckt werden sollen. Ausgeblendete Zellen werden nicht gedruckt, auch dann nicht, wenn Sie innerhalb des Druckbereichs liegen.

Die Druckreihenfolge ändern

Oft ist es bei langen Listen lästig, diese nach dem Ausdruck umsortieren zu müssen. Beim Drucken von umfangreichen Tabellen ist es wichtig zu wissen, dass Excel zunächst die Seiten nach unten und anschließend alle Seiten nach rechts druckt.

Ist dies nicht erwünscht, können Sie die Standardreihenfolge ändern. Folgen Sie dazu diesen Schritten:

1. Rufen Sie in der Registerkarte *Seitenlayout* über das Startprogramm für Dialogfelder das Dialogfeld *Seite einrichten* auf.
2. Wechseln Sie zur Registerkarte *Blatt*.
3. Aktivieren Sie die Optionsschaltfläche *Seiten nach rechts, dann nach unten*.
4. Klicken Sie abschließend auf die Schaltfläche *OK*.

Ausdruck mit Gitternetzlinien

Standardmäßig werden in Excel die Gitternetzlinien nicht mit ausgedruckt. Möchten Sie jedoch nicht auf diese verzichten, kann die Option *Gitternetzlinien* aktiviert werden. Dies ist vor allem dann empfehlenswert, wenn es beim Drucken zu Kapazitätsproblemen kommt. Das Gitternetz braucht nicht soviel Speicher wie die Rahmenformatierung.

So können Sie die Gitternetzlinien mit ausdrucken, wenn Sie auf der Registerkarte *Seitenlayout* in der Gruppe *Blattoptionen* unter der Überschrift *Gitternetzlinien* das Kontrollkästchen *Drucken* aktivieren. Sollen die Gitternetzlinien auch am Bildschirm angezeigt werden, aktivieren Sie das Kontrollkästchen *Ansicht*. Um die Gitternetzlinien auszublenden, klicken Sie erneut auf die entsprechende Einstellung.

Kopienanzahl und Sortierung einstellen

Legen Sie im Abschnitt *Exemplare* die Anzahl der Kopien fest, die ausgedruckt werden sollen. Sie haben die Möglichkeit, nummerierte Seiten zu ordnen, wenn Sie mehrere Kopien eines Dokuments drucken. Dadurch wird zunächst ein komplettes Exemplar des ersten Dokuments gedruckt, bevor die erste Seite des nächsten Druckauftrags beginnt.

Möchten Sie jedoch zuerst alle Exemplare der ersten Seite drucken und anschließend alle Exemplare der Folgeseiten, müssen Sie das Kontrollkästchen *Sortieren* deaktivieren.

Die neue Backstage-Ansicht vor dem Ausdruck

Nachdem Sie alle Vorbereitungen für die Druckausgabe getroffen haben, können Sie jetzt den Ausdruck veranlassen. Dazu stehen verschiedene Optionen zur Verfügung.

Egal ob Sie

- den Befehl über das Symbol *Drucken* der Symbolleiste für den Schnellzugriff,
- den Befehl *Datei/Drucken* aufrufen,
- die Tastenkombination [Strg]+[P] betätigen,
- den Befehl *Drucken* im Dialogfeld *Seite einrichten* aufrufen

wird in Excel 2010 die Backstage-Ansicht gezeigt. Diese Ansicht zeigt die wichtigsten Druckeinstellungen, die ansonsten über verschiedene Dialogfelder und Registerkarten verteilt sind, und bietet eine Vorschau auf das aktuelle Druckbild. Damit können Sie sicherstellen, dass der Ausdruck Ihren Vorstellungen entspricht.

Die neue Backstage-Ansicht vor dem Ausdruck

WICHTIG Klicken Sie in der *Symbolleiste für den Schnellzugriff* auf den Befehl *Schnelldruck*, wird Ihr Druckauftrag ohne weitere Anzeige eines Dialogfelds direkt zu dem Drucker geschickt, den Sie unter Windows als Standarddrucker eingestellt haben.

Abbildg. 5.12   Die Backstage-Ansicht vereint Einstellmöglichkeiten und Druckvorschau

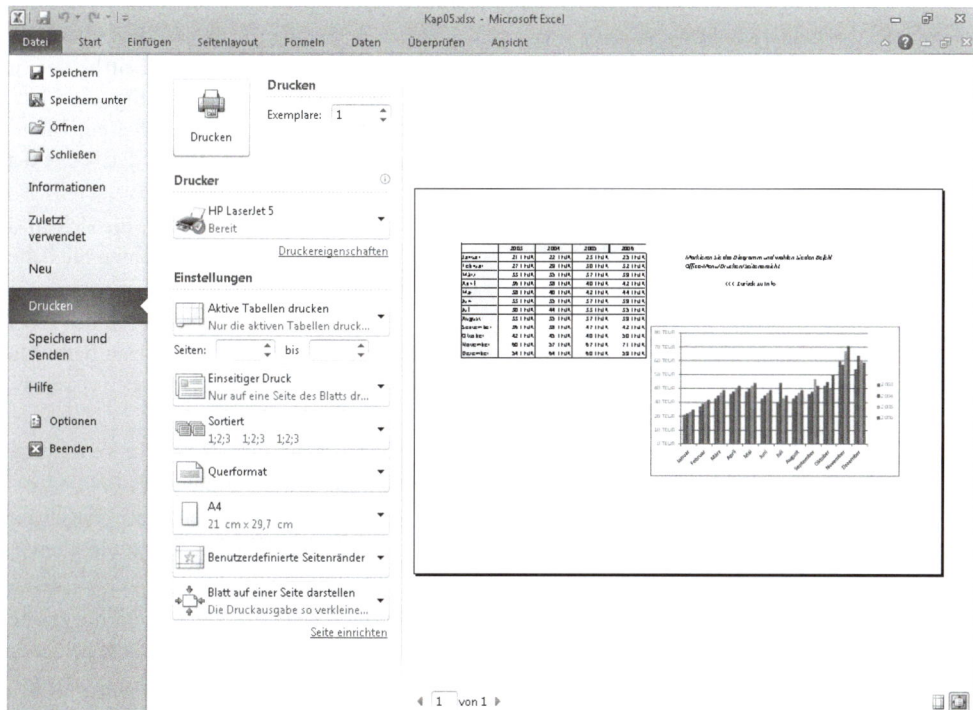

Neben den Befehlen zum *Speichern*, *Öffnen* usw. werden die wichtigsten Einstellungen zum *Drucken* mit den aktuellen Werten aufgelistet. Rechts daneben ist eine Vorschau auf den zu erwartenden Ausdruck dargestellt. Welche Druckeinstellungen angezeigt werden, ist abhängig vom eingestellten Drucker. Unterstützt dieser beispielsweise keinen beidseitigen Druck, wird die entsprechende Option auch nicht angezeigt.

HINWEIS Im Gegensatz zu den Ansichten *Umbruchvorschau* und *Seitenlayout* können in der Backstage-Ansicht keine Daten in die Tabelle eingegeben werden.

Auf die Einstellungen für den Druck können Sie über Listenfelder zugreifen, welche die wichtigsten Einstellungen für die jeweilige Option anbieten. Eine Änderung wird dabei sofort in der Vorschau angezeigt, dies erlaubt eine sichere Beurteilung. Haben Sie im Dialogfeld *Seite einrichten* auf der Registerkarte *Blatt* eingestellt, dass auch Kommentare gedruckt werden sollen, werden diese je nach der eingestellten Option direkt auf der Tabelle oder am Ende angezeigt.

Die Optionen der Backstage-Ansicht im Einzelnen (Abbildung 5.12):

- In der Gruppe *Drucken* stellen Sie die Anzahl der gewünschten Exemplare ein.

- Im Gruppenfeld *Drucker* wählen Sie den gewünschten Drucker aus. Dort werden die verfügbaren Drucker und der jeweilige Status angezeigt. Zeigen Sie mit der Maus auf den Drucker, werden weitere Eigenschaften in einer Quickinfo eingeblendet. Sie können aber auch einen weiteren Drucker hinzufügen oder die Druckausgabe in eine Datei umleiten. Über den Hyperlink *Druckereigenschaften* können Sie die Eigenschaften des Druckers einsehen und verändern.

- Im Gruppenfeld *Einstellungen* stehen Ihnen vier Optionen für die Auswahl des Druckbereichs zur Verfügung:
    - Aktive Tabellen (Standard) Es werden nur die markierten Arbeitsblätter ausgedruckt. Jedes Blatt einer Arbeitsmappe beginnt auf einer neuen Seite. Verfügt ein Blatt über einen Druckbereich, wird lediglich dieser Ausschnitt gedruckt. Wollen Sie ein Diagrammobjekt ausdrucken, müssen Sie es vorher auswählen. Dadurch ändert sich der Name der Option in *Markiertes Diagramm*.
    - Gesamte Arbeitsmappe drucken Excel druckt alle Arbeitsblätter, die sich in der Arbeitsmappe befinden, vollständig mit fortlaufender Seitenzahl aus. Beachten Sie dabei, dass ausgeblendete Arbeitsblätter nicht ausgedruckt werden.
    - Auswahl drucken Excel druckt nur den Bereich aus, den Sie vorher in der Tabelle markiert haben. Sie können auch mehrere Bereiche markieren. Halten Sie dazu beim Markieren die [Strg]-Taste gedrückt. Alle markierten Bereiche werden (allerdings auf separaten Seiten) ausgegeben.
    - Ausgewählte Tabelle drucken Diese Option steht nur dann zur Verfügung, wenn das Arbeitsblatt einen benannten Tabellenbereich enthält. Mehr dazu erfahren Sie in Kapitel 19.
    - Druckbereich ignorieren Ist eine sehr praktische Möglichkeit, trotz festgelegter Druckbereiche eine ganze Tabelle zu drucken, ohne den Druckbereich zuvor zu löschen

- Das Gruppenfeld *Seiten* lässt Ihnen die Wahl, ob Sie alle Seiten oder nur eine bestimmte Anzahl von Seiten ausdrucken wollen. Stellen Sie über die Drehfelder *Von* und *Bis* die gewünschten Seiten ein, die gedruckt werden sollen. Sie können die Werte auch direkt in die Felder eintragen.

Weitere Einstellungen wie *Einseitiger Druck*, *Sortiert*, *Orientierung*, *Größe*, *Seitenränder* und *Skalierung* werden ebenfalls mit den aktuellen Werten angezeigt. Wollen Sie eine Einstellung ändern, die hier nicht angezeigt wird, rufen Sie über den Hyperlink *Seite einrichten* das gleichnamige Dialogfeld auf und stellen die Optionen wie gewünscht ein.

Über die Schaltflächen am linken unteren Rand der Vorschau können Sie die verschiedenen Seiten durchblättern, nach einem Klick auf die Vorschau können Sie dies auch mit dem Rad der Maus erreichen. Am rechten unteren Rand finden Sie zwei weitere Schaltflächen.

- Über *Seitenränder anzeigen* können Sie Seitenränder und Spaltenmarkierungen anzeigen lassen. Klicken Sie mit der linken Maustaste auf die jeweiligen Anfasser und halten die Maustaste gedrückt, können Sie die Ränder bzw. Spaltenbreite verändern.

- Über die Schaltfläche *Auf Seite zoomen* können Sie die Ansicht vergrößern/verkleinern, dies hat keine Auswirkung auf die tatsächliche Druckgröße

Wollen Sie die Backstage-Ansicht schließen, können Sie

- den Befehl *Drucken* ausführen,
- die [Esc]-Taste drücken oder
- auf die Registerkarte *Datei* oder eine andere Registerkarte klicken.

Tipps und Tricks zum Drucken

Die wichtigsten Einstellungen zum Thema Drucken haben Sie bis hierher kennengelernt. Die neue Backstage-Ansicht spart sicher den einen oder anderen unnötigen Ausdruck, weil die erzwungene Druckvorschau die aktuellen Einstellungen nochmals deutlich macht. Das Ergebnis beim Drucken ist von vielen Faktoren abhängig. In Unternehmen müssen bestimmte Anforderungen z.B. bezüglich der Seitenbeschriftungen beachtet werden. Nachfolgend noch ein paar Tipps für spezielle Aufgaben, die beim Drucken immer wieder auftauchen.

Mehrere Blätter ausdrucken

Markieren Sie mehrere Arbeitsblätter, indem Sie die einzelnen Arbeitsblattregister mit der linken Maustaste und der [Strg]-Taste oder der [⇧]-Taste auswählen. Mithilfe der [Strg]-Taste können Sie einzelne, auch nicht nebeneinanderliegende Arbeitsblätter markieren (z.B. *Tabelle1*, *Tabelle5* und *Tabelle8*). Mit dem Einsatz der [⇧]-Taste können Sie mehrere Tabellenblätter auf einmal markieren, wenn diese nebeneinander angeordnet sind (ein Klick auf die *Tabelle1* bei gedrückt gehaltener [⇧]-Taste mit anschließendem Klick auf *Tabelle8* bewirkt, dass alle Arbeitsblätter, welche dazwischenliegen, mit markiert werden, z.B. *Tabelle2* bis *Tabelle7*). Mehr zum Gruppieren von Arbeitsblättern finden Sie in Kapitel 3.

Formeln drucken

Wenn Sie sich in einer Tabelle, die Sie nicht selbst erstellt haben, eine Übersicht verschaffen wollen, z.B. weil die Tabelle sehr viele Formeln und Verknüpfungen enthält, erleichtern Sie sich die Arbeit, indem Sie anstelle der Formelergebnisse die Formeln und die Verknüpfungen selbst ausdrucken:

CD-ROM Für das folgende Beispiel können Sie das Blatt *Formeln drucken* verwenden. Sie finden dieses in der Datei *Kap05.xlsx* im Ordner *\Buch\Kap05* auf der CD-ROM zu diesem Buch.

1. Öffnen Sie das Arbeitsblatt.

2. Wählen Sie auf der Registerkarte *Formeln* in der Gruppe *Formelüberwachung* den Befehl *Formeln anzeigen*. Sie sehen, dass Excel nun nicht die Formelergebnisse, sondern die dahinterstehenden Formeln anzeigt. Da die Formeln mehr Platz beanspruchen, passt Excel automatisch die Spaltenbreite an. Allerdings wird die Spaltenbreite nicht optimiert, Sie sollten dies also besser kontrollieren.

3. Rufen Sie auf der Registerkarte *Seitenlayout* den Befehl *Seite einrichten* auf (Startprogramm für Dialogfelder der Gruppe *Seite einrichten* anklicken).

4. Wechseln Sie zur Registerkarte *Papierformat* und aktivieren Sie die Optionsschaltfläche *Querformat*.

5. Wechseln Sie im Dialogfeld zur Registerkarte *Blatt* und aktivieren Sie die Kontrollkästchen *Zeilen- und Spaltenüberschriften* und *Gitternetzlinien*. Damit können Zellbezüge zugeordnet werden.

6. Drucken Sie die Tabelle über die Schaltfläche *Drucken* auf der Registerkarte *Datei* aus.

WICHTIG Der Befehl *Formeln anzeigen* ändert keineswegs die Daten in Ihrer Tabelle, es wird keine Neuberechnung ausgelöst. Der Befehl wirkt sich nur auf die Ansicht aus und kann durch erneutes Ausführen des Befehls jederzeit wieder zurückgenommen werden. Die in der QuickInfo zum Befehl *Formeln anzeigen* genannte Tastenkombination [Strg]+[#], die auch in älteren Versionen die Formeln angezeigt hat, bringt leider auf Grund eines Fehlers in der aktuellen Version nicht das gewünschte Ergebnis.

Den Ausdruck abbrechen

Sicher ist es Ihnen auch schon so ergangen: Genau in dem Moment, als Sie den Druckauftrag abgeschickt haben, fällt Ihnen ein Fehler in der Tabelle auf. Die neue Backstage-Ansicht hilft sicher dabei, dies zu vermeiden. Und wenn es dennoch vorkommt: Kann man einen bereits gestarteten Druckauftrag stoppen?

Gehen Sie folgendermaßen vor, um einen Druckauftrag abzubrechen:

1. Doppelklicken Sie auf das Druckersymbol im Infobereich der Windows-Taskleiste (der Bereich, in dem sich auch die Uhr befindet).
2. Daraufhin wird ein Fenster mit den Druckaufträgen für den gewählten Drucker angezeigt. Markieren Sie hier das Dokument, für das der Druckauftrag abgebrochen werden soll, durch einen einfachen Mausklick.
3. Wählen Sie im Menü *Dokument* den Befehl *Abbrechen*.

HINWEIS Beachten Sie, dass das Druckersymbol (je nach Größe des Ausdrucks, dem verfügbaren Speicher und den bereits in der Druckerwarteschlange vorhandenen Druckaufträgen) eventuell nur kurz im Infobereich der Windows-Taskleiste angezeigt wird, sodass Sie unter Umständen nicht mehr rechtzeitig darauf klicken können, um den Druck abzubrechen.

In einer Netzwerkumgebung können Sie ohne die entsprechende Berechtigung die Druckaufträge anderer Benutzer nicht abbrechen.

Das Zeichen »&« im Firmennamen

Oft kommt es vor, dass Unternehmen ihre Firmennamen in die Kopf- oder Fußzeile bringen. Das klappt auch wunderbar, solange die Firmenbezeichnung nicht das Zeichen »&« verwendet. Dieses Zeichen wird in Excel zusammen mit den Funktionen für die Kopf- und Fußzeilengestaltung verwendet. So würde zum Beispiel die Firma *Huber&Dachs* als *Huber17.03.2010achs* ausgegeben. Das &-Zeichen und der erste Buchstabe vom Namen *Dachs* wird von Excel als &D interpretiert und beim Drucken in das aktuelle Datum umgewandelt. Das ist in diesem Falle unerwünscht.

Auch wenn Sie zwischen den Namen und dem &-Zeichen jeweils ein Leerzeichen einfügen (*Huber & Dachs*), wird der Firmenname nicht korrekt angezeigt. Das Ergebnis ist in diesem Fall *Huber Dachs*. Was können Sie da machen?

Die Lösung lautet: Geben Sie Ihre Firmenbezeichnung mit einem doppelten &-Zeichen ein, also *Huber && Dachs*, liefert Excel das gewünschte Ergebnis.

Seitenzahlen anpassen

Möchten Sie einen Bericht erstellen, der aus verschiedenen Dokumenten besteht, wollen Sie sicher die Seitenzahlen so anpassen, dass diese den Bericht durchgängig nummerieren. Dazu können Sie in Excel die Startseite anpassen. Sie finden die Einstellung dazu im Dialogfeld *Seite einrichten* auf der Registerkarte *Papierformat* (Abbildung 5.8). Ändern Sie den Wert *Erste Seitenzahl* entsprechend ab.

Ein Wasserzeichen einfügen

Wenn Sie in Excel ein Wasserzeichen drucken wollen, gibt es hierfür keine eigene Einstellung. Prüfen Sie aber zunächst, ob eventuell Ihr Drucker eine solche Einstellung bietet.

Ist dies nicht der Fall, gibt es dennoch eine Möglichkeit, die Ausdrucke mit einem Wasserzeichen zu versehen.

HINWEIS Ein über den Befehl *Hintergrund* auf der Registerkarte *Seitenlayout* eingefügtes Hintergrundbild wird zwar am Bildschirm angezeigt, aber nicht ausgedruckt.

Erstellen Sie eine Grafik mit dem Text für das Wasserzeichen, z.B. mit Paint. Für die Breite verwenden Sie 21 cm und für die Höhe 29 cm. Stellen Sie dazu in Paint über *Paint/Eigenschaften* die Maßeinheit auf Zentimeter ein und speichern Sie die Datei.

In Excel fügen Sie die Datei wie oben beschrieben als Grafik in der Kopfzeile ein. Ändern Sie anschließend die Seitenränder der Kopfzeile und prüfen Sie die Darstellung in der Seitenansicht.

Abbildg. 5.13   Mit diesem Wasserzeichen kann der vorläufige Status des Dokuments auf Ausdrucken angezeigt werden

> **CD-ROM** Sie finden dieses Beispiel im Arbeitsblatt *Wasserzeichen* in der Datei *Kap05.xlsx* im Ordner *\Buch\Kap05* auf der CD-ROM zu diesem Buch.

Die Seitenumbruchvorschau

Für die Beurteilung und Bearbeitung der Seitenumbrüche ist die *Umbruchvorschau* sehr nützlich. Mithilfe des Befehls *Umbruchvorschau* auf der Registerkarte *Ansicht* in der Gruppe *Arbeitsmappenansichten* sehen Sie, welche Information auf welcher Seite gedruckt wird (siehe Abbildung 5.14).

Hier erhalten Sie einen Überblick, welche Seitennummern es für welchen Teil der Tabelle geben wird. Durch Verschieben mit der Maus können Sie die Umbrüche selbst bestimmen. Wählen Sie den Befehl *Normal*, kehren Sie zur gewohnten Arbeitsblattansicht zurück.

Abbildg. 5.14   In der Umbruchvorschau können Seitenumbrüche durch Ziehen mit der Maus verändert werden

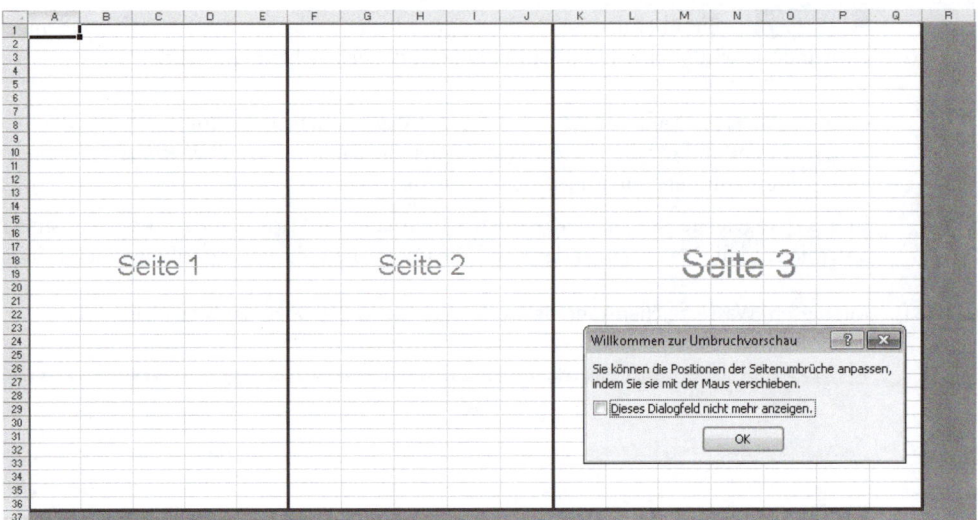

> **TIPP** In der Normalansicht der Tabelle können Sie an jeder beliebigen Stelle einen Seitenumbruch erzwingen, wenn Sie auf der Registerkarte *Seitenlayout* in der Befehlsgruppe *Seite einrichten* die Symbolschaltfläche *Umbrüche* anklicken und den Befehl *Seitenumbruch einfügen* wählen. Dabei ist es wichtig, welche Zelle aktiv ist, während der Befehl ausgeführt wird. Der Seitenumbruch wird oberhalb und links von der aktiven Zelle eingefügt.

In den *Excel-Optionen* finden Sie in der Kategorie *Erweitert* im Abschnitt *Optionen für dieses Arbeitsblatt anzeigen* das Kontrollkästchen *Seitenumbrüche einblenden*. Die Seitenumbrüche werden zwar mit der Arbeitsmappe gespeichert, jedoch nach dem Schließen und erneuten Öffnen leider wie in den vorigen Versionen in der Normalansicht nicht automatisch wieder angezeigt. Sie müssen also zunächst in die Ansicht *Seitenlayout* oder *Umbruchvorschau* und zurückwechseln, bevor die Seitenumbrüche auch in der Normalansicht wieder angezeigt werden.

Ebenfalls in den Excel-Optionen finden Sie in der Kategorie *Allgemein* die Einstellung *Standardansicht für neue Blätter*. Dort stellen Sie über ein Listenfeld die gewünschte Standardansicht ein. Beachten Sie dabei, dass die Einstellung *Umbruchvorschau* in einem leeren Arbeitsblatt eine ungewohnte graue Arbeitsfläche bietet, die zudem noch in der Größe angepasst wird.

Mehrere Bereiche auf eine Seite drucken

Wenn Sie Daten analysiert und umfangreiche Ergebnisse erstellt haben, möchten Sie die wichtigsten Ergebnisse daraus vielleicht in einem Bericht drucken. Um das zu erreichen, können Sie mehrere Bereiche markieren und einen Druckbereich festlegen. Wechseln Sie über *Datei/Drucken* in die Backstage-Ansicht, werden Sie feststellen, dass Excel jeden der Bereiche auf eine eigene Seite drucken will. Nicht sehr praxisnah und nicht gerade umweltfreundlich. Excel erkennt zwar leere Seiten und verhindert deren Ausdruck, aber das Zusammenfassen mehrerer Bereiche auf einer Seite ist leider nicht vorgesehen.

Um dennoch mehrere Bereiche auf eine Seite zu drucken, kopieren Sie die einzelnen Bereiche auf ein leeres Arbeitsblatt und drucken dieses dann aus. Und das sind die notwendigen Schritte:

1. Fügen Sie ein neues Arbeitsblatt ein.
2. Benennen Sie dieses Arbeitsblatt um, z.B. in »Druckversion«.
3. Wechseln Sie zum Arbeitsblatt mit den zu druckenden Daten.
4. Markieren Sie den ersten Bereich, der gedruckt werden soll.
5. Kopieren Sie den Bereich in die Zwischenablage.
6. Wechseln Sie auf das Arbeitsblatt *Druckversion*.
7. Wählen Sie im Befehl *Einfügen* in der Gruppe *Weitere Einfügeoptionen* den Unterbefehl *Verknüpfung einfügen*.
8. Verfahren Sie mit den weiteren Bereichen entsprechen.
9. Richten Sie die Seite für das Arbeitsblatt *Druckversion* ein und drucken Sie das Ergebnis aus.

Das Arbeitsblatt *Druckversion* ist mit den Quelldaten verknüpft und wird entsprechend aktualisiert, wenn sich die Daten ändern. Sie können auf diese Weise auch Daten verschiedener Tabellen oder sogar aus verschiedenen Dateien auf einem Blatt zusammenfassen und drucken.

Wie Sie benutzerdefinierte Ansichten erstellen und diese für den Ausdruck verwenden, zeigt das Kapitel 4.

Zusammenfassung

In diesem Kapitel finden Sie einige Informationen zum Drucken mit Excel. Auch in Zeiten des »papierlosen Büros« haben Ausdrucke noch große Bedeutung. In einer Besprechung lassen sich damit Informationen für alle Teilnehmer bereitstellen. Der Ausdruck kann um Anmerkungen ergänzt und als Notizzettel verwendet werden. Und mal ehrlich, liest es sich nicht angenehmer auf Papier als am Bildschirm?

Kapitel 5 Vom Bildschirm auf Papier

Frage	Lösung
Alle Seiten, die ich in der Firma drucke, sollen in den Kopf- und Fußzeilen bestimmte Informationen anzeigen. Wie erreiche ich das?	Wie Sie Kopf- und Fußzeilen nach eigenen Wünschen gestalten, finden Sie auf Seite 186 beschrieben
Während der Testphase einer Tabelle möchte ich verhindern, dass Fehlerwerte ausgedruckt werden. Wie geht das?	Beim Drucken können Sie Fehlerwerte auf Duckseiten ausblenden, indem Sie eine entsprechende Einstellung wie auf Seite 196 vornehmen
Ich möchte nur einen bestimmten Bereich meiner Tabelle ausdrucken. Wie geht das?	Dazu können Sie einen Druckbereich festlegen. Beim Drucken einer Tabelle prüft Excel, ob ein Druckbereich festgelegt wurde. Ist dies der Fall, wird nur dieser Bereich ausgedruckt. Mehr dazu erfahren Sie auf Seite 196.
Ich möchte nicht alle Zellen mit Rahmen versehen, trotzdem sollen einzelne Zellen auf dem Ausdruck deutlich abgegrenzt sein. Gibt es eine Lösung?	Sie können die Tabelle mit Gitternetzlinien drucken. Diese entsprechen den gleichen Linien, die auch am Bildschirm angezeigt werden. Mehr dazu lesen Sie auf Seite 198.
Welche Möglichkeiten bietet die neue Backstage-Ansicht?	Die neue Backstage-Ansicht fasst die wichtigsten Einstellungen zum Druck zusammen und bietet eine Druckvorschau. Ab Seite 198 erfahren Sie mehr darüber.
Für ein komplexes Tabellenmodell möchte ich die Formeln zur Dokumentation ausdrucken. Wie gehe ich vor?	Mit dem Befehl *Formeln anzeigen* auf der Registerkarte *Formeln* wechseln Sie zwischen der Anzeige von Formeln und deren Ergebnis. Mehr dazu steht auf Seite 201.
Während der Entwicklungsphase eines Tabellenmodells möchte ich darauf hinweisen, dass das Dokument noch im Entwurfstatus ist. Wie kann ich das realisieren?	Sie können auf den Entwurfstatus mit einem Wasserzeichen hinweisen. Wie Sie dieses über die Kopfzeile einfügen, erfahren Sie ab Seite 203.
Wie kann ich mehrere Bereiche auf einer Seite ausdrucken?	Dazu können Sie die Bereiche auf ein separates Arbeitsblatt kopieren und mit den Quelldaten verknüpfen. Auf Seite 205 finden Sie die Beschreibung dazu.

Teil B

Daten und Formeln eingeben

Kapitel 6	Grundlagen für das Rechnen mit Formeln	209
Kapitel 7	Funktionen einsetzen	237
Kapitel 8	Daten bei der Eingabe prüfen	269

Wenn Sie herausfinden möchten, wie man Rechenoperationen mit Excel ausführt, Funktionen verwendet und Daten auf Gültigkeit prüft, ist dieser Teil genau das Richtige für Sie.

Zunächst erfahren Sie mehr zu den Grundlagen von Rechenoperationen in Excel, z.B. wie Sie einfache Formeln eingeben und welche Operatoren Sie dabei verwenden können bzw. was es mit Bezügen in Excel auf sich hat. Die Verwendung von Bezügen in Formeln bietet Ihnen die Möglichkeit, Ihre Rechenvorgänge unabhängig von den Eingabewerten aufzubauen.

Im Anschluss daran lernen Sie einige wichtige Funktionen kennen und anwenden. Außerdem erfahren Sie, wie Sie Fehlern in Formeln auf die Spur kommen und das Ergebnis von Formeln überwachen können. Auch bei der Überprüfung von Eingabewerten mit der Datenüberprüfung werden Tabellenfunktion verwendet.

Teil B Daten und Formeln eingeben

Im Einzelnen können Sie diesem Teil entnehmen, wie man

- Formeln erstellt,
- die Funktion AutoVervollständigen in Formeln verwendet,
- mit Bezügen arbeitet und Formeln kopiert,
- Bezüge auf andere Tabellen erstellt,
- Bezüge auf andere Arbeitsmappen aufbaut,
- einen Zirkelbezug auflöst,
- Probleme mit Verknüpfungen löst,
- mit Tabellenfunktionen rechnet,
- mit Tabellenfehlern in Excel umgeht,
- Funktionen mit dem Funktions-Assistenten erstellen kann,
- Daten bereits bei der Eingabe auf ihre Gültigkeit prüfen kann.

Kapitel 6

Grundlagen für das Rechnen mit Formeln

In diesem Kapitel:

Formeln eingeben	210
Mit Matrixformeln ganze Bereiche berechnen	217
Formeln verschieben und kopieren	218
Die Neuberechnung kontrollieren	227
Fehler erkennen, finden und beseitigen	228
Zusammenfassung	236

Kapitel 6   Grundlagen für das Rechnen mit Formeln

Formeln sind das Herzstück einer Excel-Tabelle. Mit Formeln werden Berechnungen durchgeführt, Bedingungen geprüft oder Tabellen nach bestimmten Werten durchsucht. Wichtig bei dieser Arbeit sind Zellbezüge, welche Formeln so dynamisieren, dass bei einer Änderung an den Eingabewerten die Formel automatisch das neue Ergebnis anzeigt.

Erfahren Sie in diesem Kapitel, wie Excel Sie bei der Eingabe von Formeln unterstützt, wie Sie Zellen mit Formeln kopieren und verschieben können und wie Sie die Berechnung von Formeln steuern können. Außerdem werden die verschiedenen Werkzeuge vorgestellt, mit denen Sie die Arbeitsweise von Formeln überprüfen und eventuelle Fehler finden können.

Formeln eingeben

In Excel gilt: Wenn das erste Zeichen einer Eingabe das *Gleichheitszeichen* (=) ist, wird die nachfolgende Eingabe als Formel ausgewertet. Sie können eine Formeleingabe auch mit dem Plus- oder Minuszeichen einleiten. Excel ergänzt in diesem Fall das Gleichheitszeichen selbstständig.

Eine Excel-Formel wird aus dem Gleichheitszeichen, den Operanden (Werte, Bezüge oder Funktionen) und Operatoren (Rechenvorschriften) gebildet.

Beispiel: =2000+10

Eingabewerte für Formeln werden in Excel als Argumente bezeichnet.

Arithmetische Operatoren einsetzen

Arithmetische Operatoren führen elementare Rechenoperationen aus und erzeugen als Ergebnis numerische Werte oder einen Fehlerwert (mehr zu Fehlerwerten finden Sie im Abschnitt »Fehler erkennen, finden und beseitigen« auf Seite 228). Die Tabelle 6.1 zeigt die arithmetische Operatoren, die in Excel-Formeln eingesetzt werden können:

Tabelle 6.1   Arithmetische Operatoren in Excel

Operator	Operation	Beispielformel
+	Addition	=5+3
–	Subtraktion Steht das Minuszeichen vor einem Zahlenwert (Negation), wird es als Vorzugsoperator ausgewertet	=10–7
/	Division	=12/3
*	Multiplikation	=4*6
%	Division durch Hundert (Prozent)	=12%
^	Potenzierung	=4^2

Mit diesen Operatoren können Sie in Excel-Tabellen Formeln erstellen, indem Sie diese Formeln unmittelbar in Zellen eingeben. Dadurch wird in den jeweiligen Zellen das Ergebnis der Formel angezeigt, wobei in der Bearbeitungsleiste die Formel zu sehen ist.

Die unmittelbare Eingabe von Zahlenwerten oder Text in Formeln wird als die Eingabe von Konstanten bezeichnet.

> **WICHTIG**   Excel folgt der allgemein bekannten Regel: »Punktrechnung geht vor Strichrechnung«! Enthält eine Formel Operatoren, die die gleiche Priorität besitzen, wertet Excel die Formel von links nach rechts aus.

> **CD-ROM**   Das Beispiel dazu finden Sie im Arbeitsblatt *Rangfolge* in der Beispieldatei *Kap06.xlsx* im Ordner *\Buch\Kap06* auf der CD-ROM zum Buch.

Klammern setzen

Um die Reihenfolge der Auswertung zu ändern, schließen Sie die Ausdrücke, die zuerst ausgewertet werden sollen, in runde Klammern ein.

Wenn Sie die Wirkungsweise testen möchten, geben Sie die beiden nachstehenden Formeln in unterschiedliche Zellen ein:

ohne Klammern:	=4+6*5	Ergebnis: 34
mit Klammern:	=(4+6)*5	Ergebnis: 50

> **WICHTIG**   In einer Formel muss die Anzahl der öffnenden runden Klammern gleich der Anzahl der schließenden runden Klammern sein. Excel meldet sonst einen Fehler und markiert die zu korrigierende Stelle in der Formel.

Zellbezüge statt Konstanten verwenden

Wie erwähnt, entspricht die Eingabe von Konstanten (Zahlenwerten) in Formeln nicht dem Sinn und Zweck einer Tabellenkalkulation. Bei dieser Methode müssten Sie bei jeder Änderung eines Werts auch die Formel entsprechend ändern.

Aus Kapitel 4 wissen Sie bereits, das man den Inhalt einer Zelle über deren *Zellbezug* adressieren kann. Die Adresse der aktiven Zelle wird im Namenfeld angezeigt. Diese Zelladressen lassen sich in Formeln verwenden. Durch die Bezüge erkennt Excel, aus welchen Zellen die in einer Formel verwendeten Werte zu entnehmen sind.

In Abbildung 6.1 können Sie den Gesamtpreis in *D4* mit der Formel

```
=22,55*4
```

berechnen. Wesentlich praktischer ist allerdings die Verwendung der Bezüge in der Formel

```
=B4*C4
```

Abbildg. 6.1 Für die Multiplikation von Preis und Menge werden die *Zellbezüge* verwendet

	A	B	C	D	E	F
1						
2						
3		Preis	Menge	Gesamt	Formel	
4		22,55 €	4	90,20 €	=B4*C4	
5						

Ändern sich die Eingabewerte für den Preis (*B4*) oder die Menge (*C4*), führt Excel eine Neuberechnung durch und das Ergebnis ist damit wieder aktuell. Mehr zum Thema Neuberechnung finden Sie im Abschnitt »Die Neuberechnung kontrollieren« auf Seite 227.

Zellbezüge eingeben

Grundsätzlich können Sie Bezüge über die Tastatur eingeben oder mit der Maus markieren. Dabei dürfen keine Leerzeichen in die Formel gelangen. Auf die Groß- oder Kleinschreibung kommt es dagegen nicht an.

HINWEIS Alle Bezüge in Kleinbuchstaben werden nach Abschluss der Formeleingabe durch Excel in Großbuchstaben umgewandelt, wenn die Formel syntaktisch richtig eingegeben wurde. Ist dies nicht der Fall, überprüfen Sie bitte die Eingabe auf Syntax- und Schreibfehler.

Durch den Einsatz von Zellbezügen wird es Ihnen möglich, alle Vorteile einer Tabellenkalkulation auszuschöpfen. Sie sind damit in der Lage, beliebige Rechenmodelle zu erstellen, in denen nur noch die Eingabewerte verändert werden müssen, um zu neuen Ergebnissen zu kommen.

Zellbezüge auf andere Tabellen verwenden

Interessant an Zellbezügen in Formeln ist die Tatsache, dass sich diese nicht nur auf eine Zelle beziehen können, die sich in der gleichen Tabelle befindet wie die Formel selbst. Angenommen, Sie tragen die Formel =B1 in die Zelle *A1* von *Tabelle1* ein, erhalten Sie als Ergebnis den Wert aus Zelle *B1*.

Um nun den Wert der gleichen Zelle aus *Tabelle2* zu erhalten, muss der Zellbezug um die Angabe der Tabelle ergänzt werden. Die Formel

```
=Tabelle2!B1
```

liefert das gewünschte Ergebnis.

TIPP Bezüge auf andere Arbeitsblätter führen zu sehr langen Formeln, die unter Umständen mehrere Zeilen in der Bearbeitungsleiste ausfüllen. Um die Größe der Bearbeitungsleiste anzupassen, ziehen Sie mit der Maus an der unteren Begrenzung oder verwenden Sie dazu die Schaltfläche *Bearbeitungsleiste erweitern* am rechten Rand (siehe auch Kapitel 2).

Die dritte Dimension: 3D-Bezüge

Wenn Sie Formeln mit einem Bezug auf mehrere Arbeitsblätter eingeben, können Sie unter Umständen eine besondere Form der Bezugsangabe nutzen. So, wie ein Bereich, etwa *A5:D20*, durch einen Doppelpunkt als solcher identifiziert wird, können Sie auch Tabellenbezüge durch Angabe der ersten und der letzten Tabelle aufbauen. Ein solcher Bezug wird *3D-Bezug* genannt.

Formeln eingeben

CD-ROM Das Beispiel zu dieser Bezugsart finden Sie in der Datei *Kap06_3D.xlsx* im Ordner *\Buch\Kap06* auf der CD-ROM zu diesem Buch.

Diese Beispielmappe enthält die Tabellen *Nord*, *Ost*, *Süd* und *West*, die ihrerseits wiederum Daten enthalten. Die Tabellen *Anfang* und *Ende* enthalten selbst keine Daten und dienen lediglich als Rahmen für den 3D-Bezug. Das Arbeitsblatt *Gesamt* verwendet einen solchen Bezug, um die Summe der Umsätze über alle Arbeitsblätter zu berechnen, die zwischen der Tabelle *Anfang* und der Tabelle *Ende* platziert sind. Dieser Bezug lautet wie folgt:

```
=SUMME(Anfang:Ende!C4:N4)
```

Der 3D-Bezug schließt das erste und das letzte Arbeitsblatt ein. Kommt ein neues Arbeitsblatt hinzu, fügen Sie dieses **vor** das letzte Blatt, also **vor** das Blatt *Ende*, ein. Damit werden die darin enthaltenen Werte automatisch auch in der Gesamttabelle summiert.

Sie wollen testen, wie sich die Gesamtsummen nach Entfernen einer Tabelle automatisch anpassen:

1. Verschieben Sie eine der Tabellen *Nord*, *Ost*, *Süd* und *West* hinter die Tabelle *Ende*, indem Sie im Blattregister auf den Blattnamen zeigen, die linke Maustaste gedrückt halten und das Blatt verschieben.
2. Wechseln Sie nun in das Arbeitsblatt *Gesamt*. Sie sehen, dass die Gesamtsummen nicht mehr die Werte aus der verschobenen Tabelle enthalten.

WICHTIG 3D-Bezüge können nicht zusammen mit den Schnittmengen (Leerzeichen) oder in Formeln verwendet werden, in denen die implizite Schnittmenge eingesetzt wird. Mehr dazu erfahren Sie in Kapitel 7.

AutoVervollständigen in Formeln

Haben Sie in einer Zelle als erstes Zeichen ein Gleichheitszeichen eingegeben, geht Excel davon aus, dass Sie eine Formel eingeben. Die Funktion AutoVervollständigen in Formeln zeigt bereits nach dem Tippen des ersten Buchstabens Funktionen, benannte Bereiche und strukturierte Bezüge (mehr dazu in Kapitel 19) in einem Auswahlfeld an. Dabei wird mit jeder weiteren Eingabe die Anzeige gefiltert, sodass nur Funktionen mit übereinstimmenden Zeichenfolgen angezeigt werden.

Geben Sie »=su« ein, wird das Auswahlfeld wie in der folgenden Abbildung angezeigt. Eine detaillierte QuickInfo bietet zusätzliche Informationen und erleichtert Ihnen die Auswahl, die Sie mit den Pfeiltasten durchblättern können.

Wenn Sie das ausgewählte Element in die Formel einfügen und die Einfügemarke direkt dahinter platzieren möchten, drücken Sie die ⇆-Taste oder doppelklicken Sie auf das Element.

Abbildg. 6.2 Mit Symbolen wird der Eintragstyp dargestellt, beispielsweise ein Funktions- oder Tabellenverweis

	A	B	C	D	E	F	G	H	I	J
1										
2										
3		Preis	Menge	Gesamt	Formel					
4		22,55 €	4	90,20 €	=B4*C4					
5		33,50 €	3							
6		17,56 €	5							
7		2,40 €	10							
8		56,89 €	2							
9		70,00 €	5							
10		=su								
11		SUCHEN	Sucht eine Zeichenfolge innerhalb einer anderen (Groß-/Kleinschreibung wird nicht beachtet)							
12		Sued								
13		SUMME								
14		Summen								
15		SUMMENPRODUKT								
16		SUMMEWENN								
17		SUMMEWENNS								
18		SUMMEX2MY2								
19		SUMMEX2PY2								
20		SUMMEXMY2								
21		SUMQUADABW								

Für Tabellen sind einige Bezeichner für Tabellenspalten und für spezielle Elemente (*[#Alle]*, *[#Daten]*, *[#Kopfzeilen]*, *[#Ergebnisse]*, *[#Diese Zeile]*) vorhanden, die ebenfalls verwendet werden können. Mehr zu Tabellen erfahren Sie in Kapitel 19.

HINWEIS Die Funktionen, welche in Excel 2010 durch Funktionen mit einem neuen Namen ersetzt wurden

- werden im Funktions-Assistent in der Funktionskategorie *Kompatibilität* aufgeführt und/oder
- erscheinen abweichend von der alphabetischen Reihenfolge am Ende der AutoVervollständigen-Liste.

Mehr zu Funktionen finden Sie in den Kapiteln 7, 15 und 16.

Eine Einstellung in den Excel-Optionen einscheidet über die Anzeige der Auswahlliste für Funktionen.
1. Klicken Sie auf die Registerkarte *Datei*.
2. Klicken Sie in der Backstage-Ansicht auf die Schaltfläche *Optionen*.
3. Wechseln Sie im Dialogfeld *Excel-Optionen* in die Kategorie *Formeln*.
4. Aktivieren bzw. deaktivieren Sie im Abschnitt *Arbeiten mit Formeln* das Kontrollkästchen *AutoVervollständigen-Formel*.

Mit externen Daten rechnen

Die Möglichkeiten von Zellbezügen gehen aber noch weiter: Sie können auch einen Bezug auf eine andere Datei einsetzen. Ein solcher externer Bezug wird mit dem von eckigen Klammern umschlossenen Namen der betreffenden Arbeitsmappe eingeleitet. Diesem folgt der Name der Tabelle, also

=Funktion('Pfadname\[Arbeitsmappe]Tabelle'!Zellbezug)

Ist die Arbeitsmappe (Quelle), auf die Bezug genommen wird, momentan geöffnet, kann die vollständige Pfadangabe entfallen. Excel fügt diese automatisch ein, sobald die Mappe, auf die der Bezug verweist, geschlossen wird. Erstellen Sie den Bezug mit der Maus – das spart Zeit und ist immer korrekt!

Tabelle 6.2 Übersicht über die möglichen Zellverknüpfungen

Allgemeiner Bezug	Beispiel
Eine einzelne Zelle (geht auch ohne Funktion)	=A1
Ein zusammenhängender Bereich	=Summe(A1:D5)
Eine Mehrfachauswahl	=SUMME(A1;C3;B10;F10;J4)
Zelle in einem anderen Arbeitsblatt	=Tabelle2!A1
Bereich in einem anderen Arbeitsblatt	=Summe(Tabelle2!A1:B9)
3D-Bereich	=Summe(Tabelle2:Tabelle8!B4:M4)
Zelle in einer anderen Arbeitsmappe	='C:\Users\<Benutzername>\Documents\[Test.xls]Tabelle1'!$A$1
Bereich in einer anderen Arbeitsmappe	=Mittelwert('C:\Users\<Benutzername>\Documents\[Testmap.xls]Tabelle1'!$A$1:B6))
3D-Bereich in einer anderen Arbeitsmappe	=Mittelwert('C:\Users\<Benutzername>\Documents\[Testmap.xls]Tabelle1:Tabelle12'!$A$1:B6))

HINWEIS Wenn die Arbeitsmappe, auf die sich die Verknüpfung bezieht, bei der Eingabe des Bezugs geöffnet ist, wird der Pfadname beim Schließen ergänzt und korrekt gespeichert.

Externe Bezüge aktualisieren

Enthält eine Arbeitsmappe einen externen Bezug, werden Sie beim Öffnen mit einem Warnhinweis konfrontiert (Abbildung 6.3). Die Einstellung dazu finden Sie über die folgenden Schritte:

1. Klicken Sie in der Registerkarte *Datei* auf *Optionen*.
2. Wechseln Sie in die Kategorie *Sicherheitscenter*.
3. Wählen Sie dort die Schaltfläche *Einstellungen für das Sicherheitscenter*.
4. Im *Sicherheitscenter* finden Sie in der Kategorie *Statusleiste* die Optionen, welche verantwortlich für die Anzeige der Sicherheitswarnung in der Statusleiste sind:
   - *Meldungsleiste in allen Anwendungen anzeigen, wenn aktiver Inhalt, wie z.B. ActiveX-Steuerelemente, gesperrt ist*
   - *Informationen zu gesperrtem Inhalt niemals anzeigen*

Kapitel 6   Grundlagen für das Rechnen mit Formeln

Abbildg. 6.3   Klicken Sie auf *Optionen* in der Statusleiste, um die *Sicherheitsoptionen* anzuzeigen

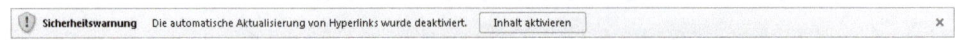

Wählen Sie die Schaltfläche *Aktualisieren*, versucht Excel die externen Bezüge zu aktualisieren. Sie haben damit wieder eine aktuelle Grundlage für weitere Berechnungen.

Leider kommt es vor, dass die Quelle der Daten nicht mehr am ursprünglichen Speicherort gefunden wird. Dies ist dann der Fall, wenn die Datei seit dem letzten Speichern des Bezugs verschoben oder gar gelöscht wurde. Excel zeigt in einem solchen Fall ein weiteres Dialogfeld an (Abbildung 6.4) Wählen Sie dort die Schaltfläche *Verknüpfungen bearbeiten*.

Abbildg. 6.4   Die Bezüge können nicht aktualisiert werden

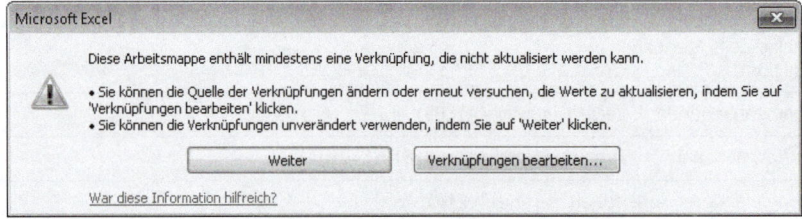

Das Dialogfeld *Verknüpfungen bearbeiten* bietet Ihnen alle Möglichkeiten, den Bezug wieder herzustellen. Die Schaltfläche *Werte aktualisieren* versucht die externen Bezüge erneut zu aktualisieren. Wurden die Werte seit der letzten Speicherung nicht geändert, wird dies in einem Hinweis angezeigt.

Wurde die Quelle nicht gefunden, können Sie über die Schaltfläche *Quelle ändern* den Bezug wiederherstellen, indem Sie den neuen Speicherort der Datei suchen und die Datei auswählen (Abbildung 6.5). Über die Schaltfläche *Quelle öffnen* kann die gefundene Quelldatei geöffnet werden.

Abbildg. 6.5   Auch der Befehl *Verknüpfungen bearbeiten* auf der Registerkarte *Daten* zeigt dieses Dialogfeld

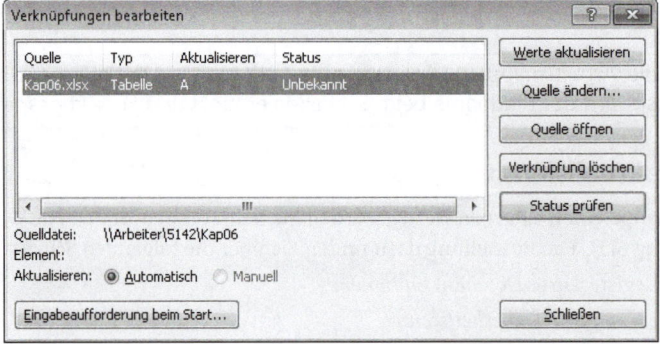

Ist die Quelldatei nicht mehr zu finden, werden über die Schaltfläche *Verknüpfung löschen* die externen Formelbezüge entfernt. **Achtung:** Dabei werden Formeln mit externen Bezügen in Werte umgewandelt!

Über die Schaltfläche *Eingabeaufforderung beim Start* legen Sie das Verhalten beim Öffnen der aktuellen Mappe fest. Die möglichen Optionen zeigt die Abbildung 6.6.

Abbildg. 6.6 Stellen Sie die Optionen für die Aktualisierung externer Bezüge ein

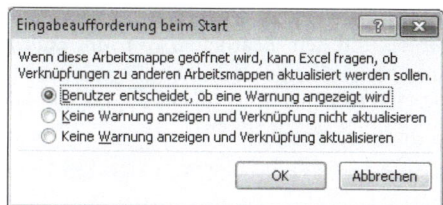

Mit Matrixformeln ganze Bereiche berechnen

Um eine *Matrixformel* verstehen zu können, betrachten Sie zunächst die Arbeitsweise einer normalen *Einzelwertformel*. Eine Einzelwertformel erzeugt ein Ergebnis aus mehreren Operanden. Beispielsweise erzeugt die Formel =B3-C3 die Differenz der beiden angegebenen Zellen. Vergleichen Sie hierzu auch die Abbildung 6.7. Dagegen erzeugt die Matrixformel {=B3:B8-C3:C8} eine Menge von insgesamt sechs Ergebnissen, in diesem Fall jedes Mal die Differenz der beiden benachbarten Zellen.

Abbildg. 6.7 Gegenüberstellung einer Einzelwert- und Matrixformel

	A	B	C	D	E	F	G	H
1				Einzelwertformel			Matrixformel	
2		Einnahmen	Ausgaben	Gewinn			Gewinn	
3	Januar	12.000 €	900 €	11.100 €	=B3-C3		11.100 €	{=B3:B8-C3:C8}
4	Februar	13.500 €	1.050 €	12.450 €	=B4-C4		12.450 €	{=B3:B8-C3:C8}
5	März	13.000 €	980 €	12.020 €	=B5-C5		12.020 €	{=B3:B8-C3:C8}
6	April	14.600 €	1.100 €	13.500 €	=B6-C6		13.500 €	{=B3:B8-C3:C8}
7	Mai	12.800 €	14.000 €	- 1.200 €	=B7-C7		- 1.200 €	{=B3:B8-C3:C8}
8	Juni	13.900 €	950 €	12.950 €	=B8-C8		12.950 €	{=B3:B8-C3:C8}
9								

Bei der *Einzelwertformel* werden die Formeln durch *relative Bezüge* gebildet, die sich durch Ausfüllen in der Spalte von Zeile zu Zeile verändern. Dagegen ist die *Matrixformel* im gesamten Bereich (*Matrix*) gleich. Dennoch werden von Zeile zu Zeile unterschiedliche Ergebnisse gebildet.

WICHTIG Eine Matrixformel erkennen Sie an den geschweiften Klammern {}, die die Formel einschließen. Die geschweiften Klammern dürfen Sie **nicht** von Hand eingeben! Um eine Formel als Matrixformel zu definieren, müssen Sie die Eingabe mit der Tastenkombination `Strg`+`⇧`+`↵` beenden. Dabei setzt Excel die geschweiften Klammern dann automatisch um die Matrixformel.

CD-ROM Probieren Sie dieses Beispiel selbst aus. Sie finden die Übungsblätter *Matrix I* sowie *Matrix II* auf der CD-ROM zu diesem Buch im Ordner *\Buch\Kap06* in der Arbeitsmappe *Kap06.xlsx*.

Mehr zum Thema Matrixformeln finden Sie in Kapitel 15.

Bearbeiten von Matrix-Formeln

Zwischen der Bearbeitung einer *Einzelwertformel* und dem Bearbeiten von *Matrixformeln* gibt es gewichtige Unterschiede. Beim Bearbeiten einer Matrixformel ist immer die **gesamte** Matrixformel betroffen und damit auch der gesamte Bereich. Dies bedeutet, dass Sie nicht einen Teil (eine einzelne Zelle) ändern können. Folgende Operationen sind nicht möglich:

- Abändern des Inhalts einer einzigen Zelle
- Löschen oder Verschieben von Zellen, die Teil einer Matrix sind
- Einfügen von Zellen, Zeilen oder Spalten in eine bestehende Matrix

Sollten Sie dennoch versuchen, eine dieser Operationen durchzuführen, erhalten Sie eine Fehlermeldung.

TIPP Wenn Sie nicht genau wissen, wo der Bereich einer Matrixformel beginnt bzw. endet, gehen Sie wie folgt vor:

1. Markieren Sie eine Zelle, die der Matrix angehört.
2. Rufen Sie über die Taste [F5] den Befehl *Gehe zu* auf.
3. Klicken Sie im Dialogfeld *Gehe zu* auf die Schaltfläche *Inhalte*.
4. In dem folgenden Dialogfeld wählen Sie die Option *Aktuelles Array* aus und beenden die Eingabe mit *OK*. Hierdurch wird die Matrix markiert, in der sich die markierte Zelle befindet.

Während sich die Inhalte einer Matrix nur geschlossen bearbeiten lassen, können Sie jede Zelle einzeln markieren und nach Ihren Wünschen formatieren.

Formeln verschieben und kopieren

Das Eingeben vieler einzelner Formeln führt bei größeren Tabellen zu einem sehr hohen Arbeitsaufwand. Wenn gleiche Formeln mit unterschiedlichen Bezügen zu erstellen sind, gibt es verschiedene Arbeitstechniken, mit denen Sie den Aufwand durch Kopieren der Formeln deutlich verringern können. Ebenso verhält es sich bei notwendigen Korrekturen, wo Sie durch Verschieben von Formeln und Werten Ihre Tabellen schnell neu gestalten können.

Formelzellen verschieben

Unter dem Verschieben ist das Ausschneiden, d.h. Löschen der Formel in der Ursprungszelle und das anschließende Einfügen in eine andere Zelle zu verstehen. Dazu stehen Ihnen unterschiedliche Techniken zur Verfügung.

Verschieben mithilfe der Zwischenablage

So können Sie Zellen, die Formeln beinhalten, innerhalb einer Tabelle an einen anderen Platz verschieben:

1. Markieren Sie die Zelle oder die Zellen, die verschoben werden sollen.
2. Klicken Sie auf der Registerkarte *Start* in der Gruppe *Zwischenablage* auf die Schaltfläche *Ausschneiden*.

Formeln verschieben und kopieren

3. Klicken Sie auf die Zelle, in welche die ausgeschnittene Zelle verschoben werden soll. Wenn Sie einen Zellbereich verschieben möchten, stellt diese Zelle die linke obere Zelle des neuen Bereichs dar.

4. Klicken Sie auf der Registerkarte *Start* in der Gruppe *Zwischenablage* auf die Schaltfläche *Einfügen*.

Wenn Sie die Zelle verschoben haben, untersuchen Sie, ob sich an der Formel oder dem Ergebnis etwas verändert hat. Das Ergebnis der Formel wird in der Tabelle angezeigt und ist mit dem zuvor erzielten Ergebnis identisch. Zur Kontrolle der Formel klicken Sie auf die verschobene Zelle und lesen den Zellinhalt in der Bearbeitungsleiste ab. Auch hier ist alles gleich geblieben und entspricht dem Original.

WICHTIG Grundsatz: Beim Verschieben behält die Formel den Originalzustand bei.

Verschieben mit der Maus

Möchten Sie Formelzellen ausschließlich mit der Maus verschieben, gehen Sie so vor:

1. Markieren Sie die Zelle(n), die verschoben werden soll(en).
2. Bewegen Sie den Mauszeiger auf der Grenze der Markierung. Das Symbol wird zu einem weißen Pfeil mit schwarzem Pfeilkreuz an der Spitze (siehe Abbildung 6.8).
3. Ziehen Sie die Zelle(n) mit gedrückter linker Maustaste an den gewünschten neuen Standort und lassen dort die Maustaste los.

Abbildg. 6.8   Zum Verschieben muss der Mauszeiger als Pfeilkreuz dargestellt werden

Während des Ziehens wird der zu verschiebende Bereich als grauer Schattenrahmen dargestellt. In der Nähe dieses Rahmens wird durch eine QuickInfo der Zellbezug bzw. der Zellbereich angezeigt, in den der zu verschiebende Bereich abgelegt wird, wenn die Maustaste losgelassen wird.

Haben Sie die Daten an der falschen Stelle eingefügt, können Sie die Aktion rückgängig machen. Verschieben Sie die Zellen auf einen bereits mit Daten oder Formeln gefüllten Bereich, wird eine Sicherheitswarnung angezeigt.

Kapitel 6 Grundlagen für das Rechnen mit Formeln

Kopieren von Formelzellen

Beim Kopieren verbleiben die Daten an ihrem Ursprungsort und eine Kopie dieser Daten wird an einem anderen Ort eingetragen. Im Falle von kopierten Formeln gibt es jedoch einiges zu beachten.

Gehen Sie ruhig einmal nach der Methode »Versuch und Irrtum« vor und untersuchen Sie, welche Auswirkungen das Kopieren auf die Formeln hat. Erstellen Sie gemäß Abbildung 6.9 eine Tabelle und kopieren Sie den Inhalt mit den verschiedenen Methoden.

Kopieren mithilfe der Zwischenablage

Zum Kopieren mit den Schaltflächen auf der Registerkarte *Start* verfahren Sie wie folgt:

1. Markieren Sie die Zelle(n), die kopiert werden soll(en).
2. Klicken Sie auf der Registerkarte *Start* in der Gruppe *Zwischenablage* auf die Schaltfläche *Kopieren*.
3. Klicken Sie auf die Zelle(n), in die die Daten eingefügt werden sollen. Wenn Sie einen Zellbereich kopieren, genügt es, diejenige Zelle anzuklicken, welche die obere linke Ecke des neuen Bereichs darstellt.
4. Klicken Sie in der Gruppe *Zwischenablage* auf die Schaltfläche *Einfügen*.

> **HINWEIS** Wenn Sie beim Einfügen mehr als eine einzelne Zelle markieren, prüft Excel, ob die Abmessungen des Quellbereichs identisch mit denen des Zielbereichs sind. Ist dies nicht der Fall, wird der Vorgang abgebrochen und eine Fehlermeldung angezeigt.

Kopieren mit der Maus

Möchten Sie Zellen ausschließlich unter Verwendung der Maus kopieren, gehen Sie so vor:

1. Markieren Sie die Zelle(n), welche kopiert werden sollen.
2. Bewegen Sie den Mauszeiger auf der Grenze der Markierung. Das Symbol wird zu einem weißen Pfeil mit schwarzem Pfeilkreuz an der Spitze. Drücken Sie zusätzlich die ⌈Strg⌉-Taste, erscheint ein Pluszeichen statt des Pfeilkreuzes (siehe Abbildung 6.9).
3. Halten Sie die ⌈Strg⌉-Taste und ziehen Sie die Zelle(n) mit der linken Maustaste an den gewünschten neuen Standort. Lassen Sie dort zuerst die linke Maustaste und danach die ⌈Strg⌉-Taste los.

> **WICHTIG** Achten Sie darauf, dass Sie wirklich zuerst die Maustaste und erst danach die ⌈Strg⌉-Taste loslassen. Wenn Sie die umgekehrte Reihenfolge verwenden, heben Sie den Kopierbefehl auf und Sie verschieben die Zellinhalte.

Abbildg. 6.9 Zum Kopieren muss der Mauszeiger ein Pfeil mit einem Pluszeichen sein

	A	B	C	D	E	F
1						
2		Preis	Menge	Gesamt	Formel	
3		22,55 €	4	90,20 €	=B4*C4	
4		33,50 €	3			
5		17,56 €	5			
6		2,40 €	10			
7		56,89 €	2			
8		70,00 €	5			
9						

Untersuchen Sie, was sich an den Zellinhalten geändert hat, indem Sie die kopierten Zellen anklicken und in der Bearbeitungsleiste deren Inhalt überprüfen.

Abbildg. 6.10   Formelveränderungen nach dem Kopieren im Arbeitsblatt *Kopieren*

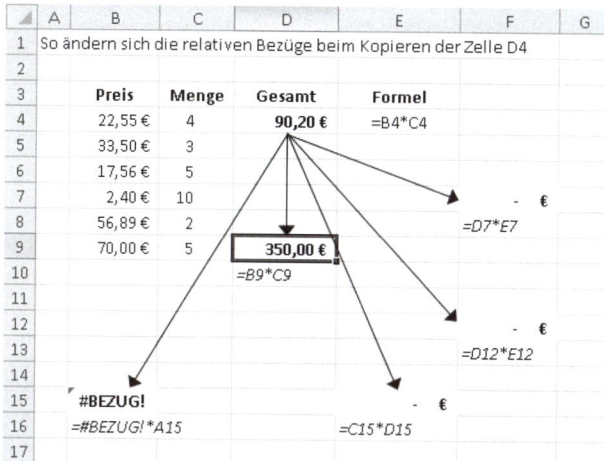

Relative Zellbezüge

Wenn Sie den Rechenauftrag in der Zelle *D4* analysieren, lautet dieser: »Multipliziere die zwei linken Nachbarzellen«. Genau dieser Rechenauftrag wurde auch in alle anderen Zellen kopiert.

- In den Zellen *F7*, *F12* und *E15* ergibt die Berechnung den Wert *0*, da die beiden linken Nachbarzellen leer sind

- In der Zelle *B15* kommt es für den ersten Zellbezug zu der Fehlermeldung *#BEZUG!*, den die Formel als Endwert zurückgibt

- Nur in der Zelle *D9* ergibt sich ein sinnvolles Ergebnis, denn hier müssen tatsächlich die beiden Nachbarzellwerte multipliziert werden

WICHTIG   Grundsatz: Die Zellbezüge haben sich beim Kopieren immer im Verhältnis zu ihrem jeweiligen Standort so verändert, dass der ursprüngliche Auftrag – der in der Formel verankert ist – an allen Standorten in der gleichen Art ausgeführt wird. Ein Zellbezug, der diese Eigenschaften besitzt, wird als *relativer Bezug* bezeichnet.

In Formeln können Sie einen *relativen Bezug* als ein räumliches Verhältnis zwischen zwei Zellen ansehen. Die Betrachtung des räumlichen Verhältnisses erfolgt dabei immer von der Formelzelle aus. Der Bezug enthält also die Information, wie viele Spalten und wie viele Zeilen die Zelle von der Formelzelle entfernt ist. Dieses räumliche Verhältnis – und nicht die buchstabengetreue Schreibweise eines Bezugs – wird beim Kopieren relativer Bezüge übertragen.

Die Formel in der Zelle *D4* der in Abbildung 6.10 gezeigten Tabelle liest sich vom Standort *D4* aus betrachtet so: »Nimm den Wert aus der Zelle zwei Spalten weiter links, gleiche Zeile (*=B4*) und multipliziere (*=B4**) mit dem Wert aus der Zelle eine Spalte weiter links, gleiche Zeile (*=B4*C4*)«.

Ganz deutlich wird das, wenn Sie einmal in den *Excel-Optionen* in der Kategorie *Formeln* das Kontrollkästchen *Z1S1-Bezugsart* aktivieren. Damit werden die Bezüge aller Formeln in einer Schreibweise angezeigt, welche die Bezüge als relative Adresse zur Formelzelle beschreibt. Aus der Formel

```
=B4*C4
```

in Zelle *D4* wird damit

```
=ZS(-2)*ZS(-1)
```

> **WICHTIG** Grundsätzlich gilt beim Kopieren relativer Bezüge:
> - Beim horizontalen Kopieren verändern sich die **Spaltenbezüge** im Verhältnis zum jeweiligen Standort
> - Beim vertikalen Kopieren verändern sich die **Zeilenbezüge** im Verhältnis zum jeweiligen Standort

Absolute Zellbezüge

Sie möchten in einer Tabelle die in verschiedenen Rechnungsbeträgen enthaltene Mehrwertsteuer berechnen, wobei der anzuwendende Mehrwertsteuersatz in einer einzigen Zelle zentral gepflegt wird. Die einmal entwickelte Formel soll kopierbar sein.

Die eingegebene Formel in der Zelle *C5* berechnet die im aufgeführten Preis (in *B5*) enthaltene Mehrwertsteuer. Die Formel lautet:

```
=B5*D2/(1+D2)
```

Wenn Sie diese Formel nun in der Spalte nach unten ausfüllen und/oder von der Zelle *C5* nach *E5* kopieren, erhalten Sie durch das Verändern der relativen Zellbezüge unbrauchbare Ergebnisse.

In der Zelle *C7* liefert die Formel gar den Fehlerwert *#WERT!*. In der Zelle *D4* ist der Text »Preis:« zu finden, was zum Fehlerwert führt. Excel kennzeichnet fehlerhafte Zellen und bietet über das neben der Zelle angezeigte Symbol seine Hilfe an (siehe Abbildung 6.11).

Ein Fehler ergibt sich auch, wenn Sie die Formel von *C5* nach *E5* kopieren. Der Auftrag im Sinne eines relativen Zellbezugs wurde korrekt kopiert:

```
=D5*F2/(1+F2)
```

Aber: Die Zelle *F2* ist leer und enthält nicht, wie erforderlich, die darin enthaltene Mehrwertsteuer.

Abbildg. 6.11 Tabelle *Absoluter Bezug* mit der aus Zelle *C5* ausgefüllten bzw. kopierten Formel

	A	B	C	D	E	F	G
1		**Formeln mit absolutem Bezug**					
2			MwSt.:	19%			
3							
4		Preis	MwSt.-Betrag	Preis	MwSt.-Betrag		
5		348,00 €	55,56 €	500,00 €	- €		Nicht kopierbar
6		980,00 €	- €	344,88 €	- €		(relativ)
7		234	#WERT!	2.500,00 €	- €		
8		68,00 €			- €		
9		1.510,69 €		23,50 €	- €		
10		70,00 €	69,97 €	100,00 €	- €		
11							
12							
13							
14		Preis	MwSt.-Betrag	Preis	MwSt.-Betrag		
15		348,00 €	55,56 €	500,00 €	79,83 €		Kopierbar
16		980,00 €	156,47 €	344,88 €	55,06 €		(absolut)
17		234,50 €	37,44 €	2.500,00 €	399,16 €		
18		68,00 €	10,86 €	348,90 €	55,71 €		
19		1.510,69 €	241,20 €	23,50 €	3,75 €		
20		70,00 €	11,18 €	100,00 €	15,97 €		
21							

Formelleiste C7: =B7*D4/(1+D4)

Tooltip: Ein in der Formel verwendeter Wert ist vom falschen Datentyp.

Wenn Sie den Auftrag, der in der Formel der Zelle *C5* steckt, analysieren, kommen Sie zu dem Schluss, dass der Bezug auf den Mehrwertsteuersatz unveränderbar sein muss.

Diese Unveränderbarkeit wird erreicht, indem Sie vor den Spalten- (*D*) und den Zeilenbezug (*2*) jeweils ein Dollarzeichen (*$*) setzen, also *$D$2*. Ein derartiger Zellbezug wird beim Kopieren oder Ausfüllen nicht verändert und in Excel als *absoluter Bezug* bezeichnet.

WICHTIG Ein Zellbezug, der sich beim Kopieren oder Ausfüllen nicht verändert, wird als *absoluter Bezug* bezeichnet. Sie benötigen derartige Bezüge, um stets auf eine ganz bestimmte Zelle zu verweisen und mit dem dort vorhandenen Wert zu rechnen.

In der Beispieltabelle von Abbildung 6.11 muss demnach die Formel in der Zelle *C5* wie folgt lauten:

```
=B5*$D$2/(1+$D$2)
```

Wenn Sie mit dieser Formel, ausgehend von der Zelle *C5*, den Bereich ausfüllen und diese Formel in die Spalte *E* kopieren, erhalten Sie in der gesamten Tabelle jeweils das korrekte Ergebnis (siehe Abbildung 6.11 unten).

WICHTIG Das Bezugselement (Spalten- oder Zeilenbezug), vor dem das Dollarzeichen steht, wird beim Kopieren nicht verändert. Beim absoluten Zellbezug steht das Dollarzeichen vor dem Spalten- **und** Zeilenbezug, also beispielsweise: *$D$2*.

Gemischte Zellbezüge

Als dritte Bezugsform kennt Excel den *gemischten Bezug*, der – wie der Name schon sagt – eine Mischform aus *relativem* und *absolutem Bezug* darstellt.

Hierzu ein Beispiel: Sie wollen eine Tabelle erstellen, aus der die Entfernungsentgelte für Transportwege abgelesen werden können. Dabei sollen die Kilometerangaben sowie die Europreise pro Kilometer frei veränderbar sein, damit im Falle einer Veränderung die Tabelle sofort die neuen Entgelte anzeigt.

Für die Zelle *C4* liefert die Formel =B4*C3. In *D4* müsste sie entsprechend lauten: =B4*D3. Keine der Formeln ist jedoch sinnvoll kopierbar. Sie müssen die Anpassung des Spaltenbezugs für den Wert *€/km* sperren, um die Formel horizontal kopieren zu können und trotzdem die Werte immer aus der Spalte *B* einzulesen. Der Zeilenbezug für den Wert *€/km* muss relativ bleiben, damit er beim vertikalen Kopieren angepasst wird. Wenn Sie die Formel in Zelle *C4* aufbauen, lautet der Zellbezug, der diese Anforderungen erfüllt, *$B4*.

WICHTIG Grundsatz: Bei einem gemischten Bezug ist der Bezugsteil (Spalten- oder Zeilenbezug), vor dem das Dollarzeichen steht, gesperrt und beim Kopieren unveränderbar. Vereinfacht können Sie sich merken:

- Möchten Sie immer Werte aus einer bestimmten Spalte übernehmen, muss der **Spaltenbezug** durch das Dollarzeichen gesperrt werden
- Möchten Sie immer Werte aus einer bestimmten Zeile übernehmen, muss der **Zeilenbezug** durch das Dollarzeichen gesperrt werden

Für den Bezug auf die Kilometerangaben verhält es genau umgekehrt: Der Spaltenbezug muss relativ bleiben, während der Zeilenbezug durch das $-Zeichen gesperrt werden muss. Damit bleibt der Bezug auf die Zeile beim vertikalen Kopieren unverändert, während beim horizontalen Kopieren die Spaltenbezüge angepasst werden. Aus dieser Überlegung ergibt sich die Schreibweise *C$3*.

Somit ergibt sich bei der Beispieltabelle für die Zelle *C4* folgende Formel:

```
=$B4*C$3
```

Tragen Sie diese Formel in die Zelle *C4* ein und kopieren Sie die Formel nach rechts und nach unten. Sie werden immer die korrekten Ergebnisse erzielen.

Abbildg. 6.12 Mit einem gemischten Bezug wird der Bezug beim Kopieren wie gewünscht angepasst

	A	B	C	D	E	F	G	H
1		Formel mit gemischtem Bezug						
2				Entfernungsentgelte				
3		€/km	km	100	150	200	250	300
4			0,23 €	23,00 €	34,50 €	46,00 €	57,50 €	69,00 €
5			0,28 €	28,00 €	42,00 €	56,00 €	70,00 €	84,00 €
6			0,32 €	32,00 €	48,00 €	64,00 €	80,00 €	96,00 €
7			0,35 €	35,00 €	52,50 €	70,00 €	87,50 €	105,00 €
8			0,40 €	40,00 €	60,00 €	80,00 €	100,00 €	120,00 €
9								

Formeln verschieben und kopieren

Profitipp Mit der Taste `F4` können Sie die Bezugsart ändern. Markieren Sie den Zellbezug in der Bearbeitungsleiste und drücken Sie mehrmals die Taste `F4`. Mit jedem Tastendruck ändert sich die Schreibweise (Relativ – Absolut – Gemischt usw.). Dieser Tipp funktioniert auch in anderen Eingabefeldern, z.B. bei der Definition von Bereichsnamen oder im Dialogfeld *Bedingte Formatierung*.

Kopieren durch Ausfüllen

Nachdem Sie sich die Kenntnisse über *relative Bezüge* angeeignet haben, benötigen Sie noch Methoden, mit denen Sie schnell Ihre Formeln kopieren können. Diese Möglichkeiten eröffnet Ihnen das sogenannte *Ausfüllen*, das in Excel in einigen Variationen vorhanden ist.

Eine Formel ist schnell und effizient in einer bestimmten Reihenfolge zu kopieren. Gute Ergebnisse erzielen Sie mit dem Befehl *Ausfüllen*. Gehen Sie folgendermaßen vor:

1. Klicken Sie auf die Zelle, in der die zu kopierende Formel steht, und erweitern Sie von hier aus die Markierung in die jeweils gewünschte Richtung (nach unten, oben, rechts oder links), sodass neben der Formelzelle auch Zellen ohne Inhalt markiert sind.
2. Öffnen Sie auf der Registerkarte *Start* in der Gruppe *Bearbeiten* das Dropdownmenü zum Befehl *Füllbereich*. Wählen Sie im Untermenü die gewünschte Ausfüllrichtung durch Anklicken aus. In dem in Abbildung 6.13 dargestellten Fall wird die Richtung *Unten* ausgewählt.

Abbildg. 6.13   Markierung bei der Ausfüllrichtung *Unten*

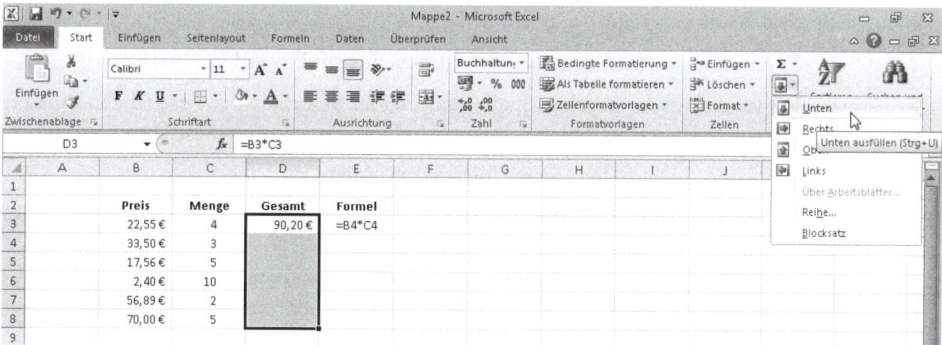

Für die beiden häufigsten Ausfüllrichtungen können Sie auch Tastenkombinationen benutzen: Sie füllen mit der Tastenkombination `Strg`+`U` nach unten und mit der Tastenkombination `Strg`+`R` nach rechts aus.

Bei der Formeleingabe ausfüllen

Wenn Sie bei der Formeleingabe bereits den genauen Bereich kennen, in den die Formel zu kopieren ist, können Sie die Formeleingabe und das Ausfüllen in einem Arbeitsgang durchführen:

1. Klicken Sie auf die Zelle, in welche die Formel eingetragen werden soll, und erweitern Sie von hier aus die Markierung auf den Bereich, der die kopierte Formel enthalten soll. Es ist auch eine Mehrfachauswahl möglich.
2. Geben Sie die Formel in die aktive Zelle ein.

3. Schließen Sie die Formeleingabe mit der Tastenkombination `Strg`+`↵` ab. Dadurch wird der zuvor markierte Bereich mit der Formel ausgefüllt.

TIPP Wie beim automatischen Ausfüllen in definierten Tabellen die Formatierungen und Formeln ergänzt werden, erfahren Sie in Kapitel 19.

Mit der Maus ausfüllen

Das Ausfüllen mit der Maus ist die einfachste und sehr wahrscheinlich auch die am weitesten verbreitete Form des Ausfüllens. In der rechten unteren Ecke der aktiven Zelle oder eines markierten Bereichs finden Sie ein kleines Kästchen, das sogenannte *Ausfüllkästchen*. Wenn Sie den Mauszeiger exakt auf dieses Ausfüllkästchen bewegen, wird dieser zu einem fettschwarzen Pluszeichen und signalisiert dadurch die Bereitschaft zum Ausfüllen. Ziehen Sie mit gedrückter linker Maustaste über den Bereich, in den die Formel kopiert werden soll.

HINWEIS Sollten Sie beim Ausfüllen über die Zelle oder Zellen fahren, die die Formel enthält, wird diese grau dargestellt. Wenn Sie in diesem Augenblick die linke Maustaste loslassen, wird der Inhalt der Zelle oder Zellen, die grau abgeblendet sind, gelöscht.

Sollte Ihnen dieses Missgeschick widerfahren, klicken Sie in der Symbolleiste für den Schnellzugriff auf die Schaltfläche *Rückgängig*.

Ausfüllen mit einem Doppelklick

Die pfiffigste Art des Ausfüllens ist das Ausfüllen mit einem Doppelklick. Dabei müssen Sie folgende Beschränkung beachten:

- Es kann nur vertikal von oben nach unten ausgefüllt werden
- Sollten sich in der gleichen Spalte unmittelbar unterhalb der Zelle (deren Inhalt durch Ausfüllen kopiert werden soll) Zellen mit Formeln befinden, werden diese kommentarlos überschrieben

Angrenzende Zellen füllen Sie wie folgt durch einen Doppelklick aus:

1. Setzen Sie die Markierung auf die Zelle, deren Formel in den unteren Bereich ausgefüllt werden soll.
2. Zeigen Sie auf das Ausfüllkästchen, bis der Mauszeiger als Pluszeichen dargestellt wird. Wenn Sie jetzt einen Doppelklick ausführen, wird nach den weiter oben geschilderten Methoden der Bereich mit der Formel ausgefüllt.

Verwenden Sie eines der angebotenen Verfahren zum Ausfüllen, um die Umsatztabelle aus Abbildung 6.13 zu vollenden.

Der Ausfüllbereich endet nach folgenden Maßgaben:

- Es wird so lange ausgefüllt, wie Excel in der gleichen Spalte, unmittelbar unterhalb der Zelle, weitere Zellen mit Inhalt findet. Diese Eingaben werden überschrieben.
- Wenn sich in der unmittelbar links angrenzenden Spalte Daten befinden, richtet sich der Ausfüllbereich nach den in der linken Spalte befindlichen Daten und endet in der gleichen Zeile. Die unmittelbar angrenzende rechte Spalte bleibt außer Betracht.
- Befinden sich ausschließlich in der angrenzenden rechten Spalte Daten, richtet sich der Ausfüllbereich nach den Daten in der rechten Spalte.

Neue Einfügeoptionen

Wenn Sie einen Bereich kopieren und an anderer Stelle einfügen, wird die Schaltfläche *Einfügeoptionen* angezeigt. Wie aus Abbildung 6.14 hervorgeht, sind hierüber die häufigsten Befehle im Zusammenhang mit dem Kopiervorgang zu erreichen.

Abbildg. 6.14   Wählen Sie über die *Einfügeoptionen* den Inhalt für den Zielbereich aus

HINWEIS   Die verfügbaren Einfügeoptionen hängen vom Inhalt der Zwischenablage ab, es stehen also unter Umständen andere Einfügeoptionen zur Verfügung.

Stört Sie die Anzeige der zusätzlichen Schaltflächen, können Sie diese über die *Excel-Optionen* in der Kategorie *Erweitert* im Abschnitt *Ausschneiden, Kopieren und Einfügen* ausschalten.

Wenn Sie stattdessen den Befehl *Einfügen* der Registerkarte *Start* verwenden, können Sie über dessen Unterbefehle unter diversen Einfügeoptionen wählen. Der Vorteil dabei ist die Einfügevorschau. Mehr dazu finden Sie in Kapitel 4.

CD-ROM   Beispiele für die verschiedenen Bezugsarten sowie eine Auswahl an Lösungen für Alltagsaufgaben der Prozentrechnung finden Sie auf der CD-ROM zu diesem Buch im Ordner *\Buch\Kap06* in der Arbeitsmappe *Kap06.xlsx*.

Die Neuberechnung kontrollieren

Über die Registerkarte *Datei* können Sie in den *Excel-Optionen* in der Kategorie *Formeln* einige Einstellungen zum Rechenverhalten von Excel einstellen. So ist unter *Arbeitsmappenberechnung* standardmäßig die Option *Automatisch* aktiviert. Damit berechnet Excel sofort all diejenigen Zellen neu, bei denen sich die Datengrundlage geändert hat. Das bedeutet, Sie brauchen sich um die Aktualisierung nicht zu kümmern.

Auf der Registerkarte *Formeln* finden Sie den Befehl *Berechnungsoptionen*, über den Sie ebenfalls Zugriff auf die folgenden Einstellungen zum Berechnungsmodus haben:

- *Automatisch*
- *Automatisch außer bei Datentabellen* und
- *Manuell*

Allerdings kann das im Umkehrschluss bedeuten, dass Excel sehr lange mit der Neuberechnung beschäftigt ist. Dies ist insbesondere in großen Tabellen mit vielen Berechnungen oder vielen externen

Bezügen der Fall. Wenn Sie die permanente Neuberechnung stört, wählen Sie die Einstellung *Manuell*; damit können Sie bei Bedarf eine Neuberechnung herbeiführen, indem Sie

- die Taste F9 drücken, um das aktive Arbeitsblatt neu zu berechnen,
- die Taste ⇧ + F9 drücken, um die Arbeitsmappe neu zu berechnen,
- den Befehl *Neu berechnen* auf der Registerkarte *Formeln* in der Gruppe *Berechnung* aufrufen oder
- den Befehl *Blatt berechnen* auf der Registerkarte *Formeln* in der Gruppe *Berechnung* aufrufen.

WICHTIG Bedenken Sie bei der manuellen Neuberechnung, dass nach der Eingabe von Daten oder Formeln unter Umständen nicht alle Zellen sofort die korrekten Werte anzeigen. Dies ist erst nach der Neuberechnung sichergestellt!

Wenn Sie eine Datei öffnen, die mit einer früheren Excel-Version erstellt wurde, berechnet Excel alle Formeln neu (wogegen in Dateien im aktuellen Format nur Formeln mit Bezügen auf geänderte Werte neu berechnet werden). Sie erhalten daher beim Schließen auch dann einen Hinweis auf eine geänderte Datei, wenn Sie selbst keine Eingabe vorgenommen haben.

Die Einstellungen zur Berechnungsart werden für die gesamte Excel-Sitzung verwendet. Sind mehrere Arbeitsmappen geöffnet, gilt diese Einstellung für all diese Mappen. Wollen Sie also eine Mappe mit umfangreichen Berechnungen öffnen, sollten Sie die manuelle Berechnungsart **vor** dem Öffnen dieser Mappe einstellen.

Ist die manuelle Neuberechnung aktiviert, ist in den Excel-Optionen in der Kategorie *Formeln* standardmäßig auch das Kontrollkästchen *Vor dem Speichern die Arbeitsmappe neu berechnen* aktiviert. Damit ist sichergestellt, dass die Datei nach dem Speichern die neuesten Werte enthält und damit Bezüge in anderen Arbeitsmappen auf Grundlage aktueller Werte berechnet werden können.

Fehler erkennen, finden und beseitigen

Beim Erstellen von Tabellen unter Verwendung von mathematischen Funktionen, tauchen bisweilen statt der gewünschten Ergebnisse Fehlerwerte auf. Die angezeigten Fehlerwerte haben gemeinsam, dass sie alle mit der Raute (#) beginnen. Die Bedeutung der Fehlerwerte können Sie der Tabelle 6.3 entnehmen.

Tabelle 6.3 Fehlerbeschreibungen der Tabellenfehler

Fehler	Wird angezeigt, wenn …
#WERT!	für ein Argument oder einen Operanden ein falscher Typ verwendet wurde
#DIV/0!	in einer Formel eine Division durch Null erfolgt
#NAME?	Excel Text in einer Formel nicht erkennt
#NV	ein Wert in einer Funktion oder in einer Formel nicht verfügbar ist
#BEZUG!	ein Zellbezug ungültig ist
#ZAHL!	ein Problem mit einer Zahl in einer Formel oder in einer Funktion aufgetreten ist
#NULL!	Sie eine Schnittmenge von zwei Bereichen angeben, die sich nicht überschneiden

> **TIPP** Die Anzeige des Rautenzeichens »#« über die gesamte Breite einer Zelle ist zwar kein eigentlicher Fehlerwert, führt aber häufig nicht zum gewünschten Ergebnis und nicht selten zu ratlosen Benutzern. Dieser Gartenzaun wird immer dann angezeigt, wenn Excel auf negative Zeitwerte stößt, die nicht dargestellt werden können. Auch wenn der Inhalt einer Zelle für die Spalte zu breit ist, kann es zu dieser Anzeige kommen. Mehr dazu finden Sie in Kapitel 15.

Fehlerüberprüfung einstellen

Wenn Sie eine Formel eingeben, die einen Fehlerwert zurückgibt, wird in der linken oberen Ecke der Zelle ein Fehlerindikator angezeigt (siehe Abbildung 6.15). Wenn Sie das Ausrufezeichen anklicken, werden neben einer Information über den Fehlerwert verschiedene Befehle angeboten.

Abbildg. 6.15 Excel bietet eine spezielle Hilfestellung an, wenn ein Fehlerwert angezeigt wird

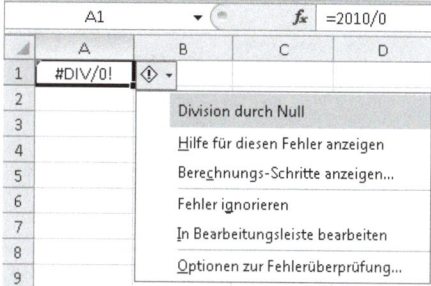

Sie können die Hilfe für diesen Fehler anzeigen lassen oder die Formel schrittweise auswerten. Wenn Sie den Befehl *Fehler ignorieren* wählen, wird der Fehlerindikator aus der Zelle entfernt.

Nach Aufruf der *Excel-Optionen* in der Registerkarte *Datei* finden Sie in der Kategorie *Formeln* die Einstellungen, mit denen Sie das Verhalten der Fehlerüberprüfung steuern können:

- Ist das Kontrollkästchen *Fehlerüberprüfung im Hintergrund aktivieren* markiert, überprüft Excel im Ruhezustand die Zellen auf Fehler und markiert fehlerhafte Zellen mit dem grünen Fehlerindikator.

- Über *Fehler mit der folgenden Farbe kennzeichnen* legen Sie die Farbe des Fehlerindikators fest. Wenn Sie auf *Automatisch* klicken, wird die Farbe auf die Standardeinstellung (grün) festgelegt.

- Wenn Sie für einen oder mehrere Fehler die Anzeige des Fehlerindikators ausgeschaltet haben, können Sie über die Schaltfläche *Ignorierte Fehler zurücksetzen* Fehler in der Tabelle wieder anzeigen lassen

Fehlerwerte finden

Über das in Kapitel 4 vorgestellte Dialogfeld *Inhalte auswählen* können Sie alle Fehlerwerte in einer Tabelle finden. Gehen Sie dazu wie folgt vor:

1. Rufen Sie auf der Registerkarte *Start* im Dropdownmenü zu *Suchen und Auswählen* den Befehl *Gehe zu* auf (schneller ist die Taste `F5`).
2. Im Dialogfeld *Gehe zu* wählen Sie die Schaltfläche *Inhalte*.

3. Im Dialogfeld *Inhalte auswählen* markieren Sie die Option *Formeln* und deaktivieren die Kontrollkästchen *Zahlen*, *Text* und *Wahrheitswerte*. Markiert bleibt lediglich das Kontrollkästchen *Fehler*.
4. Wenn Sie die Eingabe mit *OK* bestätigen, werden die Fehlerwerte markiert. Können keine Fehlerwerte gefunden werden, gibt Excel eine Meldung aus.

Abbildg. 6.16 Mit diesen Einstellungen finden Sie Fehlerwerte ganz schnell

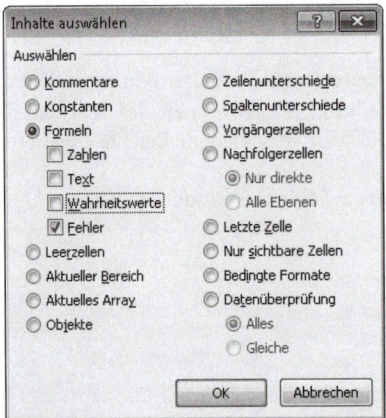

HINWEIS Excel unterscheidet dabei (wie bei der Suchen-Funktion), ob die aktuelle Markierung aus mehreren Zellen oder lediglich aus einer einzelnen Zelle besteht. Ist ein Bereich markiert, werden lediglich die markierten Zellen untersucht, während bei einer einzelnen Zelle der Inhalt der gesamten Tabelle geprüft wird.

Wenn nicht alle markierten Fehler über den Bildschirminhalt betrachtet werden können, können Sie mit der -Taste zur nächsten markierten Zellen springen. Drücken Sie zusätzlich die ￼-Taste, können Sie die vorherige Zelle aktivieren.

 Eine weitere Möglichkeit bietet die »Detektiv-Funktionalität« von Excel. Wenn die aktive Zelle einen Fehler enthält, können Sie über die Registerkarte *Formeln* mit dem Befehl *Formelüberprüfung/Spur zum Fehler* eine Linie einfügen, die auf die Fehler verursachende Zelle zeigt. Mehr zur Formelüberprüfung finden Sie im Abschnitt »Die Fehlerüberprüfung hilft« auf Seite 233.

Wie Sie mit Informationsfunktionen den Fehlertyp ermitteln und Fehlerwerte mithilfe von Funktionen unterdrücken, zeigt Ihnen Kapitel 15.

Was ist ein Zirkelbezug?

Ein weiterer Fehler, der beim Eintragen von Bezügen in Formeln vorkommt, ist der Zirkelbezug. Man versteht unter einem Zirkelbezug einen Bezug auf die Zelle, in der sich die Formel selbst befindet. Formeln mit einem Zirkelbezug kann Excel standardmäßig nicht lösen. Sie erhalten stattdessen eine Fehlermeldung, die auch beim Öffnen einer Datei mit einem Zirkelbezug angezeigt wird.

Zirkelbezüge entstehen meist durch Eingabefehler. In der Zirkelbezugswarnung, die beim Eingeben des ersten Zirkelbezugs angezeigt wird, können Sie das Hilfefenster mit Hinweisen zum Thema öff-

Fehler erkennen, finden und beseitigen

nen oder auf die Schaltfläche *OK* klicken. Excel meldet das Problem zusätzlich links unten in der Statusleiste. Bis zum Entfernen des Zirkelbezugs steht dort z.B. *Zirkelbezüge A1*.

TIPP Der Befehl *Zirkelverweise* zeigt die erste Adresse mit einem Zirkelbezug an (siehe Abbildung 6.17). Klicken Sie diese an, wird die Zelle markiert. Befindet sich der Zirkelbezug nicht in der aktiven Arbeitsmappe, wird die Adresse des Zirkelbezugs in der Schreibweise *[Datei.xlsx]Tabelle!$Spalte$Zeile* angezeigt.

Abbildg. 6.17 Excel zeigt Informationen zum Zirkelbezug in der Statusleiste und über den Befehl *Zirkelverweise*

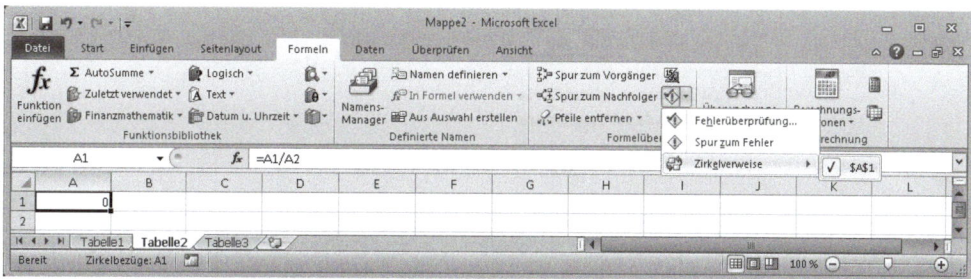

Aktivieren Sie nach dem Aufruf der Excel-Optionen in der Kategorie *Formeln* das Kontrollkästchen *Iterative Berechnung aktivieren*, kann Excel auch mit einem Zirkelbezug umgehen. Dabei versucht Excel im Rahmen von *Maximale Iterationszahl* und *Maximale Änderung* schrittweise die Formel aufzulösen. Wie Sie damit interessante Lösungen aufbauen, erfahren Sie in Kapitel 25.

Formeln analysieren

Beim Bearbeiten von Formeln werden im sogenannten *Bearbeitungsmodus* zur besseren Übersicht alle Zellen und Bereiche, auf die sich die Formel bezieht, farbig angezeigt und von einem gleichfarbigen Rahmen umgeben. Dadurch können Sie den jeweiligen Bezug sehr einfach den zugehörigen Zellen zuordnen.

In den *Bearbeitungsmodus* gelangen Sie entweder, indem Sie auf die Zelle, die eine Formel enthält, einen Doppelklick ausführen oder indem Sie die Zelle, welche die Formel enthält, markieren und dann die `F2` -Taste drücken.

Die Formelüberwachung einsetzen

Das Hervorheben der Beziehungen zwischen den Zellen wird durch die *Formelüberwachung* auf der Registerkarte *Formeln* besonders gut dargestellt.

Hierzu ein Beispiel: Sie müssen überprüfen, aus welchen Zellen die Dreisatzformel in Abbildung 6.18 den neuen Seitenumfang berechnet.

Mit der *Formelüberwachung* schrumpft diese Arbeit auf wenige Mausklicks zusammen und wird grafisch einwandfrei gelöst – wie in Abbildung 6.18 zu sehen ist. Markieren Sie die betreffende Formelzelle und wählen Sie die Befehlsfolge *Formelüberwachung/Spur zum Vorgänger*.

Kapitel 6 Grundlagen für das Rechnen mit Formeln

Abbildg. 6.18 Die *Spur zum Vorgänger* zeigt die Bezüge der Formelzelle im Arbeitsblatt *Dreisatz* an

	A	B	C	D	E	F	G
1		Der Dreisatz in einer Tabelle					
2			Direktes Verhältnis				
3		Artikel	Menge	Preis	Preis/kg		
4		Käse	0,30 kg	11,95 €	39,83 €	←	Formel
5							
6			Indirektes Verhältnis				
7			Zeilen/Seite	Umfang			
8			50	600			
9			40	750	←	Formel	
10							
11			Zusammengesetzter Dreisatz				
12		Tage	Stunden	Angestellte			
13		17	10	14			
14		10	8	29,75	←	Formel	
15							

Durch Spurpfeile wird der Fluss von Werten und Formelergebnissen in einem Arbeitsblatt angezeigt. Damit können Sie sogenannte *Vorgänger* (Zellen, auf die sich der Bezug einer Formel bezieht) oder *Nachfolger* (Zellen, die einen Bezug zu anderen Zellen besitzen) aufspüren und anzeigen lassen. Wenn eine Spur zu einem externen Bezug (z.B. eine andere Tabelle in gleicher Arbeitsmappe) angezeigt wird, ist deren Linie schwarz und zeigt auf ein Symbol.

HINWEIS Um die Spurpfeile der Formelüberwachung anzuzeigen, müssen Sie in der Registerkarte *Datei* den Befehl *Optionen* aufrufen, und im Dialogfeld *Excel-Optionen* in der Kategorie *Erweitert* die folgenden Einstellungen beachten: Im Abschnitt *Optionen für diese Arbeitsmappe anzeigen* muss unter *Objekte anzeigen als* das Optionsfeld *Alle* ausgewählt sein. Ist das Optionsfeld *Nichts (Objekte ausblenden)* aktiviert, werden die Spurpfeile der Formelüberwachung nicht angezeigt, der Befehl *Spur zum Fehler* ist nicht verfügbar.

Daten- und Formelfluss verfolgen

Angenommen, Sie wollen herausfinden, aus welchen Zellen bzw. Zellergebnissen sich die Formel einer bestimmten Zelle zusammensetzt. Mit der *Formelüberwachung* können Sie den Fluss von Formeln und Daten verfolgen. Gehen Sie dazu wie folgt vor:

1. Markieren Sie die Zelle, von deren Position aus die Überprüfung erfolgen soll. In dieser Zelle kann eine Formel enthalten sein bzw. eine Formel kann auf diese Zelle Bezug nehmen oder eine Fehlermeldung beinhalten.
2. Auf der Registerkarte *Formeln* wählen Sie in der Gruppe *Formelüberwachung* dann unter den folgenden Befehlen:

   - **Spur zum Vorgänger** Wenn Sie den Befehl zum ersten Mal aufrufen, werden Spuren zu allen Zellen gelegt, die unmittelbar in den Bezügen der Formel verwendet werden. Wählen Sie den Befehl erneut, wenn zusätzlich die nächste Vorgängerebene angezeigt werden soll.

   - **Spur zum Nachfolger** Wenn Sie Spuren zu den Zellen legen möchten, die entweder von dem Wert oder vom Ergebnis dieser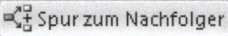

Fehler erkennen, finden und beseitigen

Zelle abhängig sind, wählen Sie diesen Befehl aus. Wenn Sie die nächste Nachfolgerebene sehen möchten, müssen Sie den Befehl erneut auswählen.

- **Fehlerüberprüfung/Spur zum Fehler** Wenn die markierte Zelle eine Fehlermeldung enthält, können Sie ggf. eine Spur zu jener Zelle legen, die die Ursache für den Fehler enthält. Spuren zu Fehlerzellen werden standardmäßig in Rot gelegt. Sollte die markierte Zelle für diesen Befehl nicht geeignet sein, erhalten Sie einen entsprechenden Hinweis durch das Programm.

- **Pfeile entfernen** Durch diesen Befehl entfernen Sie alle zuvor gelegten Spuren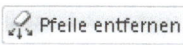

Zeigt der Spurpfeil auf eine Formel, geschieht dies mit einer durchgehend blauen Linie. Zellbereiche, die in Formeln verwendet werden, sind dann blau eingerahmt.

Sollten sich mehrere Fehler in einer Spur befinden, hält die Formelüberwachung an und lässt Sie die weitere Vorgehensweise festlegen.

Die Fehlerüberprüfung hilft

In einem Arbeitsblatt erscheinen nicht die erwarteten Berechnungsergebnisse. Sie wollen feststellen, ob bei den Daten oder Formeln Fehler vorliegen.

Starten Sie die Fehlerüberprüfung, indem Sie auf der Registerkarte *Formeln* den Befehl *Formelüberwachung/Fehlerüberprüfung* aufrufen. Es erscheint das Dialogfeld für den ersten gefundenen Fehler (siehe Abbildung 6.19). Sie entscheiden über die nächsten Schritte.

Abbildg. 6.19 Im Fehlerüberprüfungsmodus werden alle fehlerhaften Formeln und Daten im Arbeitsblatt *Verteilungsrechnen* untersucht

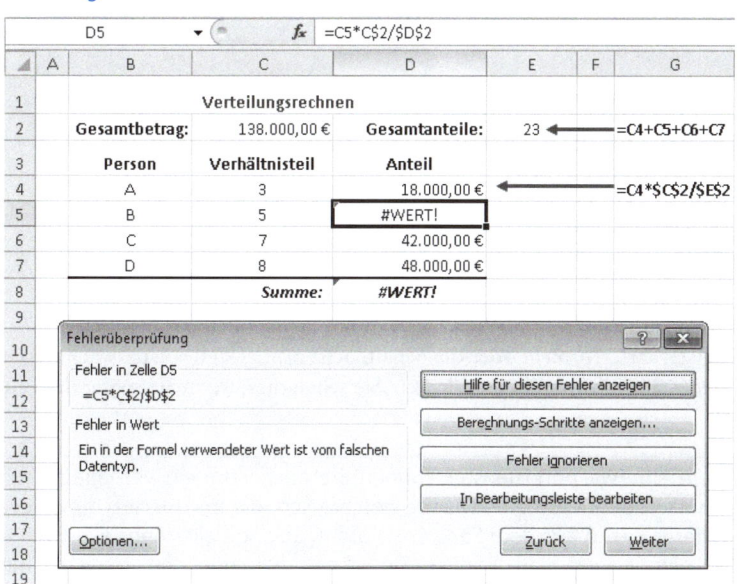

Alternativ können Sie auch auf Zellen mit dem grünen Fehlerindikator in der linken oberen Ecke und dann auf das daneben erscheinende Achtungssymbol klicken. Im Dialogfeld *Fehlerüberprüfung* wählen Sie die weiteren Schritte, z.B. *Berechnungsschritte anzeigen*.

Ein weiteres Beispiel: Am Ende einer Reihe von aufeinander aufbauenden Berechnungsschritten erscheint ein nicht erwartetes Ergebnis. Sie wollen während der Manipulation der Ausgangsdaten alle Zwischenberechnungen beobachten. Gehen Sie wie folgt vor:

1. Wählen Sie auf der Registerkarte *Formeln* in der Gruppe *Formelüberwachung* den Befehl *Überwachungsfenster*. Es erscheint das Dialogfeld *Überwachungsfenster* (siehe Abbildung 6.20).
2. Klicken Sie auf die Schaltfläche *Überwachung hinzufügen* und wählen Sie die erste Zelle mit einer Zwischenberechnung aus. Klicken Sie dann auf *Hinzufügen*.
3. Verfahren Sie so mit allen weiteren Zwischenberechnungszellen.
4. Manipulieren Sie nun die Ausgangswerte. Im *Überwachungsfenster* (Abbildung 6.20) sehen Sie, wie sich die Zwischenberechnungen verhalten.

Abbildg. 6.20 Im Überwachungsfenster beobachten Sie den Inhalt ausgewählter Zellen

Wird das Fenster nicht benötigt, schließen Sie es durch einen Klick auf den Befehl *Überwachungsfenster* in der Registerkarte *Formeln* oder die Schaltfläche *Schließen* des Überwachungsfensters. Die zu überwachenden Zellen bleiben Ihnen erhalten. Sie sehen dies, wenn Sie später das Fenster wieder einblenden.

Profitipp   Dem Überwachungsfenster können Sie auch Formeln verschiedener geöffneter Arbeitsmappen hinzufügen. Wird eine Mappe geschlossen, die im Überwachungsfenster eingetragen ist, wird dieser Bezug aus dem Fenster gelöscht. Solange allerdings alle Bezüge im Überwachungsfenster eingetragen sind, können Sie schnell zwischen den Bereichen hin und her wechseln, indem Sie im Überwachungsfenster doppelt auf die Bereiche klicken.

Fehler erkennen, finden und beseitigen

Das Überwachungsfenster wird als Fenster im Bereich der Excel-Tabelle angezeigt und kann dort frei positioniert werden. Sie können es aber auch verankern. Klicken dazu Sie mit der linken Maustaste auf die Titelleiste des Überwachungsfensters und halten Sie die Maustaste gedrückt, während Sie die Maus an den gewünschten Bildschirmrand führen.

Formeln schrittweise auswerten

Gerade bei der Fehlersuche ist die Formelauswertung besonders interessant. Dieses Leistungsmerkmal von Excel zeigt schrittweise die Lösung der Formel an.

Markieren Sie eine Formelzelle, aktivieren Sie die Registerkarte *Formeln* und wählen dann den Befehl *Formelüberwachung/Formelauswertung*. Im nun geöffneten Dialogfeld (siehe Abbildung 6.21) lösen Sie mithilfe der Schaltflächen *Einzelschritt* bzw. *Prozedurschritt* die Formel auf. Auf diese Art und Weise finden Sie auch schnell heraus, ob in Teilen der Formel ein Denkfehler steckt. Solche Fehler werden von Excel nicht gefunden, führen aber trotzdem zu falschen Ergebnissen.

Abbildg. 6.21   In der Formelauswertung wird der jeweils unterstrichene Teil als Nächstes ausgewertet

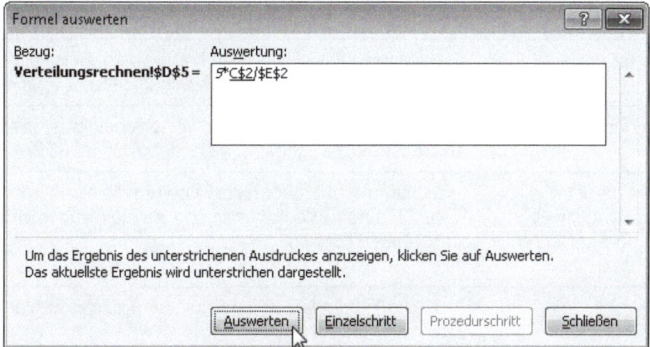

HINWEIS   Das Verhalten von Excel bezüglich der Fehler- und Formelüberwachung steuern Sie über die *Excel-Optionen* in der Kategorie *Formeln* mit den Einstellungen in der Gruppe *Regeln für die Fehlerüberprüfung*.

Zusammenfassung

Excel hat ein großes Potenzial für den Aufbau verschiedenster Formeln. Die Verwendung unterschiedlicher Bezüge ermöglicht die Erstellung von Formeln, die sich einfach und schnell kopieren lassen. Damit wird ein Teil der Arbeit mit wenigen Mausklicks erledigt. Allerdings gilt es beim Kopieren und Verschieben von Formeln, die jeweils verwendeten Zellbezüge zu beachten.

Frage	Lösung
Welche Operatoren sind in Excel verfügbar?	Excel kennt die mathematischen Operatoren. Mehr dazu erfahren Sie ab Seite 210.
Wie kann ich die Reihenfolge in Berechnungen kontrollieren?	Wie Sie mit Klammern die Reihenfolge der Berechnung kontrollieren können, finden Sie auf Seite 211 beschrieben
Wie kann ich einen Bezug zu einem anderen Arbeitsblatt aufbauen?	Geben Sie ein Gleichheitszeichen ein und wechseln Sie auf das andere Arbeitsblatt. Klicken Sie dann auf die gewünschte Zelle. Mehr dazu steht auf Seite 212.
Was ist eine Matrixformel und wie gebe ich diese ein?	Wenn Sie eine Matrixformel eingeben wollen, müssen Sie die Eingabe mit der Tastenkombination [Strg]+[Alt]+[↵] abschließen. Mehr dazu ab Seite 217.
Ich möchte wissen, was hinter relativen Bezügen steckt	Relative Bezüge werden beim Kopieren an die jeweilige Zeile und Spalte angepasst. Näheres dazu ist ab Seite 221 nachzulesen.
Was sind absolute Bezüge und wann setze ich diese ein?	Ein absoluter Bezug wird beim Verschieben und Kopieren nicht an die Zielzelle angepasst. Mehr dazu auf Seite 222.
In einer sehr großen Tabelle dauert das Eintragen von Formeln sehr lange, weil ständig alle Werte neu berechnet werden. Kann ich das irgendwie unterbinden?	Excel kümmert sich normalerweise um die Neuberechnung. Ab Seite 227 finden Sie Hinweise, wie Sie die Neuberechnung kontrollieren können.
Ich möchte wissen, welche Fehlerwerte es in Tabellen gibt	Auf Seite 228 finden Sie Informationen zu den Fehlerwerten in Excel
Was ist eigentlich ein Zirkelbezug?	Ein Zirkelbezug tritt auf, wenn eine Zelle eine Formel mit einem Bezug auf sich selbst enthält. Mehr dazu auf Seite 230.
Ich habe eine komplexe Formel aufgebaut, die nicht das gewünschte Ergebnis liefert. Wie kann ich die Auswertung prüfen?	Sie können Formeln schrittweise auswerten und damit das Ergebnis einzelner Teile überprüfen. Näheres steht auf Seite 235.

Kapitel 7

Funktionen einsetzen

In diesem Kapitel:

Die Funktion *SUMME*	238
Wie funktionieren Funktionen eigentlich?	242
Funktionen eingeben	245
Mit Bezugsoperatoren arbeiten	251
Mit dem Textoperator Zeichenfolgen verketten	254
Funktionen einsetzen	255
Alles ganz logisch	261
Mit Datums- und Zeitfunktionen rechnen	264
Zusammenfassung	267

Kapitel 7 Funktionen einsetzen

In Kapitel 6 haben Sie grundlegende Kenntnisse zur Verwendung von Operatoren und verschiedenen Bezugsarten erworben. Sie werden beim Aufbau Ihrer Kalkulationen sicher einen Punkt erreichen, wo das Erstellen von Formeln mit mathematischen Operatoren umständlich, je nach Rechenweg auch kompliziert und damit fehleranfällig wird. Spätestens dann sollten Sie sich mit dem Thema *Funktionen* beschäftigen. Dieses Kapitel beschäftigt sich mit Tabellenfunktionen und Sie erfahren hier, was das Besondere an Funktionen ist, und wie Sie diese komfortabel mit dem Funktions-Assistenten eingeben können.

Die Funktion *SUMME*

Weil die Summenbildung eine der häufigsten Berechnungen ist, soll die Funktion *SUMME* in diesem Kapitel im Mittelpunkt stehen. Hierfür steht die Schaltfläche *AutoSumme* auf der Registerkarte *Start* zur Verfügung. Obwohl der Befehl hier nicht bei jeder Auflösung mit dem Wort »AutoSumme« beschriftet ist, bietet er doch die gleiche Funktionalität wie derjenige auf der Registerkarte *Formeln*.

> **CD-ROM**   Das folgende Beispiel können Sie selbst auf dem Übungsblatt *Summe 1* in der Datei *Kap07.xlsx* nachvollziehen. Sie finden die Datei im Ordner *\Buch\Kap07* auf der CD-ROM zu diesem Buch.

Nehmen wir an, Sie wollen die Summe für eine Reihe mit Werten bilden. Mithilfe der *AutoSumme* erhalten Sie schnell den gewünschten Gesamtwert. Gehen Sie so vor:

1. Markieren Sie die erste Zelle, in der eine Spaltensumme gebildet werden soll, im Beispiel ist es die Zelle *C15*.
2. Klicken Sie auf die Schaltfläche *AutoSumme* auf der Registerkarte *Start* bzw. auf die entsprechende Schaltfläche der Registerkarte *Formeln*.
3. Excel fügt die Funktion *SUMME* in die markierte Zelle ein (siehe Abbildung 7.1). Drücken Sie zur Bestätigung die ↵-Taste.

Abbildg. 7.1   Beim Klick auf die AutoSumme wird der angrenzende Zahlenbereich markiert

	A	B	C	D	E	F	G	H
1		Bilden Sie die Summen unter Verwendung der AutoSumme in der Zeile 15 und in der Spalte F.						
2			Filiale 1	Filiale 2	Filiale 3	Gesamt		
3		Januar	23.500,00 €	17.800,00 €	27.000,00 €			
4		Februar	22.000,00 €	18.100,00 €	27.300,00 €			
5		März	23.000,00 €	17.500,00 €	27.700,00 €			
6		April	23.500,00 €	18.000,00 €	28.100,00 €			
7		Mai	24.300,00 €	18.700,00 €	28.300,00 €			
8		Juni	25.000,00 €	19.400,00 €	29.000,00 €			
9		Juli	24.800,00 €	18.400,00 €	27.800,00 €			
10		August	26.000,00 €	19.100,00 €	28.600,00 €			
11		September	25.100,00 €	17.900,00 €	29.500,00 €			
12		Oktober	24.600,00 €	17.600,00 €	30.200,00 €			
13		November	24.000,00 €	17.800,00 €	29.300,00 €			
14		Dezember	27.400,00 €	19.500,00 €	31.000,00 €			
15		Gesamt	=SUMME(C3:C14)					
16			SUMME(**Zahl1**; [Zahl2]; ...)					
17								

Die Funktion SUMME

Wie im vorigen Kapitel beschrieben, werden auch beim Kopieren von Funktionen die Zellbezüge angepasst. Kopieren Sie die Formel einfach bis in die Spalte *E*, indem Sie mit der Maus am Ausfüllkästchen der Zelle *C15* bis zur Zelle *E15* nach rechts ziehen.

Wie ist die Formel =SUMME(C3:C14) zu lesen? Für den Zellbereich von *C3* bis *C14* soll die Summe gebildet werden. Einer der Vorteile dieser Formel gegenüber der Summenbildung über das Zusammenfassen von Zellen und Operatoren nach folgendem Beispiel

=C3+C4+C5 … usw.

ist, dass die Formel nicht wesentlich länger wird, wenn Sie 20, 100 oder mehr Werte zu addieren haben.

Mit der automatischen Summenfunktion arbeiten

Durch einen Klick auf die Schaltfläche *AutoSumme* (Buchstabe *Sigma*) wird, wie Sie eingangs gesehen haben, die Funktion in die markierte Zelle eingetragen. Zugleich werden Zellen markiert und zur Addition vorgeschlagen. Die Markierung erfolgt durch einen sogenannten Laufrahmen. Für den Vorschlag sucht Excel zuerst **über** der aktiven Zelle nach Zahlenwerten. Sollten dort keine Zahlen zu finden sein, wird der Bereich **links** von der aktiven Zelle durchsucht und ggf. vorgeschlagen. Sollten sowohl über als auch links von der aktiven Zelle Zahlenwerte in der Tabelle stehen, werden die Werte über der aktiven Zelle vorgeschlagen.

Abbildg. 7.2   Bei den Bereichsvorschlägen der *AutoSumme* hat der Bereich oberhalb der Formel Vorrang

Sollte der vorgeschlagene Bereich nicht korrekt sein, ändern Sie diesen mit der Maus, indem Sie mit gedrückter linker Maustaste den gewünschten Bereich markieren.

Zahlenwerte, die sich unterhalb oder rechts von der aktiven Zellen befinden, werden nicht automatisch zur Addition vorgeschlagen. Der automatische Vorschlag endet an der ersten leeren Zelle bzw. an einer Zelle, die Text enthält.

Eingabevorteile der *AutoSumme*-Schaltfläche nutzen

Mit der automatischen Summenfunktion wurden noch einige Eingabevorteile eingebaut, mit deren Hilfe Sie die Summe für mehrere Spalten oder Zeilen in einem Arbeitsgang ermitteln können. Der Arbeitsablauf ist immer gleich:

1. Markieren Sie den entsprechenden Bereich mit einer der nachfolgend geschilderten Methoden.
2. Klicken Sie auf die Schaltfläche *AutoSumme*.

Wesentlich ist dabei, was zuvor in welcher Form markiert wurde. Wenn Sie einen Bereich markieren, der an Spalten oder Zeilen mit Werten angrenzt, wird die Summenfunktion in allen markierten Zel-

Kapitel 7 Funktionen einsetzen

len gleichzeitig eingefügt und berechnet. Markieren Sie unterhalb der zu summierenden Werte, werden die Spaltensummen gebildet. In Abbildung 7.3 sind die Zellen *C7:E7* markiert. Bei Verwendung der *AutoSumme* erstellt Excel in diesen Zellen in einem Schritt die korrekten Summenformeln.

Abbildg. 7.3 Spaltensummen aus unterschiedlichen Markierungen mit der *AutoSumme* berechnen

	A	B	C	D	E	F
1						
2		Zeitraum	Filiale 1	Filiale 2	Filiale 3	
3		1. Quartal	23.500,00 €	17.800,00 €	27.000,00 €	
4		2. Quartal	22.000,00 €	18.100,00 €	27.300,00 €	
5		3. Quartal	23.000,00 €	17.500,00 €	27.700,00 €	
6		4. Quartal	22.300,00 €	17.500,00 €	28.000,00 €	
7		Zusammen				
8						

	A	B	C	D	E	F
1						
2		Zeitraum	Filiale 1	Filiale 2	Filiale 3	
3		1. Quartal	23.500,00 €	17.800,00 €	27.000,00 €	
4		2. Quartal	22.000,00 €	18.100,00 €	27.300,00 €	
5		3. Quartal	23.000,00 €	17.500,00 €	27.700,00 €	
6		4. Quartal	22.300,00 €	17.500,00 €	28.000,00 €	
7		Zusammen				
8						

Anstatt den Bereich unterhalb der Spalten zu markieren, können Sie auch die Zahlenwerte der Tabelle unmittelbar markieren. In diesem Fall wird die Summenfunktion in die erste leere Zeile unterhalb des markierten Bereichs, also ebenfalls in den Bereich *C7:E7*, eingefügt.

Um dagegen die Zeilensummen zu bilden, müssen sich die Zahlenwerte links von der Markierung befinden (siehe Abbildung 7.4).

Abbildg. 7.4 Eine Zeilensumme verwendet die Zellen links von der Eingabezelle

	A	B	C	D	E	F	G
1							
2		Zeitraum	Filiale 1	Filiale 2	Filiale 3	Gesamt	
3		1. Quartal	23.500,00 €	17.800,00 €	27.000,00 €		
4		2. Quartal	22.000,00 €	18.100,00 €	27.300,00 €		
5		3. Quartal	23.000,00 €	17.500,00 €	27.700,00 €		
6		4. Quartal	22.300,00 €	17.500,00 €	28.000,00 €		
7		Zusammen	90.800,00 €	70.900,00 €	110.000,00 €		
8							

TIPP Um auch größere Tabellen schnell mit Spalten- und Zeilensummen zu versehen, drücken Sie zum Markieren die Tastenkombination `Strg`+`⇧`+`*`. Damit wird die Tabelle komplett markiert. Jetzt müssen Sie zur Bildung der Spaltensummen nur noch auf die Schaltfläche *AutoSumme* auf der Registerkarte *Start* oder *Formeln* klicken.

Wenn Sie sowohl für die Spalten als auch für die Zeilen die Summenfunktion einfügen möchten, markieren Sie einen Bereich, der neben den zu addierenden Zahlenwerten noch die leeren Zellen umfasst, in welche die Summen eingetragen werden sollen.

Die Funktion SUMME

In die in Abbildung 7.5 markierte Tabelle trägt *AutoSumme* die Zeilensummen in die Spalte *F* und die Spaltensummen in die Zeile *7* korrekt ein.

Abbildg. 7.5   Spalten- und Zeilensummen in einem Arbeitsgang bilden

	A	B	C	D	E	F	G
1							
2		Zeitraum	Filiale 1	Filiale 2	Filiale 3	Gesamt	
3		1. Quartal	23.500,00 €	17.800,00 €	27.000,00 €	➡	
4		2. Quartal	22.000,00 €	18.100,00 €	27.300,00 €	➡	
5		3. Quartal	23.000,00 €	17.500,00 €	27.700,00 €	➡	
6		4. Quartal	22.300,00 €	17.500,00 €	28.000,00 €	➡	
7		Zusammen	⬇	⬇	⬇	➡	
8							

Zwischensummen zur Gesamtsumme zusammenfassen

Mit der Schaltfläche *AutoSumme* können Sie auch Zwischensummen, die aus Spalten oder Zeilen gebildet wurden, zu Gesamtsummen zusammenfassen. Dabei erkennt Excel, dass aus den Zellen mit den Summenfunktionen Gesamtsummen gebildet werden sollen, und ignoriert die anderen Einzelwerte (siehe Abbildung 7.6). Zur Bildung der Gesamtsumme markieren Sie die Zelle unterhalb der Spalte (hier *C19*) und klicken auf die Schaltfläche *AutoSumme*.

WICHTIG   Um damit fehlerfrei arbeiten zu können, ist es wichtig, dass sich in der Tabelle weder Leerzeilen noch -spalten befinden.

Abbildg. 7.6   Der Berechnungsvorschlag der AutoSumme in einer Tabelle mit Zwischensummen

	A	B	C	D	E	F	G	H
1		Bilden Sie die Summen unter Verwendung der AutoSumme in der Zeile 19 und in der Spalte F.						
2			Filiale 1	Filiale 2	Filiale 3	Gesamt		
3		Januar	23.500,00 €	17.800,00 €	27.000,00 €	68.300,00 €		
4		Februar	22.000,00 €	18.100,00 €	27.300,00 €	67.400,00 €		
5		März	23.000,00 €	17.500,00 €	27.700,00 €	68.200,00 €		
6		Quartal I	68.500,00 €	53.400,00 €	82.000,00 €	203.900,00 €		Zwischensumme
7		April	23.500,00 €	18.000,00 €	28.100,00 €	69.600,00 €		
8		Mai	24.300,00 €	18.700,00 €	28.300,00 €	71.300,00 €		
9		Juni	25.000,00 €	19.400,00 €	29.000,00 €	73.400,00 €		
10		Quartal II	72.800,00 €	56.100,00 €	85.400,00 €	214.300,00 €		Zwischensumme
11		Juli	24.800,00 €	18.400,00 €	27.800,00 €	71.000,00 €		
12		August	26.000,00 €	19.100,00 €	28.600,00 €	73.700,00 €		
13		September	25.100,00 €	17.900,00 €	29.500,00 €	72.500,00 €		
14		Quartal III	75.900,00 €	55.400,00 €	85.900,00 €	217.200,00 €		Zwischensumme
15		Oktober	24.600,00 €	17.600,00 €	30.200,00 €	72.400,00 €		
16		November	24.000,00 €	17.800,00 €	29.300,00 €	71.100,00 €		
17		Dezember	27.400,00 €	19.500,00 €	31.000,00 €	77.900,00 €		
18		Quartal IV	76.000,00 €	54.900,00 €	90.500,00 €	221.400,00 €		Zwischensumme
19		Gesamt	=SUMME(C18;C14;C10;C6)		343.800,00 €	856.800,00 €		
20			SUMME(**Zahl1**; [Zahl2]; [Zahl3]; [Zahl4]; [Zahl5]; ...)					
21								

Darüber hinaus ist es möglich, in einer komplexeren Tabelle die Gesamtsummen und die Zeilensummen in einem Arbeitsgang zu bilden, indem Sie eine Leerzeile und Leerspalte in die Markierung mit einbeziehen (in Abbildung 7.6 also den Bereich *C3:F19*).

CD-ROM Sie finden diese Tabelle zum Nachvollziehen der Übung unter dem Namen *Summe 2* in der Arbeitsmappe *Kap07.xlsx* auf der CD-ROM zu diesem Buch im Ordner *\Buch\Kap07*.

Laufende Summe berechnen

Häufig sollen die im Laufe eines Jahrs verfügbaren Zahlen zu einer Zwischensumme addiert werden. Welche Möglichkeiten gibt es, in einer Tabelle mit dem Aufbau wie in Abbildung 7.1 eine solche Kumulativsumme in Spalte *G* zu bilden?

Eine laufende Summe soll in Zeile 3 die Summe der Werte aus dem Bereich *C3:E3* zeigen. In Zeile 4 sollen dazu ebenfalls die Werte der einzelnen Filialen addiert werden usw. Sie ahnen es sicher schon: Hier muss ein gemischter Bezug angewendet werden, der beim Kopieren der Formel automatisch angepasst wird. Die Lösung für diese Aufgabe lautet:

```
=SUMME($C$3:E3)
```

Wollen Sie in Zeile 19 die laufende Summe der einzelnen Monate bilden, verwenden Sie dafür die Formel

```
=SUMME($C$3:C14)
```

Jeweils das erste Argument dieser Formeln enthält einen absoluten Bezug, der erste Bezugspunkt in der Formel wird also beim Kopieren nicht angepasst. Das zweite Argument dagegen enthält einen relativen Bezug, dieser wird angepasst und zeigt dadurch jeweils auf die letzte Zelle, die in der Addition berücksichtigt werden soll.

CD-ROM Zum Nachvollziehen finden Sie diese Tabelle unter dem Namen *Summe 3* in der Arbeitsmappe *Kap07.xlsx* auf der CD-ROM zu diesem Buch im Ordner *\Buch\Kap07*.

Wie Sie die Summe aus einem variablen Bereich ermitteln, zeigt Kapitel 15.

Wie funktionieren Funktionen eigentlich?

Funktionen werden durch einen eindeutigen Namen identifiziert und führen bestimmte Rechenoperationen durch. Der Name liefert meist auch einen Hinweis auf die Rechenweise der Funktion. Die Tabellenfunktionen dienen zur Ausführung mathematischer oder logischer Berechnungen, der Suche nach bestimmten Informationen sowie der Ermittlung und Manipulation von Texten.

In Excel 2010 kann eine Formel

- bis zu 8.192 Zeichen
- bis zu 64 Schachtelungsebenen

- bis zu 255 Argumente
- bis zu 1.024 Operanden

enthalten.

Um ein Ergebnis liefern zu können, benötigen Funktionen Informationen (Daten), die in Excel als *Argument* bezeichnet werden. Welcher Art diese Argumente sein müssen, wie viele Argumente benötigt werden und ob auf bestimmte Argumente ggf. verzichtet werden kann, zeigt Excel im Eingabemodus unterhalb der Bearbeitungsleiste an. Weitere Informationen finden Sie auch in der Online-Hilfe zur entsprechenden Funktion.

> **HINWEIS** Es gibt auch einige Funktionen, die keine Argumente verwenden. Beispiele hierfür sind die Funktion *PI()*, welche die Kreiszahl Pi mit einer Genauigkeit von 15 Stellen liefert, oder die Funktion *JETZT()*, welche die aktuelle Zeit in eine Zelle einfügt.

Funktionen sind fehlertolerant

In Kapitel 6 haben Sie gesehen, dass Sie mit Zellbezügen und Operatoren bereits rechnen können. So liefert die Formel

```
=A1+B1
```

die Summe der beiden Zellen. Voraussetzung dafür, dass die Berechnung korrekt funktioniert, ist die Tatsache, dass in beiden Zellen eine Zahl und kein Text eingetragen ist. Ein entscheidender Vorteil von Funktionen ist die Fehlertoleranz gegen bestimmte Eingabefehler. So kann die Formel

```
=SUMME(A1;B1)
```

auch dann das richtige Ergebnis berechnen, wenn ein Text in die Zelle(n) eingetragen wurde.

Ein weiterer Vorteil wird deutlich, wenn Sie eine Zelle löschen, die als Argument verwendet wird. Tragen Sie in ein leeres Arbeitsblatt in die Zelle *A1* die Formel

```
=A2+A3+A4
```

ein. In die Zelle *B1* tragen Sie die folgende Formel ein

```
=SUMME(B2:B4)
```

Beide Formeln arbeiten zunächst korrekt, wenn Zahlenwerte eingegeben werden.

Wenn Sie nun die Zeile 2 löschen, wird deutlich, dass

- die Addition über die einzelnen Zellbezüge einen Fehlerwert liefert, während
- der Bezug in der Tabellenfunktion angepasst wurde und weiterhin korrekt arbeitet.

Abbildg. 7.7 Während der Bezug in der Funktion beim Löschen angepasst wird, liefert die Version mit den mathematischen Operatoren einen Fehler

	A	B	C	D	E	F	G
1	6	=A2+A3+A4		6	=SUMME(D2:D4)		
2	1			1			
3	2			2			
4	3			3			

	A	B	C	D	E	F
1	#BEZUG!	=A2+A3+A4		5	=SUMME(D2:D3)	
2	2			2		
3	3			3		
4						

Diese Fehlertoleranz hat natürlich auch Grenzen. Sollte die Auflösung der Funktion unmöglich sein, weil eines der Argumente nicht den erwarteten Datentyp hat, erhalten Sie einen Fehlerwert. Mehr zu Fehlerwerten in Tabellen finden Sie in Kapitel 6.

Syntax einer Funktion

Unter der *Syntax* der Funktion ist in diesem Zusammenhang die Eingaberegel einer Funktion zu verstehen. Dem Funktionsnamen folgen eine öffnende Klammer, die Argumente der Funktion und eine schließende Klammer. Wenn Sie die Syntax einer Funktion nicht einhalten, wird eine Fehlermeldung angezeigt.

Abbildg. 7.8 Allgemeine Syntax einer Funktion

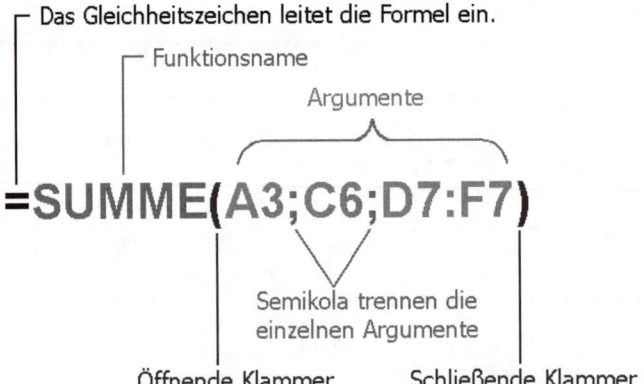

Im Fall der Funktion

```
SUMME(Zahl1;Zahl2;...)
```

geben Sie über *Zahl1; Zahl2; ...* zwischen 1 und 255 Argumente an, deren Summe Sie berechnen möchten. Wenn Sie Zahlen, Wahrheitswerte und Zahlen in Textform direkt in die Liste der Argumente eingeben, werden diese in die Summenbildung einbezogen.

Geben Sie jedoch eine Matrix oder einen Bezug als Argument an, werden nur die Elemente der Matrix oder der Bezüge berücksichtigt, die Zahlen sind (als numerische Werte erkannt werden). Alle anderen Elemente wie leere Zellen, Wahrheitswerte, Texte oder Fehlerwerte werden ignoriert und spielen bei der Summenbildung keine Rolle.

Argumente übergeben Daten an eine Funktion

Als *Argument* können Sie in Formeln jeden beliebigen Ausdruck (Zahlen oder Text als Konstante, weitere Funktionen, Zellbezüge oder Bereichsnamen) verwenden. Allerdings gelten folgende Beschränkungen:

- Der Ausdruck oder sein Ergebnis muss dem verlangten Datentyp entsprechen
- Es dürfen nicht mehr als 255 Argumente verwendet werden
- Die Zeichenfolge darf nicht mehr als 32.767 Zeichen enthalten

Mehrere Argumente werden durch Semikola getrennt. Leerzeichen innerhalb von Funktionen sollten Sie vermeiden, denn sie führen meist zu Fehlermeldungen. Eine Ausnahme bildet der Schnittmengenoperator, mehr dazu weiter unten in diesem Kapitel.

Bei der Übergabe von Argumenten ist der geforderte Datentyp zu beachten. Die Tabelle 7.1 zeigt Ihnen, welche Datentypen in Excel benutzt werden:

Tabelle 7.1 Datentypen für Argumente

Datentyp	Beispielfunktion	Eingabeart (Beispiel in Klammern)
Zahl	SUMME(Zahl1;Zahl2;...)	Eine konstante Zahl (5); ein Zellbezug (G4) oder ein Name (Umsatz), eine Formel, deren Ergebnis eine Zahl ergibt (REST(15;4)
Text	VERKETTEN(Text1;Text2;...)	Text in Anführungszeichen ("Excel"); Zellbezug (E3)
Zellbezug	ZEILE(Bezug)	Zellbezug auf eine einzelne Zelle oder einen Bereich (AG45 oder XL4:XL2010)
Datums-/Zeitwert	MONAT(Zahl)	Fortlaufende Zahl (12); Datum in Anführungszeichen ("17.03.2010"); Zellbezug(U13)
Logisch	UND(Wahrheitswert1; Wahrheitswert2;...)	*Wahr; Falsch*; Zellbezug (A1), eine Formel deren Ergebnis einen Wahrheitswert liefert (5>3)

Funktionen eingeben

Sie können jede Funktion über die Tastatur eingeben. Dazu müssen Sie den Namen der Funktion sowie die Syntax der Argumente kennen. *AutoVervollständigen-Formel* zeigt die verfügbaren Funktionen an, die Sie mit der Maus oder den Pfeiltasten auswählen können. Die kontextbezogene Syntaxhilfe wird als QuickInfo eingeblendet, sobald Sie den Funktionsnamen und die öffnende Klammer geschrieben haben (siehe Abbildung 7.9).

Abbildg. 7.9 Die Funktions-QuickInfo bei der manuellen Eingabe und Informationen zu möglichen Argumenten

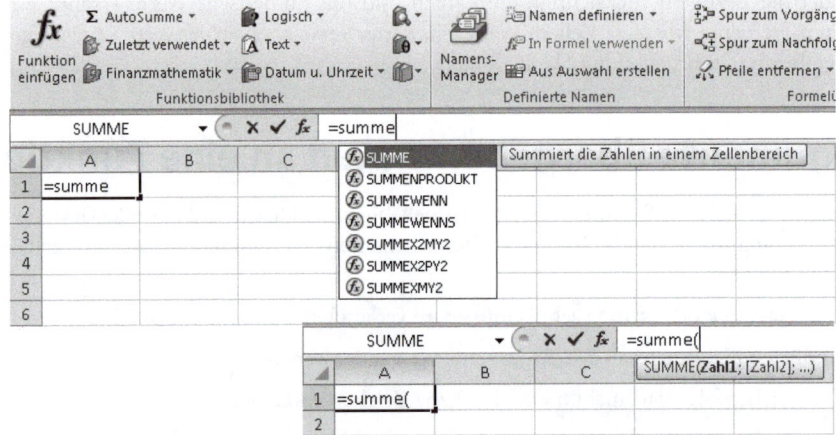

Über die Gruppe *Funktionsbibliothek* auf der Registerkarte *Formeln* werden die Funktionen in Gruppen zusammengefasst und können bequem ausgewählt werden. Interessant ist hierbei die Gruppe *Zuletzt verwendet*, welche sich die vom Benutzer zuletzt verwendeten Funktionen merkt.

Der Funktions-Assistent: Eingabehilfe für Funktionen

Der *Funktions-Assistent* unterstützt Sie bei der Auswahl und Eingabe von Funktionen. Zum Aufruf des Funktions-Assistenten haben Sie folgende Möglichkeiten:

- Befehl *Funktion einfügen* auf der Registerkarte *Formeln*

- Schaltfläche *Funktion einfügen* in der Bearbeitungsleiste

- Befehl *Weitere Funktionen* in der Dropdownliste des *AutoSumme*-Symbols

- Tastenkombination ⇧ + F3

Der Funktions-Assistent führt Sie durch die gesamte Eingabe, wobei die Funktion und deren Argumente erläutert werden. Während der gesamten Eingabeprozedur kann die Funktionserstellung abgebrochen werden, indem Sie auf die Schaltfläche *Abbrechen* des Funktions-Assistenten klicken.

Neben zahlreichen Verbesserungen an der Genauigkeit und dem Algorithmus von – insbesondere statistischen – Funktionen wurden in Excel 2010 auch einige Funktionen unter neuem Namen implementiert. Der neue Name soll dabei die Funktion genauer beschreiben als das bisher der Fall war. Im Funktions-Assistent gibt es die neue Kategorie *Kompatibilität*. In dieser Kategorie werden die Funktionen aufgelistet, die in Excel 2010 durch neue Funktionen ersetzt und aus Gründen der Abwärtskompatibilität weiterhin vorhanden sind.

Die neuen Funktionen finden Sie in der Hilfe unter dem Stichwort *Neuerungen: Änderungen an Funktionen von Excel*.

Funktionen eingeben

CD-ROM Das folgende Beispiel können Sie auf dem Arbeitsblatt *F-Assistent* in der Datei *Kap07.xlsx* selbst nachvollziehen. Die Datei befindet sich auf der CD-ROM zu diesem Buch im Ordner *\Buch\Kap07*.

Beispiel: Für einen Kredit von 100.000 € soll bei 10 Jahren Laufzeit und 7 % Zinssatz die monatliche Rate errechnet werden. Hierfür setzen Sie eine Funktion ein.

1. Markieren Sie die Tabellenzelle *C6*, in die Sie die Funktion einfügen wollen.
2. Rufen Sie den Befehl *Funktion einfügen* auf oder klicken Sie die Schaltfläche *Funktion einfügen* in der Bearbeitungsleiste an. Dadurch gelangen Sie in das Dialogfeld des Funktions-Assistenten.

Abbildg. 7.10 Im Dialogfeld des Funktions-Assistenten können Sie auch nach einer Funktion suchen

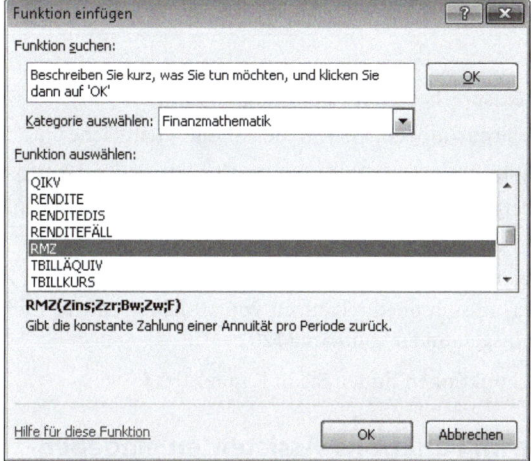

3. Wählen Sie im Listenfeld *Kategorie auswählen* den von Ihnen benötigten Funktionstyp durch Anklicken aus, in diesem Fall *Finanzmathematik* (Abbildung 7.10). Durch die Auswahl der Kategorie wird die große Anzahl der verfügbaren Funktionen zu überschaubareren Auswahlmengen zusammengefasst.
4. Markieren Sie im Listenfeld *Funktion auswählen* die von Ihnen benötigte Funktion, in diesem Fall *RMZ* (=**R**egel**m**äßige **Z**ahlung). Der untere Teil des Dialogfelds zeigt dann die allgemeine Syntax der Funktion sowie eine Kurzbeschreibung an. Klicken Sie auf die Schaltfläche *OK*.
5. Im folgenden Dialogfeld haben Sie für jedes Funktionsargument ein Eingabefeld. Dabei werden die obligatorischen Argumente fett, die optionalen Argumente in normalem Schriftschnitt angezeigt (siehe Abbildung 7.11).

Abbildg. 7.11 Dialogfeld zur Eingabe der Argumente

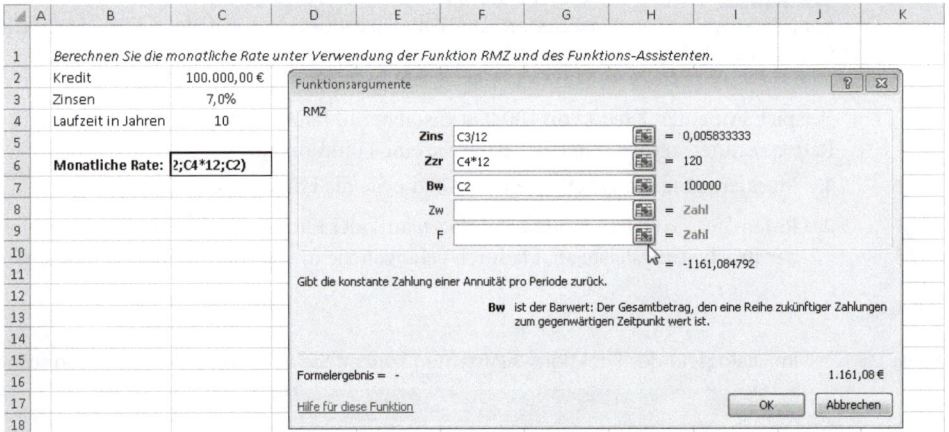

6. Füllen Sie die Eingabefelder entsprechend der Abbildung 7.11 aus.
7. Um die Funktion in die Tabelle einzufügen, klicken Sie auf die Schaltfläche *OK*.

Die Formel lautet =RMZ(C3/12;C4*12;C2). Sie ergibt eine monatliche Rate von 1.161,08 €. Das Ergebnis wird als negative Zahl angezeigt. Wollen Sie die Rate als positive Zahl darstellen, multiplizieren Sie das Ganze noch mit dem Wert –1.

Der *Zins* ist natürlich der Jahreszins und muss für die Berechnung des monatlichen Zinses durch 12 geteilt werden. Im Argument *Zzr* müssen Sie die Laufzeit von 10 Jahren mit 12 multiplizieren, um auf die Anzahl der Monatsraten insgesamt zu kommen (120).

Mehr zu finanzmathematischen Funktionen finden Sie in Kapitel 16.

Vereinfachte Zellbezüge im Funktions-Assistenten eingeben

Auf der rechten Seite jedes Eingabefelds für Argumente finden Sie eine Erweiterungsschaltfläche (der Mauszeiger in Abbildung 7.11 ist darauf gerichtet). Wenn Sie auf diese Schaltfläche klicken, wird das restliche Dialogfeld ausgeblendet, sodass Ihnen nur noch das Eingabefeld zur Verfügung steht und Sie freie Sicht auf die gesamte Tabelle haben.

Nun können Sie Zellbezüge und Bereiche durch Markieren in der Tabelle eingeben. Hierbei können Sie alle Ihnen bekannten Verfahren zum Markieren verwenden. Wenn Sie einen Bereich markieren, wird automatisch der *Bereichsoperator* (:) und bei einzelnen Zellen (Sie markieren einzelne Zellen bei gedrückter Strg-Taste) der *Vereinigungsoperator* (;) eingetragen. Diese Methode ist nicht nur einfacher, sondern sie hilft auch, Fehler zu vermeiden.

Wenn Sie wieder zur vorherigen Ansicht zurückkehren möchten, klicken Sie auf die Schaltfläche *Reduzieren* rechts vom Eingabefeld.

Profitipp   Als Argument akzeptiert der Funktions-Assistent auch Namen. Um eine Liste verfügbarer Namen anzuzeigen, drücken Sie auch im Funktions-Assistent die Taste F3. Markieren Sie den gewünschten Namen und fügen Sie diesen mit *OK* in das Eingabefeld ein. Mehr zum Thema Namen finden Sie in Kapitel 19.

Onlinehilfe zu Funktionen aufrufen

Innerhalb des Funktions-Assistenten erhalten Sie zu der ausgewählten Funktion Hilfe, wenn Sie im linken unteren Teil des Dialogfelds auf den Hyperlink *Hilfe für diese Funktion* klicken (siehe Abbildung 7.11). In der Onlinehilfe ist jede Funktion mit allen Argumenten und Beispielen ausführlich beschrieben.

Formeln bearbeiten

Sie können jede in eine Formel eingegebene Funktion manuell nachbearbeiten. Zur unmittelbaren Bearbeitung in der Zelle drücken Sie die `F2`-Taste oder klicken in die Bearbeitungsleiste und bearbeiten dort die Formel. Änderungen schließen Sie mit der `↵`-Taste ab.

Zur Überarbeitung von Formeln mit Funktionen können Sie auch den *Funktions-Assistenten* verwenden. Dazu klicken Sie in der Bearbeitungsleiste auf die Schaltfläche *Funktion einfügen*. Der Assistent zeigt dabei die Funktion an, die Sie in der Bearbeitungsleiste markiert haben, die Argumente sind bereits eingetragen. Nehmen Sie alle erforderlichen Änderungen in den Argumenten vor. Danach beenden Sie das Dialogfeld mit einem Klick auf die Schaltfläche *OK*.

Bezüge in Formeln ändern

Wenn Sie Zellbezüge in eine Zelle eingeben, werden diese Zellbezüge farbig dargestellt. Außerdem werden Rahmen (ebenfalls farbig) um die entsprechenden Zellen gezeichnet (siehe hierzu die Abbildung 7.6).

Wollen Sie den vorhandenen Zellbezug ändern, können Sie das wie folgt erreichen:

- Sie tippen den neuen Bezug ein und überschreiben damit den vorhandenen Bereich
- Sie markieren den Bereich in der Formel und markieren anschließend den neuen Bereich mit der Maus
- Sie ziehen am Rahmen um den Zellbereich, der geändert werden soll. Dieser Rahmen hat an allen Ecken einen Anfasser, über welchen Sie den Bereich erweitern oder verkleinern können.
- Soll der vorhandene Bezug um einen weiteren (neuen) ergänzt werden, klicken Sie an die Stelle vor der schließenden Klammer und geben dort ein Semikolon (;) ein. Anschließend können Sie den neuen Bezug hinzufügen – entweder über die Tastatur eingeben oder mit der Maus markieren.

Wenn Sie die Eingabe mit der `↵`-Taste bzw. bei Matrixformeln mit der Tastenkombination `Strg`+`⇧`+`↵` abschließen, verwendet die Formel den neuen Bezug.

Bezüge in Formeln entfernen

Enthält eine Formel einen Bezug, den Sie nicht mehr verwenden wollen, können Sie diesen in der Bearbeitungsleiste markieren und mit der `Entf`-Taste löschen. Beenden Sie die Eingabe, wird die Funktion nur noch die verbleibenden Bezüge bzw. Konstanten auswerten.

> **TIPP** Häufig soll ein Bezug nicht entfernt werden, sondern es soll der Wert als Konstante erhalten bleiben. Um einen Bezug in dessen Wert umzuwandeln, gehen Sie wie folgt vor:
>
> 1. Aktivieren Sie die Zelle mit der Formel.
> 2. Markieren Sie in der Formel denjenigen Bereich, der in Werte umgewandelt werden soll, indem Sie diesen mit der Maus markieren.
> 3. Drücken Sie die Taste `F9` und wandeln Sie damit den Bezug in dessen Werte um. Beenden Sie die Änderung mit der `↵`-Taste bzw. mit `Strg`+`⇧`+`↵` bei Matrixformeln.

Alle Formeln in Werte umwandeln

Geben Sie ein Arbeitsblatt weiter, das Bezüge auf externe Arbeitsmappen enthält, kann der Empfänger die Formeln nur aktualisieren, wenn Sie auch die Quellmappe mitliefern. Da dies nur in seltenen Fällen gewünscht ist, bietet es sich an, nur eine Wertekopie der Tabelle zu versenden. Darin sind dann keine Formeln gespeichert, sondern nur deren Ergebnisse.

Um eine Tabelle in eine Wertekopie zu übertragen, gehen Sie wie folgt vor:

1. Öffnen Sie die Arbeitsmappe mit der Tabelle, die umgewandelt werden soll.
2. *Wichtig:* Speichern Sie die Arbeitsmappe über *Datei/Speichern unter* unter einem anderen Dateinamen ab, damit das Original mit den Formeln erhalten bleibt.
3. Markieren Sie die ganze Tabelle über das Kästchen im Schnittpunkt der Spalten- und Zeilenbeschriftung.
4. Wählen Sie den Befehl *Kopieren* auf der Registerkarte *Start*, um die Daten in die Zwischenablage zu kopieren.
5. Wählen Sie ebenfalls auf der Registerkarte *Start* den Befehl *Einfügen* mit der Option *Werte*.
6. Führen Sie die Schritte 3 bis 5 für eventuell vorhandene weitere Arbeitsblätter durch.
7. Speichern Sie abschließend die Datei.

HINWEIS Bei Bedarf können Sie auch lediglich die Formeln einer einzelnen Zelle oder eines bestimmten Bereichs in eine Wertkopie umwandeln, indem Sie die gewünschten Zellen in Schritt 3 markieren. Bedenken Sie, dass die eingefügten Werte unter Umständen tatsächlich mehr Nachkommastellen haben als im Ursprungsbereich angezeigt werden! Mehr zur Formatierung von Zahlen finden Sie in Kapitel 10, mehr zum Runden in Formeln in Kapitel 15.

Formate und Formeln automatisch erweitern

Excel bietet eine weitere interessante Möglichkeit der Unterstützung an, wenn Sie eine bestehende Liste um Daten und Formeln erweitern wollen. Wählen Sie in den *Excel-Optionen* die Kategorie *Erweitert*. Aktivieren Sie im Abschnitt *Bearbeitungsoptionen* das Kontrollkästchen *Datenbereichsformate und -formeln erweitern*.

Mit dieser Einstellung werden Formate und Formeln auf neue Daten erweitert, wenn sie in mindestens drei Zeilen vor der neuen Zeile auftreten. Excel formatiert also neue Daten, die am Ende der Liste eingegeben werden, automatisch so, dass sie den vorangehenden Zeilen entsprechen. Außerdem werden Formeln, die sich in jeder Zeile wiederholen, automatisch kopiert. Es genügt also, neue Daten einzutragen. Um die Berechnung, etwa der Summenspalte, brauchen Sie sich fortan nicht mehr zu kümmern.

TIPP Interessant an der automatischen Erweiterung von Formaten und Formeln ist die Tatsache, dass Excel auch mit alternierenden Formatierungen klarkommt. Haben Sie beispielsweise zur besseren Lesbarkeit jede zweite Zeile mit einer Farbe formatiert, führt Excel genau diese Formatierung bei jeder zweiten, neu hinzugefügten Zeile ein. Dies gilt auch für Formatierungen, die über die *Bedingte Formatierung* festgelegt wurden. Mehr zur Formatierung von Daten erfahren Sie in Kapitel 9, mehr über die bedingte Formatierung finden Sie in Kapitel 12.

Formeln verbergen und schützen

In Kapitel 4 haben Sie gesehen, wie Sie ein Arbeitsblatt vor Veränderungen schützen können. Der Zellschutz reduziert für den Benutzer die Möglichkeiten der Bearbeitung, er hindert diesen aber z.B. nicht daran, eine Formel abzuschreiben. Was können Sie tun, wenn Sie Formeln vor fremden Blicken verbergen wollen?

Um die Formeln eines Arbeitsblatts zu verbergen, gehen Sie wie folgt vor:

1. Aktivieren Sie eine Zelle in der Tabelle.
2. Wählen Sie auf der Registerkarte *Start* den Befehl *Format/Zellen formatieren*.
3. Im Dialogfeld *Zellen formatieren* wechseln Sie auf die Registerkarte *Schutz*.
4. Aktivieren Sie dort die Kontrollkästchen *Gesperrt* und *Ausgeblendet*.
5. Schließen Sie das Dialogfeld mit *OK*.
6. Aktivieren Sie den Blattschutz über den Befehl *Format/Blatt schützen* auf der Registerkarte *Start*.
7. Wenn Sie keine weiteren Einstellungen ändern wollen, schließen Sie das Dialogfeld *Blatt schützen* mit *OK*.

Die Formeln werden damit nicht in der Bearbeitungsleiste angezeigt und sind zudem geschützt.

Mehr zum Thema Zellschutz finden Sie im Abschnitt »Zum Schluss wichtige Teile der Tabelle schützen« in Kapitel 9. Dort wird auch erklärt, wie Sie Zellen mit Formeln schnell auswählen und schützen können.

Mit Bezugsoperatoren arbeiten

Durch die Bezugsoperatoren können Sie in einer Formel bestimmte Zellen oder Bereiche zur Berechnung übergeben. Unter einem *Bereich* versteht man einen Teil der Arbeitsblattmatrix, also neben- und untereinanderliegende Zellen. Wenn zwei Zellbezüge durch einen Doppelpunkt verbunden werden, bilden sie mit den dazwischenliegenden Zellen einen Bereich. Der erste Zellbezug legt die erste Zelle des Bereichs und der zweite die letzte Zelle fest. Größe und Form der Bereiche können unterschiedlich sein. In Funktionen gilt ein Bereich – gleichgültig, wie groß er ist – als ein Argument.

Schreibweisen von Bereichsbezügen

Die Abbildung 7.12 zeigt folgende Regeln für die Schreibweisen von Bereichsbezügen:

- Bei einem Bereich, der mehrere Spalten und Zeilen umfasst, wird die Zelle der linken oberen Ecke mit der Zelle der linken unteren Ecke zu einem Bereich verbunden; z.B. *B3:D10*
- Bei einem Bereich, der in einer Zeile liegt, wird die linke Zelle mit der rechten Zelle zu einem Bereich verbunden; z.B. *B13:F13*
- Bei einem Bereich, der in einer Spalte liegt, wird die oberste Zelle mit der untersten Zelle zu einem Bereich verbunden; z.B. *F2:F9*
- Die einzelnen Schreibweisen dürfen auch kombiniert werden, sie werden dann durch ein Semikolon getrennt (beispielsweise *B3:D10;B13:F13;F2:F9*)

Abbildg. 7.12 Mögliche Bereichsformen und ihre Schreibweisen

Bezüge auf ganze Spalten oder Zeilen

Wenn Sie sich auf Spalten oder Zeilen – in beiden Fällen von der ersten bis zur letzten Zelle – beziehen wollen, können Sie dies mit den Bezügen aus Tabelle 7.2 tun.

Tabelle 7.2 Gültige Schreibweisen für Bezüge

Bezug auf ...	Eingabe
komplette Spalte *E*	E:E
alle Spalten von *B* bis *H*	B:H
komplette Zeile *7*	7:7
alle Zeilen von Zeile *2* bis Zeile *5*	2:5
das gesamte Arbeitsblatt	A:XFD oder 1:1048576

HINWEIS Für Arbeitsblätter, die Sie auf der Registerkarte *Einfügen* mit dem Befehl *Tabelle* eingefügt haben, können Sie besondere Bezüge, sogenannte strukturierte Verweise, verwenden. Mehr dazu in Kapitel 19.

Der Vereinigungsoperator verbindet entfernt liegende Zellen

Durch den *Vereinigungsoperator* können Sie Zellen, die nicht nebeneinanderliegen, einer Funktion zur Berechnung übergeben. Der Vereinigungsoperator ist das Semikolon (;). Wenn mehrere Zellen einer Funktion mit dem Vereinigungsoperator übergeben werden, zählt jeder Zellenbezug, der durch Semikolon eingegrenzt ist, als eigenständiges Argument.

Wollen Sie die drei Bereiche in Abbildung 7.12 summieren, müssen diese in der Funktion *SUMME* angegeben werden. Die Funktion hat dann drei Argumente, jeweils getrennt durch das Semikolon:

```
=SUMME(B3:D10;F2:F9;B13:F13)
```

Der Schnittmengenoperator ermittelt Gemeinsamkeiten

Durch den *Schnittmengenoperator* – das Leerzeichen – lässt sich ein Bezug auf die Zellen herstellen, die mehreren unterschiedlichen Bezügen gemeinsam sind. Anders ausgedrückt: Unter der Schnittmenge sind die Werte zu verstehen, die in der Fläche liegen, in der sich mehrere Bereiche überschneiden.

Abbildg. 7.13   Die Schnittmenge beschreibt den Bereich, der in beiden Bereichen enthalten ist

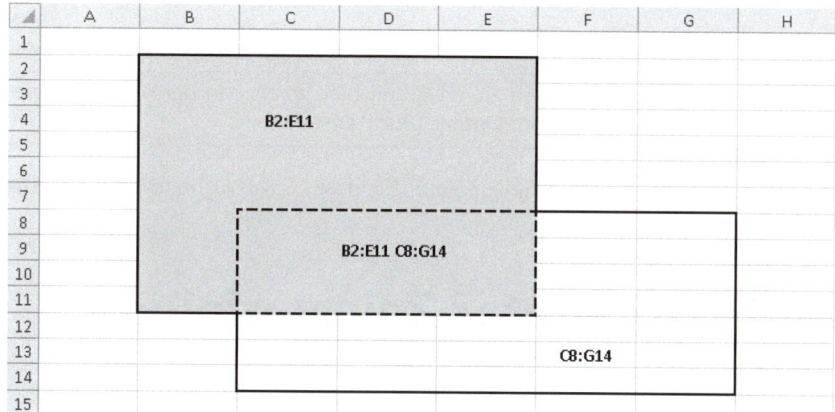

Die in Abbildung 7.13 dargestellte Schnittmenge wird aus den Bereichen *B2:E11* und *C8:G14* gebildet. In einer Formel wird diese Schnittmenge mit dem Leerzeichen gebildet. Wenn Sie beispielsweise diese explizite Schnittmenge summieren wollen, ergibt sich folgende Formel:

```
=SUMME(B2:E11 C8:G14)
```

Das Ergebnis dieser Schnittmenge wird als explizite Schnittmenge bezeichnet.

Implizite Schnittmenge

Mit impliziter Schnittmenge wird in Excel ein besonderes Verhalten beim Berechnen von Formeln bezeichnet. Trifft Excel beim Auswerten einer Formel auf einen Verweis, der auf einen Zellbereich statt auf eine einzelne Zelle zeigt, wird der Zellbereich wie eine einzelne Zelle berechnet. Wenn Sie in Zelle *D4* die Formel

```
=$C$4:$C$7*1,2
```

eintragen, wird der Wert in Zelle *C4* von Excel mit 1,2 multipliziert, da sich die Zellen *C4* und *D4* in derselben Zeile befinden. Die Formel kann nach unten ausgefüllt werden und liefert als Ergebnis den jeweils um 20 % erhöhten Wert der Spalte *C*.

Abbildg. 7.14 Implizite Schnittmenge mutet vielleicht etwas seltsam an, ist aber eine effiziente Möglichkeit für Berechnungen

	A	B	C	D	E	F
1						
2		Implizite Schnittmenge				
3		Zeitraum	Umsatz 2009	Ziel 2010	Formel	
4		1. Quartal	23.500,00 €	28.200,00 €	=$C$4:$C$7*1,2	
5		2. Quartal	22.000,00 €	26.400,00 €	=$C$4:$C$7*1,2	
6		3. Quartal	23.000,00 €	27.600,00 €	=$C$4:$C$7*1,2	
7		4. Quartal	22.300,00 €	26.760,00 €	=$C$4:$C$7*1,2	
8		Zusammen	90.800,00 €	108.960,00 €	=SUMME(D4:D7)	
9						

CD-ROM Dieses Beispiel finden Sie im Arbeitsblatt *Implizit* in der Arbeitsmappe *Kap07.xlsx* auf der CD-ROM zu diesem Buch im Ordner *\Buch\Kap07*.

Mehr zu Bereichen und Bezügen finden Sie in Kapitel 6, mehr zu Matrixformeln erfahren Sie in Kapitel 15.

Mit dem Textoperator Zeichenfolgen verketten

Für das Ergebnis einer oder mehrerer Funktionen ergibt sich manchmal die Notwendigkeit, die Ergebnisse in einer Zelle zusammenzufassen. Hier kommt der Textoperator & zum Einsatz. Wenn Sie zwei Werte – gleichgültig welchen Datentyps – mit dem Textoperator verbinden, ergibt das Ergebnis immer den Datentyp *Text*. Dies bedeutet, dass auch Zahlenwerte hierbei zu Text werden.

Mit dem Zeichen & können Sie sowohl Text als auch Zahlen zu einer Textfolge verbinden. Ebenso können Sie mit dem Textoperator beispielsweise zwei Zahlenwerte als Text in einer Zelle unterbringen. Die sich daraus ergebende Textfolge kann zu weiteren Berechnungen nicht mehr unmittelbar herangezogen werden!

Angenommen, Sie möchten den Inhalt der Zellen *A1* und *A2* durch den Textoperator verbinden, ergibt dies folgende Formel:

```
=A1&A2
```

Durch den Textoperator werden die Werte unmittelbar aneinander gefügt. Wenn Sie jedoch zwischen den Werten ein Leerzeichen wünschen, müssen Sie dies eigens eingeben, und zwar in Anführungszeichen. Angenommen, zwischen den Werten der Zellen *A1* und *A2* soll sich ein Leerzeichen befinden. In diesem Fall ist die obige Formel wie folgt abzuwandeln:

```
=A1&" "&A2
```

CD-ROM Sie finden dazu Beispiele im Arbeitsblatt *Textverkettung* der Arbeitsmappe *Kap07.xlsx* auf der CD-ROM zum Buch im Ordner *\Buch\Kap07*. Die Abbildung 7.15 zeigt die Lösungsformeln für diese Übung.

Abbildg. 7.15 Beispiele für den Einsatz des Textoperators zum Verketten von Zeichenfolgen

	A	B	C	D	E	F
1						
2	Teil 1	Teil 2		Formel		Zieltext
3	Freund	schaft		=A3&B3		Freundschaft
4	Lieb	haber		=A4&B4		Liebhaber
5						
6	Excel	2010		=A6&" "&B6		Excel 2010
7	500	Leute		=A7&" "&B7		500 Leute
8						
9	6	49		=A9&" aus "&B9		6 aus 49
10	1	80		="Maßstab "&A10&":"&B10		Maßstab 1:80
11						
12	Willi	Wichtig		=A12&" "&B12		Willi Wichtig
13	Erna	Huber		=B13&", "&A13		Huber, Erna
14						

Funktionen einsetzen

Mithilfe von Funktionen können Sie einfache und komplexe mathematische und statistische Berechnungen durchführen; beispielsweise können Sie die Gesamtsumme für einen Bereich von Zellen berechnen, die eine Bedingung in einem anderen Zellbereich erfüllen, oder Sie können Zahlen runden.

SUMMENPRODUKT-Funktion

SUMMENPRODUKT(Matrix1;Matrix2;Matrix3; ...)

Es müssen minimal zwei Matrizen (Bereiche) angegeben werden. Maximal können 255 Matrizen angegeben werden. Deren Elemente werden zunächst miteinander multipliziert und diese Ergebnisse anschließend addiert.

Die Matrizen müssen bezüglich der Zeilen- und Spaltenanzahl identisch sein. Ist dies nicht der Fall, liefert SUMMENPRODUKT den Fehlerwert #WERT!. Mehr zu Fehlerwerten finden Sie in Kapitel 6.

Matrixelemente, die keine numerischen Ausdrücke sind, behandelt SUMMENPRODUKT so, als wären sie mit 0 belegt.

Kapitel 7 Funktionen einsetzen

Abbildg. 7.16 Zwei Matrizen, die zunächst addiert werden

	A	B	C	D	E	F	G
1		Berechnen Sie das SummenProdukt					
2		E-Preis	Menge				
3		5,00 €	3				
4		20,00 €	2				
5		15,00 €	4				
6		10,00 €	3				
7		25,00 €	2				
8		Gesamtwert	?				
9							
10							
11							
12		Matrix 1			Matrix 2		
13		Werte I	Werte II		Faktor I	Faktor II	
14		10	25		5	8	
15		20	40		4	3	
16		50	30		2	5	
17		15	10		6	4	
18							
19			SummenProdukt	?			
20							

Im einfachsten Fall werden zwei Matrizen angegeben. Die Formel zu dem in Abbildung 7.16 dargestellten Fall lautet:

`=SUMMENPRODUKT(B3:B7;C3:C7)`

In diesem Beispiel führt Excel folgende Rechnung aus:

`5*3 + 20*2 + 15*4 + 10*3 + 25*2 = 195`

Wenn Bereiche (Matrizen) mit mehreren Spalten eingeben werden, werden immer die Zellen zuerst multipliziert, die jeweils in ihrer Matrix an derselben Stelle stehen. In Abbildung 7.16 müssen die Werte der Spalte *B* (Werte I) mit den Werten der Spalte *E* (Faktor I) und die Werte der Spalte *C* (Werte II) mit den Werten der Spalte *F* (Faktor II) multipliziert werden.

Die Formel für den in Abbildung 7.16 dargestellten Fall muss lauten:

`=SUMMENPRODUKT(B14:C17;E14:F17)`

Im Einzelnen führt Excel folgende Berechnung durch:

`10*5+25*8+20*4+40*3+50*2+30*5+15*6+10*4 = 830`

CD-ROM Vergleichen Sie hierzu auch die Tabelle *SummenProdukt* in der Arbeitsmappe *Kap07.xlsx* auf der CD-ROM zu diesem Buch im Ordner *\Buch\Kap07*.

RUNDEN-Funktion

RUNDEN(Zahl;Anzahl_Stellen)

Diese Funktion rundet eine Zahl auf eine bestimmte Anzahl an Dezimalstellen nach der sogenannten *kaufmännischen Methode*: Wenn sich in der Dezimalstelle, auf die gerundet werden soll, ein Wert >=5 (größer oder gleich 5) ergibt, wird auf den nächsten Wert aufgerundet. Bei Werten unter 5 wird abgerundet.

Zur Ausführung benötigt die Funktion die beiden Argumente *Zahl* und *Anzahl_Stellen*.

Das Argument *Zahl* ist die Zahl, die Sie runden möchten. In der Praxis ist dieses Argument sehr häufig eine Formel, die eine Zahl als Wert zurückgibt.

Das Argument *Anzahl_Stellen* gibt an, auf wie viele Dezimalstellen Sie die Zahl runden möchten. Dabei gilt:

- Ist *Anzahl_Stellen* größer als *0* (Null), wird *Zahl* auf die angegebene Anzahl an Dezimalstellen gerundet
- Ist *Anzahl_Stellen* gleich *0*, wird *Zahl* auf die nächste ganze Zahl gerundet
- Ist *Anzahl_Stellen* kleiner als *0*, wird der links vom Dezimalzeichen stehende Teil von *Zahl* gerundet

Abbildg. 7.17   Mit der Funktion RUNDEN auf unterschiedlichen Stellen gerundet

	A	B	C	D	E	F	G
1							
2		**Division ohne Runden**					
3		Dividend	Divisor	Ergebnis	Formel		
4		50	6	8,333333333	=B4/C4		
5		17	3	5,666666667	=B5/C5		
6							
7		**Division und Runden auf die 2. Dezimalstelle**					
8		Dividend	Divisor	Ergebnis	Formel		
9		50	6	8,33	=RUNDEN(B9/C9;2)		
10		17	3	5,67	=RUNDEN(B10/C10;2)		
11							
12		**Division und Runden auf die nächste ganze Zahl**					
13		Dividend	Divisor	Ergebnis	Formel		
14		50	6	8	=RUNDEN(B14/C14;0)		
15		17	3	6	=RUNDEN(B15/C15;0)		
16							
17		**Division und Runden auf die nächste Zehnerstelle**					
18		Dividend	Divisor	Ergebnis	Formel		
19		50	6	10	=RUNDEN(B19/C19;-1)		
20		17	3	10	=RUNDEN(B20/C20;-1)		
21							
22		**Division und Runden unter Verwendung eines Zellbezugs**					
23		Dividend	Divisor	Anzahl_Stellen	Ergebnis	Formel	
24		50	6	2	8,33	=RUNDEN(B24/C24;D24)	
25		17	3	-1	10	=RUNDEN(B25/C25;D25)	

CD-ROM   Vergleichen Sie hierzu auch das Arbeitsblatt *Runden* in der Arbeitsmappe *Kap07.xlsx* auf der CD-ROM zu diesem Buch im Ordner *\Buch\Kap07*.

AUFRUNDEN-Funktion

`AUFRUNDEN(Zahl;Anzahl_Stellen)`

Die Funktion *AUFRUNDEN* wird häufig in Kalkulationsmodellen benötigt, wenn bei der Preisbildung auf ein bestimmtes Preisniveau aufgerundet werden soll. Stellen Sie sich vor, ein Auto würde für 24.873,50 € angeboten werden. Hier würde in der Kalkulation zur Preisbildung sicherlich immer auf die nächsten vollen zehn Euro aufgerundet werden.

Das Argument *Zahl* ist die reelle Zahl, die aufgerundet werden soll. In der Praxis ist das Argument *Zahl* meist das Ergebnis einer Berechnung (Formel).

Das Argument *Anzahl_Stellen* gibt an, auf wie viele Dezimalstellen die Zahl gerundet werden soll. Das Argument ist optional.

Die Funktion *AUFRUNDEN* unterscheidet sich von der Funktion *RUNDEN* nur dadurch, dass sie eine Zahl immer aufrundet.

- Ist *Anzahl_Stellen* größer gleich *0* (Null), wird die jeweilige Zahl entsprechend der angegebenen Anzahl an Dezimalstellen aufgerundet
- Ist *Anzahl_Stellen* gleich *0* oder nicht angegeben, wird die jeweilige Zahl auf die nächste ganze Zahl aufgerundet
- Ist *Anzahl_Stellen* kleiner als *0*, wird die jeweilige Zahl links vom Dezimaltrennzeichen (Komma) aufgerundet

Abbildg. 7.18   Beispiele für auf- und abgerundete Werte

	A	B	C	D
1		Werte aufrunden		
2	aufgerundet auf die nächsten...	Wert	Ergebnis	Formel
3	0,01 €	0,4487 €	0,4500 €	=AUFRUNDEN(B3;2)
4	0,10 €	8,47 €	8,50 €	=AUFRUNDEN(B4;1)
5	1,00 €	86,95 €	87,00 €	=AUFRUNDEN(B5;0)
6	10,00 €	628,95 €	630,00 €	=AUFRUNDEN(B6;-1)
7	100,00 €	23.795,85 €	23.800,00 €	=AUFRUNDEN(B7;-2)
8				
9		Werte abrunden		
10	abgerundet auf die nächsten...	Wert	Ergebnis	Formel
11	0,01 €	0,4487 €	0,4400 €	=ABRUNDEN(B11;2)
12	0,10 €	8,47 €	8,40 €	=ABRUNDEN(B12;1)
13	1,00 €	86,95 €	86,00 €	=ABRUNDEN(B13;0)
14	10,00 €	628,95 €	620,00 €	=ABRUNDEN(B14;-1)
15	100,00 €	23.795,85 €	23.700,00 €	=ABRUNDEN(B15;-2)

Mehr zur Funktion RUNDEN finden Sie in Kapitel 15.

ABRUNDEN-Funktion

```
ABRUNDEN(Zahl;Anzahl_Stellen)
```

Die Funktion *ABRUNDEN* unterscheidet sich von der Funktion *RUNDEN* nur dadurch, dass sie eine Zahl immer abrundet. Die Funktion rundet die *Zahl* auf *Anzahl_Stellen* ab.

- Das Argument *Zahl* ist die reelle Zahl oder der Zahlenwert, den eine Berechnung (Formel) ergibt, die abgerundet werden soll
- Das Argument *Anzahl_Stellen* gibt an, auf wie viele Dezimalstellen die Zahl gerundet werden soll
- Ist *Anzahl_Stellen* größer oder gleich *0* (Null), wird die jeweilige Zahl entsprechend der angegebenen Anzahl an Dezimalstellen abgerundet
- Ist *Anzahl_Stellen* gleich *0*, wird die jeweilige Zahl auf die nächste ganze Zahl abgerundet
- Ist *Anzahl_Stellen* kleiner als *0*, wird die jeweilige Zahl links vom Dezimaltrennzeichen (Komma) abgerundet

CD-ROM Sie können die in Abbildung 7.18 gezeigten Beispiele selbst in der Arbeitsmappe *Kap07.xlsx* im Arbeitsblatt *Auf-Abrunden* durchrechnen. Die Datei befindet sich auf der CD zu diesem Buch im Ordner *\Buch\Kap07*.

SUMMEWENN-Funktion

```
SUMMEWENN(Bereich;Suchkriterien;Summe_Bereich)
```

Mit dieser Funktion besitzen Sie eine der leistungsfähigsten Funktionen zum Auswerten unübersichtlicher und großer Datenbestände. Diese Funktion addiert Zahlen, wenn die Daten in *Bereich* mit der im Argument *Suchkriterien* eingetragenen Bedingung übereinstimmen.

- Das Argument *Bereich* ist der Zellbereich, den Sie auswerten möchten. Dieses Argument muss angegeben werden
- Das Argument *Suchkriterien* gibt die Kriterien in Form einer Zahl, eines Ausdrucks, einer Zeichenfolge oder eines Zellbezugs zu einer Zelle, in der das Kriterium eingetragen ist, an. Diese Kriterien bestimmen, welche Zellen addiert werden. Wenn Sie das Suchkriterium unmittelbar in die Funktion eingeben, stellen Sie das Kriterium in Anführungszeichen. Um z.B. Werte zu suchen, die größer als 150 sind, ist als Kriterium "*>150"* einzugeben. Das Argument muss eingegeben werden.
- Das Argument *Summe_Bereich* gibt den Bereich an, in dem sich die tatsächlich zu addierenden Zellen befinden. Die zu *Summe_Bereich* gehörenden Zellen werden nur dann in die Addition einbezogen, wenn die Inhalte ihrer entsprechenden in Bereich befindlichen Zellen den Suchkriterien genügen. Dieses Argument ist optional. Fehlt das Argument *Summe_Bereich*, werden die zum *Bereich* gehörenden Zellen addiert.

Abbildg. 7.19 Beispiel für die *SUMMEWENN*-Funktion

	A	B	C	D	E	F	G	H	I	J	K
1											
2		Fahrzeugverkäufe									
3		Datum	Fahrzeug	VK-Preis		Summe der Verkaufspreise					
4		21.10.2010	Polo	16.500,00 €		Fox	32.380,00 €	=SUMMEWENN($C$4:$D$18;"Fox";$D$4:$D$18)			
5		22.10.2010	Golf	32.500,00 €		Golf	142.350,00 €	=SUMMEWENN($C$4:$D$18;F5;$D$4:$D$18)			
6		23.10.2010	Golf	16.600,00 €		Passat	125.480,00 €	=SUMMEWENN($C$4:$D$18;F6;$D$4:$D$18)			
7		24.10.2010	Passat	43.000,00 €		Polo	53.200,00 €	=SUMMEWENN($C$4:$D$18;F7;$D$4:$D$18)			
8		25.10.2010	Fox	15.600,00 €							
9		26.10.2010	Passat	24.500,00 €		Anzahl nach Fahrzeugtypen					
10		27.10.2010	Polo	18.000,00 €		Fox	2	=ZÄHLENWENN($C$4:$D$18;"Fox")			
11		28.10.2010	Golf	24.450,00 €		Golf	6	=ZÄHLENWENN($C$4:$D$18;F11)			
12		29.10.2010	Polo	18.700,00 €		Passat	4	=ZÄHLENWENN($C$4:$D$18;F12)			
13		30.10.2010	Golf	21.600,00 €		Polo	3	=ZÄHLENWENN($C$4:$D$18;F13)			
14		31.10.2010	Passat	26.780,00 €							
15		01.11.2010	Fox	16.780,00 €							
16		02.11.2010	Passat	31.200,00 €							
17		03.11.2010	Golf	22.600,00 €							
18		04.11.2010	Golf	24.600,00 €							
19											

Abbildung 7.19 zeigt ein Beispiel für den Einsatz der *SUMMEWENN*-Funktion. In dem Bereich *C4:C18* ist festgehalten, um welches Fahrzeug es sich handelt. Im Zellbereich *D4:D18* stehen die Verkaufspreise. Um nun die Werte der Fahrzeuge vom Typ »Fox« zu addieren, zum Kopieren als Bezug ist in diesem Fall folgende Formel notwendig:

```
=SUMMEWENN(C4:C18;"Fox";D4:D18)
```

Beachten Sie bitte auch die zweite Berechnung (Zelle *G5* in Abbildung 7.19), bei der das Suchkriterium nicht in der Formel, sondern in die Zelle *F5* eingetragen ist. Dies bietet den Vorteil, dass Sie in dieser Zelle das Suchkriterium beliebig auswechseln und dadurch immer andere Merkmalsgruppen addieren können.

CD-ROM Sie können dieses Beispiel selbst in der Arbeitsmappe *Kap07.xlsx* im Arbeitsblatt *SummeWenn* durchrechnen. Die Datei befindet sich auf der CD-ROM zu diesem Buch im Ordner *\Buch\Kap07*.

ZÄHLENWENN-Funktion

```
ZÄHLENWENN(Bereich;Suchkriterien)
```

Analog zur Funktion *SUMMEWENN* ist die Funktion *ZÄHLENWENN* zu sehen. Aus nicht erklärlichen Gründen finden Sie diese Funktion in der Kategorie *Statistik*, wogegen *SUMMEWENN* in der Kategorie *Math. & Trigonom.* zu finden ist. Die Funktion *ZÄHLENWENN* zählt die nicht leeren Zellen eines Bereichs, deren Inhalte mit den Suchkriterien übereinstimmen.

- Das Argument *Bereich* ist der Zellbereich, von dem Sie wissen möchten, wie viele seiner Zellen einen Inhalt haben, der mit den Suchkriterien übereinstimmt. Das Argument muss eingegeben werden.

- Das Argument *Suchkriterien* gibt die Kriterien in Form einer Zahl, eines Ausdrucks, einer Zeichenfolge oder eines Bezugs zu einer Zelle, in der das Kriterium eingetragen ist, an. Diese Kriterien bestimmen, welche Zellen gezählt werden. Das Argument muss eingegeben werden.

Beachten Sie in Abbildung 7.19 auch das Beispiel in Zelle *G10*, bei dem das Suchkriterium nicht direkt in die Formel eingebaut ist, sondern als Bezug auf eine Zelle (*F10*).

> **CD-ROM** Sie können dieses Beispiel selbst in der Arbeitsmappe *Kap07.xlsx* im Arbeitsblatt *ZählenWenn* durchrechnen. Die Datei befindet sich auf der CD-ROM zu diesem Buch im Ordner \Buch\Kap07.

Alles ganz logisch

Durch die Funktionen der Kategorie *Logik* beginnen Ihre Tabellen selbstständig »mitzudenken« und Entscheidungen in Ihrem Sinn zu treffen. Durch die Logikfunktionen können Sie beispielsweise Ergebniszellen überwachen und bei bestimmten Ergebnissen zu anderen Werten oder Tabellenfunktionen verzweigen. Für derartige Manipulationen benötigen Sie die (wichtigste) logische Funktion *WENN*.

WENN-Funktion

```
WENN(Prüfung;Dann_Wert;Sonst_Wert)
```

Durch die *WENN*-Funktion können Sie Entscheidungen, die sich auf den Ausgang des Arguments *Prüfung* stützen, treffen. Sollte die Prüfung den logischen Wert *Wahr* ergeben, wird die Anweisung des Arguments *Dann_Wert* ausgeführt. Ergibt die Prüfung den logischen Wert *Falsch*, wird die Anweisung des Arguments *Sonst_Wert* ausgeführt. Vergleichen Sie hierzu auch die Abbildung 7.20.

- Das Argument *Prüfung* ist ein Wahrheitswert oder das Ergebnis eines logischen Vergleichs, der *WAHR* oder *FALSCH* sein kann

- Das Argument *Dann_Wert* wird als Ergebnis der Funktion zurückgegeben, wenn die Wahrheitsprüfung *WAHR* ergibt. Liefert das Argument *Prüfung* das Ergebnis *WAHR* ist und das Argument *Dann_Wert* ist nicht angegeben, wird *WAHR* zurückgegeben.

- Das Argument *Sonst_Wert* wird als Ergebnis der Funktion zurückgegeben, wenn die Wahrheitsprüfung *FALSCH* ergibt. Liefert das Argument *Prüfung* das Ergebnis *FALSCH* und ist das Argument *Sonst_Wert* nicht angegeben, wird *FALSCH* zurückgegeben.

Alle Argumente können auch das Ergebnis weiterer Funktionen sein.

In Excel führen Sie eine Prüfung, die den logischen Wert *WAHR* oder *FALSCH* ergibt, mit den Booleschen Vergleichsoperatoren oder den Funktionen aus der Kategorie *Logik* durch.

Tabelle 7.3 Vergleichen mit Booleschen Operatoren und Logikfunktionen

Operator	Auswirkung	Beispiel	Ergebnis
=	ist gleich	"A"="B"	FALSCH
<	ist kleiner als	2003<2005	WAHR
>	ist größer als	2003>2005	FALSCH

Tabelle 7.3 Vergleichen mit Booleschen Operatoren und Logikfunktionen *(Fortsetzung)*

Operator	Auswirkung	Beispiel	Ergebnis
<=	ist kleiner oder gleich	25<=24	FALSCH
>=	ist größer oder gleich	25>=24	WAHR
<>	ist ungleich (nicht)	2003<>2005	WAHR
=UND (Wahrheitswert1;Wahrheitswert2;…)	WAHR, wenn alle Bedingungen WAHR sind, sonst FALSCH	=UND(3>5;2=2)	FALSCH
=ODER (Wahrheitswert1;Wahrheitswert2;…)	WAHR, wenn wenigstens eine der Bedingungen WAHR ist, sonst FALSCH	=ODER(3>5;2=2)	WAHR
=NICHT(Wahrheitswert)	Umkehrung des Ergebnisses der Prüfung, WAHR, wenn die Prüfung FALSCH ergibt.	=NICHT(0=1)	WAHR

Nach der allgemeinen Syntax ist auch in dieser Funktion jeglicher Text in Anführungszeichen einzuschließen. Soll bei einer Ausgabe nichts ausgegeben werden, wählen Sie dafür leeren Text aus, der durch zwei Anführungszeichen ("") dargestellt wird. Zwischen den Anführungszeichen befindet sich kein Leerzeichen.

Die *WENN*-Funktion ist im Prinzip nichts anderes als die Simulation eines alltäglichen und menschlichen Entscheidungsvorgangs. Wie oft haben wir alle schon einmal gesagt: »*Wenn* sich eine Sache so verhält, *dann* werde ich dieses tun, *sonst* werde ich etwas anderes tun.«

Wenn Sie diesen Satz einmal auf Computerebene denken, ergibt sich folgende Situation: Wenn das Argument *Prüfung* einen bestimmten Wert erreicht, wird das Argument *Dann* ausgeführt. In allen anderen Fällen wird das Argument *Sonst* ausgeführt. Wie das folgende Schema zeigt, geschieht in der Funktion *WENN* nichts anderes.

Abbildg. 7.20 Schema der *WENN*-Funktion

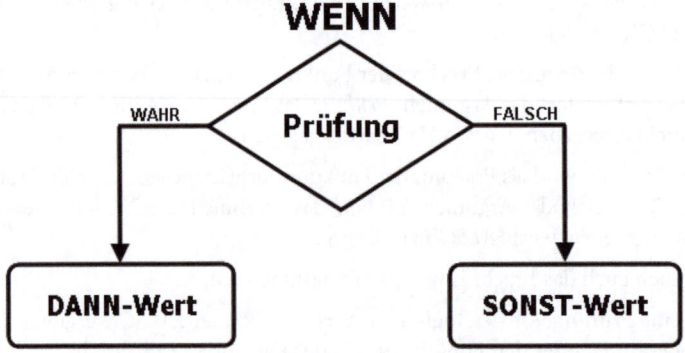

Beispiel zur *WENN*-Funktion

In einer Abwandlung zum Beispiel der laufenden Summe weiter oben in diesem Kapitel soll die laufende Summe einer Spalte nur in der jeweils letzten Zeile angezeigt werden.

Abbildg. 7.21 Bewertung mit der *WENN*-Funktion

	A	B	C	D	E	F	G
1		Einsatz der WENN-Funktion					
2		=WENN(Prüfung;Dann_Wert;Sonst_Wert)					
3		Prüfung	Zelle links ist nicht leer, Zelle links darunter ist leer				
4		Dann_Wert:	Summe der ganzen Reihe anzeigen				
5		Sonst_Wert:	Nichts anzeigen				
6							
7		4		=WENN(UND(B7<>"";B8="");SUMME($B$7:B7);"")			
8		5					
9		97					
10		2000					
11		2002					
12		2003					
13		2007					
14		2010	10128				
15							

Verfahren Sie zur Lösung wie folgt:

1. Markieren Sie die Zelle *C7* und rufen über das Symbol in der Bearbeitungsleiste den *Funktions-Assistenten* auf.
2. Wählen Sie in der Liste *Kategorie auswählen* den Eintrag *Logik* aus.
3. In der Liste *Funktion auswählen* markieren Sie die Funktion *WENN* und klicken auf *OK*.
4. Füllen Sie das Dialogfeld folgendermaßen aus:
   - Im Argument *Prüfung* soll die Summe in der Zellen *B7* und *B8* geprüft werden; d.h. UND(B7<>"";B8="")
   - Im Argument *Dann_Wert* soll die Summe SUMME($B$7:B7) gebildet werden. Achten Sie hier auf den gemischten Bezug.
   - Im Argument *Sonst_Wert* soll keine Ausgabe erscheinen, geben Sie also lediglich die doppelten Anführungszeichen "" an
5. Nach dem Ausfüllen schließen Sie das Dialogfeld mit Klick auf die Schaltfläche *OK*.
6. Kopieren Sie die Formel nach unten bis zur Zelle *C14*.

CD-ROM Sie finden dieses Beispiel im Arbeitsblatt *Wenn 1* und weitere Beispiele für Logikfunktionen in den Arbeitsblättern *Wenn 2* sowie *Wenn 3* in der Arbeitsmappe *Kap07.xlsx* auf der CD-ROM zu diesem Buch im Ordner *\Buch\Kap07*.

Kapitel 7 Funktionen einsetzen

Mit Datums- und Zeitfunktionen rechnen

Durch Datums- und Zeitfunktionen können Sie mit der sogenannten »Systemzeit« Ihres Computers arbeiten. Excel enthält zahlreiche Funktionen, um mit Datumswerten zu rechnen oder bestimmte Zustände festzustellen.

Die Eingabe von Datumswerten

Wenn Sie bei der Datumseingabe auf dem numerischen Block Ihrer Tastatur arbeiten, ist es meist hinderlich, nach dem Tag und dem Monat einen Punkt einzugeben. Sie können stattdessen auch den Schrägstrich und das Minuszeichen als Trennzeichen bei Datumseingaben verwenden. Diese beiden Zeichen finden Sie auch auf dem numerischen Block und Sie können damit komfortabel arbeiten.

Beispiel: Geben Sie *17/8/65* für den 17.08.1965 oder *26-9-37* für den 26.09.1937 ein. Wenn Sie dabei keine Jahreszahl angeben, ergänzt Excel die Eingabe automatisch um das aktuelle Jahr. So wird aus der Eingabe *18-6* im Jahr 2010 der Zellinhalt *18.06.2010*. Achten Sie darauf, dass Sie nach dem Monat kein weiteres Zeichen (also auch keinen Punkt) eingeben.

Problem: Eine Zelle zeigt immer Datumswerte an

Wenn Excel eine Eingabe als Datumswert erkennt, wird die entsprechende Zelle automatisch als Datum formatiert. Wenn Sie beispielsweise *3-10* eingeben, wird dies als der 3. Oktober des laufenden Jahrs gedeutet und die Zelle entsprechend formatiert. Alle weiteren Eingaben in diese Zelle werden somit als Datumswerte dargestellt. Überschreiben Sie die vorige Eingabe beispielsweise mit der Zahl 25, zeigt die Zelle den 25. Januar an.

Um eine möglicherweise ungewollte Formatierung wieder auf den Standard zurückzusetzen, verfahren Sie wie folgt:

1. Markieren Sie die entsprechende Zelle.

2. Rufen Sie auf der Registerkarte *Start* den Befehl *Löschen/Formate löschen* auf.

Dadurch erhält die Zelle wieder den Formatstatus *Standard*.

HEUTE- und *JETZT*-Funktion

Bei der Eingabe der *HEUTE*-Funktion erhalten Sie als Ergebnis das aktuelle Datum ohne die Uhrzeit.

```
=HEUTE()
```

Bei Eingabe der *JETZT*-Funktion erhalten Sie als Ergebnis das aktuelle Datum sowie die aktuelle Uhrzeit.

```
=JETZT()
```

Wenn bei beiden Funktionen das aktuelle Tagesdatum angezeigt wird, ist dies das Ergebnis des Zahlenformats. Standardmäßig ermittelt *Excel* ein Datum nach der fortlaufenden Zahl, die mit der Zahl *1* am 01. Januar 1900 beginnt und am 31. Dezember 9999 mit der Zahl *2.958.465* endet. Das bedeutet, dass Excel nur mit Datumswerten, die zwischen diesen beiden Terminen liegen, rechnen kann.

Durch den Zahlenwert links vom Komma wird das Datum dargestellt. So bedeutet die Zahl *38.500*, dass diese Anzahl an Tagen seit dem 01.01.1900 vergangen ist. Das Datumsergebnis ist der 28. Mai 2005.

Die Zahlen, die bei der fortlaufenden Zahl rechts vom Komma stehen, geben die Uhrzeit an. Dabei gilt, dass ein Tag den Wert *1* besitzt. Wenn Sie diesen Wert durch die Anzahl der Stunden, die ein Tag besitzt, dividieren, erhalten Sie den Dezimalbruch für eine Stunde; also 1/24 = 0,04166667. Die Angabe *0,5* bedeutet nichts anderes, als dass exakt die Hälfte eines Tags vergangen und es genau 12:00 Uhr ist. Für den 28.05.2005 ergibt sich um 12 Uhr mittags die Zahl 38.500,5.

Die Ergebnisse beider Funktionen werden nicht ständig aktualisiert. Es finden nur dann Aktualisierungen statt, wenn die Tabelle geöffnet oder die zugehörige Tabelle berechnet wird. Die Neuberechnung einer Tabelle können Sie durch Drücken der Taste F9 erzwingen. Mehr zum Thema Neuberechnung finden Sie in Kapitel 6.

MONAT-Funktion

```
MONAT(Zahl)
```

Mithilfe der Funktion *MONAT* können Sie aus einem gültigen Datum den Monat als ganze Zahl ausgeben lassen. Die Monatszahlen werden von 1 (Januar) bis 12 (Dezember) errechnet.

Das Argument *Zahl* muss ein Datumswert bzw. ein Bezug zu einer Zelle mit einem Datumswert sein. Wenn Sie einen Datumswert als Konstante in das Argument eingeben wollen, müssen Sie das Datum in Anführungszeichen einschließen (*"22.11.2010"*).

In der gleichen Art gibt es noch die Funktion *JAHR*, mit der Sie die Jahreszahl eines Datumswerts ermitteln können und die Funktion *TAG*, welche den Tag eines Datums anzeigt.

WOCHENTAG-Funktion

```
Wochentag(Zahl;Typ)
```

Die Funktion *WOCHENTAG* zieht aus einem gültigen Datum den Wochentag als ganze Zahl heraus.

- Das Argument *Zahl* ist eine Codierung für Datum und Zeit, die Excel für Datums- und Zeitberechnungen verwendet. Sie müssen das Argument *Zahl* nicht als Zahl, sondern können es auch als Text angeben, also z.B. *"15. Juni 2003"* oder *"15.6.03"*. Ein solcher Text wird automatisch in die entsprechende fortlaufende Zahl umgewandelt. Das Datum kann als fortlaufende Zahl oder durch einen Bezug zu einer Zelle mit einem gültigen Datumswert eingegeben werden.
- Das Argument *Typ* ist eine Zahl, die den Typ des Rückgabewerts bestimmt. In welcher Weise ein Wochentag codiert ist, hängt von dem Wert ab, den Sie in das Argument *Typ* eingeben. In Deutschland beginnt die Woche übrigens am Montag. Möglich sind die aus Tabelle 7.4 hervorgehenden Werte.

Tabelle 7.4 Werte für das Argument *Typ*

Typ	Werte für Wochentage
1 oder nicht angegeben	1 = Sonntag bis 7 = Samstag
2	1 = Montag bis 7 = Sonntag
3	0 = Montag bis 6 = Sonntag
11	Die Zahlen 1 (Montag) bis 7 (Sonntag)
12	Die Zahlen 1 (Dienstag) bis 7 (Montag)
13	Die Zahlen 1 (Mittwoch) bis 7 (Dienstag)
14	Die Zahlen 1 (Donnerstag) bis 7 (Mittwoch)
15	Die Zahlen 1 (Freitag) bis 7 (Donnerstag)
16	Die Zahlen 1 (Samstag) bis 7 (Freitag)
17	Die Zahlen 1 (Sonntag) bis 7 (Samstag)

Hierzu ein Beispiel: In einem Rechnungsformular ist das Zahlungsziel mit 20 Tagen ausgehend vom aktuellen Datum zu berechnen. Es soll jedoch nicht auf einen Sonntag gestellt werden. Fällt das errechnete Zahlungsziel auf einen Sonntag, soll es auf den darauf folgenden Montag verschoben werden.

Für die Lösung dieser Aufgabenstellung benötigen Sie nicht nur die Funktion WOCHENTAG, sondern auch die bereits gezeigten Funktionen HEUTE und WENN.

Abbildg. 7.22 Schrittweises Entwickeln der Formel im Arbeitsblatt *Wochentag*

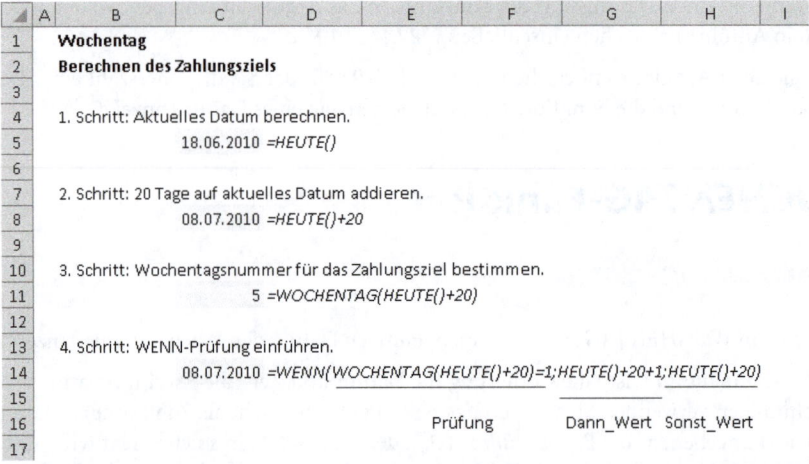

CD-ROM Sie finden diese Lösung im Arbeitsblatt *Wochentag* der Arbeitsmappe *Kap07.xlsx* auf der CD-ROM zu diesem Buch im Ordner *\Buch\Kap07*. Dort finden Sie auch das Arbeitsblatt *Tage360* mit einem Beispiel für die Berechnung taggenauer Zinsen.

Zusammenfassung

Dieses Kapitel diente dem Einstieg in die Welt der Excel-Funktionen. Anhand ausgewählter, nach unseren Erfahrungen häufig eingesetzter Funktionen, haben Sie nun das Grundprinzip des Einsatzes von Funktionen in Formeln kennengelernt. In den folgenden Kapiteln werden einige der hier gezeigten Funktionen verwendet, um Gültigkeitsregeln festzulegen oder eine bedingte Formatierung durchzuführen. Daher war es wichtig, in diesem Kapitel einige Funktionen vorzustellen. Excel bietet darüber hinaus noch eine ganze Reihe von Funktionen und Kombinationsmöglichkeiten an. Weitere Funktionen und Beispiele zu deren Anwendung finden Sie insbesondere in den Kapitel 15, 16 und 22.

Frage	Lösung
Wie kann ich mit der automatischen Summenfunktion arbeiten?	Die automatische Summenfunktion analysiert den umliegenden Bereich und bietet automatisch einen Bezug an. Mehr finden dazu Sie auf Seite 239.
Wie kann ich eine laufende Summe berechnen?	Durch eine Formel mit einem Bezug der teilweise absolut und teilweise relativ ist wird diese Aufgabe auf Seite 242 gelöst
Was versteht man unter der Syntax einer Funktion?	Damit Excel mit einer Funktion rechnen kann, muss diese nach einer Regel, der Syntax, eingetragen werden. Wie Sie dabei Argumente übergeben, zeigt Seite 244.
Wie kann ich die Bezüge in Formeln ändern?	Mit der Taste F4 können Sie zwischen verschiedenen Bezugsformen wechseln. Mehr dazu auf Seite 249.
Ich möchte ein Arbeitsblatt weitergeben. Allerdings sollen die Formeln verborgen und nur die Ergebnisse angezeigt werden. Geht das?	Kopieren Sie das Arbeitsblatt in die Zwischenablage, können Sie beim Einfügen nur die Werte einfügen. Damit werden alle Formeln in Werte umgewandelt: Mehr dazu auf Seite 250.
Wie kann ich einen Wert runden?	Excel enthält zahlreiche Funktionen zum Runden von Werten. Die wichtigste ist die Funktion *RUNDEN*. Bei dieser Funktion können Sie die Anzahl an Kommastellen angeben, auf die gerundet werden soll. Mehr dazu auf Seite 257.
Wie kann ich eine Summe von Werten berechnen, für die eine Bedingung erfüllt ist?	Auf Seite 259 finden Sie ein Beispiel für die Funktion *SUMMEWENN*, mit der eine solche Summe gebildet werden kann
Ich möchte die Anzahl von Werten ermitteln die eine bestimmte Bedingung erfüllen. Wie geht das?	Auf Seite 260 wird Ihnen gezeigt, wie Sie mit der Funktion *ZÄHLENWENN* die Anzahl von Einträgen bestimmen, die eine Bedingung erfüllen
Wie arbeitet die *WENN*-Funktion?	Die *WENN*-Funktion prüft eine Aussage und gibt ein Ergebnis in Abhängigkeit von der Prüfung aus. Auf Seite 261 erfahren Sie mehr zu dieser Funktion.
Wie kann ich schnell das aktuelle Datum oder die aktuelle Zeit eingeben?	Datums- und Zeitwerte können Sie mithilfe der Tastenkombination Strg + . und Strg + : schnell eingeben. Mehr dazu auf Seite 264.

Kapitel 8

Daten bei der Eingabe prüfen

In diesem Kapitel:

Eingabewerte einschränken	270
Eingabemeldung festlegen	272
Typ der Fehlermeldung einstellen	273
Einstellungen für die Datenüberprüfung	274
Gültigkeitsregeln finden, ändern und löschen	275
Werte aus einer Liste verwenden	277
Weitere Beispiele mit Formeln	282
Zusammenfassung	287

Wenn Sie Daten auswerten, die von verschiedenen Anwendern eingegeben wurden, stehen Sie häufig vor dem Problem, dass ungültige Daten eingegeben wurden oder dass die Schreibweise von Texten nicht eindeutig ist. Die Auswertung wird dann problematisch, weil Ihre Formeln unter Umständen nicht auf alle Datensätze zugreifen.

Um den Aufwand künftig zu reduzieren, suchen Sie also nach einer Möglichkeit, z.B. die Eingabe von Zahlen in eine Zelle einschränken zu können. Denkbar ist eine fehlerhafte Eingabe, z.B. mit Leerstellen (1 223) oder mit führendem Apostroph ('123) zu verhindern, weil mit diesen Einträgen die folgenden Berechnungen nicht korrekt durchgeführt werden können. Dieses Kapitel zeigt Lösungen, wie Sie das erreichen können.

CD-ROM   Die Beispiele zu diesem Kapitel finden Sie in der Datei *Kap08_Lösung.xlsx*. Für eigene Übungen können Sie die Datei *Kap08.xlsx* verwenden. Beide Dateien finden Sie im Ordner *\Buch\Kap08* auf der CD-ROM zu diesem Buch.

Eingabewerte einschränken

Auf der Registerkarte *Daten* befindet sich in der Gruppe *Datentools* der Befehl *Datenüberprüfung*. Sowohl beim Auswählen einer Zelle als auch bei der Eingabe fehlerhafter Werte kann damit eine Meldung angezeigt werden.

Nehmen wir an, in Ihrem Betrieb werden sechsstellige Rechnungsnummern verwendet. Allerdings war dies in früheren Jahren nicht so. Es muss also möglich sein, in einer Erfassungsliste auch eine andere Rechnungsnummer einzutragen. Legen Sie für den Bereich *B3:B12* eine Gültigkeitsregel fest, die einen Warnhinweis anzeigt, wenn es sich offensichtlich um eine ungültige Rechnungsnummer handelt.

CD-ROM   Die gezeigten Beispiele finden Sie im Arbeitsblatt *Zahlen* in der Beispieldatei *Kap08.xlsx* im Ordner *\Buch\Kap08* auf der CD-ROM zum Buch.

Als gültige Rechnungsnummer sollen Zahlen im Bereich von 100000 bis 999999 zugelassen sein. Außerdem soll es möglich sein, andere Einträge vornehmen zu können. Es geht also darum, die Zelleingabe nicht um jeden Preis zu verhindern, sondern den Benutzer auf einen möglichen Fehler hinzuweisen. Um eine solche Gültigkeitsregel zu definieren, gehen Sie wie folgt vor:

1. Markieren Sie die Zellen, für die Sie die Datenüberprüfung aufstellen wollen, also den Bereich *B3:B12*.
2. Aktivieren Sie die Registerkarte *Daten* und rufen Sie in der Gruppe *Datentools* den Befehl *Datenüberprüfung* auf.
3. Im Dialogfeld *Datenüberprüfung* wählen Sie auf der Registerkarte *Einstellungen* im Listenfeld *Zulassen* den Eintrag *Ganze Zahl* aus.
4. Legen Sie für das *Minimum* den Wert 100000 und für das *Maximum* den Wert 999999 fest (siehe Abbildung 8.1).
5. Wechseln Sie zur Registerkarte *Fehlermeldung* und wählen Sie im Listenfeld *Typ* den Eintrag *Warnung* aus (siehe Abbildung 8.3). Legen Sie einen Titel sowie eine Fehlermeldung fest. Das ist der Text, der angezeigt wird, wenn ein fehlerhafter Wert eingetragen wird.
6. Beenden Sie die Definition mit der Schaltfläche *OK*.

Eine Eingabe in diesem Bereich wird fortan geprüft und zurückgewiesen, wenn es sich nicht um Zahlen im definierten Bereich handelt. Auch die Eingabe mit führendem Apostroph oder Leerzeichen (wie in der Einleitung zu diesem Kapitel) wird nicht gestattet, weil weder das Apostroph noch das Leerzeichen eine Zahl ist.

Abbildg. 8.1 Die Eingabe auf ganze Zahlen im Bereich von 100000 bis 999999 einschränken

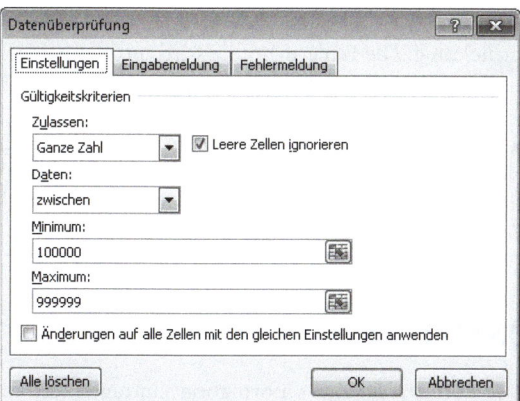

Wenn Sie das Kontrollkästchen *Leere Zellen ignorieren* aktiviert haben, sind auch leere Zellen gültig. Das bedeutet, wenn Sie die Bearbeitungsleiste aktivieren und ohne Eingabe verlassen, wird dies als gültiger Eintrag angesehen. Ist dagegen das Kontrollkästchen *Leere Zellen ignorieren* deaktiviert, wird beim Verlassen der Bearbeitungsleiste ohne Eingabe die Fehlermeldung angezeigt.

WICHTIG Der Befehl *Datenüberprüfung* steht in folgenden Situationen nicht zur Verfügung:

- Wenn die Arbeitsmappe in einer Mehrbenutzerumgebung bearbeitet wird und die Freigabe mit dem Befehl *Arbeitsmappe freigeben* der Registerkarte *Überprüfen* aktiviert ist
- Wenn der Inhalt des Arbeitsblatts geschützt ist

Der Benutzer kann die Regeln zur Datenüberprüfung also in diesen Fällen nicht anzeigen lassen. Mehr über die Freigabe und den Schutz von Arbeitsmappen finden Sie in Kapitel 3. Zum Schutz von Tabellen schlagen Sie bitte in Kapitel 4 nach.

Wann wird die Datenüberprüfung aktiv?

Die Datenüberprüfung wird durchgeführt, wenn Sie die Eingabe in eine Zelle mit der ⏎-Taste abschließen oder die Zelle über die Pfeil-Tasten bzw. einen Mausklick verlassen. Ist der eingetragene Wert ungültig, wird die Fehlermeldung angezeigt.

Wird die Zelle über den Befehl *Einfügen* mit Daten aus der Zwischenablage gefüllt oder über den Befehl *Ausfüllen* geändert, wird **keine** Datenüberprüfung durchgeführt. Auch wenn die Zelle über den Befehl *Maske* (dieser Befehl muss der Symbolleiste für den Schnellzugriff hinzugefügt werden) oder mit einem Makro geändert wird, bleibt die Gültigkeitsregel ohne Beachtung.

Einer der Fallstricke ist auch das Kontrollkästchen *Leere Zellen ignorieren*. Ist dieses Kontrollkästchen aktiv, werden Leerzellen ignoriert. Für manche Aufgaben ist das ausdrücklich erwünscht, etwa wenn die einzutragenden Daten nicht exakt eingeschränkt werden können. Wenn Sie allerdings leere Zellen verhindern wollen, müssen Sie das Kontrollkästchen deaktivieren. Leider kann der Benutzer auch dann noch ungültige Werte eintragen, indem er einen gültigen Eintrag dadurch löscht, dass er die `Entf`-Taste drückt. Die Datenüberprüfung wird nur durchgeführt, wenn der Benutzer z. B. mit der Taste `F2` in die Bearbeitungsleiste wechselt und dort die Eingabe mit der `Entf`-Taste löscht.

Ein weiteres Problem ergibt sich, wenn die Zelle mit der Gültigkeitsregel das Ergebnis einer Berechnung oder z. B. die Zielzelle eines Steuerelements oder der Zielwertsuche ist. Solche Änderungen führen ebenfalls nicht zu einer Fehlermeldung. Die Fehlermeldung wird nur dann angezeigt, wenn das Ergebnis der Formel zum Zeitpunkt der Formeleingabe ein ungültiges Ergebnis liefert.

WICHTIG Wenn eine Datenüberprüfung nicht den gewünschten Erfolg hat, prüfen Sie die Einstellungen nochmals genau. Sie legen mit einer Datenüberprüfung die zulässigen Werte fest. Werte, die nicht diesen Bedingungen entsprechen, führen zur Anzeige einer Fehlermeldung. Eine Prüfung für bereits eingetragene Werte findet nicht statt.

Eingabemeldung festlegen

Auf der Registerkarte *Eingabemeldung* können Sie eine Information eintragen, die immer dann erscheint, wenn die Zelle ausgewählt wird. Die Information wird dann, ähnlich wie ein Kommentar, in einer QuickInfo eingeblendet (siehe hierzu die Abbildung 8.8).

TIPP Vielleicht wollen Sie ja keine Datenüberprüfung durchführen, sondern nur einen Hinweis anzeigen, wenn bestimmte Zellen ausgewählt werden. In diesem Fall legen Sie für diese Zellen **nur** eine Eingabemeldung fest. Damit können Sie eine Beschreibung anzeigen, welche Eingabe erwartet wird oder in welche Berechnung der Wert eingeht. Die Eingabemeldung ist damit so etwas wie ein dynamisch angezeigter Kommentar. Mehr zu Kommentaren finden Sie in Kapitel 13.

Abbildg. 8.2   Informationen beim Auswählen der Zelle anzeigen

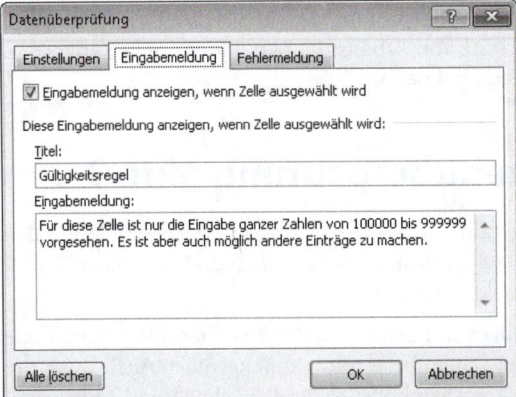

TIPP Ist eine Zelle aktiviert, für die eine Eingabemeldung angezeigt wird, können Sie die Position der Eingabemeldung durch Ziehen mit der gedrückten linken Maustaste verändern.

Typ der Fehlermeldung einstellen

Den Typ, den Titel und den Text für die Fehlermeldung legen Sie im Dialogfeld *Datenüberprüfung* (siehe Abbildung 8.3) auf der Registerkarte *Fehlermeldung* fest. Die Fehlermeldung kann über das Listenfeld *Typ* in den drei unterschiedlichen Stilen *Stopp*, *Warnung* und *Informationen* angezeigt werden. Der Stil wird bei der Anzeige der Fehlermeldung durch ein Symbol verdeutlicht.

Abbildg. 8.3   Den Stil sowie Titel und Text für die Fehlermeldung festlegen

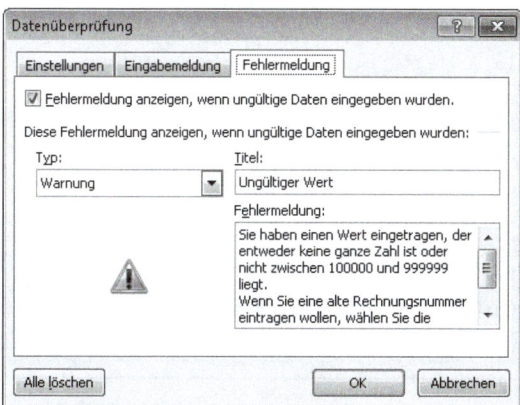

Profitipp   Um die Datenüberprüfung vorübergehend auszuschalten, ohne diese zu löschen, deaktivieren Sie das Kontrollkästchen *Fehlermeldung anzeigen, wenn ungültige Daten eingegeben wurden* (siehe Abbildung 8.3).

Tabelle 8.1   Die verschiedenen Stile der Fehlermeldung

Typ	Fehlerart	Beschreibung
Stopp	Muss-Fehler	Das Verlassen der Zelle ist nicht möglich, solange der fehlerhafte Wert nicht geändert bzw. die Schaltfläche *Abbrechen* gedrückt wird
Warnung	Kann-Fehler	Mit der Schaltfläche *Ja* wird der Eintrag als gültiger Wert akzeptiert und in die Zelle übernommen. Mit *Nein* wird in den Editiermodus gewechselt. Die Schaltfläche *Abbrechen* bricht die Eingabe ab.
Information	Kann-Fehler	Mit der Schaltfläche *OK* wird der Wert akzeptiert. Die Schaltfläche *Abbrechen* bricht die Eingabe ab.

Für den Titel können Sie eine Zeichenfolge mit maximal 32 Zeichen festlegen, für die Fehlermeldung können Sie 225 Zeichen verwenden. Wenn Sie auf der Registerkarte *Fehlermeldung* keinen eigenen Eintrag einfügen, gibt Excel eine Standardmeldung aus und erklärt damit die vom Benutzer eingegebenen Daten als ungültig.

… Kapitel 8 Daten bei der Eingabe prüfen

> **WICHTIG** Geben Sie dem Benutzer in der Fehlermeldung klare Hinweise auf den gültigen Datenbereich. Die Fehlermeldung sollte den Benutzer in die Lage versetzen, die fehlerhafte Eingabe ohne lange Rückfrage oder Suche zu korrigieren.

Fehlerarten: Kann-Fehler und Muss-Fehler

Bei der Überprüfung von Daten gibt es zwei Kategorien: »Muss-Fehler« und »Kann-Fehler«. Ein Muss-Fehler ist ein Fehler, der auf einen Wert zeigt, welcher ohne jeden Zweifel falsch ist. Wenn Sie z. B. den Wert einer Zelle für eine Berechnung verwenden wollen, führt die Eingabe von Text zu einem Fehler. Die Eingabe von Text sollte also einen Muss-Fehler erzeugen.

> **HINWEIS** Ein Muss-Fehler **muss** vom Bearbeiter **geprüft und geändert** werden.

Bei einem Kann-Fehler ist die Entscheidung, ob richtig oder falsch, nicht so einfach zu treffen, weil z. B. mehrere Bedingungen beachtet werden müssen, die zum Zeitpunkt der Festlegung der Regel vielleicht noch gar nicht bekannt sind.

> **HINWEIS** Ein Kann-Fehler **muss** vom Bearbeiter **geprüft** werden und **kann geändert** werden.

Einstellungen für die Datenüberprüfung

Um Gültigkeitskriterien festzulegen, können Sie im Listenfeld *Zulassen* aus einer ganzen Reihe von Kriterien auswählen. Die meisten Kriterien erlauben eine weitere Differenzierung durch die Verwendung logischer Operatoren, die über das Listenfeld *Daten* ausgewählt werden können. Die Tabelle 8.2 zeigt eine Übersicht über die möglichen Einstellungen und deren Wirkung.

Tabelle 8.2 Die möglichen Einstellungen im Listenfeld *Zulassen* und deren Wirkung

Eintrag im Feld *Zulassen*	Einstellungen	Wirkung
Jeden Wert	Keine	Standardeinstellung, keine Einschränkungen
Ganze Zahl	zwischen, nicht zwischen, gleich, ungleich, größer als, kleiner als, größer oder gleich, kleiner oder gleich	Die Eingabe wird auf ganze Zahlen eingeschränkt, die durch die Angabe eines bzw. zweier Grenzwerte (abhängig vom Vergleichsoperator) eingestellt werden kann
Dezimal	Wie vor	Die Eingabe wird auf Dezimalzahlen eingeschränkt, sonst wie vor
Liste	Quelle	Der eingetragene Wert wird mit einer Liste abgeglichen. Die Liste kann aus einzelnen Werten bestehen, die jeweils durch ein Semikolon getrennt sind, z. B. *Hammer;Zange;Schraubenschlüssel*, oder auf einen Bereich zeigen, etwa =$B$1:$B$10. Auch Bereichsnamen können eingesetzt werden.

Tabelle 8.2 Die möglichen Einstellungen im Listenfeld *Zulassen* und deren Wirkung *(Fortsetzung)*

Eintrag im Feld *Zulassen*	Einstellungen	Wirkung
Datum	zwischen, nicht zwischen, gleich, ungleich, größer als, kleiner als, größer oder gleich, kleiner oder gleich	Die Eingabe wird auf Datumswerte eingeschränkt, die durch die Angabe eines bzw. zweier Grenzwerte (abhängig vom Vergleichsoperator) eingestellt werden kann
Zeit	Wie vor	Die Eingabe wird auf Zeitwerte eingeschränkt, sonst wie vor
Textlänge	Wie vor	Bei der Eingabe wird die Länge der eingegebenen Zeichenfolge geprüft. Wird eine Formel eingetragen, wird die Länge des Ergebnisses und nicht die Länge der Formel geprüft.
Benutzerdefiniert	Formel	Sie können hier eine Formel eingeben, die auch Bezüge auf andere Zellen des Arbeitsblatts enthalten kann. Ist das Ergebnis der Formel der Wahrheitswert *WAHR*, sind die Daten gültig, bei *FALSCH* ungültig.

TIPP Sie sehen, dass hier für jeden Zweck eine Einstellung zu finden ist. Interessant ist z. B. die Datenüberprüfung mit dem Vergleich der Textlänge. Wenn Sie festlegen wollen, dass eine Zelle einen Eintrag enthalten muss, ohne die Anzahl der Zeichen einzuschränken, wählen Sie im Feld *Daten* den Operator *größer oder gleich* aus und geben Sie im Feld *Minimum* den Wert 1 ein. Deaktivieren Sie dabei das Kontrollkästchen *Leere Zellen ignorieren*.

Gültigkeitsregeln finden, ändern und löschen

Manchmal kommt es vor, dass die Gültigkeitsregeln geändert werden müssen. Sei es, weil sich die Voraussetzungen ändern oder weil versehentlich eine falsche Regel festgelegt wurde. Zum Überarbeiten von Gültigkeitsregeln verwenden Sie ebenfalls das Dialogfeld *Datenüberprüfung*. Da stellt sich die Frage, wie Sie Zellen mit einer Datenüberprüfung finden können, nicht wahr?

Zellen mit Gültigkeitsregeln finden

Wenn Sie die Gültigkeitsregeln ändern, wollen Sie natürlich wissen, welche Zellen von einer solchen Aktion betroffen sind. Die Zellen mit Datenüberprüfungen können Sie über den Befehl *Gehe zu* oder die Taste F5 anzeigen lassen, wenn Sie die Schaltfläche *Inhalte* wählen und im Dialogfeld *Inhalte auswählen* die Option *Datenüberprüfung* markieren. Über das Optionsfeld *Alles* werden alle Zellen mit Datenüberprüfung markiert. Mit der Option *Gleiche* werden nur diejenigen Datenüberprüfungen markiert, welche die gleiche Regel wie die aktive Zelle enthalten. Diese Optionen gelten übrigens auch bei der Suche nach bedingten Formatierungen. Mehr zum Dialogfeld *Gehe zu* finden Sie in Kapitel 4, mehr zur bedingten Formatierung erfahren Sie in Kapitel 12.

Kapitel 8 Daten bei der Eingabe prüfen

> **HINWEIS** Eine eventuell festgelegte Eingabemeldung wird erst angezeigt, wenn Sie die ausgewählte Zelle anklicken.

Bereits eingetragene Daten prüfen

Die Gültigkeitsregel wird nicht auf Daten angewendet, die zum Zeitpunkt der Definition der Gültigkeitsregel bereits eingetragen waren. Wird also eine Datenüberprüfung für Zellen mit Inhalt festgelegt, müssen Sie diesen Inhalt selbst auf Gültigkeit prüfen.

Sie können sich dabei allerdings von Excel unterstützen lassen. Wählen Sie dazu auf der Registerkarte *Daten* den Befehl *Datenüberprüfung/Ungültige Daten einkreisen* (klicken Sie dazu auf das kleine Dreieck rechts neben der Schaltfläche *Datenüberprüfung*, um das zugehörige Menü zu öffnen). Daraufhin werden die Zellinhalte mit den Datenüberprüfungen verglichen und ungültige Werte mit Gültigkeitskreisen markiert.

Abbildg. 8.4 Ungültige Daten mit einem Kreis markieren und hervorheben

	A	B	C	D	E	F	G	H
1								
2			Ganze Zahl	Dezimal	Datum	Zeit	Textlänge	
3		Operator	zwischen	nicht zwischen	zwischen	zwischen	kleiner oder gleich	
4		Von	1	1,8	01.01.2010	00:00:00	5	
5		Bis	10	2,1	30.06.2010	12:00:00		
6		Fehlertyp	Stopp	Warnung	Informationen	Informationen	Warnung	
7		Leere Zellen ignorieren	Ja	Ja	Nein	Ja	Ja	
8			1	3	17.03.2010	06:30	2010	
9			2010	2,5		12:00	Text	
10				1,9			Gültigkeitskreis	
11								
12								
13								
14								
15								
16								
17								
18								

Bei einer großen Menge fehlerhafter Daten müssen Sie diesen Schritt unter Umständen mehrfach ausführen, da die Gültigkeitskreise lediglich bei 255 Zellen gleichzeitig gezeichnet werden können.

Wenn Sie die Daten in der Zelle korrigieren oder die Datenüberprüfung so ändern, dass ungültige Daten damit gültig werden, wird der Gültigkeitskreis ausgeblendet. Über die Schaltfläche *Gültigkeitskreise löschen*, können alle Gültigkeitskreise wieder entfernt werden. Die Gültigkeitskreise werden auch beim Speichern und Schließen der Arbeitsmappe entfernt.

> **CD-ROM** Das Beispiel finden Sie im Arbeitsblatt *Weitere Bedingungen*. Dieses befindet sich in der Beispieldatei *Kap08.xlsx* im Ordner *\Buch\Kap08* auf der CD-ROM zum Buch.

Regeln zur Datenüberprüfung ändern

Um die Änderung einer Datenüberprüfung auf alle Zellen mit der gleichen Datenüberprüfung anzuwenden, aktivieren Sie im Dialogfeld *Datenüberprüfung* auf der Registerkarte *Einstellungen* das Kontrollkästchen *Änderungen auf alle Zellen mit den gleichen Einstellungen anwenden* (siehe Abbildung 8.1 auf Seite 271).

War beim Aufruf des Befehls *Datenüberprüfung* ein Bereich markiert, der verschiedene Datenüberprüfungen enthält, werden Sie darauf mit einer Warnmeldung hingewiesen. Über die Schaltfläche *OK* werden die bestehenden Datenüberprüfungen innerhalb der Markierung gelöscht.

Abbildg. 8.5   Warnhinweis vor dem Überschreiben von Datenüberprüfungen

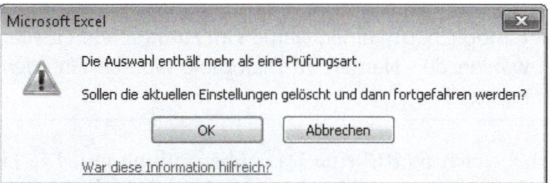

Gültigkeitsregeln löschen

Wollen Sie eine Gültigkeitsregel entfernen, markieren Sie den Bereich, für den Sie die Gültigkeitsregel entfernen wollen und klicken auf der Registerkarte *Daten* in der Gruppe *Datentools* auf die Schaltfläche *Datenüberprüfung*. Mit einem Klick auf die Schaltfläche *Alle löschen* im Dialogfeld *Datenüberprüfung* werden die Datenüberprüfungen zum Löschen vorgemerkt. Erst wenn Sie die Schaltfläche *OK* wählen, wird der Löschvorgang abgeschlossen. Mit der Schaltfläche *Abbrechen* können Sie den Vorgang abbrechen.

Der Befehl *Löschen/Alle löschen* auf der Registerkarte *Start* (Gruppe *Bearbeiten*) entfernt neben dem Inhalt und der Formatierung auch vorhandene Datenüberprüfungen, leider jedoch nicht die Gültigkeitskreise.

Werte aus einer Liste verwenden

Auch die Verwendung einer Liste für die Überprüfung auf Gültigkeit ist möglich. Eine Liste kann dabei

- in Form einer Reihe von Werten, die jeweils durch ein Semikolon getrennt werden; Beispiel: Mit dem Eintrag *Euro;Dollar;Yen* können Sie aus einer Liste von Währungen auswählen
- als Bezug auf einen einzeiligen Bereich mit mehreren Spalten, z. B. =$B$5:$G$5
- als Bezug auf einen einspaltigen Bereich mit mehreren Zeilen, z. B. =$A$1:$A$10

eingetragen werden.

Sollen nur wenige Werte für die Liste verwendet werden, ist das Eintragen im Feld *Quelle* sicher eine gute Möglichkeit. Bequemer für die Erfassung und Pflege der Liste ist allerdings die Verwaltung in einer Tabelle.

Einen Zellbereich als Liste verwenden

Wenn Sie die Liste mit gültigen Werten in einer Tabelle verwalten, hat dies einige Vorteile. Diese Vorgehensweise ermöglicht Ihnen z. B.

- eine unkomplizierte Pflege der Liste,
- eine einfache Erweiterung und Änderung einzelner Werte,
- die Möglichkeit der Verwendung von importierten Daten,
- die Möglichkeit der Verwendung beliebiger Funktionen.

TIPP In Excel 2010 können Sie die Gültigkeitsliste jetzt auch auf einem anderen Blatt verwalten und diesen Bereich für die Gültigkeitsprüfung eintragen. Bisher war diese Möglichkeit nur unter Verwendung von Namen möglich. Um einen Namen im Eingabefeld *Quelle* zu verwenden, drücken Sie Taste F3 und wählen den Namen im Dialogfeld *Namen einfügen* aus. Mehr zum Thema Namen finden Sie in Kapitel 19.

Beispiel: Legen Sie für den Eingabebereich *B3:B12* eine Datenüberprüfung fest. Die Liste gültiger Werte steht bereits im Bereich *D3:D10* (siehe Abbildung 8.6). Zeigen Sie eine Fehlermeldung für fehlerhafte Daten und eine Eingabemeldung an.

CD-ROM Das folgende Beispiel finden Sie im Arbeitsblatt *Liste* in der Beispieldatei *Kap08.xlsx* im Ordner *\Buch\Kap08* auf der CD-ROM zum Buch.

Um eine Liste für die Datenüberprüfung festzulegen, sind folgende Schritte durchzuführen:

1. Markieren Sie den Bereich, für den die Datenüberprüfung durchzuführen ist, also *B3:B12*.
2. Klicken Sie auf der Registerkarte *Daten* in der Gruppe *Datentools* auf die Schaltfläche *Datenüberprüfung*.
3. Wechseln Sie im nun angezeigten Dialogfeld zur Registerkarte *Einstellungen* und wählen Sie im Listenfeld *Zulassen* den Eintrag *Liste*.
4. Klicken Sie in das Eingabefeld *Quelle* und markieren Sie den Listenbereich in der Tabelle (siehe Abbildung 8.6).
5. Wechseln Sie zur Registerkarte *Eingabemeldung* und geben Sie die Nachricht ein.
6. Wechseln Sie zur Registerkarte *Fehlermeldung* und geben Sie einen aussagekräftigen Hinweis ein.
7. Beenden Sie die Definition mit der Schaltfläche *OK*.

Wenn Sie das Kontrollkästchen *Zellendropdown* aktivieren, können Sie die Dateneingabe vereinfachen. Ist dieses Kontrollkästchen aktiviert, kann die Dateneingabe über ein Auswahlfeld erfolgen, das geöffnet werden kann, wenn die Zelle aktiviert wird. Sie wählen hier den gewünschten Eintrag mit einem Mausklick aus. Die maximale Anzahl von 32.767 Elementen, die im Zellendropdown angezeigt werden können, sollte ausreichen. Wohlgemerkt, eine Liste mit gültigen Daten kann auch mehr Werte enthalten.

Abbildg. 8.6 Im Bereich der Datenüberprüfung kann ein Wert komfortabel ausgewählt werden

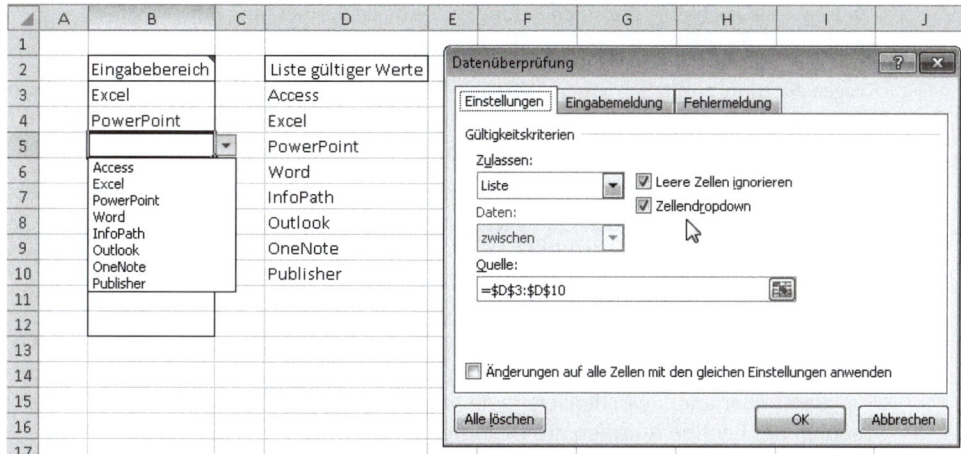

Profitipp Wenn es Ihnen lediglich um die bequeme Auswahl von Einträgen über eine Liste geht, aber auch Werte zugelassen sein sollen, die nicht in der Liste stehen, schließen Sie **zusätzlich** eine Leerzelle in den Listenbereich ein. Im Beispiel aus Abbildung 8.6 wäre das der Bereich *D3:D11*. Im Gegensatz zur Dropdownliste (bei der oberhalb eingetragene Werte aufgelistet werden, siehe Kapitel 4) können Sie damit jedoch die Auswahl selbst festlegen.

Dynamische Liste für die Gültigkeit festlegen

Verwalten Sie die Werte für eine Datenüberprüfung in einer Tabelle, kommt sicher bald der Wunsch nach einer Liste auf, die sich beim Eintragen neuer Werte automatisch anpasst. Wie können Sie eine Liste erstellen, die sich automatisch um neue Einträge erweitert? Als Grundlage soll die Liste aus Abbildung 8.6 dienen.

Die Lösung führt hier über einen dynamischen Namen zum Ziel. Um einen dynamischen Namen für die Liste festzulegen, können Sie die Tabellenfunktion *BEREICH.VERSCHIEBEN(Bezug;Zeilen;Spalten;Höhe;Breite)* verwenden. Gehen Sie dazu wie folgt vor:

1. Wählen Sie den ersten Eintrag der bestehenden Liste, in der Abbildung 8.6 die Zelle *D3*, aus.
2. Weisen Sie dieser Zelle den Namen *Start* zu, indem Sie diesen Namen in das Namenfeld in der Bearbeitungsleiste eintragen.
3. Rufen Sie auf der Registerkarte *Formeln* über den Befehl *Namens-Manager* den Namens-Manager auf und vergeben Sie über die Schaltfläche *Neu* den Namen *Listenbereich*.
4. Tragen Sie im Eingabefeld *Bezieht sich auf* für diesen Namen die Formel *=Start:BEREICH.VERSCHIEBEN(Start;ANZAHL2($D$3:$D$100)-1;0;1;1)* ein und achten Sie dabei auf die absoluten Bezüge.
5. Bestätigen die Festlegung mit *OK*.
6. Markieren Sie den Bereich *B3:B12*, für den die Gültigkeit festgelegt werden soll, und wählen Sie auf der Registerkarte *Daten* den Befehl *Datenüberprüfung*.
7. Im Listenfeld *Zulassen* wählen Sie den Eintrag *Liste* und im Feld *Quelle* tragen Sie *=Listenbereich* ein.

8. Aktivieren Sie das Kontrollkästchen *Zellendropdown*.
9. Legen Sie noch eine Eingabemeldung und eine Fehlermeldung fest.
10. Beenden Sie die Eingabe mit der Schaltfläche *OK*.

Tragen Sie nun zusätzlich einen Wert im Bereich *D3:D100* ein, wird der Bezug für den Namen *Listenbereich* erweitert und der neue Wert wird bei der Datenüberprüfung zugelassen. Im Zellendropdown wird der Wert ebenfalls angezeigt.

Die Funktion *ANZAHL2(Wert1;Wert2;...)* ermittelt die Anzahl der Einträge und erlaubt damit die dynamische Erweiterung der Gültigkeitsliste durch die Verwendung als Argument *Zeilen* in der Funktion *BEREICH.VERSCHIEBEN*. Mehr zu dieser leistungsfähigen Funktion finden Sie in Kapitel 15.

Profitipp Wenn Sie Formeln für die Datenüberprüfung verwenden, können Sie diese zunächst in der Tabelle erstellen und testen. Zeigt die Formel das gewünschte Ergebnis, kopieren Sie diese über die Zwischenablage in das Dialogfeld *Datenüberprüfung*. Sie ersparen sich dadurch das häufige Aufrufen des Dialogfelds.

CD-ROM Das gezeigte Beispiel finden Sie im Arbeitsblatt *Dynamische Listen* in der Datei *Kap08.xlsx* im Ordner *\Buch\Kap08* auf der CD-ROM zum Buch.

Variable Listenbereiche einsetzten

Vielleicht wollen Sie für die Datenüberprüfung auch verschiedene Listen festlegen, die in Abhängigkeit einer anderen Zelle verwendet werden. Dann sollten Sie das folgende Beispiel genauer ansehen.

CD-ROM Dieses Beispiel finden Sie im Arbeitsblatt *Variable Listen* in der Datei *Kap08.xlsx* im Ordner *\Buch\Kap08* auf der CD-ROM zum Buch.

Für die Auswahl einzelner Sparten soll eine Datenüberprüfung festgelegt werden. Die Auswahl der Kostenstelle soll dabei so eingeschränkt werden, dass die für die jeweilige Sparte gültige Liste verwendet wird.

Die Lösung verwendet eine Reihe von Namen. Markieren Sie zunächst den Bereich *E1:E5* und rufen Sie über die Tastenkombination [Strg]+[⇧]+[F3] das Dialogfeld *Namen erstellen* auf. Übernehmen Sie den Namen aus der obersten Zeile.

Verfahren Sie anschließend für die Bereiche *G1:G8*, *H1:H5* sowie *I1:I4* und *J1:J5* genauso.

HINWEIS Da die Bereiche unterschiedlich groß sind, können Sie die Namen nicht in einem Arbeitsgang festlegen, indem Sie den Bereich *G1:J8* markieren und die Namen erstellen. Die Namen würden dann leere Zellen einschließen.

Werte aus einer Liste verwenden

Abbildg. 8.7 Der Eintrag in Spalte *B* bestimmt die Anzeige des Auswahlfelds für die Kostenstelle

	A	B	C	D	E	F	G	H	I	J	K
1		Sparte	KST		Sparten		Produktion	Haustechnik	Personal	Verwaltung	
2		Produktion	117		Produktion		111	214	317	411	
3		Haustechnik	215		Haustechnik		112	215	318	422	
4		Produktion	112		Personal		113	216	319	435	
5		Verwaltung	411		Verwaltung		114	217		444	
6			411				115				
7			422				116				
8			435				117				
9			444								
10											
11											
12											

Für die Datenüberprüfung im Bereich *B2:B11* stellen Sie das Listenfeld *Zulassen* auf *Liste* und als *Quelle* tragen Sie =*Sparten* ein. Damit kann aus den Einträgen *Produktion, Haustechnik, Personal* und *Verwaltung* ausgewählt werden.

Die Datenüberprüfung für die Kostenstellen soll den Wert der Sparte (Spalte B) berücksichtigen. Dazu markieren Sie den Bereich *C2:C11* und rufen das Dialogfeld *Datenüberprüfung* auf. Dort aktivieren Sie das Kontrollkästchen *Zellendropdown*, stellen das Listenfeld *Zulassen* auf *Liste* und tragen als Quelle die folgende Formel ein:

`=WAHL(VERGLEICH(B2;$G$1:$J$1;0);Produktion;Haustechnik;Personal;Verwaltung)`

Achten Sie dabei auf die relativen bzw. absoluten Bezüge. Diese Formel arbeitet nach der folgenden Reihenfolge.

- Der Teil *VERGLEICH(B2;$G$1:$J$1;0)* durchsucht den Bereich mit den Überschriften der Kostenstellen nach dem Wert, der in Zelle *B2* eingetragen ist. Das Ergebnis ist eine Zahl für die Position an welcher der Wert gefunden wird.

- Die Funktion =*WAHL(VERGLEICH(B2;$G$1:$J$1;0);Produktion;Haustechnik;Personal;Verwaltung)* verwendet das zuvor ermittelte Ergebnis des Vergleichs als Argument *Index* in der Tabellenfunktion *WAHL(Index;Wert1;Wert2;…)*. Als Werteliste werden die Bereichsnamen der Kostenstellen verwendet.

HINWEIS Kommen neue Kostenstellen hinzu oder fallen einige weg, ändern Sie die Tabelle entsprechend ab. Legen Sie den betreffenden Namen dann wie oben beschrieben erneut fest.

WICHTIG Diese Methode ist als schnelle Hilfe zur Eingabe gedacht. Bedenken Sie, dass bei Änderung einer Sparte für bereits eingetragene Kostenstellen **keine** erneute Datenüberprüfung durchgeführt wird.

Weitere Beispiele mit Formeln

Die Möglichkeit, eigene Formeln für die Datenüberprüfung zu verwenden, bietet einen nahezu grenzenlosen Spielraum. Hier können Sie Formeln verwenden, die als Rückgabewert einen der Wahrheitswerte *WAHR* oder *FALSCH* liefern. Gibt die Formel *WAHR* zurück, sind die Daten gültig, ist das Ergebnis der Formel der Wahrheitswert *FALSCH*, sind die Daten ungültig und die Fehlermeldung wird angezeigt. So führt beispielsweise die Formel *=TAG(HEUTE())<=10* in der Datenüberprüfung dazu, dass eine Eingabe nur am Monatsanfang bis einschließlich zum zehnten eines Monats möglich ist. Einige weitere interessante Beispiele sollen hier vorgestellt werden.

Doppelte Einträge verhindern

Ein häufiges Problem bei der Pflege von Listen ist die Vermeidung doppelter Einträge. In einer Kundenliste sollen z. B. doppelte Kundennummern verhindert werden oder in einer Liste mit Messdaten soll jedes Datum nur einmal eingetragen werden. Für diese Problemstellung können Sie eine Formel in der Datenüberprüfung verwenden.

Sie wollen im Bereich *B4:B13* sicherstellen, dass jeder Eintrag nur einmal vorkommen kann. Wenn versucht wird, einen Wert mehrfach einzutragen, soll eine Fehlermeldung darauf hinweisen.

CD-ROM Das gezeigte Beispiel finden Sie im Arbeitsblatt *Duplikate* in der Datei *Kap08.xlsx* im Ordner *\Buch\Kap08* auf der CD-ROM zum Buch.

Um die Gültigkeit so festzulegen, dass jeder Eintrag nur ein einziges Mal verwendet werden kann, gehen Sie wie folgt vor:

1. Markieren Sie zunächst den Prüfbereich *B4:B13*.
2. Wählen auf der Registerkarte *Daten* den Befehl *Datenüberprüfung*.
3. Auf der Registerkarte *Einstellungen* wählen Sie im Listenfeld *Zulassen* den Eintrag *Benutzerdefiniert*.
4. Im Listenfeld *Formel* fügen Sie den Ausdruck ein, der die Daten, die zugelassen sind, beschreibt. Um doppelte Einträge zu verhindern, verwenden Sie die Formel *=ZÄHLENWENN($B$4:$B$13;B4)<=1*. Vergleichen Sie hierzu die Abbildung 8.8.
5. Wechseln Sie zur Registerkarte *Fehlermeldung* und tragen Sie die Nachricht ein.
6. Beenden Sie die Eingabe mit *OK*.

WICHTIG Achten Sie hier unbedingt darauf, dass der zu durchsuchende Bereich *$B$4:$B$13* als absoluter Bezug eingegeben werden muss, also mit den Dollarzeichen. Dadurch ist dieser Bereich für alle markierten Zellen mit dieser Datenüberprüfung gleich. Das zweite Argument der Funktion *ZÄHLENWENN(Bereich;Suchkriterien)* wird mit einem relativen Bezug angegeben. Dieser Bezug soll angepasst werden und auf die jeweilige Eingabezelle zeigen.

Weitere Beispiele mit Formeln

Abbildg. 8.8 Mit dieser Formel wird geprüft, wie oft ein Eintrag im Eingabebereich vorhanden ist

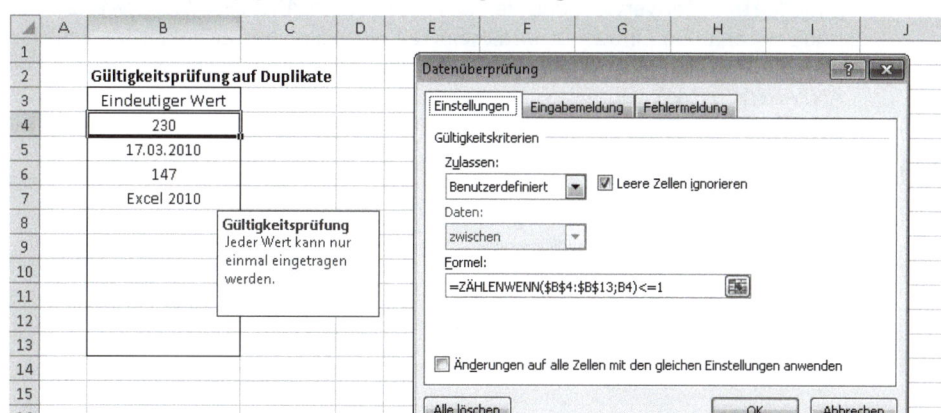

Prüfen Sie doch einmal nach, wie Excel die Formel für die Gültigkeit im Bereich B4:B13 eingetragen hat. In Zelle B4 ist die Formel =ZÄHLENWENN($B$4:$B$13;B4)<=1 eingetragen. In Zelle B5 dagegen lautet die Formel =ZÄHLENWENN($B$4:$B$13;B5)<=1 und in Zelle B6 =ZÄHLEN-WENN($B$4:$B$13;B6)<=1. Der durchsuchte Bereich ist also immer der Bereich B4:B13, wohingegen das Suchkriterium auf die jeweilige Zelle zeigt.

HINWEIS   Ob es sich bei dem Eintrag um Text oder Zahlen handelt, spielt bei dieser Datenüberprüfung keine Rolle. Jeder Eintrag wird unabhängig von seinem Datentyp geprüft.

Zeilenweise Eingabe erzwingen

Das folgende Beispiel zählt die Zellen mit Inhalt. Damit soll erreicht werden, dass der Benutzer ein Arbeitsblatt zeilenweise füllt. Erst wenn die Zellen der vorherigen Zeile gefüllt wurden, kann eine Eingabe in die nächste Zeile vorgenommen werden.

Führen Sie die folgenden Schritte aus, um im Bereich B4:D18 eine Eingabe nur dann zuzulassen, wenn in der jeweils vorigen Zeile die Spalten B bis D vollständig gefüllt wurden:

1. Markieren Sie den Bereich B4:D18.
2. Rufen Sie auf der Registerkarte *Daten* den Befehl *Datenüberprüfung* auf.
3. Wählen Sie im daraufhin geöffneten Dialogfeld auf der Registerkarte *Einstellungen* im Listenfeld *Zulassen* den Eintrag *Benutzerdefiniert* aus.
4. Im Feld *Formel* tragen Sie die Formel =ANZAHL2($B3:$D3)=3 ein. Achten Sie dabei auf den gemischten Bezug (absolut für die Spalten und relativ für die Zeilen).
5. Wechseln Sie auf die Registerkarte *Fehlermeldung*. Stellen Sie dort den Typ *Stopp* ein und legen Sie eine Fehlermeldung fest.
6. Schließen Sie das Dialogfeld *Datenüberprüfung* mit *OK*.

Die Tabelle kann nun nicht mehr spaltenweise gefüllt werden; es müssen vielmehr jeweils drei Werte eingetragen sein, bevor eine Eingabe in die nächste Zeile gelingt.

HINWEIS Bei Verwendung der Tabellenfunktion *ANZAHL2(Wert1;Wert2;...)* werden die Einträge gezählt. Ein Eintrag ist in diesem Fall ein beliebiger Zellinhalt (Zahlen, Text, Fehlerwerte usw.). Sollen lediglich Zahlenwerte gezählt werden, verwenden Sie die Tabellenfunktion *ANZAHL(Wert1;Wert2;...)*.

Abbildg. 8.9 Dateneingabe sperren, wenn die vorige Zeile noch nicht vollständig gefüllt ist

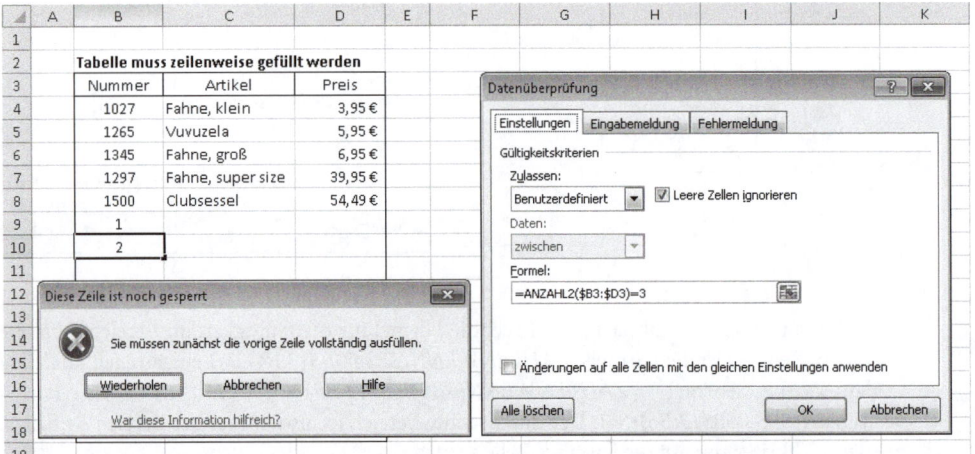

Wollen Sie das Beispiel auf Ihre eigene Tabelle übertragen, müssen Sie folgende Anpassung vornehmen:

- Ändern Sie den Bereich, den Sie der Funktion *ANZAHL2* übergeben (im Beispiel *$B3:$D3*), z. B. in *$A1:$F1*
- Ändern Sie den Vergleichswert (im Beispiel *3*) auf die Anzahl der Spalten, die Inhalte haben müssen. Für den Bereich *$A1:$F1* ist *6* der Vergleichswert. Denkbar ist hier auch eine Variante, die nicht alle Spalten, sondern nur eine Auswahl prüft.

CD-ROM Das gezeigte Beispiel finden Sie im Arbeitsblatt *Zeilenweise Erfassung* in der Datei *Kap08.xlsx* im Ordner *\Buch\Kap08* auf der CD-ROM zum Buch.

Tabellen führen die Datenprüfung fort

Mit Excel 2007 wurden sogenannte »Tabellen« eingeführt, worunter ein Zellbereich mit Überschriften und Daten zu verstehen ist. So ganz neu ist die Funktionalität allerdings nicht: In früheren Versionen wurde ein ähnliches Verhalten mit Listen erreicht. Außerordentlich praktisch sind die Möglichkeiten solcher Tabellen

- Formate und
- Regeln zur bedingten Formatierung sowie
- Regeln zur Datenüberprüfung

automatisch fortzuführen. Die Verwendung spezieller Bezeichner und Erstellung strukturierter Verweise zur Verwendung in Formeln sind ebenso neu hinzugekommen wie spezielle Tabellenformatvorlagen. Mehr zu Tabellen erfahren Sie in Kapitel 19.

Um die zeilenweise Erfassung wie im vorigen Beispiel mit einer Tabelle zu realisieren, gehen Sie wie folgt vor:

1. Markieren Sie in Abbildung 8.9 den Bereich *B3:D4*.
2. Definieren Sie durch einen Klick auf die Schaltfläche *Tabelle* in der Registerkarte *Einfügen* einen Tabellenbereich.
3. Legen Sie anschließend wie zuvor beschrieben eine Datenüberprüfung für den Bereich *B4:D4* fest.

Kommen nun neue Daten in Zeile fünf und sechs hinzu, können diese jeweils nur dann eingetragen werden, wenn die vorige Zeile vollständig gefüllt ist, weil die Tabelle erweitert und dabei die Datenüberprüfung aus der vorigen Zelle übernommen wird.

CD-ROM   Das gezeigte Beispiel finden Sie im Arbeitsblatt *Tabelle* in der Datei *Kap08.xlsx* im Ordner *\Buch\Kap08* auf der CD-ROM zum Buch.

Auf ein ausgeschöpftes Budget hinweisen

Wenn es um Ausgaben geht, müssen sich diese immer in einem gewissen Rahmen bewegen. Im privaten Bereich ist das Haushaltsgeld festgesetzt, im geschäftlichen Bereich gibt es ein Budget für ein bestimmtes Projekt und für die Überziehung eines Kontos eine Kreditlinie. Setzen Sie die Datenüberprüfung ein, um den Kostenrahmen im Auge zu behalten.

Angenommen, Sie haben im Lotto gewonnen und planen jetzt mehrere Anschaffungen, die Sie zuvor in eine Tabelle eintragen. Sie wollen eine Meldung anzeigen, wenn die geplanten Ausgaben das Budget in Zelle *C4* übersteigen. Gehen Sie dazu wie folgt vor:

1. Markieren Sie den Bereich *C7:C26*.
2. Rufen Sie das Dialogfeld *Datenüberprüfung* auf.
3. Auf der Registerkarte *Einstellungen* wählen Sie im Listenfeld *Zulassen* den Eintrag *Benutzerdefiniert* aus.
4. Im Feld *Formel* tragen Sie die Formel =SUMME($C$7:$C$26)<=$C$4 ein. Beachten Sie die absoluten Bezüge!
5. Legen Sie die *Eingabemeldung* und die *Fehlermeldung,* wie in Abbildung 8.10 gezeigt, fest.
6. Beenden Sie die Definition der Datenüberprüfung mit *OK*.

Kapitel 8 Daten bei der Eingabe prüfen

Abbildg. 8.10   Warnhinweis anzeigen, wenn das Budget ausgeschöpft ist

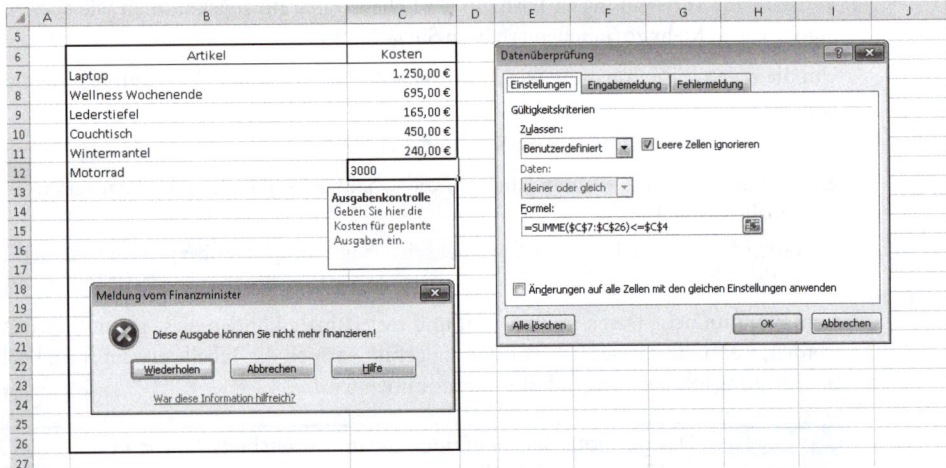

CD-ROM   Das gezeigte Beispiel finden Sie im Arbeitsblatt *Budget* in der Beispieldatei *Kap08.xlsx* im Ordner *\Buch\Kap08* auf der CD-ROM zum Buch.

Angepasste Datenprüfung für jede Zeile

Zuvor haben Sie bereits Beispiele kennengelernt, welche dynamische Werte für die Datenüberprüfung verwendet haben. Sie können auch für jede Zelle eines Bereichs eine Datenüberprüfung festlegen, welche sich an die jeweilige Zeile anpasst.

Beispiel: Sie wollen die Eingabe von Datumswerten prüfen. Eine Kombination aus einem festen Zahlenwert, der das erste Datum minus 1 repräsentiert, und der Zeilennummer der Eingabezelle, die mit der Funktion *ZEILE(Bezug)* berechnet wird. Bei der Eingabe beachten Sie den relativen Bezug.

Abbildg. 8.11   Die Datenüberprüfung gestattet nur die Eingabe fortlaufender Datumswerte

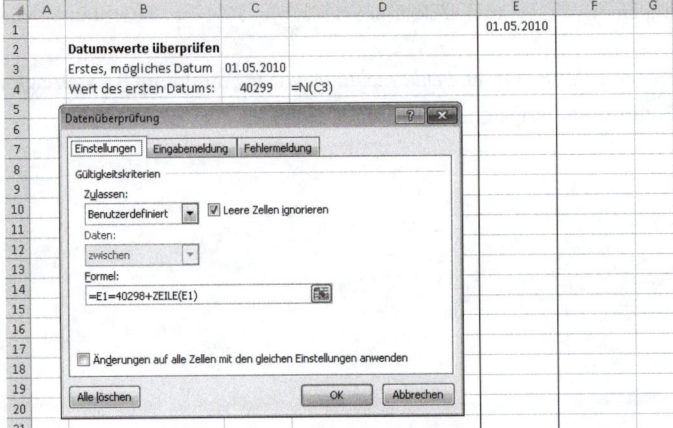

Zusammenfassung

CD-ROM Dieses Beispiel finden Sie im Arbeitsblatt *Datumswerte* in der Beispieldatei *Kap08.xlsx* im Ordner *\Buch\Kap08* auf der CD-ROM zum Buch.

Zusammenfassung

Auch wenn Excel eine absolute Sicherheit bei der Kontrolle der Dateneingabe in eine Tabelle nicht bietet, ist die Verwendung der Datenüberprüfung doch eine gute Möglichkeit, die Daten einer Vorprüfung zu unterziehen. Die häufigsten Eingabefehler dürften sich damit allemal verhindern lassen. Wollen Sie die Datenüberprüfung auf einen Bereich anwenden, der sich stetig ändert, verwenden Sie dynamische Namen oder eine Tabelle.

Frage	Lösung mit der Einstellung im Dialogfeld *Datenüberprüfung*
Wie kann ich die Eingabe auf Zahlen in einem bestimmten Wert einschränken?	Stellen Sie auf der Registerkarte *Einstellungen* im Feld *Zulassen* den Eintrag *Ganze Zahl* ein. Mehr dazu auf Seite 270.
Ich möchte eine Eingabemeldung anzeigen, wenn die Zelle ausgewählt wird. Wie mache ich das?	Tragen Sie – wie auf Seite 272 beschrieben – nur auf der Registerkarte *Eingabemeldung* eine Meldung ein
Wie kann ich Kann-Fehler und Muss-Fehler unterscheiden?	Auf der Registerkarte *Fehlermeldung* ändern Sie das Feld *Typ*. Mehr dazu auf Seite 274.
Wie kann ich alle Datenüberprüfungen in einer Tabelle finden?	Verwenden Sie das Dialogfeld *Gehe zu*, das Sie über die Taste F5 ganz schnell aufrufen können. Mehr dazu erfahren Sie auf Seite 275.
Ich habe bereits Werte eingetragen und möchte für neue Werte eine Datenüberprüfung verwenden. Wie kann ich bereits eingetragene Werte prüfen?	Wählen Sie in der *Formelüberwachung*, den Befehl *Ungültige Daten markieren*. Wie die fehlerhaften Daten hervorgehoben werden, finden Sie auf Seite 276 beschrieben.
Kann ich eine Liste für die gültigen Werte verwenden?	Verwenden Sie auf der Registerkarte *Einstellungen* im Listenfeld *Zulassen* den Eintrag *Liste*. Lesen Sie dazu auf 278 nach.
Ich möchte immer wieder eine Liste ergänzen und den Bereich gültiger Werte nicht immer von Neuem festlegen. Geht das?	Setzen Sie einen Bereichsnamen mit entsprechendem Bezug ein, um eine dynamisch wachsende Liste zu verwenden. Ein Beispiel finden Sie auf Seite 280.
Beim Erfassen von Daten möchte ich doppelte Einträge verhindern. Wie mache ich das?	Wählen Sie auf der Registerkarte *Einstellungen* im Listenfeld *Zulassen* den Eintrag *Benutzerdefiniert* und geben Sie eine Formel ein, welche die Anzahl der vorhandenen Einträge zählt. Mehr dazu auf Seite 282.
Bei der Erfassung von Kosten muss ich ein Budget beachten. Kann ich einen Hinweis anzeigen lassen, wenn das Budget überschritten wird?	Verwenden Sie den Fehlerstil *Stopp* und eine Formel mit einem absoluten Bezug. Auf Seite 285 wird gezeigt, wie das geht.

Teil C
Tabellen und Daten formatieren

Kapitel 9	Zellen und Tabellen formatieren – der Einstieg	291
Kapitel 10	Mit eigenen Zahlenformaten Tabellen übersichtlicher machen	337
Kapitel 11	Mit Vorlagen schneller formatieren	361
Kapitel 12	Bedingte Formatierung, Scorecards und Sparklines einsetzen	383
Kapitel 13	Formulare entwickeln und kommentieren	419

Wenn Sie Excel bisher nur als Tabellenkalkulation betrachtet bzw. lediglich zum Rechnen genutzt haben, führt Sie dieser Teil in eine neue Welt ein: Sie können sich weitere interessante und kreative Anwendungsbereiche des Programms erschließen, mit deren Hilfe Sie Ihre Tabellen ansprechend formatieren können.

In diesem dritten Teil des Buchs werden Ihnen die Funktionen zum Gestalten von Tabellen nicht nur vorgestellt, vielmehr können Sie sich diese Möglichkeiten anhand von Praxisbeispielen selbst aneignen.

Während in Kapitel 9 die Grundlagen für die Formatierung vorgestellt werden, bekommen Ihre Zahlen in Kapitel 10 mit eigenen Zahlenformaten das richtige »Outfit«. Der Einsatz von Format- und Mustervorlagen erspart Ihnen viele Einzelschritte. Mit Designs und Tabellenformatvorlagen sind die gewünschten Einstellungen schnell und komfortabel vorgenommen.

Teil C — Tabellen und Daten formatieren

Das Kapitel 11 zeigt, wie Sie ein einheitliches Firmendesign mittels vorgefertigter oder eigener Gestaltungsvorlagen einmal festlegen und anschließend auf einfache Weise verfügbar machen können. Das Tolle daran ist, dass dieses auch in Word und PowerPoint verwendet werden kann.

Über die bedingte Formatierung stehen Ihnen verschiedene Möglichkeiten zur Verfügung, Daten genau dann mit einem speziellen Format zu versehen, wenn diese bestimmte Kriterien erfüllen. Das Kapitel 12 stellt die zahlreichen (teilweise auch zur Vorgängerversion erweiterten) Möglichkeiten von Farbskalen, Datenbalken und Symbolsätzen vor. Die neuen Sparklines, das sind kleine Diagramme in einer Zelle, unterstützen Sie ebenfalls beim Visualisieren von Daten.

Steuerelemente stellen eine komfortable Möglichkeit zum Eingeben von Daten dar. Damit werden Eingaben nicht über die Tastatur, sondern mit wenigen Mausklicks vorgenommen. Wie das Kapitel 13 zeigt, ist Ihre mit einem Kommentar versehene Arbeit darüber hinaus auch gut dokumentiert.

Kapitel 9

Zellen und Tabellen formatieren – der Einstieg

In diesem Kapitel:

Mehr Klarheit durch richtige Gestaltung	292
Schnelleinstieg: eine Tabelle Zelle für Zelle in Form bringen	294
Die Formatierungsbefehle im Detail	313
Tipps für zeitsparendes Formatieren	333
Zusammenfassung	335

Kapitel 9 Zellen und Tabellen formatieren – der Einstieg

Bisher haben Sie verschiedene Möglichkeiten zum Erfassen und Berechnen von Daten kennengelernt. Doch wie sollen diese Daten aussehen?

Tipps und Techniken, wie Sie Ihre Tabellen auch optisch ansprechend aufbereiten, finden Sie in diesem Kapitel. Überzeugen Sie sich, wie Sie mit dem gezielten Einsatz von Schriften, Farben, Rahmen und Zahlenformaten Ihre Tabellen besser lesbar machen. Lernen Sie außerdem Techniken kennen, um mehrere Tabellenbereiche zeitsparend zu gestalten und aufwendig formatierte Zellen vor Änderungen zu schützen.

Mehr Klarheit durch richtige Gestaltung

Saßen Sie auch schon einmal vor Zahlenkolonnen, ohne dass Sie das Wesentliche erkennen konnten? Ihr Auge wusste einfach nicht, wo es verweilen soll. Dies zeigt, dass die optische Aufbereitung ebenso wichtig ist wie die Korrektheit der Daten. Excel bietet eine Vielzahl von Funktionen, um aus Zahlenkolonnen lesbare Tabellen werden zu lassen, die übersichtlich und einheitlich gestaltet sind.

Die Möglichkeiten zum Formatieren von Zellen und Tabellen im Überblick

Bevor Sie die zahlreichen Varianten zum Formatieren ausprobieren und einsetzen, machen Sie sich am besten zunächst einmal mit dem System der verfügbaren Befehle vertraut. Die Abbildung 9.1 zeigt vier Bereiche für Gestaltungsbefehle in Excel. Das Thema »Bedingte Formatierung« (siehe Kapitel 12) ist an der Stelle bewusst ausgespart, gehört aber natürlich mit zu diesem System.

Abbildg. 9.1 Überblick über grundlegende Möglichkeiten zum Formatieren von Zellen und Tabellen

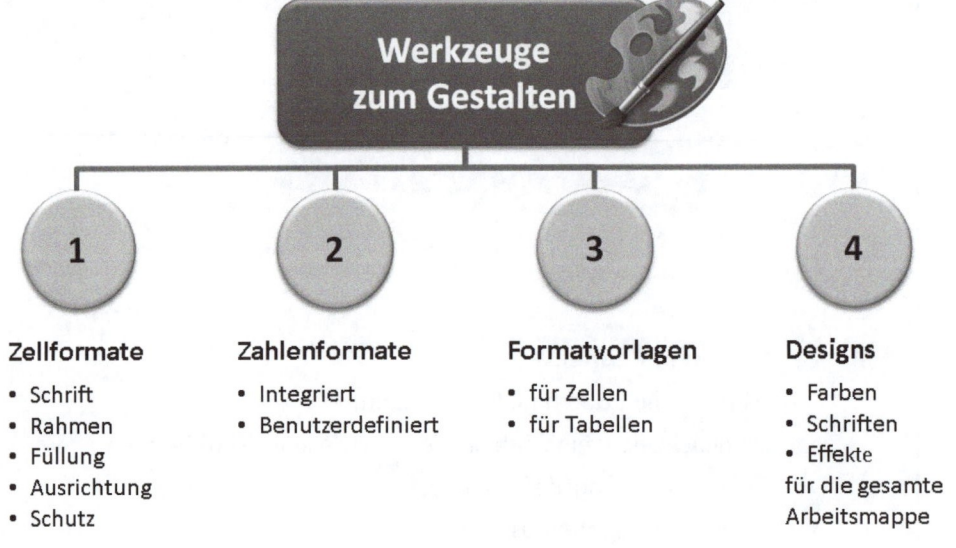

Was sind Zellformate?

Wollen Sie die Optik Ihrer Tabellen verbessern, ändern Sie zunächst das Aussehen der Zellen mithilfe von Farben, Rahmen oder beispielsweise durch den Schriftstil *Fett*. In der folgenden Abbildung sehen Sie eine Übersicht möglicher Zellformate.

Abbildg. 9.2 Aussehen und Eigenschaften von Zellen werden über diese Elemente gesteuert

Damit Sie sich trotz der Vielzahl dieser Formatoptionen besser zurechtfinden, gibt es auf den folgenden Seiten eine Kurzfassung dessen, was sich hinter den Begriffen verbirgt. Im Abschnitt »Die Formatierungsbefehle im Detail« ab Seite 313 finden Sie dann ausführliche Informationen.

Schriftformate

Hierzu gehören Schriftart, -grad, -farbe und -stil (Fett, Kursiv, Unterstrichen, Hoch-/ Tiefgestellt, Durchgestrichen). Schriftformate können Sie auf ganze Zellen anwenden oder aber nur auf einzelne Zeichen.

Abbildg. 9.3 In diesen beiden Gruppen erreichen Sie einen Großteil der Zellformate mit nur einem Mausklick

Rahmenformate

Beim Einrahmen von Tabellen und Zellen können Sie zwischen verschiedenen Linienarten und -farben wählen und festlegen, an welchen Seiten einer Zelle oder Tabelle die Rahmenlinien erscheinen sollen.

Zellfüllung

An erster Stelle steht hier die Füllfarbe für Zellen, die im Normalfall einfarbig ist. Sie können Zellen aber auch mit einem Farbverlauf versehen. Oder Sie verwenden Muster aus zwei Farben, um Zellen optisch für die Eingabe zu sperren.

Ausrichtung

Bei der Ausrichtung geht es zunächst um die horizontale Anordnung der Informationen in den Zellen. Standardmäßig stehen Zahlen rechtsbündig, Texte hingegen linksbündig. Spaltenüberschriften werden meist mittig platziert. Zur horizontalen Ausrichtung gehört auch die Möglichkeit, Texte oder Zahlen per Einzug vom linken oder rechten Zellrand zu entfernen.

Die Frage nach der vertikalen Ausrichtung in einer Zelle stellt sich erst, wenn sich der Zellinhalt auf mehrere Zeilen verteilt, Zeilen also höher werden. Voreingestellt ist die Anordnung aller Informationen am unteren Zellrand.

Schutz

Den Schutz von Zellen brauchen Sie, wenn Sie verhindern wollen, dass Formeln versehentlich gelöscht oder verändert werden. Das ist vor allem dann wichtig, wenn Sie Ihre Mappen weitergeben.

Sie können einzelne Zellen oder Zellbereiche gezielt vor Veränderungen schützen sowie bei Bedarf Formeln ausblenden.

Was sind Zahlenformate?

Zahlen stehen bei Excel im Mittelpunkt. Wie diese Zahlen in einer Zelle erscheinen, ob mit oder ohne Nachkommastellen, mit Währungszeichen oder ohne, mit Maßeinheit, als Bruch oder als Ganzzahl, als Datum oder Uhrzeit – all das steuern Sie über die Zahlenformate.

Abbildg. 9.4 Über die Gruppe *Zahl* haben Sie schnellen Zugriff auf einige voreingestellte Zahlenformate

Die Abbildung 9.4 zeigt, wie Sie schnell auf einige wichtige Formatbefehle zugreifen können, die Excel speziell für das Erscheinungsbild von Zahlen bietet.

In Kapitel 10 erfahren Sie, wie Sie eigene – sogenannte benutzerdefinierte – Zahlenformate erstellen. Dies ist eines der Gebiete in Excel, wo Ihrer Kreativität kaum Grenzen gesetzt sind.

Schnelleinstieg: eine Tabelle Zelle für Zelle in Form bringen

Nach dieser Kurzübersicht über wichtige Formatierungsbefehle können Sie nun anhand eines Praxisbeispiels testen, wie leicht es ist, eine Tabelle Schritt für Schritt in Form zu bringen. Lernen Sie auf diese Weise auch kennen, welche der Formatierungsbefehle von Excel sich für Ihre Arbeit besonders eignen.

Machen Sie sich im Anschluss daran, im Detail mit den Formatierungsbefehlen für Zellen und Tabellen vertraut.

CD-ROM Die Beispieldatei *Kap09_Schnelleinstieg.xlsx* befindet sich auf der CD-ROM zum Buch im Ordner *\Buch\Kap09*.

Die Ausgangstabelle

Angenommen, Sie möchten für das vergangene Jahr Ihre Einnahmen und Ausgaben gegenüberstellen und analysieren. Die Daten sind erfasst, Formeln führen die gewünschten Berechnungen aus. Allerdings kommt die Tabelle – wie in Abbildung 9.5 unschwer zu erkennen – bislang ohne jegliche Formatierung aus. Sicher fallen Ihnen sofort einige Mängel und natürlich auch Verbesserungsvorschläge ein.

Abbildg. 9.5   So sieht die Einnahmen-Ausgaben-Tabelle im Rohzustand aus

A	B	C	D	E	F
1					
2		Einnahmen	Ausgaben	Saldo	Anteil an den Jahreseinnahmen
3	Januar	1429	1543	-114	0,093179447
4	Februar	1181	844	337	0,077008346
5	März	1260	1384	-124	0,082159624
6	April	1173	1481	-308	0,076486698
7	Mai	1161	938	223	0,075704225
8	Juni	1196	1560	-364	0,077986437
9	Juli	1656	1373	283	0,107981221
10	August	1109	950	159	0,072313511
11	September	986	1663	-677	0,064293166
12	Oktober	1373	1128	245	0,089527908
13	November	1192	1175	17	0,077725613
14	Dezember	1620	1211	409	0,105633803
15					
16	Summe	15336	15250	86	

Bestandsaufnahme und Aufgabenstellung

Hier eine Liste, die das Verbesserungspotenzial zusammenfasst:

- Es fehlt eine Überschrift. Sie soll ergänzt werden und sich vom Rest abheben. Dazu eignen sich eine andere Schriftart, -größe und -farbe.
- Die Spaltenüberschrift in der letzten Spalte nimmt im Vergleich zu den Zahlen in den Zellen darunter zu viel Platz ein. Deshalb sollen diese Überschriften durch einen Zeilenumbruch auf zwei Zeilen aufgeteilt werden.
- Alle Spaltenüberschriften sollen mittig und in Fettdruck über den Spalten stehen
- Außerdem soll die Zeile mit den Spaltenüberschriften durch weiße Schrift auf dunkelgrünem Hintergrund auffallen
- Die Monatsnamen in den Zeilenbeschriftungen sollen kursiv sein

- Die Beschriftungen in der linken Spalte stehen zu dicht am Zellrand und sollen daher ein wenig nach rechts gerückt werden, um besser lesbar zu werden
- Die Zahlen sind fast durchgehend schlecht lesbar
  - Tausendertrennzeichen wären bei den größeren Zahlen angebracht. Außerdem fehlt die Information über die Währung. Hier bietet sich das Zuweisen eines Zahlenformats an.
  - In der »Saldo«-Spalte sollen negative Werte nicht nur durch das Vorzeichen Minus, sondern auch durch rote Schriftfarbe auffallen
  - In der Spalte ganz rechts sollen statt unleserlicher Werte mit den zahlreichen Nachkommastellen gut lesbare Prozentwerte mit einer Dezimalstelle stehen
- Die gesamte Tabelle soll mit Rahmen umgeben werden. Die Summenzeile soll fett erscheinen, vom Rest der Tabelle durch eine dicke Rahmenlinie abgesetzt.
- Die Spalten haben unterschiedliche Breiten. Zumindest die beiden Spalten für Einnahmen und Ausgaben sollen die gleiche Breite erhalten.
- Abschließend soll die Tabelle vor Änderungen geschützt werden

Schritt für Schritt: die Aufstellung formatieren

Nehmen Sie nun in der Musterdatei *Kap09_Schnelleinstieg.xlsx* die Änderungen Schritt für Schritt vor. Verwenden Sie dazu das Arbeitsblatt *Original*.

Die Tabellenüberschrift einbauen und formatieren

Beginnen Sie mit der Überschrift:

1. Fügen Sie zunächst eine zusätzliche Zeile ein. Klicken Sie dazu ganz links auf den Kopf von Zeile 1, um die Zeile komplett zu markieren, und fügen Sie eine neue Zeile ein, indem Sie die Tastenkombination [Strg]+[+] betätigen. Alternativ dazu klicken Sie mit der rechten Maustaste auf die Zeilenbeschriftung der ersten Zeile (*1*) und wählen im Kontextmenü *Zellen einfügen*.
2. Klicken Sie auf die Zelle *B1* und tippen Sie die Überschrift »Aufstellung der Einnahmen und Ausgaben im letzten Jahr« ein.

3. Lassen Sie Zelle *B1* markiert. Klicken Sie im Menüband auf der Registerkarte *Start* in der Gruppe *Schriftart* zweimal auf das Symbol *Schriftgrad vergrößern*. Der Schriftgrad wird auf 14 pt erhöht. Klicken Sie außerdem auf die Schaltfläche für *Fett*.
4. Öffnen Sie in der gleichen Gruppe die Dropdownliste *Schriftart* und wählen Sie anstelle von *Calibri* die Schriftart *Cambria*.

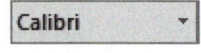

5. Öffnen Sie immer noch in der gleichen Gruppe rechts unten die Dropdownliste neben dem Symbol *Schriftfarbe* und wählen Sie in der Skala der Grüntöne so wie in Abbildung 9.6 zu sehen ein dunkles *Olivgrün*.

Schnelleinstieg: eine Tabelle Zelle für Zelle in Form bringen

Abbildg. 9.6   Öffnen Sie die Dropdownliste neben *Schriftfarbe* und wählen Sie die gewünschte Schriftfarbe aus

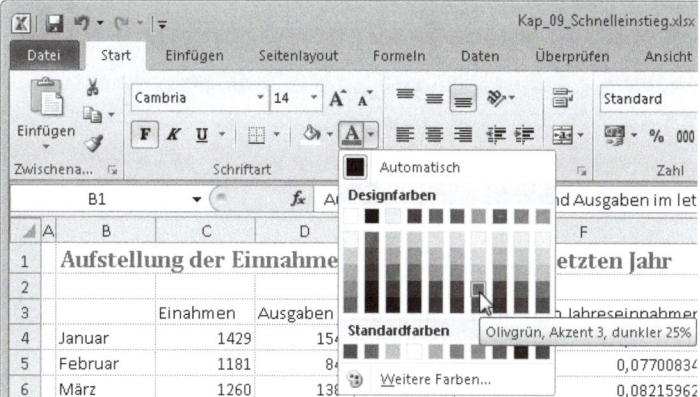

Eine Spaltenüberschrift auf zwei Zeilen verteilen

Im nächsten Schritt soll die lange Spaltenüberschrift in Zelle *F3* auf zwei Zeilen verteilt werden, damit die Spalte nicht zu breit ist. Zwar ist das Einfügen eines Zeilenumbruchs in eine Zelle keine Formatierung, doch der Wunsch zum Verteilen von Informationen auf mehrere Zeilen ergibt sich oft beim Formatieren.

1. Setzen Sie die Markierung auf *F3*, indem Sie auf die Zelle klicken.
2. Erledigen Sie die folgenden Schritte nur noch auf der Tastatur. Betätigen Sie zunächst die `F2`-Taste – sie startet den Bearbeitungsmodus für die Zelle – und die Einfügemarke blinkt am Ende der Zelle.
3. Bewegen Sie die Einfügemarke per Richtungstaste `Pfeil links` vor *Jahreseinnahmen*.
4. Die Einfügemarke steht jetzt an der Stelle, wo der manuelle Zeilenumbruch erfolgen soll. Betätigen Sie jetzt die Tastenkombination `Alt`+`↵`. Das Wort *Jahreseinnahmen* wird auf die zweite Zeile umgebrochen. Schließen Sie die Aktion mit der `↵`-Taste ab. Um die Information in beide Zeilen der Zelle zu sehen, können Sie nun die Bearbeitungsleiste in der Höhe verändern. Bewegen Sie dazu die Maus auf den unteren Rand der Bearbeitungsleiste, bis die Maus zu einem senkrechten weißen Doppelpfeil wird (Abbildung 9.7) Durch Ziehen mit gedrückter linker Maustaste passen Sie die Zeile in der Höhe an.

Kapitel 9 Zellen und Tabellen formatieren – der Einstieg

Abbildg. 9.7 Setzen Sie die Einfügemarke vor das Wort und erzeugen Sie mit `Alt`+`↵` einen manuellen Zeilenumbruch

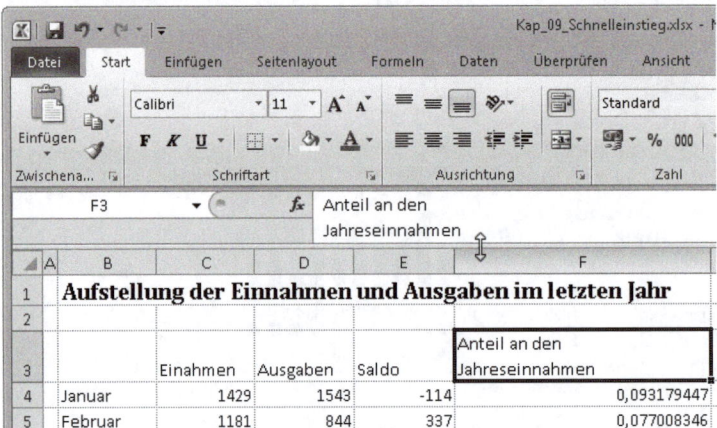

Die Spaltenüberschriften mittig anordnen

Da infolge des Zeilenumbruchs in *F3* die komplette Zeile *3* höher ist, stehen die Überschriften in den Spalten *C* bis *E* nun unschön am unteren Zellrand. Mit den folgenden Schritten ordnen Sie alle Spaltenüberschriften horizontal wie auch vertikal mittig an:

1. Markieren Sie alle Spaltentitel, also den Bereich von *C3* bis *F3*.
2. Klicken Sie auf der Registerkarte *Start* in der Gruppe *Ausrichtung* – so wie in Abbildung 9.8 gezeigt – nacheinander auf die beiden Symbole für zentrierte Anordnung.

Abbildg. 9.8 Nacheinander die beiden Symbole für horizontal und vertikal zentrierte Ausrichtung anklicken

Spalten- und Zeilenüberschriften zusätzlich hervorheben

Damit der Bereich der Spaltentitel schneller auszumachen ist, sollen die Zellen *B3* bis *F3* zusätzlich eine abweichende Schrift- und Zellfarbe erhalten:

1. Markieren Sie die Zellen *B3* bis *F3*, indem Sie die Maus über Zelle *B3* bewegen, die Maustaste drücken und mit gedrückter linker Maustaste bis *F3* ziehen.

2. Ändern Sie die Zellfarbe, indem Sie auf der Registerkarte *Start* in der Gruppe *Schriftart* die Pfeilspitze rechts neben dem Symbol *Füllfarbe* klicken und aus der Galerie der Farben wieder das dunkle *Olivgrün* auswählen.

3. Rechts daneben befindet sich das Symbol *Schriftfarbe*, wo Sie auf gleiche Weise als neue Farbe *Weiß* festlegen.

4. Damit die Schrift noch besser zu lesen ist, klicken Sie abschließend in der Gruppe *Schriftart* noch auf das Symbol für *Fett*.

5. Markieren Sie nun alle Zeilenüberschriften, also den Bereich *B4:B15* und klicken Sie in der Gruppe *Schriftart* auf das Symbol für *Kursiv*.

Texte einrücken

Alle Einträge in Spalte *B* sollen im nächsten Schritt ein wenig vom linken Spaltenrand weggerückt werden, damit sie besser lesbar sind, speziell dann, wenn die Tabelle von Rahmenlinien umgeben wird.

1. Markieren Sie die Zellen *B4* bis *B17*.

Abbildg. 9.9   Mit nur einem Mausklick einen linken Einzug setzen und so den Text einrücken

2. Klicken Sie in der Gruppe *Ausrichtung* wie in Abbildung 9.9 gezeigt auf das Symbol *Einzug vergrößern*. Excel verschiebt den Text in den markierten Zellen nach rechts.

Zwischenergebnis nach Zuweisen der Zellformate für Schrift und Ausrichtung

Als Ergebnis Ihrer Bemühungen sollte die Aufstellung nun so wie in Abbildung 9.10 gezeigt aussehen.

Abbildg. 9.10   Der Zwischenstand nach den Formatbefehlen für Schrift und Ausrichtung

	A	B	C	D	E	F
1		Aufstellung der Einnahmen und Ausgaben im letzten Jahr				
2						
3			Einnahmen	Ausgaben	Saldo	Anteil an den Jahreseinnahmen
4		Januar	1429	1543	-114	0,093179447
5		Februar	1181	844	337	0,077008346
6		März	1260	1384	-124	0,082159624
7		April	1173	1481	-308	0,076486698
8		Mai	1161	938	223	0,075704225
9		Juni	1196	1560	-364	0,077986437
10		Juli	1656	1373	283	0,107981221
11		August	1109	950	159	0,072313511
12		September	986	1663	-677	0,064293166
13		Oktober	1373	1128	245	0,089527908
14		November	1192	1175	17	0,077725613
15		Dezember	1620	1211	409	0,105633803
16						
17		Summe	15336	15250	86	

Damit die Aufstellung zu einer vorzeigbaren Tabelle wird, müssen als Nächstes die Zahlen lesbarer angezeigt und die Struktur der Informationen durch das Hinzufügen von Rahmenlinien verbessert werden.

Mit Zahlenformaten die Zahlen lesbarer machen

Im aktuellen Zustand sind die Zahlen nur nach längerem Hinschauen zu entziffern. Daher sollen sie in lesbare Dreiergruppen getrennt werden. In Excel heißt die entsprechende Funktion »Tausendertrennzeichen«.

Außerdem fehlt den Zahlen noch eine Währungsbezeichnung, denn im Moment wüsste ein Betrachter nicht, ob die Daten in Euro, in Dollar oder einer anderen Währung erfasst und berechnet wurden.

Tausendertrennzeichen und Eurosymbol hinzufügen

Beide Aufgaben erledigen Sie mit nur einem Mausklick:

1. Sorgen Sie zunächst dafür, dass alle Zellen mit Zahlen, also *C4* bis *E17* markiert sind (weiter unten finden Sie zwei Methoden zum schnellen Markieren).

2. Klicken Sie nun auf der Registerkarte *Start* in der Gruppe *Zahl* auf das Symbol *Währung*. Im Ergebnis dessen werden alle Zahlen ein wenig vom rechten Spaltenrand weggerückt, erhalten zwei Nachkommastellen und das Währungszeichen €.

> **HINWEIS** Das Symbol *Währung* verwendet das Währungszeichen der Regions- und Sprachoptionen aus der Windows-Systemsteuerung, in Deutschland und Österreich das Eurozeichen, in der Schweiz die Zeichenfolge CHF.

Die Zahlen sollten jetzt so wie in Abbildung 9.11 dargestellt werden.

Abbildg. 9.11 Das Aussehen der Zahlen nach Verwendung des Symbols *Währung*

	Einnahmen	Ausgaben		Saldo
Januar	1.429,00 €	1.543,00 €	-	114,00 €
Februar	1.181,00 €	844,00 €		337,00 €
März	1.260,00 €	1.384,00 €	-	124,00 €
April	1.173,00 €	1.481,00 €	-	308,00 €
Mai	1.161,00 €	938,00 €		223,00 €
Juni	1.196,00 €	1.560,00 €	-	364,00 €

Da im vorliegenden Beispiel keine Nachkommastellen gebraucht werden und sie beim Lesen nur zusätzlichen Aufwand für das Auge bedeuten, schalten Sie diese aus. Wenn Sie die Zahlen noch markiert haben, ist auch dazu wieder nur ein Mausklick erforderlich.

In der gleichen Gruppe wie das Währungssymbol befinden sich zwei Symbole, mit denen Sie Dezimalstellen für Zahlen hinzufügen oder löschen können.

Klicken Sie zweimal auf das Symbol *Dezimalstelle löschen* – es ist das mit dem blauen Pfeil nach rechts –, um die beiden Nachkommastellen abzuschalten.

Zwei Methoden, um Zellbereiche sicher und zeitsparend zu markieren

Die meisten Anwender erledigen Markierungsaufgaben, indem Sie die Maus am linken oberen Ende des Bereichs positionieren und dann mit gedrückter linker Maustaste nach rechts und unten die Markierung erweitern. Bei kleinen Zellbereichen ist das eine gute Methode. Sind größere Bereiche zu markieren, die sich über mehr als eine Bildschirmseite erstrecken, ist diese Methode fehleranfällig und auch zeitraubend, weil Sie die Erweiterung der Markierung nicht mehr so genau steuern können. Sie kennen das sicherlich auch: Plötzlich ist man bereits in Zeile 250 und wollte eigentlich nur bis Zeile 76 markieren.

Daher sollen Sie am Beispiel des Bereichs *C4* bis *E17* einige Techniken kennenlernen, mit denen Sie schnell und stressfrei ans (Markierungs-)Ziel kommen.

Die schnellste Methode, um den Bereich *C4* bis *E17* zu markieren, wäre folgende:

1. *C4* anklicken,
2. ⇧-Taste drücken und gedrückt halten und
3. mit der Maus auf *E17* klicken.

Dies ist »Diagonal markieren«.

Probieren Sie gleich noch eine andere Methode aus, bei der Sie nur die Tastatur verwenden:

1. Markieren Sie die Zelle *C4*.
2. Drücken Sie die Taste ⇧ und halten Sie diese gedrückt.
3. Betätigen Sie nun die Richtungstasten → und ↓ so oft, bis der gewünschte Bereich *C4* bis *E17* markiert ist.

Auf diese Weise können Sie Zeile für Zeile und Spalte für Spalte auch größere Bereiche in aller Ruhe und ohne Fehler markieren.

Die ⇧-Taste bewirkt also in beiden Fällen, dass eine Zellmarkierung erweitert wird und zwar gezielt.

Apropos gezielt: Wenn Sie mal versehentlich Zeilen oder Spalten zuviel markiert haben, können Sie ganz komfortabel bei gedrückter Umschalt-Taste den Markierungsbereich wieder verkleinern, indem Sie die Richtungstasten ↑ und ← betätigen.

Weitere Markierungstechniken finden Sie in Kapitel 4 beschrieben.

Die Darstellung der Zahlen mit Währung weiter verbessern

Mit der in Abbildung 9.11 gezeigten Anzeige der Zahlen und den eben vorgenommenen Anpassungen hat sich die Lesbarkeit der Zahlen schon wesentlich verbessert. Störend wirken aber bei den negativen Werten in Spalte *E* die Minuszeichen am linken Zellrand. Außerdem wäre es besser, wenn negative Werte neben dem Minuszeichen zusätzlich durch rote Schriftfarbe gekennzeichnet werden.

Auch hierfür hält Excel vorgefertigte Zahlenformate bereit. Diesmal müssen Sie diese jedoch über ein Dialogfeld auswählen. Lassen Sie den Bereich *C4:E17* markiert und gehen Sie wie folgt vor:

1. Rufen Sie mit der Tastenkombination [Strg]+[1] das Dialogfeld *Zellen formatieren* auf. Alternativ dazu klicken Sie auf der Registerkarte *Start* in der Gruppe *Zahl* rechts neben *Zahl* auf den kleinen Pfeil, um das Dialogfeld aufzurufen, in dem Sie eine größere Auswahl von Formaten finden.

Abbildg. 9.12 Mit diesem unscheinbaren Pfeil in der rechten unteren Ecke einer Gruppe ein Dialogfeld aufrufen

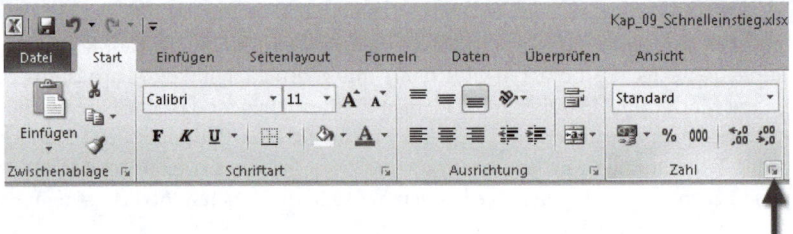

2. Zeigen Sie die Registerkarte *Zahlen* an.
3. Klicken Sie links in der Liste unter *Kategorie* auf den Eintrag *Währung*.
4. Wählen Sie dann rechts in der Liste – so wie in Abbildung 9.13 gezeigt – den letzten Eintrag aus und bestätigen Sie das Dialogfeld mit *OK*.

Abbildg. 9.13 Das Währungsformat auswählen, das negative Werte mit einem Minus und in Rot anzeigt

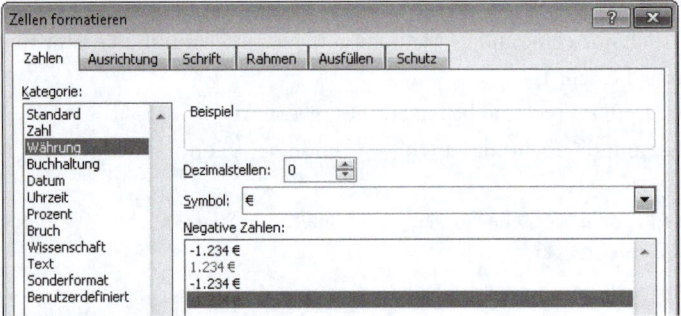

Die Zahlen in Spalte E sollten nun so wie in Abbildung 9.14 aussehen: Bei allen negativen Werten steht das Minuszeichen nicht mehr am linken Zellrand, sondern nahe der Zahl und sie werden zudem in roter Schriftfarbe hervorgehoben.

Abbildg. 9.14 Negative Werte in der Spalte *Saldo* erscheinen mit Minuszeichen und in roter Schriftfarbe

	Einnahmen	Ausgaben	Saldo
Januar	1.429 €	1.543 €	-114 €
Februar	1.181 €	844 €	337 €
März	1.260 €	1.384 €	-124 €
April	1.173 €	1.481 €	-308 €
Mai	1.161 €	938 €	223 €
Juni	1.196 €	1.560 €	-364 €

Die Anteile in Prozent darstellen

Nun folgt die letzte Aktion zum Zuweisen eines Zahlenformats in der Beispieltabelle. In Spalte *F* aus Abbildung 9.10 sollen die nur schwer lesbaren Zahlen in schnell erfassbare Prozentwerte mit einer Nachkommastelle umgewandelt werden.

Das Prozentzeichen hinzufügen

Um die eingetragenen Werte mit dem Zahlenformat *Prozent* zu versehen, gehen Sie wie folgt vor:
1. Markieren Sie den Bereich *F4:F15*.

2. Klicken Sie auf der Registerkarte *Start* in der Gruppe *Zahl* auf das Symbol *Prozent*.
3. Lassen Sie den Zellbereich markiert und klicken Sie anschließend in der gleichen Gruppe auf das Symbol *Dezimalstelle hinzufügen* – das mit dem kleinen blauen Pfeil nach links.

Die Spaltenbreite optimal anpassen

Verringern Sie im nächsten Schritt die Breite der Spalten *F*:
1. Bewegen Sie dazu die Maus im Spaltenkopf an den rechten Rand der Spalte *F*, bis sie zu einem kleinen schwarzen Doppelpfeil wird (Abbildung 9.15).

Abbildg. 9.15   Per Doppelklick sorgen Sie für eine optimale Spaltenbreite

2. Doppelklicken Sie an der Stelle.
3. Die Spalte wird daraufhin auf die optimale Breite angepasst.

Alle Zahlenwerte in Richtung Spaltenmitte bewegen

Sorgen Sie bei der Formatierung der Zahlenwerte abschließend dafür, dass die Zahlen nicht am rechten Zellrand kleben, sondern eher mittig ausgerichtet sind. Ein Klick auf das Symbol *Zentriert* wäre an der Stelle ungeeignet, denn die Zahlen sollen schon rechtsbündig Einer unter Einer, Zehner unter Zehner angeordnet bleiben.

Profitipp   Greifen Sie stattdessen zu einer wenig bekannten Technik und nutzen Sie in dem Fall die Funktion des rechten Einzugs:
1. Markieren Sie alle Zahlenwerte, also den Bereich *C4:F17*.
2. Rufen Sie mit der Tastenkombination `Strg`+`1` das Dialogfeld *Zellen formatieren* auf. Alternativ dazu klicken Sie auf der Registerkarte *Start* in der Gruppe *Zahl* rechts neben *Zahl* auf den kleinen Pfeil.
3. Zeigen Sie die Registerkarte *Ausrichtung* an.
4. Wählen Sie – so wie in Abbildung 9.16 gezeigt – im Listenfeld unter *Horizontal* den Eintrag *Rechts (Einzug)*.
5. Erhöhen Sie rechts daneben im Feld *Einzug* den Wert auf *2*.
6. Schließen Sie das Dialogfeld mit *OK*.

Abbildg. 9.16 Stellen Sie zunächst links einen rechten Einzug ein; die Größe des Einzugs können Sie je nach Spaltenbreite und Länge der Werte über das Feld *Einzug* variieren

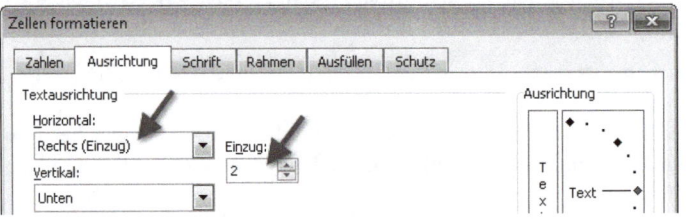

> **TIPP** Da die Spalte mit den Anteilen breiter ist, markieren Sie die Prozentwerte und rufen das Dialogfeld noch einmal mit Strg+1 auf. Erhöhen Sie den *Einzug* auf 4.

Drei Spalten auf eine bestimmte Breite bringen

Die drei Spalten mit den Eurowerten sollen nun auf eine Breite von exakt 10 gebracht werden. Der Wert 10 steht hier für eine Spaltenbreite, in der genau zehn Ziffern Platz finden würden.

1. Markieren Sie die Spaltenköpfe von *C* bis *E*.
2. Klicken Sie mit der rechten Maustaste auf einen der markierten Spaltenköpfe und wählen Sie im Kontextmenü (Abbildung 9.17) den Befehl *Spaltenbreite*.

Abbildg. 9.17 Per rechtem Mausklick das Kontextmenü aufrufen und dort Spaltenbreite anklicken

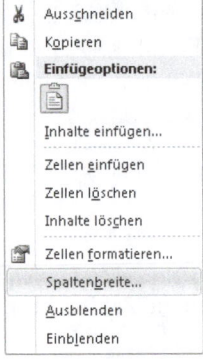

3. Im nun gezeigten Dialogfeld tippen Sie *10* ein und schließen mit *OK* ab.

> **Der Weg über das Menüband kann durchaus lehrreich sein**
>
> Als Alternative können Sie auch zunächst die drei Spalten markieren und das Dialogfeld für die Eingabe der exakten Spaltenbreite aufrufen, indem Sie auf der Registerkarte *Start* in der Gruppe *Zellen* auf die Schaltfläche *Format* klicken.

Schnelleinstieg: eine Tabelle Zelle für Zelle in Form bringen

> Für Anwender, die bisher mit Excel 2003 oder früheren Versionen gearbeitet haben, wird dies eine eher ungewöhnliche Vorgehensweise sein. Aber es ist ganz gut, bei der Gelegenheit ganz nebenbei auf weitere wichtige Befehle zu stoßen, nach denen man sonst vielleicht lange suchen würde – beispielsweise zum Ausblenden von Zeilen, Spalten oder kompletten Arbeitsblättern. Dort finden Sie auch die Befehle zum Kopieren und Verschieben von Arbeitsblättern sowie zum Schützen eines Arbeitsblatts. Es bedarf schon einer ziemlichen Portion Vorstellungskraft, um diese wichtigen Befehle ausgerechnet beim Format für Zellen zu vermuten.

Der Tabelle mit Rahmenlinien eine Struktur geben

Bisher hat die Tabelle noch keinen Rahmen, denn die Gitternetzlinien, die Sie am Bildschirm sehen, werden nicht gedruckt. Schalten Sie einmal über die Befehlsfolge *Datei/Drucken* in die Druckvorschau für die Tabelle um.

Abbildg. 9.18   Über die Befehlsfolge *Datei/Drucken* die Druckvorschau anzeigen lassen

Sie können jetzt genau sehen, dass die Tabelle in der Tat keinerlei Linien enthält. Schließen Sie die Druckvorschau durch Betätigen der Esc-Taste oder mit einem erneuten Klick auf *Datei* wieder.

Mehr über das Thema Drucken erfahren Sie in Kapitel 5.

Der schnelle Weg, aber ...

 Viele Anwender betreiben beim Zuweisen von Rahmenlinien für ihre Tabellen einen minimalen Aufwand: Sie markieren die Tabelle, klicken auf den Pfeil neben dem Symbol für Rahmenlinien und wählen *Alle Rahmenlinien* – fertig!

Abbildg. 9.19 Der schnelle, aber nicht der beste Weg: den Befehl *Alle Rahmenlinien* auf eine Tabelle anwenden

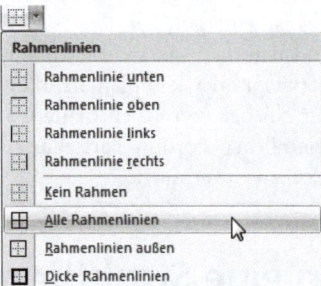

Doch es gibt – wie Sie gleich sehen werden – weit mehr und vor allem bessere Möglichkeiten.

WICHTIG Das eben geschilderte Vorgehen führt zwar schnell zu einem Ergebnis, sichert aber keinesfalls optimale Lesbarkeit. Wenn Sie Ihre Daten so »hinter Gitter bringen«, erschweren Sie dem Betrachter das Lesen, denn das Auge muss sich erst durch ein schwarzes Gitternetz zu den (meist) schwarzen Zahlen »durchkämpfen«.

Tipps zum Umgang mit Rahmenlinien

Seien Sie eher zurückhaltend beim Zuweisen von Rahmenlinien. Ihr Hauptzweck besteht darin, dem Betrachter die Navigation und das Erkennen einer Struktur zu erleichtern. Hier einige Tipps zum Umgang mit Rahmen:

- Umgeben Sie die gesamte Tabelle außen mit einer durchgehenden Rahmenlinie. Sie kann durchaus stärker sein, als die Linien im Inneren der Tabelle.
- Setzen Sie starke, beispielsweise schwarze Rahmenlinien dort ein, wo Sie Bereiche voneinander abgrenzen wollen. In unserem Beispiel würde sich eine solche Abgrenzung vor der Zeile mit den Summen anbieten.
- Verwenden Sie zwischen den Spalten eher dünne Linien in zurückhaltender Farbe, beispielsweise Mittelgrau
- Setzen Sie – wenn Sie die Spalten bereits durch Rahmenlinien optisch aufgeteilt haben – für die Leseführung innerhalb der Zeilen möglichst nicht auch noch Rahmenlinien ein. Sonst sind Sie wieder beim eingangs erwähnten kompletten Gitternetz. Lassen Sie stattdessen jede zweite Zeile in einer abweichenden Zellfarbe erscheinen – bewährt hat sich ein helles Grau. Das Auge erhält somit zwei klare Navigationshilfen: Rahmenlinien zwischen den Spalten und Zellschattierung bei den Zeilen.

Schritt für Schritt: die Rahmenlinien zuweisen

Nach diesen vorbereitenden Gedanken ist es an der Zeit, zur Praxis überzugehen und Schritt für Schritt die Tabelle mittels Rahmenlinien zu strukturieren.

1. Markieren Sie zunächst die gesamte Tabelle. Am schnellsten geht das, indem Sie auf *B3* klicken und bei gedrückter ⇧-Taste auf *F17*. Sie erinnern sich: Diagonalmarkierung.
2. Rufen Sie nun mit `Strg`+`1` das Dialogfeld zum Formatieren auf. Alternativ dazu klicken Sie auf der Registerkarte *Start* in der Gruppe *Schriftart* oder *Ausrichtung* oder *Zahl* auf den kleinen Pfeil in der rechten unteren Ecke, um das Dialogfeld *Zellen formatieren* aufzurufen.

Schnelleinstieg: eine Tabelle Zelle für Zelle in Form bringen

3. Zeigen Sie die Registerkarte *Rahmen* an.
4. Klicken Sie links im Feld *Art* eine etwas stärkere Linie an, beispielsweise die dritte von unten in der rechten Spalte.
5. Öffnen Sie darunter im Feld *Farbe* die Liste und wählen Sie wieder ein dunkles *Olivgrün*.
6. Klicken Sie nun rechts oberhalb des Vorschaubilds auf die Schaltfläche *Außen*. Sie sehen sofort darunter das Ergebnis Ihrer Arbeit (siehe Abbildung 9.20).

Abbildg. 9.20 Legen Sie zuerst die Formate für die Außenlinie fest

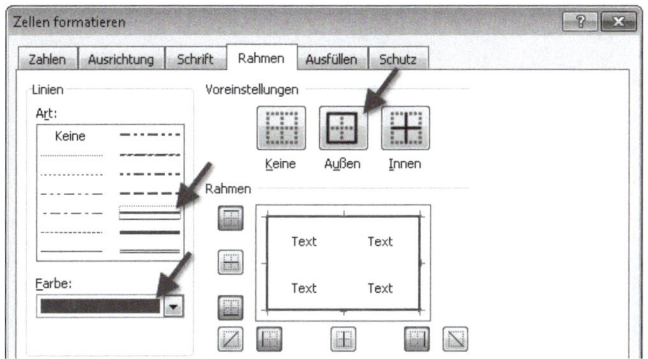

7. Lassen Sie das Dialogfeld geöffnet. Nun sind die senkrechten Innenlinien an der Reihe. Wählen Sie zuerst wieder im Feld *Art* eine passende Linie aus. Diesmal soll es die gepunktete sein, die gleich unter dem Eintrag *Keine* steht. Die Farbe belassen Sie bei *Olivgrün*.

8. Klicken Sie nun unterhalb des Vorschaubilds auf das Symbol in der Mitte. Es steht für die senkrechten Innenlinien. Schließen Sie mit *OK* ab.

Fügen Sie nun unterhalb der Dezemberzeile noch eine dicke Rahmenlinie ein.

1. Markieren Sie dazu den Bereich *B15:F15*.
2. Betätigen Sie wieder die Tastenkombination [Strg]+[1], um das Dialogfeld *Zellen formatieren* aufzurufen. Sie gelangen wieder zur Registerkarte *Rahmen*.

   Linienart und Farbe sind schon eingestellt. Sie können am Vorschaubild auch genau sehen, dass dem soeben markierten Bereich unten ein Abschluss in Form einer Linie fehlt.

Abbildg. 9.21 Mit einem Klick auf dieses Symbol für Zeile 15 unten eine dicke Rahmenlinie hinzufügen

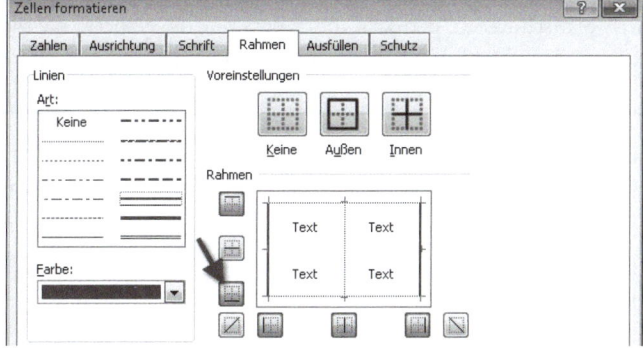

Kapitel 9   Zellen und Tabellen formatieren – der Einstieg

3. Klicken Sie nur noch auf das Symbol für *Rahmenlinie unten*, das sich links neben dem Vorschaubild befindet und schließen Sie das Dialogfeld über *OK*.

Ihre Tabelle ist nun durch Rahmenlinien vom Rest des Arbeitsblatts abgegrenzt und in sich strukturiert. Das Ergebnis sollte so wie in Abbildung 9.22 aussehen.

Abbildg. 9.22   Die Tabelle nach dem Zuweisen der Rahmenformate

	Einnahmen	Ausgaben	Saldo	Anteil an den Jahreseinnahmen
Januar	1.429 €	1.543 €	-114 €	9,3%
Februar	1.181 €	844 €	337 €	7,7%
März	1.260 €	1.384 €	-124 €	8,2%
April	1.173 €	1.481 €	-308 €	7,6%
Mai	1.161 €	938 €	223 €	7,6%
Juni	1.196 €	1.560 €	-364 €	7,8%
Juli	1.656 €	1.373 €	283 €	10,8%
August	1.109 €	950 €	159 €	7,2%
September	986 €	1.663 €	-677 €	6,4%
Oktober	1.373 €	1.128 €	245 €	9,0%
November	1.192 €	1.175 €	17 €	7,8%
Dezember	1.620 €	1.211 €	409 €	10,6%
Summe	15.336 €	15.250 €	86 €	

Zum Schluss wichtige Teile der Tabelle schützen

Die Tabelle mit den Einnahmen und Ausgaben des letzten Jahrs ist nun fertig formatiert und zur Weitergabe schon fast bereit. Zuvor sollten Sie jedoch alle wichtigen Informationen vor Änderungen schützen. Im vorliegenden Fall wären das alle Zellen, die Formeln enthalten.

So »tickt« Excel, wenn es um das Thema Schutz geht

In Excel sind standardmäßig alle Zellen einer Tabelle als *Gesperrt* eingestellt. Als Anwender bemerken Sie das jedoch nicht, denn Sie können trotz dieser Voreinstellung alle Zellen ohne Einschränkungen bearbeiten. Erst wenn Sie die zweite Stufe des Schutzes einschalten und den *Blattschutz* aktivieren, wird auch der Zellschutz wirksam.

Daher müssen Sie sich in Excel beim Schützen zunächst immer erst die Frage stellen, welche Zellen nicht geschützt, welche also weiterhin frei bearbeitet werden sollen. Diese Zellen »entsperren« Sie. Dann schalten Sie den Blattschutz ein, der dazu führt, dass nur die gesperrten Zellen tatsächlich auch geschützt sind. Am besten ist es, wenn Sie das am folgenden Beispiel einfach einmal ausprobieren.

In der vorliegenden Beispieltabelle sollen nur die Zahlenbereiche in den Spalten *C* und *D* sowie die Überschrift und alle Spalten- und Zeilentitel veränderbar sein. Die Formeln in den Spalten *E* und *F* sowie in Zeile *17* sollen unveränderbar bleiben.

Gehen Sie wie folgt vor:

1. Markieren Sie das gesamte Arbeitsblatt. Dazu bedarf es nur eines Mausklicks. Klicken Sie am Schnittpunkt der Spalten- und Zeilenköpfe.

Schnelleinstieg: eine Tabelle Zelle für Zelle in Form bringen

Abbildg. 9.23   Mit einem Mausklick auf diese Schaltfläche markieren Sie alle Zellen im Arbeitsblatt

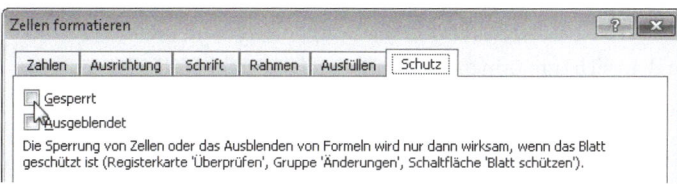

2. Betätigen Sie die Tastenkombination `Strg`+`1`, um das Dialogfeld *Zellen formatieren* aufzurufen. Zeigen Sie die Registerkarte *Schutz* an.

Abbildg. 9.24   Den Zellschutz für alle markierten Zellen aufheben

3. Deaktivieren Sie das Kontrollkästchen *Gesperrt* und bestätigen Sie mit *OK*. Jetzt ist keine der Zellen im Blatt mehr geschützt. Alle Formelzellen erhalten nun in der linken oberen Ecke einen grünen Indikator. Was es damit auf sich hat, erfahren Sie im Abschnitt »Excel sorgt sich um Ihre Formeln« ab Seite 312.
4. Sperren Sie nun alle Zellen, die Formeln enthalten. Im vorliegenden Fall ist das kein großes Problem, denn Sie müssen nur die betreffenden Zellen in den Spalten *E* und *F* und in Zeile *17* markieren. Doch bei größeren Tabellen wäre es nicht so einfach, schnell alle Formelzellen zu finden. Daher hier eine Profitechnik.

Profitipp   Betätigen Sie die Taste `F5` und rufen Sie damit das Dialogfeld *Gehe zu* auf. Klicken Sie dort links unten auf die Schaltfläche *Inhalte* und markieren Sie im folgenden Dialogfeld nur die Option *Formeln*. Schließen Sie mit *OK* ab. Sie sehen, dass nun alle Zellen mit Formeln markiert sind.

Mehr zum Dialogfeld *Gehe zu* finden Sie in Kapitel 4 und in Kapitel 6.

Abbildg. 9.25   Blitzschnell von Excel alle Formelzellen im Blatt markieren lassen

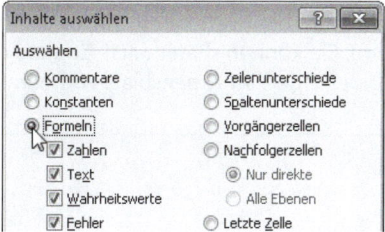

5. Rufen Sie mit `Strg`+`1` wieder das Dialogfeld *Zellen formatieren* auf und setzen Sie auf der Registerkarte *Schutz* ein Häkchen in das Kontrollkästchen vor *Gesperrt*. Wenn Sie mit *OK* bestätigen, sehen Sie, dass auch die grünen Indikatoren in den Formelzellen wieder verschwunden sind.

Nach dem Zellschutz folgt der Blattschutz

Wenn Sie jetzt probehalber in Zelle *E5* etwas eingeben, werden Sie feststellen, dass dies durchaus möglich ist, obwohl Sie doch die Zellen geschützt haben.

HINWEIS Um die eben gemachte Eingabe in Zelle *E5* zu entfernen, klicken Sie in der *Symbolleiste für den Schnellzugriff* auf den nach links weisenden blauen Pfeil, also auf das Symbol *Rückgängig*.

Der Grund: Sie haben zwar die Einstellungen für den Schutz auf Zellebene definiert. Aber Sie müssen noch einen Schritt weitergehen und den Schutz auf Blattebene einschalten. Erst dann wird der zuvor festgelegte Zellschutz wirksam.

1. Klicken Sie auf der Registerkarte *Start* in der Gruppe *Zellen* auf *Format*.
2. Klicken Sie in dem sich nun öffnenden Menü auf den Befehl *Blatt schützen*.

Abbildg. 9.26   Schalten Sie hier den Blattschutz ein

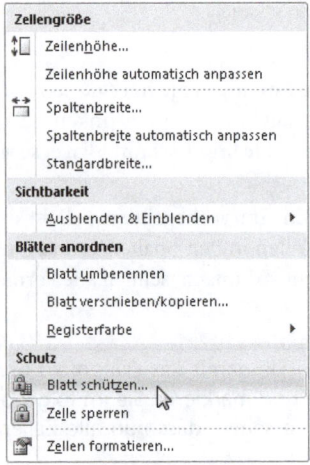

3. Im nun folgenden Dialogfeld können Sie je nach Bedarf und Situation festlegen, welche Änderungen möglich sein sollen.

HINWEIS Vergeben Sie ein Kennwort, denn nur damit verhindern Sie, dass der Schutz durch andere Anwender sofort wieder deaktiviert wird. Sie können später nach Eingabe des Kennworts den Schutz jederzeit wieder aufheben und Änderungen im Arbeitsblatt vornehmen. Wichtig ist nur, dass Sie sich das Kennwort merken!

Schnelleinstieg: eine Tabelle Zelle für Zelle in Form bringen

Abbildg. 9.27   Legen Sie hier ganz individuell fest, was trotz Zellschutz noch zugelassen ist

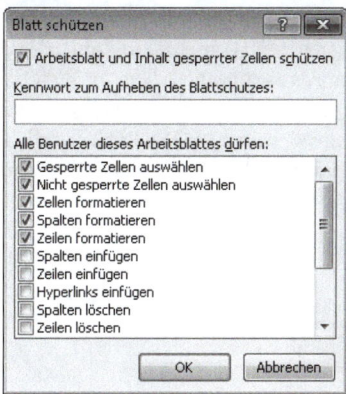

4. Klicken Sie auf *OK*, um den Blattschutz zu aktivieren. Haben Sie ein Kennwort vergeben, müssen Sie dieses zur Sicherheit noch einmal eingeben und mit *OK* bestätigen.

Testen Sie jetzt den soeben festgelegten Schutz auf seine Wirksamkeit, indem Sie versuchen, in eine der geschützten Zellen in Spalte *E* oder *F* etwas einzugeben. Klicken Sie beispielsweise auf *E5* und tippen Sie einen beliebigen Buchstaben ein.

Abbildg. 9.28   Beim Versuch, geschützte Zellen zu bearbeiten, erscheint dieser Hinweis

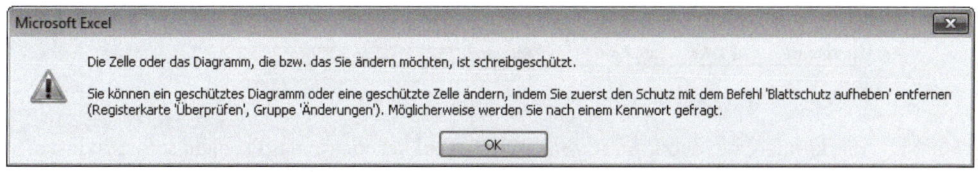

Wie Sie in Abbildung 9.28 sehen können, verwehrt Ihnen Excel diese Eingabe und es weist Sie mit einer Meldung darauf hin, dass Sie gerade versuchen, in einem geschützten Bereich zu arbeiten.

WICHTIG   An der Meldung aus Abbildung 9.28 erkennen Sie sofort, warum es in der Tat besser ist, den Blattschutz mit einem Kennwort zu verbinden. Die Meldung beschreibt exakt die Schritte, wie sich der Blattschutz aufheben lässt. Selbst für einen Excel-Laien dürfte das als Handlungsanleitung reichen. Daher wird der Blattschutz erst mit einem Kennwort halbwegs verlässlich.

Sie werden sich jetzt vielleicht fragen, warum hier nur »halbwegs verlässlich« geschrieben steht. Der Grund: Im Internet gibt es für alle Office-Programme Tools, mit denen sich in kurzer Zeit ein Kennwort »knacken« lässt.

Mehr zum Thema »Schutz von Arbeitsmappen« finden Sie in Kapitel 3 und mehr zum »Schutz von Tabellen« in Kapitel 4.

Kapitel 9 Zellen und Tabellen formatieren – der Einstieg

Excel sorgt sich um Ihre Formeln

Bereits seit Version 2002 überwacht Excel die Eingabe von Formeln und Zahlen. Hier soll nur das Überwachen von Formeln kurz beleuchtet werden. Als Sie für alle Zellen im Blatt den Schutz aufgehoben hatten, erschienen in allen Formelzellen grüne Indikatoren. Bewegen Sie die Maus in die Nähe eines solchen Indikators, erscheint ein gelbes Warnzeichen. Per Klick auf die Pfeilspitze am rechten Rand öffnen Sie ein Menü, das Ihnen Auskunft über das von Excel gefundene Problem gibt. In dem Fall *Ungeschützte Formel*.

Abbildg. 9.29 Excel teilt mit, dass die grün indizierten Zellen Formeln enthalten, die nicht geschützt sind

	Einnahmen	Ausgaben	Saldo	Anteil an den Jahreseinnahmen
Januar	1.429 €	1.543 €	-114 €	9,3%
Februar	1.181 €	844 €	337 €	7,7%
März	1.260 €	1.384 €	-124 €	8,2%
April	1.173 €	1.481 €	-308 €	7,6%
Mai	1.161 €	938 €	223 €	7,6%
Juni	1.196 €	1.560 €	-364 €	7,8%
Juli	1.656 €	1.373 €	283 €	10,8%
August	1.109 €	950 €	159	
September	986 €	1.663 €	-67	Ungeschützte Formel
Oktober	1.373 €	1.128 €	245	Zellen sperren
November	1.192 €	1.175 €	1	Hilfe für diesen Fehler anzeigen
Dezember	1.620 €	1.211 €	409	Fehler ignorieren
				In Bearbeitungsleiste bearbeiten
Summe	15.336 €	15.250 €	8	Optionen zur Fehlerüberprüfung...

Sie können nun den Eintrag *Zellen sperren* anklicken, um das Problem sofort zu lösen. Sie können aber auch für dieses Mal *Fehler ignorieren* festlegen.

Aber wählen Sie auch einmal den letzten Eintrag *Optionen zur Fehlerüberprüfung* und schauen Sie sich im folgenden Dialogfeld an, welche Überwachungsfunktionen Excel für Sie ausübt.

Abbildg. 9.30 Optionen für die Überwachung Ihrer Excel-Tabellen festlegen

Regeln für die Fehlerüberprüfung

- ☑ Zellen mit Formeln, die zu einem Fehler führen
- ☑ Inkonsistente berechnete Spaltenformel in Tabellen
- ☑ Zellen, die zweistellige Jahreszahlen enthalten
- ☑ Zahlen, die als Text formatiert sind oder denen ein Apostroph vorangestellt ist
- ☑ Formeln, die mit anderen Formeln im Bereich inkonsistent sind
- ☑ Formeln, die sich nicht auf alle Zellen im Bereich beziehen
- ☑ Nicht gesperrte Zellen, die Formeln enthalten
- ☐ Formeln, die sich auf leere Zellen beziehen
- ☑ In eine Tabelle eingegebene Daten sind ungültig

In dem Dialogfeld können Sie selbst entscheiden, auf welche Fehler Excel Sie aufmerksam machen soll. Geübte Anwender werden nicht alle Optionen der Überwachung brauchen. Sie können beispielsweise festlegen, dass Excel Sie künftig nicht mehr darauf hinweist, dass Zellen mit Formeln nicht geschützt sind.

Fazit

Dieses Praxisbeispiel hat Ihnen einen ersten Einblick in die Gestaltungspotenziale von Excel gegeben und es Ihnen ermöglicht, sich mit grundlegenden Befehlen vertraut zu machen. Wollen Sie sich systematisch in die Befehle und Techniken beim Gestalten Ihrer Excel-Tabellen einarbeiten, lesen Sie die folgenden Abschnitte.

Die Formatierungsbefehle im Detail

Bevor Sie beginnen, Zellen und Tabellen zu formatieren, empfiehlt sich eine kurze Orientierung, wie das System aufgebaut ist. Sie ersparen sich eine Menge Zeit und Frust, wenn Sie wissen, an welchen Stellen Sie Formatbefehle abrufen können.

Auf verschiedenen Wegen zum gleichen Ziel

Zum Formatieren gibt es mehrere Wege: Sie können die entsprechenden Befehle per linkem Mausklick auf ein Symbol, per rechtem Mausklick über das Kontextmenü oder per Tastenkombination aufrufen.

Die anklickbaren Symbole finden Sie im Menüband mit seinen verschiedenen Registerkarten und Befehlsgruppen sowie in der Minisymbolleiste.

> **WICHTIG** Gehen Sie nicht davon aus, dass es **ein** System gibt, um Befehle aufzurufen. Die Oberfläche ist so eingerichtet, dass Sie an möglichst vielen Stellen und auf möglichst vielen Wegen zum Ziel kommen. Das ist **das** System. Es mag verwirrend sein, dass Sie allein auf der Registerkarte *Start* über sieben verschiedene Stellen zum Dialogfeld *Zellen formatieren* gelangen. Entscheidend ist, dass Sie es finden. Wie, ist eher zweitrangig – zumindest aus Perspektive der Macher von Microsoft Office.

Formatieren über das Menüband

Die erste Möglichkeit, die bei der Suche nach Formatierungsbefehlen sofort ins Auge fällt, ist das Menüband – zumindest wenn gerade die Registerkarte *Start* angezeigt wird. Hier finden Sie eine Vielzahl von Formatierungsbefehlen, die Sie unmittelbar per Mausklick abrufen können.

Abbildg. 9.31 Vier Gruppen für Formatbefehle auf der Registerkarte *Start*

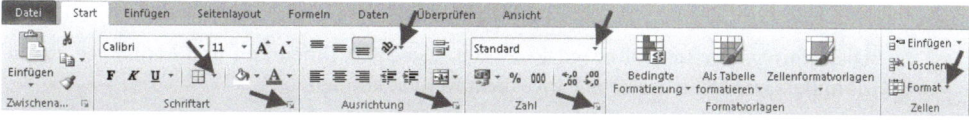

Die Befehle zum Formatieren befinden sich – wie in Abbildung 9.31 gezeigt – auf der Registerkarte *Start* in vier Gruppen: *Schriftart*, *Ausrichtung*, *Zahl* und *Zellen*. Die Möglichkeiten der schnellen Gestaltung über die Gruppe *Formatvorlagen* werden in Kapitel 11 beschrieben.

Formatieren per Kontextmenü und Minisymbolleiste

Wollen Sie über die eben gezeigten Symbole im Menüband formatieren, muss immer erst die Registerkarte *Start* angezeigt werden. Das wäre häufig ein zusätzlicher Handgriff und damit ärgerlicher Zeitaufwand. Daher gibt es nach wie vor das Kontextmenü, das Sie in einer gegebenen Situation per rechtem Mausklick aufrufen, um dort die gewünschten Befehle auszuwählen, vorrangig über den Befehl *Zellen formatieren*. Er führt zu dem Dialogfeld mit der umfassendsten Sammlung von Formatierungsbefehlen.

Abbildg. 9.32   Beim Rechtsklick auf eine Zelle erscheinen Kontextmenü (unten) und Minisymbolleiste (oben)

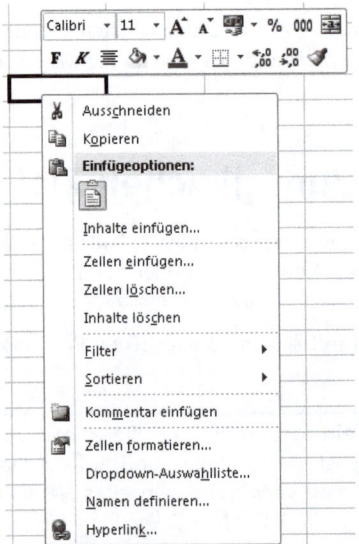

In vielen Fällen können Sie eine gewünschte Formatierung über eine kleine Symbolleiste erledigen, die beim Rechtsklick in unmittelbarer Nähe der gerade markierten Zelle(n) erscheint: die *Minisymbolleiste*. Sie liefert Ihnen 17 der am häufigsten benutzten Formatierungsbefehle.

Abbildg. 9.33   Die Minisymbolleiste aus der Nähe: 17 Symbole sind in ihr enthalten

Die *Minisymbolleiste* gibt es seit Excel 2007. Sie spart Ihnen Zeit und Mauswege, da die Befehle in unmittelbarer Nähe der Zellen angeklickt werden können.

HINWEIS   Leider ist es nicht möglich, der *Minisymbolleiste* weitere Symbole hinzuzufügen oder einige auszutauschen. Sie kann nicht verändert werden.

Formatieren per Tasten und Tastenkombinationen

Einige Formatierungsbefehle für Schrift, Zahlen und Zellausrichtung können Sie direkt per Tastenkombination abrufen. Darin hat sich auch in Excel 2010 nichts geändert. Eine umfangreiche

Die Formatierungsbefehle im Detail

Aufstellung der Tastenkombinationen, die Ihnen beim schnellen Formatieren helfen, finden Sie am Ende dieses Kapitels. Eine davon können Sie sich gleich merken, denn Sie ruft sofort das Dialogfeld *Zellen formatieren* auf, in dem Ihnen alle Formatoptionen zur Verfügung stehen: Strg+1.

Abbildg. 9.34 Die wohl wichtigste Tastenkombination beim schnellen Formatieren

Eine Möglichkeit zum Aufruf von Befehlen allein über die Tastatur sind die sogenannten Zugriffstasten und Zugriffstasteninfos. Und so geht's:

- Schalten Sie mit der Alt-Taste die Zugriffstasteninfos ein,
- drücken Sie die angezeigten Tasten bzw. Tastenfolgen und
- aktivieren so die Befehle im Menüband entweder auf der Registerkarte *Datei* oder auf der *Symbolleiste für den Schnellzugriff*.

Abbildg. 9.35 Schritt 1: mit der Alt-Taste die Zugriffstasteninfos für den Aufruf einzelner Registerkarten anzeigen

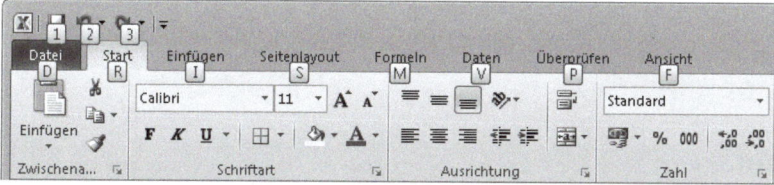

Abbildg. 9.36 Schritt 2: mit der Taste R beispielsweise die Registerkarte *Start* aufrufen

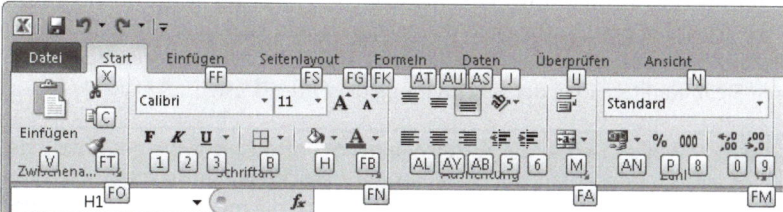

Schrift formatieren

In den meisten Fällen werden Sie die Schriftformate über Symbole zuweisen – egal, ob sich diese im Menüband oder in der Minisymbolleiste befinden. Daher hier zunächst eine Liste der verfügbaren Symbole. Am Ende des Abschnitts lesen Sie, wo überall die Schriftbefehle zu finden sind.

Die wichtigsten Schriftformate per Symbol zuweisen

Mit acht Symbolen können Sie häufig benötigte Schriftformate schnell zuweisen.

Kapitel 9 Zellen und Tabellen formatieren – der Einstieg

Tabelle 9.1 Übersicht der verfügbaren Symbole zur Schriftformatierung

Symbol	Wirkung
Calibri	Schriftart wählen
11	Schriftgrad festlegen
A˘ A˅	Schriftgrad stufenweise vergrößern oder verkleinern
F	Fett formatieren
K	Kursiv formatieren
U	Einfach unterstrichen
A	Schriftfarbe auswählen

Abbildg. 9.37 Die oben in der Tabelle gezeigten Symbole finden Sie in der Gruppe *Schriftart* auf der Registerkarte *Start*

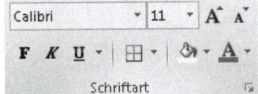

Schriftart

Die Gruppe *Schriftart* auf der Registerkarte *Start* beginnt oben links mit dem Listenfeld *Schriftart*. Die Schriften sind hier alphabetisch sortiert. Klicken Sie auf den kleinen Auswahlpfeil am rechten Rand, um die gewünschte Schriftart direkt im Feld auszuwählen. Schon beim Zeigen auf eine Schriftart sehen Sie per Livevorschau die entsprechende Wirkung. Als Standard sind die Schriften für *Textkörper* und *Überschriften* voreingestellt. Was diese beiden neuen Bezeichnungen bedeuten, erfahren Sie in Kapitel 11 bei der Beschreibung der Office-Designs.

TIPP Wollen Sie bei der Auswahl einer Schriftart nicht die gesamte Liste durchblättern, geben Sie einfach den Anfangsbuchstaben der gesuchten Schriftart ein. Die Markierung im Listenfeld springt dadurch direkt auf die erste Schriftart, die mit diesem Buchstaben beginnt.

Schriftgrad

Rechts daneben im Feld für den *Schriftgrad* können Sie die Schriftgröße auswählen. Der Schriftgrad wird in *Punkt (pt)* angegeben. Die Standardeinstellung des Schriftgrads beträgt 11 pt. Sie können die voreingestellten Werte aus der Liste übernehmen oder eigene Werte eintippen, die Sie mit der ⏎ - Taste bestätigen. Es ist ferner möglich, auch halbe Zahlen, also beispielsweise *11,5* einzugeben.

Wenn Sie die beiden Symbole zum Vergrößern bzw. Verkleinern des Schriftgrads benutzen, können Sie die Schriftgröße schneller verändern als über das Listenfeld. Allerdings wird die Schriftgröße nicht punktweise, sondern schrittweise verändert. Je größer beispielsweise der Schriftgrad ist, desto

größer werden die Schritte. Von 12 bis 28 wird die Schrift in einem Intervall von jeweils 2 pt vergrößert. Danach wird das Intervall deutlich größer.

| **Profitipp** | **Den Standard für die Schriftgröße ändern** |

Die voreingestellte Schriftgröße beträgt *11 pt*. Wenn Sie den Schriftgrad generell verändern wollen, gehen Sie wie folgt vor:

1. Klicken Sie auf die Registerkarte *Datei* und wählen Sie *Optionen*.
2. Im Abschnitt *Allgemein* legen Sie rechts neben *Schriftgrad* in dem Dropdownfeld die gewünschte Größe fest.
3. Bestätigen Sie Ihre Änderungen mit einem Klick auf *OK*.

Excel fordert Sie anschließend zum Neustart des Programms auf, damit die Änderungen wirksam werden.

Schriftstil

Um Informationen hervorzuheben oder von anderen abzusetzen, setzen Sie die Befehle *Fett*, *Kursiv* oder *Unterstrichen* ein. Alle sind über Symbole schnell erreichbar. Wie Sie besondere Unterstreichungen erzielen, lesen Sie im folgenden Abschnitt »Weitere Schriftformate über das Dialogfeld zuweisen«.

Schriftfarbe

Per Klick auf den Pfeil neben dem Symbol *Schriftfarbe* haben Sie Zugriff auf unzählig viele Farben.

Bis Excel 2003 standen nur 40 Farben zur Auswahl. Seit Excel 2007 können Sie sofort auf zehn Designfarben in je sechs Abstufungen und auf zehn Standardfarben zugreifen. Mit einem Klick auf *Weitere Farben* gelangen Sie in ein Dialogfeld, in dem Sie sich Millionen von Farben mischen können.

Weitere Schriftformate über das Dialogfeld zuweisen

Sie haben gesehen, dass Sie zahlreiche Befehle für Schriftformate über Symbole zuweisen können. Sollten Sie weitere Möglichkeiten benötigen, rufen Sie das Dialogfeld *Zellen formatieren* mit der Registerkarte *Schrift* auf. Am schnellsten geht das mit der Tastenkombination [Strg]+[⇧]+[A]. In Abbildung 9.38 sehen Sie das Dialogfeld, in dem die Gesamtheit aller Befehle zum Formatieren von Schrift versammelt ist.

Wirklich interessant sind hier eigentlich nur die drei Kontrollkästchen für *Hochgestellt*, *Tiefgestellt* und *Durchgestrichen*.

Kapitel 9 Zellen und Tabellen formatieren – der Einstieg

Abbildg. 9.38 In diesem Dialogfeld finden Sie alle Befehle zur Schriftformatierung

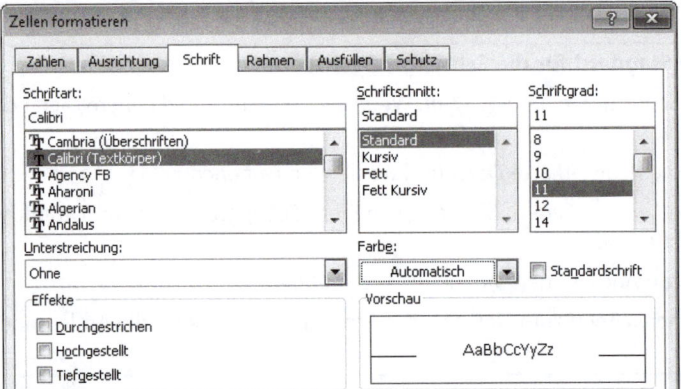

Profitipp Im Listenfeld *Unterstreichung* haben Sie Zugriff auf vier verschiedene Varianten: Neben *Einfach* und *Doppelt* unterstrichen gibt es noch die beiden Varianten *Einfach (Buchhaltung)* und *Doppelt (Buchhaltung)*. Letztere haben den Vorteil, dass die Unterstreichungen nicht durch die Unterlängen solcher Buchstaben wie »p« oder »g« durchgehen. Also eine durchaus empfehlenswerte Alternative.

Wichtig bei der Wahl der Schriftarten ist, dass Excel stets zwei Varianten für Überschriften und Textkörper vorschlägt. Sie ergeben sich aus dem gewählten Design (mehr zu Designs lesen Sie in Kapitel 11). Verwenden Sie möglichst nur diese Vorschläge, damit Ihre Arbeitsblätter einheitlich aussehen.

Profitipp Über das Kontrollkästchen *Standardschrift* am rechten Rand des Dialogfelds weisen Sie aktuell markierten Zellen wieder die Standardschriftformate zu. Aktivieren Sie dieses Kontrollkästchen, wenn Sie Schriftart, -größe und -stil wieder auf die Standardwerte zurücksetzen wollen. Dies ist eine sehr wirksame und schnelle Methode, um für ein einheitliches Aussehen der Tabellen zu sorgen.

Besondere Schriftformate erstellen

In Excel können Sie auf die Schrift in einer Zelle mehrere Formate anwenden. Beispielsweise lassen sich einzelne Zeichen einer Zelle durch eine andere Schriftfarbe bzw. durch den Schriftschnitt *Fett* oder *Kursiv* hervorheben. Tippen Sie die Information in die Zelle ein. Markieren Sie jetzt in der Bearbeitungsleiste die hervorzuhebenden Zeichen und formatieren Sie diese mit dem betreffenden Symbol. Schließen Sie die Bearbeitung mit der ⏎-Taste ab.

Die Ausrichtung in Zellen bestimmen

Neben den häufig benutzten Befehlen für die linksbündige, rechtsbündige oder zentrierte Anordnung von Daten gibt es eine Reihe weiterer nützlicher Optionen für eine attraktive und übersichtliche Optik von Tabellen. In Abbildung 9.39 sehen Sie einen Großteil der verfügbaren Befehle.

Die Formatierungsbefehle im Detail

> **HINWEIS** Sie wollen über **alle** Befehle zum Ausrichten Bescheid wissen? Lesen Sie nach im Abschnitt »Noch mehr Vielfalt: Die Registerkarte *Ausrichtung* des Dialogfelds *Zellen formatieren*« auf Seite 321.

Abbildg. 9.39   Je nach Bildschirmgröße und -auflösung sehen Sie die Gruppe *Ausrichtung* auf der Registerkarte *Start*, so wie links vollständig oder wie rechts reduziert

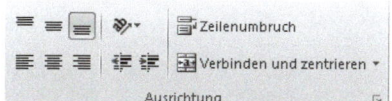 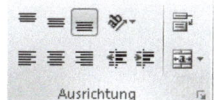

Horizontale Ausrichtung

Zum schnellen Festlegen der horizontalen Ausrichtung von Zelleneinträgen stehen Ihnen die folgenden drei Symbol-Schaltflächen zur Verfügung:

Abbildg. 9.40   Die Symbole für die horizontale Ausrichtung

Die erste Schaltfläche (von links nach rechts) richtet Zelleninhalte am linken Zellenrand aus, die zweite in der Zellmitte und die dritte am rechten Zellenrand.

Ein Symbol für *Blocksatz*, wie beispielsweise in der Textverarbeitung Word, werden Sie hier vermissen. Das hängt damit zusammen, dass eine solche Ausrichtung in einer Zelle nicht erforderlich ist. Dennoch steht der Befehl *Blocksatz* zur Verfügung, denn beispielsweise in Textfeldern, die Sie zu Informationszwecken über die Zellen legen, kann der Blocksatz durchaus sinnvoll sein.

Vertikale Ausrichtung

Zum Festlegen der vertikalen Ausrichtung von Zelleneinträgen stehen Ihnen die folgenden drei Symbole zur Verfügung:

Abbildg. 9.41   Die Symbole für die vertikale Ausrichtung

Die erste Schaltfläche (von links nach rechts) richtet Zelleninhalte am oberen Zellenrand aus, die zweite in der Zellmitte, also auf halber Höhe und die dritte am unteren Zellenrand. Voreingestellter Standard ist die Ausrichtung am unteren Rand.

Text drehen

Wenn der Platz für eine Spaltenüberschrift nicht reicht, können Sie den Text drehen und damit Platz gewinnen. Excel hält dazu eine Vielzahl von Möglichkeiten bereit.

 Über das Symbol namens *Ausrichtung* – Sie finden es in der in Abbildung 9.39 gezeigten Gruppe *Ausrichtung* auf der Registerkarte *Start* – haben Sie die Möglichkeit, Text auf verschiedene Arten in

einer Zelle zu drehen. Per Klick auf den Dropdownpfeil neben dem Symbol gelangen Sie zu dem in Abbildung 9.42 gezeigten kleinen Menü mit fünf vorgegebenen Varianten.

Abbildg. 9.42 Per Symbol Daten innerhalb einer Zelle in fünf verschiedenen Varianten drehen

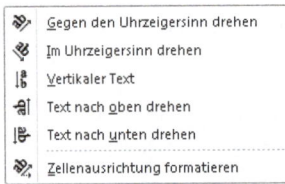

Abbildg. 9.43 Die fünf Varianten zum Drehen am Beispiel eines Textes

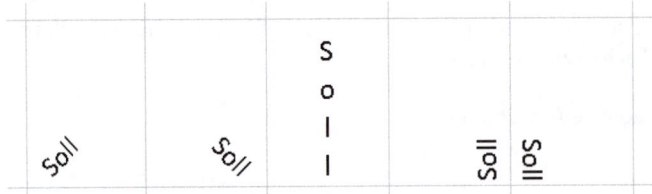

In Abbildung 9.43 sehen Sie die Wirkung, die Sie mit den in Abbildung 9.42 gezeigten fünf Befehlen erzielen können. Von links nach rechts sehen Sie die Auswirkung von:

Gegen den Uhrzeigersinn drehen

Im Uhrzeigersinn drehen

Vertikaler Text

Text nach oben drehen

Text nach unten drehen

Zeilenumbruch

Dass ein Zeilenumbruch in einer Zelle über ein Symbol erzeugt werden kann, mag auf den ersten Blick als Erleichterung gelten. Erfahrene Anwender nutzen aber nach wie vor die Tastenkombination Alt + ↵. Die erzeugt an der aktuellen Cursorposition einen Zeilenumbruch und dieser Umbruch bleibt auch genau an der Textstelle erhalten. Die scheinbar einfachere Variante per Symbol hat den Nachteil, dass sich die Stelle für den Zeilenumbruch nach der Spaltenbreite richtet. Das hat zur Folge, dass bei längeren Begriffen je nach Spaltenbreite willkürlich innerhalb eines Worts umgebrochen wird. Außerdem wird beim automatischen Zeilenumbruch zwar der Text an die Spaltenbreite angepasst und einmalig die Zeilenhöhe geändert, aber bei einer Änderung der Spaltenbreite (z. B. auf die optimale Breite) bleibt die Zeilenhöhe unverändert.

Zellen verbinden

Wollen Sie mehrere Zellen zu einer einzelnen Zelle zusammenfügen, nutzen Sie diese Schaltfläche. Sie erledigt auf einen Klick zwei Aufgaben: Die markierten Zellen werden miteinander verbunden und der Zelleninhalt wird zentriert – Befehl *Verbinden und zentrieren* – oder bleibt links (Text) bzw. rechts (Zahlen) stehen – Befehle *Verbinden über* und *Zellen verbinden*.

Daten einrücken

Zweck und Wirkung dieser beiden Symbole sind nach wie vor etwas verwirrend. Sie sind eigentlich nur für *Text* gedacht und das können Sie auch lesen, wenn Sie mit der Maus auf beide zeigen. Aber sie funktionieren zum Teil auch bei Zahlen und das Ergebnis ist dann recht eigenartig – zumindest, wenn man unter Zeitdruck nicht näher hinschaut. So funktionieren die Symbole für *Text*:

- Das Symbol mit dem blauen Pfeil nach rechts, also das für *Einzug vergrößern*, rückt einen Text, der linksbündig steht (und das ist der Normalfall) schrittweise vom linken Zellenrand weg. Im Abschnitt zum Praxis-Beispiel weiter oben konnten Sie sehen, dass dies eine durchaus nützliche Sache ist, weil Texte damit nicht direkt am linken Zellrand stehen und so lesbarer werden.

- Das Symbol mit dem blauen Pfeil nach links, also das für *Einzug verkleinern*, rückt einen Text, der *rechts*bündig steht (und das ist eher selten der Fall) schrittweise vom *rechten* Zellenrand weg.

Verwirrend wird es, wenn Sie die beiden Symbole für das Einrücken von *Zahlen* verwenden wollen – beispielsweise, um Werte ein wenig von ihrer Standardposition am rechten Zellrand wegzurücken (auch das konnten Sie weiter oben im Praxis-Beispiel sehen).

Profitipp Zahlen werden deutlich besser lesbar, wenn sie nicht am rechten Zellrand stehen, sondern eher in der Spaltenmitte. Weisen Sie dazu den Zellen mit den Zahlen zunächst das Format *Rechtsbündig* zu. Sie werden keine Änderung feststellen, da die zahlen bereits standardmäßig rechtsbündig angeordnet werden. Klicken Sie nun auf das Symbol mit dem Pfeil nach rechts (*Einzug vergrößern*). Damit bewegen Sie die markierten Zahlen schrittweise vom rechten Zellrand weg hin zur Spaltenmitte.

Noch mehr Vielfalt: die Registerkarte *Ausrichtung* des Dialogfelds *Zellen formatieren*

Mit dem letzten Befehl in dem aufgeklappten Menü aus Abbildung 9.43 – *Zellenausrichtung formatieren* – gelangen Sie direkt zur Registerkarte *Ausrichtung* des Dialogfelds *Zellen formatieren* (Abbildung 9.44). Ansonsten betätigen Sie einfach die schon mehrfach genannte Tastenkombination Strg+1.

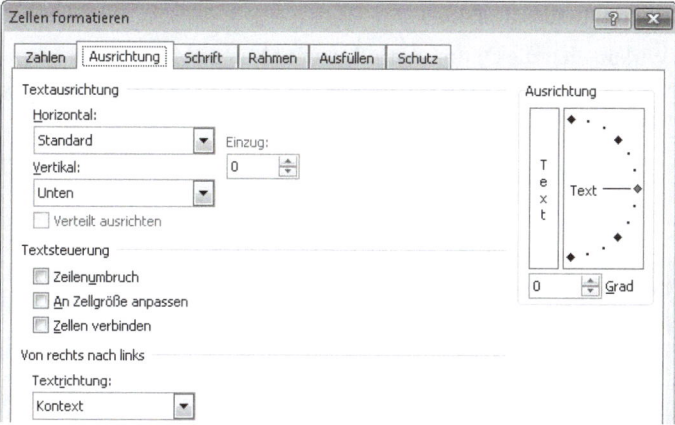

Abbildg. 9.44 In diesem Dialogfeld finden Sie weitaus mehr Optionen zum Festlegen der Ausrichtung in Zellen

Diese Registerkarte ist voll mit Befehlen, aber wahrscheinlich ist diese Fülle der verfügbaren Optionen leider nur wenigen Anwendern bewusst. Eine Ursache dafür sind sicher die teils nicht eben treffenden Bezeichnungen.

Optionen für die horizontale Ausrichtung

Im Listenfeld *Horizontal* finden Sie neben dem Eintrag *Standard* sieben weitere Optionen. *Standard* bedeutet, dass Excel Text links, Zahlen rechts und logische Werte sowie Fehlerwerte zentriert ausrichtet.

Die Optionen, die den Zusatz *Einzug* (siehe folgender Abschnitt) haben, rücken Zellinhalte vom linken oder rechten Spaltenrand weg hin zur Mitte.

HINWEIS Der *Blocksatz* findet in Zellen keine Anwendung, Texte bleiben linksbündig stehen, Zahlen werden ebenfalls linksbündig angeordnet.

Abbildg. 9.45 Links die Auswirkung der Option *Verteilt* bei horizontaler und rechts bei vertikaler Ausrichtung

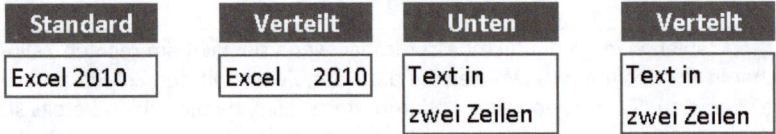

Sonderfall Einzug

Die Möglichkeiten, die Sie für das Festlegen horizontalen Einzügen haben, gehen über das hinaus, was Sie mit den bereits weiter oben detailliert beschriebenen Schaltflächen *Einzug vergrößern* und *Einzug verkleinern* erreichen können.

Mit der Änderung der Werte am Drehfeld *Einzug* (Abbildung 9.44) verschieben Sie Zellinhalte vom Zellrand weg zur Mitte. Jeder Schritt entspricht dabei in etwa der Breite eines Zeichens (Beispiel Buchstabe »W«).

Mit der Option *Verteilt (Einzug)* erreichen Sie das Gleiche wie beim Blocksatz in Textfeldern: Die Informationen werden am linken und rechten Rand bündig ausgerichtet. Ein Beispiel dafür sehen Sie in der linken Hälfte von Abbildung 9.45.

Eine überraschende Wirkung hat die Option *Ausfüllen,* wie Sie in Abbildung 9.46 sehen können: in der Bearbeitungsleiste steht »4711«, in der Zelle hingegen wird eine viel längere Zahl angezeigt, weil die Option *Ausfüllen* gewählt wurde.

Abbildg. 9.46 *Ausfüllen* wiederholt vorhandenes Datenmaterial so oft, bis die Zelle gefüllt ist

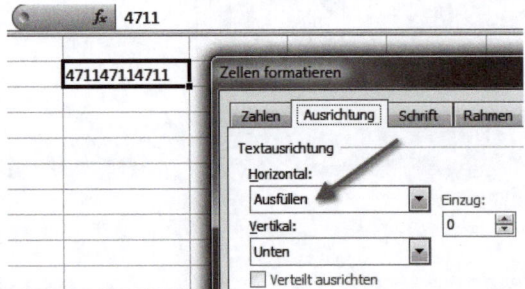

Optionen für die vertikale Ausrichtung

Zellinhalte werden – wie bereits erwähnt – standardmäßig unten angeordnet. Die beiden anderen Optionen *Oben* bzw. *Zentriert* sind selbsterklärend. *Zentriert* wird vor allem dann angewendet, wenn ein- und mehrzeilige Zellinhalte auf halber Höhe angeordnet werden sollen.

Die Option *Verteilt* geht noch einen Schritt weiter, indem sie mehrzeilige Zellinhalte am oberen und unteren Zellrand anordnet. Ein Beispiel dafür sehen Sie in der rechten Hälfte von Abbildung 9.45.

Die Option *Blocksatz* verteilt mehrzeilige Informationen von oben nach unten über die Zelle. Sind es nur zwei Zeilen, hat *Blocksatz* die gleiche Wirkung wie *Vertikal verteilt*.

Texte drehen

Rechts unter *Ausrichtung* legen Sie den Grad der Rotation für eingegebene Daten fest. Bei einem positiven Wert im Feld *Grad* werden die Daten von unten links nach oben rechts in der Zelle gedreht. Legen Sie hingegen eine negative Gradzahl fest, erscheinen Daten von oben links nach unten rechts gedreht.

- Geben Sie dazu eine Gradzahl in das Eingabefeld links vor *Grad* ein
- Oder nutzen Sie das Drehfeld, um den Grad zu verändern

Sie können aber auch einfach mit der Maus den Zeiger im Bild darüber drehen, indem Sie mit gedrückter linker Maustaste an der roten Raute ziehen.

Textsteuerung

Über die drei Kontrollkästchen im Bereich *Textsteuerung* können Sie die Darstellungsweise der Zellinhalte weiter anpassen.

Das Kontrollkästchen *Zeilenumbruch*

Bei der Wahl dieser Option wird der Text in der Zelle auf mehrere Zeilen umbrochen. Auch hier hängen Anzahl und Ort der Zeilenumbrüche von der Spaltenbreite sowie der Länge des Zellinhalts ab.

> **TIPP** Schneller geht es, wenn Sie bereits bei der Texteingabe an den Stellen, an denen Sie einen Zeilenumbruch wünschen, die Tastenkombination `Alt` + `↵` betätigen.

Das Kontrollkästchen *An Zellgröße anpassen*

Ist eine Spalte zu schmal für eine lange Zahl, werden statt der Zahl nur #-Zeichen angezeigt. Texte hingegen werden einfach abgeschnitten. Beides ist nicht eben komfortabel und besonders ärgerlich, wenn man dies erst nach dem Drucken feststellt.

> **Profitipp** Solche Pannen können Sie künftig verhindern, wenn Sie für solche Zellen oder gar ganze Tabellenspalten die Option *An Zellgröße anpassen* aktivieren. Damit wird beim Verkleinern der Zelle automatisch die Größe der Schriftzeichen so reduziert, dass alle Daten in die Zelle passen. Der jeweilige Schriftgrad, der für die Zelle definiert wurde, wird nicht geändert. Machen Sie die Zelle breiter, wird der Text automatisch wieder größer. Die Wirkung der Option können Sie in der folgenden Abbildung in Spalte *C* gut erkennen. In Spalte *D* ist nur Standard eingestellt, Text wird abgeschnitten, Zahlen werden als Gitter dargestellt.

Abbildg. 9.47 Eine kaum bekannte, weil gut versteckte, aber nichtsdestotrotz sehr nützliche Option ist *An Zellgröße anpassen*

Das Kontrollkästchen *Zellen verbinden*

Mit der Option *Zellen verbinden* kombinieren Sie mindestens zwei markierte Zellen zu einer. Das geht sowohl in horizontaler wie auch in vertikaler Richtung. Der Zellbezug für die verbundene Zelle ist die Zelle, die ursprünglich oben links war. Die weiter oben geschilderten Symbole, die Sie über die Registerkarte *Start* in der Gruppe *Ausrichtung* erreichen, erledigen dies weitaus schneller.

> **TIPP** Verbinden Sie nach Möglichkeit Zellen immer nur dann, wenn die gesamte Tabelle wirklich fertig ist. Der Grund: Spalten oder Zeilen mit verbundenen Zellen lassen sich nachträglich nicht so leicht bearbeiten – es beginnt schon beim Markieren. Mehr zu verbundenen Zellen finden Sie in Kapitel 4.

Fazit

Hier finden Sie die Befehle für die Ausrichtung

- Im Dialogfeld *Zellen formatieren* auf der Registerkarte *Ausrichtung* finden Sie alle Befehle zur Ausrichtung in Zellen. Am schnellsten können Sie dieses Dialogfeld mit der Tastenkombination [Strg]+[1] aufrufen. Alternativ dazu klicken Sie auf der Registerkarte *Start* in der Gruppe *Ausrichtung* auf den Pfeil neben *Ausrichtung* oder in der Gruppe *Zellen* auf den Pfeil neben der Befehlsschaltfläche *Format*, um das Dialogfeld aufzurufen.
- Einen sehr großen Teil der Befehle zur Ausrichtung – immerhin elf – finden Sie in der Gruppe *Ausrichtung* auf der Registerkarte *Start*
- Per rechtem Mausklick haben Sie in der *Minisymbolleiste* Zugriff auf zwei Ausrichtungsbefehle

Zahlen formatieren

Zahlenformate spielen eine zentrale Rolle beim Formatieren von Tabellen. Daher werden sie in Kapitel 10 im Detail behandelt. An dieser Stelle erfolgt nur ein Überblick über die Standardformate, die Ihnen über Symbole im Menüband, in der Minisymbolleiste oder über die Registerkarte *Zahlen* des Dialogfelds *Zellen formatieren* zur Verfügung stehen.

Abbildg. 9.48 Zugriff auf häufig gebrauchte Befehle für das Formatieren von Zahlen im Menüband

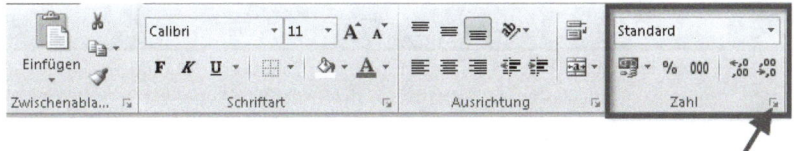

Abbildg. 9.49 Auch in der Minisymbolleiste stehen einige Befehle für die Festlegung des Zahlenformats per Symbol zur Verfügung

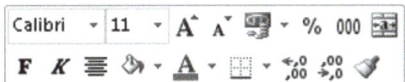

Noch mehr Auswahl bei Zahlenformaten

Wenn Sie in der in Abbildung 9.48 gezeigten Gruppe *Zahl* rechts neben *Zahl* auf den kleinen Startpfeil klicken, öffnet sich das Dialogfeld *Zellen formatieren* mit der Registerkarte *Zahlen*. Sie sehen hier in der Liste links, dass in Excel die Zahlenformate in zwölf Kategorien eingeteilt sind.

Abbildg. 9.50 In der Liste links sind die zwölf Kategorien für Zahlenformate aufgelistet

Mit Ausnahme der Kategorien *Standard* und *Text* bietet jede dieser Kategorien verschiedene Einstellungen, um das jeweilige Format anzupassen. Hier ein Kürzüberblick, für welchen Zweck die einzelnen Zahlenformate einsetzbar sind.

Tabelle 9.2 Kurzübersicht über die integrierten Zahlenformate in Excel

Kategorie	Erläuterung
Standard	Dies ist das Zahlenformat, das Excel zunächst anwendet, wenn Sie eine Zahl eingeben. Zahlen, werden bis zu einer Länge von elf Ziffern so angezeigt, wie Sie sie eingeben. Ist eine Zelle nicht breit genug, um die gesamte Zahl anzuzeigen, schaltet Excel auf die Exponentialschreibweise um oder zeigt ###.
Zahl	Dieses Format wird für die allgemeine Anzeige von Zahlen verwendet. Sie können über die Anzahl der anzuzeigenden Dezimalstellen festlegen, ob ein 1000er-Trennzeichen verwendet werden soll und wie negative Zahlen erscheinen sollen.
Währung	Nehmen Sie dieses Format, wenn Sie Ihren Zahlen das Währungssymbol hinzufügen wollen (€ oder CHF). Bestimmen Sie außerdem über die Anzahl der angezeigten Dezimalstellen, ob ein 1.000er-Trennzeichen lange Zahlen lesbarer machen soll und wie negative Zahlen aussehen sollen.

Tabelle 9.2   Kurzübersicht über die integrierten Zahlenformate in Excel *(Fortsetzung)*

Kategorie	Erläuterung
Buchhaltung	Dieses Format zeigt ebenfalls zusätzlich zu den Zahlen ein Währungszeichen an, allerdings werden die Zahlen deutlich vom rechten Rand weggerückt – was viel Platz braucht – und bei negativen Werten steht das Vorzeichen am linken Spaltenrand
Datum	Mit diesem Format zeigen Sie Zahlen als Datumswerte an. Datumsformate, die mit einem Sternchen (*) beginnen, reagieren auf Änderungen der regionalen Datums- und Zeiteinstellungen in der Windows-Systemsteuerung.
Uhrzeit	Mit diesem Format zeigen Sie Zahlen als Zeitwerte an. Zeitformate, die mit einem Sternchen (*) beginnen, reagieren auf Änderungen der regionalen Datums- und Zeiteinstellungen in der Windows-Systemsteuerung.
Prozent	Machen Sie aus 0,01 per Mausklick 1 % und sparen Sie sich den Aufwand des Multiplizierens. Bei diesem Zahlenformat wird der Wert mit 100 multipliziert und dem Ergebnis das Prozentzeichen hinzugefügt. Wenn Sie noch Stellen nach dem Komma benötigen, klicken Sie im Register *Start* auf die Schaltfläche zum Hinzufügen von Dezimalstellen (Gruppe *Zahl*).
Bruch	Soll ein Wert nicht als Dezimalzahl, sondern als Bruch angezeigt werden – beispielsweise bei mathematischen Aufgaben –, ist dieses Format die richtige Wahl. Excel hält zahlreiche vorgefertigte Muster bereit.
Wissenschaft	Mit diesem Format zeigen Sie Zahlen in Exponentialschreibweise an. Die Nutzer der Tabelle sollten mit der Schreibweise zurechtkommen. Excel weist das Format zum Teil automatisch zu, wenn Zahlen zu groß sind, um in normaler Darstellung in der Zelle angezeigt zu werden.
Text	Nehmen Sie dieses Format, wenn Sie wollen, dass Zahlen als Text behandelt werden und so angezeigt werden, wie Sie sie eingeben. Sinnvolle Beispiele sind Postleitzahlen mit führender Null oder Gliederungen (1.1).
Sonderformat	Dieses Format soll dafür sorgen, dass Zahlen wie eine Postleitzahl (PLZ), Telefon- oder Sozialversicherungsnummer angezeigt werden. Aber Vorsicht: Nicht in jedem Fall sind die richtigen Formatcodes vorbereitet. Benutzerdefinierte Zahlenformate sind da sicherer und flexibler.
Benutzer-definiert	Hier können Sie eigene Zahlenformate kreieren, die am Ende der Liste mit den Zahlenformatcodes hinzugefügt werden

Hier finden Sie die Befehle:

- Die komplette Liste der in Excel verfügbaren Zahlenformate erhalten Sie im Dialogfeld *Zellen formatieren* auf der Registerkarte *Zahlen*. Am schnellsten rufen Sie dieses Dialogfeld mit der Tastenkombination `Strg`+`1` auf. Alternativ dazu klicken Sie auf der Registerkarte *Start* in der Gruppe *Zahl* auf den Pfeil neben *Zahl* oder in der Gruppe *Zellen* auf den Pfeil neben der Befehlsschaltfläche *Format*, um das Dialogfeld aufzurufen.

- In der Gruppe *Zahl* auf der Registerkarte *Start* können Sie auf knapp ein Dutzend Zahlenformate schnell zugreifen

- Per rechtem Mausklick sind in der *Minisymbolleiste* ebenfalls Zahlenformate direkt verfügbar

Mit Rahmenlinien aus Zahlenkolonnen übersichtliche Tabellen machen

Neben den Zahlenformaten sind Rahmen und Linien eine geeignete Methode, um Tabellen übersichtlich zu gestalten. Wie Sie im Praxis-Beispiel zu Beginn des Kapitels bereits gesehen haben, können Sie mit Rahmenlinien das Lesen einer Tabelle spürbar erleichtern und den Betrachter durch Ihre Daten »führen«. Verwenden Sie Rahmen und Linien, um

- wichtige Zellen oder Zellbereiche hervorzuheben,
- zusammengehörige Datenbereiche zu kennzeichnen,
- unterschiedliche Informationen voneinander abzugrenzen.

Standard-Rahmenformate schnell im direkten Zugriff

Da das Einrahmen eine zentrale Rolle beim Gestalten und Strukturieren von Tabellen spielt, sind oft gebrauchte Rahmenformate direkt per Symbol erreichbar.

Mit wenigen Mausklicks erschließen Sie sich über die Schaltfläche *Rahmenlinien* alle Optionen. Sie finden die Schaltfläche per rechtem Mausklick in der Minisymbolleiste und im Menüband auf der Registerkarte *Start*.

Beim Klick auf den Dropdownpfeil neben der Symbolschaltfläche öffnet sich ein Menü mit 13 Befehlen im Abschnitt *Rahmenlinien*. Die Wirkung dieser Einträge ist selbsterklärend. Wichtig ist, dass Sie stets vorher exakt die Zelle oder den Zellbereich markieren, der diese Rahmenlinien erhalten soll.

Wenn Sie individuelle Lösungen brauchen, rufen Sie das Dialogfeld mit einem Klick auf den letzten Menüeintrag namens *Weitere Rahmenlinien* auf.

Sehr nützlich und vor allem zeitsparend sind die Einträge im Abschnitt *Rahmenlinien zeichnen*.

Mit dem Menübefehl *Rahmenlinie zeichnen* können Sie per Stift sehr schnell – und ohne vorher etwas markieren zu müssen – um gewünschte Bereiche einen Rahmen ziehen oder einzelne waagerechte und senkrechte Linien einzeichnen.

Der Menübefehl *Rahmenraster zeichnen* erzeugt im Nu und ebenfalls ohne vorheriges Markieren von Zellen ein komplettes Gitternetz aus Rahmenlinien für einen Bereich, über den Sie mit gedrückter linker Maustaste ziehen.

Mit *Rahmenlinie entfernen* löschen Sie überflüssige Linien schnell per »Radiergummi«. Ziehen Sie nach einem Klick auf den Befehl einfach über die Linien, die Sie nicht mehr brauchen.

> **WICHTIG** Alle drei Befehle schalten Sie durch Betätigen der `Esc`-Taste wieder aus.

Über die beiden Einträge *Linienfarbe* und *Linienart* nehmen Sie schnell und komfortabel Einfluss auf das Aussehen der Rahmenlinien.

Kapitel 9 Zellen und Tabellen formatieren – der Einstieg

Wann ist welche Methode für Rahmenlinien zu empfehlen?

Vielleicht werden Sie sich jetzt fragen, warum es mehrere Methoden gibt und ob nicht eine auch ausgereicht hätte. Noch mehr aber wird Sie interessieren, welche der drei Methoden sich für Sie eignet:

- Über die Schaltfläche *Rahmenlinien* haben Sie zwar einen schnellen Zugriff auf wichtige Rahmen- und Linienoptionen, aber dieser kurze Weg öffnet Ihnen nur einen Ausschnitt der Möglichkeiten. Eine Schnellformatierung also, aber mit gestalterischen Einschränkungen.
- Wollen Sie auf das komplette Spektrum der Rahmenlinien zugreifen, empfiehlt sich der Weg über das Dialogfeld, also über die Registerkarte *Rahmen*. Hier stehen Ihnen alle Varianten der Rahmengestaltung zur Verfügung und anhand des Vorschaubilds können Sie stets prüfen, wie das Ergebnis aussehen wird. Die Komplettvariante also, mit voller Kontrolle.
- Legen Sie Wert auf Schnelligkeit und sind Sie im Umgang mit der Maus geübt, wird die Methode, Rahmen und Linien selbst zu zeichnen, künftig Ihr Favorit sein. Wenn Sie vor dem Zeichnen Linienart und -farbe festlegen, können Sie anschließend zügig individuelle Rahmengebilde und Linien erzeugen. Ebenfalls eine Komplettvariante also, aber mit mehr Raum für Kreativität.

CD-ROM Auf der CD-ROM zum Buch im Ordner *Buch\Kap09* finden Sie in der Beispieldatei *Kap09.xlsx* im Arbeitsblatt *Rahmen* eine Übersicht der möglichen Rahmenformate.

Spezielle Rahmenlinien über die Registerkarte *Rahmen*

Über die in Abbildung 9.51 gezeigte Registerkarte *Rahmen* des Dialogfelds *Zellen formatieren* haben Sie Zugriff auf alle Rahmenlinien-Optionen, die in Excel verfügbar sind.

Abbildg. 9.51 Zugriff auf die komplette Vielfalt der Rahmenlinien über dieses Dialogfeld

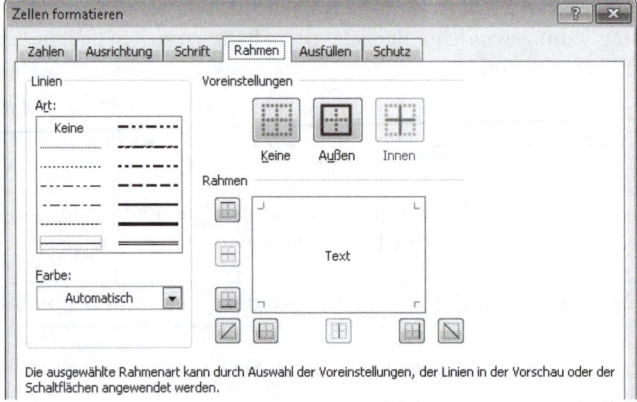

Hier kurz einige Erläuterungen, wie Sie in diesem Dialogfeld arbeiten.

- Wählen Sie zunächst im Bereich *Linien* die *Art* und *Farbe* der Linie
- Klicken Sie dann erst rechts im Feld *Voreinstellungen* im Vorschaubild auf die Seiten, denen Sie eine Linie zuweisen wollen. Sie können dazu auch die Symbole am linken und unteren Rand des Vorschaubilds nutzen.

Fazit

Hier finden Sie Befehle für Linien und Rahmen:

- Im Dialogfeld *Zellen formatieren* auf der Registerkarte *Rahmen* finden Sie alle Befehle zu Rahmenlinien. Am schnellsten können Sie dieses Dialogfeld mit der Tastenkombination [Strg]+[1] aufrufen. Alternativ dazu klicken Sie auf der Registerkarte *Start* in der Gruppe *Schriftart* oder *Ausrichtung* oder *Zahl* auf den Pfeil in der rechten unteren Ecke, um das Dialogfeld aufzurufen.
- In der Gruppe *Schriftart* der Registerkarte *Start* können Sie über das Rahmensymbol ein komplettes Menü öffnen, in dem Sie zahlreiche Befehle für Rahmenlinien finden
- Den gleichen Komfort haben Sie auch per rechtem Mausklick über das Rahmensymbol in der *Minisymbolleiste*

Wichtiges hervorheben mit Zellfarbe und -muster

In jeder Tabelle gibt es Zellen, die besonders ins Auge fallen sollen. Häufig reicht es, wenn den betreffenden Zellen eine auffallende Farbe zugewiesen wird. Den Befehl dazu rufen Sie über das Symbol *Füllfarbe* (das mit dem kleinen Eimer) in der Gruppe *Schriftart* der Registerkarte *Start* oder in der *Minisymbolleiste* auf.

Zellen mit einer Hintergrundfarbe versehen

Klicken Sie auf den Dropdownpfeil am rechten Rand der Symbol-Schaltfläche *Füllfarbe* und wählen Sie aus dem aufklappenden Menü die gewünschte Farbe aus.

Bis zur Version 2003 von Excel standen Ihnen 40 Zellfarben zur Verfügung. Jetzt können Sie per Klick auf die o. g. Symbolschaltfläche in dem in Abbildung 9.52 gezeigten Dropdownmenü sofort eine der 70 angebotenen Farben auswählen – 60 abgestimmte Designfarben und zehn Standardfarben. Per Klick auf *Weitere Farben* können Sie im folgenden Dialogfeld auf der Registerkarte *Benutzerdefiniert* Millionen von Farben selbst zusammenstellen.

Abbildg. 9.52   Schnellzugriff auf Füllfarben über die Registerkarte *Start* oder die *Minisymbolleiste*

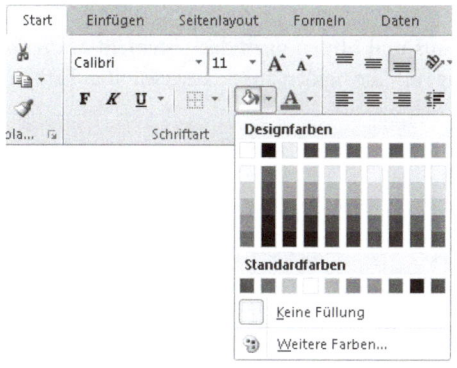
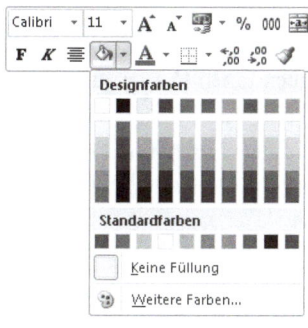

Die Farbauswahl, die nun nicht mehr auf nur 40 begrenzt ist, macht es **ohne** lange Vorarbeit möglich, Zellen exakt in den Firmenfarben – also entsprechend den Vorgaben des Corporate Designs – anzuzeigen. Geben Sie auf der Registerkarte *Benutzerdefiniert* des Dialogfelds *Farben* die drei zutreffenden RGB-Werte ein, um den gewünschten Farbton exakt festzulegen.

Abbildg. 9.53   Durch Einstellen der Werte für Rot, Grün und Blau können Sie beliebige Farben mischen

Zellen mit einem Muster versehen

Diese Funktion ist dann nützlich, wenn in Arbeitsblättern oder Formularen einzelne Zellen oder ganze Zellbereiche für die Eingabe optisch gesperrt werden sollen. Dazu kombinieren Sie auf der Registerkarte *Ausfüllen* des Dialogfelds *Zellen formatieren* drei Komponenten miteinander:

- Zuerst bestimmen Sie eine Farbe für den Zellhintergrund. Diese stellen Sie links in der Farbpalette unter *Hintergrundfarbe* ein – meist *Weiß*.
- Als Nächstes legen Sie die zweite Farbe im Muster fest und zwar über das Listenfeld *Musterfarbe* rechts oben
- Schließlich wählen Sie Art des Musters aus und öffnen dazu das Listenfeld *Musterformat*. Hier stehen Ihnen 17 Varianten zur Verfügung, um die beiden zuvor ausgewählten Farben zu kombinieren.

Anhand der Vorschaufunktion am unteren Rand im Feld *Beispiel* haben Sie beim Zuweisen eines Musters die komplette Kontrolle über den Vorgang.

Abbildg. 9.54 Beispiel für das Festlegen eines quergesteiften Musters auf der Registerkarte *Ausfüllen*

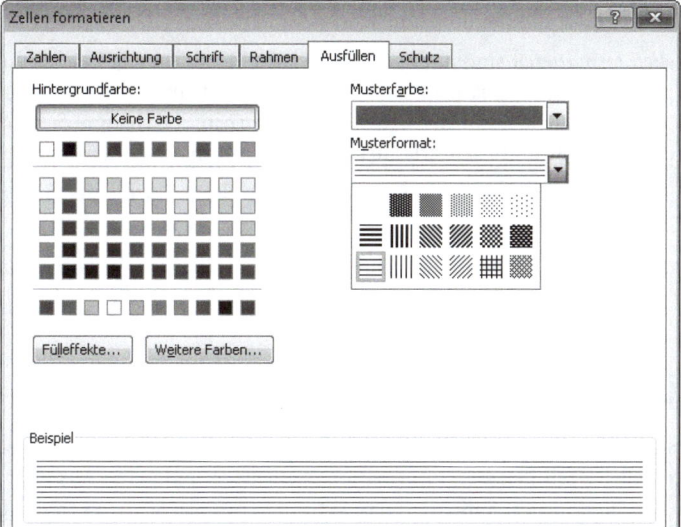

Noch mehr Wirkung mit Farbverläufen

Was es in PowerPoint schon lange gibt, ist auch in Excel möglich: Zellen einer Tabelle können nicht nur einfarbig gefüllt, sondern mit Farbverläufen versehen werden.

Klicken Sie dazu in der Registerkarte *Ausfüllen* des Dialogfelds *Zellen formatieren* links unten auf die Schaltfläche *Fülleffekte* und stellen Sie im folgenden Dialogfeld *Fülleffekte* den gewünschten Farbverlauf und die Schattierungsart ein.

Abbildg. 9.55 Auch in Excel machbar: Farbverläufe für Zellen definieren

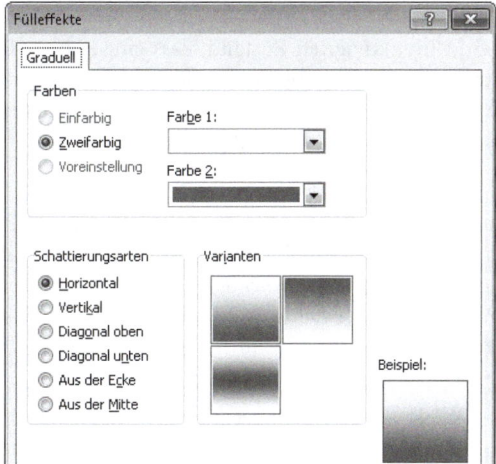

CD-ROM   Auf der CD-ROM zum Buch im Ordner *Buch\Kap09* finden Sie in der Datei *Kap09.xlsx* im Arbeitsblatt *Muster* Beispiele für mögliche Muster und Fülleffekte.

Fazit

Hier finden Sie die Befehle für Zellfarbe und -muster:

- Im Dialogfeld *Zellen formatieren* sind auf der Registerkarte *Ausfüllen* alle Befehle zu Zellfarben und -mustern verfügbar. Sie gelangen zu dem Dialogfeld mit der Tastenkombination `Strg`+`1` auf. Oder Sie klicken auf der Registerkarte *Start* in der Gruppe *Schriftart* auf den Pfeil neben *Schriftart*. Muster und Farbverläufe können Sie nur in diesem Dialogfeld festlegen.
- Für einfarbige Zellfüllungen reicht es, wenn Sie auf der Registerkarte *Start* in der Gruppe *Schriftart* das Symbol *Füllfarbe* verwenden
- Den gleichen Komfort haben Sie auch per rechtem Mausklick über das *Füllfarbe*-Symbol in der *Minisymbolleiste*

Zellen schützen

Obwohl in einem Excel-Arbeitsblatt für alle Zellen standardmäßig das Attribut *Gesperrt* eingeschaltet ist, können Sie in die Zellen nach Belieben Informationen eingeben und deren Aussehen verändern. Denn der Schutz von Zellen erfordert außerdem das Aktivieren des Blattschutzes (mehr Informationen zum Thema Blattschutz finden Sie am Ende von Kapitel 4). Wenn Sie den Blattschutz aktivieren, verhindern Sie, dass die zuvor als *Gesperrt* formatierten Zellen geändert oder gelöscht werden.

Abbildg. 9.56 Standardmäßig ist für alle Zellen die Option *Gesperrt* eingestellt

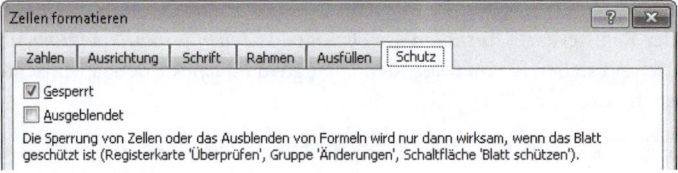

Das Kontrollkästchen *Ausgeblendet* bewirkt im aktivierten Zustand, dass eingegebene Formeln im Blatt – genauer in der Bearbeitungsleiste – nicht mehr angezeigt werden. Damit können Anwender dafür sorgen, dass ihr Know-how beim Erstellen von Formeln vor anderen verborgen bleibt. Auch bei dieser Option gilt: Sie wird nur dann wirksam, wenn das Blatt geschützt wird.

Hier finden Sie die Befehle:

- Den Zellschutz schalten Sie über das Dialogfeld *Zellen formatieren* auf der Registerkarte *Schutz* aus oder ein. Das Dialogfeld rufen Sie mit der Tastenkombination `Strg`+`1` auf. Oder Sie klicken Sie auf der Registerkarte *Start* in der Gruppe *Schriftart* auf den Pfeil neben *Schriftart* oder in der Gruppe *Zellen* auf den Pfeil neben der Befehlsschaltfläche *Format*, um das Dialogfeld aufzurufen. Wechseln Sie dann jeweils zur Registerkarte *Schutz*.
- Eine weitere Möglichkeit führt ebenfalls über die Registerkarte *Start*, diesmal aber über die Gruppe *Zellen*. Dort öffnen Sie per Klick auf den Pfeil rechts neben der Befehlsschaltfläche *Format* ein Menü, in dem Sie den Eintrag *Zelle sperren* finden. Hier können Sie neben dem Zellschutz auch gleich den Blattschutz ein- oder ausschalten. Über den letzten Befehl in diesem Menü können Sie ebenfalls das Dialogfeld *Zellen formatieren* aufrufen.

Tipps für zeitsparendes Formatieren

Formatierungsarbeiten müssen nicht aufwändig sein. Auf den folgenden Seiten finden Sie Tipps, mit denen Ihnen das Formatieren schneller von der Hand geht.

Formate blitzschnell übertragen und vereinheitlichen

Wenn eine bereits bestehende Formatierung auch für andere Zellen gelten soll, nutzen Sie die Funktion *Format übertragen*. Sie sorgt schnell für eine einheitliche Gestaltung Ihrer Zellen. Sie kopieren dabei nur Formate; Werte und Formeln hingegen bleiben unverändert.

Format übertragen: So setzen Sie die einfache Variante ein

Auf der Registerkarte *Start* finden Sie das Symbol für den Befehl *Format übertragen* gleich in der ersten Befehlsgruppe namens *Zwischenablage*.

Abbildg. 9.57   Je nach Bildschirmauflösung sehen Sie das Symbol mit oder ohne Beschriftung

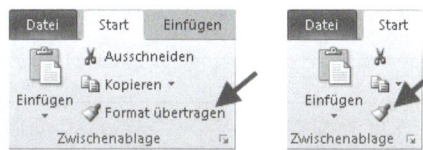

Und so verwenden Sie das Symbol:
1. Klicken Sie auf die Zelle, welche die gewünschte Formatierung bereits enthält.
2. Klicken Sie das Symbol *Format übertragen* an, um es zu aktivieren (damit bringen Sie die Formateigenschaften in den Pinsel auf, so als ob Sie einen Pinsel in einen Farbeimer tauchen).
3. Klicken Sie nun auf die Zelle, welche die gewünschte Formatierung ebenfalls erhalten soll. Wollen Sie die kopierten Formateigenschaften auf mehrere Zellen übertragen, markieren Sie den betreffenden Bereich mit gedrückter linker Maustaste.

Es geht noch besser: der Trick, mit dem Sie Formate mehrfach übertragen

Wollen Sie eine bestimmte Formatierung nicht nur auf eine Zelle oder einen zusammenhängenden Zellbereich übertragen, sondern auf mehrere separate Stellen des Arbeitsblatts, müssten Sie die soeben beschriebene Technik mehrfach wiederholen. Es gibt eine Abkürzung:
1. Klicken Sie wiederum auf die Zelle, welche die gewünschten Formate enthält.
2. Doppelklicken Sie dieses Mal auf das Symbol *Format übertragen*.
3. Markieren Sie nun nacheinander so viele Zellen und Zellbereiche wie Sie wollen, um auf die Formatierung zu übertragen.
4. Schalten Sie die Funktion durch Betätigen der Esc-Taste oder durch einen einfachen Klick auf das Symbol wieder aus.

Der Doppelklick bewirkt also, dass Sie das Symbol mehrfach benutzen können.

Kapitel 9 Zellen und Tabellen formatieren – der Einstieg

> **TIPP** Fügen Sie Befehle, die Sie häufig verwenden, der *Symbolleiste für den Schnellzugriff* hinzu. Wenn Sie öfter Preise durchstreichen wollen, ist das Symbol für *Durchgestrichen* eine sinnvolle Ergänzung der *Symbolleiste für den Schnellzugriff*. Wie Sie die Symbolleiste für den Schnellzugriff anpassen, steht in Kapitel 2.

Tastenkombinationen verwenden

Besonders effektiv rufen Sie Befehle mittels Tastenkombination auf. Nachfolgend finden Sie Tastenkombinationen, die Ihnen beim Formatieren helfen.

Tabelle 9.3 Mehr als ein Dutzend Tastenkombinationen, die Ihnen beim Formatieren nützlich sind

Tastenkombination	Wirkung
Strg + ^	Weist ein Zeitformat mit Stunden und Minuten zu
Strg + ⇧ + 1	Weist ein Zahlenformat mit zwei Dezimalstellen, Tausendertrennzeichen und Minuszeichen (–) für negative Werte zu
Strg + ⇧ + 2	Weist ein Exponentialzahlenformat mit zwei Dezimalstellen zu
Strg + ⇧ + 4	Weist ein Währungsformat mit zwei Dezimalstellen zu, mit Minuszeichen und roter Schriftfarbe für negative Zahlen
Strg + ⇧ + 5	Weist das Prozentformat ohne Dezimalstellen zu
Strg + ⇧ + 6	Weist das Zahlenformat *Standard* zu
Strg + ⇧ + _	Fügt den markierten Zellen einen Außenrahmen hinzu
Strg + 2 oder Strg + ⇧ + F	Schaltet die Formatierung *Fett* ein und wieder aus
Strg + 3 oder Strg + ⇧ + K	Schaltet die Formatierung *Kursiv* ein und wieder aus
Strg + 4 oder Strg + ⇧ + U	Schaltet die Formatierung *Unterstrichen* ein und wieder aus
Strg + 5	Formatiert Schrift *Durchgestrichen*
Strg + 1	Ruft das Dialogfeld *Zellen formatieren* auf
Strg + ⇧ + A	Ruft das Dialogfeld *Zellen formatieren* auf und zeigt die Registerkarte *Schrift* an

Zusammenfassung

Mit Excel können Sie Daten nicht nur berechnen, sondern mithilfe zahlreicher Formatoptionen auch für deren übersichtliche Gestaltung sorgen.

Frage	Lösung
Was sind Zellformate?	Mit Zellformaten ändern Sie das Aussehen von Zellinhalten. Eine Übersicht, welche Möglichkeiten sich dabei bieten, finden Sie auf Seite 293.
Wie lässt sich der Inhalt einer Zelle auf zwei Zeilen verteilen?	Fügen Sie mit der Tastenkombination [Alt]+[↵] einen manuellen Zeilenumbruch ein. Mehr dazu auf Seite 297.
Wie wird die Lesbarkeit von Zahlen verbessert?	Verwenden Sie dafür voreingestellte Zahlenformate, z. B. Tausendertrennzeichen. Beachten Sie die Beispiele auf Seite 300.
Wie lassen sich aufwändig erstellte Tabellen schützen?	Mit einem Blattschutz ist Ihre Arbeit vor Veränderung gesichert. Wie das geht, steht auf Seite 308.
Wie sind Formatierungsoptionen besonders schnell erreichbar?	Das Kontextmenü bietet zahlreiche Möglichkeiten und die Minisymbolleiste enthält ebenfalls wichtige Befehle für die Formatierung. Mehr dazu ab Seite 314.
Wie kann der Standard für die Schriftgröße eingestellt werden?	Über *Datei/Optionen* wird die Standardschriftgröße eingestellt. Die Seite 317 geht näher darauf ein.
Die Ausrichtung in Zellen bestimmen	Seite 318
Wie kann ich in einer Zelle einen Zeilenumbruch erzwingen?	Dazu verwenden Sie die Tastenkombination [Alt]+[↵]. Auf Seite 320 finden Sie weitere Hinweise.
Wie kann ich die Anzeigeposition innerhalb einer Zelle verändern?	Seite 323 zeigt die vielfältigen Möglichkeiten, um Inhalte wie gewünscht anzuzeigen
Welche Möglichkeiten bietet Excel, um Zellen farblich hervorzuheben?	Zellfarben und Muster machen Wichtiges kenntlich. Ab Seite 329 erfahren Sie mehr dazu.
Wie können Formatoptionen, die für eine Zelle bereits eingestellt sind, auf andere Zellen übertragen werden?	Formatierung lassen sich am einfachsten mit dem Formatpinsel übertragen. Ab Seite 333 lesen Sie, wie das geht.

Kapitel 10

Mit eigenen Zahlenformaten Tabellen übersichtlicher machen

In diesem Kapitel:

Wofür werden benutzerdefinierte Zahlenformate gebraucht?	338
Den Aufbau benutzerdefinierter Zahlenformate kennen und verstehen	340
Eigene Zahlenformate erstellen	343
Aus der Praxis: Beispiele für benutzerdefinierte Zahlenformate	346
Benutzerdefinierte Zahlenformate verwalten	359
Zusammenfassung	360

Kapitel 10 — Mit eigenen Zahlenformaten Tabellen übersichtlicher machen

Das Zurechtfinden in Zahlenkolonnen kann recht mühsam sein. Daher begegnen uns im Alltag zahlreiche Varianten, die alle ein Ziel haben: Zahlen lesbarer machen.

- Große Zahlen werden mit Tausendertrennzeichen versehen, damit beispielsweise die Zahl 711112332 als 711.112.332 schneller und besser lesbar wird
- Telefonnummern werden in Gruppen zerlegt; so wird aus der Ziffernfolge 493056301683 die lesbare Berliner Telefonnummer +49 30 56 30 16 83
- Artikelnummern werden nach einem bestimmten System mittels Trennzeichen besser erkennbar gemacht: aus 3866451423 wird 386-64-5142-3
- Bei Datumswerten werden Tag, Monat und Jahr durch einen Punkt getrennt, zum Beispiel 17.04.2011

Excel bietet Ihnen für solche Zwecke zahlreiche vordefinierte Zahlenformate. Wenn diese mal nicht ausreichen, definieren Sie einfach Ihr ganz persönliches Zahlenformat. Dieses Kapitel dient Ihnen dabei als Kompass und Werkzeugkasten.

Wofür werden benutzerdefinierte Zahlenformate gebraucht?

Mit Zahlenformaten steuern Sie die Anzeige der Zahlen, um auf das Wesentliche hinzulenken, egal ob es sich um Zahlen oder Datumsangaben handelt. Die Zahl oder das Datum werden dabei nicht geändert, sondern nur deren Erscheinungsbild in der Zelle. Ein zugewiesenes Zahlenformat wirkt sich also nicht auf den tatsächlichen Zellwert aus, den Excel weiterhin bei Berechnungen verwendet.

Prüfen Sie es einmal selbst nach. Geben Sie in eine leere Zelle die Zahl 562148 ein, bestätigen Sie mit der ⏎-Taste und markieren Sie die Zelle erneut. Klicken Sie anschließend im Menüband auf der Registerkarte *Start* in der Gruppe *Zahl* nacheinander auf die Symbole *Währung* und *1.000er-Trennzeichen*. Wie Sie in Abbildung 10.1 sehen können, wird in den beiden rechten Beispielen nach wie vor in der Bearbeitungsleiste der tatsächlich eingegebene Wert 562148 angezeigt.

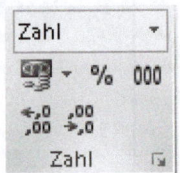

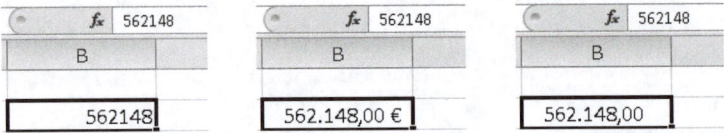

Abbildg. 10.1   In der Bearbeitungsleiste steht die gleiche Zahl, aber in der Zelle wird sie unterschiedlich dargestellt

In den Zellen in den beiden rechten Beispielen hingegen wird die eingegebene Zahl einmal mit 1.000er-Trennzeichen, zwei Dezimalstellen und Eurosymbol und einmal mit 1.000er-Trennzeichen und zwei Dezimalstellen angezeigt.

Abbildg. 10.2 Dutzende vorgefertigter Zahlenformate sind nach Kategorien sortiert abrufbar, doch erst über *Benutzerdefiniert* können Sie sich wirklich individuelle Lösungen zur Anzeige von Zahlen zusammenstellen

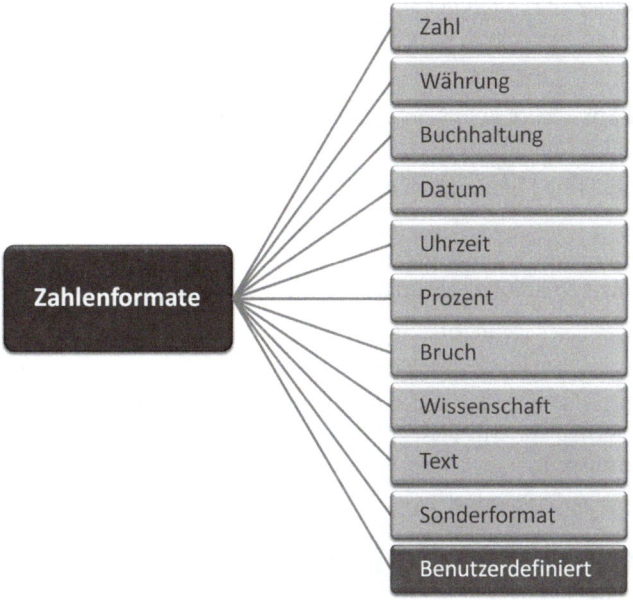

Ein Beispiel: negative Zahlen besser anzeigen

Neben den in Abbildung 10.2 gezeigten Kategorien für vorgefertigte Zahlenformate – diese wurden in Kapitel 9 bereits kurz vorgestellt – können Sie über die Kategorie *Benutzerdefiniert* jederzeit neue, speziell an Ihre Bedürfnisse angepasste Formate definieren und Ihren Werten zuweisen. Schauen Sie sich dazu das folgende Beispiel an, bei dem es darum geht, negative Werte möglichst deutlich erkennbar zu machen.

Abbildg. 10.3 Links das Ergebnis mit vorgefertigten Zahlenformaten, rechts das mit eigenen

Das Original	562148	-562148		Das Original	562148	-562148
Formatcode	Angezeigte Ergebnisse			Formatcode	Angezeigte Ergebnisse	
0	562148	-562148		#.##0;- #.##0	562.148	- 562.148
#.##0	562.148	-562.148		#.##0;– #.##0	562.148	– 562.148
#.##0,00	562.148,00	-562.148,00		#.##0;[Rot]– #.##0	562.148	– 562.148

Standardvarianten — Benutzerdefinierte Varianten

Die im linken Teil von Abbildung 10.3 dargestellte Anzeige der Zahlen erhalten Sie, wenn Sie die vorgefertigten Zahlenformate von Excel verwenden. Negative Zahlen erscheinen lediglich mit einem Minuszeichen und bestenfalls mit Tausender-Trennzeichen. Die Gefahr, dass negative Werte, die so angezeigt werden, in langen Zahlenkolonnen untergehen, ist relativ hoch.

Im rechten Teil der Abbildung sehen Sie, was der Einsatz benutzerdefinierter Zahlenformate bewirken kann:

- Zunächst wurde das Minuszeichen um ein Leerzeichen von der Zahl entfernt. Es »klebt« damit nicht mehr direkt an der Zahl und ist so besser wahrzunehmen.
- Darunter wurde das einfache Minuszeichen durch einen längeren Strich ersetzt (den sogenannten »Halbgeviertstrich«)
- In der letzten Zeile wurde das benutzerdefiniert Zahlenformat um die Anweisung ergänzt, dass negative Werte automatisch in roter Schriftfarbe erscheinen sollen

Sie sehen, es bedarf nur weniger Handgriffe, um benutzerdefinierte Zahlenformate anzulegen, die Ihre Zahlen lesbarer und aussagefähiger machen.

Nach diesem kleinen Beispiel können Sie in den folgenden Abschnitten lesen, wie ein benutzerdefiniertes Zahlenformat aufgebaut ist. Mit diesem Wissen ausgerüstet können Sie dann daran gehen, eigene Zahlenformate anzulegen.

Den Aufbau benutzerdefinierter Zahlenformate kennen und verstehen

Wenn Sie mit der Tastenkombination `Strg`+`1` das Dialogfeld zum Formatieren von Zellen öffnen und auf der Registerkarte *Zahlen* die Kategorie *Benutzerdefiniert* auswählen, können Sie sich rechts in der Liste die bereits eingebauten, sogenannten »integrierten« Zahlenformate ansehen. Diese Liste ist zwar verhältnismäßig lang – sie reicht aber dennoch nicht aus, um alle denkbaren und sinnvollen Formatierungswünsche von Anwendern verschiedener Berufsgruppen zu erfüllen.

Um einen ersten Blick hinter die Kulissen der Zahlenformate zu werfen, sollten Sie folgende Schritte durchführen:

- Klicken Sie in dem Dialogfeld *Zellen formatieren* links in der Liste *Kategorie* auf den Eintrag *Währung* und wählen Sie die Einstellungen wie im linken oberen Teil von Abbildung 10.4 gezeigt, also die vierte Variante unter *Negative Zahlen*
- Klicken Sie nun in der Liste unter Kategorie auf den Eintrag *Benutzerdefiniert*. Sie sehen nun rechts unter *Typ* ein Repertoire an Währungsformaten (siehe rechter unterer Teil von Abbildung 10.4).

Sie werden feststellen, dass das von Ihnen festgelegte Zahlenformat in diesem Fall aus zwei Abschnitten besteht, die durch ein Semikolon getrennt sind. Der erste Abschnitt bestimmt das Aussehen von positiven Werten, der zweite ist für die Darstellung negativer Werte zuständig. Im Fall von Währungsangaben sind wir es gewohnt, dass negative Zahlen zumindest mit einem Minuszeichen erscheinen, besser noch in der Farbe Rot. Und genau das wird im zweiten Abschnitt – dem für negative Werte – definiert: *[Rot]-#.##0,00 €*.

Den Aufbau benutzerdefinierter Zahlenformate kennen und verstehen

Abbildg. 10.4   Wenn Sie wie links gezeigt in der Kategorie *Währung* das unterste Format wählen, können Sie – wie rechts gezeigt – in der Kategorie *Benutzerdefiniert* sehen, wie der Formatcode zusammengesetzt ist

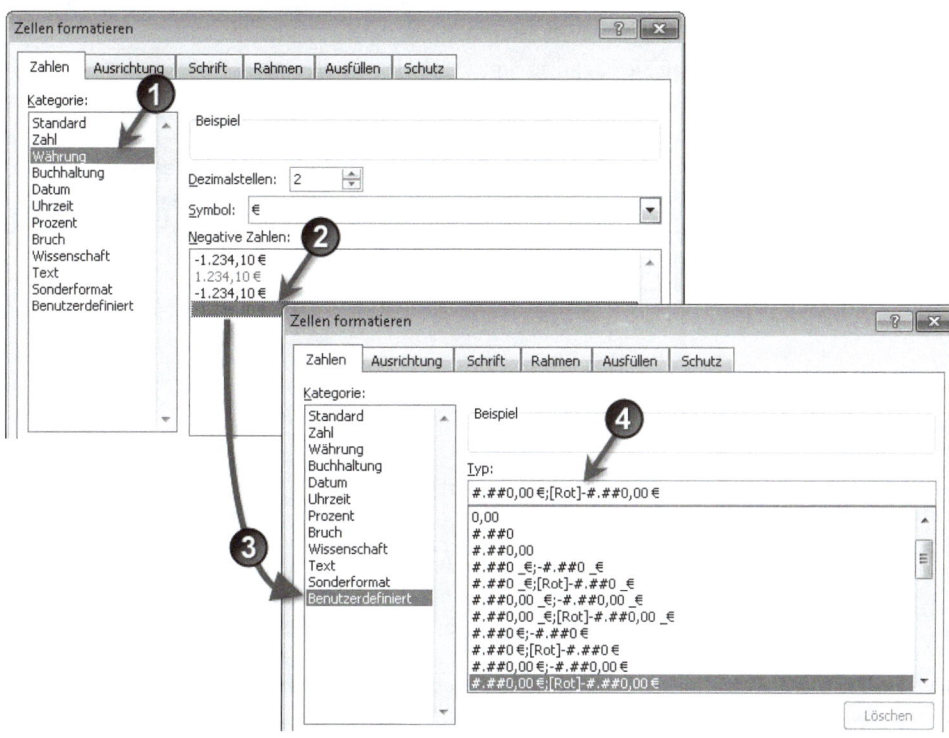

Alternativ können Sie das Dialogfeld *Zellen formatieren* so aufrufen:

- Auf der Registerkarte *Start* über die Befehlsfolge *Format/Zellen formatieren*
- Über das Kontextmenü (rechte Maustaste) mit dem Befehl *Zellen formatieren*

Die Einteilung von Zahlenformaten in Abschnitte

Neben dieser Möglichkeit, unterschiedliche Darstellungen für positive und negative Zahlen festzulegen, können Sie außerdem auch für Nullwerte sowie für Texte bestimmen, wie diese angezeigt werden sollen. Damit ergeben sich für die Darstellung von Zellinhalten maximal vier Formatvarianten:

- für positive Werte,
- für negative Werte,
- für Nullwerte
- und für Text.

Kapitel 10 Mit eigenen Zahlenformaten Tabellen übersichtlicher machen

Jede der Formatvarianten wird in einem Abschnitt definiert. Ein Zahlenformat kann maximal vier Abschnitte haben. Die Abbildung 10.5 zeigt dazu ein Beispiel:

- Oben stehen die tatsächlichen Eingaben
- In der Mitte sehen Sie das angezeigte Ergebnis
- Unten steht die erforderliche Formatanweisung, der sogenannte Formatcode

Abbildg. 10.5   Die vier möglichen Abschnitte eines Zahlenformats an einem konkreten Beispiel

	Positive Werte	Negative Werte	Nullwerte	Text
Eingabe	562148	-562148	0	Excel
Anzeige	562.148,00	− 562.148,00	NULL	Produkt: Excel
Formatcode	#.##0,00	[Rot]− #.##0,00	"NULL"	"Produkt: "@

Die Formatcodes, die Sie in Abbildung 10.5 einzeln sehen, bilden in Excel ein Zahlenformat: #.##0,00;[Rot] − #.##0,00;"NULL";"Produkt: "@. In Abbildung 10.6 können Sie es noch einmal in der Vergrößerung betrachten. Wichtig ist das Semikolon, das einen Abschnitt vom folgenden trennt.

Abbildg. 10.6   Das aus vier Abschnitten bestehende komplette Zahlenformat

> **HINWEIS**   Ein Zahlenformat muss nicht aus vier Abschnitten bestehen. In den meisten Fällen enthält ein Zahlenformat einen, maximal zwei Abschnitte, für die Anzeige positiver und negativer Werte. Sind wie in Abbildung 10.3 nur zwei Abschnitte angegeben, wird der erste Abschnitt für positive Zahlen und Nullwerte verwendet, der zweite für negative Zahlen.

> **TIPP**   Wollen Sie einen Abschnitt überspringen, müssen Sie das Semikolon für das Ende des betreffenden Abschnitts setzen. Mehr dazu erfahren Sie im Abschnitt »Alle Nullwerte nicht anzeigen« ab Seite 347.

Eigene Zahlenformate erstellen

Wollen Sie benutzerdefinierte Zahlenformate erstellen, ist die Kenntnis der möglichen Formatanweisungen, der sogenannten Formatcodes, unerlässlich. In der folgenden Abbildung sehen Sie ein einfaches Beispiel: Die Zahl 16238 wird mithilfe des Formatcodes #.##0 angezeigt als 16.238. In diesem Fall kommen zwei besonders häufig gebrauchte Formatcodes zum Einsatz. Sie sehen an diesem kleinen Beispiel auch, dass sich Formatcodes kombinieren lassen.

Abbildg. 10.7 Bereits bei einem kurzen Blick in die Liste der vordefinierten Zahlenformate entdecken Sie eine Reihe von Formatcodes

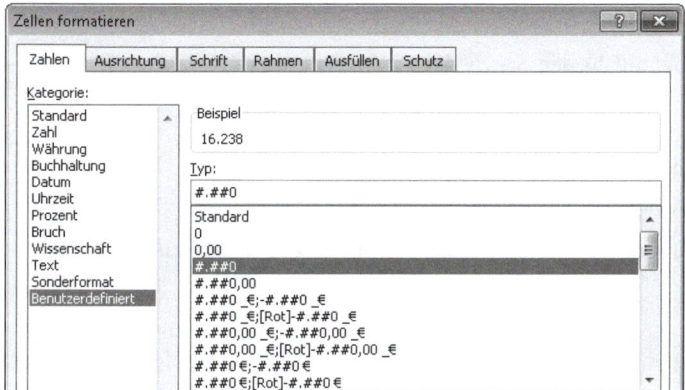

Formatcodes und ihre Bedeutung

Wenn Sie im Dialogfeld *Zellen formatieren* auf der Registerkarte *Zahlen* die Kategorie *Benutzerdefiniert* anklicken, entdecken Sie rechts in der Liste eine Vielzahl der in Excel verfügbaren Formatcodes.

Einige wie beispielsweise die Raute (#) und die Null (0) sind weitgehend selbsterklärend, andere wie beispielsweise der Unterstrich (_) oder das Fragezeichen (?) nicht. Wieder andere tauchen in der Liste gar nicht auf. Daher finden Sie hier zunächst eine Liste der verfügbaren Formatcodes, die Sie beim Erstellen benutzerdefinierter Zahlenformate nutzen können:

(Raute)

Sie sorgt dafür, dass nur sogenannte »signifikante« Ziffern angezeigt werden, also Ziffern, die Sie tatsächlich eingeben.

- Eine führende Null würde also nicht angezeigt
- Haben Dezimalzahlen nach dem Komma mehr Stellen als Platzhalter (#) vorhanden sind, wird auf die Anzahl der eingegebenen #-Zeichen rechts vom Komma gerundet
- Werden mehr Ziffern vor dem Komma eingegeben als Platzhalter vorgesehen sind, werden die Ziffern zusätzlich angezeigt
- Weist das Format nur Rauten (#) nach dem Komma auf, werden Zahlen kleiner 1 mit einem Dezimalkomma dargestellt

Beispiel: Format: #,## – Eingabe: *15,3456* – Anzeige: *15,35*.

0 (Null)

Die Null wird im Unterschied zur Raute (#) als **fester** Platzhalter für Ziffern verwendet.

- Am Bildschirm werden mindestens so viele Ziffern angezeigt, wie Nullen als Platzhalter im Zahlenformat enthalten sind
- Dieses Zahlenformat eignet sich beispielsweise dann, wenn Sie in Datenreihen führende Nullen brauchen, die Excel üblicherweise nicht darstellt

Beispiel: Geben Sie als Zahl die *3* ein und legen Sie das benutzerdefinierte Zahlenformat *000* fest, erscheint am Bildschirm *003*.

? (Fragezeichen)

Das Fragezeichen fügt auf beiden Seiten des Dezimalkommas Leerzeichen für nicht signifikante Nullen ein.

- Damit werden Dezimalzahlen mit unterschiedlich vielen Stellen vor und nach dem Komma genau am Komma ausgerichtet
- Das Fragezeichen eignet sich auch für die Darstellung von Brüchen

Beispiel: Bei dem Formatcode *# ?/??* führt die Eingabe von *2,75* in der Zelle zur Anzeige von *2 3/4*.

_ (Unterstrich)

Der Unterstrich sorgt dafür, dass ein Leerraum in der Größe des nachfolgenden Zeichens reserviert wird.

- Diese Option ist eher selten im Einsatz, aber sie erlaubt es, Informationen exakt untereinander auszurichten

Beispiel: Die Anweisung *_j* sorgt für weniger Leerraum als die Anweisung *_w*.

Anführungszeichen für "Text" vor oder nach Zahlen

Wollen Sie mit einer Zahl rechnen, soll aber in der Zelle zusätzlich ein Text vor der Zahl oder eine Maßeinheit nach der Zahl angezeigt werden, brauchen Sie Anführungszeichen.

- Alles, was zwischen Anführungszeichen steht, wird als Text interpretiert
- Auf diese Weise können Sie vor oder hinter eine Zahl einen beliebigen Text, z. B. als Maßeinheit oder Kommentar schreiben lassen

Beispiel: Das benutzerdefinierte Zahlenformat *"ab " 0 "Stück"* zeigt bei Eingabe der Zahl *50* in der Zelle die Information *ab 50 Stück* an.

@ (Textplatzhalter)

Dieser spezielle Platzhalter gilt für Texte. Beispielsweise bedeutet die Anweisung *[Blau]@*, dass ein eingegebener Text in blauer Farbe dargestellt wird.

> **WICHTIG** Alle Ziffern nach diesem Zeichen werden auch als Text ausgegeben. Vorsicht also bei Zahlen hinter diesem Zeichen, denn mit ihnen kann nicht mehr gerechnet werden!

* (Sternchen)

Dieses Asterisk-Zeichen ist ein Ausfüllzeichen.

- Es wirkt etwa so wie ein Tabulator in der Textverarbeitung und sorgt dafür, dass Informationen am linken **und** rechten Rand angeordnet werden
- Dazu wird das Zeichen, das dem Sternchen folgt, so oft wiederholt, bis die Zelle gefüllt ist

Abbildg. 10.8   Das Sternchen * ist entscheidend und sorgt dafür, dass die Wochentage exakt linksbündig angeordnet sind

Hier ein Beispiel aus der Projektarbeit, das den Nutzen des Ausfüllzeichens recht gut demonstriert: In Abbildung 10.8 sehen Sie, dass zusätzlich zum Datum, das als Zahl rechtsbündig steht, am linken Zellrand noch der Wochentag angezeigt wird. Das Format *TTT TT.MM.JJJJ* zeigt zwar Wochentag und Datum in einer Zelle an (in der Abbildung 10.8 links), aber erst mit *TTT* TT.MM.JJJJ* wird die gewünschte Darstellung erreicht (in der Abbildung 10.8 rechts). Die Abkürzungen für die Wochentage stehen jetzt exakt linksbündig. Das Leerzeichen nach dem Sternchen sorgt für das Füllen des Platzes zwischen abgekürztem Wochentag und Datum.

[Farbe]

Mit Zahlenformaten können Sie auch auf die Schriftfarbe in Zellen Einfluss nehmen. Acht Farben können Sie per Formatcode direkt mit ihrem Namen eingeben. Dazu muss der Name der Farbe in eckigen Klammern stehen.

Beispielsweise bewirkt das Format *[Blau]0,00;[Rot]?0,00;[Magenta]0,00;[Grün]@* Folgendes:

- Positive Zahlen werden in Blau dargestellt,
- negative Zahlen in Rot,
- Nullwerte in Magenta und
- Texte werden in Grün ausgegeben.

In benutzerdefinierten Zahlenformaten können Sie zwischen 56 unterschiedlichen Farben wählen. Neben der erwähnten Möglichkeit, die acht Grundfarben über ihren Namen einzugeben, können Sie im Zahlenformat auch einen sogenannten Farbindex nach dem Muster *[FarbeX]* angeben. Dabei steht das *X* für eine Zahl von 1 bis 56.

Kapitel 10   Mit eigenen Zahlenformaten Tabellen übersichtlicher machen

Abbildg. 10.9   Per Formatcode können Sie bis zu 56 Farben für Zellinhalte vor definieren

Farbindex	Farbe	Beispiel	Formatcode		
1	Schwarz	12.345	[Farbe1]#.##0		[Schwarz]#.##0
2	Weiß	12.345	[Farbe2]#.##0		[Weiß]#.##0
3	Rot	12.345	[Farbe3]#.##0		[Rot]#.##0
4	Grün	12.345	[Farbe4]#.##0	Oder	[Grün]#.##0
5	Blau	12.345	[Farbe5]#.##0		[Blau]#.##0
6	Gelb	12.345	[Farbe6]#.##0		[Gelb]#.##0
7	Magenta	12.345	[Farbe7]#.##0		[Magenta]#.##0
8	Zyan	12.345	[Farbe8]#.##0		[Zyan]#.##0

Mit *[Farbe5]0,00;[Farbe3]–0,00;[Farbe7]0,00;[Farbe4]@* erreichen Sie also die gleiche Anzeige wie mit *[Blau]0,00;[Rot]?0,00;[Magenta]0,00;[Grün]@*.

% (Prozent)

Eingaben werden mit *100* multipliziert und mit dem Zeichen % ausgegeben.

Beispiel: Die Eingabe *0,6731* wird mit dem Formatcode *0,0 %* als *67,3 %* angezeigt.

, (Dezimalkomma)

Dieses Zeichen setzt das Dezimalkomma in Ihrem Format. Achten Sie darauf, dass vor dem Dezimalkomma eine *0* steht, damit Zahlen größer 1 nicht mit einem führenden Komma dargestellt werden.

. (Punkt)

Der Punkt hat zwei wichtige Funktionen beim Einsatz von Formatcodes:

- Er steht einerseits für das Tausendertrennzeichen und dient damit zum übersichtlichen Gruppieren langer Zahlen
- Am Ende eines Zahlenformatcodes bewirkt der Punkt andererseits, dass eine lange Zahl um drei Stellen verkürzt dargestellt wird

Beispiel: Die Eingabe von *123698* wird mit dem Formatcode *0.* als *124* angezeigt, mit *0,0.* als *123,7*.

Dass auf diese Art gerundete Zahlen für weitere Berechnungen nicht ganz unproblematisch sind, zeigt Kapitel 15, wo es um das Runden von Zahlen geht.

Aus der Praxis: Beispiele für benutzerdefinierte Zahlenformate

Nach so viel Theorie und der Aufzählung der verfügbaren Formatcodes können Sie auf den folgenden Seiten anhand zahlreicher Beispiele sehen, was Sie mit benutzerdefinierten Zahlenformaten erreichen können. Hier einige typische Beispiele zum Einsatz eigener Zahlenformate.

Führende Nullen anzeigen

Angenommen, Sie geben in eine Zelle den Wert *007* ein, Excel zeigt jedoch die Nullen vor der Ziffer 7 nicht an. Gerade dies wird jedoch beispielsweise bei Telefonnummern, Kundennummern oder Artikelnummern gewünscht.

Für die Lösung dieser Aufgabe gibt es drei Varianten:

- **Variante 1**   Geben Sie in eine beliebige Zelle die Zahl *007* ein. Rufen Sie mit `Strg`+`1` das Dialogfeld *Zellen formatieren* auf und legen Sie auf der Registerkarte *Zahlen* in der Kategorie *Benutzerdefiniert* das Zahlenformat *000* fest.
- **Variante 2**   Hier müssen Sie zuerst die Formatierung einstellen, bevor Sie Ihre Zahl eingeben: Rufen Sie den Menübefehl *Format/Zellen formatieren* auf und wählen Sie dieses Mal die Kategorie *Text*. Geben Sie dann in die Tabelle die Zahl *007* ein.
- **Variante 3**   Tippen Sie zuerst das Apostrophzeichen (') und dann *007* ein. Excel interpretiert diese Eingabe nicht als Zahl, die vorangestellten Nullen bleiben erhalten.

Wo liegt der Unterschied zwischen den drei Varianten? Wenn Sie Daten nach der zweiten Variante formatieren oder mit vorangestelltem Apostroph eingeben, können Sie anschließend mit den eingegebenen Zahlen nicht mehr rechnen. Die Funktion *SUMME* z. B. zeigt bei Variante 2 und 3 kein korrektes Ergebnis an. Wählen Sie daher Variante 2 oder 3 nur, wenn Sie sicher sind, dass mit den Zahlen später nicht mehr gerechnet werden muss, was etwa in Telefonlisten der Fall wäre. Wollen Sie hingegen später die eingegebenen Zahlen in einer Summe zusammenfassen oder andere Berechnungen durchführen, verwenden Sie Variante 1.

Alle Nullwerte nicht anzeigen

Oft sind Arbeitsblätter mit Nullen »übersät«. Dies behindert den Blick auf die wirklich wichtigen Zahlen. Hier haben Sie zwei Möglichkeiten.

Schalten Sie über die Befehlsfolge *Datei/Optionen* im Dialogfeld *Excel-Optionen* in der Kategorie *Erweitert* die Nullwerte ab. Entfernen Sie das Häkchen aus dem Kontrollkästchen vor *In Zellen mit Nullwert eine Null anzeigen*. Die Folge: Im gesamten Arbeitsblatt werden alle Nullwerte komplett ausgeblendet.

Abbildg. 10.10   Über den Befehl *Datei/Optionen* können Sie im Dialogfeld *Excel-Optionen* für ein komplettes Arbeitsblatt die Anzeige von Nullwerten ausschalten, wenn Sie das Häkchen nicht setzen

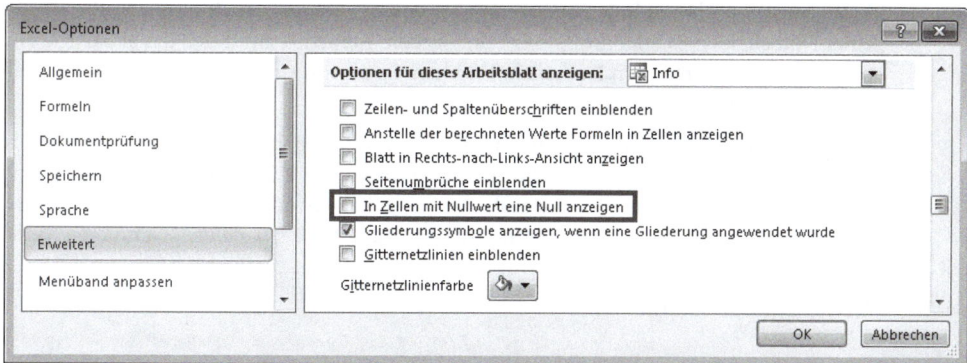

Wollen Sie hingegen Nullwerte nur für ausgewählte Zellen oder Zellbereiche und nicht für das gesamte Arbeitsblatt ausblenden, lösen Sie dies wie folgt über ein benutzerdefiniertes Zahlenformat:

Rufen Sie mit `Strg`+`1` das Dialogfeld *Zellen formatieren* auf und legen Sie auf der Registerkarte *Zahlen* in der Kategorie *Benutzerdefiniert* das folgende Zahlenformat fest:

Standard;–0;;@.

Hier eine kurze Erläuterung des Zahlenformats:

- Da in dem dritten Abschnitt, also dem für Nullwerte, kein Platzhalter eingegeben wird, erscheinen Zellen mit Nullen leer
- Für positive Werte gilt die Standard-Darstellung (*Standard*)
- Negativen Werten wird ein Minuszeichen vorangesetzt und sie werden ohne Dezimalstellen angezeigt (*–0*)
- Texte werden so dargestellt, wie sie eingegeben werden (*@*)

Nur positive Zahlen sind erlaubt

Wenn in Zellen nur positive Zahlen eingegeben werden sollen und bei negativen Zahlen ein Warnhinweis erscheinen soll, können Sie dies ebenfalls über ein Zahlenformat bewerkstelligen.

Verwenden Sie dafür das folgende benutzerdefinierte Format:

0; "Ungültig"; "Ungültig"; "Ungültig".

- Damit werden positive Zahlen ohne Dezimalstellen angezeigt
- Für die anderen drei Fälle (negative Werte und Nullwerte sowie Text) erfolgt jeweils die Ausgabe *Ungültig* (Abbildung 10.11)

Abbildg. 10.11 Zahlenformat mit eingebauter Warnmeldung

Bei der Eingabe von Nullen den Buchstaben »O« vermeiden

Möglicherweise ging es Ihnen auch schon so: Von der Schreibmaschine her sind viele gewohnt, statt einer Null ein kleines oder großes »O« einzugeben. Manche empfinden das als schick. Nur, Excel hat mit solcherart verschönten Nullen ein Problem: Es nimmt sie als das, was sie sind, nämlich als Text. Und mit Text kann Excel bekanntlich nicht rechnen.

Sie können ganz leicht verhindern, dass in Zeilen oder Spalten, in denen nur Zahlen vorkommen dürfen, versehentlich der Buchstabe »O« eingetragen wird. Verwenden Sie einfach ein Zahlenformat, das die Eingabe von Zahlen – egal, ob positiv, negativ oder Nullwert – zulässt, aber bei Eingabe eines Texts Alarm schlägt, und zwar mit der Meldung *Bitte nur Zahlen*. Definieren Sie dazu das folgende benutzerdefinierte Zahlenformat:

0;–0;0;"Bitte nur Zahlen"

Aus der Praxis: Beispiele für benutzerdefinierte Zahlenformate

Abbildg. 10.12 Zahlenformat, das nur die Eingabe von Zahlen zulässt und bei Text eine Warnmeldung in der Zelle anzeigt

```
Typ:
0;-0;0;"Bitte nur Zahlen"
```

Die Eingabe dieses benutzerdefinierten Zahlenformats bewirkt, dass keine Buchstaben oder Sonderzeichen in Zellen landen, die nur für Werte vorgesehen sind. Zugleich wird dem Anwender signalisiert, seine Eingabe zu korrigieren.

Wie Sie die Eingabe in Zellen mit einer Gültigkeitsprüfung überwachen, zeigt das Kapitel 8.

Große Werte verkürzt darstellen als Tsd. € oder Mio. €

Bei Tabellen mit sehr großen Zahlen geht leicht die Übersicht verloren. Das können Sie ebenfalls mit einem benutzerdefiniert Zahlenformat vermeiden. Lassen Sie nachträglich bereits bestehende lange Werte in verkürzter Form anzeigen: z. B. 123.651 € als *124 Tsd. €*.

Dazu setzen Sie das folgende Zahlenformat ein, das die ursprüngliche Zahl um drei Stellen verkürzt und die Einheit *Tsd. €* ergänzt. In den folgenden Abbildungen sehen Sie dafür zwei mögliche Varianten.

Abbildg. 10.13 Variante 1: Die Anzeige des Werts um drei Stellen kürzen mit einem einzigen Punkt

```
Beispiel
124 Tsd. €
Typ:
0. "Tsd. €"
```

Abbildg. 10.14 Variante 2: Die Anzeige ist zwar auch um drei Stellen gekürzt, aber etwas genauer

```
Beispiel
123,7 Tsd. €
Typ:
0,0. "Tsd. €"
```

Für die Darstellung in der Form von *Tsd. €* verwenden Sie das benutzerdefinierte Zahlenformat *0. "Tsd. €"* oder *0,0. "Tsd. €"*

Der Punkt hinter der Null bewirkt in beiden Fällen die um drei Stellen verkürzte Anzeige.

> **Profitipp**   Wenn Sie bei Zahlen über der Millionengrenze die Anzeige der Tausender unterdrücken möchten, aber andererseits nach den Millionen noch die Hunderttausender und Zehntausender anzeigen wollen, verwenden Sie ein weiteres benutzerdefiniertes Zahlenformat. Um die Anzeige um sechs Stellen zu kürzen, sind nach dem Zahlenplatzhalter Null **zwei** Punkte erforderlich, also *0.. "Mio. €"*.
>
> Sollen außerdem Hunderttausender und Zehntausender angezeigt werden, ergibt sich das benutzerdefinierte Zahlenformat *0,00.. "Mio. €"*.

Tabellen und Daten formatieren

Abbildg. 10.15 Lesbarer: die Anzeige von großen Zahlen per Zahlenformat um drei oder sechs Stellen kürzen

Das Original	123651
Formatcode	Ergebnis
0. "Tsd. €"	124 Tsd. €
0,0. "Tsd. €"	123,7 Tsd. €

Das Original	123651497
Formatcode	Ergebnis
0.. "Mio. €"	124 Mio. €
0,00.. "Mio. €"	123,65 Mio. €

Spezielle Platzhalter in Formatcodes

Platzhalter wie *0*, *Standard* und *#* sowie deren Bedeutung und Wirkung, sind den meisten Excel-Nutzern vertraut. Sie wurden weiter oben bereits vorgestellt. Weniger bekannt hingegen sind solche Platzhalter wie Unterstrich (_), Fragezeichen (?) und Sternchen (*) bzw. der Textplatzhalter @. Hier einige Beispiele, die die Wirkung dieser speziellen Zeichen demonstrieren.

Exakte Größe für Leerräume mit dem Unterstrich (_)

Zahlen werden in Excel standardmäßig rechtsbündig in den Zellen angeordnet. Das hat den Nachteil, dass die Werte direkt an einer rechten Rahmenlinie stehen und somit schwerer zu lesen sind. Wie lassen sich Zahlen vom rechten Rand zur Zellmitte hin verschieben, ohne sie zentriert zu formatieren?

Die einfachste Lösung besteht darin, ein Zahlenformat zu definieren, das nach dem jeweiligen Platzhalter für Zahlen noch ein oder mehrere Leerzeichen enthält. Also beispielsweise in folgender Form:

#.##0 ;– #.##0 ;0 ;@

Hier wurden nach positiven, negativen und Nullwerten jeweils zwei Leerzeichen Abstand zum rechten Zellrand festgelegt.

Sie können diesen Abstand aber noch differenzierter bestimmen, indem Sie die Breite des anschließenden Leerraums exakt definieren. Dazu verwenden Sie den Platzhalter Unterstrich (_). In Abbildung 10.16 sehen Sie dazu ein Beispiel: Drei Buchstaben mit unterschiedlicher Breite kommen als Maß für die Breite eines Leeraums zum Einsatz. Anhand der senkrechten Linie können Sie die unterschiedlichen Ergebnisse vergleichen.

Aus der Praxis: Beispiele für benutzerdefinierte Zahlenformate

Abbildg. 10.16 Beispiele für den Einsatz des Unterstrichs als Platzhalter

Das Original	7
Formatcode	Ergebnis
0,0_t	7,0
0,0_C	7,0
0,0_W	7,0

Mit dem Sternchen (*) Zellinhalte bündig machen

Sollen Text und Zahl in einer Zelle stehen, ist es oft sinnvoll, den Text am linken Rand der Zelle (linksbündig) anzuordnen, während die unterschiedlich großen Zahlen wie gewohnt am rechten Zellrand stehen sollen. Um die dazwischen liegenden Leerräume je nach Länge von Text und Zahlen flexibel zu füllen, gibt es das Sternchen (*). Es wiederholt das nachfolgende Zeichen – beispielsweise ein Leerzeichen – so oft, bis die Zelle bündig gefüllt ist.

Ein Beispiel dazu: In einer Rabattliste sollen die Mindestwerte für die jeweilige Rabattstufe so angezeigt werden, dass jeweils vor dem Wert das Wort *ab* steht. Dazu verwenden Sie das benutzerdefinierte Zahlenformat

"ab"* 0 "Stück"

In Abbildung 10.17 wird die Wirkung dieses Zahlenformats und weiterer Varianten gezeigt.

Abbildg. 10.17 Mit dem Sternchen für links- und rechtsbündige Anordnung sorgen

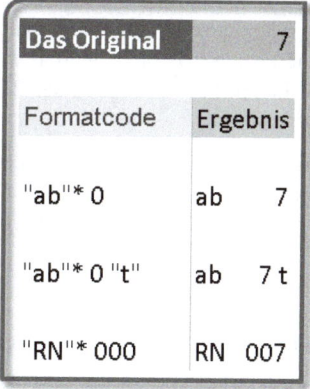

Das Original	7
Formatcode	Ergebnis
"ab"* 0	ab 7
"ab"* 0 "t"	ab 7 t
"RN"* 000	RN 007

Mit dem Fragezeichen (?) Zahlen am Komma ausrichten

Wenn in Tabellen Zahlen mit einer unterschiedlichen Anzahl von Stellen vor und nach dem Komma vorliegen, können Sie allen Werte die gleiche Anzahl von Dezimalstellen zuweisen, damit Einer unter Einer, Zehner unter Zehner steht. Doch auch ohne die gleiche Anzahl von Dezimalstellen lassen sich Zahlen am Komma ausrichten.

Verwenden Sie in dem Fall das Fragezeichen (?) als Platzhalter. In Abbildung 10.18 sehen Sie verschieden große Zahlen, die auch eine ungleiche Anzahl von Nachkommastellen aufweisen. Der Platzhalter *Fragezeichen* bewirkt hier, dass die Zahlen ungeachtet ihrer unterschiedlichen Größe und Länge exakt am Komma untereinander ausgerichtet werden.

Abbildg. 10.18 Beispiele für den Einsatz des Fragezeichens als Platzhalter

Das Original	Formatcode	Ergebnis
487,88	0,???	487,88
37,4	0,???	37,4
6,125	0,???	6,125

HINWEIS Die Zahl mit den meisten Nachkommastellen bzw. die Zahl der gewünschten Nachkommastellen bestimmt die Anzahl der Fragezeichen, die Sie verwenden müssen.

Die Verwendung des Textplatzhalters @

In einem der vorhergehenden Beispiele konnten Sie sehen, wie die versehentliche Eingabe von Text geahndet wurde. Manchmal ist es aber erforderlich, in eine Liste mit Zahlen einen Text als Bemerkung einzugeben. Beispielsweise dann, wenn noch keine Ergebnisse vorliegen oder Zahlen nicht genannt werden sollen.

Nehmen wir an, in einer Liste soll an den Stellen, wo keine Informationen vorliegen, der Text *k. A.* für »Keine Angaben« stehen. Damit diese Stellen, an denen noch Informationen einzuholen sind, später nicht übersehen werden, soll der Text automatisch in einer besonderen Farbe dargestellt werden – beispielsweise in Grün.

Abbildg. 10.19 Beispiele für den Einsatz des Textplatzhalters @ in Kombination mit Farbcodes

Das Original	Excel	
Formatcode	**Ergebnis**	
[Grün]@	Excel	Text erscheint wie eingegeben, aber in Grün
[Magenta] @	Excel	Text erscheint wie eingegeben, aber in Magenta und mit zwei vorangestellten Leerzeichen
[Farbe46]@	Excel	Text erscheint wie eingegeben, aber in Orange

Datumsformate

Zum Anzeigen von Tagen, Monaten und Jahren verwenden Sie die Platzhalter *T*, *M* und *J*. Bei Uhrzeiten nutzen Sie die Platzhalter *h*, *m* und *s* für Stunden, Minuten und Sekunden. Geben Sie also ein *M* ein, zeigt Excel die Monatszahl oder den Monat an; bei der Eingabe von *m* erhalten Sie hingegen die Minutenangabe.

Je nachdem, wie oft Sie bei der Festlegung eines Zahlenformats einen der Platzhalter eingeben, erhalten Sie auch eine unterschiedliche Anzeige der Datums- und Zeitinformationen.

Die Tabelle 10.1 zeigt eine Übersicht häufig verwendeter Datumsformate.

Tabelle 10.1 Datumsformate im Überblick

Eingabe	Zahlenformat	Anzeige
6.9.10	TT.MM.JJJJ	06.09.2010
6.9.10	T.M.JJJJ	6.9.2010
6.9.10	T. MMM JJJJ	6. Sep 2010
6.9.10	T. MMM. JJJJ	6. Sep. 2010
6.9.10	T. MMMM JJJJ	6. September 2010
6.9.10	TTT, T. MMMM JJJJ	Mo, 6. September 2010
6.9.10	TTTT, T. MMMM JJJJ	Montag, 6. September 2010
6.9.10	TTT* T. MMMM JJJJ	Mo6. September 2010
6.9.10	TTTT* T. MMMM JJJJ	Montag6. September 2010
6.9.10	JJJJ-MM-TT	2010-09-06
6.9.10	T-M	6-9
6.9.10	TT-MM	06-09

Tabelle 10.1 Datumsformate im Überblick *(Fortsetzung)*

Eingabe	Zahlenformat	Anzeige
6.9.10	M/JJJJ	9/2010
6.9.10	MM/JJJJ	09/2010
6.9.10	MMM JJJJ	Sep 2010
6.9.10	MMMM JJJJ	September 2010
6.9.10	MMMMM JJJJ	S 2010

> **TIPP** Nachfolgend einige Tipps zur Arbeit mit Datums- und Zeitangaben

- Für Excel gelten Datums- und Zeitangaben als Zahlen. Die Darstellung einer Uhrzeit oder eines Datums im Arbeitsblatt richtet sich nach dem gewählten Zahlenformat der Zelle.
- Bei der Eingabe eines Datums oder einer Uhrzeit (die Excel erkennt), wird das Zahlenformat der betreffenden Zelle automatisch vom Format *Standard* zu einem vordefinierten Datums- oder Uhrzeitformat umgewandelt.
- Da Datums- und Zeitangaben für Excel Zahlen sind, werden sie in den Zellen rechtsbündig ausgerichtet. Kann Excel eine Datums- oder Uhrzeitangabe nicht erkennen, wird das Datum bzw. die Uhrzeit als Text linksbündig in der Zelle angeordnet.
- Die Optionen, die in der *Systemsteuerung* von Windows bei *Region und Sprache* eingestellt sind, bestimmen in Excel u. a. auch das Standardformat für das aktuelle Datum und die aktuelle Uhrzeit. Das gilt auch für die Zeichen, die als Trennzeichen für Datum und Uhrzeit erkannt werden, beispielsweise den Punkt (.), den Schrägstrich (/) oder Trennstrich (–) für Datumsangaben und den Doppelpunkt (:) für Zeitangaben.
- Um Datums- und Zeitangaben in dieselbe Zelle einzugeben, trennen Sie Datum und Zeit durch ein Leerzeichen. Beispiel: *12.09.2010 12:45*.
- Excel speichert Datums- und Uhrzeitangaben unabhängig von ihrer Darstellung in den Zellen als serielle Zahlen bzw. als Dezimalbrüche. Um ein Datum als serielle Zahl oder eine Uhrzeit als Dezimalbruch anzuzeigen, markieren Sie die betreffenden Zellen, rufen das Dialogfeld *Zellen formatieren* auf und wählen auf der Registerkarte *Zahlen* im Feld *Kategorie* den Eintrag *Standard*. Alternativ dazu betätigen Sie die Tastenkombination [Strg]+[⇧]+[6].

Aus der Praxis: Beispiele für benutzerdefinierte Zahlenformate

Abbildg. 10.20 Über die Regions- und Sprachoptionen in der Windows-Systemsteuerung können Sie Standards für die Anzeige von Zahlen, Währungs- und Datumsangaben ändern

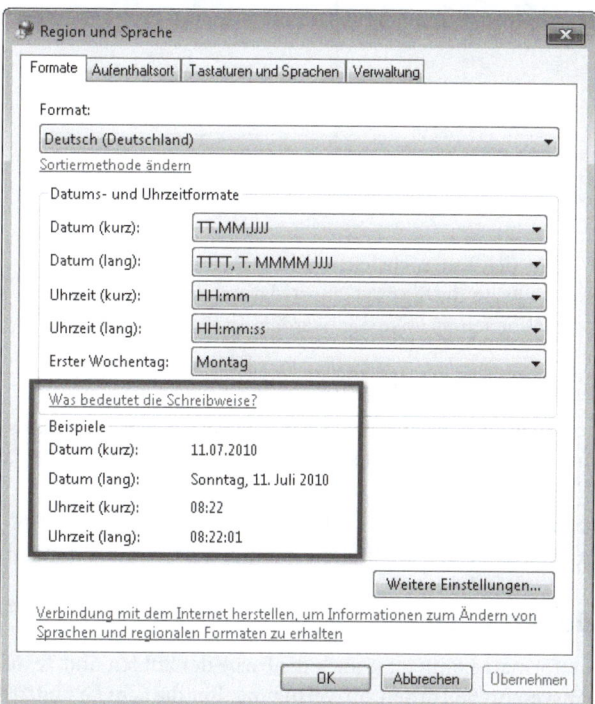

Hierzu ein Beispiel: In einer Liste werden verschiedene Geburtstage erfasst. Unabhängig von der dabei eingegebenen Anzahl der Ziffern für Tag, Monat und Jahr soll folgende Darstellung bei allen Einträgen erscheinen: *15.04.1981*. Außerdem soll vor dem Datum am linken Spaltenrand noch die Information *geb. am* stehen.

Am besten ist es, wenn Sie sich dieses Format in mehreren Schritten aufbauen:

1. Für die gewünschte Formatierung des Datums verwenden Sie zunächst die Anweisung *TT.MM.JJJJ*.
2. Der Zusatz muss links vom Datum stehen, er ist also vor *TT.MM.JJJJ* einzutragen. Da es sich beim Zusatz um Text handelt, muss er in Anführungszeichen gesetzt werden. Damit ergibt sich: *"geb. am" TT.MM.JJJJ*.
3. Nun soll der Textzusatz am linken Zellrand stehen, das Datum selbst jedoch am rechten Zellrand. Dazwischen sind entsprechend viele Leerzeichen zu setzen. Dafür verwenden Sie den Platzhalter zum Ausfüllen, also das Sternchen (*). Hier nun das endgültige benutzerdefinierte Zahlenformat: *"geb. am"* TT.MM.JJJJ*

Das umgesetzte Ergebnis können Sie der Abbildung 10.21 entnehmen.

Abbildg. 10.21 Ein spezielles Format für das Geburtsdatum

Das Original	15.04.1981
Formatcode	Ergebnis
"geb. am"* TT.MM.JJJJ	geb. am 15.04.1981

Beim Thema »Geburtsdatum« stellt sich Ihnen vielleicht die Frage, auf welchen Wochentag das freudige Ereignis fiel. Sprich: In einer Zelle, in die Sie das Geburtsdatum eingegeben haben, soll zusätzlich zum Datum auch gleich noch der Wochentag angezeigt werden. In dem Fall reicht der Wochentag in abgekürzter Form.

1. Stellen Sie zunächst wieder das Format *TT.MM.JJJJ* ein.
2. Für den abgekürzten Wochentag benötigen Sie den Platzhalter *T* dreimal (bei vier *T* wird der Wochentag ausgeschrieben). Diese drei *T* sind also vor das bereits bestehende Format zu setzen. Ergibt sich damit: *TTT TT.MM.JJJJ*.
3. Sie können nun noch vor das Leerzeichen, das die beiden *T*-Gruppen trennt, ein Sternchen (*) eingeben. Damit erscheint der Wochentag am linken Zellrand, das Geburtsdatum am rechten.

Farben per Formatcode festlegen

Über benutzerdefinierte Zahlenformate können Sie auch die Farbe der Zahlen und Texte in den Zellen bestimmen. Dabei stehen insgesamt 56 Farben zur Verfügung. Für die acht Grundfarben können Sie einfach die entsprechende Bezeichnung benutzen: Schwarz, Weiß, Rot, Blau, Gelb, Zyan, Magenta und Grün. Für alle anderen Farben müssen Sie die jeweilige Nummer der Farbe eingeben.

Die Farbanweisung selbst wird den Platzhaltern für die Zahlen und den Text jeweils vorangestellt, und zwar in eckigen Klammern.

Ein Beispiel: *[Blau]0,00;[Rot]?0;[Zyan]0;[Grün]@*. Diese Formatanweisung bewirkt Folgendes:

- Positive Werte werden in *Blau* und mit zwei Dezimalstellen dargestellt,
- negative Werte werden in *Rot*, mit einem vorangestellten Minuszeichen und ohne Dezimalstellen angezeigt,
- Nullen erscheinen in der Farbe *Zyan* (ohne Dezimalstellen) und
- Texte (so wie eingegeben) in der Farbe *Grün*.

CD-ROM In der Beispieldatei *Kap10_Zahlenformate.xlsx* zu diesem Kapitel finden Sie im Arbeitsblatt *Farben* eine Auflistung der Nummern und der jeweils zugehörigen Farben. Anhand dieser Aufstellung können Sie herausfinden, welche Farbnummer Sie eingeben müssen, um eine bestimmte Farbe festzulegen. Die Datei befindet sich im Ordner *\Buch\Kap10* auf der CD-ROM zu diesem Buch.

Profitipp Die Farbcodes eignen sich auch hervorragend, um Werte hervorzuheben, die nicht in eine vorgegebene Spanne passen. Das benutzerdefinierte Zahlenformat *[Rot][<50]#.##0;[Rot][>100]#.##0;#.##0* zeigt diejenigen Werte in der Farbe *Rot* an, die kleiner als 50 oder größer als 100 sind. Die Werte zwischen 50 und 100 werden in der Standardfarbe angezeigt. Dieses Beispiel können Sie im Arbeitsblatt *Grenzwerte* in der Beispieldatei *Kap10_Zahlenformate.xlsx* zu diesem Kapitel finden.

Wesentlich mehr Flexibilität für solche Anwendungsfälle bietet die bedingte Formatierung im Kapitel 12.

Texte gliedern mit Aufzählungszeichen

Nicht immer geht es in Excel-Arbeitsmappen nur um Zahlen. Manchmal müssen auch Texte eingegeben werden und dann gilt es, diese übersichtlich darzustellen.

Auch bei der Gestaltung der Texte können Sie benutzerdefinierte Zahlenformate einsetzen und mit wenigen Handgriffen Prägnanz und Übersichtlichkeit wesentlich verbessern.

Text vom linken Rand absetzen

Ein Problem umfangreicher Listen besteht darin, dass die Texte zu nah am linken Rand der Spalte stehen und optisch fast mit den Werten der benachbarten linken Spalte verschmelzen. Natürlich können Sie nun vor jedem Text zusätzlich noch ein Leerzeichen eintippen oder auch zwei. Aber spätestens beim fünften Mal vergessen Sie das und müssen dann den Zellinhalt nachbearbeiten.

Eine andere Variante ist die Verwendung des Symbols *Einzug vergrößern* aus der Gruppe *Ausrichtung* auf der Registerkarte *Start* im Menüband.

- **Vorteil** Text wird sehr schnell vom linken Rand weg bewegt
- **Nachteil** Der Abstand ist dabei oft doch zu groß und die Spalte wird zu breit

Mit einem benutzerdefinierten Zahlenformat können Sie den Text vom linken Spaltenrand in einem frei wählbaren Abstand weg bewegen. Verwenden Sie dabei als Basis den Platzhalter für Text (@). Hier die entsprechenden Schritte:

1. Markieren Sie die Zellen mit Text und rufen Sie das Dialogfeld *Zellen formatieren* auf (beispielsweise mit der Tastenkombination `Strg`+`1`).
2. Klicken Sie dort auf der Registerkarte *Zahlen* ganz unten links zuerst auf den Eintrag *Text* und dann auf den Eintrag *Benutzerdefiniert*.
3. Im Eingabefeld rechts oben steht jetzt schon das Zeichen @. Dies ist der Platzhalter für beliebigen Text. Setzen Sie die Einfügemarke vor dieses Zeichen und geben Sie ein Leerzeichen ein. Möchten Sie den Abstand zum linken Zellrand noch etwas größer haben, tippen Sie einfach zwei oder mehr Leerzeichen ein.

Texte in Listen gliedern

Eine Anforderung, die gerade auch bei Budgets mit Kapiteln und Unterkapiteln auftritt, besteht darin, die Struktur der Budgetposten durch Einrückungen deutlich zu machen. Dazu kennen Sie nun bereits die Lösung mit den Leerzeichen.

Besser wäre in diesem Fall, die einzelnen Ebenen durch bestimmte typische Aufzählungszeichen kenntlich zu machen – ähnlich, wie dies in Word gehandhabt wird. Leider bietet Excel keine Aufzählungsfunktion an.

Die Lösung des Problems liegt in einer Kombination von Sonderzeichen und Textplatzhalter (@), wobei eine Tastenkombination zum Aufruf des Sonderzeichens genutzt wird:

1. Markieren Sie mehrere Zellen mit Text und rufen Sie über die Tastenkombination `Strg`+`1` das Dialogfeld zum Formatieren und dort die Registerkarte *Zahlen* auf.
2. Klicken Sie nun wieder nacheinander auf die Einträge *Text* und *Benutzerdefiniert* – Sie erhalten somit den Platzhalter @.
3. Geben Sie vor diesem Zeichen ein Leerzeichen ein.
4. Halten Sie jetzt die `Alt`-Taste gedrückt und geben Sie auf dem (aktivierten) numerischen Zahlenblock Ihrer Tastatur die Zeichenfolge `0` `1` `4` `9` ein. Wenn Sie nun die `Alt`-Taste loslassen, sehen Sie einen runden Punkt.
5. Geben Sie noch ein Leerzeichen ein, um das Aufzählungszeichen vom nachfolgenden Text (in dem Fall verkörpert durch den Platzhalter @) abzusetzen.

Nach dem gleichen Muster können Sie nun für weitere Unterebenen andere Zeichen und Einzüge definieren. Beispielsweise einen kurzen Strich (Bindestrich) oder mit der Tastenkombination `Alt`+`0` `1` `5` `0` einen etwas längeren waagerechten Strich, den sogenannten »Halbgeviertstrich«.

Abbildg. 10.22 Per Zahlenformat Texte einrücken oder Listen mit Auszählungszeichen gliedern

Original	Formatcode	Ergebnis	Bemerkung
Text	Standard	Text	Normaler Text
Text	Standard	Text	Text mit vergrößertem Einzug über das Symbol
Text	@	Text	Text mit 1 Leerzeichen davor
Text	@	Text	Text mit 2 Leerzeichen davor
Text	• @	• Text	Text mit Leerzeichen davor und Aufzählungspunkt (Alt+Num 0149)
Text	- @	- Text	Text mit Leerzeichen davor und kurzem Strich
Text	– @	– Text	Text mit Leerzeichen davor und langem Strich (Alt+Num 0150)

Benutzerdefinierte Zahlenformate verwalten

Nicht jedes benutzerdefinierte Zahlenformat, das Sie zu Testzwecken angelegt haben, wollen Sie behalten. Andere Eigenkreationen für Zahlenformate wiederum möchten Sie möglicherweise häufiger verwenden. Lesen Sie im folgenden Abschnitt, wie Sie benutzerdefinierte Zahlenformate verwalten.

Benutzerdefinierte Zahlenformate löschen

Wollen Sie ein oder mehrere benutzerdefinierte Zahlenformate löschen, gehen Sie wie folgt vor:

1. Rufen Sie das Dialogfeld *Zellen formatieren* auf und wechseln Sie zur Registerkarte *Zahlen*.
2. Wechseln Sie in die Kategorie *Benutzerdefiniert*.
3. Markieren Sie rechts in der Liste den Eintrag für das zu löschende Format.
4. Klicken Sie auf die Schaltfläche *Löschen*. Diese Schaltfläche kann nur für benutzerdefinierte Formate gewählt werden.
5. Wiederholen Sie die letzten beiden Schritte, wenn Sie mehrere benutzerdefinierte Formate löschen möchten.

Benutzerdefinierte Zahlenformate in anderen Arbeitsmappen verwenden

Benutzerdefinierte Zahlenformate, die Sie festlegen, sind immer nur in der aktuell verwendeten Arbeitsmappe verfügbar. Öffnen Sie eine neue Arbeitsmappe, stehen Ihnen wieder nur die sogenannten »integrierten« Zahlenformate zur Auswahl.

In Kapitel 11 erfahren Sie, wie Sie aus benutzerdefinierten Zahlenformaten Formatvorlagen machen und wie Sie diese zwischen verschiedenen Arbeitsmappen austauschen können.

Ganz schnell und einfach können Sie ein bestehendes benutzerdefiniertes Zahlenformat in eine andere Arbeitsmappe übertragen, wenn Sie die Funktion *Format übertragen* nutzen. So geht's:

1. Markieren Sie eine Zelle, die das benutzerdefiniert Zahlenformat enthält.
2. Klicken Sie auf der Registerkarte *Start* ganz links in der Gruppe *Zwischenablage* auf das Symbol *Format übertragen* (der gelbe Pinsel).
3. Wechseln Sie mit [Strg]+[F6] zu der anderen geöffneten Mappe und klicken Sie auf die Zelle, die das benutzerdefiniert Zahlenformat erhalten soll.

Kapitel 10 Mit eigenen Zahlenformaten Tabellen übersichtlicher machen

Zusammenfassung

Neben den vorgegebenen Zahlenformaten können Sie in Excel auch eigene Zahlenformate definieren. Damit machen Sie Tabellen leichter lesbar und verstärken die Aussage von Werten – beispielsweise, wenn Sie neben einer Zahl zusätzlichen Text anzeigen lassen. Gegenüber der direkten Eingabe von Zahl und Text in eine Zelle bietet ein benutzerdefiniertes Zahlenformat den Vorteil, dass Sie mit dem Zellwert weiterhin rechnen können.

Frage	Lösung
Wie ist ein benutzerdefiniertes Zahlenformat aufgebaut?	Ein Zahlenformat kann aus bis zu vier Abschnitten aufgebaut sein. Siehe dazu die Seite 341.
Wie ist die Reihenfolge der Abschnitte in einem benutzerdefinierten Zahlenformat?	Die Abschnitte sind standardmäßig so aufgebaut, dass zuerst die Formatanweisung für positive Werte, als Zweites die für negative Werte, als Drittes die für Nullwerte und zum Schluss die für Texte stehen. Siehe hierzu die Seite 341.
Was sind Formatcodes?	Formatcodes sind Platzhalter, die für ein bestimmtes Erscheinungsbild von Zellinhalten sorgen. Lesen Sie dazu die Seite 341.
Welche wichtigen Formatcodes gibt es für Zahlen?	# (Raute) und 0 (Null) sowie . (Punkt) und , (Komma). Mehr dazu finden Sie auf Seite 343.
Welche Formatcodes gibt es für die Anordnung in den Zellen?	* (Sternchen), _ (Unterstrich) und ? (Fragezeichen). Mehr hierzu auf Seite 350.
Wie können Nullwerte per Zahlenformat ausgeblendet werden?	Indem der Abschnitt für Nullwerte leer gelassen wird, siehe Seite 347. Beispiel: *0,00;[Rot]– 0,00;;*
Wie lassen sich große Zahlen per Zahlenformat verkürzt darstellen?	Mit einem Punkt (.) hinter dem Zahlenplatzhalter wird eine Zahl um drei Stellen kürzer angezeigt. Beispiel: *0,0.* sorgt dafür, dass *107221* als *107,2* angezeigt wird; mehr dazu auf Seite 349.
Welche wichtigen Formatcodes gibt es für Datums- und Zeitangaben?	*TT.MM.JJJJ* zeigt die Eingabe von *6.9.10* als *06.09.2010* an. *TTT TT.MM.JJJJ* zeigt die Eingabe von *6.9.10* als *Mo 06.09.2010* an – siehe Seite 353.

Kapitel 11

Mit Vorlagen schneller formatieren

In diesem Kapitel:

Das System aus Formatvorlagen, Designs und Mustervorlagen verstehen	362
Einzelne Zellen leichter formatieren: Zellenformatvorlagen	367
Komplette Tabellen gestalten: Tabellenformatvorlagen	371
Das Aussehen der gesamten Arbeitsmappe ändern: Designs	374
Nicht nur Standard: eigene Vorlagen für Arbeitsmappen	379
Zusammenfassung	382

Kapitel 11 Mit Vorlagen schneller formatieren

Die Qualität von Berichten, Analysen und Übersichten wird auch an deren Aussehen gemessen. Haben Sie schon einmal darüber nachgerechnet, wie viel Zeit Sie damit verbringen Tabellen einheitlich aussehen zu lassen? Sicher haben Sie sich schon über diese Art der Zeitverschwendung geärgert! Nutzen Sie deshalb die Einsparpotenziale, die Excel Ihnen mit seinen vielfältigen Vorlagen bietet.

Das System aus Formatvorlagen, Designs und Mustervorlagen verstehen

Der Einsatz von Vorlagen, mit denen Sie wirklich in Sekundenschnelle einzelne Zellen, Tabellen oder komplette Arbeitsmappen einheitlich gestalten können, gehört eindeutig zu den wichtigsten Neuerungen und Produktivitätshebeln, die mit Excel 2007 eingeführt und in der neuen Version fortgesetzt wurden.

Zur Funktion der Formatvorlagen, die es seit Excel 3.0 gibt, wurden so viele neue Befehle hinzugefügt, dass ein völlig neues System von Gestaltungsmöglichkeiten entstand. Die Abbildung 11.1 bietet dazu einen Überblick.

Abbildg. 11.1 Das System der Vorlagen zum Formatieren von Zellen, Tabellen und kompletten Arbeitsmappen

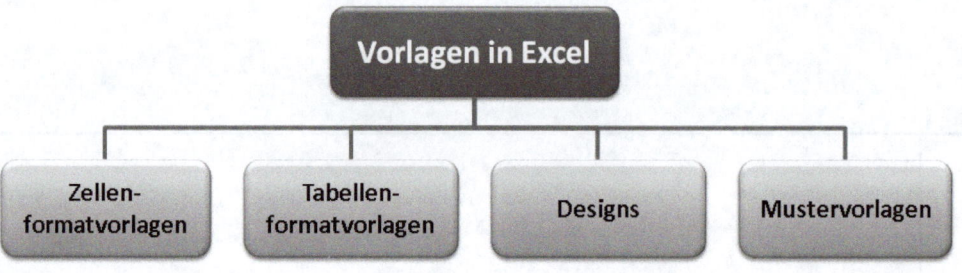

Dass sich Daten mittels Vorlagen schnell und einheitlich formatieren lassen, ist sicher hilfreich. Doch angesichts der Vielzahl vorgefertigter Formatschablonen fällt die Orientierung zu Beginn nicht leicht. Welcher Befehl bewirkt was? Welche Funktion eignet sich wofür? Antworten liefert die folgende kurze Übersicht:

- **Formatvorlagen** Dienen dazu, das Aussehen Excel-spezifischer Elemente wie Zellen, Tabellen, Diagramme, PivotTables oder Formen zu ändern. Es gibt Formatvorlagen für Zellen, Tabellen und Diagramme.

- **Designs** Beinhalten Formatanweisungen für Farben, Schriften und Formeffekte in einer Mappe. Sie sind auch in anderen Office-Programmen wie Word und PowerPoint verfügbar und sorgen so für ein einheitliches Erscheinungsbild von Office-Dokumenten.

- **Formatvorlagen** Können Sie auf einzelne Zellen, Tabellen oder auch Arbeitsblätter anwenden. Designs hingegen wirken sich stets auf alle Elemente der Arbeitsmappe aus.

- **Mustervorlagen** Sind eine Art Container, der benutzerdefinierte Formatvorlagen, ein Design und feststehende Daten aufbewahrt und als Schablone für neue Arbeitsmappen zur Verfügung stellt

Zellenformatvorlagen

Mit Zellenformatvorlagen sorgen Sie für das rasche und einheitliche Formatieren markierter Zellen.

Eine Zellenformatvorlage ist ein Set von Formatanweisungen. Sie kann Schriftart und -größe, Zahlenformat, Ausrichtung, Zellrahmen und Füllfarbe bzw. -muster sowie die Eigenschaft *Gesperrt* enthalten.

Die Auswahl einer passenden Zellenformatvorlage erledigen Sie über die Registerkarte *Start*. In dem in Abbildung 11.2 gezeigten Katalog sehen Sie, dass Sie beim Formatieren von Zellen und Zellbereichen auf fast vier Dutzend vorgefertigte – sogenannte integrierte – Zellenformatvorlagen zurückgreifen können.

Abbildg. 11.2   Die integrierten Zellenformatvorlagen, die Sie für Zellen oder Zellbereiche nutzen können

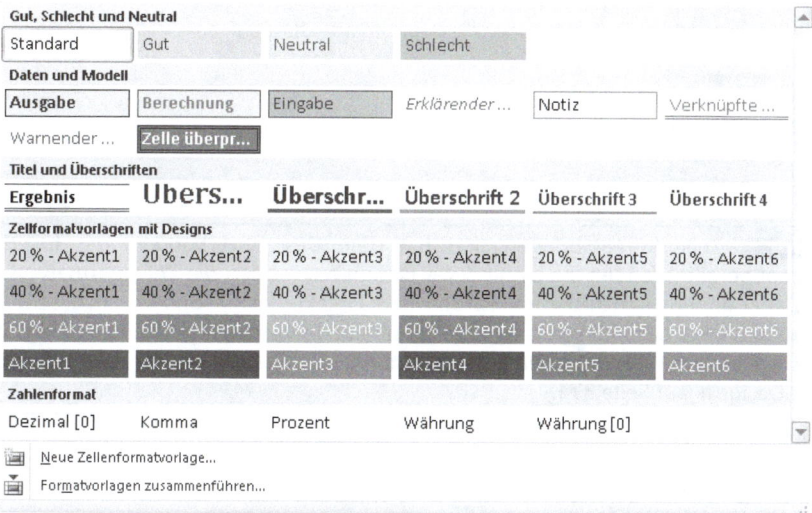

Diese Zellenformatvorlagen sind in fünf Kategorien eingeteilt:

- Vorlagen, mit denen Sie nach dem Ampelprinzip Ihren Zellen schnell die Aussagen *Gut*, *Schlecht* oder *Neutral* zuordnen können. Dies ist sozusagen der manuelle Schnellersatz für den Fall, dass die Funktion *Bedingte Formatierung* nicht zum Einsatz kommen soll.

- Vorlagen, die Sie innerhalb von Listen verwenden, um einzelne Zellen zu kommentieren oder deren Typ zu kennzeichnen (*Daten* und *Modell*). So können Sie beispielsweise darauf hinweisen, dass einzelne Zellen noch überprüft werden müssen, dass sie eine Formel enthalten oder dass ihr Ergebnis aus anderen Zellen beziehen.

- Vorlagen, mit denen Sie *Titel und Überschriften* kennzeichnen. Damit sorgen Sie für mehr Einheitlichkeit beim Beschriften Ihrer Tabellen.

- Vorlagen, mit denen Sie für eine farblich gut abgestimmte Formatierung von Zellbereichen sorgen (*Zellformatvorlagen mit Designs-Modell*). Vorbei also die Zeit, wo Sie mit wenigen Farben auskommen und wo Sie verzweifelt nach verschiedenen Abstufungen innerhalb einer Farbe suchen mussten.

- Vorlagen, die einfach nur ein *Zahlenformat* zuweisen

> **HINWEIS** Neben den vorgegebenen können Sie problemlos auch eigene Zellenformatvorlagen erstellen, die im Katalog der Zellenformatvorlagen sofort eine sechste Kategorie namens *Benutzerdefiniert* erzeugen. Mehr dazu erfahren Sie im Abschnitt »Eigene Zellenformatvorlagen anlegen« auf Seite 369.

Zellenformatvorlagen finden und zuweisen

Um das Format von Zellen zu ändern, gehen Sie so vor:

1. Um Zellenformatvorlagen zuzuweisen, markieren Sie zunächst die Zellen, die Sie formatieren wollen.
2. Klicken Sie dann auf der Registerkarte *Start* in der Gruppe *Formatvorlagen* auf den Befehl *Zellenformatvorlagen* (Abbildung 11.3).

Abbildg. 11.3   Zellenformatvorlagen rufen Sie über die Registerkarte *Start* auf

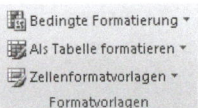

> **WICHTIG** Zellenformatvorlagen sind mit dem Design verbunden, das für die aktuelle Arbeitsmappe gilt. Wenden Sie ein anderes Design an, werden die Zellenformatvorlagen angepasst. Dabei ändern sich nicht nur Farben und Objekteffekte, sondern auch Schriftarten und -größen. Dies kann dazu führen, dass Tabelleninhalte deutlich mehr oder weniger Platz als vorher einnehmen. Mehr zu Designs lesen Sie im Abschnitt »Das Aussehen der gesamten Arbeitsmappe ändern: Designs« auf Seite 374.

Tabellenformatvorlagen

Wenn Sie nicht nur einzelne Zellen, sondern komplette Tabellen mit minimalem Aufwand einheitlich gestalten wollen, greifen Sie auf die Tabellenformatvorlagen zurück. Dies gilt auch für PivotTables. Die für diesen Zweck vordefinierten Formatvorlagen können Sie Ihren Bedürfnissen entsprechend anpassen. Mehr zu PivotTables erfahren Sie in Kapitel 24.

Tabellenformatvorlagen finden und zuweisen

Um Tabellenformatvorlagen zuzuweisen, gehen Sie so vor:

1. Klicken Sie in die Tabelle, die Sie formatieren wollen.
2. Klicken Sie dann auf der Registerkarte *Start* in der Gruppe *Formatvorlagen* auf die Schaltfläche *Als Tabelle formatieren* (Abbildung 11.4).

Abbildg. 11.4   Auch die Tabellenformatvorlagen rufen Sie in der Registerkarte *Start* des Menübands auf

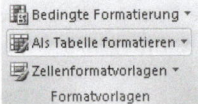

Das System aus Formatvorlagen, Designs und Mustervorlagen verstehen

Excel öffnet einen Katalog vorgefertigter Muster zum Gestalten von Tabellen, der wohl nur wenige Wünsche offen lässt. Auch für die übersichtliche und optisch ansprechende Ausgabe von Tabellen auf Schwarzweiß-Druckern sind geeignete Vorlagen im Angebot.

In den drei Kategorien *Hell*, *Mittel* und *Dunkel* werden 60 verschiedene Vorlagen zum Gestalten Ihrer Tabellen angeboten.

Abbildg. 11.5 Zugriff auf 60 vorgefertigte Muster zum Gestalten von Tabellen

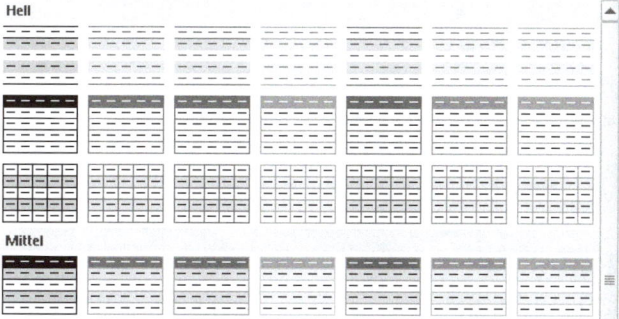

HINWEIS Neben den vorgegebenen können Sie auch eigene Tabellenformatvorlagen erstellen. Diese bilden dann in dem in Abbildung 11.5 gezeigten Katalog eine neue, vierte Kategorie namens *Benutzerdefiniert*. Mehr dazu erfahren Sie im Abschnitt »Eigene Tabellenformatvorlagen anlegen« auf Seite 373.

Diagrammformatvorlagen

Bei Diagrammen ist es besonders zeitsparend, dass Sie zur Gestaltung vordefinierte Formatmuster nutzen können. Allerdings lassen sich keine eigenen Diagrammformatvorlagen erstellen. Mehr zu Diagrammen und deren Formatierung lesen Sie in Kapitel 17 und 18.

Designs

Ein Design ist eine definierte Gruppe von Formatanweisungen und umfasst in Excel

- Farben
- Schriftarten
- Linien und
- Fülleffekte

Im Unterschied zu Zellen- und Tabellenformatvorlagen wirken sich Designs stets auf die gesamte Arbeitsmappe aus, also auf alle Tabellen und Diagramme, die darin enthalten sind.

Designs erfüllen somit den Zweck, dass Sie schnell ansprechende Dokumente mit einheitlichem Aussehen erstellen können. Designs, die in Excel verfügbar sind, können Sie auch in Word und PowerPoint nutzen.

Kapitel 11 Mit Vorlagen schneller formatieren

> **WICHTIG** Designs haben einen zentralen Stellenwert, wenn in Firmen ein einheitliches Erscheinungsbild der Dokumente gesichert werden soll. Da Sie beim Erstellen eines Designs Farbe, Schriftart und Fülleffekte für Objekte unabhängig voneinander ändern können, ist es möglich, ein exakt auf die Firmenvorgaben passendes Design zusammenzustellen. Das wird alle Anhänger freuen, die sich schon seit Langem darum bemühen, dass die Dokumente, die in den verschiedenen Office-Programmen angefertigt werden, auch wirklich dem Corporate Design entsprechen.

Designs zuweisen

Um ein Design auf eine Arbeitsmappe anzuwenden, führen Sie folgende Schritte aus:

1. Wechseln Sie zur Registerkarte *Seitenlayout* des Menübands.
2. Klicken Sie dort in der Gruppe *Designs* auf den Pfeil unter *Designs*.
3. Bewegen Sie in dem nun geöffneten Katalog die Maus über die einzelnen Designs und beobachten Sie – dank der Livevorschau – die möglichen Änderungen auf das aktuell sichtbare Arbeitsblatt. Klicken Sie schließlich auf das Design, das Ihnen zusagt.

Abbildg. 11.6 Zugang zu den Designs über die Registerkarte *Seitenlayout* des Menübands

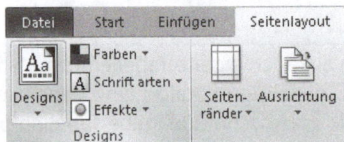

Mustervorlagen

Eine Mustervorlage ist eine Arbeitsmappe, die Sie erstellen, um sie als Basis für weitere Arbeitsmappen zu verwenden, die den gleichen Aufbau und die gleichen Formatoptionen haben sollen. Mustervorlagen haben im Unterschied zu normalen Arbeitsmappen die Dateiendung *.xltx* statt *.xlsx*.

Excel hält einige vorgefertigte Vorlagen bereit, wenn Sie über die Registerkarte *Datei* den Befehl *Neu* wählen. In der in Abbildung 11.7 gezeigten Backstage-Ansicht können Sie auf vorgefertigte und selbst erstellte Mustervorlagen zugreifen und ebenfalls Vorlagen von *Office.com* herunterladen, falls Sie über eine Internetverbindung verfügen.

In dem dreigeteilten Bereich erhalten Sie ganz rechts eine Vorschau auf die aktuell markierte Vorlage und können so leichter die richtige auswählen.

Abbildg. 11.7 In der Kategorie *Verfügbare Vorlagen* finden Sie einige Excel-Vorlagen zum Soforteinsatz

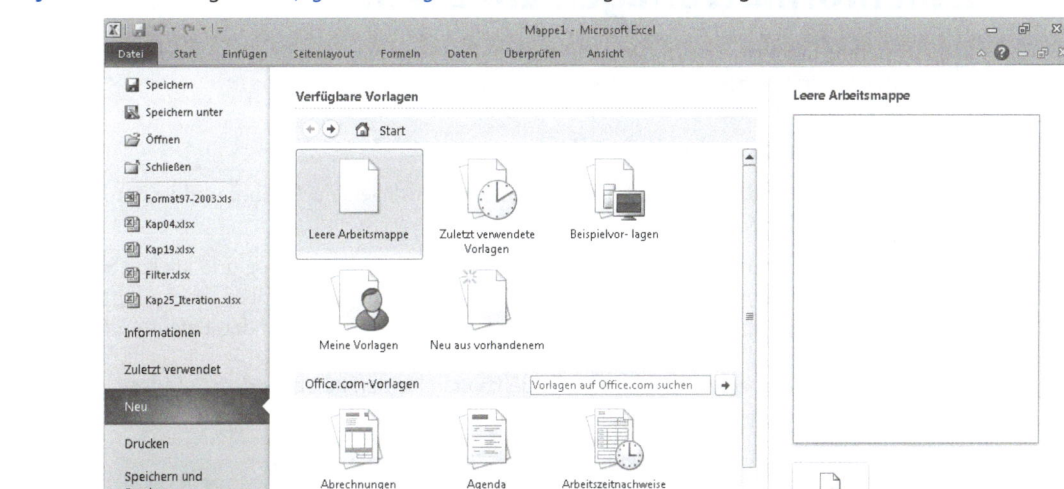

Einzelne Zellen leichter formatieren: Zellenformatvorlagen

Excel enthält rund vier Dutzend vorgefertigte Zellenformatvorlagen. Sie können die vorhandenen Zellenformatvorlagen

- ändern,
- duplizieren, um auf Basis einer bestehenden eine eigene Zellenformatvorlage zu erstellen und
- komplett eigene Zellenformatvorlagen anlegen.

WICHTIG Geänderte oder neu hinzugefügte Zellenformatvorlagen werden nur in der jeweiligen Arbeitsmappe gespeichert. Sollen sie auch in anderen Arbeitsmappen verfügbar sein, speichern Sie die Arbeitsmappe mit den angepassten oder neuen Zellenformatvorlagen als Mustervorlage mit der Endung *.xltx*. Mehr zu Mustervorlagen lesen Sie im Abschnitt »Nicht nur Standard: eigene Vorlagen für Arbeitsmappen« auf Seite 379.

Zellenformatvorlagen weisen Sie – wie in Abbildung 11.3 gezeigt – auf der Registerkarte *Start* über die Gruppe *Formatvorlagen* zu.

Zellenformatvorlagen anpassen

Wollen Sie Ihre Tabellenwerte mit Ampelfunktionalität kennzeichnen und Ihnen gefällt die Vorlagen *Gut* nicht, können Sie diese recht einfach anpassen.

Die Zellenformatvorlage *Gut* ändern

Allerdings gibt es für das Anpassen einer Zellenformatvorlage kein Symbol und keinen Befehl. Sie erledigen das stattdessen mit einem Rechtsklick.

Öffnen Sie per Klick auf die Schaltfläche *Zellenformatvorlagen* den Katalog und klicken Sie dort mit der rechten Maustaste auf die zu ändernde Zellenformatvorlage *Gut*. Über das nun erscheinende Kontextmenü erhalten Sie – wie in Abbildung 11.8 zu sehen – Zugriff auf den Befehl *Ändern*.

Abbildg. 11.8 Erst per Rechtsklick auf eine Zellenformatvorlage können Sie den Befehl *Ändern* aufrufen

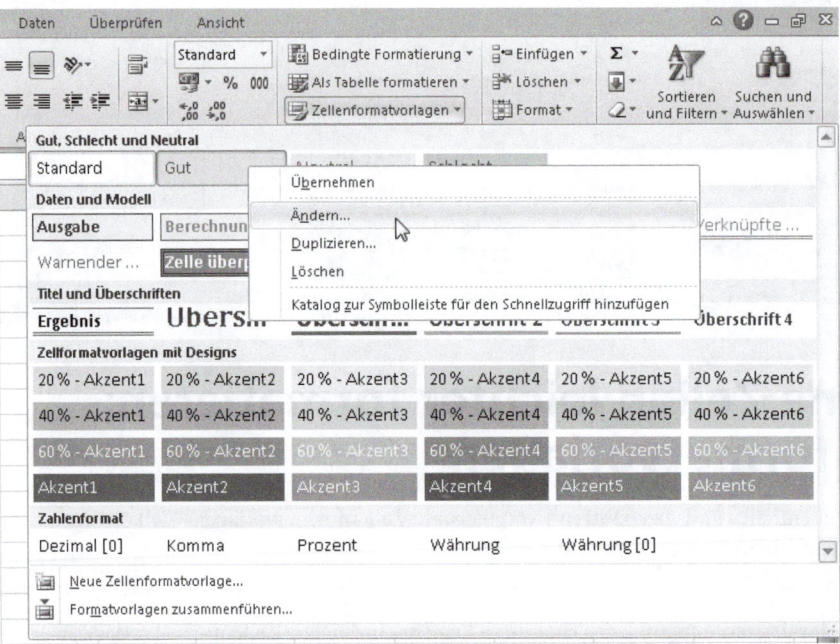

Nach einem Klick auf *Ändern* folgt das Dialogfeld *Formatvorlage*. Hier sehen Sie die aktuell eingestellten Formate.

Um die Schriftart und die Zellfarbe für die Zellenformatvorlage *Gut* zu ändern, gehen Sie nun wie folgt vor:

1. Klicken Sie im Dialogfeld *Formatvorlage* auf die Schaltfläche *Formatieren*.
2. Ändern Sie in der Registerkarte *Schrift* die *Schriftart* auf *Arial Narrow* und den *Schriftschnitt* auf *Fett*.
3. Wechseln Sie zur Registerkarte *Ausfüllen* und wählen Sie eine andere Zellfarbe, beispielsweise einen anderen, hellen Grünton.
4. Klicken Sie zweimal auf *OK*, um den Vorgang abzuschließen.

Eigene Zellenformatvorlagen anlegen

Wenn Ihnen die knapp 50 vorgefertigten Zellenformatvorlagen von Excel nicht reichen sollten, können Sie zusätzliche anlegen.

Weg 1: eine vorhandene Zellenformatvorlage duplizieren

Der einfachste Weg besteht darin, eine vorhandene Zellenformatvorlage als Basis zu nehmen und zunächst zu duplizieren. Anschließend ändern Sie das Duplikat so wie im vorherigen Abschnitt beschrieben ganz nach Ihren Wünschen ab. Und so geht's:

1. Wählen Sie auf der Registerkarte *Start* den Befehl *Zellenformatvorlagen*.
2. Klicken Sie mit der rechten Maustaste auf die Zellenformatvorlage, die als Basis dienen soll, und wählen Sie im Kontextmenü *Duplizieren*.
3. Weisen Sie Ihrer neuen Zellenformatvorlage im Eingabefeld *Name der Formatvorlage* einen aussagekräftigen Namen zu, beispielsweise »Entwurf«.
4. Klicken Sie auf die Schaltfläche *Formatieren*, um die Attribute der Zellenformatvorlage zu ändern, und wählen Sie dazu auf den verschiedenen Registerkarten die gewünschten Formatoptionen aus. Klicken Sie dann auf *OK*.
5. Aktivieren Sie im Dialogfeld *Formatvorlage* im Feld *Formatvorlage enthält* die Kontrollkästchen der Optionen, welche durch die neue Zellenformatvorlage betroffen sein sollen.

HINWEIS   Eine duplizierte und umbenannte Zellenformatvorlage wird anschließend der Liste der benutzerdefinierten Zellformatvorlagen hinzugefügt und erscheint – so wie in Abbildung 11.9 gezeigt – ganz oben im Katalog. Versäumen Sie es, die integrierte Zellenformatvorlage umzubenennen, wird diese nur mit den von Ihnen vorgenommenen Änderungen aktualisiert. Es entsteht also keine neue, benutzerdefinierte Zellenformatvorlage.

Abbildg. 11.9   Neu erstellte Zellenformatvorlagen erscheinen ganz oben

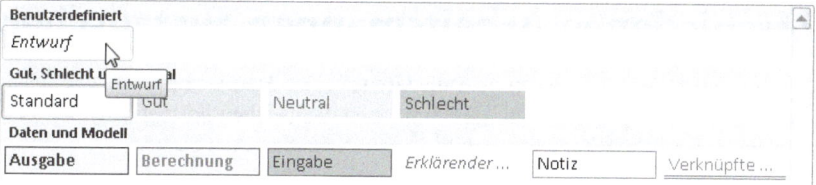

Weg 2: eine Zellenformatvorlagen komplett neu anlegen

Eignet sich keine der vorhandenen Zellenformatvorlagen als Basis für eine eigene, legen Sie eine neue Zellenformatvorlagen wie folgt an:

1. Klicken Sie auf der Registerkarte *Start* in der Gruppe *Formatvorlagen* auf *Zellenformatvorlagen* und ganz unten auf *Neue Zellenformatvorlage*.
2. Weisen Sie der neuen Zellenformatvorlage einen geeigneten Namen zu.
3. Klicken Sie auf die Schaltfläche *Formatieren* und wählen Sie passende Formatoptionen aus.
4. Aktivieren Sie im Dialogfeld *Formatvorlage* im Feld *Formatvorlage enthält* die Kontrollkästchen der Optionen, welche durch die neue Zellenformatvorlage betroffen sein sollen.

Zellenformatvorlagen löschen

Sie können nur eigene Zellenformatvorlagen löschen, die integrierten hingegen nicht. So geht's:

1. Klicken Sie auf der Registerkarte *Start* in der Gruppe *Formatvorlagen* auf *Zellenformatvorlagen*.
2. Wählen Sie per Rechtsklick auf die nicht mehr benötigte Zellenformatvorlage im Kontextmenü den Befehl *Löschen*.

Nach dem Löschen einer eigenen Zellenformatvorlage passieren zwei Dinge:

- Zellen, die mit den Attributen der betroffenen benutzerdefinierten Zellenformatvorlage formatiert waren, werden auf *Standard* zurückgesetzt
- Außerdem verschwindet die Zellenformatvorlage aus dem Katalog

Die Formate einer Zellenformatvorlage aus ausgewählten Zellen entfernen

Wollen Sie die Formatattribute einer bestimmten integrierten Zellenformatvorlage aus einer oder mehreren Zellen entfernen, ist auch das im Handumdrehen erledigt. Sie müssen im Arbeitsblatt nichts markieren. Gehen Sie einfach wie folgt vor:

1. Klicken Sie auf der Registerkarte *Start* in der Gruppe *Formatvorlagen* auf *Zellenformatvorlagen*.
2. Bewegen Sie die Maus über die betreffende Zellenformatvorlage und klicken Sie diese mit der rechten Maustaste an. Wählen Sie im Kontextmenü *Löschen*.

Diesmal bleibt die Zellenformatvorlage selbst erhalten, aber alle Zellen, die mit ihr formatiert waren, erscheinen nun mit den Attributen der Formatvorlage *Standard*.

Gut organisiert: Zellenformatvorlagen zwischen verschiedenen Arbeitsmappen austauschen

Sie können auch Formatvorlagen über die Grenze einer Arbeitsmappe hinweg austauschen. Das ist dann hilfreich, wenn in mehreren Arbeitsmappen die gleichen Formate angewendet werden sollen, um so ein einheitliches Erscheinungsbild zu erreichen. So gehen Sie vor:

1. Öffnen Sie die Arbeitsmappe mit den gewünschten Zellenformatvorlagen.
2. Wechseln Sie zu der Arbeitsmappe, in die Sie die Zellenformatvorlagen übertragen wollen. Am schnellsten geht das mit der Tastenkombination `Strg`+`F6`.
3. Klicken Sie auf der Registerkarte *Start* in der Gruppe *Formatvorlagen* auf *Zellenformatvorlagen* und wählen Sie im geöffneten Katalog ganz unten den Befehl *Formatvorlagen zusammenführen*.
4. Im nun folgenden Dialogfeld erscheint eine Liste der aktuell geöffneten Dateien. Wählen Sie die in Schritt 1 geöffnete aus und klicken Sie auf *OK*.

Abbildg. 11.10   In die aktuelle Arbeitsmappe Zellenformatvorlagen aus der Arbeitsmappe *Bilanz.xlsx* übernehmen

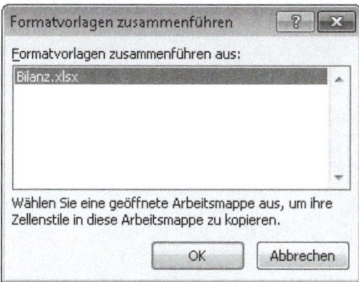

Komplette Tabellen gestalten: Tabellenformatvorlagen

Die AutoFormate früherer Excel-Versionen wurden in Excel 2007 zu Tabellenformatvorlagen weiterentwickelt. Mit deren Hilfe können Sie eine Tabelle schnell formatieren oder mehrere Tabellen mit wenigen Mausklicks einheitlich gestalten.

Neben den 60 vordefinierten Tabellenformatvorlagen, die in die drei Kategorien *Hell*, *Mittel* und *Dunkel* eingeteilt sind, können Sie auch benutzerdefinierte Schablonen zum Formatieren kompletter Tabellen anlegen.

HINWEIS   Die AutoFormate früherer Versionen können Sie verfügbar machen, indem Sie der Symbolleiste für den Schnellzugriff das entsprechende Symbol hinzufügen.

Einem Zellbereich eine Tabellenformatvorlage zuweisen

Beim Zuweisen einer Tabellenformatvorlage gehen Sie fast genauso vor, wie beim Formatieren von Zellen mit Zellenformatvorlagen. So geht's:

1. Markieren Sie den Zellbereich, den Sie als Tabelle formatieren wollen. Bei einem zusammenhängenden Bereich reicht es, eine der Zellen zu markieren.
2. Klicken Sie auf der Registerkarte *Start* in der Gruppe *Formatvorlagen* auf die Schaltfläche *Als Tabelle formatieren*.
3. Wählen Sie in dem nun gezeigten Katalog die passende Tabellenformatvorlage aus.
4. Es erscheint das in Abbildung 11.11 gezeigte Dialogfeld, in dem Sie
   - nachprüfen, ob der richtige Zellbereich markiert wurde und diesen gegebenenfalls korrigieren sowie
   - einstellen, ob der von Ihnen markierte Bereich in der ersten Zeile Überschriften enthält. Wenn dem so ist, aktivieren Sie das Kontrollkästchen vor *Tabelle hat Überschriften*.
5. Klicken Sie zum Abschluss auf *OK*.

Kapitel 11 Mit Vorlagen schneller formatieren

Abbildg. 11.11 Hier können Sie gegebenenfalls den markierten Zellbereich anpassen und einstellen, ob der markierte Bereich Überschriften enthält oder nicht

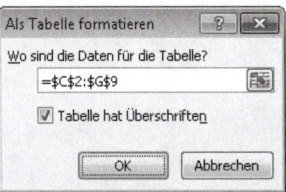

HINWEIS Stehen in der ersten Zeile des markierten Bereichs keine Zahlen, sondern Texte, ist das Kontrollkästchen in dem in Abbildung 11.11 gezeigten Dialogfeld bereits mit einem Häkchen versehen, da Excel in dem Fall davon ausgeht, dass es sich bei den Texten um Überschriften handelt.

Neben den veränderten Formaten für den markierten Zellbereich hat das Zuweisen der Tabellenformatvorlage ein weiteres wichtiges Ergebnis gebracht, das überhaupt nichts mit Formatieren zu tun hat: Excel hat aus dem Zellbereich eine *Tabelle* gemacht (mehr zu Tabellen und deren Eigenschaften lesen Sie in Kapitel 19).

Wenn Sie in den soeben formatierten Bereich klicken, wird im Menüband zusätzlich die kontextbezogene Registerkarte *Tabellentools/Entwurf* angezeigt.

In dieser zusätzlichen Registerkarte finden Sie wichtige Befehle, mit denen Sie beispielsweise Überschriften oder Ergebniszeilen ein- oder ausblenden oder verbundene Zellen kenntlich machen. Setzen Sie dazu jeweils ein Häkchen, um die Tabellenelemente anzuzeigen, entfernen Sie das Häkchen, wenn die Elemente ausgeblendet werden sollen.

Abbildg. 11.12 Über die speziell eingeblendeten Tabellentools steuern Sie die Anzeige von Tabellenelementen

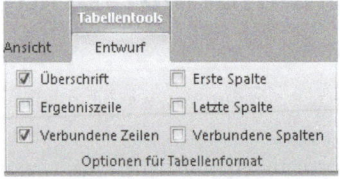

Die neu entstandene Tabelle erweitern

Die Tatsache, dass durch das Zuweisen einer Tabellenformatvorlage eine Excel-Tabelle entstanden ist, hat den Vorteil, dass die Tabelle die ihr übertragenen Formate beibehält, auch wenn Sie ihre Größe erweitern oder reduzieren. Testen Sie es selbst:

1. Klicken Sie auf den Zeilenkopf einer Zeile, die sich in der Tabelle befindet.
2. Betätigen Sie die Tastenkombination `Strg`+`+`.

Die Tabelle wird um eine Zeile erweitert und die Formate sofort an die neue Situation angepasst. Das passiert ebenso, wenn Sie an der rechten unteren Ecke des Tabellenbereichs an der blauen Ecke ziehen und so die Größe der Tabelle verändern. Egal, ob Sie damit Zeilen oder Spalten hinzufügen oder entfernen, die Formate werden stets automatisch angepasst.

Eigene Tabellenformatvorlagen anlegen

Wie schon weiter oben erwähnt, können Sie eigene Tabellenformatvorlagen anlegen, wenn Ihnen die vorgegebenen 60 Muster nicht reichen. So gehen Sie vor:

1. Klicken Sie auf der Registerkarte *Start* in der Gruppe *Formatvorlagen* auf *Als Tabelle formatieren*. Und wählen Sie ganz unten *Neue Tabellenformatvorlage*.
2. Vergeben Sie im Eingabefeld *Name* eine aussagefähige Bezeichnung für Ihre neue Tabellenformatvorlage, beispielsweise »Projekttabelle«.
3. Markieren Sie darunter im Feld *Tabellenelement* die jeweils gewünschte Tabellenkomponente.
4. Klicken Sie anschließend auf *Formatieren*, um die gewünschten Formate einzustellen. Mehr zum Formatieren über die verschiedenen Registerkarten des Dialogfelds *Zellen formatieren* lesen Sie in Kapitel 9.

Im vorliegenden Beispiel erhielt die neue Tabellenformatvorlage den Namen *Projekttabelle*. Sie erscheint nach einem Klick auf *Als Tabelle formatieren* ganz oben im Katalog unter *Benutzerdefiniert*.

> **HINWEIS** Eigene Tabellenformatvorlagen werden nur in der aktuellen Arbeitsmappe gespeichert. Sie sind nicht für andere Arbeitsmappen verfügbar und können – im Unterschied zu Zellenformatvorlagen – nicht von einer Arbeitsmappe auf die andere übertragen werden (Ausnahme: Beim Kopieren einer so formatierten Tabelle wandert die Tabellenformatvorlage mit). Um bestimmte Tabellenformatvorlagen in mehreren Arbeitsmappen zur Verfügung zu haben, speichern Sie die Arbeitsmappe als Mustervorlage mit der Endung *.xltx*. Mehr dazu lesen Sie im Abschnitt »Nicht nur Standard: eigene Vorlagen für Arbeitsmappen« auf Seite 379.

Abbildg. 11.13 Die neue Tabellenformatvorlage erscheint ganz oben unter *Benutzerdefiniert*

> **HINWEIS** Wie schon bei den Zellenformatvorlagen können Sie auch bei den Tabellenformatvorlagen eine neue Variante anlegen, indem Sie eine bestehende Tabellenformatvorlage duplizieren, umbenennen und dann an Ihre Bedürfnisse anpassen. Rufen Sie dazu per Klick auf *Als Tabelle formatieren* den Katalog der bestehenden Tabellenformatvorlagen auf und wählen Sie per rechten Mausklick auf eine Tabellenformatvorlage im Kontextmenü den Eintrag *Duplizieren*.

Tabellenformatvorlagen löschen

Das Löschen eigener Tabellenformatvorlagen funktioniert nur per Rechtsklick:

1. Klicken Sie auf der Registerkarte *Start* in der Gruppe *Formatvorlagen* auf *Als Tabelle formatieren*.
2. Klicken Sie bei *Benutzerdefiniert* mit der rechten Maustaste auf die zu löschende Tabellenformatvorlage und wählen Sie im Kontextmenü den Befehl *Löschen* aus.

> **HINWEIS** Sie können nur eigene Tabellenformatvorlagen löschen. Bei den 60 vorgefertigten Tabellenformatvorlagen steht der Befehl zum Löschen nicht zur Verfügung.

Das Aussehen der gesamten Arbeitsmappe ändern: Designs

Die Office-Designs, die es seit Version 2007 gibt, dienen dem Zweck, in Farben und Schrift einheitlich gestaltete Dokumente für Word, Excel und PowerPoint leichter erstellen zu können. Die Vielfalt der Möglichkeiten – insbesondere der Farben und Schriftarten – wird jedoch Excel-Anwender, die einfach nur ihren »Zahlenjob« machen wollen, eher irritieren. Excel ist nun mal nicht PowerPoint und Inhalte rangieren vor der Gestaltung. Die Tatsache beispielsweise, dass sich bei Wahl eines anderen Designs die Schriftarten und damit die Spaltenbreiten automatisch ändern, dürfte viele Anwender eher abschrecken, mit Designs zu experimentieren. Denn damit wird das gesamte Seitenlayout verändert und eine Tabelle, die vorher beim Ausdrucken exakt auf eine Seite passte, beansprucht plötzlich mehr als eine Seite. Insofern ist das Zuweisen eines Designs keine Aufgabe, die man in allerletzter Minute erledigen sollte.

Was gehört zu einem Design?

Zu Beginn dieses Kapitels konnten Sie bereits lesen, was ein Design einschließt: Farben, Schriftarten und -größen für Texte und Überschriften, Effekte für Formen.

Erfahren Sie nun, wie Sie Designs anwenden und individuell anpassen können.

Designs verwenden

Viele Anwender wollen mit Excel Zahlen übersichtlich verwalten, exakt berechnen und möglichst schnell analysieren. Das Aussehen der Tabellen ist eher zweitrangig, der Zeitaufwand dafür knapp bemessen. Insofern ist es recht nützlich, dass die Anwender neben den bereits beschriebenen Zellen- und Tabellenformatvorlagen mit den Office-Designs ein weiteres Mittel in die Hand bekommen, um ihre Arbeitsergebnisse ansprechend und zugleich einheitlich darzustellen.

Ein Design auswählen und zuweisen

Um das Design einer Mappe zu ändern, gehen Sie wie folgt vor:

1. Wechseln Sie im Menüband zur Registerkarte *Seitenlayout*.
2. Ganz links sehen Sie nun als erste Befehlsgruppe *Designs*.
3. Klicken Sie auf den Pfeil unter *Designs*, um den Katalog mit den verfügbaren Designs anzuzeigen.
4. Wenn Sie die Maus über die einzelnen Designs bewegen, sehen Sie dank der *Livevorschau* sofort die jeweilige Wirkung jedes der Designs auf das aktuell angezeigte Arbeitsblatt. Klicken Sie das Design Ihrer Wahl an, um den Vorgang abzuschließen.

Ein Design als Standard verwenden

In PowerPoint klicken Sie nach dem Öffnen des Katalogs mit den Designs Ihr Favoritendesign mit der rechten Maustaste an und wählen im Kontextmenü *Als Standarddesign festlegen*. In Excel und Word ist das nicht so leicht. Hier gibt es diesen Befehl nicht. Das favorisierte Design muss als Bestandteil einer Arbeitsmappenvorlage gespeichert werden. Mehr dazu lesen Sie im Abschnitt »Benutzerdefinierte Designs speichern« auf Seite 378.

Was konkret bewirkt ein Design?

Bei der Wahl eines Designs sind vor allem Farben und Schriften ausschlaggebend. Effekte für Formen werden wohl eher selten zum Einsatz kommen.

Die Änderungen durch ein Design können Sie bereits feststellen, wenn Sie auf der Registerkarte *Seitenlayout* einmal genauer die Gruppe *Designs* betrachten. Dort können Sie rechts oben in dem Farbviereck jeweils vier Farben ausmachen. Je nach Design wechseln diese (Abbildung 11.14).

Abbildg. 11.14 Aussehen der Gruppe *Designs* bei Auswahl der Designs *Larissa*, *Okeanos* und *Papier* (v.l.n.r.); rechts oben in dem Quadrat werden jeweils die sich ändernden vier Hauptfarben angezeigt

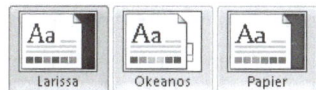

Designs und Tabellen

Wie sich die Auswahl eines Designs auf Ihre Tabellen auswirkt, können Sie in der Beispieldatei *Kap11_Designs&Tabellen.xlsx* verfolgen. Dort wird anhand von Bildschirmfotos gezeigt, wie sich das Aussehen von Tabellen nach Zuweisen verschiedener Designs jeweils verändert.

CD-ROM Die Beispieldatei *Kap11_Designs&Tabellen.xlsx* finden Sie auf der CD-ROM zum Buch im Ordner *\Buch\Kap11*.

Designs und Diagramme

Noch weitaus überraschender dürfte sein, wie sich Designs auf Diagramme auswirken.

CD-ROM Machen Sie sich selbst ein Bild davon, welche Auswirkungen einzelne Designs auf Diagramme haben. In der Datei *Kap11_Designs&Diagramme.xlsx* im Ordner *\Buch\Kap11* auf der CD-ROM zum Buch können Sie anhand eines Musterdiagramms vergleichen, welche Gestaltungsergebnisse einzelne Designs hervorrufen.

Designs anpassen

Farben und Schriften sind wichtige Bestandteile des Corporate Designs einer jeden Firma. Mit den anpassbaren Office-Designs ist es leicht, auch in Excel die Vorgaben des Corporate Designs umzusetzen. Beginnen Sie zunächst damit, Farben in einem vorhandenen Design zu ändern.

Excel bietet Ihnen nach der Installation 41 vorgefertigte Farbpaletten an: 40 davon beruhen auf dem mitgelieferten Design, die 41. trägt den Namen *Graustufe* und hat die Aufgabe, die Arbeitsmappenfarben für den Druck auf einem Schwarzweiß-Drucker umzustellen.

> **HINWEIS** Zahlreiche zusätzliche Designs zum Herunterladen finden Sie auf *Office.com*.

Die Elemente der Farbpalette kennen und anpassen

Machen Sie sich zunächst mit dem Farbsystem vertraut, bevor Sie daran gehen, neue Farben zu definieren. Am einfachsten ist es, wenn Sie dazu wie folgt vorgehen:

1. Klicken Sie auf der Registerkarte *Seitenlayout* in der Gruppe *Designs* auf *Farben*. Es öffnet sich der erwähnte Katalog mit den vordefinierten Farbsets.
2. Klicken Sie ganz unten auf den Eintrag *Neue Designfarben erstellen*.
3. Verschaffen Sie sich im daraufhin geöffneten Dialogfeld einen Überblick, wie die Farben organisiert sind:
   - Zunächst einmal gibt es in jedem der mitgelieferten Designs standardmäßig die beiden Farben Schwarz und Weiß, die immer vorhanden sind
   - Darunter folgen unter der Bezeichnung *Text/Hintergrund – dunkel 2* sowie *Text/Hintergrund – hell 2* die beiden Hauptfarben
   - Danach gibt es sechs Akzentfarben
   - Schließlich ist je eine Farbe für Hyperlinks und besuchten Hyperlinks vorgesehen

In dem Moment, wo Sie eine der zwölf Designfarben ändern wollen und dazu anklicken, erscheint die Farbpalette mit dem Titel *Designfarben*. Sie enthält oben die zwölf Designfarben in verschiedenen Abstufungen und darunter eine Auswahl von zehn Standardfarben, die in jedem Design gleich und unveränderlich sind.

> **HINWEIS** Diese Palette *Designfarben* erhalten Sie auch, wenn Sie beispielsweise die Füllfarbe einer Zelle oder die Farbe Ihrer Texte und Zahlen ändern wollen.

Eine Farbe ändern

Um eine der zwölf Designfarben zu ändern, klicken Sie auf den Pfeil neben der Farbe und dann auf *Weitere Farben*.

Im folgenden Dialogfeld *Farben* können Sie jede Farbe exakt definieren, indem Sie zur Registerkarte *Benutzerdefiniert* wechseln und dort über die Eingabe der RGB- oder HSL-Werte die im Corporate Design Ihrer Firma festgelegte Farbe festlegen.

> **Unterschiedliche Farbmodelle**
>
> Die Abkürzung RGB steht für die Farben Rot, Grün und Blau. Durch Mischen dieser drei Farben können die unterschiedlichen Farben dargestellt werden. Im Unterschied dazu definiert HSL Farben über die Parameter Farbwinkel (H), Farbsättigung (S) und Farbhelligkeit (L).

Die geänderte Farbpalette speichern

Geben Sie – nachdem Sie eine oder mehrere Farben auf dem oben beschriebenen Weg an Ihr Corporate Design angepasst haben – dem geänderten Set von Designfarben einen Namen und klicken Sie auf *Speichern*. Der Name könnte in dem Fall *Corporate Design* lauten, kann aber ebenso auch Aus-

Das Aussehen der gesamten Arbeitsmappe ändern: Designs

kunft zur verwendeten Hauptfarbe geben, beispielsweise *Purpur*. In jedem Fall sollte der Name aussagekräftig sein.

Abbildg. 11.15 Ganz oben erscheinen die benutzerdefinierten Farbsets

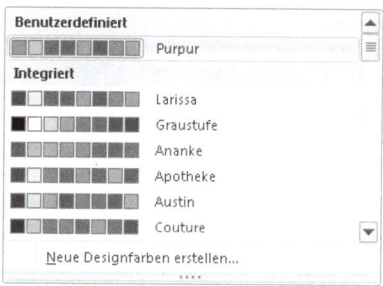

Nach dem Speichern erscheint die neue Farbpalette im Katalog der Designfarben. Und zwar wird sie dort – wie in Abbildung 11.15 zu sehen – ganz oben der neu angelegten Kategorie *Benutzerdefiniert* hinzugefügt.

TIPP Haben Sie versäumt, einen passenden Namen zu vergeben, klicken Sie einfach mit der rechten Maustaste auf das neue Farbset und wählen im Kontextmenü den Befehl *Bearbeiten*. Ändern Sie im daraufhin angezeigten Dialogfeld den Namen.

Eine für alle: eigene Farbpalette auch in Word und PowerPoint verfügbar

Wie wichtig ein vernünftiger Name ist, werden Sie gleich erkennen. In dem Moment, wo Sie in Excel eine neue, benutzerdefinierte Farbpalette anlegen, erscheint diese sofort auch in den beiden anderen Office-Programmen Word und PowerPoint. Sie haben damit zwar noch kein neues Office-Design definiert, aber die neue Farbpalette steht Ihnen umgehend auch in den beiden anderen Office-Anwendungen zur Verfügung.

Profitipp Wollen Sie eigene Farbpaletten auf einen anderen Computer übertragen, kopieren Sie die für die Farbpalette zuständige *.xml*-Datei auf den anderen PC. Benutzerdefinierte Farbpaletten werden im folgenden Ordner abgelegt:

C:\Users\<Benutzername>\AppData\Roaming\Microsoft\Templates\Document Themes\Theme Colors

Benutzerdefinierte Farbpaletten löschen

Um eine benutzerdefinierte Farbpalette von der Anzeige zu entfernen, gehen Sie wie folgt vor:

1. Klicken Sie auf der Registerkarte *Seitenlayout* in der Gruppe *Designs* auf *Farben* und dann mit der rechten Maustaste auf die benutzerdefinierte Palette.
2. Wählen Sie im Kontextmenü den Befehl *Löschen* und bestätigen Sie die Sicherheitsabfrage mit *Ja*.

HINWEIS Die Palette wird aus der Anzeige der Designfarben entfernt und die dazugehörige *.xml*-Datei wird in dem oben erwähnten Unterordner *Theme Colors* gelöscht.

Schriften und Effekte eines Designs verwenden

Neben Designfarben gibt es auch Designschriften und Designeffekte. Allerdings sind nur zwei vorgegebene Designschriften – eine für Überschriften und eine für Texte und Zahlen – sowie ein Effekt voreingestellt.

Abbildg. 11.16 Jede Mappe hat zwei vorgegebene Schriftarten: eine für Überschriften, eine für Texte

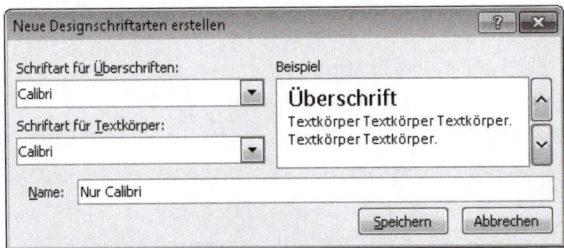

Schriften und Effekte auswählen und zuweisen

Wollen Sie die vorgegebenen Schriften oder Effekte eines Designs ändern, gehen Sie analog zu den oben beschriebenen Schritten für Farben vor.

1. Klicken Sie also in der Gruppe *Designs* der Registerkarte *Seitenlayout* auf *Schriftarten* bzw. auf *Effekte*.
2. Wählen Sie im folgenden Katalog die gewünschte Option aus. Dank der Livevorschau können Sie sich zuvor einen Eindruck von der zu erwartenden Wirkung verschaffen.

Den Effekt für ein Design ändern

Zu jedem Design gibt es einen voreingestellten Effekt. Er bezieht sich auf die Füllung und die Konturlinien von Objekten. Betroffen sind Formen, SmartArt-Grafiken und Diagramme.

Lassen Sie sich nicht davon beeindrucken, dass die Effekte die gleichen Namen wie die vordefinierten Designs tragen. Das sollte Sie nicht davon abhalten, beispielsweise im Design *Larissa* den Effekt *Okeanos* zu verwenden.

HINWEIS Designeffekte können Sie nur auswechseln. Sie sind teilweise recht aufwändig zusammengestellt – etwas, was früher nur mithilfe externer Bildbearbeitungsprogramme möglich war. Daher ist es nicht möglich, Designeffekte zu ändern oder benutzerdefinierte zu erstellen.

Benutzerdefinierte Designs speichern

Beim Lesen der vergangenen Abschnitte haben Sie gesehen, dass von Ihnen neue festgelegte Designfarben und -schriften sofort in der Kategorie *Benutzerdefiniert* angezeigt werden, wenn Sie in der Befehlsgruppe *Designs* der Registerkarte *Seitenlayout* auf die Schaltflächen für *Farben* bzw. *Schriftarten* klicken.

Damit Sie Ihre benutzerdefinierten Designfarben und -schriftarten sowie den von Ihnen gewünschten Effekt für Objekte und Diagramme nicht jedes Mal einzeln wählen müssen, können Sie diese zu einem »Paket« zusammenfassen – zu einem benutzerdefinierten Design. Gehen Sie dazu wie folgt vor:

1. Definieren Sie die gewünschten Farben, Schriften und den Effekt.
2. Klicken Sie in der Befehlsgruppe *Designs* auf den Pfeil unter *Designs* und wählen Sie im Katalog ganz unten den Befehl *Aktuelles Design speichern*.
3. Excel zeigt daraufhin das Dialogfeld zum Speichern an. Der Ordner *Document Themes* wird automatisch vorgeschlagen. Sie müssen nur noch im Eingabefeld *Dateiname* eine passende Bezeichnung für Ihr selbst erstelltes Design eintragen. Es erhält die Dateiendung *.thmx*.

Klicken Sie anschließend noch einmal auf den Pfeil unter *Designs*, sehen Sie das selbst angelegte Design ganz oben im Katalog in der Kategorie *Benutzerdefiniert*.

HINWEIS   Das neue Design erscheint auch in den beiden anderen Anwendungen Word und PowerPoint und kann dort von Ihnen benutzt werden.

Ein benutzerdefiniertes Design löschen

Zum Entfernen eines von Ihnen erstellten Designs aus dem Katalog klicken Sie es mit der rechten Maustaste an und wählen im Kontextmenü den Befehl *Löschen*.

Nicht nur Standard: eigene Vorlagen für Arbeitsmappen

Der Einsatz von Mustervorlagen ist immer dann hilfreich, wenn mehrere Arbeitsmappen gleiche Eigenschaften haben sollen.

Was wird in einer Mustervorlage gespeichert?

Eine Mustervorlage kann u. a. folgende wichtige Informationen und Einstellungen für eine Gruppe von Mappen speichern:

- die Anzahl der Arbeitsblätter,
- feste Eingaben sowie Formeln in einem oder mehreren Arbeitsblättern,
- vordefinierte Seitenlayouts (beispielsweise Hoch- oder Querformat, Seitenränder, Kopf- und Fußzeilen),
- Spaltenbreiten und Zeilenhöhen,
- Gestaltungsvorgaben wie Zellen- und Tabellenformatvorlagen sowie Designs.

Vorhandene Mustervorlagen nutzen

Wenn Sie über die Registerkarte *Datei* den Befehl *Neu* aufrufen, bietet Excel Ihnen als Voreinstellung die *Leere Arbeitsmappe* an – mit anderen Worten die Standardarbeitsmappe.

> **TIPP** Am schnellsten rufen Sie eine neue Standardarbeitsmappe mit der Tastenkombination `Strg` + `N` auf. Übrigens: Auch in Word und PowerPoint erhalten Sie mit diesem Kürzel ein neues Dokument bzw. eine neue Präsentation.

Sie müssen sich damit aber nicht zufriedengeben, denn Excel hat weitaus mehr Varianten im Angebot. Um mehr als nur die Standardarbeitsmappe zu erhalten, klicken Sie unter *Verfügbare Vorlagen* auf *Beispielvorlagen*. In dieser Kategorie hält Excel sieben Vorlagen bereit – von der Rechnung über die Spesenabrechnung bis hin zum Umsatzbericht.

Weitere Vorlagen erhalten Sie im Bereich darunter. Sie müssen über eine Internetverbindung verfügen, um sich die dort angebotenen Vorlagen herunterzuladen. Ein Blick lohnt sich allemal, denn das Angebot an Vorlagen wird ständig erweitert.

Abbildg. 11.17 Vorlagen, die auf Office.com zum Download zur Verfügung stehen

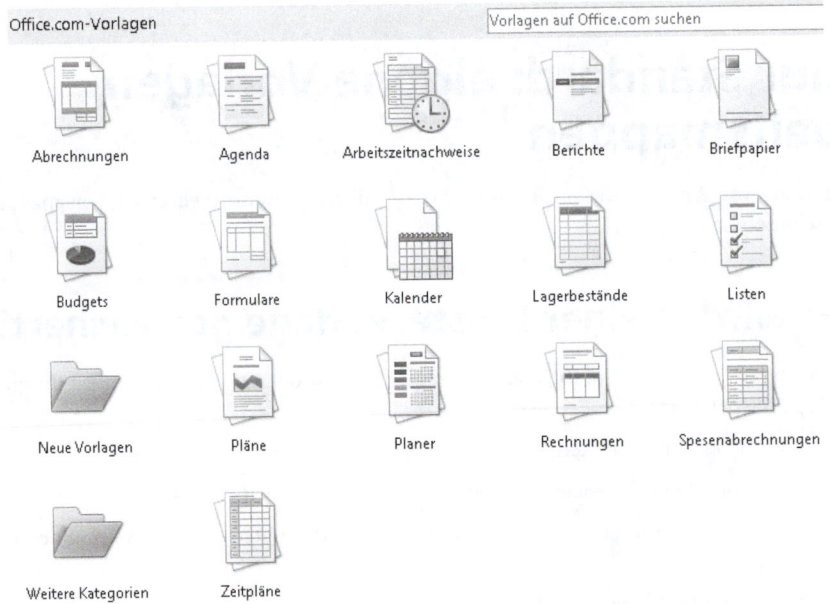

Eine eigene Mustervorlage anlegen

Natürlich können Sie Ihre Arbeitsergebnisse, die Sie immer wieder verwenden wollen, auch als Vorlage ablegen. Diese erscheinen dann in der Kategorie *Meine Vorlagen*.

Abbildg. 11.18   Ändern Sie den Dateityp, um eine eigene Excel-Vorlage zu speichern

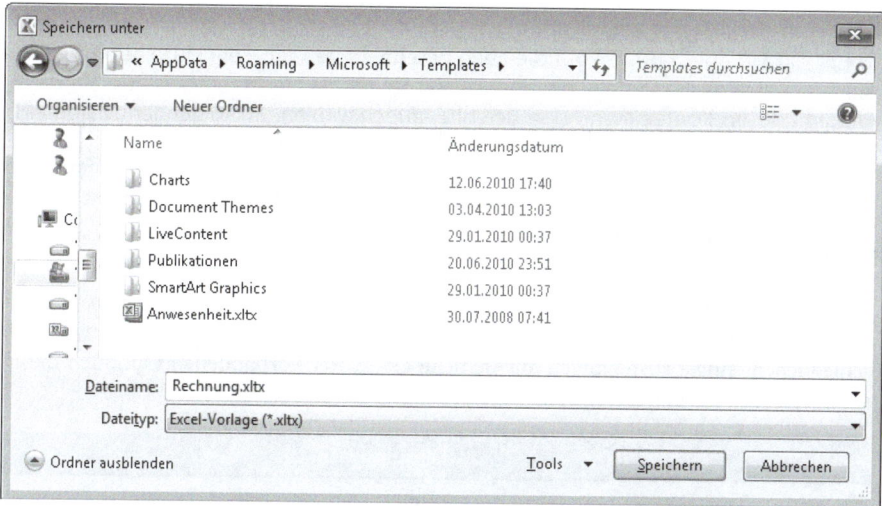

Wo sind Excel-Vorlagen gespeichert?

Benutzerdefinierte Excel-Vorlagen werden standardmäßig im Ordner *Vorlagen* gespeichert.

Unter Windows XP lautet der Pfad *C:\Dokumente und Einstellungen\<Benutzername>\Anwendungsdaten\Microsoft\Vorlagen*.

Unter Windows Vista und Windows 7 finden Sie eigene Vorlagen im Verzeichnis *C:\Users\<Benutzername>\AppData\Roaming\Microsoft\Templates*.

Schritt für Schritt eine Excel-Vorlage anlegen

Führen Sie die folgenden Schritte aus, um eine eigene Vorlage zu erstellen:

1. Öffnen Sie die Arbeitsmappe, die als Vorlage für andere Arbeitsmappen zum gleichen Thema dienen soll. Oder legen Sie eine neue leere Arbeitsmappe an.
2. Geben Sie alle Daten und Formeln ein, die in diesem Arbeitsmappentyp immer gebraucht werden.
3. Reduzieren oder erweitern Sie die Anzahl der Arbeitsblätter (beispielsweise wären für eine jährliche Datenerfassung 13 Arbeitsblätter erforderlich, eines für jeden Monat und ein weiteres für die Zusammenfassung).
4. Legen Sie die Seitenlayouts fest (Hoch- oder Querformat, Seitenränder, Kopf- und Fußzeilen und deren Inhalte).
5. Definieren Sie Spaltenbreiten und Zeilenhöhen.

6. Formatieren Sie die Tabellenbereiche, die Sie später mit Daten füllen wollen, mithilfe von Zellenformatvorlagen, Tabellenformatvorlagen, Bedingten Formatierungen.
7. Weisen Sie ein Design zu oder definieren Sie Designfarben und -schriften.
8. Rufen Sie in der Registerkarte *Datei* den Befehl *Speichern unter* auf.
9. Wählen Sie ganz unten im Listenfeld *Dateityp* den Eintrag *Excel-Vorlage (*.xltx)* und legen Sie im Eingabefeld *Dateiname* einen passenden Namen fest. Klicken Sie abschließend auf *Speichern*.

Profitipp   Speichern Sie auf die eben beschriebene Weise ein einzelnes Arbeitsblatt, können Sie eine Kopie dieser Vorlage einfügen, wenn Sie mit der rechten Maustaste auf das Blattregister klicken und im Kontextmenü den Befehl *Einfügen* wählen. Im folgenden Dialogfeld klicken Sie auf den Namen der Vorlage und bestätigen mit *OK*.

Zusammenfassung

Die Palette der Möglichkeiten, um schnell Tabellen, Arbeitsblätter und Arbeitsmappen mit einheitlichem Aussehen anzulegen, wurde in Excel 2010 beträchtlich erweitert. Damit Sie für die unterschiedlichen Aufgabenstellungen aus dem Reservoir der vorhandenen Optionen die richtige auswählen, finden Sie in der folgenden Tabelle eine kurze Übersicht.

Frage	Lösung
Für welchen Zweck setze ich Zellenformatvorlagen ein?	Zum Formatieren einzelner Zellen oder Zellbereiche. Mehr dazu ab Seite 367.
Was sind die Vorzüge von Tabellenformatvorlagen?	Zum schnellen und einheitlichen Gestalten kompletter Tabellen in Arbeitsblättern sind Tabellenformatvorlagen ideal. Der Clou dabei: Beim Löschen und Einfügen von Zeilen/Spalten werden die Formatierungen angepasst. Mehr dazu ab Seite 371.
Wozu dienen Designs?	Zum schnellen Gestalten einer kompletten Arbeitsmappe mit drei Mausklicks. Mehr dazu ab Seite 374.
Wann sollte ich eine Mustervorlage erstellen?	Wenn Sie in neuen Arbeitsmappen wiederkehrende Inhalte, Seiteneinrichtungen, Designs und Formatierungen einstellen müssen, lohnt sich das Erstellen einer Mustervorlage. Zum schnellen Abrufen komplett vorgefertigter Arbeitsmappen mit Inhalt und Gestaltung finden Sie Informationen ab Seite 379.

Kapitel 12

Bedingte Formatierung, Scorecards und Sparklines einsetzen

In diesem Kapitel:

Wie funktioniert die »Bedingte Formatierung«?	384
Schnelleinstieg mit Praxisbeispielen	386
Bedingte Formate anpassen, kopieren und löschen mithilfe des Managers	393
Tipps & Tricks zum Umgang mit bedingten Formaten	396
Weitere Beispiele für den Einsatz bedingter Formate	397
Scorecards: Datenbalken, Farbskalen und Symbolsätze einsetzen	401
Verbesserungen bei Fehlerwerten	404
Bedingte Formatierung in PivotTable-Berichten	405
Sparklines: schnelle Übersicht mit Minidiagrammen	407
Zusammenfassung	416

Kapitel 12 Bedingte Formatierung, Scorecards und Sparklines einsetzen

Mit der bedingten Formatierung bietet Excel eine Funktion, die das Aussehen von Zellen automatisch ändert, wenn die Zellinhalte bestimmten Kriterien entsprechen. So können Sie beispielsweise Umsatzzahlen kennzeichnen, die eine vorgegebene Schwelle über- oder unterschreiten. Lesen Sie in diesem Kapitel, wie Sie die *Bedingte Formatierung* zum Überwachen und Analysieren Ihrer Tabellen nutzen.

Wie funktioniert die »Bedingte Formatierung«?

In jeder Tabelle gibt es Informationen, die besonders wichtig sind, die schnell erfasst oder unter Kontrolle behalten werden sollen. Das kann beispielsweise die Summe der Ausgaben sein. Wenn diese den geplanten Kostenrahmen übersteigen, können Sie das von Excel signalisieren lassen, indem die Summenzelle automatisch gelb hinterlegt oder die Schrift fett wird. Genau das erledigt die *Bedingte Formatierung*.

Abbildg. 12.1 Die Schaltfläche *Bedingte Formatierung* finden Sie auf der Registerkarte *Start*

- Um ein bedingtes Format zuzuweisen, lassen Sie Excel einen Vergleich anstellen. Dafür können Sie konstante Werte – also Text und Zahlen – oder Bezüge auf Zellen oder Formeln mit beliebigen Vergleichsanweisungen verwenden. Der Vergleich liefert dann als Ergebnis den Wert *WAHR* oder *FALSCH*. Bei *WAHR* weist Excel die bedingten Formate gemäß Ihren Festlegungen zu. Bei *FALSCH* bleibt das Format der Zelle unverändert. Wichtig sind noch zwei Eigenschaften:
- Bedingte Formate bleiben mit den Zellen verbunden, bis diese Formatierungen gelöscht werden
- Formate, die Sie über den Befehl *Bedingte Formatierung* festlegen, haben Vorrang vor den Formatanweisungen, die Sie über die Registerkarte *Start* mit *Format/Zellen formatieren* oder direkt über die Schaltflächen der Registerkarte *Start* für Zellen oder Zellbereiche zuweisen

Wie werden bedingte Formate zugewiesen?

Nach einem Klick auf die Schaltfläche *Bedingte Formatierung* bietet Excel Ihnen Dutzende vorgefertigter Regeln, mit deren Hilfe Sie typische Aufgaben zum Überwachen Ihrer Tabellen im Handumdrehen erledigen.

Abbildg. 12.2 Besonders häufig genutzt: *Regeln zum Hervorheben von Zellen* sowie *Obere/untere Regeln*

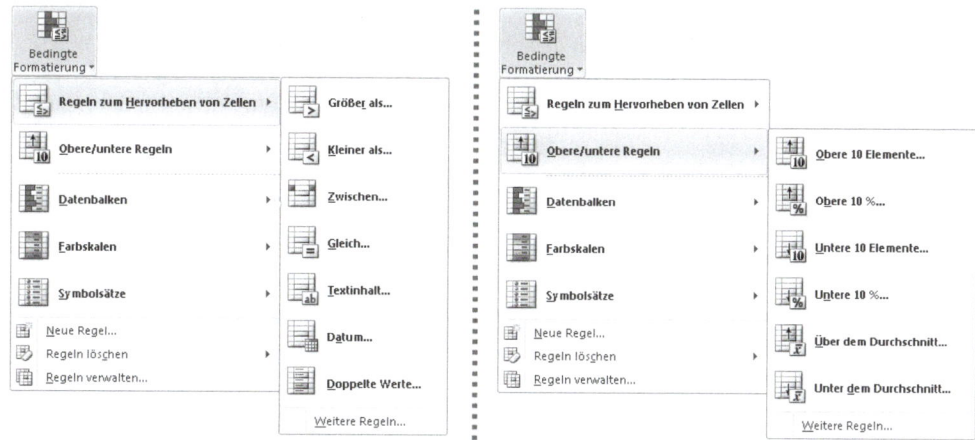

Häufig verwendet: einfache Regeln mit großer Wirkung

Über den in Abbildung 12.2 links gezeigten Befehl *Regeln zum Hervorheben von Zellen* können Sie besonders häufig benötigte Vergleiche durchführen lassen.

- **Größer als** und **Kleiner als**   Mit diesen Regeln überwachen Sie, ob sich Werte oberhalb oder unterhalb festgelegter Grenzen bewegen

- **Zwischen** und **Gleich**   Mit diesen Regeln prüfen Sie, ob sich Daten in einem bestimmten Wertebereich befinden oder mit einem Zielwert identisch sind

- **Textinhalt**   Anhand dieser Regel können Sie untersuchen, ob Übereinstimmung mit einer bestimmten Zeichenkette – z. B. »Mahnung« – besteht

- **Datum**   Die hierunter verfügbaren Regeln sind besonders nützlich für die Terminplanung mit Excel. Mit wenigen Mausklicks lassen sich so Datumsangaben im gleichen oder nächsten Monat, in der aktuellen oder kommenden Woche kennzeichnen.

- **Doppelte Werte**   Mit dieser Regel finden Sie alle Werte in einem Bereich, die mehrmals oder mit einer kleinen Änderung im Dialogfeld nur einmal vorkommen. Fehler, die sich durch die doppelte Eingabe von Datensätzen einschleichen könnten, sind so schnell entdeckt.

Regeln, die auch das Berechnen erledigen

Über den in Abbildung 12.2 rechts gezeigten Befehl *Obere/untere Regeln* ist eine Analyse von Daten besonders leicht und schnell durchzuführen. Ohne dass Sie eine Formel eingeben müssen, kennzeichnet Excel für Sie

- die 10 größten oder kleinsten Werte eines Bereichs – Sie können die vorgegebene Anzahl von 10 je nach Bedarf reduzieren oder erhöhen,

- die oberen oder unteren 10 % eines Datenreihe – natürlich sind auch andere Prozentwerte möglich sowie

- Werte, die über oder unter dem Durchschnitt eines Wertebereichs liegen.

Welche Format-Optionen sind verfügbar?

Ergibt ein Vergleich, den Sie mit den oben genannten Regeln anstellen, den Wert *WAHR*, können Sie die so ermittelten Zellen auf verschiedenste Weise kenntlich machen. Die Funktion *Bedingte Formatierung* ermöglicht es Ihnen, folgende Formatoptionen oder Kombinationen davon auf Zellen anzuwenden:

- Festlegen eines benutzerdefinierten Zahlenformats
- Ändern der Darstellung der *Schrift* in *Kursiv*, *Fett*, *Fett Kursiv*
- Unterstreichung in Form von *Ohne*, *Einfach*, *Doppelt* oder *Durchgestrichen*
- Ändern der *Schriftfarbe* (Schriftgrad und Schriftart lassen sich nicht verändern)
- Umgeben von Zellen mit *Rahmenlinien* (deren Position, Art und Farbe können Sie bestimmen, jedoch nicht die Rahmenstärke)
- Ausfüllen der Zellen mit einer Hintergrundfarbe, einem Fülleffekt oder Muster

Wie viele Bedingungen sind möglich?

Sie können für die Überwachung von Zellen beliebig viele Bedingungen definieren, die Grenze wird vom verfügbaren Arbeitsspeicher gesetzt. Um eine weitere Bedingung festzulegen können Sie:

- nochmals den Befehl *Bedingte Formatierung/Neue Regel* aufrufen oder
- den Befehl *Bedingte Formatierung/Regeln verwalten* wählen. Damit wird der *Manager für Regeln zur bedingten Formatierung* gestartet. Klicken Sie auf die Schaltfläche *Hinzufügen* und legen Sie dann ein zusätzliches Set von Einstellungen für den Vergleichsoperator, Vergleichswerte und Formate fest.

ACHTUNG Wenn Sie den Befehl *Bedingte Formatierung/Neue Regel* aufrufen, wird unabhängig davon, ob für den Bereich oder einen Teil des markierten Bereichs bereits eine Regel festgelegt wurde, das Dialogfeld *Neue Formatierungsregel* angezeigt. Die neue Regel erhält jeweils die höhere Priorität. Wenn Sie das verhindern wollen, legen Sie die Reihenfolge im *Manager für Regeln zur bedingten Formatierung* fest. Mehr dazu finden Sie im Abschnitt »Bedingte Formate anpassen, kopieren und löschen mithilfe des Managers« auf Seite 393.

Schnelleinstieg mit Praxisbeispielen

Nach der kurzen Einführung in die Anwendungsfelder und das Funktionieren können Sie nun anhand mehrerer Beispiele selbst nachvollziehen, wie nützlich die Funktion *Bedingte Formatierung* ist und wie leicht sie sich handhaben lässt.

Beispiel 1: Texte vergleichen

CD-ROM Die folgenden Beispiele finden Sie in der Arbeitsmappe *Kap12.xlsx* im Ordner *\Buch\Kap12* auf der CD-ROM zu diesem Buch.

Schnelleinstieg mit Praxisbeispielen

In einer Liste mit IT-Projekten sollen die Phasen mit gelber Farbe hinterlegt werden, die die Bezeichnung »Test« tragen. Gehen Sie dazu wie folgt vor:

1. Markieren Sie, wie in Abbildung 12.3 gezeigt, im Blatt »Projektübersicht 0« der Beispielarbeitsmappe *Kap12.xlsx* die Zellen mit den Phasenbezeichnungen – also von *C3* bis *C16*.
2. Wählen Sie auf der Registerkarte *Start* die Befehlsfolge *Bedingte Formatierung/Regeln zum Hervorheben von Zellen/Textinhalt*.
3. Da die erste der markierten Zellen (*C3*) das Wort »Test« enthält, schlägt Excel das schon vor. Dies können Sie übernehmen. Wählen Sie rechts daneben im Feld *mit* den Eintrag *gelber Füllung 2*. Schließen Sie das Dialogfeld mit *OK*.

Abbildg. 12.3 Die Formatierungsregel zum Vergleich von Textinhalten färbt Zellen mit dem Wort »Test« gelb ein

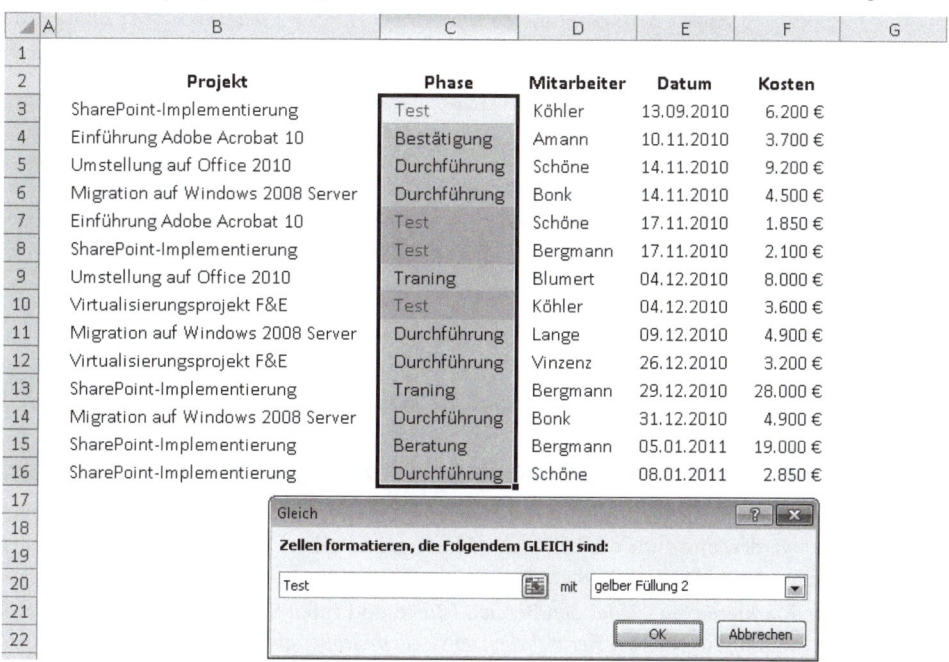

Diese Lösung finden Sie im Blatt »Projektübersicht 1«.

Testen Sie das korrekte Funktionieren der soeben erstellten automatisierten Formatanweisung, indem Sie in *C16* das Wort »Test« eingeben. Im Ergebnis dessen nimmt die Zelle das von Ihnen definierte Format an.

Beispiel 2: Obergrenzen überwachen

Im nächsten Schritt sollen in der Spalte »Kosten« die Werte hellrot hinterlegt werden, die über der 5.000 €-Grenze liegen.

1. Markieren Sie den Bereich *F3:F16* und rufen Sie die Befehlsfolge *Bedingte Formatierung/Regeln zum Hervorheben von Zellen/Größer als* auf.

Kapitel 12 Bedingte Formatierung, Scorecards und Sparklines einsetzen

2. Geben Sie in das linke Eingabefeld den Grenzwert *5000* ein und wählen Sie rechts die gewünschte Farbe. Schließen Sie mit einem Klick auf *OK* ab.

Abbildg. 12.4   In der Kostenspalte alle Werte hellrot hervorheben, die über der Grenze von 5.000 € liegen

	A	B	C	D	E	F
1						
2		Projekt	Phase	Mitarbeiter	Datum	Kosten
3		SharePoint-Implementierung	Test	Köhler	13.09.2010	6.200 €
4		Einführung Adobe Acrobat 10	Bestätigung	Amann	10.11.2010	3.700 €
5		Umstellung auf Office 2010	Durchführung	Schöne	14.11.2010	9.200 €
6		Migration auf Windows 2008 Server	Durchführung	Bonk	14.11.2010	4.500 €
7		Einführung Adobe Acrobat 10	Test	Schöne	17.11.2010	1.850 €
8		SharePoint-Implementierung	Test	Bergmann	17.11.2010	2.100 €
9		Umstellung auf Office 2010	Traning	Blumert	04.12.2010	8.000 €
10		Virtualisierungsprojekt F&E	Test	Köhler	04.12.2010	3.600 €
11		Migration auf Windows 2008 Server	Durchführung	Lange	09.12.2010	4.900 €
12		Virtualisierungsprojekt F&E	Durchführung	Vinzenz	26.12.2010	3.200 €
13		SharePoint-Implementierung	Traning	Bergmann	29.12.2010	28.000 €
14		Migration auf Windows 2008 Server	Durchführung	Bonk	31.12.2010	4.900 €
15		SharePoint-Implementierung	Beratung	Bergmann	05.01.2011	19.000 €
16		SharePoint-Implementierung	Durchführung	Schöne	08.01.2011	2.850 €

Größer als

Zellen formatieren, die GRÖSSER SIND ALS:

5000 mit hellroter Füllung

OK   Abbrechen

Eine weitere Obergrenze-Regel hinzufügen

Erweitern Sie die Auswertung dahingehend, dass Werte über 15.000 € noch deutlicher gekennzeichnet werden und zwar mit hellgrüner Hintergrundfarbe. Die Werte über 5.000 € sollen weiterhin vor hellrotem Zellhintergrund erscheinen.

1. Markieren Sie wieder den Bereich *F3:F16* und rufen Sie erneut die Befehlsfolge *Bedingte Formatierung/Regeln zum Hervorheben von Zellen/Größer als* auf.
2. Geben Sie diesmal links den Wert *15000* ein und wählen Sie rechts den Eintrag *grüner Füllung*.

Beispiel 3: Einträge aus diesem Monat einfärben

Im nächsten Schritt soll Excel alle Projekte kenntlich machen, deren Beginn im aktuellen Monat liegt. Dazu bietet sich Spalte *E* an, die das Startdatum jeder Phase enthält.

1. Markieren Sie alle Datumsangaben, also den Bereich *E3:E16*.
2. Wählen Sie *Bedingte Formatierung/Regeln zum Hervorheben von Zellen/Datum*.
3. Markieren Sie im linken Listenfeld den Eintrag *Diesen Monat*, im rechten Listenfeld die Option *hellroter Füllung 2*. Schließen Sie mit *OK* ab.

Abbildg. 12.5 Bei der Option *Diesen Monat* werden im Fall des 6.11. alle November-Werte gekennzeichnet

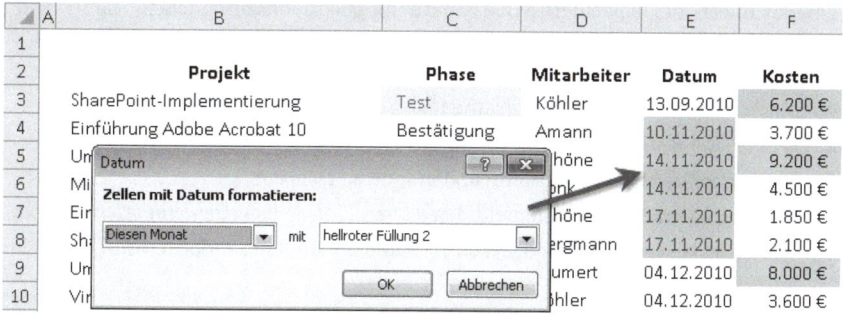

Beispiel 4: doppelte Werte hervorheben

Das Herausfinden von Werten, die doppelt oder noch öfter vorhanden sind, ist eine Aufgabe, die in größeren Datenbeständen häufig ansteht. In dem Beispiel der Liste für IT-Projekte sind in Spalte *D* die verantwortlichen Mitarbeiter für die einzelnen Projekte aufgeführt.

Abbildg. 12.6 Bei allen mehrfach vorkommenden Einträgen in Spalte *F* die Schrift *Fett* machen

Für die kommenden Monate soll die Aufteilung der personellen Ressourcen geprüft werden, um Überlastungen bei einzelnen Mitarbeitern möglichst auszuschließen. Daher soll Excel nun die Namen der Mitarbeiter *Fett* formatieren, die an mehreren Projekten beteiligt sind. Das erledigen Sie wie folgt:

1. Markieren Sie alle Zellen mit Namen, also den Bereich *D3:D16*.
2. Wählen Sie *Bedingte Formatierung/Regeln zum Hervorheben von Zellen/Doppelte Werte*.
3. Markieren Sie im linken Listenfeld den Eintrag *Doppelte*.
4. Wählen Sie im rechten Listenfeld den letzten Eintrag *benutzerdefiniertem Format*.
5. Wechseln Sie im Dialogfeld *Zellen formatieren* zur Registerkarte *Schrift* und klicken Sie unter *Schriftschnitt* auf *Fett*.
6. Schließen Sie die geöffneten Dialogfelder mit *OK*.

TIPP Mit einer kleinen Änderung im Dialogfeld *Doppelte Werte* aus Abbildung 12.6 können Sie auch eindeutige Werte anzeigen lassen. Klicken Sie dazu auf den Eintrag *Doppelte* und wählen Sie stattdessen *Eindeutige*.

Beispiel 5: Bedingte Formate sorgen für Ordnung

Im Moment ist die Liste mit den IT-Projekten nach Datum sortiert. Wird die Frage gestellt, welche Projekte geplant sind und aus wie viel Phasen sie bestehen, fällt die Antwort schwer.

Auch hier kann die Funktion *Bedingte Formatierung* helfen und für mehr Übersicht sorgen, indem es die Liste optisch durch Linien zwischen den Projekten gliedert.

Abbildg. 12.7 Linien zwischen den einzelnen Projekten geben der Liste optisch eine Struktur

	A	B	C	D	E	F
1						
2		Projekt	Phase	Mitarbeiter	Datum	Kosten
3		Einführung Adobe Acrobat 10	Bestätigung	Amann	10.11.2010	3.700 €
4		Einführung Adobe Acrobat 10	Test	Schöne	17.11.2010	1.850 €
5		Migration auf Windows 2008 Server	Durchführung	Bonk	14.11.2010	4.500 €
6		Migration auf Windows 2008 Server	Durchführung	Lange	09.12.2010	4.900 €
7		Migration auf Windows 2008 Server	Durchführung	Bonk	31.12.2010	4.900 €
8		SharePoint-Implementierung	Test	Köhler	13.09.2010	6.200 €
9		SharePoint-Implementierung	Test	Bergmann	17.11.2010	2.100 €
10		SharePoint-Implementierung	Traning	Bergmann	29.12.2010	28.000 €
11		SharePoint-Implementierung	Beratung	Bergmann	05.01.2011	19.000 €
12		SharePoint-Implementierung	Durchführung	Schöne	08.01.2011	2.850 €
13		Umstellung auf Office 2010	Durchführung	Schöne	14.11.2010	9.200 €
14		Umstellung auf Office 2010	Traning	Blumert	04.12.2010	8.000 €
15		Virtualisierungsprojekt F&E	Test	Köhler	04.12.2010	3.600 €
16		Virtualisierungsprojekt F&E	Durchführung	Vinzenz	26.12.2010	3.200 €

Sortieren Sie zunächst die Liste nach den Projektbezeichnungen wie folgt:

1. Klicken Sie in der Liste eine Zelle aus Spalte *B* mit der rechten Maustaste an.
2. Wählen Sie im Kontextmenü die Befehlsfolge *Sortieren/Von A bis Z sortieren*.

Schnelleinstieg mit Praxisbeispielen

Abbildg. 12.8   Über das Kontextmenü die Liste schnell nach Spalte *B* sortieren

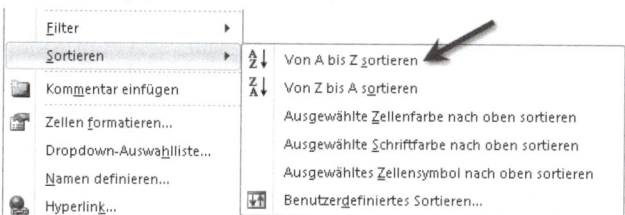

3. Markieren Sie nun die Datensätze in der Liste, also den Bereich *B3:F16*.
4. Wählen Sie *Bedingte Formatierung/Neue Regel* und klicken Sie auf die letzte Regel namens *Formel zur Ermittlung der zu formatierenden Zellen*.
5. Tragen Sie in das Eingabefeld – so wie in Abbildung 12.9 zu sehen – die Formel =$B3<>$B4 ein. Sie prüft, ob in Spalte B in der Folgezeile ein anderer Wert als in der aktuellen Zeile steht. Ist das der Fall (*WAHR*), soll eine Trennlinie am unteren Rand der aktuellen Zeile gezogen werden.

Abbildg. 12.9   Eine Regel definieren, die auf einer Formel basiert, beachten Sie den gemischten Bezug

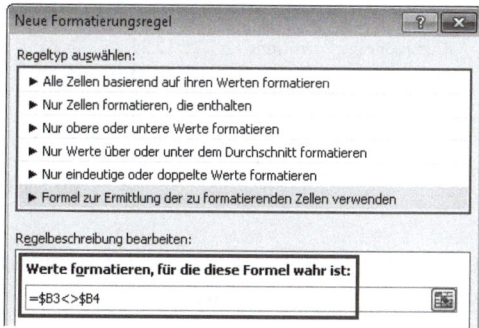

6. Klicken Sie rechts auf die Schaltfläche *Formatieren*, wechseln Sie zur Registerkarte *Rahmen* und klicken Sie dort auf das in Abbildung 12.10 gezeigte Symbol für *Rahmenlinie unten*. Schließen Sie alle Dialogfelder mit *OK*.

Abbildg. 12.10   In der Registerkarte *Rahmen* das Symbol für *Rahmenlinie unten* anklicken

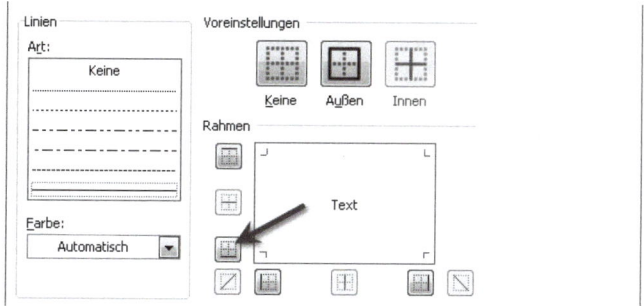

Mehr zum Thema Sortieren erfahren Sie in Kapitel 20.

Beispiel 6: eine Regel bei Bedarf ausschalten

Manchmal können bedingte Formate dazu führen, dass ein Blatt recht bunt wirkt. Oder aber die Ergebnisse einer Auswertung, die mithilfe der bedingten Formatierung zustande kam, sollen nur zu einem bestimmten Anlass gezeigt werden. In beiden Fällen wäre es nützlich, wenn sich bedingte Formate abschalten ließen. Auch dafür bietet Excel eine Lösung: den Befehl *Anhalten*.

Abbildg. 12.11 Umrandungen machen in der Spalte *G* deutlich, welche Kosten über den Planwerten liegen

	A	B	C	D	E	F	G
1							
2		Projekt	Phase	Mitarbeiter	Datum	Plan-Kosten	Ist-Kosten
3		SharePoint-Implementierung	Test	Köhler	13.09.2010	6.200 €	6.120 €
4		Einführung Adobe Acrobat 10	Bestätigung	Amann	10.11.2010	3.700 €	3.010 €
5		Umstellung auf Office 2010	Durchführung	Schöne	14.11.2010	9.200 €	12.160 €
6		Migration auf Windows 2008 Server	Durchführung	Bonk	14.11.2010	4.500 €	4.420 €
7		Einführung Adobe Acrobat 10	Test	Schöne	17.11.2010	1.850 €	1.840 €
8		SharePoint-Implementierung	Test	Bergmann	17.11.2010	2.100 €	2.100 €
9		Umstellung auf Office 2010	Traning	Blumert	04.12.2010	8.000 €	10.500 €
10		Virtualisierungsprojekt F&E	Test	Köhler	04.12.2010	3.600 €	2.490 €
11		Migration auf Windows 2008 Server	Durchführung	Lange	09.12.2010	4.900 €	3.410 €
12		Virtualisierungsprojekt F&E	Durchführung	Vinzenz	26.12.2010	3.200 €	6.740 €
13		SharePoint-Implementierung	Traning	Bergmann	29.12.2010	28.000 €	22.370 €
14		Migration auf Windows 2008 Server	Durchführung	Bonk	31.12.2010	4.900 €	5.330 €
15		SharePoint-Implementierung	Beratung	Bergmann	05.01.2011	19.000 €	17.650 €
16		SharePoint-Implementierung	Durchführung	Schöne	08.01.2011	2.850 €	2.840 €
17						102.000 €	100.980 €

In Abbildung 12.11 sehen Sie einen Plan-Ist-Vergleich für Kosten. Bei Bedarf sollen in der Ist-Kosten-Spalte alle Werte rot eingerahmt werden, die über den Planwerten liegen.

Zunächst muss also eine Regel definiert werden, welche die Ist- und Plan-Kosten vergleicht und für die roten Umrahmungen sorgt. Dann ist eine zweite Regel erforderlich, die das Abschalten der ersten Regel übernimmt. In der Beispielmappe können Sie die Schritte im Tabellenblatt *Projektübersicht 6 Übung* nachvollziehen. Gehen Sie so vor:

1. Markieren Sie den Bereich *G3:G16*.
2. Wählen Sie *Bedingte Formatierung/Neue Regel* und klicken Sie auf den Regeltyp *Formel zur Ermittlung der zu formatierenden Zellen verwenden*.
3. Tragen Sie in das Eingabefeld die Formel *=G3>F3* ein. Achten Sie auf die relativen Bezüge der Formel. Sie prüft, ob die Werte in Spalte G größer sind als die in Spalte F. Wenn das zutrifft (*WAHR*), soll der Wert in Spalte G rot eingerahmt werden.
4. Klicken Sie rechts auf die Schaltfläche *Formatieren*.
5. Wechseln Sie im Dialogfeld *Zellen formatieren* zur Registerkarte *Rahmen*, wählen Sie bei *Farbe* den Eintrag *Rot* und klicken Sie auf das Symbol *Außen*.
6. Schließen Sie alle Dialogfeld mit *OK*.

Die Regel mit einem Wort abschalten

Legen Sie nun eine zweite Regel fest, die dafür sorgt, dass bei der Eingabe des Worts »Aus« in Zelle *H1* die bedingten Formate in Spalte *G* ausgeschaltet werden.

1. Lassen Sie den Bereich *G3:G16* markiert.
2. Wählen Sie *Bedingte Formatierung/Neue Regel/Formel zur Ermittlung der zu formatierenden Zellen*.
3. Tragen Sie die folgende Formel in das Eingabefeld ein =*$H$1="Aus"*.
4. Schließen Sie den Vorgang mit einem Klick auf *OK* ab.
5. Lassen Sie den Bereich *G3:G16* immer noch markiert und wählen Sie diesmal *Bedingte Formatierung/ Regeln verwalten*.
6. Die beiden zuletzt definierten Regeln werden ganz oben angezeigt. Setzen Sie hinter der ersten Regel wie in Abbildung 12.12 gezeigt ein Häkchen bei *Anhalten* und klicken Sie auf *OK*.
7. Tippen Sie nun das Wort »Aus« in Zelle *H1* ein. Nach Betätigen der ⏎-Taste müssten nun die roten Rahmen in Spalte *G* verschwunden sein.

Abbildg. 12.12 Das Häkchen bei *Anhalten* sorgt dafür, dass die zweite Regel nicht ausgeführt wird

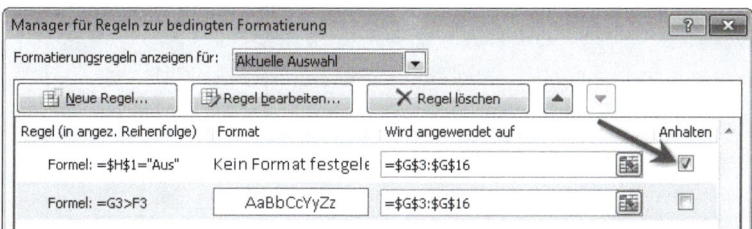

HINWEIS Verwenden Sie mehrere Regeln zur bedingten Formatierung für einen Datenbereich und wollen Sie die Datei in einem früheren Format speichern, sollten Sie die Kontrollkästchen *Anhalten* aktivieren. Damit entsprechen die neuen Regeln dem Verhalten früherer Versionen, in denen nach dem ersten Auftreten einer wahren Bedingung keine weitere Prüfung stattfindet.

Bedingte Formate anpassen, kopieren und löschen mithilfe des Managers

Für alle Aufgaben rund um die *Bedingte Formatierung* ist der *Manager für Regeln zur bedingten Formatierung* zuständig. Sie erreichen ihn über *Bedingte Formatierung/Regeln verwalten*. Folgende Aufgaben können Sie mithilfe des Managers erledigen (die Nummer entspricht der Nummer in Abbildung 12.13):

1. Über das Listenfeld *Formatierungsregeln anzeigen für* wählen Sie die Regeln aus, die aufgelistet werden sollen. Mögliche Optionen sind: *Aktuelle Auswahl* (Standard), *Dieses Arbeitsblatt* und eine Liste der weiteren Blätter der aktiven Arbeitsmappe, sofern vorhanden (siehe Abbildung 12.13).
2. Über die Schaltfläche *Neue Regel* fügen Sie im Dialogfeld *Neue Formatierungsregel* eine neue Regel hinzu.

Kapitel 12 — Bedingte Formatierung, Scorecards und Sparklines einsetzen

3. Über die Schaltfläche *Regel bearbeiten* können Sie eine bestehende Regel überarbeiten, die gleiche Möglichkeit bietet ein Doppelklick auf eine Regel.
4. Mit der Schaltfläche *Regel löschen* entfernen Sie eine (einzelne) markierte Regel – ohne Sicherheitsabfrage.
5. Mit den Schaltflächen *Nach oben* bzw. *Nach unten* verschieben Sie die markierte Regel in die jeweilige Richtung. Das ist nützlich, wenn zwei oder mehr Regeln festgelegt sind, da dann die Regeln in der Reihenfolge abgearbeitet werden, wie sie im Manager von oben nach unten angezeigt werden.
6. *Wird angewendet auf* lässt Sie nachträglich den Gültigkeitsbereich einer Regel korrigieren.
7. Ist das Kontrollkästchen *Anhalten* aktiviert, stoppt die Prüfung auf bedingte Formatierungen, wenn die Regel der jeweiligen Zeile WAHR ist.

Abbildg. 12.13 Die Schaltzentrale für die *Bedingte Formatierung*

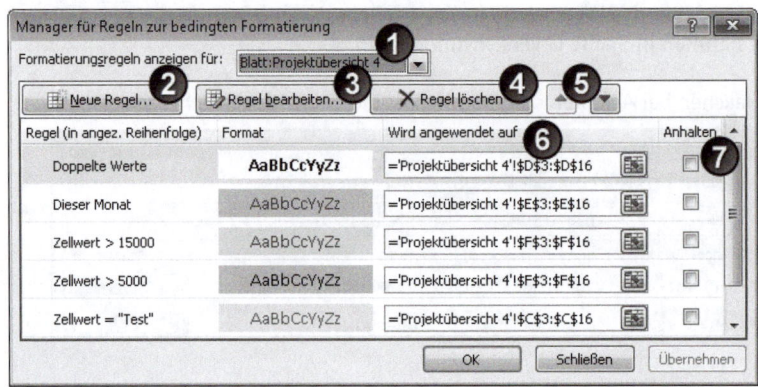

Profitipp Wenn Sie im Eingabefeld versuchen, mit den Pfeiltasten die Einfügemarke an eine bestimmte Stelle zu bewegen, werden statt der erwarteten Bewegung innerhalb des Eingabefelds andere Zellbezüge eingetragen. Sie können das verhindern, wenn Sie das Eingabefeld für die Formel aktivieren und die F2 -Taste drücken. Jetzt funktionieren die Pfeiltasten wie erwartet.

Firmenfarben verwenden

Wenn Sie die Zuweisung der Farbe so ändern wollen, dass ein Firmenstandard berücksichtigt wird, können Sie das Format einer Regel überarbeiten.

Um die verwendete Farbe der Farbskala zu ändern, gehen Sie wie folgt vor:

1. Markieren Sie den Bereich mit der bedingten Formatierung.
2. Wählen Sie den Befehl *Bedingte Formatierung/Regeln verwalten*.
3. Klicken Sie auf die Schaltfläche *Regel bearbeiten*.
4. Klicken Sie im Listenfeld *Farbe* auf *Weitere Farben*.
5. Stellen Sie im Dialogfeld *Farben* die gewünschte Farbe ein, indem Sie eine Stelle im Farbschema anklicken oder gezielt das Farbmodell und die Farbwerte festlegen.
6. Schließen Sie alle Dialogfelder mit *OK*.

Abbildg. 12.14   Soll die Farbe der bedingten Formatierung Ihrem Firmenstandard entsprechen,
bietet das Dialogfeld *Farben* die Stellschrauben dazu

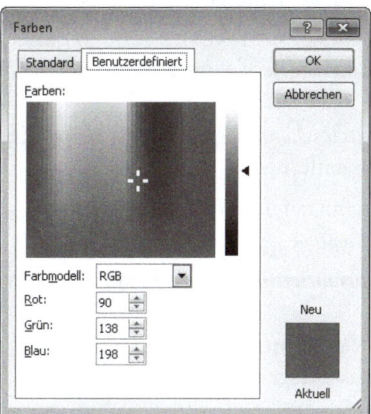

Bedingte Formate kopieren

Wenn Sie bestimmten Zellen bereits eine bedingte Formatierung zugewiesen haben und diese im Nachhinein auch auf andere Zellen übertragen möchten, setzen Sie die Funktion *Format übertragen* ein. Gehen Sie dazu wie folgt vor:

1. Markieren Sie eine Zelle mit den gewünschten bedingten Formaten und klicken Sie auf der Registerkarte *Start* in der Gruppe *Zwischenablage* auf das Symbol *Format übertragen*.
2. Markieren Sie dann die Zellen, die Sie formatieren möchten.

Damit werden alle Formate der Musterzelle übernommen.

Haben Sie einen Bereich mit der bedingten Formatierung formatiert und tragen Sie unterhalb dieses Bereichs weitere Daten ein, wird für die neuen Daten die Formatierungsregel übernommen. Voraussetzung dafür ist:

- dass sich zwischen der letzten formatierten Zelle und den neuen Daten nicht mehr als zwei Leerzeilen befinden
- im Bereich mit der Formatierung Daten vorhanden sind.

TIPP   Um dieses Verhalten zu ändern, öffnen Sie über *Datei/Optionen* das Dialogfeld *Excel-Optionen*, aktivieren Sie die Kategorie *Erweitert* und deaktivieren dort im Abschnitt *Bearbeitungsoptionen* das Kontrollkästchen *Datenbereichsformate und -formeln erweitern*.

Bedingte Formate ändern

Zum Ändern bedingter Formate verwenden Sie den *Manager für Regeln zur bedingten Formatierung*:

1. Markieren Sie zunächst die Zellen, deren bedingte Formate Sie ändern wollen.
2. Wählen Sie die Befehlsfolge *Bedingte Formatierung/Regeln verwalten*.
3. Doppelklicken Sie auf die Regel, die geändert werden soll.
4. Nehmen Sie die neuen Einstellungen vor.
5. Klicken Sie auf *Übernehmen*, um das Ergebnis zu prüfen.
6. Schließen Sie den Manager mit einem Klick auf *OK*.

Bedingte Formate in Zellen löschen

Wollen Sie alle oder einzelne Regeln löschen, gehen Sie wie folgt vor:

1. Markieren Sie die Zellen, für welche die zu löschende Regel gilt.
2. Wählen Sie *Bedingte Formatierung/Regeln löschen/Regeln im gesamten Blatt löschen*, um alle Regeln im Arbeitsblatt zu entfernen.
3. Oder wählen Sie *Bedingte Formatierung/Regeln löschen/Regeln in ausgewählten Zellen löschen*, um nur die Regeln für den markierten Bereich zu entfernen.

Alternativ dazu können Sie auch den Manager benutzen und wie folgt vorgehen:

1. Wählen Sie *Bedingte Formatierung/Regeln verwalten*.
2. Markieren Sie oben im Listenfeld neben *Formatierungsregeln anzeigen für* den Eintrag *Dieses Arbeitsblatt*.
3. Klicken Sie nun die Regel an, die gelöscht werden soll, und dann auf *Regel löschen*. Die Regel wird damit ohne Sicherheitsabfrage entfernt.
4. Schließen Sie das Dialogfeld mit einem Klick auf *OK*.

TIPP Haben Sie versehentlich eine Regel gelöscht, schließen Sie den *Manager für Regeln zur bedingten Formatierung* nicht mit *OK*, sondern mit *Abbrechen*.

Tipps & Tricks zum Umgang mit bedingten Formaten

Über die Befehlsfolge *Bedingte Formatierung/Regeln verwalten* lassen sich mithilfe des Managers zwar Anpassungen vornehmen, aber es gibt auch Aufgaben, wo der Manager nicht helfen kann. Daher hier noch einige Tipps & Tricks.

Bedingte Formate finden

Mitunter weiß man nicht mehr genau, für welche Zellbereiche eines Arbeitsblatts oder einer Arbeitsmappe bedingte Formate festgelegt wurden. Über den Aufruf von *Suchen und Auswählen/ Bedingte Formatierung* auf der Registerkarte *Start* markiert Excel alle Zellen, denen eine bedingte Formatierung zugewiesen wurde.

Abbildg. 12.15 Im aktuellen Arbeitsblatt schnell alle bedingten Formate finden

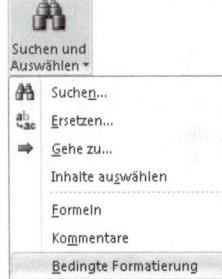

Zelle mit gleichen bedingten Formaten finden

Für den Fall, dass Sie nur Zellen suchen wollen, welche die gleichen Einstellungen wie die aktive Zelle verwenden, hilft Ihnen Excel mit einer wenig bekannten Möglichkeit:

1. Rufen Sie mit der F5 -Taste das Dialogfeld *Gehe zu* auf (alternativ wählen Sie den Befehl *Suchen und Auswählen/Gehe zu* oder die Tastenkombination Strg + G).
2. Klicken Sie dort auf die Schaltfläche *Inhalte*.
3. Markieren Sie den Eintrag *Bedingte Formate* und ändern Sie die Standardeinstellung *Alles* unter *Gültigkeitsprüfung* auf die Option *Gleiche*.
4. Beenden Sie den Vorgang mit einem Klick auf die Schaltfläche *OK*.

Abbildg. 12.16   Über den Befehl *Gehe zu* nach Zellen suchen, die gleiche bedingte Formate haben

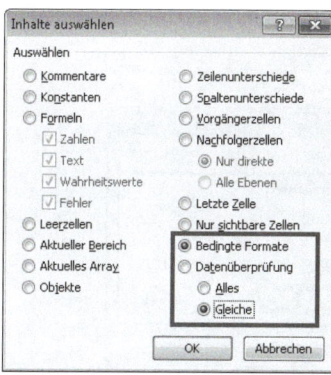

Auf diese Weise können Sie beispielsweise für alle gefundenen Zellen mit bedingter Formatierung die zuvor festgelegten Formate schnell wieder löschen oder ändern.

> **HINWEIS**   Leider ist die bedingte Formatierung nicht über das Kontextmenü verfügbar. Die Alternative: Klicken Sie den Befehl *Bedingte Formatierung* mit der rechten Maustaste an und wählen Sie den Befehl *Zu Symbolleiste für den Schnellzugriff hinzufügen*. Mehr Details zum Anpassen der Schnellzugriffsleiste finden Sie in Kapitel 2.

Weitere Beispiele für den Einsatz bedingter Formate

Im folgenden Abschnitt finden Sie eine Reihe weiterer Beispiele, die Ihnen die Möglichkeiten der bedingten Formatierung demonstrieren.

Wochenenden in Listen optisch hervorheben

Enthält eine Liste Datumswerte, kommt ganz schnell der Wunsch auf, Wochenenden hervorzuheben. Die bedingte Formatierung kann diese Aufgabe lösen. Sie können zusätzlich sogar arbeitsfreie Tage hervorheben.

Die Wochenendtage Samstag und Sonntag kennzeichnen

Wenn Sie in Terminübersichten die Wochenenden von den Arbeitstagen optisch abheben wollen, formatieren Sie nicht manuell Zelle für Zelle, sondern lassen das Excel automatisch über die *Bedingte Formatierung* erledigen. So geht's:

1. Markieren Sie im Arbeitsblatt *Wochenende 0* den Bereich *B2:B31* und rufen Sie den Befehl *Bedingte Formatierung/Neue Regel* auf.
2. Wählen Sie den Regeltyp *Formel zur Ermittlung der zu formatierenden Zellen verwenden* und tragen Sie folgende Formel ein, die prüft, ob ein Datum auf einen Samstag oder Sonntag fällt: =WOCHENTAG(B2;2)>5.
3. Wechseln Sie per Klick auf *Formatieren* zur Registerkarte *Schrift* und legen Sie unter *Schriftschnitt* die Option *Fett* fest. Schließen Sie alle Dialogfelder mit *OK*.

Abbildg. 12.17 Alle Wochenenden werden über diese Regel mit fetter Schrift kenntlich gemacht

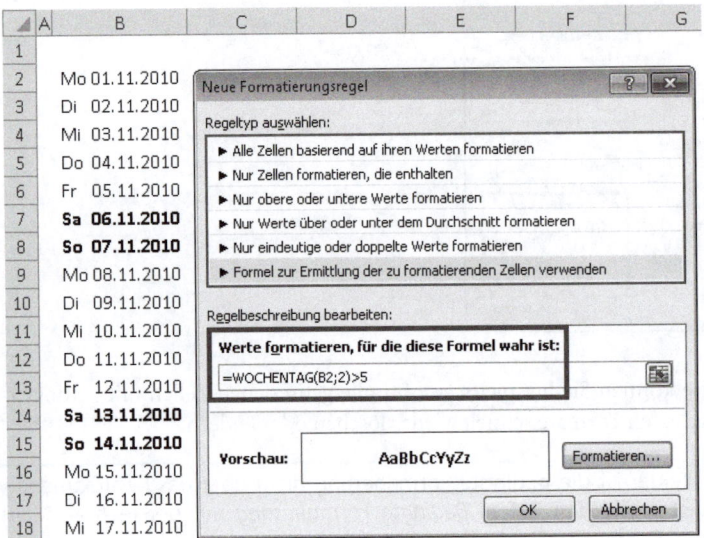

CD-ROM Dieses Beispiel finden Sie im Arbeitsblatt *Wochenende Fett* in der Datei *Kap12.xlsx* im Ordner *\Buch\Kap12* auf der CD-ROM.

Zusätzlich Feiertage und arbeitsfreie Tage kennzeichnen

Hervorgehobene Wochenenden in Terminübersichten oder Kalendern sind gut, aber was ist mit den Tagen, an denen ebenfalls nicht gearbeitet wird – den Feiertagen, den sogenannten Brückentagen oder firmenintern festgelegten arbeitsfreien Tagen? Oder wie lassen sich Tage automatisch hervorheben, wenn diese auf ein bestimmtes Datum oder einen bestimmten Wochentag fallen – Termine für Überweisungen, Liefer- und Wartungstermine, monatliche oder quartalsweise Berichtstermine usw.

CD-ROM Das folgende Beispiel finden Sie im Arbeitsblatt *Wochenende und Feiertage* in der Datei *Kap12.xlsx* im Ordner *\Buch\Kap12* auf der CD-ROM.

Weitere Beispiele für den Einsatz bedingter Formate

Abbildg. 12.18 Vorschau auf die fertige Lösung, die Wochenenden, Feiertage und arbeitsfreie Tage kennzeichnet

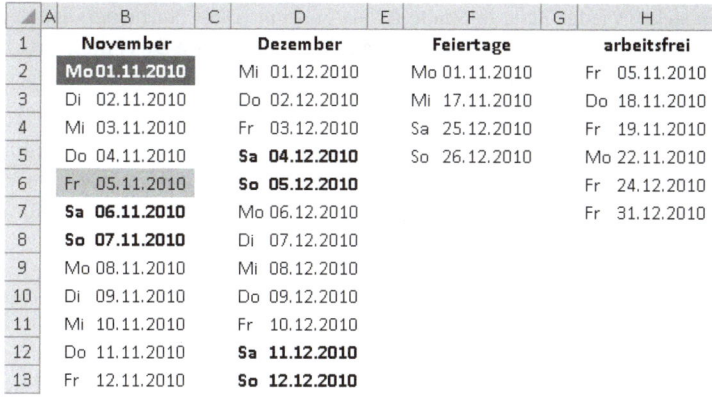

Neben den Wochenenden, die bereits durch fette Schrift gut zu erkennen sind, sollen – wie in Abbildung 12.18 gezeigt – auch Feiertage und andere arbeitsfreie Tage gut sichtbar gemacht werden.

Notwendige Vorarbeit: Namen vergeben

Die Daten für Feiertage und arbeitsfreie Tage sind in zwei getrennten Listen einzugeben. Die Abbildung 12.18 zeigt den Inhalt und die Position beider Listen. Um diese beiden Bereiche leichter in Formeln verwenden zu können, geben Sie ihnen Namen.

1. Markieren Sie dazu den Bereich von *F1:F5* und betätigen Sie die Tastenkombination `Strg`+`⇧`+`F3`. Damit rufen Sie das Dialogfeld *Namen aus Auswahl erstellen* auf, mit dem Sie Namen auf der Basis vorhandener Spalten- oder Zeilenüberschriften erstellen können.

2. Bestätigen Sie die vorgeschlagene Option, den Namen für diesen Bereich aus der obersten Zeile der Markierung zu entnehmen. Damit erhält der Zellbereich *F2:F5* den Namen *Feiertage* (die Zelle *F1* mit dem Namen selbst gehört nicht zu dem Bereich).

3. Wiederholen Sie diese Schritte für den Bereich *arbeitsfrei*, also *H1:H7*. Der Name des Bereichs *H2:H7* lautet anschließend *arbeitsfrei*.

Abbildg. 12.19 Aus der obersten Zeile der Markierung wird der Name für den darunter liegenden Bereich erstellt

Näheres zum Nutzen und zur Verwendung von Namen lesen Sie in Kapitel 19.

Funktion VERGLEICH für Feiertage und arbeitsfreie Tage

Um nun die Datumsangaben aus Spalte *B* daraufhin zu untersuchen, ob sie auf Tage in den Bereichen *Feiertage* und *arbeitsfrei* fallen, nutzen Sie die Funktion

Kapitel 12 Bedingte Formatierung, Scorecards und Sparklines einsetzen

VERGLEICH(Suchkriterium;Suchmatrix;Vergleichstyp)

Das *Suchkriterium* steht in jeder Zeile in Spalte *B*. Die *Suchmatrix* ist zum einen der Bereich *Feiertage*, zum anderen der Bereich *arbeitsfrei*. Der *Vergleichstyp* gibt an, wie Excel die Werte in der Matrix mit dem Suchkriterium vergleichen soll. In unserem Beispiel ist der Typ *0* angebracht, er liefert *Genaue Übereinstimmung*.

VERGLEICH liefert als Ergebnis eine Zahl, nämlich die Position, die der jeweils gefundene Wert innerhalb der *Suchmatrix* einnimmt, und nicht den Wert selbst. Fällt der Vergleich negativ aus – ist also das Datum aus Spalte *B* in den beiden benannten Datumsbereichen in Spalte *E* und *G* nicht vorhanden – dann ist das Resultat keine Zahl, sondern der Fehlerwert *#NV*.

Mehr zur Funktion *VERGLEICH* finden Sie in Kapitel 15.

Die Funktion VERGLEICH für die bedingte Formatierung nutzen

Nach diesen Erläuterungen folgt nun die Praxis: Alle Zellen in Spalte *B*, die auf einen Feiertag fallen, sollen durch die Zellfarbe Dunkelorange sowie eine weiße, fette Schrift zu erkennen sein. Folgende Schritte sind dazu notwendig:

1. Markieren Sie *B2:B31* und wählen Sie *Bedingte Formatierung/Neue Regel*.
2. Wählen Sie den letzten Regeltyp *Formel zur Ermittlung …* und geben Sie die folgende Formel ein: *=VERGLEICH(B2;Feiertage;0)>0*.
3. Wechseln Sie per Klick auf *Formatieren* zu den Registerkarten *Ausfüllen* und *Schrift* und legen Sie dort die eingangs genannten Formate fest.
4. Schließen Sie alle Dialogfelder mit einem Klick auf *OK*.

Abbildg. 12.20 Die Feiertage mit der Datumsreihe in Spalte *B* abgleichen

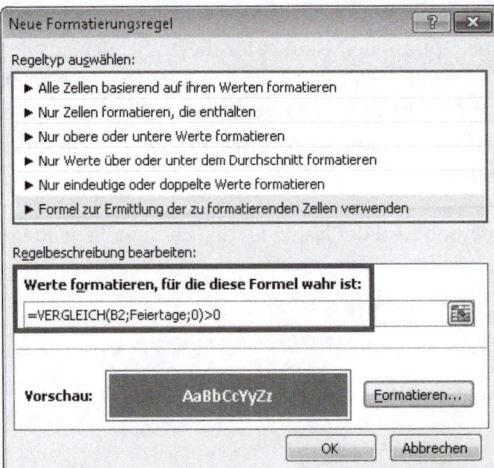

5. Wiederholen Sie die Schritte analog, um auch die arbeitsfreien Tage farblich abzusetzen. Die Formel lautet dieses Mal: *=VERGLEICH(B2;arbeitsfrei;0)>0*.

6. Wählen Sie dieses Mal über die Schaltfläche *Formatieren* auf der Registerkarte *Ausfüllen* eine hellblaue Zellfarbe. Schließen Sie mit einem zweimaligen Klick auf *OK* ab.

Als Ergebnis müssten Sie jetzt in der Datumsspalte *B* vier verschiedene Formatierungen sehen. Nur an nicht hervorgehobenen Tagen wird gearbeitet.

Bedingte Formate aus Spalte B auf Spalte D übertragen

Die andersfarbige Darstellung von Wochenenden, Feiertagen und arbeitsfreien Tagen für November 2010 ist abgeschlossen. Sie können die so erstellten bedingten Formate auf die Zellen für den Monat Dezember, also den Bereich *D2:D32*, übertragen. Gehen Sie wie folgt vor:

1. Markieren Sie eine Zelle in Spalte *B*, die das bedingte Format enthält.
2. Klicken Sie in der Registerkarte *Start* auf das Symbol *Format übertragen*.
3. Markieren Sie dann die Zellen in Spalte *D*, die die bedingten Formate erhalten sollen, also den Bereich *D2:D32*.

WICHTIG Wenn Sie die bedingte Formatierung auf einen Bereich anwenden und dabei keinen Namen verwenden, achten Sie unbedingt auf die absoluten und relativen Bezüge in der Formel, damit diese auf alle Zellen korrekt angepasst wird. Ein relativer Bezug wird an jede einzelne Zelle des markierten Bereichs angepasst, ein absoluter (mit Dollar-Zeichen »$«) dagegen nicht. Für den ersten Vergleich wird durch die Verwendung des gemischten Bezugs *$D2* die Zeile an die Zellen der Markierung angepasst, die Spalte bezieht sich jedoch immer auf den Umsatz in Spalte *D*.

Scorecards: Datenbalken, Farbskalen und Symbolsätze einsetzen

Ganz ohne eine Formel zu schreiben können Sie einen Datenbereich mit Scorecards in Form von Datenbalken, Farbskalen und Symbolen versehen. Sie müssen dafür lediglich einen Bereich markieren und einen der folgenden Befehle der Registerkarte *Start* aufrufen:

1. *Bedingte Formatierung/Datenbalken*
2. *Bedingte Formatierung/Farbskalen*
3. *Bedingte Formatierung/Symbolsätze*

Zeigen Sie mit der Maus auf eine Formatoption, werden die Daten in einer Livevorschau mit dem Format formatiert. Sie können jetzt entscheiden, welche Form und Farbe Sie verwenden wollen. Gefällt Ihnen die Aussicht, weisen Sie das Format mit einem einfachen Mausklick zu.

Während die Länge der Datenbalken die enthaltenen Werte repräsentiert, ist es bei den Farbskalen so, dass die Füllfarbe einer Zelle diese Information enthält. Hier wird also in jedem Fall die gesamte Zelle ein Format erhalten.

Kapitel 12 Bedingte Formatierung, Scorecards und Sparklines einsetzen

Abbildg. 12.21   Farben repräsentieren die Werte, wenn Sie Farbskalen verwenden

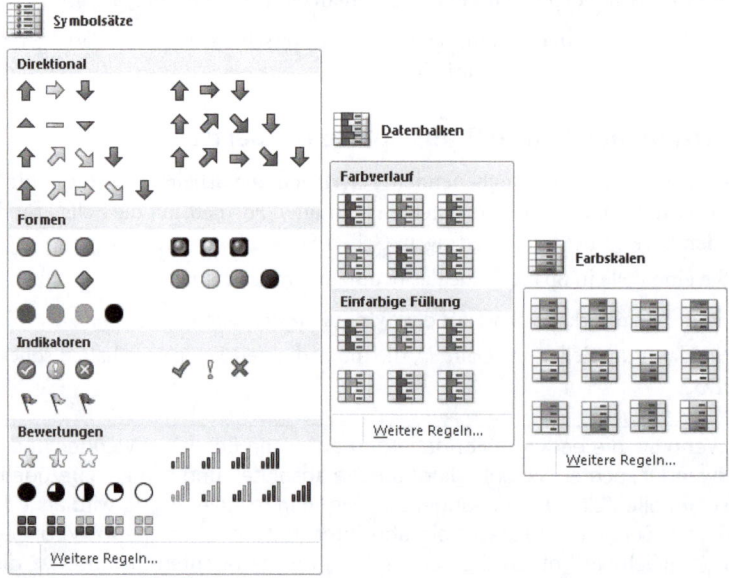

HINWEIS   Beim Drucken von Datenbalken, Farbskalen und Symbolen auf Schwarzweißdruckern werden Farben in Graustufen umgesetzt. Mehr zum Drucken in Excel erfahren Sie in Kapitel 5.

Werte mit einem farbigen Symbol ergänzen

Im Abschnitt »Schnelleinstieg mit Praxisbeispielen« ab Seite 386 konnten Sie bereits erfahren, wie Sie Werte oberhalb einer Grenze mit einem farbigen Zellhintergrund versehen lassen. Controller benutzen gern Ampelsymbole, um Werte zuzuordnen. Das folgende Beispiel zeigt, wie Sie alle Werte über einer bestimmten Grenze – in dem Fall 24 – mit einem bewertenden roten Symbol versehen.

Abbildg. 12.22   BMI-Werte über 24 werden mit einem zusätzlichen roten Symbol kenntlich gemacht

	B	C	D	E
2	**Name**	**Größe**	**Gewicht**	**Body Mass Index**
3	Krause	1,61	60	23,1
4	Meyer	1,89	77	21,6
5	Lange	1,76	85	● 27,4
6	Naumann	1,65	54	19,8
7	Weber	1,57	49	19,9
8	Grün	1,84	84	● 24,8
9	Lederer	1,78	89	● 28,1
10	Woitik	1,71	67	22,9
11	Anselt	1,87	84	● 24,0

Scorecards: Datenbalken, Farbskalen und Symbolsätze einsetzen

Markieren Sie dazu im Arbeitsblatt *Fitness 0* der Beispieldatei *Kap12.xlsx* den Zellbereich *E3:E11*, wählen Sie *Bedingte Formatierung/Neue Regel* und gehen Sie dann wie folgt vor:

1. Klicken Sie den Regeltyp 1 an (*Alle Zellen basierend auf ihren Werten formatieren*).
2. Wählen Sie im Listenfeld *Formatstil* den Eintrag *Symbolsätze* aus.
3. Klicken Sie rechts daneben auf die Schaltfläche *Symbolreihenfolge umkehren*.
4. Stellen Sie für den roten Kreis unter *Typ* statt *Prozent* den Eintrag *Zahl* ein.
5. Tragen Sie in das Eingabefeld unter *Wert* die Zahl *24* ein. Wiederholen Sie das für den gelben Kreis, aber mit der Zahl 20.
6. Öffnen Sie zum Schluss beim gelben und grünen Kreis links das Listenfeld und wählen Sie jeweils ganz oben *Kein Zellensymbol*. Schließen Sie mit *OK*.

Abbildg. 12.23   In sechs Schritten zum zusätzlichen Symbol

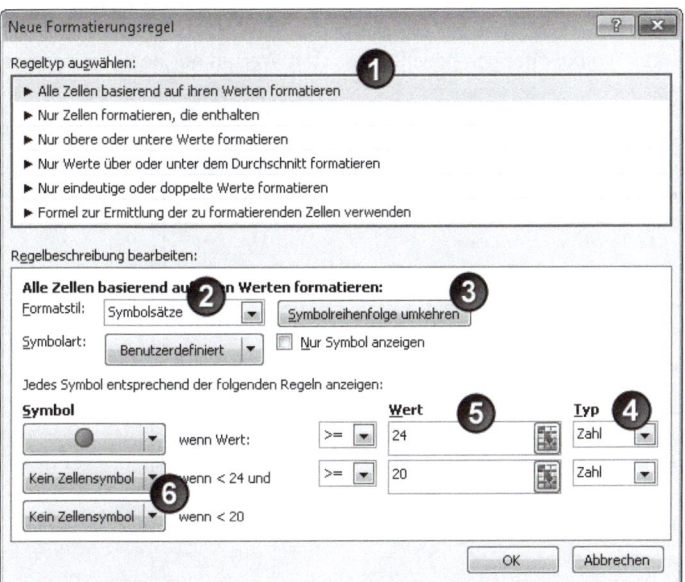

CD-ROM   Das fertige Ergebnis finden Sie im Arbeitsblatt *Fitness 3* in der Datei *Kap12.xlsx* im Ordner *\Buch\Kap12* auf der CD-ROM. Zum Vergleich werden im Arbeitsblatt *Fitness 1* Farben für das Hervorheben von Werten über dem Durchschnitt und im Blatt *Fitness 2* Datenbalken für die Formatierung verwendet. Tipp: Für eigene Experimente können Sie das Blatt *Fitness 0* benutzen.

Farbige Symbole statt Werten anzeigen

Im letzten Beispiel zur BMI-Tabelle soll nun in Spalte E völlig auf Zahlen verzichtet werden. Der Leser soll anhand der drei Ampelfarben Rot, Gelb und Grün sofort eine Einordnung des BMI-Werts erhalten.

Kapitel 12 Bedingte Formatierung, Scorecards und Sparklines einsetzen

> **HINWEIS** Es ist in der aktuellen Version nicht vorgesehen, eigene Symbolsätze einzubinden. Sie können in Excel 2010 aber die einzelnen Symbolsätze aus dem erweiterten Vorrat (z. B. Dreiecke) an vorhandenen Symbolsätzen zusammenstellen oder einzelne Symbole ausschalten. Von Vorteil ist dabei in Excel 2010, dass Sie die Symbole nicht über eine Beschreibung, sondern visuell auswählen können (siehe das Listenfeld *Symbolart* in Abbildung 12.24).

In Spalte *E* sollen statt der Werte nur noch Symbole nach folgenden Vorgaben angezeigt werden: Werte über 24 = Rot, Werte über 20 = Gelb, Werte unter 20 = Grün. Gehen Sie fast ebenso vor, wie im vorangegangenen Beispiel – mit zwei Ausnahmen:

- Aktivieren Sie zusätzlich noch das Kontrollkästchen *Nur Symbol anzeigen*
- Lassen Sie den Schritt 6 weg und so die Anzeige der gelben und grünen Kreise zu

Das Dialogfeld in Abbildung 12.24 zeigt alle Einstellungen für dieses Beispiel.

Abbildg. 12.24 Das Häkchen bei *Nur Symbol anzeigen* bewirkt, dass statt Werten nur noch Kreise zu sehen sind

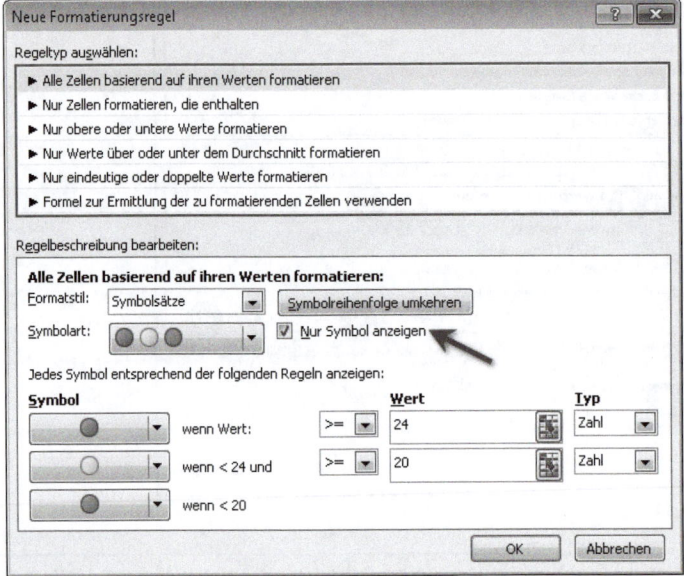

> **CD-ROM** Das fertige Ergebnis finden Sie im Arbeitsblatt *Fitness 4* in der Datei *Kap12.xlsx* im Ordner *\Buch\Kap12* auf der CD-ROM.

Verbesserungen bei Fehlerwerten

In der Version Excel 2007 war der Einsatz der bedingten Formatierung teilweise problematisch: Wenn die zu formatierenden Daten einen Fehlerwert enthielten, wurde die bedingte Formatierung nicht angewandt. Neu in Excel 2010 ist, dass Fehlerwerte ignoriert und die übrigen Zellen mit der bedingten Formatierung versehen werden.

CD-ROM Dieses Beispiel finden Sie im Arbeitsblatt *Fehlerwerte* in der Datei *Kap12.xlsx* im Ordner *\Buch\Kap12* auf der CD-ROM.

Abbildg. 12.25 Unter Umständen wird die bedingte Formatierung, hier am Beispiel von Farbskalen dargestellt, nicht korrekt angewandt

⏷	A	B	C	D	E	F	G
1							
2		Wie verteilen sich die Stromkosten und welches sind die drei größten Verbraucher?					
3		Gesamtkosten pro Jahr	934,16 €				
4							
5		Gerätegruppe	Anteil	Betrag	Betrag	Betrag	Betrag
6		Beleuchtung	19%	177,49 €	177,49 €	177,49 €	177,49 €
7		Geschirrspüler	-	#WERT!	#WERT!	#WERT!	#WERT!
8		Kleingeräte	23%	214,86 €	214,86 €	214,86 €	214,86 €
9		Kochen	12%	112,10 €	112,10 €	112,10 €	112,10 €
10		Kühl- und Gefriergeräte	24%	224,20 €	224,20 €	224,20 €	224,20 €
11		Unterhaltungselektronik	8%	74,73 €	74,73 €	74,73 €	74,73 €
12		Waschen	10%	93,42 €	93,42 €	93,42 €	93,42 €
13							
14		Formatierungsregel:		Die obersten 3	=$E6=MAX($E$6:$E$12)	=$F6=KGRÖSSTE($F$6:$F$12;2)	=$G6=AGGREGAT(14;6;$G$6:$G$12;3)
15							

TIPP Wenn Sie eigene Funktionen für die Prüfung der Bedingungen verwenden wollen, sollten Sie sich die Tabellenfunktion *AGGREGAT(Funktion;Optionen;Bezug)* ansehen. Mit dem Wert *6* für das Argument *Optionen* können Sie Fehlerwerte ignorieren. Mehr zur Tabellenfunktion *AGGREGAT* finden Sie in Kapitel 22.

Bedingte Formatierung in PivotTable-Berichten

Die bedingte Formatierung kann Ihnen auch in PivotTable-Berichten helfen, die Übersicht zu behalten. Legen Sie eine Formatierung fest, werden die gewünschten Daten hervorgehoben. Ändern Sie die Anzeige der Felder oder aktualisieren Sie die Tabelle, bleibt die Formatierung erhalten. Beim Festlegen einer bedingten Formatierung für ein PivotTable-Objekt führen Sie die folgenden Schritte aus:

1. Um die Übung selbst nachzuvollziehen, aktivieren Sie das Tabellenblatt *Pivot Übung* in der Beispielmappe.
2. Markieren Sie eine Zelle, die formatiert werden soll, im Beispiel aus Abbildung 12.26 die Zelle *D4*.
3. Wählen Sie den Befehl *Bedingte Formatierung/Datenbalken* und wählen Sie ein Format aus.
4. Klicken Sie auf die dann angezeigte Aktionsschaltfläche und wählen Sie die letzte Option (siehe Abbildung 12.26).

Damit wird das Format auf alle Zellen der Spalte *Summe von Differenz* übertragen, jedoch nicht auf das Gesamtergebnis. Damit wird schnell deutlich, welche Waren bestellt werden müssen.

Abbildg. 12.26 Die Aktionsschaltfläche bietet unter anderem die Option zur Übernahme der bedingten Formatierung auf die gesamte Spalte

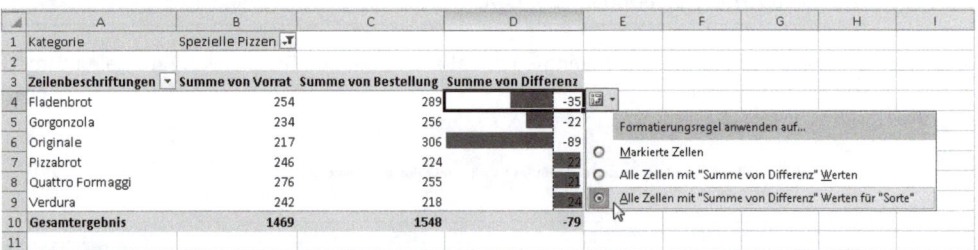

Wenn Sie Datenbalken vom Typ *Farbverlauf* eingestellt haben, können Sie eventuell die Grenzen der Balken nicht genau erkennen. In diesem Fall verwenden Sie entweder die in Excel 2010 neu eingeführten Datenbalken vom Typ *Einfarbige Füllung* oder Sie ändern die Formateinstellungen der vorhandenen Datenbalken nach Ihren Wünschen ab:

1. Aktivieren Sie eine Zelle mit der Formatierung.
2. Wählen Sie *Bedingte Formatierung/Regeln verwalten*.
3. Klicken Sie auf die Schaltfläche *Regel bearbeiten*.
4. Ändern Sie die Einstellung im Listenfeld *Ausfüllen* auf *Einfarbige Füllung*.
5. Ändern Sie bei Bedarf *Farbe* und *Rahmen*, um die Datenbalken besser hervorzuheben.

Abbildg. 12.27 Eine *Einfarbige Füllung* stellt die Balken deutlicher dar

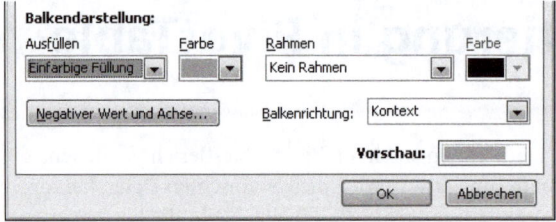

Die Länge der Datenbalken ist in Excel 2010 nun proportional zu den Daten und diese lassen sich damit besser einschätzen. Ein Wert von Null (0) wird nicht als ein Balken von gewisser Länge gezeichnet. Außerdem können negative Werte jetzt in die andere Richtung gezeichnet werden. Die Position der Achse kann ebenso wie die Farbe für negative Werte geändert werden. Die Einstellungen nehmen Sie über die Schaltfläche *Negativer Wert und Achse* vor (siehe Abbildung 12.27).

Mehr zu PivotTable und PivotChart erfahren Sie in Kapitel 24.

CD-ROM Das fertige Beispiel finden Sie auf dem Arbeitsblatt *Pivot* in der Datei *Kap12.xlsx* im Ordner *\Buch\Kap12* auf der CD-ROM zu diesem Buch.

Sparklines: schnelle Übersicht mit Minidiagrammen

Eine Neuerung in Excel 2010, die von Microsoft bei der Werbung für Office 2010 besonders in den Vordergrund gerückt wird, sind die Sparklines – Minidiagramme in Wortgröße, die in einer Zelle stehen.

Sparklines in Excel sind sehr kompakt und weisen im Unterschied zu »normalen« Diagrammen keine Legenden, Bezeichnungen oder Teilstriche auf.

Abbildg. 12.28   Linienvariante der Sparklines in Excel 2010: Entwicklungstrends sind schnell erkennbar

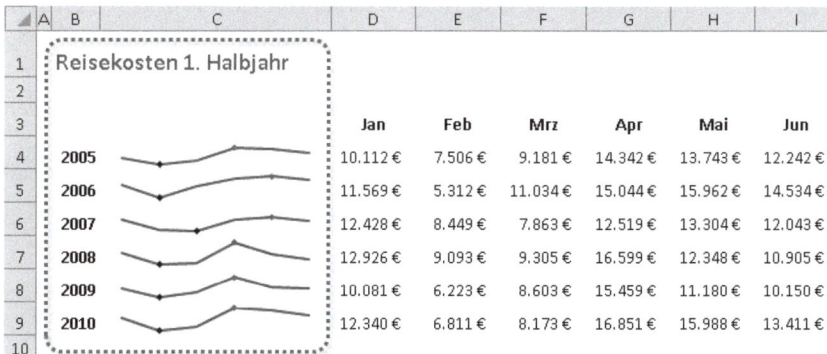

Sparklines eignen sich als Visualisierungslösung, wenn zahlreiche Daten aus Zeitreihen in einen schnell überschaubaren Kontext gestellt werden sollen. Dabei können die Daten in Spalten oder Zeilen angeordnet sein. Typische Beispiele dafür sind Aktienkurse mehrerer Unternehmen oder Währungskurse verschiedener Länder, deren Verlauf über einen bestimmten Zeitraum – oft Monate und Jahre – zum Vergleich unter- oder nebeneinander dargestellt werden.

Sparklines komprimieren Informationen auf ein Minimum. Die Betrachter können sich so ganz auf das Vergleichen und Erkennen interessanter Muster, ähnlicher oder unterschiedlicher Entwicklungen konzentrieren, ohne Zahlen studieren zu müssen.

Die Anzahl der Diagrammarten, die bei Sparklines in Excel 2010 zur Verfügung stehen, sind auf drei begrenzt: Linien, Säulen sowie Gewinn-/Verlustdarstellungen.

Umgang mit Sparklines anhand von Beispielen

Sparklines fügen Sie wie auch Diagramme über die Registerkarte *Einfügen* ein. Dort haben Sie in der Befehlsgruppe *Sparklines* (Abbildung 12.29) Zugriff auf die drei möglichen Diagrammarten.

Abbildg. 12.29 Der Weg zu den Sparklines führt über die Registerkarte *Einfügen*

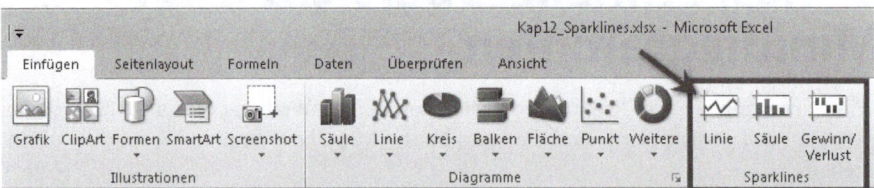

Beispiel 1: Gewinn und Verlust auf einen Blick

Wenn es darum geht, Höhen und Tiefen unternehmerischer Tätigkeit für mehrere Jahre auf einen Blick zu sehen, ist die Sparklines-Variante *Gewinn/Verlust* eine recht perfekte Visualisierungslösung. Positive und negative Ergebnisse sind darin klar und deutlich zu erkennen. Testen Sie es mit folgendem kleinen Beispiel:

1. Geben Sie in die Zellen von *B2* bis *G2* beliebige positive und negative Werte ein (siehe zum Beispiel die Abbildung 12.31).
2. Markieren Sie die Zelle *H2* und klicken Sie auf der Registerkarte *Einfügen* in der Gruppe *Sparklines* auf *Gewinn/Verlust*.

Abbildg. 12.30 Das Dialogfeld *Sparklines erstellen* vor und nach Auswahl des Datenbereichs

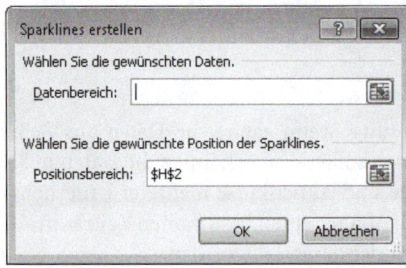 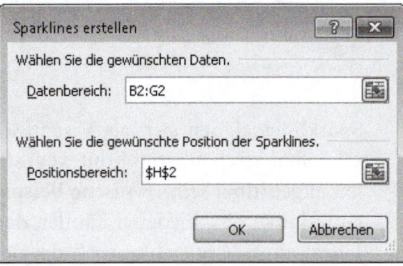

3. Im oben links gezeigten Dialogfeld steht bei *Positionsbereich* bereits *$H$2*, da Sie diese Zelle zu Beginn markiert hatten. In dieser Zelle wird das fertige Minidiagramm *Gewinn/Verlust* erscheinen.

   Die Einfügemarke steht im Feld *Datenbereich*. Legen Sie fest, aus welchen Zahlen das Minidiagramm generiert wird, indem Sie mit der Maus den Bereich *B2:G2* markieren.
4. Schließen Sie mit einem Klick auf *OK* ab.

Abbildg. 12.31 Die Zelle *H2* zeigt das veränderte Gewinn/Verlust-Diagramm nach Eingabe der Null

	A	B	C	D	E	F	G	H
1								
2		10.220	-3.730	0	8.540	3.050	-800	

> **HINWEIS** Eine Zelle kann neben einer Sparkline wie gewohnt sonstigen Inhalt haben, z. B. Text, und auch formatiert werden, z. B. mit einer Hintergrundfarbe.

Das Aussehen des Gewinn/Verlust-Minidiagramms anpassen

Wenn Sie die Zelle mit dem Minidiagramm markiert haben, sehen Sie im Menüband die kontextbezogene Registerkarte *Sparklinetools/Entwurf*. Hier finden Sie alle verfügbaren Befehle zum Bearbeiten. Passen Sie das Minidiagramm wie folgt an:

- Geben Sie probehalber eine Null in eine der Zellen von *B2* bis *G2* ein. Wie in Abbildung 12.31 zu sehen, erscheint an der Stelle *kein* Datenpunkt in dem Minidiagramm.
- Sie können gegebenenfalls die Farbe der Zelle ändern, um die von der Null erzeugte leere Stelle noch deutlicher zu machen. Die Farbe des Nullpunkts selbst lässt sich *nicht* ändern.
- Testen Sie per Klick auf den Pfeil *Weitere* an der rechten unteren Ecke der Gruppe *Formatvorlage* auf der Registerkarte *Sparklinetools/Entwurf* andere Farbkombinationen für das Minidiagramm

Abbildg. 12.32   Per Klick auf diesen Pfeil haben Sie Zugriff auf alternative Farbkombinationen

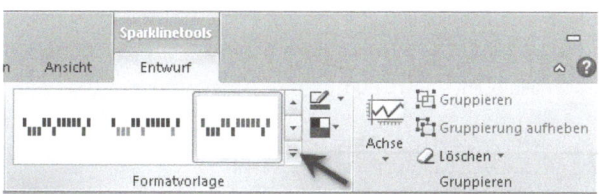

> **HINWEIS**   Nutzen Sie die Formatvorlagen, um in Ihren Excel-Blättern für ein einheitliches Erscheinungsbild zu sorgen. Verwenden Sie beispielsweise für alle Gewinn/Verlust-Diagramme die gleiche Farbkombination. Die Sparklines folgen dem in der Arbeitsmappe verwendeten Design.

- Neben den vorgefertigten Formatvorlagen haben Sie natürlich auch die Möglichkeit, die Farben des Minidiagramms individuell anzupassen. Ändern Sie beispielsweise die Farbe der positiven Werte, indem Sie auf der Registerkarte *Sparklinetools/Entwurf* in der Gruppe *Formatvorlage* auf den Pfeil neben dem Symbol *Sparklinefarbe* klicken und eine Farbe wählen.
- Ändern Sie anschließend individuell die Farbe der negativen Werte, indem Sie in der Gruppe *Formatvorlage* auf den Pfeil neben dem Symbol *Datenpunktfarbe* klicken und bei *Negative Punkte* eine passende Kontrastfarbe zu den positiven Datenpunkten auswählen.

Beispiel 2: Umsatzentwicklung mit Linien vergleichen

Im ersten Beispiel konnten Sie sehen, dass das Minidiagramm rechts von den Daten angeordnet war. Natürlich können Sie Sparklines auch links sowie über oder unter den Daten platzieren.

> **TIPP**   Es ist auch möglich, Sparklines separat von den Daten auf einem anderen Arbeitsblatt anzulegen. Auf diese Weise können Sie eine recht bildhafte Variante eines Kennzahlen-Cockpits aufbauen.

Wählen Sie den Platz für die Sparklines möglichst unter dem Gesichtspunkten aus, wo die Aussage der Minidiagramme die beste Wirkung hat. Sorgen Sie dafür, dass die Sparklines unter der Vielzahl der Daten gut erkennbar sind, da sonst ihr Effekt verpufft.

Kapitel 12 Bedingte Formatierung, Scorecards und Sparklines einsetzen

> **CD-ROM** Ein Muster für ein solches Cockpit und die Daten für das zweite Beispiel finden Sie in der Datei *Kap12_Sparklines.xlsx* im Ordner *Buch\Kap12* auf der CD-ROM.

Im zweiten Beispiel geht es um die Analyse der Umsatzentwicklung über mehrere Jahre in einem bestimmten Zeitabschnitt. Und zwar soll mithilfe von Sparklines herausgefunden werden, ob und wie sich saisonal bedingte Einflüsse (Wetter, Straßenzustand, Ferienzeit, Karneval usw.) auswirken. Ziel ist also nicht ein Mengenvergleich der Umsätze, sondern ein Vergleich des Verlaufs der Umsatzkurven.

In Abbildung 12.33 sehen Sie die Tabelle mit den Umsatzdaten der ersten Halbjahre von 2005 bis 2010. Anhand von Linien sollen nun die Umsatzkurven der sechs Jahre zum Zwecke des Vergleichs untereinander angeordnet werden.

Abbildg. 12.33 Diesmal werden eingangs alle für das Minidiagramm bestimmten Daten markiert

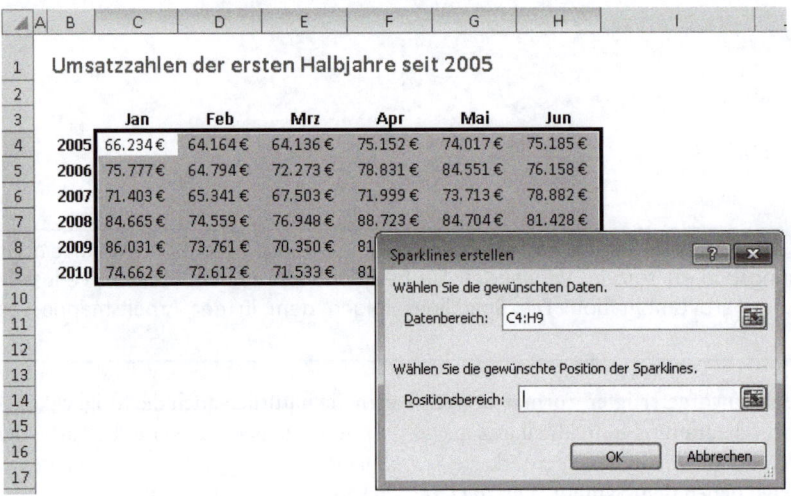

1. Markieren Sie diesmal nicht die Zellen, in denen die Sparklines erscheinen sollen, sondern den Datenbereich – also *C4:H9*.
2. Klicken Sie auf der Registerkarte *Einfügen* in der Gruppe *Sparklines* auf *Linie*.

3. Infolge der Markierung aus Schritt 1 hat Excel das Feld *Datenbereich* bereits mit dem Bezug *C4:H9* gefüllt. Die Einfügemarke steht im Feld *Positionsbereich* und Sie müssen nur noch mit gedrückter linker Maustaste über den Bereich *I4:I9* ziehen und mit *OK* abschließen.

Beim Vergleich der sechs untereinander angeordneten Sparklines fällt auf, dass die Tiefpunkte in jedem der Jahre jeweils im Februar und März lagen.

Die Gruppierung von Sparklines nutzen und anpassen

Excel zeigt einen blauen Rahmen um die sechs Zellen mit den Sparklines in Spalte *I* an. Dies signalisiert, dass es sich um eine Gruppe handelt:

- **Vorteil** Sie müssen nicht erst alle Zellen markieren, bevor Sie Veränderungen vornehmen, die die gesamte Gruppe betreffen sollen

- **Nachteil** Wollen Sie eine einzelne Linie anders darstellen, müssen Sie zuvor die betreffende Sparklines-Zelle aus der Gruppierung lösen

Hier zwei Formatierungsaufgaben, die den Umgang mit Gruppierung zeigen:

- Alle Linien sollen eine andere Farbgebung erhalten. Markieren Sie dazu eine beliebige Zelle im Sparklines-Bereich der Spalte *I* und wählen Sie im Katalog der *Formatvorlagen* die Variante *Sparklineformat Akzent 3, 25 % dunkler*. Die Formatänderung wird sofort für die gesamte Gruppe übernommen.

- Um in jeder Linie den Minimal- und Maximalwert kenntlich zu machen, setzen Sie in der Gruppe *Anzeigen* der *Sparklinetools* je ein Häkchen bei *Höchstpunkt* und *Tiefpunkt*. Die Farbe der Punkte können Sie bei Bedarf in der Gruppe *Formatvorlagen* über das Symbol *Datenpunktfarbe* ändern.

- Nun soll nur die Linie für das Jahr 2007 anders dargestellt werden. Klicken Sie dazu die Zelle *I6* an und dann in der Registerkarte *Sparklinetools/Entwurf* ganz rechts auf *Gruppierung aufheben*.

- Weisen Sie dann über das Symbol *Sparklinefarbe* ein *dunkles Orange* zu und eine Stärke von *1,5 pt*

Abbildg. 12.34 Nur eine Linie aus der Sparklines-Gruppe in Farbe und Stärke verändern

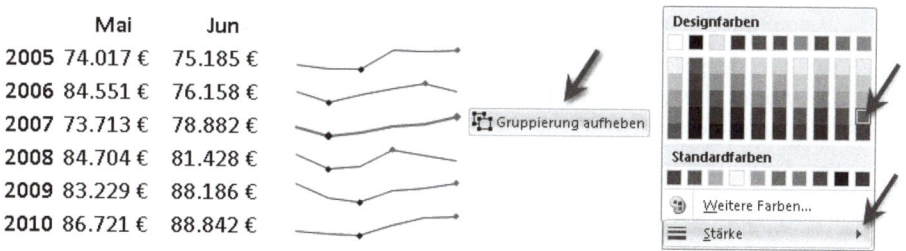

TIPP Wenn Sie eine einzelne Sparkline in die Zwischenablage kopieren, können Sie diese als Objekt in ein Word-Dokument einfügen.

Was geschieht bei Lücken im Datenbestand?

Falls der Datenbereich leere Zellen enthält, entstehen im Liniendiagramm Lücken. Wollen Sie eine kontinuierliche Linie, klicken Sie in der Registerkarte *Sparklinetools/Entwurf* ganz links auf den Befehl *Daten bearbeiten/Ausgeblendete und leere Zellen*.

Im folgenden Dialogfeld (Abbildung 12.35 rechts) sehen Sie, dass die Standardeinstellung *Lücken* ist. Klicken Sie stattdessen die Option *Datenpunkte mit einer Linie verbinden* an.

Abbildg. 12.35 Lücken schließen: Über *Daten bearbeiten* wählen Sie *Datenpunkte mit einer Linie verbinden*

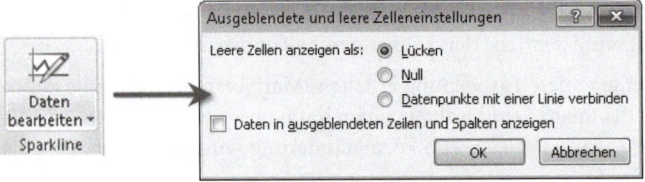

Im gleichen Dialogfeld können Sie auch festlegen, was beim Ausblenden von Spalten mit den Sparklines passieren soll.

Enthält ein Datenbereich eine Vielzahl leerer Zellen, kann es auch sinnvoll sein, dies mit der Variante *Säule* der Sparklines darzustellen.

Wo ist die Achse?

Wenn Sie eine Achse für die Sparklines aus Abbildung 12.34 anzeigen wollen, führt der Befehl *Sparklinetools/Entwurf/Achse/Achse anzeigen* nicht zum gewünschten Ergebnis. Wo bleibt die Achse?

Die Anzeige der Achse ist leider nicht so flexibel, wie man das von Diagrammen her kennt. Wenn Sie Sparklines ausschließlich für Zahlen aus dem positiven oder negativen Bereich verwenden, wird die Achse zunächst nicht angezeigt. Um die Achse anzuzeigen, haben Sie folgende Möglichkeiten:

- Nachdem Sie den Befehl *Achse anzeigen* gewählt haben, legen Sie zusätzlich über *Benutzerdefinierter Wert* einen Minimalwert für die vertikale Achse fest. Dabei genügt es bereits, wenn Sie den vorgegebenen Wert »0« bestätigen, um die Achse anzuzeigen.
- Sie nutzen für die Anzeige den Vergleich mit einem Mittelwert

Abbildg. 12.36 Wird die Achse angezeigt, lohnt es sich, einmal mit den verschiedenen Optionen zu spielen

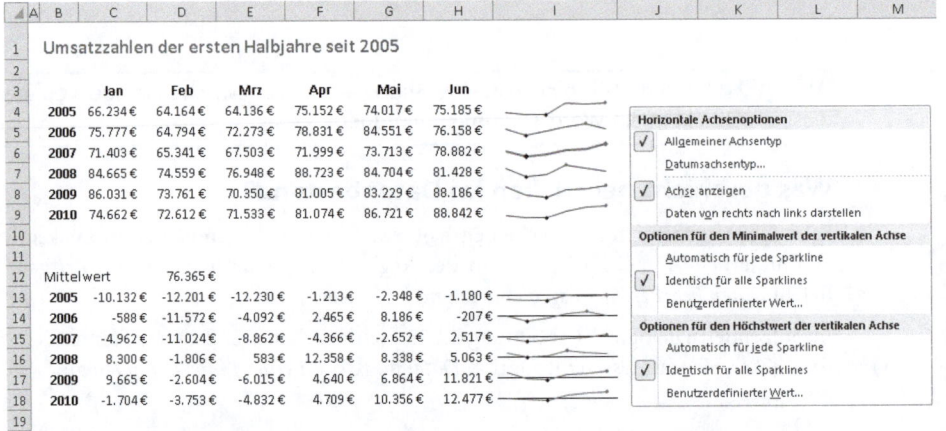

Beispiel 3: Trend bei den Reisekosten mit Säulen aufzeigen

Auch im dritten Beispiel sollen Sparklines dazu dienen, die Entwicklung von Daten in einem bestimmten Zeitraum besser vergleichen zu können.

Sparklines: schnelle Übersicht mit Minidiagrammen

CD-ROM Die Daten sowie die fertige Lösung für das Beispiel finden Sie im Arbeitsblatt *Säulen* in der Datei *Kap12_Sparklines.xlsx* im Ordner *Buch\Kap12* auf der CD-ROM.

Die zu untersuchenden Daten – in diesem Fall Reisekosten – befinden sich im Bereich *C4:H9*. In Spalte I sollen die Daten jeder Zeile in kleinen Säulen bildhaft dargestellt werden.

1. Markieren Sie die Zellen *I4:I9*, also den Bereich, wo die Säulen angezeigt werden sollen.
2. Klicken Sie auf der Registerkarte *Einfügen* in der Gruppe *Sparklines* auf *Säule*.
3. Im folgenden Dialogfeld (Abbildung 12.37) ist infolge der Markierung aus Schritt 1 der Bezug für *Positionsbereich* bereits eingetragen. Die Einfügemarke befindet sich im Feld *Datenbereich*. Ziehen Sie mit gedrückter linker Maustaste über den Bereich *C4:H9* und schließen Sie das Dialogfeld mit *OK*.

Abbildg. 12.37 In diesem Dialogfeld wird der Bereich für die Daten festgelegt

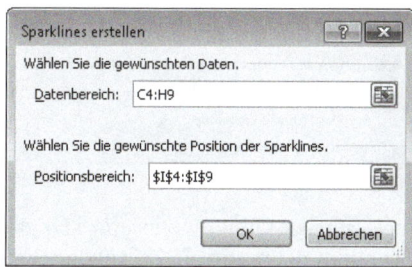

Abbildg. 12.38 Die fertige Auswertung: Spalte I zeigt den Verlauf der Kostenentwicklung mit Minisäulen

A	B	C	D	E	F	G	H	I
1	**Reisekosten 1. Halbjahr**							
2								
3		Jan	Feb	Mrz	Apr	Mai	Jun	
4	**Köln**	10.112 €	7.506 €	9.181 €	14.342 €	13.743 €	12.242 €	
5	**Ulm**	11.569 €	5.312 €	11.034 €	15.044 €	15.962 €	14.534 €	
6	**Erfurt**	12.428 €	8.449 €	7.863 €	12.519 €	13.304 €	12.043 €	
7	**Hof**	12.926 €	9.093 €	9.305 €	16.599 €	12.348 €	10.905 €	
8	**Halle**	10.081 €	6.223 €	8.603 €	15.459 €	11.180 €	10.150 €	
9	**Haan**	12.340 €	6.811 €	8.173 €	16.851 €	15.988 €	13.411 €	

Wie ist das Ergebnis des Mini-Säulendiagramms zu bewerten?

Die Abbildung 12.38 zeigt das Ergebnis. Hier eine kurze Analyse dieser Darstellung:

- Die sechs Werte jeder Zeile werden durch sechs Säulen wiedergegeben
- Die unterschiedliche Höhe der Säulen macht unterschiedliche Werte deutlich
- Die Größenunterschiede der Säulen verfälschen die Realität der Zahlenwerte:
    - So liegen beispielsweise die Februar-Werte nur ca. 25 bis 50 % unter denen vom Januar. Dies wird jedoch beim Vergleich beider Minisäulen nicht deutlich.
    - Die Februar-Werte betragen teilweise zwar nur rund 30 % der Maximalwerte in jeder Zeile, aber die Höhe der Säulen lässt auf höchstens 10 % schließen

Die Größenverhältnisse zwischen den Säulen anpassen

In diesem Beispiel gibt es also Handlungsbedarf. Sie können auf der Registerkarte *Sparklinetools/ Entwurf* per Klick auf den Befehl *Achse* damit beginnen, die Größenverhältnisse zwischen den Säulen nachträglich zu korrigieren.

Abbildg. 12.39   Über den Befehl *Achse* können Sie nachträglich die Größenverhältnisse anpassen, für Datumswerte steht ein spezieller Achsentyp bereit

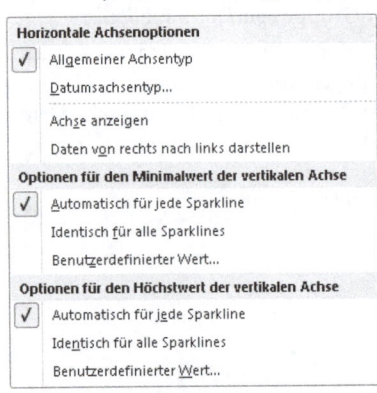 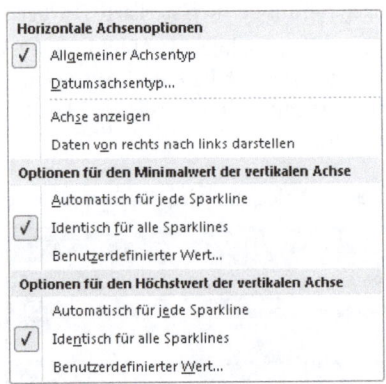

- Voreingestellt ist die in Abbildung 12.39 links gezeigte Option *Automatisch für jede Sparkline*. Bei der Option nutzt Excel für jedes Minidiagramm die maximale Zeilenhöhe. Ergebnis: In jeder Zelle besteht eine andere Skalierung der Größenachse. Für Vergleiche mehrerer Sparklines ist dies also ungeeignet.

- Die Option *Identisch für alle Sparklines* orientiert sich am höchsten und niedrigsten Wert im Datenbereich und leitet daraus eine einheitliche Größenachse für alle zur Gruppe gehörenden Sparklines ab. Sollen mehrere Datenreihen per Sparklines verglichen werden, ist diese Einstellung vorzuziehen.

- Besser noch ist die Wahl der Option *Benutzerdefinierter Wert*. Nur so können Sie die Größenverhältnisse in den Sparklines wirksam beeinflussen. Dies setzt allerdings voraus, dass Sie zuvor in Ihren die Minimal- und Maximalwerte herausfinden. Diese Werte geben Sie dann – wie in Abbildung 12.40 gezeigt – als Minimal- bzw. Höchstwert ein. Sie werden allerdings nicht umhinkommen, mit verschiedenen Werten zu testen, um schließlich zu einem optimalen Ergebnis zu gelangen.

TIPP   Denken Sie an die Berechnungsmöglichkeiten der Statusleiste (rechte Maustaste), wo Sie schnell Minimum und Maximum für den markierten Bereich anzeigen können.

Abbildg. 12.40   Zum Definieren einer benutzerdefinierten Größenachse geben Sie Minimal- und Maximalwert ein

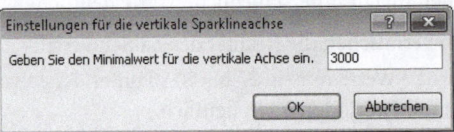 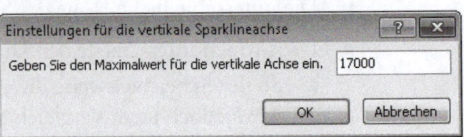

Die folgende Abbildung 12.41 zeigt das Ergebnis der Sparklines aus Abbildung 12.38 mit zwei angepassten Varianten der Größenachsen:

- Links ist die für den angestrebten Kostenvergleich ungeeignete Variante mit der Option *Automatisch für jede Sparkline* zu sehen
- In der Mitte die Darstellung mit der Option *Identisch für alle Sparklines* ist schon etwas besser, aber die Größenverhältnisse sind noch zu realitätsfern
- Die Variante rechts zeigt, was sich beim Einsatz der Option *Benutzerdefinierter Wert* herausholen lässt

Abbildg. 12.41 Drei verschiedene Varianten zum Definieren der Größenachse im Vergleich

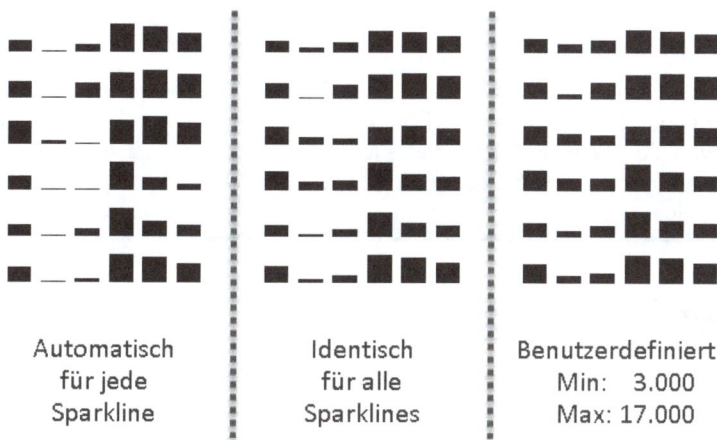

Fazit

Die neuen Möglichkeiten in Excel 2010 bieten zusätzlichen Raum für die Visualisierung von Daten, die hier kurz zusammengefasst werden:

- Sparklines der Variante *Gewinn/Verlust* sind am ehesten geeignet, Auswertungen möglichst bildhaft und überschaubar zu machen. Das kleine Manko, dass sich für Nullwerte keine Farbe festlegen lässt, ist zu verschmerzen. Da es bei dieser Sparklines-Variante keine Größenachse gibt, ist ihre Verwendung unbedenklich.
- Die Variante *Linie* eignet sich gut, um Daten aus längeren Zeitreihen kompakt in einem kleinen Bild zusammenzufassen. Die Möglichkeit, Höchst- und Tiefpunkte auf den Linien anzubringen, erhöht die Aussage dieser Sparklines. Von der Optik her schweben die Linien frei in der Zelle, was nicht eben professionell aussieht. Die Darstellung der Größenverhältnisse ist problematisch.
- Die Variante *Säule* wirkt von der Darstellung her auf den ersten Blick kompakt und informativ. Allerdings wird in vielen Fällen eine benutzerdefinierte Anpassung der Größenachse unerlässlich sein. Der Zeitaufwand, der damit verbunden ist, schmälert die Anwendungsmöglichkeiten der Minisäulen.

Kapitel 12 Bedingte Formatierung, Scorecards und Sparklines einsetzen

> **Achtung, Sparklines sind nicht mit früheren Versionen kompatibel**
>
> Sparklines gehören zu den Funktionen von Excel 2010, die neu und daher nicht kompatibel zu früheren Excel-Versionen sind. Öffnen Sie eine Arbeitsmappe mit Sparklines beispielsweise in Excel 2007 oder 2003, sind die Zellen, die die Minidiagramme enthalten, leer. Wenn Sie also sicher gehen wollen, dass andere die von Ihnen erstellten Sparklines sehen können, geben Sie die Datei im PDF-Format weiter – vorausgesetzt, die Arbeitsmappe soll durch andere Anwender nicht bearbeitet werden.
>
> Was bedeutet dies praktisch? In Excel 2007 und früher werden Sparklines nicht angezeigt, jedoch bleiben alle Sparklines in der Arbeitsmappe verfügbar und sind wieder zu sehen, wenn die Arbeitsmappe erneut in Excel 2010 geöffnet wird. Wenn, ja wenn die Zelle nicht (unwissend) gelöscht wurde. Verwenden Sie einen Kommentar oder Zellschutz, um das versehentliche Löschen zu verhindern.
>
> Wenn Sie eine Arbeitsmappe mit Sparklines zur Weitergabe an Anwender mit früheren Excel-Versionen im alten *.xls*-Format abspeichern müssen, klicken Sie in der Kompatibilitätsprüfung auf *Suchen*. Auf die Weise finden Sie die Zellen, die Sparklines enthalten. Nehmen Sie dort Änderungen vor. Verwenden Sie beispielsweise statt der Sparklines die Möglichkeiten der *Bedingten Formatierung*.

Zusammenfassung

Mithilfe der Funktion *Bedingte Formatierung* können Sie Zellinhalte von Tabellen überwachen und Abweichungen von zuvor definierten Grenzwerten oder beliebigen anderen Kriterien optisch sichtbar machen. Die Tatsache, dass Sie anstelle von konstanten Vergleichswerten oder Zellbezügen auch Formeln verwenden können, erschließt Ihnen beim Einsatz dieser Funktion nahezu unendliche Möglichkeiten.

Die Verwendung von Datenbalken, Farbskalen und Symbolsätzen erlaubt eine zielgerichtete Visualisierung Ihrer Daten. In Excel 2010 bieten Sparklines neue Möglichkeiten der Visualisierung Ihres Zahlenmaterials. Das Konzept hinter Sparklines stammt von dem US-amerikanischen Informationswissenschaftler und Grafikdesigner Edward Tufte und Microsoft hat diese nun für Excel entdeckt. Über das Menüband sind Sparklines ganz einfach zu integrieren.

Frage	Lösung
Welche Formatierungen kann man mit der bedingten Formatierung vornehmen?	Über *Bedingte Formatierung* können Sie den Hintergrund einer Zelle farbig gestalten, den Schriftschnitt und die Schriftfarbe verändern oder die Zelle mit Rahmenlinien umgeben lassen. Mehr dazu finden Sie auf Seite 386.
Wie kann man Abweichungen von Grenzwerten sichtbar machen?	Ein Beispiel dazu finden Sie auf Seite 386
Welche Einsatzgebiete hat der neue Manager für Regeln zur bedingten Formatierung?	Mehr dazu finden Sie auf Seite 390

Zusammenfassung

Frage	Lösung
Wie kann man komplexe Funktionen mit der bedingten Formatierung einsetzen?	Bei der Einstellung *Formel ist* machen Sie sich das gesamte Instrumentarium der Excel-Funktionen nutzbar und haben nahezu unbegrenzte Möglichkeiten beim Definieren der Kriterien für bedingte Formate. Vergleichen Sie hierzu die Seite 390.
Wie kann man die bedingte Formatierung übertragen oder löschen?	Wollen Sie eine bedingte Formatierung übertragen oder löschen, schlagen Sie nach auf Seite 395
Wie kann man Zellen mit bedingter Formatierung finden?	Wie Sie Zellen mit bedingter Formatierung finden, erfahren Sie auf Seite 396
Kann man die bedingte Formatierung auch in PivotTable-Objekten einsetzen?	Ein Beispiel für den Einsatz der bedingten Formatierung in PivotTables zeigt die Seite 404
Was hat es mit Datenbalken und Farbskalen auf sich?	Mit dieser Formatierung können Sie die Rangordnung von Zahlen hervorheben. Beachten Sie dazu die Seite 401
Wie kann man einer Gruppe von Daten ein Symbol zuweisen und damit die Bedeutung einzelner Werte übersichtlich präsentieren?	Auf Seite 402 sehen Sie, wie Sie einem Datenbereich einen Satz von Symbolen zuweisen
Was sind Sparklines?	Sparklines sind kleine Diagramme, die in einer Zelle dargestellt werden und Trends in Daten sichtbar machen sollen. Mehr dazu auf Seite 407
Wie kann man die Sparklines vom Typ *Säulen* anpassen?	Die Seite 414 zeigt die verschiedenen Einstellmöglichkeiten für die Achse

Kapitel 13

Formulare entwickeln und kommentieren

In diesem Kapitel:

Formulare entwickeln	420
Tabellen kommentieren	428
Zusammenfassung	434

In der heutigen Zeit werden Befragungen gerne mit einem elektronischen Formular durchgeführt. Wenn der Kreis der Befragten überschaubar ist, kann diese Aufgabe neben anderen Office-Programmen auch mit Excel erledigt werden. Excel bietet eine Reihe von Möglichkeiten für die Gestaltung und praktische Durchführung.

Mit Steuerelementen können Sie dem Benutzer das Ausfüllen leichter machen. Für Steuerelemente wird über Eigenschaften das Verhalten festgelegt. Beispielsweise können Sie festlegen, welche Werte angezeigt werden und wo diese gespeichert werden sollen. Ein zusätzlicher Kommentar bietet Hilfestellung beim Ausfüllen.

Formulare entwickeln

Immer wenn es um komfortable Benutzereingaben geht, fällt der Begriff Formular. Entsprechend zu einem Formular aus Papier werden für die Eingaben am Bildschirm häufig Formulare verwendet, um die Eingaben der Benutzer zu erleichtern und über entsprechende Auswahlfelder auf bestimmte Eingabewerte zu beschränken.

Um solche Formulare mit Excel zu erstellen, werden Steuerelemente eingesetzt. Steuerelemente sind Zeichenobjekte mit bestimmten Eigenschaften. Sie kennen solche Steuerelemente aus Dialogfeldern (siehe Kapitel 2). Über Optionsfelder und Kontrollkästchen können bestimmte Einstellungen vorgenommen werden, Listenfelder und Kombinationsfelder erlauben dem Benutzer die Auswahl anhand einer Liste von Einträgen und Bildlaufleisten sowie Drehfelder ermöglichen die Auswahl von Zahlenwerten mit der Maus. Dieses Kapitel soll Ihnen die Verwendung einiger Steuerelemente in Tabellen näherbringen.

Steuerelementtypen unterscheiden

In Excel können zwei Typen von Steuerelementen unterschieden werden:

- Formularsteuerelemente
- ActiveX-Steuerelemente

Die beiden Typen bieten optisch weitgehend übereinstimmende Steuerelemente an, die sich jedoch in der Funktionalität deutlich unterscheiden. Während die Formularsteuerelemente neben der Funktionalität nur Zugriff auf wenige Eigenschaften erlauben, können die ActiveX-Steuerelemente fast nach Belieben formatiert werden. Die Einstellung der Schriftart ist ebenso wie die Änderung der Hintergrundfarbe oder spezieller 3D-Effekte möglich.

Um den Zugriff auf die Steuerelemente zu erhalten, wählen Sie auf der Registerkarte *Datei* den Befehl *Excel-Optionen*. Wechseln Sie in die Kategorie *Menüband anpassen* und aktivieren Sie die Hauptregisterkarte *Entwicklertools* im rechten Listenfeld.

Formulare entwickeln

Abbildg. 13.1 Über die Registerkarte *Entwicklertools* erhalten Sie Zugriff auf die installierten Steuerelemente

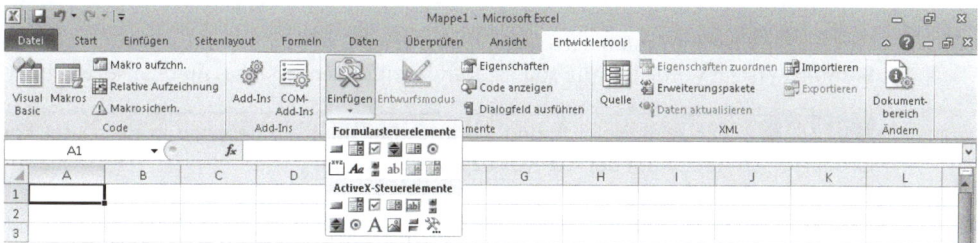

Formularsteuerelemente kennenlernen

Wie Sie in Abbildung 13.1 sehen, werden die Steuerelemente der beiden Typen über Befehle mit nahezu identischen Symbolen erstellt. Daher sollen hier nur die Formularsteuerelemente der Reihe nach kurz vorgestellt werden.

- **Schaltfläche** Startet üblicherweise ein Makro. Beim Erstellen einer Schaltfläche werden Sie aufgefordert, diese mit einem Makro zu verbinden oder ein Makro aufzuzeichnen. Sie müssen aber hier kein Makro angeben. Geben Sie stattdessen als Beschriftung eine Internetadresse wie *www.anwendertage.de* an, können Sie die Schaltfläche verwenden, um diese Seite im Browser anzuzeigen.

- **Kombinationsfeld** Bietet eine Liste zur Auswahl eines Werts an. Ist ein Wert ausgewählt, wird das Kombinationsfeld wieder auf die normale Größe reduziert. Der Rückgabewert ist eine Zahl, welche die Position des markierten Eintrags in der Liste widerspiegelt.

- **Kontrollkästchen** Für die Anzeige der Zustände *Nicht aktiviert* (Rückgabewert *FALSCH*), *Aktiviert* (schwarzes Häkchen, Rückgabewert *WAHR*) und *Gemischt* (Rückgabewert *#NV*)

- **Drehfeld** Gibt einen Zahlenwert zwischen 0 und 30.000 aus. Der Wert in der verknüpften Zelle wird entsprechend der Pfeilrichtung vermindert oder erhöht.

- **Listenfeld** Zeigt wie das Kombinationsfeld eine Liste von Werten an, allerdings bleibt die Größe des Steuerelements bei der Auswahl unverändert

- **Optionsfeld** Ist für die Anzeige von Wahrheitswerten zuständig. Ein schwarzer Punkt für die Anzeige von *WAHR*, ansonsten *FALSCH*.

- **Gruppenfeld** Fasst Steuerelemente zu einer Gruppe zusammen

- **Bezeichnung** Enthält beschreibende Texte

- **Bildlaufleiste** Gibt Zahlenwerte über einen Schieberegler aus

- **Textfeld**, **Kombinationsleiste** und **Dropdown-Kombinationsfeld** Sind Steuerelementtypen, die nur auf Dialogblättern verfügbar sind. Ein Dialogblatt fügen Sie ein, indem Sie mit der rechten Maustaste auf das Blattregister klicken und im Kontextmenü den Befehl *Einfügen* wählen. Wählen Sie im folgenden Dialogfeld *Microsoft Excel 5.0-Dialog* aus. Mit diesen Dialogblättern wurden Eingabedialogfelder in Excel 5.0 erstellt. Für Programmierer wurden sie von UserForms abgelöst und kommen daher heute wohl nur noch selten zum Einsatz.

Ein elektronisches Formular erstellen

Um ein Einsatzgebiet von Steuerelementen zu zeigen, soll im folgenden Beispiel ein elektronisches Formular erstellt werden. Darin soll die Kundenzufriedenheit eines Autohauses ermittelt werden.

CD-ROM Dieses Beispiel finden Sie im Arbeitsblatt *Fragebogen* in der Datei *Kap13.xlsx* im Ordner *\Buch\Kap13* auf der CD-ROM zu diesem Buch.

Abbildg. 13.2   Über Steuerelemente und Auswahllisten werden Benutzereingaben weitgehend auf einen Mausklick beschränkt

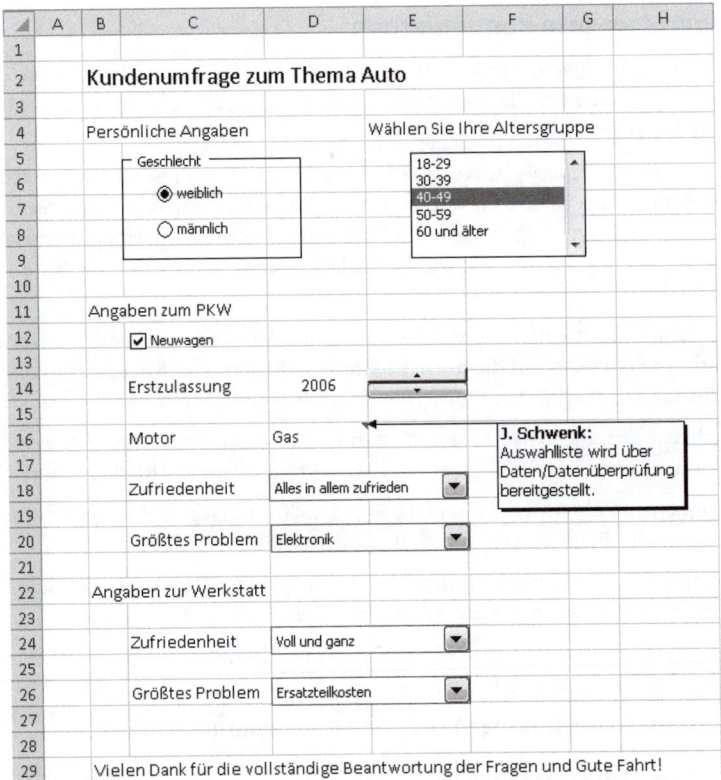

HINWEIS   Um Ihnen die Orientierung in der Abbildung 13.2 zu erleichtern, wurden die Gitternetzlinien nicht ausgeblendet. Das Design des Fragebogens gewinnt insgesamt, wenn Sie die Gitternetzlinien über die Registerkarte *Seitenlayout* ausschalten, indem Sie in der Gruppe *Blattoptionen* das Kontrollkästchen *Ansicht* für die *Gitternetzlinien* deaktivieren.

Listen für Steuerelemente erstellen

Listenfelder und Kombinationsfelder zeigen verschiedene Werte an, die in einem Tabellenbereich abgelegt werden. Erstellen Sie also zunächst diese Listen mit den erforderlichen Einträgen, am besten auf einem separaten Arbeitsblatt. Die Einträge werden im Steuerelement in der Reihenfolge angezeigt, in der sie in der Liste eingetragen wurden.

Abbildg. 13.3 Eine notwendige Vorarbeit ist das Eintragen der Listenwerte und die Vergabe von Bereichsnamen

▲	A	B	C	D	E	F	G
1							
2		Eingabebereiche der Steuerelemente					
3		IstAltersgruppe	IstMotor	IstZufriedenheit	IstProblem	IstWerkstatt	
4		18-29	Benzin	Voll und ganz	Elektronik	Arbeitskosten	
5		30-39	Diesel	Alles in allem zufrieden	Getriebe	Beratung	
6		40-49	Gas	Mit Einschränkungen	Motor	Dauer	
7		50-59	andere	Eher weniger	Verarbeitung	Ersatzteilkosten	
8		60 und älter		Gar nicht		Kulanz	
9						Mängeldiagnose	
10						Qualität der Arbeiten	
11							

Um Bereichsnamen für die Listenbereiche festzulegen, gehen Sie wie folgt vor:

1. Markieren Sie die jeweiligen Werte einschließlich der Überschrift, z. B. *B3:B8*.
2. Drücken Sie die Tastenkombination [Strg]+[⇧]+[F3].
3. Übernehmen Sie den Namen aus der obersten Zeile.

Profitipp   Auch für die Verwendung in Steuerelementen sind Namen hervorragend geeignet. Bei einer Vielzahl von Steuerelementen steigt die Zahl der Namen sehr schnell an, weil für die meisten Steuerelemente sowohl für den Eingabebereich als auch für die Zellverknüpfung ein Name benötigt wird. Erleichtert wird die Arbeit mit Namen, wenn Sie für den jeweiligen Einsatzzweck ein Präfix verwenden, etwa »*Ist*« für die Listen der Eingabebereiche und »*av*« für die Ausgabeverknüpfung. Mehr zum Thema Namen finden Sie in Kapitel 19.

Den Bereich für die Ausgabewerte vorbereiten

Für die Ausgabewerte der Steuerelemente wird ebenfalls ein Bereich in der Tabelle vorbereitet (siehe Abbildung 13.4). Auch hier werden Bereichsnamen aus den Überschriften generiert:

1. Markieren Sie dazu den Bereich *J3:R4*.
2. Drücken Sie die Tastenkombination [Strg]+[⇧]+[F3].
3. Übernehmen Sie den Namen aus der obersten Zeile.

TIPP   Um eine Liste aller Namen einer Arbeitsmappe an der aktuellen Stelle einzufügen, wählen Sie auf der Registerkarte *Formeln* in der Gruppe *Definierte Namen* den Befehl *In Formel verwenden* und dort den Unterbefehl *Namen einfügen*. Im gleichnamigen Dialogfeld wählen Sie die Schaltfläche *Liste einfügen*.

Kapitel 13   Formulare entwickeln und kommentieren

Abbildg. 13.4   Der Bereich *J4:R4* nimmt die Ausgabewerte der Steuerelemente auf

	J	K	L	M	N	O	P	Q	R	S
1										
2	Ausgabeverknüpfungen									
3	avGeschlecht	avAltersgruppe	avPKW	avErstzulassung	avMotor	avZufriedenheit	avProblem	avWerkstattzufriedenheit	avWerkstattproblem	
4	1	4	WAHR	2006	Gas	2	1	1	4	
5										

Für die Platzierung der Ausgabewerte sollten Sie folgende Überlegungen anstellen:

- Soll das Formular lediglich ausgedruckt werden, können Sie die Ausgabewerte unsichtbar machen, indem Sie diese unter den Steuerelementen »verstecken«
- Sollen die Werte auf demselben Arbeitsblatt ausgegeben werden, etwa weil die Arbeitsmappe nur ein einziges Arbeitsblatt haben soll, wählen Sie einen Bereich außerhalb des Formularbereichs (wie in Abbildung 13.4). Bei Bedarf können Sie die Spalten in diesem Bereich ausblenden.
- Wollen Sie die Daten aller Kunden später in eine Datenbank exportieren, wählen Sie für die Ausgabewerte ein separates Arbeitsblatt. Bei Bedarf können Sie dieses ausblenden.

Steuerelemente erstellen

Nachdem die Vorbereitungen abgeschlossen sind, gilt es jetzt, die Steuerelemente zu erstellen. Die Vorgehensweise ist dabei für alle Steuerelemente und Steuerelement-Typen identisch. Daher wird hier nicht die Erstellung aller Steuerelemente, sondern exemplarisch die einer Auswahl beschrieben.

Um das Gruppenfeld für die Angabe zum Geschlecht zu erstellen, gehen Sie wie folgt vor:

1. Klicken Sie auf der Registerkarte *Entwicklertools* in der Gruppe *Steuerelemente* auf den Befehl *Einfügen* und anschließend auf den Befehl *Gruppenfeld*.
2. Der Mauszeiger ändert seine Form in ein Fadenkreuz. Klicken Sie an die Stelle, an der das Steuerelement erstellt werden soll. Halten Sie die linke Maustaste gedrückt und ziehen Sie einen Rahmen für das Steuerelement auf.
3. Lassen Sie die Maustaste los.
4. Klicken Sie an die Stelle der Beschriftung und tippen Sie den Text »Geschlecht« ein.
5. Klicken Sie auf eine beliebige Zelle, um das Gruppenfeld zu deaktivieren.

> **Profitipp**   Beim Erstellen von Steuerelementen sind zwei Tasten hilfreich:
> - Um die Größenänderung eines Steuerelements sowohl in der Breite als auch in der Höhe gleichmäßig auszuführen, halten Sie beim Ziehen mit der Maus die ⇧-Taste gedrückt
> - Um die Größe des Steuerelements an den darunter liegenden Zellen auszurichten, halten Sie die Alt-Taste gedrückt

Erstellen Sie nun die Optionsfelder für die beiden möglichen Merkmalsausprägungen nach demselben Schema:

1. Führen Sie die obigen Schritte 1 bis 3 aus, erstellen Sie aber ein Optionsfeld.
2. Wählen Sie als Beschriftung »weiblich«.
3. Klicken Sie in der Registerkarte *Entwicklertools* auf den Befehl *Eigenschaften*.
4. Legen Sie im Dialogfeld *Steuerelement formatieren* auf der Registerkarte *Steuerung* für die Eigenschaft *Zellverknüpfung* den Namen *avGeschlecht* fest und bestätigen Sie mit *OK*.
5. Klicken Sie auf eine beliebige Zelle, um das Gruppenfeld zu deaktivieren.

Formulare entwickeln

Abbildg. 13.5   Für ein Optionsfeld kann nur eine *Zellverknüpfung* für den Ausgabewert eingestellt werden

> **HINWEIS**   Wenn Sie ein zweites Optionsfeld in die bestehende Gruppe zeichnen, wird dabei die *Zellverknüpfung* des ersten Steuerelements übernommen.

Bei der Erstellung der Listenfelder und Kombinationsfelder gehen Sie genauso vor. Für diese Steuerelemente gilt es allerdings auch den *Eingabebereich* zu definieren. Die Registerkarte *Steuerung* im Dialogfeld *Steuerelement formatieren* zeigt dafür ein weiteres Eingabefeld.

Abbildg. 13.6   Der *Eingabebereich* ist der Bereich, über den Daten die angezeigt werden, die *Zellverknüpfung* nimmt den Ausgabewert auf

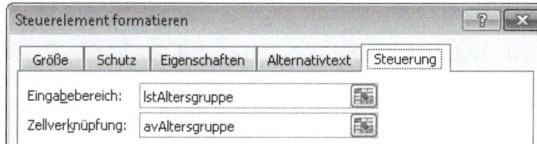

   Mit der Schaltfläche *Reduzieren* kann das Dialogfeld verkleinert und der Bereich in der Tabelle markiert werden. Die Verwendung von Namen ist allerdings von Vorteil, auch was die Dokumentation betrifft.

> **HINWEIS**   Leider können Sie an dieser Stelle Namen nicht mit der F3 -Taste und auch nicht über einen Befehl der Registerkarte *Formeln* einfügen. Die Befehle des Menübands sind deaktiviert, während das Dialogfeld *Steuerelement formatieren* angezeigt wird.

An dieser Stelle einmal ein Vergleich zu den ActiveX-Steuerelementen. Wenn Sie die zahlreichen Möglichkeiten dieses Steuerelementtyps verwenden und daher ein Listenfeld dieses Typs einsetzen wollen, führt Sie der Befehl *Eigenschaften* (Registerkarte *Entwicklertools*, Gruppe *Steuerelemente*) zum Fenster *Eigenschaften*. Legen Sie dort die Eigenschaften *LinkedCell* und *ListFillRange* wie in Abbildung 13.7 fest.

Kapitel 13 Formulare entwickeln und kommentieren

Abbildg. 13.7 Die Eigenschaften des vergleichbaren ActiveX-Steuerelements sind so umfangreich, dass sie in Kategorien zusammengefasst werden können

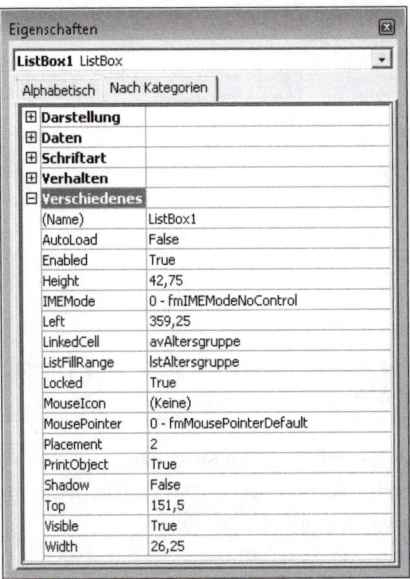

TIPP Soll das Steuerelement auf Ausdrucken ausgeblendet werden, ändern Sie die Eigenschaft *PrintObject* auf *False*. Für Steuerelemente vom Typ *Formular* finden Sie die entsprechende Eigenschaft im Dialogfeld *Steuerelement formatieren* auf der Registerkarte *Eigenschaften*.

Eine Liste der verwendeten Steuerelemente mit den wichtigsten Eigenschaften zeigt die Tabelle 13.1.

Tabelle 13.1 Die Liste der verwendeten Steuerelement-Typen und deren Eigenschaften

Steuerelement-Typ	Inhalt	Eingabebereich	Ausgabebereich
Gruppenfeld	Text: Geschlecht	Entfällt	Entfällt
Optionsfeld	Text: w	Entfällt	avGeschlecht
Optionsfeld	Text: m	Entfällt	avGeschlecht
Listenfeld	Altersgruppe	lstAltersgruppe	avAltersgruppe
Kontrollkästchen	Text: Neuwagen	Entfällt	avNeuwagen
Drehfeld	Erstzulassung	Entfällt	avErstzulassung
Keiner, Liste wird über *Datenüberprüfung* festgelegt	Motor	lstMotor	avMotor
Kombinationsfeld	Zufriedenheit	lstZufriedenheit	avZufriedenheit
Kombinationsfeld	Problem		avProblem
Kombinationsfeld	Werkstattzufriedenheit	lstZufriedenheit	avWerkstattzufriedenheit
Kombinationsfeld	KfzProblem		avWerkstattproblem

Formulare entwickeln

> **WICHTIG** Die beiden Kombinationsfelder für den Grad der Zufriedenheit mit dem Wagen und der Werkstatt verwenden den gleichen *Eingabebereich*, haben jedoch eine unterschiedliche *Zellverknüpfung*. Wenn Sie für Steuerelemente die gleiche Ausgabeverknüpfung festlegen, überschreiben sich diese bei Änderungen an den Steuerelementen gegenseitig.

Auswahlliste ohne Steuerelemente

Im Formular aus Abbildung 13.2 wird für die Zelle *D16* eine alternative Eingabemethode verwendet. Für diese Zelle wurde über den Befehl *Datenüberprüfung* auf der Registerkarte *Daten* in der Gruppe *Datentools* eine Gültigkeitsprüfung festgelegt. Stellen Sie das Listenfeld *Zulassen* auf *Liste* und geben Sie als Bezug einen Bereich oder Bereichsnamen ein.

Damit werden die zulässigen Daten ebenfalls über eine Liste gepflegt. Die Änderung des Zellwerts erfolgt bei aktiver Zelle über das Auswahlfeld, das an deren rechtem Rand angezeigt wird. Mehr zum Thema Datenüberprüfung finden Sie in Kapitel 8.

Daten für die Übernahme vorbereiten

Sie haben das Formular an Ihre Kunden versandt und diese senden die ausgefüllte Datei zurück. Wenn Sie die Daten in eine Datenbank importieren wollen, ist der Zugriff einfacher zu bewerkstelligen, wenn die Ausgabeverknüpfungen auf einem separaten Blatt liegen oder dort über Formelbezüge verfügbar gemacht werden. Die zweite Variante hat zudem den Vorteil, dass Textwerte in Zahlen umgewandelt oder auch weitere Berechnungen durchgeführt werden können. So werden die Ausgabewerte *avPKW* und *avMotor* mit der Formel =N(avPKW) bzw. =VERGLEICH(avMotor;lstMotor;0) in eine Schreibweise umgewandelt, wie sie üblicherweise in einer relationalen Datenbank verwendet wird.

Abbildg. 13.8 Die Daten für die Übernahme in eine Datenbank oder zum Konsolidieren vorbereiten

	A	B	C	D	E	F	G	H	I	J
1	Geschlecht	Altersgruppe	PKW	Erstzulassung	Motor	Zufriedenheit	Problem	Werkstattzufriedenheit	Werkstattproblem	
2	1	3	1	2006	3	2	1	1	4	
3										

Formular schützen

Üblicherweise können in einem elektronischen Formular nur die Zellen ausgewählt werden, die auch für eine Eingabe vorgesehen sind. Um im Formular nur Änderungen an den Eingabezellen zu erlauben, gehen Sie wie folgt vor:

1. Markieren Sie die Zellen, die geändert werden dürfen. In der Beispieldatei wurde für diesen Bereich der Name *Eingabebereich* festgelegt.
2. Wählen Sie auf der Registerkarte *Start* in der Gruppe *Zellen* den Befehl *Format/Zellen formatieren*.
3. Wechseln Sie im Dialogfeld zur Registerkarte *Schutz* und deaktivieren Sie dort das Kontrollkästchen *Gesperrt*.
4. Schließen Sie das Dialogfeld mit *OK*.
5. Markieren Sie anschließend die gesamte Tabelle über die Schaltfläche *Alles auswählen* (Schnittpunkt der Zeilen- und Spaltenköpfe).
6. Wählen Sie auf der Registerkarte *Start* in der Gruppe *Zellen* den Befehl *Format/Blatt schützen*.

7. Im Dialogfeld *Blatt schützen* deaktivieren Sie alle Kontrollkästchen mit Ausnahme von *Nicht gesperrte Zellen auswählen*.
8. Beenden Sie den Vorgang mit *OK*.

Mehr über den Schutz von Arbeitsblättern erfahren Sie in den Kapiteln 4 und 9.

ActiveX-Steuerelemente verwenden

Wie bereits erwähnt, haben die ActiveX-Steuerelemente annähernd dasselbe Erscheinungsbild wie die Formularsteuerelemente, bieten aber deutlich mehr Einstellmöglichkeiten.

Für das komfortable Eintragen von Datumswerten in eine Tabelle möchten Sie ein Drehfeld verwenden. Allerdings ist dabei der maximale Höchstwert auf die Zahl *30.000* begrenzt, was dem Datum *18.02.1982* entspricht. Sie möchten aber auch aktuellere Datumswerte einstellen. Wie kann dieses Problem gelöst werden?

Um höhere Werte über ein Drehfeld einstellen zu können, sind zwei Wege denkbar:

- Legen Sie die Ausgabeverknüpfung auf eine andere Zelle und verwenden Sie eine Formel, um daraus das Datum zu berechnen, addieren Sie dabei einen festen Wert. Beispiel: In *A1* soll das Datum eingestellt werden. Legen Sie die Ausgabeverknüpfung des Drehfelds auf *B1* und berechnen Sie das Datum in *A1* mit der Formel =30000+B1. Damit können Sie Datumswerte zwischen dem *18.02.1982* und dem *8.04.2064* eintragen.
- Verwenden Sie stattdessen das ActiveX-Steuerelement *Drehfeld*. Für dieses Steuerelement können Sie über die Eigenschaft *Max* einen Maximalwert von bis zu 2.147.483.647 (ohne Tausenderpunkt) verwenden. Die Zellverknüpfung legen Sie über die Eigenschaft *LinkedCell* fest.

ActiveX-Steuerelemente können nur im Entwurfsmodus ausgewählt und überarbeitet werden.

HINWEIS Das Dialogfeld *Steuerelement formatieren* (zu erreichen über den entsprechenden Befehl im Kontextmenü) für allgemeine Einstellungen zum Steuerelement, wird für ActiveX-Steuerelemente **ohne** die Registerkarte *Steuerung* angezeigt. Die Eigenschaften für den Eingabebereich und die Zellverknüpfung müssen im Fenster *Eigenschaften* über die Eigenschaften *ListFillRange* und *LinkedCell* eingestellt werden (ähnlich wie in Abbildung 13.7).

Weitere ActiveX-Steuerelemente verwenden

In der Gruppe der ActiveX-Steuerelemente finden Sie den Befehl *Weitere Steuerelemente*, mit dem ein Auswahlfenster für weitere Steuerelemente angezeigt wird. Die Liste der angezeigten Steuerelemente variiert je nach den Programmen, die auf dem Rechner installiert sind. Viele Programme bringen eine ganze Reihe von Steuerelementen mit, aber nicht alle können auch in einem Arbeitsblatt verwendet werden. Viele davon stehen allerdings nur dem Programmierer zur Verfügung.

Tabellen kommentieren

In manchen Arbeitsmappen werden viele Werte aus unterschiedlichen Bereichen zusammengetragen und mit eigenen Berechnungen zu einem Bericht zusammengefasst. Da kann es schon einmal passieren, dass nach einiger Zeit nicht mehr ganz klar ist, warum eine Berechnung so und nicht anders durchgeführt oder ein Wert so hoch angesetzt wurde.

Tabellen kommentieren

Excel bietet Ihnen Unterstützung in der Weise an, dass Sie zu jeder Zelle eine Information, einen sogenannten *Kommentar*, speichern können. Sie können damit Hinweise für andere Benutzer geben, das Datum von Aktualisierungen festhalten, Hinweise zum Ursprung von Daten geben oder Hinweise zur Historie von Daten und Tabellenmodellen geben.

Der folgende Abschnitt zeigt Ihnen, wie Sie Kommentare in Tabellen verwenden können.

CD-ROM Die Beispiele zu diesem Thema finden Sie im Arbeitsblatt *Kommentare* in der Datei *Kap13.xlsx* im Ordner *\Buch\Kap13* auf der CD-ROM zu diesem Buch.

Natürlich können Sie eine Zelle mit Inhalt so formatieren, dass dieser nicht angezeigt wird, oder einen unsichtbaren Text in eine Zelle eingeben und damit Informationen hinterlegen. Ganz einfach geht das, wenn Sie dafür eine Formel verwenden. In einer Zelle verwenden Sie dafür z. B. die Funktion *LINKS(Text,Anzahl_Zeichen)*. Für das Argument *Text* geben Sie einen Text in Anführungszeichen oder einen Zellbezug ein. Für das Argument *Anzahl_Zeichen* verwenden Sie die Zahl 0. Damit ist das Ergebnis der Funktion immer eine leere Zeichenfolge.

Abbildg. 13.9 Die Zelle zeigt keinen sichtbaren Inhalt, aber in der Bearbeitungsleiste ist die Information sichtbar

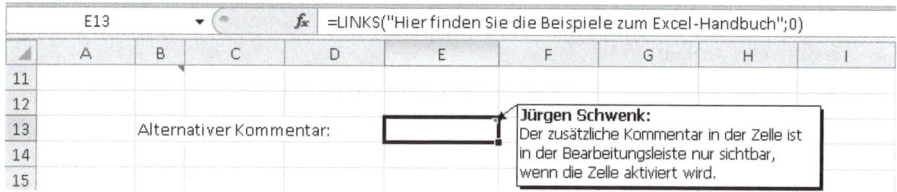

Kommentar einfügen

Ein Kommentar im eigentlichen Sinne ist ein spezielles Textfeld, das für jede beliebige Zelle unabhängig vom Inhalt eingefügt werden kann und mit dieser verbunden ist. Um einen Kommentar einzufügen, können Sie unter verschiedenen Möglichkeiten wählen:

- Verwenden Sie auf der Registerkarte *Überprüfen* in der Gruppe *Kommentare* den Befehl *Neuer Kommentar*
- Verwenden Sie die Tastenkombination ⇧ + F2
- Wählen Sie im Kontextmenü für Zellen den Befehl *Kommentar einfügen*

Sie gelangen damit in den Eingabemodus für Kommentare.

Der Benutzername, wie er in den *Excel-Optionen* in der Kategorie *Allgemein* unter *Benutzername* steht, ist bereits eingetragen (siehe Abbildung 13.9). Die Einfügemarke steht in der folgenden Zeile, Sie können also sofort mit der Eingabe beginnen.

Einen Zeilenumbruch können Sie mit der ↵-Taste einfügen. Wenn Sie den Text vollständig eingetragen haben, klicken Sie mit der Maus auf eine beliebige Zelle oder drücken Sie zweimal die Esc-Taste. Damit ist der Kommentar dann eingefügt.

HINWEIS Ist eine Arbeitsmappe für andere Benutzer freigegeben, kann jeder Benutzer Kommentare einfügen. Wenn ein Benutzer einen bestehenden Kommentar zur Bearbeitung öffnet, wird der Namenszug des Benutzers eingetragen. Neue Kommentare bzw. Ergänzungen können so dem Urheber jeweils zugeordnet werden. Mehr zur Freigabe von Arbeitsmappen finden Sie in Kapitel 3.

Kommentar bearbeiten und löschen

Enthält die aktive Zelle einen Kommentar, können Sie über das Kontextmenü mit der rechten Maustaste unter den wichtigsten Befehlen zum Bearbeiten eines Kommentars wählen.

- Über den Befehl *Kommentar bearbeiten* können Sie in den Editiermodus wechseln und den Kommentar ändern oder erweitern. Mit der Tastenkombination ⇧+F2 gelangen Sie ebenfalls in diese Schreibposition.
- Der Befehl *Kommentar löschen* entfernt den Kommentar ohne Sicherheitsabfrage
- *Kommentare ein-/ausblenden* blendet den Kommentar der aktiven Zelle ein oder aus

Kommentare anzeigen und finden

Das Erscheinungsbild von Kommentaren können Sie in den *Excel-Optionen* in der Kategorie *Erweitert* im Abschnitt *Anzeige* einstellen. Die Einstellung gilt für alle Arbeitsmappen. Wählen Sie eine der folgenden Optionen:

- **Keine Kommentare und Indikatoren**   Wenn Sie alle Kommentare und auch die Indikatoren ausblenden wollen
- **Nur Indikatoren, und Kommentare nur beim Daraufzeigen** (Standardeinstellung)   Wenn für Zellen mit Kommentar ein Indikator angezeigt werden soll. Das ist ein kleines rotes Dreieck (siehe Abbildung 13.9) in der rechten oberen Ecke der Zelle. Sie haben damit einen Hinweis auf einen Kommentar. Angezeigt wird der Kommentar nur dann, wenn Sie den Mauszeiger über die Zelle führen.
- **Kommentare und Indikatoren**   Wenn neben dem Indikator auch der Kommentar angezeigt werden soll. Bei vielen Kommentaren wird diese Einstellung die Übersicht in der Tabelle erschweren.

Kommentare formatieren

Ein Kommentar ist ein *Objekt*, das Sie – wie andere Excel-Objekte auch – formatieren können. Einstellungen wie Farbe, Schriftart und Schriftgröße sowie die Einstellungen zur Objektgröße können geändert werden.

Nehmen wir an, Sie möchten einen bestehenden Kommentar so formatieren, dass seine Größe an den eingetragenen Text angepasst wird. Die Lösung ist einfach: Excel kann den Kommentar automatisch an die Länge der eingetragenen Zeichenfolge anpassen. Dazu sind die folgenden Schritte durchzuführen:

1. Wählen Sie die kommentierte Zelle aus und zeigen Sie den Kommentar, z. B. über die Tastenkombination ⇧+F2, im Editiermodus an.
2. Klicken Sie dann auf den schraffierten Rahmen. Die Einfügemarke blinkt dabei nicht im Kommentarfeld; im Namenfeld der Bearbeitungsleiste wird der Name des Kommentars angezeigt.
   Achtung: Wenn Sie sich im Eingabemodus befinden, können Sie nur die Schriftart für den Kommentartext ändern.
3. Wählen Sie im Kontextmenü den Befehl *Kommentar formatieren*.
4. Wechseln Sie im Dialogfeld *Kommentar formatieren* zur Registerkarte *Ausrichtung*.

5. Markieren Sie das Kontrollkästchen *Automatische Größe* (siehe Abbildung 13.10).
6. Beenden Sie die Eingabe per Klick auf die Schaltfläche *OK*.

Abbildg. 13.10   Die Größe des Kommentars automatisch an die eingetragene Zeichenfolge anpassen

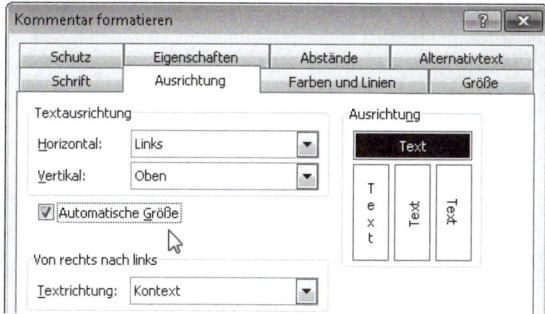

Die Größe des Kommentarfelds richtet sich nun nach dem eingetragenen Text. Wenn Sie den Text ohne Zeilenumbruch eingetragen haben, wird der Kommentar auch einzeilig angezeigt. Fügen Sie der besseren Übersicht wegen an entsprechender Stelle mit der ⏎-Taste einen Zeilenumbruch ein (Abbildung 13.11).

Abbildg. 13.11   Automatische Größenanpassung mit einem Zeilenumbruch

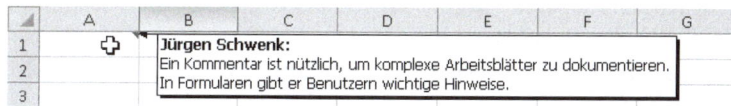

WICHTIG   Wenn Sie weiteren Text eintragen, wird die Größe des Kommentars an die neue Länge der Zeichenfolge angepasst.

Position und Größe von Kommentaren ändern

Wenn Sie einen Kommentar einblenden, überdeckt dieser vielleicht einen Bereich, den Sie ebenfalls gern einsehen wollen. Sie können den Kommentar dann mit den folgenden Schritten an eine andere Stelle verschieben:

1. Markieren Sie die Zelle mit dem Kommentar.

2. Wechseln Sie über den Befehl *Kommentar bearbeiten* (dieser ist auf der Registerkarte *Überprüfen* in der Gruppe *Kommentare* nur dann verfügbar, wenn die aktive Zelle einen Kommentar enthält) in den Bearbeitungsmodus.
3. Klicken Sie mit der linken Maustaste auf den Rahmen des Kommentars und halten Sie die Maustaste gedrückt. Sie können nun den Kommentar an eine andere Stelle verschieben.

Um die Größe zu ändern, können Sie die Ziehpunkte verwenden, die sich auf dem schraffierten Rahmen befinden (siehe Abbildung 13.12). Dabei können Sie über die Ziehpunkte an den Ecken des Kommentarfelds gleichzeitig Höhe und Breite anpassen. Das Namenfeld zeigt dabei die relative Größenänderung in Prozent an.

Kapitel 13 Formulare entwickeln und kommentieren

Abbildg. 13.12   Position und Größe eines Kommentars können nach eigenen Wünschen verändert werden

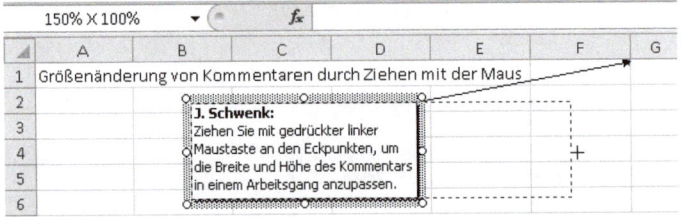

TIPP   Wollen Sie den Kommentar an den darunterliegenden Zellen ausrichten, halten Sie bei der Größenänderung die `Alt`-Taste gedrückt. Wenn Sie die `⇧`-Taste gedrückt halten, wird bei der Änderung das Seitenverhältnis berücksichtigt.

Kommentare kopieren

Benötigen Sie für mehrere Zellen den gleichen Kommentar, müssen Sie diesen nicht mehrfach eingeben. Excel stellt einen Befehl zur Verfügung, mit dem Kommentare bequem kopiert werden können. Und das geht so:

1. Geben Sie den Kommentar in eine Zelle ein und beenden Sie die Eingabe.
2. Wählen Sie den Befehl *Kopieren* (Registerkarte *Start*, Gruppe *Zwischenablage*). Sie kopieren damit die Zelle in die Zwischenablage.
3. Markieren Sie die Zelle(n), welche ebenfalls den Kommentar enthalten soll(en). Mehrere, nicht zusammenhängende Zellen können Sie mit der `Strg`-Taste markieren.

4. Wählen Sie auf der Registerkarte *Start* in der Gruppe *Zwischenablage* den Befehl *Einfügen/ Inhalte einfügen*.
5. Im Dialogfeld *Inhalte einfügen* wählen Sie die Option *Kommentare*. Beenden Sie die Eingabe per Klick auf *OK*.

Die markierten Zellen enthalten nun den gleichen Kommentar wie die Ursprungszelle.

HINWEIS   Der Befehl *Kommentar einfügen* im Kontextmenü fügt nicht den kopierten Kommentar ein, sondern erstellt auch im Kopiermodus einen neuen Kommentar.

Kommentare komfortabel auswählen

Wer viel mit Kommentaren arbeitet und diese häufig einsehen muss, der findet entsprechende Unterstützung auf der Registerkarte *Überprüfen*.

Abbildg. 13.13   Befehle zum Arbeiten mit Kommentaren

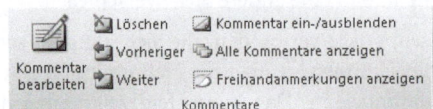

Der Befehl *Kommentar bearbeiten* bringt Sie in den Eingabemodus, in dem Sie einen bereits bestehenden Kommentar bearbeiten können. Dieser Befehl ist nur sichtbar, wenn die aktive Zelle einen Kommentar enthält. Ansonsten ist an dieser Stelle der Befehl *Neuer Kommentar* zu sehen.

Für das *Löschen* von Kommentaren ist ebenfalls eine Schaltfläche verfügbar. Wenn Sie mehrere Zellen mit Kommentaren markiert haben, können Sie alle darin befindlichen Kommentare in einem Schritt löschen. Achtung: Gelöscht wird sofort ohne Sicherheitsabfrage!

Die beiden Schaltflächen *Vorheriger* bzw. *Weiter* helfen beim Überarbeiten. Sie können damit den vorherigen bzw. den nächsten Kommentar anzeigen lassen und aktivieren. Interessant ist dabei, dass Sie mit diesen Schaltflächen durch die Kommentare der gesamten Arbeitsmappe navigieren können.

Mit der Schaltfläche *Kommentar ein-/ausblenden* ist es möglich, den Kommentar der aktiven Zelle anzuzeigen oder vom Bildschirm zu entfernen. Sie können damit ganz gezielt einzelne Kommentare dauerhaft anzeigen lassen und andere wiederum nicht.

Mit der Schaltfläche *Alle Kommentare anzeigen* können Sie sämtliche Kommentare dauerhaft anzeigen lassen. Werden bereits alle Kommentare angezeigt, können Sie mit dieser Schaltfläche die Kommentare wieder vom Bildschirm entfernen. Dieser Befehl zeigt nicht nur die Kommentare der aktiven Tabelle an, sondern sämtliche Kommentare der gesamten Arbeitsmappe, wie auch die der sonst noch geöffneten Arbeitsmappen.

HINWEIS Der Befehl *Freihandanmerkungen anzeigen* steht nur zur Verfügung, wenn Excel auf einem Tablet PC läuft. Sie benötigen jedoch keinen Tablet PC, um Freihandeingaben zu kopieren, einzufügen, zu verschieben, ihre Größe zu ändern oder sie zu löschen. Die Freihandeingabe wird als Objekt behandelt, ähnlich wie Zeichnungsobjekte. Mithilfe der Freihand-Features können Sie einen Tablet PC und einen Tablettstift zum Einfügen handschriftlicher Anmerkungen in Word, PowerPoint und Excel verwenden.

Alle Zellen mit Kommentaren markieren

Um alle Zellen zu markieren, die einen Kommentar enthalten, führen Sie die folgenden Schritte aus:

1. Wählen Sie auf der Registerkarte *Start* in der Gruppe *Bearbeiten* den Befehl *Suchen und Auswählen*.
2. Klicken Sie auf den Befehl *Kommentare*.

Excel markiert daraufhin im aktiven Arbeitsblatt alle Zellen mit Kommentaren. Sie können nun mit der ⭾-Taste alle Zellen nacheinander auswählen. Mit der Tastenkombination ⇧+⭾ können Sie jeweils eine Zelle (mit Kommentar) zurückspringen.

Wie Sie nach bestimmten Inhalten in Kommentaren suchen können, zeigt Ihnen Kapitel 4.

Kommentare drucken

Kommentare können wichtige Informationen enthalten, die Sie vielleicht auch ausdrucken wollen. Nach Aufruf des Startprogramms für Dialogfelder *Seite einrichten* auf der Registerkarte *Seitenlayout* finden Sie hierzu im Dialogfeld *Seite einrichten* auf der Registerkarte *Blatt* verschiedene Einstellmöglichkeiten:

- Standardmäßig ist das Listenfeld *Kommentare* auf *(Keine)* eingestellt, was bedeutet, dass Kommentare nicht gedruckt werden
- Mit der Einstellung *Am Ende des Blattes* werden alle Kommentare nach dem Ausdruck der Tabelle gedruckt. Der Ausdruck beginnt dabei auf einer neuen Seite und zeigt neben dem Kommentar auch die Zelladresse an.

- Mit der Einstellung *Wie auf dem Blatt angezeigt* werden Kommentare an der Stelle gedruckt, an der sie auch angezeigt werden. Beachten Sie, dass hierbei eventuell Zellen (und damit deren Inhalt) durch Kommentare verdeckt werden können.

WICHTIG Beachten Sie, dass diese Einstellung mit der Arbeitsmappe gespeichert wird. Wollen Sie also beim nächsten Mal – wie es der Standard ist – keine Kommentare drucken, müssen Sie die Einstellung auf *(Keine)* zurücksetzen.

Mehr zum Thema Drucken finden Sie in Kapitel 5.

Zusammenfassung

Steuerelemente erleichtern die Eingabe vorgegebener Werte. Deutlich variantenreicher als mit dem Auswahlfeld der Datenüberprüfung können damit komfortable Lösungen erstellt werden.

Nicht nur für die Qualitätssicherung, auch als kurze Erinnerung, wo die Daten herkommen oder was zu beachten ist, steht Ihnen mit dem Kommentar eine nützliche Funktionalität zur Verfügung. Nutzen Sie diesen wichtigen Baustein, um sich und Ihren Kollegen erläuternde Hinweise zu geben.

Frage	Lösung
Welche Steuerelemente gibt es?	Für die Arbeit mit Steuerelementen blenden Sie zunächst in den Excel-Optionen die Registerkarte *Entwicklertools* ein. Mehr dazu auf Seite 421.
Wie kann ich ein Steuerelement in einer Tabelle erstellen?	Ein Steuerelement wird wie ein Zeichenobjekt durch Ziehen mit der Maus erstellt. Wie Sie die Eigenschaften einstellen, erfahren Sie ab Seite 424.
Ich habe zahlreiche Steuerelemente auf einer Tabelle und möchte diese beim Drucken ausblenden. Wie geht das?	Auf Seite 426 erfahren Sie, wie Sie über eine Steuerelementeigenschaft das Drucken von Formularsteuerelementen verhindern.
Ich möchte dem Benutzer verschiedene Werte in einer Auswahlliste anbieten. Muss ich dazu ein Steuerelement verwenden?	Eine Auswahlliste können Sie mithilfe der Datenüberprüfung auch ohne Steuerelement erstellen. Mehr dazu auf Seite 427.
Wie kann ich Datumsangaben komfortabel eintragen?	Auf Seite 428 finden Sie ein Beispiel, das ein ActiveX-Steuerelement für die Eingabe eines Datums verwendet
In einer Tabelle möchte ich gerne Hinweise geben, welche Angaben eingetragen werden sollen. Wie kann ich das erreichen?	Sie können mit ⇧ + F2 einen Kommentar einfügen, um dem Bearbeiter einen Hinweis zu geben. Mehr dazu auf Seite 429.
Wie kann ich alle Zellen mit Kommentaren finden?	Für Kommentare wird üblicherweise ein rotes Dreieck in der rechten oberen Ecke angezeigt. Nach dem Drücken der Taste F5 und einem Klick auf die Schaltfläche *Inhalte* können Sie im Dialogfeld *Inhalte auswählen* auch Kommentare auswählen. Mehr dazu auf Seite 430.
Ich möchte einige meiner Kommentare in eine andere Tabelle kopieren. Wie mach ich das?	Verwenden Sie dazu das Dialogfeld *Inhalte einfügen*. Auf Seite 432 erfahren Sie mehr über den gezielten Einfügevorgang.
Kann ich Kommentare auch ausdrucken?	Kommentare können beim Drucken entweder an der Stelle gedruckt werden, an der sie eingefügt sind, oder aber am Ende einer Tabelle. Mehr dazu auf Seite 433.

Teil D

Fotos, Zeichnungen, Schaubilder

| Kapitel 14 | Tabellen mit Grafiken aufwerten | 437 |

In den bisherigen Abschnitten des Buchs konnten Sie erfahren, wie Sie Ihre Tabellen gestalten, indem Sie Zahlenformate, Formatvorlagen oder bedingte Formate anwenden oder Ihr Firmenlogo in die Kopfzeile einfügen.

Mit Excel können Sie aber noch weit mehr erledigen, als nur Zahlen und Zellen gestalten. Wenn Sie Ihre Daten »präsentationsreif« machen wollen, steht Ihnen ein umfangreiches Repertoire an Werkzeugen und Gestaltungsoptionen zur Verfügung. Sie reichen von Fotos und Illustrationen über professionelle Schaubilder bis hin zu ausgefeilten Formatvorlagen für alle Fälle.

Erfahren Sie in diesem Abschnitt, wie Sie Ihre Arbeitsmappen mit passender Grafik optisch aufwerten. Erschließen Sie sich die »kreative Seite« von Excel.

Erfahren Sie unter anderem

- wie Sie Fotos und andere Bilder einbinden,
- welche Grafikformate es gibt und welche davon Excel unterstützt,
- wie Sie eingefügte Fotos oder Illustrationen mit wenigen Mausklicks anpassen,
- wie Sie mit Formen im Handumdrehen kleine Abläufe oder Übersichten zeichnen,

- wie Sie mithilfe von SmartArt-Grafiken beeindruckende Organigramme, Abläufe, Matrixdarstellungen, Pyramiden o. ä. erstellen.

Punkten Sie mit optisch ansprechenden Navigationselementen, die das Blättern und Zurechtfinden in Ihren Arbeitsmappen deutlich erleichtern. Geben Sie Ihren Arbeitsblättern durch den sinnvollen und gezielten Einsatz attraktiver optischer Elemente auf einfache Weise ein professionelleres Erscheinungsbild.

Kapitel 14

Tabellen mit Grafiken aufwerten

In diesem Kapitel:

Die Optik von Tabellen verbessern	438
Wichtiges mithilfe von Formen hervorheben	439
Tipps und Beispiele zum Einsatz von Formen	446
Bilder einfügen und anpassen	452
Wenn's schnell gehen muss: ClipArts	460
SmartArt: Professionelle Schaubilder auf Knopfdruck	467
Zusammenfassung	471

Für eine bessere Optik Ihrer Arbeitsmappen bietet Excel folgende Möglichkeiten:

- Arbeitsblätter mit Logos versehen (mehr dazu in Kapitel 5 beim Thema »Drucken«)
- Zahlen oder Zellbereiche mit Formen wie Pfeilen oder Ellipsen hervorheben
- Grafische Übersichten für Abläufe und andere Schaubilder anfertigen
- Informationen mit Navigationselementen schneller verfügbar machen
- Zahlen in Diagrammen darstellen (mehr dazu in Kapitel 17 und 18)

Dieses Kapitel bietet einige Anregungen, wie Sie mit wenig Aufwand Zahlenmaterial unter Verwendung von Illustrationen zu optisch ansprechenden Informationen aufbereiten. Profitieren Sie dabei von zahlreichen Verbesserungen und Neuerungen in Excel 2010.

Die Optik von Tabellen verbessern

Bevor Sie sich daran machen, das Aussehen Ihrer Arbeitsmappen, Arbeitsblätter oder Tabellen punktuell aufzuwerten, ist der folgende Fragenkatalog sicher hilfreich.

Checkliste mit Fragen zu Inhalt und Form

- Welche Informationen wollen Sie dem Betrachter liefern?
- Welche Daten sind dabei besonders wichtig, welche weniger relevant?
- Welche wichtigen Daten sollen gekennzeichnet werden?
- Welche Mittel eignen sich, um eintönige Zahlenkolonnen aufzulockern?
- Wie können Übersichten die Aussage der Zahlen ergänzen und verstärken?

Es geht also darum, es dem Betrachter zu erleichtern, sich in Ihren Tabellen zurechtzufinden, Wesentliches zu erfassen und Informationen nicht zu übersehen.

Die vier Möglichkeiten zum Verbessern der Optik

Wenn Sie in Ihren Arbeitsblättern optische Highlights setzen wollen, bietet Ihnen Excel dazu die in Abbildung 14.1 gezeigten vier Möglichkeiten an.

Abbildg. 14.1   Vier Möglichkeiten zur optischen Aufwertung von Tabellen

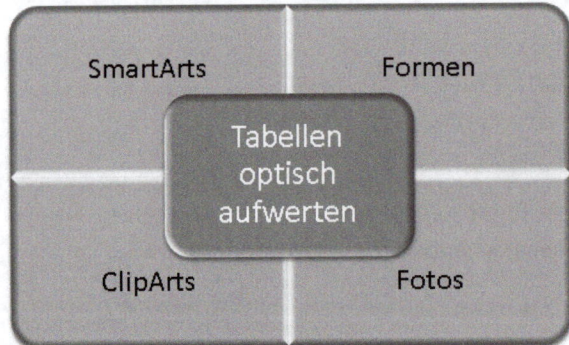

Der Weg zum Einfügen grafischer Objekte

Wollen Sie Ihre Tabellen mit Grafiken ergänzen, wechseln Sie zur Registerkarte *Einfügen*. In der Gruppe *Illustrationen* – zu sehen in Abbildung 14.2 – haben Sie Zugriff auf die folgenden vier Befehle

- **Grafik** Das können Fotos, Grafiken von CD-ROMs oder anderen Quellen sein
- **ClipArt** Diese kommen aus dem Clip Organizer oder von *Office.com*
- **Formen** Neben Rechtecken und Kreisen stehen über 150 weitere Formen zur Auswahl
- **SmartArt** Erstellen Sie Schaubilder mit über 130 vorgefertigten Layouts

Abbildg. 14.2   Über die Registerkarte *Einfügen* können Sie Illustrationen einfügen

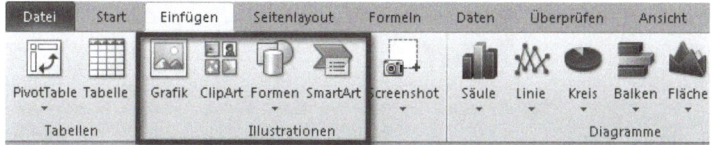

Wichtiges mithilfe von Formen hervorheben

Der Begriff »Formen« steht für Objekte wie Rechtecke, Kreise, Pfeile, Symbole für Flussdiagramme etc. Mithilfe der Formen können Sie schnell und flexibel Übersichten oder Abläufe zeichnen, wichtige Daten mit einem Rahmen umgeben oder per Pfeil hervorheben. In Abbildung 14.3 sehen Sie, welche und wie viele Formen zur Verfügung stehen.

Abbildg. 14.3   Mithilfe der Formen Übersichten erstellen, Tabellen kommentieren oder einrahmen

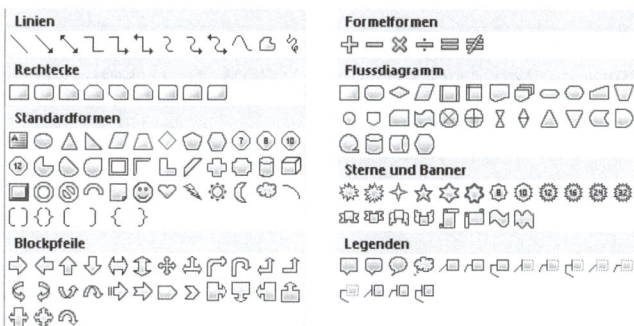

Besonders nützlich bei Formen ist, dass die meisten von ihnen auch beschriftet werden können. Ausnahmen bilden hier Linien und Freihandformen.

Beispiele für den Einsatz von Formen

Zum Hervorheben besonders häufig verwendet werden Rechtecke, Ellipsen und Pfeile. Die Abbildung 14.4 zeigt in der oberen Reihe drei Beispiele dafür, wie Sie mit unterschiedlichsten Rechteckformen den Blick auf Ihre Tabellen lenken. In der unteren Reihe sehen Sie Beispiele, wie Sie mit Pfeilen und Ellipsen auf einzelne Zahlen hinweisen.

Abbildg. 14.4   Mit Rahmen, Pfeilen oder Ellipsen die Aufmerksamkeit auf bestimmte Daten lenken

Die drei Einrahmungsvarianten weisen Sie über die Befehlsfolge *Einfügen/Formen/Rechtecke* zu. Beim mittleren Beispiel erhielt die Form neben dem Rahmen auch noch eine halbtransparente Füllung.

CD-ROM   Die in Abbildung 14.4 gezeigten Beispiele finden Sie im Arbeitsblatt *Formen für Tabellen* in der Arbeitsmappe *Kap14.xlsx* auf der CD-ROM zu diesem Buch im Ordner *Buch\Kap14*.

Ein Rechteck zeichnen

Um eine Form in ein Arbeitsblatt einzufügen, gehen Sie wie folgt vor:

1. Wechseln Sie zur Registerkarte *Einfügen* und klicken Sie in der Gruppe *Illustrationen* auf *Formen*.
2. Wählen Sie im nun angezeigten Katalog in der Kategorie *Rechtecke* z. B. die dritte Form von rechts *Eine Ecke des Rechtecks abrunden* durch Anklicken aus.
3. Der Mauszeiger verwandelt sich in ein kleines schwarzes Fadenkreuz. Bewegen Sie die Maus zu der Stelle des Arbeitsblatts, wo Sie die Form zeichnen wollen, und ziehen Sie diese mit gedrückter linker Maustaste auf.

Drei überaus nützliche Tasten beim Zeichnen von Formen

Beim Aufziehen von Formen haben Sie die Möglichkeit, ganz gezielt auf die Form bzw. die Anordnung der Objekte Einfluss zu nehmen, indem Sie zusätzlich eine oder mehrere Funktionstasten auf Ihrer Tastatur drücken:

Objekte am Gitternetz ausrichten

Wenn Sie beim Zeichnen einer Form die `Alt`-Taste drücken, wird das neue Objekt in seiner Position und Größe stets an den Gitternetzlinien des Arbeitsblatts ausgerichtet. Sie machen damit das Gitternetz zu Hilfslinien für die Anordnung Ihrer Objekte.

Höhe = Breite

Wollen Sie eine neue Form genau quadratisch oder kreisrund machen, also in Höhe und Breite gleich zeichnen, halten Sie beim Aufziehen des Objekts gleichzeitig die `⇧`-Taste gedrückt.

Drehen in 45°- oder 15°-Schritten

Wenn Sie Linien oder Pfeile zeichnen, bewirkt das Drücken der `⇧`-Taste, dass Sie den Winkel in Schritten von 45° verändern können. Eine sehr nützliche Funktion, wenn Sie z. B. schräge Linien im 45°-Winkel oder exakt waagerechte bzw. senkrechte Linien erstellen wollen. Sollen Objekte nachträglich am grünen Drehpunkt gedreht werden, sorgt die `⇧`-Taste dafür, dass Sie die Drehung in 15°-Schritten verändern können.

Aus der Mitte heraus

Drücken Sie die `Strg`-Taste beim Zeichnen von Objekten, wird die Form aus der Mitte heraus symmetrisch nach links und rechts bzw. nach oben und unten erzeugt.

Und natürlich lassen sich diese Funktionstasten auch kombinieren: Mit `Strg`+`⇧` könnten Sie beispielsweise von einem gedachten Mittelpunkt aus einen Kreis aufziehen.

Formen bearbeiten

Die folgenden Eigenschaften gezeichneter Formen können Sie ändern:

- Größe und Winkel,
- Linienfarbe und Linienart,
- Füllfarbe und -muster (außer bei Linien),
- Schatten und 3D-Effekte.

Nicht bei allen Formen ist eine Änderung aller Eigenschaften sinnvoll, aber die Vielfalt der Möglichkeiten lässt fast keinen Wunsch offen.

Alle Befehle zum Bearbeiten gezeichneter Formen erschließen Sie sich über die Registerkarte *Zeichentools/Format* im Menüband oder per rechtem Mausklick auf die Form und den Befehl *Form formatieren* im Kontextmenü.

Abbildg. 14.5 Über die Registerkarte *Zeichentools/Format* bearbeiten Sie alle Ihre gezeichneten Formen

Der schnelle Weg zum Gestalten von Formen

Ähnlich wie für Zellen und Tabellen gibt es auch für gezeichnete Formen so etwas wie Formatvorlagen. Sie heißen in diesem Fall *Designfüllungen*.

Klicken Sie – so wie in Abbildung 14.5 gezeigt – in der Gruppe *Formenarten* auf den kleinen Pfeil neben den Miniaturansichten, um sich den kompletten Katalog der Gestaltungsvarianten für gezeichnete Formen anzeigen zu lassen.

Auch in diesem Katalog können Sie dank der Livevorschau die Maus über die einzelnen Varianten bewegen und sofort sehen, welche Wirkung die jeweils gewählte Option auf die von Ihnen markierte(n) Form(en) hat.

Die Verwendung von Designfüllungen bietet Ihnen drei Vorteile:

- Sie gelangen auf direktem und schnellem Weg zu einer ansprechenden optischen Gestaltung gezeichneter Formen
- Sie stellen sicher, dass alle Formen ein einheitliches Aussehen haben
- Sie ersparen sich die Suche nach einer passenden Lösung in den verschiedenen Registerkarten des Dialogfelds *Form formatieren*

Wenn es individuell sein soll: der Weg über das Dialogfeld

Natürlich haben Sie auch die Möglichkeit, Formen individuell zu gestalten, indem Sie das Dialogfeld *Form formatieren* auf einem der folgenden Wege aufrufen:

- Per rechten Mausklick auf eine Form und die Wahl des Befehls *Form formatieren* im Kontextmenü,
- bei markierter Form über die Registerkarte *Zeichentools/Format*, wo Sie in der Gruppe *Formenarten* rechts neben dem Wort *Formenarten* auf den kleinen Pfeil für das Startprogramm für Dialogfelder klicken oder
- bei markierter Form ganz schnell mit der Tastenkombination Strg+1.

Damit Sie sich in der Vielfalt der Gestaltungsoptionen besser zurechtfinden, sind die Befehle nach Kategorien gruppiert, die Sie am linken Rand des Dialogfelds sehen.

Mit Ausnahme der Befehle zu den dreidimensionalen Effekten (Kategorien *3D-Format* und *3D-Drehung*) sind alle Optionen in dem Dialogfeld weitgehend selbsterklärend. Dank der Livevorschau können Sie aber auch bei Befehlen, deren Bedeutung sich nicht auf den ersten Blick erschließt, schnell herausfinden, was diese bewirken. Klicken Sie einfach eine Option an, um zu testen, welchen Effekt sie auf die markierte Form hat.

Abbildg. 14.6 Über dieses Dialogfeld haben Sie Zugriff auf alle Befehle zum Gestalten gezeichneter Formen

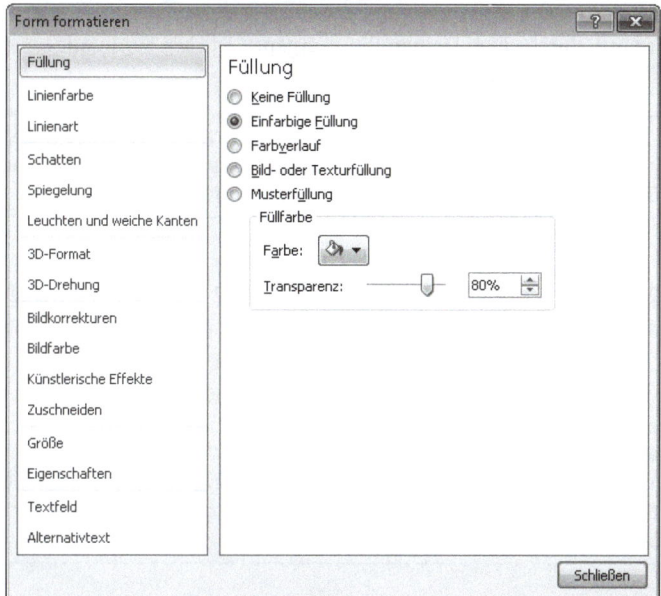

Profitipp Im Dialogfeld *Form formatieren* finden Sie auf der Registerkarte *Eigenschaften* zwei wichtige Eigenschaften. Über das Kontrollkästchen *Objekt drucken* können Sie steuern, ob das jeweilige Objekt auf einem Ausdruck erscheint oder nicht. Über die Einstellungen zur *Objektpositionierung* steuern Sie, wie das Objekt mit den darunterliegenden Zellen verbunden ist. Standardmäßig sind Zeichenobjekte mit den darunterliegenden Objekten verbunden, was dazu führt, dass sich z. B. eine Änderung der Spaltenbreite auch auf die Breite des Zeichenobjekts auswirkt. Wollen Sie dies verhindern aktivieren Sie die Option *Von Zellposition und -größe unabhängig*. Damit bleibt das Zeichenobjekt auch beim Sortieren an der Einfügeposition und wandert nicht mit den Zellen mit.

Weniger ist mehr – oder einheitliche Gestaltung ist eine Angelegenheit weniger Mausklicks

Wenn Sie eine Reihe individueller Gestaltungsoptionen für eine oder mehrere Formen gewählt haben, sollten Sie danach streben, diesen eigenen Stil auch über die gesamte Arbeitsmappe hinweg durchzuhalten. Ein einheitliches Erscheinungsbild vermittelt Professionalität, vermeiden Sie ein Durcheinander von Farben und Stilen.

Haben Sie individuelle Formatierungen verwendet und wollen Sie im Nachhinein weitere Formen mit den gleichen Attributen hinzufügen, kann das angesichts der vielfältigen Optionen recht zeitaufwändig werden. Hier haben Sie zwei Wege, um schnell für ein einheitliches Aussehen Ihrer gezeichneten Formen zu sorgen:

Der erste Weg führt über die Funktion *Format übertragen*. Gehen Sie wie folgt vor:

1. Markieren Sie eine Form, die die gewünschten individuellen Formate bereits aufweist.

2. Wechseln Sie zur Registerkarte *Start* und klicken Sie dort in der Gruppe *Zwischenablage* auf das Symbol *Format übertragen*.
3. Der Mauszeiger wird nun durch einen kleinen Pinsel ergänzt. Klicken Sie auf die neue Form und übertragen Sie so die zuvor kopierten Formate.

Profitipp   Wollen Sie ein bestimmtes Format auf mehrere Formen übertragen, doppelklicken Sie auf das Symbol *Format übertragen*. Anschließend lässt sich das kopierte Format nacheinander auf mehrere Formen übertragen. Mit der Esc -Taste schließen Sie den Vorgang ab.

Der zweite Weg ist kürzer, aber auch folgenschwerer. Hier legen Sie die individuellen Attribute, die Sie zuvor einer Form zugewiesen haben, als Standard für alle neuen Objekte fest. So geht's:

1. Klicken Sie mit der rechten Maustaste auf eine Form, die die gewünschten individuellen Formate besitzt.
2. Wählen Sie im Kontextmenü den Befehl *Als Standardform festlegen*.

HINWEIS   Die Bezeichnung des Befehls ist etwas missverständlich, besser wäre »Als Standard für neue Formen festlegen« oder »Als Standard festlegen«. Denn natürlich können Sie nach Verwenden dieses Befehls weiterhin völlig unterschiedliche Formen wie Rechtecke oder Ellipsen zeichnen. Aber alle tragen die gleichen Formatoptionen.

Eine Form mit Text und Zahlen füllen

Mit Ausnahme von Linien und Pfeilen können Sie alle Formen auch als Platzhalter für Texte und Zahlen benutzen. Klicken Sie dazu eine gezeichnete Form an und tippen Sie Ihre Daten ein.

Die Ausrichtung ändern

Standardmäßig erscheint das, was Sie eintippen, genau in der Mitte der Form, wird also horizontal und vertikal zentriert angeordnet.

Sollen die Informationen anders angeordnet werden, können Sie das mit wenigen Mausklicks erledigen. Soll beispielsweise die Information oben links erscheinen, gehen Sie wie folgt vor:

1. Rufen Sie mit Strg + 1 das Dialogfeld *Form formatieren* auf.
2. Klicken Sie links die Kategorie *Textfeld* an und wählen Sie im Feld *Vertikale Ausrichtung* den gewünschten Eintrag, im vorliegenden Fall also *Oben*.

Abbildg. 14.7   Unterschiedliche Anordnung von Text in Formen – Standard ist horizontal und vertikal zentriert

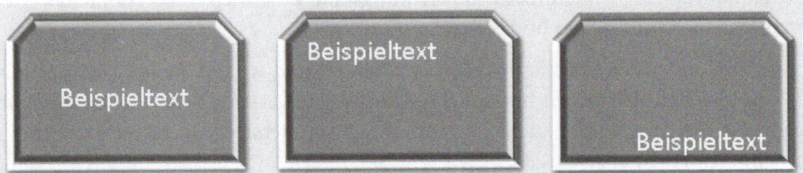

3. Klicken Sie die Form mit der rechten Maustaste an und in der nun erscheinenden Minisymbolleiste auf das Symbol für linksbündige Ausrichtung (siehe Abbildung 14.8).

Abbildg. 14.8 In der Minisymbolleiste die horizontale Ausrichtung bestimmen

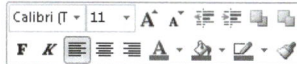

Textfelder nutzen

Textfelder setzen Sie immer dann ein, wenn Sie Kommentare für eine Tabelle brauchen, die unabhängig von der Zellstruktur, also frei von der Lage und Größe der Zeilen und Spalten, angeordnet werden sollen. Textfelder unterscheiden sich von anderen Formen in drei Punkten:

- Sie haben zunächst weder Füllfarbe noch Linienfarbe
- Die Informationen, die Sie in ein Textfeld eingeben, werden standardmäßig nicht mittig, sondern oben links angeordnet
- Ein Textfeld ändert seine Größe und passt sie automatisch der Textmenge an

WICHTIG Angesichts der voreingestellten automatischen Größenanpassung eignen sich also Textfelder absolut nicht, wenn Sie für eine Übersicht, einen Ablauf oder ein Organigramm mehrere gleich große Objekte benötigen.

Die Formatierung von Textfeldern anpassen

Per Klick mit der rechten Maustaste auf den Rand eines Textfelds können Sie über die Minisymbolleiste Änderungen an Schriftart, -größe, -farbe und -ausrichtung vornehmen und bei mehreren Absätzen sogar Aufzählungszeichen zuweisen.

Ebenfalls per Rechtsklick rufen Sie im Kontextmenü den Befehl *Form formatieren* auf, um bei Bedarf das Textfeld beispielsweise nachträglich mit Füll- und Linienfarbe zu versehen.

Beispiel Infobox für Umsatz- und Kostenänderung

Wichtige Kennzahlen können Sie auf dem Arbeitsblatt so platzieren, dass sich den Betrachtern das Fazit auf einen Blick mitteilt. Die Lösung in Abbildung 14.11 nutzt zur Anzeige der prozentualen Änderung von Umsatz und Kosten zwei Textfelder.

CD-ROM Das Beispiel finden Sie auf dem Arbeitsblatt *Infoboxen* in der Arbeitsmappe *Kap14.xlsx* im Ordner *Buch\Kap14* auf der CD-ROM zu diesem Buch.

Abbildg. 14.9 Zwei Beispiele für den Einsatz von Textfeldern, die über Zellen angeordnet sind

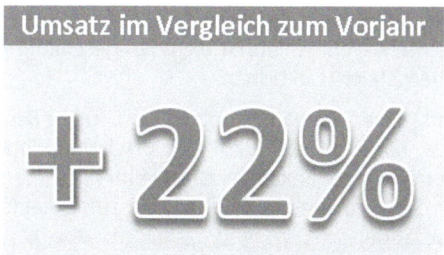

Das Textfeld anlegen

Mit den folgenden Schritten legen Sie das Textfeld für die erste Infobox an:

1. Geben Sie einem Zellbereich von vier Spalten Breite und acht Zeilen Höhe eine helle Füllfarbe, damit sich später das Textfeld gut vom Hintergrund abhebt.
2. Klicken Sie auf der Registerkarte *Einfügen* rechts in der Gruppe *Text* auf das Symbol *Textfeld*.
3. Klicken Sie an die Stelle auf dem Arbeitsblatt, wo Sie den Text oder die Zahlen eingeben wollen und tippen Sie die Information ein – in dem Fall *+22 %*.
4. Betätigen Sie [Esc], um das Textfeld als Ganzes zu markieren. Vergrößern Sie auf der Registerkarte *Start* den *Schriftgrad* auf *96 pt*, wählen Sie *Fett* und *Zentriert* (für die horizontale Ausrichtung) sowie *Zentriert ausrichten* (für die vertikale Ausrichtung).
5. Wechseln Sie zur Registerkarte *Zeichentools/Format* und wählen Sie in der Gruppe *WordArt-Formate* aus dem Katalog in der ersten Reihe rechts die Variante *Füllung ? Olivgrün, Akzent 3, Kontur ? Text 2*.

Abbildg. 14.10   Das WordArt-Format mit grüner Schriftfarbe, weißer Konturlinie und Schatten zuweisen

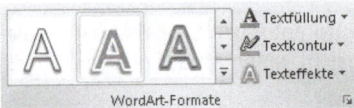

6. Duplizieren Sie das fertiggestellte Textfeld, indem Sie es mit gedrückten Tasten [Strg]+[⇧] nach rechts ziehen.
7. Weisen Sie der Schrift des Duplikats die Farbe *Rot* zu, indem Sie in der Registerkarte *Zeichentools/Format* in der Gruppe *WordArt-Formate* auf den Pfeil neben *Textfüllung* klicken. Färben Sie den Hintergrund der darunterliegenden Zellen mit einem deutlich helleren Rotton ein.

Tipps und Beispiele zum Einsatz von Formen

Nach den Informationen zum Formatieren gezeichneter Objekte folgen nun noch Tipps für den zeitsparenden Umgang mit Formen.

Mehrere Objekte markieren

Haben Sie mehrere Formen angelegt und wollen diesen ein einheitliches Aussehen geben, brauchen Sie die Möglichkeit der Mehrfachmarkierung. So geht's:

1. Klicken Sie das erste Objekt mit der linken Maustaste an.
2. Halten Sie ab dem zweiten zu markierenden Objekt die [⇧]-Taste gedrückt, um die Markierung auf andere Objekte zu erweitern.

> **Profitipp**   Wenn Sie zahlreiche Objekte markieren wollen, ist die eben geschilderte Methode mühsam. Aber es gibt eine ganze Reiher alternativer Funktionen:
>
>
> - Zeigen Sie die Registerkarte *Start* an und klicken Sie ganz rechts in der Gruppe *Bearbeiten* auf die Schaltfläche *Suchen und Auswählen*. Klicken Sie in dem nun erscheinenden Menü auf *Objekte markieren*. Nun können Sie mit gedrückter linker Maustaste einen Rahmen um die zu markierenden Objekte ziehen. Schalten Sie zum Schluss die Funktion zur Objektmarkierung wieder aus, indem Sie die [Esc]-Taste betätigen.

Tipps und Beispiele zum Einsatz von Formen

- Über die Taste `F5` können Sie schnell alle Objekte markieren, wenn Sie die Schaltfläche *Inhalte* wählen und im Dialogfeld *Inhalte auswählen* die Option *Objekte* wählen
- Markieren Sie ein einzelnes Objekt und drücken Sie die Tastenkombination `Strg`+`A`, um alle Zeichenobjekte zu markieren
- Blenden Sie über den Befehl *Zeichentools/Format/Auswahlbereich* den Aufgabenbereich *Auswahl und Sichtbarkeit* ein. Dort können Sie eine Auswahl der gewünschten Formen mit der Maus und gedrückter `Strg`-Taste oder alle Formen mit der Tastenkombination `Strg`+`A` markieren.

Wollen Sie aus einer Mehrfachmarkierung ein oder mehrere Objekte wieder herauslösen, klicken Sie diese Objekte einfach bei gedrückter `Strg`-Taste an.

Formen anordnen

Wenn Sie mehrere Formen gezeichnet haben und diese zueinander ausrichten oder die Abstände zwischen ihnen vereinheitlichen wollen, können Sie die Funktionen zum Ausrichten und Verteilen nutzen. Das erledigen Sie mit folgenden Schritten:

1. Markieren Sie die Objekte, die Sie anordnen wollen.
2. Auf der Registerkarte *Zeichentools/Format* klicken Sie rechts in der Gruppe *Anordnen* auf den Befehl *Ausrichten*.

Abbildg. 14.11   Je nach Auflösung und Größe des Bildschirms sehen Sie den Befehl *Ausrichten* entweder nur als Symbol (links) oder mit Beschriftung (rechts)

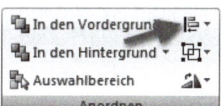 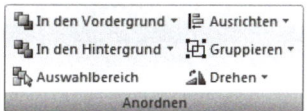

Es erscheint das in Abbildung 14.12 gezeigte Menü. Klicken Sie dort auf den erforderlichen Befehl in einer der beiden ersten Gruppen.

Abbildg. 14.12   Das Menü mit allen Befehlen zum Ausrichten und Verteilen

Abstände zwischen Formen vereinheitlichen

Die Abstände zwischen mehreren Formen gleichen Sie wie folgt an:
1. Markieren Sie die Objekte, die Sie anordnen wollen.
2. Klicken Sie wieder auf den Befehl *Ausrichten*.
3. Wählen Sie je nach Bedarf *Horizontal verteilen* oder *Vertikal verteilen*.

Eine Form durch eine andere ersetzen

Wenn Sie im Nachhinein eine Form ändern möchten – weil Sie beispielsweise anstelle eines einfachen Rechtecks eines mit abgerundeten oder abgeschrägten Ecken brauchen – dann ist das mit wenigen Mausklicks erledigt:
1. Markieren Sie die zu ändernde(n) Form(en).
2. Wählen Sie auf der Registerkarte *Zeichentools/Format* links in der Gruppe *Formen einfügen* die Befehlsfolge *Form bearbeiten/Form ändern*.
3. Klicken Sie in dem in Abbildung 14.13 gezeigten Katalog die gewünschte neue Form an.

Abbildg. 14.13   Mit wenigen Mausklick eine Form komplett ändern

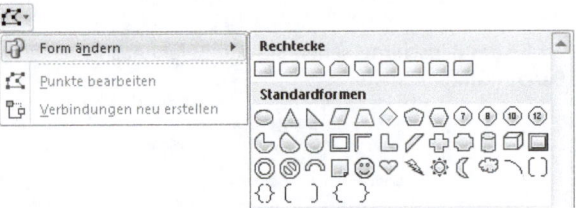

Die Gestalt einer Form ändern

Bei vielen Formen sehen Sie nach dem Zeichnen zusätzlich zu den weißen Ziehpunkten noch eine oder mehrere gelben Rauten, sogenannte *Formkorrekturpunkte*. Verschieben Sie diese Formkorrekturpunkte, um die Form des Objekts zu ändern. Beispielsweise bei Pfeilen können Sie so die Breite von Schaft und Spitze anpassen.

Abbildg. 14.14   Durch Ziehen an den gelben Formkorrekturpunkten ändern Sie Spitze und Schaft des Pfeils

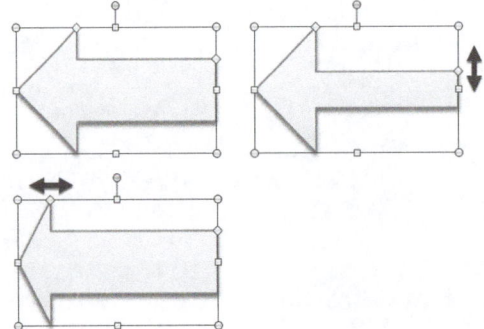

Formen durch Linien verbinden

Manchmal ist es erforderlich, Objekte mit Linien zu verbinden, um einen Zusammenhang zu verdeutlichen. Nutzen Sie dafür eine der neun Verbindungen aus der Gruppe *Linien*. Diese Verbindungen werden fest an den Formen verankert und bewegen sich automatisch mit den Formen mit. So verbinden Sie zwei Formen:

1. Klicken Sie über *Einfügen/Formen* im *Formenkatalog* eine der neun in der Marginalspalte abgebildeten Linien an.
2. Sobald Sie nun den Mauszeiger in die Nähe einer Form bewegen, werden an deren Rändern rote Quadrate eingeblendet. Diese Quadrate sind die möglichen Andockstellen für die Verbindungslinie.
3. Klicken Sie auf eines der roten Quadrate, halten Sie die Maustaste gedrückt und ziehen Sie die Linie zur zweiten Form.
4. Auch an der zweiten Form werden rote Quadrate sichtbar, wenn sich der Mauszeiger der Form nähert. Wählen Sie den gewünschten Andockpunkt der zweiten Form aus und lassen Sie den Mauszeiger los, sobald er sich über dem gewünschten Punkt befindet.

Dass die Linie korrekt mit den Formen verbunden ist, erkennen Sie an den roten Markierungspunkten. Frei positionierte Linien(enden) hingegen haben weiße Markierungspunkte.

HINWEIS Gewinkelte Verbindungslinien verfügen über gelbe Formkorrekturpunkte, über die Sie den Verlauf der Verbindung anpassen können.

Beispiele zum Einsatz von Formen

Nach der Übersicht über wichtige Befehle zum Bearbeiten von Formen nun noch zwei Beispiele, wie Sie mit Formen optische Glanzlichter setzen.

CD-ROM Das fertige Beispiel finden Sie im Arbeitsblatt *Infoboxen* in der Arbeitsmappe *Kap14.xlsx* im Ordner *Buch\Kap14* auf der CD-ROM zu diesem Buch.

Rechtecke als Infobox nutzen

Noch flexibler und schneller als im Beispiel mit den Textfeldern (siehe weiter oben im Abschnitt »Textfelder nutzen« auf Seite 445) sind Formen, wenn Sie attraktive Infoboxen in Ihre Blätter einbauen.

Die oben gezeigte Lösung besteht aus vier Rechtecken, die sich beschriften lassen.

1. Zeichnen Sie zuerst über *Einfügen/Formen* ein *Rechteck*. Halten Sie dabei die `Alt`-Taste gedrückt, um die Objektgröße exakt am Gitternetz auszurichten.
2. Zeichnen Sie für den Titel über dem Rechteck über *Einfügen/Formen* ein ebenso breites, aber flacheres Rechteck mit zwei abgerundeten Ecken. Sie finden es in der Kategorie *Rechtecke* an zweiter Stelle von rechts.
3. Geben Sie in beide Formen die Texte ein. Diese werden automatisch in der Mitte angeordnet. Vergrößern Sie den Schriftgrad so, dass die Information wirklich ins Auge fällt – beispielsweise in dem großen Rechteck auf *96 pt*.

Abbildg. 14.15 Die Infoboxen bestehen aus Rechtecken, die oberen jeweils mit zwei abgerundeten Ecken

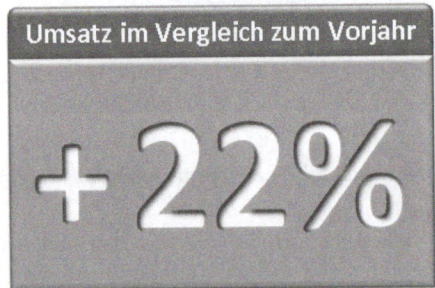 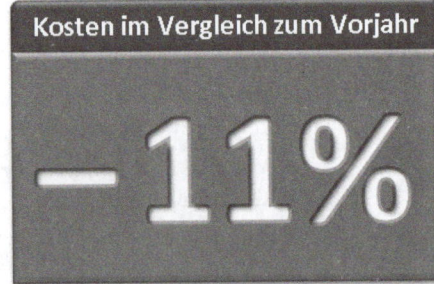

Profitipp   Das verlängerte Minuszeichen erhalten Sie mit der Tastenkombination `Alt` + `0150`.

4. Betätigen Sie jeweils die Taste `Esc`, um die Form als Ganzes zu markieren.
5. Wählen Sie auf der Registerkarte *Zeichentools/Format* in der Gruppe *Formenarten* aus dem Katalog eine Designfüllung aus der untersten Reihe mit dem Attribut *Intensiver Effekt*.
6. Passen Sie gleich rechts daneben bei *Fülleffekt* die Farbe an.
7. Weisen Sie der Schrift in der Gruppe *WordArt-Formate* aus dem Katalog die Variante *Füllung ? Blau, Text 1, Innerer Schatten* zu.

Flexibel: den Inhalt einer Form mit einer Zelle verknüpfen

Deutlich interessanter wird der Einsatz von Formen, wenn diese sich ihre Werte aus Zellen im gleichen oder einem anderen Arbeitsblatt holen. Bei einer Änderung des Zellwerts wird dann automatisch die Anzeige in der Form aktualisiert. So geht's:

1. Zeichnen Sie zunächst die Form, beispielsweise ein *Abgerundetes Rechteck*.
2. Geben Sie in der Bearbeitungsleiste (nicht in der Form!) ein *Gleichheitszeichen* ein und klicken Sie dann auf die Zelle, die den gewünschten Wert enthält. Schließen Sie wie bei jeder Formel den Vorgang mit der `↵`-Taste ab.

Abbildg. 14.16 Den Inhalt der Zelle *H29* mit der Form verknüpfen

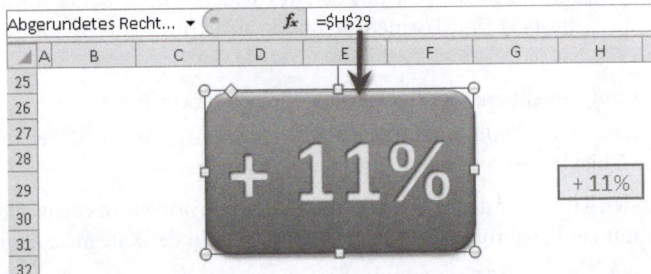

3. Im Fall der Verknüpfung mit einer Zelle wird der Inhalt in der Form nicht mittig, sondern wie in einem Textfeld links oben angeordnet. Formatieren Sie daher noch den Inhalt in der Form, wie weiter oben im Beispiel des Textfelds erläutert.

CD-ROM Die verknüpfte Form finden Sie im Arbeitsblatt *Infoboxen* der Arbeitsmappe *Kap14.xlsx* im Ordner *Buch\Kap14* auf der CD-ROM zu diesem Buch.

3D in Aktion: die Planung mit einem Textwürfel starten

Haben Sie wichtige Mappen schon einmal mit einer Art Titelblatt versehen und so die Leser auf das Thema eingestimmt? Mit den 3D-Funktionen können mit wenigen Handgriffen aus drei beschrifteten Quadraten den folgenden Würfel zaubern.

Abbildg. 14.17   Der Würfel wird aus drei Quadraten mit verschiedenen 3D-Drehungen zusammengesetzt

Die Abbildung 14.18 zeigt, wie Sie den Würfel in drei Schritten anlegen:

- Zunächst legen Sie ein Quadrat an, duplizieren es zweimal und beschriften es
- Dann bringen Sie die Quadrate mit *3D-Drehung* in die erforderliche Lage
- Schließlich fügen Sie die gedrehten Objekte zu einem Würfel zusammen

Abbildg. 14.18   In drei Schritten den Würfel erstellen

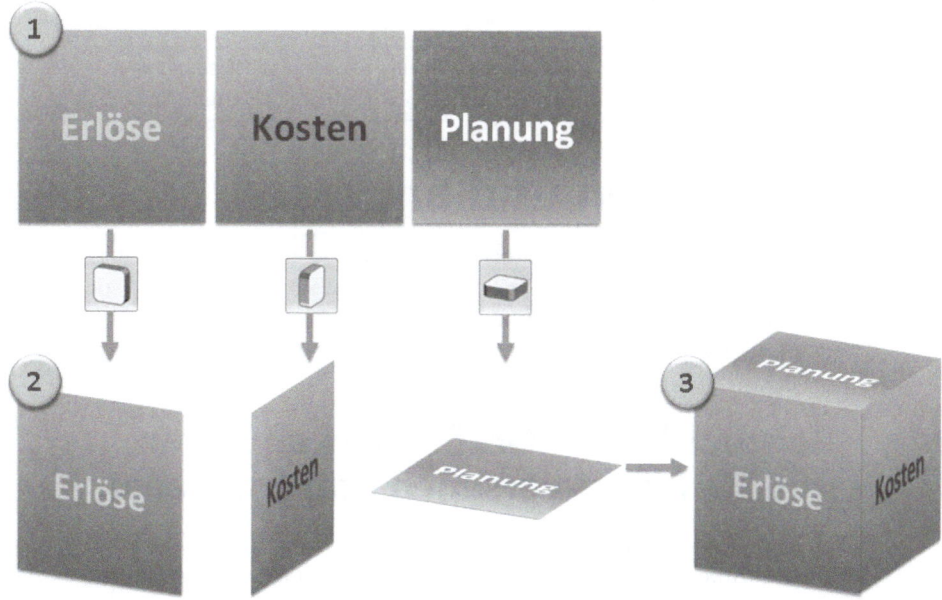

Kapitel 14 — Tabellen mit Grafiken aufwerten

1. Das Quadrat zeichnen Sie über *Einfügen/Formen/Rechteck* bei gedrückter ⇧-Taste. Formatieren Sie Quadrat und Text nach Ihren Wünschen.
2. Duplizieren Sie das fertige Quadrat zweimal, indem Sie es mit gedrückten Tasten Strg+⇧ nach rechts ziehen.
3. Beschriften Sie die Formen wie gewünscht.
4. Markieren Sie das Quadrat, das im Würfel auf der linken Seite sein soll und rufen Sie mit Strg+1 das Dialogfeld *Form formatieren* auf. Blenden Sie dort das Register *3D-Drehung* ein.
5. Öffnen Sie den Katalog rechts neben *Voreinstellungen* und wählen Sie in der Kategorie *Parallel* die Option *Von der Achse 2 nach links*.
6. Markieren Sie bei geöffnetem Dialogfeld nacheinander die anderen beiden Quadrate und weisen Sie diesen die in Abbildung 14.19 gezeigten anderen Optionen zu.
7. Schieben Sie abschließend die drei Quadrate so aufeinander, dass sie einen Würfel bilden.

TIPP Mit gedrückter Strg-Taste können Sie die Objekte in kleinsten Schritten bewegen.

Abbildg. 14.19   Mit den drei markierten Voreinstellungen entstehen zueinander passende Würfelseiten

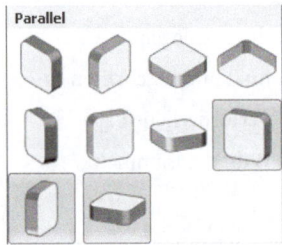

CD-ROM Den Textwürfel finden Sie im Arbeitsblatt *Weg zum Würfel* der Arbeitsmappe *Kap14.xlsx* im Ordner *Buch\Kap14* auf der CD-ROM zu diesem Buch.

Bilder einfügen und anpassen

Noch attraktiver und aussagekräftiger als Formen sind häufig Bilder – z. B. Produktfotos oder Illustrationen. Als Einstieg in dieses Thema können Sie sich zunächst anhand von zwei Beispielen davon überzeugen, welche leistungsstarken neuen Bildbearbeitungsbefehle Ihnen in Excel 2010 zur Verfügung stehen. Lesen Sie danach im Detail, wo wichtige Bildbearbeitungsbefehle zu finden sind.

Beispiel 1: eine Grafikdatei einfügen, mit 3D-Effekt versehen und freistellen

Im folgenden Beispiel geht es darum, eine Grafik einzufügen, ihre Größe anzupassen, ihr einen 3D-Effekt zuzuweisen und schließlich einen Teil des Bilds freizustellen. Es handelt sich dabei um das neue Excel-Symbol als PNG-Datei.

Bilder einfügen und anpassen

> **CD-ROM** Wenn Sie die Arbeitsschritte nachvollziehen wollen, verwenden Sie die Grafikdatei *Kap14_Excel_2010-Icon.png* auf der CD-ROM zum Buch im Ordner *\Buch\Kap14*.

Abbildg. 14.20 Das Excel 2010-Symbol verkleinern, im Raum drehen und das »X« freistellen

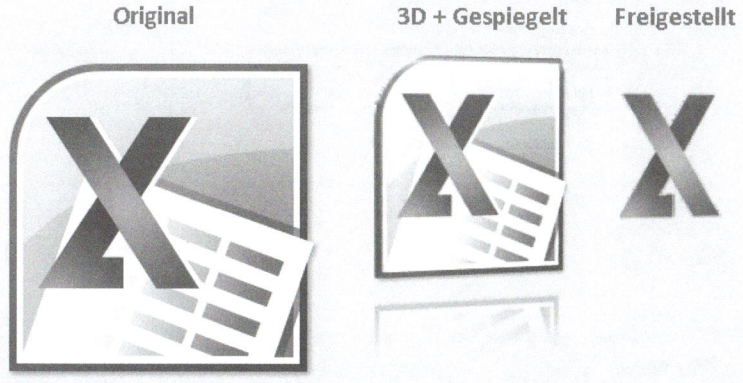

> **TIPP** Mit dem neuen Befehl *Screenshot* auf der Registerkarte *Einfügen* können Sie selbst den gesamten Bildschirm fotografieren oder Ausschnitte davon erstellen, etwa um bestimmte Einstellungen zu dokumentieren.

Schritt 1: die Grafik einfügen

Zunächst fügen Sie mit folgenden Schritten eine Grafik ein:

1. Markieren Sie die Zelle, die als linke obere Ecke des einzufügenden Objekts dienen soll – im vorliegenden Beispiel soll dies *B3* sein – und klicken Sie auf der Registerkarte *Einfügen* in der Gruppe *Illustrationen* auf die Schaltfläche *Grafik*.
2. Stellen Sie den Pfad zu der gewünschten Grafik her – in dem Fall ist dies auf der CD-ROM zum Buch der Ordner *\Buch\Kap14* – und markieren Sie die Datei *Kap14_Excel_2010-Icon.png*. Klicken Sie rechts unten auf *Einfügen*.

Schritt 2: die Grafik anpassen

Nach dem Einfügen der Grafik können Sie sofort zu deren Bearbeitung übergehen:

1. Die Grafik ist nach dem Einfügen noch markiert. Rufen Sie mit [Strg]+[1] das Dialogfeld *Grafik formatieren* auf.
2. Klicken Sie links die Rubrik *Größe* an und tragen Sie rechts unter *Skalierung* bei *Höhe* den Wert *70 %* ein. Die *Breite* ändert sich automatisch auf die neue Größe, da bei Bildern standardmäßig das Kontrollkästchen *Seitenverhältnis sperren* aktiviert ist. Bestätigen Sie das Dialogfeld mit einem Klick auf *Schließen*.

Abbildg. 14.21   Beim Ändern der Höhe wird automatisch die Breite angepasst

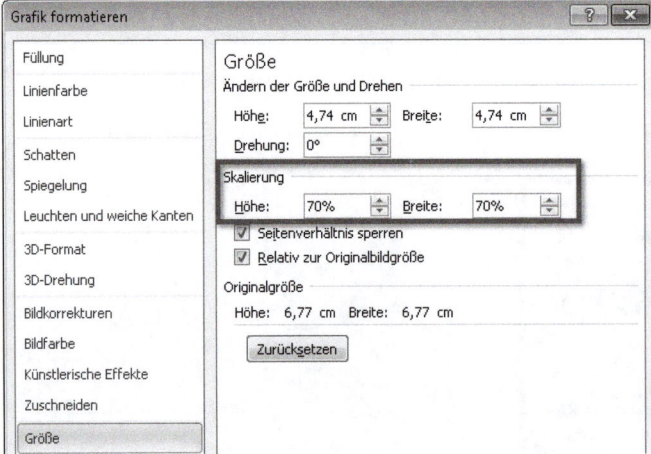

3. Geben Sie dem etwas verkleinerten Logo nun eine leichte 3D-Drehung sowie eine Spiegelung. Dazu greifen Sie auf eine der *Bildformatvorlagen* auf der Registerkarte *Bildtools/Format* zu. Wählen Sie im Katalog die Variante *Reflektierte Perspektive rechts*.

Abbildg. 14.22   Im Katalog der Bildformatvorlagen die Variante *Reflektierte Perspektive rechts* wählen

CD-ROM   Die einzelnen Ergebnisse der Bearbeitung der Grafik finden Sie im Arbeitsblatt *Bildbearbeitung* der Arbeitsmappe *Kap14.xlsx* auf der CD-ROM zum Buch im Ordner *Buch\Kap14*.

Schritt 3: einen Teil der Grafik freistellen

Lernen Sie zum Abschluss dieses Abschnitts noch eine neue Funktion kennen, die recht spektakulär ist und Ihnen die Anschaffung eines speziellen Bildbearbeitungsprogramms spart. Und zwar soll aus

Bilder einfügen und anpassen

dem Excel-Symbol das typische »X« herausgelöst werden. Dazu nutzen Sie die neue Funktion *Freistellen*. Und so geht's:

1. Doppelklicken Sie auf das 3D-gedrehte Symbol und blenden Sie so die Registerkarte *Bildtools/Format* ein.
2. Klicken Sie dort ganz links auf *Freistellen*. Das »X« hebt sich mit seiner Farbgebung gut vom Umfeld ab und wird daher sofort erkannt. Klicken Sie einfach neben die Grafik, um den Vorgang zu beenden.

Abbildg. 14.23   Mit nur einem Mausklick den gewünschten Teil der Grafik freistellen

Beispiel 2: ein Foto nachbearbeiten

Bei Fotos ist es manchmal erforderlich, nur einen Ausschnitt zu zeigen oder die Bildqualität nachzubessern. Auch diese Aufgaben können Sie in Excel 2010 mit wenigen Mausklicks lösen.

CD-ROM   Wenn Sie die Arbeitsschritte nachvollziehen wollen, verwenden Sie die Grafikdatei *Kap14_Exceltorte.jpg* auf der CD-ROM zum Buch im Ordner *\Buch\Kap14*.

Eine Grafik auf ein Quadrat zuschneiden

Die in Abbildung 14.24 gezeigte Excel-Torte – ein kulinarischer Höhepunkt der jährlich stattfindenden »Excel-Anwendertage« – soll auf ein Quadrat zugeschnitten werden. Das ist mit der weiterentwickelten Funktion *Zuschneiden* in wenigen Sekunden erledigt. Gehen Sie wie folgt vor, nachdem Sie die Grafik von der Buch-CD eingefügt haben.

Abbildg. 14.24   Aus dem Foto soll ein quadratischer Ausschnitt gewonnen werden

Kapitel 14   Tabellen mit Grafiken aufwerten

1. Markieren Sie die Grafik, klicken Sie auf der Registerkarte *Bildtools/Format* ganz rechts auf den unteren Teil der Schaltfläche *Zuschneiden* und wählen Sie die Option *Seitenverhältnis/Quadrat/ 1:1*.
2. Beenden Sie die Zuschneiden-Funktion mit einem Klick neben das Bild.

Abbildg. 14.25   Eine der Neuerungen in Office 2010: Ausschnitte in bestimmten Seitenverhältnissen realisieren

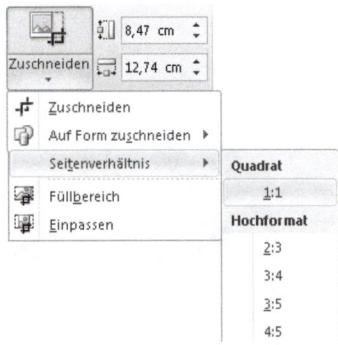

Das Foto aufhellen und die Lichtreflexe verstärken

In der Registerkarte *Bildtools/Format* gibt es neben der Funktion *Freistellen* zwei weitere nützliche Schaltflächen: *Korrekturen* und *Künstlerische Effekte*.

Abbildg. 14.26   Zwei weitere leistungsstarke und zeitsparende Werkzeuge zur Bildbearbeitung

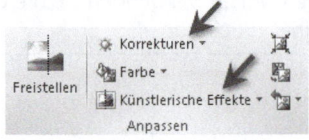

Unter *Korrekturen* finden Sie 25 vorgefertigte Sets zum schnellen Korrigieren von Helligkeit und Kontrast. Wenn Ihnen keines der Sets gefällt, klicken Sie einfach auf *Optionen für Bildkorrekturen*, um Feineinstellungen vornehmen zu können.

Korrekturen bietet außerdem Sets zum Schärfen oder Weichzeichnen von Fotos.

Wählen Sie für das Foto der Excel-Torte beispielsweise das Set *Helligkeit +40%; Kontrast –20%*.

Klicken Sie dann auf *Künstlerische Effekte* und wählen Sie dort zum Verstärken der Lichtreflex die Variante *Leuchten: diffus*.

CD-ROM   Die Beispiele des nachbearbeiteten Fotos finden Sie im Arbeitsblatt *Bildbearbeitung* der Arbeitsmappe *Kap14.xlsx* im Ordner *\Buch\Kap14* auf der CD-ROM zum Buch.

Genial einfach: Bilder in Excel nachbearbeiten

Egal, ob Sie in Ihr Excel-Arbeitsblatt das Foto eines Produkts, des Firmengeländes, eine ClipArt-Grafik oder andere Illustrationen einbauen: Ihre Möglichkeiten zum Nachbearbeiten von Grafiken mit Excel 2010 sind enorm.

Der schnellste Weg: Bildformatvorlagen einsetzen

Weiter vorn in diesem Buch konnten Sie bereits lesen, wie Sie mit Zellenformatvorlagen und Tabellenformatvorlagen in kürzester Zeit Tabellen einheitlich und optisch ansprechend formatieren können. Solche vorgefertigten Formatbausteine gibt es auch für Bilder. Sie nennen sich *Bildformatvorlagen*.

In den *Bildformatvorlagen* – es sind 28 – sind einige der möglichen Kombinationen von Bildeffekten zusammengefasst. Das Spektrum zur Nachbearbeitung von Bildern ist noch weitaus umfangreicher. Aber bevor Sie sich in »kreative Nachtschichten« stürzen, um alle möglichen Kombinationen von Bildeffekten auszuprobieren, sollten Sie zunächst die *Bildformatvorlagen* testen.

Abbildg. 14.27 Diese 28 Bildformatvorlagen sind auf der Registerkarte *Bildtools/Format* verfügbar

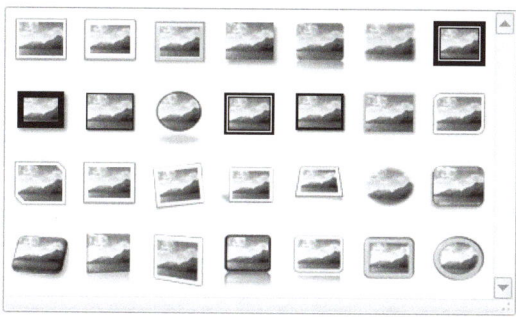

Eine Bildformatvorlage auf eine Grafik anwenden

Zunächst einmal brauchen Sie ein Bild:

1. Markieren Sie das Bild. Im Menüband wird die kontextbezogene Registerkarte *Bildtools/Format* eingeblendet.
2. Auf dieser Registerkarte gibt es die Gruppe *Bildformatvorlagen*. Dort werden bereits einige der Vorlagen als kleine Bilder angezeigt. Rechts neben diesen Miniaturansichten können Sie per Klick auf den Pfeil nach unten eine Vorschau aller vorhandenen Bildformatvorlagen öffnen. Den kompletten Katalog sehen Sie in Abbildung 14.27.
3. Wenn Sie die Maus über die einzelnen Bildformatvorlagen bewegen, wird dank der Livevorschau an der Grafik sofort sichtbar, wie sich jede der Vorlagen auswirken würde. Klicken Sie die von Ihnen gewünschte Bildformatvorlage an, um Sie für die markierte Grafik zu übernehmen.

CD-ROM Auf der CD-ROM zum Buch können Sie sich in der Arbeitsmappe *Kap14.xlsx* im Arbeitsblatt *Bildformatvorlagen* am Beispiel eines Fotos mit Münzstapel die Wirkung von allen 28 Bildformatvorlagen in aller Ruhe ansehen.

Mit Bildeffekten schnell wichtige Gestaltungsoptionen erschließen

In der gleichen Befehlsgruppe wie die *Bildformatvorlagen* finden Sie am rechten Rand auch den Befehl *Bildeffekte*. Hier können Sie auf ein deutlich größeres Reservoir vorgefertigter und sofort einsetzbarer Effekte zugreifen, um das Aussehen Ihrer Grafiken einfach und schnell anzupassen.

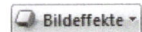

- Beim Klick auf *Bildeffekte* öffnet sich ein Auswahlmenü mit sieben Kategorien
- Jede der Kategorien bietet ihrerseits in einem Katalog eine Vorschau der verfügbaren Effekte

Abbildg. 14.28   Per Klick auf *Bildeffekte* haben Sie Zugriff auf sieben Kategorien mit vorgefertigten Effekten

Die Farbe eines Bilds anpassen

Wenn Sie ein passendes Motiv für die optische Verstärkung der Aussage Ihrer Daten gefunden haben, kann es durchaus sein, dass die Farben des Bilds nicht mit denen des Arbeitsblatts harmonieren.

In Abbildung 14.29 sehen Sie am Beispiel eines Farbbilds mit Geldscheinen welche Varianten verfügbar sind, um die Bildfarbe anzupassen. Und so geht's:

1. Markieren Sie das Bild, das Sie umfärben wollen.
2. Klicken Sie auf der Registerkarte *Bildtools/Format* links in der Gruppe *Anpassen* auf die Schaltfläche *Farbe*.
3. Bewegen Sie im folgenden Katalog die Maus über die verschiedenen Varianten. Dank der Livevorschau können Sie die Wirkung der verschiedenen Varianten vorab begutachten.
4. Mit einem Klick auf die gewünschte Variante schließen Sie den Vorgang ab.

Abbildg. 14.29 Über diese Vorlagen können Sie im Handumdrehen die Farbstimmung eines Bilds anpassen

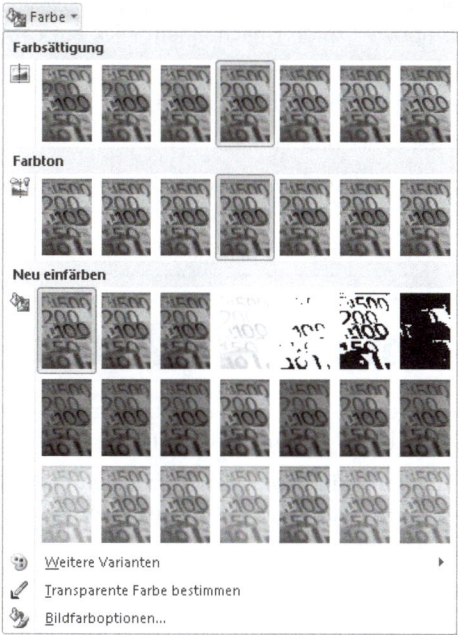

Alles auf Null: Anpassungen an einem Bild zurücksetzen

Wenn Sie vorgenommene Änderungen an einem Bild verwerfen wollen, erledigen Sie das über die Schaltfläche *Bild zurücksetzen*. Sie bietet zwei Optionen:

- Mit *Bild zurücksetzen* verwerfen Sie alle Änderungen, die Sie per *Bildformatvorlagen* oder mit den Befehlen unter *Bildeffekte*, *Farbe*, *Künstlerische Effekte* oder *Korrekturen* vorgenommen haben

- Mit *Bild und Größe zurücksetzen* erhält das Bild nicht nur sein Originalaussehen, sondern auch sein Originalgröße zurück

Abbildg. 14.30 Mit zwei Mausklicks alle Änderungen an einem Bild rückgängig machen

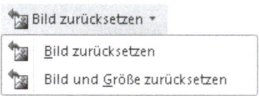

Profitipp   Wenn Sie alle Bilder einer Excel-Datei für andere Zwecke verwenden wollen, werden Sie feststellen, dass es keinen Befehl gibt, um alle Bilder zu exportieren. Sie können Sie sich aber den speziellen Aufbau des XML-Dateiformats (siehe Kapitel 3) zunutze machen, und das geht so:

1. Speichern Sie die Datei mit den Bildern unter einem anderen Namen ab.

2. Wechseln Sie in den Windows-Explorer und ändern Sie die Dateiendung von *.xlsx* auf *.zip*. Dazu muss die Ordneroption *Erweiterungen bei bekannten Dateitypen ausblenden* deaktiviert sein. Sie finden diese Option im Windows-Explorer nach einem Klick auf *Organisieren/Ordner- und Suchoptionen* auf der Registerkarte *Ansicht*.

3. Doppelklicken Sie auf die *.zip*-Datei, um deren Inhalt anzuzeigen.

4. Öffnen Sie den Ordner *xl* und dort den Unterordner *media*.

5. In diesem Ordner sind die Bilder abgelegt und Sie können diese an eine beliebige Stelle kopieren.

6. Ändern Sie anschließend die Dateiendung wieder zurück auf *.xlsx*.

Wenn's schnell gehen muss: ClipArts

Nicht immer sind Produktlogos oder -fotos gefragt, wenn Tabellen optisch ergänzt werden sollen. Bei der Vorstellung des Jahresbudgets eignen sich beispielsweise Motive mit Münzen oder Geldscheinen.

Bei der Suche nach passenden Motiven finden Sie in Excel Unterstützung durch die Funktion *ClipArt*. Auf Ihrer Festplatte sowie in von Microsoft im Internet bereitgestellten Sammlungen von Illustrationen und Fotos lassen sich zahlreiche geeignete Motive finden.

ClipArts suchen und einfügen

Zum Suchen nach einer thematisch passenden ClipArt-Grafik klicken Sie auf der Registerkarte *Einfügen* in der Gruppe *Illustrationen* auf das Symbol *ClipArt*. Dahinter steht die Bibliothek für Multimediadateien und zusätzlich – wenn Sie über eine aktive Internetverbindung verfügen – die riesige Medienbibliothek auf *Office.com*.

Im Aufgabenbereich *ClipArt* arbeiten

Nach dem Klick auf das Symbol *ClipArt* wird der in Abbildung 14.31 gezeigte Aufgabenbereich *ClipArt* eingeblendet.

Abbildg. 14.31   Im Aufgabenbereich *ClipArt* Suchbegriff und Medientyp bestimmen

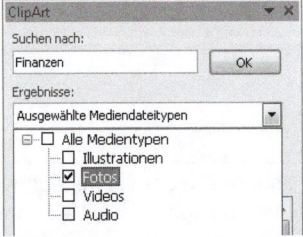

- Geben Sie unter *Suche nach* den gewünschten Suchbegriff ein – beispielsweise *Finanzen*.
- Wählen Sie im Listenfeld unter *Ergebnisse* den gewünschten Medientyp aus. Auch Mehrfachmarkierungen sind hier möglich. Schränken Sie für das folgende Beispiel – so wie in Abbildung 14.31 gezeigt – den Medientyp auf *Fotos* ein.

- Setzen Sie bei bestehender Internetverbindung ein Häkchen bei *Office.com-Inhalte berücksichtigen*. Damit erhöhen Sie sich die Wahrscheinlichkeit der Treffer deutlich.
- Klicken Sie auf *OK*, um die Suche zu starten

Mit den Suchergebnissen arbeiten

Bei Eingabe des Suchbegriffs *Finanzen* und der Einschränkung auf *Fotos* erhalten Sie zahlreiche Treffer – eine Internetverbindung vorausgesetzt.

Beim Bewegen der Maus über die Bilder erhalten Sie mehrere Informationen:

- Es werden einige Stichwörter angezeigt, unter denen die Grafik katalogisiert ist
- Es folgen die Angaben zu Breite, Höhe, Auflösung, Dateigröße sowie zum Grafikformat (im Falle eines Fotos ist das *.jpg*)

Abbildg. 14.32   Wichtige Informationen zu einem Bild auf einen Blick

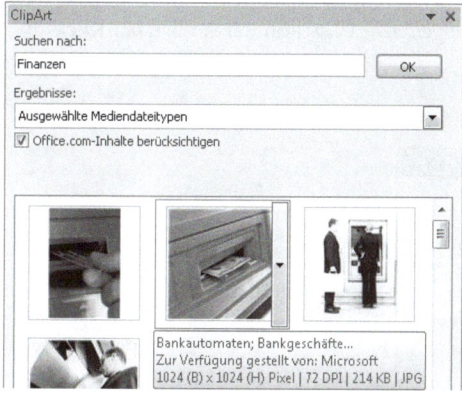

Wenn Sie mehr Informationen zu einem der Bilder haben wollen, klicken Sie – wie in Abbildung 14.33 gezeigt – auf den Pfeil am rechten Rand des Bilds und dann auf *Vorschau/Eigenschaften*.

Abbildg. 14.33   Ein Bild »unter die Lupe nehmen« per Klick auf *Vorschau/Eigenschaften*

- Im nun folgenden Dialogfeld werden alle Informationen zum Bild angezeigt.

- Ganz unten finden Sie den Hinweis, wo das Bild derzeit abgelegt ist. ClipArts aus dem Internet liegen in einem der Unterordner von *Temporary Internet Files*.

Eine ClipArt-Grafik einfügen

Um eine der Grafiken, die im Aufgabenbereich *ClipArt* als Suchergebnis angezeigt werden, in Ihr Excel-Arbeitsblatt einzufügen, markieren Sie die Zelle, die als obere linke Ecke der Grafik dienen soll, und klicken dann einfach auf die gewünschte ClipArt-Grafik im Aufgabenbereich.

Eine ClipArt-Grafik aus dem Internet speichern

Wenn Sie nicht ständig mit dem Internet verbunden sind und trotzdem auf bestimmte Bilder zurückgreifen wollen, speichern Sie diese wie folgt auf dem PC:

1. Klicken Sie – wie in Abbildung 14.33 gezeigt – auf den Pfeil am Rand des Bilds.
2. Wählen Sie im nun aufklappenden Menü den Befehl *Offline verfügbar machen*.
3. Legen Sie in dem in Abbildung 14.34 gezeigten Dialogfeld fest, in welcher Kategorie das Bild abgelegt werden soll. Unter *Heruntergeladene Clips* können Sie sich per Klick auf *Neu* eine eigene Ablagestruktur aufbauen.

Abbildg. 14.34   Beim Herunterladen gleich einen passenden Ordner festlegen

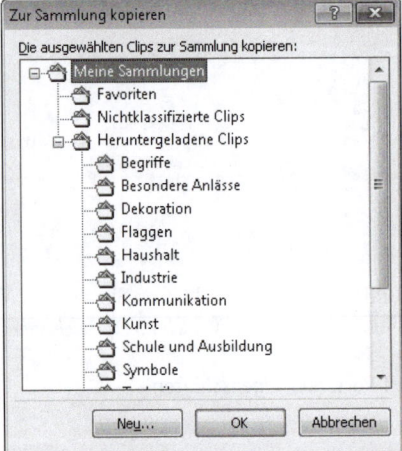

Office.com als Online-Datenbank für Bilder nutzen

Microsoft stellt auf einer speziellen Webseite ständig neue *ClipArts* und andere Mediendateien zum kostenlosen Download bereit. Es gibt zwei Wege, diese Dateien anzusehen und zu speichern:

- Suchen Sie auf der folgenden Internetseite von Microsoft nach bestimmten Bildern: *http://office.microsoft.com/de-de/images*

- Der meist schnellere Weg: Klicken Sie im Aufgabenbereich *ClipArt* ganz unten auf den Link *Auf Office.com weitersuchen*

In beiden Fällen muss eine Internetverbindung bestehen. Dann gelangen Sie zu der in Abbildung 14.35 gezeigten Microsoft-Webseite *Office.com*.

Abbildg. 14.35   Die neue Internetseite von Microsoft bietet alle Informationen und Leistungen rund um Office

1. Klicken Sie dort falls erforderlich zuerst das Register *Bilder* an.
2. Tragen Sie dann oben in das Eingabefeld neben »bing« Ihren Suchbegriff ein.
3. Oder suchen Sie mithilfe der *Bildkategorien* im rechten Teil.
4. Wenn Sie auf den deutschen *Office.com*-Seiten nichts Passendes finden, wechseln Sie oben rechts zur Webseite für die USA. Dort ist die Auswahl an Medien erfahrungsgemäß größer. Geben Sie die Suchbegriffe dann in Englisch ein.

»Bing« als Suchmaschine und professionelle Filter

Office.com nutzt »Bing« als Suchmaschine. Die Suche befindet sich über dem Navigationsbereich. »Bing« durchsucht den gesamten Inhalt von Office.com – auf Wunsch auch nur ausgewählte Kategorien. Ist beispielsweise das Register *Bilder* ausgewählt, wird nur nach Bildern gesucht.

Nach Abschluss einer Suche können Sie in den Ergebnissen folgende Filter setzen:

- **Medientypen**   *Illustration*, *Foto*, *Animation* und *Sound* stehen zur Verfügung
- **Bildgröße**   *Klein*, *Mittel*, *Groß* sowie *Größe veränderbar* stehen zur Auswahl
- **Beste Übereinstimmung**   *Datum*, *Downloads* und *Bewertung* sind die Kriterien

Abbildg. 14.36 Mehrere Möglichkeiten zum Filtern der Suchergebnisse

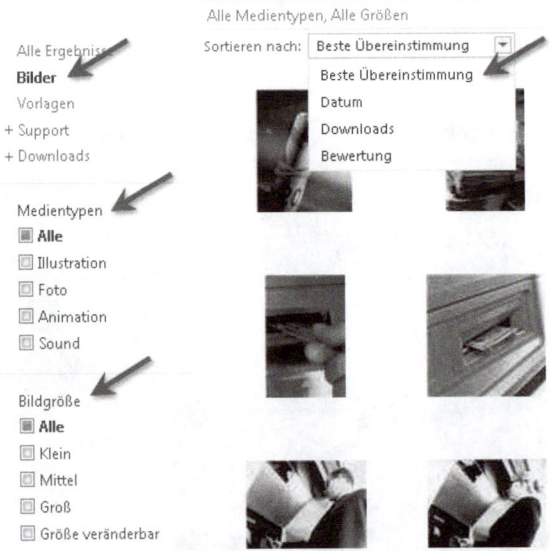

Die Funktion *Ähnliche Bilder suchen*

Ähnliche Bilder suchen ist eine Anwendung auf Office.com, die es ermöglicht, nach Bildern zu suchen, die einem bereits ausgewählten Bild ähnlich sehen oder mit ihm verwandt sind. Um diese Funktion nutzen zu können, benötigen Sie das kostenlose Silverlight, das Sie von der Seite *http://www.microsoft.com/getsilverlight* herunterladen können.

Die Suche funktioniert mit Schlüsselwörtern, die jedem Bild zugeordnet sind. Zum Teil wird auch das Farbschema verglichen, um ähnliche Bilder zu finden.

Abbildg. 14.37 Mit der Funktion *Ähnliche Bilder anzeigen* leichter passende Motive finden

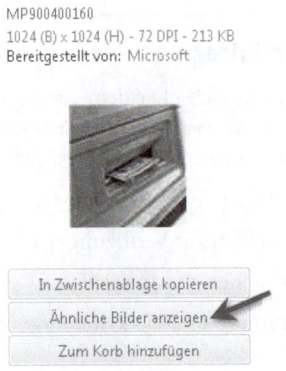

1. Zeigen Sie mit der Maus auf ein Bild, um die in Abbildung 14.37 gezeigte Auswahl von drei Optionen unterhalb des Bilds zu erhalten.
2. Klicken Sie auf *Ähnliche Bilder anzeigen*, um weitere Motive zu sehen.

Bilder von Office.com herunterladen

Passt eines der gefundenen Bildmotive für den gewünschten Zweck, können Sie sich das Bild über die in Abbildung 14.37 gezeigten Schaltflächen *In Zwischenablage kopieren* oder *Zum Korb hinzufügen* auf Ihrem PC verfügbar machen.

Mit *Zum Korb hinzufügen* merken Sie sich das Bild vor und können es später dann herunterladen. Klicken Sie zum Dateidownload auf *Auswahlkorb* und wählen Sie im folgenden Dialogfeld die Schaltfläche *Öffnen*, damit das Bild im Clip Organizer abgelegt wird.

Abbildg. 14.38 Beim Herunterladen die Schaltfläche *Öffnen* anklicken, um das Bild im Clip Organizer abzulegen

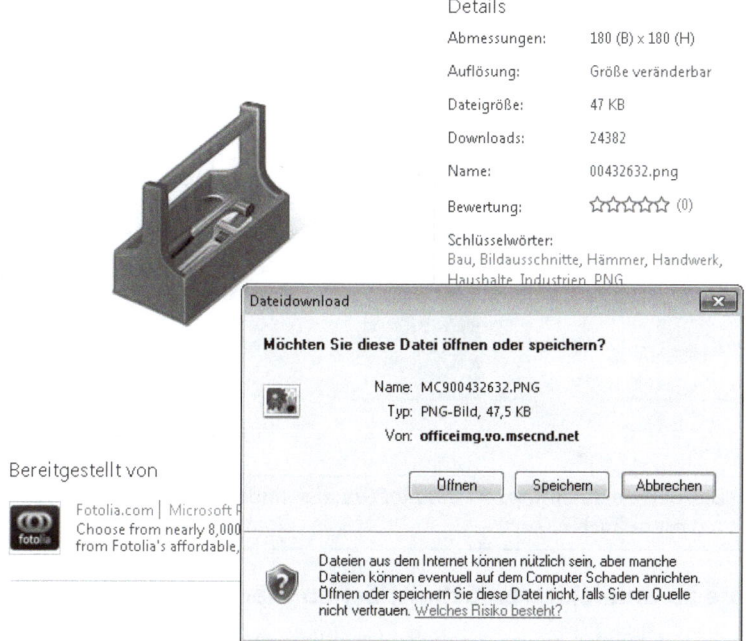

Ein Deckblatt mit ClipArts und Hyperlinks

Mit einem Suchbegriff wie *Icon* oder *Symbol* oder mithilfe der Funktion *Ähnliche Bilder suchen* ist es leicht, Motive zu finden, die vom Stil her zueinander passen. Gerade Symbole eignen sich perfekt, um gut verständliche Übersichten zu gestalten.

Auf der Basis einiger ClipArts von Office.com ist die folgende Lösung entstanden, die Sie als attraktives Deckblatt für die Arbeitsmappe zur Jahresplanung verwenden können. Mehr noch: Die Symbole vermitteln nicht nur eine Übersicht über die Struktur der Daten, sondern können auch als Hyperlinks zu den einzelnen Arbeitsblättern mit den Details genutzt werden. So dient das Deckblatt gleich noch als eine Art »Hauptmenü«.

Kapitel 14 Tabellen mit Grafiken aufwerten

Abbildg. 14.39 Aus ClipArts in Kombination mit Bildformatvorlagen und Hyperlink ein Deckblatt fertigen

CD-ROM Die Beispieldatei *Kap14_Planung2011.xlsx* finden Sie im Ordner *Buch\Kap14* auf der CD-ROM zu diesem Buch.

Die Symbole zu anklickbaren Schaltflächen machen

Mit wenigen Schritten können Sie aus Symbolen Schaltflächen machen, denen Sie einen Hyperlink oder ein Makro zuweisen können.

1. Markieren Sie das ClipArt-Symbol und rufen Sie mit `Strg`+`1` das Dialogfeld *Grafik formatieren* auf.
2. Wählen Sie in der Rubrik *3D-Format* unter *Abschrägung* die Variante *Kreis*.
3. Stellen Sie bei *Füllung* einen *Farbverlauf* ein.
4. Legen Sie bei *Linienfarbe* und *Linienart* die Farbe *Weiß* sowie eine *Breite* von *6 pt* fest.
5. Schließen Sie das Dialogfeld.
6. Klicken Sie in der Befehlsgruppe *Größe* auf den Pfeil unter *Zuschneiden* und wählen Sie *Auf Form zuschneiden*. Klicken Sie die Form *Abgerundetes Rechteck* an.

Abbildg. 14.40   Aus dem Symbol wird mit wenigen Handgriffen eine attraktive, anklickbare Schaltfläche

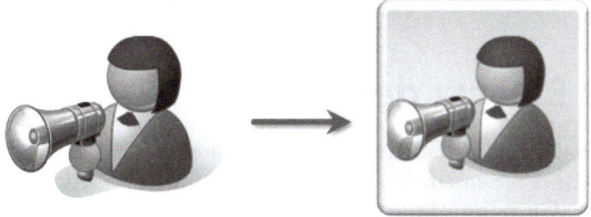

Weisen Sie der so entstandenen Schaltfläche einen Hyperlink zu, damit die Nutzer der Arbeitsmappe per Klick zum betreffenden Arbeitsblatt gelangen.

7. Lassen Sie dazu die Grafik markiert und rufen Sie mit `Strg`+`K` das Dialogfeld *Hyperlink einfügen* auf.
8. Wählen Sie links *Aktuelles Dokument*, markieren Sie rechts daneben das gewünschte Arbeitsblatt und geben Sie oben rechts per Klick auf *QuickInfo* noch einen hinweisenden Text ein, beispielsweise **Zum Blatt Marketing**.

Zurück zum Hauptmenü

In der Beispielmappe *Kap14_Planung2011.xlsx* finden Sie in den Detailblättern jeweils die in Abbildung 14.41 gezeigte Schaltfläche, die dafür sorgt, dass der Anwender komfortabel mit nur einem Klick zum Hauptmenü zurückgelangen kann. Dazu erhält auch dieses Symbol einen Hyperlink, der diesmal zum Deckblatt/Hauptmenü führt.

Abbildg. 14.41   Auf jedem der Arbeitsblätter eine Schaltfläche für die Rückkehr zum Deckblatt einbauen

SmartArt: professionelle Schaubilder auf Knopfdruck

Eine der nützlichsten Neuerungen in Office 2007 waren die *SmartArts*. Ihre Beliebtheit bei den Anwendern hat Microsoft dazu bewogen, in Version 2010 die Sammlung vorgefertigter Schaubilder um ca. 50 % auszubauen.

Aufgabe der SmartArts ist es, Informationen in visualisierter Form darzustellen. Dazu werden zahlreiche vorgefertigte Layouts angeboten, in die Sie Ihre Informationen eingeben.

Auf diese Weise können Sie Übersichten, Strukturen, Abläufe und zahlreiche andere Schaubilder mit wenigen Handgriffen und ohne grafische Vorkenntnisse erstellen. Das Ergebnis und der optische Eindruck sind absolut überzeugend. Der Einarbeitungsaufwand in diese Funktionalität ist gering, da die Verwendung der einzelnen Befehle intuitiv und der Funktionsumfang selbst auf ein vernünf-

Kapitel 14 Tabellen mit Grafiken aufwerten

tiges Maß begrenzt sind. Außerdem macht es Spaß, mit dieser Funktion zu arbeiten und optisch wie inhaltlich beeindruckende Schaubilder in kürzester Zeit zu kreieren.

Wann ist der Einsatz der SmartArts sinnvoll?

Wenn Sie nicht sicher sind, ob Sie SmartArts verwenden sollten, weil Sie Ihre Schaubilder bisher stets aus einzelnen *Formen* selbst zusammenstellen, finden Sie in der folgenden kurzen Liste vielleicht eine Antwort. SmartArts sollten Sie einsetzen, wenn Sie

- *einfache* Sachverhalte visualisieren wollen,
- in *kurzer Zeit* eine bildhafte Darstellung anfertigen möchten,
- die Funktionen zum Zeichnen kaum kennen und *mit wenig technischem Aufwand* ein ansprechendes Ergebnis erzielen wollen,
- als Ausgangsbasis für ein Schaubild schnell einen Rohentwurf brauchen, den Sie anschließend individuell weiterbearbeiten.

Die passende SmartArt-Grafik auswählen

Um eine SmartArt-Grafik in eines Ihrer Arbeitsblätter einzubauen, klicken Sie auf der Registerkarte *Einfügen* auf das Symbol *SmartArt*.

Die verschiedenen SmartArt-Kategorien

Das Angebot an vorgefertigten SmartArt-Grafiken ist beträchtlich. Daher sind diese in acht Kategorien unterteilt.

Abbildg. 14.42 Wählen Sie aus dem Angebot vorgefertigter Schaubilder das passende aus und beachten Sie die neue Kategorie *Grafik*

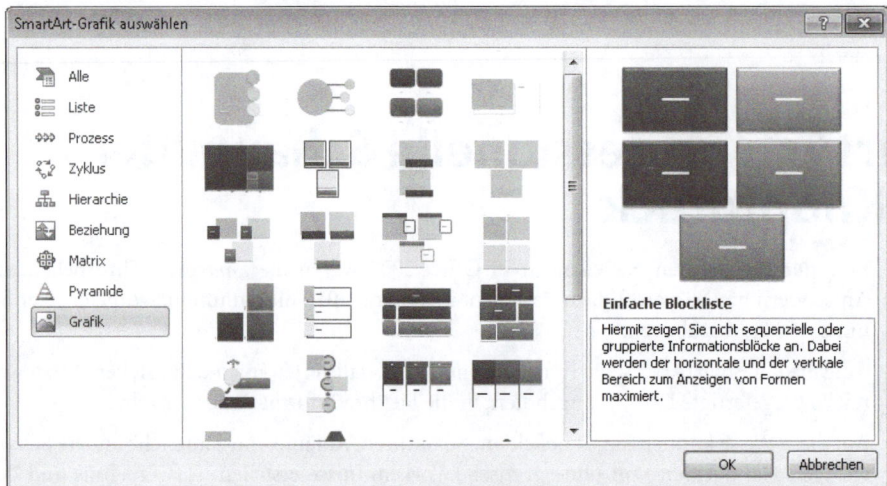

SmartArt: professionelle Schaubilder auf Knopfdruck

> **HINWEIS** Manche der Layouts tauchen in mehreren Kategorien auf.

Die Hilfe zur Auswahl des passenden Layouts nutzen

Um die Auswahl der geeigneten Darstellung zu erleichtern, gibt es im rechten Teil des Dialogfelds immer eine kurze Erläuterung zum gerade gewählten Layout. Schauen Sie sich ruhig mehrere Layouts an und lesen Sie deren Verwendungszweck, bevor Sie sich für eines der zahlreichen Layouts entscheiden.

Schritt für Schritt: eine Projektübersicht anlegen

Nach der Theorie nun die Praxis. Erfahren Sie anhand eines Beispiels, wie Sie die Funktion *SmartArt* nutzen können, um einer Arbeitsmappe mehr Aussagekraft zu geben. Sie werden sehen, dass die Nutzung der Funktion tatsächlich weitgehend intuitiv ist und wenig Lernaufwand erfordert.

> **CD-ROM** Um das Beispiel nachzuvollziehen, können Sie die Musterdatei *Kap14.xlsx* nutzen. Sie ist auf der CD-ROM zum Buch im Ordner *\Buch\Kap14* abgelegt. Nutzen Sie dort das Arbeitsblatt mit dem Namen *SmartArt Projekt*.

Vorschau auf die fertige Lösung

Sie haben die Zahlen für drei verschiedene Projekte in mehreren Tabellen zusammengestellt und möchten nun der Arbeitsmappe eine Art Deckblatt geben, damit jeder schnell und übersichtlich die wichtigsten Informationen erhält, bevor es ans Studium der einzelnen Details geht.

In Abbildung 14.43 sehen Sie die fertige Lösung. Sie werden gleich sehen, dass Sie diese in weniger als zehn Minuten erstellen können.

Abbildg. 14.43 Die fertige Übersicht über die drei Projekte

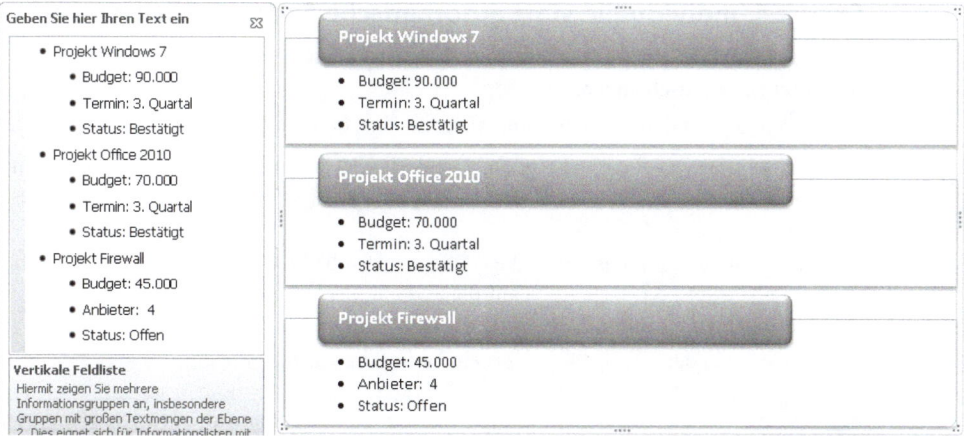

Schritt 1: Layout wählen und Texte eingeben

Das Erstellen von SmartArt-Grafiken ist mit wenigen Mausklicks erledigt. Anschließend gilt es, die gewünschten Texte zu erfassen. Und so gehen Sie vor:

1. Klicken Sie auf der Registerkarte *Einfügen* auf die Schaltfläche *SmartArt*.
2. Wählen Sie im nun folgenden Dialogfeld in der Kategorie *Alle* das sechste Layout namens *Vertikale Feldliste*.
3. Geben Sie wie in Abbildung 14.43 gezeigt links in den Textplatzhalter die Informationen ein. Betätigen Sie dabei die ⏎-Taste, um einen neuen Absatz zu erzeugen. Rücken Sie den Text eine Ebene tiefer, indem Sie die ⇥-Taste einmal betätigen. Kehren Sie mit ⇧+⇥ zur nächsthöhere Ebene zurück.

Schritt 2: vom 2D- zum 3D-Look wechseln

Haben Sie ein SmartArt-Objekt erstellt, können Sie unter verschiedenen SmartArt-Formatvorlagen wählen. Wie bei den anderen Formatvorlagen in der neuen Office-Version, sind auch diese mit wenigen Mausklicks zugewiesen:

1. Wechseln Sie zur Registerkarte *SmartArt-Tools/Entwurf* und klicken Sie in der Gruppe *SmartArt-Formatvorlagen* auf den Pfeil rechts neben den Miniaturansichten.
2. Wählen Sie in dem nun folgenden Katalog in der Kategorie *3D* die Variante *Poliert*.

Schritt 3: die Farben anpassen

Für die Änderung der Farbeinstellungen stehen verschiedene Farbschemata zur Verfügung. So ändern Sie das Farbschema der SmartArt-Grafik:

1. Ändern Sie in der Gruppe *SmartArt-Formatvorlagen* die Farben, indem Sie auf die Schaltfläche *Farben ändern* klicken und eine passende Farbe auswählen.
2. Klicken Sie beispielsweise auf *Farbige Füllung ? Akzent 3*.

Schritt 4: individuelle statt automatische Schriftgröße

Jetzt soll noch die Schriftgröße angepasst werden – sie wird beim Vergrößern oder Verkleinern der SmartArt automatisch angepasst.

1. Klicken Sie auf den Rand des SmartArt-Objekts, damit alle Elemente markiert sind.

2. Wechseln Sie zur Registerkarte *Start* und klicken Sie in der Gruppe *Schriftart* auf das Symbol *Schriftgrad vergrößern* oder öffnen Sie das Listenfeld *Schriftgrad* zur Auswahl einer bestimmten Größe.
3. Klicken Sie nun auf das rechteckige Überschriftsobjekt mit dem Text »Projekt Windows 7« und bei gedrückter ⇧-Taste noch auf die anderen beiden Überschriftsobjekte. Somit sind alle drei Überschriften markiert.
4. Stellen Sie in der Gruppe *Schriftart* einen größeren *Schriftgrad* ein.

> **CD-ROM** Alle SmartArt-Lösungen finden Sie ebenfalls im Ordner \Buch\Kap14 in der Arbeitsmappe *Kap14.xlsx* auf der CD-ROM zu diesem Buch. In den Arbeitsblättern *Grafische Kostenübersicht* sowie *SmartArt Matrix* finden Sie zwei weitere Beispiele – Letzteres wurde übrigens zu Beginn dieses Kapitels verwendet. Die *Grafische Kostenübersicht* enthält Hyperlinks, die mit nur einem Mausklick direkt zu den einzelnen Kennzahlen und Teileergebnissen führen.

Zusammenfassung

Zur optischen Aufbereitung Ihrer Arbeitsblätter steht Ihnen neben den zahlreichen Zell- und Tabellenformatvorlagen ein breites Spektrum an Funktionen zur Visualisierung mithilfe von Grafiken und Illustrationen zur Verfügung. Nachfolgend erhalten Sie Informationen, Tipps und die wichtigen Funktionen noch einmal im Überblick.

Frage	Lösung
Wie lassen sich Grafiken und Illustrationen in ein Arbeitsblatt einbauen?	Wechseln Sie im Menüband zur Registerkarte *Einfügen* und wählen Sie in der Gruppe *Illustrationen* den passenden Befehl. Mehr dazu auf Seite 439.
Wo gibt es vorgefertigte Grafiken, die sich schnell finden und leicht einbauen lassen?	Nutzen Sie dazu *Einfügen/ClipArt*. Mehr dazu finden Sie auf Seite 460.
Wie können Bilder bearbeitet werden?	Sehen Sie auf Seite 457, welche Möglichkeiten Excel dazu bietet
Welche vorgefertigten Formen gibt es?	Greifen Sie über die Schaltfläche *Formen* in der Gruppe *Illustrationen* der Registerkarte *Einfügen* auf vorgefertigte Grafiken zurück. Weitere Informationen finden Sie auf Seite 439.
Welche nützlichen Tastenkombinationen gibt es zur Arbeitserleichterung beim Erstellen von Formen?	Setzen Sie gekonnt die `Alt`-Taste, die `⇧`-Taste und die `Strg`-Taste ein. Ein Anwendungsbeispiel finden Sie auf Seite 441.
Wie lassen sich Formen schnell und einheitlich gestalten?	Nutzen Sie dazu die Formatvorlage für Formen in der Gruppe *Formenarten* der Registerkarte *Zeichentools/Format*. Mehr dazu auf Seite 442.
Wie lassen sich mehrere Objekte markieren?	Um mehrere Objekte zu markieren, können Sie die `⇧`-Taste sowie die `Strg`-Taste verwenden oder die Funktion zur Objektmarkierung. Auf Seite 446 finden Sie die passenden Informationen.
Wie lassen sich Tabellen mit Schaubildern ergänzen?	Fügen Sie Ihren Tabellen SmartArts hinzu. Dass hierzu nur wenige Schritte notwendig sind, zeigt die Seite 467.

Teil E

Informationen mit Tabellenfunktionen gewinnen

Kapitel 15	Weitere Funktionen einsetzen	475
Kapitel 16	Statistische und finanzmathematische Funktionen einsetzen	543

Sie können nun attraktive, auf Ihre firmeninterne Richtlinie abgestimmte Excel-Tabellen mit Formatierungen, Steuerelementen und Kommentaren erstellen. Dennoch haben Sie das Kernstück von Excel bis hierher erst angerissen: Der Umgang mit Tabellenfunktionen macht Ihre Arbeit so richtig professionell.

In diesem Teil erfahren Sie:

- was beim Runden in Formeln zu beachten ist,
- wie Sie mit Logik-Funktionen auch komplizierte Aufgabenstellungen bewältigen können,
- welche Möglichkeiten Matrixformeln und -funktionen bieten,
- anhand praktischer Aufgabenstellungen mehr über Verweis-, Informations-, Text- und Datumsfunktionen.

Beispiele zu den statistischen Funktionen helfen Ihnen bei der Auswertung und Analyse von Daten, z. B. über eine Häufigkeitsauszählung. Kennzahlen sind nützlich bei der Bewertung Ihrer Daten und Trends erlauben einen Blick in die Zukunft.

Und schließlich zeigen die Beispiele zu den finanzmathematischen Funktionen, dass Excel auch den Umgang mit Geld beherrscht.

Kapitel 15

Weitere Funktionen einsetzen

In diesem Kapitel:

Runden mit Formeln	476
Logikfunktionen benutzen	483
Matrixformeln: Rechnen mit Bereichen	487
Prüfen mit Informationsfunktionen	503
Verweisfunktionen nutzen	506
Zeichenfolgen mit Textfunktionen untersuchen	519
Mit Datums- und Zeitwerten rechnen	528
Zusammenfassung	542

Auf den folgenden Seiten finden Sie einige Beispiele für die Anwendung weiterer Funktionen. Bei über 340 eingebauten Tabellenfunktionen musste natürlich eine Auswahl getroffen werden. Alle Funktionen vorzustellen, würde kaum noch Platz für die anderen, ebenfalls vielfältigen Möglichkeiten von Excel lassen.

In diesem Kapitel werden Sie Funktionen kennenlernen, mit denen sich viele alltägliche Berechnungsprobleme lösen lassen. Dabei wird zunächst die allgemeine Syntax mit den Argumenten aufgeführt. Können in der jeweiligen Funktion Argumente optional angegeben werden, werden diese Argumente in eckigen Klammern aufgeführt.

Ein Beispiel:

WECHSELN(Text;Alter_Text;Neuer_Text;[Ntes_Auftreten])

Bei der Verwendung dieser Funktion müssen die Argumente *Text*, *Alter_Text* und *Neuer_Text* zwingend angegeben werden. Das Argument *Ntes_Auftreten* ist dagegen optional.

Mehr zum Thema Bezugsarten, der Eingabe sowie dem Kopieren von Funktionen finden Sie in Kapitel 6 und in Kapitel 7.

Runden mit Formeln

Für Berechnungen, deren Ergebnis viele Kommastellen liefern, wird eine Funktion benötigt, welche z. B. die Nachkommastellen auf ein übersichtliches Maß reduziert oder einen Betrag aufrundet. Sie können über ein Zahlenformat (siehe hierzu Kapitel 9) zwar die Anzeige der Kommastellen herabsetzen, wenn Sie jedoch mit dem Wert weitere Berechnungen durchführen, werden Sie feststellen, dass im Ergebnis diese Kommastellen wieder vorhanden sind. Wahrscheinlich weicht das angezeigte Ergebnis sogar von dem ab, das sich beim Nachrechnen aus den vermeintlich gerundeten Werten ergibt. Um nachprüfbare Ergebnisse zu erhalten, stellt Excel deshalb verschiedene Funktionen zum Runden zur Verfügung.

Schnell alle Werte runden – ohne Funktion

Sie suchen nach einer Möglichkeit, wie für ein Arbeitsblatt oder eine ganze Arbeitsmappe schnell auf zwei Nachkommastellen gerundet werden kann? Um dieses Problem zu lösen, gehen Sie wie folgt vor:

1. Führen Sie wie gewohnt die Berechnungen durch und formatieren Sie die Zellen mit der Anzahl von Nachkommastellen, auf die gerundet werden soll.
2. Wählen Sie die Befehlsfolge *Datei/Excel-Optionen* und wechseln Sie zur Kategorie *Erweitert*.
3. Aktivieren Sie im Abschnitt *Beim Berechnen dieser Arbeitsmappe* das Kontrollkästchen *Genauigkeit wie angezeigt festlegen*.
4. Schließen Sie das Dialogfeld mit Klick auf die Schaltfläche *OK*. Bestätigen Sie den folgenden Warnhinweis ebenfalls mit *OK*.

Da Excel für die Anzeige der Zahlenformate bereits rundet, können Sie auf diese Weise schnell alle Werte runden. Diese Option gilt für die ganze Arbeitsmappe und lässt sich nicht durch den Befehl *Rückgängig* zurücksetzen. Vorsicht: Alle Werte werden auf die gerade angezeigten Kommastellen gerundet! Daher ist es bei diesem Verfahren besonders wichtig, zuerst die Daten zu formatieren, damit die angezeigten Werte dem gewünschten Rundungsergebnis entsprechen.

Vorsicht Falle: Zahlenformat

Setzen Sie Zahlenformate ein, um Werte mit der gewünschten Genauigkeit anzuzeigen, müssen Sie beachten, dass in Berechnungen mit Bezug auf das formatierte Ergebnis der ungerundete Wert herangezogen wird. Das kann zu unliebsamen Überraschungen führen, wie die Abbildung 15.1 zeigt.

Abbildg. 15.1 Um nachvollziehbare Ergebnisse zu erzielen, sollten Sie Rundungsfunktionen einsetzen

	A	B	C	D	E	F	G	H	I	J
1										
2		Vorsicht Falle: Zahlenformat								
3		Wert 1	Wert 2	Exaktes Ergebnis	Zahlenformat ohne Dezimalstelle	Runden mit Tabellenfunktion RUNDEN	Zahlenformat liefert das gleiche Ergebnis wie RUNDEN	Anschlussrechnung liefert unterschiedliche Ergebnisse		
4		x	y	=x*y	z	r	=z=r	=z*4	=r*4	
5		132,00	93,87	12.390,84	12.391	12.391	FALSCH	49.563,36	49.564,00	
6										

Um solche Probleme zu vermeiden, sollten Sie sich für den Einsatz einer Tabellenfunktion entscheiden, die ein nachvollziehbares Ergebnis liefert. Welche Tabellenfunktionen Excel für das Runden bietet, erfahren Sie gleich.

Die Tabellenfunktion *RUNDEN* einsetzen

Die eingebaute Rundungsfunktion hat die Syntax

RUNDEN(Zahl;Anzahl_Stellen)

Für das Argument *Zahl* sind neben Zahlen auch solche Ausdrücke gültig, die sich in Zahlen umwandeln lassen, z. B. weitere Funktionen, deren Ergebnis eine Zahl ist, wie im folgenden Beispiel:

```
=RUNDEN(SUMME(A1:A10);2)
```

Als Argument ist auch ein Bereichsname gültig, wenn dieser auf eine einzelne Zelle oder einen Bereich mit einer Zahl bzw. eine Konstante zeigt.

Mit *Anzahl_Stellen* legen Sie fest, wie das Ergebnis ermittelt werden soll. So können Sie mit der Formel

```
=RUNDEN(123,456;2) ergibt 123,46
```

einen Wert auf zwei Kommastellen runden. Auch dieses Argument kann wiederum das Ergebnis einer Funktion sein oder einen Bezug enthalten, z. B.

```
=RUNDEN(123,456;B5)
=RUNDEN(123,456;MIN(2;3))
=RUNDEN(SUMME(Kosten);MIN(Werte))
```

Verwenden Sie für das Argument *Anzahl_Stellen* den Wert *0*, wird *Zahl* auf die nächste Ganzzahl gerundet.

```
=RUNDEN(123,456;0) ergibt 123.
```

Die Funktion *RUNDEN* kann jedoch noch mehr. Wenn Sie für das Argument *Anzahl_Stellen* einen negativen Wert eintragen, können Sie auch die Zahlen links vom Dezimaltrennzeichen runden, mit *–1* auf die Zehnerstelle, mit *–2* auf die Hunderterstelle usw. (siehe Abbildung 15.2).

Abbildg. 15.2 Mit der Tabellenfunktion *RUNDEN* haben Sie die Genauigkeit Ihrer Berechnungen im Griff

A	B	C	D	E	F
1					
2	Die Funktion RUNDEN(Zahl;Anzahl_Stellen)				
3	Zahl	Anzahl_Stellen	Ergebnis	Formel	
4	123,456	0	123,000	=RUNDEN(B4;C4)	
5	123,456	1	123,500	=RUNDEN(B5;C5)	
6	123,456	2	123,460	=RUNDEN(B6;C6)	
7	123,456	-1	120,000	=RUNDEN(B7;C7)	
8	123,456	-2	100,000	=RUNDEN(B8;C8)	
9					
10	-123,456	0	-123,000	=RUNDEN(B10;C10)	
11	-123,456	1	-123,500	=RUNDEN(B11;C11)	
12	-123,456	2	-123,460	=RUNDEN(B12;C12)	
13	-123,456	-1	-120,000	=RUNDEN(B13;C13)	
14	-123,456	-2	-100,000	=RUNDEN(B14;C14)	
15					

CD-ROM Beispiele zum Runden von Werten finden Sie auf dem Arbeitsblatt *RUNDEN* in der Datei *Kap15_Runden.xlsx* im Ordner *\Buch\Kap15* auf der CD-ROM zu diesem Buch.

Aufrunden und Abrunden

Eine Variante der Rundungsfunktion stellen die beiden folgenden Funktionen dar:

AUFRUNDEN(Zahl;Anzahl_Stellen) und

ABRUNDEN(Zahl;Anzahl_Stellen)

Je nach verwendeter Funktion können Sie festlegen, ob generell aufgerundet oder abgerundet werden soll. Die Argumente entsprechen denen der Funktion *RUNDEN*. Weitere Informationen zu diesen Funktionen enthält das Kapitel 7.

CD-ROM Die Beispiele zum Auf- und Abrunden von Werten finden Sie auf dem Arbeitsblatt *AUFRUNDEN und ABRUNDEN* in der Datei *Kap15_Runden.xlsx* im Ordner *\Buch\Kap15* auf der CD-ROM zu diesem Buch.

Runden auf ein Vielfaches

Mit der Funktion

VRUNDEN(Zahl;Vielfaches)

können Sie eine *Zahl* auf ein *Vielfaches* runden. Diese Funktion verfährt mit dem Rest der Division von *Zahl* und *Vielfaches* wie die Funktion *RUNDEN*. Ist der Rest also größer, wird aufgerundet, ansonsten abgerundet.

Negative Werte auf ein Vielfaches runden

Wenn Sie negative Werte mit der Tabellenfunktion *VRUNDEN* runden wollen, muss auch das Argument *Vielfaches* ein negativer Wert sein. Sie erhalten sonst den Fehlerwert *#ZAHL!* Zwei Beispiele hierzu:

```
=VRUNDEN(-2010;3) ergibt #ZAHL!
=VRUNDEN(-2010;-3) ergibt -2010
```

Sie können das richtige Vorzeichen auch über eine *WENN*-Funktion sicherstellen:

```
=VRUNDEN(-2010;WENN(-2010<0;-3;3))
```

Eine weitere Möglichkeit besteht darin, das Argument *Zahl* so zu bearbeiten, dass es immer einen positiven Wert enthält. Dazu können Sie die Funktion *ABS(Zahl)* einsetzen. Diese Funktion liefert den absoluten Wert von *Zahl* ohne Beachtung des Vorzeichens.

Um das Vorzeichen selbst zu ermitteln, verwenden Sie die Funktion *Vorzeichen(Zahl)*. Diese Funktion gibt das Vorzeichen einer Zahl mit einem der folgenden Werte zurück: 1, wenn die Zahl positiv ist; 0 (Null), wenn die Zahl 0 ist und –1, wenn die Zahl negativ ist. Multiplizieren Sie also ein mit der Funktion *ABS* gerundetes Ergebnis anschließend mit dem Ergebnis der Funktion *Vorzeichen*, wird auch bei negativen Zahlen der korrekte Wert angezeigt:

```
=VRUNDEN(ABS(A1);3)*VORZEICHEN(A1)
```

Weitere Beispiele zu den Funktionen *ABS(Zahl)* und *VORZEICHEN(Zahl)* finden Sie im Abschnitt »Wichtige Textfunktionen« auf Seite 520.

Alternativ können Sie auch die Funktion *RUNDEN* einsetzen. Berechnen Sie den auf ein Vielfaches gerundeten Wert nach dem Schema:

```
=RUNDEN(Zahl/Vielfaches;0)*Vielfaches
```

Für das obige Beispiel ergibt sich daraus die Formel:

```
=RUNDEN(-2003/3;0)*3
```

Zeitwerte runden

Die Tabellenfunktion *VRUNDEN* eignet sich aber nicht nur für Kaufleute. Sie ist auch nützlich, wenn es darum geht, *Zeitwerte* zu runden. Nicht immer kommt es auf die letzte Minute oder Sekunde an und dann gilt es, Zeitwerte entsprechend aufzurunden.

Grundlage dabei ist, dass Excel für einen Tag den Wert *1* verwendet. Eine Stunde ist ein Bruchteil eines Tags, genauer *1/24* und eine Minute *1/1440*. Setzen Sie diese Werte für das Argument *Vielfaches* ein, kann damit eine Zeit entsprechend gerundet werden. Schauen Sie sich dazu diese Beispiele an:

In Zelle *A1* steht die Uhrzeit 08:21:36 mit dem Zahlenformat *hh:mm:ss*.

=VRUNDEN(A1;1/24)   ergibt *08:00:00*

=VRUNDEN(A1;1/1440)   ergibt *08:22:00*

– wenn Sie das Ergebnis mit dem genannten Zahlenformat formatieren. Mehr zum Thema finden Sie im Abschnitt »Mit Datums- und Zeitwerten rechnen« ab Seite 528. Das Thema Zahlenformate wird ausführlich in Kapitel 9 behandelt.

> **CD-ROM**   Die Beispiele finden Sie auf dem Arbeitsblatt *VRUNDEN* in der Datei *Kap15_Runden.xlsx* im Ordner *\Buch\Kap15* auf der CD-ROM zu diesem Buch.

Runden auf bestimmte Werte

Angenommen, Sie wollen einen bestimmten Verkaufspreis immer so runden, dass Cent-Beträge immer auf die nächste durch fünf teilbare Zahl gerundet werden. Wie können Sie das erreichen?

Für diese Art des Rundens gibt es ebenfalls zwei Funktionen, die von der Arbeitsweise her dem *AUFRUNDEN* und *ABRUNDEN* entsprechen. Mit

OBERGRENZE(Zahl;Schritt)

können Sie auf den nächst höheren und mit

UNTERGRENZE(Zahl;Schritt)

etwas kundenfreundlicher auf den nächst niedrigeren Wert runden (Abbildung 15.3).

Abbildg. 15.3   Runden in vorgegebenen Schritten

	A	B	C	D	E	F
1						
2		Die Funktion OBERGRENZE(Zahl;Schritt)				
3		Zahl	Schritt	Ergebnis	Formel	
4		198,47 €	0,05 €	198,50 €	=OBERGRENZE(B4;C4)	
5		198,47 €	0,99 €	198,99 €	=OBERGRENZE(B5;C5)	
6						
7						
8		Die Funktion UNTERGRENZE(Zahl;Schritt)				
9		Zahl	Schritt	Ergebnis	Formel	
10		198,47 €	0,05 €	198,45 €	=UNTERGRENZE(B10;C10)	
11		198,47 €	0,99 €	198,00 €	=UNTERGRENZE(B11;C11)	
12						

> **CD-ROM**   Die Beispiele finden Sie auf dem Arbeitsblatt *OBERGRENZE und UNTERGRENZE* in der Datei *Kap15_Runden.xlsx* im Ordner *\Buch\Kap15* auf der CD-ROM zu diesem Buch.

Der ganzzahlige Teil einer Zahl

Wenn die Nachkommastellen für Sie ohne Bedeutung sind, erhalten Sie mit der Funktion

GANZZAHL(Zahl)

einen Wert, der auf die nächst kleinere ganze Zahl abgerundet wird.

Dieser Funktion sehr ähnlich ist die Funktion

KÜRZEN(Zahl;[Anzahl_Stellen]).

Sie schneidet jedoch die Nachkommastellen ab.

Wird für das Argument *Zahl* eine positive Zahl übergeben, liefern beide Funktionen das gleiche Ergebnis. Bei negativen Zahlen erhalten Sie jedoch unterschiedliche Ergebnisse, weil die Funktion GANZZAHL generell abrundet. Bei negativen Zahlen abzurunden bedeutet, dass der absolute Zahlenwert größer wird.

CD-ROM Beispiele zu diesen Funktionen finden Sie auf dem Arbeitsblatt *GANZZAHL und KÜRZEN* in der Datei *Kap15_Runden.xlsx* im Ordner *\Buch\Kap15* auf der CD-ROM zu diesem Buch.

Bei der Division runden

Eine spezielle Funktion steht für das Runden von Divisionen zur Verfügung. Um das ganzzahlige Ergebnis einer Division zu ermitteln und die Nachkommastellen abzuschneiden, nutzen Sie die Funktion QUOTIENT(Zähler;Nenner).

Beispiel:

=QUOTIENT(15,9;2) ergibt *7*

=QUOTIENT(-15,9;2) ergibt *-7*

=QUOTIENT(15,9;-2) ergibt *-7*

=QUOTIENT(-15,9;-2) ergibt *7*

Auf gerade oder ungerade Zahlen runden

Die Funktion *GERADE(Zahl)* liefert unabhängig vom Vorzeichen eine Zahl, die betragsmäßig auf die nächst größere gerade Zahl aufgerundet ist. Umgekehrt erhalten Sie eine auf die nächst größere ungerade Ziffer gerundete Zahl mit der Funktion *UNGERADE(Zahl)*.

Ein paar Beispiele dazu:

=GERADE(128,45) ergibt *130*

=UNGERADE(128,45) ergibt *129*

=GERADE(-128,45) ergibt *-130*

=UNGERADE(-128,45) ergibt *-129*

CD-ROM Beispiele finden Sie auf dem Arbeitsblatt *GERADE und UNGERADE* in der Datei *Kap15_Runden.xlsx* im Ordner *\Buch\Kap15* auf der CD-ROM zu diesem Buch.

Runden und Zahlenformat festlegen in einer Funktion

Wenn Sie bei der Berechnung eines gerundeten Werts auch das Zahlenformat des Ergebnisses vorgeben wollen, schauen Sie sich einmal die Tabellenfunktion

FEST(Zahl;[Dezimalstellen];[Keine_Punkte])

an. Diese Funktion rundet eine Zahl auf die Anzahl *Dezimalstellen* und fügt Tausendertrennzeichen ein, wenn für das Argument *Keine_Punkte* der Wahrheitswert *FALSCH* übergeben oder das Argument nicht angegeben wird. Ist *Keine_Punkte WAHR*, wird eine Zahl ohne Tausendertrennzeichen geliefert. Außerdem wandelt diese Funktion das Ergebnis in einen Text um. Darum wird das Ergebnis auch standardmäßig nach links ausgerichtet (Abbildung 15.4).

Abbildg. 15.4 Mit der Funktion *FEST* können Sie eine formatierte Zahl ausgeben

	A	B	C	D	E	F	G
1							
2		Die Funktion FEST(Zahl;Dezimalstellen;Keine_Punkte)					
3		Zahl	Dezimalstellen	Keine_Punkte	Ergebnis	Formel	
4		2178,47	0	WAHR	2178	=FEST(B4;C4;D4)	
5		2178,47	0	FALSCH	2.178	=FEST(B5;C5;D5)	
6		2178,47	1	WAHR	2178,5	=FEST(B6;C6;D6)	
7		2178,47	1	FALSCH	2.178,5	=FEST(B7;C7;D7)	
8		2178,47	2	WAHR	2178,47	=FEST(B8;C8;D8)	
9		2178,47	2	FALSCH	2.178,47	=FEST(B9;C9;D9)	
10		2178,47	-1	WAHR	2180	=FEST(B10;C10;D10)	
11		2178,47	-1	FALSCH	2.180	=FEST(B11;C11;D11)	
12		2178,47	-2	WAHR	2200	=FEST(B12;C12;D12)	
13		2178,47	-2	FALSCH	2.200	=FEST(B13;C13;D13)	
14							
15		2178,47	-1		2.180 €	=DM(B15;C15)	
16		2178,47	0		2.178 €	=DM(B16;C16)	
17		2178,47	1		2.178,5 €	=DM(B17;C17)	
18							
19		Verketteter Text mit zwei Kommastellen und Tausendertrennzeichen					
20		Der Betrag lautet 2.420,04 Euro.					
21		Formel	="Der Betrag lautet "&FEST(2420,035;2;FALSCH)&" Euro."				
22							

Auch mit der folgenden Funktion wird dem Ergebnis gleich ein Zahlenformat zugewiesen

DM(Zahl;Dezimalstellen)

Keine Bange: Auch wenn hier die gute alte D-Mark verewigt ist, das Zahlenformat, das dem Ergebnis zugewiesen wird, entspricht dem aus der Systemsteuerung.

Bis auf die Zuweisung des Zahlenformats verhält sich die Funktion wie die Funktion *RUNDEN()*. Sie können also auch negative Werte oder *0* als Argument *Dezimalstellen* verwenden.

CD-ROM Die Beispiele finden Sie auf dem Arbeitsblatt *FEST und DM* in der Datei *Kap15_Runden.xlsx* im Ordner *\Buch\Kap15* auf der CD-ROM zu diesem Buch.

Logikfunktionen benutzen

Einige wichtige Funktionen sind im Funktions-Assistenten in der Kategorie *Logik* zusammengefasst. Mit diesen Funktionen können Sie Werte mit verschiedenen Bedingungen vergleichen.

Die Funktion *WENN*

Eine vielfältig einsetzbare Funktion aus der Kategorie *Logik* ist die Funktion

WENN(Prüfung;[Dann_Wert];[Sonst_Wert])

Ist das Ergebnis der Prüfung der Wahrheitswert *WAHR*, gibt die Funktion den *Dann_Wert* zurück bzw. führt die damit angegebenen Berechnungen durch. Ist das Ergebnis der Wert *FALSCH*, wird der *Sonst_Wert* zurückgegeben.

Grundlagen zu dieser Funktion finden Sie in Kapitel 7. Im Folgenden sehen Sie noch einige Beispiele für Einsatzgebiete der *WENN*-Funktion.

Anzeige von Fehlerwerten mit einer Formel unterdrücken

Ein wichtiges Einsatzgebiet der *WENN*-Funktion ist das Unterdrücken von Fehlerwerten. Bei der Division von Werten erhalten Sie beispielsweise den Fehlerwert *#DIV/0!*, wenn der Divisor noch nicht eingetragen ist. Mit der *WENN*-Funktion können Sie diesen Fehlerwert unterdrücken.

Beispiel: In Zelle *B4* steht die Zahl *2010* und in Zelle *C4* eine *0*. In Zelle *D4* liefert die Formel

```
=B4/C4
```

den Fehlerwert *#DIV/0!*. Um diesen Fehlerwert zu unterdrücken, tragen Sie die Formel

```
=WENN(C4=0;"Das geht nicht";B4/C4)
```

in Zelle *F4* ein oder wenn im Fehlerfall nichts angezeigt werden soll

```
=WENN(C4=0;"";B4/C4)
```

Für diese Aufgabenstellung können Sie auch die Funktion *WENNFEHLER* verwenden. Mehr zu dieser Funktion finden Sie im Abschnitt »Die Funktion *WENNFEHLER* verwenden« auf Seite 504.

Kapitel 15 Weitere Funktionen einsetzen

Abbildg. 15.5 Die Anzeige von Fehlerwerten mit der Funktion *WENN* unterdrücken

	A	B	C	D	E	F	G	H
1								
2		Einen Fehlerwert unterdrücken mit der Funktion WENN(Prüfung;Dann_Wert;Sonst_Wert)						
3		Wert 1	Wert 2	ohne Berücksichtigung von Fehlern	Formel	mit Berücksichtigung von Fehlern	Formel	
4		2010	0	#DIV/0!	=B4/C4	Das geht nicht	=WENN(C4=0;"Das geht nicht";B4/C4)	
5		2010	2	1005	=B5/C5	1005	=WENN(C5=0;"Das geht nicht";B5/C5)	
6		2010	0	#DIV/0!	=B6/C6		=WENN(C6=0;"";B6/C6)	
7		2010	2	1005	=B7/C7	1005	=WENN(C7=0;"";B7/C7)	
8		Einen Fehlerwert unterdrücken mit der Funktion WENNFEHLER(Wert;Wert_falls_Fehler)						
9		2010	0	#DIV/0!	=B9/C9	Das geht nicht	=WENNFEHLER(B9/C9;"Das geht nicht")	
10		2010	0	#DIV/0!	=B10/C10		=WENNFEHLER(B10/C10;"")	
11		2010	2	1005	=B11/C11	1005	=WENNFEHLER(B11/C11;"Das geht nicht")	
12								

CD-ROM Das Beispiel können Sie auf dem Arbeitsblatt *Fehlerwert unterdrücken* in der Datei *Kap15_Logik.xlsx* im Ordner *\Buch\Kap15* auf der CD-ROM zu diesem Buch finden.

Mehr zu Fehlerwerten in Tabellen finden Sie in Kapitel 6.

Die WENN-Funktion verschachteln

Wenn es gilt, noch andere Möglichkeiten zu prüfen, können Sie die *WENN*-Funktion verschachteln. Dabei können Sie bis zu 64 Ebenen für die Verschachtelung verwenden.

Beispiel: Vergleichen Sie die Werte aus dem Bereich *B5:B7* mit den Zellen *C5:C7* und *D5:D7*. Geben Sie als Ergebnis einen Hinweis auf die Spalte mit dem größten Wert aus. Ist das Ergebnis der ersten Prüfung *WAHR*, sollen Kleinbuchstaben ansonsten Großbuchstaben verwendet werden.

Und so geht es:

Tragen Sie in Zelle *E5* die Formel

```
=WENN(B5>C5;WENN(B5>D5;"b";"d");WENN(C5>D5;"C";"D"))
```

ein und kopieren Sie diese nach unten. Die möglichen Rechenwege entnehmen Sie bitte Abbildung 15.6.

Abbildg. 15.6 Der Entscheidungsbaum zeigt den Lösungsweg einer verschachtelten *WENN*-Funktion

	A	B	C	D	E
1					
2		Die Funktion WENN(Prüfung;Dann_Wert;Sonst_Wert)			
3		Entscheidungsbaum mit zwei Bedingungen			
4		Wert	Der Wert ist größer als ...	Der Wert ist größer als ...	Ergebnis: größter Wert in Spalte ...
5		25.000	10.000	20.000	b
6		25.000	10.000	30.000	d
7		25.000	30.000	20.000	C
8		20.000	30.000	35.000	D

Die Darstellung des Entscheidungsbaums in Abbildung 15.6 wurde mit der Funktion *SmartArt* aus der Registerkarte *Einfügen* erstellt. Mehr zu diesem Thema finden Sie in Kapitel 14.

CD-ROM   Das Beispiel können Sie auf dem Arbeitsblatt *Verschachtelte Funktion* in der Datei *Kap15_Logik.xlsx* im Ordner *\Buch\Kap15* auf der CD-ROM zu diesem Buch finden.

Die Funktion *UND*

Sollen mehrere Bedingungen erfüllt sein, können Sie auch die Funktion

UND(Wahrheitswert1;[Wahrheitswert2];[...])

einsetzen. Diese Tabellenfunktion liefert als Ergebnis den Wahrheitswert *WAHR*, wenn alle Argumente wahr sind. Sind die Aussagen eines oder mehrerer Argumente falsch, liefert diese Funktion den Wert *FALSCH*.

Als Argument für diese Funktion können Sie bis zu 255 Bedingungen angeben. Das Ergebnis dieser Bedingungen muss jeweils einer der Wahrheitswerte *WAHR* oder *FALSCH* sein (siehe Abbildung 15.7).

Abbildg. 15.7 Wenn alle Bedingungen wahr sind, ist das Ergebnis der Wahrheitswert WAHR

	A	B	C	D	E	F
1						
2		Die Funktion UND(Wahrheitswert1;Wahrheitswert2;...)				
3		Wert 1	Wert 2	Ergebnis	Formel	
4		11	29	FALSCH	=UND(B4>15;C4>B4)	
5		16	28	WAHR	=UND(B5>15;C5>B5)	
6		17	14	FALSCH	=UND(B6>15;C6>B6)	
7		19	20	WAHR	=UND(B7>15;C7>B7)	
8		Excel	Access	FALSCH	=UND(B8<>"";B8=C8)	
9		a	A	WAHR	=UND(B9<>"";B9=C9)	
10		WAHR	FALSCH	FALSCH	=UND(B10<>"";B10=C10)	
11		09.06.2010	24.06.2010	FALSCH	=UND(B11<>"";B11=C11)	
12		15:45	9.6.10 15:45	FALSCH	=UND(B12<>"";B12=C12)	
13						
14		Unter Berücksichtigung der Groß-/Kleinschreibung				
15		a	A	FALSCH	=UND(B15<>"";IDENTISCH(B15;C15))	
16						

CD-ROM Das obige Beispiel können Sie auf dem Arbeitsblatt *UND* in der Datei *Kap15_Logik.xlsx* im Ordner *\Buch\Kap15* auf der CD-ROM zu diesem Buch finden.

Die Funktion ODER

Genügt es, wenn eine von mehreren Bedingungen *WAHR* ist, setzen Sie die Funktion

ODER(Wahrheitswert1;[Wahrheitswert2];[...])

ein. Diese Tabellenfunktion liefert als Ergebnis den Wahrheitswert *WAHR*, wenn mindestens **ein** Argument wahr ist. Sind die Aussagen aller Argumente falsch, liefert diese Funktion den Wert *FALSCH*.

Wie bei der Funktion *UND* können Sie auch bei dieser Funktion als Argument bis zu 255 Bedingungen angeben. Das Ergebnis dieser Bedingungen muss jeweils einer der Wahrheitswerte *WAHR* oder *FALSCH* sein.

Abbildg. 15.8 Ist auch nur eine Bedingung wahr, ist das Ergebnis der Funktion ODER der Wahrheitswert WAHR

	A	B	C	D	E	F
1						
2		Die Funktion ODER(Wahrheitswert1;Wahrheitswert2;...)				
3		Zahl 1	Zahl 2	Ergebnis	Formel	
4		5	11	WAHR	=ODER(B4>15;C4>B4)	
5		8	16	WAHR	=ODER(B5>15;C5>B5)	
6		11	14	WAHR	=ODER(B6>15;C6>B6)	
7		10	10	FALSCH	=ODER(B7>15;C7>B7)	
8		9	2	FALSCH	=ODER(B8>15;C8>B8)	
9		WAHR	FALSCH	WAHR	=ODER(B9<>"";C9>B9)	
10		2007	2010	WAHR	=ODER(B10=C10;B10<C10;B10>C10)	
11						

CD-ROM Dieses Beispiel können Sie auf dem Arbeitsblatt *ODER* in der Datei *Kap15_Logik.xlsx* im Ordner *\Buch\Kap15* auf der CD-ROM zu diesem Buch finden.

Ergebnisse mit der Funktion *NICHT* umkehren

Mit der Funktion

NICHT(Wahrheitswert)

können Sie den Wert Ihres Arguments umkehren. Die Formel

```
=NICHT(WAHR)
```

ergibt *FALSCH*.

Wenn Sie der Funktion *NICHT* einen Zahlenwert als Argument übergeben, wird nur dann der Wert *WAHR* angezeigt, wenn Sie eine Null (*0*) verwenden. Alle anderen Zahlen führen zur Anzeige von *FALSCH*.

> **CD-ROM** Das Beispiel können Sie auf dem Arbeitsblatt *NICHT* in der Datei *Kap15_Logik.xlsx* im Ordner *\Buch\Kap15* auf der CD-ROM zu diesem Buch finden.

Funktionen für Wahrheitswerte verwenden

Auch für die Wahrheitswerte gibt es jeweils eine Funktion. Statt der Funktionen *FALSCH()* und *WAHR()* können Sie in Formeln aber auch direkt das Wort »FALSCH« bzw. »WAHR« eintragen. Sie brauchen dabei nicht einmal auf die Groß-/Kleinschreibung zu achten. Excel wandelt diese Wörter automatisch um.

Wenn Sie Wahrheitswerte in Berechnungen verwenden, entspricht *WAHR* dem Wert *1* und *FALSCH* dem Wert *0*. Die Umwandlung in einen Zahlenwert können Sie auch mit der Tabellenfunktion *N(Wert)* herbeiführen.

> **CD-ROM** Diese Beispiele können Sie auf dem Arbeitsblatt *FALSCH und WAHR* in der Datei *Kap15_Logik.xlsx* im Ordner *\Buch\Kap15* auf der CD-ROM zu diesem Buch finden.

Matrixformeln: Rechnen mit Bereichen

Die in Excel wohl am häufigsten verwendete Funktion dürfte *SUMME(Zahl1;Zahl2;...)* sein. Mit dieser Funktion wird die Summe von Werten berechnet, die in der Regel in einer Spalte untereinander angeordnet sind (siehe hierzu auch Kapitel 6). Wie Sie eine Summe von Werten unter Berücksichtigung von Bedingungen bilden können, zeigt der folgende Abschnitt.

Summe und Mittelwert mit einer Bedingung berechnen

Nehmen wir an, Sie haben eine Liste mit den Umsätzen Ihrer Vertriebsmitarbeiter für mehrere Monate erstellt und sollen nun die Summe der Umsätze für jeden Mitarbeiter berechnen.

Erstellen Sie zunächst eine Liste aller Mitarbeiter im Bereich *E5:E14*. Daneben in Spalte *F* sollen nun die Summen der Umsätze dargestellt werden.

Im Prinzip ist die Anweisung im Klartext also nur folgende: Summiere alle Umsätze, die in der Spalte *Name* den gleichen Eintrag haben. Um die Summe eines Bereichs unter Berücksichtigung einer Bedingung zu ermitteln, können Sie die Funktion

SUMMEWENN(Bereich;Suchkriterien;[Summe_Bereich])

einsetzen. Diese Funktion durchsucht den *Bereich* nach *Suchkriterien*. Wird eine Übereinstimmung gefunden, wird die Zahl aus *Summe_Bereich* addiert. Ist dieses optionale Argument nicht angegeben, wird die Zahl aus dem Bereich, der durchsucht wurde, addiert.

Mit der Formel

```
=SUMMEWENN($B$5:$B$21;E5;$C$5:$C$21)
```

berechnen Sie die Summe für den Mitarbeiter »Maier«. Kopieren Sie diese Formel nun nach unten bis zur Zelle *F14*.

Sie müssen also lediglich die Vergleichsoperatoren in die Anführungszeichen setzen und diese über den Textoperator mit dem gesuchten Namen verknüpfen.

Abbildg. 15.9 Werte addieren, die eine Bedingung erfüllen oder den entsprechenden Mittelwert berechnen

	A	B	C	D	E	F	G	H
1								
2		**Die Funktionen SUMMEWENN und MITTELWERTWENN**						
3		Listenbereich			Auswertungsbereich			
4		Name	Umsatz		Name	Umsatz	Formel	
5		Maier	7.786,00 €		Maier	7.786,00 €	=SUMMEWENN($B$5:$B$21;E5;$C$5:$C$21)	
6		Schultze	5.646,00 €		Schultze	20.451,00 €	=SUMMEWENN($B$5:$B$21;E6;$C$5:$C$21)	
7		Sonnenschein	7.131,00 €		Sonnenschein	7.131,00 €	=SUMMEWENN($B$5:$B$21;E7;$C$5:$C$21)	
8		Frantz	8.975,00 €		Frantz	15.714,00 €	=SUMMEWENN($B$5:$B$21;E8;$C$5:$C$21)	
9		Phillipin	7.258,00 €		Phillipin	17.249,00 €	=SUMMEWENN($B$5:$B$21;E9;$C$5:$C$21)	
10		Quarks	3.085,00 €		Quarks	9.378,00 €	=SUMMEWENN($B$5:$B$21;E10;$C$5:$C$21)	
11		Binder	7.947,00 €		Binder	12.003,00 €	=SUMMEWENN($B$5:$B$21;E11;$C$5:$C$21)	
12		Merkert	9.285,00 €		Merkert	9.285,00 €	=SUMMEWENN($B$5:$B$21;E12;$C$5:$C$21)	
13		Mayer	4.350,00 €		Mayer	4.350,00 €	=SUMMEWENN($B$5:$B$21;E13;$C$5:$C$21)	
14		Schultze	5.565,00 €		Karle	5.322,00 €	=SUMMEWENN($B$5:$B$21;E14;$C$5:$C$21)	
15		Karle	2.634,00 €					
16		Schultze	9.240,00 €					
17		Karle	2.688,00 €		SUMMEWENN(Bereich;Suchkriterien;Summe_Bereich)			
18		Frantz	6.739,00 €		Umsatz < 3000	5.322,00 €	=SUMMEWENN(C5:C21;"<"&3000;C5:C21)	
19		Phillipin	9.991,00 €		Umsatz > Mittelwert	74.352,00 €	=SUMMEWENN(C5:C21;">"&MITTELWERT(C5:C21))	
20		Quarks	6.293,00 €					
21		Binder	4.056,00 €		MITTELWERTWENN(Bereich;Kriterien;Mittelwert_Bereich)			
22					Umsatz < 3000	2.661,00 €	=MITTELWERTWENN(C5:C21;"<"&3000;C5:C21)	
23					Umsatz > Mittelwert	8.261,3333 €	=MITTELWERTWENN(C5:C21;">"&MITTELWERT(C5:C21))	
24								

Das Argument *Summe_Bereich* ist optional. Sie können also mit der Formel

```
=SUMMEWENN(C5:C21;"<"&3000;C5:C21)
```

ebenso wie mit der Formel

```
=SUMMEWENN(C5:C21;"<"&3000)
```

die Summe der Umsätze, die kleiner als 3000 sind, berechnen. Bei fehlendem *Summe_Bereich* werden die Werte aus dem ersten Argument addiert.

Für die Argumente können auch Funktionen verwendet werden. So liefert beispielsweise die Formel

```
=SUMMEWENN(C5:C21;">"&MITTELWERT(C5:C21))
```

die Summe der Umsätze, die größer als der Mittelwert sind.

Wenn nicht die Gesamtsumme, sondern der Mittelwert der Umsätze über 3.000 Euro berechnet werden soll, können Sie die Funktion

MITTELWERTWENN(Bereich;Kriterien;[Durchschnitt_Bereich])

einsetzen (siehe Abbildung 15.9). Dieser Funktion geben Sie mit dem Argument *Bereich* einem Zellbereich, Zahlen oder Namen den Bezug an, für die der arithmetische Mittelwert ermittelt werden soll. Mit den Kriterien geben Sie einen Ausdruck, Zellbezug oder Text an, der die Bedingungen festlegt. Beispiel: *2007*, "2007", ">2007", "Excel", *A1* oder »Bereichsname«.

Mit *Durchschnitt_Bereich* geben Sie die Zellen an, für die tatsächlich der Durchschnitt ermittelt werden soll. Dabei muss der *Durchschnitt_Bereich* in der Größe nicht dem *Bereich* entsprechen. Wird *Durchschnitt_Bereich* nicht angegeben, wird der Mittelwert aus *Bereich* ermittelt.

CD-ROM Die vorstehenden Beispielrechnungen können Sie auf dem Arbeitsblatt *SUMMEWENN* in der Datei *Kap15_Matrix.xlsx* im Ordner *\Buch\Kap15* auf der CD-ROM zu diesem Buch finden.

Doppelte Datensätze zählen

Weil nicht jede Datensammlung so umfangreich ist, dass sie mit einem speziellen Datenbankprogramm verwaltet werden muss, legen viele Benutzer eine Excel-Tabelle mit den benötigten Merkmalen an.

Wenn Sie Ihre Daten mit dem *Spezialfilter* filtern (siehe hierzu Kapitel 21), können Sie die Option *Keine Duplikate* wählen. Duplikate werden dann bei der Anzeige unterdrückt. So weit, so gut. Was ist aber, wenn Sie genau diese Duplikate prüfen wollen?

Als Beispiel soll hier eine Datenbank untersucht werden, die den Bereich *B3:C13* umfasst. In Zeile *3* sind die Feldnamen eingetragen, der erste Datensatz steht also in Zeile *4*. Die Aufgabe lautet: Ermitteln Sie die Anzahl der Duplikate mit einer Funktion.

Entsprechend der Funktion *SUMMEWENN* gibt es für die Auszählung eines Bereichs die Funktion:

ZÄHLENWENN(Bereich;Suchkriterien)

Bereich ist hier der Zellbereich, von dem Sie wissen möchten, wie viele seiner Zellen einen Inhalt haben, der mit den *Suchkriterien* übereinstimmt. Die Suchkriterien können Sie in unterschiedlicher Form angeben: als Zahl, als Ausdruck oder als Zeichenfolge. Sie bestimmen damit, welche Zellen gezählt werden.

Um zu prüfen, ob doppelte Einträge vorkommen, markieren Sie den Bereich *D4:D13* und tragen die Formel

```
=ZÄHLENWENN($B$4:$B$13;B4)
```

ein. Schließen Sie die Eingabe mit der Tastenkombination [Strg]+[↵] ab. Diese Tastenkombination veranlasst Excel, die eingetragene Formel in jede der markierten Zellen einzutragen und dabei relative Bezüge anzupassen.

Kapitel 15 Weitere Funktionen einsetzen

Die Funktion vergleicht die Werte der Suchspalte *B* und zählt die Übereinstimmungen für jeden Eintrag (siehe Abbildung 15.10).

Abbildg. 15.10 Für jeden Wert in Spalte *B* die Anzahl gleicher Einträge prüfen

	A	B	C	D	E	F	G	H	I
F4			ƒx	=ZÄHLENWENNS($C$4:$C$13;C4)					
1									
2		Doppelte Datensätze zählen							
3		Ku-Nr	Zuname	Anzahl mit gleicher Ku-Nr	Formel	Anzahl mit gleichem Namen	Name und Ku-Nr gleich	Formel mit der Funktion ZÄHLENWENNS()	
4		1023	Binder	2	=ZÄHLENWENN($B$4:$B$13;B4)	4	2	=ZÄHLENWENNS($B$4:$B$13;B4;$C$4:$C$13;C4)	
5		1021	Sonnenschein	2	=ZÄHLENWENN($B$4:$B$13;B5)	2	2	=ZÄHLENWENNS($B$4:$B$13;B5;$C$4:$C$13;C5)	
6		1026	Karle	1	=ZÄHLENWENN($B$4:$B$13;B6)	1	1	=ZÄHLENWENNS($B$4:$B$13;B6;$C$4:$C$13;C6)	
7		1023	Binder	2	=ZÄHLENWENN($B$4:$B$13;B7)	4	2	=ZÄHLENWENNS($B$4:$B$13;B7;$C$4:$C$13;C7)	
8		1027	Binder	2	=ZÄHLENWENN($B$4:$B$13;B8)	4	2	=ZÄHLENWENNS($B$4:$B$13;B8;$C$4:$C$13;C8)	
9		1027	Binder	2	=ZÄHLENWENN($B$4:$B$13;B9)	4	2	=ZÄHLENWENNS($B$4:$B$13;B9;$C$4:$C$13;C9)	
10		1022	Phillipin	1	=ZÄHLENWENN($B$4:$B$13;B10)	1	1	=ZÄHLENWENNS($B$4:$B$13;B10;$C$4:$C$13;C10)	
11		1025	Quarks	1	=ZÄHLENWENN($B$4:$B$13;B11)	1	1	=ZÄHLENWENNS($B$4:$B$13;B11;$C$4:$C$13;C11)	
12		1020	Schultze	1	=ZÄHLENWENN($B$4:$B$13;B12)	1	1	=ZÄHLENWENNS($B$4:$B$13;B12;$C$4:$C$13;C12)	
13		1021	Sonnenschein	2	=ZÄHLENWENN($B$4:$B$13;B13)	2	2	=ZÄHLENWENNS($B$4:$B$13;B13;$C$4:$C$13;C13)	
14									

Der Wert *1* bedeutet, dass der Eintrag dieser Zeile lediglich einmal im durchsuchten Bereich vorkommt. Alle höheren Werte weisen Duplikate nach. Wie Sie Duplikate aus einer Liste entfernen können, finden Sie in Kapitel 21 beschrieben.

Ein Sonderfall ist die Verwendung von booleschen Vergleichsoperatoren für die Suchkriterien. Wie bei der Funktion *SUMMEWENN* werden diese Operatoren in Anführungszeichen angegeben und mit dem Verkettungsoperator zum Suchkriterium zusammengefasst.

Beispiel:

Um im Bereich *B4:B13* die Zahlenwerte zu zählen, die größer als *1025* sind, verwenden Sie die folgende Formel:

```
=ZÄHLENWENN(B4:B13;">"&1025)
```

Auch die Verwendung einer weiteren Funktion ist mit dem Verkettungsoperator möglich:

```
=ZÄHLENWENN(B4:B13;">"&MITTELWERT(B4:B13))
```

Leere Zellen zählen

Sie können die Funktion *ZÄHLENWENN* auch einsetzen, um damit leere Zellen zu zählen. Dies gelingt, wenn Sie für das Argument *Suchkriterien* eine leere Zeichenfolge übergeben.

Beispiel:

```
=ZÄHLENWENN($B$4:$B$12;"")
```

HINWEIS Bei der Auszählung der Datensätze sollten Sie darauf achten, ein Merkmal zu verwenden, das die jeweiligen Datensätze eindeutig identifiziert.

Im Beispiel aus Abbildung 15.10 ist der Zuname ein ungeeignetes Suchkriterium, weil dieser nicht eindeutig ist. So gibt es hier mehrere Einträge, die zwar den gleichen Zunamen, aber eine andere Kundennummer haben. Es handelt sich dabei offensichtlich um eine Namensgleichheit unterschiedlicher Kunden.

CD-ROM Diese Beispielrechnungen können Sie auf dem Arbeitsblatt *ZÄHLENWENN* in der Datei *Kap15_Matrix.xlsx* im Ordner *\Buch\Kap15* auf der CD-ROM zu diesem Buch finden.

Um die Daten genauer zu prüfen, gehen Sie wie folgt vor:
1. Sortieren Sie diese zunächst nach der Spalte *D*.
2. Wählen Sie dann auf der Registerkarte *Daten* in der Gruppe *Sortieren und Filtern* den Befehl *Filtern*.
3. Klicken Sie jetzt auf das Dropdownfeld und wählen Sie die Option *Zahlenfilter/Größer als* und tragen Sie bei *ist größer als* den Wert 1 ein.
4. Bestätigen mit einem Klick auf die Schaltfläche *OK*.

Es werden mögliche Duplikate angezeigt. Sie können nun prüfen, ob die Datensätze in allen Merkmalen identisch sind und eventuell gelöscht werden können.

Mehr zum Thema Filter finden Sie in Kapitel 21. Das Kapitel 8 zeigt Ihnen, wie Sie Duplikate bereits bei der Eingabe verhindern können.

Mehrere Bedingungen berücksichtigen

Excel enthält auch Funktionen, die mehrere Kriterien berücksichtigen können. Um die Anzahl an Elementen zu ermitteln, verwenden Sie die Funktion

ZÄHLENWENNS(Bereich1;Kriterien1;[Bereich2;Kriterien2?])

Als Argument übergeben Sie dieser Funktion bis zu 127 Wertepaare:

- *Bereich1*, *Bereich2* usw. Damit geben Sie den Bereich an, der untersucht werden soll. Dabei können Sie Zellbezüge oder Namen verwenden.
- *Kriterien1*, *Kriterien2* usw. beschreibt die Bedingung, die im zugehörigen Bereich erfüllt sein muss, damit der Wert gezählt wird, und kann in Form von Zahlen, Text, Namen oder Zellbezügen eingetragen werden. Beispiel: *2010*, "*2010*", "*>2010*", "*Excel*", *A1* oder »Bereichsname«.

Die einzelnen Zellen eines Bereichs werden nur gezählt, wenn alle angegebenen Kriterien für diese Zelle zutreffen. In Abbildung 15.10 ermittelt die Formel die Anzahl der Kunden mit gleichem Namen. In Spalte *G* wird durch Verwendung eines zweiten Kriteriums die Anzahl der Einträge ermittelt, bei denen die Kundennummer und der Name gleich sind. Ein Anwendungsbeispiel sehen Sie in Abbildung 15.10.

Summe und Mittelwert mit mehreren Bedingungen

Zwei Funktionen erleichtern das Berechnen von Summen und Mittelwerten, die mehrere Bedingungen erfüllen:

SUMME-WENNS(Summe_Bereich;Kriterium_Bereich1;Kriterium1;[Kriterium_Bereich2;Kriterium2...])

MITTELWERT-WENNS(Durchschnitt_Bereich;Kriterien_Bereich1;Kriterium1;[Kriterien_Bereich2;Kriterien2...])

Mit *Summe_Bereich* bzw. *Durchschnitt_Bereich* geben Sie den Bereich an, für den die Summe bzw. der arithmetische Mittelwert berechnet werden soll.

Kriterium_Bereich1, Kriterium_Bereich1 bzw. *Kriterien_Bereich1*; *Kriterien_Bereich2* usw. sind bis zu 127 Kriterien, die Sie in Form einer Zahl, eines Ausdrucks, eines Zellenverweises oder Namens übergeben können. Beispiel: *2010*, "*2010*", "*>2010*", "*Excel*", *A1* oder »Bereichsname«.

HINWEIS Obwohl die Funktionen SUMMEWENNS, ZÄHLENWENNS und MITTELWERT-WENNS mit Bereichen arbeiten, müssen Sie diese nicht als Matrixformel eingeben.

Abbildg. 15.11 Die Funktionen erlauben das einfache Verwenden mehrerer Kriterien

	B	C	D	E	F	G
2	Die neuen Funktionen SUMMEWENNS und MITTELWERTWENNS					
3	Listenbereich			Auswertungsbereich		
4	Name	Umsatz		Name	Umsatz > 3000 Eur	Formel mit neuen Funktionen
5	Maier	7.786,00 €		Maier	7.786,00 €	=SUMMEWENNS($C$5:$C$21;$B$5:$B$21;E5;$C$5:$C$21;">3000")
6	Schultze	5.646,00 €		Schultze	20.451,00 €	=SUMMEWENNS($C$5:$C$21;$B$5:$B$21;E6;$C$5:$C$21;">3000")
7	Sonnenschein	7.131,00 €		Sonnenschein	7.131,00 €	=SUMMEWENNS($C$5:$C$21;$B$5:$B$21;E7;$C$5:$C$21;">3000")
8	Frantz	8.975,00 €		Frantz	15.714,00 €	=SUMMEWENNS($C$5:$C$21;$B$5:$B$21;E8;$C$5:$C$21;">3000")
9	Phillipin	7.258,00 €		Phillipin	17.249,00 €	=SUMMEWENNS($C$5:$C$21;$B$5:$B$21;E9;$C$5:$C$21;">3000")
10	Quarks	3.085,00 €		Quarks	9.378,00 €	=SUMMEWENNS($C$5:$C$21;$B$5:$B$21;E10;$C$5:$C$21;">3000")
11	Binder	7.947,00 €		Binder	12.003,00 €	=SUMMEWENNS($C$5:$C$21;$B$5:$B$21;E11;$C$5:$C$21;">3000")
12	Merkert	9.285,00 €		Merkert	9.285,00 €	=SUMMEWENNS($C$5:$C$21;$B$5:$B$21;E12;$C$5:$C$21;">3000")
13	Mayer	4.350,00 €		Mayer	4.350,00 €	=SUMMEWENNS($C$5:$C$21;$B$5:$B$21;E13;$C$5:$C$21;">3000")
14	Schultze	5.565,00 €		Karle	- €	=SUMMEWENNS($C$5:$C$21;$B$5:$B$21;E14;$C$5:$C$21;">3000")
15	Karle	2.634,00 €				
16	Schultze	9.240,00 €		Maier	7.786,00 €	=MITTELWERTWENNS($C$5:$C$21;$B$5:$B$21;E16;$C$5:$C$21;">3000")
17	Karle	2.688,00 €		Schultze	6.817,00 €	=MITTELWERTWENNS($C$5:$C$21;$B$5:$B$21;E17;$C$5:$C$21;">3000")
18	Frantz	6.739,00 €		Sonnenschein	7.131,00 €	=MITTELWERTWENNS($C$5:$C$21;$B$5:$B$21;E18;$C$5:$C$21;">3000")
19	Phillipin	9.991,00 €		Frantz	7.857,00 €	=MITTELWERTWENNS($C$5:$C$21;$B$5:$B$21;E19;$C$5:$C$21;">3000")
20	Quarks	6.293,00 €		Phillipin	8.624,50 €	=MITTELWERTWENNS($C$5:$C$21;$B$5:$B$21;E20;$C$5:$C$21;">3000")
21	Binder	4.056,00 €		Quarks	4.689,00 €	=MITTELWERTWENNS($C$5:$C$21;$B$5:$B$21;E21;$C$5:$C$21;">3000")
22				Binder	6.001,50 €	=MITTELWERTWENNS($C$5:$C$21;$B$5:$B$21;E22;$C$5:$C$21;">3000")
23				Merkert	9.285,00 €	=MITTELWERTWENNS($C$5:$C$21;$B$5:$B$21;E23;$C$5:$C$21;">3000")
24				Mayer	4.350,00 €	=MITTELWERTWENNS($C$5:$C$21;$B$5:$B$21;E24;$C$5:$C$21;">3000")
25				Karle	#DIV/0!	=MITTELWERTWENNS($C$5:$C$21;$B$5:$B$21;E25;$C$5:$C$21;">3000")

In Abbildung 15.11 zeigt die Zelle *F25* einen Fehlerwert, weil für den Namen *Karle* kein Wert in der Spalte *Umsatz* den Wert *3000* übersteigt.

Wie Sie umfangreiche Kriterien festlegen und in Datenbankfunktionen berücksichtigen, zeigt das Kapitel 22.

Summen mit Matrixformeln berechnen

Mit wachsender Datenmenge genügt eine Gesamtsumme jedoch häufig nicht mehr. Teilsummen, etwa die für einzelne Quartale, sind gefragt. Wie Sie solche Teilsummen mit einer Funktion ermitteln können, zeigt der folgende Abschnitt.

Als Beispiel soll eine überschaubare Tabelle mit den Spalten *Datum* und *Wert* dienen. Diese Überschriften werden auch über die Befehlsfolge *Formeln/Namen definieren* für die auszuwertenden Bereiche festgelegt. Der Bereichsname *Datum* zeigt auf den Bereich *B4:B23* und der Bereichsname *Wert* auf den Bereich *C4:C23*.

Um für das Datum in Zelle *B4* das Quartal zu ermitteln, können Sie in Zelle *D4* die Formel

```
=AUFRUNDEN(MONAT(B4)/3;0)
```

verwenden. Kopieren Sie diese Formel nach unten bis *D23* und vergeben Sie über die Befehlsfolge *Formeln/Namen definieren* für den Zellbereich *D4:D23* den Namen *Quartal*.

In Zelle *G5* können Sie nun mit der Formel

```
=SUMMEWENN(Quartal;1;Wert)
```

die Summe für das erste Quartal ermitteln. Wenn Sie Zellbezüge statt Namen verwenden, erhalten Sie das Ergebnis mit der Formel:

```
=SUMMEWENN(D4:D23;1;C4:C23)
```

Abbildg. 15.12 Die Tabelle mit den Daten und der Ermittlung der Quartalssummen

	A	B	C	D	E	F	G	H	I	J
1										
2		**Summe mit einer Bedingung**								
3		Datum	Wert	Quartal		Zeit-		Berechnung über		
4		08.05.2006	2.092	2		raum	SUMMEWENN	Matrix-Formel	Matrix-Formel	
5		11.08.2006	0	3		1. Quartal	3.454	3.454	3.454	
6		13.06.2006	3.612	2		2. Quartal	20.465	20.465	20.465	
7		07.09.2006	1.127	3		3. Quartal	11.341	11.341	11.341	
8		14.10.2006	1.931	4		4. Quartal	9.856	9.856	9.856	
9		13.07.2006	2.933	3						
10		24.06.2006	2.596	2						
11		04.10.2007	2.827	4		Jahr	2008			
12		13.01.2008	783	1		1. Quartal		783		
13		24.04.2008	2.214	2		2. Quartal		7.507		
14		08.05.2007	2.280	2		3. Quartal		2.525		
15		11.08.2007	2.329	3		4. Quartal		5.098		
16		13.06.2007	2.378	2						
17		07.09.2007	2.427	3		Summe aller Werte		45.116	=SUMME(C4:C23)	
18		14.10.2008	2.476	4		Kleinster Wert ohne 0		783	=MIN(WENN(Wert>0;Wert))	
19		13.07.2008	2.525	3						
20		24.06.2008	2.573	2		Bezüge der verwendeten Bereichsnamen:				
21		04.10.2008	2.622	4		Datum	='Summe mit Bedingungen'!$B$4:$B$23			
22		13.01.2009	2.671	1		Quartal	='Summe mit Bedingungen'!$D$4:$D$23			
23		24.04.2008	2.720	2		Wert	='Summe mit Bedingungen'!$C$4:$C$23			
24										

CD-ROM Die Beispielberechnungen können Sie auf dem Arbeitsblatt *Summe mit Bedingungen* in der Datei *Kap15_Matrix.xlsx* im Ordner *\Buch\Kap15* auf der CD-ROM zu diesem Buch finden.

Mehr zum Thema Namen finden Sie in Kapitel 19.

Zählen mit einer Matrixfunktion

Eine weitere Möglichkeit bietet die Verwendung einer Matrixformel. Mit Matrixformeln können Sie Berechnungen durchführen, die als Ergebnis einen einzelnen Wert oder auch eine Reihe von Werten liefern.

Geben Sie die Formel

```
=SUMME(WENN(Quartal=1;Wert;0))
```

in die Zelle *H5* ein und schließen Sie die Eingabe mit der Tastenkombination [Strg]+[⇧]+[↵] ab. Diese verschachtelte Formel (verwendet werden die beiden Funktionen SUMME und WENN, **nicht** jedoch die Funktion SUMMEWENN) wird dann in geschweiften Klammern dargestellt.

Die Eingabe von Matrixformeln (auch Arrayformeln genannt) muss mit der Tastenkombination [Strg]+[⇧]+[↵] abgeschlossen werden. Nur dann liefern Matrixfunktionen das korrekte Ergebnis. Die manuelle Eingabe der geschweiften Klammern führt nicht zum gewünschten Ergebnis.

HINWEIS Eine rechteckige Anordnung von Zahlen in Zeilen und Spalten wird als *Matrix* oder auch *Array* bezeichnet. Die Größe der Matrix wird über die Anzahl der Zeilen und Spalten angegeben. So verfügt beispielsweise eine 3x4 Matrix über 3 Zeilen und 4 Spalten. Hat eine Matrix genauso viele Zeilen wie Spalten, handelt es sich um eine quadratische Matrix.

Die einzelnen Werte der Matrix werden als Elemente der Matrix bezeichnet. Einzelne Elemente der Matrix werden mit einem Index versehen, z. B. a23. Dieser Index zeigt die eindeutige Position innerhalb der Matrix an, der erste Index (2) gibt die Zeile, der zweite Index (3) die Spalte an.

Das Interessante dabei ist, dass der ausgewertete Bereich selbst gar nicht sichtbar sein muss. Bei der Verwendung einer Matrixformel ist es also nicht erforderlich, zuvor das Quartal in einer eigenen Spalte zu ermitteln. Tragen Sie in Zelle *I5* die Formel

```
=SUMME(WENN(AUFRUNDEN(MONAT(Datum)/3;0)=1;Wert;0))
```

ein und schließen Sie die Eingabe mit der Tastenkombination [Strg]+[⇧]+[↵] ab. Sie erhalten das gleiche Ergebnis, obwohl die Spalte *D*, in der Sie die Berechnung des Quartals vorgenommen haben, nicht verwendet wird.

Die auszuwertenden Bereiche in Matrixfunktionen müssen jeweils die gleiche Anzahl an Zeilen bzw. Spalten aufweisen. Wenn wie im vorliegenden Beispiel der Bereich *Datum* in einer Spalte und 20 Zeilen vorliegt, muss auch der Bereich *Wert* eine Spalte und 20 Zeilen umfassen.

Matrixformeln: Rechnen mit Bereichen

Funktionsweise von Matrixformeln verstehen

Jede Formel wird von innen nach außen aufgelöst. Also beginnt Excel mit der Bedingungsprüfung der WENN-Funktion (hier: AUFRUNDEN(MONAT(Datum)/3;0)=1), die ihrerseits ebenfalls von innen nach außen aufgelöst wird. Als Ergebnis gibt diese Formel eine Matrix aus Wahrheitswerten zurück, nämlich *{WAHR;FALSCH;WAHR;FALSCH;FALSCH;FALSCH;WAHR;FALSCH;FALSCH;WAHR}*.

Sie können sich diese Matrix auch anzeigen lassen. Aktivieren Sie hierzu die Zelle I5. In der Bearbeitungsleiste markieren Sie die Bedingungsprüfung, wie in Abbildung 15.13 zu sehen.

Abbildg. 15.13 Die Bedingungsprüfung in der Bearbeitungsleiste markieren ...

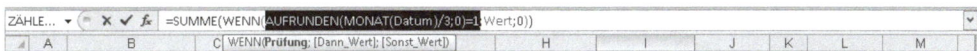

Drücken Sie dann die Taste F9. Damit wird der markierte Bereich ausgewertet. Achtung: Um die Bearbeitungsleiste zu verlassen, verwenden Sie die Esc-Taste, weil ansonsten der markierte Teil dieser Formel durch die berechneten Werte ersetzt wird.

Abbildg. 15.14 ... und mit der Taste F9 auswerten

Für jedes Datum wird geprüft, ob es im ersten Quartal liegt (*WAHR*). In diesem Fall wird aus der Spalte *Wert* diejenige Zelle addiert, die in der gleichen Zeile wie der Wahrheitswert steht. Bei *FALSCH* wird der *Sonst*-Teil der Bedingung ausgeführt und eine Null addiert.

Den kleinsten Wert ermitteln und Null nicht berücksichtigen

Wie ermitteln Sie im Beispiel aus Abbildung 15.12 den kleinsten Wert in der Spalte *C* der nicht Null (*0*) ist?

Um den kleinsten Wert aus einer Datenreihe zu ermitteln, verwenden Sie die folgende Funktion:

MIN(Zahl1;[Zahl2];[...])

Diese Funktion berücksichtigt nur Zahlen. Argumente, die nicht in Zahlen umgewandelt werden können, führen zu Fehlern. Alle anderen Elemente wie leere Zellen, Wahrheitswerte oder Texte werden ignoriert. Sollen Wahrheitswerte sowie Text nicht ignoriert werden, verwenden Sie die Funktion:

MINA(Wert1;Wert2;...)

Die folgende Formel ermittelt aus dem Bereich *A1:A10* den kleinsten Wert:

```
=MIN(A1:A10)
```

Soll dabei die Null nicht einbezogen werden, verwenden Sie die Matrixformel:

```
=MIN(WENN(A1:A10>0;A1:A10))
```

Schließen Sie die Eingabe dieser Formel mit der Tastenkombination `Strg`+`⇧`+`↵` ab. Nur wenn die Bedingung (größer 0) erfüllt ist, wird der jeweilige Wert daraufhin geprüft, ob es sich um den kleinsten Wert des Bereichs handelt.

Den Umsatz der größten Kunden berechnen

Im Bereich *B3:B12* sind die Umsatzzahlen verschiedener Kunden eingetragen. Sie wollen jetzt den Umsatz und den Anteil der fünf größten Kunden berechnen.

Ob ein Kunde zu den fünf größten gehört, ermitteln Sie mit der Funktion *RANG(Zahl;Bezug;[Reihenfolge])* in *C3* mit der Formel

```
=RANG(B3;$B$3:$B$12)
```

Kopieren Sie diese Formel nach unten, erhalten Sie damit die Information, welche Bedeutung der jeweilige Umsatz für Ihre Firma hat.

> **HINWEIS** Neu in Excel 2010 sind zwei Funktionen nach dem neuen Namensschema
>
> *RANG.GLEICH(Zahl;Bezug;[Reihenfolge])*
>
> *RANG.MITTELW(Zahl;Bezug;[Reihenfolge])*
>
> *RANG.GLEICH* arbeitet dabei wie die auch in früheren Versionen verfügbare Version *RANG*. Die Funktion *RANG.MITTELW* dagegen gibt bei gleichen Rängen den Mittelwert aus beiden Rängen zurück.

Den Umsatz der fünf größten Kunden berechnen Sie nun, indem Sie die Umsätze von Rang 1 bis 5 addieren. Allerdings wollen Sie erreichen, dass sich diese Berechnung automatisch anpasst, wenn sich die Zahlen ändern.

Tragen Sie dazu in Zelle *F5* die Formel

```
=SUMME(WENN($B$3:$B$12>=KGRÖSSTE($B$3:$B$12;E5);$B$3:$B$12;0))
```

ein und schließen Sie die Eingabe mit `Strg`+`⇧`+`↵` ab. Achten Sie die korrekte Verwendung von absoluten und relativen Bezügen, damit Sie diese Formel nach unten ausfüllen können. In Spalte *E* können Sie die gesuchten Grenzwerte eintragen, das Ergebnis wird aktualisiert.

Wollen Sie nicht verschiedene Umsätze vergleichen, dann können Sie den Grenzwert auch direkt in die Formel eintragen.

Den Anteil der jeweiligen Umsätze ermitteln Sie in Zelle *G5* mit der Formel

```
=(100/($F$2/F5))/100
```

Kopieren Sie auch diese Formel nach unten. Die fünf größten Kunden haben zusammen einen Umsatz von über 60 %.

Matrixformeln: Rechnen mit Bereichen

Abbildg. 15.15 Der Umsatz der größten Kunden und die Anteile am Gesamtumsatz werden mit einer Matrixfunktion berechnet

	A	B	C	D	E	F	G	H
1								
2		Umsatz	Rang		Gesamtumsatz	48.758,00 €		
3		4.524,00 €	6		Umsatz und Anteil der größten Kunden			
4		3.160,00 €	9		Die … größten	Umsatz	Anteil	
5		5.225,00 €	4		1	7.579,00 €	15,5%	
6		2.913,00 €	10		2	14.055,00 €	28,8%	
7		7.579,00 €	1		3	19.860,00 €	40,7%	
8		5.805,00 €	3		4	25.085,00 €	51,4%	
9		4.998,00 €	5		5	30.083,00 €	61,7%	
10		3.994,00 €	8					
11		6.476,00 €	2					
12		4.084,00 €	7					
13								

Mehr zur Funktion *RANG* finden Sie in Kapitel 16.

CD-ROM Dieses Beispiel finden Sie im Arbeitsblatt *Rang* in der Datei *Kap15_Matrix.xlsx* im Ordner *\Buch\Kap15* auf der CD-ROM zu diesem Buch.

Ist der Wert in der Liste?

Nehmen wir an, Sie haben im Bereich *B4:B13* einen Warenkorb mit verschiedenen Artikeln eingetragen. Sie wollen nun prüfen, ob z. B. auch »Erdbeeren« eingetragen sind.

Es soll also lediglich geprüft werden, ob dieser Wert überhaupt in der Liste vorkommt. Im Bereich *D4:D7* haben Sie verschiedene Artikel eingetragen, die Sie prüfen wollen. Tragen Sie dazu in Zelle *E4* die Formel

```
=ODER(IDENTISCH(D4;$B$4:$B$13))
```

ein und beachten Sie die absoluten und relativen Bezüge. Schließen Sie die Eingabe mit der Tastenkombination [Strg]+[⇧]+[↵] ab. Kopieren Sie diese Formel nach unten bis zur Zelle *E7*.

Abbildg. 15.16 Prüfen, ob und wie oft ein Wert in der Liste ist

	A	B	C	D	E	F	G
1							
2		Ist der Wert in der Liste?					
3		Warenkorb		Alles dabei?	Antwort	Eingabe als Matrix-Formel	
4		Äpfel		Erdbeeren	WAHR	=ODER(IDENTISCH(D4;$B$4:$B$13))	
5		Birnen		Nüsse	FALSCH	=ODER(IDENTISCH(D5;$B$4:$B$13))	
6		Pflaumen		Milch	FALSCH	=ODER(IDENTISCH(D6;$B$4:$B$13))	
7		Aprikosen		Gurken	WAHR	=ODER(IDENTISCH(D7;$B$4:$B$13))	
8		Erdbeeren					
9		Gurken					
10		Karotten		Vergleich mit	Übereinstimmungen	Eingabe als Matrix-Formel	
11		Erbsen		Pflaumen	1	=SUMME(N($B$4:$B$13=D11))	
12		Bohnen		Erdbeeren	1	=SUMME(N($B$4:$B$13=D12))	
13		Radieschen		Kirschen	0	=SUMME(N($B$4:$B$13=D13))	
14							

Die Tabellenfunktion *IDENTISCH(Text1;Text2)* prüft, ob zwei Zeichenfolgen identisch sind. Ist dies der Fall, wird *WAHR* zurückgegeben, ansonsten *FALSCH*. Geben Sie diese Funktion als Matrixfunktion ein, wird der Vergleich für die gesamte Liste durchgeführt. Eine Kombination mit der Funktion *ODER(Wahrheitswert1;[Wahrheitswert2];[...])* führt dazu, dass bereits bei einer Übereinstimmung der Wahrheitswert *WAHR* zurückgegeben wird.

CD-ROM Die Beispielrechnungen können Sie auf dem Arbeitsblatt *Liste* in der Datei *Kap15_Matrix.xlsx* im Ordner *\Buch\Kap15* auf der CD-ROM zu diesem Buch finden.

Wie viele Übereinstimmungen mit einem Vergleichswert gibt es?

Schön und gut, es gibt Übereinstimmungen, aber kann man diese auch zählen? Wie oft ist beispielsweise der Artikel »Pflaumen« im Bereich *B4:B13* eingetragen?

Auch diese Frage können Sie mit einer Matrixformel beantworten, wie die Abbildung 15.16 zeigt. Tragen Sie die Formel

```
=SUMME(N($B$4:$B$13=D11))
```

in Zelle *E11* ein und schließen Sie die Eingabe mit der Tastenkombination [Strg]+[⇧]+[↵] ab.

Mit der Funktion *N(Wert)* können Sie das Ergebnis der Prüfung, also die Wahrheitswerte, in Zahlen umwandeln und der Funktion *SUMME* als Argument übergeben. Damit wird die Anzahl der Übereinstimmungen gezählt.

Ein Beispiel dafür, wie Sie übereinstimmende Werte mit der bedingten Formatierung hervorheben können, zeigt Kapitel 12.

Sind die Jahreszahlen aufsteigend sortiert?

Sie wollen mithilfe einer Funktion prüfen, ob die Jahreszahlen im auszuwertenden Bereich sortiert vorliegen.

In unserem Beispiel geht es um die Werte im Bereich *B4:B13* (siehe Abbildung 15.17). Ob diese aufsteigend sortiert sind, können Sie mit der Formel

```
=WENN(UND(B$5:B$13-B$4:B$12=1);"Ja";"Nein")
```

prüfen. Die Formel muss als Matrixfunktion eingegeben werden. Schließen Sie die Eingabe also mit der Tastenkombination [Strg]+[⇧]+[↵] ab.

Beachten Sie die unterschiedlichen Bereiche in der Funktion. Es wird die Differenz zweier Bereiche mit *1* verglichen. Beide Bereiche haben eine unterschiedliche Größe und sind nicht mit dem Gesamtbereich der Liste identisch.

Abbildg. 15.17 Prüfen, ob die Werte sortiert sind oder nicht

	A	B	C	D	E	F	G	H
1								
2		Sind die Zahlen sortiert?						
3		Reihe 1	Reihe 2		Datenreihe	Sortiert?	Matrix-Formel	
4		2001	2010		Reihe 1	Ja	=WENN(UND(B$5:B$13-B$4:B$12=1);"Ja";"Nein")	
5		2002	2002		Reihe 2	Nein	=WENN(UND(C$5:C$13-C$4:C$12=1);"Ja";"Nein")	
6		2003	2003					
7		2004	2004					
8		2005	2005					
9		2006	2006					
10		2007	2007					
11		2008	2008					
12		2009	2009					
13		2010	2001					
14								

Excel ermittelt das Ergebnis aus *B5-B4*, *B6-B5*, *B7-B6* usw. Nur wenn jede der Berechnungen als Ergebnis Eins (*1*) liefert, ist der Bereich aufsteigend sortiert und die Formel gibt die Information aus, dass die Reihe aufsteigend sortiert ist.

CD-ROM Die Beispielrechnungen können Sie auf dem Arbeitsblatt *Sortierung* in der Datei *Kap15_Matrix.xlsx* im Ordner *\Buch\Kap15* auf der CD-ROM zu diesem Buch finden.

Sortierte Listen mit einer Funktion erstellen

Beim Sortieren von Daten wird die ursprüngliche Reihenfolge der Werte geändert und kann normalerweise nicht wieder hergestellt werden. Manchmal genügt es aber, statt des gesamten Datenbereichs einen sortierten Auszug einer bestimmten Spalte zu erstellen. Das erledigt in Zelle *C4* die Formel:

```
=KKLEINSTE($B$4:$B$15;1)
```

Etwas praktischer ist allerdings die Verwendung einer Funktion für das Argument *k*, so wie es die Zelle *C5* in Abbildung 15.18 zeigt:

```
=KKLEINSTE($B$4:$B$15;ZEILE()-3)
```

Diese Formel hat den Vorteil, dass Sie diese nach unten kopieren können. Von der jeweiligen Zeilennummer wird der konstante Wert *3* abgezogen.

Abbildg. 15.18 Ab Zelle *C5* kann die Formel nach unten kopiert werden, da für das Argument »*k*« eine Funktion eingesetzt wird

	A	B	C	D	E	F	G	H	I
1									
2		Zahlenreihe sortieren				Texte sortieren			
3		Unsortierte Reihe	Sortierte Reihe			Unsortierte Reihe	Sortierte Reihe		
4		2010	1999	=KKLEINSTE($B$4:$B$15;1)		Word	Access		
5		1999	2000	=KKLEINSTE($B$4:$B$15;ZEILE()-3)		Powerpoint	Excel		
6		2009	2001	=KKLEINSTE($B$4:$B$15;ZEILE()-3)		Access	Powerpoint		
7		2000	2002	=KKLEINSTE($B$4:$B$15;ZEILE()-3)		Excel	Word		
8		2008	2003	=KKLEINSTE($B$4:$B$15;ZEILE()-3)					
9		2001	2004	=KKLEINSTE($B$4:$B$15;ZEILE()-3)					
10		2002	2005	=KKLEINSTE($B$4:$B$15;ZEILE()-3)					
11		2003	2006	=KKLEINSTE($B$4:$B$15;ZEILE()-3)					
12		2004	2007	=KKLEINSTE($B$4:$B$15;ZEILE()-3)					
13		2005	2008	=KKLEINSTE($B$4:$B$15;ZEILE()-3)					
14		2007	2009	=KKLEINSTE($B$4:$B$15;ZEILE()-3)					
15		2006	2010	=KKLEINSTE($B$4:$B$15;ZEILE()-3)					
16									

Etwas aufwendiger ist die Lösung, wenn Texte sortiert werden sollen (siehe die Formel in Zelle *G4* aus Abbildung 15.18).

CD-ROM Dieses Beispiel finden Sie auf dem Arbeitsblatt *Sortieren* in der Datei *Kap15_Matrix.xlsx* im Ordner *\Buch\Kap15* auf der CD-ROM zu diesem Buch.

Mehr zum Thema Sortieren erfahren Sie in Kapitel 20.

Tabellen dynamisch drehen

Manchmal stellt sich erst bei einer notwendigen Erweiterung von Tabellen heraus, dass die Anordnung der Daten umständlich ist. Mitunter wäre es praktischer, wenn Spalten und Zeilen vertauscht wären. Excel kann diese Aufgabe auf verschiedenen Wegen lösen. Ein Beispiel dazu, wie Sie eine Tabelle beim Kopieren transponieren können, finden Sie in Kapitel 4.

Allerdings kann die über das Dialogfeld *Inhalte einfügen* erzeugte Tabelle leider nicht dynamisch mit dem Quellbereich verknüpft werden, weil die entsprechende Schaltfläche deaktiviert ist, wenn das Kontrollkästchen *Transponieren* aktiv ist.

Um eine Tabelle dynamisch zu drehen, also die Inhalte der gedrehten Tabelle mit den Zellen des Quellbereichs zu verknüpfen, können Sie die Tabellenfunktion *MTRANS(Matrix)* einsetzen. Markieren Sie dazu einen Bereich, bei dem die Anzahl der Spalten und Zeilen gegenüber der Quelltabelle vertauscht ist. Hat die Quelltabelle etwa drei Zeilen und neun Spalten, markieren Sie einen Bereich mit neun Zeilen und drei Spalten (siehe hierzu auch die Abbildung 15.19).

Tragen Sie jetzt die Formel =MTRANS(B3:F4) ein und schließen Sie die Eingabe, wie bei Matrixformeln üblich, mit der Tastenkombination [Strg]+[⇧]+[↵] ab. Das Ergebnis (in Abbildung 15.19 der Bereich *B16:C22*) ist dynamisch mit der Quelltabelle verbunden, Änderungen werden bei jeder Neuberechnung automatisch übernommen. Formatierungen müssen Sie allerdings selbst anpassen, z. B. indem Sie über das Dialogfeld *Inhalte einfügen* die Aktion *Transponieren* mit der Option *Formate* kombinieren.

Abbildg. 15.19 Der Quellbereich der Daten und die mit unterschiedlichen Funktionen gedrehte Varianten

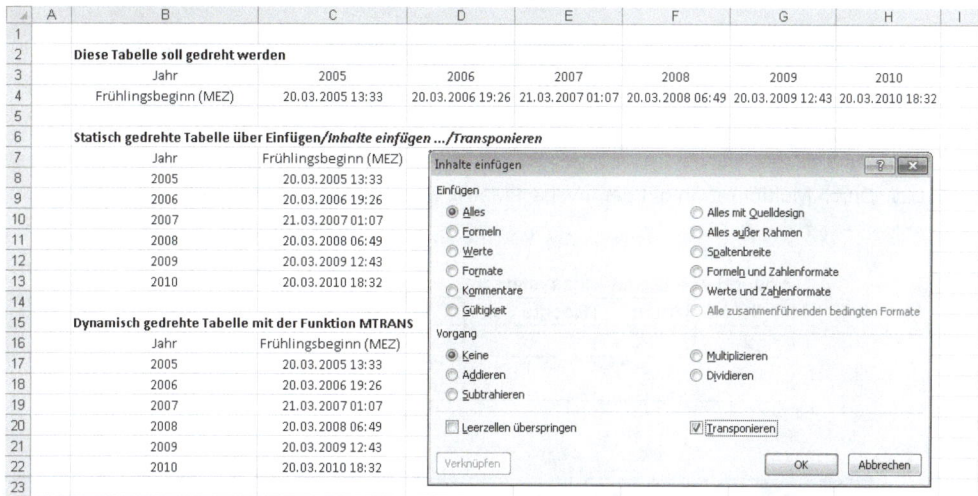

Matrix ändern oder Zellen löschen

Versuchen Sie doch einmal, die Zelle *B16* im Beispiel aus Abbildung 15.19 zu löschen. Bei dem Versuch eine Zelle zu löschen, die Teil einer Matrix ist, erhalten Sie die Fehlermeldung *Teile eines Arrays können nicht geändert werden*.

Um eine Zelle einer Matrixformel zu löschen, können Sie die Matrixformel zunächst durch einzelne Formeln ersetzen. Und das geht so:

1. Markieren Sie eine Zelle der Matrixformel.
2. Wählen Sie auf der Registerkarte *Start* den Befehl *Suchen und auswählen/Gehe zu*. Alternativ können Sie die Taste F5 drücken.

3. Wählen Sie die Schaltfläche *Inhalte*. Im Dialogfeld *Inhalte auswählen* markieren Sie die Option *Aktuelles Array*.
4. Schließen Sie das Dialogfeld per Klick auf die Schaltfläche *OK*. Die gesamte Matrixformel ist nun markiert.
5. Aktivieren Sie die Bearbeitungsleiste mit der Maus oder der Taste F2.
6. Drücken Sie die Tastenkombination Strg + ↵.

Sie können die Zellen einer Matrixformel zwar unterschiedlich formatieren, der Inhalt einer einzelnen Zelle kann jedoch nicht geändert werden. Mit der Tastenkombination Strg+↵ wird die Formel der aktiven Zelle in alle markierten Zellen eingetragen. Sie können jetzt einzelne Zellen löschen oder dem Array (der Matrix) andere Zellen hinzufügen.

Sie können das Ergebnis der Matrix auch in eine Wertkopie umwandeln:

1. Markieren Sie hierfür die Matrixformel wie oben beschrieben und kopieren Sie den Bereich mit dem Befehl *Kopieren* in die Zwischenablage.
2. Wählen Sie den Befehl *Einfügen/Inhalte einfügen* und fügen Sie nur die Werte ein.

Nun können Sie ebenfalls Zeilen löschen oder die Matrix neu aufbauen. Alle Formeln gehen auf diesem Weg allerdings verloren.

Gleichungssysteme lösen

Unter Verwendung der beiden Tabellenfunktionen *MINV(Matrix)* und *MMULT(Array1;Array2)* können Sie auch ein lineares Gleichungssystem lösen. Beide Funktionen werden in einen zuvor markierten Bereich dadurch eingegeben, dass die Eingabe mit der Tastenkombination `Strg`+`⇧`+`↵` abgeschlossen wird.

Abbildg. 15.20 Durch Multiplikation mit der inversen Matrix wird das Gleichungssystem gelöst

	A	B	C	D	E	F	G	H
1								
2		Lösung von Gleichungssystemen						
3		Koeffizienten		Rechte Seite	Inverse Matrix		Lösung	
4		x_1	x_2	b	=MINV(B5:C6)		=MMULT(E5:F6;D5:D6)	
5		5	3	1	0,3043	-0,1304	0,0435	
6		4	7	2	-0,1739	0,2174	0,2609	
7								

CD-ROM Dieses Beispiel finden Sie auf dem Arbeitsblatt *Gleichungssystem* in der Datei *Kap15_Matrix.xlsx* im Ordner *\Buch\Kap15* auf der CD-ROM zu diesem Buch.

Einen Hyperlink erstellen

Um eine Verknüpfung auf einen Bereich herzustellen, enthält Excel eine besondere Matrixfunktion:

HYPERLINK(Hyperlink_Adresse;Freundlicher_Name)

Diese erlaubt das Erstellen eines Verweises auf einen Bereich, der Verweis wird in Form eines Hyperlinks eingefügt. Über *Hyperlink_Adresse* geben Sie den Bezug und über *Freundlicher_Name* den ersatzweise anzuzeigenden Text an.

Für externe Bezüge ist eine Internetverbindung erforderlich. Wenn die durch *Hyperlink_Adresse* angegebene Sprungadresse nicht existiert oder nicht erreichbar ist, tritt beim Klicken auf die Zelle ein Fehler auf.

Profitipp Sie können die Funktion *HYPERLINK* auch dazu verwenden, eine E-Mail zu verfassen. Wenn Sie die Zelle mit der folgenden Formel anklicken, wird Ihr E-Mail-Programm gestartet und die angegebene Adresse in eine neue E-Mail eingetragen:

```
=HYPERLINK("mailto:Adresse@meinserver.de";"Mail verfassen")
```

Prüfen mit Informationsfunktionen

Abbildg. 15.21 Die Tabellenfunktion *HYPERLINK* kann eine Verknüpfung als Ergebnis einer Berechnung erstellen

	A	B	C	D
1				
2		Verwenden der Funktion HYPERLINK		
3		Ergebnis	Formel	
4		Zelle	=HYPERLINK("#HYPERLINK!A1";"Zelle")	
5		Bereich	=HYPERLINK("#HYPERLINK!A1:D5";"Bereich")	
6		Internet	=HYPERLINK("http://www.office2010-blog.de";"Internet")	
7		Mehr Wissen	=WENN(B2<>"";HYPERLINK("http://excel.anwendertage.de";"Mehr Wissen");"")	
8		Mail verfassen	=HYPERLINK("mailto:Adresse@meinserver.de";"Mail verfassen")	
9		Externe Mappe	=HYPERLINK("D:\Daten\Dateiname.xls#Tabelle1!A1";"Externe Mappe")	
10				
11				
12		Um die Zelle mit dem Hyperlink zu aktivieren, halten Sie die Maustaste gedrückt, bis der Mauszeiger zu einem Kreuz wird.		
13		Wenn die angegebene Adresse nicht verfügbar ist, wird ein Fehler angezeigt.		
14				
15				
16			Excel-Anwendertage	
17			Für Anwender, die mehr wissen wollen	
18				

Zum direkten Erstellen eines Hyperlinks ohne Formel verwenden Sie den Befehl *Hyperlink* auf der Registerkarte *Einfügen* oder die Tastenkombination (Strg)+(K).

Um einen Hyperlink zu löschen, verwenden Sie den Befehl *Hyperlink entfernen* im Kontextmenü. Alternativ stehen auf der Registerkarte *Start* über den Befehl *Löschen* zwei neue Unterbefehle zur Verfügung. Sie können dort entweder nur die markierten Hyperlinks oder zusätzlich auch die Formatierung löschen.

Mehr zu Excel im Netzwerk und im Web erfahren Sie in Kapitel 27.

CD-ROM Die Beispiele hierzu finden Sie auf dem Arbeitsblatt *HYPERLINK* in der Datei *Kap15_Matrix.xlsx* im Ordner *\Buch\Kap15* auf der CD-ROM zu diesem Buch.

Prüfen mit Informationsfunktionen

Manchmal gilt es, Zellen oder deren Inhalt genauer zu untersuchen. Dabei können unterschiedliche Ziele verfolgt werden. Sie können den Inhalt einer Zelle darauf prüfen, ob z. B. eine Zahl eingetragen ist, ob die Zelle leer ist oder ob sie gar einen Fehlerwert enthält. Wie der folgende Abschnitt zeigt, ist es aber auch möglich, mit Tabellenfunktionen verschiedene Eigenschaften einer Zelle zu ermitteln.

Prüfen, ob eine Zelle leer ist

Wie prüfen Sie mit einer Funktion nach, ob die Zelle *B4* leer ist?

Wenn die Ausführung weiterer Berechnungen vom Vorhandensein eines Werts abhängt, können Sie mit der Funktion

ISTLEER(Wert)

prüfen, ob bereits ein Wert eingetragen wurde.

Um die Zelle *B4* daraufhin zu prüfen, ob bereits ein Wert eingetragen wurde, verwenden Sie die Formel:

```
=ISTLEER(B4)
```

Sie können das Ergebnis dieser Funktion auch in einer *WENN*-Funktion verwenden, z. B.:

```
=WENN(ISTLEER(B4);"Noch kein Wert eingetragen";B4)
```

Als Ergebnis erhalten Sie *"Noch kein Wert eingetragen"*, wenn die Zelle leer ist, bzw. den Inhalt von Zelle *B4*.

CD-ROM Die Beispiele finden Sie auf dem Arbeitsblatt *Leere Zelle* in der Datei *Kap15_Info.xlsx* im Ordner *\Buch\Kap15* auf der CD-ROM zu diesem Buch.

Auch die Funktion *ISTLEER* gehört zur Gruppe sogenannter *Ist-Funktionen*. Die Tabelle 15.1 zeigt Ihnen eine Übersicht über Ist-Funktionen und deren Einsatzgebiete.

Tabelle 15.1   Übersicht zu den *IST*-Funktionen

Funktion	Liefert WAHR, wenn ...
ISTLEER(Wert)	*Wert* sich auf eine leere Zelle bezieht
ISTFEHL(Wert)	*Wert* sich auf einen Fehlerwert mit Ausnahme von #NV bezieht
ISTFEHLER(Wert)	*Wert* sich auf einen beliebigen Fehlerwert (#NV, #WERT!, #BEZUG!, #DIV/0!, #ZAHL!, #NAME? oder #NULL!) bezieht
ISTLOG(Wert)	*Wert* sich auf einen logischen Wert bezieht
ISTNV(Wert)	*Wert* sich auf den Fehlerwert #NV (Wert nicht verfügbar) bezieht
ISTKTEXT(Wert)	*Wert* kein Text ist (Beachten Sie, dass diese Funktion WAHR zurückgibt, wenn sich *Wert* auf eine leere Zelle bezieht)
ISTZAHL(Wert)	*Wert* sich auf eine Zahl bezieht
ISTBEZUG(Wert)	*Wert* sich auf einen Bezug bezieht. Dabei werden auch Namen als Bezug erkannt.
ISTTEXT(Wert)	*Wert* sich auf Text bezieht
ISTGERADE(Wert)	*Wert* sich auf eine gerade Zahl bezieht
ISTUNGERADE(Wert)	*Wert* sich auf eine ungerade Zahl bezieht

Die Funktion *WENNFEHLER* verwenden

Wenn Sie sich die Formel

```
=WENN(ISTFEHLER(5/B4);"Fehler";5/B4)
```

einmal genauer ansehen, stellen Sie fest, dass Excel die Berechnung des Ausdrucks *5/B4* unter Umständen zweimal vornehmen muss: einmal bei der Prüfung der Bedingung und einmal, wenn

Prüfen mit Informationsfunktionen

kein Fehler gefunden wird. Bei einer einzelnen Zelle ist das nicht weiter von Bedeutung, in großen Tabellen mit vielen Prüfungen dagegen schon.

Wesentlich kürzer wird die Formel, wenn Sie die Funktion

WENNFEHLER(Wert;Wert_falls_Fehler)

einsetzen. *Wert* ist dabei das Argument, das auf einen Fehler geprüft wird. Ergibt es keinen Fehler, wird dieses Argument (oder das Ergebnis der Berechnung) zurückgegeben. *Wert_falls_Fehler* ist der Wert, der zurückgegeben wird, wenn die Auswertung der Formel einen Fehler ergibt. Die folgenden Fehlertypen werden berücksichtigt: #NV, #WERT!, #BEZUG!, #DIV/0!, #ZAHL!, #NAME? oder #NULL!.

Abbildg. 15.22 Egal, welche Funktion Sie einsetzen: Fehler können angezeigt und differenziert untersucht werden

	A	B	C	D	E
1					
2		Prüfen auf Fehler mit der Funktion ISTFEHLER(Wert)			
3		Inhalt	Prüfung	Formel	
4		#WERT!	Fehler	=WENN(ISTFEHLER(5/B4);"Fehler";5/B4)	
5		25	0,2	=WENN(ISTFEHLER(5/B5);"Fehler";5/B5)	
6		0	Fehler	=WENN(ISTFEHLER(5/B6);"Fehler";5/B6)	
7					
8		Prüfen auf Fehler mit der neuen Funktion WENNFEHLER(Wert;Wert_falls_Fehler)			
9		Inhalt	Prüfung	Formel	
10		#WERT!	Fehler gefunden	=WENNFEHLER(5/B10;"Fehler gefunden")	
11		25	0,2	=WENNFEHLER(5/B11;"Fehler gefunden")	
12		0	Fehler gefunden	=WENNFEHLER(5/B12;"Fehler gefunden")	
13					

CD-ROM Diese Beispiele finden Sie auf dem Arbeitsblatt *ISTFEHLER* in der Datei *Kap15_Info.xlsx* im Ordner *\Buch\Kap15* auf der CD-ROM zu diesem Buch.

Mit einer Formel den Dateinamen ermitteln

Vielleicht wollten Sie auch schon einmal in einer Zelle den Dateinamen, den Pfad oder den Namen des aktiven Arbeitsblatts ausgeben? Eine interessante Funktion hilft bei dieser Aufgabe

ZELLE(Infotyp;[Bezug])

Mit der Formel

```
=ZELLE("Dateiname";C4)
```

können Sie den kompletten Dateinamen ausgeben. Die Abbildung 15.23 zeigt weitere Möglichkeiten für die Funktion, z. B. um den Pfad zu ermitteln.

Kapitel 15   Weitere Funktionen einsetzen

> **WICHTIG**   Der Dateiname wird nur dann korrekt ausgegeben, wenn die Datei bereits gespeichert wurde. Ansonsten wird der Fehlerwert *#WERT!* angezeigt. Außerdem sollten Sie in jedem Fall das optionale Argument *Bezug* angeben. Die Formel liefert sonst in allen Arbeitsblättern einer Arbeitsmappe das gleiche Ergebnis, nämlich den Namen des Arbeitsblatts, das zuletzt neu berechnet wurde.

Abbildg. 15.23   Informationen über eine Datei mit der Funktion *ZELLE*

A	B	C	D
1			
2	Die Funktion ZELLE(Infotyp;[Bezug])		
3	Information	Ergebnis	Formel
4	Datei	C:\Users\js\Documents\[Kap15_Info.xlsx]Dateiname	=ZELLE("Dateiname";B4)
5	Eckige Klammer	]	=ZEICHEN(93)
6	An Stelle ...	39	=SUCHEN(ZEICHEN(93);C4;1)
7	... ist Zeichen	]	=TEIL(C4;C6;1)
8	Nur Dateiname	Kap15_Info.xlsx	=TEIL(C4;FINDEN("[";C4;1)+1;FINDEN("]";C4;1)+1-(FINDEN("[";C4;1)+2))
9	Blattname	Dateiname	=TEIL(C4;C6+1;LÄNGE(C4)-C6)
10	Blattname mit einer Formel	Dateiname	=TEIL(ZELLE("Dateiname";B10);SUCHEN(ZEICHEN(93);ZELLE("Dateiname";B10);1)+1; LÄNGE(ZELLE("Dateiname";B10))-SUCHEN(ZEICHEN(93);ZELLE("Dateiname";B10);1))
11	Pfad	C:\Users\js\Documents\	=TEIL(C4;1;FINDEN("[";C4;1)-1)
12			

> **CD-ROM**   Die Beispiele finden Sie auf dem Arbeitsblatt *Dateiname* in der Datei *Kap15_Info.xlsx* im Ordner *\Buch\Kap15* auf der CD-ROM.

Mehr zur Funktion *TEIL* finden Sie im Abschnitt »Eine Teilzeichenfolge extrahieren« auf Seite 521.

Verweisfunktionen nutzen

Einmal erfasste Daten sollen manchmal als Grundlage für flexible Abfragen verwendet werden, z. B. wenn Sie eine Liste mit den Lagerplätzen aller Artikel Ihrer Firma erstellt haben. Wo steht nun aber der Artikel mit der Nummer »1010«? Der folgende Abschnitt zeigt, wie Sie Fragen dieser Art mit Tabellenfunktionen beantworten können.

Bei der Überlegung, wie man an die Daten kommt, ist zunächst der Aufbau der Ursprungstabelle von Bedeutung:

- Wie können die Daten gefunden werden,
- welches Merkmal kennzeichnet die Information eindeutig und
- wo steht dieses Merkmal?

Schauen Sie sich also zunächst die Tabelle an, aus der Sie Daten gewinnen wollen. Entscheiden Sie dann, welche Funktion Sie einsetzen.

Daten in einer Spalte suchen

Wenn Sie unterschiedliche Informationen aus einer Liste ermitteln wollen, können Sie mit der Funktion

SVERWEIS(Suchkriterium;Matrix;Spaltenindex;[Bereich_Verweis])

leistungsfähige Formeln erstellen. Diese Funktion beschreitet folgenden Lösungsweg bei der Suche nach dem Ergebnis:

- Durchsuche die erste Spalte von *Matrix* nach dem über das Argument *Suchkriterium* angegebenen Wert
- Gehe ausgehend von der ersten Spalte die über das Argument *Spaltenindex* angegebene Anzahl Spalten nach rechts
- Gib den dort stehenden Wert als Ergebnis zurück

Für das Argument *Suchkriterium* können Sie einen Wert, eine Zeichenfolge oder einen Bezug verwenden. Nach diesem Argument wird in der ersten Spalte von *Matrix* gesucht. Mit dem Argument *Matrix* zeigen Sie auf den zu durchsuchenden Tabellenbereich. Mit *Spaltenindex* legen Sie diejenige Spalte fest, die aus der *Matrix* angezeigt werden soll.

Mit dem Argument *Bereich_Verweis* geben Sie an, ob die Funktion die exakte Übereinstimmung mit dem *Suchkriterium* prüfen soll.

- Wenn das Argument *Bereich_Verweis* nicht angegeben ist oder wenn Sie den Wahrheitswert *WAHR* (oder 1) für dieses Argument verwenden, muss die durchsuchte Liste aufsteigend sortiert sein. Wird das Suchkriterium nicht gefunden, wird der nächst kleinere Wert zurückgegeben!
- Verwenden Sie dagegen den Wert *FALSCH* (oder 0), wird nach einer genauen Übereinstimmung gesucht. Die Sortierung spielt dabei keine Rolle. Wird das Suchkriterium nicht gefunden, liefert *SVERWEIS* in diesem Fall den Fehlerwert *#NV*. Dieser Fehlerwert besagt, dass kein Wert verfügbar ist.

Profitipp Verwenden Sie für das Argument *Suchkriterium* eine Textzeichenfolge, können Sie auch Stellvertreterzeichen (das Fragezeichen »?« für ein einzelnes Zeichen und den Stern »*« für mehrere beliebige Zeichen) bei der Suche einsetzen, wenn Sie gleichzeitig das Argument *Bereich_Verweis* auf *FALSCH* setzen.

Die Formel

```
=SVERWEIS("101?";B8:C17;2;FALSCH)
```

gibt im Beispiel aus Abbildung 15.24 die Reihe für den ersten Wert zurück, der im Bereich 1010 bis 1019 liegt.

Am Beispiel der Liste in Abbildung 15.24, die für die verschiedenen Artikelnummern die Reihe und Etage in einem Warenlager anzeigt, sollen zunächst Daten gesucht werden, bei denen die gesuchte Information untereinander in einer Spalte steht.

Abbildg. 15.24 Spalten und Zeilen nach Werten durchsuchen

	A	B	C	D	E	F	G	H	I
1									
2		Die Funktionen SVERWEIS und WVERWEIS							
3		SVERWEIS(Suchkriterium;Matrix;Spaltenindex;[Bereich_Verweis])							
4		WVERWEIS(Suchkriterium;Matrix;Zeilenindex;[Bereich_Verweis])							
5									
6		Listenbereich				Spalte B durchsuchen mit SVERWEIS			
7		Nummer	Reihe	Etage		Suchkriterium	Reihe	Etage	
8		1005	1	1		1010	1	3	
9		1006	1	1		1010	#NV	#NV	
10		1007	1	2		1010	X	X	
11		1008	1	2					
12		1009	1	3					
13		1011	2	1		Zeile 7 durchsuchen mit WVERWEIS			
14		1012	2	2		Spalte	ohne Bereich_Verweis	mit Bereich_Verweis	
15		1013	2	3		Nummer	Nummer	Nummer	
16		1014	2	4		Reihe	Reihe	Reihe	
17		1015	2	5		Etage	#NV	Etage	
18									

Suchen Sie zur Artikelnummer in Zelle *F8* den Lagerplatz, also die Reihe und die Etage aus der Liste, tragen Sie in *F8* eine Nummer, z. B. »1007«, ein. Um nun für diese Artikelnummer den Lagerplatz zu ermitteln, verwenden Sie für die Reihe in *G8* die Formel

```
=SVERWEIS($F$8;$B$8:$D$17;2;WAHR)
```

und für die Etage in *H8* die Formel

```
=SVERWEIS($F$8;$B$8:$D$17;3; WAHR)
```

Wenn Sie wie in Abbildung 15.24 nach der Nummer *1010* suchen, wird ein Ergebnis angezeigt. Ein Blick auf die Tabelle zeigt jedoch, dass diese Artikelnummer gar nicht eingetragen ist. Woher stammen die Werte dann?

WICHTIG Wenn Sie für *Bereich_Verweis* den Wert *WAHR* verwenden und die Funktion *SVERWEIS* das Suchkriterium in der *Matrix* nicht findet, wird als Ergebnis der Wert des **nächst kleineren** Eintrags zurückgegeben. Das führt häufig zu unerwünschten Ergebnissen.

Um diesen Fehler zu vermeiden, verwenden Sie für das Argument *Bereich_Verweis* den Wert *FALSCH*. Die Formel für die Ermittlung des Regalplatzes mit exaktem Vergleich des Suchkriteriums lautet also

```
=SVERWEIS($F$8;$B$8:$D$17;2;FALSCH)
```

und für die Etage des Artikels

```
=SVERWEIS($F$8;$B$8:$D$17;3;FALSCH)
```

Wenn nun ein Wert nicht gefunden wird, wird der Fehlerwert *#NV* angezeigt. Um Fehlerwerte zu unterdrücken, kann das Ergebnis zunächst mit einer *WENN*-Funktion geprüft werden. Die Formel

```
=WENN(ISTNV(SVERWEIS($F$8;$B$8:$D$17;2;FALSCH));"X";SVERWEIS($F$8;$B$8:$D$17;2;FALSCH))
```

verhindert die Anzeige des Fehlerwerts für die Artikelnummer »1010« (siehe die Zellen *G10* und *H10* in Abbildung 15.24).

CD-ROM   Das Beispiel finden Sie auf dem Arbeitsblatt *SVERWEIS und WVERWEIS* in der Datei *Kap15_Verweis.xlsx* im Ordner *\Buch\Kap15* auf der CD-ROM zu diesem Buch.

SVERWEIS soll den ungefähren Wert liefern

Was im Fall des Lagerplatzes unerwünscht war, kann im anderen Fall ganz nützlich sein. Im folgenden Beispiel soll anhand des Umsatzes aus einer Tabelle die Provision ermittelt werden. Nun kann die Tabelle nicht für jede Umsatzzahl einen Wert enthalten, sondern sie zeigt eigentlich nur die Grenzwerte an. Für Zwischenwerte wird der nächst kleinere Provisionssatz ausbezahlt. Das entspricht genau dem Verhalten von *SVERWEIS*, wenn das Argument *Bereich_Verweis* den Wert *WAHR* hat.

Die Formel

```
=SVERWEIS(E4;$B$4:$C$8;2;WAHR)
```

liefert das gewünschte Ergebnis.

Abbildg. 15.25 Der ungefähre Vergleich kann auch nützlich eingesetzt werden

	A	B	C	D	E	F	G	H
1								
2		Provisionen						
3		Umsatz	Provision		Erzielter Umsatz	Provision	Formel	
4		20.000,00 €	1,5%		22.500,00 €	1,5%	=SVERWEIS(E4;$B$4:$C$8;2;WAHR)	
5		30.000,00 €	2,0%		19.999,00 €	#NV	=SVERWEIS(E5;$B$4:$C$8;2;WAHR)	
6		40.000,00 €	2,5%		42.350,00 €	2,5%	=SVERWEIS(E6;$B$4:$C$8;2;WAHR)	
7		50.000,00 €	3,0%		27.239,00 €	1,5%	=SVERWEIS(E7;$B$4:$C$8;2;WAHR)	
8		60.000,00 €	3,5%		62.500,00 €	3,5%	=SVERWEIS(E8;$B$4:$C$8;2;WAHR)	
9								
10					Fehler ausblenden:			
11					Nix gibt's			
12					=WENN(E5>=MIN($B$4:$B$8);SVERWEIS(E5;$B$4:$C$8;2;WAHR);"Nix gibt's")			
13								

Beachten Sie in Abbildung 15.25 das Ergebnis der Zelle *F5*. Dort liefert die Formel den Fehlerwert *#NV*, weil der gesuchte Wert kleiner als der kleinste Wert in der Liste ist. Wollen Sie den Fehlerwert vermeiden, erweitern Sie die Formel um eine Prüfung, etwa so:

```
=WENN(E5>=MIN($B$4:$B$8);SVERWEIS(E5;$B$4:$C$8;2;WAHR);"Nix gibt's")
```

CD-ROM   Das Beispiel finden Sie auf dem Arbeitsblatt *Provision*, weitere Beispiele zu den Auswirkungen des Arguments *Bereich_Verweis* auf dem Arbeitsblatt *SVERWEIS* in der Datei *Kap15_Verweis.xlsx* im Ordner *\Buch\Kap15* auf der CD-ROM zu diesem Buch.

Daten in einer Zeile suchen

Für den Fall, dass der zu durchsuchende Bereich nicht in einer Spalte, sondern in einer Zeile steht, können Sie die Funktion

WVERWEIS(Suchkriterium;Matrix;Zeilenindex;[Bereich_Verweis])

einsetzen. Diese Funktion entspricht der Funktion SVERWEIS mit dem Unterschied, dass die **erste Zeile** von Matrix nach dem Suchkriterium durchsucht wird und nicht die **erste Spalte**.

Über das Argument Zeilenindex geben Sie die gewünschte Zeilennummer an. Auch hier wird die Zeile, die durchsucht wird, mitgerechnet. Wenn Sie also für dieses Argument den Wert 1 einsetzen, erhalten Sie als Rückgabewert das Suchkriterium.

In Abbildung 15.24 auf Seite 508 sucht die Formel

```
=WVERWEIS(F15;$B$7:$D$7;1)
```

in Zelle G15 den in F15 eingetragenen Suchbegriff »Nummer« und gibt genau diesen zurück.

Werte auslesen mit *VERGLEICH*

Wenn Sie eine Funktion benötigen, die einen Vergleich durchführt und bei Übereinstimmung die Position des gesuchten Werts ausgibt, können Sie hierfür die Funktion

VERGLEICH(Suchkriterium;Suchmatrix;Vergleichstyp)

verwenden. Diese Funktion liefert als Ergebnis die relative Position, die Suchkriterium in der Suchmatrix einnimmt.

Dabei wird ein exakter Vergleich durchgeführt, wenn Sie für das Argument Vergleichstyp den Wert 0 verwenden. Die Elemente der Suchmatrix dürfen dabei in beliebiger Reihenfolge angeordnet sein. Ist Vergleichstyp gleich 1, liefert VERGLEICH den größten Wert, der kleiner gleich Suchkriterium ist. Die Elemente der Suchmatrix müssen in aufsteigender Reihenfolge angeordnet sein. Ist Vergleichstyp gleich –1, liefert VERGLEICH den kleinsten Wert, der größer gleich Suchkriterium ist, und die Elemente der Suchmatrix müssen dabei in absteigender Reihenfolge sortiert sein. Die Tabelle 15.2 fasst die Informationen zu den Vergleichstypen zusammen.

Tabelle 15.2 Werte für das Argument *Vergleichstyp*

Vergleichstyp	Rückgabe	Sortierung
1 (Standard)	Größter Wert, der kleiner gleich Suchkriterium ist	Aufsteigende Reihenfolge
0	Erster Wert, der gleich Suchkriterium ist	Beliebige Reihenfolge
–1	Kleinster Wert, der größer gleich Suchkriterium ist	Absteigende Reihenfolge

Die Funktion *INDEX*

Mit der Funktion VERGLEICH können Sie also die relative Position des gesuchten Elements in einer Liste ermitteln. Die Funktion INDEX hilft Ihnen dabei, aus dieser relativen Position das Element selbst zu ermitteln. Die Funktion INDEX gibt es in zwei Varianten, nämlich in der Matrixversion *INDEX(Matrix;[Zeile];[Spalte])* und

in der Bezugsversion *INDEX(Bezug;[Zeile];[Spalte];[Bereich])*.

Die Matrixversion der Funktion *INDEX* liefert den Bezug auf ein Element in *Matrix*, dessen Position durch *Zeile* und *Spalte* bestimmt wird. Die Werte für *Zeile* und *Spalte* müssen auf eine Zelle innerhalb von *Matrix* verweisen.

Sie können die *INDEX*-Funktion z. B. auch einsetzen, um mit der Formel

```
=INDEX({"Sonntag";"Montag";"Dienstag";"Mittwoch";"Donnerstag";"Freitag";"Samstag"};
WOCHENTAG(HEUTE());)
```

den aktuellen Wochentag auszugeben. Diese Formel müssen Sie allerdings als Matrixformel eingeben, also mit der Tastenkombination `Strg`+`⇧`+`↵` abschließen. Mehr zur Tabellenfunktion *WOCHENTAG* finden Sie im Abschnitt »Sind Sie ein Sonntagskind?« ab Seite 531.

Die Bezugsversion liefert den *Bezug* der Zelle, in der sich eine bestimmte *Zeile* und *Spalte* schneiden. Wenn Sie für das Argument *Bezug* eine Mehrfachmarkierung angeben, können Sie mit dem Argument *Bereich* den Teilbereich angeben, der ausgewertet werden soll.

INDEX für Ausgabewerte von Steuerelementen einsetzen

Die Funktion *INDEX* benötigen Sie auch, wenn Sie in einer Tabelle *Entwicklertools/Einfügen/Formularsteuerelemente* die Steuerelemente *Listenfeld* oder/und *Kombinationsfeld* einsetzen wollen. Diese Steuerelemente geben nicht den gewählten Eintrag aus, sondern lediglich den Index. Um den tatsächlichen Wert zu erhalten, setzen Sie die *INDEX*-Funktion ein.

In Abbildung 15.26 wird in der Zelle *E16* die Formel

```
=INDEX(B6:B15;E16)
```

verwendet. Die Zelle *E16* ist die Ausgabeverknüpfung des Kombinationsfelds. Für das Listenfeld wird die Zelle *G16* als Ausgabeverknüpfung festgelegt und in *G17* über die Formel

```
=INDEX(B6:B15;G16)
```

der Eintrag ermittelt.

Dass das Ergebnis der Tabellenfunktion *INDEX* ein Bezug ist, können Sie selbst nachprüfen. Aktivieren Sie die Zelle *A1* und rufen Sie über die Taste `F5` das Dialogfeld *Gehe zu* auf. Tragen Sie dort die Formel `=INDEX(B6:B15;G16)` in das Eingabefeld *Verweis* ein und klicken Sie auf die Schaltfläche *OK*. Als Ergebnis wird die Zelle ausgewählt, deren Inhalt aktuell im Listenfeld markiert ist.

In Abbildung 15.26 geben diese Formeln den sechsten bzw. ersten Eintrag aus dem Eingabebereich zurück.

Abbildg. 15.26 Den tatsächlich ausgewählten Eintrag ermitteln

	A	B	C	D	E	F	G	H
1								
2		Die Funktion INDEX(Matrix;Zeile;Spalte) ermittelt die Rückgabewerte von Steuerelementen						
3		Einfügen von Steuerelementen: Registerkarte Entwicklertools/Einfügen/*Formularsteuerelemente*						
4								
5		Eingabebereich			Kombinationsfeld		Listenfeld	
6		Excel			Excel		Outlook	
7		Access			Access			
8		Word			Word			
9		PowerPoint			PowerPoint			
10		Project			Project			
11		Visio			Visio			
12		Outlook			Outlook			
13		Publisher			Publisher			
14		InfoPath			InfoPath			
15								
16				Ausgabewert	4		7	
17				Gewählter Eintrag	PowerPoint		Outlook	
18				Formel	=INDEX(B6:B15;E16)		=INDEX(B6:B15;G16)	
19								

> **CD-ROM** Das Beispiel finden Sie auf dem Arbeitsblatt *Steuerelemente auswerten* in der Datei *Kap15_Verweis.xlsx* im Ordner *\Buch\Kap15* auf der CD-ROM zu diesem Buch.

Mehr zu Steuerelementen finden Sie in Kapitel 13.

Verschiedene Bereiche mit der Bezugsversion von *INDEX* auswerten

Viele statistische Tabellen stellen Merkmale in Spalten und einzelne Ausprägungen in Unterspalten dar. Die Abbildung 15.27 zeigt eine solche Tabelle mit dem Energieverbrauch eines Menschen, unterschieden nach verschiedenen Tätigkeitsprofilen und für Männer sowie Frauen. Wie können Sie aus einer solchen Tabelle Informationen auslesen? Das ist ein typischer Fall für die Bezugsversion der Tabellenfunktion *INDEX*.

Für eine dynamische Lösung soll der Bereich *B11:B13* die persönlichen Werte aufnehmen. Dabei kann das Profil für die Aktivitäten über ein Auswahlfeld eingestellt werden. Möglich macht dies die Definition einer entsprechenden Gültigkeitsregel, die den Listenbereich *Profile* verwendet. Dieser Bereichsname zeigt auf den Bereich *A19:A23*. Mehr zum Thema Gültigkeitsprüfung finden Sie in Kapitel 8.

Zunächst soll ermittelt werden, welcher Altersgruppe der eingetragene Wert zuzuordnen ist. In Zelle *F11* erledigt das die Formel:

```
=WENN(B11<A4;1;VERGLEICH(B11;A4:A8;1))
```

Dabei wird der persönliche Wert mit der Vorspalte der Tabelle verglichen. Da der *Vergleichstyp* auf *1* eingestellt wurde, wird kein exakter Vergleich hergestellt. Dies führt dazu, dass der nächst kleinere Wert zurückgegeben wird, wenn das Suchkriterium nicht gefunden wird. Da die einzelnen Klassen den gesamten Altersbereich umfassen, kann ein weiterer Vergleich mit der Spalte *B* entfallen.

Innerhalb der Tätigkeitsprofile werden männliche (jeweils in der ersten Spalte) und weibliche Personen (jeweils in der zweiten Spalte) unterschieden. Welche Spalte gesucht werden soll, ermittelt die Formel

```
=VERGLEICH(B12;C3:D3;1)
```

Dabei wird das persönliche Geschlecht mit den beiden möglichen Werten verglichen. Und auch das persönliche Tätigkeitsprofil wird mit einer Formel unter Verwendung der Tabellenfunktion *VERGLEICH* ermittelt:

```
=VERGLEICH(B13;Profile;0)
```

Sie haben jetzt also verschiedene Indizes ermittelt, die Informationen zur Position des gesuchten Werts liefern. All diese Informationen fasst die Formel

```
=INDEX(($C$4:$D$8;$E$4:$F$8;$G$4:$H$8;$I$4:$J$8;$K$4:$L$8);F11;F12;F13)
```

zusammen. Zur Erinnerung nochmals die Syntax der Bezugsversion von *INDEX*:

INDEX(Bezug;[Zeile];[Spalte];[Bereich])

Verwenden Sie mehrere Bezüge (in diesem Beispiel waren es insgesamt fünf) für das Argument *Bezug*, müssen die Bezüge durch Semikola getrennt und in einer Klammer zusammengefasst werden.

Über das Argument *Bereich* können Sie die einzelnen Bereiche von *Bezug* ansteuern. Aus diesem Bezug wiederum wird die Zelle zurückgegeben, die Sie mit *Zeile* und *Spalte* einstellen.

Abbildg. 15.27 Mehrere Bereiche auswerten mit der Tabellenfunktion *INDEX*

	A	B	C	D	E	F	G	H	I	J	K	L	M
1	Durchschnittlicher Energiebedarf des Menschen in kcal												
2	Alter		Personen die meist sitzen oder liegen		Personen mit leichten Tätigkeiten		Personen mit mittelschweren Tätigkeiten		Personen mit anstrengenden Tätigkeiten		Personen mit sehr anstrengenden Tätigkeiten		
3	von ... bis ... Jahre		m	w	m	w	m	w	m	w	m	w	
4	15	19	2.184	1.752	2.639	2.117	3.003	2.409	3.367	2.701	4.004	3.212	
5	20	25	2.184	1.668	2.639	2.016	3.003	2.294	3.367	2.572	4.004	3.058	
6	26	50	2.088	1.608	2.523	1.943	2.871	2.211	3.219	2.479	3.828	2.948	
7	51	65	1.896	1.524	2.291	1.842	2.607	2.096	2.923	2.350	3.476	2.794	
8	66	und darüber	1.692	1.404	2.045	1.697	2.327	1.931	2.609	2.165	3.102	2.574	
9													
10													
11	Alter	47				3	=WENN(B11<A4;1;VERGLEICH(B11;A4:A8;1))						
12	Geschlecht	m				1	=VERGLEICH(B12;C3:D3;1)						
13	Profil	Personen mit leichten Tätigkeiten				2	=VERGLEICH(B13;Profile;0)						
14													
15	Der persönliche Energiebedarf beläuft sich auf:					2.523							
16						=INDEX(($C$4:$D$8;$E$4:$F$8;$G$4:$H$8;$I$4:$J$8;$K$4:$L$8);F11;F12;F13)								
17													

Der auszuwertende Bereich wird über das Tätigkeitsprofil bestimmt. Wenn, wie in Abbildung 15.27, das zweite Profil ausgewählt wurde, wird der zweite Bereich *E4:F8* verwendet. Aus diesem Bereich wird die dritte Zeile (der Wert aus *F11*) der ersten Spalte (Wert aus *F12*) verwendet, um das Ergebnis (2.523) zu berechnen.

> **CD-ROM** Das Beispiel finden Sie auf dem Arbeitsblatt *INDEX Bezugsversion* in der Datei *Kap15_Verweis.xlsx* im Ordner *\Buch\Kap15* auf der CD-ROM zu diesem Buch.

Aus einer Liste von Werten auswählen

Eine weitere Funktion, mit der Sie ein bestimmtes Element aus einer Reihe von Werten ermitteln können, ist die Funktion:

WAHL(Index;Wert1;[Wert2];[...])

Diese Funktion liefert, wie die Funktion *INDEX*, den an einer bestimmten Position befindlichen Eintrag aus einer Liste von bis zu 29 Argumenten, die jeweils durch ein Semikolon getrennt sind. Für Aufgabenstellungen, bei denen Sie einen Wert aus einer Liste mit wenigen Einträgen auswählen müssen, können Sie diese Funktion einsetzen.

Beispiele:

Zur Berechnung des Wochentags können Sie auch die Formel

```
=WAHL(WOCHENTAG(HEUTE());"Sonntag";"Montag";"Dienstag";"Mittwoch";"Donnerstag";"Freitag";"Samstag")
```

verwenden.

Mit der folgenden Formel können Sie den ersten Buchstaben des aktuellen Monats ermitteln (bzw. die Monatsnamen, wenn Sie sie in der Liste ausschreiben):

```
=WAHL(MONAT(HEUTE());"J";"F";"M";"A";"M";"J";"J";"A";"S";"O";"N";"D")
```

Die folgende Formel gibt das Quartal für den aktuellen Tag aus:

```
=WAHL(AUFRUNDEN(MONAT(HEUTE())/3;0);"1. Quartal";"2. Quartal";"3. Quartal";"4. Quartal")
```

Ein weiteres Beispiel für die Tabellenfunktion *WAHL* finden Sie bei der Datenüberprüfung in Kapitel 8.

In welcher Zelle steht der größte Wert?

Dazu erstellen wir eine Beispieltabelle, in welcher im Bereich *B4:B11* verschiedene Personalnummern und im Bereich *C4:C11* die dazugehörigen Gehälter stehen. Nun stellen wir uns die Frage: Welche Zelle enthält das größte Gehalt?

Um diese Zelle zu ermitteln, verwenden Sie in Zelle *C16* die Formel:

```
=MAX(C4:C11)
```

Vergleichen Sie diesen Wert mit der Liste aller Gehälter. Um nun die relative Position zu erhalten, verwenden Sie die Formel

```
=VERGLEICH(MAX(C4:C11);C4:C11;0)
```

Jetzt wollen Sie nicht die relative Position in der Liste ermitteln, sondern die Adresse der Zelle mit dem größten Wert. Hierfür wird das Ergebnis des Vergleichs verwendet. In Kombination mit der Funktion

ADRESSE(Zeile;Spalte;[Abs];[A1];[Tabellenname])

kann der Rückgabewert, der hier die Zeile angibt, in einen Zellbezug umgewandelt werden. Die Funktion *ADRESSE* verwendet *Zeile* und *Spalte*, um einen Bezug auf eine Tabelle zurückzugeben. Für das Argument *Abs* können Sie einen der Werte aus Tabelle 15.3 verwenden.

Tabelle 15.3 Liste der Werte für das Argument *Abs*

Wert für das Argument *Abs*	Ergebnis
1 oder nicht angegeben	Spalte absolut, Zeile absolut
2	Spalte relativ, Zeile absolut
3	Spalte absolut, Zeile relativ
4	Spalte relativ, Zeile relativ

CD-ROM Das folgende Beispiel finden Sie auf dem Arbeitsblatt *Größter Wert* in der Datei *Kap15_Verweis.xlsx* im Ordner *\Buch\Kap15* auf der CD-ROM zu diesem Buch.

Tragen Sie in Zelle *C18* die folgende Formel ein:

```
=ADRESSE(VERGLEICH(MAX(C4:C11);C1:C11;0);3;1)
```

Das Ergebnis ist *$C$7*. In dieser Formel werden drei Funktionen verschachtelt: Die Funktion *MAX* ermittelt den größten Wert aus dem Bereich *C4:C11*. Dieser Wert wird der Funktion *VERGLEICH(Suchkriterium;Suchmatrix;Vergleichstyp)* als *Suchkriterium* übergeben. *VERGLEICH* wiederum durchsucht den Bereich nach exakter Übereinstimmung mit diesem *Suchkriterium* und gibt die Nummer der Stelle zurück, an der das *Suchkriterium* gefunden wird. Das Ergebnis ist die Zeilennummer der gesuchten Adresse.

Die Zahl der Spalte ist in der Formel fest mit dem Wert *3* belegt. Die *1* für das dritte Argument der Funktion *ADRESSE* legt fest, dass eine absolute Adresse zurückgegeben wird.

Kapitel 15 Weitere Funktionen einsetzen

Abbildg. 15.28 Wer hat das höchste Gehalt?

	A	B	C	D	E
1					
2		Die Funktion ADRESSE(Zeile;Spalte;[Abs];[A1];[Tabellenname])			
3		Personalnummer	Gehalt		
4		10038	117.823,00 €		
5		10046	59.164,00 €		
6		10054	93.878,00 €		
7		10062	155.035,00 €		
8		10070	57.922,00 €		
9		10078	110.876,00 €		
10		10086	109.120,00 €		
11		10094	60.843,00 €		
12					
13					
14		Informationen zum größten Gehalt			
15		Information	Ergebnis	Formel	
16		Der Wert ist	155.035,00 €	=MAX(C4:C11)	
17		Position im Bereich C4:C11	4	=VERGLEICH(MAX(C4:C11);C4:C11;0)	
18		Steht in Zelle	$C$7	=ADRESSE(VERGLEICH(MAX(C4:C11);C1:C11;0);3;1)	
19		Personalnummer in Zelle	B7	=ADRESSE(VERGLEICH(MAX(C4:C11);C1:C11;0);2;4)	
20		Personalnummer	10062	=INDIREKT(ADRESSE(VERGLEICH(MAX(C4:C11);C1:C11;0);2))	
21					

Die relative Adresse der Zelle, in der die gesuchte Personalnummer steht, bringt die Formel

```
=ADRESSE(VERGLEICH(MAX(C4:C11);C1:C11;0);2;4)
```

an den Tag. Sie können nun diesen Bezug auswerten, indem Sie ihn als Argument *Bezug* in die Tabellenfunktion

```
INDIREKT(Bezug;[A1])
```

einsetzen. Als Ergebnis erhalten Sie die gesuchte Personalnummer für das höchste Gehalt (siehe Abbildung 15.28).

Aus einem Zellbezug den Inhalt ermitteln

Die Funktion

INDIREKT(Bezug;[A1])

ist so interessant, dass sie noch etwas genauer betrachtet werden sollte: Sie kann den Inhalt von *Bezug* auswerten und diesen als Bereichsargument verwenden. Über das zweite Argument *A1* geben Sie an, in welcher Schreibweise der Bezug vorliegt. Ist dieses Argument der Wahrheitswert *FALSCH*, wird *VERWEIS* als ein Bezug interpretiert, der in der *Z1S1*-Schreibweise vorliegt.

Beispiel 1:

In *B5* steht *Z2S1*. Sie können mit der Formel

```
=INDIREKT(B5;FALSCH)
```

den Inhalt der Zelle aus der zweiten Zeile (*Z2*) der ersten Spalte (*S1*) ermitteln.

Verwenden Sie das Argument *WAHR* oder geben Sie das Argument nicht an, muss *Bezug* in der *A1*-Schreibweise vorliegen.

Beispiel 2:

In *C1* steht *B5*. Sie können mit der Formel

```
=INDIREKT(C1;WAHR)
```

den Inhalt der Zelle *B5* ermitteln.

Das Argument *A1* ist ohne Bedeutung, wenn die Funktion *INDIREKT* auf den Namen eines Bereichs angewendet wird.

Beispiel 3:

In *D1* steht *Gruppe*. Sie können mit den beiden Formeln

```
=INDIREKT(D1;WAHR)
=INDIREKT(D1;FALSCH)
```

den Inhalt der Zelle ermitteln, der Sie den Namen *Gruppe* gegeben haben.

Mehr zum Thema »Namen« finden Sie in Kapitel 19.

Festen Bezug für Formeln verwenden

Die Funktion *INDIREKT* können Sie auch einsetzen, um in Formeln einen Bereich unabhängig von etwa eingefügten oder gelöschten Zellen zu verwenden.

Um einen solchen festen Bezug zu testen, gehen Sie wie folgt vor:

1. Tragen Sie die folgenden Formeln in eine Tabelle ein:
   =SUMME(INDIREKT("B3:B7";WAHR)) in die Zelle *C3*,
   =SUMME(B3:B7) in die Zelle *C4*.
2. Füllen Sie nun die Zellen *B3* bis *B7* mit der Zahl *1*.
3. Markieren Sie die Zeile 5 und fügen Sie über *Einfügen/Zellen einfügen* eine Leerzeile ein.
4. Zelle *C3* zeigt als Ergebnis *4* und Zelle *C4* die Zahl *5*.

Während also der Bezug in der Formel mit der Funktion *SUMME* auf *B3:B8* angepasst wurde, verwendet die Formel in Zelle *B1* weiterhin den Bezug auf den Bereich *B3:B7*.

Summe eines variablen Bereichs berechnen

Nehmen wir an, Sie haben eine zweispaltige Tabelle zur Auswertung vorbereitet. In der ersten Spalte ist jeweils ein Datum eingetragen, in der zweiten Spalte ein Zahlenwert. Sie sollen nun die Summe von jeweils sieben Tagen, ausgehend von einem Datum in Zelle *F11*, berechnen.

> **CD-ROM** Das entsprechende Beispiel finden Sie auf dem Arbeitsblatt *BEREICH.VERSCHIEBEN* in der Datei *Kap15_Verweis.xlsx* im Ordner *\Buch\Kap15* auf der CD-ROM zu diesem Buch.

Für eine solche Berechnung steht in Excel die Funktion

BEREICH.VERSCHIEBEN(Bezug;Zeilen;Spalten;[Höhe];[Breite])

zur Verfügung. Diese Funktion gibt den Bereich zurück, der ausgehend von *Bezug* um die Anzahl *Zeilen* und *Spalten* verschoben ist und die neue *Höhe* und *Breite* hat.

Um die Aufgabe zu lösen, werden dieser Funktion Werte übergeben, die selbst wieder über eine Funktion ermittelt werden. So vergleichen Sie zunächst den Inhalt der Zelle *F11* mit den Datumswerten über die Formel:

```
=VERGLEICH(F11;B4:B28;1)
```

Als *Vergleichstyp* wird *1* verwendet. Die Funktion *VERGLEICH* gibt die Position zurück, an der das Datum gefunden wird. Um diese Zahl wird der Bereich verschoben. Das Ergebnis dieser Formel verwenden Sie als Argument *Zeilen* in der Funktion *BEREICH.VERSCHIEBEN*. Die Formel

```
=BEREICH.VERSCHIEBEN(B3;F12;1;1;1)
```

liefert den ersten Wert der Daten, die addiert werden sollen.

Nun ist noch die Größe des Bereichs zu ermitteln. Für *Höhe* wird eine *7* eingetragen, da Sie die Summe von Werten einer Woche ermitteln wollen. Für die neue *Breite* des Bereichs wird eine *1* verwendet. Der so ermittelte Bereich wird mit der Summenformel ausgewertet und liefert den gewünschten Wert (siehe Abbildung 15.29).

Die endgültige Formel in Zelle *F14* lautet damit:

```
=SUMME(BEREICH.VERSCHIEBEN(B3;VERGLEICH(F11;B4:B28;1);1;7;1))
```

Abbildg. 15.29 Die Summe von jeweils sieben Werten, ausgehend von einem flexiblen Datum, berechnen

	A	B	C	D	E	F
1						
2		Die Funktion BEREICH.VERSCHIEBEN(Bezug;Zeilen;Spalten;[Höhe];[Breite])				
3		Datum	Wert			
4		06.05.2010	725			
5		07.05.2010	524			
6		08.05.2010	394			
7		09.05.2010	109			
8		10.05.2010	299			
9		11.05.2010	873			
10		12.05.2010	679			
11		13.05.2010	174		Start-Datum	13.05.2010
12		14.05.2010	460		Datum ist an ... Stelle	8
13		15.05.2010	886		Erster Wert	174
14		16.05.2010	749		Summe einer Woche ab Start-Datum	3.927
15		17.05.2010	344		Formel:	
16		18.05.2010	708		=SUMME(BEREICH.VERSCHIEBEN(B3;VERGLEICH(F11;B4:B28;1);1;7;1))	
17		19.05.2010	606			
18		20.05.2010	887			
19		21.05.2010	732			
20		22.05.2010	308			
21		23.05.2010	386			
22		24.05.2010	675			
23		25.05.2010	430			
24		26.05.2010	343			
25		27.05.2010	269			
26		28.05.2010	436			
27		29.05.2010	532			
28		30.05.2010	546			
29						

Wenn Sie den Datumswert in Zelle *F11* ändern, wird auch die Summe entsprechend an dieses Start-Datum angepasst.

Ein Beispiel, wie Sie eine laufende Summe berechnen, finden Sie in Kapitel 7.

Zeichenfolgen mit Textfunktionen untersuchen

Wenn Sie eine Zeichenfolge untersuchen, sind Informationen wie Anzahl der Zeichen, Datentyp u. ä. gefragt. Hierfür gibt es eine ganze Reihe von interessanten Tabellenfunktionen, mit denen die vielfältigsten Aufgaben erledigt werden können. Diese Funktionen helfen Ihnen auch dabei, wenn Sie einen Bereich nach bestimmten Teilen einer Spalte sortieren oder filtern wollen. Fügen Sie in diesem Fall eine Hilfsspalte ein und berechnen Sie dort das Kriterium ganz nach Ihren Wünschen.

CD-ROM Die Beispiele zu diesem Abschnitt finden Sie in der Datei *Kap15_Text.xlsx* im Ordner *\Buch\Kap15* auf der CD-ROM zu diesem Buch.

Wichtige Textfunktionen

Die Anzahl der Zeichen ermitteln Sie über die Funktion:

LÄNGE(Text)

Für das Argument *Text* können Sie eine beliebige Zeichenfolge, einen Bereichsnamen oder einen Bezug verwenden. Das Ergebnis ist die Anzahl der Zeichen von *Text*.

Beispiel:

=LÄNGE("Excel") ergibt *5*

Nicht ganz unproblematisch ist diese Tabellenfunktion bei der Auswertung von Zahlen, weil das Vorzeichen mitgezählt wird.

Um die Länge einer Zahl unabhängig vom Vorzeichen zu ermitteln, lässt sich die Tabellenfunktion

```
ABS(Zahl)
```

einsetzen. Das Ergebnis ist der *Absolutwert* von *Zahl*, also ohne Beachtung des Vorzeichens. Beispiel:

=LÄNGE(-2010) ergibt *5*

=LÄNGE(ABS(-2010)) ergibt *4*

Wie Sie die Tabellenfunktion *LÄNGE* für die Datenüberprüfung verwenden können, erfahren Sie in Kapitel 8.

Über die Funktion

LINKS(Text;Anzahl_Zeichen)

können Sie das erste Zeichen des untersuchten Texts ermitteln, wenn Sie für das Argument *Anzahl_Zeichen* eine *1* verwenden. Verwenden Sie das gleiche Argument in der Funktion

RECHTS(Text;Anzahl_Zeichen)

erhalten Sie das letzte Zeichen der Zeichenfolge. Es spielt dabei keine Rolle, ob Sie einen Text oder eine Zahl untersuchen.

Beispiele:

=LINKS("Mikrofon";5) ergibt *Mikro*

=RECHTS("Excel";2) ergibt *el*

Eventuell benötigen Sie noch mehr Informationen zum ersten Zeichen, z. B. den *ASCII-Code*. Mit der Formel

=CODE(RECHTS("Hilfe";1)) ergibt *101* (Zeichencode für »e«)

können Sie die Nummer des letzten Zeichens aus einer Zeichenfolge ermitteln. Die Textfunktionen können also auch als Argument für weitere Funktionen verwendet werden.

Für Zahlen ist das Vorzeichen interessant. Hierfür verwenden Sie die Funktion

VORZEICHEN(Zahl)

Das Ergebnis ist bei positiven Zahlen eine *1*, bei negativen Zahlen *–1*. Beispiele:

=VORZEICHEN(2001) ergibt *1*

=VORZEICHEN(-97) ergibt *–1*

Eine Teilzeichenfolge extrahieren

Um einen Teil einer Zeichenfolge zu ermitteln, setzen Sie die Funktion

TEIL(Text;Erstes_Zeichen;Anzahl_Zeichen)

ein. So können Sie z. B. aus einer Artikelnummer die Warengruppe ermitteln. Wenn bei einer fünfstelligen Artikelnummer in Zelle *A1* die ersten drei Zeichen für die Warengruppe stehen, können Sie diese über die Formel

```
=TEIL(A1;1;3)
```

ermitteln. Wenn in *A1* die Artikelnummer *1B399* steht, liefert die Formel das Ergebnis *1B3*. Nützlich kann das in den Fällen sein, wenn Sie Daten nach dieser Warengruppe sortieren oder aber Teilergebnisse berechnen wollen.

Eine Zeichenfolge ergänzen

Manchmal sollen Zeichenfolgen eine bestimmte Länge haben. Hat der Eingabewert nicht die erforderliche Anzahl an Stellen, soll die Zeichenfolge etwa durch

- eine bestimmte Anzahl an führenden Nullwerten
- mit einem Sonderzeichen aufgefüllt werden.

Das ist das Einsatzgebiet der Tabellenfunktion

WIEDERHOLEN(Text;Multiplikator)

Beispiel: Sie wollen die Eingabe in Zelle *A1* überprüfen. Hat die Eingabe nicht die gewünschte Länge von 15 Zeichen, soll die Formelzelle bis zur gewünschten Anzahl mit dem Minuszeichen (»–«) aufgefüllt werden. Verwenden Sie dazu die Formel:

```
=WENN(LÄNGE(A1)<15;A1&WIEDERHOLEN("-";15-LÄNGE(A1));A1)
```

Beispiel: Sie wollen die Eingabe in Zelle *A1* überprüfen. Hat die Eingabe nicht die gewünschte Länge von 15 Zeichen, soll die Formelzelle bis zur gewünschten Anzahl mit führenden Nullwerten aufgefüllt werden. Verwenden Sie dazu die Formel:

```
=WENN(LÄNGE(A1)<15;WIEDERHOLEN(0;15-LÄNGE(A1))&A1;A1)
```

Wie Sie eine Zelle mit einem Zahlenformat füllen können, erfahren Sie in Kapitel 10.

Postleitzahl und Ort trennen

Die postalische Anschrift hat hinsichtlich der ersten sechs Stellen immer den gleichen Aufbau, nämlich *Postleitzahl [Leer] Ort*. Mithilfe der Funktion *LINKS* können Sie die Postleitzahl über die Formel

```
=LINKS("85716 Unterschleißheim";5)
```

extrahieren. Um den Wohnort zu ermitteln, können Sie mit der Funktion *TEIL(Text;Erstes_Zeichen;Anzahl_Zeichen)* den Teil der Zeichenfolge ermitteln, der an der siebten Stelle beginnt:

```
=TEIL("85716 Unterschleißheim";7;LÄNGE("85716 Unterschleißheim")-6)
```

Wenn Sie die gesamte restliche Zeichenfolge zurückgeben wollen, müssen Sie die ersten sechs Zeichen (fünf für die PLZ und eine für die Leerstelle) nicht zwingend von der Gesamtzahl der Zeichen abziehen. Sie können für das Argument *Anzahl_Zeichen* auch die gesamte Länge von Text angeben, also

```
=TEIL("85716 Unterschleißheim";7;LÄNGE("85716 Unterschleißheim"))
```

Das Ergebnis ist das gleiche.

Etwas allgemeiner können Sie einen Teil ausgeben, indem Sie mit der Funktion *FINDEN(Suchtext;Text;Erstes_Zeichen)* das Trennzeichen suchen. Diese Funktion gibt die Fundstelle als Zahl zurück. Damit können Sie Teilzeichenfolgen ermitteln. Wenn in Zelle *A1* die Postleitzahl und der Ort eingetragen sind, ermitteln Sie den Ort mit der folgenden Formel:

```
=TEIL(A1;FINDEN(" ";A1)+1;LÄNGE(A1))
```

Was steckt hinter IBAN?

Vielleicht ist Ihnen die Abkürzung *IBAN* bei Bankgeschäften auch schon einmal begegnet. Hinter dem Kürzel verbirgt sich eine standardisierte internationale Kontonummer (International Bank Account Number), wie sie für grenzüberschreitende Zahlungen innerhalb Europas verwendet wird. In diesem Zusammenhang werden Sie auch auf den Bank Identifier Code, kurz BIC oder auch SWIFT-Code genannt, treffen. Das ist der international standardisierte Bank-Code.

Bei der Analyse einer solchen IBAN-Nummer ist die Standardisierung ein Segen. Feste Länge der Zeichenfolge und feste Länge der einzelnen Segmente erleichtern das Entschlüsseln der enthaltenen Information. Welche Bestandteile die IBAN enthält zeigt Tabelle 15.4.

Tabelle 15.4 Aufbau der internationalen Kontonummer IBAN (International Bank Account Number)

Erstes Zeichen	Anzahl Zeichen	Bedeutung
1	2	Länderkennzeichen
3	2	Prüfziffer
5	8	Bankleitzahl
13	10	Kontonummer

An einem Beispiel soll diese Nummer einmal mithilfe von Tabellenfunktionen aufgeteilt werden – als Frage formuliert lautet die Aufgabe also: Wie kann die Zeichenfolge DE73590100660003576661 in die einzelnen Bestandteile der IBAN aufgeschlüsselt werden?

Das Länderkennzeichen als erster Bestandteil ist über die Formel

```
=LINKS(C5;2)
```

zu ermitteln. Um die folgenden Teile herauszulösen, sind die Informationen aus Tabelle 15.4 in die Tabellenfunktion *TEIL(Text;Erstes_Zeichen;Anzahl_Zeichen)* einzusetzen. Verwenden Sie hierfür eine der beiden ersten Spalten der Tabelle für die Argumente *Erstes_Zeichen* und *Anzahl_Zeichen*. So erhalten Sie mit der Formel

=TEIL(C5;3;2) die Prüfziffer

=TEIL(C5;5;8) die Bankleitzahl

=TEIL(C5;13;10) die Kontonummer

Die Kontonummer können Sie auch über die Formel =RECHTS(C5;10) ermitteln.

Abbildg. 15.30 Zeichenfolgen können mit Tabellenfunktionen zerlegt und wieder zusammengefügt werden

	A	B	C	D
1				
2		Was steckt hinter IBAN?		
3		International Bank Account Number		
4				
5		Hier die IBAN eintragen >>>	DE73590100660003576661	
6				
7		Teile ermitteln		
8		Länderkennzeichen	DE	
9		Prüfziffer	73	
10		Bankleitzahl	59010066	
11		Kontonummer	0003576661	
12				
13				
14		Verketten		
15		IBAN	DE73590100660003576661	
16				

Zeichenfolgen zusammenfassen

Auch der umgekehrte Fall kann auftreten. Angenommen, Sie haben den Vornamen und den Nachnamen in zwei Spalten aufgeteilt. Um die Informationen in eine Zelle zu schreiben, haben Sie unterschiedliche Möglichkeiten. Zum einen können Sie die Funktion

VERKETTEN (Text1;[Text2];[...])

verwenden, um bis zu 255 Argumente zusammenzufassen. Beispielsweise liefert

=VERKETTEN("Arbeit";" ";"macht";" ";"Spaß")

als Ergebnis den Text *Arbeit macht Spaß*.

Zum anderen können Sie diese Aufgabe auch mit dem Verkettungsoperator & erledigen. Die Formel

="Arbeit"&" "&"macht"&" "&"Spaß"

liefert das gleiche Ergebnis.

HINWEIS Beim Verketten müssen Sie selbst an eventuell notwendige Leerzeichen denken!

Nützlich ist eine Verkettung auch für Überschriften, in denen das aktuelle Datum angezeigt werden soll. Verketten Sie hierfür die gewünschte Überschrift mit der Funktion *Heute()*, z. B.:

```
="Aktuelle Wirtschaftsdaten, Stand "&TEXT(HEUTE();"TT.MM.JJJJ")
```

Mit der Funktion *TEXT(Wert;Textformat)* legen Sie das gewünschte Format fest. Denkbar ist hier auch, lediglich das Jahr auszugeben. Für das Argument *Textformat* verwenden Sie in einem solchen Fall die Zeichenfolge *"JJJJ"*.

Auch Zahlen lassen sich auf diese Art und Weise zusammensetzen. Die Formel =15&15 liefert als Ergebnis *1515*, da die Zahlen als Textstring zusammengesetzt und nicht addiert werden. Das Ergebnis können Sie jedoch für eine mathematische Operation verwenden.

Profitipp Wollen Sie den verketteten Text mit einem Zeilenumbruch trennen, können Sie die Tabellenfunktion *ZEICHEN(Zahl)* einsetzen. Lösen Sie diese Aufgabe wie folgt:

1. Tragen Sie die Formel =15&ZEICHEN(10)&15 ein.
2. Rufen Sie den Befehl *Start/Format/Zellen formatieren* auf.
3. Wechseln Sie im Dialogfeld *Zellen formatieren* zur Registerkarte *Ausrichtung* und aktivieren Sie dort das Kontrollkästchen *Zeilenumbruch*.
4. Bestätigen Sie die Einstellungen mit *OK*.

Zeichenfolgen manipulieren

Für bestimmte Aufgabenstellungen ist es erforderlich, Zeichenfolgen zu manipulieren. So kommt es beim Datenimport aus Anwendungen (insbesondere der Großrechnerwelt) häufig vor, dass z. B. alle Texte in Großbuchstaben ausgegeben wurden oder die Vorzeichen der Zahlen am Ende und nicht, wie von Excel gewünscht, am Anfang einer Zahl stehen. Auch für diese Problemstellung gibt es entsprechende Funktionen.

Groß-/Kleinschreibung ändern

Einen vorhandenen Text wandelt die Funktion

GROSS(Text)

in Großbuchstaben um. So wird aus »Lieschen Müller« unter Verwendung der Funktion *GROSS* der Text »LIESCHEN MÜLLER«. Die umgekehrte Aufgabe erledigt die Funktion:

KLEIN(Text)

Das Ergebnis ist dann »lieschen müller«. Diese Funktionen wandeln alle Buchstaben des Arguments *Text* um.

Besonders bei Anschriften in der Form *Vorname Nachname* genügt es aber nicht, alle Buchstaben umzuwandeln, der erste Buchstabe soll groß und alle weiteren klein geschrieben werden. Die Funktion

GROSS2(Text)

wandelt den ersten Buchstaben von *Text* sowie alle zu *Text* gehörenden Buchstaben, die unmittelbar hinter einem Zeichen stehen, das kein Buchstabe ist, in Großbuchstaben und alle anderen Buchstaben in Kleinbuchstaben um. Sowohl die Zeichenfolge »lieschen müller« als auch die Version »LIES-CHEN MÜLLER« wird damit korrekt in »Lieschen Müller« umgesetzt. Beispiel:

=GROSS2("thomas o'connor") ergibt *Thomas O'Connor*.

Vorzeichen umstellen

Excel kann nur mit Zahlen rechnen, bei denen das Vorzeichen das erste Zeichen einer Zahl ist. Manchmal befindet sich das Vorzeichen nach einem Datenimport jedoch an der letzten Stelle. Um das Vorzeichen an die richtige Position zu bringen, können Sie verschiedene Textfunktionen einsetzen und damit eine neue Zeichenfolge aufbauen. Die Formel

=RECHTS("5567-";1)&TEIL("5567-";1;LÄNGE("5567-")-1)

setzt das Vorzeichen in den Excel-Standard um.

Sonderzeichen entfernen

Beim Textimport treffen Sie häufig Sonderzeichen an. Diese Zeichen (meist Steuerzeichen wie Seitenvorschub o. ä.) müssen entfernt werden. Diese Aufgabe übernimmt die Funktion

SÄUBERN(Text)

Sie entfernt alle nicht druckbaren Zeichen aus *Text*.

Wenn Sie überflüssige Leerzeichen entfernen wollen, können Sie dies mit der Funktion

GLÄTTEN(Text)

erreichen. Die Funktion löscht Leerzeichen, die nicht als einzelnes Zeichen zwischen einem Text stehen.

Zeichen tauschen

Sie können über Textfunktionen auch Teile eines Texts durch eine andere Zeichenfolge ersetzen. Hierfür haben Sie wiederum zwei Funktionen zur Auswahl. Mit der Funktion

WECHSELN(Text;Alter_Text;Neuer_Text;Ntes_Auftreten)

können Sie eine bestimmte Zeichenfolge innerhalb von *Text* durch eine andere Zeichenfolge ersetzen. Beispielsweise erhalten Sie mit der Formel

=WECHSELN("Internet";"net";"rail";1)

den Text *Interrail*.

Die zweite Funktion zum Tauschen von Zeichenfolgen hat die Syntax

ERSETZEN(Alter_Text;Erstes_Zeichen;Anzahl_Zeichen;Neuer_Text)

Über die Formel

=ERSETZEN("Internet";7;1;"a")

wird so aus *Internet* ein *Internat*. Mit der Funktion *ERSETZEN* können Sie ganz exakt die Stelle angeben, an der mit der Ersetzung begonnen werden soll.

Dezimaltrennzeichen tauschen

In manchen Anwendungen werden Zahlenwerte im amerikanischen Format (z. B. 1,111.11) gespeichert. Es wird also ein Komma als Tausendertrennzeichen und ein Punkt als Dezimaltrennzeichen verwendet. Solchermaßen nach Excel kopierte oder eingetragene Werte werden von Excel nicht als Zahl erkannt, sondern als Text behandelt. Wie Sie die Aufgabe über *Suchen* und *Ersetzen* lösen, steht in Kapitel 4.

> **TIPP** Über *Datei/Optionen* können Sie im Dialogfeld *Excel-Optionen* in der Kategorie *Erweitert* auch das Kontrollkästchen *Trennzeichen vom Betriebssystem übernehmen* deaktivieren und ein eigenes Trennzeichen definieren. Achtung: Diese Einstellung gilt nicht nur für die aktive Mappe!

Sie können die Umwandlung auch mit einer Tabellenfunktion bewerkstelligen. Angenommen, Sie haben den Wert 1,111.11 in Zelle *A2* eingetragen, liefert die folgende Formel eine Zeichenfolge, die Excel als Zahl erkennt:

```
=WECHSELN(WECHSELN(A2;",";"");".";",")*1
```

Während die innere Funktion WECHSELN das Tausendertrennzeichen entfernt, tauscht die äußere Funktion das Dezimaltrennzeichen (Punkt in Komma) der neuen Zeichenfolge.

> **HINWEIS** Durch die Multiplikation mit der Zahl 1 stellen Sie sicher, dass Excel das Ergebnis der Funktion WECHSELN, die sonst einen Text zurückgibt, in eine Zahl umwandelt.

Zeichenfolge durchsuchen: Suchen und Finden

Wenn Sie die Funktion ERSETZEN einsetzen wollen, jedoch die Stelle, an der ein bestimmtes Zeichen auftritt, nicht bekannt ist, können Sie mit den Funktionen

SUCHEN(Suchtext;Text;Erstes_Zeichen) und

FINDEN(Suchtext;Text;Erstes_Zeichen)

zunächst diese Stelle ermitteln. Die Funktion

```
=FINDEN(".";"125.54";1)
```

liefert als Ergebnis *4*, da das vierte Zeichen im Text das gesuchte Zeichen (Punkt) ist. Sie können dann die Funktion ERSETZEN verwenden, um den Punkt durch ein Komma zu ersetzen. Die Funktion hierfür lautet

```
=ERSETZEN("125.54";FINDEN(".";"125.54";1);1;",")
```

und das Ergebnis ist die Zahl *125,54*.

> **HINWEIS** Die Funktionen SUCHEN und FINDEN unterscheiden sich nur dadurch, dass FINDEN die Groß-/Kleinschreibung bei der Suche berücksichtigt, die Funktion SUCHEN dagegen nicht.

Zeichenfolgen mit Textfunktionen untersuchen

Abbildg. 15.31 Textfunktionen können Teile von Zeichenfolgen ermitteln und manipulieren

	A	B	C	D
1				
2		**Textfunktionen**		
3		Ursprungswert	Ergebnis	Formel
4		12345	123	=LINKS(B4;3)
5		Handy	y	=RECHTS(B5;1)
6		Microsoft Excel Version 2010	28	=LÄNGE(B6)
7		Textfunktionen	funk	=TEIL(B7;5;4)
8		Groß-/Kleinschreibung wird unterschieden	21	=FINDEN("g";B8;1)
9		Groß-/Kleinschreibung wird nicht unterschieden	1	=SUCHEN("g";B9;1)
10		Internet	Internat	=ERSETZEN(B10;7;1;"a")
11		Anzahl der Wörter	3	=LÄNGE(B11)-LÄNGE(WECHSELN(B11;" ";""))+1
12		Anzahl der Buchstaben "a"	3	=LÄNGE(B12)-LÄNGE(WECHSELN(B12;"a";""))
13		Die Funktion	Beispiele zu Textfunktionen	=VERKETTEN("Beispiele zu";" ";$B$2)
14		199558-	-199558	=RECHTS(B14;1)&TEIL(B14;1;LÄNGE(B14)-1)
15		Aktuelle Daten, Stand	Aktuelle Daten, Stand 18.07.2010	=B15&" "&TEXT(HEUTE();"TT.MM.JJJJ")
16		15	xxxxxxxxxxxxxxx	=WIEDERHOLEN("x";B16)
17		Computer	computer	=KLEIN(B17)
18		Hans Müller	HANS MÜLLER	=GROSS(B18)
19		helga müller-Freitag	Helga Müller-Freitag	=GROSS2(B19)
20		Import Datei	Import Datei	=GLÄTTEN(B20)
21		Mit nicht druckbaren Zeichen.	Mit nicht druckbaren Zeichen.	=SÄUBERN(B21)
22		-99	-1	=VORZEICHEN(B22)
23		Text	84	=CODE(B23)
24		Excel	WAHR	=IDENTISCH(B24;"Excel")
25		1,111.11	1111,11	=WECHSELN(WECHSELN(B25;",";"");".";",")*1
26				

Prüfen, ob eine Zeichenfolge enthalten ist

Sie können nicht nur nach einem einzelnen Zeichen, sondern auch nach einer Zeichenfolge suchen. Als Rückgabewert erhalten Sie dabei die Zahl, an der die gesuchte Zeichenfolge in *Text* beginnt. In Kombination mit der Informationsfunktion *ISTFEHLER* können Sie dabei auch einen Wahrheitswert ausgeben lassen. Achtung: Das Ergebnis liefert *FALSCH*, wenn die Zeichenfolge gefunden wird. Die Tabellenfunktion *NICHT(Wahrheitswert)* wandelt dieses Ergebnis in das Gegenteil um.

Hier einige Beispiele:

=SUCHEN("Brief";"Kompaktbrief";1) liefert *8*

=ISTFEHLER(SUCHEN("Brief";"Kompaktbrief";1)) liefert *FALSCH*

=ISTFEHLER(SUCHEN("Brief";"Postkarte";1)) liefert *WAHR*

=NICHT(ISTFEHLER(SUCHEN("Brief";"Kompaktbrief";1))) liefert *WAHR*

=NICHT(ISTFEHLER(SUCHEN("Brief";"Postkarte";1))) liefert *FALSCH*

Zeichen zählen

Sie können mit der Funktion *WECHSELN* auch zählen, wie oft ein Zeichen in einer Zeichenfolge auftritt. Die Formel

=LÄNGE("Microsoft")-LÄNGE(WECHSELN("Microsoft";"o";""))

findet hier zweimal das Zeichen »o«.

CD-ROM Im Ordner *\Buch\Kap15* auf der CD-ROM zu diesem Buch finden Sie im Arbeitsblatt *Anzahl der Zeichen* in der Datei *Kap15_Text.xlsx* ein Beispiel dazu, wie Sie die Häufigkeit jedes Buchstabens in einer Zeichenfolge bestimmen können.

In etwas abgewandelter Form eignet sich die Funktion auch zum Zählen der Wörter eines Texts. Die Formel

```
=LÄNGE("Excel ist toll")-LÄNGE(WECHSELN("Excel ist toll";" ";""))+1
```

liefert als Ergebnis die Zahl *3*, also die Anzahl der Wörter des Texts.

Mit Datums- und Zeitwerten rechnen

Für die unterschiedlichsten Aufgaben muss häufig auch mit Datums- und Zeitwerten gerechnet werden. Auch für diese Berechnungen ist Excel gut gerüstet. Zudem versucht Excel beim Eingeben von Datums- und Zeitwerten, verschiedene Schreibweisen in eine Excel-konforme Schreibweise umzuwandeln.

TIPP Die Umsetzung des Divisionszeichens in einen Datumspunkt lässt sich hervorragend ganz gezielt einsetzen. Die Datumserfassung auf dem numerischen Block, auf dem normalerweise kein Punkt zu finden ist, erfolgt dann eben mit *17/8* oder *17/8/2010*. Das Ergebnis ist der *17.8.2010*. Auch das Minuszeichen ist für diese schnelle Eingabe geeignet. Weitere Tipps zur Dateneingabe finden Sie in Kapitel 4.

Andererseits kann Excel das Datum *12.5.* nicht als solches erkennen, die Eingabe wird als Text betrachtet. Geben Sie allerdings *12.5* (also ohne zweiten Punkt) ein, ergänzt Excel die Eingabe um das aktuelle Jahr.

CD-ROM Der folgende Abschnitt soll einige Berechnungen mit Datumswerten und Zeitwerten vorstellen. Die Beispiele zu diesem Abschnitt finden Sie in der Datei *Kap15_Datzeit.xlsx* im Ordner *\Buch\Kap15* auf der CD-ROM zu diesem Buch.

Datumsunterschiede berechnen

In Excel können Unterschiede zwischen *Datumswerten* kalendergenau in der Zeit vom 01. Januar 1900 bis zum 31. Dezember 9999 berechnet werden.

Bei der Subtraktion von Datumswerten müssen Sie nicht mehr zwingend darauf achten, dass Sie stets von der größeren fortlaufenden Zahl subtrahieren. Seit Excel 2007 ist die Berechnung von Datumsdifferenzen geändert. Sie können nun auch einen höheren Datumswert von einem niedrigeren abziehen, Sie erhalten dann eine negative Anzahl an Tagen (siehe Abbildung 15.32).

Mit Datums- und Zeitwerten rechnen

Abbildg. 15.32 Berechnung von Datumsdifferenzen

	A	B	C	D	E	F	G
1		**Datumswerte berechnen**					
2			Wiedervereinigung				
3		Datum	heutiges Datum	Tage			
4		03.10.1990	17.07.2010	**7.227**	←	=C4-B4	
5							
6			Alter in Tagen				
7		Geburtstag	heutiges Datum	Tage			
8		08.01.1960	17.07.2010	**18.453**	←	=C8-B8	
9							
10			Datumsaddition				
11		Ausgangsdatum	Tage hinzufügen	Enddatum			
12		17.07.2010	520	**19.12.2011**	←	=B12+C12	
13							

Ebenso können Sie zu Datumswerten Tage hinzufügen, um beispielsweise ausgehend von einem Rechnungsdatum ein Zahlungsziel zu berechnen. Hierbei addieren Sie einem Datumswert einfach die Anzahl an Tagen hinzu, die das zukünftige Datum festlegen soll (Abbildung 15.32).

Formatierte Zahl und Zellinhalt

Wie kommt es überhaupt, dass Excel mit einem Datum rechnen kann? Geben Sie einmal das aktuelle Tagesdatum ein. Ganz schnell geht das mit der Tastenkombination [Strg]+[.] (Punkt). Soll das Datum als aktualisierbare Formel eingetragen werden, verwenden Sie die Funktion

```
=HEUTE()
```

In der Bearbeitungsleiste steht dann z. B. *17.07.2010*. Rufen Sie das Dialogfeld *Zellen formatieren* auf, stellen Sie fest, dass die Zelle mit einem Datumsformat formatiert wurde. Ändern Sie das Zahlenformat in *Standard* und schließen Sie das Dialogfeld, wird sowohl in der Zelle als auch in der Bearbeitungsleiste die Zahl *40376* angezeigt.

Ein Datum ist also nichts anderes als eine Zahl mit einem bestimmten Format. Der Ursprung des Zahlenstrahls für die Datumsberechnungen in Excel ist die Zahl *1*, der das Datum 1. Januar 1900 zugewiesen ist. Ausgehend von diesem Datum werden die Tage gezählt. Das Ende des Zahlenstrahls wird durch die Zahl 2.958.465 repräsentiert, was dem 31. Dezember 9999 entspricht.

HINWEIS Wenn Sie einen Kalender für das Jahr 1900 erstellen, werden Sie feststellen, dass Excel dieses Jahr als Schaltjahr betrachtet. Ganz korrekt ist dies nicht. Bei den Jahren, die durch 100 teilbar sind, sind nur jene Jahre Schaltjahre, die auch durch 400 teilbar sind. Alle anderen Schaltjahre, einschließlich Jahrhundertjahre, die keine Schaltjahre sind (z. B. 2100), werden dagegen ordnungsgemäß verarbeitet.

Wichtige Funktionen für Datumsberechnungen

Die Funktionen

TAG(Zahl)

MONAT(Zahl) und

JAHR(Zahl)

ermitteln aus einem Datum den gleichnamigen Teil.

Beispiele:

=TAG("15. Juni 2010") ergibt *15*

=MONAT("15. Juni 2010") ergibt *6*

=JAHR("15.6.2010") ergibt *2010*

In Kombination mit der Funktion *AUFRUNDEN* können Sie aus einem Datum auch das jeweilige Quartal ermitteln:

=AUFRUNDEN(MONAT("15. Juni 2010")/3;0) ergibt 2

Um eine Zahl in ein Datum umzuwandeln, stellt Excel die Funktion

DATUM(Jahr;Monat;Tag)

bereit. Die Funktion liefert die fortlaufende Zahl des jeweils angegebenen Datums. Die Argumente selbst können ebenfalls als Funktion angegeben werden. Etwa mit *JAHR(HEUTE())* für das Argument *Jahr*.

Beispiel:

=DATUM(JAHR(HEUTE());12;31) liefert den *31.12.* des aktuellen Jahrs.

Für den umgekehrten Weg verwenden Sie die Funktion

DATWERT(Datumstext)

die ein als Text vorliegendes Datum in eine fortlaufende Zahl umwandelt.

Beispiel:

=DATWERT("31.12.2003") ergibt *37986*.

=DATWERT(TEXT(A1;"tt.MM.jjjj")) ergibt *37885*, wenn in Zelle *A1* der *21.9.2003* steht.

Wichtig ist hierbei, beim Zahlenformat den Monat mit Großbuchstaben (*"MM"*) anzugeben, um einer Verwechslung mit einem Zeitformat vorzubeugen. Im Zeitformat steht *"mm"* für Minuten.

Abbildg. 15.33 Datumsfunktionen und Datumsformate

Zeile	Bemerkung	Wert	Zahlenformat	Formel
A	Festes Datum eingeben mit [Strg]+[.]	16.07.2010	T.M.JJJJ	40375
B	Aktualisierbare Formel mit =HEUTE()	18.07.2010	T.M.JJJJ	=HEUTE()
C	DATWERT(TEXT(D3;"tt.MM.jjjj"))	40375	Standard	=DATWERT(TEXT(D4;"tt.MM.jjjj"))
D	DATWERT(TEXT(D4;"tt.MM.jjjj"))	40377	Standard	=DATWERT(TEXT(D5;"tt.MM.jjjj"))
E	Differenz B - A in Tagen	02.01.1900	T.M.JJJJ	=D5-D4
F	Differenz B - A in Tagen	2	Standard	=D5-D4
G	Der Tag von A	16	Standard	=TAG(D4)
H	Der Tag von A	Freitag	TTTT	=WOCHENTAG(D4)
I	Der Monat von A	7	Standard	=MONAT(D4)
J	Der Monat von A	Januar	MMMM	=MONAT(D5)
K	Das Jahr von A	2010	Standard	=JAHR(D4)

CD-ROM Die gezeigten Beispiele finden Sie auf dem Arbeitsblatt *Datum* in der Datei *Kap15_Datzeit.xlsx* im Ordner \Buch\Kap15 auf der CD-ROM zu diesem Buch.

Sind Sie ein Sonntagskind?

Dieser Frage können Sie mit der Tabellenfunktion

```
WOCHENTAG(Zahl;Typ)
```

nachgehen, wenn Sie für das Argument *Zahl* das Datum eintragen und für das Argument *Typ* einen der Werte aus Tabelle 15.5.

Tabelle 15.5 Die Rückgabewerte von WOCHENTAG einstellen

Typ	Zahl
1 oder nicht angegeben	Zahl 1 (Sonntag) bis 7 (Samstag) Standard
2	Zahl 1 (Montag) bis 7 (Sonntag)
3	Zahl 0 (Montag) bis 6 (Sonntag)

Beispiel:

```
=WOCHENTAG("23.05.1950";1)
```

Das Ergebnis dieser Funktion in eine Zahl zwischen 1 und 7. Wenn Sie diese Zahl in den Wochentag umwandeln wollen, vergeben Sie für die Zelle ein geeignetes Zahlenformat, z. B. »TTTT« (ohne Anführungszeichen).

In einer einzigen Formel kann die Prüfung so aussehen:

```
=WENN(WOCHENTAG("23.05.1950";1)=1;"Sie sind ein Sonntagskind!";
 "Sie sind an einem Wochentag geboren!")
```

Der wievielte Tag des Jahrs ist heute?

Auch solche Fragen sind manchmal wichtig und die Antwort mit verschachtelten Funktionen darstellbar. Die Formel

```
=HEUTE()-DATUM(JAHR(HEUTE())-1;12;31)
```

bringt diese Information in eine Zelle, indem vom heutigen Tag der 31.12. des Vorjahrs abgezogen wird.

Wann beginnt die Sommerzeit?

Ganz praktisch können Sie mit dieser Tabellenfunktion z. B. den Beginn und das Ende der Sommerzeit ermitteln. Jeder Langschläfer muss das natürlich wissen: Seit 1996 beginnt die Sommerzeit am letzten Sonntag im März und endet am letzten Sonntag im Oktober.

Der Beginn der Sommerzeit des aktuellen Jahrs lässt sich mit der folgenden Formel berechnen:

```
=DATUM(JAHR(HEUTE());3;31)-WOCHENTAG(DATUM(JAHR(HEUTE());3;31))+1
```

oder mit einem Zellbezug

```
=DATUM(JAHR(A1);3;31)-WOCHENTAG(DATUM(JAHR(A1);3;31))+1
```

Wenn Sie den Beginn der Sommerzeit für ein bestimmtes Jahr ausrechnen wollen, können Sie folgende Formel verwenden:

```
=DATUM(2013;3;31)-WOCHENTAG(DATUM(2013;3;31))+1
```

Wann beginnt die Winterzeit?

Die Zeitumstellung für die Winterzeit findet am letzten Sonntag im Oktober statt. Das Datum dazu berechnet die Formel:

```
="=DATUM(A1;10;31)-WOCHENTAG(DATUM(A1;10;31))+1
```

Oder für das aktuelle Jahr die Formel:

```
=DATUM(JAHR(HEUTE());10;31)-WOCHENTAG(DATUM(JAHR(HEUTE());10;31))+1
```

Wann die Normalzeit für ein bestimmtes Jahr beginnt, finden Sie mit dieser Formel heraus:

```
=DATUM(2010;10;31)-WOCHENTAG(DATUM(2010;10;31))+1
```

Interessantes zum Thema »Zeit« finden Sie im Internet auf der Seite der Physikalisch-Technischen Bundesanstalt unter *http://www.ptb.de*.

Das Monatsende und der nächste Erste

Für die Berechnung des Monatsendes verwenden Sie die Funktion

MONATSENDE(Ausgangsdatum;Monate)

Mit dieser Funktion können Sie, ausgehend vom *Ausgangsdatum,* das Datum berechnen, das um eine – über das Argument *Monate* angegebene – Zeitspanne versetzt ist. Geben Sie für das Argument *Monate* den Wert *0* an, können Sie damit das Monatsende des Datums berechnen, das Sie als Ausgangsdatum festgelegt haben. Für das aktuelle Datum errechnet sich der Monatsletzte mit der Formel:

```
=MONATSENDE(HEUTE();0)
```

Wollen Sie das Ergebnis in einem bestimmten Format anzeigen, verwenden Sie die Formel

```
=TEXT(MONATSENDE(HEUTE();0);"TT.MM.JJJJ")
```

Der nächste Erste kann damit auch berechnet werden. Addieren Sie dazu lediglich einen Tag:

```
=MONATSENDE(HEUTE();0)+1
```

Vier-Tage-Arbeitswoche: Die neue Funktion mit *NETTOARBEITSTAGE.INTL* macht's möglich

Für flexible Terminplanung sind die beiden neuen Funktionen *ARBEITSTAG.INTL* und *NETTOARBEITSTAGE.INTL* besonders wichtig. Bauplaner beispielsweise, die beim Einsatz von Montageteams von einer Vier-Tage-Arbeitswoche ausgehen müssen, können nun die real verfügbaren Arbeitstage bis zum Übergabetermin problemlos berechnen. Mit *NETTOARBEITSTAGE.INTL* lässt sich mühelos eine Vier-Tage-Arbeitswoche und ein Wochenende mit drei Tagen konstruieren.

CD-ROM Das Beispiel finden Sie im Tabellenblatt *Arbeitstage* in der Datei *Kap15_Datzeit.xlsx* im Ordner *Buch\Kap15*.

In der Tabelle in Abbildung 15.34 stehen in einer Projektliste in Spalte *C* und *D* die Daten für den Start und das Ende, und im Bereich *H4:H18* die Tage, die neben den Wochenenden (Freitag bis Sonntag) ebenfalls nicht für Arbeiten an den Projekten genutzt werden können. Um nun in Spalte *F* die tatsächlich zur Verfügung stehenden Arbeitstage an jedem der Projekte zu berechnen, gehen Sie wie folgt vor:

Abbildg. 15.34 Fertige Tabelle zur Berechnung der Vier-Tages-Woche inklusive Berücksichtigung freier Tage

	A	B	C	D	E	F	G	H
1		Einsatzplanung 4. Quartal 2010						
2								
3		Projekt	Beginn	Ende	Kalendertage	Arbeitstage (Mo-Do)		Freie Tage
4		DASA-1562	Fr 01.10.2010	Mi 20.10.2010	20	10		04.10.2010
5		EKZ-1367	Do 21.10.2010	So 14.11.2010	25	12		31.10.2010
6		STA-1503	Fr 29.10.2010	Do 18.11.2010	21	7		01.11.2010
7		NORL-9824	Mo 22.11.2010	Fr 31.12.2010	40	21		15.11.2010
8		LAMB-3494	Do 02.12.2010	Mo 20.12.2010	19	10		16.11.2010
9								17.11.2010

1. Markieren Sie die Zelle *F4* und rufen Sie über den Funktions-Assistenten die Funktion *NETTO-ARBEITSTAGE.INTL* auf.
2. Geben Sie bei *Ausgangsdatum* den Bezug *C4* und bei *Enddatum* *D4* ein.
3. Für das dritte Argument *Wochenende* tragen Sie *0000111* ein. Die vier Nullen stehen für die ersten vier Tage der Woche als Arbeitstage. Die drei Einsen stehen für die drei Nichtarbeitstage. Setzen Sie die so generierte Zifferngruppe in Anführungszeichen. Sie können damit ganz beliebige Kombinationen erstellen, die jeweils sieben Zeichen lang sein müssen: für jeden Wochentag entweder eine Null, wenn es sich um einen Arbeitstag handelt, oder eine Eins für einen freien Tag.
4. Als letztes Argument werden noch die in *H4:H18* aufgeführten freien Tage abgezogen. Daraus ergibt sich die folgende Formel:

```
=NETTOARBEITSTAGE.INTL(C4;D4;"0000111";$H4:$H18)
```

5. Kopieren Sie die Formel nach unten bis Zelle *F8*.

Excel berechnet für jedes der Projekte die tatsächlich verfügbaren Arbeitstage und zieht dabei Freitage, Samstage, Sonntage sowie freie Tage aus Spalte *H* ab.

Hilfsspalten zum Sortieren und Filtern aufbauen

Excel kann unterschiedlichste Daten sortieren. Zahlen, Text und Datumswerte stellen kein Problem dar (siehe hierzu das Kapitel 20). Datumswerte werden standardmäßig allerdings in der Reihenfolge Jahr, Monat und Tag sortiert. Für eine Übersicht, wer als Nächstes Geburtstag hat, ist diese Sortierfolge ungeeignet.

WICHTIG Das Sortieren einer Liste ist eine der schnellsten Methoden, um aus einem wohlgeordneten Datenbestand einen unbrauchbaren »Datensalat« zu machen. Das kann z. B. dann der Fall sein, wenn vor dem Sortieren nicht alle Daten markiert wurden. Wenn Sie gleich im Anschluss an das Sortieren den Fehler bemerken, können Sie die Aktion über den Befehl *Rückgängig* widerrufen. Wenn nicht ...!

Aber so weit wollen wir es gar nicht kommen lassen. Eine gute Methode, etwas Sicherheit einzubauen, ist das Einfügen einer Spalte, um die ursprüngliche Sortierung wieder herzustellen. Nummerieren Sie die Zeilen (oder Spalten) mit der *AutoAusfüllen*-Funktion (siehe Kapitel 4). Damit können Sie die ursprüngliche Sortierfolge jederzeit wiederherstellen.

Abbildg. 15.35 Die Datumswerte sind jetzt nach Monat und Tag aufsteigend sortiert

	A	B	C	D	E	F	G
1							
2		Geburtstagsliste sortiert nach Monat und Tag					
3		Name	Geburtstag	Ursprüngliche Reihenfolge	Sortierkriterium	Formel	
4		Martin	08.01.2000	2	0108	=TEXT(MONAT(C4);"00")&TEXT(TAG(C4);"00")	
5		Sabine	18.02.1957	6	0218	=TEXT(MONAT(C5);"00")&TEXT(TAG(C5);"00")	
6		Heike	20.03.1960	8	0320	=TEXT(MONAT(C6);"00")&TEXT(TAG(C6);"00")	
7		Gisela	18.05.1992	3	0518	=TEXT(MONAT(C7);"00")&TEXT(TAG(C7);"00")	
8		Hans	27.05.1972	1	0527	=TEXT(MONAT(C8);"00")&TEXT(TAG(C8);"00")	
9		Werner	01.07.1957	4	0701	=TEXT(MONAT(C9);"00")&TEXT(TAG(C9);"00")	
10		Achim	12.08.1958	10	0812	=TEXT(MONAT(C10);"00")&TEXT(TAG(C10);"00")	
11		Klaus	04.12.1959	5	1204	=TEXT(MONAT(C11);"00")&TEXT(TAG(C11);"00")	
12		Andrea	10.12.1971	9	1210	=TEXT(MONAT(C12);"00")&TEXT(TAG(C12);"00")	
13		Ursula	24.12.1997	7	1224	=TEXT(MONAT(C13);"00")&TEXT(TAG(C13);"00")	

Und so erstellen Sie ein Sortierkriterium, über das Sie die Daten aufsteigend nach Monat und Tag sortieren können:

1. Nachdem Sie in Spalte *D* die ursprüngliche Sortierung erhalten haben, tragen Sie in Zelle *E4* die folgende Formel ein:

```
=TEXT(MONAT(C4);"00")&TEXT(TAG(C4);"00")
```

2. Kopieren Sie diese Formel nach unten bis zur Zelle *E13*.
3. Markieren Sie den Bereich *B4:E13*.
4. Rufen Sie über *Start/Sortieren und Filtern/Benutzerdefiniertes Sortieren* das Dialogfeld *Sortieren* auf.
5. Wählen Sie im Listenfeld *Sortieren nach* die Spalte *Sortierkriterium* und die aufsteigende Sortierfolge aus.
6. Schließen Sie das Dialogfeld mit *OK*.
7. Die anschließende *Sortierwarnung* bestätigen Sie ebenfalls mit *OK*.

Die Formel verkettet den Teil *Monat* mit dem Teil *Tag* des Datums zu einer Zeichenfolge. Wichtig ist in diesem Zusammenhang der Einsatz der Funktion *TEXT*. Ohne diese Funktion, also etwa mit der Formel =MONAT(C4)&TAG(C4), kommt ein unbrauchbares Sortierkriterium zustande, weil zweistellige Monats- und Tageswerte nicht berücksichtigt werden. Wenn Sie nach einem solchen Kriterium sortiert haben, lernen Sie die zuvor eingebaute Sicherheit über die Spalte »Ursprüngliche Reihenfolge« schätzen.

Datumswerte vor der Excel-Zeitrechnung sortieren

Vielleicht betreiben Sie ja Ahnenforschung und tragen die wichtigen Familiendaten in eine Excel-Tabelle ein. Damit sind die Informationen schnell verfügbar und neu hinzugekommene Daten können durch Sortieren an die richtige Stelle gebracht werden. Ist es wirklich so einfach?

Leider nicht ganz, denn in Excel beginnt die Datumsrechnung am 1. Januar 1900. Haben Sie Datumswerte, die vor diesem Tag liegen, können Sie diese zwar sortieren; bei genauem Hinsehen stellen Sie allerdings fest, dass die Sortierfolge nicht den Erwartungen entspricht. Excel sortiert die Datumswerte als Text, was zur Folge hat, dass der 1.01.1845 vor dem 2.01.1645 liegt.

Eine Alternative stellt die getrennte Erfassung der Datumsbestandteile Tag, Monat und Jahr dar. Erfassen Sie diese Teile in getrennten Spalten, können Sie die Daten auch korrekt sortieren, indem Sie alle drei Spalten als Sortierkriterium festlegen.

Wollen Sie Datumswerte in einer Spalte erfassen, schauen Sie sich das folgende Beispiel an, das davon ausgeht, dass Sie die Datumswerte als zehnstellige Werte erfassen und die Zellen als Text formatiert sind.

Um Datumswerte vor der Excel-Datumsrechnung korrekt zu sortieren, gehen Sie wie folgt vor:

1. Fügen Sie zunächst eine Spalte mit fortlaufenden Zahlen 1, 2, 3 usw. ein, um die ursprüngliche Sortierfolge zu erhalten.
2. Tragen Sie in Zelle *D4* die folgende Formel ein:

```
=RECHTS(B4;4)&TEIL(B4;FINDEN(".";B4;1)+1;2)&LINKS(B4;2)
```

Kopieren Sie diese anschließend nach unten bis zur Zelle *D13*.

3. Markieren Sie den Bereich *B4:D13*.
4. Rufen Sie über *Start/Sortieren und Filtern/Benutzerdefiniertes Sortieren* das Dialogfeld *Sortieren* auf.
5. Wählen Sie im Listenfeld *Sortieren nach* die Spalte *Sortierkriterium* und die aufsteigende Sortierfolge aus.
6. Schließen Sie das Dialogfeld mit *OK*.
7. Die anschließende *Sortierwarnung* bestätigen Sie ebenfalls mit *OK*.

Abbildg. 15.36 Datumswerte werden korrekt sortiert, wenn diese als Text erfasst wurden

A	B	C	D	E	F
1					
2	Datumswerte vor dem 1.1.1900 richtig sortieren				
3	Datumswert (zehnstellig)	Ursprüngliche Reihenfolge	Sortierkriterium	Formel	
4	02.01.1645	4	16450102	=RECHTS(B4;4)&TEIL(B4;FINDEN(".";B4;1)+1;2)&LINKS(B4;2)	
5	03.03.1733	2	17330303	=RECHTS(B5;4)&TEIL(B5;FINDEN(".";B5;1)+1;2)&LINKS(B5;2)	
6	03.03.1734	6	17340303	=RECHTS(B6;4)&TEIL(B6;FINDEN(".";B6;1)+1;2)&LINKS(B6;2)	
7	01.01.1845	3	18450101	=RECHTS(B7;4)&TEIL(B7;FINDEN(".";B7;1)+1;2)&LINKS(B7;2)	
8	15.01.1845	1	18450115	=RECHTS(B8;4)&TEIL(B8;FINDEN(".";B8;1)+1;2)&LINKS(B8;2)	
9	15.01.1847	7	18470115	=RECHTS(B9;4)&TEIL(B9;FINDEN(".";B9;1)+1;2)&LINKS(B9;2)	
10	08.06.1912	9	19120608	=RECHTS(B10;4)&TEIL(B10;FINDEN(".";B10;1)+1;2)&LINKS(B10;2)	
11	05.09.1929	8	19290905	=RECHTS(B11;4)&TEIL(B11;FINDEN(".";B11;1)+1;2)&LINKS(B11;2)	
12	29.02.1948	5	19480229	=RECHTS(B12;4)&TEIL(B12;FINDEN(".";B12;1)+1;2)&LINKS(B12;2)	
13	29.11.1954	10	19541129	=RECHTS(B13;4)&TEIL(B13;FINDEN(".";B13;1)+1;2)&LINKS(B13;2)	
14					

Wie rechnet Excel mit der Zeit?

Bei Uhrzeiten verhält es sich ganz ähnlich wie bei Datumswerten. Geben Sie die aktuelle Zeit mit der Tastenkombination `Strg`+`:` (Doppelpunkt) ein. Die Uhrzeit wird in der Form *16:21* angezeigt. In der Bearbeitungsleiste steht ebenfalls *16:21*. Das Zahlenformat ist *hh:mm*. Stellen Sie nun über *Start/Format/Zellen formatieren* das Zahlenformat *Standard* ein, wird der Wert *0,68125* angezeigt. Die Uhrzeit eines Tags ist ebenfalls eine Zahl mit einem speziellen Zahlenformat. In Excel entsprechen die 24 Stunden eines Tags dem Wert *1*. Eine Stunde entspricht dann *1/24*, eine Minute *1/1440* usw. Auf die Uhrzeit übertragen entspricht die Zahl 0,5 der Uhrzeit 12:00 Uhr mittags. Analog hierzu entsprechen die Zahlen 0,25 der Uhrzeit 6:00 Uhr und 0,75 der Uhrzeit 18:00 Uhr.

Mit Uhrzeiten rechnen

Unterschiede in Zeitwerten lassen sich ebenfalls gut berechnen. Bei der Berechnung der Zeitdifferenz müssen Sie allerdings darauf achten, dass Sie immer von der größeren Zahl subtrahieren. Leider erkennt Excel nicht wie bei den Datumswerten, wie diese Aufgabe zu lösen ist (siehe das Beispiel in Abbildung 15.37).

Abbildg. 15.37 Berechnung von Arbeitszeiten mit Excel

	A	B	C	D	E	F	G	H	I
1									
2			Stundenabrechnung						
3		Kommt	Geht	Arbeitszeit					
4		08:00	17:15	09:15	←	=C4-B4			
5		09:00	15:00	06:00					
6		07:30	16:15	08:45					
7		09:25	15:50	06:25					
8			Summe	30:25	←	=SUMME(D4:D7)	Zahlenformat: [hh]:mm		
9									
10		22:00	05:00	########	←	=C10-B10			
11									

(Hinweis-Tooltip: *Datumswerte und Zeiten, die negativ oder zu lang sind, werden als #### dargestellt.*)

Bei dieser Abrechnung ist die Summe der zuvor berechneten Arbeitszeiten größer als ein Tag (>24 Stunden). Das stellt besondere Ansprüche an das Zahlenformat der Zelle *D8*. Bitte informieren Sie sich hierüber ergänzend in den Kapitel 9 und 10.

Tabellenfunktionen zur Zeit

Mit der Formel

```
=JETZT()
```

können Sie eine aktualisierbare Zeit eintragen. Das bedeutet, dass bei jeder Neuberechnung der Zelle die Zeitangabe aktualisiert wird. Die Funktion liefert die fortlaufende Zahl des aktuellen Datums und der aktuellen Uhrzeit. Analog zum Datum gibt es Funktionen, um die Teile der Uhrzeit zu ermitteln. Mit den Funktionen

STUNDE(Zahl),

MINUTE(Zahl) und

SEKUNDE(Zahl)

können Sie die gesuchten Teile der Zeit berechnen. Für das Argument *Zahl* können Sie dabei einen Bezug, die Funktion *JETZT()* oder einen festen Wert in der Form *21:48* angeben.

Entsprechend den Datumsfunktionen gibt es für die Berechnung der Zeiten die Funktionen

ZEITWERT(Zeit)

und

ZEIT(Stunde;Minute;Sekunde)

Die Abbildung 15.38 zeigt hierzu einige Beispiele.

HINWEIS   Ist der Zeitwert in *D6* größer als der Zeitwert in *D7*, werden in Zelle *D8* nur Rauten angezeigt, weil Excel das (negative) Ergebnis nicht als Zeit anzeigen kann. Bei der Formel in Zelle *D9* wird davon ausgegangen, dass ein größerer Wert in Zelle *D6* sich auf den Vortag bezieht. Mehr dazu im Abschnitt »Rechnen über die Tagesgrenze hinaus« auf Seite 539.

Abbildg. 15.38 Das Zahlenformat beeinflusst die Anzeige von Zeitfunktionen und Zeitwerten

	A	B	C	D	E	F	G
1							
2		Zeitfunktionen					
3		Zeile	Bemerkung	Wert	Formel	Zahlenformat	
4		A	Feste Zeit eingeben mit [Strg]+[:]	19:33	0,814583333	hh:mm	
5		B	Aktualisierbare Formel mit =JETZT()	18.07.2010 19:33	=JETZT()	TT.MM.JJJJ hh:mm	
6		C	ZEITWERT(TEXT(D4;"h:mm"))	0,814583333	=ZEITWERT(TEXT(D4;"h:mm"))	Standard	
7		D	ZEITWERT(TEXT(D5;"h:mm"))	0,814583333	=ZEITWERT(TEXT(D5;"h:mm"))	Standard	
8		E	Differenz B - A in Stunden	00:00	=D7-D6	hh:mm	
9		F	Differenz B - A in Stunden ohne Fehler	00:00	=(D6>D7)+D7-D6	hh:mm	
10		G	Differenz B - A dezimal	0	=D7-D6	Standard	
11		H	Die Sekunde von A	0	=SEKUNDE(D4)	Standard	
12		I	Die Minute von A	33	=MINUTE(D4)	Standard	
13		J	Die Stunde von A	19	=STUNDE(D4)	Standard	
14							

CD-ROM Die gezeigten Beispiele finden Sie auf dem Arbeitsblatt *Zeit* in der Datei *Kap15_Datzeit.xlsx* im Ordner *\Buch\Kap15* auf der CD-ROM zu diesem Buch.

Der Alltag bei der Zeitrechnung

Wenn Sie mit Datum oder Zeit rechnen, brauchen Sie sich im Allgemeinen nicht um eine Umwandlung zu sorgen – Excel nimmt diese automatisch vor. Die Differenz zwischen zwei Datums- oder Zeitangaben ist mit einer Subtraktion, etwa in der Form

```
=B1-A1
```

möglich. Sie können also zur Erfassung z. B. von Arbeitszeiten eine Tabelle aufbauen, die für jeden Arbeitstag die abgeleisteten Stunden errechnet.

Nehmen wir an, Sie wollen ein Arbeitsblatt auch für Schichtarbeiter aufbauen. Es gibt Mitarbeiter, die von 22:00 bis 6:00 Uhr am nächsten Tag arbeiten. Wie ermitteln Sie die korrekte Arbeitszeit?

Wenn die Mitarbeiter von 22:00 bis 6:00 Uhr am nächsten Tag arbeiten, etwa innerhalb eines Bereitschaftsdiensts im Krankenhaus, erhalten Sie als Differenz einen »wunderschönen Gartenzaun«. Auch das Ändern der Spaltenbreite hilft in diesem Fall nicht. Interessant ist, dass Excel die Zeit berechnen kann, wenn Sie das Zahlenformat auf *Standard* einstellen. Allein das Zahlenformat mag keine negativen Zahlen darstellen. Eigentlich auch verständlich oder hat Ihre Uhr schon einmal –12 geschlagen?

Um das Problem zu lösen, sind zwei Wege möglich:

- Sie können entweder die allgemeine Einstellung über den Befehl *Datei/Excel-Optionen* ändern oder
- den Weg über eine Formel gehen.

Die Option *1904-Datumswerte*

Über den Befehl *Datei/Optionen* können Sie im Dialogfeld *Excel-Optionen* in der Kategorie *Erweitert* im Abschnitt *Beim Berechnen dieser Arbeitsmappe* das Kontrollkästchen *1904-Datumswerte verwenden* aktivieren. Damit kann Excel dann auch mit negativen Zeiten rechnen. Dieses Vorgehen hat aber Konsequenzen: Zum einen gilt diese Einstellung nur für die aktive Arbeitsmappe. Beziehen sich andere Arbeitsmappen auf diese Zeitwerte, muss auch in diesen Arbeitsmappen die entsprechende Änderung vorgenommen werden. Ferner ändern sich sämtliche bereits eingetragenen Datumswerte um vier Jahre und alle bestehenden Daten müssen angepasst werden. Die Umstellung dieser Option ist daher kaum eine sichere Lösung.

In Excel für den Macintosh basiert die Zeitrechnung auf den 1904-Datumswerten. Wenn Sie dort eine Datei aus einer Windows-Version von Excel öffnen, erkennt Excel das Dateiformat und ändert automatisch die Datumseingaben. Auch der umgekehrte Weg funktioniert.

Rechnen über die Tagesgrenze hinaus

Um das Problem zu lösen, müssen Sie in der Formel also weitere Informationen angeben. Da Excel auch mit einem Datum rechnen kann, können Sie bei der Erfassung der Zeiten das Datum mit angeben. Ist der Beginn der Arbeitszeit *8.7.2006 22:00* und das Ende *9.7.2006 06:00*, ist auch die Berechnung der Differenz kein Problem. Für die Anzeige sollten Sie das Zahlenformat der Ergebniszelle allerdings mit dem Zahlenformat *h:mm* formatieren.

Eine weitere Möglichkeit besteht darin, zu prüfen, welcher der Zeitwerte der größere ist. Mit der Funktion *WENN(Prüfung;Dann_Wert;Sonst_Wert)* können Sie das etwa über die Formel

```
=WENN(A1>B1;1-(A1-B1);B1-A1)
```

erreichen oder als Text inklusive Vorzeichen mit der Formel

```
=WENN((B1-A1)>=0;B1-A1;"-"&TEXT(ABS(1+B1-A1);"hh:mm"))
```

Aller guten Dinge sind bekanntlich drei: Setzen Sie doch direkt einen booleschen Vergleich in der Form

A1>B1

ein. Das Ergebnis ist einer der Wahrheitswerte *WAHR* oder *FALSCH*. Trifft Excel in einer Berechnung auf Wahrheitswerte, werden diese in die Zahlen *1* bzw. *0* umgewandelt. Wie Sie oben gesehen haben, entspricht ein ganzer Tag dem Wert *1*. Addieren Sie also zu einer Zeit den Wert *1* (*B1* ist tatsächlich größer als *A1*), fällt das Ergebnis auf den nächsten Tag. Die Formel

```
=(A1>B1)+B1-A1
```

liefert also genau das gesuchte Ergebnis.

Zeiten aufaddieren

Ein weiteres Problem taucht bei der Addition von Zeiten auf. Scheinbar kann das Ergebnis einer Addition nicht mehr als 24 Stunden ergeben. Die Summe von *15:00 Stunden* und *12:00 Stunden* ergibt in Excel *3:00*. Hier können Sie das Problem über das Zahlenformat lösen:

1. Aktivieren Sie die Ergebniszelle und wählen Sie auf der Registerkarte *Start* in der Gruppe *Zellen* den Befehl *Format/Zellen formatieren*.
2. Wechseln Sie im daraufhin geöffneten Dialogfeld zur Registerkarte *Zahlen* und wählen Sie im Listenfeld *Kategorie* den Eintrag *Benutzerdefiniert* aus.
3. Legen Sie das Zahlenformat mit *[h]:mm* fest. Wichtig ist dabei die eckige Klammer!

Das Ergebnis wird nun in der Form *27:00* angezeigt.

Abbildg. 15.39 Beispiele zum Rechnen mit der Zeit

	A	B	C	D	E	F	G
1							
2		Rechnen mit der Zeit					
3		Start	Ende	Differenz	Zahlenformat	Formel	
4		06:30	15:30	09:00	hh:mm	=C4-B4	
5		22:00	06:00	##############	hh:mm	=C5-B5	
6		22:00	06:00	08:00	hh:mm	=WENN(B6>C6;1-(B6-C6);C6-B6)	
7		22:00	06:00	0,333333333	Standard	=WENN(B7>C7;1-(B7-C7);C7-B7)	
8		22:00	06:00	-08:00	hh:mm	=WENN((C8-B8)>=0;C8-B8;"-"&TEXT(ABS(1+C8-B8);"hh:mm"))	
9		08.07.2000 22:00	09.07.2000 06:00	00.01.1900 08:00	TT.MM.JJJJ hh:mm	=C9-B9	
10		08.07.2000 22:00	09.07.2000 06:00	08:00	hh:mm	=C10-B10	
11		22:00	06:00	08:00	hh:mm	=(B11>C11)+C11-B11	
12		Summe Zeile 4 bis 8	15:30		15:30	hh:mm	=SUMME(C4:C8)	
13		Summe Zeile 4 bis 8	39:30		39:30	[h]:mm	=SUMME(C4:C8)	
14		22:00	06:00	0,666666667	Standard	=ABS(B14-C14)	
15		22:00	06:00	16:00	[h]:mm	=ABS(B15-C15)	
16		22:00	06:00	16:00	Standard	=TEXT(ABS(B16-C16);"[h]:mm")	
17							
18		Lohnabrechnung nach Stunden					
19		Beginn	Ende	Arbeitszeit	Stundensatz		
20		07:00	13:15	06:15	45,00 €		
21		Einfache Multiplikation					
22		Arbeitszeit * Stundensatz			11,72 €		
23		Berücksichtigung des Bruchteils					
24		(Arbeitszeit * 24) * Stundensatz			281,25 €		
25							

CD-ROM Die gezeigten Beispiele finden Sie auf dem Arbeitsblatt *Zeitrechnung* in der Datei *Kap15_Datzeit.xlsx* im Ordner *\Buch\Kap15* auf der CD-ROM zu diesem Buch.

Lohnabrechnung nach Stunden vornehmen

Dass Excel die Stunden als Bruchteile eines Tags betrachtet, kann zu einem Problem führen, z. B. wenn Sie eine Lohnabrechnung nach der Zahl der geleisteten Stunden vornehmen müssen. Hat ein Arbeiter beispielsweise 6:15 Stunden gearbeitet und einen Stundenlohn von 45 €, ergibt die Multiplikation der beiden Werte zunächst rund 11,70 €. Damit dürfte der Arbeiter wohl kaum zufrieden sein.

Um das korrekte Ergebnis zu erhalten, müssen Sie die Zahl der Stunden mit 24 multiplizieren. Wenn Sie Zeit- und Datumswerte direkt in Formeln verwenden wollen, dann müssen diese in Anführungszeichen angegeben werden. Der Rechenweg für die korrekte Ermittlung des Tageslohns lautet also

```
=("6:25"*24)*45
```

In Abbildung 15.39 liefert die Formel

```
=(D20*24)*E20
```

den Wert *281,25 €*, damit sieht die Sache für den Arbeiter sicher freundlicher aus.

Zeitangaben runden

Zeitwerte sollen manchmal auch gerundet werden. Am Beginn dieses Kapitels haben Sie gesehen, wie dazu die Funktion *VRUNDEN* verwendet werden kann. Mit den richtigen Argumenten kann allerdings auch die Funktion *RUNDEN* Zeitwerte wie gewünscht runden.

Das können Sie mit der allgemeinen Formel

=RUNDEN(Uhrzeit*Genauigkeit;0)/Genauigkeit

erreichen. Für das Argument *Genauigkeit* verwenden Sie dabei einen Wert aus Tabelle 15.6.

Tabelle 15.6 Häufig verwendete Zeitwerte für das Runden von Zeitwerten

Sie wollen runden auf …	Verwenden Sie diesen Wert für das Argument *Genauigkeit*
5 Sekunden	17280
10 Sekunden	8640
15 Sekunden	5760
30 Sekunden	2880
1 Minute	1440
5 Minuten	288
10 Minuten	144
15 Minuten	96
20 Minuten	72
30 Minuten	48
1 Stunde	24
4 Stunden	6

Beispiel:

```
=RUNDEN("12:29:27"*288;0)/288
```

ergibt die Zahl 0,520833333333333. Wenn Sie diese über *Start/Format/Zellen formatieren* mit einem Zeitformat formatieren, erhalten Sie das richtige Ergebnis, nämlich 12:30:00.

Ist der gesuchte Wert nicht in dieser Tabelle? Dann berechnen Sie ihn selbst wie folgt:

1. Tragen Sie in Zelle *A1* den Wert für einen Tag, also *24:00* ein.
2. In Zelle *B1* tragen Sie den Zeitwert ein, auf den Sie runden wollen, z. B. *0:45*.
3. Berechnen Sie den gesuchten Wert in Zelle *C1* mit der Formel =A1/B1.

CD-ROM Sie finden ein Beispiel dazu auf dem Arbeitsblatt *Zeitwerte runden* in der Datei *Kap15_Datzeit.xlsx* im Ordner *\Buch\Kap15* auf der CD-ROM zu diesem Buch.

Kapitel 15 Weitere Funktionen einsetzen

Zusammenfassung

Dieses Kapitel enthält einige Beispiele für die grenzenlos anmutenden Einsatzmöglichkeiten von Funktionen. Wir hoffen, dass Ihnen dieser Querschnitt durch die Funktionen und deren Kombinationsmöglichkeiten bei der Lösung eigener Aufgaben helfen kann. Vielleicht sind Sie auch neugierig geworden und haben neue Anregungen für interessante Lösungen gefunden.

Frage	Lösung
Wie kann ich schnell alle Werte einer Tabelle runden?	Wenn Sie in den Excel-Optionen das Kontrollkästchen *Genauigkeit wie angezeigt festlegen* aktivieren, werden alle Werte gerundet. Mehr dazu auf Seite 476.
Wie kann ich mit einer Tabellenfunktion runden?	Auf Seite 477 erfahren Sie, wie Sie die Tabellenfunktion *RUNDEN* einsetzen
Wie kann ich während der Entwurfsphase die Anzeige von Fehlerwerten unterdrücken?	Auf Seite 483 erfahren Sie, wie Sie mit der *WENN*-Funktion Fehlerwerte unterdrücken können
Ich möchte aus einer großen Liste die Summe der Umsätze eines bestimmten Mitarbeiters berechnen. Wie geht das?	Ab Seite 487 finden Sie einige Beispiele zur Tabellenfunktion *SUMMEWENN*, die für diese Aufgabe eine Lösung bietet
Kann ich in einer Tabelle die doppelten Datensätze zählen?	Mit den Tabellenfunktionen *ZÄHLENWENN* und *ZÄHLENWENNS* wird dieses Problem auf Seite 489 gelöst
Wie kann ich die Spalten und Zeilen einer Tabelle tauschen?	Wollen Sie Spalten und Zeilen einer Tabelle tauschen, können Sie den Befehl Transponieren oder die Funktion *MTRANS* verwenden. Mehr dazu auf Seite 500.
Ich möchte in einer Liste nach einem Wert suchen und anschließend den Wert einer anderen Spalte der Liste ausgeben. Geht so etwas?	Das ist das klassische Einsatzgebiet der Tabellenfunktion *SVERWEIS*. Schlagen Sie nach auf Seite 507.
Wie kann ich den Inhalt einer Zelle (z. B. Postleitzahl und Wohnort) in zwei Zellen aufteilen?	Hierfür verwenden Sie die Tabellenfunktionen *LINKS*, *RECHTS* und *TEIL*. Beispiele dazu finden Sie ab Seite 521.
Kann ich berechnen, wann die Sommerzeit bzw. Winterzeit beginnt?	Das Beispiel auf Seite 532 verwendet die Funktionen *DATUM* und *WOCHENTAG*, um diese Aufgabe zu lösen
Wie kann ich die aktuelle Uhrzeit eintragen?	Excel bietet verschiedene Möglichkeiten dafür an. Sie müssen entscheiden, ob Sie eine statische Zeitangabe eintragen wollen oder ob diese bei jeder Neuberechnung aktualisiert werden soll. Schlagen Sie nach auf Seite 536.
Welche Möglichkeiten gibt es, auch die Arbeitszeiten bei Nachtschicht richtig zu berechnen?	Dazu können Sie eine kombinierte Datums- und Zeitangabe oder spezielle Rechenwege verwenden. Mehr dazu auf Seite 539.

Kapitel 16

Statistische und finanzmathematische Funktionen einsetzen

In diesem Kapitel:

Statistische Funktionen	544
Funktionen für die Häufigkeitsanalyse	552
Voraussagen mit Trendfunktionen	556
Kombinatorik	560
Finanzmathematische Funktionen einsetzen	564
Zusammenfassung	573

Kapitel 16 Statistische und finanzmathematische Funktionen einsetzen

In diesem Kapitel erwartet Sie die Beschreibung einiger statistischer und finanzmathematischer Funktionen sowie einige zur Kombinatorik. Auch hier musste eine Auswahl aus dem großen »Fundus« von Excel getroffen werden. Dabei haben wir uns an den häufigsten Aufgabenstellungen orientiert: Es soll dabei weniger der mathematische Hintergrund als vielmehr der praktische Einsatz im Vordergrund stehen.

Statistische Funktionen

Es ist leider nicht immer so einfach, große Datenmengen zu analysieren und korrekte Aussagen über das Zahlenmaterial zu machen. Excel stellt viele Funktionen zur Verfügung, die Sie bei diesem Problem unterstützen.

> **CD-ROM** Alle Beispiele zu den statistischen Funktionen finden Sie auf der CD-ROM zu diesem Buch in der Arbeitsmappe *Kap16.xlsx* im Ordner *\Buch\Kap16*.

In der oben genannten Beispieldatei finden Sie das Arbeitsblatt *HÄUFIGKEIT*. Dieses Arbeitsblatt enthält im Bereich *A2:D32* persönliche Aufzeichnungen der Wetterdaten für einen Monat (siehe Abbildung 16.1). Anhand dieser Zahlen lassen sich eine Reihe von statistischen Auswertungen durchführen.

Abbildg. 16.1 Auszug aus der Basistabelle mit den Wetterdaten eines Monats

	A	B	C	D
1	Datum	Temperatur °C	Sonnenschein h	Regen mm
2	01.03.2010	8,8	0,30	14,00
3	02.03.2010	4,7	0,30	10,00
4	03.03.2010	4,7	3,60	1,00
5	04.03.2010	8,0	3,60	2,00
6	05.03.2010	4,1	4,70	0,00
7	06.03.2010	2,7	9,00	0,00
8	07.03.2010	5,6	10,50	0,00
9	08.03.2010	7,8	10,30	0,10
10	09.03.2010	11,1	1,20	9,00
11	10.03.2010	12,9	2,10	0,00
12	11.03.2010	11,3	0,40	7,30

Das arithmetische Mittel berechnen

Das *arithmetische Mittel* (oft auch *Durchschnitt*) ist der bekannteste Mittelwert und hat damit auch die größte Akzeptanz unter den Nichtstatistikern. Er ist einfach zu berechnen und beruht auf allen Werten. Das arithmetische Mittel kann bestimmt werden, wenn die Summe und die Anzahl der Daten bekannt sind. Arithmetische Mittel verschiedener Datenreihen können miteinander verbunden werden, um das arithmetische Mittel der vollständigen Datengruppe zu ermitteln.

In Excel berechnen Sie diesen Wert mit der Funktion *MITTELWERT*. Die Syntax lautet:

MITTELWERT(Zahl1;Zahl2; ...)

Statistische Funktionen

> **HINWEIS** Bitte beachten Sie, dass Excel leere Zellen anders behandelt als Zahlen mit dem Wert *0*. Leere Zellen werden bei der Berechnung ignoriert, während der Wert *0* mitgerechnet wird. Dies kann zu Problemen führen, wenn Sie im Dialogfeld *Excel-Optionen* in der Kategorie *Erweitert* unter *Optionen für dieses Arbeitsblatt anzeigen* das Kontrollkästchen *In Zellen mit Nullwert eine Null anzeigen* deaktiviert haben. Dann sehen Sie den Unterschied im Excel-Arbeitsblatt nicht mehr.

Besondere Aufgabe: Mittelwert ohne Null

Wie können Sie den Mittelwert der Zahlen 0, 1, 2 berechnen ohne dabei den Wert *0* zu berücksichtigen?

Wenn die Werte im Bereich *A1:A3* eingetragen wurden, erhalten Sie mit der Matrixformel

```
=MITTELWERT(A1:A3)
```

als Mittelwert die Zahl *1*. Diese Zahl berechnet sich aus der Summe der Zahlen (3) geteilt durch die Anzahl der Zahlen (3). Die Null wird also bei der Berechnung berücksichtigt.

Tragen Sie dagegen die Formel

```
=MITTELWERT(WENN(A1:A3<>0;A1:A3))
```

ein und schließen die Eingabe (wie für Matrixformeln üblich) mit der Tastenkombination `Strg`+`⇧`+`↵` ab, wird als Ergebnis die Zahl 1,5 angezeigt. Die Null wird also nicht berücksichtigt.

Das gestutzte Mittel

Üblicherweise werden für die Berechnung eines Mittelwerts alle Werte einer Datenreihe herangezogen. Es ist allerdings auch denkbar, dass Sie die Randbereiche ausblenden wollen. Etwa um ein Mittel ohne »Ausreißer« berechnen zu können. Sie erhalten damit ein *gestutztes Mittel*. Die entsprechende Tabellenfunktion hat in Excel die Syntax:

GESTUTZTMITTEL(Matrix;Prozent)

Das Ergebnis ist ein Mittelwert einer Teildatenmenge, die dadurch entsteht, dass entsprechend des jeweils angegebenen Prozentsatzes die kleinsten und größten Werte der ursprünglichen Datenpunkte ausgeschlossen werden.

Beispiel: Mit dem Argument *Prozent = 0,2* wird eine Datenmenge um *20 %* verringert. Wenn Sie 20 Datenpunkte untersuchen, werden die zwei größten sowie die zwei kleinsten Werte der Datenreihe für die Berechnung außer Acht gelassen. Mit dem Argument *Prozent = 0,25* werden ebenfalls vier Datenpunkte ausgeschlossen, weil 25 % von 20 eine ungerade Zahl (5) ergibt, die auf das nächst kleinere Vielfache von 2 abgerundet wird.

Das gewogene arithmetische Mittel

Eine Alternative zum »gewöhnlichen« arithmetischen Mittel mit zahlreichen Anwendungen, etwa bei Preis- und Aktienindizes, ist das *gewogene* oder *gewichtete arithmetische Mittel*. Es unterscheidet sich vom ungewogenen arithmetischen Mittel durch die freie Wahl der Faktoren oder »Gewichte« $g_1 \ldots g_n$

Kapitel 16 Statistische und finanzmathematische Funktionen einsetzen

vor den Werten *x1* ... *xn*. Beim gewöhnlichen arithmetischen Mittel haben alle diese Gewichte den gleichen Wert *1/n*. Beim gewogenen arithmetischen Mittel können die Gewichte verschieden sein.

Nehmen wir an, fünf Mitglieder einer Familie kaufen Milch. Jedes Familienmitglied kauft eine unterschiedliche Menge an Flaschen zu einem unterschiedlichen Preis. Wie stellt sich das gewogene arithmetische Mittel des Preises im Vergleich zum arithmetischen Mittel dar?

Das gewogene arithmetische Mittel wird aus der Summe der Werte und der Summe der Gewichtungsfaktoren durch Division ermittelt. Das Maß für die Gewichtung ist in der Tabelle in Spalte *C* (Einheiten) eingetragen und die Summe wird in Zelle *C11* berechnet (Abbildung 16.2). Die Summe der einzelnen Rechnungsbeträge steht in Zelle *E11*. Die Formel, mit der das gewichtete Mittel in Zelle *D13* berechnet wird, lautet in unserem Fall:

```
=RUNDEN($E$11/$C$11;2)
```

Abbildg. 16.2   Die Berechnung verschiedener Mittelwerte und Einsatz der Tabellenfunktion *RANG*

	A	B	C	D	E	F	G	H
1								
2		Gewogenes arithmetisches Mittel						
3								
4		Käufer	Einheiten	Einzelpreis	Gesamt		Rang	
5		Mutter	5	0,89 €	4,45 €	4	RANG.GLEICH($D5;$D$5:$D$9)	
6		Vater	3	0,91 €	2,73 €	2	RANG.GLEICH($D6;$D$5:$D$9)	
7		Kind	1	0,91 €	0,91 €	2	RANG.GLEICH($D7;$D$5:$D$9)	
8		Oma	4	0,92 €	3,68 €	1	RANG.GLEICH($D8;$D$5:$D$9)	
9		Onkel	10	0,85 €	8,50 €	5	RANG.GLEICH($D9;$D$5:$D$9)	
10								
11		Summe	23		20,27 €			
12		Formel	SUMME($C$5:$C$9)		SUMME($E$5:$E$9)			
13		gewogenes Mittel		0,88 €				
14		Formel		RUNDEN($E$11/$C$11;2)				
15		Mittelwert		0,90 €				
16		Formel		RUNDEN(MITTELWERT($D$5:$D$9);2)				
17		Differenz		0,02 €				
18		Formel		ABS($D$13-$D$15)				
19								

Der Median

Im Unterschied zum arithmetischen Mittel basiert der *Median* (oder *Zentralwert*) ausschließlich auf den Häufigkeiten. Der Median gibt den mittleren Wert aus einer Datenmenge an. Um den Median manuell zu ermitteln, werden die Daten zunächst sortiert. Der Wert in der Mitte der Daten ist der Median. Gibt es keine eindeutige Mitte, was bei gerader Anzahl an Elementen der Fall ist, wird der Median über das arithmetische Mittel der beiden mittleren Werte berechnet.

Im Unterschied zum arithmetischen Mittel ist der Median nicht »ausreißerabhängig«. Daraus folgt, dass der Median immer dann zweckdienlich ist, wenn die Werte an den Rändern von geringer Bedeutung sind.

Stellen Sie sich eine Zahlenreihe vor, z.b. 1, 2, 4, 5, 500. Der Median dieser Zahlenreihe ist 4, weil dies der 3. und damit mittlere Wert in dieser Reihe von fünf Zahlen ist. Unabhängig davon, was Sie an den Werten, die kleiner bzw. größer als 4 sind, ändern, bleibt der Zentralwert gleich.

Der Median lässt sich in Excel mit der folgenden Funktion berechnen:

MEDIAN(Zahl1; Zahl2; ...)

Der Modalwert

Neben der Gesamtzahl aller Fälle interessiert aber auch, welches der am häufigsten auftretende Wert ist. Die Tabellenfunktion MODALWERT liefert den häufigsten Wert einer Gruppe von Zahlen und hat die Syntax

MODALWERT (Zahl1;Zahl2;...) Funktionskategorie *Kompatibilität*

Diese Funktion liefert den Wert, der innerhalb einer Datengruppe am häufigsten vorkommt. Enthält die jeweilige Datengruppe keine mehrfach vorkommenden Werte, liefert MODALWERT den Fehlerwert #NV.

Neue Funktionen in Excel 2010

In Excel 2010 wurde die Genauigkeit zahlreicher Funktionen verbessert. Eine Reihe neuer, insbesondere statistischer Funktionen, wurde hinzugefügt. Diese Funktionen verwenden ein neues Namensschema, das den Verwendungszweck für den Benutzer besser wiedergeben soll. Die durch neue Funktionen ersetzten Funktionen (z. B. RANG, QUANTIL, VARIANZ usw.) sind weiterhin verfügbar und wurden in der neuen Funktionskategorie *Kompatibilität* zusammengefasst. Wenn Sie Arbeitsmappen im Kompatibilitätsmodus (Excel 2003 und früher) verwenden wollen oder Arbeitsmappen auch mit Excel 2007 bearbeitet werden sollen, verwenden Sie weiterhin die Funktionen aus dieser Kategorie, ansonsten setzen Sie die neuen Funktionen ein. Die neuen Funktionen liefern in früheren Excel-Versionen den Fehlerwert *#Name?*.

Abbildg. 16.3 Die AutoVervollständigen-Formel zeigt Funktionen der Kategorie *Kompatibilität* am Ende der Liste und mit einem eigenen Symbol an

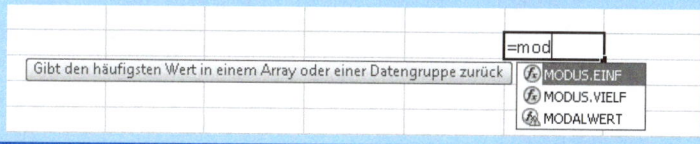

Auch für den Modalwert wurden zwei Funktionen hinzugefügt

=MODUS.EINF(Zahl1;Zahl2;...)

=MODUS.VIELF(Zahl1;Zahl2;...)

Während die erste dieser Funktionen wie die Funktion MODALWERT eingesetzt werden kann, ist es mit der zweiten Funktion möglich, eine Reihe von Ergebnissen zu ermitteln. Dazu wird diese Funktion als Matrixfunktion mit der Tastenkombination [Strg]+[⇧]+[↵] abgeschlossen. Das Ergebnis ist ein vertikales Array mit den am häufigsten vorkommenden Werten. Die Umwandlung in ein horizontales Array erledigen Sie auch hier mit der Funktion MTRANS, zu der Sie in Kapitel 15 ein weiteres Beispiel finden:

=MTRANS(MODUS.VIELF(Zahl1;Zahl2;...))

Kapitel 16 Statistische und finanzmathematische Funktionen einsetzen

Abbildg. 16.4 Berechnung einiger Parameter. Beachten Sie, dass *MODUS.VIELF* mehrere Werte liefert.

E	F	G	H	I	J
	Parameter	Temperatur °C	Sonnenschein h	Regen mm	
	Minimum	2,7	0,1	0,0	
	Maximum	14,4	11,1	14,0	
	Mittelwert	8,0	4,2	2,7	
	Mittelwert ohne 0	8,0	4,2	4,6	
	Gestutztes Mittel	7,948	3,944	1,928	
	Modalwert	4,7	3,6	0	
	MODUS.EINF	4,7	3,6	0	
	MODUS.VIELF	4,7	3,6	0	
		4,1	2,1	0	
		5,6	#NV	0	
	Median	7,9	3,2	0,1	
	Spannweite	11,7	11,0	14,0	
	Varianz	8,1365	14,3289	14,2070	
	Standardabweichung	2,85	3,79	3,77	
	KKLEINSTE(Matrix;k)				
	1	2,70	0,10	0,00	
	2	4,10	0,10	0,00	
	3	4,10	0,30	0,00	
	KGRÖSSTE(Matrix;k)				
	1	14,40	11,10	14,00	
	2	12,90	11,00	10,00	
	3	12,20	10,50	10,00	

Streumaße berechnen

Je mehr die einzelnen Merkmalswerte von dem Mittelwert abweichen, desto weniger repräsentativ ist der Mittelwert. Im Mittelwert wird nicht ausgedrückt, in welchem Ausmaß die Variablen vom Mittelwert abweichen. Deshalb stellt ein Mittelwert allein oft eine ungenügende Charakterisierung des Datenmaterials dar.

Die Spannweite

Eine weitere Information bietet die sogenannte *Streuung*. Darunter versteht man die Ausdehnung des Wertebereichs und die Verteilung der Häufigkeiten über diesen Bereich. Je kleiner die Streuung ist, je näher sich die Variablen um den Mittelwert gruppieren, desto repräsentativer ist der Mittelwert.

Bei unterschiedlichen Werten weisen die Reihen den gleichen Mittelwert auf. Erst wenn Sie die Minimum- und Maximumwerte vergleichen, sehen Sie, dass die Daten anders zu bewerten sind. Als Maß dazu dient die Spannweite.

Das folgende Beispiel in Tabelle 16.1 verdeutlicht dies.

Tabelle 16.1 Unterschiedliche Spannweite bei gleichem Mittelwert

Zahlenreihe	Min	Max	Mittelwert	Spannweite
2;5;20;22;31	2	31	16	29
12;15;17;17;19	12	19	16	7

Die Standardabweichung

Das wichtigste Streumaß ist die *Standardabweichung* oder *mittlere Abweichung*. Auch sie beschreibt die Abweichung der Werte vom Mittelwert. Allerdings wird für die Berechnung nicht die Differenz der Werte vom Mittelwert verwendet, sondern das Quadrat der Differenz. Die Standardabweichung ist die Quadratwurzel aus dem arithmetischen Mittel der quadrierten Abweichungen der Werte vom arithmetischen Mittel.

Für die Berechnung der Standardabweichung liegen in Excel mehrere Varianten vor. Je nachdem, ob die Daten einer Grundgesamtheit oder einer Stichprobe entstammen, verwenden Sie eine der beiden nachstehenden Tabellenfunktionen:

STABWN(Zahl1;Zahl2;…) Funktionskategorie *Kompatibilität*

STABW(Zahl1;Zahl2;...) Funktionskategorie *Kompatibilität*

STABW.N(Zahl1;Zahl2;...) Funktionskategorie *Statistik*

STABW.S(Zahl1;Zahl2;...) Funktionskategorie *Statistik*

Sowohl die Funktion *STABWN* als auch die neue Funktion *STABW.N* errechnen die Standardabweichung ausgehend von der Grundgesamtheit. Die Funktion *STABW* bzw. *STABW.S* geht davon aus, dass die übergebenen Argumente einer Stichprobe entnommen wurden.

Mit dem Ergebnis dieser Funktion erhalten Sie ein Maß dafür, wie sehr die jeweiligen Werte um den Mittelwert (Durchschnitt) streuen.

Es gibt außerdem eine spezielle Variante für die Auswertung von Datenbankbereichen mit der Syntax:

DBSTDABW(Datenbank;Feld;Suchkriterien)

Mehr zu den Datenbankfunktionen, mit denen Sie komplexe Bedingungen für die Auswertung von Daten festlegen können, finden Sie in Kapitel 22.

Varianz

Die *Varianz* beschreibt die Abweichung der Werte vom arithmetischen Mittelwert. Da die Summe der Abweichungen vom Mittelwert mathematisch Null ist, verwendet man die quadratische Abweichung. Dadurch erreicht man, dass weiter vom Mittelwert entfernt liegende Werte stärker berücksichtigt werden.

Auch eine Tabellenfunktion für die Berechnung der Varianz liegt in Excel in mehreren Varianten vor. Untersuchen Sie die Daten einer Stichprobe, verwenden Sie die Syntax:

VARIANZ(Zahl1;Zahl2;…) Funktionskategorie *Kompatibilität*

VARIANZA(Wert1;Wert2;...) Funktionskategorie *Statistik*

VAR.S

Soll die Varianz einer Grundgesamtheit berechnet werden, ziehen Sie diese Syntax heran:

VARIANZEN(Zahl1;Zahl2;…) Funktionskategorie *Kompatibilität*

VARIANZENA(Wert1;Wert2;...) Funktionskategorie *Statistik*

VAR.P(Zahl1;Zahl2;...)

> **HINWEIS** Die Tabellenfunktionen unterscheiden sich in der Art und Weise, wie Argumente ausgewertet werden, die als logische Werte (*WAHR* und *FALSCH*) sowie Texte übergeben werden. Beachten Sie dazu die Hinweise in der QuickInfo beim Eingeben bzw. der Hilfe zur jeweiligen Funktion.

Auch hier gibt es wieder eine speziellen Form für die Auswertung von Datenbanken:

DBVARIANZ(*Datenbank;Feld;Suchkriterien*) Funktionskategorie *Datenbank*

DBVARIANZEN(*Datenbank;Feld;Suchkriterien*) Funktionskategorie *Datenbank*

Mehr zum Thema Datenbankfunktionen finden Sie in Kapitel 22.

RANG-Funktion

Für die Rangberechnung stehen verschiedene Funktionen mit folgender Syntax zur Verfügung:

RANG(*Zahl;Bezug;[Reihenfolge]*) Funktionskategorie *Kompatibilität*

RANG.GLEICH(*Zahl;Bezug;[Reihenfolge]*) Funktionskategorie *Statistik*

RANG.MITTELW(*Zahl;Bezug;[Reihenfolge]*) Funktionskategorie *Statistik*

Mit diesen Funktionen ermitteln Sie, welchen Platz eine Zahl innerhalb einer (sortierten) Liste einnimmt. Dabei geben die Funktionen *RANG* und *RANG.GLEICH* die gleiche Rangzahl für zwei gleiche Zahlen zurück. Dadurch fällt die Rangzahl, die durch die Doppelbelegung gefolgt wäre, aus. In Abbildung 16.2 auf Seite 546 belegen Vater und Kind jeweils den zweiten Rang. Dadurch entfällt der Rang drei. Der nächst höhere Wert bekleidet bereits Rang vier.

Dagegen gibt die Funktion *RANG.MITTELW* für gleiche Werte die durchschnittliche Rangzahl zurück.

Die Funktionen benötigen drei Parameter:

- Das Argument *Zahl* ist eine Zahl oder ein Zellbezug bzw. Name, deren Rang Sie innerhalb von *Bezug* bestimmen wollen
- Mit dem Argument *Bezug* übergeben Sie eine Zellreferenz oder einen Namen
- Mit dem Argument *Reihenfolge* legen Sie fest, wie der Rang bestimmt werden soll. Ist das Argument *Reihenfolge* mit *0* (Null) belegt, wird der Rang so bestimmt, dass der höchste Wert den Platz *1* einnimmt. Andernfalls wird der Rang so bestimmt, dass der niedrigste Wert den Platz *1* einnimmt.

Wie Sie den Rang ohne Doppelbelegung berechnen können, zeigt das nachfolgende Beispiel.

Rang ohne doppelte Werte

Die Funktion RANG.GLEICH(*Zahl;Bezug;[Reihenfolge]*) gibt die Position von *Zahl* innerhalb von *Bezug* wieder. Dabei erhalten gleiche Werte auch den gleichen Rang (siehe Abbildung 16.5). Vielleicht wollen Sie den Rang ohne Lücken ermitteln und jeden Platz nur einmal vergeben? Mit einer Matrixfunktion ist auch das möglich.

Den Rang der Zahl in *C4* ermitteln Sie in Zelle *D4* mit der Formel

Statistische Funktionen

```
=RANG.GLEICH(C4;$C$4:$C$21)
```

Kopieren Sie diese Formel nach unten, erhalten Sie für alle Mannschaften den Rang auf der Grundlage der Punktzahl. Dabei fallen die doppelten Werte in den Zellen *D8* und *D14* bzw. *D13* und *D21* auf. Im Beispiel wurden diese durch eine bedingte Formatierung hervorgehoben. Mehr zur bedingten Formatierung finden Sie in Kapitel 12.

Um den Rang ohne doppelten Rang zu ermitteln, tragen Sie in Zelle *F4* die folgende Matrixformel ein:

```
=SUMME(1*(C4<C$4:C$21))+1+WENN(ZEILE(C4)-
ZEILE($C$4)=0;0;SUMME(1*(C4=BEREICH.VERSCHIEBEN($C$4;0;0;INDEX(ZEILE(C4)-ZEILE($C$4)+1;1)-
1;1))))
```

Denken Sie daran, dass Matrixformeln mit der Tastenkombination [Strg]+[⇧]+[↵] abgeschlossen werden müssen. Kopieren Sie anschließend die Formel nach unten bis zur Zelle *F21*.

HINWEIS Beachten Sie bei dieser Lösung, dass die Sortierung Einfluss auf den Rang hat. Bei gleicher Punktzahl erhält derjenige Eintrag den ersten Rang, der als Erster in der Liste steht.

Abbildg. 16.5 Mit einer Matrixfunktion können Sie eine Rangberechnung ohne Doppelbelegung durchführen

	A	B	C	D	E	F	G	H	I	J
1										
2		Welchen Rang hat eine Zahl in einer Gruppe?								
3		Mannschaft	Punkte	RANG mit Duplikaten	Formel	RANG ohne Duplikate	J. Schwenk: Matrix-Formel (Tastenkombination Strg+Umschalt+Eingabe) =SUMME(1*(C4<C$4:C$21))+1+WENN(ZEILE(C4)-ZEILE($C$4)=0;0;SUMME(1*(C4=BEREICH.VERSCHIEBEN ($C$4;0;0;INDEX(ZEILE(C4)-ZEILE($C$4)+1;1)-1;1))))			
4		Bayern München	47	7	=RANG.GLEICH(C4;$C$4:$C$21)	7				
5		Bremen	43	9	=RANG.GLEICH(C5;$C$4:$C$21)	9				
6		Dortmund	22	18	=RANG.GLEICH(C6;$C$4:$C$21)	18				
7		Frankfurt	39	12	=RANG.GLEICH(C7;$C$4:$C$21)	12				
8		Freiburg	54	2	=RANG.GLEICH(C8;$C$4:$C$21)	2				
9		Hamburg	45	8	=RANG.GLEICH(C9;$C$4:$C$21)	8				
10		Hannover	57	1	=RANG.GLEICH(C10;$C$4:$C$21)	1				
11		Hoffenheim	41	11	=RANG.GLEICH(C11;$C$4:$C$21)	11				
12		Kaiserslautern	36	13	=RANG.GLEICH(C12;$C$4:$C$21)	13				
13		Köln	53	4	=RANG.GLEICH(C13;$C$4:$C$21)	4				
14		Leverkusen	54	2	=RANG.GLEICH(C14;$C$4:$C$21)	3				
15		Mainz	42	10	=RANG.GLEICH(C15;$C$4:$C$21)	10				
16		M'gladbach	33	15	=RANG.GLEICH(C16;$C$4:$C$21)	15				
17		Nürnberg	48	6	=RANG.GLEICH(C17;$C$4:$C$21)	6				
18		Schalke	35	14	=RANG.GLEICH(C18;$C$4:$C$21)	14				
19		St. Pauli	32	16	=RANG.GLEICH(C19;$C$4:$C$21)	16				
20		Stuttgart	31	17	=RANG.GLEICH(C20;$C$4:$C$21)	17				
21		Wolfsburg	53	4	=RANG.GLEICH(C21;$C$4:$C$21)	5				
22										

CD-ROM Dieses Beispiel finden Sie auf der CD-ROM zu diesem Buch im Ordner *\Buch\Kap16* auf dem Arbeitsblatt *RANG* der Datei *Kap16.xlsx*.

KGRÖSSTE- und KKLEINSTE-Funktion

Syntax: *KGRÖSSTE(Matrix;k)* und *KKLEINSTE(Matrix;k)*

Die Funktionen liefern entweder den *k-größten* oder *k-kleinsten* Wert eines Bereichs. Durch diese Funktion können Sie – im Verhältnis zum angegebenen Bereich – die relative Größe der Zahlenwerte ermitteln.

Nehmen wir an, Sie möchten den größten, zweitgrößten oder drittgrößten Wert einer Zahlenreihe feststellen. Hier die Schritte dazu:

1. Geben Sie in Ihre Tabelle die Funktion =KGRÖSSTE(ein.
2. Setzen Sie für das Argument *Matrix* den Zellbereich ein, der Ihre Zahlenreihe enthält, z. B. B2:B32.
3. Übergeben Sie mit dem Argument *k*, welchen Rang der gesuchte Wert einnehmen soll. Wenn Sie den drittgrößten Wert suchen, geben Sie *3* an.
4. Denken Sie nach der Eingabe der Funktion an die schließende Klammer!

Ebenso funktioniert *KKLEINSTE*. Hier wird der niedrigste Wert angezeigt, wenn Sie für das Argument *k* den Wert *1* eingeben; bei *2* der zweitniedrigste Wert usw. Ein Beispiel hierzu zeigt die Abbildung 16.4 auf Seite 548.

Sollte in einem Bereich (*Matrix*) ein Wert doppelt enthalten sein, führt das zur doppelten Benennung dieses Werts.

Nehmen wir an, in einer Matrix sind folgende Werte enthalten: *7, 6, 5, 5, 4, 3*. In diesem Fall wird der Wert *5* sowohl als drittgrößter als auch viertgrößter Wert ausgegeben.

Für beide Funktionen gilt, dass Sie einen Fehlerwert liefern, wenn Matrix einen Fehler enthält. Mit der neuen Tabellenfunktion *AGGREGAT(Funktion;Optionen;Array;k)* können Sie *KKLEINSTE (Funktion*=15) und *KGRÖSSTE (Funktion*=14) berechnen und dabei Fehlerwerte ignorieren. Beispiele zu dieser Funktion finden Sie in den Kapiteln 12 und 22.

Funktionen für die Häufigkeitsanalyse

Wenn Sie mit größeren Datenbeständen arbeiten, sind Sie vielleicht daran interessiert, einige wenige, für die Problemstellung informative Größen zu ermitteln, um so eine Aussage über alle Daten machen zu können. Wie kann man schnell einen ersten Überblick über die Daten erhalten?

Die Anzahl aller Werte ermitteln

Zunächst gilt es festzustellen, wie viele Datensätze vorliegen. Für das Auszählen eines Datenbereichs stellt Excel verschiedene Tabellenfunktionen zur Verfügung. Um die gesamte Anzahl aller Einträge eines Bereichs zu ermitteln, verwenden Sie, wenn es sich um Zahlenwerte handelt, die Funktion

ANZAHL(Wert1;[Wert2];[...])

Wenn es sich dagegen um beliebige Einträge handelt, nehmen Sie die Funktion

ANZAHL2(Wert1;[Wert2];[...])

Wert1, Wert2, ... sind dabei bis zu 30 Argumente. Ein Wert kann eine beliebige Art von Information, auch leerer Text (""), sein. Leere Zellen werden jedoch nicht berücksichtigt. Die Funktion ANZAHL2 berücksichtigt dagegen auch Wahrheitswerte, Text und Fehlerwerte.

Wenn Sie feststellen wollen, ob in einem Bereich Zellen ohne Werte enthalten sind, können Sie für diese Aufgabe die Funktion

ANZAHLLEEREZELLEN(Bereich)

verwenden.

Weitere Funktionen zum Auszählen von Bereichen finden Sie in Kapitel 15.

Einteilung in Klassen

Um eine Reduktion von quantitativen Daten zu erreichen, wendet der Statistiker die Methode der *Häufigkeitsverteilung* an. Dabei werden die Daten in Klassen eingeteilt. Jeder einzelne Fall wird in genau einer Klasse gezählt. Die grafische Darstellung erfolgt in der Regel in einem Histogramm.

Für die Einteilung in Klassen ist es hilfreich, wenn Sie den kleinsten und größten Wert der Datenreihe kennen. Diese Werte ermitteln Sie mit der Tabellenfunktion *MIN(Zahl1;Zahl2;...)* bzw. *MAX(Zahl1;Zahl2;...)*. Auch der oben beschriebene häufigste Wert gibt Ihnen einen Anhaltspunkt für die Klasseneinteilung.

Häufigkeitsverteilung mit einer Tabellenfunktion berechnen

Schauen wir uns das an einem Beispiel an: Sie erfassen Ihre ganz persönlichen Wetterdaten in einer Tabelle (siehe Abbildung 16.1 auf Seite 544). Nun interessiert es Sie, wie sich die Temperaturen auf verschiedene Klassen verteilen.

CD-ROM Das Beispiel finden Sie auf dem Arbeitsblatt *HÄUFIGKEIT* der Datei *Kap16.xlsx* im Ordner *\Buch\Kap16* auf der CD-ROM zu diesem Buch.

Wenn Sie die Daten in wenige Klassen einteilen wollen, können Sie dies prinzipiell auch mit einer verschachtelten *WENN*-Funktion erledigen. Einfacher geht es allerdings mit der Funktion

HÄUFIGKEIT(Daten;Klassen)

Diese Tabellenfunktion führt die Auszählung numerischer Daten für die angegebenen Intervalle durch. Leere Zellen und Text werden ignoriert.

- Das Argument *Daten* entspricht einer Matrix oder einem Bezug auf eine Wertemenge, deren Häufigkeiten Sie zählen möchten. Enthält *Daten* keine Werte (Zahlen), liefert *HÄUFIGKEIT* eine mit Nullen belegte Matrix.
- Das Argument *Klassen* enthält die Intervallgrenzen. Sie werden als Matrix oder Bezug eingegebenen und enthalten die Daten, nach denen Sie die Werte einordnen möchten. Die Klassen müssen in aufsteigender Reihenfolge vorliegen. Für den Fall, dass *Klassen* keine Werte enthält, liefert *HÄUFIGKEIT* die Anzahl der zu *Daten* gehörenden Elemente.

Gehen Sie folgendermaßen vor, um eine Häufigkeitsauszählung der in Abbildung 16.1 auf Seite 544 gezeigten Daten durchzuführen:

1. Markieren Sie den Bereich *M2:M6*.
2. Tragen Sie die folgende Formel ein:

```
=HÄUFIGKEIT(B2:B32;L2:L5)
```

Bestätigen Sie die Eingabe mit der Tastenkombination `Strg`+`⇧`+`↵`, da es sich bei der Funktion *HÄUFIGKEIT* um eine Arrayfunktion (Matrix) handelt. Die Formel steht nun in geschweiften Klammern.

WICHTIG Beachten Sie, dass der Bereich für die Eingabe der Formel **eine Zelle** mehr umfassen muss, als die Anzahl der Klassen (siehe Abbildung 16.6). Die Werte für die Klassen stellen die **oberen Grenzwerte** für die Auszählung dar, eine Klasse enthält also alle Werte bis **einschließlich** der Klassenobergrenze. In die Klasse mit der Obergrenze *0* werden auch negative Werte gezählt. In der letzten Zeile werden die Werte **oberhalb** der letzten Klasse gezählt.

Abbildg. 16.6 Auswertung nach Klassen mit der Tabellenfunktion *HÄUFIGKEIT*

	K	L	M	N	O
		Klassen Temperatur	Anzahl Elemente		
		0	0		
		5	5		
Klassen		10	18		Formelbereich
		15	8		
		größer 15	0		

Sie erhalten damit eine dynamische Häufigkeitsverteilung; das Ergebnis ist also auch dann korrekt, wenn sich die Daten im Quellbereich ändern. Ebenso können Sie unterschiedliche Klassen ausprobieren, um die Auswirkung auf die Anzahl zu testen.

HINWEIS Beachten Sie, dass in allen Zellen dieselbe Formel eingetragen wurde. Die Matrixfunktion *HÄUFIGKEIT* gibt also nicht nur einen, sondern eine Reihe von Werten zurück, und zwar genau einen mehr als die Anzahl der verwendeten Klassen.

Wie Sie die Größe einer Matrix ändern, erfahren Sie in Kapitel 15. Wie Sie nicht-numerische Daten mit Datentabellen auszählen können, zeigt das Kapitel 25.

Ein Histogramm erstellen

Mithilfe einer Analysefunktion können Sie sehr schnell und bequem eine Häufigkeitsverteilung ermitteln. Damit diese Funktion zur Verfügung steht, muss das Add-In *Analyse-Funktionen* eingebunden sein.

Hier die Schritte, um ein Add-In einzubinden:

1. Wählen Sie in der Registerkarte *Datei* den Befehl *Optionen*.

2. Im Dialogfeld *Excel-Optionen* wechseln Sie in die Kategorie *Add-Ins*.
3. Stellen Sie im Listenfeld *Verwalten* den Eintrag *Excel-Add-Ins* ein und klicken Sie auf die Schaltfläche *Gehe zu*.
4. Aktivieren Sie im Dialogfeld *Add-Ins* das Kontrollkästchen *Analyse-Funktionen*.
5. Schließen Sie das Dialogfeld mit einem Klick auf *OK*.

Mehr zum Thema Add-Ins finden Sie in Kapitel 26.

CD-ROM Das fertige Beispiel können Sie auf dem Arbeitsblatt *Histogramm* in der Datei *Kap16.xlsx* im Ordner *\Buch\Kap16* auf der CD-ROM zu diesem Buch finden. Um die Schritte selbst nachzuvollziehen, verwenden Sie das Arbeitsblatt *HÄUFIGKEIT*.

Die Abbildung 16.1 auf Seite 544 zeigt, wie die Daten organisiert sind. Im Bereich *B2:B32* sind die Temperaturen eingetragen und im Bereich *L2:L5* stehen die Klassen, die für die Auswertung verwendet werden sollen. Führen Sie jetzt die folgenden Schritte durch, um eine Häufigkeitsverteilung sowie ein Histogramm zu erstellen:

1. Wählen Sie auf der Registerkarte *Daten* in der Gruppe *Analyse* den Befehl *Datenanalyse*.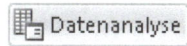
2. Wählen Sie im Dialogfeld *Analyse-Funktionen* den Eintrag *Histogramm* und bestätigen Sie mit *OK*.
3. Aktivieren Sie im Dialogfeld *Histogramm* das Eingabefeld *Eingabebereich* und markieren Sie für den Eingabebereich die Zellen *B2:B32*.
4. Wechseln Sie dann in das Eingabefeld *Klassenbereich* und markieren Sie für den *Klassenbereich* den Bereich *L2:L5*. Wenn Sie keinen Klassenbereich angeben, ermittelt Excel die Klassen selbst. Die Klassen werden dann gleichmäßig zwischen dem niedrigsten und höchsten Wert verteilt.
5. Aktivieren Sie die Kontrollkästchen *Kumulierte Häufigkeit* und *Diagrammdarstellung*.
6. Für den *Ausgabebereich* markieren Sie das Optionsfeld *Neues Tabellenblatt*. Sie können für das neue Blatt auch gleich einen Namen, z. B. »Histogramm«, eintragen. Die Abbildung 16.7 zeigt die Einstellungen.
7. Bestätigen Sie die Eingaben mit Klick auf *OK*.

Abbildg. 16.7 Die Einstellungen im Dialogfeld *Histogramm*

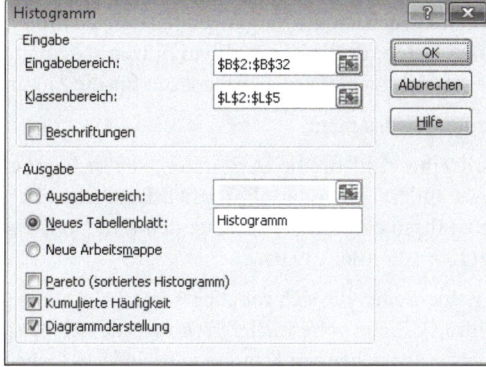

Kapitel 16 Statistische und finanzmathematische Funktionen einsetzen

> **WICHTIG** Wenn das Kontrollkästchen *Beschriftungen* markiert ist, verkleinert Excel den Eingabebereich um eine Zeile. Wenn Sie den Eingabebereich zusammen mit der Überschrift markieren, müssen Sie das Kontrollkästchen *Beschriftungen* aktivieren, um den richtigen Bereich auszuwerten!

Excel legt ein neues Tabellenblatt mit dem Ergebnis der Berechnung und einem Diagramm an (Abbildung 16.8).

Abbildg. 16.8 Der fertige Analysebericht

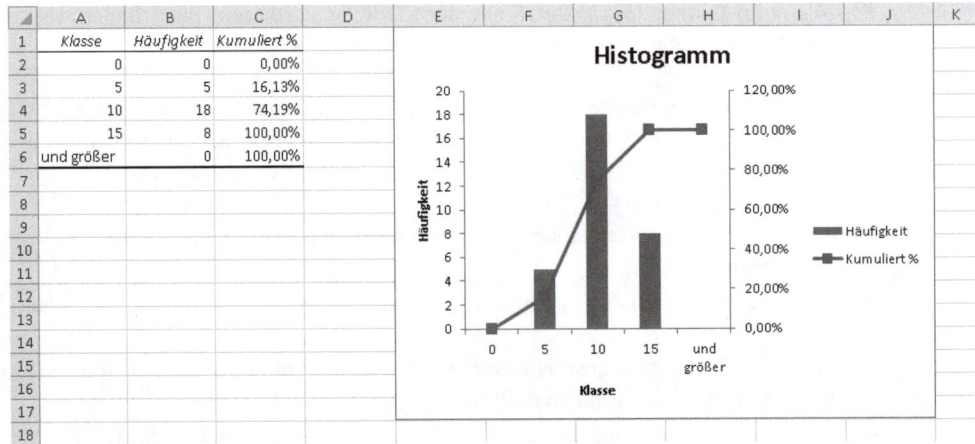

Informationen zum Formatieren eines Diagramms liefert das Kapitel 17.

> **HINWEIS** Mit der Analysefunktion *Histogramm* kann sehr schnell ein Analysebericht erstellt werden. Allerdings sind die Ergebnisse *nicht* dynamisch und müssen daher bei Änderungen der Ursprungsdaten neu berechnet werden.

Voraussagen mit Trendfunktionen

Mit den bisher vorgestellten Funktionen lassen sich die Vergangenheitswerte schon recht gut analysieren. Wie lassen sich die vorhandenen Daten für die Vorausschau nutzen? Niemanden würde »der Schnee von gestern« interessieren, ließen sich nicht damit Voraussagen für die Zukunft machen.

Excel unterscheidet zwischen zwei Prognosevarianten:

- Unter einem *linearen Trend* wird eine Zahlenreihe verstanden, die sich möglichst konstant immer um den gleichen Betrag verändert (zu- oder abnimmt). Beispielsweise würde sich ein linearer Trend ergeben, wenn Sie zu Ihren einhundert bestehenden Kunden je Periode drei neue Kunden hinzugewinnen würden (100; 103; 106; 109 usw.).

- Ein *exponentieller Trend* ist eine Zahlenreihe, die sich möglichst immer um den gleichen Multiplikator verändert (zu- oder abnimmt). Ein exponentieller Trend würde sich beispielsweise dann ergeben, wenn Sie zu Ihren einhundert bestehenden Kunden je Periode 10 % neue Kunden hinzugewinnen würden (100; 110; 121; 133 usw.).

CD-ROM Sie finden die Beispiele zur Trendberechnung auf dem Arbeitsblatt *Trends* der Datei *Kap16.xlsx* auf der CD-ROM zum Buch im Ordner *\Buch\Kap16*.

Lineare Trends berechnen

Syntax: *TREND(Y_Werte; [X_Werte];[Neue_x_Werte];[Konstante])*

Mit der Funktion *TREND* berechnen Sie Werte, die sich aus einem linearen Trend ergeben. Diese Funktion passt den als Matrizen übergebenen Argumenten der *Y_Werte* und der *X_Werte* eine Gerade an (nach der Methode der kleinsten Quadrate). Als Ergebnis liefert die Funktion die auf der Geraden liegenden *Y-Werte*, die zu den von Ihnen in *Neue_x_Werte* angegebenen *X-Werten* gehören.

Im Arbeitsblatt *Trend* wird in Zelle *F16* der nächste lineare Wert der Zahlenreihe *C5:C19* (*Y-Werte*) berechnet (siehe Abbildung 16.9). Die Zelle enthält folgende Formel:

```
=TREND(C5:C19;B5:B19;B20;WAHR)
```

Exponentielle Trends berechnen

Syntax: *VARIATION(Y_Werte;X_Werte;Neue_x_Werte)*

Angenommen, Sie möchten in der Zelle *F19* mit der Funktion *VARIATION* einen exponentiellen Trend berechnen. *VARIATION* liefert die *Y-Werte* für eine Reihe neuer *X-Werte*, die Sie mithilfe vorhandener *X-Werte* und *Y-Werte* festlegen. Die Arbeitsweise der Funktion gleicht jener der Funktion *TREND*, sodass Sie analog zur Zelle *F16* mit der Funktion *VARIATION* folgende Formel zur Berechnung des exponentiellen Trends eingeben können:

```
=VARIATION(C5:C19;B5:B19;B20;WAHR)
```

TIPP Eine Entscheidungshilfe bei der Frage, ob ein linearer oder exponentieller Trend vorliegt, kann Ihnen die Darstellung der Daten in einem Diagramm bieten. Tragen Sie die unabhängige Variable auf der horizontalen und die abhängige Variable auf der vertikalen Achse ab und betrachten Sie die Verbindungslinie zwischen den Datenpunkten. Je mehr diese Linie einer Exponentialkurve gleicht, umso eher eignet sich die Funktion *VARIATION* zur Beschreibung Ihrer Werte. Wie Sie einen Trend im Diagramm darstellen können, zeigt das Kapitel 18.

Regressionskenngrößen ermitteln

Syntax: *RGP(Y_Werte;[X_Werte];[Konstante];[Stats])* bzw. *RKP(Y_Werte; [X_Werte];[Konstante];[Stats])*

Die Tabellenfunktion *RGP()* liefert die Parameter eines linearen Trends in Form einer Matrix von Werten, die Tabellenfunktion *RKP()* dagegen die Werte eines exponentiellen Trends. Beide Formeln müssen daher als Matrixformel eingegeben werden. Die *Y_Werte* und *X_Werte* sind die bereits bekannten Werte aus der Beziehung $y=mx+b$.

X_Werte kann eine oder mehrere Variablengruppen umfassen. *Konstante* ist ein Wahrheitswert, der festlegt, wie die Konstante *b* berechnet wird. Ist die Konstante *FALSCH*, nimmt *b* den Wert *0* an, und es gilt *y=mx*. Ist die Konstante *WAHR* oder nicht belegt, wird *b* normal berechnet. Auf einem Diagramm legt *b* den Schnittpunkt mit der *Y-Achse* fest und *m* ist das Maß für die Steigung. Bei *m>0* steigt die Gerade, mit *m<0* fällt die Gerade.

Mit der Funktion *RGP* können Sie überprüfen, ob es sich bei diesen Zahlenreihen um einen linearen Trend handelt. Mit der Funktion *RKP* finden Sie heraus, ob es sich um einen exponentiellen Trend handelt. Beide Funktionen sind in der Lage, das jeweilige Bestimmtheitsmaß zurückzugeben, wenn in den Argumenten *Y_Werte* und *X_Werte* die jeweils zutreffenden Bereiche angegeben worden sind. Ist das Argument *Stats* mit *WAHR* belegt, liefert *RGP* (und *RKP* ebenso) Regressionskenngrößen, die in einer Matrix zurückgegeben werden. Dazu müssen Sie die Formel in einen entsprechend großen Bereich eingeben.

Das Bestimmtheitsmaß vergleicht die berechneten Werte mit den tatsächlichen *Y-Werten* und kann Werte von *0* bis *1* annehmen. Hat es den Wert *1*, besteht für die Stichprobe eine vollkommene Korrelation: Ein berechneter *Y-Wert* und der entsprechende tatsächliche *Y-Wert* unterscheiden sich nicht. Im anderen Extremfall (Bestimmtheitsmaß=0) ist die Regressionsgerade ungeeignet, einen *Y-Wert* vorherzusagen.

Teile einer Matrixformel ausgeben

Um aus der von den Funktionen *RGP* und *RKP* zurückgegebenen Matrix einzelne Werte ausgeben zu können, lässt sich die Funktion *INDEX(Matrix;Zeile;Spalte)* einsetzen. Dabei müssen Sie die korrekt ausgefüllte Funktion *RGP* oder *RKP* als Argument *Matrix* eingeben. Für die Argumente *Zeile* und *Spalte* tragen Sie die Position des gewünschten Parameters ein (siehe Abbildung 16.9).

Beispiel: Soll das Bestimmtheitsmaß ermittelt werden, verwenden Sie in der Funktion *INDEX(Matrix;Zeile;Spalte)* für das Argument *Zeile* eine *3* und für das Argument *Spalte* eine *1*. Damit liefert die folgende Formel das Bestimmtheitsmaß:

```
=INDEX(RGP(C5:C19;B5:B19;1;1);3;1)
```

> **HINWEIS** Einige Zellen aus Abbildung 16.9 zeigen an der linken oberen Ecke ein grünes Dreieck (Fehlerindikator) als Ergebnis der Fehlerüberprüfung an. In diesem Fall findet Excel den vermeintlichen Fehler *Die Formel schließt nicht alle angrenzenden Zellen ein*. Das bedeutet, dass weitere Daten im angrenzenden Bereich stehen. In einem solchen Fall prüfen Sie, ob der Bezug der Formel korrekt ist, oder ob der Bereich erweitert werden muss. Mehr zur Fehlerüberprüfung finden Sie in Kapitel 6.

Abbildg. 16.9 Trendberechnung und einige Kenngrößen

	A	B	C	D	E	F	G	H	I
1									
2		Gibt es einen Zusammenhang?			RGP(Y_Werte;X_Werte;Konstante;Stats)				
3						-914,6572957	38088,36705	m	b
4		Temperatur (x-Werte)	Umsatz (y-Werte)			605,6493853	12809,22424	se(m)	se(b)
5		19 °	8.027,00 €			0,149255412	8522,342865	r^2	se(y)
6		17 °	22.171,00 €			2,280731938	13	F	df
7		26 °	15.642,00 €			165650308,5	944194262,8	ss(reg)	ss(res)
8		28 °	20.524,00 €						
9		21 °	16.324,00 €		RKP(Y_Werte;X_Werte;Konstante;Stats)				
10		23 °	22.940,00 €			0,946839595	52065,03488	m	b
11		16 °	17.162,00 €			0,039714448	0,839943509	se(m)	se(b)
12		17 °	33.202,00 €			0,127041434	0,558838415	r^2	se(y)
13		25 °	4.951,00 €			1,891886626	13	F	df
14		19 °	34.315,00 €			0,5908369	4,059904859	ss(reg)	ss(res)
15		21 °	6.420,00 €						
16		18 °	28.627,00 €		Trend	20.709,88 €	=TREND(C5:C19;B5:B19;B20;WAHR)		
17		18 °	21.072,00 €		TREND(Y_Werte;X_Werte;Neue_x_Werte;Konstante)				
18		17 °	21.697,00 €						
19		25 °	12.396,00 €		Variation	18.441,57 €	=VARIATION(C5:C19;B5:B19;B20;WAHR)		
20		19 °			VARIATION(Y_Werte;X_Werte;Neue_x_Werte;Konstante)				
21									
22					Bestimmtheitsmaß		0,14926	=BESTIMMTHEITSMASS(C5:C19;B5:B19)	
23					BESTIMMTHEITSMASS(Y_Werte;X_Werte)				
24									
25					Korrelation		-0,38634	=KORREL(B5:B19;C5:C19)	
26					KORREL(Matrix1;Matrix2)				
27									
28					Steigung		-914,6572957	=INDEX(RGP(C5:C19;B5:B19);1;1)	
29					STEIGUNG(Y_Werte;X_Werte)		-914,6572957	=STEIGUNG(C5:C19;B5:B19)	

Das Bestimmtheitsmaß ermitteln

Wenn Sie die umfangreichen Ergebnisse der Funktion *RGP()* bzw. *RKP()* nicht benötigen, sondern lediglich das Bestimmtheitsmaß berechnen wollen, können Sie auch die hierfür vorgesehene Tabellenfunktion mit der Syntax

BESTIMMTHEITSMASS(Y_Werte;X_Werte)

verwenden. Für das obige Beispiel gibt die Formel

```
=BESTIMMTHEITSMASS(B5:B19;C5:C19)
```

die gesuchte Information aus.

Steigung und Achsenabschnitt berechnen

Die Funktionen *RGP* und *RKP* berechnen die Parameter, die zur Beschreibung einer Geraden (*RGP*) bzw. einer Exponentialkurve (*RKP*) benötigt werden. Auch diese Parameter lassen sich mithilfe der *INDEX*-Funktion ermitteln.

Wenn Sie die Steigung und den Achsenabschnitt berechnen möchten, geben Sie als Parameter *Zeile* der *INDEX*-Funktion *1* (Steigung), bzw. *2* (Achsenabschnitt) an.

Für den Achsenabschnitt *b* geben Sie ein:

```
=INDEX(RGP(C5:C19;B5:B19);1;2)
```

und für die Steigung *m*

```
=INDEX(RGP(C5:C19;B5:B19);1;1)
```

Für beide Parameter können Sie in Excel auch eingebaute Tabellenfunktionen verwenden:

ACHSENABSCHNITT(Y_Werte;X_Werte)

STEIGUNG(Y_Werte;X_Werte)

Wie die Abbildung 16.9 zeigt, ist das Ergebnis das gleiche.

Korrelationsanalyse

Gibt es einen Zusammenhang zwischen zwei Variablen? Eine solche Frage taucht häufig auf, wenn Daten analysiert und interpretiert werden sollen. Zur Beantwortung dieser Frage wird die Korrelationsanalyse eingesetzt. Mithilfe des Korrelationskoeffizienten lässt sich feststellen, ob es eine Beziehung zwischen zwei Merkmalen gibt. Das Ergebnis ist eine Zahl im Bereich von *1* (perfekter Zusammenhang) bis *–1* (absolute Gegenläufigkeit). Das Vorzeichen gibt also die Richtung der Beziehung an.

In Excel gibt es eine entsprechende Tabellenfunktion mit der Syntax

KORREL(Matrix1; Matrix2)

Matrix1 und *Matrix2* sind dabei Matrizen, Zellbezüge oder Namen, die sich auf Zahlen beziehen oder Zahlen enthalten. Textwerte und Leerzellen werden nicht in die Berechnung einbezogen.

WICHTIG Beachten Sie, dass die beiden Matrizen gleich groß sein müssen. Excel gibt sonst den Fehlerwert *#NV* aus.

Kombinatorik

Die Wahrscheinlichkeitsrechnung ist ein Teilgebiet der Mathematik, das sich mit der Untersuchung von Gesetzmäßigkeiten bei zufälligen Ereignissen befasst, die bei Massenerscheinungen auftreten. Was ist nun aber ein zufälliges Ereignis?

Für die mathematische Betrachtung der Wahrscheinlichkeit müssen Regeln aufgestellt werden, die verschiedene Experimente ermöglichen. Klassische Experimente sind das Würfeln oder das Werfen einer Münze. Für ein solches Experiment, auch Zufallsexperiment genannt, gilt, dass ein zufälliges Ereignis nicht vorhergesagt werden kann. Gleichwohl sind die möglichen Lösungen, auch Ereignisraum genannt, bekannt. In diesem Abschnitt soll die Anzahl der möglichen Lösungen untersucht werden.

Zufallszahlen berechnen

Mit Excel haben Sie die Möglichkeit, Zufallszahlen zu erzeugen. Hierfür stehen in der Kategorie *Math. & Trigonom.* die Funktionen

ZUFALLSZAHL()

und

ZUFALLSBEREICH(Untere_Zahl;Obere_Zahl)

zur Verfügung. Beide Funktionen verwenden einen gegenüber früheren Versionen verbesserten Algorithmus (Mersenne-Twister).

> **HINWEIS** Anders als in Versionen vor Excel 2007 müssen Sie das Add-In *Analyse-Funktionen* nun nicht mehr einbinden, um die Funktion ZUFALLSBEREICH verwenden zu können. Diese und weitere Tabellenfunktionen sind jetzt fest im Funktionsumfang enthalten. Wird die Funktion unter Excel 2003 und früher verwendet, muss allerdings das Add-In aktiviert sein. Bei der Kompatibilitätsprüfung wird darauf allerdings nicht hingewiesen!

ZUFALLSZAHL liefert eine gleich verteilte Zufallszahl, die größer gleich 0 und kleiner als 1 ist. Nach dem Drücken der F9-Taste und bei jeder Neuberechnung der jeweiligen Tabelle wird eine neue Zufallszahl ausgegeben.

ZUFALLSBEREICH liefert eine ganze Zufallszahl aus dem mit den Argumenten *Untere_Zahl* und *Obere_Zahl* festgelegten Bereich.

Um ein Würfelspiel zu simulieren, verwenden Sie die Formel

```
=ZUFALLSBEREICH(1;6)
```

Einen Tipp für das Zahlenlotto können Sie mit der Formel

```
=ZUFALLSBEREICH(1;49)
```

oder alternativ mit der folgenden Formel vorschlagen lassen

```
=GANZZAHL(ZUFALLSZAHL()*49+1)
```

> **HINWEIS** Während für die Verwendung der Tabellenfunktionen das Add-In *Analyse-Funktionen* nicht geladen sein muss, stellt das Add-In einige Assistenten für komplexe Aufgaben zur Verfügung. Darunter findet sich auch einer für die Erstellung von Zufallszahlen. Wählen Sie dazu den Befehl *Daten/Datenanalyse* und im Dialogfeld *Analyse-Funktionen* den Eintrag *Zufallszahlengenerierung*.

Permutationen

Ein kurioses Beispiel »mitten aus dem Leben«: Als Hobbyfotograf haben Sie regelmäßig das Problem, dass die Familie endlos damit beschäftigt ist, die richtige Reihenfolge der Personen für das Familienportrait zu finden. Da kommt schon mal die Frage auf, wie oft sich die fünf Personen eigentlich umstellen können, bis alle Möglichkeiten durchprobiert wurden.

Eine Zusammenstellung aller *n*-Elemente einer gegebenen Menge, bei der jedes der *n*-Elemente genau einmal vorkommt, wird *Permutation* genannt. Die Tabellenfunktion

FAKULTÄT(Zahl)

berechnet die Anzahl der Möglichkeiten. Das Argument *Zahl* steht für die Anzahl an Elementen. Sehen wir uns die Anzahl der möglichen Permutationen an einer kleineren Zahl von Elementen an:

Haben Sie es nur mit einem Element zu tun, ist die Anzahl $Ak=1$. Für zwei Elemente *(1,2)* ergeben sich zwei mögliche Anordnungen, und zwar sind dies

[1, 2] und *[2, 1]*

Kommt nun ein drittes Element hinzu, kann dieses in der Reihe der bisherigen Elemente am Anfang, in der Mitte oder am Ende stehen. Die Zahl der möglichen Permutationen erhöht sich also um den Faktor *3*. Entsprechend sind bei vier Elementen viermal mehr Permutationen als bei drei Elementen möglich.

Die Antwort für die Eingangsfrage liefert die Formel

```
=FAKULTÄT(5)
```

Die lieben Familienmitglieder (5 Personen) lassen sich also 120 Mal umstellen. Jetzt ist klar, warum das Fotografieren so lange dauert.

CD-ROM Dieses Beispiel finden Sie auf dem Arbeitsblatt *FAKULTÄT* der Datei *Kap16.xlsx*. Die Datei befindet sich auf der CD-ROM zu diesem Buch im Ordner *\Buch\Kap16*.

Kombinationen

Wie sieht das Ganze aus, wenn aus einer festen Anzahl an Elementen *n* eine bestimmte Kombination *k*, ohne Berücksichtigung der Reihenfolge, ermittelt werden soll?

Beispiel: Aus den Elementen *a, b, c, d* sollen Kombinationen aus zwei unterschiedlichen Elementen gebildet werden. Es soll keine Wiederholungen geben. Folgende Kombinationen sind möglich: *ab, ac, ad, bc, bd, cd*.

Soll nur ein Element gezogen werden, ist die Anzahl der Möglichkeiten gleich der Gesamtzahl der Elemente. Für $k=2$ ist die Anzahl der Elemente für die Auswahl auf $(n-1)$ reduziert. Die Anzahl der Kombinationen ergibt sich also als $K = n(n-1)$.

Syntax: *KOMBINATIONEN(n; k)*

Diese Funktion berechnet die Anzahl der möglichen Kombinationen ohne die Wiederholung von *k* Elementen aus der Menge *n*. Das Argument *n* ist die Anzahl aller Elemente. Das Argument *k* gibt an, aus wie vielen Elementen jede Kombination bestehen soll.

In der Praxis könnte das so aussehen: Sie haben 36 Mitarbeiter und möchten Mitarbeiterteams bilden. Es interessiert Sie also, wie viele Kombinationsmöglichkeiten Sie bei unterschiedlicher Teamgröße haben.

Die Abbildung 16.10 zeigt Ihnen, welche Kombinationsmöglichkeiten zur Verfügung stehen.

Abbildg. 16.10 Die Anzahl der Kombinationsmöglichkeiten bei der Teambildung

	A	B	C	D	E	F	G
1							
2		**Die Tabellenfunktion KOMBINATIONEN(n;k)**					
3							
4		Anzahl	Anzahl Gruppen (k)				
5		Mitarbeiter	bei einer Teamgröße von ... Mitarbeitern				
6		(n)	2	3	4	6	
7		12	66	220	495	924	
8		24	276	2.024	10.626	134.596	
9		36	630	7.140	58.905	1.947.792	
10							

CD-ROM Sie finden dieses Beispiel auf dem Arbeitsblatt *KOMBINATIONEN* (Abbildung 16.10) in der Datei *Kap16.xlsx* im Ordner *\Buch\Kap16* auf der CD-ROM zu diesem Buch.

Variationen

Variationen sind Kombinationen ohne Wiederholung, deren interne Reihenfolge berücksichtigt wird. Die Syntax der Tabellenfunktion lautet:

VARIATIONEN(n;k)

Das Argument *n* ist die Anzahl aller Elemente und das Argument *k* gibt an, aus wie vielen Elementen jede Variationsmöglichkeit bestehen soll. Beide Argumente, für die nur numerische Ausdrücke zugelassen sind, werden durch Abschneiden ihrer Nachkommastellen zu ganzen Zahlen gekürzt. Ist *n ? 0*, oder ist *k < 0*, liefert *VARIATIONEN* den Fehlerwert *#ZAHL!*. Auch für den Fall, dass *n < k* ist, wird dieser Fehlerwert ausgegeben (siehe Abbildung 16.11).

Stellen wir uns dazu wieder eine Aufgabe: Wie viele Möglichkeiten hat ein Gastwirt, wenn er drei Gäste an sechs freien Tischen unterbringen will und jeder Gast alleine sitzen soll?

Hier die Antwort: Geben Sie in Zelle *C6* die Formel

```
=VARIATIONEN($B6;C$5)
```

ein und ziehen Sie diese Funktion mithilfe des Ausfüllkästchens bis in Zelle *C17* und dann nach rechts bis *H17*.

Abbildg. 16.11 Die Variationsmöglichkeiten auf einen Blick

	A	B	C	D	E	F	G	H	I
1									
2		Die Tabellenfunktion VARIATIONEN(n;k)							
3									
4		Menge von	Gruppe von k Elementen						
5		n Elementen	1	2	3	4	5	6	
6		5	5	20	60	120	120	#ZAHL!	
7		6	6	30	120	360	720	720	
8		7	7	42	210	840	2.520	5.040	
9		8	8	56	336	1.680	6.720	20.160	
10		9	9	72	504	3.024	15.120	60.480	
11		10	10	90	720	5.040	30.240	151.200	
12		15	15	210	2.730	32.760	360.360	3.603.600	
13		20	20	380	6.840	116.280	1.860.480	27.907.200	
14		25	25	600	13.800	303.600	6.375.600	127.512.000	
15		30	30	870	24.360	657.720	17.100.720	427.518.000	
16		35	35	1.190	39.270	1.256.640	38.955.840	1.168.675.200	
17		40	40	1.560	59.280	2.193.360	78.960.960	2.763.633.600	
18									

CD-ROM Sie finden dieses Beispiel auf dem Arbeitsblatt *VARIATIONEN* der Datei *Kap16.xlsx* im Ordner *\Buch\Kap16* auf der CD-ROM zu diesem Buch.

Finanzmathematische Funktionen einsetzen

Die Lösung finanzmathematischer Probleme gehört sicher nicht zu den täglichen Aufgaben eines jeden Excel-Anwenders. Und wenn es doch einmal vorkommt, gibt es zahlreiche Lösungen von Drittanbietern, derer man sich nur zu bedienen braucht. Mit gewissen Nachteilen natürlich – oft entstehen Zusatzkosten, Lösungen sind nicht individualisierbar, Lösungsansätze bleiben »im Dunkeln« u. v. m.

Vorbemerkungen

Dabei ist Excel sehr mächtig: Es gibt mehr als 50 integrierte Funktionen zur Finanzmathematik (dazu sollen auch die Funktionen zur Abschreibungsrechnung zählen). Manchmal ist die Offlinehilfe nicht besonders instruktiv, da oft auf begleitende mathematische Formeln verzichtet wird. In Bezeichnungen und Lösungsansätzen wird weitestgehend von solchen in der finanzmathematischen Literatur abgewichen.

HINWEIS In der finanzmathematischen Literatur ist es üblich, vorkommende Laufzeiten mit dem Buchstaben *n* zu charakterisieren. Der Excel-Anwender trifft hier auf die Abkürzung *ZZR* für *Zahlungszeiträume*. Der aus der Rentenrechnung stammende Begriff der Rente wird oft mit *R* oder *r* bezeichnet (in der Tilgungsrechnung steht für den inhaltlich im Wesentlichen gleichen Begriff der Annuität ein *A* oder *a*), Excel nimmt hier auf den Begriff *regelmäßige Zahlung* durch die Abkürzung *RMZ* Bezug.

Besonders zu beachten ist die abweichende Formulierung des Äquivalenzprinzips der Finanzmathematik. Leistungen eines Gläubigers sind dann gleich den Leistungen des zugehörigen Schuldners, wenn die auf ein und denselben Zeitpunkt projizierten Zahlungsströme gleich sind – mit anderen Worten:

Wert der Leistung des Gläubigers = Wert der Leistung des Schuldners

Um den Anwendern die Möglichkeit zu geben, während der Rechnung deutlich zwischen Aus- und Einzahlungen (durch entsprechendes Minuszeichen) zu unterscheiden, wird in Excel über den Gedanken *Einzahlungen + Auszahlungen = 0*

aus dem obigen Prinzip der Zusammenhang

Wert der Leistung des Gläubigers + Wert der Leistung des Schuldners = 0.

Das bedeutet in Excel: Einzahlungen haben ein positives, Auszahlungen hingegen ein negatives Vorzeichen. Es bleibt dem Anwender überlassen, auf welche »Seite des Bank-Schalters« er sich im konkreten Fall begeben möchte. Leider gibt es Inkonsequenzen hinsichtlich des genannten Prinzips, die innerhalb von Excel anzutreffen sind – etwa bei der Funktion ZINSSATZ und mit ihr verwandter Funktionen.

Die folgenden Abschnitte versuchen, neben der Umsetzung von einigen Beispielaufgaben, den »roten Faden« für finanzmathematische Aufgabenstellungen zu spinnen.

WICHTIG Zahlungen werden immer erst dann finanzmathematisch verwertbar, wenn Sie deren Höhe und den Zahlungszeitpunkt kennen. Es ist ein Unterschied, ob eine Zahlung von 100 Geldeinheiten heute oder erst nach einem Jahr erfolgt. Dies liegt daran, dass mit dem Vergehen von Zeit die Wirkung des Preises für ge- oder verliehenes Kapital eintritt: Es fallen Zinsen an.

Einfache Zinsrechnung

Einfache Zinsrechnung ist einfache Prozentrechnung. Erhaltene (bzw. gezahlte) Zinsen werden dem zugrunde liegenden Kapital nicht hinzugeschlagen, werden sich also in der Zukunft nicht mit verzinsen.

Vermutlich ist es die Einfachheit der Aufgabenstellung, die dazu führte, dass es für diese Aufgaben der Finanzmathematik nur einige wenige Excel-Funktionen gibt und der konkrete Rechenweg durch Arithmetik zwischen Zellen umgesetzt werden muss.

Finanzmathematische Grundaufgaben

Ein zum Zinssatz *ZINSEV* über einen Zeitraum von *ZZREV* Zinsperioden angelegtes Kapital *BWEV* steht bei einfacher Verzinsung am Ende in der Höhe *ZWEV* nach folgender Formel

BWEV(1+ZZREV*ZINSEV)+ZWEV=0*

zur Verfügung. Die etwas ungewohnt anmutenden Formelsymbole sind denen von Excel im Falle der Zinseszinsrechnung angepasst und wurden noch mit dem Zusatz *EV* für *Einfache Verzinsung* versehen.

Unter »Grundaufgaben« wird die Auflösung der obigen Gleichung nach einer ihrer Unbekannten verstanden, vorausgesetzt, die anderen Werte sind bekannt. Es entsteht also (und das ist typisch für alle in diesem Kapitel beschriebenen finanzmathematischen Aufgabenstellungen) die Frage nach

- dem Zukunftswert eines oder mehrerer Zahlungsströme
- dem Barwert dieser Zahlungen

- der Laufzeit von Zahlungen
- der Höhe der Verzinsung von Zahlungen

Eine Festgeldanlage von 10.000 € bringt bei einem Jahreszinssatz von 2,5 % nach sechs Monaten einen Rückfluss von 10.125 €. Das berechnen Sie durch

=-C6*(1+C5*C4/12)

wenn in C6 der angelegte Betrag (minus 10.000 € als Ausgabe), in C4 der Jahreszinssatz von 2,5 % (der durch 12 geteilt werden muss, da eine Verzinsung auf Monate abzielt) und in C5 die Dauer von 6 Monaten eingetragen wurde.

Sparpläne

Die Möglichkeit des Einsatzes von Formeln ist immer dann besonders günstig, wenn sich im zeitlichen Ablauf gewisse Regelmäßigkeiten erkennen lassen. Das ist bei Sparplänen und deren Gegenstück – den Auszahlplänen – in der Regel der Fall.

Erbringt also jemand, beginnend zu einem gewissen Termin, in regelmäßigen Abständen Sparleistungen gleicher Höhe (im Allgemeinen werden dabei Zinsen am Jahresende gutgeschrieben, innerhalb des Jahrs erfolgt einfache Verzinsung), besteht im Falle von nur einfacher Verzinsung zwischen Anfangskapital (auch Barwert genannt, BW_{EV}), Endkapital (auch Zukunftswert genannt, ZW_{EV}), Höhe der regelmäßigen Zahlungen (RMZ_{EV}) und Anzahl derselben (ZZR_{EV}) sowie Zinssatz ($ZINS_{EV}$) die Beziehung aus Abbildung 16.12, die letztlich die Äquivalenz der Zahlungsströme am Ende des betrachteten Zeitraums ausdrückt. Die Reihe der Grundaufgaben wird damit um eine weitere ergänzt, nämlich um die Ermittlung der Höhe der regelmäßigen Zahlungen.

Der Parameter *F* bringt zum Ausdruck, ob die Zahlung am Ende (*F=0*) oder am Anfang (*F=1*) der Zahlungsperioden erfolgt.

Abbildg. 16.12 Äquivalenzprinzip einfacher Zinsrechnung

$$0 = BW_{EV} \cdot (1 + ZZR_{EV} \cdot ZINS_{EV})$$
$$+ ZZR_{EV} \cdot RMZ_{EV} \cdot \left[1 + ZINS_{EV} \cdot \left(\frac{ZZR_{EV} - 1}{2} + F\right)\right] + ZW_{EV}$$

Anstatt den Kontoverlauf eines Sparvorgangs Zeile für Zeile zu notieren, bringt die Anwendung der Formel das Ergebnis »in einem Schritt«.

WICHTIG Immer, wenn konkretes Geld im Spiel ist, erfolgt bei den konkreten Zahlungen eine Rundung auf zwei Stellen nach dem Komma. Notieren Sie einen Sparplan, Tilgungsplan, Liquiditätsplan oder irgendein anderes Abbild tatsächlicher Geldströme in einer Tabelle, reicht es bei Berechnungen in aller Regel nicht, die Zellen nur so zu formatieren, dass zwei Stellen nach dem Komma angezeigt werden. Sie müssen in den »sauren Apfel beißen« und jede Berechnung durch Anwendung der *RUNDEN*-Funktion ergänzen:

Ergebnis = RUNDEN(Zwischenergebnis;2)

Hier liegt die Ursache dafür, dass es oft zu Rundungsdifferenzen bei der Anwendung einer Formel im Gegensatz zur ausführlichen Rechnung »Zelle für Zelle« kommen kann. Mehr über das Runden von Zahlen erfahren Sie in Kapitel 15.

CD-ROM In der Beispieldatei *Kap16_Einfache Zinsrechnung.xlsm* (Arbeitsblatt *Sparpläne*) finden Sie verschiedene Lösungsansätze für folgendes Problem: Jemand beginnt am 31.8. des Jahrs 2010 monatlich 200 € zu sparen. Wie hoch ist sein Kontostand am Ende des Jahrs 2011, wenn ein Jahreszinssatz von 1,25 % vereinbart ist und die letzte Zahlung am 30.12. des Jahrs 2011 erfolgt? Die Anzahl der Zahlungszeiträume können Sie, wenn Sie wollen, mithilfe der Funktion *MONAT* aus dem jeweiligen Datum bestimmen, den Kontostand ermitteln Sie durch Umstellen der Formel aus Abbildung 16.12. Dabei beachten Sie bitte noch die Vorzeichen von Aus- und Einzahlungen.

Wollen Sie den Kontostand Zeile für Zeile aufschreiben, beachten Sie, dass Zinszahlungen sehr oft erst am Ende des Jahrs gutgeschrieben werden.

Beachten Sie, dass das Umstellen von Gleichungen häufig mithilfe der Excel-Zielwertsuche zum Erfolg führt. Das genannte Arbeitsblatt gibt ein Beispiel zur Berechnung des Zinssatzes bei gefordertem Konto-Endstand.

Benötigen Sie die Umstellung der Formel aus Abbildung 16.12 zur Lösung der Grundaufgaben jedoch häufiger, lohnt sich das Schreiben benutzerdefinierter Funktionen, die Sie in der betreffenden Arbeitsmappe oder besser in der persönlichen Makroarbeitsmappe *PERSONAL.XLSB* bzw. in einem Add-In aufbewahren können. Solche benutzerdefinierten Funktionen finden Sie im Modul *Kap16_modFunktionen.bas* auf der Begleit-CD im Ordner *\Buch\Kap16*. Um die Beispieldatei verwenden zu können, müssen die Makros aktiviert werden.

Mehr zu VBA und benutzerdefinierten Funktionen finden Sie in Kapitel 30.

Wechselrechnung und verwandte Gebiete

Im vorigen Abschnitt wurde das Prinzip

Endkapital = Anfangskapital plus Zinsen vom Anfangskapital

umgesetzt. Der Fachmann spricht hier von nachschüssiger Verzinsung. Diese ist Grundlage für viele konkrete Finanzgeschäfte: Bausparen und Baudarlehen, Hypothekendarlehen, festverzinsliche Wertpapiere und viele andere.

In Zeiten ohne Computer und andere Hilfsmittel haben Kaufleute eine andere Art der Verzinsung erfunden:

Anfangskapital = Endkapital minus Zinsen vom Endkapital

Der Fachmann nennt das vorschüssige Verzinsung. Heute gibt es nur wenige Anwendungsgebiete, eines davon ist die Wechselrechnung, ein anderes sind die abgezinsten Bundesfinanzierungsschätze der Bundesrepublik Deutschland.

HINWEIS Es gibt eine Unzahl von Zinsbegriffen – jährlich (per annum), vorschüssig, nachschüssig, nominal, effektiv – sowie »verschleiernde« Umschreibungen (Aufschlag, Abschlag, Agio, Disagio). Es ist stets wichtig, genau im Blick zu haben, was denn mit einem Zinssatz, der immer in Relation zu einer Geldsumme und einer Zeitspanne steht, erfasst und ausgedrückt werden soll.

Beispiel

Am 10.10.2010 wird bei einer Bank ein Wechsel über 4.320 € eingelöst, der am 25.01.2011 fällig ist. Welchen Betrag schreibt die Bank gut, wenn sie einen jährlichen Diskontsatz (das ist ein anderer Begriff für vorschüssige Verzinsung) von 1,5 % ansetzt und keine Gebühren fällig werden?

Die Lösung ermitteln Sie mithilfe der Funktion *KURSDISAGIO*. Etwas abweichend von den Erläuterungen der Offlinehilfe können die Argumente der Funktion in der Form

KURSDISAGIO(Tag der Einreichung;Tag der Fälligkeit;Diskontsatz;Wechselsumme;Basis)

interpretiert werden. Damit ist nur *Basis* erklärungsbedürftig: Hier wird eine Zahl verlangt, die stellvertretend für die Zählweise der Tage (also 30/360. 30/365 usw.) steht. Tragen Sie hier *4* ein, wird die »klassische« deutsche Zählweise einer Sparbuchbewertung verwendet – ein Jahr hat 360 Tage, das sind 12 Monate zu jeweils 30 Tagen. Im Ergebnis liefert die Funktion dann 4.301,10 €.

TIPP Es gibt einige Funktionen, die mit *KURSDISAGIO* in direkter Verbindung stehen: *DISAGIO*, *AUSZAHLUNG* und *TAGE360*. Im Falle der obigen Tagezählart *4* ergibt sich nämlich

*KURSDISAGIO=AUSZAHLUNG − AUSZAHLUNG*DISAGIO*TAGE360/360)*

und das ist gerade das Prinzip vorschüssiger Verzinsung.

Zur Zeit der Abfassung dieses Kapitels bietet die Bundesrepublik Deutschland Finanzierungsschätze zu folgenden Bedingungen (ISIN DE0001116960): Laufzeit 1 Jahr, Auszahlung 500 € (ergibt sich aus der Mindestkaufsumme), Fälligkeit am 20.06.2011. Zu welchem Preis erfolgt der Kauf am 20.06.2010 bei einem festgelegten Verkaufszins von 0,16 % p. a.?

Auch hier gibt *KURSDISAGIO* die korrekte Antwort: 499,20 €.

Zu welchem nachschüssigen Zinssatz müsste eine vergleichbare Anlage (gleiche Laufzeit, gleicher Einsatz, gleiches Ergebnis) erfolgen? Zur Beantwortung müssen Sie nur das Verhältnis des »Gewinns« auf das eingesetzte Kapital bilden. Einfacher haben Sie es mit der Funktion *ZINSSATZ*. Diese Funktion arbeitet nach dem Muster

ZINSSATZ(Tag des Kaufs;Tag der Fälligkeit;Einsatz;Rückzahlung;Basis)

und liefert 0,1603 %. Das ist auch die Zahl, die Sie bei der Deutschen Bundesbank als (gerundete) Rendite erfahren können. Leider sind die aktuellen Zahlen im Moment so klein, dass Beobachtungen von Ziffern nur weit hinter dem Komma vorgenommen werden können. Experimentieren Sie also mit fiktiven Zahlen.

HINWEIS Ein gleiches Ergebnis erhalten Sie bei Einsatz der Funktion *RENDITEDIS* mit den Parametern

RENDITEDIS(Abrechnung;Fälligkeit;Kurs;Rückzahlung;Basis)

die extra für auf die genannte Art abgezinste Wertpapiere geschaffen wurde.

CD-ROM Die Beispiele befinden sich in der Datei *Kap16_Einfache Zinsrechnung.xlsm* im Ordner *\Buch\Kap16*. Um die Beispieldatei verwenden zu können, müssen die Makros aktiviert werden.

Zinseszinsrechnung

Zinseszinsrechnung ist ebenfalls Prozentrechnung. Im Gegensatz zur einfachen Verzinsung werden erhaltene (bzw. gezahlte) Zinsen dem zugrunde liegenden Kapital am Ende der jeweiligen Zinsperiode hinzugeschlagen, in der Zukunft selbst also mit verzinst.

Wenn Sie nicht ausführliche Kontoführungspläne, Tilgungspläne, Liquiditätspläne usw., die eine gewisse Regelmäßigkeit voraussetzen, aufschreiben wollen, sind die integrierten Funktionen *BW*, *ZW*, *RMZ*, *ZZR* und *ZINS* erste Wahl.

Grundaufgaben

Das in Excel umgesetzte finanzmathematische Äquivalenzprinzip (Schulderleistungen plus Gläubigerleistung gleich Null) wird in der Formel aus Abbildung 16.13 deutlich.

Abbildg. 16.13 Die Formel für das finanzmathematische Äquivalenzprinzip

$$ZW + BW \cdot (1 + ZINS)^{ZZR}$$

Es bedeuten hier (und die Bezeichnungen lehnen sich »buchstäblich« an die Namen der integrierten Funktionen an) ZW = Zukunfts- oder auch Endwert des Kapitals, BW = Bar- oder Anfangswert des Kapitals, $ZINS$ = Periodenzinssatz der Verzinsung, in aller Regel für eine Geldeinheit und ein Jahr, ZZR = Zins- oder Zahlungszeiträume bzw. die Anzahl der Zinsperioden.

Durch Umstellen der Formel nach einer gesuchten bei gegebenen restlichen Größen gelangt man zu den Grundaufgaben der Zinseszinsrechnung:

- Ermittlung des Zukunftswerts eines oder mehrerer Zahlungsströme
- Berechnung des Barwerts dieser Zahlungen
- Kenntnis über die Laufzeit von Zahlungen
- Ermittlung der Verzinsung von Zahlungen

Beispiele

Legt jemand 1.000 € für fünf Jahre auf einem Sparbrief zu 2,5 % im Jahr an, erhält er dafür am Ende 1.131,41 €. Das berechnen Sie mittels

$ZW(Zins;Laufzeit;;–Barwert)=ZW(2,5\%;5;;–1000)$

Achten Sie bitte auf die aus dem Äquivalenzprinzip resultierende Forderungen an das Vorzeichen des Barwerts.

WICHTIG Entscheiden Sie sich statt für die Anwendung der Formel für eine Kontoführung Jahr für Jahr, müssen Sie den Kontostand exakt auf zwei Stellen nach dem Komma führen. Das erreichen Sie nicht durch eine Anzeige von zwei Stellen, sondern durch den konsequenten Einsatz der Funktion *RUNDEN*. Und so ergibt sich im vorhergehenden Beispiel eine Abweichung von 1 Cent in den Ergebnissen.

Sparbriefe winken gelegentlich mit einer Bonuszahlung am Ende der Laufzeit zur Verbesserung der Rendite. Die Berechnung dieser Rendite (Effektivverzinsung) erledigt die Funktion *ZINS* für Sie:

$ZINS(Laufzeit;;–Barwert;Ergebnis inklusive Bonus)$

Bei einem Bonus von 150 € ergeben sich im vorigen Beispiel effektive 5,08 % aus

$ZINS(5;;–1000;1131,41+150)$

wobei Sie bei einer Umsetzung auf einem Tabellenblatt natürlich die entsprechenden Zellbezüge in der Formel benutzen.

Profitipp Die Rendite von Bundesschatzbriefen des Typs B mit jährlicher Gutschrift der Zinsen und deren Verzinsung lässt sich leicht aus dem Anfangswert und dem Endwert nach der Laufzeit bestimmen – Funktion *ZINS*. Für Bundesschatzbriefe vom Typ A ist die Sache nicht so einfach, da die Zinsen ausgeschüttet und nicht wieder angelegt werden. Zur Berechnung des Effektivzinses gibt es dann verschiedene Ansätze. Da hier keine gebrochenen Laufzeiten vorliegen, ist es genau genommen eine Aufgabe der Investitionsrechnung, bei der die Funktion *IKV* (die Abkürzung steht für »interne Kapitalverzinsung«, die Funktion setzt die sogenannte Methode des internen Zinssatzes um) zum Einsatz kommt.

> **CD-ROM** Die Beispiele befinden sich in der Datei *Kap16_Zinseszinsrechnung.xlsx* im Ordner *\Buch\Kap16* auf der CD-ROM zu diesem Buch. Sie finden in dieser Datei auch eine Beispielrechnung zur Ermittlung der Rendite von Bundesschatzbriefen Typ A und B mit Zinslauf vom 01.12.2006.

Rentenrechnung

Rentenrechnung ist die Erweiterung der Zinseszinsrechnung um ein weiteres Merkmal. Es gibt nicht nur einen Kontostand am Anfang der Laufzeit und einen am Ende, sondern regelmäßige Beträge werden dem Konto in regelmäßigen Abständen hinzugefügt bzw. entnommen. Der Einfachheit halber wird dabei vorausgesetzt, dass Zahlungstermine mit Zinsterminen übereinstimmen.

> **HINWEIS** Die Übereinstimmung der Zahlungstermine mit Zinsterminen ist nicht notwendig. Bei einem Hypothekendarlehen, wo die Rente (das ist eine regelmäßige Zahlung in gleicher Höhe) als Annuität monatlich den Kreditstand verringert, ist diese Übereinstimmung gegeben. Sparen Sie einen Bausparvertrag an oder nutzen ein einfaches Sparbuch, können Sie zwar monatlich zahlen, eine Zinsgutschrift wird allerdings in vielen Fällen erst am Ende des Jahrs stattfinden.

Grundaufgaben

Durch die regelmäßigen Zahlungen von Beträgen gleicher Höhe werden die Grundaufgaben der Zinseszinsrechnung in der Rentenrechnung um eine Aufgabe erweitert, nämlich um die Bestimmung der Rentenhöhe.

Die in Excel integrierten Funktionen *BW* (Bestimmung des Barwerts), *ZW* (Bestimmung des Zukunfts- oder Endwerts), *ZZR* (Bestimmung der Laufzeit), *RMZ* (Bestimmung der Rente sprich regelmäßigen Zahlung) und *ZINS* (Bestimmung des Zinssatzes) sind über das in Excel umgesetzte finanzmathematische Äquivalenzprinzip gemäß Abbildung 16.14 miteinander verbunden.

Abbildg. 16.14 Weitere Informationen finden Sie in der Offlinehilfe zur Funktion *BW*

$$0 = BW \cdot (1 + ZINS)^{ZZR} + RMZ \cdot (1 + F \cdot ZINS)\frac{(1 + ZINS)^{ZZR} - 1}{ZINS} + ZW$$

Die Lösung einer der beschriebenen Grundaufgaben entspricht der Auflösung der Gleichung nach einer der Größen. Das ist bis auf den Zinssatz auch per Hand machbar, Letzterer lässt sich im Allgemeinen nur durch Näherungsrechnung bestimmen.

> **HINWEIS** Bei verschieden Vertragsarten ist es möglich, dass die Zahlung der Rente am Anfang der Perioden (vorschüssig) bzw. an deren Ende (nachschüssig) erfolgt. Für den ersten Sachverhalt können Sparvorgänge herhalten, für den zweiten die Bedienung von Krediten. Der

Parameter *F* (Fälligkeit) bringt den Unterschied. Erfolgen Zahlungen vorschüssig, ist *F* gleich 1 zu setzen, erfolgen Sie nachschüssig, ist mit *F* gleich 0 (Null) zu arbeiten. Außerdem ist es wichtig, die Vorzeichen, welche die »Zahlungsrichtung« beschreiben, zu beachten.

Sparpläne

Eine Lebensversicherung bietet an, für einen monatlichen Beitrag von 51,90 € am jeweiligen Monatsanfang (vorschüssig) nach 15 Jahren eine (nicht garantierte) Ablaufleistung von 13.570 € zu zahlen. Ist dieses Angebot attraktiv, wenn mit einer Verzinsung von 5 % im Jahr gerechnet wird?

Einen Lösungsansatz dieses Problems erhalten Sie, wenn Sie den Zukunftswert der regelmäßigen Zahlungen ermitteln. Näherungsweise gehen Sie davon aus, dass Sie alternativ die Möglichkeit haben, monatlich 51,90 € auf das Konto einer Bank zu zahlen, welche Ihnen monatlich 1/12 von 5 % Zinsen gutschreibt und diese in den 12 Monaten auch mit verzinst. Damit ergibt sich ein Zukunftswert nach

ZW(7%/12;15*12;–51,90;;1) = 13930,10

(die Argumente für *ZW* bringen Sie natürlich wieder in Zellen unter und benutzen die Bezüge auf diese Zellen). Da die angekündigte Ablaufleistung geringer ist als der durch *ZW* ermittelte Zukunftswert, ist das Angebot nicht ganz so attraktiv wie erwartet.

TIPP   In der Regel wird man kein Konto finden, welches in diesem Fall monatlich verzinst (was gelegentlich und angesichts der möglichen kleinen Sparbeträge für eine Lebensversicherung spricht). Die monatlichen Zahlungen sind zum Vergleich genau genommen auf einem »normalen« Sparbuch – wegen der geringen Höhe der Sparraten – für ein Jahr zu sammeln und der dann durch einfache Verzinsung ermittelte Ersatzbetrag kann als ganzjährige fiktive Rentenzahlung in die Funktion *ZW* über 15 Jahre eingesetzt werden. Die Lösung (der genaue Kontostand nach 15 Jahren ist bis auf Rundungseffekte 13.803,11 €) finden Sie ebenfalls in der Beispielmappe.

CD-ROM   Das Beispiel befindet sich in der Datei *Kap16_Renten- und Tilgungsrechnung.xlsm* im Ordner *\Buch\Kap16* auf der CD-ROM zu diesem Buch. Um die Beispieldatei verwenden zu können, müssen die Makros aktiviert werden.

Tilgungsrechnung

Tilgungsrechnung ist in manchen Situationen »umgekehrte« Rentenrechnung: Regelmäßige Zahlungen werden in immer wiederkehrender Höhe zur Ablösung eines Kredits benutzt. Damit sind die im vorigen Abschnitt beschrieben Funktionen auch in Teilen der Tilgungsrechnung verwendbar.

Arten der Tilgungsrechnung

Die Finanzmathematik unterscheidet bei Tilgungen im Wesentlichen drei verschiedene Prinzipien

- **Festhypotheken**   Hier erfolgt die Tilgung der Schuld in einer Einmalzahlung am Ende der Laufzeit. Diese Zahlung umfasst ggf. alle aufgelaufenen Zinsen, wenn diese nicht regelmäßig (etwa jährlich) bezahlt wurden. Eine solche Situation ist im Prinzip Zinseszinsrechnung und kann mit den weiter oben beschriebenen Mitteln behandelt werden.

- **Ratentilgung**   Das ist eine Form der Rückzahlung, bei der der zur Tilgung benutzte Betrag in jeder Periode der gleiche ist. Damit verringert sich die Periodengesamtbelastung, weil der jeweilige Zinsanteil immer geringer wird. Excel hält für diese Art der Berechnung keine integrierten Funktionen bereit. Am besten nutzen Sie einen Tilgungsplan, der den Kontostand von Periode zu Periode verfolgt. Ein Beispiel finden Sie auf der Begleit-CD in der Datei *Kap16_Renten- und Tilgungsrechnung.xlsm*.

- **Annuitätentilgung** Das ist die Form der Rückzahlung, bei der die Belastung des Schuldners pro Periode über die gesamte Laufzeit konstant bleibt. Es gibt zwei Arten, eine solche Belastung zu definieren: durch Vorgabe der Laufzeit (in der Regel werden dies Sachinvestitionen mit schnellem Werteverlust des durch Kredit finanzierten Wirtschaftsguts sein) bzw. durch Vorgabe des ersten Tilgungsbetrags, wie bei Hypothekendarlehen von Laufzeiten bis zu 20 und mehr Jahren (sogenannte Prozentannuität). Die integrierten Funktionen der Rentenrechnung (*BW*, *ZW*, *RMZ*, *ZZR* und *ZINS*) sind genau auf diesen Fall zugeschnitten und werden auch nur für diesen Fall durch Funktionen *KAPZ*, *ZINSZ* und *KUMKAPITAL* ergänzt.

Beispiel

Eine Bank wirbt für den Kauf einer kreditfinanzierten Eigentumswohnung mit folgenden Informationen:

Vertragsformulierung	Bedingung
Zinsen	4,2 % p. a., 5 Jahre fest
Auszahlung	100 %
Tilgung	1 %
Anfänglicher effektiver Jahreszins	4,28 %

Unterlegt wird dieses Angebot durch eine Beispielrechnung, welches eine monatliche Belastung von 433,33 € bei einer Kreditsumme von 100.000 € ausweist. Wie hoch ist die Restschuld nach der fünfjährigen Zinsbindungsfrist? Wie lange dauert die Tilgung, wenn es nach der Zinsbindungsfrist zu gleichen Konditionen weitergeht? Kann man die Ermittlung des Effektivzinses nachempfinden?

Excel hält mit der Funktion *KUMKAPITAL* den Teil der monatlichen Belastungen fest, der ausschließlich der Tilgung (und damit der Reduzierung der Schuld) dient. Diese Funktion arbeitet (anders als in den Vorgängerversionen) auch dann korrekt, wenn die Anzahl der Zahlungsperioden keine ganze Zahl ist. Die Tilgungsrate beträgt im ersten Monat ein Zwölftel von einem Prozent der Kreditsumme, das sind 83,33 €. Wegen der Rundungseffekte entsteht aus diesem Zwölftel plus dem Zwölftel von 4,2 % für Zinsen die monatliche Belastung von 433,33 €. Das sagt auch der Einsatz von *KUMKAPITAL* mit

=KUMKAPITAL(4,2%/12;ZZR;100.000;1;1;0)

aus, wobei Sie zur Ermittlung der Laufzeit die Funktion *ZZR* mit

ZZR(Zins;monatliche Belastung;minus Kreditsumme)

benutzen. Diese ermittelt eine Zahl von 471,87 Monaten (das sind mehr als 39 Jahre, aber nicht etwa 100, wie eine oberflächliche Interpretation des Tilgungssatzes suggerieren könnte).

HINWEIS Die Angelegenheit ist letztlich noch komplizierter. 4,2 % Zinsen und 1 % Tilgung sind Vorgaben, die sich auf ein ganzes Jahr beziehen. Sie dienen aber nur als Berechnungsvorschrift, die konkreten Zahlen entstehen durch Zwölftelung. Dadurch ist nach einem Jahr nicht etwa nur 1 % getilgt, sondern etwas mehr. Das liegt daran, dass der Tilgungsanteil in den monatlichen Belastungen, wenn auch nur langsam, stetig wächst. Gleichzeitig führt das dazu, dass der Zinssatz auch nur eine Berechnungsgröße ist, da durch das monatliche Zahlen der Beträge, die auf Jahresbasis entstanden, der Kredit teurer wird und die Forderung nach Angabe eines Effektivzinses entsteht.

Zur Ermittlung der Restschuld nach fünf Jahren können Sie einen Tilgungsplan wie in der Begleitdatei aufstellen oder Sie nutzen *KUMKAPITAL* über 60 Monate, um den Betrag von der ursprünglichen Kreditsumme abzuziehen.

Die Begleitdatei hält darüber hinaus zwei Alternativen bereit, die die entstehenden finanzmathematischen Zahlungsströme an einem gemeinsamen Stichtag bewerten (in aller Regel wird dazu der Beginn eines Vertrags gewählt). In vielen Fällen kommt es bei der Benutzung von Formeln wegen der Rundungseffekte zur Abweichung vom Tilgungsplan im Nachkommabereich. Da ist nichts zu machen, konkretes Geld wird nur mit ganzen Cents bezahlt.

Die Berechnung des Effektivzinses ist eine sehr komplizierte Angelegenheit und wurde in Deutschland erstmalig mit der Preisangabenverordnung (PAngV) von 1985 gesetzlich geregelt. Inzwischen gilt die Preisangabenverordnung von 2010, die den Versuch darstellt, sich internationalen Gepflogenheiten anzupassen. Als Excel-Nutzer haben Sie die Möglichkeit, durch die Funktion *EFFEKTIV* sich wenigstens bis auf geringe Abweichungen weit hinter dem Komma in die Nähe des gesetzlich vorgeschrieben berechneten Effektivzinssatzes zu begeben, im vorliegenden Fall durch

=EFFEKTIV(4,2%;12) = 4,28%

CD-ROM Das Beispiel befindet sich in der Datei *Kap16_Renten- und Tilgungsrechnung.xlsm* im Ordner *\Buch\Kap16* auf der CD-ROM zu diesem Buch. Um die Beispieldatei verwenden zu können, müssen die Makros aktiviert werden.

Damit soll der finanzmathematische Ausflug im Rahmen dieses Handbuchs beendet sein. Nicht besprochen werden können die Funktionen, die für das Teilgebiet der Kursrechnung (Bewertung festverzinslicher Wertpapiere) bereitstehen. Nicht besprochen werden ferner die Funktionen, die der dynamischen Investitionsrechnung zuzuordnen sind. Weggelassen wurden auch die Funktionen, die sich mit Abschreibungsrechnung befassen, da diese nicht unbedingt zur Finanzmathematik zählen und die Excel-Funktionen wegen der deutschen Rechtsprechung auch kaum zu verwenden sind.

Zusammenfassung

Excel hält eine ganze Reihe statistischer Funktionen bereit, mit deren Hilfe Sie Ihre Daten untersuchen können. Immer wieder kommen auch Matrixfunktionen zum Einsatz, mit denen sich spezielle Wünsche erfüllen lassen. Das Add-In *Analyse-Funktionen* erweitert den Funktionsumfang von Excel noch einmal um zusätzliche Assistenten.

Finanzmathematik im »klassischen« Sinn (Zinsrechnung, Zinseszinsrechnung, Rentenrechnung, Tilgungsrechnung, Kursrechnung) ist ein nicht einfaches Spezialgebiet und natürlich gibt es eine Vielzahl an einführender und auch weiterführender Literatur. Dieser Abschnitt konnte also nur den »Ariadne-Faden« legen. Sie haben dabei leistungsstarke Funktionen, die Excel bereithält, kennengelernt. Die Fachliteratur und die Offlinehilfe werden Sie weiter führen.

Kapitel 16 Statistische und finanzmathematische Funktionen einsetzen

Frage	Lösung
Wie kann ich den Mittelwert einer Reihe von Werten ohne Null berechnen?	Indem Sie die Funktion *MITTELWERT* mit der Funktion *WENN* verknüpfen. Wie das geht, steht auf Seite 545.
Wie kann ich bei der Rangberechnung verhindern, dass ein Wert mehrfach vorkommt?	Mit einer Matrixfunktion können Sie diese Aufgabe lösen, schlagen Sie nach auf Seite 550.
Wie kann ich mir eine Übersicht über eine große Zahl an Daten verschaffen?	Reduzieren Sie die Daten dadurch, dass Sie diese in Klassen zusammenfassen. Auf Seite 553 wird dazu die Funktion *HÄUFIGKEIT* verwendet.
Wie kann ich einzelne Regressionskenngrößen ermitteln?	Die Tabellenfunktion *INDEX* kann diese Aufgabe lösen. Das Beispiel dazu finden Sie auf Seite 557.
Welche Möglichkeit habe ich, Zufallszahlen zu berechnen?	Auf Seite 560 werden dazu die Tabellenfunktionen *ZUFALLSZAHL* und *ZUFALLSBEREICH* eingesetzt
Was sind die Grundaufgaben der Finanzmathematik?	Aus dem Zusammenhang zwischen Bar- und Zukunftswert sowie dem Zinssatz, der Laufzeit und möglicher regelmäßiger Kontoveränderungen wird versucht, eine der Größen bei Kenntnis aller anderen zu berechnen. Details finden Sie auf den Seiten 565, 569 und 570.
Was ist unter nachschüssiger bzw. vorschüssiger Verzinsung zu verstehen?	Der Unterschied besteht in der Festlegung, ob Zinsen am Anfang oder am Ende eines Leihvorgangs gezahlt werden. Einzelheiten werden ab Seite 567 besprochen.
Kann man mit Excel Sparvorgänge beurteilen?	Dazu finden Sie zwei Beispiele auf den Seiten 569 und 571
Ist es möglich, Kredite, wie sie bei der Immobilienfinanzierung eine Rolle spielen, in Excel zu bewerten und zu verfolgen?	Eine Einführung in diese Problematik gibt Ihnen das Beispiel auf Seite 572

Teil F

Daten in Diagrammen darstellen

Kapitel 17	Diagramme schnell erstellen und überarbeiten	577
Kapitel 18	Fortgeschrittene Diagrammtechniken einsetzen	609

In diesem Teil geht es um Diagramme. Wenn Sie also Ihre Zahlen und Berechnungsergebnisse effektvoll grafisch darstellen wollen, finden Sie in den Kapiteln dieses Teils einige Anregungen.

Seit Excel 2007 werden Diagramme nicht mehr mithilfe eines Assistenten erstellt. Mit wenigen Mausklicks wird nun ein Standarddiagramm erstellt, dem Sie anschließend ein Layout – also einen Satz von Diagrammelementen wie Datenbeschriftung, Gitternetzlinien usw. – zuweisen. Eine passende Diagrammformatvorlage wählen Sie dann ganz einfach aus einem Katalog aus und stellen damit Farben und Formen ein. Die Livevorschau hält Sie über die Änderungen auf dem Laufenden.

In einem aufbauenden Kapitel zeigen wir spezielle Lösungen und Diagrammfunktionen, welche Ihnen mit Sicherheit Anregungen für Ihre eigene Arbeit geben werden. Wenn Sie etwa ein Diagramm erstellen wollen, das neue Daten automatisch berücksichtigt, oder bestimmte Datenpunkte mit Grafiken versehen oder eine Trendlinie in ein Diagramm zeichnen möchten, ist dieser Teil genau richtig. Sie finden hier ferner Informationen, wie Sie eine Mustervorlage für Diagramme erstellen und verwenden.

Daten in Diagrammen darstellen

Kapitel 17

Diagramme schnell erstellen und überarbeiten

In diesem Kapitel:

Diagramme mit Excel 2010	578
Wichtige Elemente in einem Diagramm	588
Ein Balkendiagramm anlegen	591
Diagramme ausdrucken	592
Anteile im Kreisdiagramm zeigen	592
Daten in ein Liniendiagramm zeichnen	595
Daten im Flächendiagramm zeigen	599
Drei Datenreihen für Blasendiagramme	600
Netzdiagramm fürs Assessment Center	602
Eigene Diagrammvorlage erstellen	605
Zusammenfassung	607

Kapitel 17 Diagramme schnell erstellen und überarbeiten

Neben den Funktionen zum Berechnen und Analysieren ist das Umwandeln von Zahlenmaterial in aussagekräftige Diagramme ein weiteres wichtiges Anwendungsgebiet von Excel.

Der Hauptzweck von Diagrammen ist die schnelle und komprimierte Veranschaulichung von mehr oder weniger großen Informationsmengen. Diese Funktion von Diagrammen hat wachsende Bedeutung, denn angesichts der Informationsflut in allen Bereichen des Lebens wird es zunehmend schwieriger, sich ein Bild über bestimmte Entwicklungen und Situationen zu machen. Hier können Diagramme helfen, Informationen zu verdichteten und verständlichen Aussagen zusammenzufassen.

Nun haben sicher die wenigsten Anwender, die ein Diagramm erstellen sollen, eine grafische Ausbildung. Praktisch, dass Microsoft versucht hat, auch bei der Diagrammerstellung die erforderlichen Schritte zu reduzieren und dem Anwender möglichst schnell zu einem Diagramm zu verhelfen, das seinen Wünschen entspricht.

Die Fragen, die Sie sich stellen müssen, reduzieren sich dabei auf folgende Punkte:

- Welche Daten sollen im Diagramm dargestellt werden?
- Welcher Diagrammtyp soll verwendet werden?
- Welches Diagrammlayout soll angezeigt werden?
- Welche Diagrammformatvorlage soll verwendet werden?
- Welches Design soll angewendet werden?

In diesem Kapitel werden Sie die grundlegenden Techniken für die Erstellung von Diagrammen kennenlernen.

Diagramme mit Excel 2010

Gerade bei Diagrammen hat sich im Vergleich zu den Versionen Excel 2003 und früher doch einiges geändert. Nicht, was die Diagrammtypen angeht, dabei hat sich Microsoft zurückgehalten. Es gibt auch in Excel 2010 keine neuen Diagrammtypen (und damit bleibt jede Menge Spielraum für die nächste Version). Was aber ist es dann?

In Versionen vor Excel 2003 fand der Diagramm-Assistent Verwendung. Viele Anwender haben sich damit eher mühsam durch die verschiedenen Schritte mit unzähligen Einstellmöglichkeiten gearbeitet. Und das, um am Ende vor einem Diagramm zu sitzen, das doch irgendwie ganz anders aussehen sollte. Eine erfreuliche Information für diese Anwendergruppe: Es gibt keinen Diagramm-Assistent mehr.

Profitipp Der Weg über den Assistenten war eigentlich nie wirklich der schnellste Weg. Es gibt einen, der tatsächlich in Sekundenschnelle ein Diagramm erstellt: Nach dem Markieren der Daten für das Diagramm genügt es, die `F11`-Taste zu drücken. Excel erstellt daraufhin ein neues Arbeitsblatt mit einem Standarddiagramm. Wollen Sie dagegen ein Diagramm als Objekt in der aktiven Tabelle einfügen, verwenden Sie die Tastenkombination `Alt`+`F1`.

Neuerungen und Wiederentdecktes

Im Vergleich zur Vorgängerversion hat sich in Excel 2010 in puncto Diagramme nur wenig geändert. Überarbeitet wurde hauptsächlich die Performance, die in Excel 2007 deutlich schlechter war als in früheren Versionen und nun in etwa wieder die früheren Werte erreicht. Auch das mehrfache Neuzeichnen beim Wechsel zwischen verschiedenen Diagrammelementen und beim Blättern in einem Arbeitsblatt mit einem Diagramm wurde reduziert. Alles Dinge, die sich hauptsächlich bei Diagrammen mit einer Vielzahl an Datenpunkten und Beschriftungen bemerkbar machen. Und da sind wir schon bei einer wirklichen Neuerung: Die Grenze von 32.000 Datenpunkten für die Darstellung in 2D-Diagrammen wurde in Excel 2010 aufgehoben, sie ist nun lediglich durch den verfügbaren Speicher begrenzt.

Wiederentdeckt hat Microsoft den Doppelklick, mit dem Sie nun wieder schnell das Dialogfeld zum Formatieren von Diagrammelementen aufrufen können. Außerdem können Sie nun wieder Füllmuster zuweisen und damit z. B. in Säulendiagrammen auch auf einem Schwarz-Weiß-Drucker deutlich differenzierbare Daten darstellen. Beides war in Versionen Excel 2003 und früher bereits möglich, aber in Excel 2007 nicht verfügbar.

Die Befehlsgruppe *Diagramme*

Ausgangspunkt für die Erstellung eines Diagramms mit Excel 2010 ist die Registerkarte *Einfügen* im Menüband. Dort sind in der Gruppe *Diagramme* (siehe Abbildung 17.1) die wichtigsten Diagrammtypen mit einem eigenen Befehl vertreten. Alle anderen Diagrammtypen werden im Befehl *Weitere* zusammengefasst. Klicken Sie einen Befehl an, werden die Untertypen in einem Katalog angeboten (siehe Abbildung 17.3).

Abbildg. 17.1   Diagramme, die nicht einer der sechs Hauptgruppen zugeordnet wurden, sind über die Gruppe *Weitere* zu erreichen

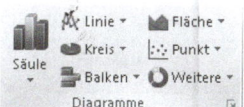

Am Ende eines jeden Katalogs finden Sie die Option *Alle Diagrammtypen*, mit der Sie das Dialogfeld *Diagramm einfügen* aufrufen (Abbildung 17.2). Dort sind alle verfügbaren Diagramme in Kategorien zusammengefasst. Sie können mit der Bildlaufleiste durch das Angebot blättern oder durch Ändern der Kategorie die jeweilige Gruppe aktivieren. Ein Doppelklick auf eine Diagrammvorlage erstellt ein Diagramm auf Basis dieser Vorlage.

Beim Öffnen des Dialogfelds *Diagramm einfügen* ist die Vorlage aktiv, welche als Standarddiagrammvorlage eingestellt ist. Wie Sie eine eigene Vorlage erstellen und daraus die Standarddiagrammvorlage machen, erfahren Sie im Abschnitt »Eigene Diagrammvorlage erstellen« auf Seite 605.

Kapitel 17 Diagramme schnell erstellen und überarbeiten

Abbildg. 17.2 Um sich einen Überblick über alle verfügbaren Diagrammtypen zu verschaffen, ist dieses Dialogfeld gut geeignet

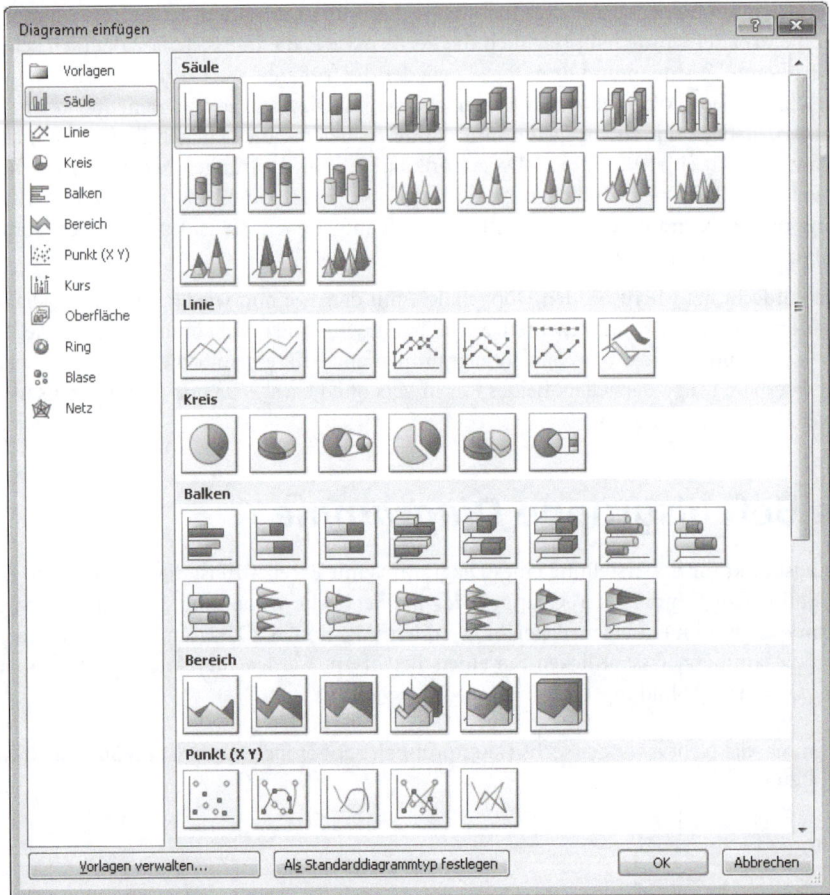

Im Folgenden sollen einige der am häufigsten verwendeten Diagrammtypen gezeigt werden. Weil die Erstellung der einzelnen Diagrammtypen nahezu identisch ist, wird diese nur beim ersten Diagramm schrittweise erklärt. Ansonsten werden für den jeweiligen Diagrammtyp spezifische Einstellungen vorgestellt.

Werte als Säulen darstellen

Als erstes Beispiel soll der wohl am häufigsten verwendete Diagrammtyp erstellt werden. Führen Sie die folgenden Schritte aus, um ein Säulendiagramm zu erstellen:

1. Öffnen Sie die Datei mit den Daten oder tragen Sie neue Daten in eine Tabelle ein.
2. Aktivieren Sie eine beliebige Zelle im Datenbereich.
3. Aktivieren Sie im Menüband die Registerkarte *Einfügen*.
4. Klicken Sie in der Gruppe *Diagramme* auf den Pfeil im Befehl *Säule*.

Abbildg. 17.3   Die Untertypen für die Erstellung eines Säulendiagramms

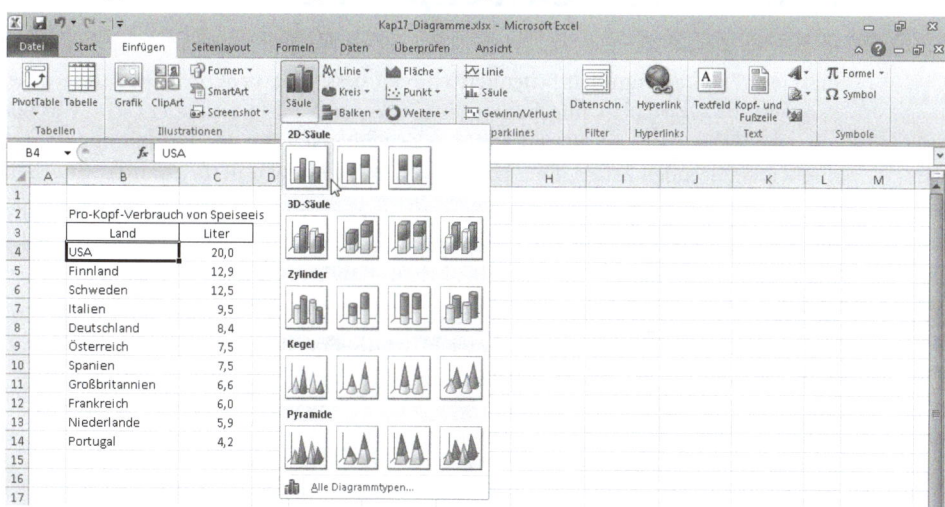

5. Excel öffnet den Katalog für diesen Diagrammtyp.
6. Wählen Sie die Option *Gruppierte Säulen*, das erste Diagramm in der Gruppe *2D-Säule* (siehe Abbildung 17.3).

Damit ist das Diagramm erstellt, vielleicht hat es noch nicht ganz das gewünschte Aussehen, aber mit nur wenigen Mausklicks haben Sie es wirklich schnell erstellt. Und Sie werden sehen, auch das Anpassen lässt sich ganz einfach erledigen.

Abbildg. 17.4   Mit wenigen Mausklicks ist das Diagramm in der Rohfassung fertig

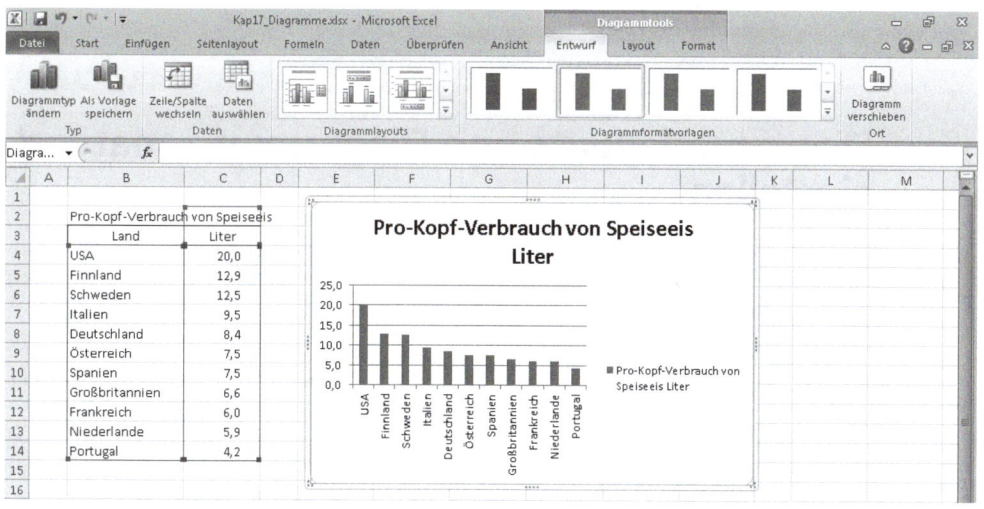

CD-ROM   Diese Lösung finden Sie im Arbeitsblatt *Säulen* in der Arbeitsmappe *Kap17.xlsx* auf der CD-ROM zum Buch im Ordner *\Buch\Kap17*.

Den Datenbereich anpassen

Ist das Diagramm mit den zuvor beschriebenen Schritten erstellt, sind die Daten und das Diagramm markiert. Excel erkennt den Datenbereich oder besser versucht, den Bereich zu erkennen. Je nachdem, wie Ihr Arbeitsblatt aufgebaut ist, ist der Versuch erfolgreich oder nicht. War bei der Erstellung nur eine Zelle aktiv, erweitert Excel den Datenbereich für das Diagramm auf die umliegenden, direkt angrenzenden Zellen. Eine Leerzeile oder Leerspalte unterbricht diese Erweiterung.

Um den Datenbereich für das Diagramm zu ändern, ziehen Sie bei aktivem Diagramm an den Eckpunkten der Markierungen, die Excel im Arbeitsblatt zeigt. Genau wie beim Erstellen von Formeln mit Bezügen wird der Datenbereich bei jedem Aktivieren eines Diagrammobjekts hervorgehoben.

In Kapitel 18 finden Sie ein Beispiel, das eine »Tabelle« verwendet, um daraus ein Diagramm zu erstellen. Dabei wird der Tabellenbereich für die Erstellung des Diagramms korrekt erkannt und neue Daten werden automatisch berücksichtigt.

Abbildg. 17.5 Datenbereich durch Ziehen mit der Maus anpassen

	A	B	C	D
1				
2		Pro-Kopf-Verbrauch von Speiseeis		
3		Land	Liter	
4		USA	20,0	
5		Finnland	12,9	
6		Schweden	12,5	
7		Italien	9,5	
8		Deutschland	8,4	
9		Österreich	7,5	
10		Spanien	7,5	
11		Großbritannien	6,6	
12		Frankreich	6,0	
13		Niederlande	5,9	
14		Portugal	4,2	
15				

Diagrammlayouts und Diagrammformatvorlage einstellen

Mit dem Erstellen des Diagramms werden die *Diagrammtools* eingeblendet. Dabei handelt es sich um drei kontextbezogene Registerkarten, die Sie bei der Anpassung und Bearbeitung des Diagramms unterstützen.

Die grundlegenden Einstellungen werden auf der Registerkarte *Entwurf* angeboten (siehe Abbildung 17.4). In der Gruppe *Diagrammlayouts* finden Sie einige vordefinierte Layouts. Darunter ist ein Satz an Einstellungen (z.B. mit/ohne Überschrift, mit/ohne Gitternetzlinien usw.) zu verstehen, die Sie mit nur wenigen Mausklicks aus dem Katalog auf das aktive Diagramm übertragen können. Blättern Sie mit den beiden oberen Schaltflächen am rechten Rand der Befehlsgruppe *Diagrammlayouts* oder öffnen Sie den Katalog mit der unteren Schaltfläche (*Weitere*). Die Diagrammlayouts enthalten je nach aktivem Diagrammtyp unterschiedliche Layouts.

Abbildg. 17.6 Über vordefinierte Diagrammlayouts wählen Sie die anzuzeigenden Diagrammelemente aus

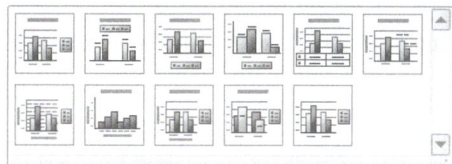

Gleiches gilt für die Diagrammformatvorlagen. Hier werden die unterschiedlichen Vorlagen ebenfalls über die Auswahl in einem Katalog übertragen. Für die Anwender, die häufig Diagramme in einer PowerPoint-Präsentation verwenden, sind Diagrammformatvorlagen mit schwarzem Hintergrund vorhanden.

Abbildg. 17.7 Über die Diagrammformatvorlage wählen Sie die Voreinstellung für Farben und Formen

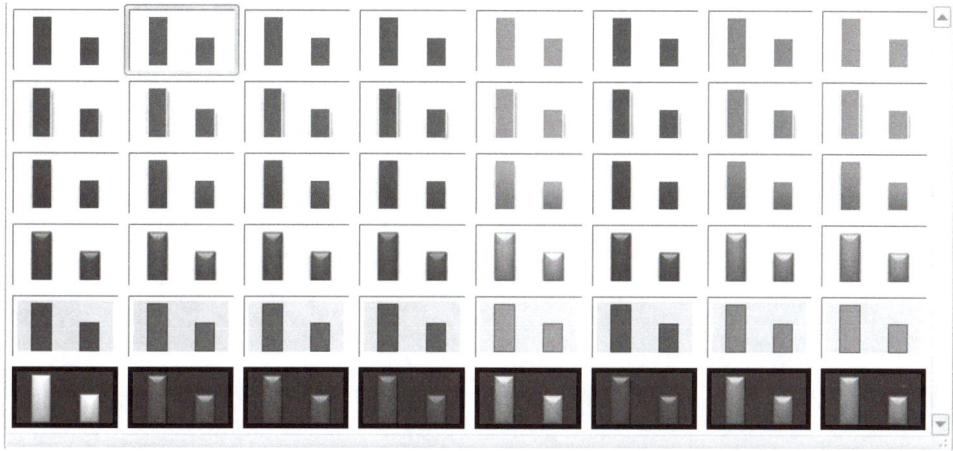

Diagrammformatvorlagen stehen in direkter Beziehung zu den Designs einer Arbeitsmappe. Ändern Sie das Design einer Tabelle über den Befehl *Designs* auf der Registerkarte *Seitenlayout*, ändern sich die verfügbaren Designs für Diagramme. Bestehende Diagramme werden an das neue Design angepasst. Ändert sich die Firmenvorgabe, ist nur eine Änderung am Design notwendig, Tabellen und Diagramme werden automatisch angepasst.

WICHTIG Wird das Diagramm in eine andere Arbeitsmappe kopiert, erhält das Diagramm das Design der Zielmappe.

Mehr zu Designs erfahren Sie in Kapitel 11.

Layout für einzelne Diagrammelemente einstellen

Während die Einstellung *Diagrammlayouts* auf der Registerkarte *Entwurf* einen ganzen Satz an Einstellungen zum Layout anwendet, können Sie auf der Registerkarte *Layout* ganz gezielt einzelne Diagrammelemente anzeigen bzw. ausblenden oder eine Einstellung wählen.

Sie müssen nicht mehr umständlich die einzelnen Diagrammobjekte markieren und dann die Einstellungen ändern. Ganz komfortabel schalten Sie die Anzeige der Diagrammelemente ein und wählen dabei gleich das Anzeigeformat aus.

Abbildg. 17.8   Auf der Registerkarte *Layout* gibt es für die meisten Diagrammelemente unterschiedliche Anzeigeoptionen

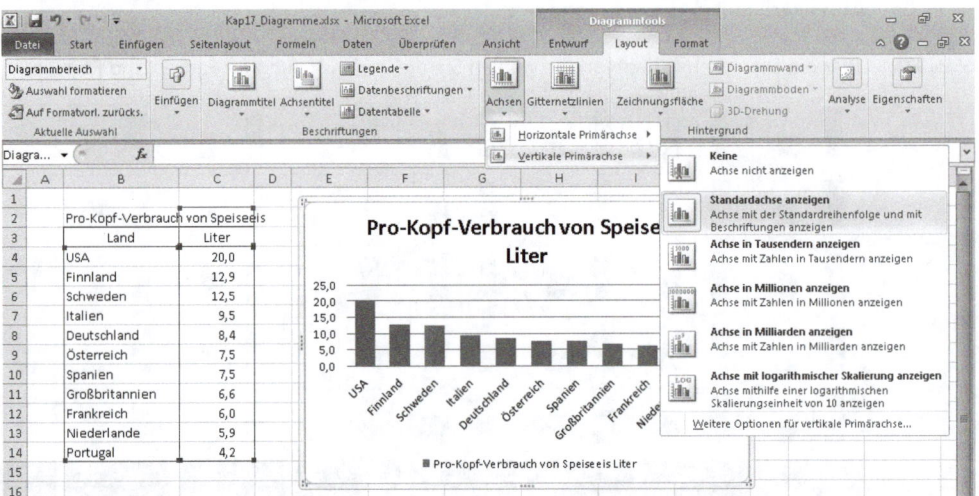

Die Befehle der Befehlsgruppen *Beschriftungen, Achsen* und *Hintergrund* stellen die jeweiligen Optionen in Auswahllisten zur Verfügung (siehe Abbildung 17.8). Diese Kataloge enthalten die am häufigsten verwendeten Optionen. Ist die gesuchte Einstellung nicht dabei, bringt Sie der am Ende jeder Liste angebotene Befehl *Weitere* zu einem Dialogfeld mit den Formatoptionen des jeweiligen Diagrammelements.

Die Befehlsgruppe *Aktuelle Auswahl*, die auch auf der Registerkarte *Format* zu finden ist, enthält ganz oben ein Listenfeld mit den Elementen des Diagramms. Wenn Ihnen die Auswahl eines Diagrammelements mit der Maus zu umständlich ist oder Sie das Element ausgeblendet haben, aktivieren Sie das Diagrammelement über diese Auswahlliste.

Der Befehl *Auswahl formatieren* zeigt das Dialogfeld zum Formatieren des markierten Elements an. Bieten die direkt verfügbaren Befehle der Registerkarte *Layout* nicht die gewünschte Einstellung, ist dieser Befehl die erste Wahl.

Der Befehl *Auf Formatvorl. zurücks.* wendet die ursprüngliche Formatvorlage erneut an. Dieser Befehl verwirft für das aktuell ausgewählte Element ohne Sicherheitsabfrage alle Formatierungen, die nachträglich durchgeführt wurden.

Diagramme mit Excel 2010

TIPP Die Schaltfläche *Rückgängig* in der Symbolleiste für den Schnellzugriff ist auch hier ein guter Helfer, wenn Sie versehentlich umfangreiche Formatierungen entfernt haben.

Der Befehl *Analyse* steht nur für ausgewählte Diagrammtypen zur Verfügung und blendet z. B. Trendlinien, Spannweitenlinien oder Fehlerindikatoren ein. Wie Sie eine Trendlinie in ein Diagramm einfügen, erfahren Sie in Kapitel 18.

Der Befehl *Eigenschaften* bzw. die gleichnamige Gruppe zeigt den Namen des Diagrammobjekts an, den Sie durch Überschreiben ganz einfach ändern können.

Diagrammformat anpassen

Mit Diagrammformatvorlagen weisen Sie einem Diagramm über einen Katalog schnell eine ganze Reihe von Formateinstellungen zu. Die einzelnen Einstellungen können auf der Registerkarte *Format* mit den Befehlen der Gruppen *Formenarten* und *WordArt-Formate* angepasst werden. Das Listenfeld *Diagrammelemente* erleichtert auch hier die gezielte Auswahl der Diagrammelemente und stellt eine Alternative zur Markierung mit der Maus dar.

Abbildg. 17.9 Die beiden Registerkarten *Layout* und *Format* enthalten die Befehlsgruppe *Aktuelle Auswahl*

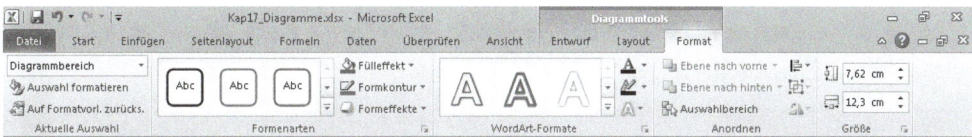

Befehle für die Bearbeitung von Diagrammobjekten finden Sie in den Gruppen *Anordnen* und *Größe*. *Auswahlbereich* zeigt den Aufgabenbereich *Auswahl und Sichtbarkeit* an, ein weiterer Mausklick blendet diesen wieder aus. Hier können Sie eingebettete Diagrammobjekte und andere Objekte (z. B. Formen, Datenschnitte usw.)

- auswählen, um diese zu markieren,
- mit einem weiteren Klick den Namen überschreiben,
- das ausgewählte Objekt aus-/einblenden.

Die vorhandenen Diagrammformatvorlagen passen nicht?

Sind die von Ihnen gesuchten Diagrammformatvorlagen nicht dabei, überlegen Sie doch, ob es nicht vielleicht doch sinnvoll ist, Microsoft bestimmte Informationen zur Verfügung zu stellen. Microsoft wertet die von Benutzern eingesandten Vorlagen aus und versucht, die Wünsche umzusetzen. Wenn sich die Anwender aus Deutschland wenig an solchen Aktionen beteiligen, ist die Konsequenz, dass deren bevorzugte Darstellung keine Berücksichtigung findet. Die Teilnahme am Programm zur Verbesserung der Benutzerfreundlichkeit wird in USA sicherlich besser angenommen als in Deutschland, wo es deutlich mehr Vorbehalte (zugegeben auch unter den Autoren) gegenüber der Übermittlung von Daten an Dritte gibt. Mehr zu diesem Programm erfahren Sie in der Hilfe unter *Teilnehmen am Programm zur Verbesserung der Benutzerfreundlichkeit*.

Diagrammtyp ändern

So leicht wie ein Diagramm erstellt werden kann, so einfach ist es auch, einen Diagrammtyp zu ändern. Sie müssen dazu nur die folgenden Schritte ausführen:

1. Aktivieren Sie das Diagramm.
2. Aktivieren Sie im Menüband in den kontextbezogenen *Diagrammtools* die Registerkarte *Entwurf*.

3. Wählen Sie in der Gruppe *Typ* den Befehl *Diagrammtyp ändern*.
4. Im Dialogfeld *Diagrammtyp ändern* wählen Sie das gewünschte Diagramm, z.B. *Gestapelte Säule (100%)* aus.
5. Schließen Sie das Dialogfeld mit *OK*.

In der Abbildung 17.10 sehen Sie, dass Excel bei gestapelten Säulen die Werte der Datentabelle in Prozentwerte umrechnet und damit einen Vergleich der Kostenstrukturen ermöglicht.

Abbildg. 17.10 Statt der Gesamtkosten werden im zweiten Diagramm die Anteile der Kategorien an den Gesamtkosten gezeichnet

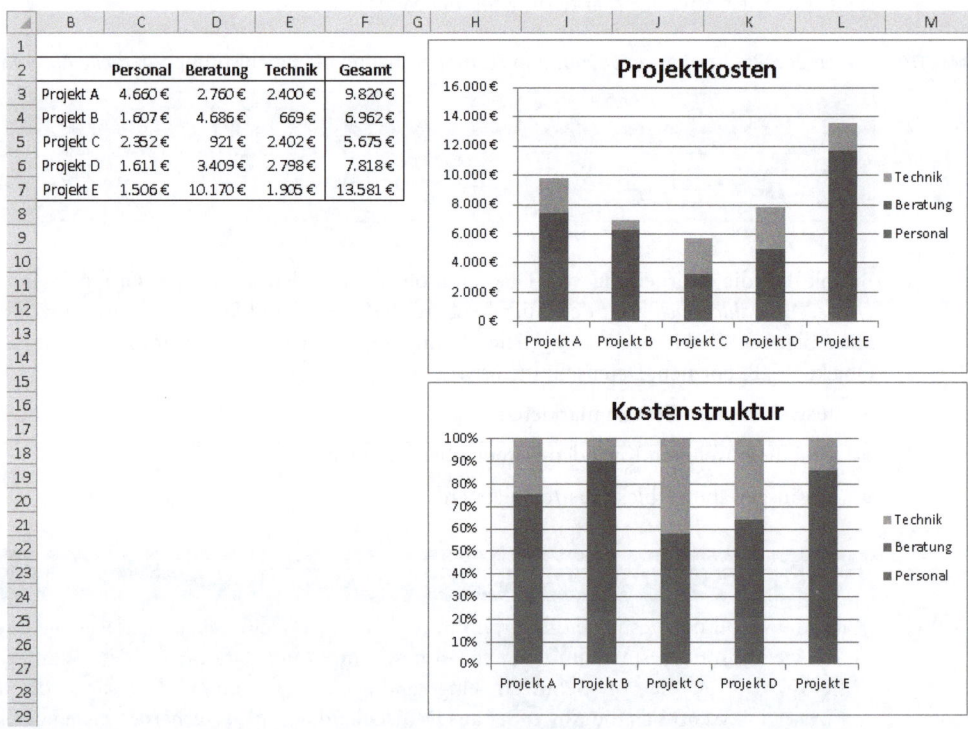

> **CD-ROM** Die beiden Beispiele finden Sie im Arbeitsblatt *Gestapelte Säulen* auf der CD-ROM zum Buch im Ordner *\Buch\Kap17* in der Arbeitsmappe *Kap17.xlsx*.

Wie Sie ein Diagrammobjekt kopieren, erfahren Sie im Abschnitt »Diagramm in eine andere Arbeitsmappe kopieren« ab Seite 604.

Feinarbeiten erledigen

Wenn die angebotenen Vorlagen nicht zum gewünschten Ergebnis führen, können Sie über zusätzliche Dialogfelder ganz gezielt weitere Anpassungen vornehmen:

- Klicken Sie dazu bei aktivem Diagramm auf der Registerkarte *Layout* oder *Format* den Befehl *Auswahl formatieren* an oder

- klicken Sie ein beliebiges Diagrammelement mit der rechten Maustaste an und wählen Sie den letzten Befehl im Kontextmenü (*<Diagrammelement> formatieren*, wobei »Diagrammelement« für das aktive Diagrammobjekt steht) oder

- führen Sie einen Doppelklick auf das Diagrammelement aus, das formatiert werden soll. Nachdem diese Möglichkeit in Excel 2007 nicht verfügbar war, ist dieser schnelle Zugriff wieder möglich.

Für die *Y-Achse* wird das folgende Dialogfeld angezeigt.

Abbildg. 17.11 Feintuning: Im Dialogfeld *Achse formatieren* sind alle Optionen in Kategorien übersichtlich sortiert

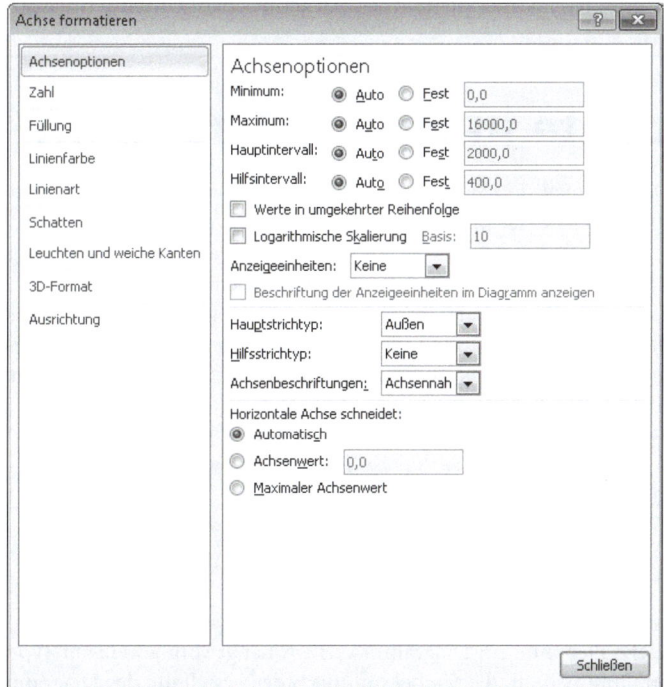

TIPP Immer wenn der gesuchte Befehl nicht auf den ersten Blick zu finden ist, sollten Sie auch bei den Arbeiten am Diagramm an das Kontextmenü (rechte Maustaste) denken. Klicken Sie beispielsweise in der Registerkarte *Entwurf* des Menübands mit der rechten Maustaste auf die *Diagrammformatvorlagen*, können Sie wählen, ob Sie die Formatänderungen an einem Diagramm behalten wollen oder ob die Formatvorlage übernommen werden soll.

Kapitel 17 Diagramme schnell erstellen und überarbeiten

Abbildg. 17.12   Kontextmenü der Befehlsgruppe *Diagrammformatvorlagen*

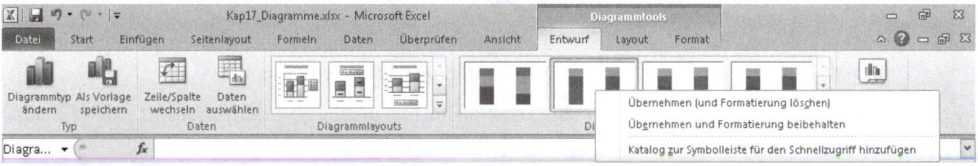

Eine wirklich praktische Tatsache ist, dass Sie bei geöffnetem Dialogfeld zum Formatieren andere Diagrammelemente auswählen können. Das Dialogfeld zeigt dann die für die neue Auswahl verfügbaren Einstellungen zur Formatierung. Es ist also nicht erforderlich, umständlich ein Element zu markieren, Einstellungen im Dialogfeld vorzunehmen, dieses zu schließen und nach Änderungen an der Markierung diese Aktionen erneut durchzuführen. Jede Änderung im Dialogfeld wird überdies sofort auf das Diagramm angewandt.

Profitipp   Mit der Taste F4 können Sie die zuletzt eingestellte Formatierung auf eine neue Auswahl übernehmen.

Wichtige Elemente in einem Diagramm

Beim Bearbeiten von Diagrammen sind Sie als Anwender mit einer Vielzahl von einzelnen Elementen konfrontiert und nicht immer ist es leicht, sich in den Begriffen für diese Elemente zurechtzufinden. Doch hier gibt es eine Hilfestellung: Immer, wenn Sie mit der Maus auf ein beliebiges Objekt in Ihrem Diagramm klicken, wird der Namen des markierten Elements im Listenfeld *Diagrammelemente* auf den Registerkarten *Layout* und *Format* angezeigt. Wenn Sie den Mauszeiger über ein Objekt bewegen, erhalten Sie eine QuickInfo, welches Objekt Sie gerade anvisieren. Diese Funktion wird über die Excel-Optionen in der Kategorie *Erweitert* im Abschnitt *Diagramm* gesteuert.

Abbildg. 17.13   Wählen Sie die Elemente eines Diagramms über das Listenfeld aus, um Sie zu bearbeiten

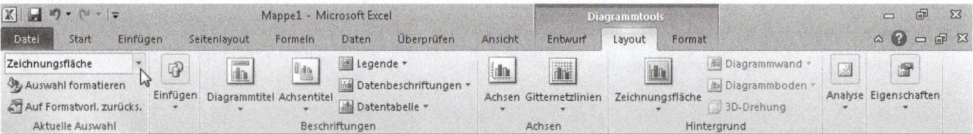

Über wie viele und welche Elemente ein Diagramm verfügt, hängt vom jeweiligen Typ und Untertyp, aber auch von den Optionen ab, die Sie bei und nach der Erstellung des Diagramms gewählt haben. Die Abbildung 17.14 zeigt die wichtigsten Diagrammelemente im Überblick.

Wichtige Elemente in einem Diagramm

Abbildg. 17.14 Die wichtigsten Diagrammelemente am Beispiel eines 3D-Diagramms

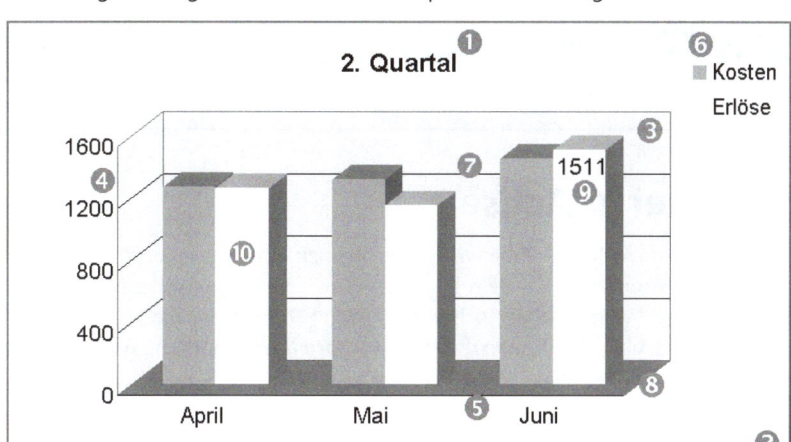

Tabelle 17.1 Beschreibung der wichtigsten Diagrammelemente

Nummer in Abbildung 17.14	Objekt	Beschreibung
1	Diagrammtitel	Dies ist die Überschrift des Diagramms
2	Diagrammbereich	Der gesamte Hintergrund des Diagramms
3	Zeichnungsfläche	Hier werden die in der Tabelle markierten Daten grafisch wiedergegeben
4	Vertikal (Kategorie) Achse oder Größenachse	Ordinatenachse oder Hochachse mit oder ohne Beschriftung
5	Horizontal (Wert) Achse oder Rubrikenachse	Abszisse oder Rechtsachse mit oder ohne Beschriftung
6	Legende	Dynamische Beschreibung für die Datenreihen
7	Gitternetzlinien	Raster als Leselinie für die horizontale und/oder vertikale Achse
8	Boden (bei 3D-Diagrammen)	Boden, von dem aus sich die Säulen erheben
9	Datenbeschriftung	Dynamische Beschriftung für die Werte einer Datenreihe

Tabelle 17.1 Beschreibung der wichtigsten Diagrammelemente *(Fortsetzung)*

Nummer in Abbildung 17.14	Objekt	Beschreibung
10	Datenreihen	Ein oder mehrere Reihen, Datenpunkte o. ä. als grafische Darstellung der Werte

Größen oder Y-Achse

Die Y-Achse enthält normalerweise die Größenangaben zu einem Diagramm. Der dabei angezeigte Wertebereich wird automatisch aus dem höchsten und niedrigsten Wert der markierten Daten in Ihrer Tabelle ermittelt. Wenn Sie die Achse markieren, können Sie die anzuzeigende Werteskala jedoch im Nachhinein über den Kontextbefehl *Achse formatieren* ändern. Wechseln Sie dazu in die Kategorie *Achsenoptionen* des Dialogfelds *Achse formatieren*.

Mit der Aktivierung des Kontrollkästchens *Werte in umgekehrter Reihenfolge* legen Sie fest, dass die Rubrikenachse nicht am unteren, sondern am oberen Rand des Diagramms angeordnet wird. Das Kontrollkästchen *Logarithmische Skalierung* benötigen Sie dann, wenn Zahlen mit sehr großen Wertunterschieden darzustellen sind.

Zahlenformat der Größenachse ändern

Nicht selten kommt es vor, dass die Beschriftung der Werte an der Größenachse zu lang sind und daher das Diagramm in seiner Breite beschränken. Das Zahlenformat der Werte in der Größenachse ergibt sich aus den markierten Daten in Ihrer Tabelle. Während in der Tabelle oft noch eine genaue Darstellung der Zahlen einschließlich der Nachkommastellen wünschenswert ist, wirkt das Anzeigen von Nachkommastellen in Diagrammen in der Regel eher störend.

So ändern Sie das Zahlenformat für die Größenachse im Diagramm:

1. Markieren Sie die Größenachse und klicken Sie in der Registerkarte *Layout* in der Befehlsgruppe *Aktuelle Auswahl* auf die Schaltfläche *Auswahl formatieren*.
2. Aktivieren Sie im Dialogfeld *Achse formatieren* die Registerkarte *Zahl*.
3. Wählen Sie dort in der Kategorie *Benutzerdefiniert* rechts in der Liste ein Format ohne Dezimalstellen aus oder fügen Sie ein Format hinzu und schließen Sie das Dialogfeld mit *OK*.

Eingebettete Diagramme ausrichten

Um ein in einer Tabelle platziertes Diagramm an bestimmten Zellen auszurichten, gibt es hilfreiche Tasten. Wenn Sie bei der Änderung der Größe eines Diagramms (also dem Ziehen an den schwarzen Ziehpunkten bei aktiviertem Diagramm) die `Alt`-Taste gedrückt halten, wird das Diagramm exakt an den darunterliegenden Zellen ausgerichtet. Mit der `⇧`-Taste können Sie bei der Größenänderung das Seitenverhältnis beibehalten, d. h. Breite und Höhe des Diagramms werden im gleichen Verhältnis geändert.

Soll das Diagramm entlang der horizontalen oder vertikalen Ausrichtung verschoben werden, markieren Sie das Diagramm so, dass die Ziehpunkte sichtbar sind. Halten Sie dann die `⇧`-Taste gedrückt und ziehen Sie das Diagramm mit der Maus in die vorgesehene Richtung. Das Diagramm lässt sich dann nur entlang der zuerst gewählten Achse verschieben.

Ein Balkendiagramm anlegen

Im folgenden Beispiel sollen die Kosten verschiedener Projekte in einem Balkendiagramm verglichen werden.

CD-ROM   Diese Lösung finden Sie im Arbeitsblatt *Balken* in der Arbeitsmappe *Kap17.xlsx* auf der CD-ROM zum Buch im Ordner *\Buch\Kap17*.

Gehen Sie wie folgt vor:
1. Markieren Sie den Bereich *B2:C7* (sonst wird auch die Gesamtsumme als Datenreihe gezeichnet, alternativ können Sie den Datenbereich nach Erstellung des Diagramms anpassen).
2. Auf der Registerkarte *Einfügen* im Menüband wählen Sie in der Gruppe *Diagramme* den Befehl *Balken* und klicken auf das erste Symbol *Gruppierte Balken*.

Abbildg. 17.15   Das Standardbalkendiagramm (*Rohfassung*) ist mit wenigen Mausklicks erstellt und wird mit geringem Aufwand lesbarer (*Überarbeitet*)

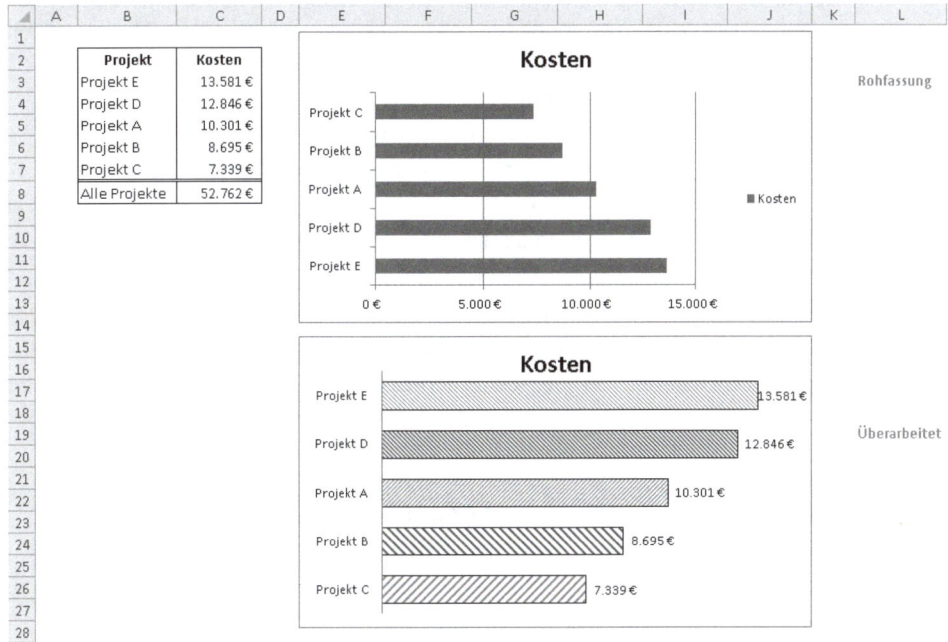

Das Diagramm wird nun wie folgt angepasst:
1. Ändern Sie auf der Registerkarte *Entwurf* zunächst das Diagrammlayout auf *Layout 2*. Damit wird z. B. die Datenbeschriftung angezeigt.
2. Um die Anzeige der Datenreihe umzudrehen, markieren Sie die Y-Achse und wählen im Kontextmenü den Befehl *Achse formatieren*.
3. Wechseln Sie in die Kategorie *Achsenoptionen* und aktivieren Sie das Kontrollkästchen *Kategorien in umgekehrter Reihenfolge*. Die Livevorschau zeigt sofort das aktualisierte Diagramm.
4. Das Dialogfeld zum Formatieren lassen Sie geöffnet und markieren die Datenreihe.

5. Das Dialogfeld ändert die Beschriftung in *Datenreihen formatieren* und passt die verfügbaren Einstellungen an. Wechseln Sie in die Kategorie *Füllung* und aktivieren Sie das Kontrollkästchen *Punktfarbunterscheidung*.
6. Schließen Sie nun das Dialogfeld.

> **TIPP** Auf der Registerkarte *Füllung* können Sie über die Option *Musterfüllung* zur besseren Unterscheidung jeder Datenreihe ein Muster zuweisen. Diese Möglichkeit wurde in Excel 2007 schmerzlich vermisst und ist nun (wieder) verfügbar.

Diagramme ausdrucken

Wollen Sie ein Diagramm zu Papier bringen, müssen Sie zunächst entscheiden

- ob das Diagramm zusammen mit den Daten oder
- separat gedruckt werden soll.

Ist eine Zelle aktiv und Sie wählen einen Druckbefehl, wird üblicherweise das Arbeitsblatt und die darauf gezeichneten Diagramme gedruckt. Sie können allerdings für Diagrammobjekte einstellen, dass diese nicht mit der Tabelle gedruckt werden. Gehen Sie dazu wie folgt vor:

1. Aktivieren Sie das Diagramm.
2. Wechseln Sie im Menüband zur Registerkarte *Format*.
3. Wählen Sie das Startprogramm für Dialogfelder in der Gruppe *Größe*.
4. Aktivieren Sie im Dialogfeld *Diagrammbereich formatieren* die Kategorie *Eigenschaften*.
5. Deaktivieren Sie das Kontrollkästchen *Objekt drucken*.

Damit wird das Diagrammobjekt nicht mehr mit der Tabelle gedruckt, Sie können es aber weiterhin drucken, wenn Sie es zuvor aktivieren.

Ist ein Diagramm aktiv, führt der Befehl *Datei/Drucken* zur Anzeige dieses Diagramms in der Backstage-Ansicht und ein entsprechendes Druckkommando druckt ausschließlich dieses Diagramm, auch wenn dieses nicht als eigenständiges Arbeitsblatt, sondern auf einer Tabelle angezeigt wird.

Anteile im Kreisdiagramm zeigen

Auch das Erstellen eines Kreisdiagramms wird über die Befehle auf der Registerkarte *Einfügen* bzw. im Dialogfeld *Diagramm einfügen* erledigt. Erstellen Sie ein Kreisdiagramm und weisen Sie diesem anschließend das erste Diagrammlayout zu. Mit einem einzigen Befehl werden damit folgende Änderungen am Diagramm durchgeführt:

- Eine Beschriftung wird angezeigt
- Der Anteil der einzelnen Segmente wird in Prozent angezeigt
- Die Legende wird entfernt

Abbildg. 17.16   Experimentieren Sie doch einmal mit den verschiedenen Diagrammlayouts

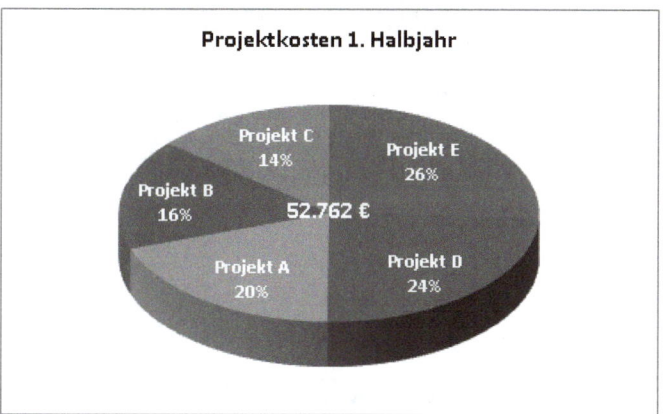

CD-ROM   Diese Lösung finden Sie im Arbeitsblatt *Kreis* in der Arbeitsmappe *Kap17.xlsx* auf der CD-ROM zum Buch im Ordner *\Buch\Kap17*.

Kreissegmente hervorheben

Um einzelne Segmente in einem Kreisdiagramm hervorzuheben, können diese nicht nur formatiert, sondern auch aus dem Kreis herausgelöst werden:

- Möchten Sie ein einzelnes Segment separat markieren, klicken Sie es nacheinander zweimal an (**kein** Doppelklick!). Beim ersten Klick werden alle Segmente markiert, beim zweiten wird nur das angeklickte Segment aus der Gruppe markiert. Diese Markierungsmethode gilt auch für alle anderen Diagramme. Einem einzelnen Segment (Datenpunkt) können Sie individuell Farben, Linien und Beschriftungen zuweisen.

- Soll ein Segment besonders hervorgehoben werden, besteht die Möglichkeit, es aus dem Kreis herauszuziehen. Markieren Sie dazu das gewünschte Segment und ziehen Sie es mit gedrückter linker Maustaste um wenige Millimeter aus dem Kreis heraus.

- Eine andere Möglichkeit, ein Segment hervorzuheben, besteht darin, dieses an die obere Position im Kreis zu rücken

Um die Position des ersten Segments festzulegen, gehen Sie wie folgt vor:

1. Markieren Sie ein Segment oder alle Segmente.
2. Aktivieren Sie im Menüband die Registerkarte *Diagrammtools/Layout*.
3. Wählen Sie in der Gruppe *Aktuelle Auswahl* den Befehl *Auswahl formatieren*.
4. Im Dialogfeld *Datenpunkt formatieren* stellen Sie den *Winkel des ersten Segments* über den Schieberegler oder durch Eingabe des Zahlenwerts ein.
5. Um ein Kreissegment zusätzlich freizustellen, ziehen Sie den Schieberegler *Punktexplosion* in Richtung *Getrennt*. Dadurch wird das Segment weiter von den übrigen Elementen entfernt.

Kapitel 17 Diagramme schnell erstellen und überarbeiten

Abbildg. 17.17   Kreissegmente werden über Schieberegler positioniert

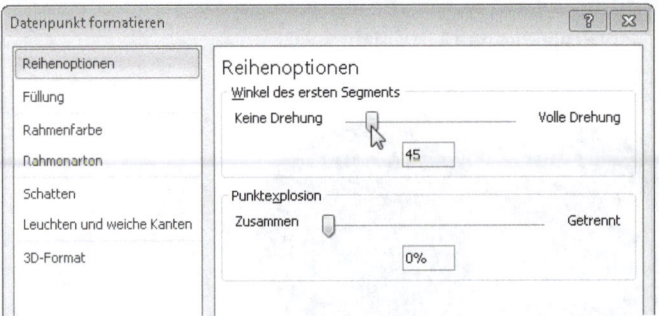

Zusatzinformationen aus Tabellen im Diagramm zeigen

Häufig sollen als Kommentierung einzelner Datenpunkte noch zusätzliche Informationen in ein Diagramm übernommen werden, die in irgendeiner Zelle Ihrer Tabelle stehen. Sie können diese Zelle jedoch bei der Markierung der Diagrammdaten selbst nicht mit einbeziehen.

Beispiele dafür wären ein Datum bzw. der Durchschnitt, Höchst- oder Tiefstwert einer Datenreihe oder die Gesamtkosten wie in Abbildung 17.16. Eine mögliche Lösung wäre, diese Informationen als feste Werte in ein Textfeld zu schreiben. Bei einer Änderung der Daten würde dann zwar das Diagramm, nicht aber der Wert im Textfeld angepasst.

Sinnvoller ist es, solche Informationen im Diagramm dynamisch mit dem Wert der Zelle zu verknüpfen. Gehen Sie dazu folgendermaßen vor:

1. Markieren Sie das Diagramm.
2. Aktivieren Sie im Menüband die Registerkarte *Diagrammtools/Layout* und wählen Sie in der Gruppe *Einfügen* den Befehl *Textfeld*.
3. Geben Sie in der Bearbeitungsleiste (nicht im Textfeld) ein Gleichheitszeichen »=« ein.
4. Klicken Sie dann mit der Maus auf die Zelle in Ihrer Tabelle, welche die gewünschte Zahl oder den Text enthält. Nun überträgt Excel den Namen des Arbeitsblatts und die gewählte Zelladresse in die Bearbeitungsleiste.
5. Schließen Sie mit der ⏎-Taste ab.

Als Ergebnis erhalten Sie etwa in der Mitte Ihres Diagramms ein frei platzierbares Textfeld, das Sie nun an die gewünschte Position ziehen können.

> **TIPP**   Einen Diagrammtitel können Sie auf die gleiche Weise erstellen und dynamisch mit der Tabellenüberschrift verbinden.

Daten in ein Liniendiagramm zeichnen

In der nachfolgenden Aufgabe soll es darum gehen, die Umsatzentwicklung bei Produkten aufzuzeigen. Dabei sollen drei Auswertungsmöglichkeiten optisch verdeutlicht werden:

- Eine Aussage über die Entwicklung des Umsatzes bei jedem einzelnen Produkt (insgesamt sinkend, steigend, stagnierend oder wechselhaft?)
- Ein Vergleich der Umsatzkurven zueinander (erfolgen beispielsweise Steigerungen zeitgleich oder zeitlich versetzt oder völlig unabhängig voneinander?)
- Eine Gegenüberstellung der Umsatzvolumina (welches Produkt bringt den meisten, welches den geringsten Umsatz?)

Alle Daten sollen zunächst in einem Liniendiagramm dargestellt werden.

Abbildg. 17.18 Zeitreihe für die Darstellung in verschiedenen Diagrammen

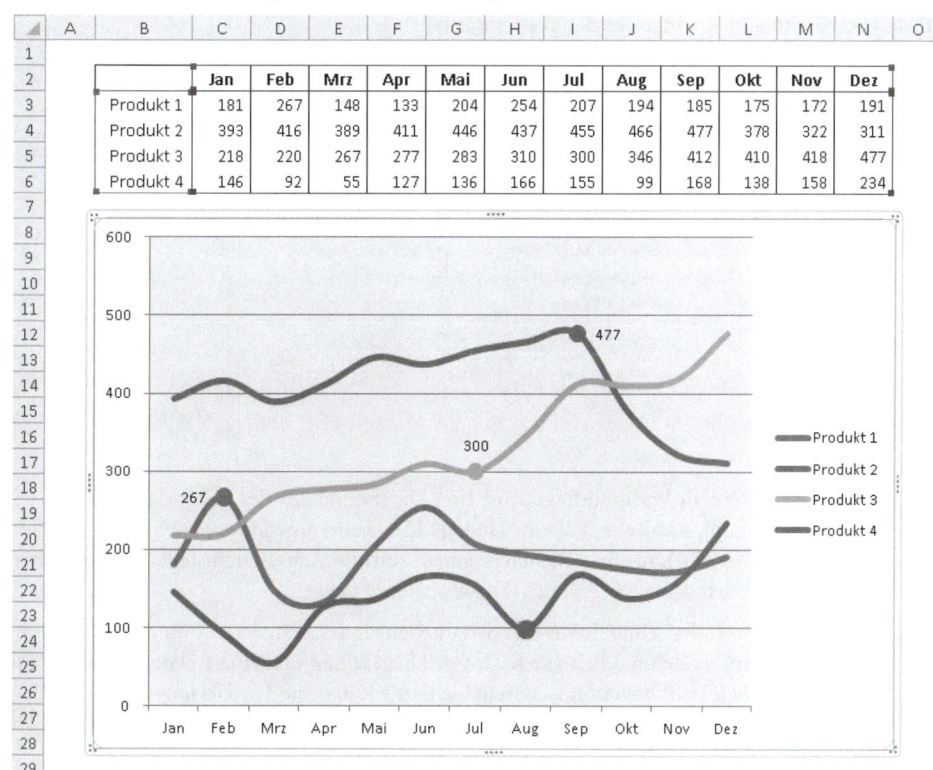

Die eigentliche Diagrammerstellung ist auch hier wieder mit wenigen Schritten erledigt. Allerdings sollen im Liniendiagramm zusätzlich einige Änderungen vorgenommen werden:

- die Linien sollen nicht kantig sondern geglättet sein
- für bestimmte Datenpunkte soll ein Symbol angezeigt werden
- gleichzeitig soll der Wert eines Datenpunkts angezeigt werden

Das gewünschte Diagramm in Abbildung 17.18 zeigt geglättete Linien und einige Datenpunkte sind besonders hervorgehoben.

CD-ROM Diese Lösung finden Sie im Arbeitsblatt *Linien* in der Arbeitsmappe *Kap17.xlsx* auf der CD-ROM zum Buch im Ordner *\Buch\Kap17*.

Datenlinien glätten

Für die Linien eines Liniendiagramms gibt es eine ganze Reihe von Einstellungen, mit denen Sie die Darstellung verbessern können. Die meisten Firmen haben genaue Vorstellung davon, wie Geschäftsgrafiken aussehen sollen. Dabei sollen Linien häufig geglättet werden. Bei markierter Datenreihe wählen Sie dazu den Befehl *Auswahl formatieren* und aktivieren in der Kategorie *Linienart* das Kontrollkästchen *Linie glätten*. Die Linienbreite wird ebenfalls in diesem Dialogfeld eingestellt.

Abbildg. 17.19 Auch Breite und Strichtyp werden hier eingestellt

Wollen Sie in einem Verbunddiagramm eine Datenreihe auf der Sekundärachse darstellen, finden Sie die Einstellung dazu ebenfalls im Dialogfeld *Datenreihen formatieren* (siehe Abbildung 17.19). Wechseln Sie in die Kategorie *Reihenoptionen*, um die Achse einzustellen, auf welcher die Daten gezeichnet werden sollen (*Primärachse* bzw. *Sekundärachse*).

Um die Datenpunkte einer Reihe hervorzuheben, markieren Sie die Reihe mit einem Mausklick oder mit einem weiteren Klick (kein Doppelklick) einen einzelnen Datenpunkt. Wählen Sie den Befehl *Auswahl formatieren* und wechseln Sie in die Kategorie *Markierungsoptionen*. Hier wählen Sie den gewünschten *Typ* für die Datenreihe aus und stellen außerdem die *Größe* über ein Drehfeld ein.

Abbildg. 17.20 Sie können den Typ und die Größe des Symbols wählen, mit dem Datenpunkte hervorgehoben werden

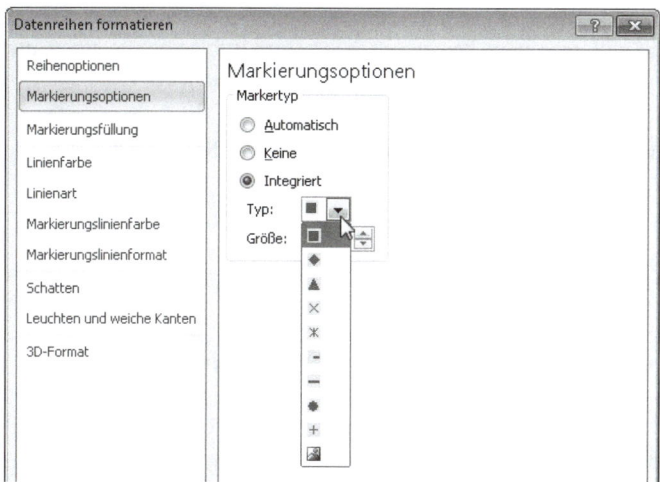

Ist ein einzelner Datenpunkt markiert, können Sie für diesen auch gleich eine Beschriftung anzeigen lassen. Wählen Sie dazu im Menüband auf der Registerkarte *Diagrammtools/Layout* den Befehl *Datenbeschriftungen*. Sollte es dabei vorkommen, dass die Beschriftung von einer anderen Linie überlagert und damit schlecht lesbar wird, markieren Sie die Datenbeschriftung und wählen den Befehl *Auswahl formatieren*. Im Dialogfeld *Datenbeschriftungen formatieren* legen Sie alle Einstellungen zu Form, Farbe und Gestaltung für die Beschriftung fest. An welcher Position die Anzeige erfolgen soll, wird über die Optionsgruppe *Beschriftungsposition* eingestellt. Datenbeschriftungen sind dynamisch mit den Daten verbunden.

Abbildg. 17.21 Den Inhalt und die Position einer Datenpunktbeschriftung einstellen

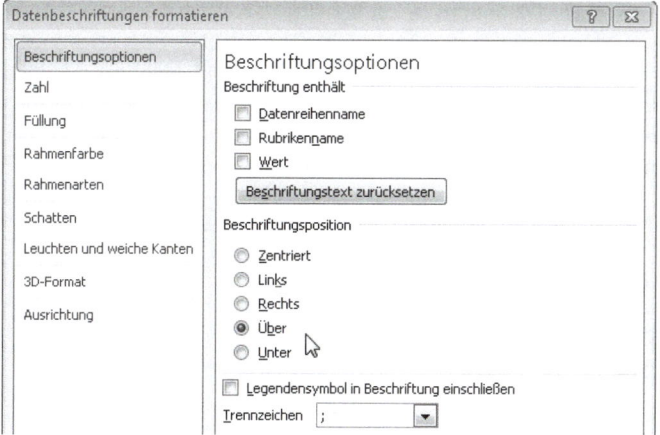

597

Problemfall überlagernde Linien

Problematisch werden Liniendiagramme dann, wenn die darzustellenden Werte in ihrer Größe ähnlich sind, dadurch mehrere Linien nahe beieinanderliegen und infolge dessen eine Unterscheidung schwer möglich ist. Doch was ist zu tun, wenn die Linien wegen ähnlicher Werte nahe beieinanderliegen?

Hier schafft evtl. eine angepasste Skalierung der Größenachse Abhilfe und zwar so:

1. Markieren Sie die Größenachse.
2. Rufen Sie über den Befehl *Auswahl formatieren* das Dialogfeld *Achse formatieren* auf.
3. Wechseln Sie in die Kategorie *Achsenoptionen*.
4. Aktivieren Sie die Option *Fest* und geben Sie im Eingabefeld *Minimum* eine Zahl knapp unter dem Minimalwert ein.
5. Aktivieren Sie die Option *Fest* und tragen Sie bei *Maximum* eine Zahl knapp über dem Maximalwert ein.
6. Sorgen Sie abschließend für weniger Gitternetzlinien, indem Sie die Option *Fest* aktivieren und den Wert im Feld *Hauptintervall* erhöhen.
7. Schließen Sie das Dialogfeld.

HINWEIS Hiermit haben Sie auch schon eine Manipulierungsmöglichkeit für Diagramme kennengelernt. Sie können also aus kleinen Unterschieden mit ein paar Handgriffen scheinbar große Abstände anzeigen. Achten Sie beim Betrachten von Diagrammen in Zeitungen oder Zeitschriften einmal darauf, ob Sie sich von dem Verlauf der Linien bzw. von der Größe der Balken und Säulen beeindrucken lassen oder ob Sie auch noch prüfen, wo denn eigentlich die Größenachse beginnt.

Diagramm verschieben

Standardmäßig erstellt Excel ein Diagramm in der Tabelle, in welcher auch die Daten eingetragen sind. Wollen Sie das Diagramm auf ein anderes Arbeitsblatt verschieben oder als eigenständiges Diagrammblatt verfügbar machen, aktivieren Sie das Diagramm und wählen im Menüband auf der Registerkarte *Diagrammtools/Entwurf* den Befehl *Diagramm verschieben*. Wählen Sie die gewünschte Option aus und tragen Sie im Dialogfeld *Diagramm verschieben* den Namen für das Diagrammblatt ein oder wählen Sie ein bestehendes Arbeitsblatt als Ziel für den Vorgang.

Abbildg. 17.22 Vergeben Sie hier den Namen für das Diagrammblatt oder wählen Sie das Arbeitsblatt für das Diagrammobjekt aus

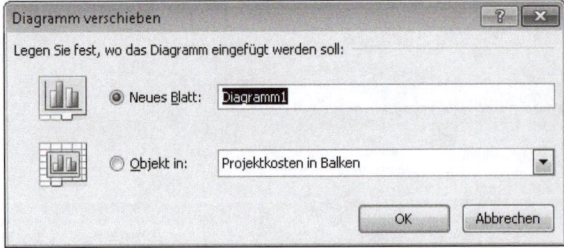

Daten im Flächendiagramm zeigen

Die Daten aus Abbildung 17.18 auf Seite 595 sollen nun in einem Flächendiagramm gezeichnet werden. Bei Flächendiagrammen ist die Reihenfolge der Darstellung für die Datenreihen wichtig. Im Diagramm 1 der Abbildung 17.23 können Sie feststellen, dass das hintere Produkt völlig verdeckt ist. Damit sehen Sie auch schon einen Nachteil von Flächendiagrammen: Die Daten müssen stets erst so angeordnet werden, dass anschließend im Diagramm auch alle Reihen sichtbar abgebildet werden. Die Reihenfolge kann allerdings auch im Diagramm geändert werden.

Abbildg. 17.23 Ein Flächendiagramm ist eine spezielle Form eines Liniendiagramms: Die Flächen unter den Linien sind dabei hervorgehoben

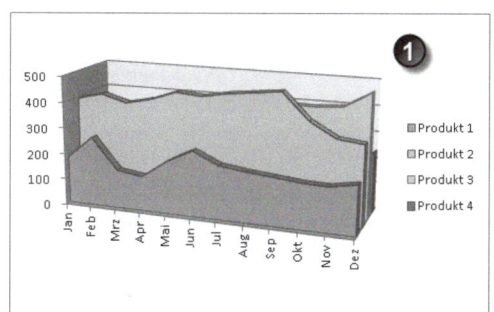
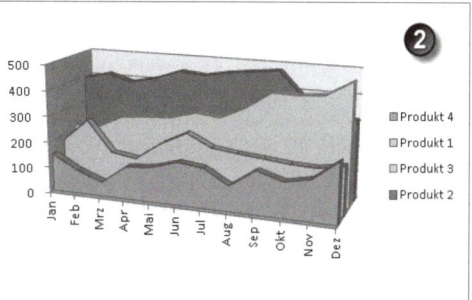

Anordnung der Datenreihen im Flächendiagramm ändern

Für das Beispiel würde eine Anordnung der Produkte in der Reihenfolge *4; 1; 3; 2* zu einem akzeptablen Ergebnis führen (siehe Punkt 2 in Abbildung 17.23). Mit den folgenden Schritten ändern Sie die Reihenfolge der Datenreihen:

1. Klicken Sie eine beliebige Datenreihe mit der Maus an oder wählen Sie eine solche im Listenfeld *Diagrammelemente* aus.
2. Wechseln Sie im Menüband zur Registerkarte *Diagrammtools/Entwurf*.
3. Wählen Sie den Befehl *Daten auswählen*.
4. Das Dialogfeld *Datenquelle auswählen* wird geöffnet.
5. Markieren Sie die Datenreihe für *Produkt 4* und wählen Sie die Schaltfläche *Nach oben*.
6. Führen Sie mehrere Mausklicks aus, bis die gewünschte Position erreicht ist. Mit jedem Klick wird die markierte Datenreihe um eine Position nach oben gestellt.
7. Führen Sie diese Aktion für alle Datenreihen aus, bis die gewünschte Anordnung erreicht ist (siehe Abbildung 17.23).
8. Schließen Sie das Dialogfeld mit *OK*.

Abbildg. 17.24 Dialogfeld zum Auswählen des Datenbereichs und Ändern der Reihenfolge der Datenreihen

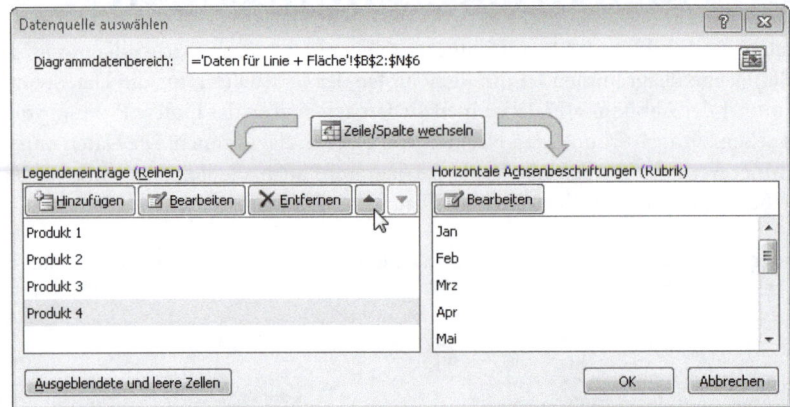

Wenn Sie das Eingabefeld *Diagrammdatenbereich* aktivieren, werden die Daten in der Tabelle markiert. Klicken Sie eine Datenreihe im Listenfeld *Legendeneinträge (Reihen)* an, wird dagegen das Diagramm aktiviert. Das ist eine wichtige Eigenschaft, wenn Sie das Diagramm als separates Blatt erstellt haben. Die Markierung der Daten wäre für die Anordnung der Datenreihen wenig hilfreich.

Die Abbildung 17.24 zeigt auch, dass es ganz einfach ist, die Anordnung von Spalten und Zeilen zu tauschen. Ein Mausklick auf die Schaltfläche *Zeile/Spalte wechseln* genügt.

CD-ROM Die beiden Beispiele finden Sie im Arbeitsblatt *Flächen* auf der CD-ROM zum Buch im Ordner *\Buch\Kap17* in der Arbeitsmappe *Kap17.xlsx*.

Drei Datenreihen für Blasendiagramme

Um einen Datenpunkt in einem Blasendiagramm zu zeichnen, werden drei Werte benötigt: neben den üblichen Werten für die X-Achse und Y-Achse ein weiterer für die Größe der Blase. Damit die Umsetzung der Werte im Diagramm wie gewünscht erfolgt, muss in den meisten Fällen nachgearbeitet werden.

Abbildg. 17.25 Die Daten und das fertige Blasendiagramm

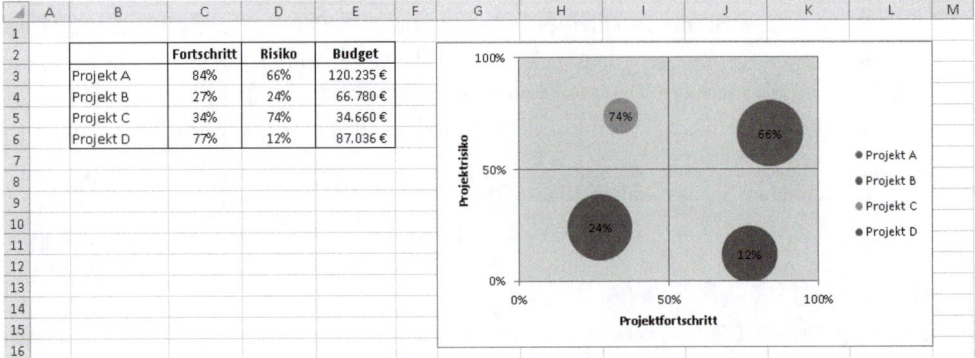

Drei Datenreihen für Blasendiagramme

Auch hier erstellen Sie über die Registerkarte *Diagrammtools/Einfügen* zunächst ein Rohdiagramm, das anschließend überarbeitet wird. Sie finden Blasendiagramme über den Befehl *Weitere*.

Um die Zuordnung der Daten zu den einzelnen Datenpunkten zu überarbeiten, gehen Sie wie folgt vor:

1. Wählen Sie über das Menüband auf der Registerkarte *Diagrammtools/Entwurf* den Befehl *Daten auswählen*.
2. Im Dialogfeld *Datenquelle auswählen* markieren Sie die erste Datenreihe und klicken auf die Schaltfläche *Bearbeiten*.
3. Legen Sie die Bezüge wie in Abbildung 17.26 fest.

Abbildg. 17.26   Wechseln Sie mit der ⇆-Taste zwischen den Eingabefeldern

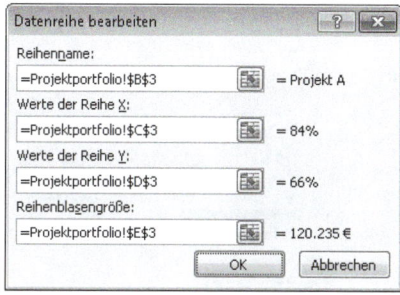

Haben Sie diese Schritte für alle Datenreihen durchgeführt, sollte das Dialogfeld *Datenquelle auswählen* der Abbildung 17.27 entsprechen.

Abbildg. 17.27   Über die Schaltfläche *Bearbeiten* kann die markierte Reihe bearbeitet werden

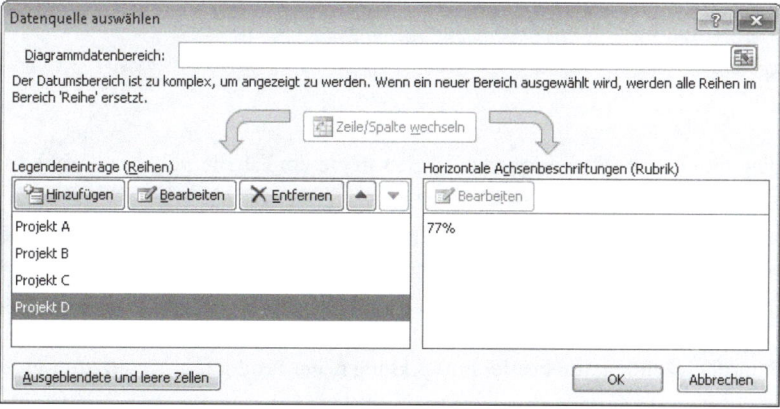

Die Anzeige der Gitternetzlinien nehmen Sie über die Registerkarte *Diagrammtools/Layout* des Menübands vor. Wählen Sie die Befehlsfolge *Gitternetzlinien/Primäre horizontale Gitternetzlinien/Hauptgitternetze* und zeigen Sie auch die entsprechenden vertikalen Gitternetzlinien an. Ebenfalls auf dieser Registerkarte blenden Sie die Datenbeschriftungen ein. Für die Darstellung wie in Abbildung 17.25 auf Seite 600 wählen Sie die Option *Zentriert*.

Die Achsenbeschriftung zeigt der Befehl *Achsentitel/Gedrehter Titel* an. Klicken Sie anschließend in die Textfelder, um den Text zu überarbeiten.

CD-ROM Die beiden Beispiele finden Sie im Arbeitsblatt *Projektportfolio* auf der CD-ROM zum Buch im Ordner *\Buch\Kap17* in der Arbeitsmappe *Kap17.xlsx*.

Netzdiagramm fürs Assessment Center

Soll-Ist-Vergleiche kommen in vielen Unternehmens- und Alltagsbereichen vor. Ein typisches Beispiel aus dem Personalbereich ist eine Potenzialanalyse, bei der die Qualitäten von Bewerbern für eine bestimmte Position an verschiedenen Kriterien gemessen und anschließend verglichen werden. Solchen Analysen gehen Tests der Bewerber voraus, und bekannt geworden ist das Ganze unter dem Begriff Assessment Center.

Abbildg. 17.28 Die Ergebnisse des Assessment Centers sollen in einem Diagramm dargestellt werden, um den Vergleich der drei Kandidaten zu erleichtern

	A	B	C	D	E	F
1						
2		Ergebnisse Assessment Center				
3			Kandidat 1	Kandidat 2	Kandidat 3	
4		Aufnahmebereitschaft	15	10	15	
5		Belastbarkeit unter Stress	7	9	12	
6		Konzentrationsfähigkeit	17	11	14	
7		Entscheidungsfähigkeit	8	12	13	
8		Risikobereitschaft	4	9	12	
9		Teamfähigkeit & soziales Verhalten	13	16	8	
10		Verhandlungsgeschick	17	9	9	
11		Organisations- & Planungstalent	12	17	7	
12		Kontaktfähigkeit	14	16	13	
13		Überzeugungskraft	16	14	15	
14						

Das Netzdiagramm wird selten eingesetzt, ist aber in diesem Fall die wohl beste Wahl. In Abbildung 17.29 sehen Sie das fertige Netzdiagramm:

- Die Kategorien zur Bewertung der Kandidaten sind strahlenförmig angeordnet. Zu jeder Kategorie ist ersichtlich, wie jeder Kandidat abgeschnitten hat.

- Auch ein direkter Vergleich der einzelnen Kandidaten ist bei jeder Kategorie möglich. So lässt sich beispielsweise schnell herausfinden, ob ein Kandidat genügend Risikobereitschaft und Entscheidungsfähigkeit hat, um bei der Entwicklung neuer Produkte eingesetzt zu werden.

- Bei näherer Betrachtung der Kriterien fällt auf, dass im linken Teil die eher sozialen Komponenten konzentriert sind. Wird also beispielsweise besonderer Wert auf die kommunikativen Fähigkeiten bei der Führung eines Teams gelegt, muss ein Kandidat hier hohe Werte vorweisen.

Ein Netzdiagramm erstellen

Der Weg zum Aufbau eines Netzdiagramms unterscheidet sich nicht vom Vorgehen, das Sie bereits für andere Diagramme in diesem Kapitel kennengelernt haben. Sie markieren den Datenbereich und wählen über den Befehl *Weitere* den Diagrammtyp *Netz*.

Abbildg. 17.29 Das fertige Netzdiagramm macht den direkten Vergleich der drei Kandidaten möglich

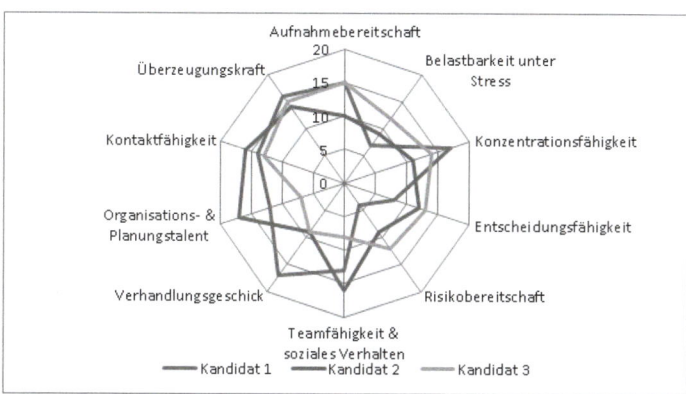

Wenn Ihnen die Darstellung nicht deutlich genug ist, weil sich beispielsweise die Linien für die einzelnen Kandidaten überschneiden, gibt es noch die Alternative, jeden der drei Kandidaten mit je einem Netzdiagramm darzustellen. In diesem Fall eignet sich dann evtl. der Untertyp *Gefülltes Netz* besser.

CD-ROM Die beiden Beispiele finden Sie im Arbeitsblatt *Netz* auf der CD-ROM zum Buch im Ordner *\Buch\Kap17* in der Arbeitsmappe *Kap17.xlsx*.

Die Einzeldiagramme durch Kopieren erstellen

Haben Sie ein Diagramm erstellt und wollen Sie ein weiteres, gleichartig aufgebautes Diagramm erstellen, können Sie das Diagramm kopieren und an anderer Stelle einfügen. Die Änderung des Datenbereichs ist dann die einzige Aufgabe, die noch bleibt.

Um für jeden Kandidaten ein eigenes Netzdiagramm zu erstellen, gehen Sie so vor:

1. Aktivieren Sie das fertige Diagramm.

2. Wählen Sie den Befehl *Kopieren* oder drücken Sie die Tastenkombination (Strg)+(C).

3. Aktivieren Sie eine Zelle im Arbeitsblatt und wählen Sie den Befehl *Einfügen* oder verwenden Sie die Tastenkombination (Strg)+(V). Eine Kopie des Diagramms wird eingefügt.

4. Weisen Sie dem kopierten Diagramm über *Diagrammtyp ändern* den Diagrammtyp *Gefülltes Netz* zu.

5. Wählen Sie im Menüband auf der Registerkarte *Diagrammtools/Layout* den Befehl *Daten auswählen* und stellen Sie über das Dialogfeld *Datenquelle auswählen* den Bezug auf *B3:C13* her.

6. Duplizieren Sie diese alternative Diagrammdarstellung zwei Mal und sorgen Sie – wie in Schritt 5 beschrieben – für die jeweils korrekten Datenbereiche: für Kandidat 2 ist das *B3:B13;D3:D13* und für Kandidat 3 *B3:B13;E3:E13*.

Abbildg. 17.30   Das gefüllte Netzdiagramm zeigt die Ergebnisse des ersten Kandidaten

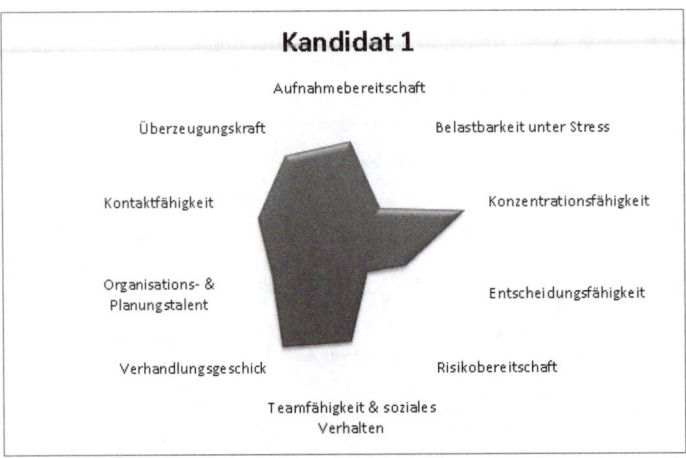

TIPP   Sie können ein Diagrammobjekt innerhalb des Tabellenblatts auch wie folgt kopieren:

1. Klicken Sie mit der linken Maustaste auf den Rahmen des Diagramms.
2. Halten Sie die Maustaste gedrückt und drücken Sie die [Strg]-Taste.
3. Ziehen Sie eine Kopie des Diagramms mit der Maus an die gewünschte Stelle und lassen Sie die Maustaste sowie die [Strg]-Taste los.

Diagramm in eine andere Arbeitsmappe kopieren

Haben Sie ein Diagramm mit der Tastenkombination [Strg]+[C] oder dem Befehl *Kopieren* aus der Registerkarte *Start* bzw. dem Kontextmenü in die Zwischenablage kopiert, können Sie das Diagramm auch in eine andere Arbeitsmappe einfügen. Aktivieren Sie dazu die Zielmappe und drücken Sie die Tastenkombination [Strg]+[V] oder wählen Sie den Befehl *Einfügen*.

WICHTIG   Beim Einfügen in die neue Arbeitsmappe bleiben die Bezüge auf die Ursprungsmappe als externe Bezüge erhalten und müssen bei Bedarf angepasst werden. Ebenso wird die Diagrammformatvorlage angepasst, wenn die Zielmappe ein anderes Design verwendet. Diagramme folgen dem Design der Arbeitsmappe, in welcher sie abgelegt sind. Manuell durchgeführte Änderungen an einzelnen Diagrammobjekten bleiben aber erhalten.

Über den Befehl *Verschieben/Kopieren* des Kontextmenüs im Blattregister können Sie Arbeitsblätter in andere Arbeitsmappen verschieben oder kopieren. Mehr dazu finden Sie in Kapitel 3.

Eigene Diagrammvorlage erstellen

Wenn Sie viel Zeit in ein Diagramm investiert haben, um zusätzliche Formatierungen vorzunehmen, ist der Moment gekommen, an dem Sie dieses Diagramm für die spätere Verwendung als Vorlage speichern wollen. Das Kopieren und Anpassen ist zwar ein gangbarer Weg, aber über eine Vorlage ist das Erstellen gleichartiger Diagramme doch um einiges komfortabler.

Bereits in Versionen vor Excel 2007 war das Speichern benutzerdefinierter Diagrammvorlagen möglich. Allerdings ist es in den neueren Versionen deutlich einfacher, eine Diagrammvorlage zu speichern und diese auf einem anderen Rechner oder einem anderen Benutzer verfügbar zu machen, weil jede Diagrammvorlage jetzt in einer eigenen Datei abgelegt wird.

1. Aktivieren Sie ein Diagramm.
2. Wählen Sie auf der Registerkarte *Diagrammtools/Entwurf* den Befehl *Als Vorlage speichern*.
3. Excel öffnet das Dialogfeld *Diagrammvorlage speichern* mit dem Ordner *C:\Users\<Benutzername>\AppData\Roaming\Microsoft\Templates\Charts* als Voreinstellung. Tragen Sie einen Dateinamen ein und speichern Sie die Diagrammvorlage.

Profitipp Sowohl Word als auch PowerPoint greifen auf den gleichen Diagrammvorlagenordner zu. Somit sind in diesen Programmen alle dort gespeicherten Diagrammvorlagen verfügbar.

Diagrammvorlage anwenden

Um ein Diagramm nach einer eigenen Vorlage zu erstellen oder diese Vorlage auf ein bestehendes Diagramm anzuwenden, gehen Sie in folgenden Schritten vor:

1. Aktivieren Sie eine Zelle im Datenbereich, der als Diagramm dargestellt werden soll, oder aktivieren Sie ein bestehendes Diagramm.
2. Für die Erstellung eines neuen Diagramms wählen Sie auf der Registerkarte *Einfügen* in der Gruppe *Diagramme* den Befehl *Weitere*, für die Änderung eines bestehenden den Befehl *Diagrammtyp ändern* auf der Registerkarte *Diagrammtools/Entwurf*.
3. Wählen Sie im Dialogfeld *Diagrammtyp ändern* die Kategorie *Vorlagen* aus.
4. Die auf Ihrem Rechner verfügbaren benutzerdefinierten Diagrammvorlagen werden angezeigt. Wählen Sie die gewünschte Vorlage mit einem Mausklick aus und wenden Sie diese mit der Schaltfläche *OK* an.

Abbildg. 17.31 Jede Diagrammvorlage wird in einer eigenen Datei abgelegt

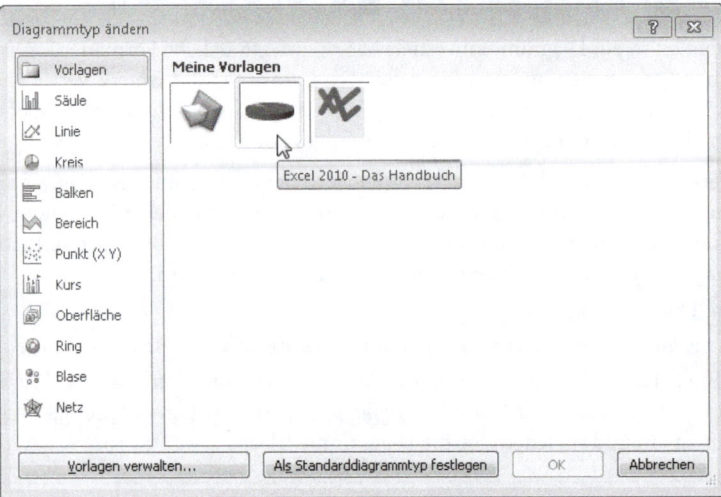

Zeigen Sie mit der Maus auf eine selbst erstellte Diagrammvorlage, wird der Name der Vorlage (= Dateiname) angezeigt.

Entfernen oder Löschen einer Diagrammvorlage

Wollen Sie eine Diagrammvorlage aus der Liste entfernen oder diese ganz löschen, können Sie dies über den Windows-Explorer erledigen. Sie können die Aufgabe aber auch über die Schaltfläche *Vorlagen verwalten* erledigen.

1. Klicken Sie auf der Registerkarte *Einfügen* in der Gruppe *Diagramme* auf einen beliebigen Diagrammtyp und dann auf *Alle Diagrammtypen*.
2. Klicken Sie auf *Vorlagen verwalten*.
3. Führen Sie eine der folgenden Aktionen aus:
   - Wenn Sie die Diagrammvorlage entfernen möchten, ziehen Sie diese in einen anderen Ordner
   - Wenn Sie die Diagrammvorlage löschen möchten, klicken Sie mit der rechten Maustaste darauf und wählen den Befehl *Löschen*

Standardvorlage für Diagramme einstellen

Im Dialogfeld *Diagrammtyp einfügen*, aber auch im Dialogfeld *Diagrammtyp ändern* (siehe Abbildung 17.31), können Sie über die Schaltfläche *Als Standarddiagrammtyp festlegen* ein markiertes Diagramm als Voreinstellung für Diagramme einstellen. Excel ermöglicht also neben der Erstellung benutzerdefinierte Vorlagen auch die Definition einer Standardvorlage für Diagramme. Ein solches Standarddiagramm wird erstellt, wenn Sie den Datenbereich markieren und die Taste [F11] oder die Tastenkombination [Alt]+[F1] drücken.

Zusammenfassung

In der neuen Excel-Version gibt es keine neuen Diagrammtypen. Aber die Möglichkeit, extrem viele Datenpunkte zu zeichnen, wird sicher einen breiten Anwenderkreis freuen.

Das Erstellen eines Diagramms ist mit wenigen Mausklicks erledigt. Die Layouteinstellungen und Formatvorlagen sind in Gruppen verfügbar, können aber auch individuell angepasst werden und lassen viel Spielraum für die Kreativität. Für Firmen wird die vereinfachte Weitergabe von Diagrammvorlagen und deren gleichzeitige Verwendung sowohl in Excel als auch in Word und PowerPoint den Aufwand deutlich reduzieren.

Frage	Lösung
Wie erstelle ich ein Diagramm in der neuen Excel-Version?	Auf Seite 580 sehen Sie, dass dazu nur noch wenige Mausklicks notwendig sind. Markieren Sie die Daten und wählen Sie den gewünschten Diagrammtyp aus – fertig ist das Diagramm.
Was sind Diagrammlayouts und Diagrammformatvorlagen?	Mit Diagrammlayouts weisen Sie einem Diagramm einen Satz an Diagrammelementen (Datenbeschriftung, Gitternetzlinien usw.) und mit Diagrammformatvorlagen Farben und Formateigenschaften zu. Mehr dazu ab Seite 582.
Was sind die wichtigsten Elemente eines Diagramms?	Ab Seite 588 finden Sie eine Beschreibung der wichtigsten Diagrammelemente wie Titel, Achse, Legende usw.
Wie kann ich ein Diagramm an eine andere Stelle verschieben?	Standardmäßig werden Diagramme auf einer Tabelle gezeichnet, sie können aber auch auf einem eigenen Diagrammblatt dargestellt werden. Auf Seite 598 wird gezeigt, wie der Befehl *Diagramm verschieben* funktioniert.
Was muss ich beachten, wenn ich ein Diagramm in eine andere Arbeitsmappe kopieren will?	Sie sollten beachten, dass Diagramme das Design der jeweiligen Arbeitsmappe verwenden. Dadurch kann es vorkommen, dass sich das Aussehen Ihres Diagramms ändert. Mehr dazu ab Seite 604.
Ich benötige immer wieder ein Diagramm mit speziellen Formatierungen. Wie kann ich die Erstellung vereinfachen?	Erstellen Sie dazu eine Diagrammvorlage. Ab Seite 604 werden Sie sehen, dass dies in der neuen Version sehr komfortabel gelöst ist.

Kapitel 18

Fortgeschrittene Diagrammtechniken einsetzen

In diesem Kapitel:

Dynamisch wachsendes Diagramm mit Zeitfenster	610
Schluss mit der Dynamik: statische Diagramme	614
Daten gegenüberstellen	616
Mit Hilfslinien den Break-Even-Point einzeichnen und ablesen	620
Eine einzelne Datenbeschriftung hervorheben	623
Übersicht, Details und Struktur in einem Diagramm zeigen	625
Bilder in Liniendiagrammen verwenden	627
Trends im Diagramm	629
Zusammenfassung	634

Kapitel 18 Fortgeschrittene Diagrammtechniken einsetzen

In diesem Kapitel stellen wir Ihnen einige spezielle Diagramme vor, die zwar in der täglichen Praxis vorkommen, aber in Excel nicht gerade »auf Knopfdruck« zur Verfügung stehen. Außerdem zeigen wir einige Techniken, wie Sie die Anzeige der Daten beeinflussen und z. B. neue Daten im Diagramm anzeigen können.

Folgende Techniken kommen dabei zum Einsatz:

- Über Filter nur ausgewählte Daten anzeigen
- Zusätzliche Daten (in der Tabelle oder in Namen) berechnen und im Diagramm darstellen
- Zusätzliche Daten als Überlagerung im Diagramm zeichnen
- Zeichenobjekte im Diagramm positionieren
- Ein Diagramm in ein Bild umwandeln und bei Bedarf in einzelne Zeichenobjekte zerlegen und weiterbearbeiten

Dynamisch wachsendes Diagramm mit Zeitfenster

Das folgende Beispiel soll es möglich machen, unterschiedliche Zeiträume in einem Diagramm darzustellen.

CD-ROM Das Beispiel finden Sie auf dem Arbeitsblatt *Zeitfenster* in der Datei *Kap18.xlsx* im Ordner *\Buch\Kap18* auf der CD-ROM zu diesem Buch.

Die Datentabelle vorbereiten

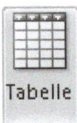

Wenn Sie die Daten erfasst haben, markieren Sie die Daten und legen über den Befehl *Tabelle* auf der Registerkarte *Einfügen* den markierten Bereich als Tabelle fest. Eine Tabelle ist ein benannter Bereich, welcher verschiedene Vorzüge bietet. So können Sie z. B. zusätzliche Daten erfassen und der Bereich wird dabei automatisch erweitert, vorhandene Formate werden angewandt usw.

Für eigene Versuche können Sie auch das Arbeitsblatt *Daten* in der Beispielmappe vewenden.

Dynamisch wachsendes Diagramm mit Zeitfenster

Abbildg. 18.1 Achten Sie darauf, dass ein etwa vorhandener Titel der Daten **nicht** mit markiert wird

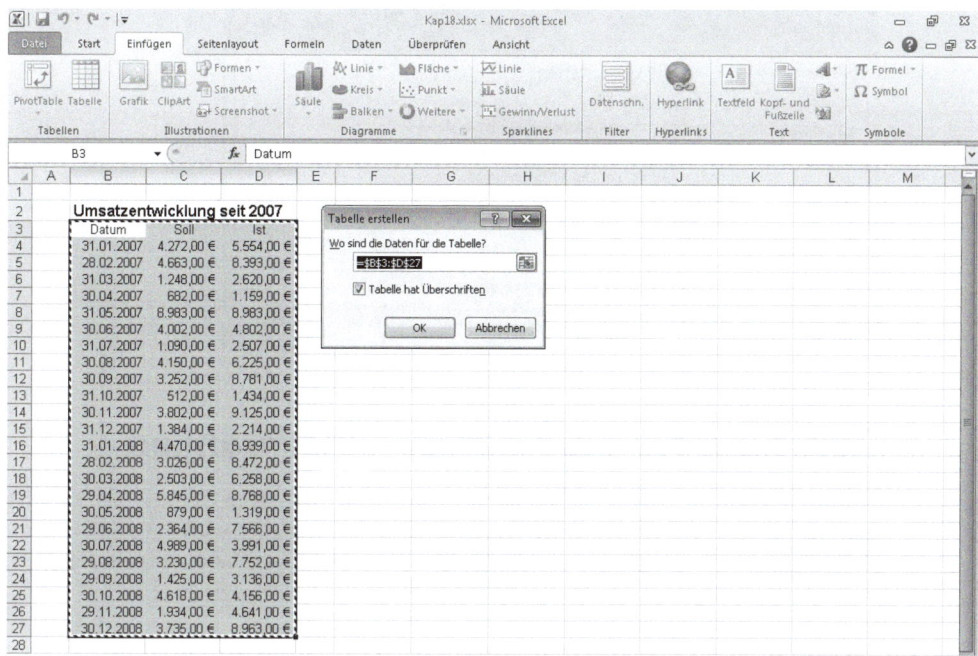

Mit dem Einfügen der Tabelle wird die kontextsensitive Registerkarte *Tabellentools* angezeigt, welche spezielle Befehle für Tabellen enthält.

Die Daten sind nach dem Ausführen des Befehls immer noch markiert. Also erstellen Sie doch gleich das gewünschte Diagramm. Wechseln Sie auf die Registerkarte *Einfügen* und klicken Sie im Befehl *Linie* auf das erste Diagramm. Daraufhin wird ein Liniendiagramm eingefügt und die kontextsensitiven Diagrammtools eingeblendet.

HINWEIS Ist eine einzelne Zelle innerhalb einer Tabelle aktiv, wenn Sie ein Diagramm erstellen, wird der Datenbereich automatisch auf die Tabelle erweitert.

Solange das Diagramm markiert ist, rufen Sie über den Befehl *Diagrammbereich formatieren* im Kontextmenü das gleichnamige Dialogfeld auf. Wechseln Sie zur Kategorie *Eigenschaften* und aktivieren Sie dort das Kontrollkästchen *Von Zellposition und -größe unabhängig*. Diese Änderung ist wichtig, damit später beim Filtern der Daten das Diagramm im Arbeitsblatt sichtbar bleibt. Schließen Sie das Dialogfeld, wenn Sie keine weiteren Änderungen vornehmen wollen.

Kapitel 18 Fortgeschrittene Diagrammtechniken einsetzen

Abbildg. 18.2   Hier steuern Sie die Verknüpfung des Diagramms mit den darunterliegenden Zellen

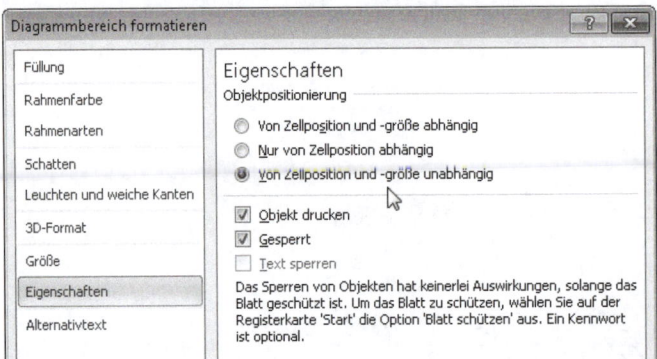

Zeitraum für die Anzeige einschränken

Kaum zu glauben, dass die Hauptarbeit damit getan ist. Nun können Sie daran gehen, den gewünschten Zeitraum einzustellen. Dazu klicken Sie auf die Filterschaltfläche für das Datum und deaktivieren das Kontrollkästchen für das Jahr *2007*. Bestätigen Sie diese Auswahl mit *OK*, werden im Diagramm nur noch die Daten des ausgewählten Jahrs *2008* gezeichnet.

Abbildg. 18.3   Für Tabellen gibt es eine Reihe von Filtermethoden, um die Daten auszuwählen

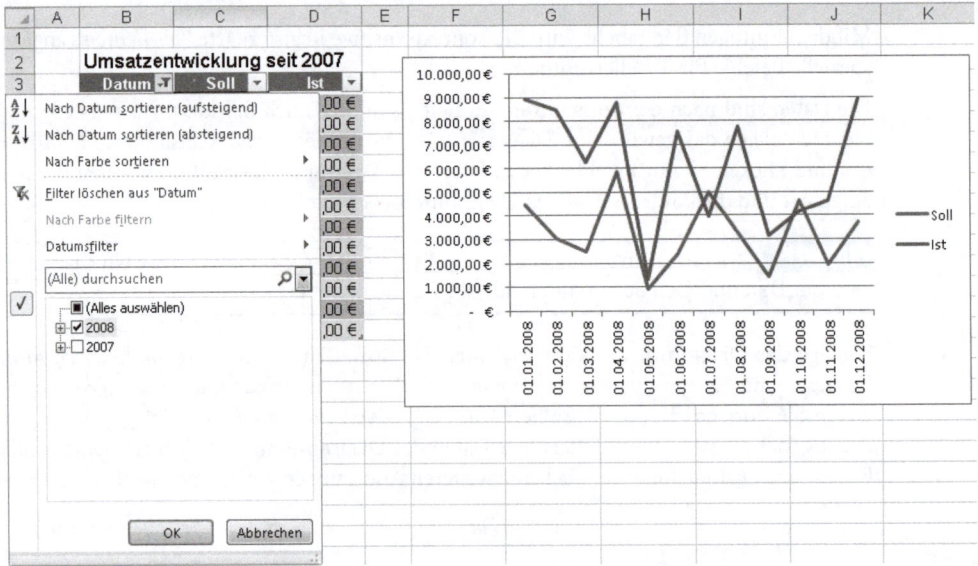

Wollen Sie zur Analyse der Daten einen engeren Zeitraum wählen, klicken Sie erneut auf die Filterschaltfläche *Datum*. Klicken Sie anschließend auf das Pluszeichen vor dem Jahr *2008*. Die Anzeige wird daraufhin aktualisiert und zeigt die verfügbaren Monate an, denen wiederum ein Pluszeichen vorangestellt ist (siehe Abbildung 18.4). Ein Klick darauf zeigt die verfügbaren Tage an. Über Aktivieren bzw. Deaktivieren der jeweiligen Kontrollkästchen können Sie die Daten nach Belieben einschränken.

Abbildg. 18.4 Nur die Daten für Datumswerte mit aktivem Kontrollkästchen werden im Diagramm gezeichnet

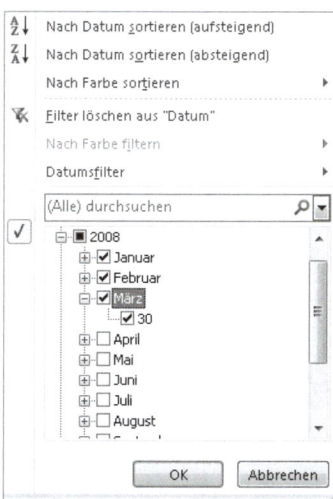

> **HINWEIS** Das Verhalten für die Anzeige von ausgeblendeten Daten stellen Sie über den Befehl *Diagrammtools/Entwurf/Daten auswählen* ein. Klicken Sie im Dialogfeld *Datenquelle auswählen* auf die Schaltfläche *Ausgeblendete und leere Zellen* und wählen Sie die gewünschte Option.

Kommen neue Daten hinzu, ist auch dieser Fall für Tabellen kein Problem. Der Datenbereich der Tabelle wird automatisch angepasst, die Daten entsprechend formatiert und auch im Diagramm angezeigt.

> **TIPP** Wenn Sie mit dem Filter einzelne weit entfernte Daten herausgefiltert haben, ist das Liniendiagramm für die Darstellung ungeeignet, weil es mit der durchgezogenen Linie suggeriert, dass für jede Zeiteinheit Daten vorliegen. Aktivieren Sie das Diagramm und wählen Sie den Befehl *Diagrammtyp ändern* auf der Registerkarte *Diagrammtools/Entwurf*. Wählen Sie den Diagrammtyp *Gruppierte Säule*.

Mehr über das Filtern erfahren Sie in Kapitel 21. Das Kapitel 19 befasst sich mit dem Thema *Tabellen* und enthält auch ein Beispiel zum Suchfilter.

Kapitel 18   Fortgeschrittene Diagrammtechniken einsetzen

Schluss mit der Dynamik: statische Diagramme

Dass Diagramme dynamisch mit den Daten verbunden sind, ist normalerweise eine feine Sache. In manchen Situationen aber stört diese Verbindung. Es gibt z. B. mit mancher Faxsoftware Probleme, wenn Tabellen oder Diagramme Formeln enthalten. Auch wenn Sie das Diagramm weitergeben wollen, soll vielleicht die Datenbasis mit den Berechnungen nicht offen gelegt werden. Sie stehen also vor der Aufgabe, die Verbindungen des Diagramms zur Tabelle trennen zu müssen. Welche Möglichkeiten gibt es dazu?

Diagramm als Bild kopieren

Ein Weg, der zu einem statischen Diagramm führt, ist die Erstellung einer Bildschirmkopie. Wenn Sie ein Diagramm als Bild kopieren wollen – etwa, weil es für den Druck mit einem Grafikprogramm überarbeitet werden soll –, gehen Sie wie folgt vor:

1. Markieren Sie das Diagramm.
2. Wählen Sie im Menüband auf der Registerkarte *Start* in der Gruppe *Zwischenablage* den Befehl *Kopieren/Als Bild kopieren*.
3. Im Dialogfeld *Bild kopieren* (Abbildung 18.5) können Sie im Bereich *Darstellung* zwischen den Optionen *Wie ausgedruckt* (also mit Kopf- und Fußzeile) und *Wie angezeigt* wählen. Die Optionen der Gruppe *Format* können nur eingestellt werden, wenn die Darstellung *Wie angezeigt* gewählt wird.
4. Wählen Sie die Schaltfläche *OK*.

Wenn Sie auf ein leeres Tabellenblatt wechseln, können Sie

- über den Befehl *Einfügen* oder

- die Einfügeoption des Befehls *Einfügen* im Kontextmenü oder
- die Tastenkombination (Strg)+(V)

das Bild aus der Zwischenablage wieder einfügen. In einem Grafikprogramm steht sicher auch ein Befehl zum Einfügen der Zwischenablage zur Verfügung.

> **TIPP**   Mit den gleichen Schritten lassen sich übrigens auch einzelne Tabellenbereiche als Grafik kopieren.

Abbildg. 18.5   Einstellungen für das kopierte Bild vornehmen

Das Ergebnis ist ein statisches Diagramm, Änderungen an den Daten zeigen also keine Wirkung. Änderungen daran sind nur noch mit Zeichenwerkzeugen möglich.

TIPP Um die Grafik mit Excel weiter zu bearbeiten, klicken Sie diese mit der rechten Maustaste an. Wählen Sie im Kontextmenü den Befehl *Gruppieren/Gruppierung aufheben*. Bestätigen Sie den Hinweis zur Umwandlung in ein Zeichnungsobjekt mit *Ja*. Wählen Sie nun erneut den Kontextbefehl *Gruppieren/Gruppierung aufheben*. Das Diagramm wird damit in einzelne Zeichnungsobjekte aufgespaltet, die Sie weiter formatieren können.

Alternativ können Sie auch mit der neuen Screenshotfunktion nur einen Teil des Diagramms kopieren. Wählen Sie dazu auf der Registerkarte *Einfügen* den Befehl *Screenshot/Bildschirmausschnitt*.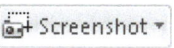

Bezüge in Werte umwandeln

Auch für den Fall, dass Sie dem Empfänger des Diagramms die Möglichkeit lassen wollen, Änderungen am Diagramm durchzuführen, gibt es eine Lösung: Sie können die bestehenden Bezüge in Werte umwandeln. Dazu aktivieren Sie zunächst eine Datenreihe. Klicken Sie dann in die Bearbeitungsleiste und drücken Sie die F9 -Taste. Bestätigen Sie die Änderung mit der ↵ -Taste.

So wird beispielsweise aus der Datenreihe mit dem Zellbezug

```
=DATENREIHE(Listen!$B$2;Listen!$A$3:$A$12;Listen!$B$3:$B$12;1)
```

die Datenreihe mit konstanten Text- und Zahlenwerten

```
=DATENREIHE("Betrag";{"Konzeption"."Anzeigen"."Mailing"."Drucksachen"."Messebau"."Standgeb
ühren"."Durchführung"."Kosten Personal"."Nebenk. Personal"."Sonstige
Kosten"};{3355.1137.3007.1729.2130.1199.2952.5756.3036.3376};1)
```

HINWEIS Hat das Diagramm mehrere Datenreihen, müssen Sie diese Aktion für jede Datenreihe durchführen. Auch für einen dynamischen Diagrammtitel ist die Umwandlung auf diesem Weg möglich und erforderlich.

Wenn Sie sicher gehen wollen, dass alle Bezüge entfernt wurden, können Sie auch den Datenbereich in der Tabelle löschen. Das Diagramm ändert sich nicht, wenn keine Bezüge mehr enthalten sind.

WICHTIG Um Ihre Arbeit nicht zu zerstören, sollten Sie die Datei **zuvor** unter einem anderen Namen speichern.

Daten gegenüberstellen

Diagramme werden dazu verwendet, Informationen auf einen Blick zu vergleichen. So zeigt das Diagramm in Abbildung 18.3 die Soll- und Ist-Werte der Umsatzentwicklung an. Die unterschiedliche Höhe der einzelnen Linien gibt Aufschluss darüber, ob die Ziele erreicht wurden oder nicht.

Gelegentlich werden solche Daten auch in einem Balkendiagramm dargestellt, wobei eine Information die Balken nach links, die andere nach rechts wachsen lässt. Im folgenden Beispiel soll die Zahl der Ehescheidungen und der davon betroffenen Kinder untersucht werden (siehe dazu die Datentabelle in Abbildung 18.7). Dabei soll die Zahl der geschiedenen Ehen nach links und die Zahl der betroffenen Kinder nach rechts abgetragen werden. Wie lässt sich ein solches Diagramm in Excel erstellen?

Erste Möglichkeit: negative Werte erzeugen

Eine Möglichkeit ist die Berechnung negativer Werte für eine Datenreihe. Damit lassen sich die negativen und die positiven Werte auf unterschiedlichen Seiten einer Achse abtragen. Im Beispiel aus Abbildung 18.7 auf Seite 618 wird dazu in Zelle *E4* die Zahl der Ehescheidungen mit der Formel =C4*-1 als negative Zahl ermittelt. Setzen Sie dies auch für die anderen Zellen *E5* bis *E10* um.

> **CD-ROM** Dieses Beispiel finden Sie auf dem Arbeitsblatt *Negative Werte* in der Datei *Kap18.xlsx* im Ordner *\Buch\Kap18* auf der CD-ROM zu diesem Buch.

Das Diagramm selbst erstellen Sie dann mit den folgenden Schritten:

1. Markieren Sie den Bereich *D4:E10*.
2. Rufen Sie auf der Registerkarte *Einfügen* in der Gruppe *Diagramme* den Befehl *Balken* auf und klicken Sie auf den zweiten Diagrammuntertyp *Gestapelte Balken*.
3. Wählen Sie auf der Registerkarte *Diagrammtools/Entwurf* in der Gruppe *Diagrammlayouts* das *Layout 4*.
4. Wechseln Sie zur Registerkarte *Layout* und wählen Sie in der Gruppe *Aktuelle Auswahl* im Listenfeld *Diagrammelemente* den Eintrag *Horizontal (Wert) Achse*.
5. Drücken Sie die `Entf`-Taste.
6. Entfernen Sie auf dem gleichen Weg die Legende.
7. Wählen Sie auf der Registerkarte *Layout* in der Gruppe *Beschriftungen* den Befehl *Diagrammtitel/Über Diagramm*.
8. Der Diagrammtitel ist markiert; drücken Sie die Taste `F2`, um die Bearbeitungsleiste zu aktivieren.
9. Geben Sie ein Gleichheitszeichen (=) ein und markieren Sie die Zelle *B2* in der Tabelle, um eine dynamische Überschrift zu erzeugen.
10. Beenden Sie die Aktion mit der `↵`-Taste.
11. Markieren Sie eine Datenreihe und wählen Sie im Kontextmenü den Befehl *Datenreihen formatieren*.
12. In der Kategorie *Reihenoptionen* stellen Sie die *Abstandsbreite* auf *0* ein. Lassen Sie das Dialogfeld *Datenreihen formatieren* offen.
13. Wählen Sie das Diagrammelement *Vertikal (Kategorie) Achse* aus.

14. Im Dialogfeld *Achse formatieren* wechseln Sie in die Kategorie *Achsenoptionen* und stellen die *Achsenbeschriftungen* auf *Hoch*.
15. Schließen Sie das Dialogfeld *Achse formatieren*.

Abbildg. 18.6   Auch für die Achsen eines Diagramms sind zahlreiche Einstellungen zum Format verfügbar

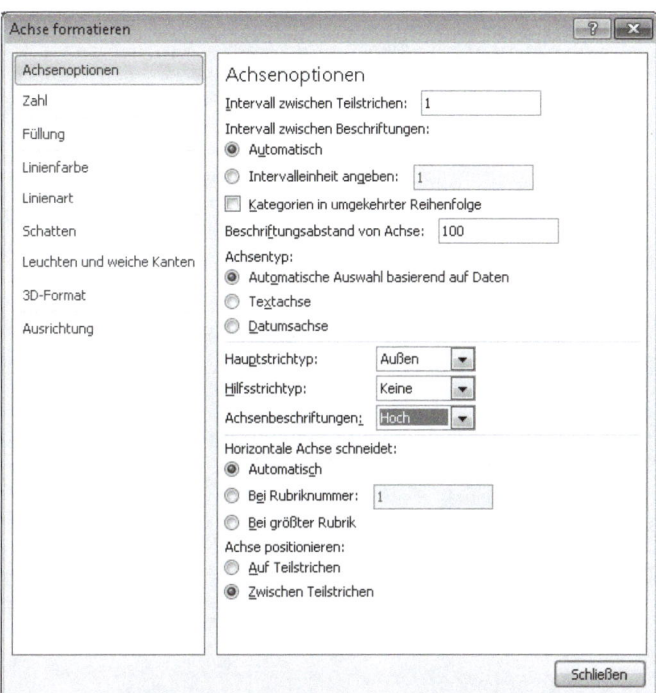

Das Diagramm zeigt nun noch negative Werte für die zweite Datenreihe. Um das zu ändern, klicken Sie die Beschriftung dieser Datenreihe an und ändern das Zahlenformat wie folgt:

1. Wählen Sie den Kontextbefehl *Datenbeschriftungen formatieren*.
2. Im Dialogfeld *Datenbeschriftungen formatieren* wechseln Sie auf die Registerkarte *Zahl*.
3. Wählen Sie die Kategorie *Benutzerdefiniert* und tragen Sie im Feld *Typ* das Zahlenformat *#.##0;#.##0;#.##0* ein. Dieses Zahlenformat zeigt sowohl für positive als auch für negative Zahlen und Nullwerte kein Vorzeichen an.
4. Klicken Sie auf die Schaltfläche *Hinzufügen*.
5. Schließen Sie das Dialogfeld.

Das Ergebnis sieht dann ungefähr aus wie in Abbildung 18.7.

Kapitel 18 Fortgeschrittene Diagrammtechniken einsetzen

Abbildg. 18.7   Durch die Darstellung negativer Werte können die Daten nebeneinander gezeigt werden

Jahr	Geschiedene Ehen	Betroffene minderjährige Kinder	Negativer Wert für "Geschiedene Ehen"	Formel
1960	73.400	67.300	-73.400	=C4*-1
1970	103.900	118.700	-103.900	=C5*-1
1980	141.000	125.000	-141.000	=C6*-1
1990	154.800	118.300	-154.800	=C7*-1
2000	194.400	148.200	-194.400	=C8*-1
2003	214.000	170.300	-214.000	=C9*-1
2004	213.700	169.000	-213.700	=C10*-1

Scheidungen und davon betroffene minderjährige Kinder in der BRD seit 1960

Zweite Möglichkeit: zusätzliche Daten verwenden

Eine Information ist im vorigen Beispiel verloren gegangen: Wo sind die Jahreszahlen geblieben, die eine Zuordnung der Daten ermöglichen? Durch die Beschriftung der Rubrikenachse (X) können Sie zwar die Jahreszahlen einblenden, aber so richtig gut sieht das Diagramm damit nicht aus. Mal sehen, ob das nicht noch besser geht.

CD-ROM   Das folgende Beispiel finden Sie auf dem Arbeitsblatt *Gegenüberstellung* in der Datei *Kap18.xlsx* im Ordner *\Buch\Kap18* auf der CD-ROM zu diesem Buch.

Wenn Sie im Diagramm nicht mit irgendwelchen statischen Zeichenobjekten arbeiten wollen, werden zusätzliche Daten benötigt, die in einer Tabelle berechnet werden. Die Überlegung, die dahinter steht, ist die, in einem gestapelten Balkendiagramm zusätzliche Datenreihen zu zeichnen. Diese Datenreihen sollen den Abstand zur Rubrikenachse (X) – genauso wie ein gleichmäßig breites Feld – für die Beschriftung dieser Achse erstellen und damit ein übersichtliches Diagramm ermöglichen.

Während im vorigen Beispiel, ausgehend von der Rubrikenachse (X), eine Datenreihe nach links und die andere nach rechts gezeichnet wurde, können in diesem Beispiel alle Datenreihen auf der gleichen Seite dargestellt werden. Dazu wird dann eine Reihe sozusagen als Abstandshalter zur Achse verwendet. Diese Reihe wird in Zelle *E4* mit der Formel =MAX($C$4:$C$10)-C4 berechnet.

Kopieren Sie diese Formel über den gesamten Bereich nach unten. Sie berechnet den Unterschied zwischen dem Maximum aus dem Bereich *C4:C10* und dem Wert aus Spalte *C* der jeweiligen Zeile. Für das Maximum selbst ist dieser Wert gleich *0*. Die so erzeugte Datenreihe wird später im Diagramm ausgeblendet.

Nun benötigen Sie noch eine Datenreihe, die genügend Platz für die Beschriftung mit den Jahreszahlen lässt. Dazu tragen Sie einen Wert in die Zelle *F3* ein, z. B. »70000«. Für einen ersten Versuch eignet sich meist der kleinste Wert der Datenreihe. Je nach verwendeter Schriftgröße und anzuzeigendem Text können Sie auch einen anderen Wert verwenden. In die Zellen *F4:F10* tragen Sie die Formel =$F$3 ein. Alle Zellen liefern damit den gleichen Wert. Dass die Zelle *F3* in Abbildung 18.9 einen Text anzeigt, liegt an dem hier verwendeten Zahlenformat *Beschriftung*, das den Text, statt des eigentlichen Zellinhalts anzeigt.

Die Tabelle ist damit vorbereitet, Sie können jetzt mit der Erstellung des Diagramms beginnen:

1. Markieren Sie den Bereich *C4:F10*.
2. Klicken Sie auf der Registerkarte *Einfügen* in der Gruppe *Diagramme* auf *Balken* und markieren Sie den zweiten Diagrammuntertyp *Gestapelte Balken*.
3. Auf der Registerkarte *Diagrammtools/Entwurf* des Menübands wählen Sie in der Gruppe *Daten* den Befehl *Daten auswählen*.
4. Markieren Sie eine Datenreihe und stellen Sie diese über die Schaltfläche *Nach oben* um, bis die Reihenfolge wie in Abbildung 18.8 erreicht ist.

Abbildg. 18.8   In der hier eingestellten Reihenfolge werden die Daten im Diagramm gezeichnet

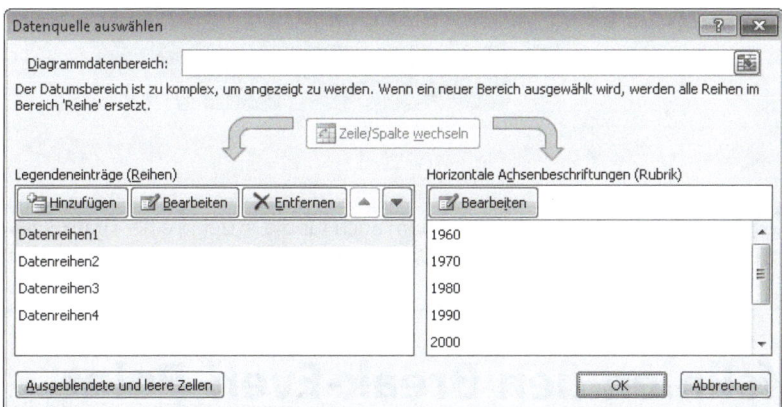

5. In der Gruppe *Horizontale Achsenbeschriftungen (Rubrik)* klicken Sie auf die Schaltfläche *Bearbeiten*.
6. Legen Sie den Bereich auf *B4:B10* fest.
7. Schließen Sie alle Dialogfelder mit *OK*.

Wenn Ihnen die Balken zu schmal sind, ändern Sie die *Abstandsbreite,* wie weiter oben beschrieben, und stellen Sie damit mehr Raum für breitere Balken zur Verfügung.

Kapitel 18 Fortgeschrittene Diagrammtechniken einsetzen

Abbildg. 18.9 Während die erste Datenreihe ausgeblendet wird, wird die dritte Datenreihe angezeigt, um die Jahreszahlen der Rubrikenachse darzustellen

	A	B	C	D	E	F	G	H	I
1									
2		Scheidungen und davon betroffene minderjährige Kinder in der BRD seit 1960					J. Schwenk: Zahlenformat "Beschriftung"		
3		Jahr	Geschiedene Ehen	Betroffene minderjährige Kinder	Abstand =MAX($C$4:$C$10)-C4	Beschriftung	=70000		
4		1960	73.400	67.300	140.600	70000	=$F$3		
5		1970	103.900	118.700	110.100	70000	=$F$3		
6		1980	141.000	125.000	73.000	70000	=$F$3		
7		1990	154.800	118.300	59.200	70000	=$F$3		
8		2000	194.400	148.200	19.600	70000	=$F$3		
9		2003	214.000	170.300	-	70000	=$F$3		
10		2004	213.700	169.000	300	70000	=$F$3		

Scheidungen und davon betroffene minderjährige Kinder in der BRD seit 1960

213.700	2004	169.000
214.000	2003	170.300
194.400	2000	148.200
154.800	1990	118.300
141.000	1980	125.000
103.900	1970	118.700
73.400	1960	67.300

> **TIPP** Sie können den Zwischenraum auch für die Anzeige einer Grafik verwenden. Wählen Sie dazu die Option *Keine Füllung* für die Datenreihe und blenden Sie auch die Datenbeschriftungen aus.

Mit Hilfslinien den Break-Even-Point einzeichnen und ablesen

Beim Produzieren oder Verkaufen von Waren ist es wichtig, zu wissen, wann die Gewinnschwelle erreicht wird. Man möchte also eine Antwort auf die Frage erhalten, wann sich die Kosten und der Erlös die Waage halten. Werden dann noch mehr Waren produziert oder verkauft, wird die Gewinnschwelle (auch Break-Even-Point) überschritten und das Unternehmen kann Gewinne verbuchen.

Das folgende Beispiel zeigt, wie Sie Hilfslinien einzeichnen können, um in einem Gewinnschwellen-Diagramm den Break-Even-Point ablesen zu können. Dabei sollen die Linien nicht mit den Zeichenfunktionen erstellt werden, sondern sich dynamisch an geänderte Daten anpassen.

Die Hilfswerte mit Namen berechnen

Die Werte für die Berechnung der Hilfslinien können in einer Tabelle ermittelt werden. Wenn Sie diese Werte nicht unbedingt anzeigen wollen, können Sie die Berechnung auch vollständig über Namen erledigen. Mehr zum Thema »Namen« finden Sie in Kapitel 19.

Zur Übung können Sie das Arbeitsblatt *Break-Even Übung* verwenden. Starten Sie also auf der Registerkarte *Formeln* den *Namens-Manager* und legen Sie die Namen entsprechend der Tabelle 18.1 fest.

Tabelle 18.1 Mithilfe dieser Namen werden die Hilfslinien im Diagramm gezeichnet

Name	Bezieht sich auf
Breakerlös	=AUFRUNDEN($C$5/($C$3-$C$4);0)*$C$3
Breakmenge	=AUFRUNDEN($C$5/($C$3-$C$4);0)
BreakX	=Breakmenge*N(ZEILE($A$1:$A$2)>0)
BreakY	=Breakerlös*(ZEILE($A$1:$A$2)-1)
x2Werte	=Breakmenge*(ZEILE($A$1:$A$2)>1)
xWerte	=Breakmenge*(ZEILE($A$1:$A$2)>0)
y2Werte	=Breakerlös*N(ZEILE($A$1:$A$2)>0)
yWerte	=Breakerlös*N(ZEILE($A$1:$A$2)>1)

Ein Punktdiagramm erstellen

Um die Daten Ihrer Analyse in einem Diagramm darzustellen, bietet sich das Punktdiagramm an. Jeder einzelne Punkt in einem solchen Diagramm stellt das Ergebnis Ihrer Berechnungen grafisch dar und verbindet so die Produktionsmenge, die Kosten und damit letztlich auch den Erlös. Aber auch wenn Sie spezielle Objekte in einem Diagramm zeichnen wollen, ist das XY-Diagramm erste Wahl. Es bietet von allen Diagrammtypen die meiste Flexibilität zur Darstellung persönlicher Anpassungen mit berechneten Datenreihen.

Sind die Daten wie in Abbildung 18.11 angeordnet, erstellen Sie ein XY-Diagramm wie folgt:

1. Markieren Sie zunächst den Bereich *E7:G13*.
2. Wählen Sie den Diagrammtyp *Punkt* und hier den Diagrammuntertyp 5 *Punkte mit geraden Linien* aus.

Jetzt geht es darum, die Hilfslinien zu zeichnen. Und so fügen Sie dem eben erstellten Diagramm eine neue Datenreihe für die Hilfslinie hinzu:

1. Aktivieren Sie das Diagramm.
2. Rufen Sie auf der Registerkarte *Diagrammtools/Entwurf* in der Gruppe *Daten* den Befehl *Daten auswählen* auf.
3. Im Dialogfeld *Datenquelle auswählen* klicken Sie auf die Schaltfläche *Hinzufügen*.
4. Im Dialogfeld *Datenreihe bearbeiten* nehmen Sie die Einstellungen wie in Abbildung 18.10 vor.
5. Schließen Sie das Dialogfeld *Datenreihe bearbeiten* mit *OK*.
6. Wählen Sie erneut die Schaltfläche *Hinzufügen* und verwenden Sie für die zweite Hilfslinie entsprechend für die X-Werte den Bereich *K12:K13* und für die Y-Werte den Bereich *L12:L13*.

Kapitel 18 Fortgeschrittene Diagrammtechniken einsetzen

7. Schließen Sie die Dialogfelder mit *OK*.

Abbildg. 18.10 Für die neue Datenreihe wird hier der Bezug zu den Daten eingestellt

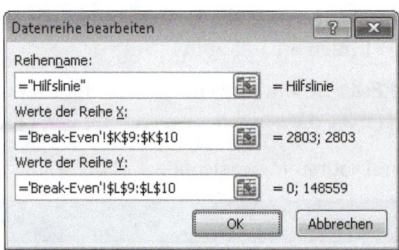

WICHTIG Wenn Sie Namen statt der Zellbezüge in die Eingabefelder eintragen, müssen Sie den Namen der Arbeitsmappe einschließen, um eine Fehlermeldung zu vermeiden.

Das fertige Diagramm mit den Hilfslinien für den Break-Even-Point zeigt die Abbildung 18.11.

CD-ROM Dieses Beispiel finden Sie auf dem Arbeitsblatt *Break-Even* in der Datei *Kap18.xlsx* im Ordner *\Buch\Kap18* auf der CD-ROM zu diesem Buch. Über die dort verwendeten Drehfelder können Sie komfortabel verschiedene Situationen durchspielen. Mehr zu Steuerelementen erfahren Sie in Kapitel 13.

Abbildg. 18.11 Die Hilfslinien erleichtern das Ablesen des Break-Even-Point

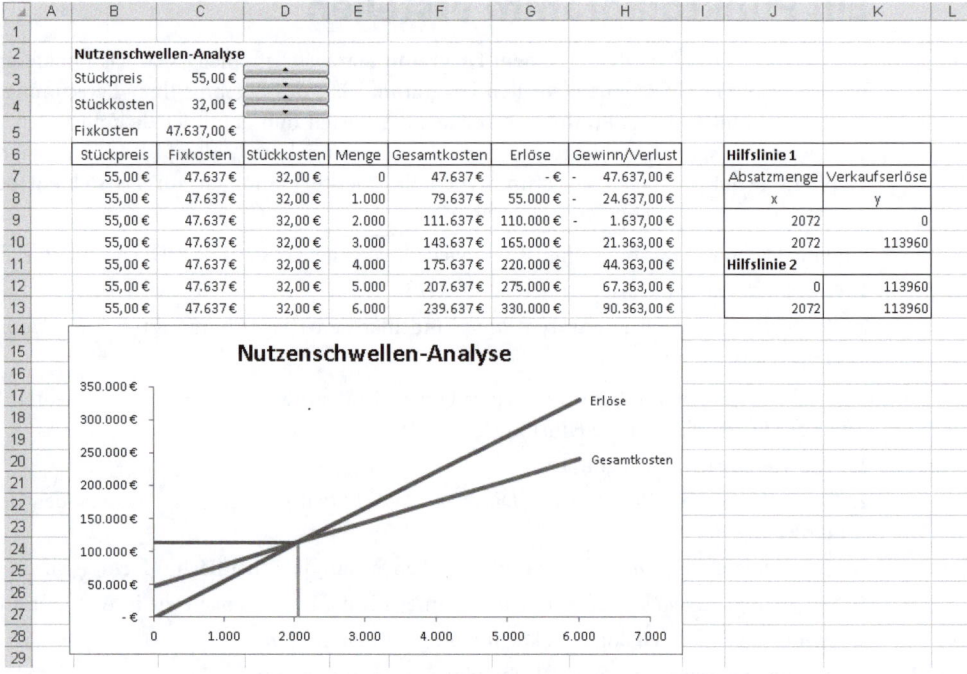

622

> **HINWEIS** Das Beispiel geht davon aus, dass sich innerhalb der gewählten Daten auch ein Break-Even-Point ermitteln lässt, also dass sich die Erlöskurve und die Linie der Gesamtkosten im gewählten Bereich schneiden.

Eine einzelne Datenbeschriftung hervorheben

Obwohl ein Diagramm allein schon die Eigenschaft hat, Daten anschaulich zu präsentieren, kommt doch oft der Wunsch auf, einen bestimmten Datenpunkt besonders hervorzuheben. In Balkendiagrammen wird häufig ein bestimmter Wert durch eine besondere Formatierung hervorgehoben – etwa, weil auf diesen Wert in einem Textbeitrag Bezug genommen wird oder um einen allgemeinen Vergleichswert darzustellen. In Kapitel 17 haben Sie gesehen, wie Sie einen einzelnen Datenpunkt markieren und formatieren können. Aber wie können Sie eine solche besondere Formatierung erreichen, die sich dynamisch anpasst? Im folgenden Beispiel soll die Formatierung aus den Daten übernommen werden und beliebig einstellbar sein.

> **CD-ROM** Um dieses Beispiel nachzuvollziehen, verwenden Sie das Arbeitsblatt *Hervorheben Übung*. Die Lösung finden Sie auf dem Arbeitsblatt *Hervorheben* in der Datei *Kap18.xlsx* im Ordner *\Buch\Kap18* auf der CD-ROM zu diesem Buch.

Daten berechnen

Auch für diese Lösung benötigen Sie eine Datengrundlage, die zunächst in der Tabelle ermittelt wird. In Zelle *D3* aus Abbildung 18.12 wird mit der Formel `=WENN(B3=$C$31;C3;NV())` ein Vergleich durchgeführt. Wenn das Land, das in Spalte *B* eingetragen wurde, mit dem in Zelle *$C$31* (absoluter Bezug!) eingetragenen Land übereinstimmt, wird der Prozentsatz angezeigt, ansonsten der Fehlerwert *#NV*. Diese Formel können Sie nach unten kopieren. Für ein Land sollte anschließend der Prozentsatz angezeigt werden.

Das Balkendiagramm erstellen

Erstellen Sie zunächst ein Balkendiagramm mit den folgenden Schritten:
1. Markieren Sie den Bereich *B3:D29*.
2. Erstellen Sie über den Befehl *Einfügen/Balken* ein gruppiertes Balkendiagramm.
3. Entfernen Sie alle Gitternetzlinien und die Legende sowie die *Horizontal (Wert) Achse*, indem Sie diese markieren und die `Entf`-Taste drücken.
4. Auf der Registerkarte *Diagrammtools/Layout* wählen Sie im Befehl *Datenbeschriftungen* die Option *Zentriert*.

Damit ist das vorläufige Diagramm fertig. Jetzt sollen die speziellen Formatierungen der Beschriftung vorgenommen werden:
1. Wählen Sie auf der Registerkarte *Diagrammtools/Layout* im Listenfeld *Diagrammelemente* die Datenbeschriftung der zweiten Datenreihe aus.
2. Rufen Sie den Befehl *Auswahl formatieren* auf und wechseln Sie zur Kategorie *Beschriftungsoptionen*.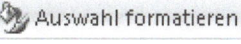

Kapitel 18 Fortgeschrittene Diagrammtechniken einsetzen

3. Aktivieren Sie das Kontrollkästchen *Kategoriename* und deaktivieren Sie *Wert*.
4. Wählen Sie für *Beschriftungsposition* die Option *Zentriert* aus und bestätigen Sie mit einem Klick auf *Schließen*.
5. Wählen Sie über das Symbol *Diagrammelemente* die Datenbeschriftung der ersten Datenreihe aus und aktivieren Sie im Dialogfeld *Datenbeschriftungen formatieren* in der Kategorie *Beschriftungsoptionen* die *Beschriftungsposition Ende außerhalb*.
6. Wählen Sie im Listenfeld *Diagrammelemente* den Eintrag *Datenreihen1*.
7. Im Dialogfeld *Datenreihen formatieren* wechseln Sie zur Kategorie *Reihenoptionen*.
8. Stellen Sie die *Reihenachsenüberlagerung* auf 100 % und die *Abstandsbreite* auf den Wert 20.
9. Aktivieren Sie die *Vertikal (Kategorie) Achse* und aktivieren Sie im Dialogfeld *Achse formatieren* in der Kategorie *Achsenoptionen* das Kontrollkästchen *Kategorien in umgekehrter Reihenfolge*.
10. Löschen Sie anschließend diese Achse mit der `Entf`-Taste.
11. Schließen Sie das Dialogfeld *Achse formatieren*.

Nun haben Sie das Ziel erreicht: Ändern Sie das Land in Zelle *C31*, wird der neue Eintrag im Diagramm hervorgehoben. Bei jedem Wechsel wird die besondere Formatierung auf die ausgewählte Rubrik angewendet.

Abbildg. 18.12 In diesem Diagramm wird dasjenige Land hervorgehoben, das Sie in der Zelle *C31* eingetragen haben

	B	C	D	E	F G H I J K	L
1						
2	Mehrwertsteuersätze in Europa 2010 in %				Mehrwertsteuersätze in Europa 2010 in %	
3	Belgien	21,0	#NV		Belgien 21,0	
4	Bulgarien	20,0	#NV		Bulgarien 20,0	
5	Dänemark	25,0	#NV		Dänemark 25,0	
6	Deutschland	19,0	19		**Deutschland** 19,0	
7	Estland	20,0	#NV		Estland 20,0	
8	Finnland	22,0	#NV		Finnland 22,0	
9	Frankreich	19,6	#NV		Frankreich 19,6	
10	Griechenland	21,0	#NV		Griechenland 21,0	
11	Irland	21,0	#NV		Irland 21,0	
12	Italien	20,0	#NV		Italien 20,0	
13	Lettland	21,0	#NV		Lettland 21,0	
14	Litauen	21,0	#NV		Litauen 21,0	
15	Luxemburg	15,0	#NV		Luxemburg 15,0	
16	Malta	18,0	#NV		Malta 18,0	
17	Niederlande	19,0	#NV		Niederlande 19,0	
18	Österreich	20,0	#NV		Österreich 20,0	
19	Polen	22,0	#NV		Polen 22,0	
20	Portugal	20,0	#NV		Portugal 20,0	
21	Rumänien	19,0	#NV		Rumänien 19,0	
22	Schweden	25,0	#NV		Schweden 25,0	
23	Slowak. Republik	19,0	#NV		Slowak. Republik 19,0	
24	Slowenien	20,0	#NV		Slowenien 20,0	
25	Spanien	16,0	#NV		Spanien 16,0	
26	Tschechien	20,0	#NV		Tschechien 20,0	
27	Ungarn	25,0	#NV		Ungarn 25,0	
28	Großbritanien	17,5	#NV		Großbritanien 17,5	
29	Zypern	15,0	#NV		Zypern 15,0	
30						
31	Hervorheben >>	Deutschland	Deutschland			

Dieses Beispiel verwendet für den schnellen Wechsel zwischen den einzelnen Ländern in der Zelle *C31* ein ActiveX-Steuerelement vom Typ *Kombinationsfeld*. Die Eigenschaft *LinkedCell* zeigt auf die Zelle *C31*, die Eigenschaft *ListFillRange* auf den Bereich *B3:B29*. Mehr zum Thema Steuerelemente finden Sie in Kapitel 13.

Übersicht, Details und Struktur in einem Diagramm zeigen

Bei der Auswertung von Umsatz- und Absatzzahlen interessiert an erster Stelle, ob Wachstum, Stagnation oder Rückgang zu verzeichnen sind. Doch für tiefergehende Analysen bedarf es weiterer Informationen, die Umsatz- bzw. Absatzentwicklung näher beleuchten.

Nachfolgend soll es am Beispiel eines Hardware-Vertriebs darum gehen, in einem Diagramm Auskunft über drei Sachverhalte bei der Betrachtung des Umsatzes von tragbaren Computern zu geben:

- Wie hat sich der Gesamtumsatz für tragbare Computer in den letzten vier Quartalen entwickelt? Hier geht es um die Übersicht.
- Wie sind die Umsatzzahlen für zwei ausgewählte Produkte (Notebook und Tablet PC) mit besonderem Wachstumspotenzial? Hier geht es um Details.
- Welchen Anteil haben diese beiden Produkte am Gesamtumsatz und wie ist das Mengenverhältnis beider Produkte zueinander? Hier geht es um einen strukturellen Vergleich.
- Alle drei Aussagen sollen in einem Diagramm sichtbar gemacht werden:
    - Der Gesamtumsatz pro Quartal sollen in je einer Säule dargestellt werden
    - Die Umsatzzahlen für die beiden ausgewählten Produkte sollen direkt daneben in einer zweiten Säule angezeigt werden, und zwar unterteilt in Notebook und Tablet PC
    - Beide Säulen sollen in einer Gruppe erscheinen, bevor nach einem Zwischenraum die Gegenüberstellung für das nächste Quartal folgt

In Abbildung 18.13 sehen Sie den Aufbau eines solchen Diagramms. Es ist ein Säulendiagramm, das sowohl gestapelte als auch nicht gestapelte Säulen enthält.

Abbildg. 18.13 Die Zahlen zu Gesamtabsatz, Absatz jedes der zwei Produkte und einem direkten Vergleich der beiden Produkte werden sichtbar

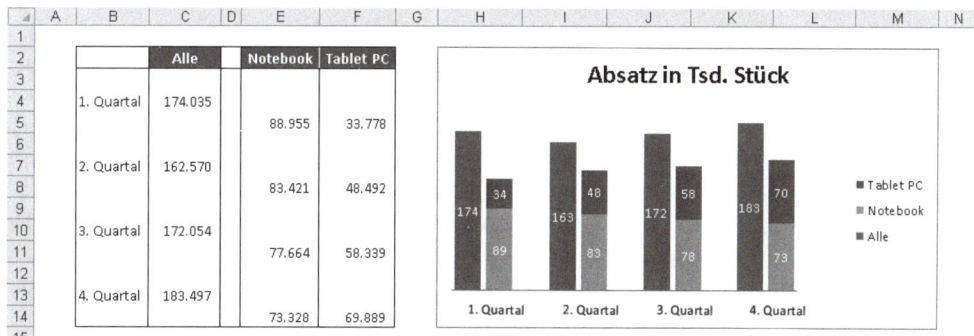

Wichtige Vorarbeit: die besondere Anordnung der Daten

Entscheidend für das Erstellen des gewünschten Diagramms ist die besondere Anordnung der Daten. Sie muss sowohl das Stapeln der Säulensegmente wie auch die Zwischenräume zwischen den Gruppen (hier Quartale) ermöglichen.

Da als Diagrammtyp gestapelte Säulen benötigt werden, müssen pro Datenserie je zwei Werte eingegeben werden. Bei den Gesamtumsätzen bleiben die Zellen für die zweite Information leer, denn hier wird ja tatsächlich nur ein Wert gebraucht und dargestellt. Bei den beiden ausgewählten Produkten werden beide Zahlen eingetragen – die für Notebooks und Tablet PCs. In Abbildung 18.13 sehen Sie die spezielle Anordnung der Informationen. Es werden Daten für vier Quartale eingetragen.

Das Diagramm erstellen

Fertigen Sie das Basisdiagramm mit den folgenden Schritten an:

1. Geben Sie zunächst die Daten so wie in Abbildung 18.13 gezeigt ein.
2. Markieren Sie den Bereich *B2:F14* und klicken Sie auf der Registerkarte *Einfügen* auf den Befehl *Säule* und als Untertyp *Gestapelte Säulen*.
3. Wählen Sie in der Befehlsgruppe *Diagrammlayouts* das *Layout4*.

Jetzt beginnen die Nacharbeiten. Führen Sie folgende Schritte aus, um das optische Erscheinungsbild des Diagramms zu verbessern:

1. Markieren Sie eine der Säulen und rufen Sie mit dem Befehl *Auswahl formatieren* auf der Registerkarte *Diagrammtools/Layout* das Dialogfeld zum Formatieren auf.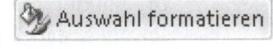
2. Zeigen Sie die *Reihenoptionen* an und verringern Sie im Feld *Abstandsbreite* den Wert auf *20*. Damit werden die zusammengehörenden Säulen ganz dicht aneinandergerückt.
3. Ändern Sie den Diagrammtitel in »*Absatz in Tsd. Stück*«.
4. Legen Sie nun noch ein benutzerdefiniertes Zahlenformat fest, das die Zahlen der Datenbeschriftungen um drei Stellen verkürzt. Markieren Sie eine Datenbeschriftung und rufen Sie mit *Auswahl formatieren* das Dialogfeld zum Formatieren auf. Wechseln Sie zur Kategorie *Zahl*, klicken Sie unter *Kategorien* auf den Eintrag *Benutzerdefiniert* und tragen Sie in das Eingabefeld das folgende Zahlenformat ein: *#.##0*.

   Der Punkt hinter der Null bewirkt, dass die Zahlen um drei Stellen verkürzt werden. Mehr zu benutzerdefinierten Zahlenformaten erfahren Sie in Kapitel 10.
5. Markieren Sie nacheinander die anderen Datenbeschriftungen und wiederholen Sie die Änderungen. Ganz schnell geht das mit der Taste F4.
6. Klicken Sie eine Datenbeschriftung mit der rechten Maustaste an, können Sie über die Minisymbolleiste des Kontextmenüs auch die Schriftfarbe einstellen, sodass der Text deutlich hervortritt.

Abbildg. 18.14 Wie immer hilft das Kontextmenü mit der neuen Minisymbolleiste beim schnellen Ändern von Formateinstellungen

Bilder in Liniendiagrammen verwenden

CD-ROM Die fertige Lösung finden Sie auf der CD-ROM zu diesem Buch im Ordner \Buch\Kap18 in der Arbeitsmappe *Kap18.xlsx* auf dem Arbeitsblatt *Absatz*.

Statistiken werden meist mit Säulen-, Balken- oder Liniendiagrammen dargestellt. Geht es dabei um Produkte, wirken die Diagramme wesentlich ansprechender, wenn Sie Bilder oder Piktogramme des Produkts verwenden. Das Einbinden solcher Bilder ist bei zweidimensionalen Säulen- und Balkendiagrammen mit wenigen Schritten machbar. Das betreffende Bild wird mit der Tastenkombination Strg+C in die Zwischenablage kopiert, wird die Datenreihe markiert und das Bild mit Strg+V eingefügt. Das anschließende Einpassen und die Wahl der richtigen Skalierung sind jedoch teilweise recht problematisch.

Eine Alternative sind hier Liniendiagramme, wo sich anstelle der Markierungen für die Datenpunkte auf den Linien Produktbilder maßstabsgerecht einbinden lassen.

Im folgenden Beispiel will ein Hardwarehersteller den Absatz für die Produkte Notebook und PDA in je einem Liniendiagramm aufzeigen. Die Aufgabe besteht darin, für jedes der beiden Produkte eine bebilderte Absatzkurve zu erstellen. Die Abbildung 18.15 zeigt das fertige Beispiel.

Abbildg. 18.15 Die Daten sollen in einem Diagramm angezeigt werden, das eine Grafik für die Produkte zeigt

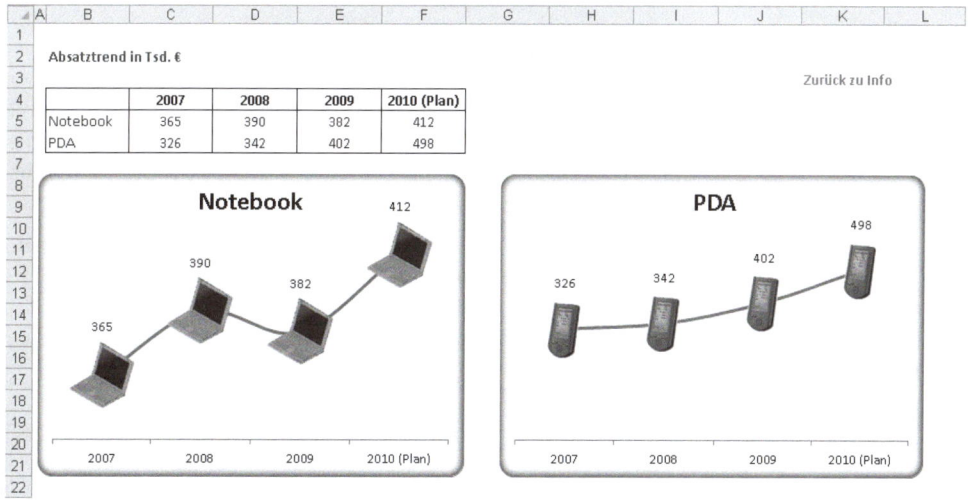

Das Basisdiagramm anfertigen

Fügen Sie zunächst über die Befehlsfolge *Einfügen/Grafik* passende Bilder zu den darzustellenden Produkten in die Tabelle ein und bringen Sie diese auf die für das Diagramm erforderliche Größe. Sie können auch die Funktion *Einfügen/ClipArt* nutzen, um beispielsweise im Internet nach passendem Bildmaterial zu suchen.

CD-ROM Die fertige Lösung finden Sie auf der CD-ROM zu diesem Buch im Ordner *\Buch\Kap18* in der Datei *Kap18.xlsx* auf dem Arbeitsblatt *Linien mit Bildern*. Unter den Liniendiagrammen sind die beiden Bilder abgelegt.

Mit den nachfolgenden Schritten erstellen Sie ein Diagramm mit einer Grafik:

1. Geben Sie zunächst die in Abbildung 18.15 gezeigten Informationen und Daten ein.
2. Markieren Sie zum Anfertigen der Umsatzkurve für *Notebooks* den Zellbereich *B4:F5* und erstellen Sie über *Einfügen/Linie* ein Liniendiagramm vom Untertyp *Linie mit Datenpunkten*.
3. Auf der Registerkarte *Diagrammtools/Entwurf* wählen Sie in der Gruppe *Diagrammlayouts* das *Layout 4*.
4. Entfernen Sie die *Legende* und die *Vertikal (Wert) Achse*, indem Sie diese Elemente markieren und die `Entf`-Taste drücken.
5. Wählen Sie auf der Registerkarte *Layout* in der Gruppe *Beschriftungen* den Befehl *Datenbeschriftungen/Über*.
6. Markieren Sie nun das Bild vom Notebook und kopieren Sie dieses mit `Strg`+`C` in die Zwischenablage.
7. Markieren Sie die Datenlinie und fügen Sie die Grafik mit `Strg`+`V` aus der Zwischenablage ein. Wenn Sie nur einen einzelnen Datenpunkt markieren, wird nur für diesen die Grafik eingefügt.

Das zweite Diagramm schnell erstellen

Der Aufwand zum Anfertigen des zweiten Diagramms ist sehr gering. Kopieren Sie das eben erstellte Diagramm und fügen Sie eine Kopie an beliebiger Stelle in der Tabelle aus der Zwischenablage ein. Ändern Sie über *Daten auswählen* den Datenbereich für das kopierte Diagramm auf *B4:F4* und *B6:F6*. Das zweite Produktbild fügen Sie wie zuvor beschrieben ein.

Zum Einfügen von Grafiken können Sie auch das Dialogfeld *Datenreihen formatieren* verwenden. Wenn Sie diesen Weg gehen wollen, sollten Sie die Ausdehnungen der Grafik kennen oder Sie passen diese über die *Dehnungsoptionen* an (siehe Abbildung 18.16). Der etwas umständlich anmutende Weg über die Zwischenablage hat den Vorteil, dass Sie die Größenänderung im Tabellenblatt durch Ziehen mit der Maus vornehmen können.

Abbildg. 18.16 Alternativ kann im Dialogfeld *Datenreihen formatieren* eine Grafik ausgewählt und eingefügt werden

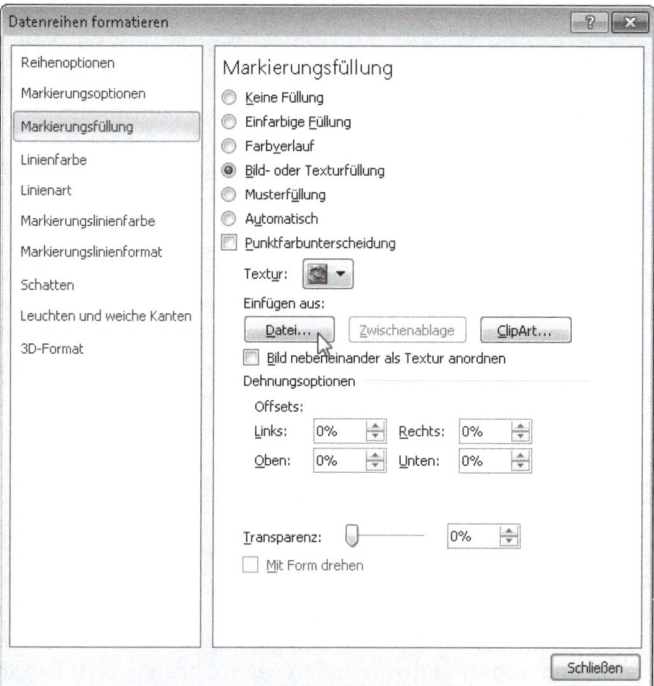

Trends im Diagramm

Zeitreihenanalysen und damit verbundene Trendberechnungen und -darstellungen sind ein bewährtes Mittel, um hinter die Zusammenhänge verschiedener Erscheinungen der realen Welt zu schauen. Dabei wird die Zeit als mittelbare Erklärung bestimmter Effekte herangezogen und gelegentlich der Versuch unternommen, in die Zukunft zu blicken. So können Unternehmer im Hotel- und Gaststättengewerbe darauf vertrauen: Mit der Urlaubszeit wachsen die Umsätze. Dabei ist es unerheblich, warum die Kunden Urlaub machen, es reicht einfach, zu wissen, dass die Monate Juli und August (als Beispiel) heranrücken. Das wird auch im nächsten Jahr so sein, wenn nicht Unwetter, Streiks bei der Bahn bzw. Fluggesellschaft oder simple Verkehrsbehinderungen durch Straßenbau den Weg zu den Restaurants bzw. Hotels erschweren.

Der Begriff der Zeitreihe

Excel ist sehr mächtig bei der Unterstützung von Zeitreihenanalysen. Dennoch sind ein paar Vorkenntnisse notwendig, um grobe Fehler zu vermeiden. Eine »Zeitreihe« ist die Entwicklung eines Merkmals von Objekten der statistischen Untersuchung, dessen Werte im zeitlichen Ablauf (Zeitpunkte, Intervalle) erfasst und dargestellt werden. Das sollte wünschenswerter Weise mithilfe einer Funktion der folgenden Form geschehen:

$y=f(t)$

y beschreibt den Wert des Merkmals, t ist die Zeit.

Damit entstehen aber sofort Fragen:

- Welcher Ansatz soll für die Funktion *f* genommen werden? So hat sich z. B. in betriebs- und volkswirtschaftlichen Aufgabenstellungen durchgesetzt, *f* als Funktion des Trends *T* (langfristige Entwicklungen), der zyklischen Komponente *Z* (Entwicklungen im Zeitraum von fünf bis zehn Jahren), der saisonalen Komponente *S* (Erscheinungen, die auf monatlichen Beobachtungen beruhen) sowie einer Restkomponente *R* (diese beinhaltet die Unwägbarkeiten) zu verstehen. Dabei werden in der Praxis noch *T* und *Z* zur sogenannten »glatten« Komponente, die wieder *T* heißen soll, zusammengefasst und die Restkomponente weggelassen.

- Wie sollen die Komponenten der Zeitreihe verknüpft werden? Hier haben sich zwei Ansätze als vernünftig erwiesen: additive Verknüpfung in der Form $y=T+S$ und multiplikative Verknüpfung in der Form $y=T*S=T*(1+s/100)$. Die erste Form besagt, dass sich Schwankungen um den Trend immer in gleichen Größenordnungen bewegen. Die zweite sagt aus: je größer die Trendwerte, desto größer auch die möglichen Abweichungen. Welche Art der Verknüpfung vorliegt, lässt sich oft aus der grafischen Darstellung der Daten (Diagramm) »erahnen«.

Die Wahl des richtigen Diagrammtyps

Excel bietet mit den Typen *Säulendiagramm* und *Liniendiagramm* sogenannte Rubrikendiagramme an (auch Flächendiagramme und Balkendiagramme gehören zu dieser Art). Deren Besonderheit besteht darin, dass die Abstände der Datenpunkte auf der Rubriken- oder X-Achse stets gleich sind, unabhängig von der von Ihnen gewählten Beschriftung. Excel vergibt für die Punkte der Rubriken intern die Werte 1, 2, 3 usw. und rechnet in den Trendformeln (Abbildung 18.18) auch mit diesen Werten.

Punkt (XY)-Diagramme sind die aus der Schulmathematik bekannten Diagramme zum Darstellen funktionaler Zusammenhänge.

Linien- und Punkt (XY)-Diagramme können mit und ohne Linien zwischen den die Merkmalsgröße charakterisierenden Punkten dargestellt werden. Die Punkte selbst können Sie außerdem deutlich mit einer Markierung versehen. Oftmals macht es keinen Sinn, Werte einer Zeitreihe, die zu Zeitpunkten oder -intervallen erfasst wurden, mit Linien zu versehen. Haben Sie etwa die monatlichen Gesamtumsätze einer Gaststätte statistisch erfasst, würden Linien zwischen den Punkten am Monatsende suggerieren, dass sich der Umsatz in den Grenzen zwischen zwei Punkten bewegt. In Wirklichkeit startet aber der Umsatz eines Monats stets bei Null. Dies durch Linien darzustellen, ist allerdings etwas ungebräuchlich, also sollten Sie die Linien ganz weglassen.

Das Beispiel

Das Statistische Bundesamt veröffentlicht vierteljährlich Informationen zum Bruttoinlandsprodukt. In Abbildung 18.17 sehen Sie einen Auszug.

Abbildg. 18.17 Ein Auszug aus den Veröffentlichungen des Statistischen Bundesamts zum Preisindex

Jahr	Quartal	Wert
2005	1.Vj	537,8
	2.Vj	557,6
	3.Vj	570,5
	4.Vj	576,3
2006	1.Vj	559,9
	2.Vj	571,1
	3.Vj	590,3
	4.Vj	603,8
2007	1.Vj	589,7
	2.Vj	596,7
	3.Vj	617,2
	4.Vj	624,6
2008	1.Vj	609,7
	2.Vj	625,6
	3.Vj	634,4
	4.Vj	626,1

Sie sind im Weiteren an der Darstellung der Daten in einem Diagramm mit Einzeichnung der Trendfunktion und einer Zukunftsprognose für 2009 interessiert.

Der optische Trend

Das einfachste Verfahren der Trendermittlung ist das Einzeichnen eines optischen Trends. Dazu zeichnen Sie in gewissen Hoch- und Tiefpunkten der Datenmenge mehr oder weniger parallele Linien in das Diagramm, zwischen denen sich alle Datenpunkte befinden. Es entsteht ein Korridor, in dessen Mitte der Trend als langfristige Entwicklungslinie verlaufen sollte. Verwenden Sie ein Liniendiagramm »ohne Linien«. Skalieren Sie die Y-Achse, sodass nicht zu viel Platz verschenkt wird (obwohl das auch die Steilheit der Kurven überbetonen kann). Außerdem wählen Sie den Schnittpunkt der Y-Achse mit der Rubrikenachse so, dass er nicht zwischen den Rubriken schneidet.

Einiges lässt sich aus einer solchen »Skizze« bereits ablesen: Der Trend ist vermutlich linear (zumindest in diesem kurzen Zeitraum), die Verknüpfung mit der saisonalen Komponente ist additiv. Nach zwei Quartalen über dem Trend folgen zwei darunter.

Doch es gibt Nachteile dieser Technik:

- Die eingezeichneten Linien sind starr und passen sich nicht an, falls die verwendete Datenmenge irgendwie korrigiert werden muss
- Ein Blick in die Zukunft durch Verlängerung des Korridors ist auch nur »optischer« Art, oft sind dem Anwender konkrete Zahlen oder Formeln lieber (auch wenn diese qualitativ nicht unbedingt besser sind als der »grobe« optische Trend)

Gleitende Durchschnitte

Gleitende Durchschnitte haben die Aufgabe, eine Trendlinie durch Glättung der Merkmalswerte zu ermitteln. Dies geschieht mittels einer Mittelwertbildung über eine Reihe benachbarter Datenpunkte. Es entstehen folgende Probleme:

- Wie viele Punkte sollen in die Mittelwertbildung einbezogen werden? Bei Daten, deren Abstand Jahre zählt, reichen vielleicht drei oder fünf Punkte aus, bei der Aktienkursanalyse, die tägliche Kursdaten berücksichtigt, sind 40 oder gar 200 Punkte zur Glättung üblich.
- An welcher Stelle soll der geglättete Wert in das Diagramm eingetragen werden (welcher Zeitpunkt soll also repräsentativ sein)? In der Aktienanalyse ist dies stets der zeitlich letzte Punkt.

Genau Letzteres tut auch Excel. Klicken Sie mit der rechten Maustaste auf einen Punkt der Datenreihe im Diagramm, öffnet sich nach Wahl des Eintrags *Trendlinie hinzufügen* im Kontextmenü ein Dialogfeld. Der letzte Trendtyp unter *Trendlinienoptionen* ist der des gleitenden Durchschnitts, die Anzahl der zur Mittelung heranzuziehenden Perioden ist wählbar. Das Ergebnis kann nicht restlos überzeugen: Man sieht, wie der Durchschnitt der Datenreihe »vorauseilt«. Das fällt im vorliegenden Beispiel besonders auf, da es nur wenige Datenpunkte zur Auswertung gibt.

> **TIPP** Wollen Sie das Ergebnis verbessern, sollten Sie nicht den Automatismus von Excel nutzen, sondern die gleitenden Durchschnitte selbst in einer Hilfsspalte berechnen und im Diagramm anzeigen lassen. Dann haben Sie es in der Hand, in welchen Zeitpunkten die Glättung eingetragen werden soll.

Nachteilig ist auch beim gleitenden Durchschnitt: Sie haben kaum Prognosemöglichkeiten, da Sie den Verlauf des durch die gleitenden Durchschnitte ermittelten Trends formelmäßig nicht in der Hand haben und auch Excel eine Prognose nicht anbietet. Sie müssten also andere Methoden, wie die in der Statistik gebräuchliche Methode der exponentiellen Glättung, nutzen.

Der lineare Trend

Der lineare Trend beruht auf der Ermittlung einer linearen Funktion (diese zeichnet eine Gerade) der Form

$T(t) = a + b*t$

Da die Offlinehilfe mit *x* und *y* arbeitet, soll abweichend von der Mehrzahl der Lehrbücher zur Statistik der Trend in der Form

$y(x) = m*x + b$

gesucht werden. Die sogenannten Normalengleichungen für die Trendparameter entstehen aus der Forderung, dass der Quadratmittelabstand der Datenpunkte zur Trendlinie minimal sein soll.

Diagramme befreien Sie allerdings von den Rechnungen, so wie es die Funktion *TREND* tut, die sogar die sofortige Auswertung der linearen Funktion in den beobachteten Zeitpunkten sowie in eventuellen Prognosezeitpunkten vornimmt (siehe hierzu das Kapitel 16). Die Parameter des Trends liefert Ihnen im übrigen die Funktion *RGP*.

Sie klicken wieder mit der rechten Maustaste auf einen Datenpunkt im Diagramm, wählen im Kontextmenü den Eintrag *Trendlinie hinzufügen* und entscheiden sich im nun geöffneten Dialogfeld für den linearen Trend. In den Optionen zum Trend können Sie nun festlegen,

- welchen Namen Ihr Trend in der Legende erhalten soll,
- wie viele Perioden der Trend in die Zukunft reichen soll und
- ob Sie die Trendformel im Diagramm sehen möchten.

Eine Vorgabe des Schnittpunkts der ermittelten Geraden ist nicht Bestandteil der Trendrechnung, so wie auch die Angabe des Bestimmtheitsmaßes wenig Sinn ergibt. Beides sind Bestandteile der Regressionsrechnung, die mit den gleichen Mitteln wie die Zeitreihenanalyse arbeitet.

Im Ergebnis erhalten Sie eine Darstellung wie in Abbildung 18.18.

Abbildg. 18.18 Automatisch erstellte Trendlinie mit Formel und Zukunftsprognose

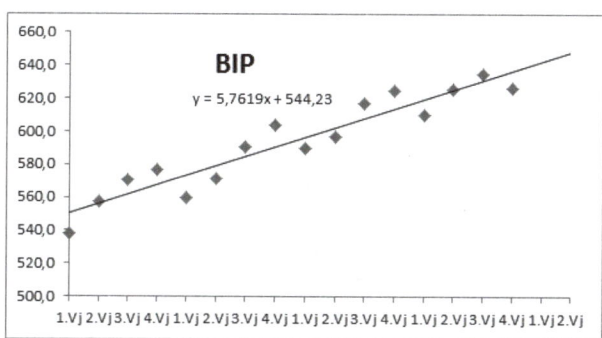

WICHTIG Zwei Dinge sollten Sie unbedingt beachten: Die ermittelte Formel im Diagramm geht davon aus, dass Ihre Zeitpunkte auf der X-Achse mit den Zahlen 1, 2, 3 usw. durchnummeriert sind. Und: Die Prognose ist eine solche für den Trend, nicht für das beobachtete Merkmal. Dieses ist durch die saisonalen Einflüsse zu korrigieren.

Die anderen Trendfunktionen können im Rahmen dieses Handbuchs leider nicht beleuchtet werden. Jedes gute Statistikbuch wird Ihnen aber bei der Erfassung der Möglichkeiten behilflich sein.

CD-ROM Das Beispiel mit den besprochenen Möglichkeiten finden Sie auf der Begleit-CD im Ordner \Buch\Kap18_Trend.xlsx.

Kapitel 18 Fortgeschrittene Diagrammtechniken einsetzen

Zusammenfassung

In diesem Kapitel haben Sie einige Beispiele kennengelernt, mit denen Sie besondere Diagramme erstellen können. Obwohl Diagramme nicht immer die Flexibilität haben, die man sich als Benutzer wünscht, lassen sich doch manche Grenzen durch entsprechende Anordnung der Datengrundlage sprengen.

Frage	Lösung
Wie kann ich ein Diagramm erstellen, das neue Daten automatisch berücksichtigt?	Verwenden Sie eine Tabelle als Datengrundlage. Ein Beispiel dazu finden Sie auf Seite 610.
Ich möchte zwei Datenreihen im Balkendiagramm so darstellen, dass eine Reihe nach links, die andere nach rechts zeigt. Wie geht das?	Dazu berechnen Sie zusätzliche Daten und zeichnen diese im Diagramm. Mehr dazu ab Seite 616.
Wie kann ich den Break-Even-Punkt hervorheben?	Berechnen Sie zusätzliche Daten und zeichnen Sie diese als Linie in das Diagramm. Mehr dazu auf Seite 620.
Wie kann ich eine bestimmte Datenreihe in einem Diagramm hervorheben?	Sie können eine Datenreihe oder auch deren Beschriftung hervorheben. Ab Seite 623 steht, wie das geht.
Wie kann ich die Entwicklung einer Datenreihe beurteilen?	Excel kann eine Trendlinie einfügen. Einzelheiten dazu finden Sie ab Seite 629 beschrieben.
Was hat es mit gleitenden Durchschnitten auf sich?	Diese Methode versucht, die Werte einer Datenreihe zu glätten. Details dazu finden Sie ab Seite 632.
Was steckt hinter einem linearen Trend?	Der lineare Trend ist die Anwendung von Regressionsmethoden mittels kleinster Quadrate auf Zeitreihenprobleme. Möglichkeiten und Grenzen sind ab Seite 632 erläutert.

Teil G

Listenmanagement

Kapitel 19	Neue Horizonte durch Namen und Tabellen	637
Kapitel 20	Sortieren von Daten	669
Kapitel 21	Der Blick aufs Wesentliche – Datensätze filtern	685
Kapitel 22	Datenbankfunktionen für komplexe Berechnungen	707
Kapitel 23	Teilergebnisse bilden und Daten konsolidieren	727
Kapitel 24	PivotTable und PivotChart einsetzen	741

Dieser Teil informiert Sie über Werkzeuge zur Auswertung großer Datenbestände. Lernen Sie, welche Möglichkeiten Ihnen Bereichsnamen bieten, die nicht nur beim Markieren von Bereichen, sondern auch beim Rechnen mit Bezügen hilfreich sind. Auch Tabellen – bei denen nicht nur automatisch eine Formatvorlage zugewiesen wird, sondern neue Daten den Bereich anpassen – erlauben interessante Anwendungen. Wenn Sie in Formeln Bezüge zu diesen Tabellen aufbauen, erfahren Sie hier auch mehr über strukturierte Verweise.

Teil G Listenmanagement

In einem weiteren Kapitel erfahren Sie, wie Sie Daten sortieren (z. B. auch nach Farben) und filtern können. Damit ist es möglich, schnell bestimmte Datensätze anzuzeigen oder auch Teilergebnisse zu berechnen. Spezielle Datenbankfunktionen erlauben Ihnen, Daten ganz gezielt über bestimmte Kriterien einzuschränken, um z. B. eine Summe mit verschiedenen Bedingungen zu berechnen.

Die mächtigen Werkzeuge PivotTable und PivotChart schließen diesen Teil ab. Diese Instrumente eignen sich hervorragend, wenn es darum geht, bestimmte Daten aus großen Listen anzuzeigen oder in einem Diagramm darzustellen. Mit wenigen Mausklicks erstellen Sie über Auswahlfelder verschiedene Ansichten Ihrer Daten und haben damit bei geänderter Fragestellung schnell die gesuchte Antwort parat. Mit dem neuen Suchfilter schränken Sie die anzuzeigenden Daten ganz gezielt ein.

Wie Sie sehen, ein richtig spannendes Kapitel. Viel Spaß bei der Lektüre.

Kapitel 19

Neue Horizonte durch Namen und Tabellen

In diesem Kapitel:

Definition von Namen	638
Namens-Manager für die Verwaltung von Namen	641
Namen in der Praxis einsetzen	649
Mit Tabellen arbeiten	653
Zusammenfassung	667

Excel verfügt nicht nur über reichhaltige mathematische Funktionen für die Berechnung unterschiedlichster Sachverhalte, sondern stellt für die Argumente dieser Funktionen verschiedene Möglichkeiten bereit. In Kapitel 6 haben Sie bereits die verschiedenen Schreibweisen von Bezügen kennengelernt. Neben der Verwendung von Zahlen, relativen, absoluten und gemischten Bezügen, ist hier die Verwendung von Bereichsnamen die herausragende Möglichkeit.

Ein Name kann quasi als Stellvertreter für einen Bezug, eine Konstante oder eine Formel verwendet werden. Dieses Kapitel zeigt, wie Sie Namen festlegen und welche Vorteile die Verwendung von Namen bietet.

Außerdem werden Sie in diesem Kapitel erfahren, was es mit der Möglichkeit, Tabellen zu definieren, auf sich hat. Eine Tabelle ist ein spezieller Bereich, der neben einem Namen einige Besonderheiten für den komfortablen Umgang mit Daten und besondere Bezugsformen bei deren Auswertung mit Funktionen bietet.

> **CD-ROM** Die hier vorgestellten Beispiele finden Sie in der Datei *Kap19.xlsx* auf der CD-ROM zu diesem Buch im Ordner \Buch\Kap19.

Definition von Namen

So, wie jeder von uns durch einen Namen identifiziert werden kann, ist dies auch in Excel der Fall: Ein *Name* steht dabei ganz allgemein für ein Objekt. Dieses Objekt kann eine einzelne Zelle, ein Zellbereich, eine Formel, ein eingebettetes Objekt oder ein bestimmter Wert sein. Der Name ist für einen Bereich eindeutig und muss bestimmte Namenskonventionen einhalten.

Es gibt zwei unterschiedliche Namentypen:

- Namen, die Sie als Benutzer erstellen
- Namen, die Excel beim Ausführen bestimmter Aktionen, z. B. dem Erstellen von Tabellen, automatisch vergibt

Das Namenfeld in der Bearbeitungsleiste

Wenn ein Objekt markiert ist, steht der von Excel verwendete Name im *Namenfeld* der Bearbeitungsleiste. Ist z. B. *C5* die aktive Zelle, steht dort auch genau dieser Bezug. Wenn ein Diagramm aktiv ist, steht dort der Name des Diagramms, etwa *Diagramm 1*. Voraussetzung dafür ist, dass die Anzeige der Bearbeitungsleiste (Befehl *Datei/Optionen*, Kategorie *Erweitert* im Abschnitt *Anzeige*) nicht deaktiviert ist.

Wenn Sie über *Datei/Optionen* das Dialogfeld *Excel-Optionen* aufrufen und in der Kategorie *Formeln* im Abschnitt *Arbeiten mit Formeln* das Kontrollkästchen *Z1S1-Bezugsart* aktiviert haben, zeigt auch das Namenfeld Bezüge in dieser Schreibweise an (für das Beispiel *Z5S3*).

Um eine bestimmte Zelle zu finden, ist die Angabe ihrer Koordinaten eine feine Sache. So befindet sich die Zelle *C5* im Schnittpunkt von Spalte C und Zeile 5. In Formeln allerdings, insbesondere in umfangreichen Auswertungen, sind Bezüge wie =Summe(B3:B14) reichlich nichtssagend. Die Formel =Summe(Kosten) hingegen lässt kaum Zweifel am Inhalt der Zelle. Die Formel verwendet hier stellvertretend für die Zelladressen einen Namen.

Wenn z. B. der Bereich *B3:B14* markiert ist (wie in Abbildung 19.1), können Sie im *Namenfeld* solch einen Namen eintragen und damit festlegen. Dazu klicken Sie in das *Namenfeld* und überschreiben den bestehenden Eintrag *B3*. Der Name bezieht sich dann nicht nur auf die aktive Zelle, deren Bezug Sie eben überschrieben haben, sondern auf den gesamten markierten Bereich.

Sie können das Namenfeld in der Breite anpassen, indem Sie auf den Punkt in der Bearbeitungsleiste zeigen und mit gedrückter linker Maustaste die gewünschte Breite einstellen (siehe Abbildung 19.1).

Abbildg. 19.1 Namen festlegen durch Überschreiben des Bezugs im Namenfeld, das sich in der Breite anpassen lässt

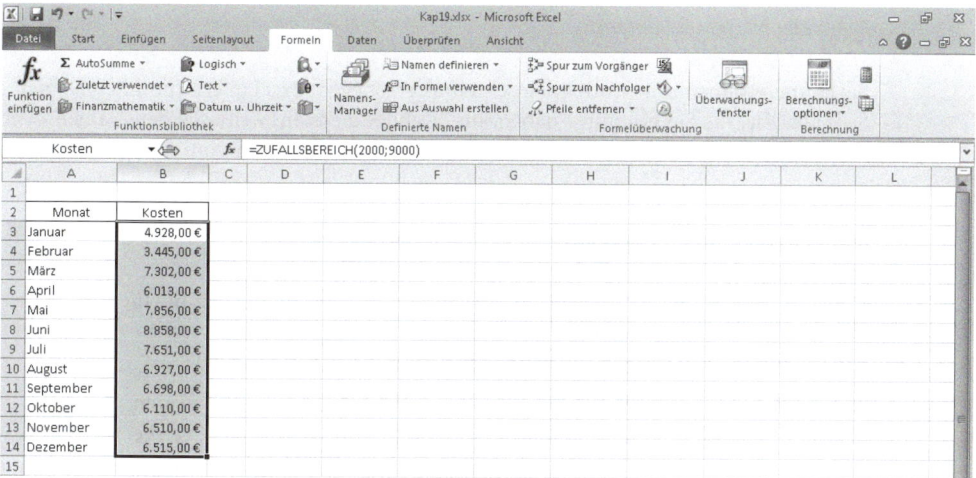

Mit der Formel =SUMME(Kosten) können Sie anschließend die Summe der Kosten berechnen und zwar an beliebiger Stelle in der Arbeitsmappe, also nicht nur auf dem Arbeitsblatt, auf dem sich die Daten befinden. Sie können den Namen auch in anderen Mappen verwenden:

- Ist die Arbeitsmappe mit dem Namen *Mappe.xlsx* geöffnet, lautet der Bezug =*Mappe.xlsx!Kosten*
- Ist die Arbeitsmappe mit dem Namen *Mappe.xlsx* nicht geöffnet, muss der Pfad ergänzt werden. Der Bezug lautet dann z. B. =*'C:\Daten\Mappe.xlsx'!Kosten*.

CD-ROM   Dieses Beispiel finden Sie auf dem Arbeitsblatt *Namen festlegen* in der Beispieldatei *Kap19.xlsx* auf der CD-ROM zu diesem Buch im Ordner *\Buch\Kap19*.

Namenskonventionen beachten

Bei der Vergabe von Namen prüft Excel einige Konventionen. Ein Name kann bis zu 255 Zeichen lang sein und darf Buchstaben, Ziffern, Unterstriche (_), umgekehrte Schrägstriche (\), Punkte (.) und Fragezeichen (?) enthalten. Das erste Zeichen muss allerdings ein Buchstabe, ein Unterstrich (_) oder ein umgekehrter Schrägstrich (\) sein. Namen, die Zellbezügen ähneln, z. B. *A1* oder *Z1S1*, sind nicht zulässig. Die Verwendung unzulässiger Namen wird zurückgewiesen.

Wenn Sie in früheren Excel-Versionen Namen aus Buchstaben und Zahlen erstellt haben (z. B. ABC123 oder USA1), kann es passieren, dass dieser Name in Konflikt mit einem Zellbezug kommt. Durch die Erweiterung von Arbeitsblättern auf 16.384 Spalten und 1.048.576 Zeilen und die damit verbundene Erweiterung des Namensraums für Zelladressen ist es möglich, dass Namen in Arbeitsmappen mit dem Format Excel 97-2003 oder früher in Konflikt mit Zellbezügen in Excel 2007 und später geraten. Solche Namen werden beim Speichern in einem neuen Format von der Kompatibilitätsprüfung mit dem Präfix Unterstrich (»_«) versehen. Darauf wird in einer Warnungmeldung hingewiesen.

> **TIPP** Auch wenn bis zu 255 Zeichen für einen Namen möglich sind, sollten Sie es sich doch zur Regel machen, kurze Namen zu verwenden. Die Verwendung kurzer Namen ist einfach praktischer. Außerdem sollten Sie über eine eigene Namenskonvention nachdenken, wenn Sie sehr viele Namen festlegen.

Sie können Namen mit Groß-/Kleinschreibung festlegen. Excel übernimmt den Namen exakt in der Schreibweise, die Sie bestimmt haben, und wendet diese an, wenn Sie den Namen in einer Formel verwenden. Die Anzahl der möglichen Namen wird übrigens nur vom Arbeitsspeicher begrenzt.

Namen festlegen im Dialogfeld

Neben der Festlegung über das Namenfeld können Sie Namen auch in einem Dialogfeld festlegen. Dieses Dialogfeld gestattet auch das Ändern der Bezüge sowie das Löschen von Namen – Aktionen, die über das Namenfeld der Bearbeitungsleiste nicht vorgesehen sind.

Auf der Registerkarte *Formeln* im Menüband (siehe Abbildung 19.1) rufen Sie über den Befehl *Namen definieren* das Dialogfeld *Neuer Name* (siehe Abbildung 19.2) für die Vergabe von Namen auf. Im Kontextmenü zeigt der Befehl *Namen definieren* ebenfalls das Dialogfeld an. Im Textfeld *Name* tragen Sie einen Namen nach den bereits beschriebenen Konventionen ein.

Abbildg. 19.2 Das Dialogfeld zum Definieren von Namen, für die auch ein Kommentar gespeichert werden kann

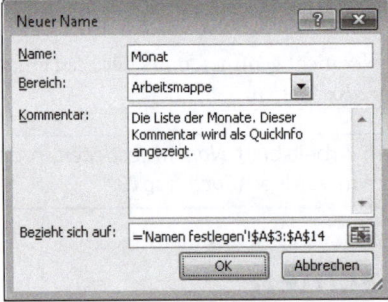

Im Listenfeld *Bereich* wählen Sie den Bereich aus, in dem der Name ohne Qualifikation – also ohne den Zusatz für das Arbeitsblatt – erkannt wird:

- *Arbeitsmappe*, wenn der Name in der gesamten Arbeitsmappe verwendet werden soll (Standard)
- *Tabelle1*, *Tabelle2* usw. wenn der Name nur in einer einzelnen Tabelle ohne Qualifikation erkannt werden soll

Über diese Einstellung können Sie also den gleichen Namen in mehreren Arbeitsblättern erstellen, weil Namen nur innerhalb des festgelegten Bereichs eindeutig sein müssen. Der Name kann dann in

Formeln oder auch im Dialogfeld *Gehe zu* ohne weiteren Zusatz verwendet werden und in jedem Blatt einen anderen Bezug referenzieren.

Im Eingabefeld *Kommentar* können Sie mit einer Zeichenfolge von bis zu 255 Zeichen eine Erläuterung zum Namen eintragen. Ein hier eingetragener Text wird beim *AutoVervollständigen in Formeln* als QuickInfo angezeigt. Mehr zum *AutoVervollständigen in Formeln* finden Sie in Kapitel 6.

Unter *Bezieht sich auf* ist die aktuelle Markierung bereits eingetragen. Wenn der Name einen anderen Bezug haben soll, überschreiben Sie diese Voreinstellung. Sie können das Dialogfeld auch über die Schaltfläche *Reduzieren* verkleinern und den gewünschten Bereich mit der Maus in der Tabelle markieren. Mit einem Klick auf die Schaltfläche *OK* wird der Name festgelegt.

> **Profitipp**   Wenn Sie sich beim Schreiben des Bezugs vertippt haben, können Sie mit der Taste F2 im Eingabefeld *Bezieht sich auf* in den Editiermodus wechseln. Mit den Pfeiltasten ← und → können Sie dann die Einfügemarke an die gewünschte Stelle bewegen. Ohne die Taste F2 ergänzt Excel weitere Zellbezüge.

Namens-Manager für die Verwaltung von Namen

Im *Namens-Manager* werden alle sichtbaren Namen der aktuellen Arbeitsmappe angelistet. Neue Namen können hier über die Schaltfläche *Neu* hinzugefügt werden. Der Namens-Manager zeigt neben definierten Namen den aktuellen Wert, den Bezug, den Bereich sowie den Kommentar. Außerdem werden Namen von Tabellen (mehr dazu im Abschnitt »Mit Tabellen arbeiten« ab Seite 653) aufgeführt.

Abbildg. 19.3 Über die Schaltfläche *Neu* kann ebenfalls das Dialogfeld *Neuer Name* aufgerufen werden

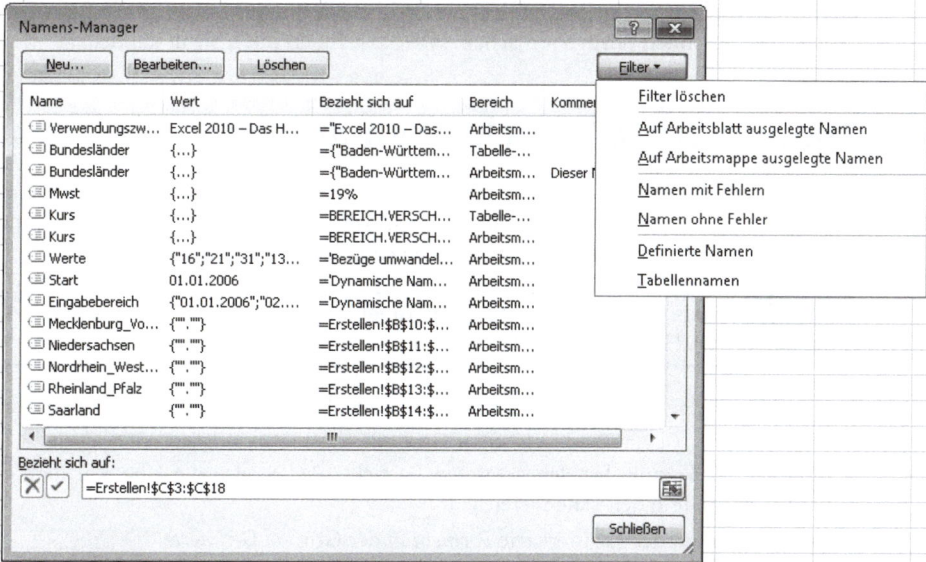

Möglichkeiten im Namens-Manager

Das Dialogfeld selbst ist in der Größe veränderbar, wie Sie an dem Ziehpunkt in der rechten unteren Ecke von Abbildung 19.3 erkennen. Aber auch die einzelnen Spalten können in der Breite geändert werden. Ziehen Sie dazu mit gedrückter linker Maustaste an der Begrenzung zwischen zwei Spaltenüberschriften, bis die gewünschte Breite erreicht ist.

Wenn viele Namen festgelegt sind, erleichtert die Sortierfunktion die Arbeit. Klicken Sie dazu auf eine beliebige Spaltenüberschrift, um die Namen nach diesem Inhalt zu sortieren. Ein weiterer Klick auf die gleiche Spalte kehrt die Sortierung um.

Über die Schaltfläche *Bearbeiten* rufen Sie das Dialogfeld *Name bearbeiten* auf, mit dem Sie den Bezug oder auch den Namen selbst ändern können. Den Bezug eines Namens können Sie aber auch direkt im Namens-Manager ändern. Markieren Sie dazu den Namen und ändern Sie den Bezug im Feld *Bezieht sich auf*, auch hier entweder durch Eintragen oder Markieren mit der Maus. Soll die Änderung wirksam werden, klicken Sie auf den Pfeil links neben dem Eingabefeld. Die Schaltfläche mit dem Kreuz verwirft die Änderung und der Name behält seinen ursprünglichen Bezug (siehe Abbildung 19.3).

Soll ein Name gelöscht werden, markieren Sie den Namen in der Liste und wählen die Schaltfläche *Löschen*. Es ist auch möglich, mehrere Namen in einem Arbeitsgang zu löschen. Markieren Sie die jeweiligen Namen, indem Sie die Taste `Strg` oder die Taste `⇧` gedrückt halten und die Namen anklicken. Wählen Sie die Schaltfläche *Löschen*, werden die markierten Namen nach einer Sicherheitsabfrage gelöscht.

Haben Sie in einer Arbeitsmappe eine große Anzahl an Namen definiert, hilft Ihnen die Schaltfläche *Filtern* dabei, jeweils nur diejenigen Namen anzuzeigen, die Sie interessieren (siehe Abbildung 19.3). Wählen Sie einen der Filter aus oder setzen Sie diesen mit dem Eintrag *Filter löschen* wieder zurück.

Wenn Sie den *Namens-Manager* häufig einsetzen, werden Sie vielleicht bedauern, dass er nicht als Aufgabenbereich entwickelt wurde. Damit könnte er während der Arbeit angezeigt bleiben. Aber Sie können ja auch der Schnellzugriffsleiste den Befehl *Namens-Manager* hinzufügen und damit die Möglichkeiten schnell verfügbar machen. Wie das geht, erfahren Sie in Kapitel 2.

Namen aus Überschriften ableiten

Häufig ist eine Tabelle so aufgebaut, dass direkt über den Werten die Überschriften, auch Spaltenköpfe genannt, eingetragen sind. Diese Überschriften sind ideal für die Verwendung als *Namen* geeignet und lassen sich mit wenigen Schritten entsprechend festlegen.

> **CD-ROM** Das nachfolgend gezeigte Beispiel finden Sie auf dem Arbeitsblatt *Erstellen* in der Beispieldatei *Kap19.xlsx* auf der CD-ROM zu diesem Buch im Ordner \Buch\Kap19.

So übernehmen Sie z. B. die Überschriften und Zeilenbeschriftungen der Tabelle aus Abbildung 19.5 als Namen:

1. Markieren Sie zunächst den gesamten Bereich *A2:C18*, also die Überschriften, die Zeilenbeschriftungen und den Datenbereich.

2. Wählen Sie auf der Registerkarte *Formeln* in der Gruppe *Definierte Namen* den Befehl *Aus Auswahl erstellen* (alternativ drücken Sie die Tastenkombination `Strg`+`⇧`+`F3`).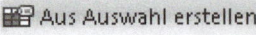

3. Im daraufhin geöffneten Dialogfeld (Abbildung 19.4) geben Sie an, wo die Namen stehen, also z. B. neben den Werten oder darüber. Sie können hier auch mehrere Felder markieren.
4. Ihre Festlegungen bestätigen Sie mit einem Klick auf die Schaltfläche *OK*.

Abbildg. 19.4   Hier stellen Sie ein, aus welchem Bereich der Name übernommen werden soll

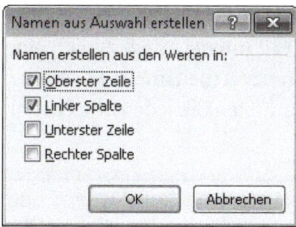

Das Ergebnis ist eine ganze Reihe von Namen. Im Beispiel wird jeweils ein Name für jedes Bundesland definiert (Abbildung 19.5). Der Name für jedes Bundesland zeigt auf die Schnittmenge der entsprechenden Zeile des Bundeslands und der Spalten *B* und *C*.

Abbildg. 19.5   Der Bereich und die in einem Arbeitsgang erstellten Namen

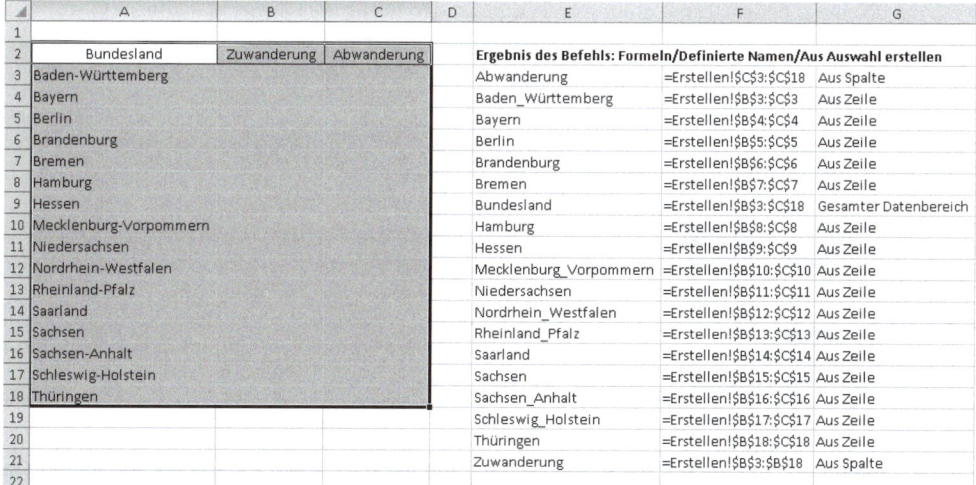

Besonderheiten bei der Übernahme von Namen

Enthält der Tabellentext Leerzeichen oder Bindestriche, werden diese bei der Verwendung als *Name* durch einen Unterstrich ersetzt. So wird beispielsweise aus »Umsatz 2010« der Name »Umsatz_2010«. Excel sorgt bei der Übernahme der Namen also selbst für die Einhaltung der Namenskonventionen.

Wenn die Zelle ein Datum enthält, z. B. »17.03.2010«, wird vor diesem Datum ein Unterstrich eingefügt. Der Name lautet dann im Ergebnis »_17.03.2010«. Excel wacht also auch hier über die Einhaltung der Namenskonventionen.

Einen Namen für einen konstanten Wert einsetzen

Wenn Sie einzelne Werte haben, die in einem Arbeitsblatt oder einer Arbeitsmappe mehrfach verwendet werden, können Sie diesem Wert einen *Namen* zuweisen. Wenn Sie z. B. häufig den Mehrwertsteuersatz von 19 % benötigen, legen Sie den Namen »MwSt« fest und weisen diesem den Bezug =19% zu.

Sie können dann in Formeln diesen Namen verwenden. Das hat insbesondere dann Vorteile, falls der Steuersatz später geändert werden sollte. In diesem Fall müssen Sie lediglich eine einzige Änderung des Namens durchführen und alle Berechnungen in der Arbeitsmappe werden mit dem aktualisierten Wert berechnet. Zum Vergleich: Ohne Namen müssten Sie jede Zelle einzeln abändern, die den Wert 19 % enthält.

CD-ROM Ein Beispiel für die Verwendung von Namen mit konstantem und berechnetem Wert finden Sie auf dem Arbeitsblatt *Konstanten* in der Beispieldatei *Kap19.xlsx* im Ordner *\Buch\Kap19* auf der CD-ROM zu diesem Buch.

Der Name steht für eine Formel

Ein Name kann sich in Excel auch auf eine mathematische Funktion beziehen. Verwenden Sie als Name z. B. den Text »Zahlungsziel« und für den Bezug die Formel =TEXT(HEUTE()+14;"TT.MM.JJJJ"). Sie können nun z. B. in einem Rechnungsformular mit der Formel ="Bitte überweisen Sie den Rechnungsbetrag bis zum "&Zahlungsziel immer das korrekte Zahlungsziel ausgehend vom aktuellen Datum festlegen.

Wollen Sie bei der Angabe des Zahlungsziels das Wochenende berücksichtigen, verwenden Sie die folgende Formel für den Bezug

```
=WENN(WOCHENTAG(HEUTE()+14;2)<=5;TEXT(HEUTE()+14;"TT.MM.JJJJ");TEXT(HEUTE()+14+
(8-WOCHENTAG(HEUTE()+14;2));"TT.MM.JJJJ"))
```

HINWEIS Namen für konstante Werte oder Formeln werden im *Namenfeld* und im Dialogfeld *Gehe zu* nicht angezeigt.

Namen mit gemischten und relativen Bezügen verwenden

Bisher hatten die Bezüge für die festgelegten Namen absoluten Charakter. Sie können jedoch auch relative Bezüge verwenden.

Nehmen wir an, Sie wollen den Deckungsbeitrag über die Verwendung eines Namens mit relativen Bezügen berechnen:

CD-ROM Das Beispiel finden Sie auf dem Arbeitsblatt *Relative Bezüge* in der Beispieldatei *Kap19.xlsx* im Ordner *\Buch\Kap19* auf der CD-ROM zu diesem Buch.

Aktivieren Sie die Zelle *D3* und legen Sie den Namen »Deckungsbeitrag« mit dem Bezug auf =$C3-$B3 und *Bereich* auf das aktuelle Arbeitsblatt fest (Abbildung 19.6). Achten Sie darauf, dass vor den

Namens-Manager für die Verwaltung von Namen

Zeilennummern kein Dollarzeichen ($) verwendet wird. Die Zeilennummer stellt damit einen relativen Bezug dar.

Abbildg. 19.6 Auch dieses Dialogfeld kann durch Ziehen mit der Maus an der linken unteren Ecke in der Größe angepasst werden

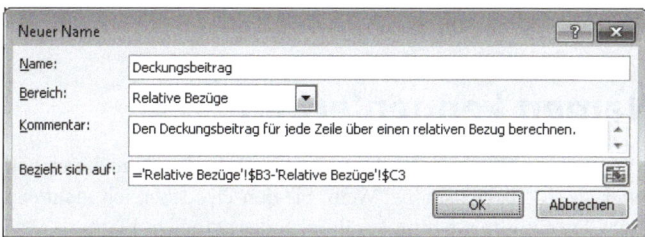

In der Tabelle können Sie den Deckungsbeitrag nun für jede Zeile berechnen, indem Sie die Formel =Deckungsbeitrag eintragen. Sie können diese Formel auch in Zelle *D3* eintragen und nach unten kopieren. Das Ergebnis zeigt: Der Name wird durch die Verwendung des relativen Bezugs für jede Zeile angepasst und die Differenz korrekt ermittelt.

Abbildg. 19.7 Die Berechnung in dieser Tabelle erfolgt über einen Namen mit relativem Bezug

	A	B	C	D	E	F	G	H	I
1	**Deckungsbeitrag im Jahr 2009**								
2	Monat	Einkauf	Verkauf	Deckungsbeitrag		ohne Funktion	Formel	Kontrolle	Formel
3	Januar	16.890,00 €	15.662,00 €	1.228,00 €	-	1.228,00 €	=Verkauf-Einkauf	1.228,00 €	=C3-B3
4	Februar	17.117,00 €	14.048,00 €	3.069,00 €	-	3.069,00 €	=Verkauf-Einkauf	3.069,00 €	=C4-B4
5	März	16.428,00 €	14.469,00 €	1.959,00 €	-	1.959,00 €	=Verkauf-Einkauf	1.959,00 €	=C5-B5
6	April	14.699,00 €	15.592,00 €	- 893,00 €		893,00 €	=Verkauf-Einkauf	893,00 €	=C6-B6
7	Mai	16.274,00 €	13.351,00 €	2.923,00 €	-	2.923,00 €	=Verkauf-Einkauf	2.923,00 €	=C7-B7
8	Juni	14.228,00 €	12.514,00 €	1.714,00 €	-	1.714,00 €	=Verkauf-Einkauf	1.714,00 €	=C8-B8
9	Juli	14.663,00 €	12.642,00 €	2.021,00 €	-	2.021,00 €	=Verkauf-Einkauf	2.021,00 €	=C9-B9
10	August	14.424,00 €	16.094,00 €	- 1.670,00 €		1.670,00 €	=Verkauf-Einkauf	1.670,00 €	=C10-B10
11	September	15.899,00 €	15.470,00 €	429,00 €	-	429,00 €	=Verkauf-Einkauf	429,00 €	=C11-B11
12	Oktober	15.679,00 €	14.110,00 €	1.569,00 €	-	1.569,00 €	=Verkauf-Einkauf	1.569,00 €	=C12-B12
13	November	14.905,00 €	14.702,00 €	203,00 €	-	203,00 €	=Verkauf-Einkauf	203,00 €	=C13-B13
14	Dezember	13.827,00 €	12.561,00 €	1.266,00 €	-	1.266,00 €	=Verkauf-Einkauf	1.266,00 €	=C14-B14
15									

TIPP Wenn Sie sowohl für die Spalte als auch für die Zeile einen relativen Bezug verwenden, können Sie damit einen sehr flexiblen Namen festlegen. Dabei ist die aktive Zelle besonders wichtig. Aktivieren Sie die Zelle *B1* und legen Sie den Namen *Links* mit dem Bezug auf die Zelle *A1* fest. Den relativen Bezug müssen Sie selbst erstellen, weil Excel immer von absoluten Bezügen ausgeht. Nun können Sie an beliebiger Stelle im Arbeitsblatt mit der Formel =Links den Inhalt der benachbarten linken Zelle verwenden.

Formeln unter Verwendung von Namen und Operatoren

Wenn Sie für den Bereich *B3:B14* den Namen »Einkauf« und für den Bereich *C3:C14* den Namen »Verkauf« festgelegt haben, können Sie den Deckungsbeitrag auch berechnen, indem Sie in Zelle *D3* die Formel =Verkauf-Einkauf eintragen. Kopieren Sie diese Formel dann nach unten bis zur Zelle *D14*.

Obwohl die Namen jeweils auf einen Bereich von zwölf Zellen zeigen, wird hier für jede Zelle das Ergebnis korrekt aus der jeweiligen Zeile ermittelt. Das ist eine Besonderheit bei der Verwendung von Namen ohne zusätzliche Funktion (implizite Schnittmenge, mehr dazu in Kapitel 7). Excel interpretiert die Bezüge dann relativ für jede Zeile. Wenn Sie eine Funktion einsetzen, wird das Gesamtergebnis des Bereichs berücksichtigt. So gibt die Formel =SUMME(Verkauf) die Summe aller Verkäufe zurück.

Besondere Namen kennenlernen

Einige Namen haben in Excel eine besondere Bedeutung: So ist z. B. der Druckbereich, den Sie festlegen können, nichts weiter als ein Bereichsname. Wenn Sie den Druckbereich nicht explizit festgelegt haben, verwendet Excel den gesamten benutzten Bereich des aktuellen Blatts als Druckbereich.

Der Name »Druckbereich« wird von Excel selbstständig festgelegt, wenn Sie über den Befehl *Umbruchvorschau* die Seitenumbruchvorschau aktivieren und die Position der Seitenumbrüche über die Positionsrahmen verändern.

> **TIPP** Über *Datei/Drucken* gibt es eine sehr praktische Möglichkeit, trotz eines festgelegten Druckbereichs die gesamte Tabelle zu drucken, ohne den Namen *Druckbereich* zu löschen. Verwenden Sie dort die Einstellung *Druckbereich ignorieren*. Mehr zum Thema Drucken finden Sie in Kapitel 5.

Wenn Sie einen *Spezialfilter* einsetzen, kommen zwei weitere Namen zum Einsatz. Über die Namen »Suchkriterien« und »Zielbereich« werden die zu suchenden Datensätze eingeschränkt bzw. der Ausgabebereich für die Daten festgelegt. Mehr über das Thema Spezialfilter erfahren Sie in Kapitel 21.

Ein Name für die Verwendung in allen Blättern

Wollen Sie einen Namen festlegen, der auf allen Tabellenblättern die gleiche Zelle referenziert, ist auch dies machbar. Wollen Sie beispielsweise die Zelle *A1* mit dem Namen *Überschrift* versehen, definieren Sie den Namen *Überschrift* mit dem Gültigkeitsbereich *Arbeitsmappe* und dem *Bezug*

```
=INDIREKT("A1")
```

Die Krönung – ein dynamischer Bereichsname

Wie leistungsfähig Namen sein können, zeigt das folgende Beispiel: Angenommen, Sie haben eine Liste, in die z. B. jede Woche oder jeden Tag weitere Werte eingetragen werden. Bei der Auswertung einer solchen Liste soll natürlich immer der jeweils verwendete Bereich in die Berechnungen eingehen, der Bezug soll also gleichsam mitwachsen. Wie lässt sich das erreichen?

Für Ihre persönliche Börsenbeurteilung tragen Sie in einer Tabelle für ein Jahr jeweils ein Datum und einen Kurswert ein. In Spalte *A* steht das Datum, in Spalte *B* der Kurs. Für ein Jahr liegt der maximale Bereich inklusive Überschrift und Berücksichtigung von Schaltjahren also bei 367 Zeilen. Legen Sie einen Namen fest, der immer nur auf den verwendeten Bereich zeigt.

Namens-Manager für die Verwaltung von Namen

CD-ROM Das gezeigte Beispiel ist auf dem Arbeitsblatt *Dynamische Namen* in der Beispieldatei *Kap19.xlsx* im Ordner *\Buch\Kap19* auf der CD-ROM zu diesem Buch zu finden.

Auch hier liegt die Lösung in der Vergabe von Namen:

1. Rufen Sie auf der Registerkarte *Formeln* in der Gruppe *Definierte Namen* den Befehl *Namen definieren* auf und weisen Sie dem Datenbereich $A$3:$A$368 den Namen »Eingabebereich« zu.
2. Legen Sie dann für die Zelle $A$3 den Namen »Start« fest.
3. Legen Sie den Namen »Datum« fest. Unter *Bezieht sich auf* tragen Sie die folgende Formel ein:

```
=Start:BEREICH.VERSCHIEBEN(Start;MAX(0;ANZAHL(Eingabebereich)-1);0)
```

4. Verwenden Sie für den Namen »Kurs« den folgenden Bezug:

```
=BEREICH.VERSCHIEBEN(Start;0;1):BEREICH.VERSCHIEBEN(Start;MAX(0;ANZAHL(Eingabebereich)-1);1)
```

Die Funktion ermittelt zunächst die Anzahl der (numerischen) Einträge im Eingabebereich und verwendet diese Zahl für die Rückgabe des neuen Bereichs.

Abbildg. 19.8 Mit einem dynamischen Namen verwenden Ihre Berechnungen immer alle Daten

	A	B	C	D	E	F
1	Aktienkurs			Jürgen Schwenk: Wenn Sie weitere Werte eintragen, werden die Namen "Datum" und "Kurs" automatisch erweitert.		
2	Datum	Kurs		Aktuelle Bereiche:		
3	01.01.2010	100,0		Datum	A3:A13	=WENN(A3<>"";"A3:A"&ANZAHL(Eingabebereich)+2)
4	02.01.2010	75,0		Kurs	B3:B13	=WENN(B3<>"";"B3:B"&ANZAHL(Eingabebereich)+2)
5	03.01.2010	87,0				
6	04.01.2010	85,0		Namen und Bezüge:		
7	05.01.2010	73,0		Datum	=Start:BEREICH.VERSCHIEBEN(Start;MAX(0;ANZAHL(Eingabebereich)-1);0)	
8	06.01.2010	102,0		Eingabebereich	='Dynamische Namen'!$A$3:$A$368	
9	07.01.2010	75,0		Start	='Dynamische Namen'!$A$3	
10	08.01.2010	86,0		Kurs	=BEREICH.VERSCHIEBEN(Start;0;1):	
11	09.01.2010	84,0			BEREICH.VERSCHIEBEN(Start;MAX(0;ANZAHL(Eingabebereich)-1);1)	
12	10.01.2010	93,0				
13	20.07.2010	95,0				
14						

Um einen dynamischen Bereich zu ermitteln, können Sie in Excel die Funktion

BEREICH.VERSCHIEBEN(Bezug;Zeilen;Spalten;Höhe;Breite)

verwenden. Diese Funktion liefert einen Bereich, der gegenüber *Bezug* um die Anzahl *Zeilen* und *Spalten* versetzt ist und die mit *Höhe* und *Breite* angegebenen Ausmaße hat. Der Name »Kurs« wird auf Basis der Einträge in der Spalte »Datum« ermittelt. In diesem Beispiel müssen die Werte also immer paarweise eingetragen werden.

Kapitel 19 Neue Horizonte durch Namen und Tabellen

> **TIPP** Namen für konstante Werte oder Formeln werden im Namenfeld und im Dialogfeld *Gehe zu* nicht angezeigt. Gleichwohl können Sie Namen, die einen Bezug zurückgeben, hier eintragen und damit den Bezug überprüfen. Um die Namen zu testen, tragen Sie diese im *Namenfeld* ein oder rufen Sie über den Befehl *Suchen und Auswählen/Gehe zu* bzw. die Taste F5 das Dialogfeld *Gehe zu* auf und tragen den Bezug »Datum« oder »Kurs« ein.

Solch ein dynamischer Name stellt eine Alternative zu Tabellen dar (mehr dazu im Abschnitt »Mit Tabellen arbeiten« ab Seite 653). Mehr zur Funktion *BEREICH.VERSCHIEBEN* finden Sie in Kapitel 15.

Eine Liste der Namen erstellen

Für die Dokumentation ist eine Liste der verwendeten Namen hilfreich. Eine solche Liste aller sichtbaren Namen einer Arbeitsmappe können Sie auf der Registerkarte *Formeln* über die Befehlsfolge *In Formel verwenden/Namen einfügen* erstellen, wenn Sie im Dialogfeld *Namen einfügen* die Schaltfläche *Liste einfügen* wählen (Abbildung 19.9). Sie können dieses Dialogfeld auch über die Taste F3 aufrufen. Der Befehl schreibt einen zweispaltigen Bereich in ein Arbeitsblatt. Dieser Bereich enthält die Namen und die dazugehörenden Bezüge bzw. Konstanten (siehe hierzu die Abbildung 19.5 auf Seite 643).

> **WICHTIG** Achten Sie darauf, dass Sie diesen Befehl am Ende einer Tabelle oder in einem leeren Blatt ausführen, da Excel ohne Warnung bestehende Einträge überschreibt!

Abbildg. 19.9 Dialogfeld zum Einfügen einer Namensliste

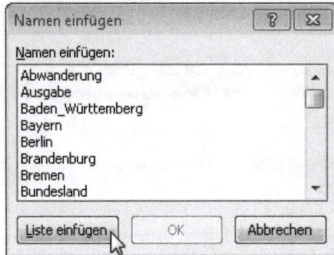

Benannte Bereiche anzeigen

Beim Aufbauen von Formeln stellt sich Ihnen vielleicht die Frage, ob nicht ein existierender Name statt eines Zellbezugs verwendet werden kann. Um sich einen Überblick zu verschaffen, welche Namen auf einem Arbeitsblatt definiert sind, können Sie auch eine andere nützliche Methode einsetzen. Wenn Sie den Zoomfaktor über den Befehl *Zoom* auf der Registerkarte *Ansicht* oder den Zoomregler in der Statusleiste auf einen Wert kleiner *40* einstellen, werden die Bereiche, für die ein Name festgelegt ist, mit einer Markierung hervorgehoben.

> **HINWEIS** Dabei werden nur Namen angezeigt, die sich auf das aktuelle Blatt beziehen. Namen, die auf externe Bezüge zeigen oder für konstante Werte stehen, können damit nicht sichtbar gemacht werden.

Namen in der Praxis einsetzen

Wie bereits erwähnt, eignen sich Namen bestens für die Verwendung in Formeln. Wenn Sie eine Formel in eine Zelle eintragen, können Sie über die `F3`-Taste aus der Liste bereits festgelegter Namen denjenigen auswählen, den Sie in der Formel verwenden wollen: Markieren Sie den Namen mit der Maus und klicken Sie auf die Schaltfläche *OK*, wird der Name an der aktuellen Cursorposition eingefügt.

TIPP Über die `F3`-Taste steht auch im Funktions-Assistent das Dialogfeld *Namen einfügen* zur Verfügung, um einen Namen als Argument einzutragen. Sie können Namen aber auch über den Befehl *Formeln/In Formel verwenden* eintragen.

Zusätzlich bietet *AutoVervollständigen in Formeln* (siehe Kapitel 6) ebenfalls Namen in der Auswahlliste an.

Benannte Bereiche markieren

Zeigt der Name auf einen Bereich, können Sie diesen markieren, indem Sie

- im Namenfeld der Bearbeitungsleiste einen Namen auswählen (es wird der entsprechende Bereich markiert)
- auf der Registerkarte *Start* aus der Befehlsgruppe *Suchen und Auswählen* den Befehl *Gehe zu* wählen oder die Taste `F5` drücken. Im folgenden Dialogfeld *Gehe zu* wird eine Liste der Bereichsnamen angezeigt. Wählen Sie den gewünschten Bereichsnamen aus und klicken Sie auf die Schaltfläche *OK*, wird der Bereich markiert. Das gilt auch dann, wenn der Bereich nicht im aktuellen Arbeitsblatt liegt. Insbesondere in größeren Tabellen oder für häufig verwendete Bereiche ist das sehr nützlich.

TIPP Im *Namenfeld* der Bearbeitungsleiste ist auch die Eingabe von Zelladressen, z. B. *A1* oder *XL2010*, ebenso wie eine Mehrfachauswahl, z .B. *A1:A5* oder *B5;D8*, möglich.

Namen nachträglich in Formeln einbauen

Wenn Sie jetzt restlos von der Verwendung von Namen überzeugt sind, können Sie auch nachträglich noch ein Tabellenmodell ändern und in den Formeln Namen anstelle von Zellbezügen verwenden. Excel stellt über die Befehlsfolge *Namen definieren/Namen übernehmen* (Abbildung 19.10) eine spezielle Suchen und Ersetzen-Funktionalität für Namen zur Verfügung. Damit können Sie in bestehenden Formeln die Standardbezüge durch definierte Namen ersetzen.

Abbildg. 19.10 Einstellungen für die Übernahme von Namen

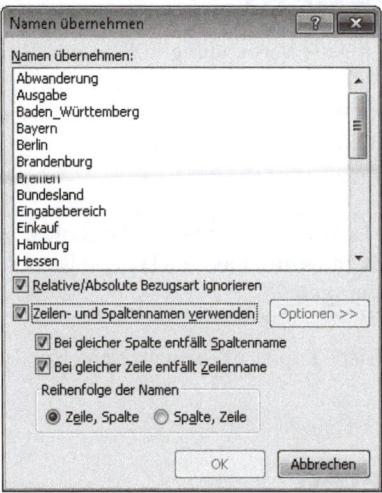

Über die Schaltfläche *Optionen* erweitern Sie das Dialogfeld *Namen übernehmen* und können dann einstellen, ob der Spaltenname und/oder Zeilenname entfallen soll, wenn sich die Formel in der gleichen Spalte bzw. Zeile befindet. Für die Ermittlung von Schnittmengen können Sie angeben, in welcher Reihenfolge die Namen übernommen werden sollen.

Namen in Dokumenteigenschaften verwenden

In Kapitel 3 haben Sie erfahren, dass in einer Excel-Arbeitsmappe allgemeine Informationen in Dokumenteigenschaften abgelegt werden können. Wollen Sie diese Information mit einem variablen Wert der Arbeitsmappe verknüpfen, setzen Sie dafür ebenfalls einen Namen ein.

Hier die einzelnen Schritte, um eine Dokumenteigenschaft mit einem Namen zu verknüpfen:

1. Legen Sie den gewünschten Namen fest. Dieser kann auf einen Bereich oder einen konstanten Wert zeigen.
2. Klicken Sie in der Registerkarte *Datei* in der Kategorie *Informationen* auf das Listenfeld *Eigenschaften* und wählen Sie hier den Befehl *Erweiterte Eigenschaften*.
3. Im Dialogfeld *Eigenschaften* wechseln Sie auf die Registerkarte *Anpassen*.
4. Wählen Sie im Listenfeld *Name* die Eigenschaft aus, die mit einem Namen verknüpft werden soll.
5. Aktivieren Sie das Kontrollkästchen *Verknüpfung zum Inhalt*.
6. Das Listenfeld *Quelle* zeigt daraufhin eine Liste aller Namen an.
7. Wählen Sie den gewünschten Namen aus und klicken Sie auf die Schaltfläche *Hinzufügen*.
8. Schließen Sie das Dialogfeld *Eigenschaften* mit *OK*.

Abbildg. 19.11 Namen können auch in den Dokumenteigenschaften verwendet werden

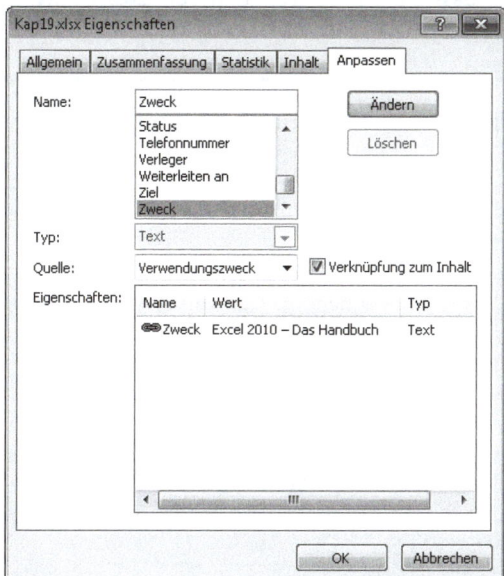

Dokumenteigenschaften mit Namen auslesen

Die Verwendung von Excel4-Makrofunktionen in Namen erweitert die ohnehin umfassenden Möglichkeiten von Namen nochmals. Mit der Funktion

ARBEITSMAPPE.ZUORDNEN(Typ;[Name])

in einem Namen können Sie in einer gespeicherten Arbeitsmappe die Dokumenteigenschaften (*Erweiterte Eigenschaften*) auslesen und in der Tabelle verwenden. Legen Sie etwa den Namen *Autor* mit folgendem Bezug fest

```
=ARBEITSMAPPE.ZUORDNEN(35)
```

In einer Tabelle können Sie nun mit =*Autor* den Namen des Autors der Arbeitsmappe anzeigen lassen. Weitere Möglichkeiten für das Argument *Typ* zeigt die Tabelle 19.1.

Tabelle 19.1 Verwenden Sie diese Argumente für die Anzeige weiterer Dokumenteigenschaften

Argument	Dokumenteigenschaft
33	Titel
34	Thema
35	Autor
36	Stichwörter
37	Kommentare

> **HINWEIS** Beachten Sie dabei, dass Sie zur Verwendung von Excel4-Makrofunktionen ein Dateiformat wählen müssen, welches Makros unterstützt, z. B. *Excel-Arbeitsmappe mit Makros (*.xlsm)*.

Ein Beispiel, wie Sie Dokumenteigenschaften mit einem Makro ermitteln können, finden Sie in Kapitel 30.

Was passiert beim Löschen?

Beim Verschieben eines Bereichs, für den ein Name festgelegt wurde, wird der Bezug entsprechend angepasst. Dies ist ein wichtiger Vorteil, den Namen im Gegensatz zu festen Bezügen bieten. Wenn Sie beispielsweise in einer anderen Arbeitsmappe einen Bezug in der Form `='C:\Daten\[Info.xlsx]Tabelle1'!$A$1` verwenden, tauchen Probleme auf, wenn Sie diese Zelle z. B. nach *B1* verschieben. Wenn die Arbeitsmappe, welche den Bezug verwendet, geöffnet ist, wird der Bezug in der Formel beim Verschieben angepasst. Ist jedoch die Arbeitsmappe nicht geöffnet, zeigt der Bezug immer noch auf Zelle *A1*. Wenn Sie einen Bezug unter Verwendung eines Namens einsetzen, etwa `='C:\Daten\[Info.xlsx]Tabelle1'!Übernahme`, verwenden durch die Anpassung des Namens alle externen Berechnungen den erwarteten Wert.

Wird der Bereich, auf den ein Name zeigt, beispielsweise über die Registerkarte *Start* mit dem Befehl *Löschen/Zellen löschen* gelöscht, erscheint der Name nicht mehr im Namenfeld der Bearbeitungsleiste. Nach wie vor wird er aber im Dialogfeld *Namen definieren* angezeigt. Die Zuordnung ist jedoch gelöscht und enthält stattdessen den Fehlerwert *#BEZUG!*. Auch Formeln, die als Argument einen Namen verwenden, dessen Bezug gelöscht wurde, zeigen diesen Fehlerwert an. Sie können solche Namen über das Dialogfeld *Namens-Manager* löschen.

> **WICHTIG** Im Namens-Manager werden über die Schaltfläche *Filter* verschiedene Filter angeboten (siehe Abbildung 19.3). Wählen Sie dort die Einstellung *Namen mit Fehlern*, werden nur solche Namen angezeigt, die einen Fehlerwert enthalten. Solche Namen können eigentlich gelöscht werden. Vorsicht ist allerdings dann geboten, wenn Sie Namen mit relativen Bezügen verwenden. Rufen Sie den Namens-Manager von einem Arbeitsblatt aus auf, welches nicht den relativen Namen verwendet, zeigt er zwar einen Fehlerwert an. Auf dem Arbeitsblatt, auf welchem der Name verwendet wird, funktioniert dieser dagegen problemlos.

Was passiert beim Verschieben?

Wenn Sie **vor** dem benannten Bereich weitere Zellen einfügen, wird der Bereich verschoben. Zeigt der Name auf den Bereich *A1:A10* und Sie fügen beispielsweise in Zeile 5 eine weitere Zelle ein, zeigt der Bereich nunmehr auf die Zellen *A1:A11*. Excel verhält sich hier wie bei einem Zellbereich (siehe Kapitel 4).

Wenn Sie einen Namen erstellen wollen, der unabhängig vom Einfügen oder Löschen von Zellen immer auf die gleichen Zellen verweist, gehen Sie wie folgt vor:

1. Rufen Sie auf der Registerkarte *Formeln* in der Gruppe *Definierte Namen* über den Befehl *Namen definieren* das Dialogfeld *Neuer Name* auf.
2. Vergeben Sie den Namen, etwa »ZellenA1A10«.

3. Im Eingabefeld *Bezieht sich auf* tragen Sie die folgende Formel ein:

```
=INDIREKT("A1";WAHR):INDIREKT("A10";WAHR)
```

4. Schließen Sie das Dialogfeld mit *OK*.

Wenn Sie der Tabellenfunktion *INDIREKT* den Bezug in Anführungszeichen übergeben, wird dieser beim Einfügen oder Löschen nicht angepasst. In diesem Beispiel erreichen Sie damit, dass der Name »ZellenA1A10« immer auf den Bereich *A1:A10* zeigt. Da in der Definition kein Tabellenname angegeben ist, können Sie in allen Tabellen mit dem Dialogfeld *Gehe zu* diesen Bereich markieren.

Soll der Bereich eindeutig sein, müssen Sie zusätzlich zum Zellbezug noch den Tabellennamen angeben. Der folgende Bezug zeigt immer auf die Zellen *A1:A10* im Blatt *Tabelle2*:

```
=INDIREKT("Tabelle2!A1";WAHR):INDIREKT("Tabelle2!A10";WAHR)
```

Tabellenblätter mit Namen kopieren

Wenn Sie ein Arbeitsblatt in eine andere Arbeitsmappe kopieren, werden alle Namen, die auf dieses Arbeitsblatt verweisen, in die neue Arbeitsmappe kopiert. Insoweit funktioniert das Arbeitsblatt also wie gewohnt. Allerdings werden auch alle Namen kopiert, welche auf andere Arbeitsblätter zeigen, aber im kopierten Arbeitsblatt verwendet werden. Dabei ist zu beachten, dass der ursprüngliche Bezug beibehalten wird und damit die neue Arbeitsmappe einen externen Bezug enthält. Speichern und schließen Sie alle Arbeitsmappen, wird bei erneutem Öffnen der Zieldatei ein Warnhinweis angezeigt. Öffnen Sie in diesem Fall den Namens-Manager und suchen Sie nach Namen mit externen Bezügen oder wählen Sie den Befehl *Verknüpfungen bearbeiten* auf der Registerkarte *Daten*, um eine solche Verbindung nachzuweisen.

Implizite Namen früherer Versionen

Die implizite Verwendung von Namen (also die Verwendung von Überschriften in Formeln natürlicher Sprache ohne vorherige Definition des Namens), wie sie in früheren Versionen unterstützt wurde, wenn über *Extras/Optionen* die Einstellung *Beschriftungen in Formeln zulassen* aktiviert war, ist seit Excel 2007 nicht mehr verfügbar. Öffnen Sie eine Arbeitsmappe, die solche Namen verwendet, werden diese Namen in Bezüge umgewandelt.

Mit Tabellen arbeiten

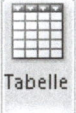

Unter einer *Tabelle* ist eine Reihe von Tabellenzeilen und -spalten zu verstehen, die zusammengehörende Daten enthalten und über *Einfügen/Tabelle* als Tabelle festgelegt wurde. Das kann beispielsweise eine Datenbank oder auch eine Telefonliste sein. Die erste Zeile der Tabelle kann (und sollte) Beschriftungen für die Spalten enthalten.

Wenn Sie in Versionen vor Excel 2007 mit Listen gearbeitet haben, kommt Ihnen die Logik, die dahintersteckt, sicher bekannt vor. Allerdings ist die Funktionalität deutlich erweitert worden. Das betrifft nicht ausschließlich Excel: Auch PowerPoint und Word erstellen einen Tabellenbereich, um Daten für ein Diagramm zu verwalten.

Kapitel 19 Neue Horizonte durch Namen und Tabellen

> **CD-ROM** Das folgende Beispiel ist auf dem Arbeitsblatt *Tabelle* in der Beispieldatei *Kap19.xlsx* im Ordner *\Buch\Kap19* auf der CD-ROM zu diesem Buch zu finden.

Verwenden Sie das Arbeitsblatt *Tabelle-Übung*, um die Definition einer Tabelle gemäß den folgenden Schritten selbst auszuführen:

1. Bevor Sie eine Liste definieren, blenden Sie eventuell ausgeblendete Zeilen und Spalten wieder ein.
2. Wählen Sie einen der folgenden Wege, um eine Tabelle zu erstellen:
   - auf der Registerkarte *Einfügen* in der Gruppe *Tabellen* den Befehl *Tabelle*
   - auf der Registerkarte *Start* in der Gruppe *Formatvorlagen* den Befehl *Als Tabelle formatieren*
   - die Tastenkombination `Strg`+`L`
3. Im Dialogfeld *Tabelle erstellen* markieren Sie den Datenbereich. Sie können die Voreinstellung übernehmen, wenn die Daten zuvor bereits markiert wurden. Für unsere Zwecke sollten Sie den Bereich *B2:E7* markieren. Enthält der Bereich eine Kopfzeile, aktivieren Sie das Kontrollkästchen *Tabelle hat Überschriften* (Abbildung 19.12). Hat die Tabelle bei der Definition keine Überschriften, wird automatisch eine Überschrift in der Form *Spalte1*, *Spalte2* usw. erzeugt und der Datenbereich wird um eine Spalte nach unten verschoben.

Abbildg. 19.12   Dialogfeld für die Definition des Listenbereichs

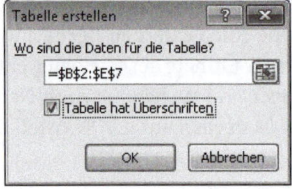

4. Nach einem Klick auf die Schaltfläche *OK* wird die Tabelle erstellt. Sie erkennen die erfolgreiche Aktion sofort an der Zuweisung einer Tabellenformatvorlage und der Anzeige der Filtersymbole. Gleichzeitig wird die kontextbezogene Registerkarte *Tabellentools* mit der Registerkarte *Entwurf* eingeblendet.

Abbildg. 19.13   Die kontextbezogene Registerkarte *Tabellentools* mit Befehlen für die Anpassung von Tabellen

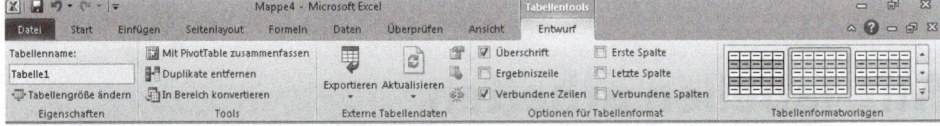

Auf dieser Registerkarte finden Sie einige spezielle Befehle für Tabellen. Sie können damit z. B. den Namen der Tabelle oder die *Tabellengröße ändern*.

Mit Tabellen arbeiten

WICHTIG Die Zellen von Überschriften sollten nicht verbunden sein, verbundene Zellen werden nicht richtig als Überschrift erkannt. Wenn die Überschriften ausgeblendet sind, können Sie die Tabelle nicht mehr mit den Filterschaltflächen filtern. Sie können die Überschriften aber weiterhin in strukturierten Verweisen verwenden. Mehr zu strukturierten Verweisen finden Sie im Abschnitt »Tabellennamen und Bezeichner« abs Seite 663.

Mit *Tabellenformatvorlagen* können Sie schnell unter verschiedenen Formatvorlagen wählen (siehe Abbildung 19.13). Die Auswahl über einen Katalog wird durch die Livevorschau erleichtert. Mehr zu Tabellenformatvorlagen finden Sie in Kapitel 11.

Über das Kontrollkästchen *Ergebniszeile* in der Gruppe *Optionen für Tabellenformat* können Sie die Ergebniszeile – erkennbar an dem Wort »Ergebnis« in der ersten Spalte – ein- bzw. ausschalten. In der Ergebniszeile trägt Excel standardmäßig eine Summenformel ein. Wenn Sie eine andere Funktion verwenden wollen, wählen Sie diese aus dem Dropdownfeld einer Zelle der Ergebniszeile aus. Wenn die Formel einer Zelle entfernt werden soll, wählen Sie den Eintrag *Ohne*.

Für diese Formel, die ausgeblendete Zellen berücksichtigt, wird die Tabellenfunktion TEILERGEBNIS (*Funktion;Bezug1;...*) verwendet (Abbildung 19.14). Mehr zu dieser Funktion finden Sie in Kapitel 22.

Abbildg. 19.14 Die Ergebniszeile eines Listenbereichs bietet schnellen Zugriff auf die Tabellenfunktion *TEILERGEBNIS*

TIPP Wenn Sie für eine Tabelle den Befehl *Teilergebnis* auf der Registerkarte *Daten* ausführen wollen, stellen Sie fest, dass dieser Befehl nicht aktiviert werden kann, wenn die aktive Zelle in einer Tabelle liegt. Führen Sie den Befehl *Daten/Teilergebnis* aus, **bevor** Sie den Bereich in eine Tabelle umwandeln.

Kapitel 19 Neue Horizonte durch Namen und Tabellen

Intelligentes Verhalten beim Markieren

Haben Sie eine Tabelle festgelegt, kommen Sie in den Genuss zahlreicher Mechanismen, die Sie bei der Arbeit unterstützen sollen. So gibt es spezielle Möglichkeiten eine Tabelle oder auch spezielle Teile einer Tabelle zu markieren. Zeigen Sie mit der Maus leicht innerhalb der ersten Spalte, ändert sich der Mauszeiger. Führen Sie nun einen Klick mit der linken Maustaste aus, wird die Zeile der Tabelle markiert.

Abbildg. 19.15 Ein spezieller Mauszeiger für die Markierung in Tabellen

Entsprechend funktioniert das auch für die Markierung einer Spalte. Zeigt der Mauszeiger leicht innerhalb einer Spalte, markiert ein einzelner Mausklick die Daten der Spalte. Ein weiterer Mausklick (kein Doppelklick) markiert zusätzlich zu den Daten noch die Überschrift und die Ergebniszelle der Spalte. Halten Sie die Maustaste gedrückt und ziehen Sie die Maus nach links, wird der markierte Bereich um zusätzliche Spalten erweitert.

Um die ganze Tabelle zu markieren, führen Sie den Mauszeiger an die linke obere Ecke und führen einen Mausklick aus. Auch hier führt ein weiterer Mausklick dazu, dass neben den Daten auch die Überschriften und die Ergebniszeile markiert werden.

Wenn die Tabelle sehr groß ist, führen Sie sicher irgendwann einen Bildlauf durch, um weitere Daten am Bildschirm anzuzeigen. Wenn Sie das in einem normalen Arbeitsblatt tun, wird irgendwann die Überschrift ausgeblendet und Sie können die sichtbaren Daten nicht mehr einer Überschrift zuordnen. Abhilfe schafft hier das Einfrieren (Fixieren) des Fensters, womit die Überschriften sichtbar bleiben (siehe Kapitel 4). In Tabellen überrascht Sie Excel beim Bildlauf damit, dass die Überschriften die Spaltenbeschriftung ersetzen. Das setzt allerdings voraus, dass die aktive Zelle innerhalb einer Tabelle liegt. Neu in Excel 2010 ist, dass nun auch die Filterschaltflächen in die Spaltenbeschriftung übernommen werden. Damit können Sie an jeder beliebigen Stelle schnell einen Filter setzen.

Abbildg. 19.16 Eine feine Sache: Beim Bildlauf wandern die Überschriften und die Filterschaltflächen in die Spaltenköpfe

	A	Jahr	Einkauf	Verkauf	Deckungsbeitrag	F
4		2003	8.628,03 €	10.696,40 €	2.068,37 €	
5		2004	7.607,53 €	9.693,96 €	2.086,43 €	
6		2005	8.520,41 €	9.773,62 €	1.253,21 €	
7		2006	8.807,77 €	10.080,06 €	1.272,29 €	
8		**Ergebnis**			7.816,31 €	
9						

TIPP Befindet sich die aktive Zelle innerhalb einer Tabelle, stehen im Kontextmenü spezielle Befehle zum Auswählen, Einfügen und Löschen zur Verfügung. Auch die Befehle *Einfügen* und *Löschen* auf der Registerkarte *Start* werden um einige spezielle Optionen für Tabellen erweitert.

Neuer Suchfilter in Tabellen

Bei der Verwendung von Tabellen kommen Sie in den Genuss einer wirklich tollen Neuerung in Excel 2010. In Tabellen, PivotTables und PivotCharts können Sie vom neuen Suchfeld Gebrauch machen. Damit können Sie aus Ihren Datenbeständen fast nach Belieben Unterdatenmengen zusammenstellen.

Am Beispiel einer Liste von Länderkennzeichen soll diese Funktionalität vorgestellt werden. Die Liste wurde über *Einfügen/Tabelle* als Tabelle festgelegt. Damit wird eine Tabellenformatvorlage angewandt und die Filterschaltflächen eingeblendet (siehe Abbildung 19.18).

Klicken Sie auf die Filterschaltfläche für die Spalte *Land*, werden verschiedene Sortier- und Filtermöglichkeiten sowie eine Liste mit den vorhandenen Daten präsentiert. Über den Eintrag *Textfilter* können Sie die vom AutoFilter bekannten Einstellungen erreichen. Mehr zum Textfilter finden Sie in Kapitel 21.

CD-ROM Das folgende Beispiel ist auf dem Arbeitsblatt *Suchfilter* in der Beispieldatei *Kap19.xlsx* im Ordner *\Buch\Kap19* auf der CD-ROM zu diesem Buch zu finden.

Hier soll es um den neuen Suchfilter gehen. Tragen Sie in das Eingabefeld *Suchen* eine Zeichenfolge ein, wird die Liste der Elemente aktualisiert und berücksichtigt Ihre Dateneingabe.

Abbildg. 19.17 Die Eingabe des Suchfilters schränkt die angezeigten Elemente ein

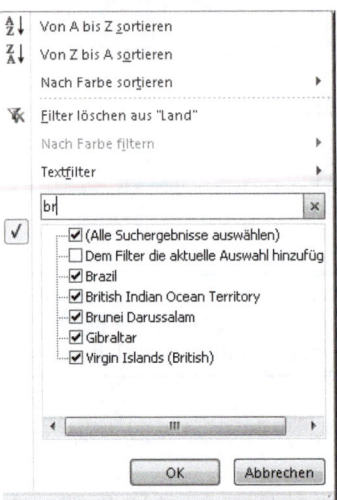

WICHTIG Beachten Sie, dass der Filter Ihre Eingabe mit »*enthält*« übersetzt. In Abbildung 19.17 werden daher nicht nur Länder gefunden, welche mit der Zeichenfolge »br« beginnen. Um die vielleicht erwartete Auswahl der Anfangsbuchstaben zu erhalten, ergänzen Sie ein Stellvertreterzeichen, also »br*«.

Sie können nun alle angezeigten Elemente auswählen oder einzelne deaktivieren und damit von der Anzeige ausschließen. Wenn Sie nur wenige Elemente tatsächlich auswählen wollen, deaktivieren Sie das Kontrollkästchen *(Alle Suchergebnisse auswählen)* und markieren einzelne Elemente. Wenn Sie die Schaltfläche *OK* wählen, werden die Daten entsprechend den Vorgaben gefiltert.

Abbildg. 19.18 Nur wenn das Kontrollkästchen aktiv ist, werden die Daten später auch angezeigt

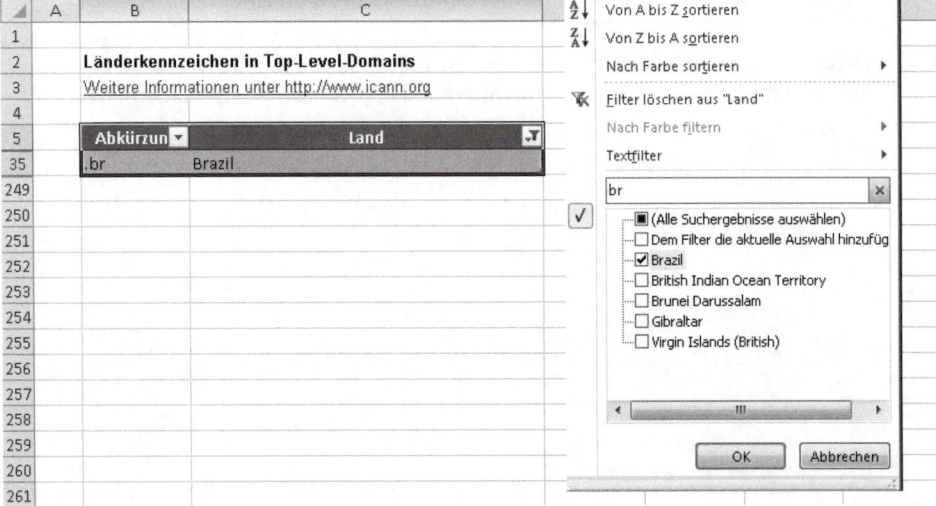

Mit Tabellen arbeiten

Bis hierher können Sie auch den AutoFilter für die Anzeige der Daten verwenden. Die neue Filtermöglichkeit ist allerdings noch lange nicht ausgereizt. Klicken Sie erneut auf die Filterschaltfläche *Land*. Tragen Sie nun einen weiteren Suchbegriff in das Eingabefeld *Suchen* ein. Sie können dabei wie gewohnt die bereits in Kapitel 4 vorgestellten Stellvertreterzeichen (»?« und »*«) an jeder beliebigen Stelle verwenden. Schränken Sie anschließend die anzuzeigenden Daten weiter ein, indem Sie nur bestimmte Kontrollkästchen aktivieren (siehe Abbildung 19.19). Wenn Sie die Schaltfläche *OK* anklicken **würden,** würde nur der neue Filter angewandt und der zuvor verwendete Filter damit überschrieben. Aktivieren Sie aber zunächst das Kontrollkästchen *Dem Filter die aktuelle Auswahl hinzufügen* und wenden Sie den Filter mit einem Klick auf *OK* an.

Abbildg. 19.19 Filter können Sie unter Verwendung verschiedener Begriffe aufbauen

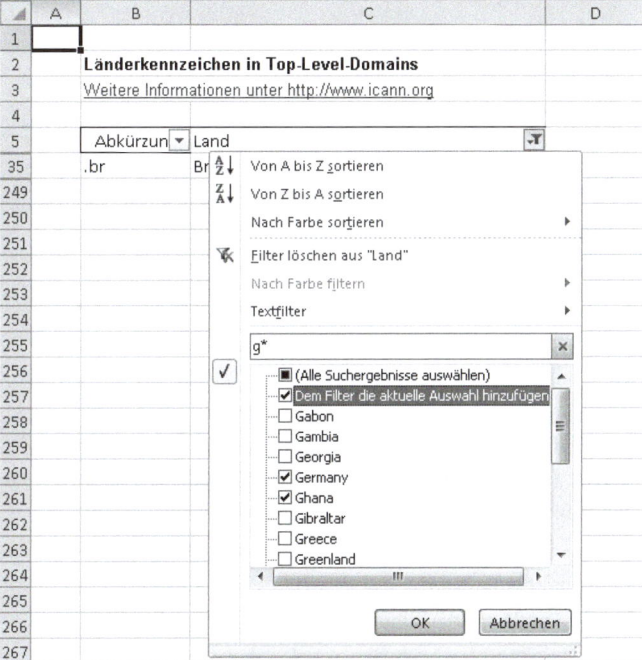

Das Kontrollkästchen *Dem Filter die aktuelle Auswahl hinzufügen* bewirkt also Folgendes:

- Ein bereits bestehender Filter wird weiterhin auf die Daten angewandt
- Der neue Filter wird ebenfalls angewandt
- Das Ergebnis fasst alle Teilmengen zusammen

Sie können nun auch weitere Filter festlegen und die Daten erneut über das Kontrollkästchen *Dem Filter die aktuelle Auswahl hinzufügen* der bereits getroffenen Auswahl hinzufügen.

Abbildg. 19.20 Das Kontrollkästchen *Dem Filter die aktuelle Auswahl hinzufügen* »addiert« die Filtereinstellungen

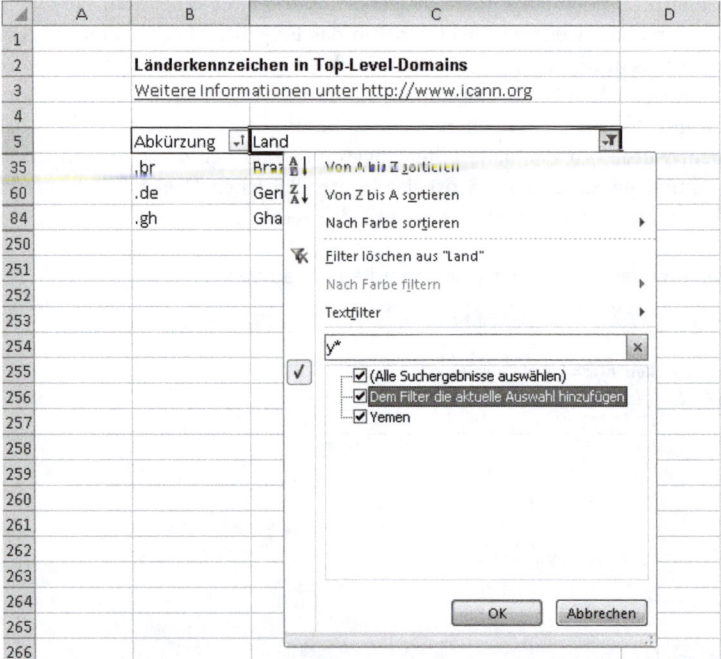

Bei der Auswahl von Daten steht man oft vor dem Problem, dass man nicht so genau sagen kann, welche Daten angezeigt werden sollen, dagegen ist bekannt, welche Daten nicht angezeigt werden sollen. Sie können dies durch Deaktivieren des jeweiligen Kontrollkästchens erreichen. In großen Datenbeständen ist das allerdings mühsam.

Auch diese Aufgabe können Sie mit dem neuen Suchfeld komfortabel erledigen. Und das geht so:

1. Klicken Sie auf die Filterschaltfläche *Land*.
2. Tragen Sie den Suchbegriff »mal*« in das Eingabefeld *Suchen* ein.
3. Länder, welche mit dieser Zeichenfolge beginnen, werden daraufhin in der Liste angezeigt.
4. Deaktivieren Sie das Kontrollkästchen *(Alle Suchergebnisse auswählen)*. Damit werden alle Kontrollkästchen deaktiviert.
5. Aktivieren Sie das Kontrollkästchen *Dem Filter die aktuelle Auswahl hinzufügen*.
6. Wenden Sie die Filtereinstellung mit *OK* auf die Daten an.

Im Ergebnis sehen Sie, dass die Länder, welche diesem letzten Filter entsprechen, ausgeblendet wurden.

Mit Tabellen arbeiten

Abbildg. 19.21   Durch Deaktivieren der Elemente und Hinzufügen zur Auswahl werden Daten »subtrahiert«

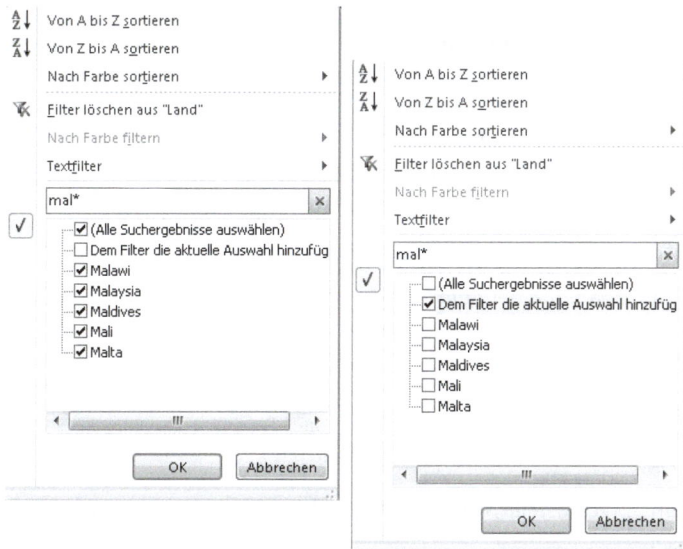

WICHTIG   Beachten Sie bei der Suche, dass die Eingaben im Suchfeld als Text interpretiert werden. Das bedeutet, dass Sie die Formatierung beachten müssen. Verwenden Sie beispielsweise ein Tausendertrennzeichen für die Anzeige von Zahlen, müssen Sie dieses auch im Suchfeld eintragen. Bei Datumswerten sollten Sie darauf achten, dass die Daten alle das gleiche Zahlenformat (z. B. *TT.MM.JJJJ*) verwenden, weil es sonst zu unerwarteten Ergebnissen beim Anwenden des Filters kommen kann. Für Datumswerte beachten Sie auch das Kontrollkästchen *Datumswerte im Menü 'AutoFilter' gruppieren* in den Excel-Optionen (Kategorie *Erweitert*, Abschnitt *Optionen für diese Arbeitsmappe anzeigen*).

Einen Suchfilter löschen

Um einen Filter für ein einzelnes Feld zu löschen, können Sie

- auf die Filterschaltfläche klicken und den Befehl *Filter löschen aus "Land"* wählen,
- den gleichen Befehl im Kontextmenü verwenden,

- auf die Filterschaltfläche klicken und das Kontrollkästchen *(Alles auswählen)* aktivieren.

Um alle Filter in einem Arbeitsgang zu löschen, gehen Sie so vor:

- Klicken Sie erneut auf die Schaltfläche *Filtern* auf der Registerkarte *Daten* oder

- wählen Sie auf der Registerkarte *Start* in der Gruppe *Bearbeiten* den Befehl *Sortieren und Filtern/ Löschen*.

Wie Sie ein Diagramm auf Basis einer Tabelle erstellen und damit neue Daten berücksichtigen und nach Belieben filtern können, zeigt das Kapitel 18.

Neue Daten für die Tabelle

Fügen Sie neue Zeilen mit Daten direkt im Anschluss an das Ende einer Tabelle ein, werden Formatierungen und Formeln auf die neuen Zeilen übertragen und der Tabellenbereich entsprechend erweitert. Die Einstellungen dazu können über die Symbolschaltfläche *AutoKorrektur-Optionen* geändert werden (siehe Abbildung 19.22). Mehr zum Thema AutoKorrektur erfahren Sie in Kapitel 4.

Interessant ist die Erweiterung der Formatierung: Nicht nur das Zellformat wird übertragen, sondern auch Formatierungen, die über die bedingte Formatierung festgelegt wurden, sowie Regeln für die Datenüberprüfung.

Abbildg. 19.22 Einstellungen für den Automatismus der *AutoKorrektur* steuern

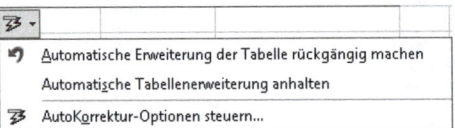

Enthält die Tabelle eine Ergebniszeile, haben Sie folgende Möglichkeiten, um neue Datenzeilen in die Tabelle einzutragen:

- Blenden Sie die *Ergebniszeile* aus, indem Sie auf der Registerkarte *Tabellentools/Entwurf* das Kontrollkästchen *Ergebniszeile* deaktivieren und neue Daten direkt in die erste Zeile unterhalb der letzten Datenzeile eintragen
- Fügen Sie eine neue Zeile hinzu, indem Sie die Ergebniszeile aktivieren und auf der Registerkarte *Start* den Befehl *Einfügen* ausführen
- Aktivieren Sie die letzte Zelle der letzten Spalte und drücken Sie die ↹-Taste
- Ändern Sie die Größe der Tabelle durch Ziehen mit der Maus bzw. den Befehl *Tabellengröße ändern*. Ziehen Sie mit gedrückter linker Maustaste an der rechten unteren Ecke der Tabelle. Beachten Sie dabei, dass die Tabellenüberschriften auch in der neuen Markierung enthalten sein müssen. Eine eventuell vorhandene Ergebniszeile wird dabei verschoben.

Abbildg. 19.23 Die Tabellengröße ganz einfach durch Ziehen mit der Maus anpassen

	A	B	C	D	E	F
1						
2		Jahr	Einkauf	Verkauf	Deckungsbeitrag	
3		2002	8.329,81 €	9.465,82 €	1.136,01 €	
4		2003	8.628,03 €	10.696,40 €	2.068,37 €	
5		2004	7.607,53 €	9.693,96 €	2.086,43 €	
6		2005	8.520,41 €	9.773,62 €	1.253,21 €	
7		2006	8.807,77 €	10.080,06 €	1.272,29 €	
8		2007	8.753,96 €	10.235,31 €	1.481,35 €	
9		2008	8.899,17 €	10.428,36 €	1.529,19 €	
10		2009	9.044,38 €	10.621,41 €	1.577,03 €	
11		**Ergebnis**			12.403,88 €	
12						

Tragen Sie Daten in eine neue Spalte ein, die sich direkt neben dem Tabellenbereich befindet (in Abbildung 19.23 im Bereich *E2:E10*), wird ebenfalls die Größe der Tabelle angepasst und die Formatierung erweitert. Excel ergänzt automatisch auch eine Überschrift. Dabei wird eine Überschrift in der Form *Spalte5*, *Spalte6* oder ähnlich verwendet.

Beim *AutoVervollständigen* können Sie in Tabellen ebenfalls mit besserer Unterstützung rechnen. So wie diese Funktion in Kapitel 4 beschrieben wurde, unterbrechen Leerzeilen das *AutoVervollständigen*. In einer Tabelle gilt dies jedoch nicht, dort wird auch nach Leerzeilen eine Liste bekannter Einträge angezeigt.

TIPP Haben Sie einen Filter angewandt und anschließend neue Daten hinzugefügt, können Sie über den Befehl *Filter/Erneut übernehmen* im Kontextmenü den Filter auch auf die neuen Daten anwenden.

Reihenfolge der Spalten ändern

Die Reihenfolge der Spalten können Sie durch Verschieben ändern (siehe Kapitel 4). Sie können die Spalten in Tabellen auch dann verschieben, wenn die Tabelle über die Filterschaltflächen nach bestimmten Kriterien gefiltert wurde. Führen Sie diesen Befehl in einer »normalen« gefilterten Excel-Liste aus, wird die Aktion mit einer Fehlermeldung abgebrochen.

Tabellennamen und Bezeichner

Bei der Arbeit mit Tabellen erleichtern strukturierte Verweise die Arbeit. Darunter sind spezielle Namen und Bezeichner zu verstehen, die in Formeln, Diagrammen und PivotTable-Objekten Verwendung finden. Beim Einfügen einer Tabelle wird für diese automatisch ein Name erzeugt, den Sie ändern können, der aber immer auf diesen Bereich zeigt. Um einen Bezug auf eine Tabelle aufzubauen, kann dieser Name der Tabelle verwendet werden.

Der Name einer Tabelle schließt alle Zellen im Datenbereich ein, also nicht die Überschrift und nicht die Ergebniszeile. In Abbildung 19.14 auf Seite 655 ist das der Bereich *B3:E7*. Das mag auf den ersten Blick etwas verwundern, aber Excel enthält viele Verweisfunktionen, in denen die Suchmatrix in kurzer Schreibweise (nur der Tabellenname) angegeben werden kann, das wiederum erspart umständliches Tippen und erhöht die Lesbarkeit von Formeln.

Für Bezüge auf Spalten können Spaltenüberschriften verwendet werden, wenn diese in eckigen Klammern (»[]« ohne Anführungszeichen) stehen. Mit dem Spaltenbezeichner *[Verkauf]* kann in Abbildung 19.14 auf Seite 655 mit den Daten im Bereich *C2:C6* gerechnet werden. Ein solcher Bezug zeigt auf den Bereich einer Spalte ohne die Überschrift.

Zusätzlich gibt es einige Bezeichner für besondere Elemente einer Tabelle:

- Tabellenname[#Alle] Zeigt auf alle Elemente einer Tabelle einschließlich Überschriften und Ergebniszeile
- Tabellenname[#Daten] Zeigt nur auf die Daten der Tabelle
- Tabellenname[#Kopfzeilen] Zeigt auf die Überschriften
- Tabellenname[#Ergebnisse] Zeigt auf die Ergebniszeile
- Tabellenname[#DieseZeile] Zeigt auf die Daten in der gleichen Zeile, in der sich diejenige Zelle befindet, in der dieser Bezug verwendet wird

Bei strukturierten Verweisen unterscheidet man zwischen vollständig qualifizierten Verweisen und nicht qualifizierten Verweisen. Was sich hochwissenschaftlich anhört, ist in Wahrheit ganz einfach: Ein vollständig qualifizierter Verweis enthält neben dem Bezeichner den Namen der Tabelle. *Tabellenname[Einkauf]* ist der vollständig qualifizierte Verweis auf den Bereich *B3:B7* in Abbildung 19.14, während *[Einkauf]* den nicht qualifizierten Verweis auf den gleichen Bereich darstellt. Der eigentliche Unterschied der beiden Verweise liegt in der Verwendung: Während Sie nicht qualifizierte Verweise innerhalb einer Tabelle einsetzen können, muss der entsprechende Verweis vollständig qualifiziert sein, wenn Sie ihn außerhalb der Tabelle einsetzen wollen.

Neu in Excel 2010 ist eine verkürzte Anzeige der strukturierten Verweise. Dabei wird das Zeichen »@« verwendet, um einen Bezug innerhalb der gleichen Zeile zu verkürzen. Beispiel:

In Excel 2007 haben Sie einen strukturierten Verweis wie folgt erstellt:

=*Tabelle1[[#Diese Zeile];[Einkauf]]*

In Excel 2010 wird nun der Verweis so angezeigt:

=*Tabelle1[@Einkauf]*

Öffnen Sie eine mit Excel 2007 erstellte Arbeitsmappe, funktioniert der dort erstellte strukturierte Verweis weiterhin, wird aber ebenso verkürzt angezeigt. Der Grund dafür ist, dass Excel den Verweis in der langen Schreibweise speichert und lediglich die Anzeige verkürzt.

> **TIPP** Bauen Sie in Formeln den Bezug unter Verwendung der Maus auf, ergänzt Excel die Bezüge in der korrekten Schreibweise. Befindet sich die Formelzelle innerhalb einer Tabelle, erstellt Excel einen nicht qualifizierten Verweis. Erstellen Sie die Formel außerhalb der Tabelle, wird ein qualifizierter Verweis aufgebaut.

Strukturierte Verweise können mit den bekannten Bezugsoperatoren (Semikolon, Doppelpunkt und Leerzeichen) kombiniert werden. Auch implizite Schnittmengen können mithilfe strukturierter Verweise gebildet werden. Tragen Sie in die Beispieltabelle aus Abbildung 19.23 (siehe Seite 662) in Zelle *F3* folgende Formel ein:

```
=[Deckungsbeitrag]/SUMME([Deckungsbeitrag])
```

Excel führt danach folgende Aktionen aus:

- Excel erkennt die spezielle Bezugsform und gibt den Anteil der Zelle *E3* am Gesamtdeckungsbeitrag zurück
- Die Formel wird nach unten bis *F7* ausgefüllt
- Der Anteil jeder Zeile wird berechnet
- Das Format wird übernommen
- Es wird eine Spaltenüberschrift erstellt

Mehr zu den Bezugsoperatoren finden Sie in Kapitel 7.

> **WICHTIG** Verschieben Sie eine Zelle mit einem strukturierten Verweis, ändern sich diese Verweise dadurch nicht. Kopieren Sie einen strukturierten Verweis mit einem Spaltenbezeichner, wird dieser wie eine Serie angepasst.

Einsatzgebiete von strukturierten Verweisen

Bei der Verwendung reihen sich strukturierte Verweise nahtlos bei den Bereichsnamen ein. Für die Lösung der folgenden Aufgaben können Sie strukturierte Verweise einsetzen:

- Neben der Markierung einer Tabelle mit der Maus kann auch über den Befehl *Suchen und Auswählen/Gehe zu* auf der Registerkarte *Start* eine Tabelle markiert werden. Sie können im Dialogfeld *Gehe zu* – und auch im Namenfeld der Bearbeitungsleiste – den Namen der Tabelle oder einen der oben genannten speziellen Bezüge eintragen, um diesen auszuwählen.
- Formeln in berechneten Spalten, also innerhalb der Tabelle (nicht qualifiziert oder vollständig qualifiziert)
- Formeln außerhalb der Tabelle (vollständig qualifiziert)

Bei der Verwendung von strukturierten Verweisen in Formeln hilft die Funktion *AutoVervollständigen in Formeln* (siehe Kapitel 6). Tippen Sie den Namen der Tabelle und anschließend eine öffnende eckige Klammer, werden die Namen und Bezeichner für die Tabelle in einem Auswahlfeld angeboten (Abbildung 19.24).

Abbildg. 19.24 Strukturierte Verweise bilden eine dynamische Möglichkeit, um mit Tabellenbereichen zu rechnen

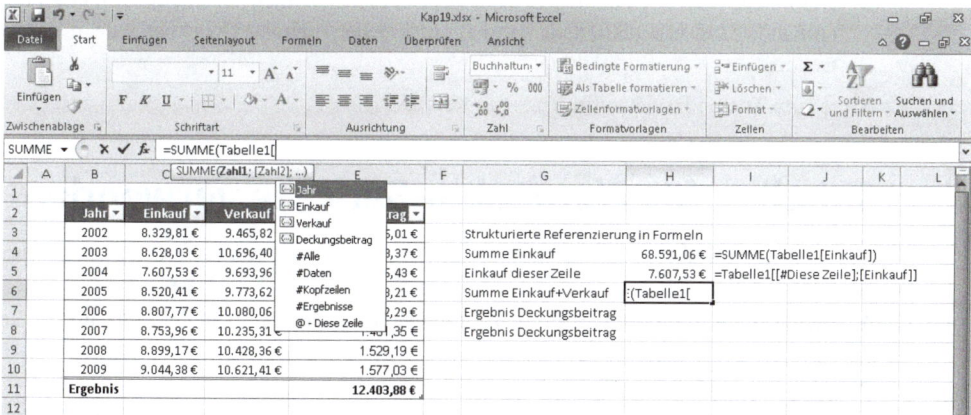

Erstellen Sie eine Formel und markieren Sie dabei mit der Maus einen Bereich innerhalb einer Tabelle, ergänzt Excel in diesem Fall keinen Bezug in der üblichen Schreibweise, sondern einen strukturierten Verweis. Wollen Sie diesen Mechanismus ausschalten, wählen Sie auf der Registerkarte *Datei* den Befehl *Optionen*. Aktivieren Sie die Kategorie *Formeln* und deaktivieren Sie im Abschnitt *Arbeiten mit Formeln* das Kontrollkästchen *Tabellennamen in Formeln verwenden*.

HINWEIS Ändern Sie den Namen einer Tabelle oder einer Überschrift, passt Excel automatisch alle strukturierten Verweise in der Arbeitsmappe an die neuen Namen an. Ändern Sie eine Spaltenüberschrift in einen Namen, der bereits in der Tabelle verwendet wird, wird einer der beiden Namen angepasst, da Spaltenbeschriftungen innerhalb einer Tabelle eindeutig sein müssen.

Kommen neue Daten zur Tabelle hinzu, zeigen die strukturierten Verweise automatisch auf den neuen Datenbereich.

Den Tabellenbereich drucken

Eine solchermaßen definierte Tabelle kann auch unabhängig von sonstigen Einträgen im Arbeitsblatt gedruckt werden. Dazu ist es nicht zwingend erforderlich, dass Sie einen Druckbereich festlegen.

Um nur den Tabellenbereich einer Tabelle zu drucken, gehen Sie wie folgt vor:

1. Aktivieren Sie eine beliebige Zelle in der Tabelle.
2. Rufen Sie in der Registerkarte *Datei* den Befehl *Drucken* auf.
3. Aktivieren Sie in der Optionsgruppe *Einstellungen* die Option *Ausgewählte Tabelle drucken*. Diese Option ist nur verfügbar, wenn Sie zuvor eine Zelle in einer Tabelle aktiviert haben und ist nicht zu verwechseln mit der Standardeinstellung *Aktive Tabellen drucken*!
4. Starten Sie den Ausdruck über die Schaltfläche *Drucken*.

Beim Drucken von Tabellen sind die folgenden Besonderheiten zu beachten:

- Enthält ein Arbeitsblatt mehr als eine Tabelle, wird nur diejenige Tabelle gedruckt, die Sie zuvor aktiviert haben
- Bei einer Mehrfachmarkierung ist der Standort der aktiven Zelle maßgeblich
- Die Tabelle wird auch dann gedruckt, wenn diese selbst nicht in einem definierten Druckbereich enthalten ist. Das bedeutet, Sie können mit Tabellen mehrere Druckbereiche in einer Tabelle verwenden!

Mehr zum Thema Drucken finden Sie in Kapitel 5.

Tabellen für PivotTable-Berichte verwenden

Wirklich komfortabel sind Tabellen für die Erstellung von *PivotTable*-Objekten einzusetzen. Und das geht so:

1. Erstellen Sie zunächst, falls noch nicht geschehen, über den Befehl *Tabelle* auf der Registerkarte *Einfügen* eine Tabelle.
2. Aktivieren Sie eine Zelle innerhalb der Tabelle.
3. Wählen Sie dann auf der Registerkarte *Tabellentools/Entwurf* den Befehl *Mit PivotTable zusammenfassen* oder den Befehl *PivotTable* auf der Registerkarte *Einfügen*.
4. Der Name der Tabelle ist bereits als Datenquelle eingetragen, wählen Sie *OK*, um den Entwurf für die PivotTable zu erstellen.
5. Erstellen Sie die PivotTable nach Bedarf.

Im Gegensatz zu sonstigen Datenquellen erkennt Excel die Tabelle als dynamische Datengrundlage und berücksichtigt neue Daten beim Aktualisieren, ohne dass Sie den Quellbereich anpassen müssen. Mehr zum Thema PivotTable und PivotChart finden Sie in Kapitel 24.

Einen Bereich in eine Tabelle umwandeln

Über den Befehl *Tabelle* auf der Registerkarte *Einfügen* können Sie wie oben gezeigt einen Bereich in eine Tabelle umwandeln. In einer Arbeitsmappe, die bereits Formeln mit Bezügen auf diesen Bereich enthält, werden die Bezüge dieser Formeln nicht durch strukturierte Verweise ersetzt.

Im umgekehrten Fall, wenn Sie also eine Tabelle in einen Bereich umwandeln, werden alle Bezüge innerhalb der Arbeitsmappe in die entsprechende A1S1-Schreibweise bzw. Z1S1-Schreibweise umgewandelt. So wandeln Sie eine Tabelle in einen Bereich um:

1. Aktivieren Sie eine Zelle in der Tabelle.
2. Die kontextbezogene Registerkarte *Tabellentools* wird angezeigt.
3. Wählen Sie auf der Registerkarte *Entwurf* den Befehl *In Bereich konvertieren*.
4. Bestätigen Sie die Sicherheitsabfrage.

Die Tabelle ist nun in einen normalen Listenbereich umgewandelt, was Sie an den fehlenden Filterschaltflächen erkennen können. Haben Sie Formeln unter Verwendung strukturierter Verweise erstellt, werden diese in die üblichen Zellbezüge konvertiert.

Zusammenfassung

Sie haben in diesem Kapitel die verschiedenen Möglichkeiten für die Festlegung, Änderung und das Löschen von Namen sowie einige Einsatzgebiete kennengelernt. Ein guter Grund, Namen bei Ihrer Arbeit zu verwenden, ist die Tatsache, dass damit wirklich robuste und anwenderfreundliche Auswertungen möglich werden.

Tabellen stellen eine sinnvolle Erweiterung der Möglichkeiten von Namen dar. Die Erweiterung betrifft insbesondere die automatische Ergänzung von Formeln und Formatierungen. Die Funktionen rund um die Arbeit mit Tabellen wie Überschriften und Filterschaltflächen als Spaltenbeschriftung, die Markierungshilfen sowie die schier unbegrenzten Möglichkeiten des Suchfilters machen richtig Spaß.

Frage	Lösung
Wie kann ich einen Namen schnell festlegen?	Überschreiben Sie dazu im Namenfeld den angezeigten Zellbezug mit dem gewünschten Namen. Ein Beispiel finden Sie auf Seite 638.
Wie kann ich mit wenigen Schritten mehrere Namen festlegen?	Verwenden Sie in Ihrer Tabelle Spaltenüberschriften, können Sie Namen aus diesen Beschriftungen erstellen. Auf Seite 642 wird gezeigt, wie es geht.
Welche Möglichkeiten bietet der Namens-Manager?	Der Namens-Manager ist das zentrale Dialogfeld für die Verwaltung von Namen. Ab Seite 642 finden Sie Informationen dazu.
Ich möchte einen bestimmten Faktor an einer einzigen Stelle in meiner Tabelle verwalten. Wie mache ich das?	Sie können für einen konstanten Wert einen Namen festlegen und diesen dann in allen Formeln verwenden. Auf Seite 644 wird gezeigt, wie es geht.
Kann ich Namen auch nachträglich in Formeln einbauen?	Excel kann Ihre Formeln nach Bereichen durchsuchen, für die Namen festgelegt wurden, und diese durch die Namen ersetzen. Ein Beispiel dazu finden Sie auf Seite 649.
Wie lege ich eine Tabelle fest?	Auf der Registerkarte *Einfügen* legen Sie über den Befehl *Tabelle* einen solchen Bereich fest. Auf Seite 653 wird gezeigt, wie Sie diese Funktion einsetzen.

Kapitel 19 Neue Horizonte durch Namen und Tabellen

Frage	Lösung
Wie kann ich einen Bereich in einer Tabelle markieren?	Führen Sie den Mauszeiger in einen Tabellenbereich, ändert dieser sein Aussehen. Ein Klick mit der linken Maustaste markiert jetzt den gewünschten Bereich. Weitere Informationen hierzu finden Sie auf Seite 656.
Welche Vorteile bieten Tabellen beim Filtern?	Der neue Suchen-Filter erlaubt die flexible Zusammenstellung von Daten mit verschiedenen Kriterien. Mehr zu diesem spannenden Thema finden Sie auf Seite 657.
Was sind strukturierte Verweise?	Strukturierte Verweise sind spezielle Namen für Tabellenbereich, die Sie zum Markieren und in Formeln verwenden können. Mehr dazu auf Seite 663.

Kapitel 20

Sortieren von Daten

In diesem Kapitel:

Sortieren von Listen	670
Sortieren nach einer Spalte mit Zahl oder Text	674
Sortieren von Zahlen in Verbindung mit Text	675
Individuelle Ordnung – benutzerdefinierte Sortierfolge	676
Zusammenfassung	684

In einem Arbeitsblatt von Microsoft Excel erfassen Sie Daten in einer beliebigen Reihenfolge. Die Daten sind also mehr oder weniger geordnet. In vielen Fällen ist es jedoch notwendig, die Inhalte nach der Ersteingabe oder einem Import in eine neue Ordnung bzw. Reihenfolge zu bringen. Dabei können beispielsweise folgende Aspekte eine Rolle spielen:

- Sie müssen die Daten für eine bestimmte Aufgabe in eine sinnvolle Reihenfolge oder Ansicht bringen
- Sie wollen die Daten visualisieren, rasch auffinden und besser beurteilen können
- Sie wollen individuell Einfluss auf die Sortierfolge nehmen, um an der Aufgabe entsprechend sinnvoll und effizient weiterarbeiten zu können

Durch Umsetzung dieser Ziele können Sie sowohl die Daten in Ihrer Excel-Tabelle wie auch in Ihren Listen zumindest nach Standard- bzw. individuellen Gesichtspunkten ordnen.

Sortieren von Listen

Wenn Sie Daten in eine andere Reihenfolge bringen wollen – ob alphabetisch, numerisch oder chronologisch – verwenden Sie zweckmäßigerweise die Funktion *Sortieren*. Excel bietet Ihnen einige Möglichkeiten, den Sortiervorgang zu gestalten und zu beeinflussen. So können Sie Ihre Daten in Zeilen oder Spalten sortieren – und das mit bis zu 64 Kriterien gleichzeitig. Sollte dies noch nicht zum gewünschten Ergebnis führen, gibt es darüber hinaus noch die Möglichkeit, auf eine benutzerdefinierte Sortierreihenfolge aufzubauen und diese anzuwenden.

Falls auch diese nicht reichen sollten, bietet Excel noch weitere, neue Varianten an, nämlich das Sortieren nach Zellenfarben, Schriftfarbe und Zellensymbol an.

Die meisten Sortiervorgänge gehen Spaltenweise vor, d. h. die Zellinhalte der gesamten Zeile werden in der Reihenfolge der Daten in der ersten ausgewählten Sortierspalte angeordnet. Genauso kann auch nach Zeilen sortiert werden.

Einfache Sortierung – Klicken und Sortieren

Sie wollen eine einspaltige Excel-Liste nach dem Feld *Namen* auswerten, also die Daten schnell und übersichtlich sortieren.

CD-ROM Für die folgenden Beispiele können Sie als Datenbasis die Arbeitsmappe *Kap20.xlsx* auf der CD-ROM zum Buch im Ordner *\Buch\Kap20* heranziehen.

Wählen Sie innerhalb der Arbeitsmappe *Kap20.xlsx* das Arbeitsblatt *Sortieren1*.

Um die Liste nach dem Namensfeld zu sortieren, gehen Sie folgendermaßen vor:

1. Positionieren Sie den Mauszeiger in einer beliebigen Zelle der Spalte *Name*.
2. Klicken Sie zunächst auf die Registerkarte *Start* und anschließend in der Gruppe *Bearbeiten* auf den Befehl *Sortieren und Filtern*.
3. Wählen Sie dann den Unterbefehl von *A bis Z sortieren* (siehe Abbildung 20.1).

Sortieren von Listen

Abbildg. 20.1   Die Schaltfläche *Sortieren und Filtern* mit allen Unterbefehlen

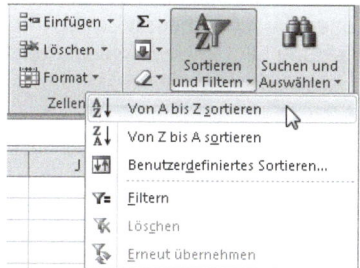

Als Ergebnis erhalten Sie eine Liste, die aufsteigend von A nach Z sortiert ist (siehe Abbildung 20.2).

Abbildg. 20.2   Das Ergebnis ist eine auf das Feld *Name (Spalte B)* von *A* nach *Z* sortierte Namensliste

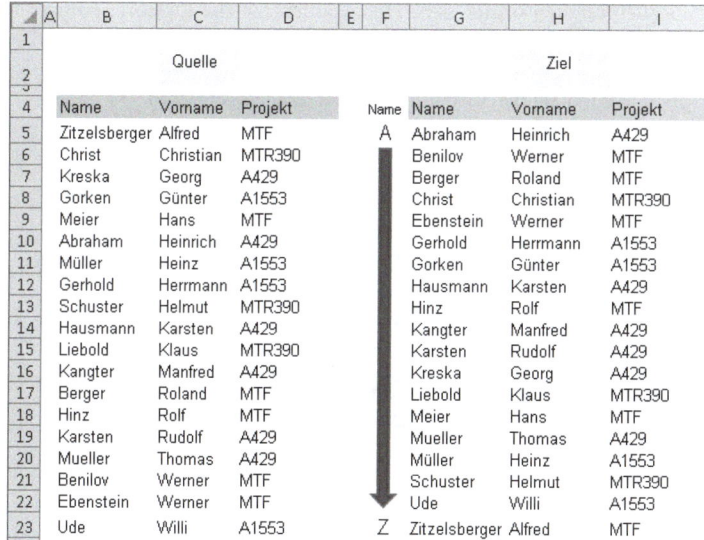

> **HINWEIS**   Die Sortierkriterien für Tabellen werden in der Arbeitsmappe gespeichert. Dies ermöglicht Ihnen beispielsweise, definierte Filter nach erneutem Öffnen der Datei sofort wieder anwenden zu können. Diese Möglichkeit ist besonders dann interessant, wenn Sie aufwendige und in der Eingabe zeitraubende Kriterien benötigen.

Sortieren von Daten mit Überschriftenzeile

Üblicherweise ist es von Vorteil, bei großen Datenbeständen Überschriften zu verwenden. Für die Sortierung ist es bedeutend, diese Überschriften bei dem Sortiervorgang unverändert zu lassen.

Wenn Sie die erste Datenzeile, die als Überschrift dient, von der Sortierung ausschließen möchten, klicken Sie auf der Registerkarte *Start* in der Gruppe *Bearbeitung* auf *Sortieren und Filtern*. Anschließend klicken Sie auf *Benutzerdefiniertes Sortieren* und aktivieren dort das Kontrollkästchen *Daten haben Überschriften*.

Kapitel 20 Sortieren von Daten

WICHTIG Wenn Sie eine Liste sortieren, beachten Sie, dass Spalten oder Zeilen ihre Position verändern und die hinterlegten Formeln und Funktionen daraufhin beispielsweise mit der Fehlermeldung #WERT! reagieren. Die Ursache für diese Meldung liegt in einer fehlerhaften Zelladresse innerhalb der Formeln bzw. Funktionen.

Üblicherweise werden Daten innerhalb einer oder mehrerer Spalten aufsteigend oder absteigend sortiert. Darüber hinaus können Daten auch zeilenweise sortiert werden, was mit einer Spaltenumstellung vergleichbar ist.

1. Markieren Sie eine Zelle im betreffenden Datenbereich.
2. Rufen Sie auf der Registerkarte *Start* in der Gruppe *Bearbeiten* den Befehl *Sortieren und Filtern* auf.
3. Im sich öffnenden Menü klicken Sie auf den Befehl *Benutzerdefiniertes Sortieren*.
4. Es öffnet sich das Dialogfeld *Sortieren*. Klicken Sie dort auf die Schaltfläche *Optionen*.
5. Das Dialogfeld *Sortieroptionen* öffnet sich. Hier wählen Sie die Option *Spalten sortieren* und bestätigen die Schaltfläche *OK* (siehe Abbildung 20.3).

Abbildg. 20.3 In diesem Dialogfeld wählen Sie die Sortieroption nach *Spalten sortieren*

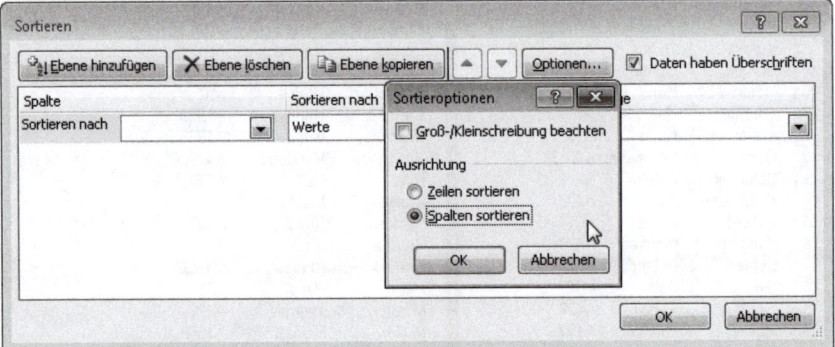

6. Zunächst geben Sie im ersten Listenfeld *Zeile Sortieren nach* an, in welcher Zeile die Daten für die Spaltensortierung stehen.
7. Im nächsten Schritt bestimmen Sie im Listenfeld *Sortieren nach*, dass nach *Werten* sortiert werden soll.
8. Zuletzt legen Sie im Listenfeld *Reihenfolge* (siehe Abbildung 20.4) die erforderliche Sortierreihenfolge fest.
9. Schließen Sie den Arbeitsschritt mit einem Klick auf die Schaltfläche *OK* ab.

Sortieren von Listen

Abbildg. 20.4   Das Dialogfeld *Sortieren* mit seinen zahlreichen Einstell- und Auswahlmöglichkeiten

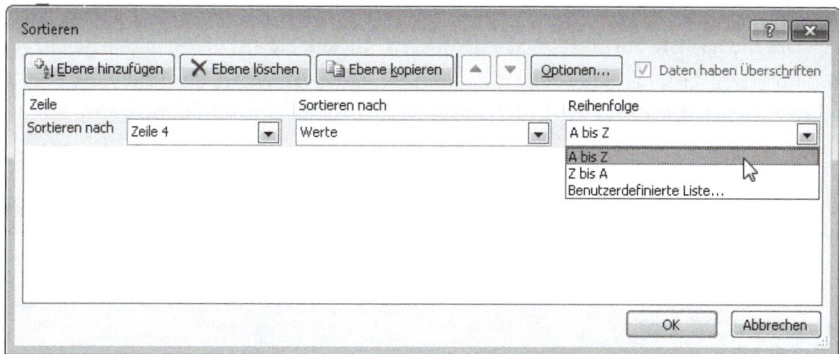

10. Als Ergebnis erhalten Sie die in Abbildung 20.5 gezeigte Spaltenanordnung.

Abbildg. 20.5   Das Ergebnis des Sortiervorgangs für Spalten in Zeile 4

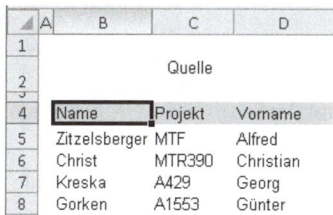

Profitipp   Wenn Sie in Ihrer Tabelle Zeilen oder Spalten ausgeblendet haben, müssen Sie beachten, dass bei einem Sortiervorgang diese ausgeblendeten Zeilen/Spalten in der Sortierung unberücksichtigt bleiben. Werden anschließend diese Zeilen wieder eingeblendet, entspricht die Sortierfolge nicht der zuvor gewählten Aktion. Wenn alle Daten sortiert werden sollen, müssen vor dem Sortieren alle Zeilen und Spalten eingeblendet werden.

Mehrfachsortierung – eins, zwei und mehr

Vorausgesetzt, Sie verfügen über Daten, die es zulassen, können Sie Sortierungen in einem Arbeitsschritt nach mehreren Zeilen oder Spalten gleichzeitig durchführen. In der Übungsdatei *Kap20.xlsx* finden Sie in dem Arbeitsblatt *Sortieren2* Daten, die u. a. über die Spalten *Abteilung* und *Name* verfügen. Sie können beispielsweise zuerst nach der Abteilung (Gruppierung aller Mitarbeiter dieser Abteilung) und danach alphabethisch nach den Namen der Mitarbeiter sortieren. Auf diese Weise ist es möglich, bis zu 64 Spalten zu sortieren.

1. Für eine Mehrfachsortierung markieren Sie im Arbeitsblatt *Sortieren2* den betreffenden Bereich.
2. Rufen Sie auf der Registerkarte *Start* in der Gruppe *Bearbeiten* den Befehl *Sortieren und Filtern* auf.
3. Anschließend wählen Sie den Befehl *Benutzerdefiniertes Sortieren*. Es öffnet sich das Dialogfeld *Sortieren*.

4. Im ersten Listenfeld (*Spalte*) wählen Sie *Abteilung*, im zweiten Listenfeld (*Sortieren nach*) wählen Sie *Werte* und im dritten Listenfeld (*Reihenfolge*) *A bis Z*.
5. Um die nächste Sortierebene zu definieren, klicken Sie auf die Schaltfläche *Ebene hinzufügen*.
6. Im ersten Listenfeld der neuen Zeile *Dann nach* wählen Sie das Feld *Name*. Im zweiten wählen Sie wieder *Werte* und im dritten Listenfeld *A bis Z* (siehe Abbildung 20.6).

Abbildg. 20.6   Dialogfeld mit der Einstellung zur Mehrfachsortierung in zwei Ebenen

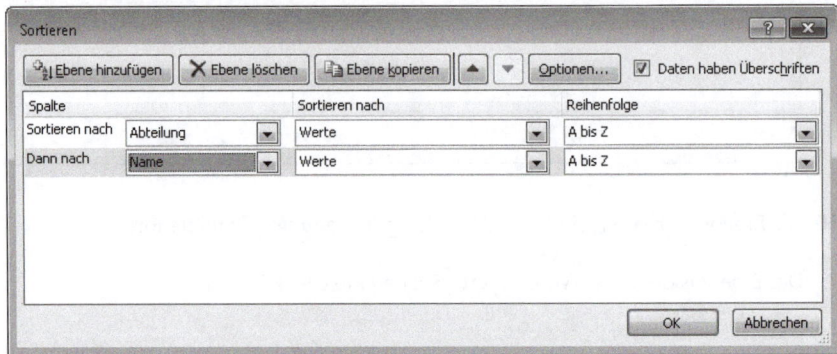

7. Bestätigen Sie das Dialogfeld durch einen Klick auf die Schaltfläche *OK* und lösen damit die Sortierung der Daten aus.

Sie erhalten eine Liste, die zunächst aufsteigend nach Abteilungen und innerhalb der jeweiligen Abteilung wieder alphabethisch aufsteigend nach Namen sortiert ist.

HINWEIS   Wenn Sie den Befehl *Sortieren* aufrufen und im Datenbereich nur eine Zelle markiert haben, markiert Excel automatisch die gesamte Liste. Eine Leerzeile bzw. eine Leerspalte unterbricht die Markierung.

Seit Excel 2007 können Sie zum Sortieren von Daten bis zu 64 Sortierbedingungen anwenden; in der Version Excel 2003 sind lediglich drei Bedingungen möglich.

Alle Sortiermodusinformationen bleiben jedoch erhalten und werden angewendet, wenn die Tabelle wieder in Excel 2007 oder Excel 2010 geöffnet wird, sofern in Versionen vor Excel 2007 die Sortiermodusinformationen unberührt/unbearbeitet geblieben sind.

Sortieren nach einer Spalte mit Zahl oder Text

Wollen Sie Ihre Liste (Arbeitsmappe *Kap20.xls*, Arbeitsblatt *Sortieren3*) nach den Stunden sortieren, achten Sie darauf, dass alle Zellinhalte numerisch sind oder einheitlich als Text formatiert wurden. Wenn Sie in einer Spalte gemischte Zellinhalte haben und eine gemeinsame Sortierung durchführen, werden zuerst die reinen Zahlen und dann die mit Text verbundenen Zahlen sortiert. Das Beispiel in Abbildung 20.7 verdeutlicht dies.

Abbildg. 20.7 Sortierbeispiel mit verschiedenen Eingabewerten und -formaten

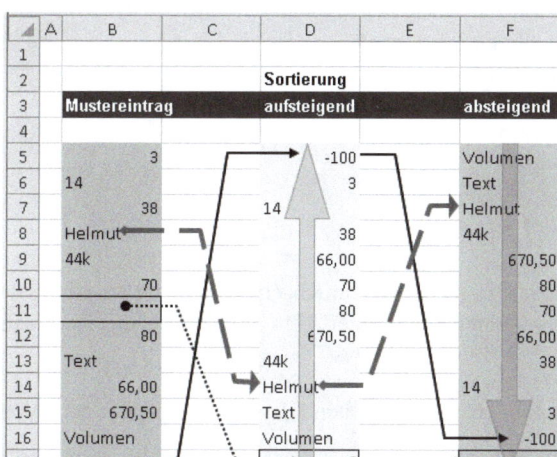

Der Inhalt der Zelle *B6* in Abbildung 20.7 ist eine Zahl, die nur linksbündig formatiert wurde und daher wie eine Texteingabe erscheint. Die Eingaben im Bereich *B8*, *B9*, *B13* und *B16* sind Texte bzw. Zahlen, die mit Text verbunden sind. Sie können die Liste aufsteigend oder absteigend sortieren. Es hängt aber vom Inhalt und Datentyp ab, wie sortiert wird. Am Beispiel der Zahl *14*, die als Text formatiert wurde, wird die Auswirkung besonders deutlich.

Tabelle 20.1 Standardsortierfolgen

Daten- und Eingabetyp	Sortierfolge, wenn aufsteigend sortiert wird
Zahlen	Von der kleinsten negativen zur größten positiven Zahl
Datum	Vom frühesten zum spätesten Datum
Text	Leerzeichen stehen ganz am Anfang der Sortierfolge. Darauf folgen die Sonderzeichen, dann die als Text eingegebenen Zahlen und zuletzt normaler Text. Alphanumerischer Text wird Zeichen für Zeichen von links nach rechts sortiert. Wurde die Sortieroption *Groß- und Kleinschreibung unterscheiden* gewählt, werden alphabetische Zeichen nach folgender Logik sortiert: a A b B c C usw.
Wahrheitswerte	Zuerst FALSCH, dann WAHR
Fehlerwerte	*#WERT!* oder *#NV!* in der Reihenfolge, wie sie gefunden werden
Leere Zellen	Immer zuletzt, sowohl bei aufsteigender als auch absteigender Sortierreihenfolge. Leere Zellen unterscheiden noch Zellen mit einem oder mehreren Leerzeichen.

Sortieren von Zahlen in Verbindung mit Text

Sollten Sie in Excel-Tabellen Adressdaten verwalten, sind beispielsweise in der Zelle mit den Straßenname auch die Hausnummern enthalten (Gartenstraße 1, Gartenstraße 2, Gartenstraße 13a usw.) usw. Worauf müssen Sie achten, damit die Spalte mit den Straßennamen/Hausnummern entsprechend aufsteigend sortiert wird?

Die Abbildung 20.8 zeigt eine für die Praxis untaugliche Sortierung.

Abbildg. 20.8 Sortieren von Hausnummern in Verbindung mit Straßennamen

vor Sortierung	nach Sortierung
Gartenstraße 1	Gartenstraße 1
Gartenstraße 2	Gartenstraße 12
Gartenstraße 14	Gartenstraße 13 a
Gartenstraße 12	Gartenstraße 14
Gartenstraße 13 a	Gartenstraße 14 a
Gartenstraße 14 a	Gartenstraße 2

Dieses Sortierergebnis ist nicht praxistauglich. Um wunschgemäß zu sortieren, gibt es die Möglichkeit, die Hausnummern in einer separaten Spalte zu erfassen oder zweistellig einzutragen (Gartenstraße 01, Gartenstraße 02).

Abbildg. 20.9 Einstellige Hausnummern mit führender Null eintragen und das Ergebnis genügt dem Alltagseinsatz

vor Sortierung	nach Sortierung
Gartenstraße 1	Gartenstraße 01
Gartenstraße 2	Gartenstraße 02
Gartenstraße 14	Gartenstraße 12
Gartenstraße 12	Gartenstraße 13 a
Gartenstraße 13 a	Gartenstraße 14
Gartenstraße 14 a	Gartenstraße 14 a

Die unterschiedliche Behandlung der Sortierreihenfolge ist darin begründet, dass im ersten Beispiel der Eintrag »Gartenstraße 1« als reiner Text behandelt wird, weshalb die Sortierung Zeichen für Zeichen, von links nach rechts, erfolgt. Daher werden erst alle Hausnummern mit einer »1« sortiert, gefolgt von den Einträgen mit der »2« usw.

Individuelle Ordnung – benutzerdefinierte Sortierfolge

In bestimmten Fällen reicht die einfache auf- oder absteigende Sortierreihenfolge nicht aus, insbesondere dann nicht, wenn vielfältige Kriterien berücksichtigt werden müssen.

Bei Vertreterumsätzen kann eine individuelle Sortierfolge z. B. für Kunden, Gebiete oder Warengruppen erfolgen. Die Reihenfolge bestimmt dabei immer die Wichtigkeit. So kann es erforderlich sein, dass bei der Sortierung nach Warengruppen keinesfalls die alphabetische Reihenfolge von Bedeutung ist, sondern die firmeninterne, vom Alphabet abweichende Folge dargestellt werden muss. Für diese von der Norm abweichende Ordnung können Sie eine benutzerdefinierte Reihenfolge erstellen.

HINWEIS Excel verwendet für diese Sortierung die gleichen Listen wie für das automatische Ausfüllen von Zeilen.

Erstellen einer benutzerdefinierten Liste

Wenn die Liste klein bzw. kurz ist, können Sie die Daten direkt in das Dialogfeld eintippen. Wir gehen an dieser Stelle den Weg, die Daten aus einer Tabelle in das Dialogfeld zu importieren. Um die Liste zu erstellen, tragen Sie die Daten in einen Zellbereich ein oder führen sie dort beispielsweise durch Kopieren zusammen. Geben Sie die Daten für den Import in der Reihenfolge ein, in der später auch die Sortierung erfolgen soll. Sie können auf das Arbeitsblatt *Sortieren4* in der Arbeitsmappe *Kap20.xlsx* zurückgreifen.

Abbildg. 20.10 Datenbeispiel mit benutzerdefinierter und alphabetischer Sortierfolge

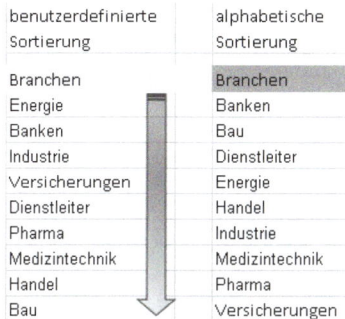

1. Markieren Sie den Zellbereich, nach dem die Sortierung erfolgen soll, im Beispiel *Energie* bis *Bau*.
2. Klicken Sie in der Registerkarte *Datei* auf *Optionen* und öffnen Sie in den Excel-Optionen die Kategorie *Erweitert*. Im Abschnitt *Allgemein* finden Sie die Schaltfläche *Benutzerdefinierte Listen bearbeiten*.
3. Im geöffneten Dialogfeld *Benutzerdefinierte Listen* (siehe Abbildung 20.11) klicken Sie auf die Schaltfläche *Importieren* und dann zweimal auf *OK*.

Abbildg. 20.11 Das Dialogfeld *Benutzerdefinierte Listen* mit den importierten Beispieldaten

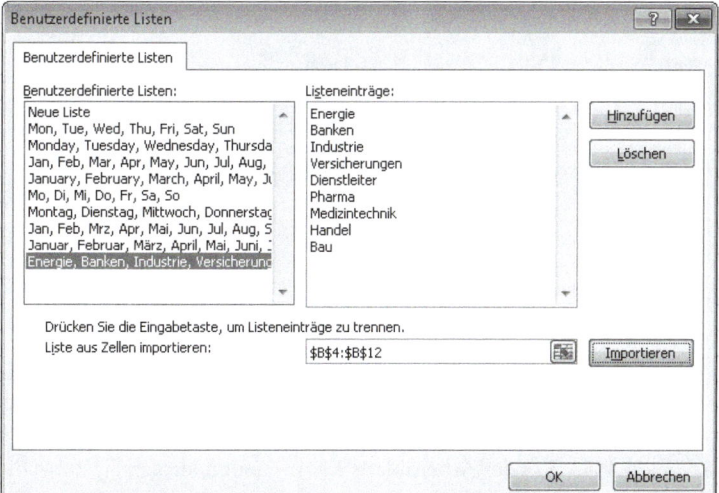

Sortieren nach benutzerdefinierten Kriterien

Im nächsten Arbeitsschritt verwenden wir die zuvor erstellte benutzerdefinierte Liste, um die Sortierung in der dort festgelegten Reihenfolge vorzunehmen:

1. Wählen Sie die betreffende Datenspalte aus oder markieren Sie eine Zelle in der Tabellenspalte, die sortiert werden soll.
2. Klicken Sie dann auf die Registerkarte *Start* und dort in der Gruppe *Bearbeiten* auf den Befehl *Sortieren und Filtern*.

3. Im daraufhin geöffneten Dialogfeld klicken Sie auf den Befehl *Benutzerdefiniertes Sortieren*. Es öffnet sich das Dialogfeld *Sortieren*.
4. Klicken Sie auf das Auswahlfeld *Reihenfolge* und wählen Sie den Eintrag *Benutzerdefinierte Liste*.
5. Im folgenden Dialogfeld *Benutzerdefinierte Listen* markieren Sie die von Ihnen erstellte Liste und bestätigen dann zweimal die Schaltfläche *OK*.

Sie erhalten nun die gewünschte Sortierung.

Sortieren von Daten in einer Gliederung

In der Arbeitsmappe *Kap20.xlsx* befindet sich das Arbeitsblatt *KonsGrpe*. Hier finden Sie eine konsolidierte, aber noch unsortierte Umsatztabelle mit automatischer Gliederung.

Abbildg. 20.12 Die konsolidierte und gegliederte, aber unsortierte Ausgangstabelle

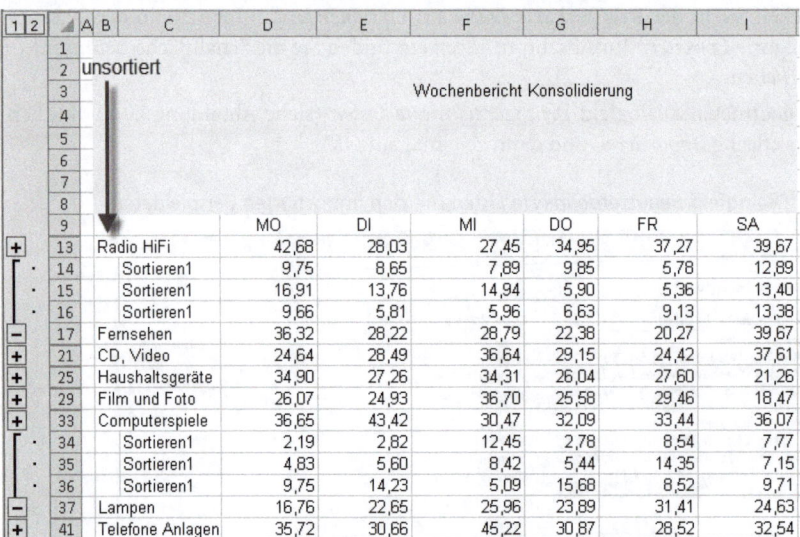

Mit wenigen Handgriffen können Sie die konsolidierten und gruppierten Daten in eine alphabetisch aufsteigende Reihenfolge bringen. Basis für die Sortierung sind die Warengruppenbezeichnungen der Spalte *B*.

1. Markieren Sie die Zelle *B13* des Arbeitsblatts *KonsGrpe* und klicken Sie zunächst auf der Registerkarte *Start* in der Gruppe *Bearbeiten* auf den Befehl *Sortieren und Filtern*.

2. Wählen Sie dann *Benutzerdefiniertes Sortieren* und ergänzen folgende Angaben im Dialogfeld *Sortieren* (siehe Abbildung 20.13).

Abbildg. 20.13   Die Einstellungen im Dialogfeld *Sortieren*

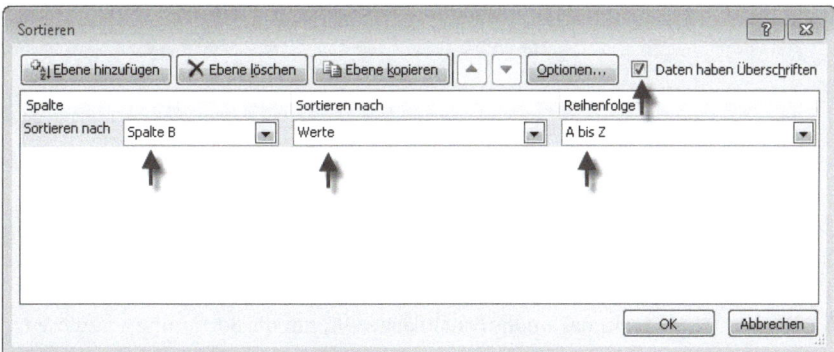

3. Durch einen Klick auf die Schaltfläche *OK* erfolgt die Sortierung in der Reihenfolge von A nach Z.

Profitipp   Geben Sie grundsätzlich nur einzeilige Feldbeschriftungen ein. Wenn Sie zwingend mehrzeilige Feldbeschriftungen (Überschriften) benötigen, fügen Sie in der Zeile einen Zeilenumbruch ein.

Soll die Groß- und Kleinschreibung bei der Sortierung beachtet werden, klicken Sie im Dialogfeld *Sortieren* auf die Schaltfläche *Optionen* und aktivieren Sie die entsprechende Einstellung im Dialogfeld *Sortieroptionen*.

Profitipp   Beim Sortieren innerhalb einer Gliederung schließen Sie die Überschrift gezielt von der Sortierung aus, standardmäßig wird sie in die Liste eingeschlossen und mitsortiert. Beim Sortieren von Zeilen, die Teil einer Gliederung sind, werden die Gruppen der höchsten Ebene so sortiert, dass gruppierte Zeilen oder Spalten zusammengehalten werden.

Spalten sortieren

Sie wollen nun die Reihenfolge der Wochentage in der Umsatzliste von Montag bis Samstag umkehren, sodass der Samstag die erste Umsatzspalte darstellt. Gehen Sie folgendermaßen vor:

1. Markieren Sie die Umsatzliste von *D9* bis *I41*.
2. Rufen Sie auf der Registerkarte *Start* in der Gruppe *Bearbeiten* den Befehl *Sortieren und Filtern* und dort den Eintrag *Benutzerdefiniertes Sortieren* auf.
3. Klicken Sie auf die Schaltfläche *Optionen*, legen Sie die Ausrichtung *Spalten sortieren* fest und bestätigen Sie mit *OK*.
4. Im Dialogfeld *Sortieren* ergänzen Sie dann die folgenden Angaben (siehe Abbildung 20.14).

Abbildg. 20.14 Die Einstellungen im Dialogfeld *Sortieren* für das Ändern der Wochentagsreihenfolge

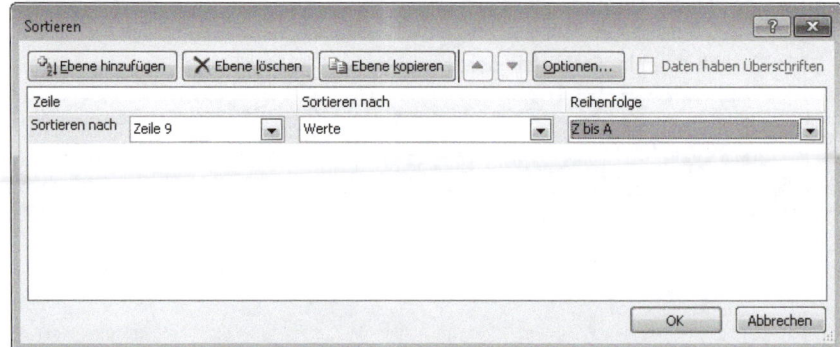

5. Klicken Sie noch einmal auf die Schaltfläche *OK*, um die Sortierung auszulösen.

HINWEIS Mithilfe der Schaltfläche *Sortieren* in der Symbolleiste für den Schnellzugriff können Sie auch direkt den *Sortierdialog* erreichen. Mehr zum Hinzufügen von Befehlen zur Schnellzugriffsleiste finden Sie in Kapitel 2.

Sortieren nach Zellfarben

Wenn Sie einen Tabellenbereich bzw. eine Tabellenspalte manuell oder durch bedingte Formatierung nach Zellen- bzw. nach Schriftfarben farblich darstellen, haben Sie zusätzlich die Möglichkeit, auf der Basis dieser Farben eine Sortierung vorzunehmen.

1. Wählen Sie dazu einen Zellbereich aus (beispielsweise den Bereich *B4:B9* im Übungsarbeitsblatt *Farbe*).
2. Klicken Sie dann auf der Registerkarte *Start* in der Gruppe *Bearbeiten* auf *Sortieren und Filtern* und rufen Sie den Befehl *Benutzerdefiniertes Sortieren* auf.
3. Ergänzen Sie folgende Angaben im Dialogfeld *Sortieren* (siehe Abbildung 20.15).

Abbildg. 20.15 Die Einstellungen im Dialogfeld *Sortieren* nach Zellfarbe (mit sichtbarer Auswahlliste der Farben)

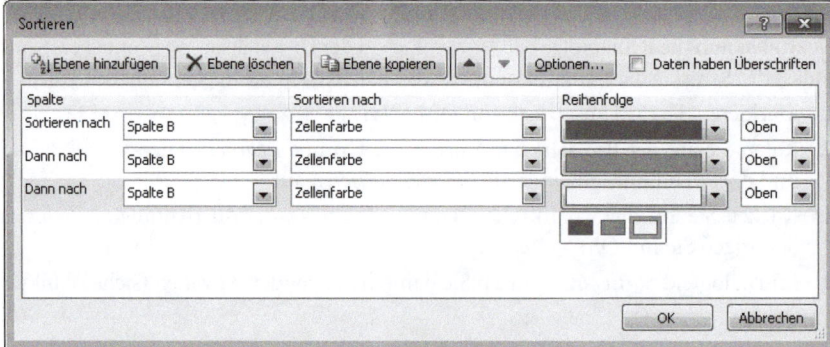

Individuelle Ordnung – benutzerdefinierte Sortierfolge

4. Nach dem Öffnen des Dialogfelds wird die Zeile *Sortieren nach* angezeigt. Zuerst wählen Sie die Spalte, dann den Sortiertyp und anschließend die Reihenfolge der Farben aus.
5. Über die Schaltfläche *Ebene hinzufügen* fügen Sie so viele Zeilen im Dialogfeld ein, wie Sie Farben in den Daten sortieren wollen. Achten Sie darauf, in jeder neuen Ebene die gleiche Auswahl für die Spalte und die Reihenfolge (Oben/Unten) vorzunehmen.

Das Wiederholen der gleichen Einstellungen können Sie ganz einfach erreichen, indem Sie die Schaltfläche *Ebene kopieren* anklicken und für die neue Sortierebene lediglich die neue Farbe für die *Reihenfolge* auswählen.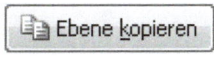

6. Schließen Sie das Dialogfeld über die Schaltfläche *OK*.

TIPP Wenn Sie die Zellenfarbe (oder auch die Schriftfarbe bzw. ein Zellensymbol) an den Anfang oder nach links verschieben (sortieren) möchten, wählen Sie unter *Reihenfolge* bei einer *Spaltensortierung* den Eintrag *Oben* und bei einer Zeilensortierung den Eintrag *Links* aus.

Wenn Sie die Zellenfarbe (oder auch die Schriftfarbe bzw. ein Zellensymbol) an das Ende oder nach rechts verschieben (sortieren) möchten, wählen Sie unter *Reihenfolge* bei einer Spaltensortierung den Eintrag *Unten* und bei einer Zeilensortierung den Eintrag *Rechts* aus.

HINWEIS Es gibt keine Standardreihenfolge für die Sortierung bei Zellen-, Schriftfarbe bzw. Symbolen. Bei jedem Sortiervorgang müssen Sie die Reihenfolge definieren.

Sortieren nach Symbolen

Neben der Zuweisung von Zellfarben können Sie mit *Bedingter Formatierung* einem Wert in der Zelle auch Symbole zuweisen. Über *Benutzerdefiniertes Sortieren* können Sie dann einen Zellbereich anhand der Symboldefinition ordnen.

In Abbildung 20.16 sehen Sie in Spalte *C* Symbole, die einem Bereich zugewiesen wurden. Anhand dieser selbst zu bestimmenden Reihenfolge der Symbole können Sie eine von den Zellwerten abweichende Sortierung vornehmen.

Abbildg. 20.16 Dialogfeld *Bedingte Formatierung/Symbolsätze* zur Formatierung von Zellen, die dann nach den Symbolen und nicht nach den Werten sortiert werden können

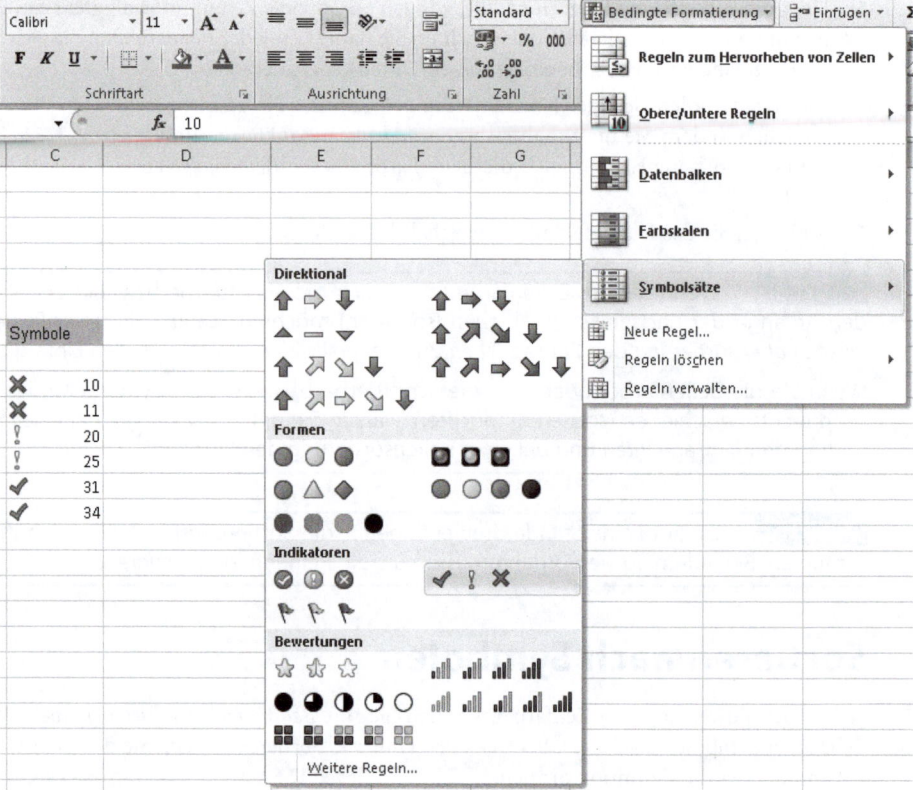

1. Wählen Sie einen Zellbereich aus (beispielsweise in der Übungstabelle *Farbe*).
2. Klicken Sie dann auf der Registerkarte *Start* in der Gruppe *Bearbeiten* auf *Sortieren und Filtern* und wählen Sie anschließend den Befehl *Benutzerdefiniertes Sortieren* aus.
3. Ergänzen Sie die folgenden Angaben im geöffneten Dialogfeld *Sortieren* (siehe Abbildung 20.17).
4. Schließen Sie das Dialogfeld über die Schaltfläche *OK*.

Individuelle Ordnung – benutzerdefinierte Sortierfolge

Abbildg. 20.17 Die Reihenfolge im Dialogfeld *Sortieren* können Sie über die Schaltflächen *Oben* bzw. *Unten* umstellen

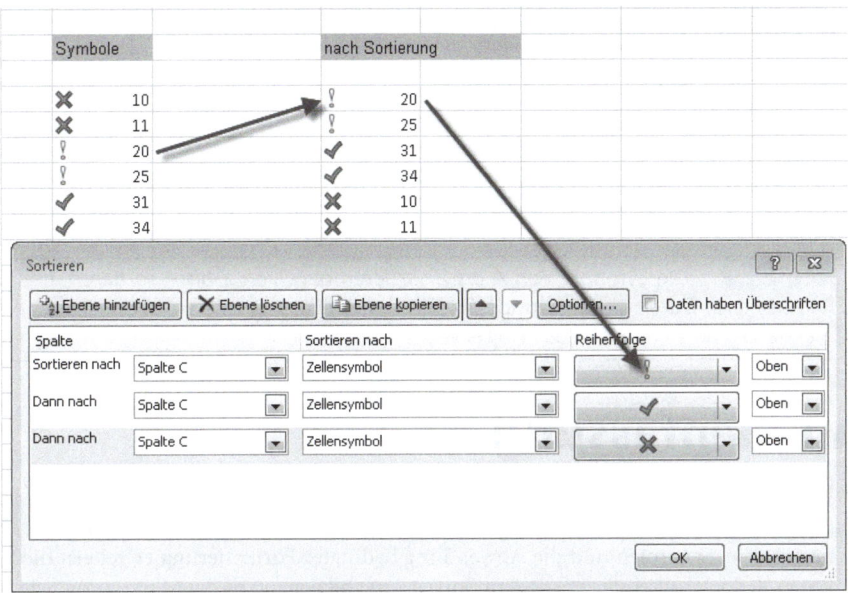

Sollten die Ergebnisse nicht ihren Vorstellungen entsprechen, können Sie den Sortiervorgang über die Schaltfläche *Rückgängig* wieder zurücknehmen.

TIPP Sortieren Sie Daten, die über eine Formel berechnet werden, können sich über einen Sortiervorgang die zurückgegebenen Werte der Formel bei einer Neuberechnung ändern. Wenden Sie die Sortierung erneut an, um aktuelle Ergebnisse zu erhalten.

Mehr über die bedingte Formatierung erfahren Sie in Kapitel 13.

Datenzusammenhang erhalten

Bei unachtsamer Handhabung des Sortierbefehls besteht die Gefahr, den Datenzusammenhang zu zerstören. Das kann geschehen, wenn Sie beispielsweise nur einen Teil oder einen Ausschnitt von den Daten markieren und dann sortieren. Aktivieren Sie dagegen lediglich eine Zelle oder eine Spalte einer Liste, erkennt Excel dies und meldet sich mit einem Warnhinweis (siehe Abbildung 20.18). Diese Warnung erscheint jedoch nur, wenn bei der Teilmarkierung der Sortierbefehl aufgerufen wird.

Markieren Sie einen größeren Teil, also mehrere Zeilen und Spalten, jedoch nicht den gesamten zusammenhängenden Datenbestand innerhalb einer Tabelle, und aktivieren dann den Sortierbefehl direkt über das Symbol (in der Schnellstartleiste) *Nach Größe sortieren (aufsteigend),* werden ohne Vorwarnung nur die Daten im markierten Bereich sortiert. Der Zusammenhang der Datenfelder eines Datensatzes geht damit verloren. Im ungünstigsten Fall wird die Tabelle komplett unbrauchbar.

Kapitel 20 Sortieren von Daten

Abbildg. 20.18   Diese Warnung erscheint nur, wenn bei der Teilmarkierung der Sortierbefehl aufgerufen wird.

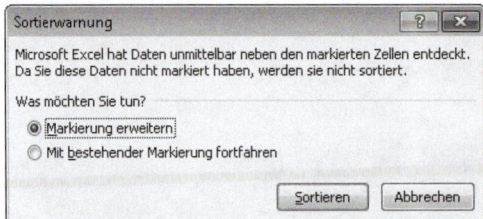

ACHTUNG   Die Symbole *Von A bis Z sortieren* bzw. *Von Z bis A sortieren*, beheimatet auf der Registerkarte *Daten* in der Gruppe *Sortieren und Filtern*, sortieren ebenfalls ohne Rückfrage den markierten Bereich, auch ausschnittsweise.

Zusammenfassung

Das Sortieren von Daten ist eine wichtige und häufig vorkommende Aufgabe. Excel bietet dazu zahlreiche Möglichkeiten an. Nicht nur, dass Sie nach 64 Spalten sortieren können, auch das Sortieren nach Farbe, Symbolen und die Anwendung bedingter Formatierung erweitern die Sortiermöglichkeiten. Jedoch sollten Sie vor jedem Sortiervorgang genau auf die Markierung achten und welchen Sortierbefehl Sie wählen, um brauchbare und gute Ergebnisse zu erhalten.

Frage	Lösung
Wie kann ich eine Mehrfachsortierung meiner Daten erreichen?	Rufen Sie dazu auf der Registerkarte *Start* in der Gruppe *Bearbeiten* den Befehl *Sortieren und Filtern* auf und wählen die Option *Benutzerdefiniertes Sortieren*. Im Dialogfeld *Sortieren* legen Sie anschließend bis zu 64 Bedingungen fest. Mehr dazu finden Sie auf Seite 673.
Wie kann ich eine Sortierung mit meinen eigenen Einstellungen vornehmen?	Wollen Sie spezielle Einstellungen beim Sortieren verwenden, rufen Sie das Dialogfeld *Sortieren* auf und nehmen hier die gewünschten Einstellungen vor. Näheres finden Sie auf Seite 676.
Wie kann ich Zahlen in Verbindung mit Text korrekt sortieren?	Enthält eine Zeile Text und Zahlen, wird diese wie Text sortiert. Für eine korrekte Sortierung geben Sie die Zahlen mit einer führenden Null ein. Ein Beispiel dazu finden Sie auf Seite 675.
Kann ich eine individuelle Sortierfolge erstellen?	Legen Sie dazu eine benutzerdefinierte Liste fest und verwenden Sie diese für den Sortiervorgang. Weitere Informationen, wie Sie eine benutzerdefinierte Sortierfolge erstellen und anwenden, finden Sie auf Seite 676.
Kann ich auch in einer gegliederten Umgebung sortieren?	Auf Seite 678 erfahren Sie, dass beim Sortieren von Zeilen, die Teil einer Gliederung sind, gruppierte Zeilen bzw. Spalten zusammengehalten werden
Wie kann ich einen Bereich nach Zellenfarbe, Schriftfarbe oder Symbolen sortieren?	Mit einer entsprechenden Einstellung im Dialogfeld *Sortieren* ist das möglich. Auf Seite 680 finden Sie Informationen zu den Sortiermöglichkeiten.
Was muss ich beim Sortieren beachten?	Ein falsch angewandter Sortierbefehl macht kurzerhand aus einer zwar unsortierten aber inhaltlich korrekten Liste unbrauchbaren Datenschrott. Wie Sie den Datenzusammenhang beim Sortieren erhalten, lesen Sie auf Seite 683.

Kapitel 21

Der Blick aufs Wesentliche – Datensätze filtern

In diesem Kapitel:

Daten filtern	686
AutoFilter wählen – der Weg zum Detail	690
Weitere Möglichkeiten mit Spezialfiltern	698
Zusammenfassung	705

Zur Auswertung bzw. Analyse von Datenbeständen werden selten alle Informationen einer Liste benötigt. Häufig ist es völlig ausreichend, nur einen bestimmten Teil der Daten zur Verfügung zu haben. Mit Microsoft Excel können Sie auf einfache Weise und im Handumdrehen spezifische Informationen aus einer Liste herausfiltern. Unter Zuhilfenahme der Funktion *AutoFilter* werden Positionen und Umfang der Liste automatisch ermittelt und die Spaltenüberschriften (Feldbezeichner) mit Dropdownpfeilen versehen. Sobald Sie mit der Maus auf den Dropdownpfeil klicken, werden die Elemente des Dialogfelds angezeigt. Aus dieser Liste wählen Sie dann gezielt das Element, dessen Einträge Sie herausfiltern bzw. anzeigen wollen.

Mit Excel 2010 können Sie:

- im Handumdrehen Informationen aus einer Liste herausfiltern und anzeigen,
- die Sicht auf wesentliche Daten begrenzen, um besser urteilen zu können,
- Daten mit Filtern auswählen und kopieren oder löschen,
- Daten mit Vorgaben vergleichen und in eine separate Liste übertragen und
- komplexe Suchkriterien verwenden, um Daten aus einer Liste auszulesen.

Daten filtern

Beim Filtern von Daten werden aus der gesamten Liste diejenigen Zeilen ausgeblendet, die nicht angezeigt werden sollen. Excel bietet Ihnen zur Handhabung folgende Möglichkeiten an:

- Automatisches Filtern
- Eingrenzendes Filtern
- Filtern und löschen
- Sortieren und filtern
- Spezialfilter

CD-ROM Als Datenbasis für die Beispiele können Sie die Datei *Kap21.xlsx* heranziehen, die Sie auf der CD-ROM zum Buch im Ordner *\Buch\Kap21* finden.

Automatisches Filtern

Sie möchten wissen, welche Wertpapiere im Depot am Börsenplatz *B* (Feld *Börse*) notiert sind, und das Ergebnis als Liste anzeigen. Sie kommen rasch zur Lösung, wenn Sie folgendermaßen vorgehen:

1. Öffnen Sie die Datei *Kap21.xlsx* und aktivieren das Blattregister *Daten*.
2. Positionieren Sie den Mauszeiger an einer Stelle innerhalb der Daten.
3. Klicken Sie im Menüband zunächst auf die Registerkarte *Start* und dann in der Gruppe *Bearbeiten* auf den Befehl *Sortieren und Filtern*.

Daten filtern

Abbildg. 21.1   Der Befehl *Sortieren und Filtern* auf der Registerkarte *Start* in der Gruppe *Bearbeiten*

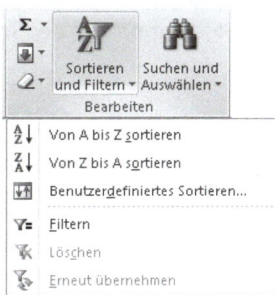

4. Wählen Sie nun den Befehl *Filtern* aus. An alle Feldnamen (Spaltenüberschriften) werden jetzt Dropdownpfeile angefügt (vgl. Arbeitsblatt *Daten1*).
5. Klicken Sie auf den Dropdownpfeil im Feld *Projekt*, werden alle Elemente dieser Spalte angezeigt.

Abbildg. 21.2   Auswahlliste des AutoFilters im Feld *Projekt*

TIPP   Falls die Dropdownliste sehr viele Einträge beinhaltet, gelangen Sie schnell zu dem gesuchten Eintrag, indem Sie den ersten Buchstaben des Eintrags eingeben.

6. Dann wählen Sie als einzige aktive Auswahl das Projekt *MTR390*. Die Auswahl geht am schnellsten, wenn Sie zuerst *(Alles auswählen)* deaktivieren und danach das Häkchen in das Kontrollkästchen vor dem Eintrag *MTR390* setzen (siehe die Markierung in Abbildung 21.2).
7. Mit einem Klick auf die Schaltfläche *OK* sehen Sie das Ergebnis in der gefilterten Liste.

HINWEIS Eine gefilterte Liste erkennen Sie immer an der Anzeige der Zeilenziffern in blauer Farbdarstellung. Ein gefiltertes Feld wird durch ein kleines Filtersymbol auf der Schaltfläche des Dropdownpfeils gekennzeichnet.

Filter zusammensetzen

In jedem Feld können Sie durch Aktivieren der Kontrollkästchen einen Filter setzen und die Auswahl der Daten einschränken (siehe Abbildung 21.2). Darüber hinaus können Sie im Eingabefeld *Suchen* einen weiteren Suchbegriff eingeben, beispielsweise *A**. Daraufhin wird im Dialogfeld die Zeile *Dem Filter die aktuelle Auswahl hinzufügen* angezeigt (siehe Abbildung 21.3). Wenn Sie dieses Kontrollkästchen aktivieren und die Schaltfläche *OK* anklicken, erhalten Sie zusätzlich alle Projekte, die mit »A« beginnen, angezeigt.

Abbildg. 21.3 Hinzufügen eines zusätzlichen Filters im AutoFilter

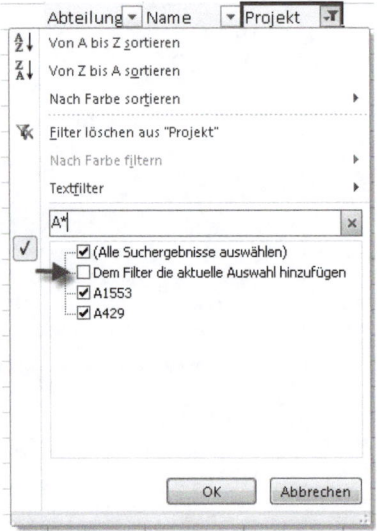

TIPP Um das Menü des AutoFilters zu vergrößern, klicken Sie in der unteren rechten Ecke des Dialogfelds auf den *Grip-Punkt* und ziehen ihn in die gewünschte Richtung. Damit vergrößern Sie die Datenmenge, die gezeigt werden kann (siehe Abbildung 21.3).

Bei einem Datumsfeld (Datumsfilter) können Sie beispielsweise in das Suchfeld einen Monatsnamen eingeben und erhalten dann als Ergebnis eine gefilterte Tabelle mit allen Datensätzen, in denen im Datum zum Beispiel der Monat Mai vorkommt (siehe Abbildung 21.4).

Abbildg. 21.4 Als Suchkriterium den Monatsnamen in das Eingabefeld *Suchen* eingeben

> **TIPP** Bei Bedarf können Sie die Schaltfläche *AutoFilter*, welche den markierten Wert oder Ausdruck in der Zelle automatisch als Filterkriterium verwendet und die Liste unmittelbar filtert, der Symbolleiste für den Schnellzugriff hinzufügen. Wie das geht, ist in Kapitel 2 beschrieben.

Löschen eines aktiven Filters

Das Filtern selbst wird durch Ausblenden von nicht gültigen, d. h. nicht dem Filterkriterium entsprechenden Datenzeilen erreicht. Um einen aktiven Filter aufzuheben, klicken Sie das Kontrollkästchen (*Alles auswählen*) an (siehe Abbildung 21.2 auf Seite 687).

Wenn Sie den Filter in einer einzigen Spalte aufheben möchten, klicken Sie auf die Filterschaltfläche in der Spaltenbeschriftung und wählen dann in der Befehlsliste *Filter löschen* aus.

Löschen aller Filter im Arbeitsblatt

Wenn Sie alle Filter in einem Datenbereich löschen möchten, wählen Sie auf der Registerkarte *Daten* in der Gruppe *Sortieren und Filtern* den Befehl *Löschen*. Danach bleiben die Filterschaltflächen sichtbar, aber zuvor festgelegte Filter werden entfernt.

Abbildg. 21.5 Löschen aller Filter im Datenbereich

Die Schaltfläche *Erneut übernehmen* (siehe Abbildung 21.5) hilft dabei, eine um neue Daten erweiterte Liste mit den bestehenden Filtern erneut zu filtern.

Filter aufheben und entfernen

Um die Filterschaltflächen zu entfernen, klicken Sie auf der Registerkarte *Start* in der Gruppe *Bearbeiten* auf die Schaltfläche *Sortieren und Filtern* und wählen im zugehörigen Menü den Befehl *Filtern* aus. Damit wird ein bestehender Filter entfernt und die Liste wieder vollständig angezeigt.

Filter auf bestimmte Spalten anwenden

Wollen Sie Ihren Filter beispielsweise nur auf zwei bestimmte, jedoch nebeneinander liegende Spalten anwenden, genügt es, wenn Sie genau diese beiden Felder mit dem Dropdownpfeil versehen. Um dies zu erreichen, gehen Sie folgendermaßen vor:

1. Wählen Sie die Spalten aus, indem Sie die jeweiligen Feldnamen markieren.
2. Klicken Sie im Menüband auf die Registerkarte *Start* in der Gruppe *Bearbeiten* auf den Befehl *Sortieren und Filtern*.
3. Wählen Sie dann den Befehl *Filtern*.

4. Die Dropdownpfeile werden an die markierten Spaltenüberschriften angehängt und Sie können die Filterbedingungen setzen.

In Abhängigkeit davon, wo der Mauszeiger beim Aufruf des AutoFilters steht, werden die Datensätze gleich gefiltert dargestellt:

- Steht der Mauszeiger auf einem gültigen Feld, wird dieses Feld als Filterkriterium verwendet (die Daten werden entsprechend dem Kriterium sofort gefiltert)
- Steht der Mauszeiger auf einem Feld der Spaltenbeschriftung (Spaltenüberschrift), werden nur die Dropdownpfeile eingeblendet, nicht jedoch eine Filterung der Daten vorgenommen
- Sind eine oder mehrere Spalten markiert, werden die Dropdownpfeile nur für diese Felder eingeblendet. Die restlichen Felder können nicht gefiltert werden.

AutoFilter wählen – der Weg zum Detail

Die Auswahl eines Filters erfolgt über

- den Dropdownpfeil am Feldbezeichner,
- geht weiter über den Befehl *Zahlenfilter* (oder bei einem Textfeld/Datumsfeld über den alternativen Befehl *Textfilter/Datumsfilter*)
- und dann weiter über die Auswahl des Filterkriteriums aus einem Untermenü.

Die beiden Befehle *Über dem Durchschnitt* und *Unter dem Durchschnitt* werden nach dem Anklicken sofort ausgeführt und zeigen die dem Filterkriterium entsprechenden Datensätze an.

Die restlichen Befehle führen immer zum Dialogfeld *Benutzerdefinierter AutoFilter*.

AutoFilter wählen – der Weg zum Detail

Abbildg. 21.6 Das Untermenü zur Auswahl eines Zahlenfilters mit seinen Möglichkeiten

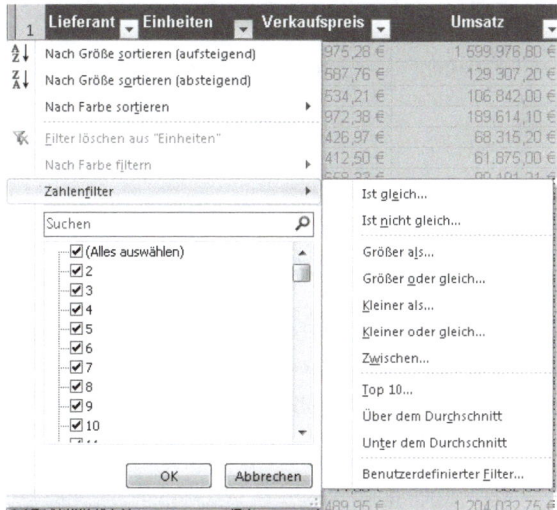

TIPP	Auf der Basis des Feldtyps ändert sich der Filterbefehl in *Textfilter, Zahlenfilter* bzw. *Datumsfilter* mit den jeweiligen vorbelegten Befehlen in den Auswahldialogfeldern. Die Abbildung 21.7 zeigt beispielhaft den Datumsfilter mit seinen Auswahlbefehlen.

Abbildg. 21.7 Eine umfangreiche Liste an vordefinierten Einstellungen für das Filtern von Datumswerten

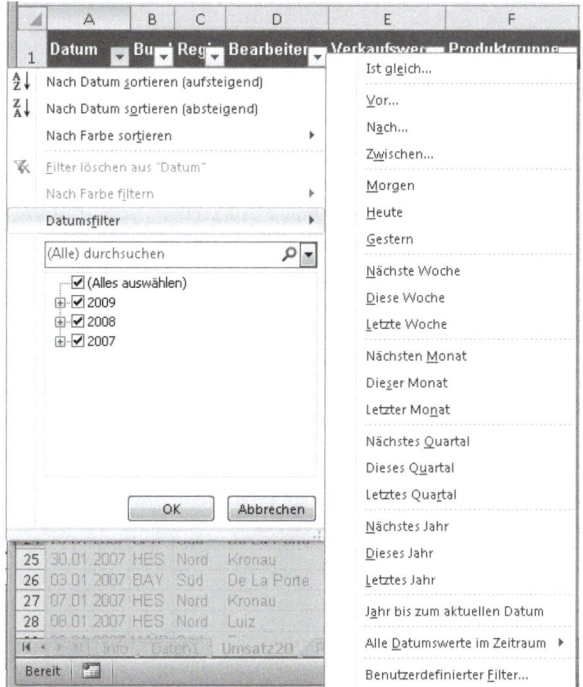

Kapitel 21 Der Blick aufs Wesentliche – Datensätze filtern

Positionieren Sie den Mauszeiger auf dem Symbol *AutoFilter*, zeigt eine QuickInfo die Kriterien des auf diese Spalte angewendeten Filters an (siehe Abbildung 21.8).

Abbildg. 21.8 Die QuickInfo zeigt die eingestellten Filterkriterien des Felds *Bundesland*

Der benutzerdefinierte AutoFilter

Excel ermöglicht Ihnen, im Dialogfeld *Benutzerdefinierter AutoFilter* zwei Abfragekriterien zu kombinieren und somit den einfachen Filter etwas komplexer zu gestalten.

Der benutzerdefinierte AutoFilter wird aus der Dropdownliste ausgewählt und zeigt Ihnen zunächst das in Abbildung 21.9 dargestellte Dialogfeld an.

Abbildg. 21.9 Der benutzerdefinierte AutoFilter mit der Vorbelegung *entspricht* und dem eingetragenen Filterkriterium *HH*

Im Dialogfeld *Benutzerdefinierter AutoFilter* können Sie im linken Teil ein oder auch zwei Vergleichsoperatoren auswählen. Wollen Sie beide verwenden, erfolgt eine Verknüpfung der beiden Felder über die Optionen *Und* bzw. *Oder*.

Im rechten Teil des Dialogfelds wählen Sie im jeweiligen Listenfeld einen Eintrag aus der Liste aus bzw. geben das Filterkriterium manuell ein.

HINWEIS Bei einer Verknüpfung mit *Und* müssen beide Kriterien erfüllt sein, bei einer Verknüpfung mit *Oder* genügt es, wenn eines der beiden Kriterien erfüllt wird.

Eine etwas andere Auswahl bietet Ihnen der *Top-10-AutoFilter*. Mit diesem Filter können Sie auf der Basis eines Zahlenfelds beispielsweise die obersten/untersten 10 Elemente der Liste oder aber die höchsten oder schwächsten 10 Prozent der Liste anzeigen lassen.

Abbildg. 21.10 Der Top-10-AutoFilter zur Anzeige der obersten Elemente, die zehn höchsten Umsätze

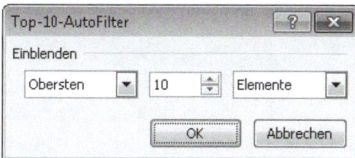

HINWEIS   Obere und untere Werte basieren immer, auch in einer gefilterten Liste, auf dem ursprünglichen Zellenbereich oder der Tabellenspalte.

Gruppierung der Datumshierarchie im Menü *AutoFilter*

Die Datumsliste im Menü wird immer dann angezeigt, wenn sich der Mauszeiger in einem Datumsfeld befindet und Sie den AutoFilter aufrufen. Die Anzeige erfolgt üblicherweise in einer gruppierten Liste (siehe Abbildung 21.11).

Abbildg. 21.11 Darstellung der Möglichkeiten im AutoFilter, um das Datum einer Liste anzeigen zu lassen

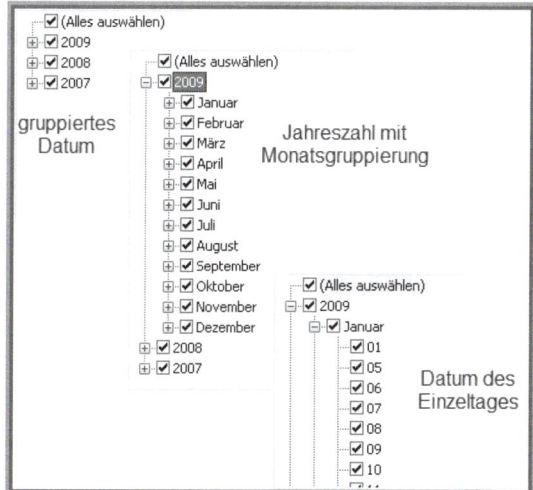

Sie haben jedoch auch die Möglichkeit, die gruppierte Datumsliste in eine nicht hierarchische Datumsliste zu ändern.

Sie können die Gruppierung der Datumsanzeige ausschalten und würden dann im AutoFilter folgende Anzeige erhalten:

Kapitel 21 Der Blick aufs Wesentliche – Datensätze filtern

Abbildg. 21.12   AutoFilter ohne Gruppierung des Datums

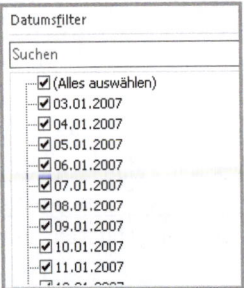

Um die Gliederung der Datumsanzeige ein- bzw. auszuschalten, gehen Sie folgendermaßen vor:

1. Klicken Sie auf die Registerkarte *Datei* und wählen in der Backstage-Ansicht den Befehl *Optionen*.
2. Im Dialogfeld *Excel-Optionen* wählen Sie die Kategorie *Erweitert* und suchen den Abschnitt *Optionen für diese Arbeitsmappe anzeigen*.
3. In diesem Abschnitt aktivieren bzw. deaktivieren Sie das Kontrollkästchen *Datumswerte im Menü 'AutoFilter' gruppieren* (siehe Abbildung 21.13).
4. Anschließend beenden Sie das Dialogfeld mit *OK*.

Abbildg. 21.13   Über das Dialogfeld *Excel-Optionen* können Sie die Gruppierung von Datumswerten im AutoFilter beeinflussen

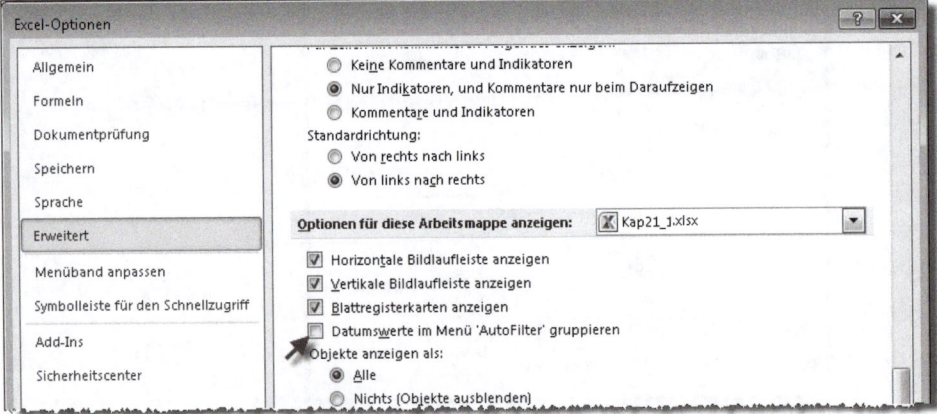

Die Vertreterregelung – Stellvertreterzeichen

Bei der Suche nach Texteinträgen in einem Feld werden innerhalb der benutzerdefinierten AutoFilter auch die zwei üblichen Stellvertreterzeichen akzeptiert:

- * (Sternchen) als Platzhalter für eine beliebige Zeichenfolge und
- ? (Fragezeichen) für einzelne Zeichen an einer bestimmten Position (siehe Abbildung 21.14).

Abbildg. 21.14   Benutzerdefinierter AutoFilter mit Stellvertreterzeichen

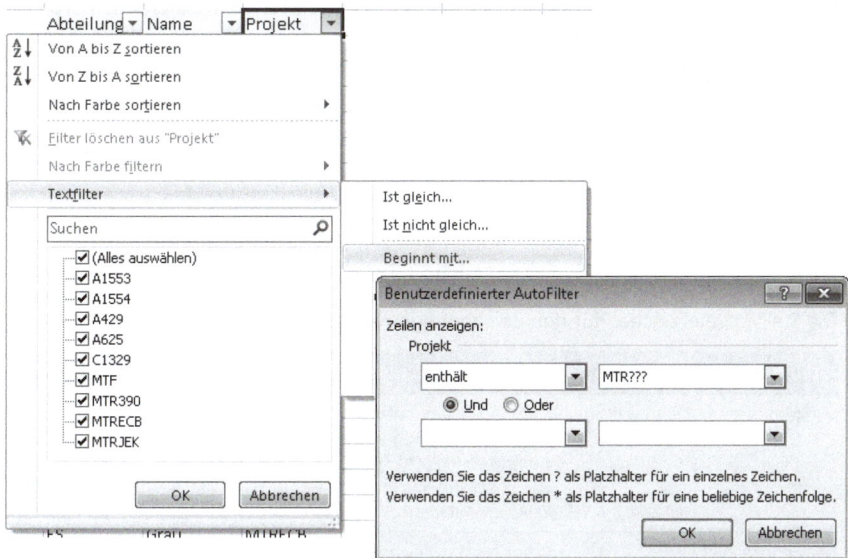

HINWEIS   Stellvertreterzeichen können auch kombiniert eingesetzt werden.

Das verwendete Beispiel *MTR???* selektiert in der Spalte *Projekt* die Einträge, die mit *MTR* beginnen und noch drei weitere Zeichen beinhalten (siehe Abbildung 21.15).

Abbildg. 21.15   Links die Anzeige der Zeilen, die dem Filterkriterium *MTR???* entsprechen, und rechts die Anzeige der Zeilen, die dem Filterkriterium *MTR* (ohne Stellvertreterzeichen) entsprechen

3	Abteilung	Name	Projekt
4	HW	Schuster	MTR390
12	CS	Christ	MTR390
21	SW	Liebold	MTR390
23	ES	Grau	MTRECB
31	EWQ	Berov	MTRECB
40	SWT	Valtentin	MTRJEK

Filter: MTR???

3	Abteilung	Name	Projekt
4	HW	Schuster	MTR390
12	CS	Christ	MTR390
21	SW	Liebold	MTR390
23	ES	Grau	MTRECB
31	EWQ	Berov	MTRECB
40	SWT	Valtentin	MTRJEK
42	ES	Minter	MTR1
43	ES	Grenzer	MTR1

Filter: MTR

Profitipp   Vielfach werden die Daten aus anderen Systemen oder Datenbanken übernommen bzw. importiert. Achten Sie bei Fremddaten darauf, in welchem Format diese Daten in Excel vorliegen. Beispielsweise werden Zahlen häufig als Text importiert. Ferner ist auch zu bedenken, dass am Ende von Textfeldern (z. B. Name) eventuell Leerzeichen vorhanden sind, die dann ein Filterergebnis mit Stellvertreterzeichen verändern können. Entfernen Sie daher die Leerzeichen am Ende (gelegentlich auch am Anfang) eines Feldinhalts vorab und die Filterergebnisse sind korrekt. Wie Sie Leerzeichen mit der Funktion *GLÄTTEN()* entfernen, steht in Kapitel 15.

Um optimale Ergebnisse zu erhalten, sollten Sie Speicherformate wie Text und Zahl oder Zahl und Datum nicht in einer Spalte mischen. Für jedes Format ist nur ein Filterbefehlstyp vorhanden. Haben Sie gemischte Speicherformate, wird immer das Speicherformat, das am häufigsten vorkommt, als Grundlage für den Filter angenommen. Wenn beispielsweise in einer Spalte zehn Texteinträge und fünf Zahlenwerte vorhanden sind, wird der Filterbefehl als *Textfilter* angezeigt.

Zur verfeinerten Datenselektion können Sie im Dialogfeld *Benutzerdefinierte AutoFilter* (Abbildung 21.14) zwei Bedingungen über *Und* bzw. *Oder* miteinander verknüpfen.

In einem Textfeld wird üblicherweise das Suchkriterium mit dem gesamten Feldinhalt verglichen. Wird nur ein bestimmter Teil benötigt, können Sie neben den vordefinierten Bedingungen auch noch Stellvertreterzeichen einsetzen (siehe Tabelle 21.1).

Tabelle 21.1 Die Stellvertreterzeichen für den Zeichenfolgenvergleich beim Filtern

Stellvertreterzeichen	Erklärung/Beispiel
* (Sternchen)	Ignoriert alle nachfolgenden Zeichen einer Zeichenkette bzw. die Anzahl der Zeichen bis zum nächsten Buchstaben. So werden mit *H** alle Zeichenketten gefunden, die mit *H* beginnen. Die Auswahl *H*n* findet alle Zeichenketten, die mit *H* beginnen, mit *n* enden und dazwischen eine beliebige Anzahl von Zeichen aufweisen. *H*n* findet z. B. *Hellmann*.
? (Fragezeichen)	Ignoriert das Zeichen an der jeweiligen Position innerhalb der Zeichenkette. Mit dem Kriterium *M??er* werden z. B. die Namen *Mayer, Meier, Maier* usw. gefunden.
~ (Tilde) gefolgt von ?, * oder ~	Das Tildezeichen (~) ermöglicht die Suche nach ?, * und ~, z .B. die Zeichenkette »Flyer?« wird nur gefunden mit »Flyer~?«

Wollen Sie in Ihrer Liste auf ein Datumsfeld einen Filter anwenden, müssen die Formate im Suchkriterium und im Datenfeld nicht mehr übereinstimmen. Mit dem Suchkriterium 03.12.2010 werden Sie beispielsweise auch Treffer landen, wenn im Datenfeld das Format 03. Dez. 09 oder 03. Dez verwendet wurde.

ACHTUNG Bei diesen neuen Filtermöglichkeiten in Excel 2010 müssen Sie als Anwender sehr genau auf die Ergebnisse achten, damit Sie nicht versehentlich, weil im Anzeigeformat nicht sichtbar, Jahrgänge in den Filter aufnehmen, die nicht im Ergebnis berücksichtigt werden dürfen.

Abbildg. 21.16 Filtern ohne Beeinflussung durch das Datenformat des Zellinhalts

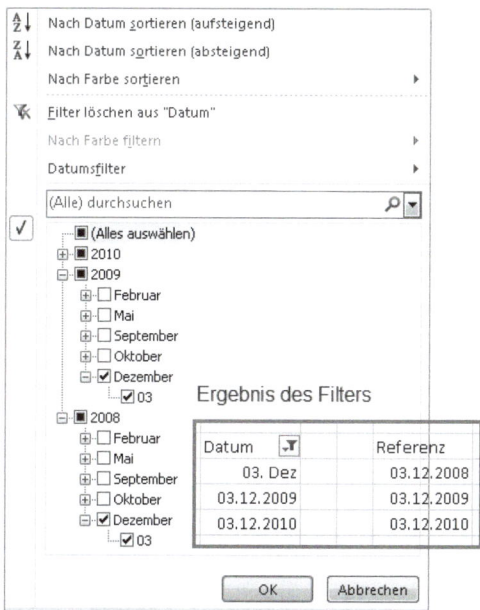

CD-ROM In der Beispielmappe *Kap21.xlsx* zu diesem Kapitel, die Sie auf der CD-ROM zum Buch im Ordner *\Buch\Kap21* finden, können Sie im Arbeitsblatt *Datum* mit Datumswerten experimentieren, welche verschiedene Formatcodes verwenden.

Filtern auf Grundlage des Zellinhalts

Sie können jederzeit und sehr schnell Daten anhand von Kriterien filtern, die dem Inhalt der aktiven Zelle entsprechen.

Beispielsweise können Sie im Arbeitsblatt *DropdownGruppe* in der Arbeitsmappe *Kap21.xlsx* nach Zellenfarben filtern:

1. Markieren Sie eine Zelle mit farbigem Hintergrund.
2. Wählen Sie dann nach einem Klick mit der rechten Maustaste im Kontextmenü den Befehl *Filtern* und klicken im zugehörigen Untermenü auf den Befehl *Nach Farbe der ausgewählten Zelle filtern*.

HINWEIS Die Vorgehensweise bei der Filterung nach Schriftfarbe und nach Symbolsatz ist vergleichbar mit der Vorgehensweise bei der Filterung nach Zellenfarbe. Sie können auch nach *leeren* oder auch nach *nicht leeren* Zellen Filtern.

Das Kontrollkästchen (*Leere*) ist aber nur verfügbar, wenn der Zellenbereich oder die Tabellenspalte auch mindestens eine leere Zelle aufweist.

Kapitel 21 Der Blick aufs Wesentliche – Datensätze filtern

Abbildg. 21.17   Kontextmenü zur Auswahl eines zellbasierten Filters

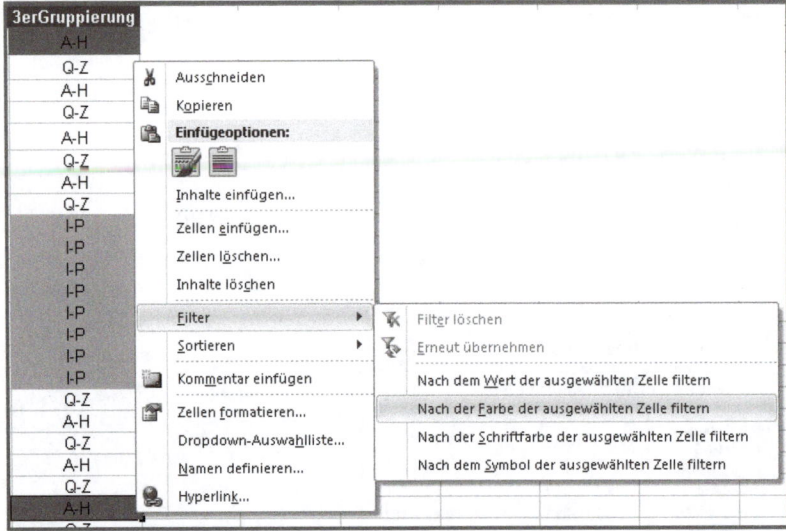

Filtern nach Zahlen über oder unter dem Durchschnitt

Sie können mit diesem Filter im automatischen Filtervorgang gleichzeitig ein berechnetes Kriterium berücksichtigen.

1. Markieren Sie zuerst die numerische Spalte, die als Auswertungsgrundlage dienen soll.
2. Klicken Sie dann auf der Registerkarte *Daten* in der Gruppe *Sortieren und Filtern* auf den Befehl *Filtern*.
3. Sie positionieren damit den Dropdownpfeil am jeweiligen Feldbezeichner.
4. Klicken Sie auf den Dropdownpfeil, danach auf den Befehl *Zahlenfilter* und anschließend in der Befehlsliste auf den Befehl *Über dem Durchschnitt*.
5. Die Liste wird gefiltert und zeigt nur noch Werte oberhalb des Durchschnitts an.

HINWEIS   Der Durchschnitt wird aus den gesamten Daten der betreffenden Spalten und nicht aus einer eventuell schon vorher gefilterten Teilmenge gebildet.

Weitere Möglichkeiten mit Spezialfiltern

Excel bietet mit dem *Spezialfilter* weitere Möglichkeiten, die Daten nach Kriterien zu filtern. Im Vergleich zum AutoFilter erlaubt der Befehl *Spezialfilter* die Ausführung der folgenden Aufgaben:

- Umfangreiche *Oder*- bzw. *Und*-Verknüpfungen sowie komplexe Kombinationen aus beiden Verknüpfungsmöglichkeiten
- Festlegen berechneter Kriterien
- Automatische Kopie der selektierten Datensätze in eine neue Tabelle oder einen anderen Bereich des aktiven Arbeitsblatts

Die Arbeitsweise mit den *Spezialfiltern* unterscheidet sich in einigen Punkten von jener, die Sie bisher bei den *AutoFiltern* kennengelernt haben.

Arbeitsumgebung bei der Anwendung von Spezialfiltern

Bei der Anwendung von *Spezialfiltern* benötigen Sie eine vorbereitete Arbeitsumgebung. Neben den eigentlichen Daten müssen Sie für die Definition der Filterkriterien einen Bereich einrichten. Ebenso benötigen Sie für den Fall, dass die den Filterbedingungen entsprechenden Daten in einen anderen Bereich geschrieben werden sollen, einen Zielbereich. Das kann im einfachsten Fall in einem Arbeitsblatt geschehen. Es ist aber auch möglich, die extrahierten Daten in ein anderes Arbeitsblatt zu kopieren. In diesem Fall müssen der Kriterien- und der Zielbereich in einem neuen Arbeitsblatt aufgebaut werden (siehe die Schemadarstellung in Abbildung 21.18).

Abbildg. 21.18   Schematische Darstellung der Anwendung von Spezialfiltern

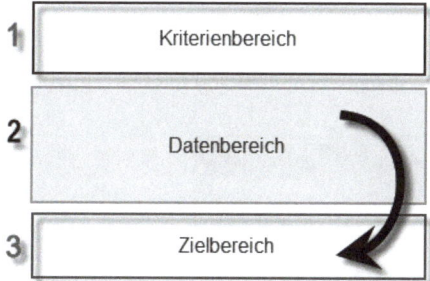

Aufbau des Kriterienbereichs

Der Kriterienbereich beginnt in der obersten Zeile mit einem oder mehreren Feldnamen. In der zweiten und in den folgenden Zeilen stehen die Filterbedingungen. Die Überschriften/Feldnamen in der ersten Zeile des Kriterienbereichs müssen exakt mit den Spaltenüberschriften/Feldnamen des Datenbereichs übereinstimmen. Ausgenommen sind die Überschriften für berechnete Kriterien.

TIPP   Kopieren Sie die benötigten Feldnamen aus den Datenspalten in den Kriterienbereich, um Tippfehler zu vermeiden.

Für den Aufbau eines gültigen Kriterienbereichs ist es nicht erforderlich, alle Feldnamen wieder aufzuführen. Es ist völlig ausreichend, nur die Feldnamen zu verwenden, die für den Filtervorgang tatsächlich benötigt werden.

WICHTIG   Bedenken Sie beim Einrichten der Abfragebedingungen, dass beim Filtern umfangreiche Zeilen ausgeblendet werden und in Folge dessen die von Ihnen definierten Kriterien sich ebenfalls im ausgeblendeten Bereich befinden könnten. Richten Sie den Kriterienbereich nicht neben, sondern immer ober- oder unterhalb der Liste oder sogar in einer eigenen Tabelle ein. Bevorzugt sollte ein Zeilenbereich oberhalb der Daten für die Kriterien eingerichtet werden.

Ein Beispiel: Sie wollen alle Datensätze anzeigen lassen, bei denen im Bundesland Bayern mehr als 800 Einheiten umgesetzt wurden.

1. Richten Sie in der Mappe *Kap21.xlsx* im Arbeitsblatt *Umsatz* in den ersten Zeilen (1 bis 5) einen Kriterienbereich ein. Fügen Sie dazu oberhalb der Umsatzdaten fünf zusätzliche Zeilen ein, um dort den Kriterienbereich zu definieren. Markieren Sie zunächst die Spaltenüberschrift *Bundesland* und kopieren Sie diese beispielsweise in die Zelle *B1*. Danach kopieren Sie die Spaltenüberschrift *Einheiten* in die Zelle *C1*.
2. Geben Sie in die Zelle *B2* das Kriterium *BAY* und in Zelle *C2* das Kriterium *>800* ein (siehe Abbildung 21.19).
3. Aktivieren Sie jetzt eine beliebige Zelle im Listenbereich und verwenden Sie in der Registerkarte *Daten* in der Gruppe *Sortieren und Filtern* den Befehl *Erweitert*. Anstelle des Menüs *AutoFilter* erscheint jetzt das Dialogfeld *Spezialfilter* (siehe Abbildung 21.19).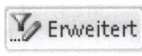
4. Lassen Sie die Option *Liste an gleicher Stelle filtern* aktiviert.
5. Excel hat den Listenbereich automatisch erkannt. Klicken Sie jetzt in das Eingabefeld *Kriterienbereich* und markieren Sie dann den Bereich *B1* bis *C2* in der Tabelle.
6. Bestätigen Sie abschließend mit *OK*.

Abbildg. 21.19 Der Eintrag des Kriterienbereichs im Umfeld der Arbeitsumgebung mit dem zugehörigen Dialogfeld *Spezialfilter*

Wie der *AutoFilter* blendet auch der *Spezialfilter* alle Zeilen aus, die nicht den Filterbedingungen entsprechen. In der Statusleiste sehen Sie die Anzahl der gefundenen Datensätze (die Zeilennummern der gefundenen Datensätze werden blau dargestellt).

Mit dem Befehl *Löschen* in der Gruppe *Sortieren und Filtern* wird der angewendete Filter von den Daten entfernt und diese wieder komplett angezeigt.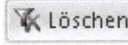

TIPP Übrigens können Sie eine an der gleichen Stelle gefilterte Liste mit dem Befehl *Kopieren* [Strg]+[C] in die Zwischenablage und dann mit dem Befehl *Einfügen* an einer beliebigen Stelle wieder in ein Arbeitsblatt übertragen.

Die Möglichkeiten von Und/Oder-Verknüpfungen

Sie können in einen Kriterienbereich beliebig viele Kriterien eingeben. Excel interpretiert diesen Bereich nach folgenden Regeln:

- Kriterien in derselben Zeile werden als *Und*-Verknüpfung interpretiert

- Kriterien in unterschiedlichen Zeilen werden als *Oder*-Verknüpfung interpretiert

Profitipp   Enthält der Kriterienbereich eine leere Zelle, erhalten Sie eine ungefilterte Liste, weil Excel dann in dieser Spalte jeden Wert akzeptiert.

Wie Sie die Suchkriterien in einer Tabelle aufbauen, entscheidet über die Art der Abfrage (siehe Abbildung 21.20).

Abbildg. 21.20 Übersicht über die Schreibweise von Filterkriterien

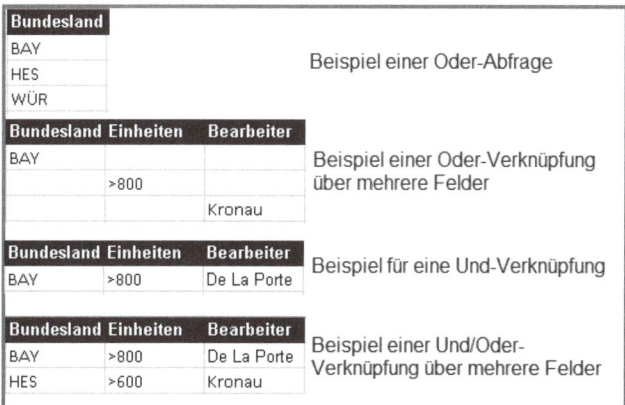

Textkriterien

Neben vordefinierten Abfragen auf Texte gibt es noch andere Möglichkeiten. Geben Sie einen Text als Suchkriterium ein, sucht Excel nach allen Elementen, die mit dieser Zeichenfolge beginnen. Suchen Sie z. B. (in den Daten im Arbeitsblatt *Daten2* der Beispielmappe) mit den Buchstaben *MTR* als Suchkriterium, werden *MTR*, *MTR390*, *MTRECB* usw. gefunden. Soll nur eine Entsprechung zum angegebenen Text gefunden werden, geben Sie beispielsweise folgende Formel ein:

="=MTR"

Gefunden wird damit nur der Eintrag, der ausschließlich *MTR* heißt, und nicht Elemente wie beispielsweise *MTRECB1* oder *MTR390*.

Die Symbole »Größer als« (>) und »Kleiner als« (<) können ebenfalls eingesetzt werden und bedeuten: Jeder Wert in diesem Bereich, der vor oder nach der angegebenen Stelle im Alphabet steht, wird akzeptiert. Die Eingabe >M listet alle Projekte auf, deren Name mit einem Buchstaben zwischen *M* und *Z* beginnt. Die Eingabe <M listet alle Projekte auf, die mit Buchstaben kleiner *M* beginnen.

WICHTIG   Die Eingabe <=M listet ebenfalls nur alle Projekte, die mit einem der Buchstaben *A* bis *L* beginnen, auf. Die Projekte, die mit *M* beginnen, werden also *nicht* aufgelistet.

Monatsabhängige Daten herausfiltern

Nehmen wir an, Sie möchten alle Umsätze anzeigen, die nach dem 30. November 2009 eingegangen sind:

1. Verwenden Sie das Arbeitsblatt *Umsatz20* in der Übungsmappe *Kap21.xlsx*.

2. Falls oberhalb der Daten keine Leerzeilen vorhanden sind, fügen Sie vor den Daten mindestens fünf leere Zeilen ein. Kopieren Sie die Spaltenüberschrift *Datum* in die Zelle *A1*.
3. Geben Sie die Bedingung *>30.11.2009* in die Zelle *A2* ein.
4. Markieren Sie jetzt im Listenbereich eine beliebige Zelle und rufen den Befehl *Erweitert* in der Gruppe *Sortieren und Filtern* auf der Registerkarte *Daten* auf.
5. Im Dialogfeld *Spezialfilter* übernehmen Sie die automatischen Einträge im Listenbereich (sollte *$A$6:$M$3304* sein). Die Option *Liste an gleicher Stelle filtern* bleibt aktiv.
6. In den Kriterienbereich schreiben oder übernehmen Sie per Zellenselektion die Adresse *$A$1:$A$2*. Das Kontrollkästchen *Keine Duplikate* bleibt leer. Bestätigen Sie abschließend mit *OK*.

Als Ergebnis erhalten Sie die in Abbildung 21.21 gezeigte Liste.

Abbildg. 21.21 Die Lösung des Beispiels mit den Filterbedingungen und dem Dialogfeld des Spezialfilters

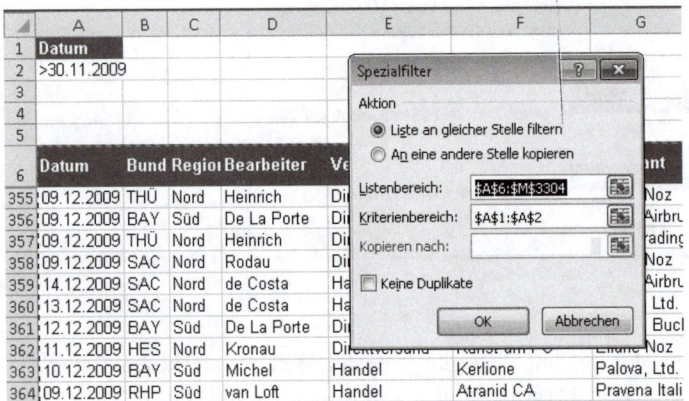

Die weitere Arbeit im Umgang mit erfolgreich eingesetzten Filtern bezieht sich im Wesentlichen auf den Aufbau des Kriterienbereichs und die Schreibweise der Filterbedingungen. Tiefergehende Informationen zu den Themen Kriterien bzw. Suchkriterien finden Sie in Kapitel 22 bei der Beschreibung der Datenbankfunktionen.

Gefilterte Daten an andere Stelle kopieren

Sollte es notwendig sein, die derzeit gefilterten Daten in einen separaten Bereich zu schreiben, wiederholen Sie den vorherigen Filtervorgang mit der geänderten Option *An eine andere Stelle kopieren* im Spezialfilter.

Der Zielbereich soll unterhalb der Daten beginnen:
1. Markieren Sie eine beliebige Zelle im Datenbereich (auch wenn der Filter noch aktiv sein sollte).
2. Wählen Sie dann den Befehl *Erweitert* in der Gruppe *Sortieren und Filtern* auf der Registerkarte *Daten*.
3. Im Dialogfeld *Spezialfilter* übernehmen Sie alle bisherigen Einstellungen und Einträge, lediglich die Option *Liste an gleicher Stelle filtern* ändern Sie in *An eine andere Stelle kopieren*.

4. Das Eingabefeld *Kopieren nach* wird freigeschaltet. Tragen Sie beispielsweise die Adresse $A$3310:$M$3310 ein und bestätigen Sie die Schaltfläche *OK*.
5. Die Daten, die den Filterbedingungen entsprechen, werden in den Zielbereich geschrieben.

HINWEIS Wenn Sie die Zieladresse im Eingabefeld *Kopieren nach* im Dialogfeld *Spezialfilter* angeben, wird der Zielbereich automatisch eingerichtet. Wenn Sie den Zielbereich selbst einrichten, kopieren Sie die Überschriftenzeile beispielsweise in eine Zeile unterhalb der Daten, rufen dann den *Spezialfilter* auf, aktivieren dort das Eingabefeld *Kopieren nach* und selektieren dann die Zeile oder Teile der Zeile mit den Feldnamen im Zielbereich. Bestätigen Sie zum Abschluss die Schaltfläche *OK* im Dialogfeld *Spezialfilter*.

Wie wird ein Ausgabebereich für gefilterte Daten eingerichtet?

Der einfachste Weg, einen Datenausgabebereich einzurichten, besteht darin, im Arbeitsblatt an der Stelle, wo die Liste beginnen soll, auf eine leere Zelle zu klicken und dann das Dialogfeld *Spezialfilter* zu schließen. Excel kopiert die Spaltenüberschriften und alle Zeilen, die dem Suchkriterium entsprechen, in den Bereich, der mit der angegebenen Zelle beginnt.

Geben Sie einen Zellbereich als Datenausgabebereich an, kopiert Excel so viele Zeilen, wie in diesen Bereich passen. Steht nicht genügend Platz für alle Daten zur Verfügung, fragt Excel, ob der Bereich automatisch erweitert werden soll.

Geben Sie im Ausgabebereich nur eine Auswahl der vorhandenen Spaltenüberschriften aus der Excel-Liste an, werden von Excel auch nur die Inhalte der Spalten, deren Spaltenüberschriften vorhanden und mit der Basislistenüberschrift identisch sind, kopiert. Dies ist vorteilhaft, wenn Sie nur einen Teil der Spalten in den neuen Bereich übernehmen wollen.

Daten filtern mit berechneten Kriterien

Berechnete Kriterien bieten Ihnen die Möglichkeit, Suchkriterien, die aus externen Werten (also nicht aus Werten innerhalb der *Excel-Liste*) berechnet wurden, zu verwenden. Dies sind Bedingungen, die über den einfachen Vergleich eines Spaltenwerts mit einer Konstanten hinausgehen. Es ist zudem möglich, neben den berechneten Kriterien noch vergleichende Kriterien im selben Kriterienbereich zu kombinieren.

WICHTIG Bei der Arbeit mit berechneten Kriterien sind grundsätzlich folgende Regeln zu beachten:

- Die Überschrift (Spaltenkopf) eines berechneten Kriteriums darf nicht identisch mit einem Feldnamen (Spaltenkopf) sein. Die Zelle für den Spaltenkopf kann zwar leer sein, aber es ist besser, eine neue Überschrift zu verwenden.
- Bezüge auf Zellen außerhalb der Liste sollten grundsätzlich absolut, Bezüge auf Zellen innerhalb der Listen hingegen relativ sein
- Ausnahmen bestätigen bekanntlich die Regel: Auch relative Adressen auf Zellen außerhalb der Liste sind möglich
- Auch wenn ein Spaltenkopf leer ist, also keine Überschrift enthält, muss er beim Festlegen des Kriterienbereichs im Dialogfeld *Spezialfilter* in den Kriterienbereich eingeschlossen werden.

Kapitel 21 Der Blick aufs Wesentliche – Datensätze filtern

> **HINWEIS** Bei manchen Auswertungen wird das Vergleichsfeld nicht außerhalb der Liste stehen, sondern Bestandteil der Liste sein. Auch auf ein solches Feld können Sie mit berechneten Kriterien zugreifen.

Sie wollen aus einer Personalliste die Mitarbeiter herausfiltern, die vor dem dreißigsten Geburtstag in die Firma eingetreten sind. Wie können Sie diese Daten schnell ermitteln?

Richten Sie in den ersten Zeilen im Arbeitsblatt *Personal* der Mappe *Kap21.xlsx* einen Kriterienbereich ein: Fügen Sie dazu, falls noch nicht vorhanden, vor der Personalliste im Arbeitsblatt *Personal* leere Zeilen ein bzw. entfernen Sie eventuell vorhandene Daten in diesen schon vorhandenen Zeilen. Das fertige Beispiel zeigt das Tabellenblatt *Personal_Lösung*.

1. Geben Sie in die Zelle *A1* den Text *vor dem 30sten Geburtstag in der Organisation* als Überschrift ein.
2. In der Zelle *A2* geben Sie das berechnete Kriterium ein:

```
=C6-D6<30*365
```

3. Positionieren Sie den Mauszeiger wieder im Listenbereich und wählen auf der Registerkarte *Daten* in der Gruppe *Sortieren und Filtern* den Befehl *Erweitert*.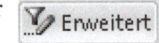
4. Im Dialogfeld *Spezialfilter* übernehmen Sie die Option *Liste an gleicher Stelle filtern* und den Eintrag im Listenbereich. In den *Kriterienbereich* schreiben oder übernehmen Sie die Zelladresse *$A$1:$A$2*.
5. Das Kontrollkästchen *Keine Duplikate* bleibt leer. Es folgt der immer notwendige Klick auf die Schaltfläche *OK*.

Abbildg. 21.22 Die gefilterte Liste aller Personen, die vor dem 30. Lebensjahr in die Organisation eingetreten sind

	A	B	C	D	E	F
1	vor dem 30sten Geburtstag in der Organisation					
2	FALSCH					
3						
4						
5	Name	Vorname	Einstellung	Geburtsdatu	Gehalt	Alter
8	Ritter	Ilona	12.02.1993	18.11.1966	84.500,00 €	43 Jahre
10	Schulmeier	Werner	22.05.1974	11.05.1959	92.500,00 €	51 Jahre
12	Wentzel	Hendrik	15.09.1994	10.10.1974	46.000,00 €	35 Jahre
13	Redebrecht	Ursula	01.10.2004	24.12.1976	44.800,00 €	33 Jahre

Im vorhergehenden Beispiel haben Sie außerhalb der Liste einen Wert ermittelt. Das berechnete Kriterium bezieht sich dann auf diese Zelle außerhalb der Liste. Es gibt auch die Möglichkeit, den Bezug auf Zellen innerhalb einer Liste zu setzen. Aber dann müssen Sie die Adressierung anders erstellen.

Dazu ein Beispiel: Sie wollen aus der Personalliste die Personen, deren Gehalt über dem Durchschnitt aller Gehälter liegt, anzeigen lassen. Gehen Sie dazu wie folgt vor:

1. Geben Sie in die Zelle *A1* den Text *Gehalt über dem Durchschnitt* als Überschrift ein.
2. In der Zelle *A2* geben Sie das berechnete Kriterium ein:

```
=E6>MITTELWERT($E$6:$E$13)
```

3. Positionieren Sie den Mauszeiger wieder im Listenbereich und wählen auf der Registerkarte *Daten* in der Gruppe *Sortieren und Filtern* den Befehl *Erweitert*.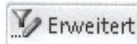
4. Im Dialogfeld *Spezialfilter* übernehmen Sie die Option *Liste an gleicher Stelle filtern* und den Eintrag im Listenbereich. In den *Kriterienbereich* schreiben oder übernehmen Sie die Zelladresse *$A$1:$A$2*.
5. Das Kontrollkästchen *Keine Duplikate* bleibt leer.
6. Klicken Sie auf die Schaltfläche *OK*.

Sie haben in diesem Beispiel in der Funktion *MITTELWERT* die Adressierung mit absoluten Adressen vorgenommen. Das ist deshalb erforderlich, weil Sie sich direkt auf die Spalte *Gehalt* beziehen und nicht wie zuvor auf einen berechneten Wert außerhalb der Liste.

HINWEIS Normalerweise sollten Bezüge auf Zellen innerhalb einer Liste relative Adressen sein. Die absoluten Bezüge werden im vorherigen Beispiel deshalb notwendig, weil Excel bei jedem Schritt im Filterprozess den gleichen Bereich auswerten muss.

Excel vergleicht den Inhalt von Zelle *E6* mit dem Ergebnis der Funktion *MITTELWERT* von *E6* bis *E13*, im nächsten Schritt *E7* mit *MITTELWERT* von *E6* bis *E13* usw. Bei relativer Adressierung würde der gültige Bereich nur beim ersten Durchlauf ausgewertet.

Mit dem Befehl *Löschen* können Sie den Spezialfilter wieder auflösen.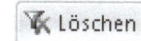

Filtern und Duplikate entfernen

Das Filtern und Entfernen doppelter Werte wird Ihnen mit dem Befehl *Duplikate entfernen* in der Gruppe *Datentools* auf der Registerkarte *Daten* zur Verfügung gestellt.

Ein doppelter Wert ist ein Wert, bei dem es für alle Inhalte einer Zelle oder auch in einer Zeile eine genaue Übereinstimmung aller Werte in einer anderen Zeile gibt. Wichtig zu beachten ist dabei, dass doppelte Werte durch den **Inhalt** der Zelle bestimmt werden und nicht durch den angezeigten, eventuell mit einem andern Zahlenformat versehenen Wert. Wenn beispielsweise die zu vergleichenden Zellen einmal den Datumswert *8.3.2010* und die andere Zelle durch Formatierung den Datumswert *8. März 2010* anzeigt, sind beide Inhalte eindeutig gleich.

Es ist empfehlenswert, vor dem Entfernen von doppelten Werten sicherzustellen, dass keine unerwarteten Ergebnisse auftreten.

Zusammenfassung

AutoFilter und Spezialfilter bieten Ihnen zahlreiche Möglichkeiten, um aus den Datenbeständen eine Vielfalt von Untermengen auszublenden, anzuzeigen oder auch nach berechneten Kriterien die Anzeige der Daten zu beeinflussen. Eine schnelle und einfache Handhabung der Filtermöglichkeiten bietet der AutoFilter. Bei komplexeren Bedingungen greifen Sie besser zum Spezialfilter. Zielgerichtet angewendet unterstützen die Spezialfilter in Fällen von umfangreichen Bedingungen bis hin zu berechneten Kriterien. Neben der Reduktion auf wesentliche Daten besteht auch die Möglichkeit, Daten zu filtern und gleichzeitig in eine neue Liste zu schreiben. Darüber hinaus haben Sie auch die Möglichkeit, doppelte Datensätze zu suchen und gleichzeitig zu löschen.

Kapitel 21 Der Blick aufs Wesentliche – Datensätze filtern

Frage	Lösung
Wie kann ich die Anzeige von Daten so einschränken, dass nur solche Daten angezeigt werden, die bestimmten Bedingungen entsprechen?	Für eine schnelle Datenübersicht ist der AutoFilter ideal. Sie können damit z. B. in einem Listenfeld aus den vorhandenen Einträgen eine Spalte auswählen. Auf Seite 686 finden Sie ein Beispiel.
Wie lasse ich in einer gefilterten Tabelle wieder alle Daten anzeigen?	Dazu wählen Sie im AutoFilter die entsprechende Einstellung oder Sie heben den AutoFilter auf. Auf Seite 689 wird gezeigt, wie es geht.
Wie kann ich in einer Liste nur die Top-Positionen anzeigen lassen?	Wie Sie den Filter auf die Top-Positionen einer Liste setzen, zeigt das Beispiel auf Seite 692
Ich möchte meine Daten filtern, bin mir aber nicht sicher, welche Schreibweise in der Tabelle verwendet wird?	Sie können mit verschiedenen Einstellungen auch solche Daten finden, indem Sie Stellvertreterzeichen verwenden. Dies wird auf Seite 694 erläutert.
Was ist ein Spezialfilter?	Mit einem Spezialfilter können Sie in einer Tabelle verschiedene Suchkriterien festlegen, die dann beim Filtern berücksichtigt werden. Ein Beispiel dazu finden Sie auf Seite 698.
Ich möchte manchmal Daten extrahieren, die zwei Bedingungen entsprechen. Manchmal sollen aber Daten gefunden werden, die entweder der einen oder der anderen Bedingung entsprechen. Wie mache ich das?	Stehen die Suchkriterien in einer Zeile, gilt für diese die *UND*-Verknüpfung. Stehen die Suchkriterien dagegen in unterschiedlichen Zeilen, gilt für diese die *ODER*-Verknüpfung. Ein Beispiel finden Sie auf Seite 700.
Kann ich Daten auch nach Kriterien Filtern, die nicht direkt in der Tabelle stehen?	Die Lösung für diese Frage führt über berechnete Kriterien. Dabei können Sie mit den Spalten der Tabelle Berechnungen ausführen und diese auch mit einem Wert außerhalb der Tabelle vergleichen. Ein Beispiel finden Sie auf Seite 703.
Wie kann ich aus einer Liste Duplikate entfernen?	Auf der Registerkarte *Daten* finden Sie für diese Aufgabe den Befehl *Duplikate entfernen*. Die Seite 705 zeigt ein Beispiel zu dieser Aufgabe.

Kapitel 22

Datenbankfunktionen für komplexe Berechnungen

In diesem Kapitel:

Daten aus einer Textdatei importieren	708
Welche Datenbank-Funktionen gibt es?	711
Datenbankfunktionen in der Praxis	714
Die Tabellenfunktion *TEILERGEBNIS*	724
Die neue Funktion *AGGREGAT*	725
Zusammenfassung	726

Kapitel 22 Datenbankfunktionen für komplexe Berechnungen

Excel bietet verschiedene Möglichkeiten, mit denen Sie Daten aus dem Datenbankbereich einsehen können. Dazu können Sie ein PivotTable-Objekt erstellen oder einen Filter auf die Daten anwenden. Excel stellt auch spezielle Datenbankfunktionen zur Verfügung, mit denen Suchkriterien bei der Auswertung von Bereichen berücksichtigt werden können. Einige dieser Datenbankfunktionen sollen hier vorgestellt und in Beispielen angewendet werden.

Außerdem erfahren Sie hier, wie Sie mit der Tabellenfunktion *TEILERGEBNIS* und noch flexibler mit der neuen Tabellenfunktion *AGGREGAT* Berechnungen über gefilterte Daten durchführen.

Weil Excel gerne als Analysewerkzeug für Daten verwendet wird, die nicht in Excel gespeichert werden, soll zunächst der Import von Daten gezeigt werden. Häufig wird für den Austausch von Daten zwischen Programmen und Plattformen ein Textformat verwendet, sicher auch deshalb, weil fast jedes Programm ein solches Format unterstützt.

Daten aus einer Textdatei importieren

Excel kann Daten aus einer Textdatei auf mehreren Wegen zur Verfügung stellen. Dabei unterscheidet sich das Ergebnis nur dadurch, dass die gewünschte Datei über *Datei/Öffnen* als neue Arbeitsmappe geöffnet wird, während sie über *Daten/Externe Daten abrufen/Aus Text* in die aktive Arbeitsmappe importiert wird. Für beide Wege wird jedoch der Textkonvertierungs-Assistent verwendet.

Hier soll der Import gezeigt werden, bietet er doch den Vorteil, dass die Einstellungen gespeichert und bei Bedarf wieder verwendet werden können.

CD-ROM Für eigene Experimente finden Sie die Datei *Kap22_Textdatei.txt* im Ordner *\Buch\Kap22* auf der CD-ROM zu diesem Buch. Die Felder in dieser Datei sind mit einem Semikolon getrennt.

Starten Sie in einem leeren Arbeitsblatt und wählen Sie auf der Registerkarte *Daten* den Befehl *Externe Daten abrufen/Aus Text*. Suchen Sie nach der Datei, die Sie importieren wollen, und wählen Sie die Schaltfläche *Importieren*, wird der *Textkonvertierungs-Assistent* gestartet.

Abbildg. 22.1 Der erste Schritt setzt bereits einige Kenntnis über die Daten voraus

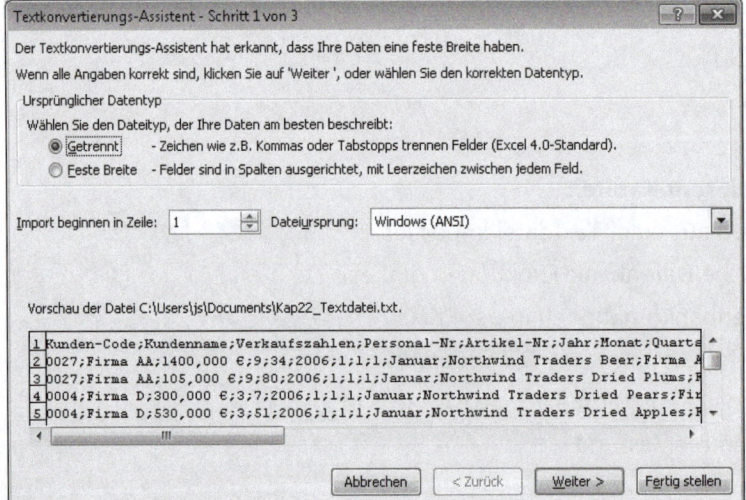

Daten aus einer Textdatei importieren

Im ersten Schritt legen Sie fest, ob die Daten durch ein Trennzeichen getrennt sind oder (beim Austausch mit dem Großrechner häufig der Fall) einen festen Satzaufbau haben. Bei Daten aus fremden Quellen ist es häufig so, dass man zunächst nicht sicher ist, wie der Aufbau der Textdatei ist. Wichtige Hilfe ist dabei das Vorschaufenster am unteren Rand des Textkonvertierungs-Assistenten.

Profitipp Um den Textkonvertierungs-Assistenten auch für Textdateiformate zu verwenden, die mit Excel verknüpft sind (z. B. *csv*), ändern Sie die Dateinamenerweiterung im Windows-Explorer auf *txt*.

Enthält die Datei mehrzeilige Spaltenbeschriftungen oder sind sonstige Informationen in den ersten Zeilen enthalten, können Sie diese Information ausblenden, indem Sie den Wert für *Import beginnen in Zeile* erhöhen.

Abbildg. 22.2 Sind die Informationen zum Trennzeichen festgelegt, hilft die aktualisierte Vorschau erneut bei der Beurteilung

Im zweiten Schritt wird das Trennzeichen festgelegt. Für die am häufigsten verwendeten Trennzeichen sind Kontrollkästchen vorhanden. Ist das benötigte Trennzeichen nicht vorhanden, aktivieren Sie das Kontrollkästchen *Andere* und tragen das gewünschte Zeichen in das Eingabefeld ein.

Manche Datenbankprogramme verwenden ein Trennzeichen für Textfelder. Über das Listenfeld *Textqualifizierer* können Sie dieses einstellen. Damit wird dieses Zeichen nicht importiert.

Der dritte Schritt bietet die Möglichkeit, einzelne Spalten nicht zu importieren. Klicken Sie dazu auf einen Spaltenkopf und wählen Sie die Option *Spalten nicht importieren (überspringen)* (siehe die dritte Spalte in Abbildung 22.3).

Üblicherweise werden die Daten im Format *Standard* eingelesen. Manchmal jedoch sollen z. B. führende Nullwerte ebenfalls angezeigt werden. Excel blendet diese normalerweise aus. Aktivieren Sie für eine Spalte mit solchen Werten die Option *Text*, bleiben führende Nullwerte erhalten (siehe erste Spalte in Abbildung 22.3).

Abbildg. 22.3 In Schritt 3 gezielt das Importformat einstellen und Spalten ignorieren

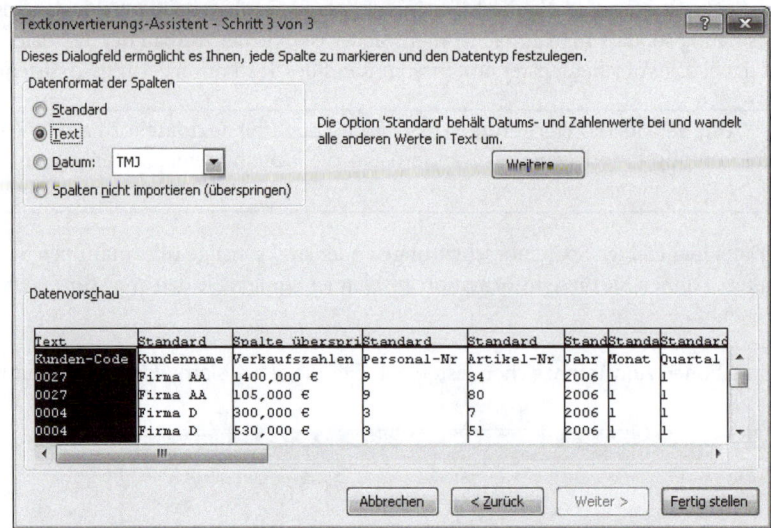

Über die Schaltfläche *Weitere* können Sie das Dezimaltrennzeichen sowie das 1000er-Trennzeichen und das Vorzeichen für negative Werte einstellen.

Die Schaltfläche *Fertig stellen* schließt die Aktion des Assistenten ab. Im Dialogfeld *Daten importieren* wählen Sie den Ort aus, an welchem die Daten eingefügt werden sollen. Klicken Sie dann auf die Schaltfläche *Eigenschaften* und stellen Sie sicher, dass das Kontrollkästchen *Abfragedefinition speichern* aktiv ist. Schließen Sie beide Dialogfelder mit *OK*.

Blättern Sie anschließend durch die importierten Daten, wird meist schnell klar, ob der Import mit den richtigen Einstellungen durchgeführt wurde. Sind beispielsweise unbekannte Zeichen enthalten, ist dafür häufig die Einstellung zum Dateiursprung der Datei im Schritt 1 des Assistenten verantwortlich (siehe Abbildung 22.1). Sollte das der Fall sein, schließen Sie die Datei und versuchen Sie es mit geänderten Einstellungen erneut.

Datenquelle aktualisieren oder ändern

Wenn die Quelldaten sich geändert haben, können Sie über den Befehl *Daten/Verbindungen/Alle aktualisieren* die neuen Daten anzeigen lassen.

Das Speichern der Abfragedefinition erleichtert das Aktualisieren der Daten. Wenn eine Textdatei mit dem gleichen Aufbau, aber einem anderen Namen vorliegt, rufen Sie über *Externe Daten abrufen* das Dialogfeld *Vorhandene Verbindungen* auf. Klicken Sie die bisherige Verbindung mit der rechten Maustaste an und wählen Sie den Befehl *Verbindungseigenschaften bearbeiten*. Wechseln Sie auf die Registerkarte *Definition* und ändern Sie dort über die Schaltfläche *Durchsuchen* den Wert für *Verbindungsdatei*. Nun können Sie den Import der neuen Datei mit den zuvor gespeicherten Einstellungen starten. Sie müssen dann lediglich die Stelle für den Import festlegen.

Der Textkonvertierungs-Assistent hilft

Egal, ob beim Datenimport aus einer Datei oder über die Zwischenablage, manchmal kommt es vor, dass die Daten nicht wie gewünscht in einzelne Spalten angeordnet werden. In diesem Fall können Sie den Textkonvertierungs-Assistent auch auf Daten in einer bestehenden Arbeitsmappe anwenden. Im Menüband wählen Sie dazu die Registerkarte *Daten* und in der Gruppe *Datentools* den Befehl *Text in Spalten*. Der Textkonvertierungs-Assistent wird gestartet und Sie können wie zuvor beschrieben vorgehen.

TIPP Wird der Textkonvertierungs-Assistent über den Befehl *Text in Spalten* gestartet, konvertiert er den bei seinem Start markierten Text. Sie können den Assistenten also auch für die Konvertierung einer einzelnen Zelle verwenden, etwa um die Postleitzahl vom Wohnort zu trennen.

Mehr zum Datenimport finden Sie in Kapitel 29.

Welche Datenbank-Funktionen gibt es?

Excel stellt in der Kategorie *Datenbank* des Funktions-Assistenten eine ganze Reihe von Funktionen bereit, die speziell für die Analyse von Excel-Datenbanken vorgesehen sind. Die Tabelle 22.1 zeigt die Funktionen, deren Argumente und den Verwendungszweck an.

HINWEIS Alle Funktionen verwenden die Argumente *Datenbank*, *Datenbankfeld* und *Suchkriterien*. Dabei analysieren die Funktionen nur diejenigen Daten aus dem *Datenbankfeld* des Bereichs *Datenbank*, die den *Suchkriterien* entsprechen.

Tabelle 22.1 Die Datenbank-Funktionen und deren Verwendungszweck

Funktion	Verwendungszweck
DBANZAHL	Ermittelt die Anzahl der Datensätze, die eine Zahl im Feld *Datenbankfeld* enthalten
DBANZAHL2	Ermittelt die Anzahl der nicht leeren Zellen im angegebenen Feld, berücksichtigt auch Text
DBAUSZUG	Diese Funktion liest einen einzelnen Wert aus einer Datenbank aus. Gibt es keinen Datensatz, der den Suchkriterien entspricht, gibt DBAUSZUG den Fehlerwert #WERT! zurück. Gibt es mehr als einen Datensatz gibt DBAUSZUG den Fehlerwert #ZAHL! zurück.
DBMAX	Gibt den größten Wert im angegebenen Feld zurück
DBMIN	Gibt den niedrigsten Wert im angegebenen Feld zurück
DBMITTELWERT	Ermittelt den Mittelwert aus den Werten im angegebenen Feld
DBPRODUKT	Diese Funktion multipliziert die Werte des angegebenen Felds miteinander
DBSTDABW	Ermittelt die Standardabweichung einer Stichprobe aus den Werten des angegebenen Felds
DBSTDABWN	Ermittelt die Standardabweichung ausgehend von einer Grundgesamtheit aus den Werten des angegebenen Felds
DBSUMME	Addiert die Werte des angegebenen Felds
DBVARIANZ	Ermittelt den Schätzwert für die Varianz einer Stichprobe
DBVARIANZEN	Berechnet die Varianz einer Grundgesamtheit aus den Werten des angegebenen Felds

Kapitel 22 Datenbankfunktionen für komplexe Berechnungen

Die Namen all dieser Funktionen beginnen mit dem Präfix »DB«, was deren Einsatzgebiet schon andeutet. Die meisten dieser Funktionen haben ein entsprechendes Pendant ohne diesen Zusatz, z. B. für die Funktion *DBSUMME* die Funktion *SUMME* oder für die Funktion *DBANZAHL* die Funktion *ANZAHL*. Die Datenbankfunktionen unterscheiden sich von diesen Funktionen dadurch, dass

- der untersuchte Datenbereich durch den Vergleich mit Suchkriterien eingeschränkt werden kann,
- das Feld, auf das die mathematische Operation angewandt werden soll, über das Argument *Datenbankfeld* vorgegeben werden kann,
- die Datenbankfunktionen im Vergleich zu Matrixfunktionen deutlich schneller arbeiten.

Diese Unterschiede erlauben es, sehr komplexe Bedingungen für die Berechnung vorzugeben. Mit den Standardfunktionen sind solche Berechnungen nur über verschachtelte Funktionen mit vergleichsweise großem Aufwand möglich.

Das Argument *Datenbank*

Das erste Argument aller Datenbankfunktionen ist das Argument *Datenbank*. Mit diesem Argument, das zwingend angegeben werden muss, stellen Sie den Bereich ein, der untersucht werden soll. Für die Angabe des Bereichs können Sie einen Zellbereich, etwa *A1:G100*, angeben. Sie können aber auch einen Namen definieren und diesen als Argument verwenden. Dabei kann es sich um den Namen »Datenbank« handeln, was aber kein Muss ist. Sie können auch einen anderen Namen verwenden, zum Beispiel »Daten«. Auch eine über *Einfügen/Tabelle* erstellte Tabelle kann verwendet werden. Mehr dazu weiter im Abschnitt »Eine Tabelle für den Datenbereich« ab Seite 714.

Wichtig ist bei der Angabe dieses Bereichs, dass er dem Aufbau einer Datenbank entspricht. In der ersten Zeile wird eine Beschriftung für die Felder erwartet, ab Zeile 2 beginnen die Daten.

Wenn Sie den Namen »Datenbank« verwenden, kommen Sie in den Genuss einer speziellen Eingabetechnik. Ist eine Zelle im Datenbankbereich aktiv, können Sie über den Befehl *Maske* eine Eingabemaske aufrufen und damit Daten eingeben, nach Datensätzen suchen, die bestimmten Kriterien entsprechen, oder Datensätze löschen. Den Befehl *Maske* finden Sie nicht im Menüband, Sie müssen ihn der Schnellzugriffsleiste hinzufügen. Wie das geht, ist in Kapitel 2 beschrieben.

Die Spaltenüberschriften (Feldnamen) müssen eindeutig sein. Im Unterschied zu manchen Datenbankprogrammen sind für die Namen der Spalten auch Zahlen und die Verwendung von Leerzeichen zugelassen. Achten Sie aber unbedingt darauf, dass die Feldnamen nicht mit einem Leerzeichen enden.

Die Angabe des Bereichs ist dabei nicht auf die aktuelle Arbeitsmappe eingeschränkt. Sie können auch externe Bezüge verwenden, wie beispielsweise

```
='C:\Daten\[Mappe.xlsx]Tabelle 1'!$A$1:$D$100
```

Oder Sie können einen Namen nutzen, der auf einen Datenbereich in einer anderen Datei zeigt. Allerdings muss für die Auswertung in diesen Fällen die Datei mit dem Datenbereich geöffnet sein.

Im Gegensatz zu den Filtermethoden, die Thema von Kapitel 21 sind, können Sie mit Datenbankfunktionen Berechnungen über die Datensatzgruppe, die den Suchkriterien entspricht, durchführen.

Das Argument *Datenbankfeld*

Mit dem Argument *Datenbankfeld* geben Sie das Feld an, mit dem die Berechnung durchgeführt werden soll. Das Argument kann wie folgt angegeben werden:

- in Form eines Zellbezugs auf die Datenbank, etwa *B2*
- durch die Angabe des Feldnamens, etwa *"Zuname"* (mit Anführungszeichen)
- durch Angabe als Zahl für die laufende Nummer der Spalte in der Datenbank, also *1* für die erste, *2* für die zweite Spalte usw.
- als Bereichsname, z. B. *Vorname* (ohne Anführungszeichen)

Excel nimmt es hier mit der Groß-/Kleinschreibung nicht so genau, Sie können sich aber eine unnötige Fehlersuche ersparen, wenn Sie die Feldnamen immer korrekt angeben. Weil die Feldnamen häufig einzutragen sind, sollten diese nicht zu viele Zeichen enthalten. Besondere Vorsicht ist geboten, wenn Sie das Datenbankfeld in Form einer Spaltennummer angeben. Bedenken Sie, dass Sie die Spaltennummer manuell anpassen müssen, sollte Ihre Datenbank um eine Spalte erweitert werden. Verwenden Sie dagegen einen Zellbezug oder den Feldnamen, bleiben diese auch für den neuen Bereich gültig.

Bei den Funktionen *DBANZAHL* und *DBANZAHL2* ist dieses Argument optional.

Das Argument *Suchkriterien*

Bei diesem Argument handelt es sich wieder um ein zwingend erforderliches Argument. Sie können auch hier einen Bereich in der Form *G2:K4* oder einen Namen, etwa »Kriterien« oder »Suchkriterien«, verwenden.

HINWEIS Wenn Sie den Namen »Suchkriterien« definieren, wählt Excel diesen Namen als Standardvorgabe für den Kriterienbereich beim Filtern mit einem Spezialfilter aus. Ändern Sie über den Befehl *Erweitert* (Registerkarte *Daten*, Gruppe *Sortieren und Filtern*) den Kriterienbereich, wird der zuvor definierte Name ohne Vorwarnung überschrieben! Bereits eingetragene Datenbankfunktionen liefern dann unter Umständen ein unerwartetes Ergebnis.

Mehr zum Thema Namen finden Sie in Kapitel 19 und zum Thema Spezialfilter erfahren Sie mehr in Kapitel 21.

Der Bereich mit den Suchkriterien muss einen Aufbau haben, der dem des Datenbankbereichs vergleichbar ist. Der Bereich für die Suchkriterien umfasst mindestens eine Spalte und zwei Zeilen:

- In der ersten Zeile einen Feldnamen der Datenbank und
- in der zweiten Zeile die Bedingung.

Datenbankfunktionen in der Praxis

Die hier vorgestellten Beispiele greifen alle auf einen Datenbereich mit nur wenigen Datensätzen zurück. Für die Beispiele hat dies den Vorteil, dass Sie die Bedingungen auch dann nachvollziehen können, wenn Sie das Buch lesen und die Beispieldatei nicht gleichzeitig geöffnet haben.

CD-ROM Alle Beispiele finden Sie in der Datei *Kap22.xlsx* im Ordner *\Buch\Kap22* auf der CD-ROM zu diesem Buch.

Die Abbildung 22.4 zeigt die Daten, die hier untersucht werden sollen, im umrandeten Bereich *A2:F15*. Es gibt also einen Datensatz (in Zeile 15), der keine Daten enthält.

Abbildg. 22.4 Der untersuchte Datenbereich enthält Datensätze mit leeren Feldern

	A	B	C	D	E	F	G
1	Datenbankbereich						
2	Kundennummer	Zuname	PLZ	Vertreter	Datum	Umsatz	
3	101	Maier	02227	21	26.04.2004	31.586,00 €	
4	102	Christoph	03246	20	06.02.2004	38.053,00 €	
5	103	Schmidt	41991	25	23.05.2005	39.593,00 €	
6	104	May	37119	26	04.07.2004	32.484,00 €	
7	105	Mayer	31358	21	29.12.2003	28.751,00 €	
8	106	Schmitt	12140	27	05.06.2004	30.520,00 €	
9	107	Schmied	42045	20	29.10.2004	32.180,00 €	
10	108	Frank	63835	27	20.05.2005	28.363,00 €	
11		Huber			30.07.2004	0,97 €	
12	110	Klein	84740	20	05.01.2005	26.643,00 €	
13	111	Meier	66825	27	23.07.2004	42.573,00 €	
14	112	Bastian	65350	26	21.12.2004	46.131,00 €	
15							
16							

Eine Tabelle für den Datenbereich

Wenn Sie für den Datenbereich auf der Registerkarte *Einfügen* über den Befehl *Tabelle* einen Bereich als Tabelle festgelegt haben, können Sie diesen auch für die Auswertung mit den Datenbankfunktionen verwenden.

CD-ROM Verwenden Sie zum Nachvollziehen der folgenden Schritte das Arbeitsblatt *Kriterien-Übung* in der Datei *Kap22.xlsx* im Ordner *\Buch\Kap22* auf der CD-ROM zu diesem Buch.

Um eine Tabelle für den Datenbereich festzulegen, gehen Sie wie folgt vor:

1. Markieren Sie den Bereich *A2:F14*.
2. Rufen Sie auf der Registerkarte *Einfügen* in der Gruppe *Tabellen* den Befehl *Tabelle* auf.
3. Im Dialogfeld *Tabelle erstellen* nehmen Sie die Einstellungen entsprechend der Abbildung 22.5 vor.
4. Schließen Sie das Dialogfeld mit *OK*.

Abbildg. 22.5   Definieren Sie die Tabelle, indem Sie den Bereich markieren und die Kopfzeile festlegen

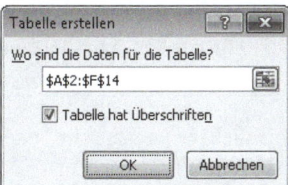

Erstellen Sie anschließend eine Formel mit einer Datenbankfunktion, verwenden Sie für das Argument *Datenbank* den Bereich der Tabelle, im Beispiel also *A3:F14* oder den Bezeichner oder *[#ALLE]*. Beispiel unter Verwendung strukturierter Verweise:

=DBANZAHL2(Tabelle2[#Alle];Tabelle2[[#Kopfzeilen];[Zuname]];H1:H2)

Der große Vorteil einer Tabelle: Kommen neue Daten zur Liste hinzu, wird der Bereich in der Datenbankfunktion automatisch angepasst.

HINWEIS   Standardmäßig verwendet Excel für Arbeitsblätter die Namen *Tabelle1*, *Tabelle2* usw. So können Sie diese Namen ändern:

- Rufen Sie auf der Registerkarte *Formeln* den *Namens-Manager* auf, markieren Sie den Namen des betreffenden Arbeitsblatts und wählen Sie die Schaltfläche *Bearbeiten*. Ändern Sie anschließend den Namen wie gewünscht ab. Beachten Sie, dass das Feld *Bezieht sich auf* für Arbeitsblätter gesperrt ist.
- Wenn eine Zelle im Arbeitsblatt aktiv ist, überschreiben Sie den Namen des Arbeitsblatts in der Gruppe *Eigenschaften* auf der Registerkarte *Entwurf*.

Einen Namen können Sie ebenfalls so festlegen, dass dieser automatisch angepasst wird, wenn neue Daten hinzukommen. Mehr dazu finden Sie in Kapitel 19. Dort finden Sie auch weitere Informationen zu Tabellen und strukturierten Verweisen.

Den Bereich für die Suchkriterien auswählen

Die Bedingungen für die Auswertung der Daten werden ebenfalls in das Arbeitsblatt eingetragen. Kopieren Sie dazu die Spaltenüberschriften aus dem Bereich *A2:F2* in einen freien Bereich desselben Arbeitsblatts. Wenn Sie die Feldnamen kopieren, stellen Sie damit sicher, dass die Suchkriterien die gleichen Feldnamen mit exakt der gleichen Schreibweise wie die Datenbank verwenden.

Tragen Sie die Suchkriterien am Besten nicht unter der Datenbank ein, damit neue Einträge in die Datenbank diesen Bereich nicht überschreiben.

Wohin mit den Suchkriterien?

Obwohl Sie die Suchkriterien prinzipiell an verschiedenen Stellen unterbringen können, gibt es doch einige Stellen, die einfach praktischer sind als andere.

Sie können die Suchkriterien

- oberhalb der Daten platzieren, wenn Sie diesen Bereich immer im Blick behalten wollen (siehe hierzu die Abbildung 22.9)

Kapitel 22 Datenbankfunktionen für komplexe Berechnungen

> **WICHTIG** Achten Sie beim Markieren des Kriterienbereichs darauf, dass Sie nicht versehentlich eine leere Zeile mit markieren. Eine leere Zeile enthält keine Bedingung und damit gehen alle Datensätze in die Berechnungen ein!

- neben den Daten anordnen, wenn Sie die unterschiedlichen Bereiche für Daten und Suchkriterien auf einem Blatt zusammenhalten wollen
- unterhalb der Daten platzieren, wenn keine weiteren Daten hinzukommen
- auf einem anderen Arbeitsblatt, zusammen mit den Formeln anordnen, wenn Sie eine klare Trennung von Daten und Auswertung vorziehen (siehe hierzu das Arbeitsblatt *Suchmuster* in der Beispieldatei *Kap22.xlsx*)

Jede Stelle hat Vor- und Nachteile. Wirklich problematisch ist wohl nur die Anordnung unterhalb der Daten. Aber auch dieser Platz kann erwünscht sein, wenn Sie beispielsweise Daten und Suchkriterien auf einmal ausdrucken wollen. Letztlich ist der spezielle Aufbau Ihrer Tabelle und Ihre Aufgabenstellung für die Platzierung der Suchkriterien ausschlaggebend.

Beispiele für Suchkriterien

Schreiben Sie direkt unter diese Kopie der Feldnamen die Bedingungen. Als Bedingung können folgende Argumente verwendet werden:

- Zeichenfolgen wie z. B. *Maier* oder *2010*
- Kombinationen aus logischen Operatoren und Begriffen, z. B. *>K* oder *<2010*
- ein Stern als Joker für beliebig viele beliebige Zeichen, z. B. *M** oder *M*hausen*
- ein Fragezeichen als Stellvertreter für ein einzelnes beliebiges Zeichen, z. B. *M?nchhausen*

Die Tabelle 22.2 zeigt hierzu einige Beispiele.

Tabelle 22.2 Beispiele für die möglichen Operatoren und daraus erstelle Suchbegriffe

Wert	Ergebnis
M*	Nachnamen, die mit »M« beginnen
Ma*r	Nachnamen, die mit »Ma« beginnen, beliebig viele weitere beliebige Zeichen enthalten und auf »r« enden (Maier, Mayer, Maler, Meierhofer usw.)
Schmi?t	Nachnamen, die mit »Schmi« beginnen. Dann folgt ein unbekanntes Zeichen und ein »t«.
Schmi??	Nachnamen, die mit »Schmi« beginnen und zwei weitere unbekannte Zeichen enthalten, findet »Schmitt«, »Schmidt«, »Schmied«, »Schmitz« usw.
May	Findet »May« aber auch »Mayer«
="=May"	Findet exakt »May«
B	Alle Zeichenfolgen, die mit »B« beginnen

Tabelle 22.2 Beispiele für die möglichen Operatoren und daraus erstelle Suchbegriffe *(Fortsetzung)*

Wert	Ergebnis
>B	Alle Zeichenfolgen, die mit einem Buchstaben größer oder gleich »B« beginnen, aber nicht das einzelne Zeichen »B«
>=b	Alle Zeichenfolgen, die mit einem Buchstaben größer oder gleich »b« beginnen, und auch das einzelne Zeichen »b«
<>	Alle nicht leeren Zellen
=	Alle leeren Zellen
>105	Alle Einträge größer 105
>=105	Alle Einträge, die exakt 105 lauten oder größer 105 sind
<20000	Alle Einträge kleiner als 20000
<>20000	Alle Einträge ungleich 20000
<=15000	Alle Einträge, die exakt 15000 lauten oder kleiner 15000 sind
>1.05.2010	Alle Datumswerte, die nach dem 1.05.2010 liegen
>40299	Auf ein Datumsfeld angewandt: Alle Datumswerte, die nach dem 1.05.2010 liegen. Dieses Datum entspricht der seriellen Zahl 40299.
>12:00:00	Alle Zeitwerte in der zweiten Tageshälfte
>0,5	Alle Zeitwerte in der zweiten Tageshälfte; verwendet die serielle Zahl des gesuchten Zeitwerts.
Berechnete Suchkriterien mit einem Bezug auf den ersten Datensatz einer Datenbank (abweichenden Feldnamen verwenden!):	
=MONAT(E9)=5	Wenn der Monat eines Datumswerts gleich 5 ist
=AUFRUNDEN(MONAT(E9)/3;0)=2	Wenn ein Datumswert im zweiten Quartal liegt
=KALENDERWOCHE(E9)=10	Wenn die Kalenderwoche eines Datumswerts gleich 10 ist
=IDENTISCH(B9);"maier")	Wenn der Zuname exakt gleich "maier" ist (Groß-/Kleinschreibung wird berücksichtigt)
=CODE(B9)>=97	Wenn der Zuname mit einem kleinen Buchstaben beginnt
=ISTFEHLER(F9)	Wenn ein beliebiger Fehlerwert enthalten ist

TIPP Diese Suchkriterien können auch in Verbindung mit dem Spezialfilter angewendet werden. Mehr zum Thema Spezialfilter finden Sie in Kapitel 21.

Kapitel 22 Datenbankfunktionen für komplexe Berechnungen

Abbildg. 22.6 Verschiedene Suchkriterien können nebeneinander auf einem Blatt existieren

	A	B	C	D	E	F	G	H	I
1	Beispiele für Suchkriterien							Suchmuster und Anzahl der Datensätze	
2	Kundennummer	Zuname	PLZ	Vertreter	Datum	Umsatz		Zuname beginnt mit May	
3		May						2	
4									
5	Kundennummer	Zuname	PLZ	Vertreter	Datum	Umsatz		Zuname beginnt mit May UND Vertreter >25	
6		May		>25				1	
7									
8	Kundennummer	Zuname	PLZ	Vertreter	Datum	Umsatz		Zuname beginnt mit May ODER ist gleich Christoph	
9		"="Christoph						2	
10		May							
11									
12	Kundennummer	Zuname	PLZ	Vertreter	Datum	Umsatz		Vertreter >20 UND Umsatz >35000	
13				>20		>35000		ODER Postleitzahl > 7	
14			>7					9	
15									
16	Zuname			J. Schwenk:				Feld Zuname ist nicht leer	
17	<>			Für die Suchkriterien genügen die Überschriften der Felder, für die Bedingungen festgelegt werden.				12	
18									
19	Kundennummer	Zuname	PLZ	Vertreter	Quartal	Umsatz		Feld Vertreter ist leer	
20				=				1	
21									
22	Kundennummer	Zuname	PLZ	Vertreter	Quartal	Umsatz		Datum ist im zweiten Quartal	
23					WAHR			4	
24									
25	Kundennummer	Zuname	PLZ	Vertreter	Datum	Datum		Datumswerte aus dem Jahr 2006	
26					>=1.1.2006	<=31.12.2006		11	
27									
28	Kundennummer		108					Kundennummer =Zelle C28	
29	108		=$C$28					1	
30									

Datensätze zählen

Ein Beispiel: Ermitteln Sie die Anzahl der Datensätze, die mit der Zeichenfolge *May* beginnen. Berechnen Sie außerdem die Summe der Umsätze sowie den kleinsten und den größten Umsatz unter Berücksichtigung der Suchkriterien.

CD-ROM Verwenden Sie das Arbeitsblatt *Kriterien-Übung* aus der Beispieldatei *Kap22.xlsx* im Ordner *\Buch\Kap22* auf der CD-ROM, um die Übung selbst durchzuführen.

Um die Anzahl der Datensätze und die Summe mit den beschriebenen Suchkriterien zu ermitteln, gehen Sie wie folgt vor:

1. Markieren Sie die Überschriften der Datenbank im Bereich *A2:F2*.
2. Kopieren Sie diese Überschriften über den Befehl *Kopieren* bzw. über die Tastenkombination [Strg]+[C].
3. Aktivieren Sie die Zelle *H2* und fügen Sie die Überschriften über den Befehl *Einfügen* auf der Registerkarte *Start* oder durch Drücken der Tastenkombination [Strg]+[V] ein.
4. Tragen Sie in Zelle *I3* die Zeichenfolge »May« (ohne Anführungszeichen) ein.
5. Tragen Sie die Datenbankfunktionen wie in Abbildung 22.7 gezeigt ein.

Es werden zwei Datensätze gefunden, nämlich die Kunden mit den Zunamen »May« und »Mayer«.

Datenbankfunktionen in der Praxis

Abbildg. 22.7 Die fertige Lösung ermittelt Informationen über die Datensätze, die mit der Zeichenfolge »May« beginnen

	H	I	J	K	L	M	N	O	P
1	**Kriterienbereich**								
2		Kundennummer	Zuname	PLZ	Vertreter	Datum	Umsatz		
3			May						
4									
5								Jürgen Schwenk:	
6		Anzahl der Datensätze	2	=DBANZAHL(A2:F15;;H2:M3)				Bei den Funktionen DBANZAHL und	
7		Summe Umsätze	61.235,00 €	=DBSUMME(A2:F15;F2;H2:M3)				DBANZAHL2 ist das zweite Argument	
8			61.235,00 €	=DBSUMME(A2:F15;6;$H$2:$M$3)				(Datenbankfeld) optional.	
9		Der kleinste Umsatz	28.751,00 €	=DBMIN(A2:F15;6;$H$2:$M$3)					
10		Der größte Umsatz	32.484,00 €	=DBMAX(A2:F15;6;$H$2:$M$3)					
11									

Bedingungen mit der *UND*-Verknüpfung

Wenn Sie in mehrere Spalten einer Zeile der Suchkriterien eine Bedingung eintragen, werden nur die Daten ausgewertet, die den Bedingungen aller Spalten entsprechen. Für die Bedingungen gilt das logische UND.

Wenn Sie für die Kundennummer im Kriterienbereich *<113* und für den Zunamen *Schmied* eintragen, werden bei der Berechnung nur die Daten berücksichtigt, die eine Kundennummer <113 haben UND deren Zuname gleichzeitig »Schmied« ist.

Das können Sie sich auch zunutze machen, wenn Sie für ein einzelnes Feld mehrere Bedingungen festlegen wollen. Kopieren Sie z. B. den Feldnamen *Kundennummer* und fügen Sie diesen dreimal nebeneinander ein. Tragen Sie dann direkt darunter die Bedingungen wie in Abbildung 22.8 ein.

Abbildg. 22.8 Mehrmals den gleichen Feldnamen für die Suchkriterien verwenden

	G	H	I	J	K
1		**Kriterienbereich**			
2		Kundennummer	Kundennummer	Kundennummer	
3		<110	>105	<>108	
4					
5					
6		Anzahl der Datensätze		2	=DBANZAHL(A2:F15;;H2:J3)
7		Summe Umsätze		62.700,00 €	=DBSUMME(A2:F15;F2;H2:J3)
8				62.700,00 €	=DBSUMME(A2:F15;6;$H$2:$J$3)
9		Der kleinste Umsatz		30.520,00 €	=DBMIN(A2:F15;6;$H$2:$J$3)
10		Der größte Umsatz		32.180,00 €	=DBMAX(A2:F15;6;$H$2:$J$3)
11					

Im Ergebnis werden nur diejenigen Datensätze berücksichtigt, die folgende Bedingungen erfüllen:

- Die Kundennummer muss kleiner als *110* sein UND
- die Kundennummer muss größer als *105* sein UND
- die Kundennummer muss ungleich *108* sein.

Bedingungen mit der *ODER*-Verknüpfung

Wo eine *UND*-Verknüpfung ist, kann eine *ODER*-Verknüpfung nicht weit sein. Das ist auch bei den Suchkriterien so. Eine *ODER*-Verknüpfung legen Sie fest, indem Sie den Suchkriterien eine weitere Zeile mit Bedingungen hinzufügen. Jede einzelne Zeile stellt also einen Satz von Bedingungen dar. Insgesamt werden also alle Datensätze, die den Bedingungen *einer Zeile* der Suchkriterien entsprechen, in den Berechnungen berücksichtigt.

WICHTIG Achten Sie beim Markieren des Kriterienbereichs darauf, dass Sie nicht versehentlich eine leere Zeile mit markieren. Eine leere Zeile enthält keine Bedingung und damit gehen alle Datensätze in die Berechnungen ein!

Abbildg. 22.9   Suchkriterien in einer Zeile sind mit *UND* verbunden, Suchkriterien einer Spalte mit *ODER*

	A	B	C	D	E	F	G	H	I	J	K
1	Kriterienbereich							Auswertung			
2	Kundennummer	Zuname	PLZ	Datum	Datum	Umsatz		Anzahl	6	=DBANZAHL(A8:F21;6;A2:F4)	
3				<1-1-2007	>1-7-2006			Summe	192.961,97 €	=DBSUMME(A8:F21;6;A2:F4)	
4		Schmidt									
5											
6											
7	Datenbankbereich										
8	Kundennumme	Zuname	PLZ	Vertreter	Datum	Umsatz					
9	101	Maier	02227	21	26.04.2006	31.586,00 €					
10	102	Christoph	03246	20	06.02.2006	38.053,00 €					
11	103	Schmidt	41991	25	23.05.2006	39.593,00 €					
12	104	May	37119	26	04.07.2006	32.484,00 €					
13	105	Mayer	31358	21	29.12.2007	28.751,00 €					
14	106	Schmitt	12140	27	05.06.2006	30.520,00 €					
15	107	Schmied	42045	20	29.10.2006	32.180,00 €					
16	108	Frank	63835	27	20.05.2006	28.363,00 €					
17		Huber			30.07.2006	0,97 €					
18	110	Klein	84740	20	05.01.2006	26.643,00 €					
19	111	Meier	66825	27	23.07.2006	42.573,00 €					
20	112	Bastian	65350	26	21.12.2006	46.131,00 €					
21											
22											

Die Datenbank analysieren

Ein weiteres Beispiel: Ermitteln Sie die Anzahl der Datensätze, die Summe sowie den kleinsten und größten Wert der Umsätze aus dem Datenbereich, für die gilt, dass:

- der Zuname mit »May« beginnt UND deren Postleitzahl kleiner als 70000 ist ODER
- deren Kundennummer kleiner oder gleich 105 ist UND deren Zuname »Christoph« ist.

Um diese Aufgabe zu lösen, wird für die Suchkriterien ein Bereich benötigt, der drei Zeilen umfasst. Wichtig dabei ist, dass Bedingungen in einer Zeile mit dem logischen UND, Bedingungen in unterschiedlichen Zeilen mit dem logischen ODER verknüpft sind. Die Abbildung 22.10 zeigt, wie Sie die Daten auf Datensätze einschränken.

Abbildg. 22.10 Die Inhalte einer Zeile sind mit einer *UND*-Verknüpfung und die Zeilen untereinander mit der *ODER*-Verknüpfung verknüpft

	G	H	I	J	K	L	M	N
1		Kriterienbereich						
2		Kundennummer	Zuname	PLZ	Vertreter	Datum	Umsatz	
3			May	<70000				
4		<=105	Christoph					
5								
6		Anzahl Datensätze		3	=DBANZAHL(A2:F15;;$H$2:$M$4)			
7		Summe Umsatz		99.288,00 €	=DBSUMME(A2:F15;"Umsatz";$H$2:$M$4)			
8				99.288,00 €	=DBSUMME(A2:F15;6;$H$2:$M$4)			
9		Der kleinste Umsatz		28.751,00 €	=DBMIN(A2:F15;6;$H$2:$M$4)			
10		Der größte Umsatz		38.053,00 €	=DBMAX(A2:F15;6;$H$2:$M$4)			
11								

Suchkriterien für exakte Übereinstimmung verwenden

Mit dem Suchkriterium *May* gehen sowohl die Datensätze mit den Zunamen »May« als auch »Mayer« in die Berechnung ein. Wenn Sie Werte auf exakte Übereinstimmung prüfen wollen, tragen Sie den Wert in Anführungszeichen mit einem weiteren Gleichheitszeichen ein. So werden mit

="=May"

nur die Datensätze berücksichtigt, bei denen der Zuname exakt dem Eintrag »May« entspricht.

Vorsicht mit Leerzeichen am Ende von Zeichenfolgen

Bei der Groß-/Kleinschreibung zeigt sich Excel sehr tolerant. Anders ist der Fall aber mit Leerzeichen, die versehentlich am Ende eines Eintrags stehen. Wenn eine Funktion keine Datensätze anzeigt, obwohl offensichtlich Daten vorhanden sind, liegt das vielleicht an solch einem versehentlich eingetragenen Leerzeichen. Dieses Leerzeichen kann in einem Datensatz oder in den Suchkriterien zu Problemen führen.

Wenn Sie sicher sind, dass Daten mit den entsprechenden Suchkriterien vorhanden sind, aber trotzdem keine Daten ausgewertet werden, versuchen Sie es mit einem Suchkriterium, an das Sie ein Fragezeichen oder einen Stern als Stellvertreterzeichen anhängen (siehe Tabelle 22.2).

Suchkriterien kontrollieren

Beim Auswerten größerer Datenbestände kann es vorkommen, dass Sie unsicher sind, welche Daten in die Berechnung der Datenbankfunktionen eingehen. Führen Sie folgende Schritte aus, um die Suchkriterien zu überprüfen.

1. Rufen Sie auf der Registerkarte *Daten* in der Gruppe *Sortieren und Filtern* den Befehl *Erweitert* auf.
2. Legen Sie im Dialogfeld *Spezialfilter* für den *Listenbereich* die Datenbank und für den *Kriterienbereich* die zu überprüfenden Suchkriterien fest.

3. Mit *OK* filtern Sie anschließend die Daten und können prüfen, ob die Kriterien Ihren Wünschen entsprechen und die Anzahl der ermittelten Datensätze mit dem Ergebnis der Datenbankfunktion korrespondiert.

Mehr zum Thema Spezialfilter finden Sie in Kapitel 21.

Nur Felder mit bzw. ohne Inhalt berücksichtigen

Wenn Sie bei den Berechungen alle Datensätze berücksichtigen wollen, die in einem Feld einen beliebigen Eintrag haben, verwenden Sie als Suchkriterium für dieses Feld die Zeichenfolge »<>« (ohne Anführungszeichen). Wenn Sie diese Zeichenfolge z. B. für den Zunamen verwenden, werden alle Datensätze berücksichtigt, bei denen das Feld *Zuname* nicht leer ist.

Umgekehrt können Sie auch alle Datensätze auswählen, bei denen ein Feld leer ist. Wenn Sie alle Datensätze berücksichtigen wollen, bei denen z. B. das Feld *Umsatz* leer ist, tragen Sie für das Suchkriterium lediglich ein Gleichheitszeichen »=« (ohne Anführungszeichen) ein und drücken Sie die ⏎-Taste.

Für komplexere Bedingungen: berechnete Kriterien einsetzen

Wenn Sie mehrere Bedingungen für ein Feld festlegen wollen, können Sie das erreichen, indem Sie einen Feldnamen mehrfach verwenden und hierfür Bedingungen festlegen. Oder aber Sie legen berechnete Kriterien fest. Für berechnete Kriterien ist es wichtig, dass Sie für diese keinen Feldnamen der Datenbank als Überschrift verwenden dürfen. Tragen Sie einen beliebigen anderen Begriff, z. B. *Kriterien*, ein.

Das eigentliche Suchkriterium legen Sie über eine Formel fest. Die Bedingungen werden dabei mit einem Bezug auf den ersten Datensatz in der Datenbank erstellt. So liefert das Suchkriterium

```
=UND(A3>=108;F3<30000)
```

alle Datensätze mit einer Kundennummer größer *108* und einem Umsatz kleiner als *30000*.

Wenn Sie diese Formel in Zelle *N3* eintragen, wird der Fehlerwert *FALSCH* angezeigt. Das bedeutet nun nicht, dass Sie eine falsche Formel eingetragen haben, sondern dass die Bedingung für den ersten Datensatz nicht erfüllt ist. Bei der Auswertung der Datenbankformel wird die Bedingung für jeden einzelnen Datensatz geprüft.

Abbildg. 22.11 Berechnungen für Datensätze über berechnete Kriterien vornehmen

	G	H	I	J	K	L	M	N	O
1		**Kriterienbereich**							
2		Kundennummer	Zuname	PLZ	Vertreter	Datum	Umsatz	Kriterien	
3								FALSCH	
4									
5								J. Schwenk:	
6		Anzahl der Datensätze		2	=DBANZAHL(A2:F15;;H2:N3)			Berechnetes Kriterium	
7		Summe Umsätze	55.006,00 €	=DBSUMME(A2:F15;F2;H2:N3)				=UND(A3>=108;F3<30000)	
8			55.006,00 €	=DBSUMME(A2:F15;6;$H$2:$N$3)					
9		Der kleinste Umsatz	26.643,00 €	=DBMIN(A2:F15;6;$H$2:$N$3)					
10		Der größte Umsatz	28.363,00 €	=DBMAX(A2:F15;6;$H$2:$N$3)					
11									
12									
13		**Kriterienbereich**							
14		Kundennummer	Zuname	PLZ	Vertreter	Datum	Umsatz	Kriterien	
15								FALSCH	
16									
17								J. Schwenk:	
18		Anzahl der Datensätze		5	=DBANZAHL(A2:F15;;H14:N15)			Berechnetes Kriterium	
19		Summe Umsätze	83.757,97 €	=DBSUMME(A2:F15;F2;H14:N15)				=F3<29000	
20									
21		**Weitere Beispiele für berechnete Kriterien**							
22			=UND(RECHTS(A3;1)="1";E3<35000)						
23			=E3<C3						
24			=E3<$K$17						
25			=E3<29000						
26			=CODE(B3)<=97						
27									

Zellbezüge in berechneten Kriterien

Sie können auch Bezüge auf Zellen außerhalb der Datenbank für den Vergleich verwenden. Dabei müssen Sie jedoch beachten, dass diese Bezüge immer **absolut** anzugeben sind, z. B.

```
=UND(A3>108;D3=$M$3)
```

wenn in der Zelle *M3* der Wert für den gesuchten Vertreter steht. Alle Datensätze werden dann mit dieser Zelle verglichen.

Konstante Werte in berechneten Kriterien

Auch ein Vergleich mit einem konstanten Wert ist möglich. Hat Ihre Kundennummer einen Aufbau, der eine bestimmte Systematik enthält, kann es wichtig sein, Berechnungen für solche Datensätze vorzunehmen. Sie können damit z. B. Informationen über Firmenkategorie oder Vertriebsgebiete auswerten.

Die folgende Formel verwendet einen konstanten Wert für den Vergleich:

```
=UND(RECHTS(A3;1)="1";F3<35000)
```

Alle Datensätze, deren Kundennummer auf »1« endet und deren Umsatz kleiner als »35000« ist, werden damit in die Berechnung einbezogen.

Kapitel 22 Datenbankfunktionen für komplexe Berechnungen

Datenbankfelder vergleichen

In berechneten Kriterien können Sie auch die einzelnen Datenbankfelder miteinander vergleichen. Wie in den zuvor vorgestellten Beispielen zu berechneten Kriterien tragen Sie auch hierzu einen relativen Bezug auf den ersten Datensatz in das Suchkriterium ein. So liefert die Formel

```
=F3<C3
```

Informationen über die Datensätze, bei denen der Umsatz kleiner als die Postleitzahl ist. Es sei dahingestellt, welchen Sinn diese Auswertung macht. Enthält Ihre Datenbank aber Informationen zu Bestellungen, also Stückzahlen, Einzelpreise und Ähnliches, ist es schon von Bedeutung, dass mit den einzelnen Spalten der Datenbank auch Vergleiche und Rechenoperationen angestellt werden können.

Die Tabellenfunktion *TEILERGEBNIS*

Setzen Sie die Filterfunktionen ein, um einen Datenbankbereich nach bestimmten Kriterien zu filtern, wollen Sie vielleicht eine Summe berechnen, die nur die sichtbaren Zahlen berücksichtigt.

Excel hat hierfür eine Funktion, die Sie allerdings nicht in der Gruppe der Datenbankfunktionen finden. Mit der Tabellenfunktion

TEILERGEBNIS(Funktion;Bereich1;…)

aus der Kategorie *Math. & Trigonom.* können Sie solche Ergebnisse erzielen, weil diese bei ihren Berechnungen nur sichtbare Zellen berücksichtigt. Verwenden Sie folgende Einstellungen für die Argumente:

- **Funktion** Legt fest, welche Tabellenfunktion für die Berechnung der Teilergebnisse verwendet werden soll. Sie können unter den folgenden Funktionen wählen: *MITTELWERT*, *ANZAHL*, *ANZAHL2*, *MAX*, *MIN*, *PRODUKT*, *STABW*, *STABWN*, *SUMME*, *VARIANZ*, *VARIANZEN*. Eingetragen wird aber nicht der Name der Funktion, sondern eine Zahl von 1 bis 11, um ausgeblendete Werte einzubeziehen oder eine Zahl von 101 bis 111, um ausgeblendete Werte zu ignorieren.

- **Bereich1** Ist der Bezug für den die Teilergebnisse ermittelt werden sollen. Werden innerhalb des angegebenen Bereichs weitere Teilergebnisse berechnet, werden diese geschachtelten Teilergebnisse ignoriert, damit sie nicht mehrfach berücksichtigt werden.

Die Abbildung 22.12 zeigt die Berechnung von Anzahl, Umsatz und Mittelwert der gefilterten Daten.

Abbildg. 22.12 Die Tabellenfunktion *TEILERGEBNIS* bezieht nur sichtbare Zellen in das Ergebnis ein

	A	B	C	D	E	F	G
1	Die gefilterten Datensätze untersuchen:						
2	Anzahl		3	=TEILERGEBNIS(2;A8:A20)			
3	Umsatz		90.713,00 €	=TEILERGEBNIS(9;F8:F20)			
4	Mittelwert		30.237,67 €	=TEILERGEBNIS(1;F8:F20)			
5							
6	Datenbankbereich						
7	Kundennummer	Zuname	PLZ	Vertreter	Datum	Umsatz	
8	101	Maier	02227	21	26.04.2006	31.586,00 €	
11	104	May	37119	26	04.07.2006	32.484,00 €	
17	110	Klein	84740	20	05.01.2005	26.643,00 €	
20							
21							

Mehr über Teilergebnisse erfahren Sie in Kapitel 23.

Die neue Funktion *AGGREGAT*

Gefilterte Bereiche sind auch Einsatzgebiet der neuen Tabellenfunktion

=AGGREGAT(Funktion;Optionen;Array;k)

=AGGREGAT(Funktion;Optionen;Bezug1;...)

Diese Tabellenfunktion ist sogar noch vielseitiger einzusetzen, erlaubt sie doch neben der Verwendung von 19 mathematischen Funktionen und der Berücksichtigung von ausgeblendeten Zeilen (ausgeblendete Spalten gehen in die Berechnung ein!), geschachtelten *TEILERGEBNIS*- und *AGGREGAT*-Funktionen auch das Ignorieren von Fehlerwerten und leeren Zellen.

Abbildg. 22.13 Die AutoVervollständigen-Formel zeigt die möglichen Argumente für die Funktion

	A	B	C	D	E	F	G
1	Die neue Tabellenfunktion AGGREGAT einsetzen						
2	Datenbankbereich						
3	Kundennummer	Zuname	PLZ	Vertreter	Datum	Umsatz	
5		102	Christoph	03246		20	06.02.2006	38.053,00 €
10		107	Schmied		42045	20	29.10.2006	32.180,00 €
13		110	Klein		84740	20	05.01.2006	26.643,00 €
16							
17			Alle	Filter berücksichtigen			
18	Anzahl	11		3	=AGGREGAT(2;3;Tabelle1[Kundennummer])		
19	Umsatz	376.877,97 €		96.876,00 €	=AGGREGAT(9;3;F5:F16)		
20	Mittelwert	31.406,50 €		32.292,00 €	=AGGREGAT(1;3;Tabelle1[Umsatz])		
21	Minimum	=AGGREGAT(5;					

Dropdown-Optionen:
- 0 - Verschachtelte TEILERGEBNIS- und AGGREGAT-Funktionen ignorieren
- 1 - Ausgeblendete Zeilen, verschachtelte TEILERGEBNIS- und AGGREGAT-Funktionen ignorieren
- 2 - Fehlerwerte, verschachtelte TEILERGEBNIS- und AGGREGAT-Funktionen ignorieren
- 3 - Ausgeblendete Zeilen, Fehlerwerte, verschachtelte TEILERGEBNIS- und AGGREGAT-Funktionen...
- 4 - Leerwerte ignorieren
- 5 - Ausgeblendete Zeilen ignorieren
- 6 - Fehlerwerte ignorieren
- 7 - Ausgeblendete Zeilen und Fehlerwerte ignorieren

In Kapitel 12 finden Sie ein weiteres Beispiel zur Tabellenfunktion *AGGREGAT*.

Kapitel 22 Datenbankfunktionen für komplexe Berechnungen

Zusammenfassung

Nach der Datenübernahme aus einer anderen Anwendung erlauben Datenbankfunktionen eine komfortable Auswertung von Bereichen unter Berücksichtigung von verschiedenen Suchkriterien. Im Gegensatz zu den sonst üblichen Formeln werden die Suchkriterien nicht in einer einzelnen Zelle, sondern in einem mindestens zweizeiligen Bereich festgelegt. Dafür ersparen Ihnen diese Funktionen das Eintragen verschachtelter Formelkonstrukte.

Frage	Lösung
Wie kann ich Daten aus einer Textdatei einlesen?	Auf Seite 708 finden Sie ein Beispiel, das den Textimport mit einem Assistenten zeigt
Wie kann ich den Bereich für die Verwendung von Datenbankfunktionen vorbereiten und dabei erreichen, dass neue Daten automatisch berücksichtigt werden?	Legen Sie eine Tabelle für den Datenbankbereich fest. Ein Tabellenbereich passt sich automatisch an, wenn Daten eingefügt oder gelöscht werden. Das Beispiel dazu finden Sie auf Seite 714.
Was sind Suchkriterien und wo sollte ich diese anordnen?	Informationen darüber, wo Sie die Suchkriterien platzieren sollen, finden Sie auf Seite 715
Welche Operatoren kann ich in den Suchkriterien verwenden?	In Suchkriterien können Sie boolesche Operatoren verwenden. Auch die Verwendung von Stellvertreterzeichen ist möglich. Mehr dazu finden Sie auf Seite 716.
Was muss ich tun, um Suchkriterien mit dem logischen UND zu verknüpfen?	Suchkriterien, die in einer Zeile stehen, müssen alle erfüllt sein, damit die Daten angezeigt werden. Schlagen Sie dazu nach auf Seite 719.
Wie verknüpfe ich Suchkriterien mit dem logischen ODER?	Suchkriterien in unterschiedlichen Zeilen werden mit dem logischen ODER verknüpft. Ein Beispiel finden Sie auf Seite 720.
Wie kann ich eine exakte Übereinstimmung mit einem Suchkriterium erreichen?	Geben Sie vor dem Suchkriterium ein zusätzliches Gleichheitszeichen ein. Auf Seite 721 wird gezeigt, wie es geht.
Meine Berechnungen liefern nicht das erwartete Ergebnis. Was kann ich tun, um die Einstellungen zu prüfen?	Um die Suchkriterien zu überprüfen, können Sie einen Spezialfilter anwenden oder ein Stellvertreterzeichen verwenden. Auf Seite 721 erfahren Sie, wie das geht.
Wie kann ich prüfen, ob es im Datenbankbereich leere Felder gibt?	Auf Seite 722 erfahren Sie, dass dazu lediglich ein Gleichheitszeichen eingetragen wird
Kann ich auch Kriterien festlegen, die Datenbankfelder vergleichen?	Dazu verwenden Sie einen Bezug auf die erste Zeile im Datenbankbereich. Auf Seite 724 wird erläutert, wie das geht.
Ich habe eine Liste gefiltert und möchte nun eine Summe der sichtbaren Zellen berechnen. Geht das?	Mit der Funktion TEILERGEBNIS() können Sie nur sichtbare Zellen addieren. Das Beispiel dazu finden Sie auf Seite 724.
Wie kann ich in Berechnungen neben ausgeblendeten Zellen auch Fehlerwerte ignorieren?	Auf Seite 725 wird gezeigt, wie Sie mit der neuen Tabellenfunktion AGGREGAT() noch flexibler steuern können, welche Daten in die Berechnung eingehen sollen

Kapitel 23

Teilergebnisse bilden und Daten konsolidieren

In diesem Kapitel:

Was leisten automatische Teilergebnisse?	728
Durch Gliederung die Übersicht in den Daten verbessern	731
Ein Diagramm aus einer Liste mit Teilergebnissen	734
Daten konsolidieren	736
Zusammenfassung	739

Kapitel 23 Teilergebnisse bilden und Daten konsolidieren

Neben der Sortierung von Listen und dem Filtern ermöglicht Ihnen Microsoft Excel, Teilergebnisse und Gesamtergebnisse automatisch zu erstellen. Teilergebnisse bilden Zwischensummen, wenn Sie Daten in unterschiedlichen Gruppen, beispielsweise nach Konten, Kostenstellen oder anderen Kriterien zusammenfassen.

Was leisten automatische Teilergebnisse?

Teilergebnisse sind eine einfache und schnelle Möglichkeit, Daten einer Liste zusammenzufassen. In diesem Fall müssen Sie die Formeln nicht selbst erstellen. Excel übernimmt diese Aufgabe und fügt die Teilergebnis- sowie Gesamtergebniszeilen ein und gliedert die Daten automatisch.

CD-ROM   An verschiedenen Beispielen zeigen wir Ihnen diese Möglichkeiten. Als Datenbasis dient die Datei *Kap23.xlsx*. Zusätzlich gibt es die Datei *Kap23_Lösung.xlsx*, die teilweise die Lösungen der Beispiele und Muster enthält. Diese Beispieldateien finden Sie auf der CD-ROM zum Buch im Ordner *\Buch\Kap23*.

Daten für Teilergebnisse organisieren

Die Basisdaten sollten als sequenzielle Datei, als sortierte Liste vorliegen, damit die Daten, die zusammengehören, auch in einer Gruppe zusammengefasst werden können. Ferner müssen die Daten in beschrifteten Spalten angeordnet sein, damit sie die Konventionen einer Datenbank bzw. einer Excel-Liste erfüllen. Excel verwendet die Spaltenüberschriften, um festzulegen, wie die Daten gruppiert und wie die Ergebnisse errechnet werden.

Besondere Bedeutung für eine korrekte Berechnung der Teilergebnisse kommt der Sortierung der Daten zu. Die Daten werden am besten nach dem Feld, auf das ein Teilergebnis ermittelt werden soll, sortiert. Wollen Sie beispielsweise die Daten nach Kategorien als Teilergebnis anzeigen, sortieren Sie die Daten auch nach der Kategorie.

HINWEIS   Sie können auch Teile einer Liste auswählen. Verwenden Sie einen Filter, um die erforderlichen Daten anzuzeigen. Mehr über das Filtern von Daten und die verschiedenen Möglichkeiten erfahren Sie in Kapitel 21.

Erstellen eines Teilergebnisses

In unserem Beispiel betrachten Sie eine Ausgabenliste, in der beispielsweise alle Belege, Quittungen und Rechnungen aus einem Buchhaltungssystem exportiert oder manuell in einer Excel-Liste erfasst worden sind (Abbildung 23.1). Das Ziel ist, problemlos und unverzüglich Teilergebnisse

- mit Zwischen- und Gesamtsummen über die einzelnen Felder,
- nach unterschiedlichen Berechnungsmethoden
- und in variabler Anzeige- und Ausgabeform

zu erstellen und zu gliedern.

Was leisten automatische Teilergebnisse?

Abbildg. 23.1 Auszug aus der Liste mit Belegdaten zur Auswertung mit Teilergebnissen

	A	B	C	D	E	F
1	Erfasste Belege 2010					EURO
2	Datum	Lieferant	Zuordnung	Bemerkung	Kategorie	Betrag
3	07.01.2010	Weberik	Büro/EDV-Bedarf		Büromaterial	228,49
4	07.01.2010	Z+Z	Zeitschriften/Bücher		Büromaterial	123,05
5	07.01.2010	CL Reinigung GmbH	Reinigung	Januar	Instandhaltung	908,63
6	07.01.2010	TEAK	Telefon/Fax	Wartung	Kommunikation	253,05

Für eine sinnvolle Auswertung ist es notwendig, die Liste nach dem Auswertungskriterium zu sortieren. Das ist in unserem Beispiel das Feld *Kategorie* (mehr zum Thema »Sortieren« erfahren Sie in Kapitel 21). Nach der Sortierung beginnen Sie mit dem Aufbau der Teilergebnisse:

1. Positionieren Sie den Mauszeiger in einer beliebigen Zelle der Liste und rufen Sie auf der Registerkarte *Daten* in der Gruppe *Gliederung* den Befehl *Teilergebnis* auf.

   Es erscheint das Dialogfeld *Teilergebnisse* (Abbildung 23.2)

   ⊞ Teilergebnis

Abbildg. 23.2 Das Dialogfeld *Teilergebnisse* mit der bereits ausgewählten Option, nach der die Teilergebnisse gebildet werden sollen

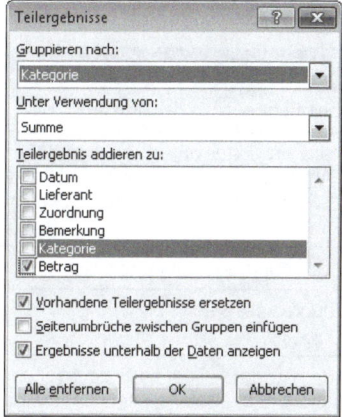

2. Legen Sie in der Dropdownliste *Gruppieren nach* fest, wie die Daten für die Zwischensummen gruppiert werden sollen, im Beispiel *Kategorie*.
3. In der Dropdownliste *Unter Verwendung von* wählen Sie die gewünschte Berechnungsart, im Beispiel *Summe*.
4. Aktivieren Sie das Kontrollkästchen *Betrag* in der Liste *Teilergebnis addieren zu*.
5. Die Markierungen der Kontrollkästchen *Vorhandene Teilergebnisse ersetzen*, *Seitenumbrüche zwischen Gruppen einfügen* und *Ergebnisse unterhalb der Daten anzeigen* lassen Sie unverändert.
6. Bestätigen Sie nun mit einem Klick auf die Schaltfläche *OK* Ihre Festlegungen.

Excel fügt jeder Gruppe ein Teilergebnis hinzu und führt die gewählte Berechnung unter Verwendung der Tabellenfunktion TEILERGEBNIS(Funktion;Bezug1;...) aus. Mehr zu dieser Funktion finden Sie in Kapitel 19.

Am linken Rand werden Gliederungssymbole angezeigt, über welche Sie einzelne Ebenen ein- bzw. ausblenden können. Mehr zu den Gliederungssymbolen weiter unten in diesem Kapitel.

Kapitel 23 Teilergebnisse bilden und Daten konsolidieren

Abbildg. 23.3 Die Einträge werden nach *Kategorien* gegliedert und die Ausgaben für Kategorie zusammengefasst (Ausschnitt)

	A	B	C	D	E	F
1	Erfasste Belege 2010					EURO
2	Datum	Lieferant	Zuordnung	Bemerkung	Kategorie	Betrag
3	11.01.2010	AXA	Versicherungen		Beiträge	93,80
4	20.01.2010	B.Versicherungskammer	Versicherungen		Beiträge	74,88
5	30.01.2010	Gothaer	Versicherungen		Beiträge	405,00
6	11.02.2010	AXA	Versicherungen		Beiträge	103,18
7	12.02.2010	AXA	Versicherungen		Beiträge	112,56
8	24.02.2010	IHK	Beiträge		Beiträge	207,00
9	01.04.2010	B.Versicherungskammer	Versicherungen		Beiträge	1.618,04
10	01.04.2010	Gothaer	Versicherungen		Beiträge	1.078,00
11					Beiträge Erge	3.692,46
12	09.01.2010	Otto & Co.	Gehaltsabrect	Januar	Beratung	151,80

Excel beschriftet jede eingefügte Zeile mit einem entsprechenden Titel (siehe Abbildung 23.3). In unserem Beispiel wird der Text aus der Kategorie der Liste verwendet.

Insgesamt bietet der Assistent *Teilergebnisse* die in Tabelle 23.1 dargestellten Optionen an.

Tabelle 23.1 Die Optionen für die Einstellungen im Dialogfeld *Teilergebnisse*

Option	Erklärung
Gruppieren nach	Zeigt die Spalten bzw. Spaltenbeschriftungen in der Liste an
Unter Verwendung von	Bietet Ihnen die möglichen Berechnungsarten an – möglich sind: Anzahl, Mittelwert, Maximum, Minimum, Produkt, Anzahl Zahlen, Standardabweichung (Stichprobe), Standardabweichung (Grundgesamtheit), Varianz (Stichprobe), Varianz (Grundgesamtheit)
Teilergebnis addieren zu	Auf welche Spalte(n) soll die Berechnungsart angewendet werden?
Vorhandene Teilergebnisse ersetzen	Ersetzt bei einem erneuten Ausführen des Befehls die bereits eingetragenen Zwischenergebnisse
Seitenumbrüche zwischen Gruppen einfügen	Bezieht sich hauptsächlich auf den Ausdruck: Fügt nach jedem Gruppenwechsel einen Seitenumbruch in die Tabelle ein. Die Daten einer Gruppe werden dann beim Ausdruck jeweils auf einem neuen Arbeitsblatt ausgegeben
Ergebnisse unterhalb der Daten anzeigen	Die Ergebnisse werden jeweils unterhalb der Gruppe, das Gesamtergebnis am Ende der Liste ausgegeben
Alle entfernen	Entfernt alle Teilergebnisse aus der aktuellen Liste

Verwenden Sie den Befehl *Teilergebnisse* zum ersten Mal in einer Liste, wählt Excel automatisch die am weitesten links liegende Spalte als Gruppierungsmerkmal. Haben Sie den Befehl bereits einmal in einer Liste verwendet, wird die Spalte, die Sie beim letzten Mal markiert haben, ausgewählt.

TIPP Wenn Sie Zwischenergebnisse für mehr als eine Spalte ermitteln wollen, wählen Sie jede der gewünschten Spalten einzeln aus.

Excel bietet abhängig vom Datentyp, der gruppiert werden soll, verschiedene Auswertungsfunktionen an. Befinden sich Zahlen in der Spalte, die zusammengefasst werden sollen, gibt Excel Ihnen die Funktion *Summe* vor. Befindet sich hingegen Text in der Spalte, gibt Excel die Funktion *Anzahl* vor.

Durch Gliederung die Übersicht in den Daten verbessern

HINWEIS Die Teil- und Gesamtergebnisse werden von Excel automatisch neu berechnet, wenn Sie Änderungen an den Datenbeständen vornehmen.

Teilergebnisse entfernen

Erkennen Sie unmittelbar nach der Ausführung des Befehls *Teilergebnis*, dass Sie die Darstellung nicht benötigen, wählen Sie den Befehl *Rückgängig* in der Symbolleiste für den Schnellzugriff oder drücken Sie die Tastenkombination [Strg]+[Z]. Dadurch nehmen Sie den Befehl zurück und entfernen die Teilergebnisse wieder.

Haben Sie inzwischen bereits andere Befehle ausgeführt, öffnen Sie erneut das Dialogfeld *Teilergebnisse* und klicken dann auf die Schaltfläche *Alle entfernen* (siehe auch Abbildung 23.3).

Durch Gliederung die Übersicht in den Daten verbessern

Nachdem Sie die Teilergebnisse erstellt haben, sind zusätzlich Gliederungssymbole vorhanden. Diese ermöglichen es Ihnen, die Detaildaten schnell ein- oder auszublenden.

TIPP Sie können jederzeit zusätzliche eigene Gliederungsebenen in den Zeilen und/oder Spalten hinzufügen.

Durch Ein- und Ausblenden von Gliederungsebenen können Sie die Übersichtlichkeit und auch die Aussagekraft der Teilergebnisse beachtlich steigern.

Komplexe Teilergebnisse

Sie wollen zu den vorhandenen Teilergebnissen der *Kategorie* noch ein Zwischenergebnis auf die *Zuordnung* ermitteln. Damit Sie das Ziel erreichen, gehen Sie in die Basisdaten und sortieren diese zunächst nach der *Kategorie*, dann nach der *Zuordnung* und zuletzt nach *Lieferant* (siehe Abbildung 23.4). Weitere Erklärungen zum Sortieren finden Sie in Kapitel 20.

Abbildg. 23.4 Das Dialogfeld für die notwendige Sortierfolge

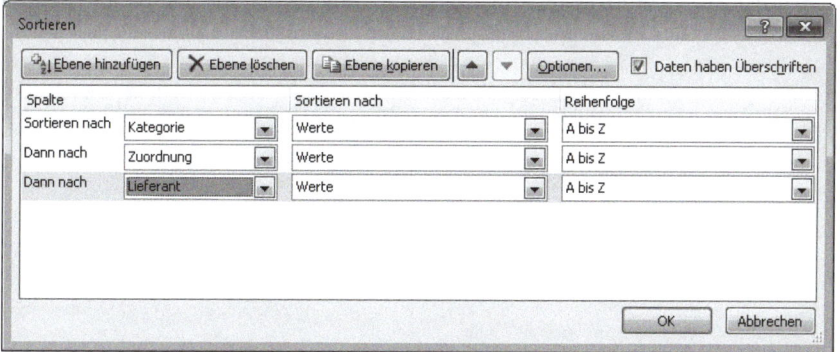

Kapitel 23 Teilergebnisse bilden und Daten konsolidieren

Wenn Sie das Arbeitsblatt aus dem vorigen Beispiel verwenden, wo die Daten lediglich nach der Kategorie sortiert vorliegen, erhalten Sie einen Warnhinweis. Das Sortieren eines Bereichs mit Teilergebnissen entfernt die Teilergebnisse, bevor die Daten sortiert werden.

Nach dem Sortieren der Daten gehen Sie wie folgt vor:

1. Markieren Sie erneut eine beliebige Zelle in der Liste und wählen auf der Registerkarte *Daten* in der Gruppe *Gliederung* den Befehl *Teilergebnis*. Das Dialogfeld *Teilergebnisse* wird angezeigt.
2. In der Dropdownliste *Gruppieren nach* wählen Sie den Listeneintrag *Kategorie*, in der Dropdownliste *Unter Verwendung von* wählen Sie *Summe* als Berechnungsart. Des Weiteren aktivieren Sie das Kontrollkästchen *Betrag* in der Liste *Teilergebnis addieren zu*.
3. Die Markierungen der Kontrollkästchen *Vorhandene Teilergebnisse ersetzen*, *Seitenumbrüche zwischen Gruppen* einfügen und *Ergebnisse unterhalb der Daten anzeigen* lassen Sie unverändert.
4. Mit einem Klick auf die Schaltfläche *OK* führen Sie den ersten Teil der Aufgabe zu Ende.
5. Rufen Sie jetzt erneut auf der Registerkarte *Daten* in der Gruppe *Gliederung* den Befehl *Teilergebnis* auf und wählen die Option für die nächste Gruppe, also *Zuordnung*, und deaktivieren das Kontrollkästchen für *Vorhandene Teilergebnisse ersetzen*.
6. Bestätigen Sie Ihre Festlegung per Klick auf die Schaltfläche *OK*.

Abbildg. 23.5 Darstellung der Einstellungen für die beiden Arbeitsschritte zum Aufbau der Teilergebnisse

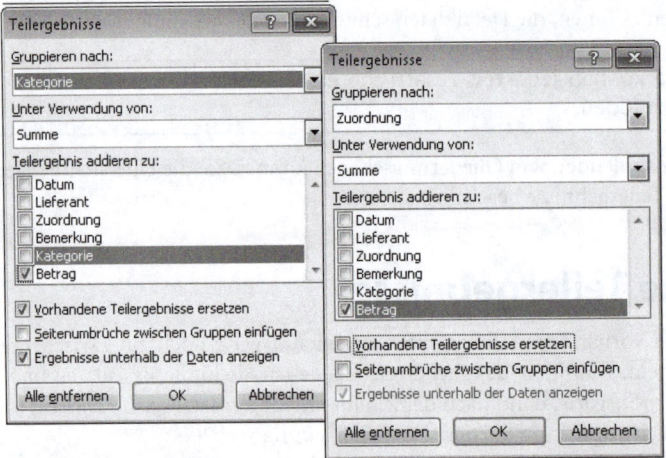

In Abbildung 23.6 zeigt Excel die Ausgabensumme einer Kategorie und die Zwischensummen der untergeordneten Zuordnungen. Zusätzlich wird die Gesamtsumme aller Kategorien ermittelt.

Durch Gliederung die Übersicht in den Daten verbessern

Abbildg. 23.6   Ausschnitt aus der Tabelle mit dem Zwischenergebnis für die *Kategorie* und *Zuordnung*

	A	B	C	D	E	F
1	Erfasste Belege 2010					EURO
2	Datum	Lieferant	Zuordnung	Bemerkung	Kategorie	Betrag
3	24.02.2010	IHK	Beiträge		Beiträge	207,00
4			**Beiträge Ergebnis**			207,00
5	11.01.2010	AXA	Versicherungen		Beiträge	93,80
6	11.02.2010	AXA	Versicherungen		Beiträge	103,18
7	12.02.2010	AXA	Versicherungen		Beiträge	112,56
8	20.01.2010	B.Versicherungskammer	Versicherungen		Beiträge	74,88
9	01.04.2010	B.Versicherungskammer	Versicherungen		Beiträge	1.618,04
10	30.01.2010	Gothaer	Versicherungen		Beiträge	405,00
11	01.04.2010	Gothaer	Versicherungen		Beiträge	1.078,00
12			**Versicherungen Ergebnis**			3.485,46
13					**Beiträge Ergebnis**	3.692,46

HINWEIS   Sie können den Befehl *Teilergebnis* auch in die Symbolleiste für den Schnellzugriff aufnehmen. Die Arbeitsschritte dazu finden Sie in Kapitel 2.

Tabelle 23.2   Funktionen, die Ihnen bei der Nutzung von *Teilergebnis* zur Verfügung stehen

Funktion *Daten*	Zusammengefasste Daten
Summe	Die Summe der Werte in einer Liste. Die Standardfunktion für numerische Daten.
Mittelwert	Der Mittelwert der Werte in einer Liste
Anzahl	Die Anzahl der Elemente in einer Liste, die Standardfunktion für nicht numerische Daten
Maximum	Der höchste Wert in einer Liste
Minimum	Der niedrigste Wert in einer Liste
Produkt	Das Ergebnis der Multiplikation aller Werte in einer Liste
Anzahl Zahlen	Die Anzahl der Datensätze oder Zeilen in einer Liste, die numerische Daten enthalten
Standardabweichung (Stichprobe)	Eine Schätzung der Standardabweichung einer Population, wobei die Liste die Stichprobe darstellt
Standardabweichung (Grundgesamtheit)	Die Standardabweichung einer Population, wobei die Liste die Grundgesamtheit darstellt
Varianz (Stichprobe)	Eine Schätzung der Varianz einer Population, wobei die Liste die Stichprobe darstellt
Varianz (Grundgesamtheit)	Die Varianz einer Population, wobei die Liste die Grundgesamtheit darstellt

Ein Beispiel: Sie wollen wissen, wie viele Positionen jede Kategorie umfasst und wie viele Positionen es derzeit insgesamt in der Ausgabenliste gibt (verwenden Sie dazu das Arbeitsblatt *Ausgaben* in der Arbeitsmappe *Kap23.xlsx*):

1. Markieren Sie erneut eine beliebige Zelle in der Liste und wählen auf der Registerkarte *Daten* in der Gruppe *Gliederung* den Befehl *Teilergebnis*. Das Dialogfeld *Teilergebnisse* wird angezeigt.

2. Wählen Sie in der Dropdownliste *Gruppieren nach* den Eintrag *Kategorie*. In der Dropdownliste *Unter Verwendung von* wählen Sie die Funktion *Anzahl* und in der Liste *Teilergebnis addieren zu* aktivieren Sie das Kontrollkästchen vor *Betrag*.

3. Die Kontrollkästchen *Vorhandene Teilergebnisse ersetzen* und *Ergebnisse unterhalb der Daten* sind aktiviert. Das Kontrollkästchen *Seitenumbrüche zwischen den Gruppen einfügen* ist nicht aktiviert.

4. Bestätigen Sie per Klick auf die Schaltfläche *OK*.

Die Berechnung liefert Ihnen jetzt unter jeder Kategorie die Anzahl der Positionen und am Ende der Liste die Gesamtanzahl. Ganz nach Bedarf können Sie sich jetzt über die eingefügte Gliederung die diversen Datenkombinationen ansehen.

Formatierung von Teilergebnissen

Beim Erstellen von Teilergebnissen wendet Excel eine Formatierung auf die Daten an. Verwendet werden dabei die Zellenformatvorlagen *Zeilenebene_1* und *Zeilenebene_2*. Aktivieren Sie eine Zelle in den Teilergebnissen und wählen Sie auf der Registerkarte *Start* in der Gruppe *Formatvorlagen* den Befehl *Zellenformatvorlagen*. Zeigen Sie anschließend mit der Maus auf eine der beiden Formatvorlagen. In der Livevorschau können Sie die Auswirkungen begutachten.

Die *Automatische Formatierung* können Sie auch über das Startprogramm für Dialogfelder in der Gruppe *Gliederung* zuweisen.

Ein Diagramm aus einer Liste mit Teilergebnissen

Zur besseren Verdeutlichung der ermittelten Zahlen ist eine grafische Darstellung hilfreich. Auf der Basis von Teilergebnissen können Sie auch ein Diagramm erstellen.

Hierzu ein Beispiel: Sie wollen die Teilergebnisse für die Kategorien *Beratung*, *Büromaterial* und *Kommunikation* in einem Tortendiagramm darstellen. Die einzelnen Schritte:

1. Sortieren Sie die Liste aufsteigend nach dem Feld *Kategorie*.

2. Erstellen Sie auf der Basistabelle *Ausgaben* eine Darstellung der Teilergebnisse auf dem Feld *Kategorien* mit der Summe auf dem Feld *Betrag* (siehe hierzu ggf. den Abschnitt »Erstellen eines Teilergebnisses« ab Seite 728).

3. Blenden Sie in der Teilergebnisdarstellung zuerst alle Detailzeilen der Gliederung mit den Schaltflächen der Zeilenebene im linken Randbereich der Liste aus (siehe Abbildung 23.7).

4. Selektieren Sie die Bereiche, die für die Erstellung des Diagramms benötigt werden (siehe Abbildung 23.7).

5. Nach dem Markieren der darzustellenden Felder (*E22:F22 E111:F111 E157:F157*) klicken Sie im Menüband zunächst auf die Registerkarte *Einfügen* und anschließend in der Gruppe *Diagramme* auf den Befehl *Kreis*.

6. Jetzt werden Ihnen eine Reihe von Diagrammtypen angeboten; wählen Sie den Typ *Explodierter 3D-Kreis*.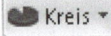

Ein Diagramm aus einer Liste mit Teilergebnissen

Abbildg. 23.7 Selektion der Daten für das Diagramm – mithilfe der [Strg]-Taste

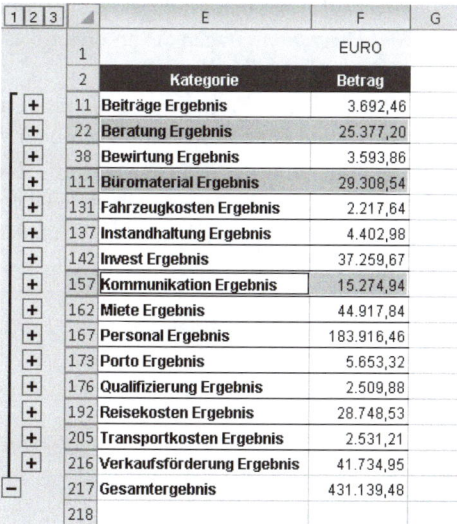

7. Das dargestellte Diagramm ist jedoch in seinen Beschriftungen nicht vollständig. Sie wollen noch einen Diagrammtitel und die Prozentanteile je Kreisanteil anzeigen lassen.

Abbildg. 23.8 Dialogfeld zur Beschriftung der Datenreihen im Kreisdiagramm

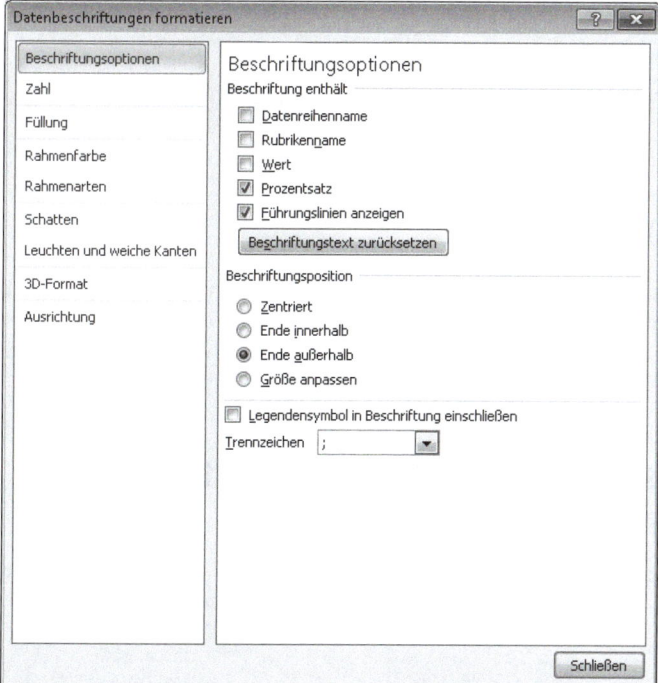

8. Um einen Diagrammtitel hinzuzufügen, markieren Sie das Diagrammobjekt und wählen in der kontextsensitiven Registerkarte *Diagrammtools/Layout*, in der Gruppe *Beschriftungen* den Befehl *Diagrammtitel* und dann den Eintrag *Über Diagramm*. Tragen Sie an dieser Stelle den Titel für das Diagramm ein, beispielsweise »Kostengegenüberstellung«.
9. Wählen Sie in der kontextsensitiven Registerkarte *Diagrammtools/Layout*, in der Gruppe *Beschriftungen* den Befehl *Datenbeschriftungen* und dann den Eintrag *Ende außerhalb*.
10. Markieren Sie nun die Datenbeschriftung, öffnen mit der rechten Maustaste das Kontextmenü und wählen den Befehl *Datenbeschriftungen formatieren*. Das erscheinende Dialogfeld ergänzen Sie wie in Abbildung 23.8 und beenden es dann mit einem Klick auf die Schaltfläche *Schließen*.
11. Verschieben Sie ggf. die Legende vom rechten Rand in den Bereich unterhalb der Datenreihen.

Abbildg. 23.9   Das Diagramm auf der Basis der selektierten Daten aus den Teilergebnissen

Die ausführlichen Bearbeitungsmöglichkeiten von Diagrammen finden Sie in den Kapiteln 17 und 18 beschrieben.

Daten konsolidieren

Wie Sie Teilergebnisse Ihrer Daten komfortabel erstellen, haben Sie zuvor gesehen. In einem weiteren Beispiel soll eine Lösung gezeigt werden, wie verschiedene Tabellen in einer Arbeitsmappe oder auch verschiedene Dateien zusammengefasst – konsolidiert – werden können. Wie Sie dies unter Verwendung von 3D-Bezügen erreichen, steht in Kapitel 6.

Daten aus mehreren Arbeitsblättern zusammenfassen

Ausgehend von mehreren Tabellen, welche grundsätzlich den gleichen Aufbau haben, können Sie konsolidierte Daten mit Teilergebnissen erzeugen.

Abbildg. 23.10 Die Ländertabellen haben alle den gleichen Aufbau, Abweichungen in der Anzahl der Spalten bzw. Zeilen sind möglich

	A	B	C	D	E	F	G	H
1		Sport Group			Monatsbericht in Tausend		Land	Österreich
2								
3								
4		Landesgesellschaft		in Tausend				
5		Warengruppe	Januar	Februar	März	April	Mai	Juni
6		Fahrräder	168,90	101,20	32,85	15,47	5,95	14,86
7		Fahrrad-Kleidung	102,30	27,37	21,42	10,23	5,95	17,85
8		Kletterausrüstung	18,55	22,61	9,52	4,76	8,33	7,14
9		Ski	13,09	3,57	20,25	4,76	5,21	2,38
10		Skikleidung	6,44	2,38	8,33	5,95	9,12	3,12
11		Fischereizubehör	18,62	4,76	9,45	5,47	5,95	2,38
12		Golfausstattung	12,55	17,85	5,95	9,52	2,38	7,45
13		Summe	340,45 €	179,74 €	107,77 €	56,16 €	42,89 €	55,18 €

Um die Daten der drei Landesgesellschaften zusammenzufassen, gehen Sie wie folgt vor:

1. Legen Sie in der Arbeitsmappe *Kap23.xlsx* ein leeres Arbeitsblatt an und wählen Sie die Registerkarte *Daten*.
2. Wählen Sie in der Befehlsgruppe *Datentools* den Befehl *Konsolidieren*.
3. Aktivieren Sie dann das Eingabefeld *Verweis*.
4. Wechseln Sie in das erste Arbeitsblatt (*AUS*) mit den Daten, die zusammengefasst werden sollen, und markieren Sie den Bereich *B5:H12*.
5. Wählen Sie dann die Schaltfläche *Hinzufügen*.
6. Markieren Sie dann nacheinander die Daten aus den beiden anderen Tabellen (*CH* und *GER*) und fügen Sie sie nach dem gleichen Verfahren in dem Dialogfeld hinzu (siehe Abbildung 23.11).

Abbildg. 23.11 Dialogfeld *Konsolidieren* zum Hinzufügen der jeweiligen Datenbereiche in den Bereich *Vorhandene Verweise*

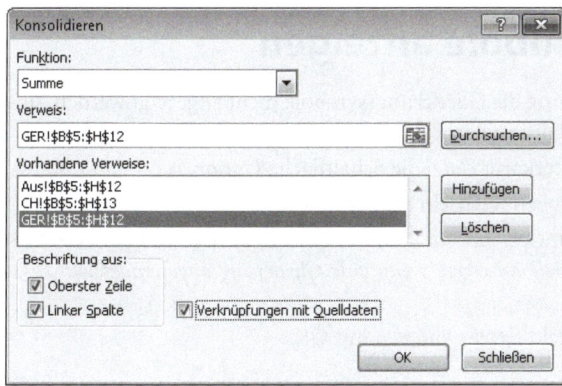

7. Aktivieren Sie die Kontrollkästchen für die Beschriftung, wenn diese im Ergebnis angezeigt werden soll.
8. Aktivieren Sie das Kontrollkästchen *Verknüpfung mit Quelldaten*, wenn der neue Bereich mit dem Quellbereich verbunden sein soll, um alle Änderungen automatisch weiterzugeben.

Kapitel 23 Teilergebnisse bilden und Daten konsolidieren

9. Klicken Sie auf die Schaltfläche *OK*, um die Konsolidierung auszuführen.
10. Als Ergebnis erhalten Sie eine Tabelle, ähnlich wie in Abbildung 23.12.

Abbildg. 23.12 Die konsolidierten Daten mit dynamischer Verknüpfung

		A	B	C	D	E	F	G	H
	4		Umsätze in allen Landesgesellschaften						
	5								
	6			Januar	Februar	März	April	Mai	Juni
	7		Kap23	168,90	101,20	32,85	15,47	5,95	14,86
	8		Kap23	187,22	98,45	32,85	5,95	4,76	13,12
	9		Kap23	187,30	88,52	32,85	20,23	3,57	8,99
	10	Fahrräder		543,42	288,17	98,55	41,65	14,28	36,97
	11		Kap23	102,30	27,37	21,42	10,23	5,95	17,85
	12		Kap23	102,30	61,88	5,95	10,23	2,38	1,19
	13		Kap23	102,30	53,55	17,85	10,23	3,57	2,38
	14	Fahrrad-Kleidung		306,90	142,80	45,22	30,69	11,90	21,42
	18	Kletterausrüstung		62,95	58,31	21,42	17,85	20,23	21,42
	20	Hochgebirgsausrüstung		2,45	2,48	3,14	5,46	5,78	8,27
	24	Ski		44,01	41,65	26,68	13,09	13,34	21,42
	28	Skikleidung		19,73	33,32	26,18	19,04	24,79	10,56
	32	Fischereizubehör		49,09	22,86	28,69	16,47	35,70	26,18
	36	Golfausstattung		36,39	48,79	17,85	20,23	27,37	17,30

Über die Gliederungssymbole am linken Rand können Sie die Daten auswählen, die Sie genauer betrachten wollen. Wählen Sie die numerischen Schaltflächen direkt unterhalb des Namenfelds, um nur die Summen (*1*) oder sowohl die Summen als auch die Einzeldaten der jeweiligen Warengruppe anzeigen zu lassen (*2*).

Werden die Summen angezeigt, können Sie die Werte jeweils über die Schaltflächen »+« und »–« ein- bzw. ausblenden.

Das Einblenden oder Ausblenden der Gliederungseben können Sie auf über die Befehlsgruppe *Gliederung* erledigen.

Gliederungssymbole anzeigen

Sollten bei einer Konsolidierung die Gliederungssymbole nicht angezeigt werden, finden Sie die entsprechenden Einstellungen dafür in den Excel-Optionen:

1. Wählen Sie auf der Registerkarte *Datei* die Schaltfläche *Optionen*.
2. Im Dialogfeld *Excel-Optionen* wechseln Sie zur Kategorie *Erweitert*.
3. Blättern Sie zum Abschnitt *Optionen für dieses Arbeitsblatt anzeigen* und aktivieren Sie das Kontrollkästchen *Gliederungssymbole anzeigen, wenn eine Gliederung angewendet wurde* (siehe Abbildung 23.13).
4. Schließen Sie das Dialogfeld *Excel-Optionen* mit *OK*.

Abbildg. 23.13 Einstellungen in den Excel-Optionen zur Anzeige der Gliederungssymbole

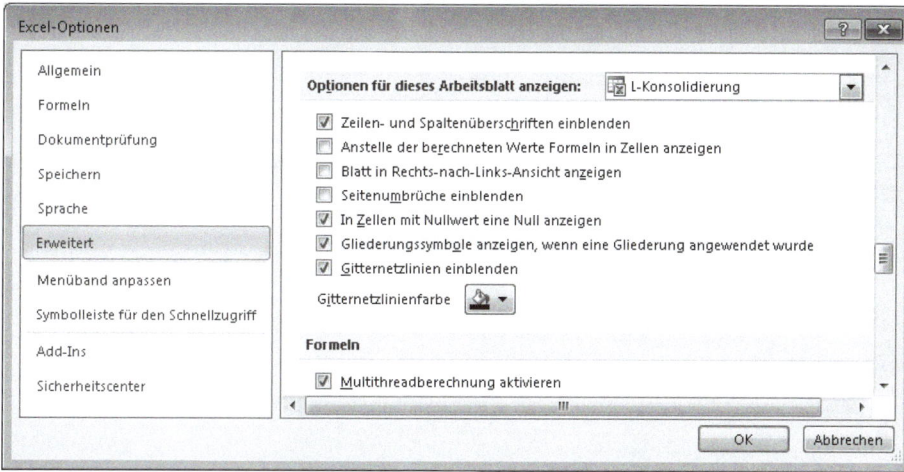

Zusammenfassung

Mit der Funktion *TEILERGEBNIS* können Sie in jede Excel-Liste unterschiedliche Zwischenergebnisse einbauen und Gesamtergebnisse anzeigen. Sie können innerhalb der Listen ohne eigene Formeln und Funktionen arbeiten. Sie erzeugen automatisch eine Gliederung, um Daten in Ihrer Ansicht zu selektieren. Auch die Formatierung und grafische Darstellung von Daten ist vielfältig und natürlich sind Druckausgaben jederzeit möglich.

Das Konsolidieren von Daten ist eine Alternative, um mehrere gleichartig aufgebaute Bereiche auszuwerten.

Frage	Lösung
Wie kann ich Daten nach Gruppen zusammenfassen?	Der Befehl *Teilergebnisse* auf der Registerkarte *Daten* in der Gruppe *Gliederung* stellt eine leistungsfähige Funktion bereit. Sortierte Daten werden damit in Gruppen zusammengefasst. Wie Sie dazu die Daten anordnen, steht auf Seite 728.
Kann ich auch komplexe Teilergebnisse erstellen?	Dadurch, dass Sie den Befehl *Teilergebnis* mehrmals ausführen können, können Sie ganz individuelle Lösungen erarbeiten. Schlagen Sie nach auf Seite 731.
Welche Funktionen kann ich für die Teilergebnisse verwenden?	Excel stellt die möglichen Funktionen im Dialogfeld dar. Welche das sind, erfahren Sie auf Seite 733.
Kann ich aus der Zusammenfassung mit Teilergebnissen auch ein Diagramm erstellen?	Weil Excel ausgeblendete Daten üblicherweise nicht im Diagramm darstellt, ist auch diese Aufgabe zu lösen. Mehr dazu erfahren Sie auf Seite 734.
Wie kann ich Daten aus mehreren Bereichen zusammenfassen?	Ein Beispiel zum Konsolidieren von Daten finden Sie auf Seite 736

Kapitel 24

PivotTable und PivotChart einsetzen

In diesem Kapitel:

Von den Basisdaten zur PivotTable	742
Der Weg zur PivotTable	743
PivotTable im Kompatibilitätsmodus	752
Löschen eines PivotTable-Berichts oder PivotChart-Berichts	753
Die Übersichtlichkeit der Daten bestimmt den Informationsgehalt	758
Felder hinzufügen, entfernen oder neu anordnen	761
Das Layout für Berichte beeinflussen	764
Neue Position für ein Feldelement	768
Vom Globalen zum Detail	769
Datenanalyse – die nächste Funktion	772
Multidimensionale Darstellung der Daten	774
Interaktives Filtern mittels Datenschnitt	776
Der direkte Weg zur Businessgrafik (PivotChart-Bericht)	783
Mit berechneten Feldern aufschlussreiche Informationen gewinnen	785
PowerPivot	792
Zusammenfassung	797

Kapitel 24 PivotTable und PivotChart einsetzen

Wahrscheinlich haben Sie bisher Kriterien mit viel Mühe über Formeln und Funktionen zusammengefasst und aufbereitet oder Ihre Berechnungen mit aufwändigen Modellen und Methoden ausgeführt. Dann folgt eine kleine Korrektur hier, später eine Änderung dort. Am Monatsende müssen zusätzlich neue Daten ergänzt werden. Schließlich beginnt die Entwicklungsarbeit wieder von vorne. Ein aufwändiges Unterfangen, oder? Nun, es gibt eine Abhilfe: die PivotTable!

Von den Basisdaten zur PivotTable

Die Verfügbarkeit entscheidungsrelevanter und geschäftskritischer Informationen hat aus verschiedenen Gründen signifikant zugenommen. Die hinzukommende fortwährend wachsende Datenflut lässt in uns das Gefühl aufkommen, Entscheidungen noch nicht treffen zu können, weil uns stets weitere Angaben fehlen bzw. die derzeit verfügbaren Informationen nicht vollständig oder sicher genug erscheinen. Die Form der vorliegenden Daten bedarf meistens einer zielgerichteten und situationsbezogenen Aufbereitung. In Excel bieten sich zahlreiche Verfahren für diese Aufgabe an. Eine sehr effiziente Unterstützung bietet für die genannten und zahlreiche andere Aufgaben die PivotTable, die wir in diesem Kapitel näher untersuchen und vorstellen möchten. Was macht die PivotTable so »schlagkräftig«?

Die PivotTable ist eine interaktive Möglichkeit, um große Datenmengen schnell zusammenzufassen.

- In PivotTables finden Sie ein Instrument zur schnellen Analyse und Aufbereitung Ihrer numerischen Daten
- Mit der PivotTable können Sie umfangreiche Daten schnell, flexibel, sinnvoll und vor allem mit hoher Aussagekraft auswerten und fundiert Fragen beantworten
- In wenigen Schritten erreichen Sie eine anschauliche Darstellung der Daten
- Änderungen, Ergänzungen und das Hinzufügen neuer Elemente lassen sich in nachvollziehbaren Schritten erledigen
- Sie erhalten wertvolle Unterstützung durch Assistenten und Funktionen, die eine Erleichterung für die weitere Arbeit bedeuten
- Erweitern und Reduzieren von Datenebenen, um bestimmte Ereignisse hervorzuheben. Sie können Drilldowns zum Detail der zusammengefassten Daten ausführen.
- Darüber hinaus können Sie die PivotTable auch als Zwischeninstrument für die Zusammenführung von Daten einsetzen
- Sie können die Zeilen und Spalten beliebig verschieben, um unterschiedliche Zusammenfassungen der Quelldaten einsehen zu können.
- Um sich auf die nützlichsten und interessantesten Teilmengen der Daten konzentrieren zu können, gibt es die Möglichkeit der Gruppierung, Filterung und der bedingten Formatierung
- Darstellung prägnanter und attraktiver online gestellter oder gedruckter Berichte

Wenn Sie die PivotTable erst einmal eingerichtet haben, können Sie die dargestellten Informationen mühelos in ihrer Anzeige verändern oder neu ordnen, ohne dass Ihre Quelldaten verändert werden. So können Sie beispielsweise neue Kategorien und Details hinzufügen bzw. entfernen, bestimmte Elemente ein- bzw. ausblenden und nicht zuletzt vielfältige mathematische Auswertungen der Rohdaten vornehmen.

HINWEIS Sie erstellen im Laufe des Kapitels zahlreiche PivotTables. Diese PivotTables werden immer weiter verändert, um die Aufgaben zu lösen. Bei einigen Beispielen ist es notwendig, eine neue, d. h. einen »Ausgangs-PivotTable-Bericht« zu erstellen. In diesen Fällen wird die Feldanordnung der Ausgangstabelle gezeigt, aus Platzgründen wird jedoch der detaillierte Erstellungsweg nicht noch einmal beschrieben, sondern nur noch die Weiterentwicklung. Wenn Sie die Handhabung noch nicht beherrschen, kann es notwendig sein, in den vorausgegangen Abschnitten die Schritte noch einmal nachzulesen.

Der Weg zur PivotTable

In unserem ersten Beispiel betrachten wir eine Gehaltsliste. Dabei wollen wir eine aussagestarke PivotTable erstellen und dadurch gleichzeitig die Möglichkeiten einer solchen Tabelle kennenlernen. Eine Zusammenführung und Auswertung der Daten wurde bisher nicht vorgenommen. Ziel ist es, problemlos und schnellstmöglich eine PivotTable mit

- den Gesamtwerten über die verschiedenen Monate bzw. Jahre,
- den Summen der Einzelpositionen sowie
- der Abteilungsverteilung

zu erstellen, um später alles auf einen Blick mühelos vergleichen zu können.

Aus dieser Datenquelle erstellen wir nun Schritt für Schritt eine PivotTable.

CD-ROM Sie finden die Dateien *Kap24_Gehalt.xlsx* und *Kap24_Gehalt_Lösung.xlsx* im Ordner *\Buch\Kap24*.

Die Arbeitsmappe *Kap24_Gehalt.xlsx* enthält Lohndatenmaterial (im Arbeitsblatt *Lohn*) über die Mitarbeiter, wie z. B. den Abrechnungsmonat, den Namen des Mitarbeiters, die Abteilung und die monatliche Bruttobelastung für den Betrieb.

Um eine erste PivotTable zu erstellen, gehen Sie folgendermaßen vor:

1. Öffnen Sie die Datei *Kap24_Gehalt.xlsx* und aktivieren Sie die Zelle *B5* in der Tabelle *Lohn*.

Abbildg. 24.1 Das Menü mit dem Befehl *PivotTable* zum Erstellen einer PivotTable oder PivotChart

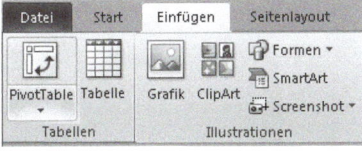

2. Klicken Sie jetzt auf der Registerkarte *Einfügen* in der Gruppe *Tabellen* auf *PivotTable*, um das Dialogfeld *PivotTable erstellen* zu öffnen.
3. Das Dialogfeld *PivotTable erstellen* erkennt in diesem Fall automatisch den Quellbereich, den Sie unverändert übernehmen können.

Kapitel 24 PivotTable und PivotChart einsetzen

Abbildg. 24.2 Dialogfeld *PivotTable*, das über einen direkten Klick auf die Schaltfläche aufgerufen wird

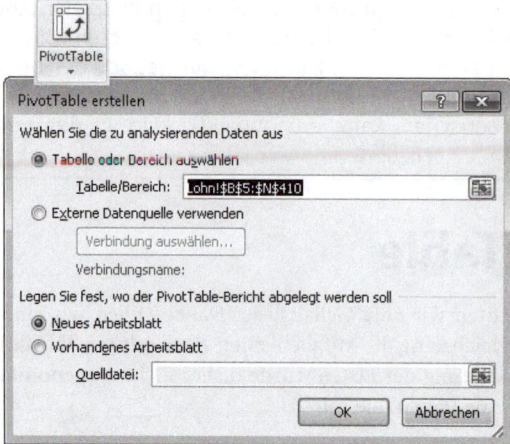

4. Erstellen Sie den *Pivot-Bericht* in einem neuen Arbeitsblatt. Aktivieren Sie die zugehörige Option und klicken auf die Schaltfläche *OK* (siehe Abbildung 24.2).
5. In dem neuen Arbeitsblatt wird ein leerer PivotTable-Bericht eingefügt (Abbildung 24.3). Am rechten Bildschirmrand sehen Sie die eingeblendete *PivotTable-Feldliste*, sodass Sie jetzt die Felder in dem Layoutabschnitt anordnen und wieder verschieben können.

Abbildg. 24.3 Die Bildschirmaufteilung im Arbeitsblatt nach Aufruf des Befehls *PivotTable*

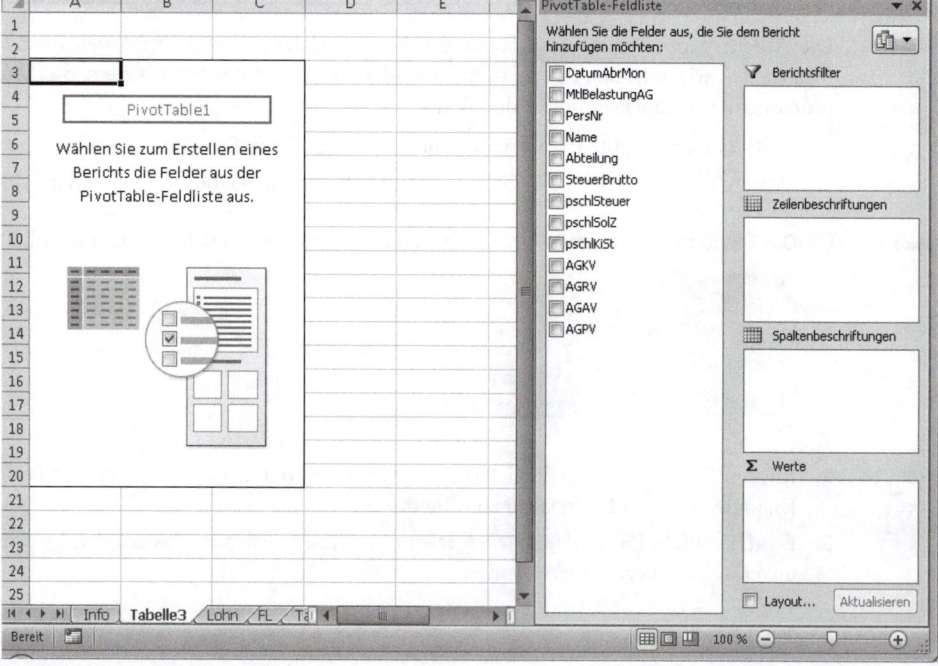

744

Der Weg zur PivotTable

6. Positionieren Sie den Mauszeiger in der *PivotTable-Feldliste* auf dem Feld *Name* und ziehen Sie es mit gedrückter linker Maustaste in den Bereich *Zeilenbeschriftungen* (siehe Abbildung 24.4).
7. Ziehen Sie das Feld *Abteilung* in den Bereich *Spaltenbeschriftungen*.
8. Das Feld *SteuerBrutto* ziehen Sie in den Bereich *Werte*.

Sie erhalten dann folgende PivotTable.

Abbildg. 24.4 Ein Ausschnitt aus der PivotTable mit den nach *Abteilung* und *Name* aufgeschlüsselten Daten. Die Tabelle ist ohne jegliche Formatierung.

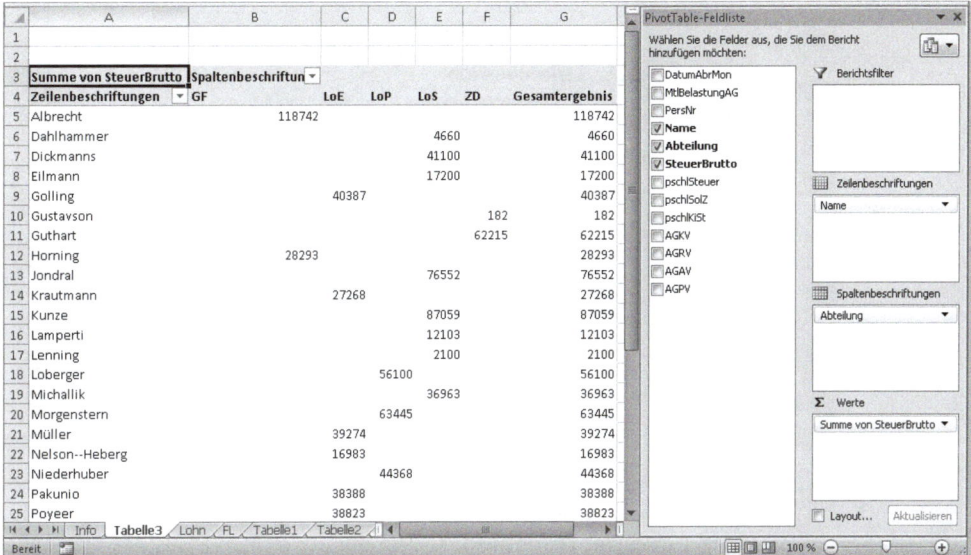

> **TIPP** Immer, wenn Sie den Mauszeiger innerhalb einer PivotTable positionieren und die rechte Maustaste drücken, können Sie mit dem alternativen Befehl *Feldliste einblenden* oder *Feldliste ausblenden* im Kontextmenü die PivotTable-Feldliste ein- oder ausblenden (Abbildung 24.4). Mittels dieser Feldliste lassen sich jederzeit neue Felder in die Pivot-Darstellung aufnehmen oder entfernen.

Die Tabelle ist so, wie sie uns derzeit vorliegt, noch von geringer Aussagekraft, weil sie keine Auskunft über den dargestellten Zeitraum beinhaltet. Handelt es sich um einige Monate, das gesamte Jahr oder um Abschnitte aus mehreren Jahren? Um diese darzustellen, benötigen wir ein weiteres Feld, das noch zusätzlich bearbeitet werden muss.

So bauen Sie die Zeiteinheiten für Jahr und Monat aus dem Datumsfeld auf:

1. Aktivieren Sie die PivotTable, indem Sie den Mauszeiger in der PivotTable positionieren. Zugleich erscheint, wenn aktiviert (ggf. siehe den obigen Tipp), die *PivotTable-Feldliste* (Abbildung 24.4), aus der Sie jetzt das Feld *DatumAbrMon* in den Bereich *Zeilenbeschriftungen* ziehen und es oberhalb des Felds *Name* ablegen.
2. Die PivotTable zeigt das Tagesdatum, eine Zwischensumme auf Monatsebene und den eingeblendeten Ausschnitt *Zeilenbeschriftungen* der *PivotTable-Feldliste* (siehe Abbildung 24.6) an.

Abbildg. 24.5 Die PivotTable mit dem zusätzlich aufgenommenen Feld *DatumAbrMon*

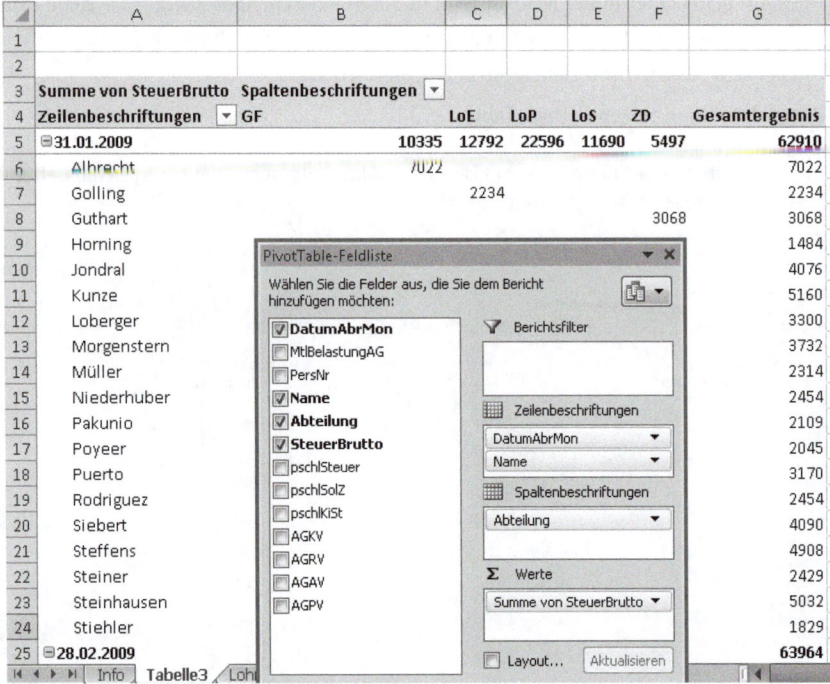

3. Als Nächstes soll die Ergebniszeile je Datum (Monat) ausgeblendet werden. Positionieren Sie den Mauszeiger in einem Datumsfeld, klicken mit der rechten Maustaste und wählen im Kontextmenü den Befehl *Feldeinstellungen*.

4. Im folgenden Dialogfeld *Feldeinstellungen* wechseln Sie bei *Teilergebnisse* von der Option *Automatisch* auf *Keine* (siehe Abbildung 24.6). Damit werden die Zwischensummen ausgeblendet. Mit einem Klick auf die Schaltfläche *OK* schließen Sie das Dialogfeld.

5. Jetzt ist es sinnvoll, das Tagesdatum noch in Monate und in Jahre aufzuteilen bzw. zusammenzufassen: Klicken Sie erneut mit der rechten Maustaste auf einen Datumseintrag in der *Zeilenbeschriftung* der PivotTable und wählen aus dem Kontextmenü den Befehl *Gruppieren*.

6. Im Dialogfeld *Gruppierung* (siehe Abbildung 24.7) selektieren Sie in der Liste zusätzlich zu *Monate* noch den Eintrag *Jahre* und schließen das Dialogfeld mit der Schaltfläche *OK* ab. Die PivotTable wird daraufhin im Zeilenbereich um den Eintrag *Jahre* ergänzt.

Der Weg zur PivotTable

Abbildg. 24.6 Das Dialogfeld *Feldeigenschaften* mit der Anpassung der *Teilergebnisse* von *Automatisch* auf *Keine*

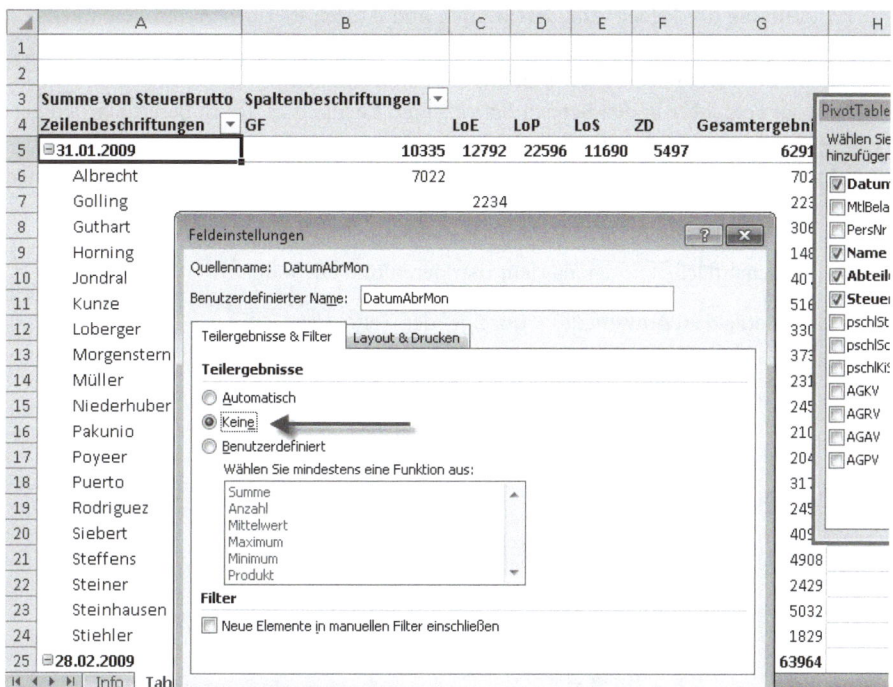

Abbildg. 24.7 Das Dialogfeld zum Gruppieren der Einzeldaten

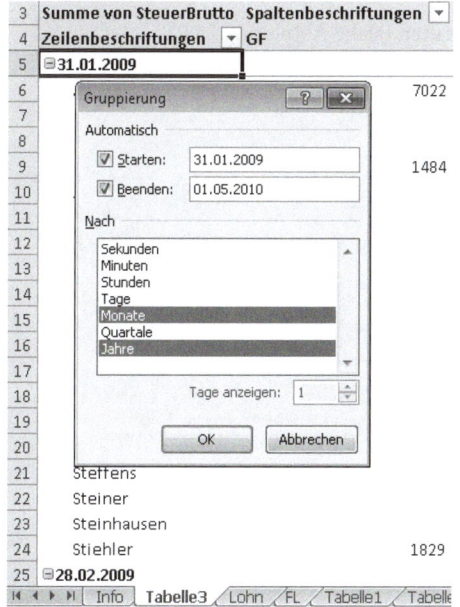

747

Kapitel 24 PivotTable und PivotChart einsetzen

Um zu einer besseren Beurteilung zu gelangen, sind noch zwei Dinge zu erledigen. Zuerst sollte die Anordnung der Felder verändert werden und danach ist zur besseren Lesbarkeit die Formatierung zu ergänzen:

1. In der PivotTable-Feldliste ziehen Sie durch Anklicken und Festhalten mit der linken Maustaste das Feld *Jahre* in den Bereich *Berichtsfilter*. Ebenfalls in diesen Bereich ziehen Sie das Feld *Abteilung*. Legen Sie es unterhalb des Felds *Jahre* ab.
2. Darüber hinaus verschieben Sie das Feld *DatumAbrMon* aus dem Bereich *Zeilenbeschriftungen* in den Bereich *Spaltenbeschriftungen*.
3. Im Berichtsfilter *Jahre* filtern Sie auf das Jahr 2009 (siehe Abbildung 24.8), indem Sie auf die Filterschaltfläche klicken, das Jahr markieren und *OK* wählen.

Abbildg. 24.8 Dialogfeld zu Auswahl des anzuzeigenden Zeitraums

Sie sollten nun folgende Auswertung erhalten (siehe Abbildung 24.9).

Der Weg zur PivotTable

Abbildg. 24.9 Ausschnitt aus der erstellten PivotTable, mit dem Blick auf die PivotTable-Feldliste und die dort vorgenommenen Feldanordnungen

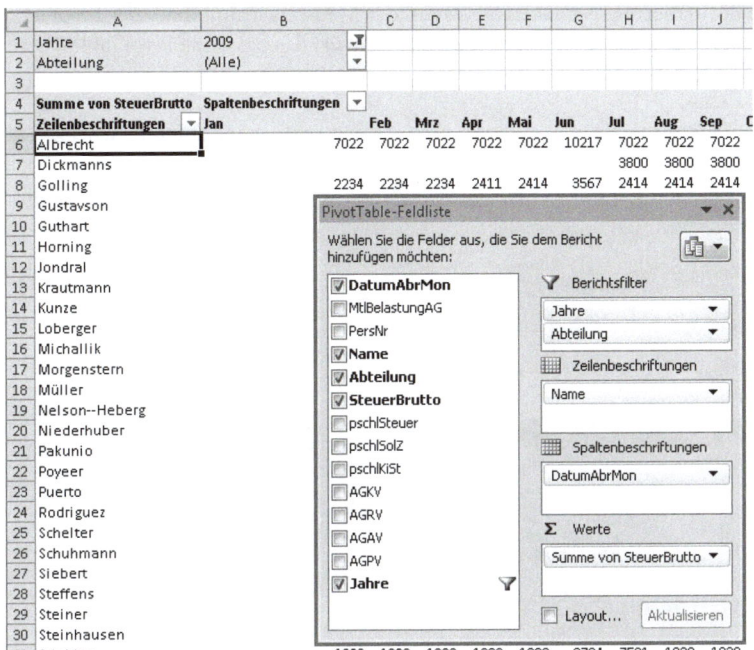

Sie haben jetzt eine Darstellung vorliegen, die die monatlichen Bruttobezüge aller Mitarbeiter, von Januar 2009 bis Dezember 2009 anzeigt. Von den recht umfangreichen Basisdaten haben Sie mit der PivotTable in wenigen Minuten diese übersichtliche Auswertung erstellt.

CD-ROM Die Lösung dieser Aufgabe finden Sie in der Arbeitsmappe *Kap24_Gehalt_Lösung.xlsx* im Arbeitsblatt *LösungBruttobezüge*.

Schnellformatierung von PivotTables

Eine schnelle Formatierung erreichen Sie, wenn der Mauszeiger innerhalb der PivotTable steht und Sie in den *PivotTable-Tools* auf der Registerkarte *Entwurf* das passende PivotTable-Format auswählen (siehe Abbildung 24.10).

Abbildg. 24.10 Darstellung umfangreicher Formatvorlagen, die Sie leicht und schnell auf Ihre PivotTable anwenden können

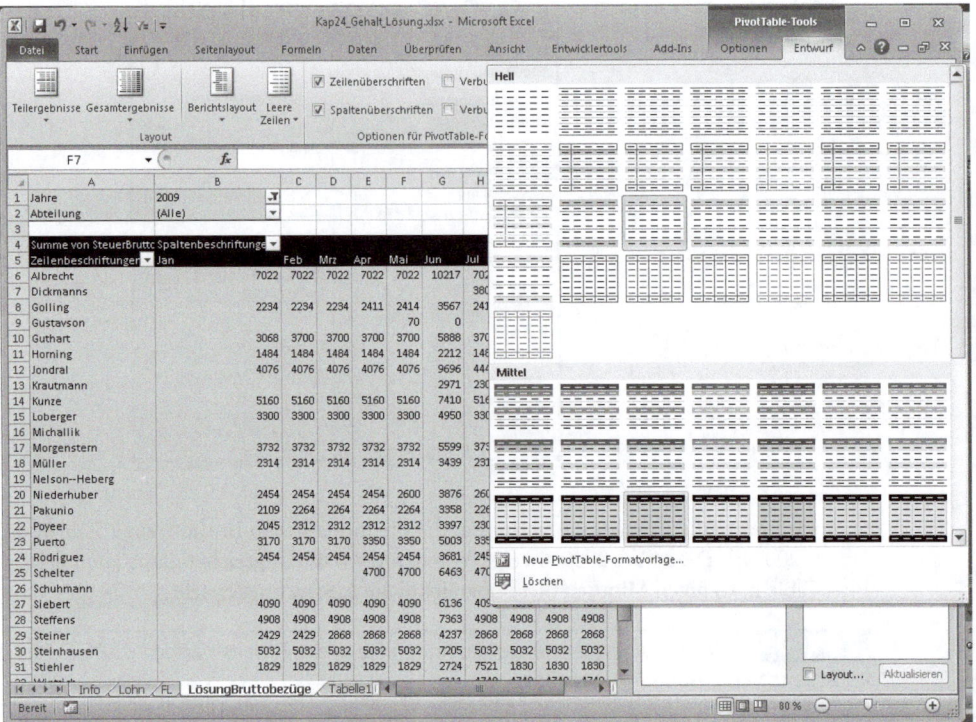

TIPP Zeigen Sie mit dem Mauszeiger auf ein Tabellenformat und Sie können die Auswirkung der Formatierung sofort im *PivotTable-Bericht* sehen. Weitere Erläuterungen und Hinweise, wie Sie neue Tabellenformatvorlagen erstellen, finden Sie in Kapitel 11.

Aussagekraft und Übersicht durch Anordnung

Die Anordnung der Tabellenfelder in den vier Bereichen Zeilenbeschriftungen, Spaltenbeschriftungen, Werte und Berichtsfilter bedarf schon einiger vorausschauender Überlegungen: Immerhin entscheiden Sie damit, welchen Blick Sie auf die Daten erhalten und wo die Werte in der PivotTable zum Schluss dargestellt werden. Sehen Sie sich die Tabelle 24.1 an und verdeutlichen Sie sich die Aufgabe der einzelnen Bereiche.

Tabelle 24.1 Die Bedeutung der Felder im Layoutabschnitt

Bezeichnung	Beschreibung
Zeilenbeschriftungen	Die Felder, die Sie in diesen Bereich ziehen, haben in der PivotTable eine zeilenorientierte Anordnung. Die einzelnen Elemente der jeweiligen Kategorie werden als Zeilenbeschriftung angezeigt.
Spaltenbeschriftungen	Die Felder in diesem Bereich haben in der PivotTable eine spaltenorientierte Anordnung. Die einzelnen Elemente der jeweiligen Kategorie werden als Spaltenbeschriftung angezeigt.
Berichtsfilter	In diesem Bereich hat das Feld eine auf die restlichen Bereiche eingrenzende Auswirkung. Elemente in diesem Feld werden einzeln und nacheinander in einer PivotTable angezeigt.
Werte	Im Wertebereich werden die von der PivotTable berechneten und zusammengefassten Daten bzw. Werte dargestellt

Die Mitarbeiterentwicklung ermitteln

Angenommen, Sie wollen die abteilungsbezogene Entwicklung der Mitarbeiteranzahl im Jahr 2009 ermitteln und in einem PivotTable-Bericht darstellen. In diesem Fall lösen Sie diese Aufgabe wie folgt:

1. Positionieren Sie den Mauszeiger in den Rohdaten des Beispielarbeitsblatts *Lohn*, das sich in der Arbeitsmappe *Kap24_Gehalt.xlsx* befindet.
2. Klicken Sie auf der Registerkarte *Einfügen* in der Gruppe *Tabellen* auf *PivotTable*. Daraufhin erscheint das Dialogfeld *PivotTable erstellen* und zeigt den erkannten Datenbereich als Adresse an. Ohne Änderungen können Sie die Daten durch einen Klick auf die Schaltfläche *OK* übernehmen.
3. Ein neues Arbeitsblatt wird geöffnet und zeigt den PivotTable-Bereich und die PivotTable-Feldliste.
4. Klicken Sie auf das Feld *Abteilung* und ziehen es in das Feld unterhalb der *Spaltenbeschriftungen*.
5. Klicken Sie auf das Feld *DatumAbrMon* und ziehen es in das Feld unterhalb der *Zeilenbeschriftungen*.
6. Klicken Sie auf das Feld *PersNr* und ziehen es in das Feld unterhalb der Beschriftung *Werte*.
7. Gruppieren Sie das Feld *DatumAbrMon* wie oben beschrieben nach Monat und Jahr.
8. Zur Jahresunterscheidung ziehen Sie das Feld *Jahre* in den *Berichtsfilter*.
9. Filtern Sie dann in der PivotTable auf das Jahr *2009* (siehe Abbildung 24.11).

Nach Abschluss der Filterung erhalten Sie das folgende Ergebnis.

Abbildg. 24.11 Darstellung der Mitarbeiterzahl je Abteilung und Zeitraum

	A	B	C	D	E	F	G
1	Jahre	2009 .T					
2							
3	**Anzahl von PersNr**	Spalten ▼					
4	Zeilenbeschriftungen ▼	GF	LoE	LoP	LoS	ZD	Gesamtergebnis
5	Jan	3	5	6	3	2	19
6	Feb	3	5	6	3	2	19
7	Mrz	3	5	6	4	2	20
8	Apr	3	5	6	5	2	21
9	Mai	3	5	6	5	3	22
10	Jun	3	6	6	6	3	24
11	Jul	3	6	6	7	3	25
12	Aug	3	6	6	7	3	25
13	Sep	3	7	6	8	3	27
14	Okt	3	7	6	9	3	28
15	Nov	3	7	6	9	3	28
16	Dez	3	7	6	9	3	28
17	**Gesamtergebnis**	36	71	72	75	32	286

HINWEIS Die Gesamtsumme in Zeile 17 ist irreführend und sollte ausgeblendet werden. Mit dem aktiven Mauszeiger in der PivotTable klicken Sie mit der rechten Maustaste und wählen im erscheinenden Kontextmenü den Befehl *PivotTable-Optionen*. Im Dialogfeld wechseln Sie zur Registerkarte *Summen & Filter* und deaktivieren dort das Kontrollkästchen vor dem Eintrag *Gesamtsummen für Spalten anzeigen* und klicken abschließend auf *OK*.

- Mit wenigen Mausklicks erhalten Sie ein erstes Ergebnis: Die Personalnummer im Datenbereich veranlasst Excel, die Funktion *Anzahl* für die Zusammenfassung zu verwenden. Sie liefert für unsere Anforderung die richtige Auswertung, weil die Personalnummer in der Datenquelle als Text formatiert ist.

Optisch können Sie noch einige Korrekturen vornehmen und zusätzlich das Ergebnis etwas differenzierter anzeigen. Sollten die Werte beispielsweise andere Nachkommastellen aufweisen, ist dies zu erreichen, indem Sie mit der rechten Maustaste das Kontextmenü aufrufen und dort den Befehl *Zahlenformat* wählen. Sie gelangen dann zum Dialogfeld zum Formatieren von Zahlen.

PivotTable im Kompatibilitätsmodus

Wenn Sie in Excel 2010 eine Excel-Datei im Format der Version 97-2003 öffnen, erscheint neben dem Dateinamen der Text *[Kompatibilitätsmodus]*. Erstellen Sie jetzt eine PivotTable, erfolgt der Aufbau und die Zuordnung der Felder im herkömmlichen Erscheinungsbild (siehe Abbildung 24.12).

Löschen eines PivotTable-Berichts oder PivotChart-Berichts

Abbildg. 24.12 Aufbau einer PivotTable mit Daten aus Excelversionen von 2000 bis 2003 im Kompatibilitätsmodus

Wenn dieser Modus aktiv ist, können Sie wie gewohnt die Felder direkt in die Bereiche im Arbeitsblatt ziehen.

Dieser Modus lässt sich auch nachträglich im aktuellen *.xlsx*-Format einstellen. Dazu gehen Sie folgendermaßen vor:

1. Aktivieren Sie Ihre PivotTable und öffnen Sie mit der rechten Maustaste das Kontextmenü.
2. Wählen Sie dort den Befehl *PivotTable-Optionen*.
3. Im Dialogfeld *PivotTable- Optionen* wechseln Sie auf die Registerkarte *Anzeige*.
4. Aktivieren Sie dort das Kontrollkästchen *Klassisches PivotTable-Layout (ermöglicht das Ziehen von Feldern im Raster)*.

Ab jetzt können Sie in Ihrer PivotTable die Felder auch im Arbeitsblatt ziehen und verschieben.

In Excel 2010 können Sie einerseits die benötigten Felder durch einen Klick auf das Kontrollkästchen in der PivotTable-Feldliste aktivieren. Die Inhalte erscheinen nach einer internen Logik in der PivotTable. Andererseits lässt sich der Aufbau direkt steuern, indem Sie das jeweilige Feld in der *PivotTable-Feldliste* anklicken und in den gewünschten Bereich innerhalb des Aufgabenbereichs ziehen.

Löschen eines PivotTable-Berichts oder PivotChart-Berichts

Sie löschen alle Felder aus dem Layout eines PivotTable-Berichts, indem Sie folgendermaßen vorgehen:

1. Setzen Sie den Mauszeiger in die PivotTable.
2. Klicken Sie auf der Registerkarte *PivotTable-Tools/Optionen* in der Gruppe *Aktionen* auf *Löschen* und anschließend auf *Alle löschen*.

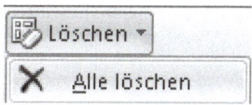

Kapitel 24 PivotTable und PivotChart einsetzen

Daraufhin werden die Inhalte der PivotTable gelöscht. Sie bleiben aber weiterhin im Modus des PivotTable-Aufbaus.

Wollen Sie die PivotTable komplett aus dem Arbeitsblatt entfernen, markieren Sie den gesamten Bereich der PivotTable

- entweder durch Markieren mit der Maus
- oder über den Befehl *PivotTable-Tools/Optionen/Auswählen/Gesamte PivotTable*

und drücken die `Entf`-Taste. Die PivotTable wird komplett gelöscht.

Beim Löschen eines PivotChart-Berichts verfahren Sie analog.

Die Ausgabe der PivotTable im gleichen Arbeitsblatt

Wenn Sie, entgegen der vorherigen Lösung, Ihre PivotTable im Arbeitsblatt mit den Rohdaten darstellen möchten, gehen Sie so vor:

1. Öffnen Sie die Datei *Kap_24_Gehalt.xlsx* und aktivieren Sie das Arbeitsblatt *Lohn*, welches die Beispieldaten für die zu erstellende PivotTable enthält.
2. Klicken Sie auf der Registerkarte *Einfügen* in der Gruppe *Tabellen* auf *PivotTable*, um das Dialogfeld *PivotTable erstellen* zu öffnen.

Abbildg. 24.13 Dialogfeld *PivotTable erstellen* mit der Ausgabe im Arbeitsblatt neben den Quelldaten

3. Sie wählen zuerst die Option *Vorhandenes Arbeitsblatt* und positionieren dann den Mauszeiger in dem Auswahlfeld *Quelldatei*. Tragen Sie hier die Zelladresse für den Beginn in die linke obere Ecke der PivotTable ein oder selektieren Sie mit der Maus das entsprechende Feld im Arbeitsblatt.
4. Bestätigen Sie die Schaltfläche *OK* und die PivotTable wird im Arbeitsblatt *Lohn* erstellt.

HINWEIS Wenn Sie keine Veränderungen im Dialogfeld *PivotTable erstellen* vornehmen, wird standardmäßig ein neues Arbeitsblatt angelegt und dort die PivotTable erstellt.

Tabellenoptionen erleichtern die Darstellung

Im Dialogfeld *PivotTable-Optionen* können Sie die unterschiedlichsten Einstellungen für den Pivot-Table-Bericht auf sechs Registerkarten vornehmen.

Abbildg. 24.14 Das Dialogfeld zur Bearbeitung der umfangreichen PivotTable-Optionen

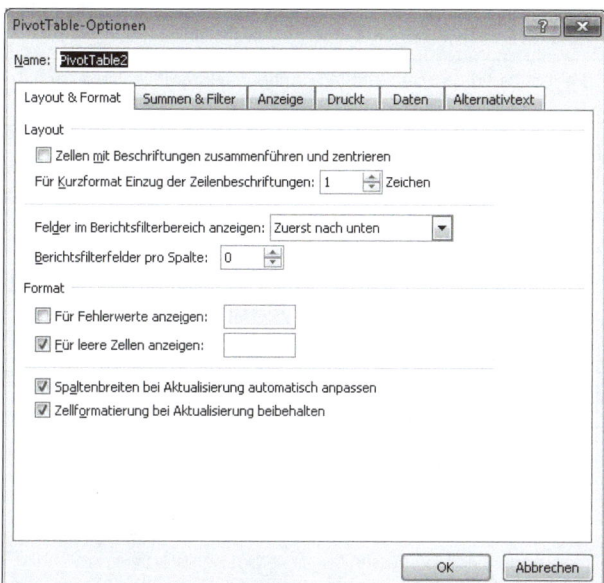

Die folgende Tabelle zeigt eine Auflistung, welche Optionen Sie dort einstellen können.

Tabelle 24.2 Optionen der PivotTable

Option	Beschreibung
Registerkarte *Layout & Format*	
Zellen mit Beschriftungen zusammenführen und zentrieren	Diese Option verbindet Zellen für Elemente in äußeren Zeilen und Spalten, um dann die Elemente horizontal oder vertikal zentrieren zu können (Layout: Tabellenformat): 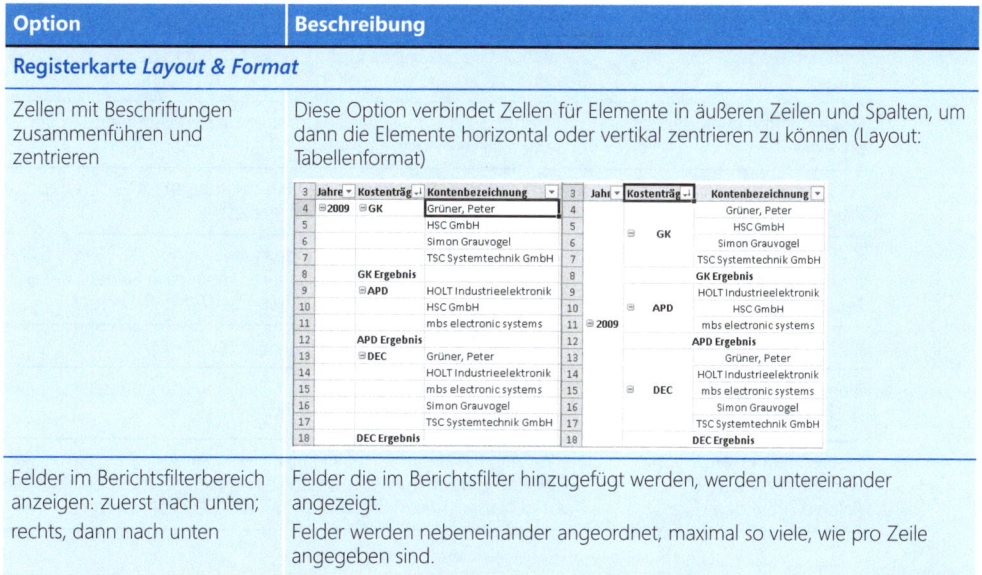
Felder im Berichtsfilterbereich anzeigen: zuerst nach unten; rechts, dann nach unten	Felder die im Berichtsfilter hinzugefügt werden, werden untereinander angezeigt. Felder werden nebeneinander angeordnet, maximal so viele, wie pro Zeile angegeben sind.

Tabelle 24.2 Optionen der PivotTable *(Fortsetzung)*

Option	Beschreibung
Für Fehlerwerte anzeigen	Ermöglicht Ihnen, anstelle von Fehlerwerten, z. B. #BEZUG! oder #DIV/0!, ein selbst bestimmtes Zeichen auszugeben
Spaltenbreiten bei Aktualisierung automatisch anpassen	Passt bei jeder Aktualisierung die Spaltenbreite automatisch an die Größe des breitesten Texts an. Es ist zu deaktivieren, um die aktuelle Breite der PivotTable-Spalten beizubehalten.
Zellformatierung bei Aktualisierung beibehalten	Erspart Ihnen das wiederholte Formatieren Ihrer PivotTable nach Änderungen oder Aktualisierungen
Registerkarte *Summen & Filter*	
Gesamtsummen für Zeilen anzeigen	Fasst ebenfalls mit der gleichen Funktion, die im Datenbereich verwendet wird, die Werte aller Zellen in derselben Zeile der PivotTable zusammen. Gesamtsummenzeile ein- bzw. ausblenden.
Gesamtsummen für Spalten anzeigen	Fasst mit der gleichen Funktion, die im Datenbereich verwendet wird, die Werte für alle Zellen in derselben Spalte der PivotTable zusammen. Gesamtsummenspalte ein- bzw. ausblenden
Nach Teilergebnissen gefilterte Seitenelemente	Ermöglicht gefilterte Elemente in Teilergebnisse ein- oder aus zuschließen
Mehrere Filter pro Feld zulassen	Das aktivierte Kontrollkästchen ermöglicht Ihnen in die Berechnung von Teilergebnissen und Gesamtsummen alle Werte einzubeziehen, einschließlich der durch Filter ausgeblendeten Werte
Beim Sortieren benutzerdefinierte Listen verwenden	Wenn Sie zum Sortieren eigene Sortierfolgen (benutzerdefinierte Listen) verwenden wollen, müssen Sie diese Option zu aktivieren. Wenn Sie große Datenmengen nach Standard sortieren, verbessert eventuell die Wegnahme dieser Option die Leistung des Systems
Registerkarte *Anzeige*	
Schaltflächen zum Erweitern/Reduzieren anzeigen	Aktivieren Sie diese Option, um die Plus- oder Minuszeichen zum Erweitern bzw. Reduzieren von Zeilen- oder Spaltenbeschriftungen anzuzeigen
Kontextbezogene QuickInfos anzeigen	Zeigt Ihnen bei aktivierter Option in der Quickinfo den Wert, das Zeilenfeld und dessen Inhalt sowie das Spaltenfeld und dessen Inhalt an
Eigenschaften in QuickInfos anzeigen	Hier können Sie Eigenschaftsinformationen von Elementen in der Quickinfo anzeigen lassen – gilt nur für OLAP-Datenquellen
Feldbeschriftungen und Filterdropdowns anzeigen	Bei aktivierter Option werden Feldbeschriftungen für Zeilen und Spalten einschließlich Dropdownpfeilen angezeigt
Klassisches PivotTable-Layout (ermöglicht das Ziehen von Feldern im Raster)	Zeigt die Pivot-Erstellungsansicht der Vorversionen (2003 und früher) und ermöglicht Ihnen das Ziehen bzw. Verschieben von Feldern in PivotTable-Berichten (und nicht nur im Dialogfeld *PivotTable-Feldliste*)
Die Wertezeile anzeigen	OLAP-Datenbearbeitung
Elemente ohne Daten in den Zeilen/Spalten anzeigen	Zeigt Zeilen/Spaltenelemente an, die keine Werte besitzen (Ist nur für OLAP-Datenquellen verfügbar)
Elementnamen anzeigen, wenn im Wertbereich keine Felder vorhanden sind	Sie können mit dieser Option Elementbeschriftungen anzeigen bzw. ausblenden, wenn im Wertbereich keine Felder vorhanden sind. Gilt nur für PivotTable-Berichte, die mit Excel 2007/2010 erstellt wurden.

Tabelle 24.2 Optionen der PivotTable *(Fortsetzung)*

Option	Beschreibung
Von A bis Z sortieren oder	Sortiert die Inhalte der Feldliste aufsteigend alphabetisch.
Nach der Reihenfolge der Datenquellen sortieren	Übernimmt die Sortierung der externen Datenquelle (gilt nicht für OLAP-Datenquellen).
Registerkarte *Druckt*	
Schaltflächen zum Erweitern/Reduzieren anzeigen	Aktivieren oder deaktivieren Sie diese Option, um die Schaltflächen zum Erweitern/Reduzieren beim Drucken eines PivotTable-Berichts auszugeben bzw. nicht auszugeben. Dieses Kontrollkästchen ist nicht verfügbar, wenn das Kontrollkästchen *Drillschaltflächen* anzeigen auf der Registerkarte *Anzeige* dieses Dialogfelds deaktiviert ist.
Zeilenbeschriftungen für jede gedruckte Seite wiederholen	Wiederholt die aktuellen Elementbeschriftungen der Zeilenbeschriftungen auf allen Seiten eines gedruckten PivotTable-Berichts, wenn die Option aktiv ist
Drucktitel festlegen	Bei aktivierter Option werden alle der Feldkopfzeilen der Zeilen und Spalten und der Spaltenelementbeschriftungen auf allen gedruckten Seiten eines PivotTable-Berichts wiederholt.
	Sie müssen im Dialogfeld *Seite einrichten* auf der Registerkarte *Tabelle* im Abschnitt *Drucktitel* in den Feldern *Wiederholungszeilen oben* bzw. *Wiederholungsspalten links* dennoch Werte angeben, um die Beschriftungen tatsächlich drucken zu können (Klicken Sie auf der Registerkarte *Seitenlayout* in der Gruppe *Seite einrichten* auf *Drucktitel*).
Registerkarte *Daten*	
Quelldaten mit Datei speichern	Ermöglicht Daten aus externen Datenquellen in der Arbeitsmappe mit zu speichern (Gilt nicht für OLAP-Datenquellen).
'Details anzeigen' aktivieren	Bei aktiver Option lassen Sie einen Drilldown zu Detaildaten aus der Datenquelle zu und zeigen die Daten in einem neuen Arbeitsblatt an. (Gilt nicht für OLAP-Datenquellen).
Aktualisieren beim Öffnen der Datei	Beim Öffnen der Datei wird bei aktiver Option die Excelmappe aktualisiert. (Gilt nicht für OLAP-Datenquellen).
Elemente beibehalten, die aus der Datenquelle gelöscht wurden; Anzahl der pro Feld beizubehaltenden Elemente	Anzahl der Elemente pro Feld anzugeben, die mit der Arbeitsmappe zwischengespeichert werden sollen. *Automatisch* = Die Standardanzahl der eindeutigen Elemente für die einzelnen Felder. *Keine* = Keine eindeutigen Elemente für die einzelnen Felder. *Maximum* = Die maximale Anzahl eindeutiger Elemente für die einzelnen Felder.
Was-wäre-wenn-Analyse; Zellbearbeitung im Wertebereich zulassen	Gilt nur für OLAP-Datenbearbeitung
Registerkarte *Alternativtext*	
Titel und Beschreibung	Sie können alternativen Text für Formen, Bilder, Diagramme, Tabellen, SmartArt-Grafiken oder andere Objekte in Office-Dokumenten erstellen. Alternativer Text ermöglicht Benutzern mit einer Bildschirmsprachausgabe, den Inhalt von Bildern zu verstehen. Wenn ein Dokument per Bildschirmsprachausgabe gelesen oder in einem Dateiformat wie oder DAISY (Digital Accessible Information System) gespeichert wird, wird in den meisten Browsern alternativer Text angezeigt, wenn der Zeiger über ein Bild bewegt wird.

Kapitel 24 PivotTable und PivotChart einsetzen

Die Übersichtlichkeit der Daten bestimmt den Informationsgehalt

Für die Beurteilung der Pivot-Daten kommt es neben den errechneten Werten auch auf die Anordnung der Daten an. Denn sehr schnell wirkt sich das Layout auf die Betrachtung und die Interpretation der gezeigten Inhalte aus. Zu viele Details an unpassenden Stellen wurden die Lesbarkeit erheblich erschweren und die Aussagekraft herabsetzen. Durch Pivotieren ist es kaum Aufwand, das Layout der PivotTable zu verändern. Dadurch wird schnell eine bessere Darstellung und Analyse der Daten ermöglicht.

Jetzt geht's rund – pivotieren Sie

Um ein Feld innerhalb der PivotTable neu anzuordnen, benötigen Sie die *PivotTable-Feldliste*. Sie erscheint üblicherweise mit dem Abschluss des Dialogfelds *PivotTable erstellen*.

Abbildg. 24.15 Die Struktur des Aufgabenbereichs *PivotTable-Feldliste*

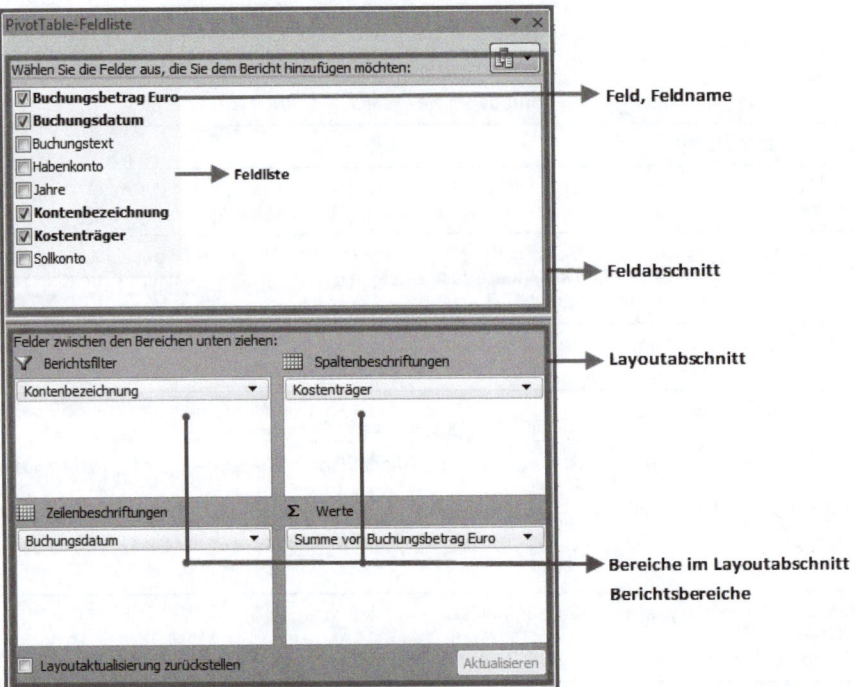

Im Umgang mit dem Aufgabenbereich *PivotTable-Feldliste* ist wichtig, zu verstehen, wie diese Liste funktioniert und welche Möglichkeiten zum Anordnen der verschiedenen Feldtypen zur Verfügung stehen.

Grundsätzliches zum Verschieben von Feldern in den vier Berichtsbereichen

Beim Verschieben von Feldern in die vier Berichtsbereiche geht Excel nach folgenden Regeln vor:

- **Werte** Wird das erste numerische Feld aktiviert, wird es standardmäßig in den Bereich *Werte* verschoben. Folgt ein weiteres numerisches Feld, wird es ebenfalls in den Wertebereich verschoben und erscheint gleichzeitig als *Wert* im Bereich *Spaltenbeschriftungen*.

ACHTUNG Im Bereich *Werte* kann jedes Feld, egal ob numerisch oder Text, mehrfach platziert werden.

- **Zeilen- und Spaltenbeschriftungen** Wird lediglich das Kontrollkästchen für ein Textfeld aktiviert, wird das Feld automatisch in den Bereich *Zeilenbeschriftungen* verschoben. Ein zweites Mal kann dasselbe Feld nicht in den gleichen Bereich von *Zeilen- oder Spaltenbeschriftungen* verschoben werden.
- **Berichtsfilter** Auch im Berichtsfilter kann ein Feld nur einmal abgelegt werden

Weitere Besonderheiten beim Anordnen sind in Zusammenhang mit OLAP-Datenquellen zu beachten. In OLAP-Datenquellen sind sehr häufig zahlreiche Felder (Measures) enthalten, die in verschiedenen Dimensionen, Hierarchien und Ebenen organisiert sind. Sie können Hierarchien, Attribute und benannte Mengen nur in die Bereiche Zeilenbeschriftungen, Spaltenbeschriftungen oder Berichtsfilter verschieben. Sie können Measures, berechnete Measures nur in den Wertebereich verschieben.

Neuanordnen oder Hinzufügen von Feldern

Neue Felder können Sie jederzeit hinzufügen. Aktivieren Sie das jeweilige Kontrollkästchen und das Feld wird im Standardbereich des Layoutabschnitts platziert. Sie können jederzeit die Anordnung der Felder ändern.

- Klicken Sie mit der rechten Maustaste auf den Feldnamen, öffnen das Kontextmenü und wählen dann den entsprechenden Befehl, um das Feld in einem bestimmten Bereich des Layoutabschnitts zu positionieren.

TIPP Sehr schnell lässt sich ein Feld anordnen, wenn Sie mit der linken Maustaste auf einen Feldnamen klicken und bei gedrückter Maustaste das Feld aus dem Feldabschnitt in einen Bereich im Layoutabschnitt ziehen. Genauso können Sie auch ein Feld von einem Bereich im Layoutabschnitt in einen anderen Bereich ziehen.

Sie wollen wissen, wie viele Mitarbeiter in der jeweiligen Abteilung aufgeschlüsselt über den Datenzeitraum tätig waren.

Auf der Basis der PivotTable in Abbildung 24.11 führen Sie dazu die folgenden Schritte aus:

(Sie finden diese Ausgangs-PivotTable auch in der Arbeitsmappe *Kap24_Gehalt_Lösung.xlsx* in der Tabelle *Pt24.12*).

1. Öffnen Sie die Tabelle oder erstellen Sie die PivotTable nach dem genannten Muster.
2. Öffnen Sie die *PivotTable-Feldliste*, indem Sie den Mauszeiger in die PivotTable positionieren.

Kapitel 24 PivotTable und PivotChart einsetzen

Feldliste

HINWEIS Falls wider Erwarten die *PivotTable-Feldliste* nicht erscheint, klicken Sie auf die Registerkarte *PivotTable-Tools*. Danach klicken Sie auf der Registerkarte *Optionen* in der Gruppe *Anzeigen* auf den Befehl *Feldliste* und der Aufgabenbereich wird angezeigt.

3. Ziehen Sie in der PivotTable-Feldliste das Feld *Jahre* in den Bereich *Spaltenbeschriftungen*.
4. Das Feld *Abteilung* soll im Zeilenbereich unterhalb des Felds *DatumAbrMon* angeordnet sein.

Zeigen Sie die PivotTable in der Tabellenansicht an:

1. Ihr Mauszeiger befindet sich in der PivotTable, klicken Sie dann in den *PivotTable-Tools* auf die Registerkarte *Entwurf*.

Berichtslayout

2. In der Gruppe *Layout* klicken Sie auf den Befehl *Berichtslayout* und wählen dort den Befehl *In Tabellenformat anzeigen*.

Ihre PivotTable hat nun die aus Abbildung 24.16 hervorgehende Darstellung.

Abbildg. 24.16 Die umgestaltete PivotTable mit der Darstellung der Felder in der PivotTable-Feldliste (Ausschnitt)

	A	B	C	D	E
3	Anzahl von PersNr		Jahre		
4	DatumAbrMon	Abteilung	2009	2010	Gesamtergebnis
5	⊟Jan	GF	3	3	6
6		LoE	5	7	12
7		LoP	6	6	12
8		LoS	3	10	13
9		ZD	2	3	5
10	Jan Ergebnis		19	29	48
11	⊟Feb				

Je mehr Felder Sie zur Verfügung haben und verwenden, desto differenzierter kann die Darstellung und letztendlich auch die Aussage der Tabelle sein.

Eine anschauliche Formatierung erhalten Sie über die Gruppe *PivotTable-Formate* auf der Registerkarte *PivotTable-Tools/Entwurf* des Menübands.

Die in der Abbildung 24.16 dargestellte Liste zeigt gegenwärtig alle Abteilungen an. Der Dropdownpfeil an der Feldschaltfläche *Abteilung* eröffnet Ihnen ähnliche Möglichkeiten wie der *AutoFilter* –

Sie können damit bestimmte Listeneinträge ausblenden. Mehr zum Thema AutoFilter können Sie Kapitel 20 entnehmen.

Wenn Sie auf den kleinen Pfeil klicken, wird ein Fenster geöffnet, in dem Sie die Einzelpositionen auswählen können, die letztendlich in der PivotTable angezeigt werden sollen (siehe Abbildung 24.17).

Abbildg. 24.17 Auswahlfenster für die Anzeige von Einzelpositionen in einem Pivot-Feld

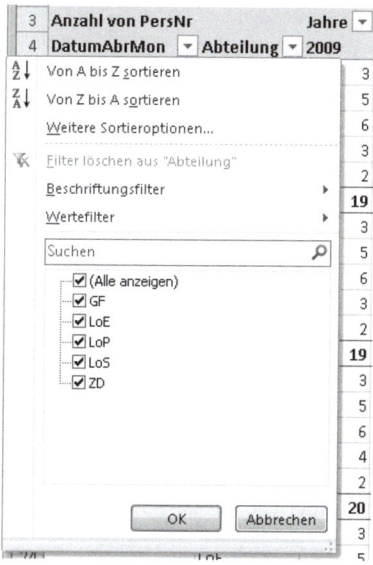

Alle Listeneinträge, deren Kontrollkästchen mit einem Häkchen versehen sind (das ist die Standardeinstellung – alle Einträge sind aktiviert), werden in die PivotTable übernommen. Durch einfaches Klicken auf das Kontrollkästchen können Sie die Auswahl sowohl deaktivieren als auch wieder aktivieren. Ein Klick auf das Kontrollkästchen *(Alle anzeigen)* entfernt das Häkchen aus allen Kontrollkästchen bzw. fügt das Häkchen in alle Kontrollkästchen ein. Die endgültige Übernahme der getroffenen Auswahl bestätigen Sie durch einen Klick auf die Schaltfläche *OK*.

Felder hinzufügen, entfernen oder neu anordnen

Nehmen wir an, Sie stellen im Verlauf der Arbeit fest, dass sich in Ihrer PivotTable Felder befinden, die nicht mehr benötigt werden. Sie möchten diese Felder nun aus der Tabelle löschen.

In unserem Beispiel soll ein Feld aus dem Spaltenbereich der PivotTable entfernt werden:

1. Aktivieren Sie die PivotTable und klicken im *Layoutabschnitt* der PivotTable-Feldliste auf den Feldnamen. Eine Befehlsliste öffnet sich.
2. Klicken Sie anschließend auf den Befehl *Feld entfernen*.

Abbildg. 24.18 Befehlsliste, eingeblendet durch einen Klick auf den Feldnamen, im Layoutabschnitt der PivotTable-Feldliste

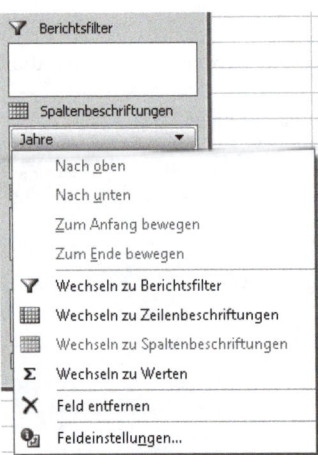

Die einem Feld zugeordnete (Abbildung 24.18) Befehlsliste bietet neben *Feld entfernen* und *Feldeinstellungen* auch eine Reihe von Befehlen, ein Feld innerhalb eines Bereichs neu anzuordnen (*Nach oben*, *Nach unten*, *Zum Anfang bewegen*, *Zum Ende bewegen*). Diese Anordnung betrifft die Reihenfolge der Elemente im Zeilen- bzw. Spaltenbereich des *PivotTable-Berichts*.

Ferner finden Sie Befehle zum Verschieben eines Felds innerhalb des Layoutabschnitt.

TIPP Sie können im *Layoutabschnitt* auch auf einen Feldnamen zeigen, die rechte Maustaste drücken, festhalten und das Feld aus der *PivotTable-Feldliste* herausziehen. Wenn der Feldname dann mit einem Kreuz am Mauszeiger erscheint, lassen Sie die Maustaste wieder los und das Feld wird aus dem Bereich entfernt.

HINWEIS Durch Deaktivieren eines Kontrollkästchens im Feldabschnitt werden alle Instanzen des Felds aus dem PivotTable-Bericht entfernt.

Ändern der PivotTable-Feldlistenansicht

Die Ansicht der PivotTable-Feldliste gibt es in fünf Varianten, die für die verschiedenen Aufgaben beim Einsatz einer PivotTable konzipiert und optimiert sind.

Abbildg. 24.19 Die verschiedenen Aufbauten der PivotTable-Feldliste

Automatische oder manuelle Aktualisierung des Berichtslayouts

Bei jeder Änderung, die Sie in der PivotTable-Feldliste vornehmen, wird die PivotTable, das Berichtslayout, automatisch aktualisiert. Bei der Verarbeitung von großen Datenmengen bedeutet die permanente Aktualisierung Performanceverlust. Der Wechsel zur manuellen Aktualisierung kann daher sinnvoll sein. Der Bericht kann dann erst wieder verwendet werden und aktuelle Daten anzeigen, wenn Sie nach allen Änderungen im manuellen Umfeld zur automatischen Aktualisierung zurückgekehrt sind und der Bericht die neuesten Darstellungen aufweist.

Um im manuellen Umfeld zu arbeiten, aktivieren Sie in der PivotTable-Feldliste das Kontrollkästchen *Layoutaktualisierung zurückstellen* am unteren Rand des Aufgabenbereichs (siehe Abbildung 24.19).

Wenn Sie zwischenzeitlich eine aktualisierte Ansicht des PivotTable-Berichts benötigen, klicken Sie auf die Schaltfläche *Aktualisieren*.

ACHTUNG Wenn Sie für das Berichtslayout die manuelle Aktualisierung ausgewählt haben, gehen beim Schließen der PivotTable-Feldliste, beim Wechsel in die Ansicht *Nur Felder* oder beim Beenden von Excel alle inzwischen durchgeführten Änderungen am Layout verloren.

Ein- und Ausblenden von Details

Sie wollen die dargestellten Daten der PivotTable (siehe Abbildung 24.16) in der Zeilenanzahl verdichten, sodass in Ihrer PivotTable nur die Ergebniszeilen der Monate angezeigt werden.

Zur Überprüfung Ihres Arbeitsergebnisses können Sie auf die PivotTable *Pt24.13* in der Arbeitsmappe *Kap24_Gehalt_Lösung.xlsx* zurückgreifen.

1. Markieren Sie zunächst alle Elemente des Zeilenfelds *DatumAbrMonat*. Indem Sie den Mauszeiger auf den Namen des Zeilenfelds, etwas über den unteren Rand hinaus bewegen, erscheint ein kleiner schwarzer Pfeil. Wenn Sie jetzt mit der linken Maus klicken, wird die gesamte Spalte markiert.

2. Wählen Sie den Befehl *Gesamtes Feld reduzieren*. Diesen Befehl finden Sie in unter *PivotTable-Tools/Optionen* in der Gruppe *Aktives Feld* (siehe Abbildung 24.20).

Abbildg. 24.20 Die Auswahl in der Gruppe bzw. dem Befehl *Aktives Feld*

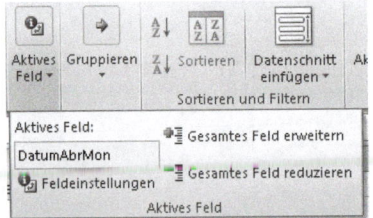

HINWEIS Um die Reduzierung wieder aufzuheben, gibt es den Befehl *Gesamtes Feld erweitern* (siehe Abbildung 24.20).

Bei kleineren PivotTables können Sie zum Ausblenden von einzelnen Abschnitten auch auf die Schaltflächen »+« bzw. »–« direkt vor dem Monatsnamen klicken.

Sind in Ihrer PivotTable erst einmal alle Details eingerichtet, können diese durch einen Doppelklick auf das Feldelement immer wieder ein- bzw. ausgeblendet werden.

Beispielsweise wird die Anzeige der Abteilungen ausgeblendet, wenn Sie auf den Eintrag *Jan* für Januar einen Doppelklick ausführen. Ein weiterer Doppelklick auf dieses Feld macht die Abteilungen wieder sichtbar.

TIPP Eine weitere Variante zum Erweitern oder Reduzieren finden Sie im Kontextmenü unter dem Befehl *Erweitern/Reduzieren*.

Haben Sie später in Ihrer Tabelle mehrere Felder in Spalten und Zeilen angeordnet und markieren Sie das innerste Feld, werden die neuen Details für alle übergeordneten Feldinhalte eingeblendet. Handelt es sich hingegen um ein Feldelement oder ist das markierte Feld nur ein einzelnes Spalten- oder Zeilenfeld, werden die Details nur für ein übergeordnetes Feldelement angezeigt. Analog zum Einblenden von Details verfahren Sie beim Ausblenden.

Das Layout für Berichte beeinflussen

Eine wichtige Bedeutung bei der Beurteilung von PivotTables kommt dem Erscheinungsbild, dem Berichtslayout, zu. Dabei spielen die Beschriftungen eine wichtige Rolle. Sie können das Berichtslayout auf zwei Wegen beeinflussen:

- Über die Feldeinstellungen der PivotTable, erreichbar über das Kontextmenü oder über die PivotTable-Tools im Menüband
- Über die Registerkarte *Entwurf* und dem Befehl *Berichtslayout* (siehe Abbildung 24.21)

Das Layout für Berichte beeinflussen

Abbildg. 24.21 Die verschieden Auswahlmöglichkeiten des *Berichtslayouts* und der Feldeinstellungen auf der Registerkarte *Layout & Drucken*

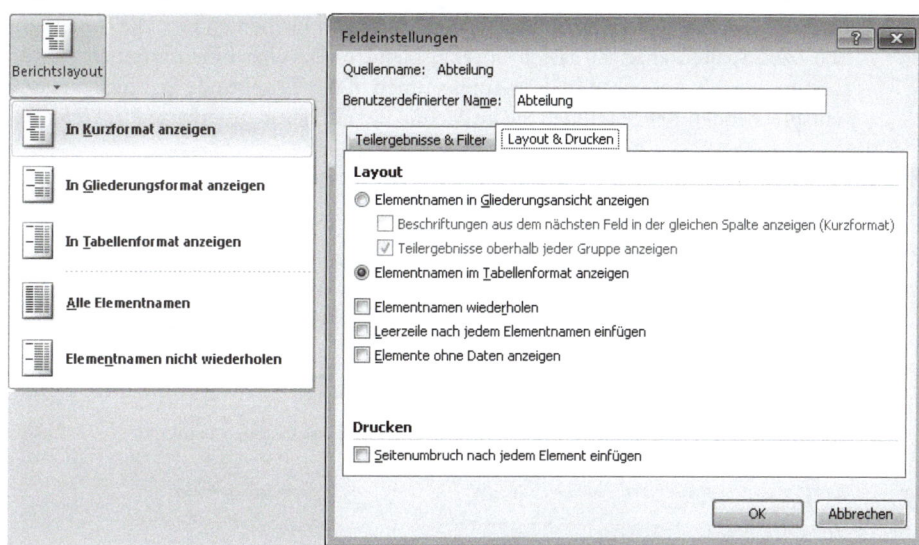

In der folgenden Abbildung sehen Sie die unterschiedlichen Darstellungen innerhalb der Formate.

Abbildg. 24.22 Die Berichtslayouts mit einfachen Beispielen

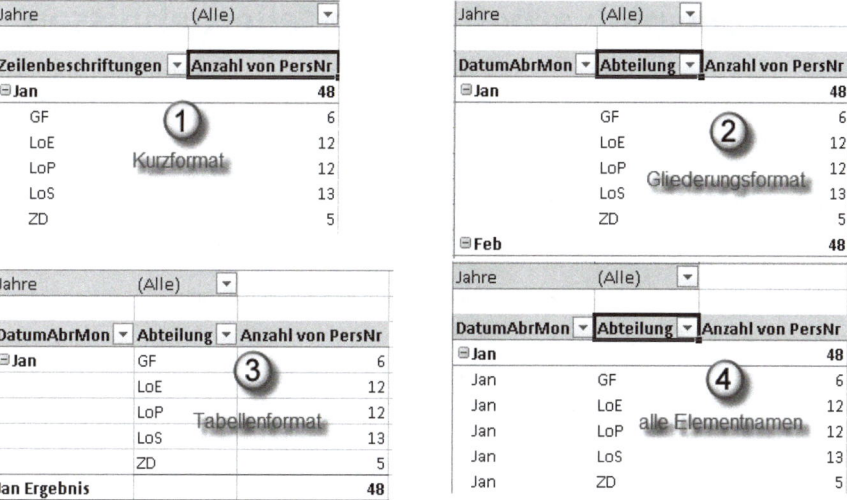

Die Abbildung 24.22 zeigt unter Punkt 4 die Auswirkungen des Kontrollkästchens *Elementnamen wiederholen*.

Teilergebnisse und Gesamtergebnisse anzeigen

In einer PivotTable können Sie die Teilergebnisse von Elementen bzw. die Gesamtergebnisse in Zeilen bzw. Spalten anzeigen lassen oder ausblenden. Darüber hinaus können Sie für Teilergebnisse bestimmen, ob diese oben in der Gruppe, unten in der Gruppe oder gar nicht angezeigt werden. Die entsprechenden Befehle finden Sie im Menüband auf der Registerkarte *PivotTable-Tools/Entwurf*.

Abbildg. 24.23   Die Möglichkeiten der Befehle *Teilergebnisse* und *Gesamtergebnisse*

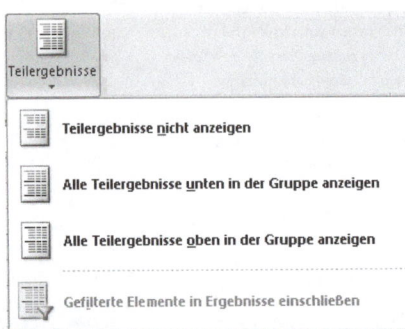

HINWEIS   Gesamtergebnisse für Zeilen werden nur dann angezeigt, wenn Sie mehr als ein Feld im Wertebereich angeordnet haben.

Praxisbeispiel: arbeiten mit Teilergebnissen

Sie benötigen für eine Auswertung die Bruttolohnsumme aller Mitarbeiter, unabhängig von deren Abteilungszugehörigkeit. Auf die Zwischenergebnisse für die einzelnen Abteilungen wollen Sie zunächst verzichten.

Sie lösen diese Aufgabe mit wenigen Handgriffen. Gehen Sie folgendermaßen vor:

1. Erstellen Sie auf der Basis des Arbeitsblatts *Lohn* aus der Beispielmappe *Kap24_Gehalt.xlsx* eine neue PivotTable mit einer Struktur entsprechend der Abbildung 24.24.

Abbildg. 24.24   PivotTable zur Darstellung der Bruttolohnsumme des Unternehmens

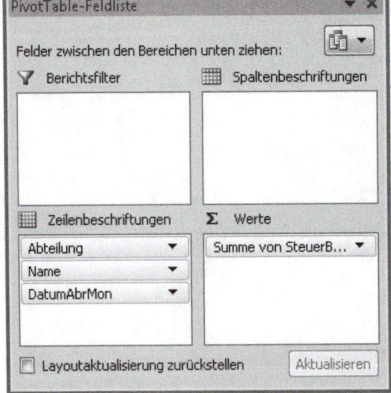

Das Layout für Berichte beeinflussen

Um eine Zuordnung auf Monate und Jahre zu erhalten, muss das Feld *Jahre* bzw. *Monate* zunächst aus dem Datum (*DatumAbrMonat*) erzeugt werden!

2. Um diese für die Auswertung wichtigen Felder zu erhalten, markieren Sie das Zeilenbeschriftungsfeld *DatumAbrMonat* im PivotTable-Bericht (oder ein beliebiges Datum bzw. einen Monat in dieser Spalte) und wählen im Kontextmenü (rechte Maustaste) den Befehl *Gruppieren*.

3. Im Dialogfeld *Gruppierung* (siehe Abbildung 24.25) markieren Sie die Listeneinträge *Monate* und *Jahre*. Danach schließen Sie das Dialogfeld durch einen Klick auf die Schaltfläche *OK*.

Abbildg. 24.25 Das Dialogfeld zum Gruppieren der Datumswerte in Monate und Jahre

4. Das Feld *Jahre* wird in der PivotTable-Feldliste in den Bereich *Zeilenbeschriftungen* eingefügt.

5. Je nach Ausgangslage wird jetzt auch das Feld *DatumAbrMon* von Tagesdatum auf Monate umgestellt.

6. Damit haben Sie die Voraussetzung geschaffen, Jahre und Monate gezielt auswählen zu können.

7. Im nächsten Schritt ziehen Sie das Feld *Jahre* in der PivotTable-Feldliste in den *Berichtsfilterbereich*.

8. Klicken Sie dann im *PivotTable-Bericht* auf den Dropdownpfeil am Feld *Jahre*, markieren den Eintrag *2010* und bestätigen Sie zur Übernahme mit *OK*.

Das Ergebnis dieser Aktion sehen Sie in der folgenden Abbildung.

Abbildg. 24.26 Der PivotTable-Bericht mit den automatischen Teilergebnissen für die Zeilenfelder *Abteilung* und *Name (Teilergebnisse sind oben angeordnet)*

	A	B
1	Jahre	2010
2		
3	Zeilenbeschriftungen	Summe von SteuerBrutto
4	⊟ GF	48068
5	⊟ Albrecht	28088
6	Jan	7022
7	Feb	7022
8	Mrz	7022
9	Apr	7022
10	⊟ Horning	9029
11	Jan	1484
12	Feb	1484
13	Mrz	4061
14	Apr	2000
15	⊟ Stiehler	10951
16	Jan	2040
17	Feb	2040
18	Mrz	4831
19	Apr	2040
20	⊟ LoE	65848

Neue Position für ein Feldelement

Die Anordnung, also die Reihenfolge Ihrer Zeileneinträge können Sie in einer PivotTable einerseits mit den Sortierbefehlen beeinflussen, einschließlich einer automatisch anzuwendenden *Benutzerdefinierten Sortierreihenfolge* (Einzelheiten zur Sortierung siehe Kapitel 20). Andererseits können Sie die Anordnung situativ nach eigenen Wünschen und losgelöst von einer Sortierreihenfolge gestalten.

Nehmen wir an, Sie wollen die Abteilung *LoS* an der ersten Position anzeigen, wobei die anderen Positionen jedoch in der ursprünglichen Reihenfolge belassen werden sollen.

Gehen Sie folgendermaßen vor:

1. Aktivieren Sie die Zelle unterhalb der Zeilenbeschriftungen.
2. Wählen Sie im Kontextmenü den Befehl *Erweitern/Reduzieren* und anschließend *Gesamtes Feld reduzieren*.
3. Aktivieren Sie die Zelle mit der Abteilung *LoS*.
4. Bewegen Sie den Mauszeiger auf den Rand der Zelle zu, bis das Symbol mit den *Pfeilen in vier Richtungen* erscheint.
5. Drücken Sie jetzt die linke Maustaste und schieben Sie das markierte Feld in die gewünschte Position.
6. Wenn das Feld, gekennzeichnet durch eine kräftige graue Linie, die Zielposition erreicht hat, lassen Sie die Maustaste los.
7. Das Feld mit den zugehörigen Daten wird jetzt am neuen Ort angezeigt. Alle anderen Feldelemente des Beispiels verbleiben in der bisherigen Reihenfolge (die Lösung finden Sie in *Pt24.14* der Arbeitsmappe *Kap24_Gehalt_Lösung.xlsx*).

Vom Globalen zum Detail

Oft erschweren allzu umfangreiche Datenmengen den Blick auf die relevanten Inhalte. Die Möglichkeit, die Tabellenfelder zu filtern, bietet eine wertvolle Hilfe, den Blick auf die wesentlichen Inhalte und Merkmale zu konzentrieren.

Die in PivotTables eingestellten Filter werden bei jeder Aktualisierung automatisch angewendet.

Filter sind in PivotTable-Berichten oder PivotCharts immer additiv. Das bedeutet, dass jeder weitere Filter auf den aktuellen Filtern aufsetzt und die Untermenge der Daten weiter reduziert.

Sie können im Pivot-Umfeld bis zu drei Filtertypen gleichzeitig erstellen:

- Manueller Filter
- Beschriftungs- und Datumsfilter
- Wertfilter

Gesteuert wird die gleichzeitige Anwendung verschiedener Filter über die Option *Mehrere Filter pro Feld zulassen*. Diese Einstellung finden Sie auf der Registerkarte *Anzeigen* im Dialogfeld der *PivotTable-Optionen*.

Mit einem Beschriftungsfilter können Sie bequem eine Teilmenge von Daten in einem PivotTable- oder PivotChart-Bericht anzeigen. Mit einem *Beschriftungsfilter* im Zeilenfeldbereich können Sie die Anzeige von großen Datenmengen leichter verwalten und einen Teil der Daten in einem Bericht in den Vordergrund stellen, beispielsweise nur Namen, die mit »S« beginnen, anzeigen zu lassen.

Erstellen Sie eine PivotTable auf der Basis der Daten auf der Registerkarte *Lohn* mit folgender Feldanordnung (siehe Abbildung 24.28).

Abbildg. 24.27 Anordnung der Felder in der *PivotTable-Feldliste* für die folgende Übung

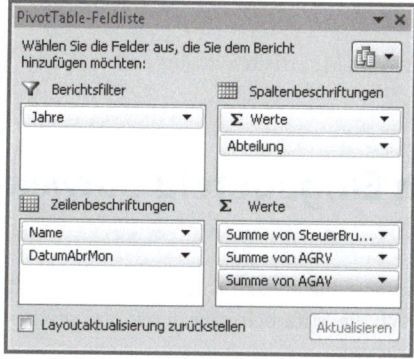

Ist die PivotTable erstellt, wählen Sie auf der Registerkarte *PivotTable-Tools/Entwurf* im Befehl *Berichtslayout* als Darstellungsoption *In Tabellenformat anzeigen*.

Anschließend finden Sie neben dem Feld *Name* der Zeilenbeschriftungen in der PivotTable einen Dropdownpfeil.

Wenn Sie auf diesen Pfeil klicken, eröffnen sich umfangreiche Sortier- und Filtermöglichkeiten:

- Auswahl über das Kontrollkästchen
- Anwenden von Beschriftungsfilter

Kapitel 24 PivotTable und PivotChart einsetzen

- Anwenden von Wertefilter
- Texteingabe über das Eingabefeld *Suchen*

Abbildg. 24.28 Excel bietet umfangreiche Möglichkeiten, um Daten in der PivotTable zu sortieren und zu filtern

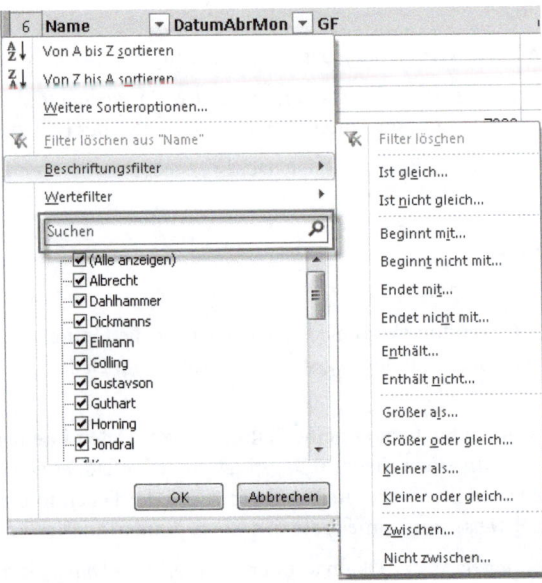

1. Klicken Sie auf den Befehl *Beschriftungsfilter* und danach auf *Beginnt mit*.
2. In dem Dialogfeld *Beschriftungsfilter (Name)* tragen Sie in das Eingabefeld die Zeichenfolge »S*« ein und bestätigen mit *OK*.

Sie haben damit eine PivotTable erzeugt, die nur jene Mitarbeiter anzeigt, die mit dem Buchstaben »S« beginnen.

Komplexe Filter mit dem Eingabefeld *Suchen* aufbauen

Eine neue und sehr mächtige Möglichkeit in Excel 2010 bietet das Textfeld *Suchen*. Sie wollen alle Mitarbeiter, die mit »S« beginnen, und zusätzlich noch die Mitarbeiter, in deren Namen die Buchstaben »al« vorkommen, anzeigen lassen. Dazu gehen Sie so vor:

1. Um einen evtl. vorhandenen Filter zu löschen, klicken Sie mit der rechten Maustaste auf das Feld *Name* und wählen im Kontextmenü den Befehl *Filter/Filter löschen aus "Name"*.
2. Klicken Sie auf den kleinen Pfeil am Feld *Name*.
3. In dem sich öffnenden Dialogfeld geben Sie in das Textfeld *Suchen* die Zeichenfolge »S*« ein und wenden den Filter mit OK an.
4. Klicken Sie erneut auf den kleinen Pfeil am Feld *Name*.
5. In dem sich öffnenden Dialogfeld geben Sie in das Textfeld *Suchen* die Buchstaben »Al« ein.
6. Daraufhin wird ihnen eine Auswahl der zutreffenden Namen angezeigt (siehe Abbildung 24.29).

Vom Globalen zum Detail

7. Aktivieren Sie jetzt das Kontrollkästchen *Dem Filter die aktuelle Auswahl hinzufügen* und bestätigen die Schaltfläche *OK*.

Abbildg. 24.29 Anwendung des Filters über das Textfeld *Suchen*

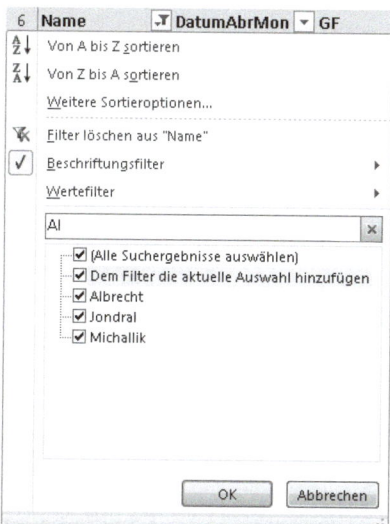

Sie erhalten darauf die eine PivotTable mit allen Mitarbeitern, die mit »S« beginnen, **und** alle Mitarbeiter, in deren Namen die Zeichenfolge »al« vorkommt. Sie können auch die gewünschten Namen über das Kontrollkästchen selektieren. Darüber hinaus besteht die Möglichkeit, mit Stellvertreterzeichen zu arbeiten oder die große Auswahl an vordefinierten Filtern zu nutzen.

Die Lösung zu dieser Übung finden Sie im Arbeitsblatt *Pt24.15* der Arbeitsmappe *Kap24_Gehalt_Lösung.xlsx*.

Weitere Filtermöglichkeiten

Abhängig vom Feldtyp Ihrer Markierung können Sie sehr differenzierte Filter anwenden. Sehr elegant und schnell können Sie im vorausgegangen Beispiel einen Filter setzen, wenn Sie nur die Namen »Michallik« und »Schelter« markieren und diese beiden Datensätze über den Befehl *Ausgewählte Elemente ausblenden* im Kontextmenü auszublenden. Ebenso ist der umgekehrte Fall *Nur ausgewählte Elemente beibehalten* schnell anwendbar (siehe Abbildung 24.30).

Abbildg. 24.30 Kontextmenü eines Zeilenbeschriftungsfelds mit zahlreichen Befehlen, insbesondere für Filter

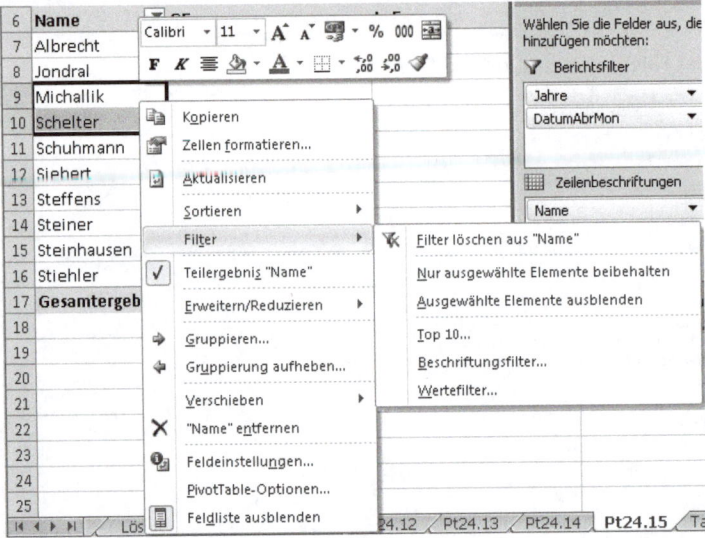

Profitipp In einer PivotTable ist keine Filterung nach Farbe, Schriftfarbe oder Symbolsatz möglich. Dafür können Sie aber eine *Bedingte Formatierung* auf eine PivotTable nach Zellen oder nach Schnittmengen anwenden. Details zur Anwendung der Bedingten Formatierung finden Sie in Kapitel 12, weitere Informationen zu Filtern finden Sie in Kapitel 21.

Datenanalyse – die nächste Funktion

Wenn ein Feld im Layoutabschnitt *Werte* der PivotTable-Feldliste angeordnet ist, können Sie die *Wertfeldeinstellungen* wie folgt bearbeiten:.

1. Klicken Sie mit der Maustaste auf den kleinen Pfeil am rechten Rand des Feldnamens in der PivotTable-Feldliste (siehe Abbildung 24.31) und wählen in der sich öffnenden Befehlsliste den Befehl *Wertfeldeinstellungen*.
2. Im Dialogfeld *Wertfeldeinstellungen* finden Sie die Registerkarten *Werte zusammenfassen nach* und *Werte anzeigen als*.

Datenanalyse – die nächste Funktion

Abbildg. 24.31 Basisaufbau einer PivotTable für weitere Berechnungsmöglichkeiten

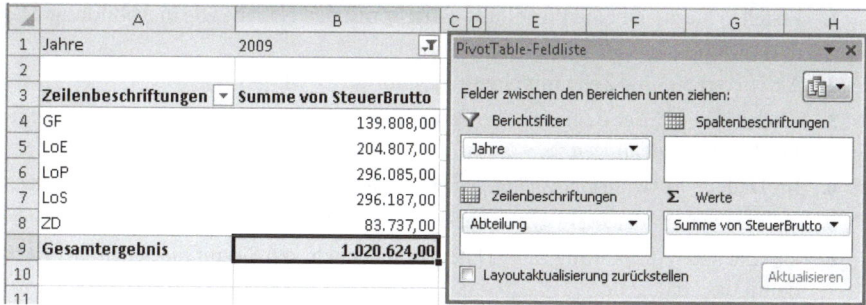

Auf der Registerkarte *Werte zusammenfassen nach* finden Sie im Listenfeld zahlreiche Berechnungstypen, die Sie für den jeweiligen Berechnungsfall auswählen, um die Daten im Ursprungsfeld entsprechend zusammenzufassen. In diesem Listenfeld befinden sich die üblichen Funktionen, z. B. Summe, Anzahl, Mittelwert usw. Darüber hinaus bietet Ihnen Excel einige statistische Berechnungen an. Für die Zusammenfassung kann an dieser Stelle nur eine Funktion ausgewählt werden.

Die Schaltfläche *Zahlenformat* im unteren Teil des Dialogfelds ermöglicht Ihnen, speziell die Formatierung der Daten im *Wertfeld* zu ändern.

Auf der Registerkarte *Werte anzeigen als* finden Sie Funktionen für benutzerdefinierte Berechnungen, die auf Wertefelder angewendet werden können. Bei dieser Berechnungsart wird eine Datenmenge des PivotTable-Berichts mit einer anderen Datenmenge (Werten) verglichen. Die Darstellung des Vergleichs erfolgt mit einer Funktion aus dem Listenfeld *Werte anzeigen als* (siehe Abbildung 24.32).

Abbildg. 24.32 Dialogfeld *Wertfeldeinstellungen* mit den beiden Registerkarten *Werte zusammenfassen nach* und *Werte anzeigen als*

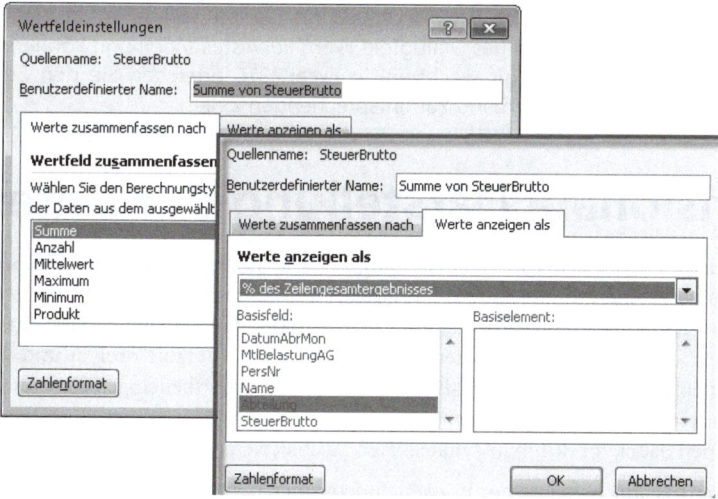

Angenommen, Sie möchten erfahren, wie sich die Gehaltsanteile innerhalb des Unternehmens auf die einzelnen Abteilungen verteilen, also die prozentuale Verteilung über die Abteilungen.

Zur Lösung dieser Frage gehen Sie folgendermaßen vor:

1. Erstellen Sie zuerst eine PivotTable-Bericht mit den Feldern wie in Abbildung 24.31 auf Seite 773 dargestellt.
2. Aktivieren Sie eine Zelle mit einem Ergebnis, z. B. B4.
3. Klicken Sie auf der Registerkarte *PivotTable-Tools/Optionen* in der Gruppe *Aktives Feld* auf den Befehl *Feldeinstellungen*.
4. Im Dialogfeld *Wertfeldeinstellungen* wechseln Sie zur Registerkarte *Werte anzeigen als*.
5. Wählen Sie im Listenfeld *Werte anzeigen als* die Funktion *% des Spaltengesamtergebnisses*.
6. Um die neue Auswertung Ihrer Daten zu sehen, klicken Sie auf die Schaltfläche *OK* und schließen damit das Dialogfeld.

Als Ergebnis erhalten Sie eine neue Darstellung der PivotTable (siehe Abbildung 24.33).

Abbildg. 24.33 Die Abbildung zeigt die Ergebnisse in absoluten und prozentualen Anteilen am Gesamtaufwand im Jahr 2009

	A	B	C	D	E	F
1	Jahre	2009			Jahre	2009
2						
3	Zeilenbeschriftungen	Summe von SteuerBrutto			Zeilenbeschriftungen	Summe von SteuerBrutto
4	GF	139.808,00			GF	13,70%
5	LoE	204.807,00			LoE	20,07%
6	LoP	296.085,00			LoP	29,01%
7	LoS	296.187,00			LoS	29,02%
8	ZD	83.737,00			ZD	8,20%
9	Gesamtergebnis	1.020.624,00			Gesamtergebnis	100,00%

Die Lösung finden Sie in der Tabelle *Pt24.17* der Arbeitsmappe *Kap24_Gehalt_Lösung.xlsx*.

TIPP Mit einem Doppelklick auf die Überschrift *Summe von SteuerBrutto* im Tabellenbereich gelangen Sie unmittelbar in das Dialogfeld *Wertfeldeinstellungen* und können dort direkt zur Registerkarte *Werte anzeigen als* wechseln. In Excel 2010 erreichen Sie den Befehl *Werte anzeigen als* auch über das Kontextmenü zur entsprechenden Zelle.

Multidimensionale Darstellung der Daten

Die PivotTable kann wesentlich zur Vereinfachung der Datendarstellung beitragen. So vermittelt Ihnen eine PivotTable einen umfassenden und guten Eindruck des Gesamtbilds, vergleichbar z. B. mit Datenbankberichten oder Bilanzdarstellungen. Gegenüber den Datenbankdarstellungen haben PivotTables einen weiteren enormen Vorteil: Sie können eine PivotTable drehen und wenden, die Perspektiven beliebig ändern und das so oft Sie wollen und in jeder beliebigen Zusammenstellung. Eine ganz besonderen Stärke dieser Darstellungsvariante in Excel soll nun betrachtet werden: PivotTables helfen Ihnen dabei, multidimensionale Daten zu analysieren.

Tabellendaten werden üblicherweise nur in zwei Dimensionen dargestellt. Es ist jedoch kein Problem, sich bildhaft dreidimensionale Darstellungen von Daten vorzustellen. Wie kann man aber in einer Tabelle die dritte Dimension simulieren?

Multidimensionale Darstellung der Daten

Bisher wurden unsere Beispieldaten in Zeilen und Spalten ausgewertet, die Berichtsfilter noch nicht weiter betrachtet. Durch die Verwertung der Berichtsfilter wird der Eindruck erzeugt, dass die Daten in einer dritten Dimension übereinandergestapelt liegen. Daten aus dem geschäftlichen Bereich umfassen oft weit mehr als drei Dimensionen. In unserem Beispiel weisen die Abteilung und die Mitarbeiter zwei Dimensionen auf. Benötigen Sie beispielsweise darüber hinaus eine Auswertung nach Kostenstellen (im Beispiel nicht enthalten), so legen Sie diese Kategorie einfach in die dritte Dimension.

Wenn Sie zusätzlich eine zeitliche Zusammenfassung, z. B. in Jahreswerten, brauchen, bedeutet dies, dass Sie eine weitere Dimension aufbauen müssen. Egal, welche Forderungen Sie stellen, leicht wird aus einem dreidimensionalen Würfel eine n-dimensionale Matrix, die nicht mehr auf dem Bildschirm angezeigt werden kann – es sei denn, Sie platzieren die zusätzlichen Dimensionen im Zeilen-, Spalten- oder Berichtsfilterbereich.

Zum Nachvollziehen verwenden Sie die Daten im Arbeitsblatt *FL* in der Excel-Arbeitsmappe *Kap24_Gehalt.xlsx*. Die Ergebnisse der Beispiele finden Sie in der Excel-Arbeitsmappe *Kap24_Gehalt_Lösung.xlsx* im Arbeitsblatt *pt24.35*.

Abbildg. 24.34 Diese Tabelle zeigt drei Kategorien in zwei Dimensionen

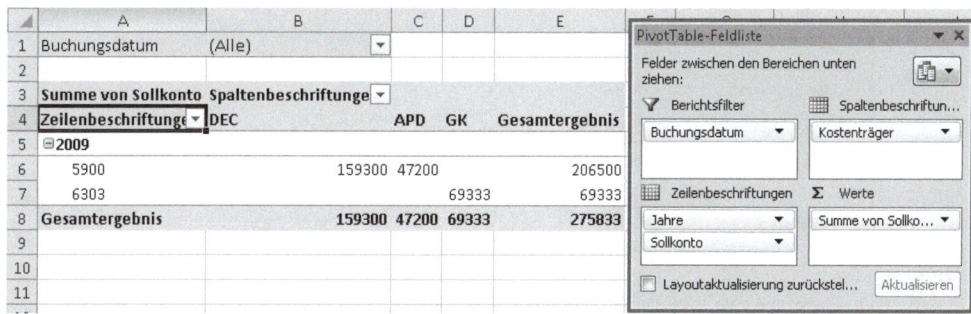

In der *PivotTable-Feldliste* sehen Sie die Anordnung der Felder (siehe Abbildung 24.34).

HINWEIS Beachten Sie, dass die Dimension *Jahre* aus dem Buchungsdatum erst durch Gruppierung erzeugt werden muss. Ausgehend von Abbildung 24.34 ziehen Sie dazu zunächst das Feld *Buchungsdatum* in die Zeilenbeschriftungen und gruppieren dieses nach Jahren (eine genaue Beschreibung dazu finden Sie im Abschnitt »Praxisbeispiel: arbeiten mit Teilergebnissen« auf Seite 766). Anschließend ziehen Sie das *Buchungsdatum* wieder in den Berichtsfilter. Ändern Sie ebenfalls die Feldeinstellungen für das Feld *Sollkonto*, dass die Elementnamen in Tabellenformat angezeigt werden (siehe Abbildung 24.21 auf Seite 765).

Sicherlich ist die Möglichkeit, mehrere Kategorien in die gleiche Dimension zu legen, für zahlreiche Fälle ausreichend und liefert eine aussagekräftige Darstellung. Für spezielle Analysen sind dieser Vorgehensweise allerdings Grenzen gesetzt. Eine übersichtliche und aussagefähige Darstellung kann kaum noch angezeigt werden.

Die Lösung findet sich in den Berichtsfiltern im Befehl *Datenschnitt einfügen*.

Kapitel 24 PivotTable und PivotChart einsetzen

Interaktives Filtern mittels Datenschnitt

Der neue Befehl *Datenschnitt einfügen* ermöglicht in Excel 2010 das dynamische Filtern und Segmentieren von Daten in einer PivotTable, und zwar so, dass nur die gerade benötigten Daten angezeigt werden.

Um dieses neue Feature anzuwenden, öffnen Sie die soeben erstellte PivotTable (siehe Abbildung 24.34) und ändern die Feldanordnung (siehe Abbildung 24.35).

Abbildg. 24.35 Anordnung der Felder für die Auswertung mit Datenschnitten

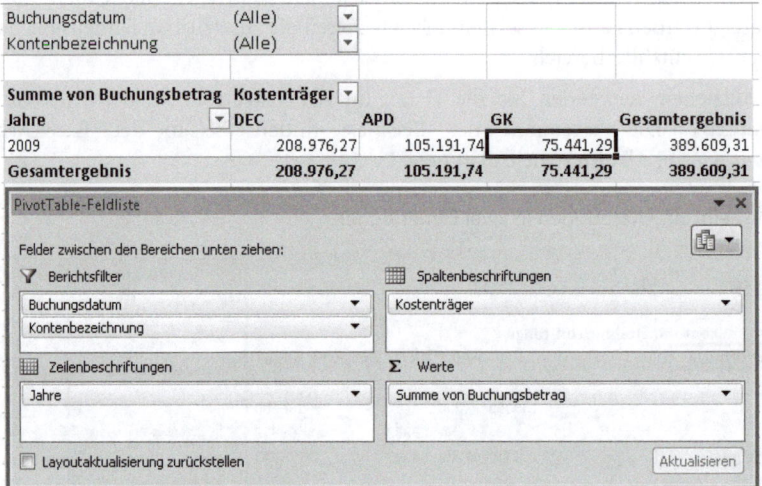

Haben Sie die PivotTable erstellt (siehe Abbildung 24.35), aktivieren Sie die PivotTable und wählen auf der Registerkarte *PivotTable-Tools/Optionen* in der Gruppe *Sortieren und Filtern* den Befehl *Datenschnitt einfügen*.

Nach Wahl des Befehls erscheint das Dialogfeld *Datenschnitt auswählen* (siehe Abbildung 24.36).

Abbildg. 24.36 Dialogfeld *Datenschnitt auswählen* zur Auswahl der Felder für den Datenschnitt

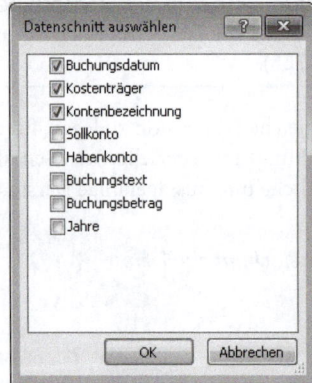

Wählen Sie hier die Felder aus, die Sie für die Anzeige verwenden möchten. In diesem Beispiel selektieren Sie die Kontrollkästchen für die Felder *Buchungsdatum*, *Kostenträger* und *Kontenbezeichnung*. Klicken Sie zum Abschluss auf die Schaltfläche *OK*, werden drei neue Datenschnitte im Arbeitsblatt angezeigt (siehe Abbildung 24.37).

Abbildg. 24.37 Die PivotTable mit den drei Feldern, die in den Datenschnitt aufgenommen wurden

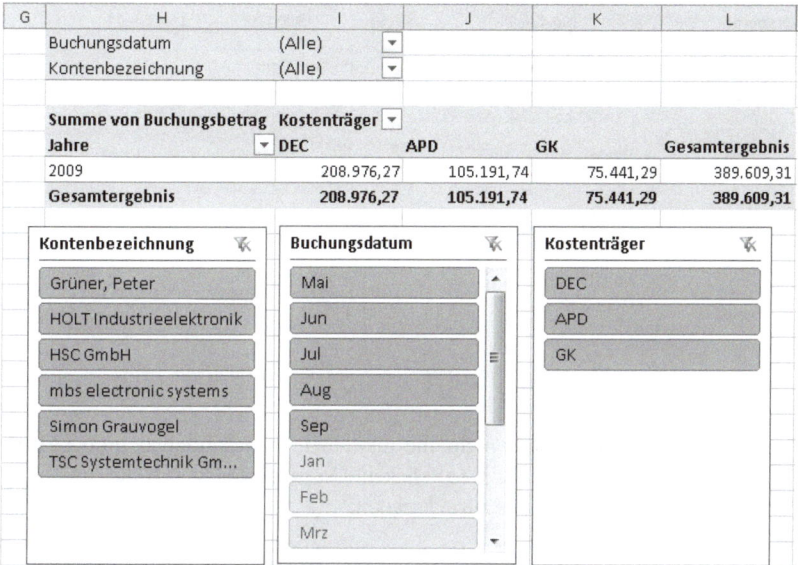

Die PivotTable zeigt alle Umsätze der Kostenträger in den Monaten Mai bis September für alle Konten (Kreditoren).

Wenn Sie jetzt im Datenschnitt *Buchungsdatum* den Monat *Mai* anklicken, wird ein Filter gesetzt und die PivotTable automatisch aktualisiert. Die PivotTable zeigt nur die Werte der Kostenträger und Konten an, die im Mai gebucht wurden. In unserem Beispiel wurde für die Firma TSC Systemtechnik keine Buchung vorgenommen und somit wird die Kontenbezeichnung in einer anderen Farbe angezeigt.

Im Dialogfeld *Buchungsdatum* wird das Filtersymbol aktiviert. Daran können Sie erkennen, in welchen Dialogfeldern Sie Filter gesetzt haben.

Abbildg. 24.38 Datenschnitt mit aktiver Auswahl im Dialogfeld *Buchungsdatum*

Möchten Sie mehrere Monate, jedoch nicht alle auswählen, ist das möglich, indem Sie mit gedrückter `Strg`-Taste die gewünschten Monate anklicken. Umgekehrt lässt sich die Auswahl durch einen Klick auf das Filtersymbol oben rechts zurücksetzen.

Datenschnitt bearbeiten

Wenn Sie einen Datenschnitt aktivieren, erscheint im Menüband die Registerkarte *Datenschnitttools/Optionen*.

Abbildg. 24.39 Registerkarte *Datenschnitttools* zur Bearbeitung der Datenschnittdialogfelder

Auf dieser Registerkarte finden Sie Möglichkeiten, um die Datenschnitte zu formatieren sowie in ihrer Größe und Anordnung zu verändern.

Auswahl und Sichtbarkeit von Datenschnitten

Neben der Formatierung und Anordnung haben Sie Möglichkeiten, definierte 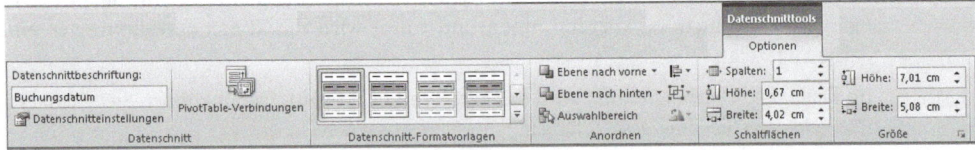 Datenschnitte über ein Dialogfeld neu anzuordnen, sie unsichtbar bzw. wieder sichtbar zu machen. Um diese Möglichkeiten zu nutzen, gibt es auf der Registerkarte *Datenschnitttools/Optionen* den Befehl *Auswahlbereich*. Wenn Sie diesen Befehl wählen, erscheint der Aufgabenbereich *Auswahl und Sichtbarkeit* (siehe Abbildung 24.40).

Interaktives Filtern mittels Datenschnitt

Abbildg. 24.40 Dialogfeld *Auswahl und Sichtbarkeit* zur Auswahl von Datenschnitten und sonstigen Objekten

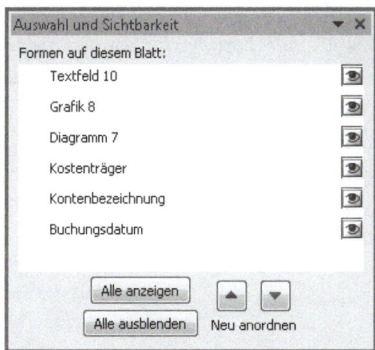

Sie können in diesem Dialogfeld die definierten Datenschnitte einzeln oder gesamt aus- bzw. einblenden oder in der Reihenfolge verändern. Dies bietet Ihnen die Möglichkeit, anwenderspezifische Datenschnitte zur Verfügung zu stellen. Mit einem Klick auf das Augensymbol wird das jeweilige Dialogfeld ausgeblendet (siehe Abbildung 24.41).

Abbildg. 24.41 Ausblenden des Datenschnitts *Buchungsdatum* über das Dialogfeld *Auswahl und Sichtbarkeit*

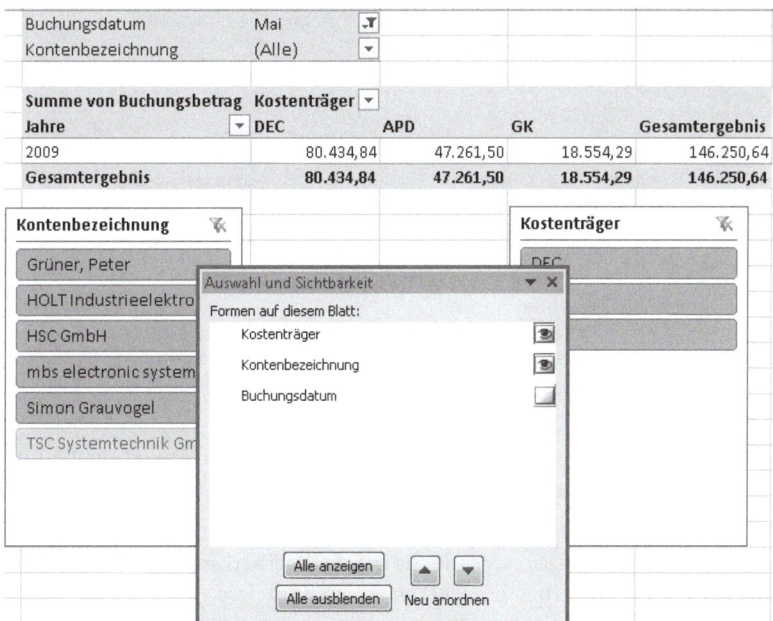

Die Lösung finden Sie im Arbeitsblatt *pt24.35* der Datei *Kap24_Gehalt_Lösung.xlsx*.

> **HINWEIS** Möchten Sie PivotTables in Dateien aus den Versionen Excel 2003 und früher mit Excel 2010 bearbeiten, werden diese zwar im Kompatibilitätsmodus geöffnet, jedoch ist die Schaltfläche *Datenschnitt einfügen* nicht aktiv. Umgekehrt werden Datenschnitte als Textobjekte mit einer Information angezeigt, wenn die Datei mit einer Version vor Excel 2010 geöffnet wird.

Elemente ohne Daten anzeigen

Ausgehend vom Arbeitsblatt *pt24.35* der Datei *Kap24_Gehalt_Lösung.xlsx* können Sie mit wenigen Änderungen das Ergebnis für die einzelnen Monate anzeigen lassen. Ziehen Sie dazu das Feld *Jahre* in den Berichtsfilter und das Feld *Buchungsdatum* in die Zeilenbeschriftung.

Wenn Ihre PivotTable die im oberen Teil der Abbildung 24.42 dargestellte Struktur aufweist, können Sie beispielsweise nur die Monate sehen, die mit Daten belegt sind. Wollen Sie darüber hinaus aber auch beurteilen, welche Monate überhaupt in diesem Zusammenhang benutzt werden können, ist es sinnvoll, alle Elemente, also auch die der Monate ohne Daten, anzuzeigen.

Abbildg. 24.42 PivotTable mit differenzierter Datenanzeige

Kontenbezeichnung	(Alle)			
Jahre	(Alle)			
Summe von Buchungsbetrag	Kostenträger			
Buchungsdatum	DEC	APD	GK	Gesamtergebnis
Mai	80.434,84	47.261,50	18.554,29	146.250,64
Jun	44.946,74		10.705,75	55.652,49
Jul	42.701,09	10.290,24	9.143,25	62.134,59
Aug	30.750,25	24.840,00	9.143,25	64.733,50
Sep	10.143,34	22.800,00	27.894,75	60.838,09
Gesamtergebnis	208.976,27	105.191,74	75.441,29	389.609,31

Kontenbezeichnung	(Alle)			
Jahre	(Alle)			
Summe von Buchungsbetrag	Kostenträger			
Buchungsdatum	DEC	APD	GK	Gesamtergebnis
<07.05.2009				
Jan				
Feb				
Mrz				
Apr				
Mai	80.434,84	47.261,50	18.554,29	146.250,64
Jun	44.946,74		10.705,75	55.652,49

Um dies zu realisieren, gehen Sie wie folgt vor:

1. Öffnen Sie die PivotTable-Feldliste und klicken mit der linken Maustaste auf das Feld *Buchungsdatum* im Bereich *Zeilenbeschriftungen*.
2. Wählen Sie den Befehl *Feldeinstellungen*.
3. Im Dialogfeld *Feldeinstellungen* wechseln Sie auf die Registerkarte *Layout & Drucken* und aktivieren dort das Kontrollkästchen *Elemente ohne Daten anzeigen*.

Abbildg. 24.43 Dialogfeld *Feldeinstellungen,* um *Elemente ohne Daten anzeigen* zu aktivieren

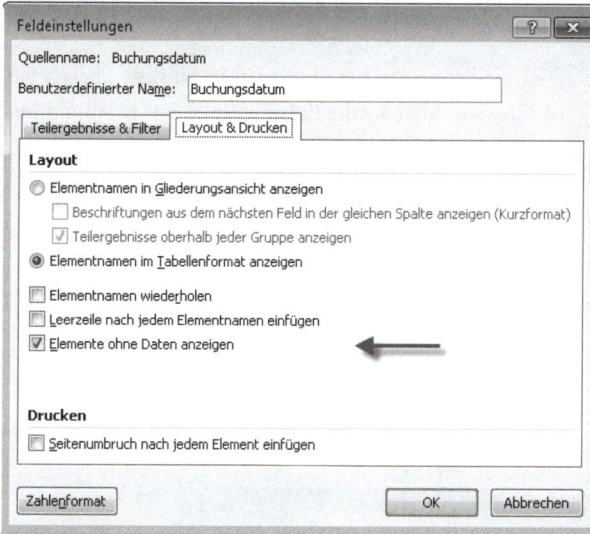

4. Klicken Sie auf die Schaltfläche *OK*, um den Vorgang abzuschließen. Ihre PivotTable sollte wie im unteren Abschnitt (Ausschnitt) der Abbildung 24.42 gezeigt, aussehen.

Filtern nach obersten oder untersten Werten

Mit der bis jetzt erreichten Darstellung sind aber noch nicht alle Möglichkeiten ausgeschöpft! Sie können die Liste der Daten nach beliebigen Kriterien sortieren und mit Filtern eine begrenzte Liste der obersten oder untersten (letzten) n-Datensätze aus dem Gesamtumfang der Daten anzeigen.

Die vorhandene Datenmenge ist sehr klein und gibt daher nur einen systematischen Überblick über diese Funktionalität. Wenn Sie beispielsweise die beiden höchsten Werte für alle kumulierten Monatswerte anzeigen wollen, erstellen Sie eine PivotTable mit der Struktur aus Abbildung 24.44.

Abbildg. 24.44 PivotTable-Bericht zur Darstellung der Top-10-Filterfunktion

Jahre	(Alle)	
Kostenträger	(Alle)	
Kontenbezeichnung	(Alle)	
Buchungsdatum	**Summe von Buchungsbetrag**	
Mai	146.250,64	
Jun	55.652,49	
Jul	62.134,59	
Aug	64.733,50	
Sep	60.838,09	
Gesamtergebnis	**389.609,31**	

Kapitel 24 PivotTable und PivotChart einsetzen

Gehen Sie dazu so vor:

1. Markieren Sie im PivotTable-Bericht das Feld *Buchungsdatum* und klicken Sie auf die Filterschaltfläche.
2. Zeigen Sie auf den Befehl *Wertefilter* und in der folgenden Befehlsliste klicken Sie auf *Top 10*.
3. Im Dialogfeld des Top-10-Filters wählen Sie die Einstellungen, wie in Abbildung 24.45 gezeigt.

Abbildg. 24.45 Hier legen Sie die Einstellungen für den Top-10-Filter fest

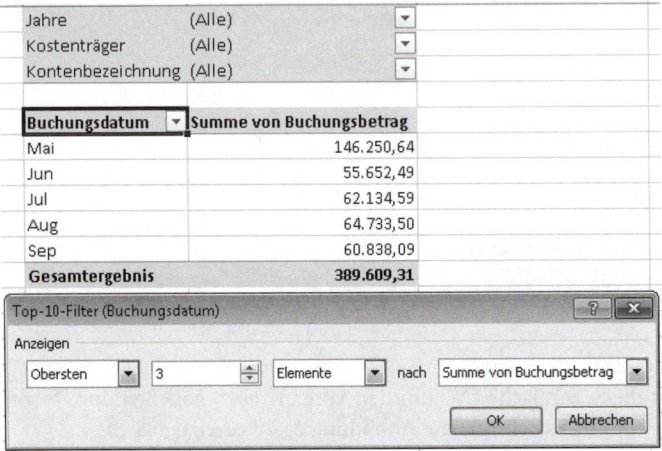

4. Verlassen Sie das Dialogfeld durch einen Klick auf die Schaltfläche *OK*.
- Als Ergebnis erhalten Sie die PivotTable aus Abbildung 24.46

Abbildg. 24.46 Ergebnis der Pivot-Auswertung mit den drei höchsten Werten

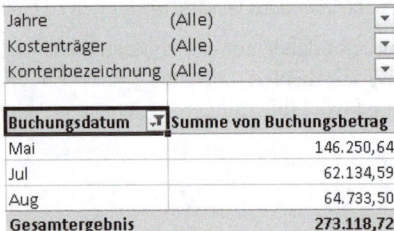

Die Lösung finden Sie im Arbeitsblatt *pt24.36* der Arbeitsmappe *Kap24_Gehalt_Lösung.xlsx*.

Der direkte Weg zur Businessgrafik (PivotChart-Bericht)

Ein PivotChart-Bericht bietet eine grafische Darstellung der Daten eines PivotTable-Berichts. Sie können das Layout und die Daten, die in einem PivotChart-Bericht angezeigt werden, wie in einem PivotTable-Bericht ändern.

Bisher haben Sie Ihre Auswertungen und Daten lediglich als Tabellen betrachtet. Eine interessante Möglichkeit bietet Ihnen Excel im Zusammenhang mit den PivotChart-Berichten: die direkte Erstellung eines Diagramms aus dem PivotTable-Bericht

Gegenüber den gewohnten Darstellungen innerhalb der PivotTable-Berichte wird auch in einem Diagramm das Zahlenmaterial schneller überschau- und erfassbar. Das PivotChart kombiniert die Vorteile eines PivotTable-Berichts und die eines Diagramms. Einerseits nutzen Sie die Möglichkeit der grafischen Darstellung von Daten, um sie entsprechend ins rechte Licht zu rücken und andererseits können Sie die Daten, die ausgewertet werden, dynamisch durch einfaches Ziehen, wie in einem PivotTable-Bericht, mit der Maus verändern.

Um erstmalig einen PivotChart-Bericht zu erstellen, gehen Sie folgendermaßen vor:

1. Öffnen Sie die Datei *Kap24_Gehalt.xlsx* und aktivieren Sie die Zelle *C5* im Arbeitsblatt *FL*.
2. Klicken Sie auf der Registerkarte *Einfügen* in der Gruppe *Tabellen* auf den kleinen Pfeil am Ende des Symbols *PivotTable* und die beiden Befehle *PivotTable* und *PivotChart* werden sichtbar. Wählen Sie den Befehl *PivotChart*.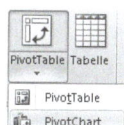
3. Das Dialogfeld *PivotTable mit PivotChart erstellen* erkennt in unserem Fall automatisch den Quellbereich, den Sie unverändert übernehmen können.
4. Erstellen Sie den *PivotChart-Bericht* in einem neuen Arbeitsblatt, aktivieren Sie die zugehörige Option und klicken dann auf die Schaltfläche *OK*. Sie erhalten den Arbeitsbildschirm zum Anordnen der Felder.
5. Zusätzlich wird die kontextbezogene Registerkarte *PivotChart-Tools* eingeblendet.
6. An der angegebenen Stelle wird ein leerer PivotTable-Bericht und ein Diagrammobjekt eingefügt. Am rechten Bildschirmrand wird die PivotTable-Feldliste angezeigt.
7. In der PivotTable-Feldliste ziehen Sie, wie zuvor in der PivotTable-Erstellung auch, die relevanten Felder in die Bereiche *Berichtsfilter, Legendenfelder (Reihen), Achsenfelder (Rubriken) und Werte* im Layoutabschnitt.
8. Zunächst entsteht ein PivotTable-Bericht aus dem dann von Excel der PivotChart-Bericht entwickelt wird.

Schaffen Sie folgende Feldanordnung:

1. In den Berichtsfilter ziehen Sie zuerst das Feld *Buchungsdatum* und danach das Feld *Sollkonto*.
2. In den Bereich *Achsenfelder(Rubriken)* ziehen Sie das Feld *Kostenträger*.
3. In den Bereich *Werte* ziehen Sie das Feld *Buchungsbetrag*.

Es entsteht interaktiv ein einfaches Säulendiagramm (siehe Abbildung 24.47).

Kapitel 24 PivotTable und PivotChart einsetzen

Abbildg. 24.47   Der Arbeitsbildschirm eines PivotCharts mit PivotTable-Bericht

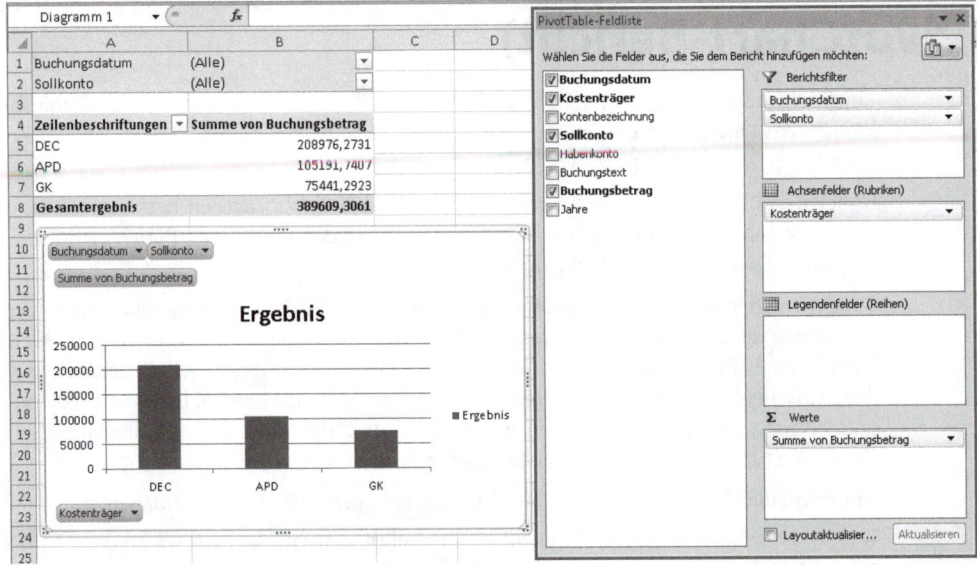

Sie möchten das Säulendiagramm weiter bearbeiten und daraus ein Tortendiagramm entwickeln.

Lösen Sie die Aufgabe mit folgenden Schritten:

1. Markieren Sie das PivotChart und klicken Sie auf die Registerkarte *PivotChart-Tools/Entwurf* in der Gruppe *Typ* auf *Diagrammtyp ändern*. Das Dialogfeld *Diagrammtyp ändern* wird geöffnet.
2. Wählen Sie links unter den Kategorien den Typ *Kreis* und innerhalb der Musterbeispiele den Typ *Explodierter 3D-Kreis* aus. Bestätigen Sie die Auswahl über die Schaltfläche *OK*.

Das Diagramm wird erstellt. Sie können noch einige Veränderungen vornehmen, beispielsweise möchten Sie den Diagrammtitel ändern und auf dem Diagramm die prozentualen Werte zeigen.

1. Markieren Sie zuerst den Diagrammtitel und geben Sie als neue Überschrift »Kostenverteilung« ein.
2. Zur Anzeige der Werte klicken Sie auf der Registerkarte *PivotChart-Tools/Entwurf* in der Gruppe *Diagrammlayouts* auf Layout 2 (den mittleren Layouttyp, siehe Abbildung 24.48).

Abbildg. 24.48   Die Befehlsauswahl in der Multifunktionsleiste

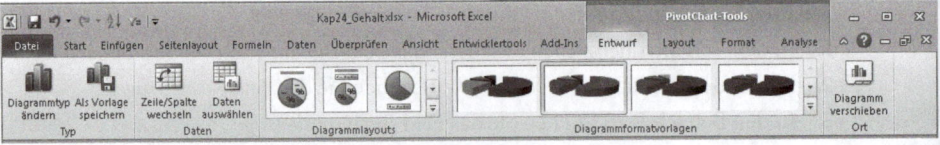

3. Die Prozentwerte werden auf dem Diagramm angezeigt. Klicken Sie die einzelnen Werte an und ziehen diese in den Bereich außerhalb der Diagrammelemente (siehe Abbildung 24.49).

Abbildg. 24.49 Das fertige PivotChart mit dem zugrunde liegenden PivotTable-Bericht

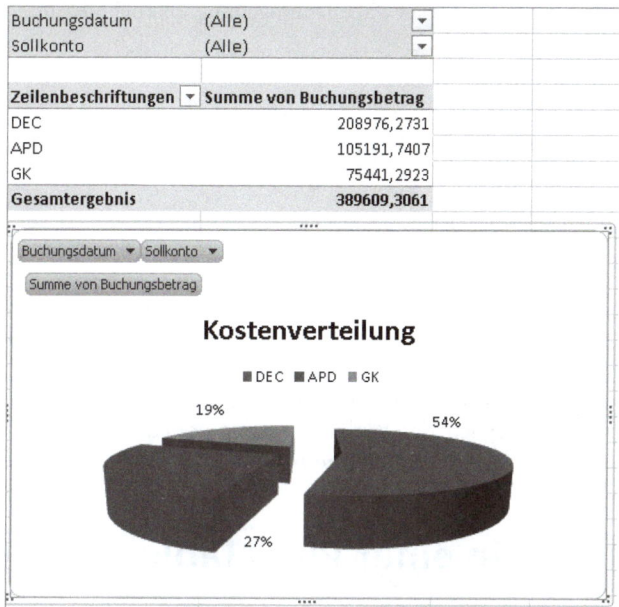

Die Lösung finden Sie im Arbeitsblatt *pt24.37* der Arbeitsmappe *Kap24_Gehalt_Lösung.xlsx*.

Sie können natürlich noch weitere Layoutverbesserungen vornehmen. Gestalterische und technische Möglichkeiten werden vertieft in den Kapiteln 17 und 18 erläutert.

Mit berechneten Feldern aufschlussreiche Informationen gewinnen

Haben Sie bisher mit der PivotTable überwiegend analysiert, bietet sich nun auch die Möglichkeit an, erweiterte Berechnungen durchzuführen. Diese verwenden nicht die integrierten Berechnungstypen. Sie können Ihr eigenes Berechnungsfeld erstellen und alle Berechnungen auch speichern.

CD-ROM Als Datengrundlage verwenden Sie in den folgenden Beispielen die Datei *Kap24_Lösung.xlsx* auf der CD-ROM zu diesem Buch im Ordner *\Buch\Kap24*.

Im folgenden Beispielen werden Sie

- berechnete Felder,
- berechnete Elemente sowie
- die Funktion *PIVOTDATENZUORDNEN*

kennenlernen.

Mit den berechneten Feldern und berechneten Elementen erhalten Sie die Möglichkeit, innerhalb der PivotTable mit allen Feldern oder Elementen besondere Berechnungen durchzuführen. Mit der

Funktion *PIVOTDATENZUORDNEN* können Sie von außerhalb der PivotTable auf Daten innerhalb dieser zugreifen, Daten in eine normale Tabellenumgebung übernehmen und weitergehende Berechnungen ausführen.

Berechnete Elemente

Auf der Grundlage einer Formel berechnen Sie mit den Inhalten eines Felds oder einem Element in der PivotTable einen neuen Inhalt und erhalten als Ergebnis ein Element in einem PivotTable-Feld – ein sogenanntes berechnetes Element.

Berechnete Felder

Auf der Grundlage einer Formel berechnen Sie unter Verwendung des Inhalts anderer Felder den neuen Inhalt eines Felds.

WICHTIG Dabei arbeiten Formeln für berechnete Felder immer mit allen verfügbaren PivotTable-Daten. Es ist Ihnen nicht möglich, den Wirkungsbereich der Formeln einzuschränken, etwa durch den Versuch, in der Formel einen bestimmten Ausschnitt der Daten einzutragen.

Berechnungsfeld in einer PivotTable erstellen

Über den Weg der Berechnungsfelder können Sie Ihre PivotTable erweitern, z. B. ergänzende Berechnungen durchführen.

In der Arbeitsmappe *Kap24_Lösung.xlsx* im Arbeitsblatt *Pt24.53* sind die Produktgruppen und Handelswege für 2009 mit ihren Nettoumsätzen in einem PivotTable-Bericht dargestellt (siehe Abbildung 24.50).

Abbildg. 24.50 Ausgangstabelle für berechnete Felder und berechnete Elemente

Datum	(Alle)
Zeilenbeschriftungen	**Summe von Umsatz**
⊟ 2009	
⊟ Handel	56.413.756,69
3D-Spiele	18.277.906,85
Atranid CA	17.073.849,91
Foto	6.153.309,47
Kerlione	3.880.173,94
Kunst am PC	8.101.962,29
Laminate	911.555,13
PC-Literatur	2.014.999,10
⊟ Direktversand	236.670.742,30
3D-Spiele	17.993.796,05
Atranid CA	68.275.807,70
Foto	9.297.966,65
Kerlione	4.109.925,55
Kunst am PC	94.305.167,25
Laminate	2.922.677,70
PC-Literatur	39.765.401,40
Gesamtergebnis	**293.084.498,99**

Mit berechneten Feldern aufschlussreiche Informationen gewinnen

Wenn Sie jetzt beispielsweise Provisionsanteile von 3 % berechnen wollen, gehen Sie folgendermaßen vor:

1. Markieren Sie ein Wertefeld (Datenbereich) innerhalb des PivotTable-Berichts und klicken anschließend auf der Registerkarte *PivotTable-Tools/Optionen* in der Gruppe *Berechnungen* auf den Befehl *Felder, Elemente und Gruppen* (siehe Abbildung 24.51).

Abbildg. 24.51 Befehlsfolge zum Aufruf des Dialogfelds für *Berechnete Felder*

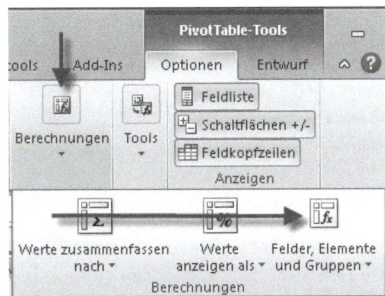

2. Daraufhin öffnet sich ein weiteres Menü, in dem Sie anschließend den Befehl *Berechnetes Feld* anwählen. Das Dialogfeld *Berechnetes Feld einfügen* wird angezeigt.

Abbildg. 24.52 Im Dialogfeld *Berechnetes Feld einfügen* können Sie benutzerdefinierte Felder mit Formeln hinzufügen

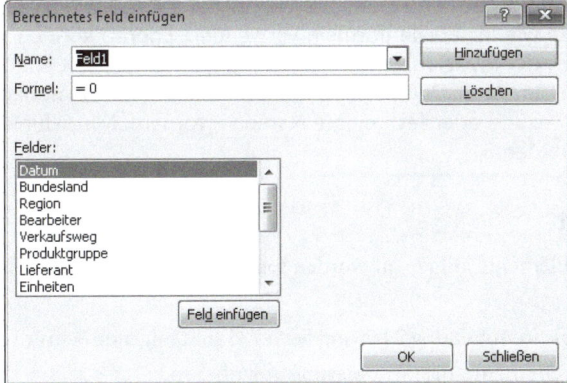

3. Im Listenfeld *Name* (Vorgabetext *Feld1*) geben Sie *Provision3* als Namen für das zu berechnende Feld ein.
4. Löschen Sie im Feld *Formel* die Null, wählen Sie im Listenfeld *Felder* das benötigte Feld für die Berechnung aus (hier *Umsatz*) und klicken Sie dann auf die Schaltfläche *Feld einfügen*.
5. Ergänzen Sie die Formel für die Provisionsberechnung folgendermaßen: *=Umsatz* 0,03*.
6. Klicken Sie zunächst auf die Schaltfläche *Hinzufügen* und dann auf die Schaltfläche *OK*.

Das Ergebnis ist die berechnete PivotTable wie in Abbildung 24.53.

Abbildg. 24.53 Die neu berechnete Spalte auf der Grundlage der Umsätze wird im PivotTable-Bericht angezeigt

Datum	(Alle)	
Zeilenbeschriftungen	Summe von Umsatz	Summe von Provision3
⊟ 2009		
⊟ Handel	56.413.756,69	1.692.412,70 €
3D-Spiele	18.277.906,85	548.337,21 €
Atranid CA	17.073.849,91	512.215,50 €
Foto	6.153.309,47	184.599,28 €
Kerlione	3.880.173,94	116.405,22 €
Kunst am PC	8.101.962,29	243.058,87 €
Laminate	911.555,13	27.346,65 €
PC-Literatur	2.014.999,10	60.449,97 €
⊟ Direktversand	236.670.742,30	7.100.122,27 €
3D-Spiele	17.993.796,05	539.813,88 €
Atranid CA	68.275.807,70	2.048.274,23 €
Foto	9.297.966,65	278.939,00 €
Kerlione	4.109.925,55	123.297,77 €
Kunst am PC	94.305.167,25	2.829.155,02 €
Laminate	2.922.677,70	87.680,33 €
PC-Literatur	39.765.401,40	1.192.962,04 €
Gesamtergebnis	**293.084.498,99**	**8.792.534,97 €**

Das berechnete Feld wird damit auch in die PivotTable-Feldliste aufgenommen und kann über das Kontrollkästchen im PivotTable-Bericht ein- bzw. ausgeblendet werden.

HINWEIS In berechneten Feldern und Elementen können Sie Ihre Formeln, Operatoren und Ausdrücke in gleicher Weise wie in Tabellenformeln verwenden. Ebenso können Sie Konstanten festlegen und auf Daten aus der PivotTable verweisen. Hingegen ist es nicht erlaubt, Zellbezüge oder festgelegte Namen zu benutzen. Demzufolge können Sie keine Tabellenfunktionen verwenden, die als Parameter Zellbezüge oder festgelegte Namen erfordern. Matrixfunktionen können ebenso wenig eingesetzt werden.

Berechnetes Element

Sollten in Ihrer PivotTable Elemente aufgebaut worden sein, können Sie auf diese Elemente gezielte Berechnungen vornehmen.

Ausgehend von der PivotTable in Abbildung 24.50 auf Seite 786 sind folgende Schritte durchzuführen:

1. Entfernen Sie das Feld *Datum*, um die Gruppierung aufzuheben.
2. Markieren Sie innerhalb des PivotTable-Berichts ein Zeilenfeld, z. B. *Foto*.
3. Rufen Sie auf der Registerkarte *PivotTable-Tools/Optionen* in der Gruppe *Berechnungen* den Befehl *Felder, Elemente und Gruppen* auf (siehe Abbildung 24.51 auf Seite 787).
4. Wählen Sie dort den Unterbefehl *Berechnetes Element*, um das Dialogfeld *Berechnetes Element einfügen* zu öffnen.
5. Im Listenfeld *Name* (Vorgabetext *Formel1*) geben Sie *Neue Produktlinie* als Namen für das berechnete Element ein.
6. Das Element soll die beiden Produktgruppen *Kunst am PC* und *Foto* als übergeordnete Produktgruppe zusammenfassen.

Mit berechneten Feldern aufschlussreiche Informationen gewinnen

7. Klicken Sie in das Feld *Formel*, markieren den Platzhalter und tragen folgende Formel für Berechnung ein:

   =*'Kunst am PC'+Foto*

8. Klicken Sie zuerst auf die Schaltfläche *Hinzufügen* und danach auf die Schaltfläche *OK* (siehe Abbildung 24.54).

Abbildg. 24.54 Der PivotTable-Bericht mit eingeblendetem Dialogfeld *Berechnetes Element in "Produktgruppe" einfügen*

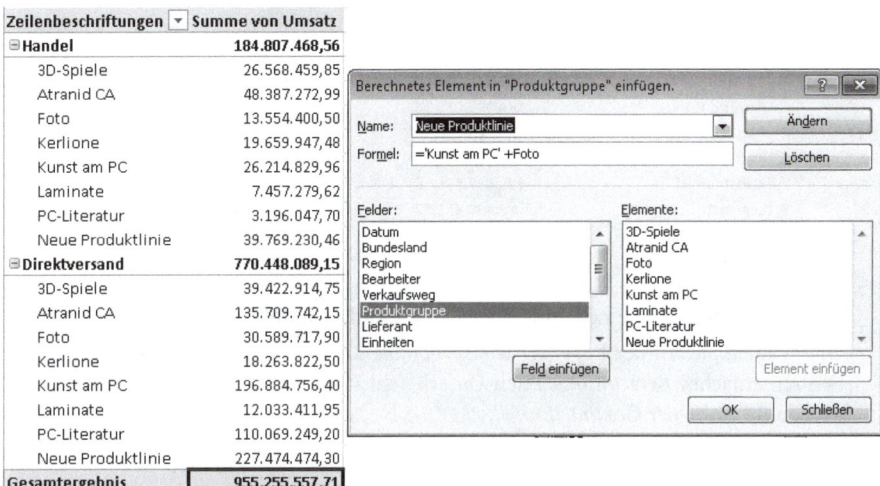

Der aktualisierte PivotTable-Bericht enthält im unteren Abschnitt das neu hinzugefügte berechnete Element (*Neue Produktlinie*).

Die Lösung finden Sie in der Datei *Kap24_Lösung.xlsx* im Arbeitsblatt *pt24.54*.

HINWEIS Wenn Sie eine Funktion in dem Dialogfeld *Berechnetes Element* oder *Berechnetes Feld* nachträglich verändern, wird die ursprüngliche Schaltfläche *Hinzufügen* durch die Schaltfläche *Ändern* ersetzt.

Wenn in dem Feld, in welchem das berechnete Element hinzugefügt werden soll, Elemente gruppiert sind, müssen Sie zuerst die Gruppierung aufheben.

WICHTIG Wenn eine Zelle im Datenbereich den Schnittpunkt eines berechneten Elements mit einem berechneten Feld bildet, hat die Formel für das berechnete Feld Vorrang vor der Berechnung des berechneten Elements.

Automatische Berechnungen über die Wertfeldeinstellungen

Neben den Berechnungen von Elementen oder Feldern bietet die PivotTable bereits eine Reihe von automatischen Berechnungen über die *Wertfeldeinstellungen*.

Kapitel 24 PivotTable und PivotChart einsetzen

Wenn Sie beispielsweise auf den Umsatzdaten der Datei *Kap24_Lösung.xlsx* eine PivotTable erstellt haben, die alle Umsätze je Produktgruppe über alle Jahre anzeigt (siehe Abbildung 24.55). Wenn Sie anhand dieser Tabelle die prozentualen Umsätze der Produktgruppen am Gesamtumsatz ermitteln möchten, gehen Sie folgendermaßen vor:

1. Erstellen Sie zuerst eine PivotTable (siehe Abbildung 24.55).

Abbildg. 24.55   Ausgangs-PivotTable für Berechnungen über die *Wertfeldeinstellungen*

	A	B
1		
2		
3	Zeilenbeschriftungen	Summe von Umsatz
4	3D-Spiele	65.991.374,60
5	Atranid CA	184.097.015,14
6	Foto	44.144.118,40
7	Kerlione	37.923.769,98
8	Kunst am PC	223.099.586,36
9	Laminate	19.490.691,57
10	PC-Literatur	113.265.296,90
11	**Gesamtergebnis**	**688.011.852,95**

2. Aktivieren Sie eine Zelle mit einer Umsatzzahl, z. B. *B4*.
3. Wählen Sie auf der Registerkarte *PivotTable-Tools/Optionen* in der Gruppe (bzw. in der Befehlsschaltfläche) *Berechnungen* den Unterbefehl *Werte anzeigen als* (siehe Abbildung 24.56) mit der Funktion *% der Gesamtsumme*.

Abbildg. 24.56   Zahlreiche neue Berechnungsmöglichkeiten der PivotTable in Excel 2010

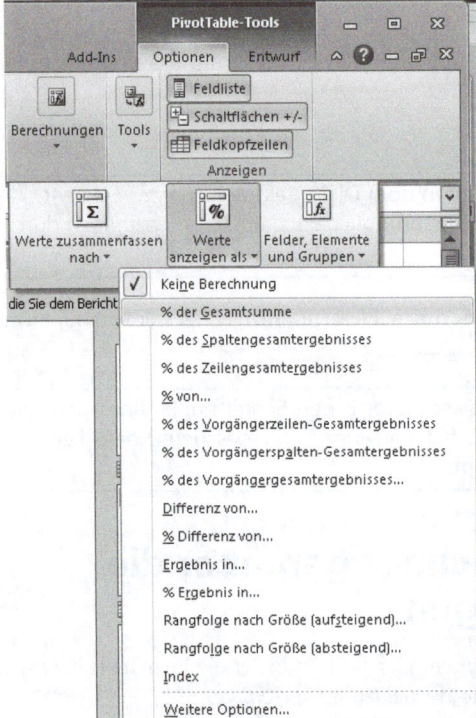

Die PivotTable wird daraufhin neu berechnet (siehe Abbildung 24.57).

Abbildg. 24.57 Das Ergebnis zeigt die prozentualen Anteile der Produktgruppen am Gesamtergebnis

Zeilenbeschriftungen	Summe von Umsatz
3D-Spiele	9,59%
Atranid CA	26,76%
Foto	6,42%
Kerlione	5,51%
Kunst am PC	32,43%
Laminate	2,83%
PC-Literatur	16,46%
Gesamtergebnis	**100,00%**

Die Lösung finden Sie am Arbeitsblatt *Pt24.55* der Arbeitsmappe *Kap24_Lösung.xlsx*.

> **TIPP** Mit einem Doppelklick auf die Überschrift *Summe von Umsatz* im Tabellenbereich gelangen Sie unmittelbar in das Dialogfeld *Wertfeldeinstellungen* und können dort zur Registerkarte *Werte anzeigen als* wechseln, um neue Berechnungen auswählen.

Verschieben einer PivotTable

Möglicherweise müssen Sie einen PivotTable-Bericht aus Platzgründen verschieben oder an einen anderen Ort verlagern. Das geht relativ einfach und schnell:

1. Klicken Sie auf den PivotTable-Bericht, dann auf der Registerkarte *Pivot-Table-Tools/Optionen* in der Gruppe *Aktionen* auf *PivotTable verschieben*, um das gleichnamige Dialogfeld zu öffnen.
2. Sie können die Option *Neues Arbeitsblatt* wählen, um die PivotTable in ein neues Arbeitsblatt zu verlagern.
3. Alternativ können Sie die Option *Vorhandenes Arbeitsblatt* wählen und dann in der Zeile *Quelldatei* die Zieladresse angeben.
4. Bestätigen Sie anschließend mit *OK*, wird die PivotTable am neuen Ort angezeigt.

Ergebnisse einer PivotTable verwenden mit der Funktion *PIVOTDATENZUORDNEN*

Die Funktion *PIVOTDATENZUORDNEN* erscheint bei erster Betrachtung sehr unscheinbar und zeigt einem Anwender nicht unmittelbar das in ihr steckende Potenzial. In der Praxis gibt es immer wieder Situationen, in denen eine Berechnung notwendig ist, die nicht innerhalb der PivotTable durchgeführt werden kann. Die Funktion *PIVOTDATENZUORDNEN* bietet Ihnen diese Möglichkeit, um weitere Berechnungen durchführen zu können oder aber Tabellenberichte aufzubauen, die auf einer oder mehreren PivotTables beruhen.

Der Zugriff auf die Daten einer PivotTable kann aus der gleichen Tabelle, aus einer anderen Tabelle oder sogar aus einer andere Arbeitsmappe heraus erfolgen. Um auf Daten in einer anderen Arbeitsmappe zuzugreifen, ist es nicht erforderlich, dass die Zielmappe geöffnet ist. Die genaue Pfadbezeichnung innerhalb der Funktion ist ausreichend.

Die allgemeine Syntax lautet:

PIVOTDATENZUORDNEN(Datenfeld;PivotTable;Feld1;Element1;Feld2;Element2 ...)

Beispielsweise wollen Sie aus dem vorausgegangenen Beispiel (siehe Abbildung 24.55) den Wert für die *3D-Spiele* außerhalb der PivotTable weiterverarbeiten. Folgendermaßen ist das möglich:

1. Aktivieren Sie die Zielzelle, die den Wert aufnehmen soll.
2. Erstellen Sie folgende Funktion:
   =PIVOTDATENZUORDNEN("Umsatz";$A$3;"Produktgruppe";"3D-Spiele")

Diese Funktion liefert Ihnen als Ergebnis den Wert *65.991.374,60*.

HINWEIS Wenn Sie in den *Excel-Optionen* in der Kategorie *Formeln* im Abschnitt *Arbeiten mit Formeln* das Kontrollkästchen *GetPivotData-Funktionen für PivotTable-Bezüge verwenden* aktivieren, ergänzt Excel automatisch die Bezüge, wenn Sie beim Erstellen einer Formel auf eine Zelle in einer PivotTable klicken.

Sollten Sie im Verlauf der Arbeit die PivotTable in der Art umgestalten, dass Sie Felder in einen anderen Bereich verschieben, liefert die obige Funktion weiterhin das korrekte Ergebnis, obwohl der Wert innerhalb der PivotTable seine Position geändert hat.

PowerPivot

PowerPivot für Excel ist ein Datenanalyse-Tool, das direkt in Microsoft Excel in den PivotTables zusätzliche Rechenleistungen zur Verfügung stellt.

PowerPivot ist ein Add-In, das bei der Standardinstallation nicht installiert wird. Es wird separat vom Microsoft Download Center aus dem Internet heruntergeladen und lässt sich dann auf einfache Weise installieren.

WICHTIG Das PowerPivot-Add-In ist in zwei Versionen verfügbar. Setzen Sie die 32-Bit-Version von Excel ein, müssen Sie die 32-Bit-Version von PowerPivot installieren. Entsprechend ist gegebenenfalls die 64-Bit-Version des Add-Ins zu installieren.

PowerPivot ist ein Com-Add-In, das Sie wie folgt aktivieren bzw. deaktivieren:

1. Wählen Sie in der Registerkarte *Datei* den Befehl *Optionen*.
2. Im Dialogfeld *Excel-Optionen* wechseln Sie in die Kategorie *Add-Ins*.
3. Stellen Sie im Listenfeld *Verwalten* den Eintrag *Com-Add-Ins* ein und klicken Sie auf die Schaltfläche *Gehe zu*.
4. Aktivieren bzw. deaktivieren Sie im Dialogfeld *Com-Add-Ins* das Add-In *PowerPivot for Excel*.

Mehr zu Add-Ins finden Sie in Kapitel 26.

Nach entsprechender Installation finden Sie eine zusätzliche Registerkarte im Menüband von Excel (siehe Abbildung 24.58).

PowerPivot

Abbildg. 24.58 Die in Excel hinzugefügte Registerkarte für PowerPivot mit seinen Befehlen

Die wesentliche Arbeit mit PowerPivot findet im *PowerPivot-Fenster* statt. Dort werden die Daten geladen und bearbeitet. Wenn Sie auf den Befehl *PowerPivot-Fenster* in der Registerkarte *PowerPivot* klicken, wird ein neues Anwendungsfenster mit einem speziellen Menüband geöffnet (siehe Abbildung 24.59). Die Daten, mit denen Sie im PowerPivot-Fenster arbeiten, werden in einer analytischen Datenbank in der Excel-Arbeitsmappe gespeichert.

Abbildg. 24.59 Das Menüband nach dem Start des PowerPivot-Fensters

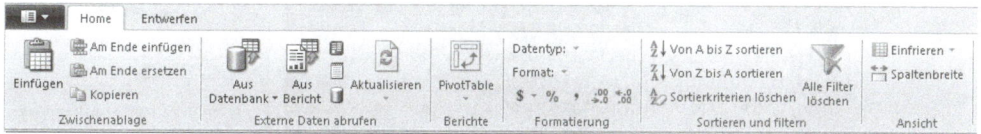

HINWEIS Einige Teile des PowerPivot-Fensters unterscheiden sich je nach der ausgeführten Windows-Version. Die vorherigen und folgenden Abbildungen basieren auf Windows 7.

Ist in Ihrem Menüband die Registerkarte *PowerPivot* vorhanden, können Sie sowohl mit Daten in einem Excel-Arbeitsblatt als auch mit Daten im PowerPivot-Fenster arbeiten. Im Arbeitsblattfenster finden Sie vertraute Excel-Funktionen, die Registerkarte *PowerPivot* und die *PowerPivot-Feldliste*.

Das PowerPivot-Fenster hingegen enthält zahlreiche spezifische Funktionen, wie beispielsweise das Hinzufügen von Datentabellen oder das Erstellen von Beziehungen zwischen diesen Tabellen.

Wir zeigen im folgenden Beispiel die Vorgehensweise bei der Auswertung von zwei Excel-Tabellen, die miteinander verknüpft und in einer PivotTable aufbereitet werden. PowerPivot bietet zahlreiche, sehr umfangreiche und bisher in Excel nicht machbare Möglichkeiten, um Daten zu analysieren.

Arbeiten Sie mit PowerPivot, geschieht dies zu Beginn in folgenden Schritten:

- Daten aus verschieden Quellen zusammenführen
- Erstellen von verknüpften Daten
- Beziehungen zwischen den unterschiedlichen Daten herstellen
- Möglicherweise Beschriftungen von Spalten ändern bzw. anpassen
- PivotTables und/oder PivotCharts aufbauen
- Zur Verbesserung der Filtermöglichkeiten Datenschnitte hinzufügen
- Speichern des resultierenden Excel-Arbeitsblatts.

CD-ROM Als Datengrundlage verwenden Sie in den folgenden Beispielen die Datei *Kap24_PowerPivot.xlsx* auf der CD-ROM zu diesem Buch im Ordner \Buch\Kap24.

Auswerten von zwei Excel-Tabellen mit PowerPivot

Sie haben die Arbeitsmappe *Kap24_PowerPivot.xlsx* geöffnet und befinden sich im Arbeitsblatt *Abrechnung*. Um die Verknüpfung zwischen den beiden Arbeitsblättern *Abrechnung* und *Stammdaten* herzustellen, gehen Sie folgendermaßen vor:

1. Wählen Sie auf der Registerkarte *PowerPivot* in der Gruppe *Excel-Daten* den Befehl *Verknüpfte Tabelle erstellen*.
2. Im geöffneten Dialogfeld *Tabelle erstellen* bestätigen Sie den vorgeschlagenen Datenbereich (siehe Abbildung 24.60).

Abbildg. 24.60   Dialogfeld zur Auswahl der Tabelle, mit der die Verknüpfung erstellt werden soll

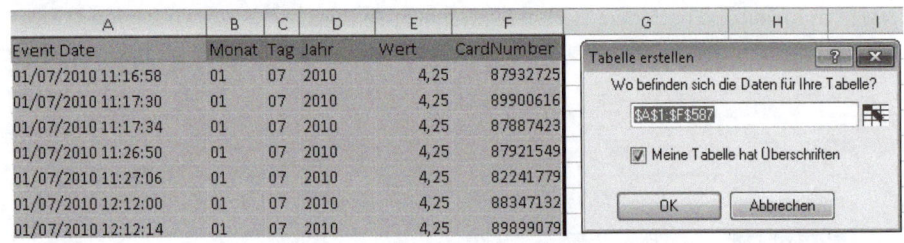

3. Excel öffnet das PowerPivot-Fenster. Wechseln Sie dort über das Symbol *Zur Arbeitsmappe wechseln* in der Symbolleiste für den Schnellzugriff wieder in die Arbeitsmappe *Kap24_PowerPivot.xlsx*. Aktivieren Sie dort das Arbeitsblatt *Stammdaten*, positionieren den Mauszeiger innerhalb des Datenbereichs und wählen nochmals den Befehl *Verknüpfte Tabelle erstellen*. Bestätigen Sie die Auswahl mit der Schaltfläche *OK*.

Abbildg. 24.61   Das PowerPivot-Fenster mit den beiden verknüpften Tabellen (*Tabelle1* und *Tabelle2*)

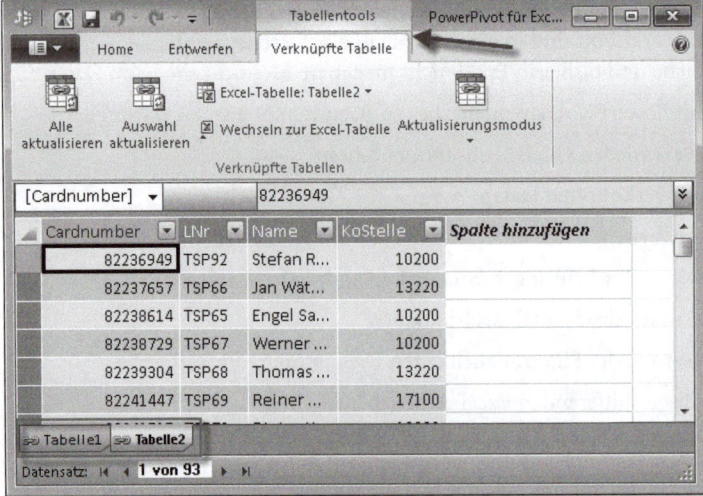

PowerPivot

Die beiden Tabellen führen Sie zusammen, indem Sie im Anwendungsfenster von PowerPivot auf der Registerkarte *Entwerfen* in der Gruppe *Beziehungen* den Befehl *Beziehung erstellen* wählen.

4. Im Dialogfeld *Beziehung erstellen,* wählen Sie in jeder Tabelle das gemeinsame Merkmal für die Verbindung aus und klicken auf die Schaltfläche *Erstellen* (siehe Abbildung 24.62).

Abbildg. 24.62 Die beiden Tabellen werden über den gemeinsamen Suchbegriff verbunden

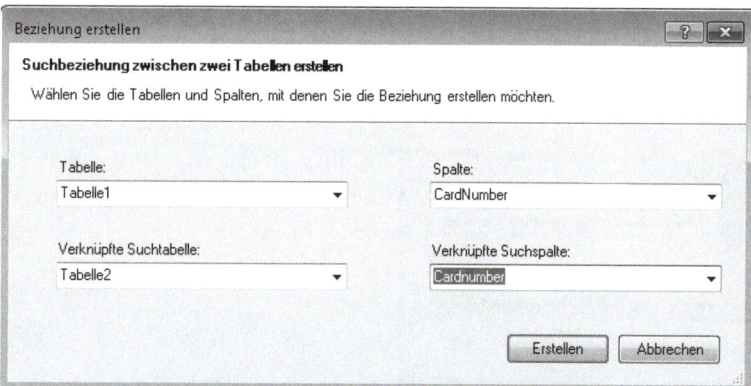

5. PowerPivot erstellt die Verknüpfung. Zur Auswertung mittels PivotTable wechseln Sie zur Registerkarte *Home* und wählen dort in der Gruppe *Berichte* den Befehl *PivotTable*.
6. Im folgenden Dialogfeld bestätigen Sie die Option *Neues Arbeitsblatt.* Excel stellt Ihnen daraufhin den Aufgabenbereich *PowerPivot-Feldliste* zur Erstellung einer PivotTable zur Verfügung.

HINWEIS Die *PowerPivot-Feldliste* ist der normalen *PivotTable-Feldliste* sehr ähnlich. Im Layoutabschnitt finden Sie zwei zusätzliche Bereiche, *Datenschnitte horizontal* und *Datenschnitte vertikal.* Im Feldabschnitt werden beide PivotTables angezeigt (siehe Abbildung 24.63).

7. Zur Auswertung ziehen Sie die benötigten Felder in die Bereiche, wie in Abbildung 24.63 gezeigt.
8. Formatieren Sie in der PivotTable die Zahlen mit zwei Nachkommastellen und wählen auf der Registerkarte *PivotTable-Tools/Entwurf/Berichtslayout* das Layout *In Tabellenformat anzeigen.*

Kapitel 24 PivotTable und PivotChart einsetzen

Abbildg. 24.63 Die Struktur des Dialogfelds *PivotTable-Feldliste* bei verknüpften Tabellen

9. Als Ergebnis erhalten Sie dann eine Auswertung aus zwei Tabellenblättern, die jede Kostenstelle und deren Mitarbeiter mit ihren täglichen Verbräuchen auflistet (siehe Abbildung 24.64).

Abbildg. 24.64 Das Ergebnis der Auswertung mit PowerPivot (Ausschnitt mit einer Kostenstelle)

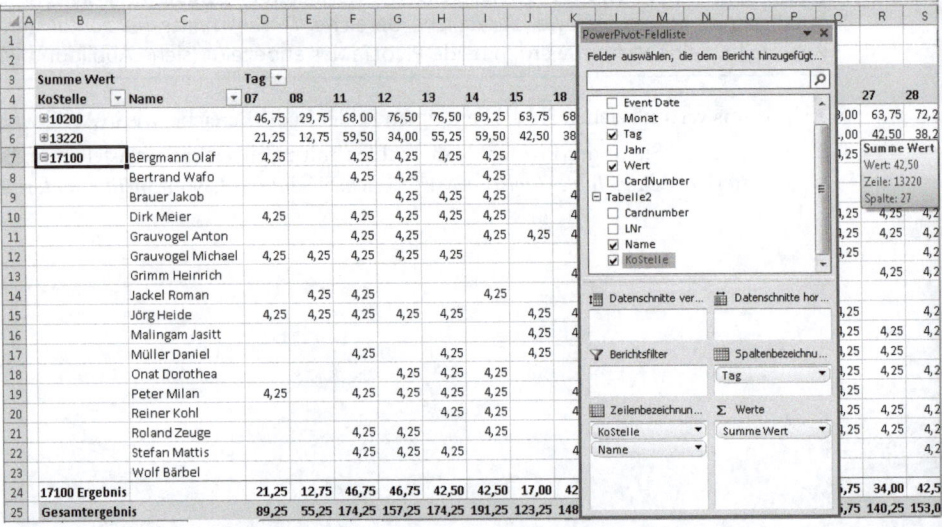

HINWEIS Über die Anordnung, beispielsweise des Felds *Kostenstelle* in *Datenschnitte vertikal* oder *Datenschnitte horizontal*, können Sie die Anzeige der Daten vergleichbar einem Filter beeinflussen.

Dies war ein kleiner Einblick in die Erstellung einer Auswertung mit PowerPivot. Mit diesem Add-In sind in Excel 2010 neue und sehr weitreichende Möglichkeiten für PivotTables hinzugekommen.

Zusammenfassung

In PivotTables finden Sie ein Instrument zur Analyse Ihrer Daten, um diese dann schnell, flexibel, sinnvoll und vor allem mit hoher Aussagekraft auswerten zu können. Sie erreichen in schnellen Schritten eine anschauliche Darstellung in Tabellenform und ohne weiteren Aufwand auch als Pivot-Chart bzw. Businessgrafik. Sollten Änderungen, Ergänzungen und/oder das Hinzufügen neuer Elemente notwendig werden, lässt sie sich zügig und ohne Gefährdung der Basisdaten sowie der bereits geleisteten Aufbauarbeit erledigen. Sie werden hervorragend durch die Assistenten unterstützt, welche die gesamte Arbeit erheblich erleichtern. Darüber hinaus können Sie die PivotTables auch als Zwischeninstrument für die Zusammenführung von Daten einsetzen. Und für besonders umfangreiche Datenmengen und zur Verknüpfung unterschiedlicher Quellen gibt es jetzt PowerPivot.

TIPP Wenn Sie sich umfassend mit PivotTables und PivotCharts befassen wollen, finden Sie weitere Informationen in dem Buch »Microsoft Office Excel: PivotTables und PivotCharts: Analyse großer Datenmengen mithilfe von Pivot-Tabellen« von Jürgen Schwenk und Helmut Schuster, erschienen bei Microsoft Press, ISBN 978-3866456587.

Frage	Lösung
Wozu können die PivotTable-Berichte eingesetzt werden?	PivotTable-Berichte bieten eine sehr leistungsfähige und flexible Möglichkeit zur Datenanalyse. Mehr dazu auf Seite 742.
Wie erstelle ich einen PivotTable-Bericht?	Den Befehl zum Einfügen eines PivotTable-Berichts finden Sie auf der Registerkarte *Einfügen*. Anschließend ordnen Sie die Daten in der PivotTable-Feldliste an. Wie das genau geht, steht auf Seite 743.
Kann ich PivotTables formatieren?	In Excel können Sie PivotTables mit Formatierungen versehen, indem Sie diese in einem Katalog auswählen. Auf Seite 750 wird gezeigt, dass dazu nur wenige Mausklicks erforderlich sind.
Wie kann ich einen PivotTable-Bericht löschen?	Die kontextbezogene Registerkarte *Optionen* bietet einen Befehl an, mit dem Sie die gesamte Tabelle markieren können. Auf Seite 753 erfahren Sie, dass die Entf-Taste den Rest der Aufgabe erledigt.
Welche Optionen für die Darstellung der PivotTable-Berichte gibt es?	Für die PivotTable-Berichte können Sie eine Vielzahl von Optionen einstellen. Auf Seite 755 erfahren Sie, welche das sind.
Kann ich die Anordnung der Felder ändern?	Sie können Felder verschieben, hinzufügen oder entfernen. Ab Seite 758 erfahren Sie, was es für Möglichkeiten gibt.
Wie kann ich angezeigte Datenmengen einschränken?	Das können Sie über Ein- und Ausblenden von Details oder Filter erreichen. Mehr erfahren Sie dazu ab Seite 763.
Kann ich die Elemente in PivotTables gruppieren?	Die Daten einer PivotTable lassen sich gruppieren. Wichtig ist dabei der Datentyp. Auf Seite 747 erfahren Sie mehr dazu
Kann ich Daten eines PivotTable-Berichts in einem Diagramm darstellen?	Wie Sie ein PivotChart erstellen, lesen Sie auf Seite 783
Was sind berechnete Elemente oder Felder?	Ein berechnetes Element verwendet Daten aus einer PivotTable und führt damit Berechnungen durch. Das Ergebnis wird Bestandteil des Pivot-Table-Berichts. Wie Sie mehr Informationen durch berechnete Elemente oder Felder in einer PivotTable anzeigen lassen, steht auf Seite 785.

Teil H

Planung und Prognose

Kapitel 25	Was-wäre-wenn-Analyse	801
Kapitel 26	Add-Ins einsetzen – Beispiel zum Solver	831

Dieser Teil informiert Sie über professionelle Werkzeuge zur Zielwertsuche und zur Was-wäre-wenn-Analyse. Entwickeln und testen Sie Modelle, die Sie für Ihre Planungsaufgaben und Prognosen einsetzen können.

Bei der Zielwertsuche finden Sie denjenigen Wert für einen Parameter, den Sie in eine Formel einsetzen müssen, um ein bestimmtes Ergebnis zu erhalten.

Weiter arbeiten Sie mit dem *Szenario-Manager*, mit dessen Hilfe Sie die Eingabeparameter von Formeln speichern und verwalten können. Sie erhalten hier Anregungen, für welche Zwecke Szenarien eingesetzt werden können und wie Sie einen Übersichtsbericht mit den Variablen aller Szenarien erstellen.

Und schließlich lernen Sie die Mehrfachoperation kennen, die Eingabeparameter in Formeln mit Wertelisten durchrechnen und eine Vielzahl an Ergebnissen liefern kann.

In Kapitel 26 erfahren Sie, welche Add-Ins mit Excel 2010 ausgeliefert werden und wie Sie diese einbinden können. Eine kurze Beschreibung zeigt die Möglichkeiten auf, die Ihnen diese Add-Ins bieten.

Teil H Planung und Prognose

Weiter wird der Solver vorgestellt, mit dem Sie – ähnlich wie bei der Zielwertsuchte – den optimalen Wert für eine Formel berechnen und dabei auch Nebenbedingungen berücksichtigen können. Lernen Sie, wie Sie das Add-In *Solver* verfügbar machen, welche Probleme der Solver löst, wie er grundsätzlich funktioniert und welche Funktionen er für Fortgeschrittene bereit hält.

Kapitel 25

Was-wäre-wenn-Analyse

In diesem Kapitel:

Ersetzen und Berechnen: automatische Zielwertsuche	802
Die Iteration gezielt einsetzen	804
Mit dem Szenario-Manager arbeiten	808
Was sind Datentabellen?	817
Zusammenfassung	829

Excel bietet interessante und leistungsfähige Werkzeuge, mit denen ein bestehendes Rechenmodell durch Änderungen von Bedingungen und Parametern angepasst werden kann.

In manchen Situationen gilt es, die Kalkulation anzupassen und mit anderen Werten ein Modell durchzurechnen. Wie sieht etwa der Aufwand mit anderen Einstandspreisen oder Zinssätzen aus? Für diese Art der Fragestellung gibt es den *Szenario-Manager*, der verschiedene Werte für einen Satz veränderlicher Zellen unter einem frei wählbaren Namen abspeichert. Werden diese Werte als Argumente in Formeln verwendet, liefern sie unterschiedliche Ergebnisse für Vergleichsrechnungen und das ohne dass Sie erneut Daten eingeben müssen oder diese gar in verschiedenen Tabellen oder Arbeitsmappen speichern.

Bei der Lösung von Formeln, in die mehrere Parameter eingehen, tritt häufig der Wunsch auf, für einen der Parameter unterschiedliche Werte zu verwenden und die Ergebnisse dann zu vergleichen. »Schöne« Lösungen können dabei z. B. mit Steuerelementen erstellt werden, die das Ändern der Werte vereinfachen. Wenn Sie jedoch vergleichen wollen, wie sich die Änderung eines Parameters auf das Ergebnis einer Formel auswirkt, muss ein anderer Ansatz gewählt werden. Excel bietet mit Datentabellen eine elegante Möglichkeit für solche Aufgaben an.

Ersetzen und Berechnen: automatische Zielwertsuche

Bei vielen Problemlösungen haben Sie sich vielleicht schrittweise an ein gewünschtes Ziel herangetastet – ganz nach dem Motto »Versuch und Irrtum«. Das erfordert zuweilen einen »langen Atem«, denn es bedarf mitunter vieler Versuche mit unterschiedlichen Werten, bis eine Annäherung erzielt wird.

Während Sie bisher von einem Ausgangswert auf einen Zielwert hin gerechnet haben, finden Sie in Excel einen komfortablen Weg über eine Rückrechnung vom Zielwert auf den Ursprungswert.

CD-ROM Sie finden das fertige Modell im Arbeitsblatt *Zielwert* in der Datei *Kap25.xlsx* auf der CD-ROM zum Buch im Ordner \Buch\Kap25.

Praxisbeispiel: Break-Even-Berechnung

Sie stehen vor dem großen Schritt in die Selbstständigkeit. Bevor Sie jedoch endgültig den Startschuss geben, wollen Sie nochmals die Umsätze kalkulieren. Sie wollen von einem festgesetzten Ergebnis und den geplanten Kosten auf die zu produzierende und zu verkaufende Stückzahl zurückrechnen.

Zur besseren Übersicht haben Sie verschiedene Daten zusammengetragen und wollen diese in eine Kalkulation umsetzen (für das Beispiel siehe Tabelle 25.1).

Tabelle 25.1 Basisdaten für das Praxisbeispiel *Break-Even-Analyse*

Bezeichnung	Werte	Formeln	Ergebnis
Produktionsplan	500 Stück		
Stückerlöse	12,50 €	Umsatz = Stück * Stückerlöse	6.250,00 €

Ersetzen und Berechnen: automatische Zielwertsuche

Tabelle 25.1 Basisdaten für das Praxisbeispiel *Break-Even-Analyse* (Fortsetzung)

Bezeichnung	Werte	Formeln	Ergebnis
Gewinn	4,5%	UmsatzGewinn = Gewinn * Umsatz	281,25 €
Wagnis	5,0%	UmsatzWagnis = Wagnis * Umsatz	312,50 €
Nettoerlös		Nettoerlös = Umsatz – (UmsatzGewinn + UmsatzWagnis)	5.625,25 €
Fixkosten lt. Schätzung			25.700,00 €
Herstellungskosten	6,35 €	Herstellungskosten = Stück * Herstellungskosten	3.175,00 €
Ergebnis		Nettoerlöse – Fixkosten – Herstellungskosten	–23.218,75 €

Wenn Sie diese Zahlen zugrunde legen, müssen Sie wohl zugeben, dass Sie sich besser nicht selbstständig machen sollten. Wo aber liegt denn der Wert, bei dem Sie zumindest Kosten, Gewinn und Wagnis verdienen würden – und mit einem guten Verkäufer auch mehr?

Die Aufgabe mit der Zielwertsuche lösen

Hier bietet Excel als Lösungsmöglichkeit die *Zielwertsuche* an. Welche Werte können Sie in dem Rechenbeispiel verändern? Entweder den Verkaufspreis oder die Stückzahl. Versuchen Sie es mit der Stückzahl, nach Ändern der Werte sollte die Zelle *D10* den Wert Null enthalten.

1. Erstellen Sie zunächst in einem leeren Arbeitsblatt das Modell und übertragen Sie die allgemeinen Formeln aus Tabelle 25.1.
2. Markieren Sie jetzt die Zelle *D10*.
3. Rufen Sie auf der Registerkarte *Daten* den Befehl *Datentools/Was-wäre-wenn-Analyse/Zielwertsuche* auf.
4. Tragen Sie im Dialogfeld *Zielwertsuche* die Werte aus Abbildung 25.1 ein.

HINWEIS *Zielzelle* ist die Zelle, die mit einer Formel hinterlegt ist, das momentane Ergebnis berechnet und später das Zielergebnis anzeigen soll, in unserem Beispiel also *D10*.

Abbildg. 25.1 Das Dialogfeld *Zielwertsuche* mit den Daten für die Berechnung

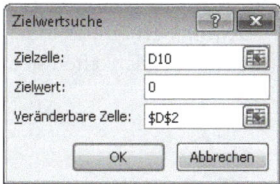

5. Bestätigen Sie Ihre Eingaben nun mit einem Klick auf die Schaltfläche *OK*.
6. Excel zeigt Ihnen das Ergebnis an (Abbildung 25.2). Speichern Sie das Modell ggf. ab.

HINWEIS Bei einer umfangreichen Zielwertsuche können Sie den Vorgang auch unterbrechen, indem Sie während der Berechnung die Schaltfläche *Pause* oder *Abbrechen* anklicken. Um den Lösungsvorgang zu verfolgen, aktivieren Sie im Dialogfeld *Status der Zielwertsuche* die Schaltfläche *Schritt*. Der momentane Lösungswert wird anschließend im Dialogfeld angezeigt. Um den Vorgang der Zielwertsuche fortzusetzen, aktivieren Sie die Schaltfläche *Weiter*.

Abbildg. 25.2   Tabelle mit Kalkulationsmodell, dem Status nach der Zielwertsuche und die eingeblendeten Formeln (ungerundet)

	A	B	C	D	E	F	G	H
1								
2		Produzierte Stückzahl		5178,84131		Formeln		
3								
4		Umsatz	12,50 €	64.735,52 €		.=D2*C4		
5		**Gewinn**	4,50%	2.913,10 €		.=C5*D4		
6		**Wagnis**	5,0%	3.236,78 €		.=C6*D4		
7		Nettoerlöse		58.585,64 €		.=D4-(D5+D6)		
8		Fixkosten lt. BAB		25.700,00 €			25700	
9		Herstellungskosten	6,35 €	32.885,64 €		.=D2*D9		
10		**Ergebnis**		0,00 €		.=D7-D8-D9		
11								
12								
13								
14								
15								
16								
17								
18								

Fazit: Wenn 5.179 Stück verkauft werden, erreichen Sie den Break-Even-Point. Auf dem gleichen Weg können Sie nun auch berechnen, welche Stückzahl Sie für einen bestimmten Gewinn verkaufen müssen. Tragen Sie den gewünschten Gewinn als Zielwert ein und ermitteln Sie wie beschrieben die jeweilige Stückzahl.

Die Iteration gezielt einsetzen

Die Zielwertsuche verwendet eine Technik, sich Schritt für Schritt der Lösung zu nähern. Dieses schrittweise Annähern an eine mathematische Lösung wird *Iteration* genannt. Ein Exkurs zu diesem spannenden Thema soll anhand von Beispielen aufzeigen, welche Möglichkeiten sich damit in Excel bieten.

Einen Zirkelbezug auflösen

Wenn sich eine Formel direkt oder indirekt auf diejenige Zelle bezieht, in welche sie eingetragen wurde, wird dies als *Zirkelbezug* bezeichnet. Wenn Sie eine solche Formel eintragen, wird eine Fehlermeldung angezeigt. Bestätigen Sie diese Meldung mit *OK* oder lassen Sie die Hilfe mit dem Thema *Entfernen oder Zulassen eines Zirkelbezugs* anzeigen.

Abbildg. 25.3 Der Hinweis auf einen Zirkelbezug erfolgt nur dann, wenn in den Excel-Optionen die *Iteration* **nicht** aktiviert ist

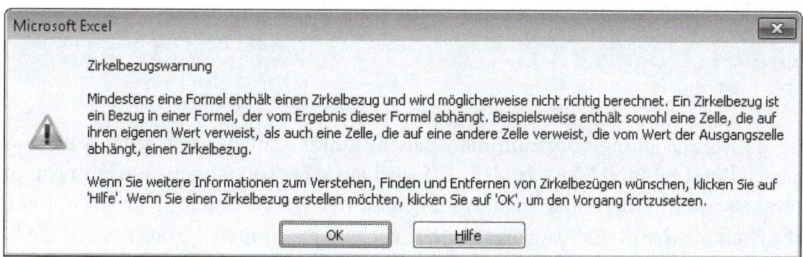

Sie können daraufhin den Zirkelbezug entfernen oder jede Zelle, die in den Zirkelbezug einbezogen ist, berechnen und dabei die Ergebnisse der vorherigen Iteration verwenden. Dazu müssen Sie allerdings eine Einstellung von Excel ändern.

Die Standardeinstellungen für die Iterationen finden Sie über die Backstage-Ansicht. Wählen Sie den Befehl *Optionen* und wechseln Sie im Dialogfeld *Excel-Optionen* in die Kategorie *Formeln*. Dort ist im Abschnitt *Berechnungsoptionen* das Kontrollkästchen *Iterative Berechnung aktivieren* standardmäßig deaktiviert. Wenn Sie dieses aktivieren, kann Excel auch den Zirkelbezug auflösen.

HINWEIS Sie müssen das Kontrollkästchen *Iterative Berechnung aktivieren* immer explizit auswählen, die Einstellung wird **nicht** mit der Arbeitsmappe gespeichert. Es bleibt dann so lange aktiv, bis Excel beendet wird bzw. bis Sie es wieder deaktivieren.

Mit den Standardwerten 100 für *Maximale Iterationszahl* (Werte zwischen 1 und 32.767 sind hier möglich) und 0,001 für die *Maximale Änderung* beendet Excel die Berechnung entweder

- nach 100 Iterationsschritten oder
- wenn sich alle Werte in dem Zirkelbezug zwischen zwei Iterationen um einen Betrag von weniger als 0,001 ändern,

je nachdem, welcher Fall zuerst eintritt. Es wird also eine wiederholte Annäherung und Neuberechnung durchgeführt.

CD-ROM Sie finden die Beispiele in der Datei *Kap25_Iteration.xlsx* im Ordner *\Buch\Kap25* auf der CD-ROM zu diesem Buch. Achtung: Wenn Sie die Iteration nicht aktiviert haben, wird beim Öffnen dieser Datei ebenfalls ein Hinweis auf einen Zirkelbezug angezeigt.

Neuberechnungen zählen

Interessant insbesondere für den Einstieg in das Thema »Iteration« ist ein Iterationszähler mit dem Wert *1*. Diese Einstellung führt nur eine einzige Neuberechnung aus, die Sie über die Taste F9 starten können. Damit können Sie dann zählen, wie oft ein Arbeitsblatt neu berechnet wurde. Legen Sie dazu zunächst im Dialogfeld *Excel-Optionen* in der Kategorie *Formeln* die Einstellungen aus Abbildung 25.4 fest.

Abbildg. 25.4 Verwenden Sie diese Einstellungen, um jeweils nur eine einzige Neuberechnung durchzuführen

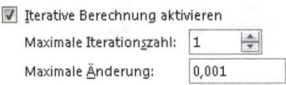

Wenn Sie diese Einstellung vorgenommen haben, können Sie an den Aufbau der Tabelle gehen (siehe hierzu die Abbildung 25.5). In Zelle *C4* wird ein Wert von *0* oder *1* eingetragen, um die Neuberechnung zu unterbinden oder zu starten. Das ist bei der Verwendung der Iteration eine praktische Sache, weil Sie damit die Ausgangswerte zurücksetzen können. Vorausgesetzt, Sie haben durch die Verwendung der *WENN*-Funktion ein entsprechendes Verhalten implementiert.

Die Zelle *C5* enthält die Zahl *1* – um diesen Wert wird im Beispiel der Zähler erhöht, wenn eine Neuberechnung stattfindet. Die Zelle *C7* enthält eine Zahl, welche die Zählung in *C8* nach oben abgrenzt. Wird der Wert dieser Zelle erreicht, ändert sich der Zähler nicht mehr.

Die Zelle *C6* enthält einen Bezug auf den Zähler in *C8*. Die Formel für den eigentlichen Zähler enthält die Zelle *C8*:

```
=WENN(C4=0;0;WENN(C8<C7;WENN(C4=1; C6+C5;C6);C8))
```

Abbildg. 25.5 Durch den Zirkelbezug wird bei jeder Neuberechnung der Zähler erhöht

	A	B	C	D	E
1					
2		Durchgeführte Neuberechnungen zählen			
3		Beschreibung	Wert	Formel	
4		Starter	0		
5		Wert	1		
6		voriger Wert	0	=C8	
7		Endwert	20		
8		Anzahl der Neuberechnungen	0	=WENN(C4=0;0;WENN(C8<C7;WENN(C4=1;C6+C5;C6);C8))	
9					
10		Anleitung:	Geben Sie in Zelle C4 die Zahl 1 ein.		
11			Drücken Sie mehrfach die Taste **F9** und beachten Sie die Änderungen in der Tabelle.		
12			Stellen Sie durch Eingabe der Zahl 0 in Zelle C4 die Ausgangswerte wieder her.		
13					
14		Einstellungen	Berechnungsoptionen		
15					
16			Arbeitsmappenberechnung	☑ Iterative Berechnung aktivieren	
17			● Automatisch	Maximale Iterationszahl: 1	
18			○ Automatisch außer bei Datentabellen	Maximale Änderung: 0,001	
19			○ Manuell		
20			☑ Vor dem Speichern die Arbeitsmappe neu berechnen		

Haben Sie die Tabelle aufgebaut, können Sie nachvollziehen, was bei der Neuberechnung mit der Taste F9 passiert. Dazu tragen Sie zunächst die Zahl *1* in die Zelle *C4* ein. Sollten Sie die Iteration bisher noch nicht aktiviert haben, erhalten Sie spätestens jetzt den Hinweis auf einen vorhandenen Zirkelbezug.

Ansonsten enthält der Zähler in *C8* jetzt die Zahl *1*. Das bedeutet, es wurde bisher lediglich eine Addition durchgeführt. Die Zelle *C6* enthält noch den Wert des Zählers **vor** der Neuberechnung.

WICHTIG Wenn Sie ein Beispiel aufbauen, bei dem die Reihenfolge der Berechnung von Bedeutung ist, müssen Sie wissen, dass Excel an sich nur Zellen berechnet, die direkt oder indirekt von einer Änderung betroffen sind. Allerdings spielt die Position, an der sich die Zelle befindet, eine nicht unbedeutende Rolle. Tragen Sie beispielsweise in Zelle *C9* die gleiche Formel ein wie in *C6*, liefern beide Formeln trotz gleicher Formel unterschiedliche Ergebnisse.

Mit jeder weiteren Neuberechnung erhöht sich der Zähler in *C8*. Das geht so lange, bis der Endwert aus Zelle *C7* erreicht wird. Weitere Neuberechnungen ändern den Wert des Zählers nicht mehr. Wollen Sie den Versuch erneut starten, tragen Sie zunächst die Zahl *0* in Zelle *C4* ein und ändern diesen Wert anschließend wieder auf *1* zurück.

TIPP Eine Neuberechnung wird in diesem Fall auch dann ausgelöst, wenn Sie über *Daten/Datenüberprüfung* für die Zelle *C4* eine Gültigkeitsliste festgelegt haben und über diese den Zellwert ändern. Stellen Sie dazu das Listenfeld *Zulassen* auf den Wert *Liste* und tragen Sie als *Quelle* »0;1« ein. Damit können Sie die Ausgangswerte schnell wiederherstellen.

Eingabezeit festhalten

Bei manchen Tabellen ist es wichtig, zu wissen, wann bestimmte Werte eingetragen wurden. Das ist keine ganz einfache Aufgabe, zumindest nicht, wenn Sie dies automatisch und ohne Makro erreichen wollen. Excel bietet mit *=JETZT()* zwar eine Formel an, mit der Sie die aktuelle Uhrzeit berechnen können. Allerdings wird diese Formel bei jeder Neuberechnung aktualisiert und ist daher für diese Aufgabe so nicht zu verwenden.

Das folgende Beispiel verwendet die Iteration, um den Zeitpunkt festzuhalten, zu dem Sie einen Wert in bestimmte Zellen eingetragen haben.

Hier übernimmt im Arbeitsblatt *Eingabezeit festhalten* in der Arbeitsmappe *Kap25_Iteration.xlsx* die Zelle *C3* die Aufgabe, die Berechnung zu starten (*1*) oder aber zurückzusetzen (*0*). Wenn Sie in Zelle *B5* etwas eintragen, wird die Uhrzeit in *C5* nur dann festgehalten, wenn der Starter den Wert *1* hat. Dann allerdings liefert die Formel

```
=WENN($C$3=0;0;WENN(B5<>"";WENN(C5>0;C5;JETZT());0))
```

die aktuelle Uhrzeit. Diese Uhrzeit bleibt auch dann erhalten, wenn die Zelle *B5* erneut geändert wird, da sie einen Zirkelbezug auf sich selbst enthält.

Beim Einsatz der Tabellenfunktion *ZUFALLSZAHL()* in Kapitel 16 finden Sie ein weiteres Beispiel zur Iteration.

Abbildg. 25.6 Wenn Sie im Bereich *B5:B14* etwas eintragen, wird der Zeitpunkt der Eintragung festgehalten

	A	B	C	D	E	F	G	H	I
1									
2		Eingabezeit festhalten							
3		Zurücksetzen	1			J. Schwenk:			
4		Tragen Sie hier etwas ein	Zeit	ohne zurücksetzen		=WENN(B5<>"";WENN(D5>0;D5;JETZT());0)			
5		Iteration	17:04:56	11:41:59					
6		mit	17:05:06	17:05:06					
7		Excel 2010	17:06:16	17:06:16					
8			00:00:00	00:00:00					
9			00:00:00	00:00:00					
10			00:00:00	00:00:00					
11			00:00:00	00:00:00					
12			00:00:00	00:00:00					
13			00:00:00	00:00:00					
14			00:00:00	00:00:00					
15									

C5 =WENN($C$3=0;0;WENN(B5<>"";WENN(C5>0;C5;JETZT());0))

Mit dem Szenario-Manager arbeiten

Mit dem Szenario-Manager können Sie verschiedene Werte in einem Szenario speichern und in Ihrem Arbeitsblatt automatisch durch andere, ebenfalls in einem Szenario gespeicherte Werte ersetzen. Damit ist es ganz einfach, zwischen den unterschiedlichen Eingabewerten durch Wechseln des angezeigten Szenarios umzuschalten und damit unterschiedliche Ergebnisse anzuzeigen.

Abbildg. 25.7 Diese einfache Kostenaufstellung soll mit verschiedenen Werten durchgerechnet werden

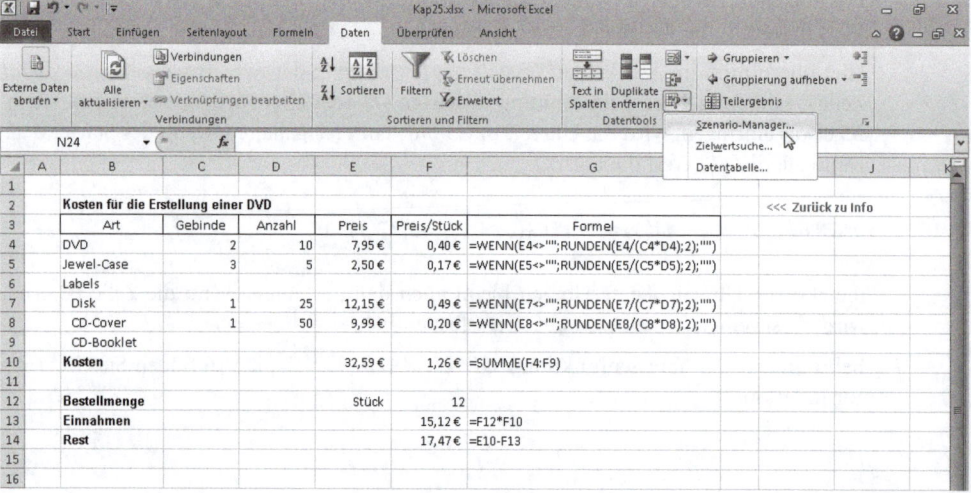

Im folgenden Beispiel sollen die Kosten für die Herstellung von DVD-ROMs untersucht werden: Sie haben den letzten Ausflug der Sportgruppe mit einer Digitalkamera festgehalten und nun soll jeder Teilnehmer eine DVD-ROM bekommen. Da sich die Preise für die dazu notwendigen Etiketten und Rohlinge in Abhängigkeit von der Menge unterscheiden, wollen Sie vergleichen, wie sich der Aufwand verändert. Als Grundlage dient das Arbeitsblatt *Kostenrechnung* aus Abbildung 25.7.

Mit dem Szenario-Manager arbeiten

CD-ROM Alle Beispiele zum Szenario-Manager finden Sie in der Datei *Kap25.xlsx* im Ordner *\Buch\Kap25* auf der CD-ROM zu diesem Buch.

Die Position *Rest* zeigt die Kosten an, die Sie dieses Mal nicht auf die Teilnehmer aufteilen können. Als Gegenwert dazu haben Sie allerdings einen Restbestand an unterschiedlichem Material zur Verfügung.

Ein Szenario erstellen

Es ist eine probate Methode, ein Szenario zu erstellen, das lediglich die Ausgangswerte enthält. Von diesem Szenario aus können dann weitere Szenarien definiert werden. Die Rückkehr zu den Ausgangswerten ist jederzeit möglich.

CD-ROM Verwenden Sie das Arbeitsblatt *Übung* in der Beispieldatei *Kap25.xlsx* im Ordner *\Buch\Kap25* der CD-ROM zum Buch, um die folgende Schritte selbst nachzuvollziehen. Das Arbeitsblatt *Kostenrechnung* enthält die hier vorgestellten Szenarien.

Zunächst erstellen Sie mit den Daten der in Abbildung 25.7 gezeigten Tabelle ein Szenario mit dem Namen *Standard*. Führen Sie dazu die folgenden Schritte aus:

1. Wählen Sie auf der Registerkarte *Daten* in der Gruppe *Datentools* den Befehl *Was-wäre-wenn-Analyse/Szenario-Manager* aus. Es öffnet sich das Dialogfeld *Szenario-Manager*.

Abbildg. 25.8   Der *Szenario-Manager* enthält zunächst ein leeres Listenfeld

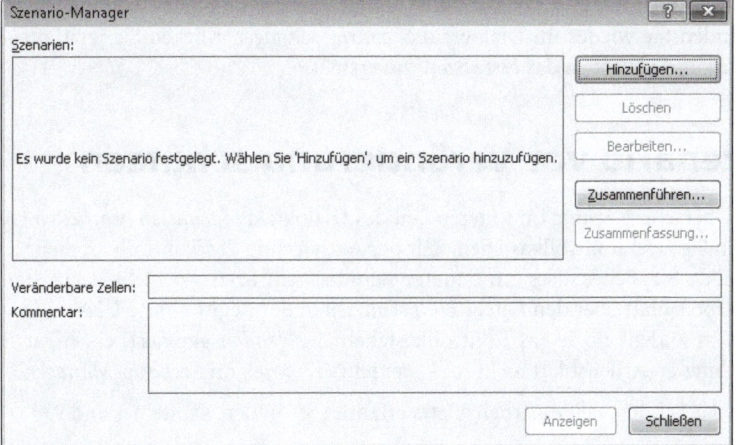

2. Um ein Szenario festzulegen, klicken Sie auf die Schaltfläche *Hinzufügen*. Damit wird das Dialogfeld *Szenario hinzufügen* für die Definition neuer Szenarien angezeigt (Abbildung 25.9). Wundern Sie sich nicht, wenn der Titel des Dialogfelds auf Ihrem Bildschirm eventuell *Szenario bearbeiten* lautet. Wenn Sie den Bereich der veränderbaren Zellen bearbeiten, ändert sich auch der Titel des Dialogfeld.

Kapitel 25 **Was-wäre-wenn-Analyse**

Abbildg. 25.9 Im Dialogfeld *Szenario hinzufügen* bzw. *Szenario bearbeiten* wird ein Szenario definiert

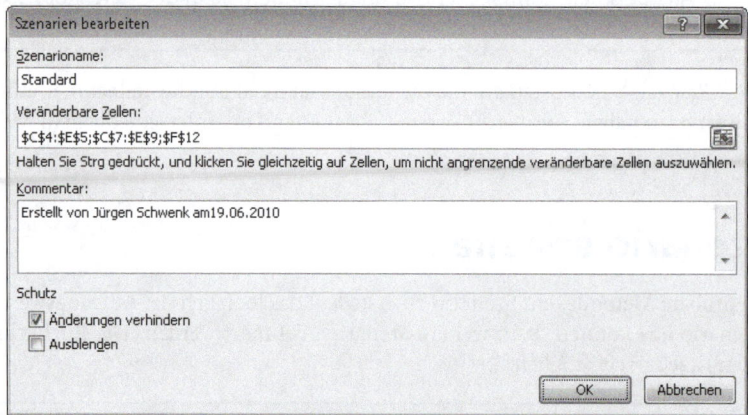

3. Tragen Sie in das Eingabefeld *Szenarioname* den Namen *Standard* ein.
4. Mit der ⬚-Taste gelangen Sie in das Feld *Veränderbare Zellen*. Markieren Sie mit der Maus den Bereich *C4:E5*. Um weitere Bereiche hinzufügen zu können, müssen Sie nun die Strg -Taste gedrückt halten. Markieren Sie weiter den Bereich *C7:E9* und anschließend noch die Zelle *F12* (siehe Abbildung 25.9).
5. Mit einem Klick auf die Schaltfläche *OK* bestätigen Sie Ihre Eingaben und gelangen in das Dialogfeld *Szenariowerte*.
6. Als Vorgabe finden Sie dort die aktuellen Zellwerte in den Eingabefeldern. Klicken Sie auf die Schaltfläche *OK* um diese Werte für das Szenario *Standard* zu übernehmen.
7. Nun landen Sie wieder im Dialogfeld *Szenario-Manager*. Klicken Sie jetzt auf die Schaltfläche *Schließen* und Sie haben das erste Szenario erstellt.

Ein Szenario vor Veränderung schützen

Unter der Überschrift *Schutz* im unteren Teil des Dialogfelds *Szenarien bearbeiten* (siehe Abbildung 25.9) finden Sie zwei Kontrollkästchen. Mit der Aktivierung des Kontrollkästchens *Änderungen verhindern* stellen Sie sicher, dass ein anderer Benutzer ein Szenario nicht bearbeiten kann. Hierzu muss das Arbeitsblatt über den Befehl *Blatt schützen* in der Registerkarte *Überprüfen* noch geschützt werden. Wird zudem noch das Kontrollkästchen *Ausblenden* aktiviert, erscheint das Szenario in einem geschützten Arbeitsblatt nicht im Listenfeld *Szenarien* im *Szenario-Manager*.

Mehr über das Schützen eines Arbeitsblatts erfahren Sie in den Kapiteln 4 und 9.

Szenarien bearbeiten

Beim Anlegen eines Szenarios fügt der *Szenario-Manager* automatisch einen Kommentar ein. Dieser enthält Angaben über den Autor des Szenarios und das Erstellungsdatum. Dafür wird der *Benutzername* verwendet, den Sie über das Dialogfeld *Excel-Optionen* auf der Registerkarte *Allgemein* eintragen können. Beim Bearbeiten wird dieser Kommentar noch mit Angaben über das Modifizierungsdatum und den jeweiligen Bearbeiter ergänzt. Diese Angaben erscheinen ebenfalls im Dialogfeld *Szenario-Manager* (siehe Abbildung 25.9).

Das Kommentarfeld ist frei editierbar; weitere Informationen zu Ihren Szenarien hinterlegen Sie hier. Wenn Sie eine Arbeitsmappe weitergeben, können Sie hier z. B. Notizen für einen Sachbearbeiter eintragen.

Weitere Szenarien hinzufügen

Das Anlegen eines Szenarios allein liefert noch keinen Einblick in die Funktionsweise des *Szenario-Managers*. Erst durch das Hinzufügen weiterer Szenarien eröffnen Sie sich die Möglichkeit, zwischen den verschiedenen Szenarien zu wechseln. Wenn dann noch unterschiedliche Ausgangsdaten in die Formeln eingehen, wird Ihnen die Arbeitsweise dieses Werkzeugs schnell klar.

Es gibt zwei Wege, um neue Szenarien zu definieren:

- Sie können die Werte im Tabellenblatt ändern und bestimmte Zwischenstände als Szenario speichern
- Es ist aber auch möglich, die Werte für die veränderbaren Zellen direkt in das Dialogfeld *Szenariowerte* einzugeben

Das Vorgehen hängt ganz von Ihrer persönlichen Arbeitsweise ab.

Ein weiteres Szenario speichern

Stellen wir uns eine Aufgabe: Ihr Fachhändler hat ein Angebot für bedruckbare DVDs. Sie erhalten eine Packung mit einer DVD für 7,95 €, zusätzliche Etiketten werden damit überflüssig. Nun möchten Sie sehen, wie sich dieses Angebot auf die Kosten auswirkt. Das Ergebnis soll als weiteres Szenario hinzugefügt werden.

Folgen Sie dazu den nachstehenden Schritten:

1. Aktivieren Sie die Zelle *C4* und tragen Sie den Wert *12* ein. In Zelle *D4* tragen Sie den Wert *1* und in *E4* den Wert *7,95* ein. Weiter setzen Sie den Preis für die Labels in *E7* auf *0*.
2. Jetzt sollen die neuen Werte als Szenario gespeichert werden. Rufen Sie dazu erneut auf der Registerkarte *Daten* in der Gruppe *Datentools* den Untermenübefehl *Was-wäre-wenn-Analayse/Szenario-Manager* auf.
3. Klicken Sie auf die Schaltfläche *Hinzufügen* und geben Sie als Szenarionamen *Printable* ein. Klicken Sie anschließend auf die Schaltfläche *OK*.
4. Die Werte im Dialogfeld *Szenariowerte* können Sie übernehmen. Klicken Sie daher auf die Schaltfläche *OK* und beenden Sie den *Szenario-Manager* durch einen Klick auf die Schaltfläche *Schließen*.

HINWEIS   Das Listenfeld *Szenarien* im Dialogfeld *Szenario-Manager* unterstützt keinen horizontalen Bildlauf. Daher sollten Sie sich für kurze Szenarionamen entscheiden.

Das Dialogfeld *Szenario-Manager* enthält nun zwei Einträge, zwischen denen Sie über die Schaltfläche *Anzeigen* hin- und herschalten können. Dabei werden die Werte des gewählten Szenarios in die Tabelle eingetragen, während der Szenario-Manager geöffnet bleibt. Die Namen der Szenarien und die zugehörigen Werte speichert Excel im Arbeitsblatt. Sie gehen also nicht verloren. Das Interessante dabei ist, dass die Zellen mit den Formeln jeweils unterschiedliche Werte zeigen. Die Formeln werden beim Anzeigen eines anderen Szenarios jeweils mit unterschiedlichen Werten neu berechnet. Genau das ist das Einsatzgebiet des Szenario-Managers: Er ermöglicht Ihnen das schnelle Durchrechnen und Vergleichen von Formeln mit unterschiedlichen Werten.

WICHTIG Wenn Sie im Dialogfeld *Excel-Optionen* auf der Registerkarte Formeln die manuelle Berechnung eingestellt haben, werden beim Wechseln zwischen verschiedenen Szenarien zwar die im Szenario gespeicherten Werte angezeigt, eventuell vorhandene Formeln zeigen aber das Ergebnis der letzten Neuberechnung.

Szenariowerte über ein Dialogfeld eingeben

Um ein weiteres Szenario anzulegen, verwenden Sie im nächsten Beispiel nicht die Tabelle, sondern den *Szenario-Manager*. Und so geht's:

1. Rufen Sie auf der Registerkarte *Daten* in der Gruppe *Datentools* den Befehl *Was-wäre-wenn-Analayse/Szenario-Manager* auf.
2. Zeigen Sie das Szenario *Standard* an, indem Sie doppelt auf den Namen klicken.
3. Klicken Sie auf die Schaltfläche *Hinzufügen* und geben Sie den Szenarionamen *Bestellmenge 30* ein.
4. Als *Veränderbare Zellen* legen Sie die Zelle *F12* fest.
5. Klicken Sie dann auf die Schaltfläche *OK*.
6. Nun befinden Sie sich im Dialogfeld *Szenariowerte* Die Bestellmenge steht in Zelle *F12*, Sie müssen also im Dialogfeld ein kleines Stück nach unten blättern, damit Sie den betreffenden Wert sehen (Abbildung 25.10).

Abbildg. 25.10 Das Dialogfeld zum Ändern der Szenariowerte verwendet evtl. festgelegte Bereichsnamen

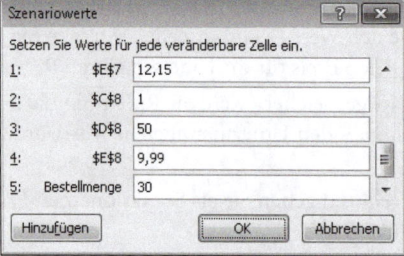

7. Geben Sie für die Zelle *$F$12* den Wert *30* an.
8. Wollen Sie ein weiteres Szenario festlegen, klicken Sie auf die Schaltfläche *Hinzufügen*. Damit wird das Dialogfeld *Szenario hinzufügen* angezeigt und Sie können ein weiteres Szenario definieren.
9. Wenn Sie kein weiteres Szenario festlegen wollen, klicken Sie auf die Schaltfläche *OK*. Dadurch landen Sie nicht im Dialogfeld *Szenario hinzufügen*, sondern im *Szenario-Manager*, den Sie wiederum mit Klick auf die Schaltfläche *Schließen* beenden können.

Damit im Dialogfeld *Szenariowerte* statt der Zelladressen entsprechende Beschriftungen vor den Eingabefeldern stehen, müssen Sie für jede Zelle einen Bereichsnamen festlegen. Das ist auch hier zu empfehlen, weil ein Zellbezug (etwa *F12*) einfach weniger aussagt als ein Name (z. B. *Bestellmenge*). Auch für den Bereich der veränderbaren Zellen kann Ihnen ein Name helfen, etwa um diesen schnell zu markieren. Mehr zum Thema Namen finden Sie in Kapitel 19.

> **TIPP** Wenn abzusehen ist, dass einige der veränderbaren Zellen häufiger geändert werden als andere, markieren Sie zuerst diese Zellen im Eingabefeld *Veränderbare Zellen*. Markieren Sie dann die anderen Zellen mithilfe der `Strg`-Taste. Die Zellen werden im Dialogfeld *Szenariowerte* in der Reihenfolge der Markierung angezeigt. Die Szenarien einer Tabelle müssen nicht zwingend die gleichen veränderbaren Zellen verwenden.

Die Befehle im Dialogfeld *Szenario-Manager*

Im Dialogfeld *Szenario-Manager* werden nun drei Szenarien aufgelistet. Jedes Szenario können Sie von hier aus anzeigen lassen, wenn Sie den gewünschten Eintrag im Listenfeld *Szenarien* markieren und anschließend auf die Schaltfläche *Anzeigen* klicken. Das Gleiche erreichen Sie durch einen Doppelklick auf einen Eintrag.

Neben der Option *Hinzufügen* stellt das Dialogfeld *Szenario-Manager* auch Befehle zum Bearbeiten und Löschen von Szenarien bereit. Über einen Klick auf die Schaltfläche *Bearbeiten* gelangen Sie in das Dialogfeld *Szenario bearbeiten* für das aktuell markierte Szenario. Hier lassen sich alle Einstellungen editieren.

Mit Klick auf die Schaltfläche *Löschen* wird im Dialogfeld *Szenario-Manager* ein Szenario kommentarlos, also **ohne** Sicherheitsabfrage, gelöscht. Ein gelöschtes Szenario lässt sich nicht wiederherstellen. Sie haben nur die Möglichkeit, es erneut anzulegen. Wenn Sie die Datei seit dem Löschen noch nicht gespeichert haben, können Sie diese Datei unter einem anderen Namen speichern und die Szenarien beider Mappen zusammenführen. Wie das geht, erfahren Sie gleich.

Szenarien zusammenführen

Der Szenario-Manager kann Szenarien aus unterschiedlichen Arbeitsblättern bzw. Arbeitsmappen zusammenführen. Voraussetzung für das Zusammenführen von Szenarien aus anderen Dateien ist, dass diese geöffnet sind. Darüber hinaus ergibt dieser Vorgang nur dann Sinn, wenn die Arbeitsblätter gleich aufgebaut sind.

Wenn Sie Szenarien zusammenführen möchten, gehen Sie folgendermaßen vor:

1. Öffnen Sie die Dateien, deren Szenarios zusammengeführt werden sollen.
2. Aktivieren Sie die Datei, welche die Szenarien aufnehmen soll, und wählen Sie im Dialogfeld *Szenario-Manager* den Befehl *Zusammenführen*.
3. Im Dialogfeld *Szenarien zusammenführen* (Abbildung 25.11) können Sie sowohl zwischen den geöffneten Mappen als auch zwischen den dort enthaltenen Arbeitsblättern wählen. Wenn Sie einen Eintrag im Listenfeld *Blatt* markieren, erscheint unter dem Listenfeld ein Statustext, der Sie über die Anzahl der gespeicherten Szenarien im betreffenden Arbeitsblatt informiert (siehe Abbildung 25.11).

4. Nachdem Sie auf die Schaltfläche *OK* geklickt haben, werden die Szenarien des Quellblatts in die Liste der Szenarien des Zielblatts übernommen. Die Schaltfläche *OK* kann nur dann gewählt werden, wenn die ausgewählte Tabelle auch ein Szenario enthält.

Abbildg. 25.11 Im Dialogfeld *Szenarien zusammenführen* können die Tabellenblätter aller geöffneten Arbeitsmappen ausgewählt werden

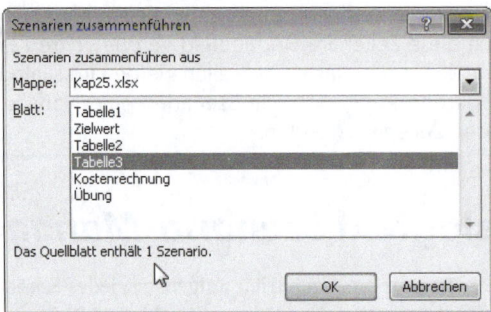

HINWEIS Bei der Zusammenführung kann es durchaus vorkommen, dass Szenarien mit gleichen Namen sowohl in der Quellmappe als auch in der Zielmappe vorhanden sind. Der *Szenario-Manager* kann Szenarien mit gleichen Namen nicht verwalten und hängt daher das aktuelle Tagesdatum an. Ist der Name immer noch nicht eindeutig, wird eine fortlaufende Nummer angefügt. Beim Zusammenführen gleichnamiger Szenarien von unterschiedlichen Benutzern wird zusätzlich der Name des Benutzers hinzugefügt.

Szenarien wiederherstellen

Ein gelöschtes Szenario kann nicht mit dem Befehl *Rückgängig* wiederhergestellt werden. Wenn Sie versehentlich ein Szenario gelöscht haben und die Arbeitsmappe noch nicht gespeichert wurde, müssen Sie die Hoffnung noch nicht ganz aufzugeben.

Führen Sie die nachfolgenden Schritte aus, um ein versehentlich gelöschtes Szenario wieder verfügbar zu machen.

1. Speichern Sie die Datei mit dem gelöschten Szenario unter einem neuen Namen ab. Nun haben Sie eine Kopie der ursprünglichen Datei. In der Originaldatei sollte das gelöschte Szenario aber noch enthalten sein.
2. Öffnen Sie die Originaldatei.
3. Wechseln Sie zurück zur Kopie der Datei.
4. Öffnen Sie das Dialogfeld *Szenario-Manager* und klicken Sie auf die Schaltfläche *Zusammenführen*.
5. Wählen Sie unter *Mappe* die Originaldatei und im Listenfeld *Blatt* das Arbeitsblatt, das die Szenarien enthält. Klicken Sie dann auf die Schaltfläche *OK*.
6. Entfernen Sie ggf. doppelte Szenarien.

Nun haben Sie in der Kopie der Datei sowohl alle Änderungen als auch alle Szenarien vorliegen. Die Originaldatei ist nun überflüssig geworden.

Szenariobericht erstellen

Der Szenario-Manager bietet Ihnen die Möglichkeit, einen Übersichtsbericht zu erstellen. In einem *Übersichtsbericht* sind die Eingabewerte jedes Szenarios sowie dessen Ergebniszellen aufgelistet. Unter einer *Ergebniszelle* versteht man in diesem Zusammenhang eine Zelle mit einer Formel, deren Ergebnis unmittelbar oder mittelbar von dem Wert einer veränderbaren Zelle abhängig ist.

Nachdem Sie im Szenario-Manager auf die Schaltfläche *Zusammenfassung* geklickt haben, erscheint das Dialogfeld *Szenariobericht*. Hier haben Sie die Wahl zwischen *Szenariobericht* und *PivotTable-Szenariobericht* (Abbildung 25.12).

> **HINWEIS** Die Schaltfläche *Zusammenfassung* im Dialogfeld *Szenario-Manager* ist nur dann aktiv, wenn für das aktuelle Arbeitsblatt auch Szenarien definiert worden sind.

Um die *Ergebniszellen* einzutragen, wählen Sie diese in der Tabelle aus. Als Vorgabe ist die aktive Zelle eingetragen. *Ergebniszellen* haben nur für die Erstellung eines *PivotTable-Szenarioberichts* eine Bedeutung.

Abbildg. 25.12 Im Dialogfeld *Szenariobericht* können Sie zwischen *Szenariobericht* und *PivotTable-Szenariobericht* wählen

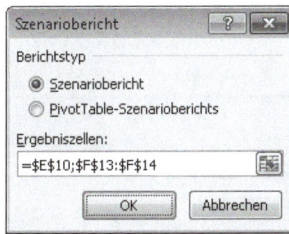

Nachdem Sie das Dialogfeld mit *OK* geschlossen haben, wird ein neues Arbeitsblatt in Ihre Arbeitsmappe eingefügt, das den gewählten Bericht enthält. Dieser *Szenariobericht* (Übersichtsbericht) wird automatisch gegliedert und formatiert (Abbildung 25.13).

Abbildg. 25.13 Verwenden Sie die Gliederungssymbole, um die gewünschten Zelladressen und die Szenariowerte anzuzeigen

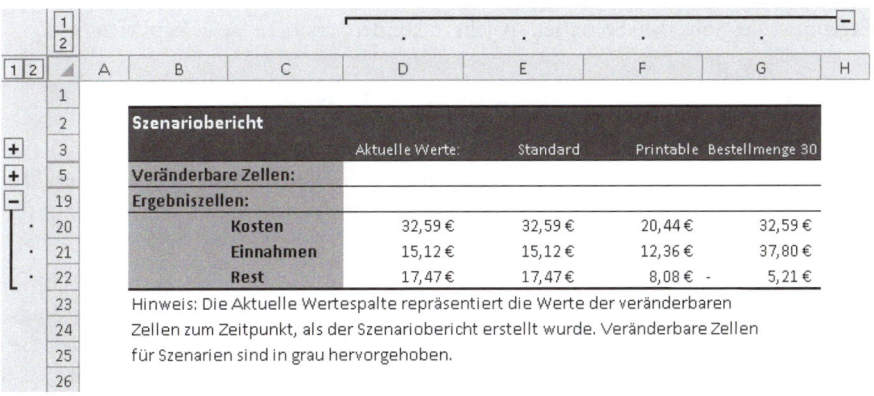

Auch dieser Bericht kann durch die Definition von Namen an Klarheit gewinnen. Haben Sie für die Ergebniszellen Namen festgelegt, werden diese Namen im Bericht angezeigt.

Die veränderbaren Zellen werden grau hinterlegt. So kann man sofort erkennen, welche Zahlen variabel sind. Über die Gliederungssymbole schränken Sie die angezeigten Daten ein.

Wenn Sie sich im Dialogfeld *Szenariobericht* (Abbildung 25.12) für einen *PivotTable-Szenariobericht* entscheiden, können Sie verschiedene Szenarien miteinander kombinieren und vergleichen (Abbildung 25.14).

> **WICHTIG** Wichtig ist dabei, dass Sie im Feld *Ergebniszellen* auf die Zellen verweisen, deren Werte durch die Szenarios verändert werden. Um hier mehrere Bezüge eingeben zu können, müssen diese durch Semikola getrennt werden.

Abbildg. 25.14 Eine flexible Übersicht aller Szenarien liefert der vom Szenario-Manager generierte PivotTable-Bericht

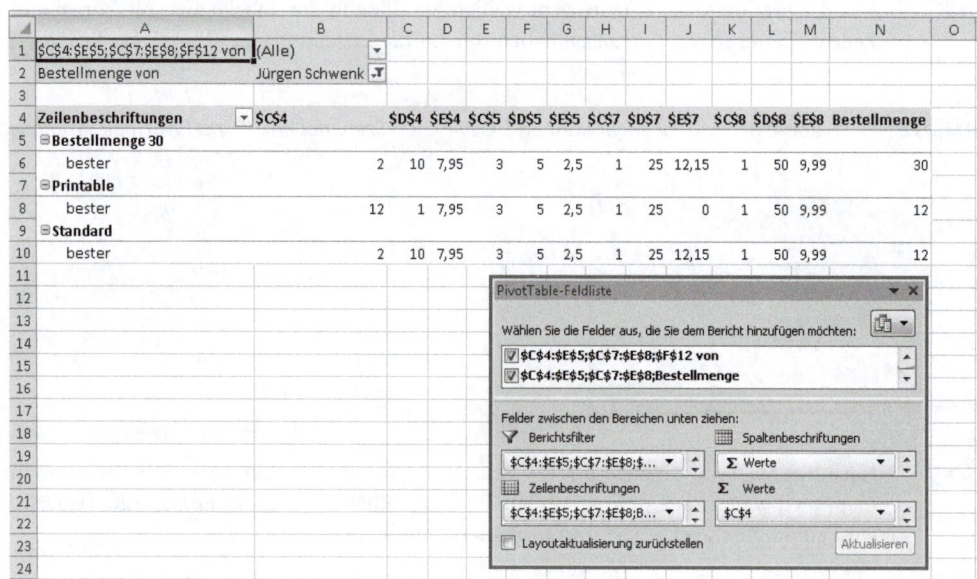

Weitere Informationen zum Umgang mit *PivotTable-Berichten* finden Sie in Kapitel 24. Wie Sie die Ergebnisse des Solvers in Szenarien speichern können, erfahren Sie in Kapitel 26.

Grenzen für Szenarien

Grundsätzlich können Sie so viele Szenarien anlegen, wie Sie möchten. Die Anzahl ist lediglich durch den verfügbaren Speicher begrenzt. In Übersichtsberichten werden jedoch nur die ersten 251 Szenarien angezeigt.

Eine weitere Grenze gibt es für die Anzahl an Zeichen, die für einen Szenario-Namen verwendet werden kann. Maximal können Sie einen Namen mit 255 Zeichen festlegen. Allerdings werden im Dialogfeld *Szenario-Manager* nicht mehr als ca. 100 Zeichen angezeigt. Verwenden Sie also besser kurze Namen und legen Sie für eine genauere Beschreibung einen Kommentar fest.

Das sicherlich größte Handicap im Szenario-Manager ist die Beschränkung auf 32 veränderbare Zellen. Das bedeutet für Sie, dass Sie sich auf die Bereiche beschränken müssen, die sich auch wirklich ändern. Sie können z. B. die Tabellenfunktion *TEILERGEBNIS* verwenden, um die Auswertung auf gefilterte Daten einzuschränken; in veränderbaren Zellen legen Sie dann nur die Werte für die nachfolgenden Rechenschritte ab.

Weiterhin müssen Sie beachten, dass in den veränderbaren Zellen keine Formeln enthalten sind, weil Excel dies mit einer Fehlermeldung quittiert. Sie können das Szenario durchaus so definieren, doch wenn Sie es zum ersten Mal anzeigen lassen, überschreibt der Szenario-Manager die Formel mit dem gespeicherten Wert. Zweckmäßigerweise brechen Sie den Vorgang nach Erhalt der Meldung ab und überprüfen den Bereich noch einmal, bevor Sie das Szenario hinzufügen.

Problem mit verbundenen Zellen und Matrizen

Etwas unangenehm wirkt sich eine bestimmte Formatierung von Zellen auf die Arbeit des Szenario-Managers aus: Ist eine veränderbare Zelle im Dialogfeld *Zellen formatieren* auf der Registerkarte *Ausrichtung* über das Kontrollkästchen *Zellen verbinden* mit einer anderen Zelle verbunden, kann der Szenario-Manager in diese Zelle ebenfalls keine Werte eintragen. Stattdessen wird eine Fehlermeldung angezeigt. Die gleiche Fehlermeldung erhalten Sie auch, wenn der Szenario-Manager versucht, einzelne Zellen einer Matrix zu ändern. Beenden Sie in einem solchen Fall den Szenario-Manager und heben Sie die Verbindung der Zellen auf.

Mehr zur Problematik von verbundenen Zellen finden Sie in Kapitel 4.

Was sind Datentabellen?

Bei der Datentabelle handelt es sich um eine Funktion, die seit Jahren Bestandteil von Excel ist. Für diese Funktionalität sind die folgenden Synonyme gebräuchlich: *Datentabelle*, *Tabelle* und *Mehrfachoperation*.

Über den Befehl *Daten/Datentools/Was-wäre-wenn-Analyse/Datentabelle* tragen Sie die Tabellenfunktion *MEHRFACHOPERATION* über ein Dialogfeld ein. Diese Funktion finden Sie übrigens nicht im Funktions-Assistenten. Wohl deshalb, weil die Eingabe der Parameter *und* die erforderliche Markierung strikten Regeln folgen muss.

CD-ROM Die Beispiele zu diesem Kapitel finden Sie in der Datei *Kap25.xlsx* auf der CD-ROM zu diesem Buch im Ordner *\Buch\Kap25*.

Multiplikationstabellen erstellen

Multiplikationstabellen sind hilfreich, wenn immer wieder die gleichen Rechenoperationen erforderlich sind. Wenn Sie z. B. an einen Kiosk denken, der Kaugummi zum Preis von 0,35 € verkauft. Hier kann eine Multiplikationstabelle helfen, indem sie den Preis für mehrere Verpackungseinheiten anzeigt. Eine solche Tabelle zeigt also den Preis für eine unterschiedliche Menge der Waren an. Die beiden Faktoren sind in der ersten Spalte und der ersten Zeile aufgeführt. Statt damit zu rechnen, lesen Sie den Wert aus dem Schnittpunkt von Anzahl und Preis ab.

Eigentlich kann man solch kleine Rechenaufgaben auch per Kopfrechnung lösen. Aber es ist eben einfacher, die Werte aus einer Tabelle abzulesen. Gerade deshalb werden solche Listen auch gern als »Faulenzer-Listen« bezeichnet.

Einfache Multiplikationsliste

Eine einfache Multiplikationsliste zeigt lediglich das Ergebnis einer Berechnung aus einem festen Wert und einer Abfolge von häufig auftretenden Zahlen an. Meist ist diese Abfolge eine Reihe mit einem gleichmäßigen Inkrement (z. B. die Zahlen 1 bis 10), häufig ist sie auch das Abbild von Verpackungseinheiten (z. B. 6, 12, 24, 100).

Im ersten Beispiel soll die Umrechnung von Joule in Kalorien für verschiedene Werte berechnet werden (siehe hierzu die Abbildung 25.15). Gehen Sie dazu wie folgt vor:

1. Tragen Sie in Zelle *C3* den Wert *0,239* ein.
2. Geben Sie in Zelle *C4* eine beliebige Zahl, z. B. *1* ein.
3. Tragen Sie in Zelle *C5* die Formel =C3*C4 ein.
4. Geben Sie im Bereich *B6:B15* die Zahlenreihe mit den Faktoren ein.
5. Markieren Sie den Bereich *B5:C15*.

6. Rufen Sie auf der Registerkarte *Daten* in der Gruppe *Datentools* den Untermenübefehl *Was-wäre-wenn-Analyse/Datentabelle* auf.
7. Tragen Sie in das Eingabefeld *Werte aus Spalte* den Bezug *C4* ein.
8. Schließen Sie die Eingabe mit *OK*.

Als Ergebnis (siehe Abbildung 25.15) trägt Excel im Bereich *C6:C15* die folgende Formel als Matrixformel ein:

```
=MEHRFACHOPERATION(;C4)
```

Dies bedeutet, dass in der Formel =C3*C4 der Wert aus Zelle *C4* durch die Werte der ersten Spalte des markierten Bereichs ersetzt wird. Das Ergebnis ist die gewünschte Reihe.

Beachten Sie, dass die Formel in einer Zelle (*C5*) steht, die sich

- eine Spalte rechts und
- eine Zeile oberhalb

der Werteliste befindet.

> **HINWEIS** Bei den folgenden Bildern sind die Zahlen und Formeln, die in die Berechnungen eingehen, zentriert formatiert. Die Ergebnisse der Mehrfachoperation sind dagegen rechtsbündig dargestellt. Außerdem zeigen die Bilder den Bereich, den Sie markieren müssen, bevor Sie den Befehl *Was-wäre-wenn-Analyse/Datentabelle* ausführen, sowie das ausgefüllte Dialogfeld *Datentabelle*. Ein Kommentar zeigt die jeweilige Formel an.

Abbildg. 25.15 Einfache Multiplikationstabelle mit Werten aus einer Spalte

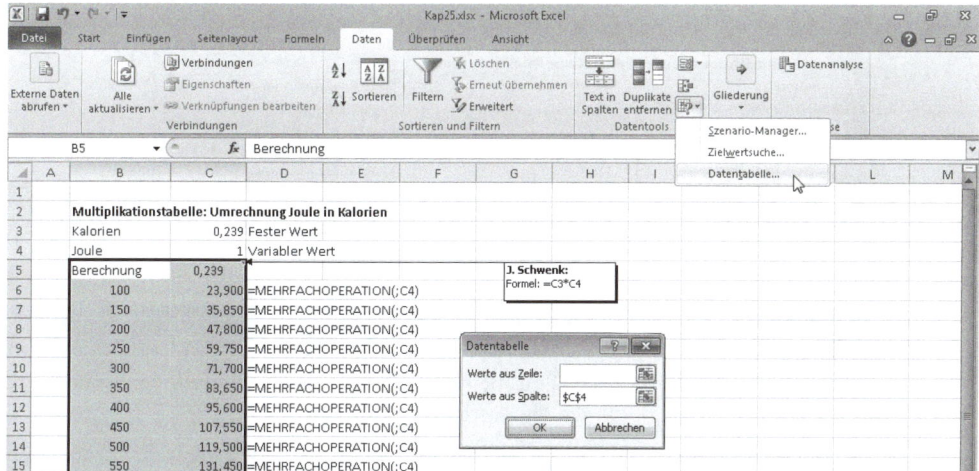

Einen Parameter ändern

Wenn Sie den Wert mit einer anderen Zahlenreihe, z. B. von 1 bis 10, multiplizieren wollen, tragen Sie die Reihe im Bereich *B6:B15* ein. Auch danach werden Ergebnisse angezeigt, bei denen der Zellbezug *C4* in der Formel durch die Werte der Reihe ersetzt wurden.

WICHTIG   Eine Besonderheit der *Datentabelle* ist die Tatsache, dass diese bei **jeder** Neuberechnung des Arbeitsblatts neu berechnet werden. Das ist auch dann der Fall, wenn sich die zugrunde liegenden Daten nicht geändert haben.

Sollten Sie umfangreiche Datentabellen einsetzen, können Sie die Neuberechnung in der Registerkarte *Datei* über den Befehl *Optionen* im Dialogfeld *Excel-Optionen* in der Kategorie *Formeln* ändern. Wählen Sie hier im Abschnitt *Berechnungsoptionen* eine der Optionen *Automatisch außer bei Datentabellen* oder *Manuell*. Mehr zum Thema Neuberechnung finden Sie in Kapitel 6.

Variable Werte in einer Zeile anordnen

Die variablen Werte müssen nicht zwingend in einer Spalte angeordnet sein. Wenn die Anordnung in einer Zeile für Sie praktischer scheint, ist auch das machbar.

Schreiben Sie in diesem Fall die Formel in eine Zelle, die sich

- eine Spalte links und
- eine Zeile unterhalb

der Werteliste befindet. Im Beispiel in Abbildung 25.16 ist das die Zelle *C6*. Bevor Sie auf der Registerkarte *Daten* in der Gruppe *Datentools* den Befehl *Was-wäre-wenn-Analyse/Datentabelle* aufrufen, markieren Sie in diesem Fall den Bereich *C8:M9*. Im Dialogfeld *Datentabelle* ist dann das Eingabefeld *Werte aus Zeile* entsprechend auszufüllen.

Abbildg. 25.16 Multiplikationstabelle mit Werten aus einer Zeile

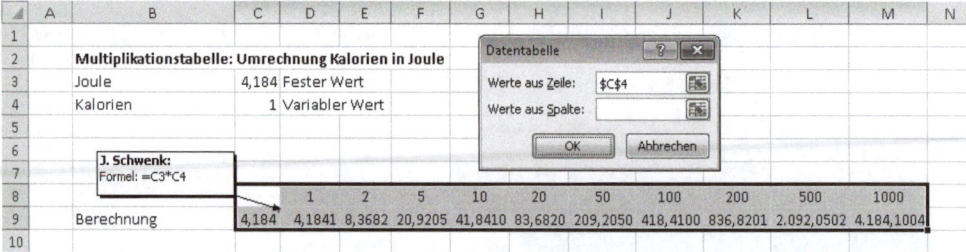

> ### *Werte aus Zeile* oder *Werte aus Spalte*?
>
> Woran erkennen Sie, welches Eingabefeld im Dialogfeld *Datentabelle* verwendet werden muss? Die Antwort darauf gibt Ihnen die Ausrichtung Ihrer Werteliste:
>
> - Sind die Werte in einer Spalte untereinander angeordnet, geben Sie den Zellbezug in das Eingabefeld *Werte aus Spalte* ein. Es ergibt sich eine Formel mit einem Argument in der Form
>   MEHRFACHOPERATION(Werte_aus_Spalte).
>
> - Sind die Daten in der Werteliste in einer Zeile nebeneinander angeordnet, verwenden Sie das Eingabefeld *Werte aus Zeile*. Es ergibt sich eine Formel mit einem Argument in der Form
>   MEHRFACHOPERATION(Werte_aus_Zeile;).
>
> - Soll die Mehrfachoperation zwei Wertelisten verwenden, sind beide Eingabefelder entsprechend den vorigen Ausführungen zu füllen. Die Formel hat in diesem Fall das folgende Aussehen:
>   MEHRFACHOPERATION(Werte_aus_Zeile;Werte_aus_Spalte).

Multiplikationsliste und Divisionsliste in einem Schritt

Die Formel, die Sie als Basis der Mehrfachoperation verwenden, kann nicht nur aus einer Multiplikation bestehen. Sie können hier vielmehr auch andere mathematische Formeln verwenden. Diese dürfen durchaus komplex sein.

Ferner kann die Mehrfachoperation beliebig viele Formeln mit einer Werteliste durchrechnen. Wichtig ist ein Bezug auf die gleiche Eingabezelle, deren Werte bei der Mehrfachoperation durch die Werteliste ersetzt werden.

Das folgende Beispiel berechnet die Ergebnisse zweier unterschiedlicher Formeln, einer Multiplikation und einer Division. Erweitern Sie dazu das vorige Beispiel wie folgt:

1. Schreiben Sie in die Zelle *D5* die Formel *=C3/C4*.
2. Markieren Sie den Bereich *B5:D15*.
3. Rufen Sie auf der Registerkarte *Daten* in der Gruppe *Datentools* den Untermenübefehl *Was-wäre-wenn-Analyse/Datentabelle* auf.
4. Geben Sie für *Werte aus Spalte* den Bezug *C4* an.
5. Schließen Sie die Eingabe mit *OK* ab.

Abbildg. 25.17 Mehrfachoperation mit zwei Formeln, die sich auf die gleiche Eingabezelle beziehen

	A	B	C	D	E	F	G	H	I	J
1										
2		Multiplikations- und Divisionstabelle				J. Schwenk: Formel: =C3*C4				
3		Fester Wert	5							
4		Variabler Wert	2			J. Schwenk: Formel: =C3/C4				
5		Berechnung	10	2,5						
6		1	5	5	=MEHRFACHOPERATION(;C4)					
7		2	10	2,5	=MEHRFACHOPERATION(;C4)		Datentabelle			
8		3	15	1,66666667	=MEHRFACHOPERATION(;C4)		Werte aus Zeile:			
9		4	20	1,25	=MEHRFACHOPERATION(;C4)		Werte aus Spalte: $C$4			
10		5	25	1	=MEHRFACHOPERATION(;C4)		OK Abbrechen			
11		6	30	0,83333333	=MEHRFACHOPERATION(;C4)					
12		7	35	0,71428571	=MEHRFACHOPERATION(;C4)					
13		8	40	0,625	=MEHRFACHOPERATION(;C4)					
14		9	45	0,55555556	=MEHRFACHOPERATION(;C4)					
15		10	50	0,5	=MEHRFACHOPERATION(;C4)					
16										

Excel berechnet die Formeln der Zeile 5 in der Weise, dass für den Wert aus C4 die Werteliste aus dem Bereich B6:B15 verwendet wird.

Multiplikationsliste mit zwei Parametern

Mit der Mehrfachoperation können Sie auch die Auswirkungen untersuchen, die sich durch die Änderung von zwei Parametern einer Formel ergeben. Die Werte des einen Parameters schreiben Sie dazu in einer Spalte untereinander, die Werte des zweiten Parameters in einer Zeile nebeneinander. Im Schnittpunkt der beiden Wertelisten steht dann die Formel, die ausgewertet werden soll.

Ein praktisches Beispiel für die Anwendung einer Multiplikationsliste zeigt die Preise für unterschiedliche Eintrittskarten an. Eine Frage wie »Was kostet der Eintritt für zwei Erwachsene und drei Kinder?« lässt sich damit schnell beantworten.

Beachten Sie, dass in Abbildung 25.18 die eigentliche Formel nicht in Zelle *D9* steht. Diese Zelle enthält lediglich einen Bezug auf die Zelle *D6*, wo die eigentliche Formel für die Mehrfachoperation hinterlegt ist. Das bedeutet, Sie können die Datentabelle auch an beliebiger anderer Stelle in Ihrer Tabelle aufbauen. Wichtig ist der Bezug im Schnittpunkt der Wertelisten. Die Zelle, auf die hier Bezug genommen wird, muss einen Bezug auf die Eingabezelle(n) enthalten, die Sie im Dialogfeld *Datentabelle* angeben. Damit haben Sie die Möglichkeit, Überschriften einzufügen oder sonstige Gestaltungsmöglichkeiten in der Tabelle zu nutzen.

> **WICHTIG** Markieren Sie vor dem Ausführen des Befehls *Was-wäre-wenn-Analyse/Datentabelle* **nicht** die in Abbildung 25.18 gezeigten Beschriftungen. Die **linke obere** Zelle muss die Formel enthalten, die Excel für die Ermittlung der Ergebnisse verwenden soll.

Abbildg. 25.18 Die Formelzelle *D9* enthält lediglich einen Verweis auf die Berechnungszelle *D6*

	A	B	C	D	E	F	G	H	I	J
1										
2		Multiplikationstabelle: Eintrittskarte								
3		Familienkarte		36,00 €						
4		Erwachsene	2	12,00 €						
5		Kinder	3	6,00 €						
6				42,00 €	=SUMME(D4*C4;D5*C5)					
7										
8							Erwachsene			
9				42,00 €	0	1	2	3	4	5
10				0	- €	12,00 €	24,00 €	36,00 €	48,00 €	60,00 €
11				1	6,00 €	18,00 €	30,00 €	42,00 €	54,00 €	66,00 €
12				2	12,00 €	24,00 €	36,00 €	48,00 €	60,00 €	72,00 €
13			Kinder	3	18,00 €	30,00 €	42,00 €	54,00 €	66,00 €	78,00 €
14				4	24,00 €	36,00 €	48,00 €	60,00 €	72,00 €	84,00 €
15				5	30,00 €	42,00 €	54,00 €	66,00 €	78,00 €	90,00 €
16				6	36,00 €	48,00 €	60,00 €	72,00 €	84,00 €	96,00 €
17										

Dialogfeld *Datentabelle*: Werte aus Zeile: $C$4, Werte aus Spalte: $C$5

Jürgen Schwenk: Formel: =D6

Wie können Sie einen Wert aus dieser Liste ablesen?

Welcher Betrag ergibt sich nun für zwei Erwachsene und drei Kinder? Ermitteln Sie mit den folgenden Schritten den Betrag und verwenden Sie dazu die eben erstellte Multiplikationstabelle:

1. Suchen Sie in Spalte *D* den Wert *3* für die Anzahl der Kinder. Dieser Wert steht in Zeile *13*.
2. Gehen Sie in Zeile *13* so weit nach rechts, bis die Überschrift den Wert für die gesuchte Anzahl an Erwachsenen zeigt. Dieser Wert steht in Spalte *G*.
3. Der Schnittpunkt *G13* enthält das Ergebnis 42,00 €.

Datentabelle verschieben und kopieren

Wenn Sie eine Datentabelle an einen anderen Ort verschieben wollen, müssen Sie den Bereich mit der Formel und den Wertelisten einschließen. In Abbildung 25.18 ist das der markierte Bereich *D9:J16*. Markieren Sie nur den Ergebnisbereich, erhalten Sie die Fehlermeldung *Ein Teil einer Datentabelle kann nicht geändert werden* angezeigt.

Ebenso gehen Sie beim Kopieren vor. Nach dem Einfügen werden Sie allerdings feststellen, dass die Ergebnisse der Mehrfachoperation als Werte eingefügt werden. Lediglich die Formel aus Zelle *C9* bleibt erhalten. Nach dem Kopieren müssen Sie also den Befehl *Was-wäre-wenn-Analyse/Datentabelle* erneut ausführen und die Formel neu aufbauen.

Werteliste erweitern oder verkleinern

Wenn Sie feststellen, dass die Werteliste nicht genügend unterschiedliche Werte enthält, können Sie diese auch nachträglich erweitern. Allerdings müssen Sie dann den Befehl *Was-wäre-wenn-Analyse/Datentabelle* erneut ausführen.

> **HINWEIS** Da es sich bei der Mehrfachoperation um eine Matrixformel handelt, kann eine einzelne Zelle nicht gelöscht werden! Wie Sie eine Matrixformel ändern können, zeigt das Kapitel 15.

Was sind Datentabellen?

Nicht ganz so einfach ist es, wenn Sie feststellen, dass die Werteliste zu viele Werte enthält und Sie diese reduzieren wollen. Die Mehrfachoperation ist eine Matrixfunktion und diese Funktionen haben die Eigenschaft, dass einzelne darin enthaltene Zellen nicht gelöscht oder überschrieben werden können. Allerdings ist die Aufgabe auch nicht wirklich schwer, da die Formel ja über den Befehl *Daten/Was-wäre-wenn-Analyse/Datentabelle* eingetragen wird.

Gehen Sie wie folgt vor, wenn Sie den Bereich der Datentabelle verkleinern wollen:

1. Markieren Sie den Bereich mit der Matrixformel.

TIPP Um alle Zellen mit der Matrixformel in einer Datentabelle zu markieren, wählen Sie die Zelle mit der Formel aus. Rufen Sie dann das Dialogfeld *Gehe zu* über die Taste F5 auf. Dort wählen Sie die Schaltfläche *Inhalte*. Mit der Option *Nachfolgerzellen (Nur direkte)* wird nach einem *OK* der Matrixbereich markiert.

2. Drücken Sie die Entf-Taste oder wählen Sie auf der Registerkarte *Start* in der Gruppe *Bearbeiten* den Untermenübefehl *Löschen/Inhalte löschen,* um die Formel zu löschen.
3. Markieren Sie den verkleinerten Bereich und erstellen Sie die Datentabelle neu.

WICHTIG Die eigentlich wichtige Aktion beim Reduzieren der Werteliste ist das Markieren für den Löschvorgang. Achten Sie dabei darauf, dass Sie nicht versehentlich die Formel für die Berechnungsgrundlage markieren und löschen. Nur die Zellen mit der Funktion MEHRFACHOPERATION sollen markiert werden.

Wie wirken sich unterschiedliche Laufzeiten aus?

Im folgenden Beispiel soll die Auswirkung unterschiedlicher Laufzeiten und Zinssätze untersucht werden. Schauen Sie sich dazu den Aufbau der Tabelle in Abbildung 25.19 an.

Abbildg. 25.19 Die Mehrfachoperation mit zwei Variablen liefert übersichtliche Ergebnisse mit unterschiedlichen Parametern

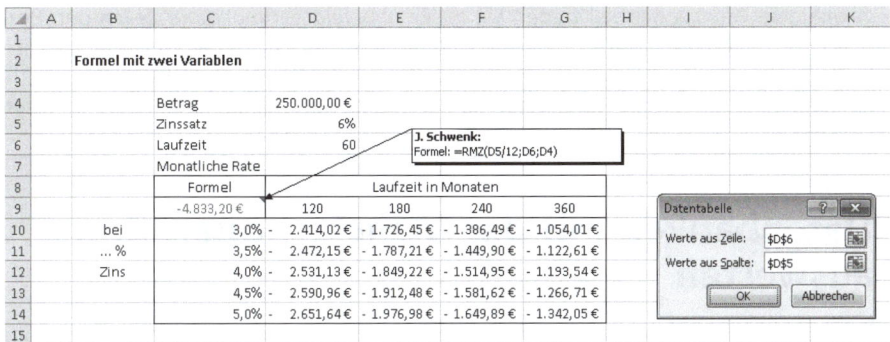

Die zu verwendenden Zinssätze stehen hier im Bereich *C10:C14*. Die unterschiedlichen Laufzeiten werden im Bereich *D9:G9* eingetragen. Die Formel

```
=RMZ(D5/12;D6;D4)
```

steht in diesem Fall in Zelle *C9*, also im Schnittpunkt der Datenzeile und der Datenspalte. Bevor Sie den Befehl *Was-wäre-wenn-Analyse/Datentabelle* ausführen, markieren Sie den Bereich *C9:G14*. Im Dialogfeld *Datentabelle* tragen Sie für *Werte aus Zeile* die Zelle *$D$6* und für *Werte aus Spalte* die Zelle *$D$5* ein.

WICHTIG Die Formel für eine Datentabelle mit zwei Variablen verwendet zwei Eingabefelder und ersetzt diese durch Werte, die Sie in zwei unterschiedlichen Orientierungen (Zeilen und Spalten) angeben.

Excel setzt in die Formel aus *C9* für das Argument *Zinssatz* die Werte aus der ersten Spalte des markierten Bereichs, also aus *C10:C14*, ein. Für das Argument *Laufzeit* verwendet die Mehrfachoperation die Werte aus dem Bereich *D9:G9*. In Zelle *D10* wird damit das Ergebnis der Formel

```
=RMZ(C10/12;D9;D4)
```

in Zelle *E11* das der Formel

```
=RMZ(C11/12;E9;D4)
```

usw. angezeigt. Die Zellen rechnen also mit der *RMZ*-Funktion, obwohl in der Bearbeitungsleiste die Formel

```
=MEHRFACHOPERATION(D6;D5)
```

angezeigt wird. Dadurch können Sie nun auf einen Blick die Zahlungen bei verschiedenen Zinssätzen und unterschiedlichen Laufzeiten vergleichen.

TIPP Zu Beginn dieses Kapitels haben Sie den Szenario-Manager bereits kennengelernt. Dieser kann verschiedene Werte eines Kalkulationsmodells unter einem Namen speichern und verwalten. Auf einfachem Weg können Sie damit unterschiedliche Parameter für Berechnungen verwenden. Für das Beispiel tragen Sie im Eingabefeld *Veränderbare Zellen* den Bezug auf die Zellen *$C$10:$C$14* ein. Im Dialogfeld *Szenariowerte* legen Sie die Werte für das Szenario fest. Sind mehrere Szenarien festgelegt, können Sie über die Schaltfläche *Anzeigen* im *Szenario-Manager* die unterschiedlichen Szenarien anzeigen und die Datentabelle damit durchrechnen lassen.

Datenbanken mit der Mehrfachoperation auswerten

Die in Excel integrierten Datenbankfunktionen erlauben die Berücksichtigung von Suchkriterien. Das gezielte Eingrenzen von Datensätzen und die Untersuchung relevanter Sachverhalte ist damit erheblich einfacher, als mit verschachtelten Funktionen. Wenn Sie die Ergebnisse mit unterschiedlichen Ausprägungen eines Suchkriteriums vergleichen wollen, müssen mehrere Bereiche für deren Definition festgelegt werden. Das führt zu einem unübersichtlichen Tabellenaufbau, weil die Formeln mit unterschiedlichen Bezügen arbeiten. Mit der Mehrfachoperation geht es aber auch einfacher.

Was sind Datentabellen?

CD-ROM Das folgende Beispiel können Sie selbst auf dem Arbeitsblatt *Datenbankfunktion* in der Datei *Kap25.xlsx* nachvollziehen. Sie finden die Datei im Ordner *\Buch\Kap25* auf der CD-ROM zu diesem Buch.

Datenbankfunktionen einsetzen

Beispielhaft sollen hier die Gleitzeitkonten der Mitarbeiter eines Unternehmens untersucht werden. In Abbildung 25.20 stehen die Daten im Bereich *B5:E24*, Sie können für diesen Bereich einen Bereichsnamen festlegen, indem Sie den Bereich markieren und im Kontextmenü den Befehl *Namen definieren* wählen. Mehr zum Thema Namen finden Sie in Kapitel 19.

Die Suchkriterien im Bereich *G4:J4* enthalten die Überschriften der Datenbank in der exakt gleichen (!) Schreibweise und in Zeile 5 finden sich die dafür eingetragenen Bedingungen. Um die Anzahl der Datensätze zu ermitteln, die den Suchkriterien entsprechen, ist die Tabellenfunktion

DBANZAHL(Datenbank;Datenbankfeld;Suchkriterien)

geeignet. Die Formel

```
=DBANZAHL($B$4:$E$24;3;G4:J5)
```

in Zelle *J6* liefert die Anzahl der Datensätze, die den im Bereich *G4:J5* festgelegten Bedingungen entsprechen, also der Anzahl der Mitarbeiter aus »Abt 1«. Über die Suchkriterien können Sie die auszuwertenden Daten einschränken. Mehr zum Thema Datenbankfunktionen und zur Definition von Suchkriterien finden Sie in Kapitel 22.

Für die Auswertung der anderen Abteilungen können Sie nun Suchkriterien in abweichende Bereiche eintragen. Das ist zwar ein möglicher, aber etwas umständlicher Weg. Wenn die Suchkriterien sich lediglich durch den Wert für die Abteilung unterscheiden, hilft die Datentabelle bei der Lösung.

Ein Suchkriterium mit unterschiedlichen Ausprägungen verwenden

Sollen ganz gezielt die Datensätze der Abteilungen untersucht werden, tragen Sie die Namen untereinander in eine Tabelle ein (in Abbildung 25.20 im Bereich *G11:G15*). In die Zelle, die rechts oberhalb an die erste Zeile dieser Liste angrenzt, also *H10*, tragen Sie die Formel

```
=DBANZAHL($B$4:$E$24;3;G4:J5)
```

ein. Markieren Sie dann den Bereich *G10:H15* und führen Sie auf der Registerkarte *Daten* in der Gruppe *Datentools* den Untermenübefehl *Was-wäre-wenn-Analyse/Datentabelle* aus. In das Textfeld *Werte aus Spalte* tragen Sie den Bezug *$G$5* ein. Damit wird für das Suchkriterium »Abt« der Wert aus der ersten Spalte des markierten Bereichs eingesetzt. Sie erhalten damit die Anzahl der Datensätze für die verschiedenen Abteilungen. Bedenken Sie, dass dies mit Datenbankfunktionen ohne Mehrfachoperation nur mit der Definition von fünf verschiedenen Bereichen für die Suchkriterien und damit ungleich aufwändiger zu lösen wäre.

Kapitel 25 Was-wäre-wenn-Analyse

Abbildg. 25.20 Eine Datenbankfunktion in Verbindung mit der Mehrfachoperation liefert eine Reihe von Ergebnissen auf der Grundlage verschiedener Suchkriterien

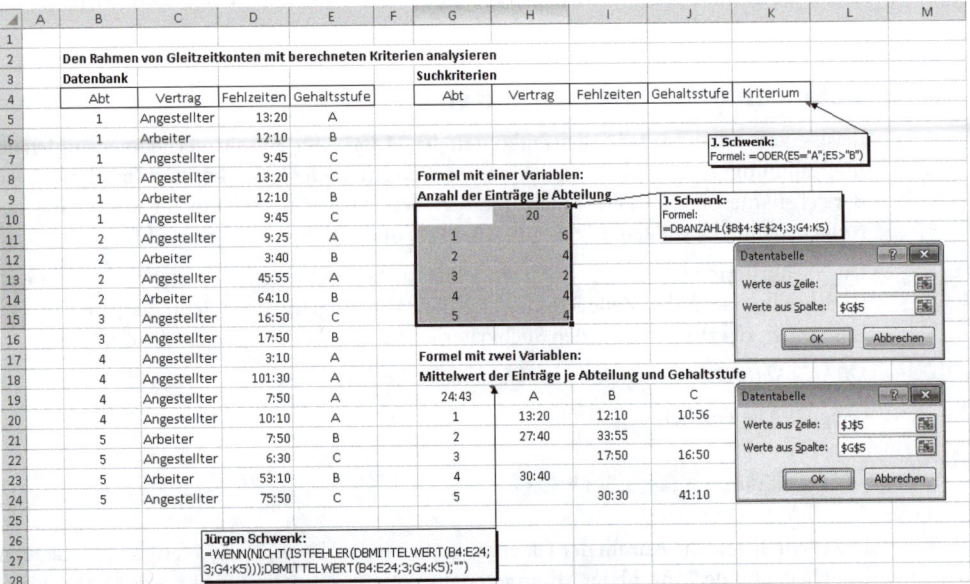

Datensätze mit zwei Bedingungen vergleichen

Soll ein weiteres Kriterium (Datenbankfeld) mit unterschiedlichen Ausprägungen berücksichtigt werden, tragen Sie diese Ausprägungen nebeneinander in eine Zeile ein (siehe hierzu den Bereich *H19:J19* aus Abbildung 25.20). Gehen zwei Variablen in die Formel ein, tragen Sie die Formel im Schnittpunkt der Werte (*G19*) ein. Im Beispiel wird mit der Formel

`=DBMITTELWERT(B4:E24;3;G4:J5)`

der Mittelwert nach Gehaltsstufen für die einzelnen Abteilungen ermittelt.

Markieren Sie den Bereich *G19:J24* und führen Sie auf der Registerkarte *Daten* in der Gruppe *Datentools* den Befehl *Was-wäre-wenn-Analyse/Datentabelle* aus. Für den Parameter *Werte aus Zeile* legen Sie dann die Zelle *$J$5* und für *Werte aus Spalte* die Zelle *$G$5* fest. Mit *Werte aus Zeile* geben Sie Excel bekannt, für welchen Zellbezug der Formel in *G19* die Werte der ersten Zeile eingesetzt werden sollen. Die erste Zeile enthält die Gehaltsstufen, diese wiederum werden in den Suchkriterien in Zelle *J5* eingetragen. Entsprechend substituiert Excel den Zellbezug *Werte aus Spalte*, also die Abteilung (*G5*), mit den Werten aus der ersten Spalte des markierten Bereichs.

Das Ergebnis zeigt im Schnittpunkt der Merkmalsausprägungen die Anzahl der vorhandenen Datensätze. Die Suchkriterien in Abbildung 25.20 zeigen in Zeile 5 keinen Eintrag. Es werden also lediglich die Kriterien aus der Tabelle der Mehrfachoperation berücksichtigt. Sie können aber, z. B. für die Analyse nach der Vertragsform, in Zelle *H5* »Angestellter« eintragen und die Betrachtungen damit auf diese Vertragsform einschränken. Um komfortabel zwischen verschiedenen Werten zu wechseln, können Sie den *Szenario-Manager* einsetzen oder eine Gültigkeitsliste festlegen. Mehr zum Thema Gültigkeitslisten finden Sie in Kapitel 8.

Profitipp   Übrigens können Sie für die Definition der Suchkriterien neben den Stellvertreterzeichen (»?« und »*«) auch Vergleichsoperatoren (»<«, »>«, »<=«, »>=«, »<>«) verwenden. Beachten Sie dazu das Beispiel am Ende dieses Kapitels.

Zwei Eingriffe sind nun noch notwendig: Um die Anzeige von Fehlerwerten zu unterdrücken, verwenden Sie in Zelle *G19* die um eine *Wenn-Dann-Bedingung* erweiterte Formel

```
=WENN(NICHT(ISTFEHLER(DBMITTELWERT(B4:E24;3;G4:J5)));DBMITTELWERT(B4:E24;3;G4:J5);"")
```

Das Zahlenformat der Formelzellen sollten Sie auf *[h]:mm* einstellen. Damit werden auch Werte über 24 Stunden korrekt angezeigt. Mehr zum Thema Zahlenformate lesen Sie in Kapitel 10.

Nützlich: berechnete Kriterien in der Mehrfachoperation

Es gibt Fälle, da genügen Kriterien durch die bloße Angabe von Werten nicht, um die Daten ausreichend einzugrenzen. Hier führt die Lösung – wie bei Datenbankfunktionen üblich – entweder über die Erweiterung der Suchkriterien mit der Wiederholung bereits vorhandener Spalten oder über die Definition berechneter Kriterien.

Um berechnete Kriterien zu verwenden, wird der Bereich *Suchkriterien* um eine Spalte mit einer eindeutigen Überschrift erweitert. Die Datensätze werden dann über eine Formel eingeschränkt. Diese Formel kann neben dem Vergleich mit konstanten Werten auch einen Vergleich mit einem Zellbezug enthalten. Die Formel bezieht sich dabei immer auf den ersten Datensatz und zeigt auch das Ergebnis für diesen Datensatz in der Formel an. Der Bezug auf diesen Datensatz sollte daher relativ sein (siehe hierzu die Zelle *K5* in Abbildung 25.21, wo die Formel *=ODER(E5="A";E5>"B")* das Ergebnis *WAHR* liefert).

Abbildg. 25.21   Berechnete Kriterien enthalten einen Bezug auf den ersten Datensatz

Kapitel 25 Was-wäre-wenn-Analyse

> **HINWEIS** Für Vergleiche des Datensatzes mit einer Zelle außerhalb der Datenbank ist zu beachten, dass dieser Bezug absolut sein muss.

Vergleichsoperatoren einsetzen

Vergleichsoperatoren sind nützlich, wenn Sie Daten in Gruppen zusammenfassen wollen. So soll im folgenden Beispiel die Anzahl der Schrauben nach verschiedenen Längenklassen ermittelt werden (siehe das Beispielarbeitsblatt *Vergleichsoperatoren*).

Damit das gelingt, tragen Sie im Bereich *F4:G5* die Suchkriterien für eine Gruppe von Werten ein.

In Zelle *F8* berechnet die Formel

```
=DBSUMME(B3:C23;"Anzahl";F4:G5)
```

die Summe der Schrauben, für welche die Bedingungen im Bereich *F4:G5* erfüllt sind. Die Länge soll >=1 und gleichzeitig <4 sein. Insgesamt ist das in unserem Beispiel bei 84 Schrauben der Fall.

Markieren Sie nun den Bereich *F8:J12* und rufen Sie den Befehl *Daten/Was-wäre-wenn-Analyse/Datentabelle* auf. Für *Werte aus Zeile* wählen Sie die Zelle *G5* und für *Werte aus Spalte* die Zelle *F5* aus.

> **HINWEIS** Die Spalte *D* dient lediglich als Hilfsspalte, damit Sie das Beispiel in der Abbildung nachvollziehen können. Diese Klassen werden nicht für die Auswertung benötigt und auch nicht verwendet.

Abbildg. 25.22 Die Mehrfachoperation kann auch für die Häufigkeitszählung herangezogen werden und dabei Vergleichsoperatoren verwenden

	A	B	C	D	E	F	G	H	I	J	K
1											
2		Häufigkeitsauszählung mit der Mehrfachoperation									
3		Länge	Anzahl	Klasse		Suchkriterien					
4		1	13	1		Länge	Länge				
5		2	43	1		>=1	<4				
6		3	28	1							
7		4	34	2		Mehrfachoperation mit zwei Variablen					
8		5	42	2		84	<8	<12	<16	<21	
9		6	8	2		>=4	116	178	296	407	
10		7	32	2		>=8	0	62	180	291	
11		8	12	3		>=12	0	0	118	229	
12		9	10	3		>=16	0	0	0	111	
13		10	18	3							
14		11	22	3							
15		12	36	4							
16		13	34	4							
17		14	39	4							
18		15	9	4							
19		16	10	5							
20		17	33	5							
21		18	22	5							
22		19	29	5							
23		20	17	5							
24											

J. Schwenk: Formel: =DBSUMME(B3:C23;"Anzahl";F4:G5)

Datentabelle
Werte aus Zeile: $G$5
Werte aus Spalte: $F$5

Mehr zu Vergleichsoperatoren finden Sie in Kapitel 6. Das Kapitel 16 zeigt Ihnen weitere Möglichkeiten für die Häufigkeitszählung.

Zusammenfassung

Die Zielwertsuche beantwortet die Frage, welchen Wert ein einzelnes Argument einer Formel annehmen muss, um ein bestimmtes Ergebnis zu erhalten. Excel passt dabei den Wert so lange an, bis das gewünschte Ergebnis erreicht wird.

Der Szenario-Manager ist ein interessantes Werkzeug für das Speichern und Anzeigen von Tabellenmodellen, bei denen Sie Formeln mit unterschiedlichen Eingangswerten durchspielen wollen. Sie können die unterschiedlichen Werte auf verschiedene Weise eingeben und unter einem Namen ablegen. Durch geschickte Auswahl der veränderbaren Zellen bzw. der Formeln für die Berechnungen, können Sie auch mit der begrenzten Zahl an veränderbaren Zellen auskommen.

Mit einer Datentabelle erhalten Sie die Möglichkeit, eine Formel mit verschiedenen Werten für mehrere Parameter durchzurechnen und die unterschiedlichen Ergebnisse direkt vergleichen zu können. Bei der Auswertung von Datenbanken ermöglicht die Kombination aus Datenbankfunktionen und der Datentabelle übersichtliche Lösungen. Zu beachten ist, dass vor dem Aufrufen des Befehls ein Bereich markiert werden muss, der nicht nur leere Zellen, sondern auch den Bereich mit den Wertelisten enthalten muss.

Frage	Lösung
Wie lege ich ein Szenario fest?	Die Erstellung eines Szenarios wird über Dialogfelder vorgenommen. Hier vergeben Sie den Namen und legen den Bereich fest. Mehr dazu steht auf Seite 809.
Warum sollte ich weitere Szenarien hinzufügen?	Die Vorzüge des Szenario-Managers zeigen sich dann, wenn verschiedene Szenarien festgelegt sind. Sie können dann zwischen verschiedenen Szenarien wechseln. Mehr dazu auf Seite 811.
Kann ich Szenarien unterschiedlicher Arbeitsmappen zusammenführen?	Dafür steht der Befehl *Zusammenführen* im Szenario-Manager zur Verfügung. Ein Beispiel finden Sie auf Seite 813.
Kann ich die Daten von Szenarien direkt vergleichen?	Erstellen Sie dazu einen Szenariobericht. Auf Seite 815 wird gezeigt, wie das geht.
Wie kann ich eine »Faulenzerliste« erstellen?	Wie Sie eine Multiplikationsliste mit einer Variablen erstellen, steht auf Seite 818.
Kann ich eine Multiplikationsliste und Divisionsliste mit einer Variablen mit einer einzigen Anweisung erstellen?	Sie können der Datentabelle (Mehrfachoperation) auch verschiedene Formeln übergeben. Mehr dazu erfahren Sie auf Seite 820
Ich möchte in einer Formel zwei Variablen mit unterschiedlichen Werten durchrechnen. Wie geht das?	Erstellen Sie eine Multiplikationsliste mit zwei Variablen. Mehr dazu können Sie auf Seite 821 erfahren.
Wie kann ich unterschiedliche Laufzeiten bei den Krediten beurteilen?	Das Beispiel auf Seite 823 verwendet dazu eine zweite Variable in der Datentabelle
Wie kann ich bei der Auswertung einer Datenbank verschiedene Ausprägungen eines Suchkriteriums komfortabel berücksichtigen?	Kombinieren Sie hierzu die Datenbankfunktionen von Excel mit der Datentabelle. Auf Seite 825 steht, wie das geht.
Wie kann ich Datensätze zählen, die zwei oder mehr Bedingungen erfüllen?	Die Datenbankfunktion *DBANZAHL* in Verbindung mit der Datentabelle liefert auf Seite 826 das gesuchte Ergebnis
Wie kann ich eine Auszählung nach Klassen durchführen?	Wie Sie Daten mit Vergleichsoperatoren in Gruppen zusammenfassen, steht auf Seite 828

Kapitel 26

Add-Ins einsetzen – Beispiel zum Solver

In diesem Kapitel:

Zusätzliche Funktionen durch Add-Ins	832
Verfügbare Add-Ins	835
Operations Research und der Solver	837
Ein einführendes Beispiel	838
Etwas Mathematik der späten Schulzeit	844
Gewinnmaximierung bei beschränkten Ressourcen	846
Die Solverberichte	848
Solveroptionen	850
Zusammenfassung	851

Kapitel 26   Add-Ins einsetzen – Beispiel zum Solver

In diesem Kapitel werden wir Ihnen den Umgang mit dem Solver näherbringen. Sie werden lernen, in welchen Fällen der Einsatz des Solvers sinnvoll ist und wie man mit ihm umgeht. Darüber hinaus kann der Solver Berichte generieren, die das gefundene Ergebnis erläutern. Was auf diesen Berichten dargestellt wird, können Sie ebenfalls in diesem Kapitel nachlesen.

Die Funktionalität des Solvers ist in einem Add-In gespeichert. Aus diesem Grund sollen zu Beginn des Kapitels einige allgemeine Informationen zu Add-Ins in Excel gegeben werden.

Zusätzliche Funktionen durch Add-Ins

Beim Durchlesen dieses Buchs ist Ihnen schon mehrmals der Begriff *Add-In* begegnet. Was ist eigentlich ein Add-In?

Ein Add-In enthält programmierte Funktionen oder eine Erweiterung der Standardfunktionalität von Excel. Es handelt sich um eine spezielle Datei, die nach dem Laden kein sichtbares Fenster zeigt. Die in einem Add-In gespeicherten Funktionen stehen aber gleichwohl zur Verfügung. Sie können über den Funktions-Assistenten eingefügt werden. Wie Sie ein eigenes Add-In erstellen können, zeigt das Kapitel 30.

Speicherort von Add-Ins

Bei der Installation Ihres Office-Pakets werden bereits einige Add-Ins mitgeliefert. Diese Dateien werden in das Verzeichnis *C:\Programme\Microsoft Office\Office14\Library* und in die darunterliegenden Ordner installiert.

> **WICHTIG**   Wenn Sie im Windows-Explorer nach den Add-Ins suchen, müssen Sie unter *Organisieren/Ordner- und Suchoptionen* auf der Registerkarte *Ansicht* für *Versteckte Dateien und Ordner* die Option *Ausgeblendete Dateien, Ordner und Laufwerke anzeigen* aktivieren, damit die Suche erfolgreich ist. Standardmäßig werden seit Windows 2000 versteckte Dateien und Systemdateien ausgeblendet.

Wenn Sie ein eigenes Add-In entwickelt oder von einer anderen Quelle erhalten haben, stellt sich die Frage, wo Sie die Datei zweckmäßigerweise ablegen sollen. Je nachdem, welches Betriebssystem Sie verwenden, gibt es ein Verzeichnis, das Excel nach dem Start als Erstes durchsucht. Wenn Sie mit Windows 7 arbeiten, finden Sie diesen Ordner unter

C:\Users\<Benutzername>\AppData\Roaming\Microsoft\AddIns

Der Teil *<Benutzername>* steht hier für Ihren Anmeldenamen. Dort abgelegte Add-Ins listet Excel automatisch im Dialogfeld *Add-Ins* auf (Abbildung 26.1). Sie können Add-Ins aber auch in anderen Ordnern ablegen.

Zusätzliche Funktionen durch Add-Ins

Abbildg. 26.1   Das Dialogfeld *Add-Ins* verwaltet die Add-Ins und zeigt für markierte Elemente eine Information

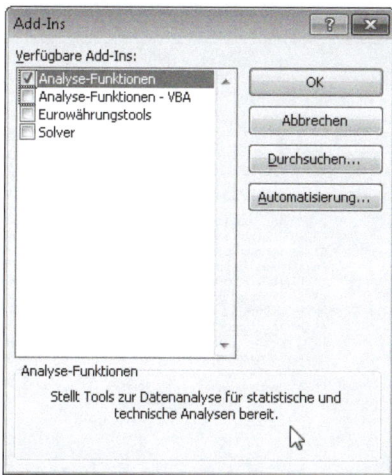

> **HINWEIS**   Dieses Dialogfeld kann durchaus auch standardmäßig andere Einträge enthalten. Wenn im Add-Ins-Manager keine Add-Ins aufgelistet werden, müssen Sie das Setupprogramm erneut ausführen und die Add-Ins nachträglich installieren. Mehr zur Installation von Excel 2010 finden Sie in Kapitel 1.

Add-In einbinden und entfernen

Nehmen wir an, Sie möchten Ihre Add-Ins auf einem Server ablegen, um sie allen Benutzern des Netzwerks verfügbar zu machen. Nun möchten Sie ein Add-In vom Server einbinden.

Für die Verwaltung von Add-Ins wird in Excel das Dialogfeld *Add-Ins* aus Abbildung 26.2 verwendet, über welches Add-Ins eingebunden, aktiviert und deaktiviert werden.

Hier die Schritte, um ein eigenes Add-In einzubinden:

1. Wählen Sie auf der Registerkarte *Datei* den Befehl *Optionen*.
2. Im Dialogfeld *Excel-Optionen* wechseln Sie in die Kategorie *Add-Ins*.
3. Stellen Sie im Listenfeld *Verwalten* den Eintrag *Excel-Add-Ins* ein und klicken Sie auf die Schaltfläche *Gehe zu*.
4. Klicken Sie im Dialogfeld *Add-Ins* (Abbildung 26.1) auf die Schaltfläche *Durchsuchen*.
5. Es öffnet sich das Dialogfeld *Durchsuchen*, in welchem Sie den Pfad zum Add-In suchen und anschließend das Add-In markieren.
6. Schließen Sie das Dialogfeld *Durchsuchen* mit einem Klick auf *OK*.
7. Beantworten Sie die Frage aus dem folgenden Dialogfeld mit *Ja*, wird das Add-In in den Ordner *C:\Users\<Benutzername>\AppData\Roaming\Microsoft\AddIns* auf Ihrem Rechner kopiert. Beantworten Sie die Frage mit *Nein*, wird das Add-In vom Netzlaufwerk eingebunden. Vorteil dabei: Gibt es Änderungen am Add-In, stehen Ihnen diese damit sofort zur Verfügung.

Kapitel 26 Add-Ins einsetzen – Beispiel zum Solver

Abbildg. 26.2   Über das Dialogfeld *Excel-Optionen* werden die verfügbaren Add-Ins angezeigt und verwaltet

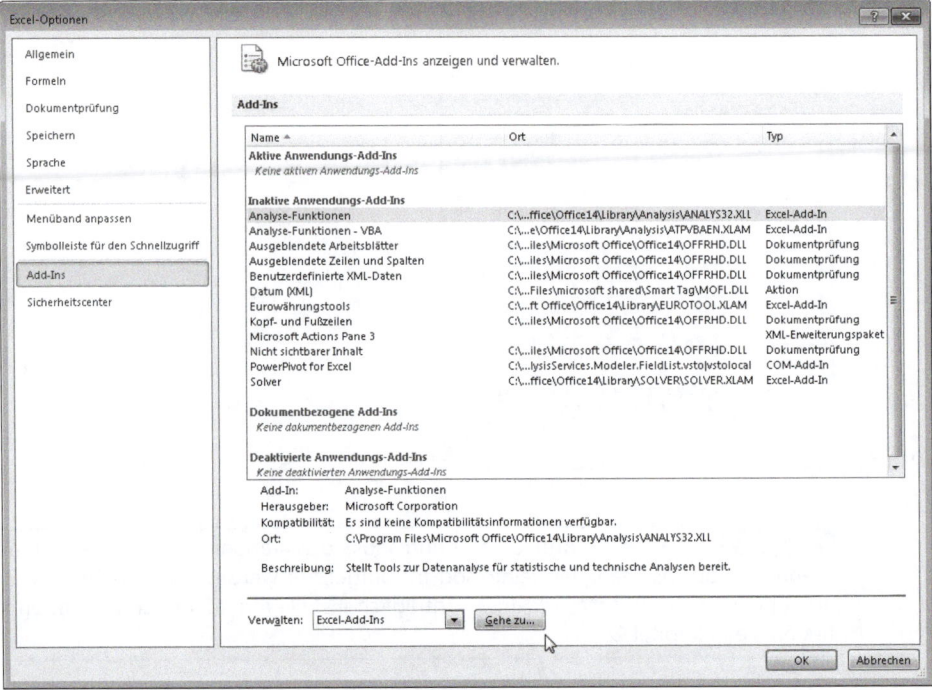

Abbildg. 26.3   Legen Sie den künftigen Speicherort für das eingebundene Add-In fest

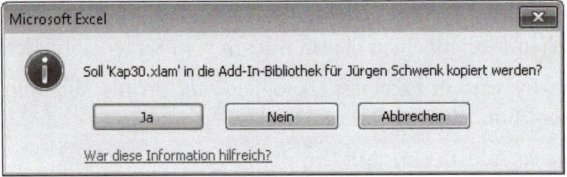

Ein auf diese Weise eingebundenes Add-In bleibt auch nach einem Neustart von Excel in der Liste der verfügbaren Add-Ins erhalten, selbst dann, wenn es deaktiviert wird.

Einmalige Verwendung von Add-Ins

Wenn Sie ein Add-In nur einmalig verwenden wollen, können Sie es auch wie eine »normale« Datei öffnen: Dazu klicken Sie den Befehl *Öffnen* in der Registerkarte *Datei* an und wählen anstelle einer Arbeitsmappe ein Add-In aus. Ein Add-In hat die Dateierweiterung *.xlam bzw. *.xla, wenn es sich um ein Add-In aus einer Version vor Excel 2007 handelt. Das Add-In steht Ihnen dann einmalig für die Dauer der aktuellen Sitzung zur Verfügung. Beim nächsten Excel-Start wird es nicht geladen, sofern es nicht eine eigene Installationsroutine enthält.

WICHTIG   Damit die Funktionalität von Add-Ins verfügbar wird, müssen Sie die darin enthaltenen Makros aktivieren.

Add-Ins aus der Liste verfügbarer Add-Ins entfernen

Wollen Sie ein Add-In entladen, können Sie dies über das Deaktivieren des betreffenden Kontrollkästchens im Dialogfeld *Add-Ins* erreichen. Wenn Sie ein Add-In aus dem Dialogfeld *Add-Ins* entfernen wollen, gehen Sie wie folgt vor:

1. Starten Sie Excel und wählen Sie auf der Registerkarte *Datei* den Befehl *Optionen*.
2. Wechseln Sie in die Kategorie *Add-Ins*.
3. Wählen Sie im Listenfeld *Verwalten* den Eintrag *Excel-Add-Ins* und anschließend die Schaltfläche *Gehe zu*.
4. Deaktivieren Sie das betreffende Add-In im Dialogfeld *Add-Ins*.
5. Beenden Sie Excel.
6. Suchen Sie im Windows-Explorer nach dem Add-In und benennen Sie die Datei um oder verschieben Sie diese an einen anderen Ort.
7. Starten Sie Excel und wählen Sie auf der Registerkarte *Datei* den Befehl *Optionen*.
8. Wechseln Sie in die Kategorie *Add-Ins*.
9. Wählen Sie im Listenfeld *Verwalten* den Eintrag *Excel-Add-Ins* und anschließend die Schaltfläche *Gehe zu*.
10. Aktivieren Sie das Kontrollkästchen für das zu entfernende Add-In.
11. Excel kann das Add-In nicht finden und bietet an, es zu löschen. Sie können das Add-In entfernen, wenn Sie das Dialogfeld mit *Ja* schließen.

WICHTIG   Das Entfernen von Add-Ins aus der Liste der verfügbaren Add-Ins bzw. das Löschen oder Verschieben an einen anderen Speicherort führt dazu, dass Zellen, die eine Funktion aus dem Add-In verwenden,

- den Fehlerwert *#Name?* zeigen und
- der Name der Funktion um den Namen und Pfad des Add-Ins ergänzt wird.

Verfügbare Add-Ins

Mit Excel 2010 werden nur wenige Add-Ins ausgeliefert. Wir werden nachfolgend die Funktion der einzelnen Add-Ins kurz beschreiben, sofern sie nicht in anderen Kapiteln behandelt werden. In diesem Fall informiert Sie ein entsprechender Verweis darüber.

Analyse-Funktionen

Das Add-In *Analyse-Funktionen* enthält zusätzliche Funktionen, mit deren Hilfe Sie viele Bearbeitungsschritte bei der Entwicklung komplexer statistischer oder technischer Analysen einsparen können. Sie geben lediglich die Daten und Argumente für die jeweilige Analyse an; die Funktion führt dann die entsprechenden statistischen oder technischen Funktionen aus und zeigt die Ergebnisse in

Kapitel 26 Add-Ins einsetzen – Beispiel zum Solver

einer Ausgabetabelle an. Bei einigen Funktionen werden zusätzlich zu Ausgabetabellen auch Diagramme erstellt, z. B. beim *Histogramm,* zu dem Sie in Kapitel 16 ein Beispiel finden.

Nachdem Sie das Add-In im Dialogfeld *Add-Ins* aktiviert haben, steht Ihnen auf der Registerkarte *Daten* in der Gruppe *Analyse* der Befehl *Datenanalyse* zur Verfügung. Dieser Befehl startet das Dialogfeld *Analyse-Funktionen*, welches die Funktionen des Add-Ins auflistet.

Analyse-Funktionen – VBA

Um als Makro-Entwickler in VBA (Visual Basic for Applications) auf die oben genannten Funktionen zugreifen zu können, binden Sie das Add-In *Analyse-Funktionen – VBA* ein. Mehr zum Thema VBA finden Sie in Kapitel 30.

Eurowährungs-Tools

Das Add-In *Eurowährungstools* stellt die ansonsten nicht verfügbare Tabellenfunktion *EUROCONVERT* zur Verfügung. Mit dieser Funktion können Sie die alten Währungen der Mitgliedsländer der Eurozone in Euro umrechnen bzw. aus der Währung Euro in die entsprechende Fremdwährung zurückrechnen. Die Umrechnungsfaktoren sind für jedes Land hinterlegt.

Außerdem ist auf der Registerkarte *Formeln* die zusätzliche Befehlsgruppe *Lösungen* verfügbar. Hierüber haben Sie eine komfortable Möglichkeit, per Menü für ganze Zellbereiche eine Währung in die andere umzurechnen. Dabei wird das Ergebnis auch gleich entsprechend formatiert.

Abbildg. 26.4   Das Add-In *Eurowährungstools* kann Einzelwerte oder ganze Bereiche mit verschiedenen Optionen umrechnen

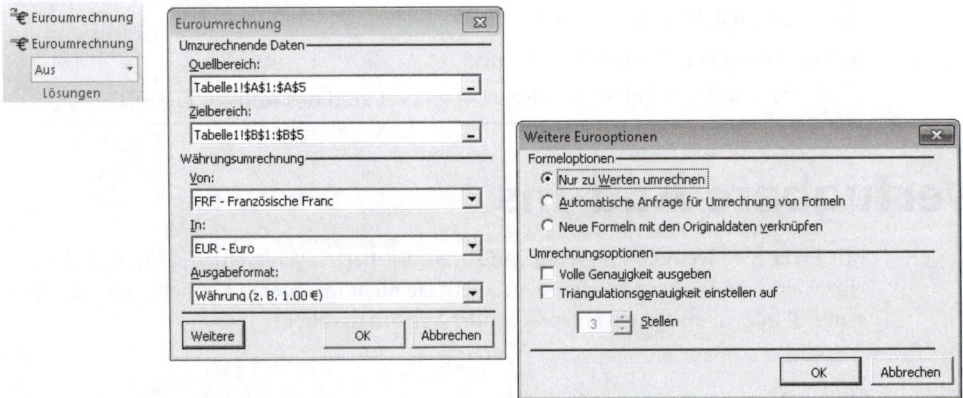

Organigramme erstellen mit Office-Organigramm

Wenn Sie bereits länger mit Microsoft Office arbeiten, haben Sie damit vielleicht schon einmal Organigramme erstellt. Microsoft hat dieses Add-In ursprünglich für PowerPoint 95 entwickelt, es wurde aber zwischenzeitlich von anderen Funktionen ersetzt und deshalb auch nicht weiterentwickelt.

Das Add-In *Organigramm* wird nicht automatisch installiert. Wollen Sie auf die gewohnte Funktionalität nicht verzichten, installieren Sie dieses zusätzliche Add-In nach. Mehr zur Installation finden Sie in Kapitel 1.

Nach erfolgreicher Installation wählen Sie auf der Registerkarte *Einfügen* in der Befehlsgruppe *Text* den Befehl *Objekt*. Wählen Sie im Dialogfeld *Objekt* den Eintrag *Organigramm-Add-In für Microsoft Office-Programme* und erstellen Sie das Organigramm.

Mehr Möglichkeiten für PivotTables – PowerPivot

Mit PowerPivot für Excel 2010 können Sie Daten aus verschiedenen Quellen, z. B. Datenbanken oder Arbeitsblättern usw., auf schnelle Weise sammeln und kombinieren. In Excel können Sie diese dann mithilfe der bekannten Funktionen in PivotTables weiterverarbeiten. Die neuen Funktionen wie Datenschnitte und Suchfilter runden das Bild eines hervorragenden Datenanalysetools ab.

Das Add-In *PowerPivot* ist nicht Bestandteil des Office-Pakets; Sie müssen es vom Microsoft Download Center unter *http://www.microsoft.com/downloads/details.aspx?FamilyID=e081c894-e4ab-42df-8c87-4b99c1f3c49b&displayLang=de* herunterladen und installieren.

WICHTIG Das PowerPivot-Add-In ist in zwei Versionen verfügbar. Setzen Sie die 32-Bit-Version von Excel ein, müssen Sie die 32-Bit-Version von PowerPivot installieren. Entsprechend ist gegebenenfalls die 64-Bit-Version des Add-Ins zu installieren.

PowerPivot ist ein COM-Add-In, das Sie wie folgt aktivieren bzw. deaktivieren:

1. Wählen Sie in der Registerkarte *Datei* den Befehl *Optionen*.
2. Im Dialogfeld *Excel-Optionen* wechseln Sie zur Kategorie *Add-Ins*.
3. Stellen Sie im Listenfeld *Verwalten* den Eintrag *COM-Add-Ins* ein und klicken Sie auf die Schaltfläche *Gehe zu*.
4. Aktivieren bzw. deaktivieren Sie im Dialogfeld *COM-Add-Ins* das Add-In *PowerPivot for Excel*.

Ein Beispiel zum PowerPivot-Add-In finden Sie in Kapitel 24.

Operations Research und der Solver

Der Solver von Excel ist ein Werkzeug, mit dem man Teilaufgaben des Operations Research lösen kann: Optimierungsaufgaben. Bei diesen Aufgaben geht es darum, gewisse Eingabegrößen (Variablen) so zu wählen, dass eine aus diesen Variablen gebildete Wertevorschrift (Funktion) extremal wird (Minimum oder Maximum). Die Variablen selbst unterliegen dabei unter Umständen zusätzlichen Bedingungen (Restriktionen) hinsichtlich der Zugehörigkeit zu bestimmten Zahlenbereichen.

HINWEIS Das Add-In wird von der Firma *Frontline Systems, Inc.* produziert und ist eine Light-Version einer umfangreichen Softwarepalette. Auf der Internetsite *www.solver.com* finden Sie sehr viele Informationen zum mathematischen Hintergrund des Add-Ins, die schon aus Platzgründen in dieses Handbuch nicht mit aufgenommen werden können.

Das Add-In ist in vielen praktischen Bereichen für Excel-Anwender mit vor allem betriebswirtschaftlichem Hintergrund trotz mancher Einschränkungen gegenüber der von Excel unabhängigen »Vollversion« sicher leistungsstark. Hinsichtlich der Robustheit, Performance und anderer Gesichtspunkte mathematischer Forschung sind den Autoren dieses Handbuchs keine aktuellen Untersuchungen bekannt. Das liegt u. a. auch daran, dass mit der vorliegenden Office-Version bereits optisch Veränderungen an der seit über 15 Jahren bestehenden Bedienoberfläche des Solvers vorgenommen wurden, die auch Veränderungen an der Arbeitsweise des Add-Ins erkennen lassen.

Ein einführendes Beispiel

Jemand hat in seinem Geldbeutel von jeder Münzsorte die für das Bezahlen eines Betrags von 7,14 € notwendige Anzahl. Er möchte aber möglichst wenige Münzen benutzen. Welche?

Die Arbeitsschritte zur Lösung solcher und ähnlicher (und auch komplizierterer) Probleme sind vom Prinzip her immer die gleichen:

- Formulierung des verbalen Problems in der Sprache von Variablen und Funktionen.

  Man muss diesen Vorgang nicht übertreiben, aber hinreichend streng sollte es schon zugehen, sonst misslingt der nächste Schritt.

- Übertragung der Formeln in übersichtlicher Weise in ein Excel-Arbeitsblatt.

  Dabei wäre es wünschenswert, wenn (vor allem auch bei umfangreicheren Aufgaben) eine Systematik gefunden wird, die für ähnliche Aufgaben nahezu wiederverwendbar ist. Weiter unten sehen Sie die Umsetzung dieses Gedankens mithilfe von Matrizen.

- Vorbereitung und Anwendung des Solvers.

  Damit dieser Schritt gelingt, bedarf es einiger Kenntnisse der Arbeitsweise des Solvers, die im Folgenden vermittelt werden sollen. Doch der Solver rechnet nicht nur, sondern gibt auch Bewertungen der Lösung in Berichtsform. Auch das Verständnis dieser Berichte bedarf zusätzlichen Spezialwissens.

- Wertung der Ergebnisse mit den praktischen Erfordernissen des Umfelds der Aufgabenstellung.

  Es ist nicht sinnvoll, die Ergebnisse des Solvers als unumstößlich zu werten. Fehlerquellen können in der verbalen und/oder in der mathematischen Modellbildung stecken. Und selbst wenn hier alles ohne Zweifel ist – nicht immer gibt es eine Lösung für ein Problem und nicht immer muss der Solver diese auch finden.

Im Folgenden sollen diese Schritte gegangen werden, wobei der erste – die Formulierung des Problems – bereits hinter uns liegt.

Vom Problem zur Formel

Es gibt acht verschiedene Münzarten. Die geforderte (gesuchte) Anzahl wollen wir mit Buchstaben bezeichnen, die sich aus dem Betrag der Münze ergeben:

1 Cent	2 Cent	5 Cent	10 Cent	20 Cent	50 Cent	1 €	2 €
c1	c2	c5	c10	c20	c50	e1	e2

Die Summe der Einzelbeträge der jeweiligen Münzsorte soll insgesamt 7,14 € sein. Die Formel ergibt sich also sofort:

$$0{,}01 \cdot c1 + 0{,}02 \cdot c2 + 0{,}05 \cdot c5 + 0{,}10 \cdot c10 + 0{,}20 \cdot c20 +$$
$$+ 0{,}50 \cdot c50 + 1{,}00 \cdot e1 + 2{,}00 \cdot e2 = 7{,}14$$

Die Gesamtzahl der Münzen soll möglichst gering sein. Dieser Zusammenhang ist eine einfache Funktion der gesuchten Größen:

$$c1 + c2 + c5 + c10 + c20 + c50 + e1 + e2 \rightarrow Min.$$

Von der Formel zum Arbeitsblatt

Der Aufwand hierzu ist gering. Schreiben Sie in eine Zeile, etwa die zweite, der Reihe nach die Werte der Münzen, also von 0,01 € bis 2,00 €. Darunter notieren Sie in »Platzhaltern« die von Ihnen gedachte Anzahl der jeweiligen Sorte. Es ist in unserem Beispiel unerheblich, ob Sie hier alles mit Null oder Eins oder irgendeiner von Ihnen gedachten Zahl belegen.

ACHTUNG Bei komplexeren Problemen ist die Wahl der Startwerte zur Lösungsfindung unter Umständen wichtig. Es wird dem Solver somit Gelegenheit gegeben, im »richtigen« Bereich nach einer Lösung zu suchen.

Einen Ansatz sehen Sie in Abbildung 26.5.

Abbildg. 26.5 Die Ausgangssituation für den Solver

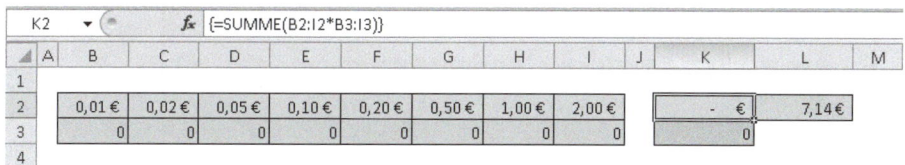

Den sich ergebenden Gesamtwert aller Münzen in *K2* können Sie Schritt für Schritt mit der Formel =B2*B3+C2*C3+...

errechnen oder Sie setzen elegant eine Matrixformel ein:

{=SUMME(B2:I2*B3:I3)}

Die geschweiften Klammern entstehen, wenn Sie die Formeleingabe nicht nur durch die ⏎-Taste, sondern durch das gleichzeitige Drücken von Strg + ⇧ + ⏎ abschließen. Mehr zu Matrixformeln finden Sie in Kapitel 6 und in Kapitel 15.

Die Anzahl aller Münzen ermitteln Sie in *K3* durch Addition der Werte in der dritten Zeile. Die Eingabe von 7,14 € in *L2* beendet die Vorbereitungen.

Vergewissern Sie sich vor dem nächsten Schritt, dass das Solver-Add-In geladen ist (*Datei/Optionen/ Add-Ins*).

Vorbereiten und Einsatz des Solvers

 Auf der Registerkarte *Daten* finden Sie die Gruppe *Analyse* und dort die Schaltfläche *Solver*. Ein Klick öffnet das Dialogfeld aus Abbildung 26.6.

In diesem Dialogfeld finden sich einige Einträge, die intuitiv klar sind, andere bedürfen einer Erklärung. Zu diesen gehört die im Mittelfeld befindliche Wahl der Lösungsmethode.

Abbildg. 26.6 Der Start mit dem Solver

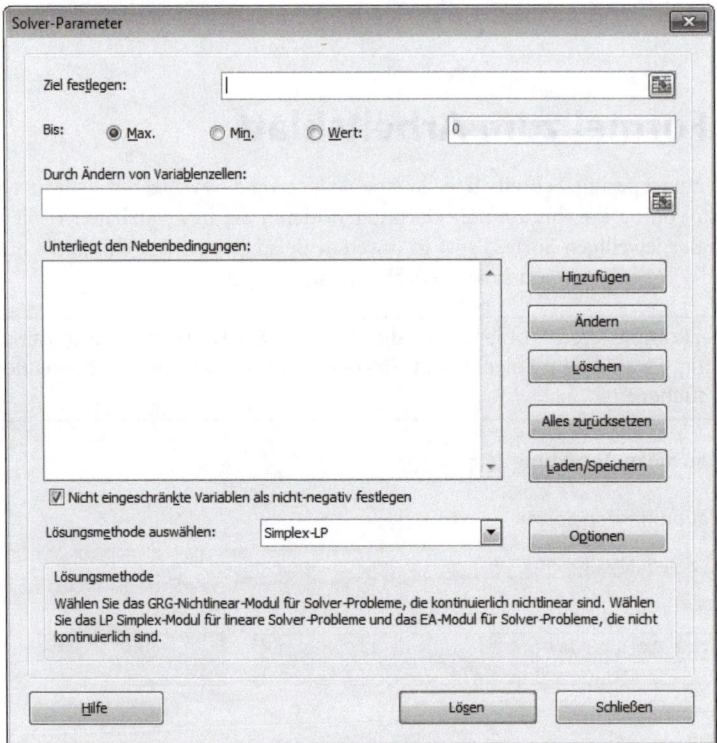

In der Mathematik wird zwischen *stetigen* (die Excel-Bezeichnung heißt *kontinuierlichen*) und *diskreten* (Excel betitelt das als *nicht kontinuierlich*) Problemen unterschieden, eine Mischung beider ist denkbar. Stetig heißt dabei, dass als veränderliche Größen solche aus Intervallen und ihren mehrdimensionalen Entsprechungen in Frage kommen, diskret bedeutet, dass nur unter auseinanderliegenden Punkten der jeweiligen Menge nach Lösungen gesucht wird. Eine zweite Unterscheidung wird nach dem »Schwierigkeitsgrad« der auftretenden Formeln vorgenommen: *lineare* (alle Variablen kommen maximal nur in der ersten Potenz und durch Plus oder Minus miteinander verknüpft vor) und *nichtlineare* Probleme. Diesen Unterscheidungen versucht Excel mit drei Wahlmöglichkeiten gerecht zu werden:

- **GRG-Nichtlinear** Es handelt sich um ein Verfahren verallgemeinerter reduzierter Gradienten. Eingesetzt werden solche Verfahren zur Lösung stetiger nichtlinearer Optimierungsaufgaben, gefunden werden (wenn überhaupt) lokale Extremstellen (diese Information wird auch im die Schritte abschließenden Dialogfeld Abbildung 26.12 angegeben).

- **Simplex-LP**   Es handelt sich um das hinreichend untersuchte Simplex-Verfahren zur Lösung linearer Optimierungsaufgaben, wobei im Falle der Diskretisierung durch Ganzzahligkeitsforderungen nach den Aussagen auf den Internetseiten des Herstellers Branch & Bound-Verfahren Verwendung finden.

- **EA**   Dieses Kürzel steht für »Evolutionärer Algorithmus« und beinhaltet stochastische Suchverfahren, die vor allem bei diskreten nichtlinearen Problemen von Bedeutung sind.

Die von uns zu lösenden Aufgabe ist linear, deshalb sollte die zweite Methode »Simplex-LP« gewählt werden.

Und nun der Reihe nach:

- **Ziel festlegen**   Meint, die Zelle anzugeben, in der die berechnete Formel für den zu optimierenden Ausdruck steht (im Beispiel ist das *K3*)

- **Bis**   Ist vermutlich die statt *Zu(m)* verwendete Übersetzung von *To* und verlangt anzugeben, in welche Richtung optimiert werden soll: Maximum oder Minimum. Auch die Angabe eines konkreten Werts ist denkbar, das ist dann allerdings keine Optimierungsaufgabe mehr, sondern die Lösung von Gleichungs- und Ungleichungssystemen. Die gesuchte minimale Zahl von Münzen bewirkt die Einstellung *Min*.

- **Durch Ändern von Variablenzellen**   Ist besser mit »Durch Ändern der Variablenzellen« beschriftet und verlangt die Angabe der Zellen, in denen die veränderlichen Größen, die Excel an anderer Stelle gelegentlich als *Parameter* bezeichnet, stehen. Diese Angabe kann durch Markierung, auch Mehrfachmarkierung, beziehungsweise per Hand vorgenommen werden. Das Semikolon trennt dabei Zellaufzählungen, der Doppelpunkt definiert Zusammengehörigkeit. Im Beispiel sind hier die Zellen von *B3* bis *I3* zu wählen.

- **Unterliegt den Nebenbedingungen**   Hier werden die notwendig zu beachtenden Einschränkungen für die Variablen definiert und angezeigt. Behilflich sind die rechts neben der Liste stehenden Schaltflächen *Hinzufügen* zur Definition der Nebenbedingungen, *Ändern* zum Korrigieren der vorher links zu markierenden Nebenbedingung, *Löschen* zum Entfernen der markierten Nebenbedingung. Die beiden Schaltflächen *Alles zurücksetzen* und *Laden/Speichern* betreffen das gesamte Modell. Im ersten Fall werden alle Einstellungen aufgehoben, der zweite betrifft das mögliche Merken der Einstellungen und deren Wiederverwendung. Dieses Merken geschieht in Zellen des Arbeitsblatts, die vorher leer sein sollten. Das Markieren dieser Zellen lernt man am besten dadurch, dass man zuerst ein Modell speichert und beobachtet, welche Zellen beschrieben werden, und es dann wieder lädt.

Das Erfassen der Nebenbedingungen geschieht meistens in mehreren Schritten. Nach dem Klick auf *Hinzufügen* erscheint das Dialogfeld aus Abbildung 26.7.

Abbildg. 26.7   Eingaben der Nebenbedingungen, die aus Gleichungen oder Ungleichungen bestehen und gelegentlich auch verbal beschrieben werden

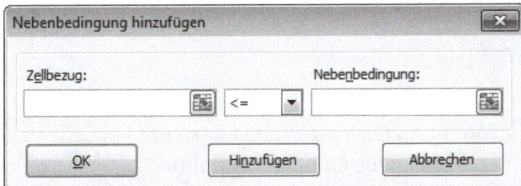

In diesem Dialogfeld bedeutet

- *OK*, dass die definierte Nebenbedingung dem Modell hinzugefügt und das Dialogfeld geschlossen wird,
- *Hinzufügen*, dass die definierte Nebenbedingung dem Modell hinzugefügt wird und das leere Dialogfeld zur Eingabe einer weiteren Nebenbedingung geöffnet bleibt und
- *Abbrechen*, dass die gerade vorgenommene Einstellung verworfen und das Dialogfeld geschlossen wird.

Im Beispiel besteht die erste Forderung aus der Nichtnegativität der Zellwerte (das Dialogfeld aus Abbildung 26.6 hat hierzu ein Kontrollkästchen, dessen Wirkung in konkreten Beispielen untersucht werden muss, da es nur die bislang nicht eingeschränkten Variablen betreffen sollte).

Abbildg. 26.8 Nichtnegativ wird durch >= (Größer gleich) übersetzt

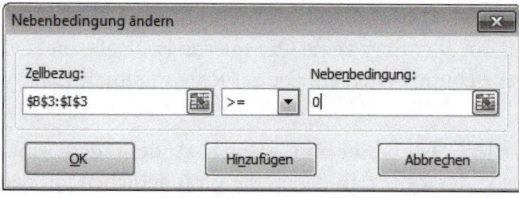

Mit der zweiten Forderung wird der zu erreichende Geldbetrag festgelegt.

Abbildg. 26.9 Die Eingabe des Zielwerts

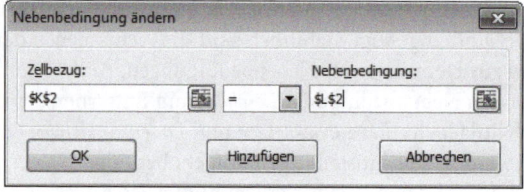

Die Forderung der Ganzzahligkeit wird nach Auswahl der Option *int* eingetragen.

Abbildg. 26.10 Das Listenfeld enthält die neue Option *dif*

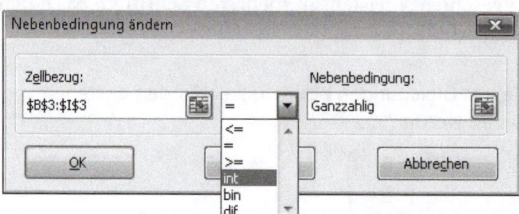

Diese Forderung wird durch die Wahl von *int* im Dialogfeld umgesetzt, mit *bin* ließe sich die Forderung nach 0 oder 1 umsetzen. Die in Excel 2010 neue Option *dif* garantiert, dass die zu variierenden Zahlen am Ende alle voneinander verschieden sind.

Ein einführendes Beispiel

Abschließend ergibt sich ein Bild wie in Abbildung 26.11 und wartet auf den abschließenden »lösenden« Klick.

Abbildg. 26.11 Kurz vor dem Ziel – alle Einstellungen wurden vorgenommen

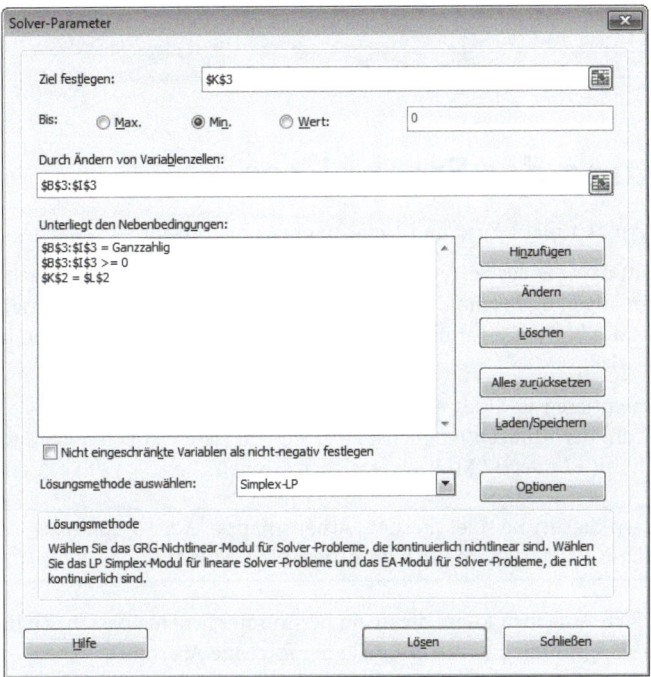

Durch diesen Klick auf *Lösen* beginnt der Solver zu arbeiten, im Erfolgsfall sieht die Antwort wie in Abbildung 26.12 aus.

Abbildg. 26.12 Die Erfolgsmeldung des Solvers mit zusätzlichen Informationen

Sie akzeptieren die Lösung und sehen das Ergebnis in der Tabelle.

Abbildg. 26.13 Der Zielwert ist erreicht und die Stückelung eingetragen

	A	B	C	D	E	F	G	H	I	J	K	L
1												
2		0,01 €	0,02 €	0,05 €	0,10 €	0,20 €	0,50 €	1,00 €	2,00 €		7,14 €	7,14 €
3		0	2	0	1	0	0	1	3		7	
4												

Die Auswertung des Ergebnisses

Zählen Sie nach, 3 mal 2 plus 1 mal 1 Euro und 1 mal 10 plus 2 mal 2 Cent.

Sicher haben Sie erkannt, dass Sie das Solver-Ergebnis erreichen, indem Sie beim Bezahlen mit der größten Münze zuerst anfangen und wenn der Rest zu klein ist, die nächst kleinere einsetzen. Damit können Sie das Ergebnis des Solvers sogar überprüfen, was bei komplexeren Aufgaben in der Regel nicht mehr der Fall sein wird.

Sie können nun experimentieren und das nicht überraschende Ergebnis von 714 1-Cent-Münzen erhalten, wenn Sie die Zahl der Münzen möglichst groß werden lassen wollen, oder auch schauen, ob Sie das Ergebnis auch mit 12 oder 37 Münzen erreichen können.

> **CD-ROM** Sie finden dieses Beispiel in der Arbeitsmappe *Kap26_Solver.xlsx* im Ordner *\Buch\Kap26* auf der CD-ROM zu diesem Buch im Arbeitsblatt *Münzen*.

Besonders schön lassen sich Aufgaben lösen, die in ein bestimmtes Schema passen. Zu diesen gehören die linearen Optimierungsprobleme. Warum, zeigt der folgende Abschnitt.

Etwas Mathematik der späten Schulzeit

Aufgabenstellungen gibt es zuhauf; folgen sie einem Prinzip, kann es auf höherem Abstraktionsniveau zu Theorien und Handlungsanweisungen für eine gesamte Gruppe kommen. Zu einer solchen Gruppe gehören lineare Optimierungsaufgaben, die sich mit den Schlagworten

- Gewinnmaximierung bei beschränkten Ressourcen bzw.
- Kostenminimierung bei geforderter Produktion

umreißen lassen. Solche Aufgaben lassen sich besonders leicht mittels der Matrizenrechnung der Mathematik modellieren und lösen.

Stellen Sie sich folgende Aufgabe vor: Ein Möbellieferant verpackt Kleinteile. Für eine kleine Schublade (kS) werden 4 Dübel (D), 6 Schrauben (S) und 1 Griff (G) benötigt. Für eine große Schublade (gS) sind es 6 Dübel, 10 Schrauben und 2 Griffe.

Wie viele Kleinteile müssen eingepackt werden, wenn 3 kleine und 2 große Schubladen geliefert werden?

Schematisch kann man das so notieren:

$$\left(4\left[\frac{D}{kS}\right] + 6\left[\frac{S}{kS}\right] + 1\left[\frac{G}{kS}\right]\right) \cdot 3[kS] \qquad (4 \cdot 3 + 6 \cdot 2)[D]$$
$$\left(6\left[\frac{D}{gS}\right] + 10\left[\frac{S}{gS}\right] + 2\left[\frac{G}{gS}\right]\right) \cdot 2[gS] \qquad \rightarrow \quad (6 \cdot 3 + 10 \cdot 2)[S]$$
$$\qquad\qquad\qquad\qquad\qquad\qquad\qquad (1 \cdot 3 + 2 \cdot 2)[G]$$

$$\begin{pmatrix} 4 & 6 \\ 6 & 10 \\ 1 & 2 \end{pmatrix} \begin{pmatrix} 3 \\ 2 \end{pmatrix} = \begin{pmatrix} 24 \\ 38 \\ 7 \end{pmatrix} \begin{bmatrix} D \\ S \\ G \end{bmatrix}$$

Dabei fasst die letzte Zeile auf kleinstem Raum zusammen, was die Rechenvorschriften der ersten Zeile beschreiben. Die Multiplikationen und Additionen stellt man sich im Kopf vor. In der Sprache der Schüler und Studenten multipliziert man die Matrizen (das sind die rechteckigen Konstrukte mit Zahlen in Zeilen und Spalten), indem man Zeile mal Spalte multipliziert. Und das kann auch Excel mit der Funktion *MMULT*.

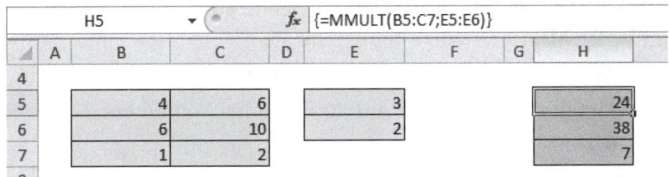

Es handelt sich um eine Matrixformel, deren Eingabe mit [Strg]+[⇧]+[↵] abzuschließen ist.

Weiter, ein kleiner Büroschrank (kB) hat 2 kleine und 1 große Schublade, ein großer Büroschrank (gB) 4 kleine und 3 große Schubladen. Ein Kunde bestellt 3 kleine und 4 große Büroschränke. Wie viele Kleinteile sind in diesem Fall vorzuhalten?

Zunächst kann die Anzahl der benötigten Schubladen schematisch erfasst werden:

$$\left(2\left[\frac{kS}{kB}\right] + 1\left[\frac{gS}{kB}\right]\right) \cdot 3[kB] \qquad (2 \cdot 3 + 4 \cdot 4)[kS]$$
$$\left(4\left[\frac{kS}{gB}\right] + 3\left[\frac{gS}{gB}\right]\right) \cdot 4[gB] \qquad \rightarrow \quad (1 \cdot 3 + 3 \cdot 4)[gS]$$

$$\begin{pmatrix} 2 & 4 \\ 1 & 3 \end{pmatrix} \begin{pmatrix} 3 \\ 4 \end{pmatrix} = \begin{pmatrix} 22 \\ 15 \end{pmatrix} \begin{bmatrix} kS \\ gS \end{bmatrix}$$

(die Berechnung mit *MMULT* folgt diesem Schema)

Nun muss man nur die benötigten Schubladen in der unter Excel vorbereiteten Formel für die Kleinteile einsetzen und bekommt das gewünschte Ergebnis. Aber man kann das Ganze elegant in einem Zug umsetzen, indem man nochmals die Matrizenrechnung bemüht:

$$\begin{pmatrix} 4 & 6 \\ 6 & 10 \\ 1 & 2 \end{pmatrix}\begin{pmatrix} 22 \\ 15 \end{pmatrix} = \begin{pmatrix} 4 & 6 \\ 6 & 10 \\ 1 & 2 \end{pmatrix}\left(\begin{pmatrix} 2 & 4 \\ 1 & 3 \end{pmatrix}\begin{pmatrix} 3 \\ 4 \end{pmatrix}\right) = \left(\begin{pmatrix} 4 & 6 \\ 6 & 10 \\ 1 & 2 \end{pmatrix}\begin{pmatrix} 2 & 4 \\ 1 & 3 \end{pmatrix}\right)\begin{pmatrix} 3 \\ 4 \end{pmatrix}$$

$$= \begin{pmatrix} 14 & 34 \\ 22 & 54 \\ 4 & 10 \end{pmatrix}\begin{pmatrix} 3 \\ 4 \end{pmatrix} = \begin{pmatrix} 178 \\ 282 \\ 52 \end{pmatrix}\begin{bmatrix} D \\ S \\ G \end{bmatrix}$$

Im rechten oberen Teil sehen Sie die Matrizenmultiplikation für den Fall, dass die eine von beiden nicht ein einspaltiger Vektor ist, *MMULT* leistet auch hier die geforderte Arbeit.

CD-ROM Die Excel-Umsetzung finden Sie in der Arbeitsmappe *Kap26_Solver.xlsx* im Ordner *\Buch\Kap26* auf der CD-ROM zu diesem Buch im Arbeitsblatt *Matrizen*.

Der Vorteil solcher Schematisierungen springt ins Auge: Statt alle Rechenwege für jedes Beispiel der Anforderungen von Kunden an den Möbelhersteller jeweils neu aufzubauen, genügt es, an den »Stellschrauben« zu drehen, also die konkreten Zahlen in den Matrizen zu erfassen.

Gewinnmaximierung bei beschränkten Ressourcen

Zu den Klassikern solcher Aufgaben gehört sicher die folgende aus W. Zimmermann: Operations Research, R. Oldenburg Verlag München Wien, 1992, Seite 83.

Ein Landwirt hat die Wahl, Weizen bzw. Rüben anzubauen. Es stehen 40 Hektar Boden zur Verfügung.

Die Kosten für Saatgut belaufen sich bei Rüben auf 40 €/ha, bei Weizen auf 120 €/ha. Mehr als 2.400 € sollen nicht eingesetzt werden.

Zur Bearbeitung/Ernte benötigt man 7 Arbeitseinheiten pro Hektar Rüben und 12 Arbeitseinheiten pro Hektar Weizen. Insgesamt können maximal 312 Arbeitseinheiten erbracht werden.

Der Gewinn beläuft sich bei Rüben auf 100 € pro Hektar, bei Weizen auf 250 € pro Hektar.

Wie ist die Anbaufläche aufzuteilen, um maximalen Gewinn zu erhalten? Die Zahlenangaben sind dabei frei erfunden.

Beginnen wir mit dem mathematischen Modell. Die erste Hürde lautet: Was ist gesucht, wie soll es bezeichnet werden?

Benennen wir mit R die Fläche (in ha) für Rüben, mit W die für Weizen. Dann ergeben sich folgende Nebenbedingungen:

$$R[ha] + W[ha] \leq 40[ha]$$
$$40\left[\frac{€}{ha}\right]R[ha] + 120\left[\frac{€}{ha}\right]W[ha] \leq 2400[€]$$
$$7\left[\frac{AE}{ha}\right]R[ha] + 12\left[\frac{AE}{ha}\right]W[ha] \leq 312[AE]$$
$$R \geq 0, W \geq 0$$

mit der Zielfunktion

$$z[€] = 100\left[\frac{€}{ha}\right]R[ha] + 250\left[\frac{€}{ha}\right]W[ha] \to \max$$

Das Mitführen der Maßeinheiten hilft hier, den Überblick und die Kontrolle zu behalten. Ist hier etwas nicht in Ordnung, stimmt das gesamte Modell nicht.

Nun ist die Umsetzung in Excel gefragt. Und da hilft uns die Matrizenrechnung. Es ginge hier u. U. auch ohne, wenn man gewillt ist, alle Rechnungen per Hand einzutragen. Nur was macht man, wenn 15 Produkte so angesetzt werden müssen, dass 21 Nebenbedingungen erfüllt sein sollen?

Gewinnmaximierung bei beschränkten Ressourcen

Die Kurzschreibweise lautet nun:

$$z = \begin{pmatrix} 100 & 250 \end{pmatrix} \begin{pmatrix} R \\ W \end{pmatrix} \to \max$$

Für die Nebenbedingung gilt bei nichtnegativen R und W:

$$\begin{pmatrix} 1 & 1 \\ 40 & 120 \\ 7 & 12 \end{pmatrix} \begin{pmatrix} R \\ W \end{pmatrix} \leq \begin{pmatrix} 40 \\ 2400 \\ 312 \end{pmatrix}$$

Mithilfe von *MMULT* lässt sich alles schön notieren, und dann ist wieder der Solver an der Reihe.

Abbildg. 26.14 Umsetzung der Aufgabe im Arbeitsblatt *Landwirt*

	A	B	C	D	E	F
3						
4		1	1	0	0	40
5		40	120	0	0	2400
6		7	12		0	312
7						
8		100	250		0	
9						

Zelle: Hektar, Formel: {=MMULT(B4:C6;D4:D5)}

Das Eintragen der Zielzelle (*D8*), der veränderbaren Zellen (*D4;D5*), der Nebenbedingungen (die *E4:E6* mit *F4:F6* vergleichen) und der Nichtnegativität der zu bestellenden Flächen führt letztlich zum Dialogfeld aus Abbildung 26.15.

Abbildg. 26.15 Der Solver wartet auf seinen Einsatz, Zellnamen unterstützen die Auswertung

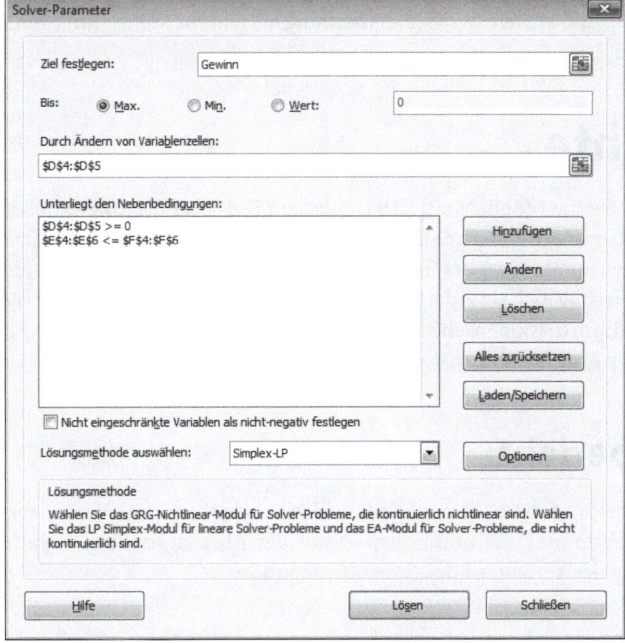

Beachten Sie noch, dass vorbereitend wichtige Zellen in der Beispieldatei Namen bekommen haben. Diese werden in den noch zu besprechenden Berichten von Nutzen sein. Mehr zu Bereichsnamen finden Sie in Kapitel 19.

Lassen Sie den Solver nun arbeiten, schließt er mit dem Dialogfeld aus Abbildung 26.16 ab.

Abbildg. 26.16 Ergebnisse wurden gefunden, Berichte können erstellt werden

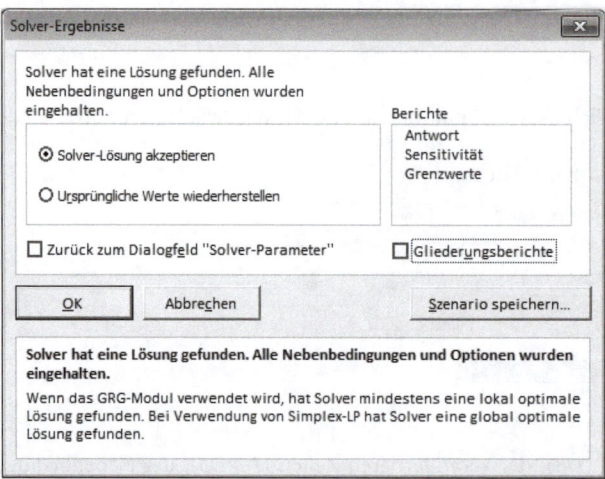

Die Ergebnisse lauten: Der Gewinn beträgt 5.400 €, wenn 24 Hektar mit Rüben und 12 Hektar mit Weizen bestellt werden.

Wenn Sie mit unterschiedlichen Werten experimentieren wollen, können Sie diese über die Schaltfläche *Szenario speichern* für die spätere Wiederverwendung speichern. Mehr zum Szenario-Manager finden Sie in Kapitel 25.

Die Solverberichte

In Abbildung 26.16 haben Sie die Möglichkeit, sich (in diesem Fall) drei Berichte erstellen zu lassen: *Antwort*, *Sensitivität* und *Grenzwerte*. Nicht alles in diesen Berichten ist mit Zusatznutzen verwertbar (das liegt nicht an Excel, sondern an der Tatsache, dass die Berichte auch bei dem anderen Aufgabentyp – Kostenminimierung bei geforderten Produktion – erzeugt werden und dann die für diese Aufgabe relevanten Informationen ebenfalls bereithalten). Die Berichte werden als Arbeitsblätter vor das Blatt mit der Aufgabe automatisch eingefügt.

Der Antwortbericht

Der Antwortbericht beantwortet die Fragen nach den sich einstellenden Werten. Neben der Entwicklung der gesuchten Werte inkl. Zielfunktionswert aus der Ausgangsstellung heraus, ist es vor allem auch die Auswertung des Verhaltens der Nebenbedingungen.

Die Solverberichte

Abbildg. 26.17 Bereichsnamen helfen bei der Analyse der Solverberichte

Zielzelle (Max.)

Zelle	Name	Ursprünglicher Wert	Lösungswert
$D$8	Gewinn	0	5400

Variablenzellen

Zelle	Name	Ursprünglicher Wert	Lösungswert	Integer
$D$4	Rüben	0	24	Fortlaufend
$D$5	Weizen	0	12	Fortlaufend

Nebenbedingungen

Zelle	Name	Zellwert	Formel	Status	Puffer
$E$4	Hektar	36	$E$4<=$F$4	Nicht einschränkend	4
$E$5	Geld	2400	$E$5<=$F$5	Einschränkend	0
$E$6	Arbeitskraft	312	$E$6<=$F$6	Einschränkend	0
$D$4	Rüben	24	$D$4>=0	Nicht einschränkend	24
$D$5	Weizen	12	$D$5>=0	Nicht einschränkend	12

Sie erkennen unschwer, dass vier Hektar ungenutzt bleiben, bestellbar sind sie im Moment nicht, da weder Geld noch Arbeitskräfte übrig bleiben.

Der Sensitivitätsbericht

Der Sensitivitätsbericht gibt Antwort auf zwei Fragen:

- Was passiert, wenn sich der Gewinn pro Hektar erhöht bzw. verringert? Werden die angegeben zulässigen Änderungen verletzt, kann das gesamte Modell »kippen«. Und zwar in dem Sinne, dass gar keine Rüben bzw. Weizen angebaut werden. Bei komplexeren Modellen ist diese Aussage sehr wichtig, denn wenn Maschinen eingerichtet werden, auf denen dann nicht produziert werden dürfte, ist das Kind bereits in den Brunnen gefallen. Das ist aber kein Problem des Solvers, sondern eines der Zuverlässigkeit gewonnener Daten und ihrer Verwendung.

Abbildg. 26.18 Auswirkung der Schattenpreise im Sensitivitätsbericht

Variablenzellen

Zelle	Name	Endgültig Endwert	Reduziert Kosten	Ziel Koeffizient	Zulässig Erhöhen	Zulässig Verringern
$D$4	Rüben	24	0	100	45,83333333	16,66666667
$D$5	Weizen	12	0	250	50	78,57142857

Nebenbedingungen

Zelle	Name	Endgültig Endwert	Schatten Preis	Nebenbedingung Rechte Seite	Zulässig Erhöhen	Zulässig Verringern
$E$4	Hektar	36	0	40	1E+30	4
$E$5	Geld	2400	1,527777778	2400	720	288
$E$6	Arbeitskraft	312	5,555555556	312	18	72

Kapitel 26 Add-Ins einsetzen – Beispiel zum Solver

- Wie wirken im vorhandenen Modell die Schattenpreise? Das Thema kann in diesem Buch nicht besprochen werden (Stichwort zur weiteren Recherche in einschlägiger Literatur: primale und duale Aufgaben). Nur so viel: Man kann ablesen, dass die Ackerfläche zum Gewinn nichts beiträgt (es fehlte ja auch die Bewertung), 1 € des eingesetzten Gelds bringt 1,53 € zurück, ein € für Arbeitskraft schlägt mit erbrachten 5,56 € zu Buche.

Die Ergebnisse des Grenzwertberichts sind im vorliegenden Beispiel nicht ganz so interessant, sie sind aus dem Arbeitsblatt mit dem Modell bereits ablesbar.

CD-ROM   Die fertige Lösung finden Sie in der Arbeitsmappe *Kap26_Solver.xlsx* im Ordner *\Buch\Kap26* auf der CD-ROM zu diesem Buch im Arbeitsblatt *Landwirt*.

Solveroptionen

Für die Profis der Optimierung hält der Solver noch Optionen bereit, deren sinnvoller Einsatz jedoch Kenntnisse der Algorithmen bzw. Fingerspitzengefühl bei der Lösung konkreter Aufgaben verlangt (Abbildung 26.19). Das kann vor allem dann sinnvoll sein, wenn die Anzahl der Variablen die für Excel geltende Grenze von 200 erreicht und eine Optimierung des Rechenprozesses selbst gefragt ist, da er oft angewendet werden soll.

 Weitere Grenzen für Excel finden Sie übrigens auf der Webseite des Add-In-Herstellers unter *www.solver.com*.

Abbildg. 26.19 Solveroptionen für den Profi sind auf drei Registerkarten untergebracht

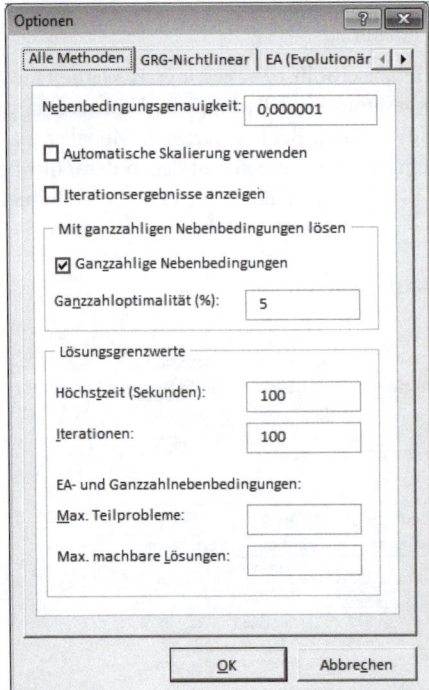

Zusammenfassung

Funktionalität, die für einen Komplex spezieller Aufgabenstellungen benötigt wird, kann in speziellen Add-Ins entwickelt, gesammelt und gepflegt werden. Einige Add-Ins gehören zum Lieferumfang von Excel, andere können gekauft oder selbst entwickelt werden. Dieses Kapitel hat dazu notwendige Informationen geliefert. Breiten Raum nahm der Solver zum Lösen von Optimierungsaufgaben ein.

Frage	Lösung
Was ist ein Add-In?	Über ein Add-In werden zusätzliche Funktionen eingebunden. Grundsätzliches über Add-Ins erfahren Sie auf Seite 832.
Wie kann ich ein Add-In einbinden und verfügbar machen?	Add-Ins werden über das Dialogfeld *Excel-Optionen* eingebunden. Weitere Informationen finden Sie auf Seite 833.
Welche Add-Ins werden mit Excel ausgeliefert?	Mehr zu den Add-Ins, die mit Excel ausgeliefert werden, erfahren Sie auf Seite 835
Was macht der Solver?	Der Solver berechnet Lösungen für Optimierungsaufgaben und Gleichungs-/Ungleichungssysteme. Sein Einsatz erfordert in vielen Fällen spezielle mathematische Kenntnisse. Das notwendige Wissen dazu finden Sie ab Seite 837.
Wie setze ich den Solver ein?	Um Probleme mit dem Solver lösen zu können, müssen Sie zunächst die Aufgabe in mathematische Formeln umsetzen, diese in ein Arbeitsblatt eintragen und dann den Solver einsetzen. Ein ausführliches Beispiel finden Sie ab Seite 838.
Welche alternative Lösungsmöglichkeit für Optimierungsprobleme gibt es?	Mit der Matrizenrechnung ab Seite 844 können Sie solche Probleme lösen
Wie kann ich ein Modell lösen, bei dem beschränkte Ressourcen berücksichtigt werden sollen?	Auf Seite 846 finden Sie ein Beispiel zur Gewinnmaximierung unter Berücksichtigung verschiedener Nebenbedingungen
Wie werden Ergebnisse des Solvers dokumentiert?	Hierbei hilft ab Seite 848 die Berichtsfunktion des Solvers

Teil I

Datenaustausch mit anderen Anwendungen

Kapitel 27	Excel in Netzwerk und im Web	855
Kapitel 28	Excel und XML	877
Kapitel 29	Excel und die anderen Office-Anwendungen	887

Excel ist Teil der Office-Suite – damit stellt sich natürlich die Frage, wie Excel mit anderen Office-Programmen zusammenarbeiten kann. XML spielt hierbei eine immer wichtigere Rolle. Auf den folgenden Seiten erfahren Sie mehr über die Möglichkeiten, die Excel Ihnen in diesem Zusammenhang bietet.

Aber auch die Zwischenablage bietet einige Optionen für unterschiedliche Funktionalitäten an. Welche Einstellungen es dabei gibt, ist ebenfalls ein Thema dieses Buchteils.

Darüber hinaus bieten die Office-Programme auch eine Importmöglichkeit für Daten aus Excel an bzw. können diese direkt verwenden. So kann ein Serienbrief von Word auf Daten zugreifen, die in einer Excel-Liste verwaltet werden. Oder PowerPoint zeigt Tabellen an, die mit Excel erstellt wurden.

Wir zeigen Ihnen, dass die Funktionalität in Excel 2010 auch direkt im Intranet/Internet verfügbar und vor allem bedienbar ist. Einer wichtigen Frage moderner Bürokommunikation geht dieser Buchteil ebenfalls nach: Wie gelangen die mit Excel erstellten Arbeitsergebnisse in eine webbasierte Umgebung, sodass sie ohne zusätzlichen Aufwand für Teammitglieder verfügbar sind?

Kapitel 27

Excel in Netzwerk und im Web

In diesem Kapitel:

Nutzung von E-Mails	856
Speichern und Veröffentlichen im HTML-Format – zwei verschiedene Ziele	857
Wie kommen die Veröffentlichungen ins Web?	866
Excel Web Apps	867
Ein kurzer Blick auf einen SharePoint-Server	867
Arbeitsmappen auf einem Dokumentverwaltungsserver	868
Document Sharing in freigegebenen Arbeitsbereichen	869
Arbeitsmappen und Excel Services	870
Listen auf SharePoint-Seiten	872
Webabfragen – Informationen abrufen	873
Zusammenfassung	874

Dieses Kapitel beantwortet einige wichtige Fragen moderner Bürokommunikation: Wie gelangen die mit Excel erstellten Arbeitsergebnisse in eine webbasierte Umgebung, um so ohne zusätzlichen Aufwand Teammitgliedern und anderen Partnern zur Kenntnis, zur Auswertung und zur Diskussion bereitgestellt zu werden? Eine zentrale Rolle spielen dabei HTML-Dateien sowie die Organisation von Arbeitsvorgängen unter Verwendung des Internet Explorers.

Begonnen wird dieses Kapitel mit prinzipiellen Gedanken zum Versenden von Arbeitsmappen per E-Mail. Daran schließt sich das Umwandeln der Mappen in HTML-Seiten (ohne Interaktivität und ohne die Möglichkeit komplexer Verwaltungsvorgänge) an, wobei diese Art des Informationsaustauschs innerhalb von Unternehmen in den nächsten Jahren sicher weiter an Bedeutung verlieren wird.

Die Autoren möchten den Fokus auf einen modernen Stand des Informationsaustauschs mithilfe von SharePoint Server richten. Es werden der Umgang mit einem Dokumentverwaltungsserver (Stichwort SharePoint Services) und der Einsatz des Excel-Servers (der nur auf SharePoint Servern zur Verfügung steht) sowie die Arbeit mit Listen auf SharePoint-Seiten vorgestellt.

Einige Gedanken zu Webabfragen schließen das Kapitel ab.

Nutzung von E-Mails

Excel unterscheidet zwei Varianten des E-Mail-Versands von Arbeitsmappen:

- den Versand als Textkörper und
- den Versand der gesamten Arbeitsmappe als Anlage einer Nachricht.

Um im ersten Fall etwas wie in Abbildung 27.1 zu sehen, bedarf es einer kleinen Vorbereitung: Sie müssen die Symbolleiste für den Schnellzugriff anpassen. Öffnen Sie dazu die Registerkarte *Datei* und wählen Sie unter *Optionen* die Kategorie *Symbolleiste für den Schnellzugriff*. Darin finden Sie in der Liste der Befehle, die nicht im Menüband enthalten sind, den Befehl *An E-Mail-Empfänger senden*. Fügen Sie diesen der Symbolleiste für den Schnellzugriff hinzu. Mehr zur Symbolleiste für den Schnellzugriff finden Sie in Kapitel 2.

Abbildg. 27.1   Ein Arbeitsblatt wird mit einem »E-Mail-Umschlag« versehen

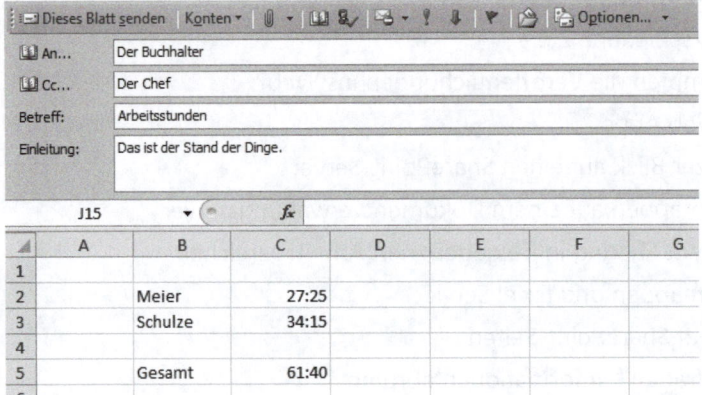

Klicken Sie das erste Mal auf dieses Symbol in der Symbolleiste für den Schnellzugriff, werden Sie gefragt, ob Sie die gesamte Arbeitsmappe oder nur das aktive Arbeitsblatt versenden wollen. Entscheiden Sie sich hier für das zweite Angebot, wird der »Umschlag« der Nachricht eingeblendet. Im Hintergrund ist Outlook aktiv, sodass Sie diesen »Umschlag« wie gewohnt bearbeiten können (Konto auswählen, Optionen einstellen usw.).

Das Versenden der gesamten Arbeitsmappe erledigen Sie über *Datei/Speichern und Senden*. Sie haben in der Backstage-Ansicht die Wahl,

- die gesamte Arbeitsmappe als Anhang beizufügen,
- den Anhang vor dem Versand in eine PDF- oder XPS-Datei umzuwandeln,
- die Datei als Internetfax zu versenden (hier wird noch Word als Faxeditor ins Spiel gebracht) oder
- nur einen Link zur Arbeitsmappe zu verschicken. In diesem Fall muss die Arbeitsmappe vorbereitend auf einem Webserver mit SharePoint Services oder unter Verwendung von Windows Live (von Microsoft gehostete Webseiten, bekannt unter dem Namen SkyDrive) gespeichert sein.

Sie können aber auch die Symbolleiste für den Schnellzugriff um den Befehl *E-Mail* ergänzen. Der Klick auf diesen Befehl öffnet Outlook und die Arbeitsmappe befindet sich automatisch im Anhang der gezeigten Nachricht.

HINWEIS Das mit dem E-Mail-Versand aus Office 2007 bekannte gleichzeitige Einrichten eines freigegebenen Arbeitsbereichs auf einer SharePoint-Site als Diskussionsplattform um das Dokument herum ist unter Office 2010 nicht mehr möglich.

Speichern und Veröffentlichen im HTML-Format – zwei verschiedene Ziele

Ein Vorteil von Microsoft Office-Anwendungen – und damit auch von Excel – beim Versuch, Dateien webtauglich zu machen, ist folgender: Der Anwender kann von der Kenntnis technischer und damit für ihn überflüssiger Details fern gehalten werden. Jedoch hilft der Überblick über wesentliche Grundlagen dieser Details,

- die Arbeit effektiver zu gestalten,
- das Verhalten der Anwendungen zu verstehen,
- die korrekten Antworten auf Fragen (Optionen) in Dialogfeldern zielgerichtet zu finden und
- Fehler und damit Enttäuschungen zu vermeiden.

Einige Worte zu HTML

HTML ist die Abkürzung von *Hypertext Markup Language*. Der Begriff *Language* verweist auf den Umstand, dass es sich – streng genommen – um eine Programmiersprache handelt. Es ist allerdings eine, die von der Maschine genau so gelesen werden kann wie vom Menschen, der dazu vergleichsweise weniger Grundkenntnisse braucht als bei anderen Programmiersprachen. *Markup* ist der Hinweis darauf, dass es sich um eine Markierungs- oder auch Auszeichnungssprache handelt. Sind Sie

Word-Anwender, ist es Ihnen im Grunde egal, wie Word die von Ihnen eingebrachten Wörter, Absätze, Beschriftungen und deren Formatierungen für sich bereitstellt – es muss einfach nur funktionieren. Eine Variante dieses Funktionierens besteht darin, durch Markierungen, in HTML heißen diese Markierungen *Tags*, Anweisungen nach dem Muster

- jetzt kommt eine Überschrift,
- sie lautet »Thema 1«,
- jetzt ist diese Überschrift zu Ende,
- nun ein Zeilenumbruch,
- jetzt der Text usw.

zu geben. Das Wort *Hypertext* verspricht, dass mehr möglich sein wird als nur das Formatieren von Text: Es gibt Möglichkeiten des Einbindens von Bildern, Verknüpfungen (Hyperlinks), Formularen, multimedialen Bausteinen, Office-Webkomponenten usw.

Server und Browser

Wie Sie vielleicht wissen, sind Server spezielle Rechner und deren Dienste, die die Übertragung von Dateien im Internet bzw. Intranet umsetzen. Neben den Internetinformationsdiensten (Internet Information Services, IIS) von Microsoft, die mit verschiedenen Windows-Betriebssystemen ausgeliefert werden und bei Bedarf installiert werden können, haben sich vor allem Server auf UNIX-Basis mit dem Namen *Apache* durchgesetzt. Server vom letzten Typ finden Sie vor allem im Internet, also auch als Träger von Websites, die dem privaten Bereich zuzuordnen sind. Die Internetinformationsdienste werden wohl in den meisten Intranets anzutreffen sein.

Beide Server differieren hinsichtlich einiger formeller Dinge. So unterscheiden UNIX-Server beim Dateinamen zwischen Groß- und Kleinschreibung. Unter Windows werden Sie mit solchen Problemen nicht konfrontiert, jedoch können dort erstellte HTML-Seiten mit Bildquellen und Hyperlinks bei der Verwendung unter UNIX ungewollte und ggf. schwer identifizierbare Probleme bereiten. Dem begegnen Sie, indem Sie konsequent nur kleine Buchstaben verwenden. Des Weiteren sollten Sie Leerzeichen durch Bindestriche ersetzen und auf den Einsatz der deutschen Umlaute verzichten. Es gibt noch weitere Unterschiede, die aber beim Einsatz von Excel als »HTML-Editor« keine Rolle spielen und daher hier vernachlässigt werden können.

Auch hinsichtlich der Browser sollten Sie Sorgfalt walten lassen und ggf. das Verhalten der erzeugten Seiten unter verschiedenen Browsern testen. Nicht nur der Browser-Hersteller ist dabei interessant, sondern auch die Browser-Version. So verstehen ältere Versionen *CSS* (Cascading Style Sheets, das ist in gewissem Sinne die HTML-Entsprechung zu Formatvorlagen unter Word) nicht oder nur in einer gewissen Anfangsstufe. Zur Veröffentlichung von Arbeitsmappen ist die korrekte Behandlung von Frames durch den Browser unabdingbare Voraussetzung.

Der lockere Übergang von »traditioneller« Arbeit (Briefe und Dokumentationen schreiben, Kalkulationstabellen erstellen, Vorträge durch Präsentationen unterstützen) zu einer modernen Form des Informationsaustauschs (Verteilung von Dokumenten mittels Web-basierten Techniken) ist eines der starken Motive für die Anwendung des Office-Pakets. Es liegt auf der Hand: Doppelarbeit ist unnötig, Dokumente können meist ohne Qualitätsverlust sofort im HTML-Format abgelegt (gespeichert) werden. Word, Excel und PowerPoint sind in der Lage, die Dokumente so zu verwalten, wie Sie es in Ihrer Arbeit gewohnt sind.

Abweichungen vom oben genannten Motiv kann es geben, wenn Sie Teile der Dokumente oder die Dokumente selbst auf unterschiedlichen Servern und/oder für definierte Nutzer veröffentlichen wollen. Excel unterstützt Sie auch bei diesem Vorhaben umfassend.

Office und HTML

Bereits mit Office 2000 trat ein bedeutsamer Wandel in der Behandlung der Office-Dokumente (Word-Dokumente, Excel-Arbeitsmappen, Excel-Tabellenblätter und deren Ausschnitte, PowerPoint-Präsentationen) ein (der mit den Dateiformaten auf XML-Basis ab Office 2007 sicher einen vorläufigen Abschluss gefunden hat). Ab diesem Moment konnten alle Dokumente im HTML-Format gespeichert werden, was einen (zuerst theoretischen) Verzicht auf proprietäre Dateiformate, wie sie in den Endungen *.doc*, *.xls* und *.ppt* zum Ausdruck kommen, ermöglicht. Gleichzeitig entstand aber Verwirrung: Wenn alles im HTML-Format gespeichert werden konnte, wurde es dann auch Internet-tauglich?! Nein, dem war nicht so. Die Office-Anwendungen erzeugen zwar beim Speichern bzw. Veröffentlichen (der Unterschied zwischen *Speichern* und *Veröffentlichen* wird im Abschnitt »Veröffentlichen von Arbeitsmappen oder ihren Teilen« ab Seite 864 erläutert) einen HTML-Quellcode, dieser ist aber nur bedingt für eine Veröffentlichung im Internet geeignet. Das hat folgende Ursachen:

- Server, die nicht auf Windows-Basis arbeiten, haben eventuell Probleme mit den durch Windows vergebbaren Dateinamen (keine Unterscheidung zwischen Groß- und Kleinbuchstaben; Leer- und Sonderzeichen sind möglich)
- Nur der Internet Explorer ab Version 4.01 war lange Zeit in der Lage, die gespeicherten Dateien im Wesentlichen korrekt anzuzeigen
- Der Umfang der Dateien wurde in aller Regel sehr groß, da bis Office 2003 gesichert wurde, dass die Office-Anwendungen ihre Dateien »wiedererkennen« und weiterhin editieren können

Wenn es so viele Nachteile gibt, wo liegt dann eigentlich der Vorteil? Nun, die Vorteile sind:

- Anwender, die den Umgang mit Office-Anwendungen gewohnt sind, können ohne größeren Lernaufwand die Ergebnisse der täglichen Arbeit mit ein, zwei Handgriffen webtauglich machen
- Die so entstehenden Ergebnisse sind ohne Doppelarbeit erreichbar. Also: Word-Dokumente, die gedruckt werden müssen, können auch im Web stehen, Excel-Tabellen, die zum Rechnen usw. eingerichtet werden, legen ihre Ergebnisse sofort offen, PowerPoint-Präsentationen, gedacht zur Diskussion vor Publikum, erscheinen auf jedem Arbeitsplatz. Interaktivität und gemeinsames Arbeiten an Dokumenten ist so allerdings nicht möglich.
- Durch ein gemeinsames Dateiformat (HTML) war es einfacher geworden, Informationsaustausch zu automatisieren
- HTML ermöglicht über das *Hypertext Transfer Protocol* (das wird im Anfang einer Webadresse der Form *http://* deutlich) den komfortablen Austausch von Informationen im Intranet. Denken Sie vor allem an die Vorteile gegenüber einem dateibasierten Netz. Sie können alle Wege zu den Informationen textlich auf HTML-Seiten beschreiben und die Ziele verlinken (Hyperlinks in HTML-Dokumenten arbeiten prinzipiell so, wie Sie es bereits aus den Hyperlink-Möglichkeiten von Office kennen).

Bereits mit Office 2000 hatte XML (Extensible Markup Language, erweiterbare Auszeichnungssprache) seinen Einzug in die Dokumente von Word, Excel und PowerPoint gehalten. Dieser Einzug war aber nicht offensichtlich, sondern zeigt sich erst beim Studium der Quelldokumente, die beim Speichern als »Webseite« entstehen. Von der Sache her handelte es sich bei der Markierungssprache, die diese Office-Dokumente beschreibt, um XHTML (Extensible Hypertext Markup Language). Die nun aktuelle Generation von Office-Dokumenten legt XML als Basis der Dateiformate fest (mehr zu XML in Kapitel 28). Trotz dieses Wechsels behält (X)HTML seine Bedeutung für die Veröffentlichung von Office-Dokumenten in webbasierten Umgebungen und der Betrachtung mithilfe des Internet Explorers und zum Austausch von Dokumentfragmenten und ihren Formatierungen über die Windows-Zwischenablage (Copy & Paste).

Trotz vieler Vorteile hat die Bedeutung von HTML als Office-Datei-Format des Informationsaustauschs vor allem für Unternehmen in den letzten Jahren nachgelassen. Unter *Datei/Speichern und Senden* finden Sie ein Indiz für die genannte Tatsache – HTML als Format suchen Sie vergebens, dafür finden Sie *PDF* und *XPS*. Oder *Speichern im Web* (was das Veröffentlichen unter *Windows Live* mit den Möglichkeiten des Einsatzes der *Office Web Apps* auf einem Microsoft-Server bedeutet) sowie *In SharePoint speichern* (was das Vorhandensein der entsprechenden Server im Unternehmen bedingt). Den beiden letzten Formen gehört die Zukunft – *Office Web Apps* (die hier nicht näher beschrieben werden sollen) ermöglichen die dem bloßen HTML fehlenden Features der Interaktivität und des Document Sharings.

Die Vorbereitung – Weboptionen

Beabsichtigen Sie, Arbeitsmappen zu erstellen, deren Inhalte in einem Browser dargestellt werden sollen, sollten Sie sich mit der Einstellung der Weboptionen vertraut machen. Sie erfolgt bis auf Ausnahmen (etwa die Zeichensatzcodierung von Webseiten) sitzungsübergreifend. Das heißt, die Standardeinstellung muss nicht bei jeder Arbeitsmappe neu angepasst werden. Weboptionen wirken sich sowohl beim *Speichern* als auch beim *Veröffentlichen* aus.

Beginnen Sie in der Backstage-Ansicht (Registerkarte *Datei*) mit einem Klick auf *Speichern unter*. Dann sehen Sie ein Dialogfeld wie in Abbildung 27.2, in welchem Sie im unteren Teil den Befehl *Tools* entdecken. Hinter diesem befinden sich auch die *Weboptionen*.

HINWEIS Sie finden die Einstellung der Weboptionen, die auf Anwendungsebene vorgenommen wird, auch in den *Excel-Optionen*, Kategorie *Erweitert*, Abschnitt *Allgemein*.

Abbildg. 27.2 Einstellen der Weboptionen, bevor Sie speichern oder veröffentlichen

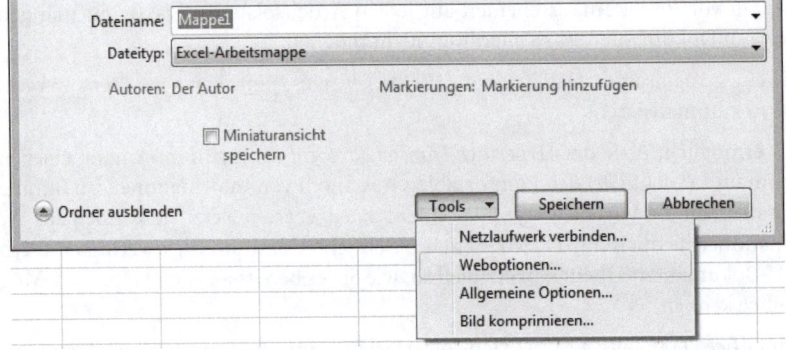

Im Folgenden werden die Registerkarten des Dialogfelds zu den Weboptionen kurz besprochen.

Registerkarte *Allgemein*

Die Registerkarte *Allgemein* scheint in ihrer ursprünglichen Konzeption bedeutungslos geworden zu sein. Diese Konzeption beruhte darauf, dass als »Webseite« abgespeicherte Arbeitsmappen bei der Bearbeitung unter Excel ihre Funktionalität behalten hatten. Dies ist aber so nicht mehr der Fall.

Registerkarte *Browser*

Aktivieren Sie die Registerkarte *Browser*, können Sie darüber entscheiden, wie Excel die zu speichernden Dateien ablegt, damit die Anzeige im Internet Explorer bzw. Netscape Navigator der ausgewählten Version funktioniert. Auch diese Optionen hinken der Entwicklung etwas nach. Testen Sie also die Wirkung der Einstellungen in Abhängigkeit möglicher Browser, die bei den von Ihnen ins Auge gefassten Betrachtern der Ergebnisse im Einsatz sind.

Registerkarte *Dateien*

Hinter der Registerkarte *Dateien* verbirgt sich ein Dialogfeld, in welchem Sie entscheiden,

- ob Hilfsdateien, das sind im Wesentlichen Bilder und HTML-Seiten, aber auch Dateien, die Informationen zur Anzeige enthalten, in einen speziellen Ordner gespeichert werden, den Excel automatisch anlegt. Dieser Ordner heißt wie die HTML-Datei selbst, bekommt aber noch den Zusatz »-Dateien«;

- ob lange Dateinamen (unter Umständen wichtig für Server, die nicht IIS verwenden) zugelassen werden oder nicht. Haben Sie diese Option deaktiviert, bekommen die o. g. Hilfsordner keinen Namenszusatz;

- ob Links, das sind Verknüpfungen zu anderen Dokumenten, also etwa andere Excel-Tabellen, vor dem Speichern zu aktualisieren sind. Die Unterdrückung der Aktualisierung ist vor allem für berichtsartige Veröffentlichungen interessant, die den Status einer Information zum gegebenen Stichtag festhalten sollen;

- ob Office-Anwendungen standardmäßig das Editieren übernehmen sollen und diese Entscheidung beim Start der Programme überprüft wird.

HINWEIS In keinem Fall sollten Sie den Namen des Hilfsorders im Windows-Explorer verändern oder den Ordner verschieben. Auch die Dateien im Ordner sind hinsichtlich der Namensgebung tabu, was vor allem dann ärgerlich sein kann, wenn Sie Ordnung bei etwa enthaltenen Bilddateien schaffen wollen. Wie Windows das Paar *Datei-Ordner* behandelt, hängt von den Einstellungen im Windows-Explorer, *Ordneroptionen*, Registerkarte *Ansicht* ab. In der Standardeinstellung wird beim Entfernen des Ordners mit dem Zusatz *Dateien* die zum Paar gehörende HTML-Seite mitgelöscht und umgekehrt und vor einem Umbenennen wird gewarnt. Ordner ohne Namenszusatz (keine langen Dateinamen zugelassen) verhalten sich nicht so.

Registerkarte *Bilder*

Verhältnismäßig kurz kann die Erläuterung der Registerkarte *Bilder* ausfallen. Hier geht es darum, in Excel eingefügte Bilder so abzulegen, dass die Internettauglichkeit der Dateien nicht durch eine zu hohe Pixeldichte (Auflösung) beeinträchtigt wird. Bildschirmauflösungen verlangen keine Fotoqualität und können daher Dateien »vertragen«, die relativ »schlank« sind.

Registerkarte *Codierung*

Die Registerkarte *Codierung* ist verantwortlich für die korrekte Wahl des Zeichensatzes beim Speichern der HTML-Seite. Arbeitsmappen oder ihre Auszüge bieten, falls sie bereits gespeichert wurden, ihre Codierung an (erstes Kombinationsfeld des Dialogfelds) und gestatten (im zweiten Kombinationsfeld) mögliche Korrekturen. Probieren Sie im Bedarfsfall die Wirkung des Lade- und Speichervorgangs mit einer Testarbeitsmappe Ihrer Wahl, die Umlaute enthält, aus. Beobachten Sie dann die Resistenz der HTML-Seiten, indem Sie im Internet Explorer die Codierungen wechseln.

Registerkarte *Schriftarten*

Die Registerkarte *Schriftarten* der *Weboptionen* erinnert an die Einstellungen des Internet Explorers. Allerdings bleiben Änderungen der Einstellungen in diesem Dialogfeld ohne Wirkung auf die bearbeitete HTML-Seite. Auch gibt es keine Verbindung zum Dialogfeld zur Einstellung der Schriftarten des Internet Explorers.

> **HINWEIS** Lassen Sie sich nicht durch die Vielzahl der Optionen verwirren. Denken Sie daran: Wichtig ist die Kenntnis des möglichen Servers und der eventuell eingesetzten Browser. Sind diese Dinge klar, muss noch die Frage: »Speichern oder Veröffentlichen?« geklärt werden. *Speichern* sollte ein Vorgang sein, der eher dem lokalen Computer bzw. einem Platz im Intranet vorbehalten ist. *Veröffentlichung* ist eher Internetorientiert, findet aber auch im Intranet Anwendung, wenn es darum geht, ausschnittsweise zu publizieren.

Als Webseite speichern

Der Vorgang, der durch den Befehl *Speichern unter/Dateityp/Webseite* eingeleitet wird, ist im Dialogfeld schlecht beschrieben. Wie Sie den obigen Informationen entnommen haben, kann es sich allenfalls bei einer Arbeitsmappe, die einzig aus einem einzelnen Arbeitsblatt besteht, im Endergebnis um eine einzelne Webseite handeln.

Aus jedem gewählten Arbeitsblatt entsteht die jeweilige HTML-Seite, eine Framesseite wird alles zusammenfassen. Hinzu kommen Bilder, Styles-Dateien u. a.

Abbildg. 27.3 Dieses Dialogfeld ist der Start zum Speichern einer Arbeitsmappe im HTML-Format. Aber auch das Veröffentlichen dieser Arbeitsmappe oder ihrer Teile beginnt an dieser Stelle.

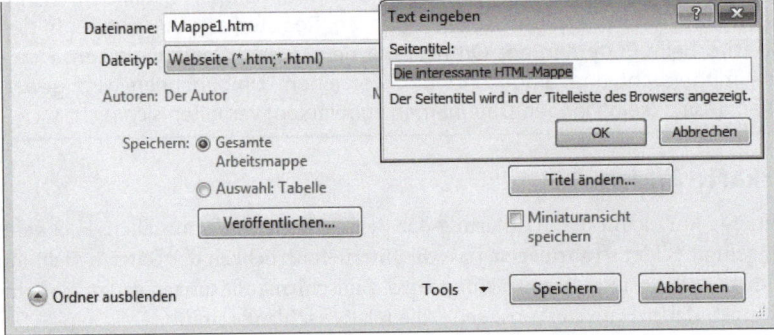

Speichern und Veröffentlichen im HTML-Format – zwei verschiedene Ziele

Am besten testen Sie den Vorgang einmal praktisch:

Legen Sie eine neue Arbeitsmappe an und füllen Sie diese mit Inhalt Ihrer Wahl. Nun rufen Sie den genannten Befehl auf. Sie sehen das Dialogfeld wie in Abbildung 27.3 dargestellt.

Unter dem Seitentitel einer HTML-Datei ist der Text zu verstehen, der bei der Anzeige im Browser in der Titelleiste steht, also nicht etwa der Dateiname. Die Änderung dieses Titels geschieht über die entsprechende Schaltfläche. Eine etwaige Überprüfung des gespeicherten HTML-Quellcodes und dessen manuelle Änderung ist also nicht notwendig.

WICHTIG Beachten Sie, dass beim Speichervorgang nach endgültiger Wahl des Dateinamens im Falle von

- *Webseite* eine größere Anzahl von Dateien entsteht. Hat eine Arbeitsmappe drei (nicht leere) Arbeitsblätter, entstehen im Zusatzordner mindestens sechs Dateien: drei für die Blätter, eine zur Navigation zwischen den Blättern, eine CSS-Datei (diese enthält die Definition der Formatvorlagen) und eine XML-Datei (zur Verwaltung). Diese werden bei der Anzeige durch eine Framesseite, die den Namen hat, den Sie beim Speichern angeben, verwaltet. Diese Informationen sind für alle die Anwender wichtig, die mit anderen Editoren als Excel den Webseiten weiteres Layout (Corporate Design) oder Funktionalität (durch Scripting) mitgeben möchten.

- *Einzelnes Webarchiv* eine einzige Datei entsteht (von der Dateigröße her nicht ganz unabhängig von eingestellten Browser-Weboptionen), die im Internet Explorer vorgeführt werden kann.

In beiden Fällen weist Excel auf den Umstand hin, dass beim Speichern Merkmale der Datei verloren gehen könnten. Anders als etwa unter Excel 2003, wo es keinen Unterschied im Speichern als »Webseite« oder als »xls-Arbeitsmappe« gibt, ist es in den meisten Fällen notwendig, das Original der Datei (lokal) zu speichern und HTML-Dateien nur zum Zeigen im Browser zu erzeugen.

Wenn Sie Ihre Arbeitsmappe im Browser anschauen wollen, können Sie das aus Excel mithilfe des Befehls *Webseitenvorschau* tun. Dieser Befehl gehört nicht zum Menüband, sondern muss erst über die Excel-Optionen der Symbolleiste für den Schnellzugriff hinzugefügt werden.

Das Navigieren im Browser ist selbsterklärend. Der Klick auf die Reiter zeigt die entsprechende Tabelle. Allerdings wird zur Ansicht ein »lebloses« Duplikat Ihrer Arbeitsmappe in einem temporären Ordner angelegt (»leblos« deshalb, weil alle Formeln aus der Arbeitsmappe verschwinden und nur die Zahlenergebnisse bleiben). Der Browser erneuert die Anzeige nicht automatisch. Ändern Sie also Ihre Berechnungen, werden diese Änderungen im eventuell noch geöffneten Browserfenster nicht sichtbar. Ein Aktualisieren bleibt ohne Wirkung, selbst wenn Sie vorher speichern. Sie müssen also die Webseitenvorschau per Befehl erneut aufrufen. Das ist nicht so, wenn Sie die Ansicht aus dem Windows-Explorer am Speicherort der Arbeitsmappe aktivieren. Hier zeigt sich der aktuelle Stand nach Speicherung unter Excel und Aktualisierung im Browser.

Durch die Speicherung im temporären Verzeichnis kann es dazu kommen, dass Hyperlinks in andere Dokumente nicht funktionieren, da die (relativen) Pfadangaben nicht korrekt sind. In solchen Fällen ist unbedingt der Weg über den Windows-Explorer und nicht der über den integrierten Befehl zum Testen zu nutzen.

Webarchive anlegen

Die zweite Möglichkeit zum Erzeugen von Webseiten ist, wie bereits angedeutet, die Arbeitsmappe als Webarchiv (eine einzige Datei) zu speichern. Dazu wählen Sie im Dialogfeld aus Abbildung 27.3 den entsprechenden Dateityp. Wie, das heißt für welche Art der Speicherung (bzw. Veröffentlichung), sollten Sie sich entscheiden?

Für Webseiten im Allgemeinen sprechen in jedem Fall die Unabhängigkeit des Dateiformats und damit der Zugriff auf die Informationen an beliebigem Ort und »nur« mit einem Browser.

Für Webarchive spricht:

- Bewahrung von Übersichtlichkeit und vor Fehlern, die etwa beim unbeabsichtigten Löschen der »Hilfsdateien« entstehen können
- Die unproblematische Übertragung der Dateien an andere Rechner und Personen mittels USB-Stick, CD/DVD, durch einfaches Kopieren im Netz oder einfach als Anhang per E-Mail. Allerdings weigert sich Outlook, die Anhangdateien in der Vorschau anzuzeigen.

Gegen Webarchive spricht:

- Das Vorhandensein des Internet Explorers ist notwendig
- Große Dateien führen zu langen Ladezeiten im Netz
- Die einzelnen Bestandteile der Arbeitsmappe lassen sich nicht ohne Weiteres mit Excel-fremden Mitteln (also anderen HTML-Editoren wie FrontPage oder Bildbearbeitungsprogrammen) bearbeiten

Veröffentlichen von Arbeitsmappen oder ihren Teilen

Nachdem alles so funktioniert, weshalb noch veröffentlichen?

Veröffentlichen bedeutet in diesem Zusammenhang immer das Erstellen einer »Kopie« (allerdings haben Sie gesehen, dass bereits das Speichern der gesamten Arbeitsmappe im Excel-fremden Format diese Kopie nur unvollständig erzeugt). Dies kann eine Kopie der gesamten Arbeitsmappe sein, oder nur einzelner Teile (Tabellenblätter, markierte Zellen, Diagramme). Ziel ist immer, die Pflege der »Urdaten« in *einem* Original (lokal) zu erleichtern. Dieses Original muss, wenn es Formeln enthält, als »normale« Excel-Datei (auch Excel 2003), anderenfalls als HTM-Datei mit Hilfsdateien oder als MHT-Datei vorliegen.

Es spricht also zunächst wenig dagegen, Kopien dieser Datei individuell in den genannten Formaten weiterzugeben. Nur, sollen verschiedene Nutzer mit verschiedenen Blickwinkeln auf die Dateien bedient werden, ist für jeden ein Original zu erstellen. Deshalb heißt die Lösung *Veröffentlichen*.

Das Veröffentlichen beginnt ebenfalls mit dem Befehl *Speichern unter* im Dialogfeld aus Abbildung 27.3 und Wahl des entsprechenden Dateityps (Webseite oder Webarchiv). Haben Sie beim ersten Aufruf des Dialogfelds nur eine einzelne Zelle markiert, wird automatisch angeboten, die gesamte Arbeitsmappe als *MappeX.htm* zu speichern. Genau genommen handelt es sich dabei um das gewöhnliche Speichern im HTML-Format. Entscheiden Sie sich in Abbildung 27.3 für die Option *Auswahl: Tabelle*, verbirgt sich dahinter das gesamte aktive Arbeitsblatt. Der vorgeschlagene Dateiname heißt dann allerdings immer noch *MappeX.htm*. Damit ist eine Verwechslung von *Speichern*

Speichern und Veröffentlichen im HTML-Format – zwei verschiedene Ziele

und *Veröffentlichen* nicht unbedingt ausgeschlossen (der feine, aber nicht unbedingt treffende Unterschied von *Seitentitel* und *Titel* im Dialogfeld kann eher noch verwirren).

Sind Sie mit einer mehrzelligen Markierung in das *Speichern unter*-Dialogfeld gegangen, wird diese Auswahl in der entsprechenden Option auch angezeigt. Wieder ist der Dateinamensvorschlag *MappeX.htm*.

WICHTIG Denken Sie stets daran, dass Veröffentlichen eben nur den gewünschten Teil betrifft. Sollen die anderen Ergebnisse der Arbeit permanent zugänglich gemacht werden, ist die Arbeitsmappe als Ganzes extra zu speichern.

Klicken Sie nun auf die Schaltfläche *Veröffentlichen* in Abbildung 27.3. Sie gelangen danach in ein Dialogfeld, wie in Abbildung 27.4 gezeigt.

Abbildg. 27.4 Kontrolle über das Veröffentlichen behalten – das ist Aufgabe des Benutzers. Jedoch stellt Excel die benötigten Hilfsmittel zur Verfügung.

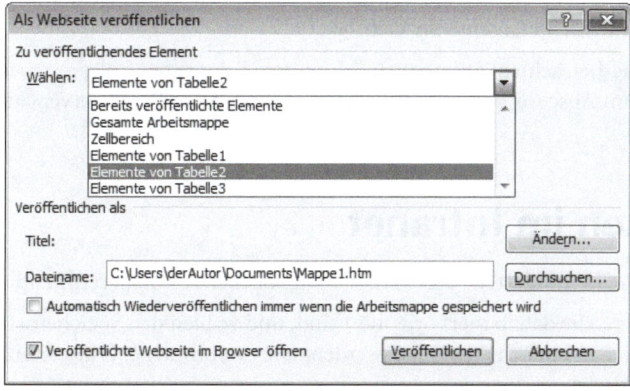

Zunächst wird in einem Kombinationsfeld angeboten, Elemente zur Veröffentlichung auszuwählen. Bei den bereits veröffentlichten Elementen kann die Auswahl aus einem Listenfeld erfolgen. Dieses Listenfeld kann mithilfe der Schaltfläche *Entfernen* auch verwaltet werden.

Sie haben weiter die Möglichkeit der Anpassung des Titels der Seite sowie des Speicherorts. Hier wird auch manchmal der Name *Seite.htm* bzw. *Seite.mht* angeboten, selbst wenn es sich um mehrere Seiten handeln muss und *Mappe.htm* bzw. *Mappe.mht* treffender wäre.

Die mögliche Vorschau geschieht, anders als bei der oben beschriebenen Webseitenvorschau, nicht aus einem temporären Verzeichnis heraus, sondern zeigt nach dem Veröffentlichen über die entsprechende Schaltfläche das Ergebnis selbst in Ihrem Standardbrowser.

Die mögliche automatische Wiederveröffentlichung beim Speichern der Arbeitsmappe sorgt für Zuverlässigkeit. Der Speicherort selbst wird passend zum veröffentlichten Element in der Arbeitsmappe hinterlegt. Damit erhalten auch Mitarbeiter im Team, die Excel im Sinne von Formulareingaben benutzen, entsprechende Vorteile der Veröffentlichung. Ein Dialogfeld fragt beim erstmaligen Speichern innerhalb einer Sitzung der Arbeitsmappe noch mal nach Details.

Abbildg. 27.5 Über die Entscheidung zum »just in time«-Veröffentlichen bei jedem Speichern kann von Sitzung zu Sitzung neu nachgedacht werden.

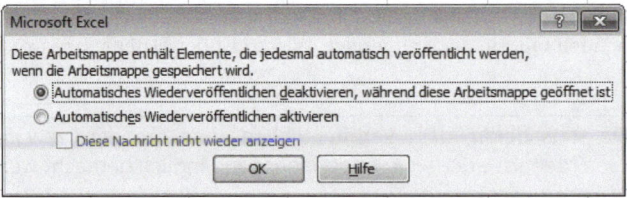

Wie kommen die Veröffentlichungen ins Web?

Nach so vielen Versuchen auf dem Arbeitsplatzrechner harrt nur noch eine Frage der Beantwortung: Wie kommen die veröffentlichten Elemente ins Web?

Sie sollten dazu zwei Fälle betrachten: Intranet und Internet. Ein dritter Fall ergibt sich aus den SharePoint Websites, die im Abschnitt »Ein kurzer Blick auf einen SharePoint-Server« auf Seite 867 besprochen werden.

Veröffentlichen im Intranet

Im Intranet gibt es im Prinzip mindestens drei Varianten des Speicherns bzw. Veröffentlichens:

- Sie haben Zugriffsrechte, die dateibasiert orientiert sind, und wählen den Speicherort beim Speichern bzw. Veröffentlichen einfach aus. Dabei werden dann von Ihnen ggf. Ihre Nutzerkennung sowie ein Passwort verlangt.
- Sie nutzen Microsoft Office SharePoint-Designer zur Veröffentlichung, wenn der Webserver mit den FrontPage-Servererweiterungen versehen ist. Dazu legen Sie ein Web an, welches die durch Excel erstellten Dateien mit aufnimmt (oder nur aus diesen besteht), und veröffentlichen dieses Web mit den in diesen Programmen verfügbaren Mitteln.
- Sie verwenden die Speichermöglichkeiten von Office auf FTP-Sites (FTP steht für File Transfer Protocol). Dazu schreiben Sie in das Feld, welches den Dateinamen aufnehmen soll, einfach *ftp://servername/pfad/dateiname* und geben bei Anforderung Ihren Benutzernamen sowie ein eventuelles Kennwort ein.

Veröffentlichen im Internet

Die Veröffentlichung im Internet ist abhängig vom Provider, den Sie nutzen. Dieser stellt unter Umständen ein FTP-Programm zur Verfügung. Im Internet finden Sie kostenlose Programme, die nach der Art des Windows-Explorers arbeiten. Hat Ihr Provider auf dem Server die FrontPage-Servererweiterungen installiert, können Sie auch FrontPage-Webs zum Veröffentlichen (Upload) benutzen. Und schließlich steht Ihnen der Office-FTP-Zugang zur Verfügung, wie im vorigen Abschnitt beschrieben.

Excel Web Apps

Bei den Office Web Apps handelt es sich um eigenständige Programme, mit deren Hilfe für Word, Excel und PowerPoint die Bearbeitung von Dokumenten im Browser ermöglicht wird.

Das Besondere ist: Diese Bearbeitung kann synchron durch mehrere Bearbeiter erfolgen und ist deutlich komfortabler als das, was bisher nur für Excel mit freigegebenen Arbeitsmappen auf Dateisystembasis erreicht werden konnte.

Es gibt zwei Möglichkeiten des Einsatzes:

- Speichern der Arbeitsmappe auf einem Microsoft-Server (*Datei/Speichern und Senden/Im Web speichern*) unter Verwendung einer Windows Live ID (Windows Live SkyDrive). Dabei kann noch ein persönlicher Teilnehmerkreis per E-Mail informiert bzw. die Arbeitsmappe an einem öffentlichen Ort abgelegt werden.
- Speichern der Arbeitsmappe auf einem SharePoint-Server mit installierten Web Apps

In beiden Fällen ist es so, dass bei der Auswahl der Arbeitsmappe auf der Webseite die Option zur Bearbeitung im Browser angeboten wird – und das ist der Einsatz der Web Apps. Das heißt aber nichts anderes, als Excel-Aufgaben mit reduzierten Features zu erledigen.

Ein kurzer Blick auf einen SharePoint-Server

Dieser und die folgenden vier Abschnitte wenden sich in erster Linie an Mitarbeiter mittlerer und größerer Unternehmen. Ursache dafür ist, dass der Heimnutzer in eher seltenen Fällen über die technischen Voraussetzungen zur Nutzung von Microsoft SharePoint Server 2010 oder seiner Vorgänger verfügt. Und für Mitarbeiter kleinerer Unternehmen besteht aus organisatorischen Gründen nicht unbedingt die Notwendigkeit, aber auch nicht die zeitliche Reserve zur Vorbereitung, um die vorgestellten Methoden der gemeinsamen Dokumentnutzung anzuwenden.

Die technischen Voraussetzungen

Um die aktuelle SharePoint Server-Version auszuführen, ist es notwendig, auf dem als Server des Intranets fungierenden Computer (der zu Übungszwecken auch der lokale Rechner sein kann) das Betriebssystem Windows Server 2008 mit gewissen Updates installiert zu haben. *Document Sharing* im weiter unten beschriebenen Sinne setzt außerdem voraus, dass auf dem Server die Internetinformationsdienste (IIS) aktiviert und als Datenbanksystem Microsoft SQL Server mit SP 2 installiert sind. Ein so ausgestatteter Computer muss sich außerdem in einer Domäne mit Active Directory befinden.

HINWEIS Es gibt zahlreiche Internetprovider, die zu verschiedenen Kosten SharePoint Services der Vorgängerversion im Internet anbieten. Diese verfügen nicht in vollem Umfang über die weiter unten zu besprechende Funktionalität. Die weitere Entwicklung ist zum Zeitpunkt der Abfassung dieses Buchs abzuwarten.

Die Teilnehmerstruktur im Überblick

Die Verwaltung der erforderlichen Dienste kann hier ebenso wenig wie die Anpassung der Seiten im Detail beschrieben werden. Wichtig ist, dass der Besitzer einer SharePoint-Website oder einer ihrer Unterwebsites jeden Benutzer, der in der Active Directory-Domäne verzeichnet ist, einer der vier vordefinierten Gruppen mit Zugangsnamen und Passwort zuordnen kann (wobei weitere Gruppen definiert werden können): Anzeigende Benutzer, Besucher, Mitglieder, Besitzer. Diese Gruppen unterscheiden sich nach der Art und Weise der Teilnahme am Umgang mit einer Website, wie Vollzugriff, Hinzufügen, Bearbeiten, Löschen oder nur Lesen.

Alle Nutzer einer SharePoint-Site sollten diese den vertrauenswürdigen Sites des Internet Explorers hinzugefügt haben.

Arbeitsmappen auf einem Dokumentverwaltungsserver

Bei dieser Art der Teamarbeit geht es um das Hinterlegen von Dokumenten auf dem Server mit der Absicht, diese im Team zu verwalten.

Veröffentlichung und Weiterbearbeitung

Die Veröffentlichung beginnt mit *Datei/Speichern und Senden/In SharePoint speichern*. Haben Sie die erforderlichen Rechte der Speicherung in einem Verzeichnis der SharePoint-Site Ihrer Wahl, müssen Sie den Speicherort mit etwas Geduld in die Adressleiste des *Speichern unter*-Dialogfelds einfügen. Excel merkt sich den Speicherort allerdings für die Zukunft. Deaktivieren Sie das Kontrollkästchen *Mit Excel im Browser öffnen*.

Abbildg. 27.6 Umgang mit Arbeitsmappen auf einem Dokumentverwaltungsserver

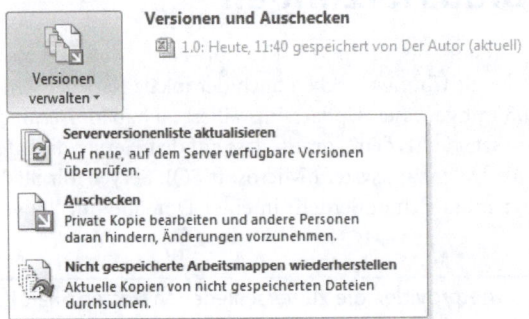

Der weitere Umgang mit dem Dokument ist deutlich anders als unter Office 2007, die Zahl der Möglichkeiten wurde stark reduziert. Der Aufgabenbereich zu Serverdokumenten ist entfallen, ein Ersatzeinstieg befindet sich in der Backstage-Ansicht unter *Informationen* hinter *Versionen und Auschecken* sowie ganz rechts unten der wichtige Zugriff auf das Dokument auf dem Server: *Dateispei-*

cherort öffnen. So hinterlegte Arbeitsmappen lassen sich vom Ersteller aus Excel heraus öffnen, da dort der Pfad hinterlegt bleibt (zumindest über einige Zeit), alle autorisierten Nutzer (inkl. dem Ersteller) öffnen die Arbeitsmappe im Browser auf der Website.

Hier ein paar Details zu Abbildung 27.6:

- Auschecken   Erstellen einer Kopie (auf dem lokalen Rechner) bei gleichzeitiger Bearbeitungssperre des Originals auf der SharePoint-Site. Das kann auch durch andere Bearbeiter über den Zugang zur Website (also im Browser) eingeleitet werden.
- Serverversionsliste aktualisieren   Erlaubt die Information über Versionen, wenn diese Option auf dem Server vorbereitet wurde. Die Liste befindet sich rechts neben der Schaltfläche und erlaubt dann den Zugriff auf die verschiedenen Versionen der Arbeitsmappe. Wegen der wechselnden Einträge in der Backstage-Ansicht und der durch Excel angezeigten Statusleiste nach dem Öffnen älterer Versionen sollte der Umgang mit solchen Dokumenten im Team gut vorbereitet werden.

Der dritte Punkt hat mit Serverdokumenten nichts zu tun.

Workflows

Alle Workflows für Dokumente müssen auf der Website vorbereitet sein und lassen sich nicht mehr wie bisher (Feedback und Genehmigung) aus Office heraus einrichten. Innerhalb des Workflows kann vereinbart werden, unter welchen Umständen dieser startet und wer wie darin eingebunden ist und darüber informiert wird.

Wird ein Dokument von einem Mitarbeiter geöffnet, dem innerhalb des Workflows Aufgaben zugeordnet wurden, informiert die Statusleiste von Excel über diesen Zustand. Außerdem gibt es unter Informationen in der Backstage-Ansicht einen entsprechenden Hinweis mit Schaltfläche zum Öffnen der Workflow-Aufgabe und der Möglichkeit zu deren Erledigung.

Document Sharing in freigegebenen Arbeitsbereichen

Freigegebene Arbeitsbereiche, wie sie noch unter Office 2007 existierten, gibt es so nicht mehr. Das ist zum Teil sehr schade, da die Diskussion um Dokumente aus der Office-Anwendung heraus viel Komfort gegenüber der nunmehr notwendigen Einrichtung aus der Website brachte. Aber vielleicht lässt sich mit den gegenwärtigen Features die Angelegenheit überschaubarer halten und Wildwuchs auf SharePoint-Seiten eindämmen.

Solche Arbeitsbereiche sind eine Erweiterung der oben beschriebenen Vorgehensweise zum Verwalten von Dokumenten. Zu den bereits genannten Möglichkeiten kommt der Umstand, dass ein Dokument (Arbeitsmappe) nicht innerhalb einer Bibliothek von gleichartigen Dokumenten gespeichert wird, sondern auf einer Unterwebsite (genannt *Arbeitsbereich*), die weitere begleitende Dokumente, Mitglieder einer Arbeitsgruppe mit unterschiedlichen Zugriffsrechten, Aufgaben, Termine, Bilder, Hyperlinks u. a. beinhalten kann.

Arbeitsmappen und Excel Services

Die Excel Services sind Bestandteil von SharePoint Server und müssen dort explizit eingerichtet und gestartet werden. Sie erlauben eine beschränkte Interaktivität mit veröffentlichten Arbeitsmappen, ohne dass diese verändert werden.

Mögliche Ergebnisse

Die möglichen Ergebnisse einer vorzunehmenden Veröffentlichung auf einem Office-Server hängen von der Ausgangssituation in der Arbeitsmappe ab:

- **Einfache Arbeitsmappen ohne weitere Funktionalität**   Diese Mappen verhalten sich im Browser ähnlich zu denen, die im Abschnitt »Speichern und Veröffentlichen im HTML-Format – zwei verschiedene Ziele« ab Seite 857 beschrieben wurden. Nur dass im jetzigen Falle die Funktionalität von Excel beim Upload und einem möglichen Download als Excel-Arbeitsmappe nicht beeinträchtigt wird.
- **Mappen mit Parametern**   Parameter werden mithilfe benannter Zellen in die HTML-Seite eingebracht. Sie können durch Betrachter variiert werden und so Was-wäre-wenn-Analysen unterstützen.
- **Mappen mit Diagrammen**   Die Diagramme werden auf den HTML-Seiten so dargestellt, wie sie auch in Excel zu sehen sind
- **Mischung von Parametern und Diagrammen**   Wollen Sie interaktive Diagramme mit Szenariomöglichkeiten, müssen die Datenquellen der Diagramme als benannte Zellen und mögliche Parameter vereinbart werden
- **PivotTables**   Befinden sich in einer Arbeitsmappe eine oder mehrere PivotTables, können Sortier- und/oder Filtervorgänge mit in der Webseite erscheinen. Zusätzliche Voraussetzung ist hier, dass die zugrunde liegenden Datenbanken als vertrauenswürdig für die Website durch einen Administrator gekennzeichnet werden.

Ist die Excel Web App auf dem Server installiert, wird die Arbeitsmappe mit deren Hilfe angezeigt.

Vorbereitungen einer Arbeitsmappe mit Parametern

Soll eine Arbeitsmappe mit Parametern veröffentlicht werden, muss sie zwingend benannte Zellen, die als Parameter aktiv werden sollen, beinhalten. Eine solche Namensvergabe geschieht auf der Registerkarte *Formeln* unter dem Befehl *Namen definieren*.

Die Arbeitsmappe muss vor der Veröffentlichung nicht unbedingt lokal gespeichert werden, da dies vollständig auch auf dem Server passiert. Die Veröffentlichung geschieht wie für den Dokumentverwaltungsserver weiter oben beschrieben. Für die Vereinbarung von Parametern und die Veröffentlichung von Teilen der Arbeitsmappe nutzen Sie die Schaltfläche *Optionen für Excel Services* in der Backstage-Ansicht von *Speichern und Senden/In SharePoint speichern*.

Haben Sie die Einstellung der Optionen vergessen, können Sie das im Dialogfeld *Speichern unter* aus Abbildung 27.7 noch nachholen.

Arbeitsmappen und Excel Services

Abbildg. 27.7 Zum Veröffentlichen geben Sie einfach die Serveradresse mit dem HTTP-Protokoll an und gehen im Dialogfeld an Ort und Stelle. Dort legen Sie noch den Namen der Arbeitsmappe fest.

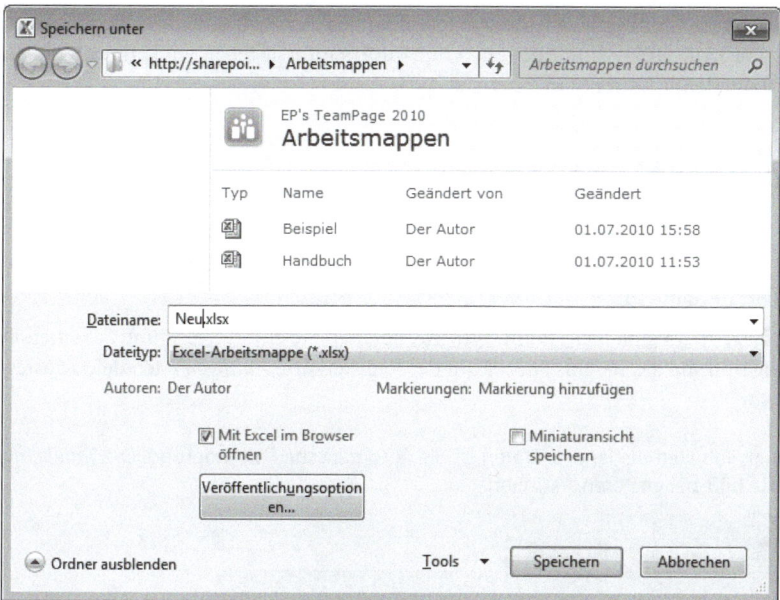

Zwei Beschriftungen sind zu beachten und müssen durch Sie entsprechend interpretiert werden:

- **Mit Excel im Browser öffnen**   Hieß in der Vorversion *In Excel Services öffnen* und meint die sofortige Anzeige der Arbeitsmappe (zu Kontrollzwecken) als interaktive HTML-Seite mit Unterstützung der Excel Services oder bei auf dem Server installierten Web Apps die umfangreiche Bearbeitungsmöglichkeit im Browser.

- **Veröffentlichungsoptionen**   Hieß ebenda noch *Optionen für Excel Services* und ermöglicht die Wahl der zu zeigenden Teile der Arbeitsmappe und ihrer Parameter. Die Arbeitsmappe selbst wird vollständig auf dem Server abgelegt.

HINWEIS   Bei dem eben beschriebenen Vorgang handelt es sich im engeren Sinne nicht um ein Veröffentlichen (Erstellen der Kopie von Teilen der Arbeitsmappe), sondern um ein öffentliches Speichern mit besonderen Anzeigeeigenschaften.

Betrachter der Website im Internet Explorer haben nun unterschiedliche Zugriffsmöglichkeiten. So haben Autoren und Mitglieder die Möglichkeit des Bearbeitens des Originals bzw. einer Kopie (Snapshot) unter Excel bei gleichzeitigem Auschecken (Sperren) des Dokuments oder die Festlegung von Workflows. Die Möglichkeiten von Besuchern sind dagegen auf die Anzeige im Browser und das Herunterladen einer schreibgeschützten Kopie beschränkt.

Listen auf SharePoint-Seiten

Nicht immer muss es eine ganze Arbeitsmappe sein, deren Inhalt einem mehr oder weniger großen Teilnehmerkreis zur Diskussion oder auch nur Information gegeben wird. In vielen Fällen befindet sich das mitzuteilende Material in einer Liste.

Listen veröffentlichen

Listen mit den Möglichkeiten eines sehr kontrollierten Umgangs mit den Daten wurden bereits mit Excel 2003 eingeführt. Der Begriff der Liste wurde in Excel 2007 durch den der Tabelle ersetzt. Mehr dazu lesen Sie in Kapitel 19.

Haben Sie Zugriff auf eine SharePoint-Website, bereiten Sie eine Verbindung zwischen Datentabelle und Website mithilfe des Befehls *Tabelle* auf der Registerkarte *Einfügen* nach dem Muster von Abbildung 27.8 vor.

Abbildg. 27.8   Typisch für als Tabellen deklarierte Daten ist die automatische Formatierung. Die *Tabellentools*-Registerkarte hilft bei weiteren Aktionen.

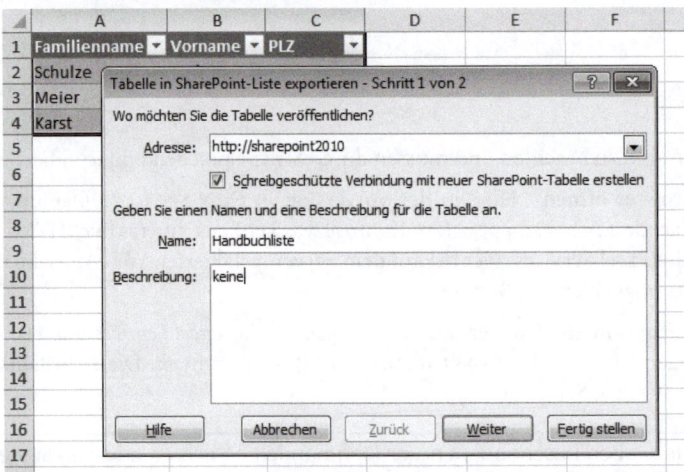

Auf der kontextbezogenen Registerkarte *Tabellentools/Entwurf* finden Sie den Befehl *Exportieren*, der Sie auf eine SharePoint-Website führen kann. Im erscheinenden Dialogfeld (Abbildung 27.8) entscheiden Sie sich für eine Verbindung (das Wort schreibgeschützt ist hier eher obsolet, da es nicht um den Schreibschutz für die Daten geht, sondern um eine aktive Verbindung zwischen Blatt und Webseite, die eine Aktualisierung der Informationen in der Arbeitsmappe erlaubt). Möchten Sie Daten nur veröffentlichen, verzichten Sie auf die Verbindung.

Im Erfolgsfall können Sie den angezeigten Hyperlink verwenden oder später über den Befehl *Im Browser öffnen* der Gruppe *Externe Tabellendaten* zur Website wechseln.

TIPP   Durch das Verknüpfen der Liste entsteht etwas wie Abfragen unter Query oder Webabfragen – ein Bereich externer Daten, dessen Abfragedefinition allerdings fixiert ist.

Import von Informationen

Die veröffentlichte Liste finden Sie auf der Team-Website auch unter *Listen/Name der Liste*. Die Liste lässt sich auf der Website durch berechtigte Mitglieder modifizieren und auswerten. Der Aufgabenbereich hält für die Auswertung wieder Excel als Arbeitsmittel bereit.

Durch die mögliche Auswertung mit Excel durch andere Nutzer der Website entstehen wiederum Verknüpfungen zur Liste im Web, die selbst als externe Datentabelle in Excel behandelt werden können. Derjenige, der die Liste als Erster veröffentlicht hat, kann die Daten natürlich ohne weitere Vorbedingungen in seiner Arbeitsmappe aktualisieren.

Webabfragen – Informationen abrufen

Sicher haben Sie gelegentlich oder auch regelmäßig den Datenimport aus den verschiedensten Quellen in Ihre täglichen Aufgaben einbezogen. Unter anderem bietet Excel auch die Abfrage (und damit die dynamische Übernahme) von Daten, die sich auf HTML-Seiten des betrieblichen Intranets oder auf Seiten des Internets befinden, an. Sie gehen dazu zur Registerkarte *Daten* und klicken auf *Externe Daten abrufen/Aus dem Web*.

Abbildg. 27.9 Webabfragen liefern topaktuelle Informationen online. In der Arbeitsmappe werden die Verbindungen gespeichert, sodass nach einmaliger Einrichtung ein Knopfdruck zum Aktualisieren reicht.

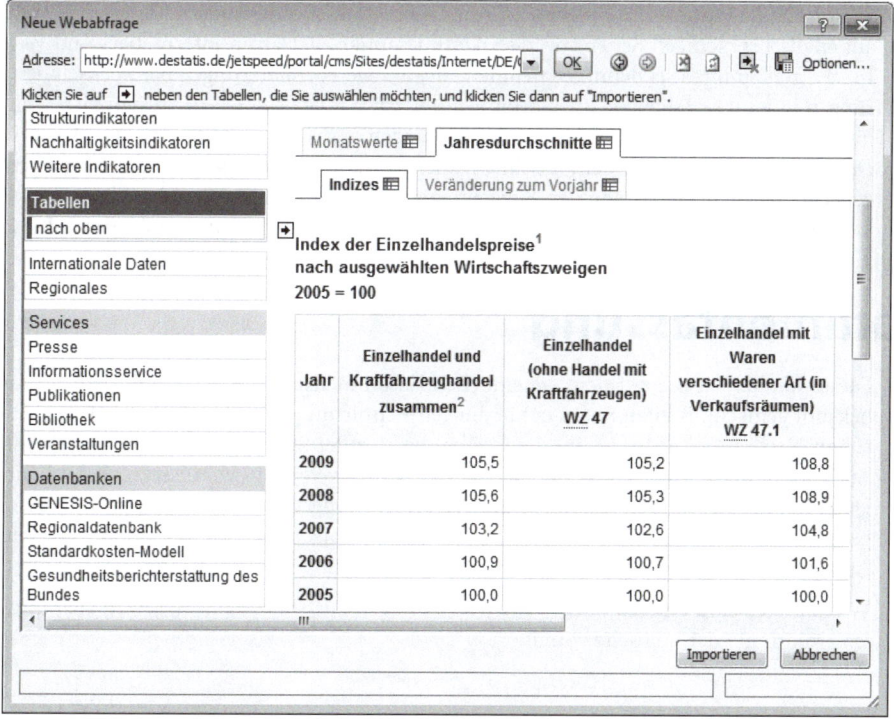

Voraussetzung des sinnvollen Funktionierens des Imports ist das Vorhandensein der Daten in HTML-Tabellen der angesprochenen Webseiten. Mit Abbildung 27.9 erscheint ein Dialogfeld, das Ihnen Detailkenntnisse des Aufbaus der angesprochenen Seite erspart.

Hier wurde als Adresse *http://www.destatis.de* eingegeben und dann zu *Preise/Verbraucherpreise/ Tabellen/Index der Einzelhandelspreise* navigiert. Tabellen der Seite werden automatisch durch gelbe Markierungen sichtbar gemacht, ein Klick darauf färbt die Marke grün ein und grün markierte Tabellen werden beim Import berücksichtigt.

Steht der Zellzeiger im Abfragebereich, lassen sich die erzeugten Arbeitsblätter mit den Mitteln der Gruppe *Verbindungen* der Registerkarte *Daten* bzw. des Kontextmenüs wie gewohnt behandeln:

- Datenaktualisierung (also Import der aktuellen Informationen ohne erneute Auswahl im Dialog und die damit einhergehende Veränderung der Tabelle)
- Festlegen der Eigenschaften des Datenbereichs (Name, Verhalten usw.)
- Anpassung der Abfrage (über das Kontextmenü oder *Verbindungen/Eigenschaften*, Registerkarte *Definition* und dort der Befehl *Abfrage bearbeiten*)

TIPP Die Optionen des Dialogfelds in Abbildung 27.9 helfen Ihnen bei der Formatierung der importierten Daten (keine, Rich-Text oder HTML). Und sie lösen ein sehr häufig auftretendes Problem beim Datenaustausch: Informationsverlust durch fremdsprachige Dezimaltrennzeichen.

Haben Sie die Option *Datumserkennung* aktiviert (das ist die Standardeinstellung), werden Zahlen auf englischsprachigen Seiten mit dem Dezimalpunkt als Datum interpretiert und verlieren unter Excel ihren Sinn (es sei denn, Sie nehmen aufwändige Formatierungen bei wechselnden Aktualisierungen in Kauf). Haben Sie die Option *Datumserkennung* deaktiviert, werden diese Zahlen als Text importiert und sperren sich gegen Berechnungen. Aber dann hilft ein alter Trick: Menübefehl *Daten/Text in Spalten* mit dem anschließenden Textkonvertierungs-Assistenten und der dort angegebenen Möglichkeit der von den Einstellungen der Arbeitsmappe unabhängigen Vereinbarung des Dezimaltrennzeichens. Mehr zum Textkonvertierungs-Assistenten finden Sie in Kapitel 22.

Zusammenfassung

Dieses Kapitel hat Sie mit dem wesentlichen Zusammenspiel von Excel mit dem Intranet/Internet bekannt gemacht. Breiten Raum nahm die Veröffentlichung von Dokumenten als HTML-Dateien in einem Netz ein, obwohl der moderne Weg die Veröffentlichung auf einem SharePoint-Server ist. Auch wenn der letzte Zugang für manchen Leser verwehrt ist (Voraussetzung sind entsprechende Unternehmensstrukturen), ist doch die Veröffentlichung von Listen eine sehr interessante Angelegenheit. Natürlich werden weiterhin »klassische« E-Mails beim Austausch von Informationen über Anhänge wie eingangs beschrieben eine Rolle spielen.

Webabfragen sind eine gute Alternative zu Abfragen aus Datenbanken, setzen allerdings die Tabellenstruktur auf der Webseite voraus.

Zusammenfassung

Hier die wichtigsten Fundstellen:

Frage	Lösung
Wie können Informationen aus Excel per E-Mail einen Empfänger erreichen?	Sie versenden ein einzelnes Arbeitsblatt als E-Mail oder hängen die gesamte Arbeitsmappe als Anhang an. Mehr erfahren Sie ab Seite 856.
Was ist zu tun, um Arbeitsmappen in einem Webbrowser darzustellen?	Neben der Einstellung der Weboptionen ist auch die Wahl des Dateiformats von Bedeutung. Lesen Sie die Details ab Seite 857.
Was sind die Grundzüge der Dokumentverwaltung auf SharePoint Websites?	Mit SharePoint ist die Verwaltung von Dokumenten in Bibliotheken vorgesehen. Features wie Versionskontrolle und Workflows zum Genehmigen und der Feedback-Erstellung sind automatisch vorhanden. Details finden Sie ab Seite 867.
Welche Rolle spielen interaktive Arbeitsmappen im Webbrowser?	Die Interaktivität kann durch Office Web Apps umgesetzt werden (Seite 867) bzw. mithilfe der Excel Services erfolgen (ab Seite 870)
Wie arbeitet Excel mit Listen auf SharePoint-Websites zusammen?	Es können Verbindungen zwischen Listen der Teamwebsite und Excel so eingerichtet werden, dass der problemlose Upload und seine Aktualisierung aber auch der komfortable Download gelingt (Seite 872)
Wie werden Daten aus dem Web dynamisch in Arbeitsblätter eingebunden?	Diese Frage wird durch Webabfragen und die Ausführungen dazu ab Seite 873 beantwortet

Kapitel 28

Excel und XML

In diesem Kapitel:

Exkurs: Was ist eigentlich XML?	878
Office Open XML – das grundlegende Dateiformat seit Office 2007	880
XML-Daten – Import und Export	881
Zusammenfassung	886

Kapitel 28: Excel und XML

XML findet der Anwender zur Aufbewahrung von Daten bereits in Excel XP, Word zog mit der Version 2003 nach. Mit Office 2007 wurde eine Entwicklung erst einmal abgeschlossen, die mit Office 2000 und XHTML begann: die Ablösung proprietärer Dateiformate der Anwendungen Excel, Word und PowerPoint. Die neuen Dateiformate, die auf komprimierten ZIP-Archiven, deren Inhalte XML-Dateien sind, beruhen, sind ECMA-Standard und treten unter dem Namen *Office Open XML* auf. Einher ging eine neue Oberfläche, in deren Zentrum das Menüband statt der bisherigen Symbolleisten steht. Dieses Menüband kann per XML im Aussehen angepasst werden. Benutzerdefinierte XML-»Datenrucksäcke« erlauben den Austausch spezieller Informationen der Office-Anwendungen untereinander und über Office hinaus.

Anliegen dieses Handbuchs kann es in keinem Fall sein, die mehr als 5.000 Seiten der Beschreibung der Dateiformate auch nur im Ansatz zu erläutern – genaue Kenntnis hierüber wird Sache von Entwicklern, weniger von Anwendern bleiben. Um jedoch auf dem Stand der Dinge zu bleiben und mit XML-Daten umgehen zu können, ist es für immer mehr Anwender notwendig geworden, sich zumindest mit den Grundlagen von XML zu beschäftigen. Dies wird in diesem Kapitel geschehen, soweit es für den Umgang mit Excel notwendig ist. Grundlegende und weiterführende Literatur zum Thema finden Sie im Internet und im Buchhandel.

Exkurs: Was ist eigentlich XML?

Die Beschäftigung mit der Spezifikation des W3C-Konsortiums setzt großes Durchhaltevermögen voraus: *http://www.w3.org/TR/REC-xml*. Weshalb also nicht mit einem Beispiel beginnen, welches den Ansatz erklärt, natürlich ohne den Anspruch, alle Fragen beantworten zu wollen.

Ein Beispiel

Stellen Sie sich folgende Situation vor: Sie sind zu einem größeren Treffen eingeladen, eine Teilnahmebestätigung ist erwünscht. Ist der Einladende an einer automatischen Verarbeitung von Zu- und Absagen interessiert, ist sicher ein Formular, welches der Eingeladene ausfüllt, ein guter Ansatz. Der prinzipielle Aufbau dieses Formulars als Träger der Information kann wie in Listing 28.1 aussehen, wobei eine einfache Textdatei (Endung *.xml*) die Aufbewahrung übernimmt.

Listing 28.1 Ein einfaches XML-Dokument – verfasst als Inhalt einer Textdatei

```xml
<?xml version="1.0" encoding="ISO-8859-1" ?>
<mitteilung>
    <an>Herrn Meier</an>
    <von>Herrn Müller></von>
    <betreff>Treffen 15.8.10</betreff>
    <text>Kann nicht kommen.</text>
</mitteilung>
```

Natürlich kann ein solch »trockener« Quellcode (Sie sehen, es muss eine Sprache sein, die dahinter steckt) niemanden vom Ausfüllen des Formulars begeistern. Aber Word, Excel, InfoPath und andere bieten eine passende (notfalls passend zu machende) und komfortable Oberfläche an.

Eine Frage wird mit Listing 28.1 im Grunde bereits beantwortet: Woher kommt der Name der Sprache? *XML* steht für *Extensible Markup Language*. *Language* deutet auf eine Programmiersprache hin, *Markup* weist diese Sprache als Markierungs- oder Auszeichnungssprache aus. *Extensible* steht für die Erweiterbarkeit der Sprache. Anders als etwa bei HTML sind die Namen der *Tags* (das sind die Markierungen im Klammerpaar <>) weitestgehend frei wählbar.

> **HINWEIS** Der einfachste Editor zum Erstellen von XML-Dateien ist der Windows-Editor (Notepad.exe). Er bietet allerdings keinerlei Komfort. Mit Office liegen Word und Excel als Editoren vor, die es gestatten, Anwender unter nur geringem Schulungsaufwand mit der Erstellung (und Auswertung) unternehmensinterner XML-Informationen zu beauftragen. Wollen Sie noch etwas mehr Professionalität, finden Sie im Internet viele Angebote.

Wohlgeformt und gültig

Diese beiden Begriffe – »wohlgeformt« und »gültig« – stehen für syntaktische und semantische Korrektheit einer XML-Datei. Syntaktisch korrekt (wohlgeformt) heißt u. a.:

- Die erste Zeile der Datei gibt dem lesenden Werkzeug die Information, dass es sich um XML-Quellcode handelt. Der Zusatz `encoding` informiert über die vorzunehmende Sprachcodierung, damit etwa Umlaute auch als solche und vor allem korrekt identifiziert werden.
- Die Stütze des Dokuments sind *Knoten* oder *Tags*. Auf der obersten Ebene befindet sich ein solcher *Knoten*, welcher auch als »Wurzelelement« bezeichnet wird (in Listing 28.1 ist das <mitteilung>).
- Jedes öffnende Tag (z. B. <tagName>) benötigt ein schließendes (hier </tagName>)
- Bei Namen für Knoten ist zwischen Groß- und Kleinschreibung zu unterscheiden
- Öffnende Tags dürfen nach ihrem Namen im <>-Klammerpaar Attribute besitzen, deren Werte notwendig in Anführungszeichen zu schreiben sind
- *Knoten* dürfen nicht ineinander greifen, d. h. die hierarchische Struktur ist relativ streng

Durch solche und einige wenige weitere Regeln wird dafür gesorgt, dass XML-Dokumente zur Aufbewahrung auch solcher Informationen geeignet sind, die nicht notwendig in tabellarische Strukturen gebracht werden können.

Semantisch korrekt (gültig) ist der genau definierte Inhalt eines Dokuments. Nichts kann den Eingeladenen im obigen Beispiel davon abbringen, der Mitteilung eine Unterschrift in Form von

```
<unterschrift>Ihr Müller</unterschrift>
```

hinzuzufügen. Es sei denn, dies wäre durch gewisse Mechanismen ausgeschlossen. Ein solcher Mechanismus ist die Zuordnung von Regeln über *Document Type Definitions* (*DTD*) oder *XML Schema Definitions* (*XSD*, derer sich Office im Wesentlichen bedient), die sich im Dokument selbst, sinnvollerweise jedoch außerhalb von ihm in einer externen Datei befinden und die bei der Prüfung des Dokuments (durch Programme) herangezogen werden.

Anzeige im Internet Explorer

Ist eine Datei mit der Endung *.xml* syntaktisch korrekt (wohlgeformt), kann sie per Doppelklick im Internet Explorer angezeigt werden. Der Betrachter sieht dann die Struktur der Datei und ihren Inhalt, die Form ist jedoch eher eine sehr nüchterne. Der Microsoft Internet Explorer ist zwar ein geeignetes Werkzeug zur Anzeige von wohlgeformten XML-Dateien, er prüft jedoch deren Gültigkeit nicht.

CD-ROM Ein kleines Beispiel zum Experimentieren mit XML- und HTML-Dateien unter Verwendung von VBScript finden Sie im Ordner *\Buch\Kap28\Beispieldateien\xml-beispiel* auf der CD-ROM zu diesem Buch.

Office Open XML – das grundlegende Dateiformat seit Office 2007

Wie bereits erwähnt, umfasst die Spezifikation des Dateiformats für die Anwendungen Excel, Word und PowerPoint mit den darin enthaltenen Festlegungen zu Mediendateien, Zeichnungen, Diagrammen, Office-Designs und anderen weit mehr als 5.000 Seiten. Um sich ein erstes Bild zu machen, können Sie eine Excel-Arbeitsmappe temporär mit der Dateiendung *.zip* versehen (dazu haben Sie im Windows-Explorer festgelegt, dass die Dateierweiterungen bekannter, das heißt registrierter Dateien, nicht ausgeblendet werden). Ein so entstandenes komprimiertes Archiv können Sie per Doppelklick öffnen und weiter inspizieren. Es entsteht ein Eindruck wie in Abbildung 28.1.

Abbildg. 28.1 Das »Innere« einer Excel-Arbeitsmappe mit Makros, Diagramm und Bild

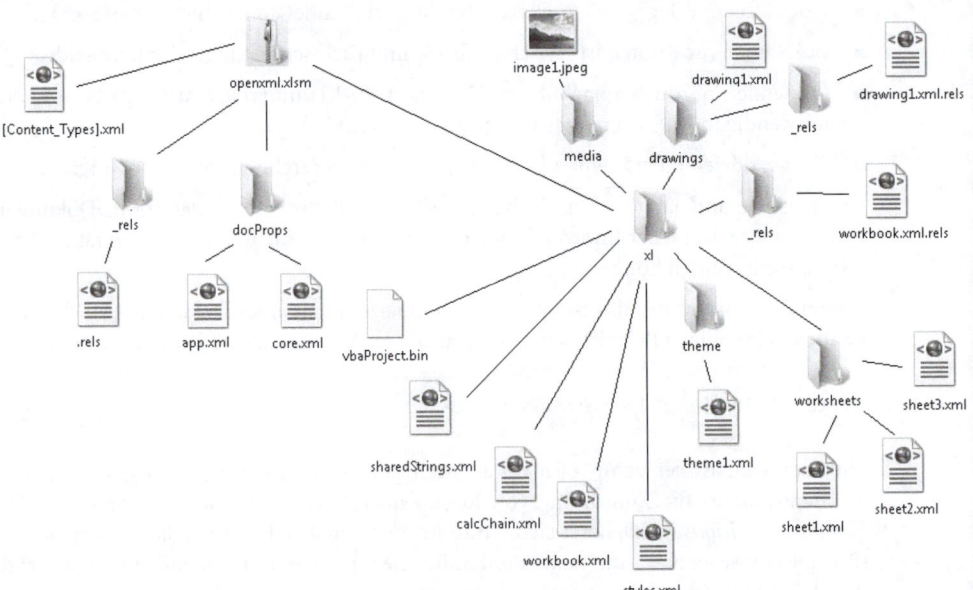

Um diese Abbildung in etwa zu verstehen, sei Folgendes festgehalten:

- Die Datei *[Content_Types].xml* nimmt Informationen zu den Inhalten des Archivs auf. Diese werden unter anderem bei der Veröffentlichung auf einem SharePoint Server ausgewertet.
- Dateien mit der Endung *.rels* beinhalten Informationen über die Struktur des Archivs

- Die Dateien des Ordners *docProps* beinhalten Informationen zum Programm bzw. zur Datei. U. a. die Informationen zum Benutzer, die dieser mithilfe des Dokumentinspektors entfernen lassen kann.
- Der Ordner *xl* enthält die für eine Arbeitsmappe typischen Dateien (unter Word heißt dieser Ordner *word*, unter PowerPoint *ppt*), in denen SpreadsheetML als Excels XML-Dialekt zum Einsatz kommt
- Die Datei *calcChain.xml* enthält Anweisungen, in welcher Reihenfolge Berechnungen in der Arbeitsmappe geschehen. Das erlaubt ein sehr effizientes Verhalten von Excel bei umfangreichen Berechnungen.
- Die Datei *sharedStrings.xml* nimmt ohne Duplikate alle Zeichenketten auf, die in Zellen vorkommen und keine Zahlen oder Formeln sind. Damit können Arbeitsmappen im Handumdrehen übersetzt werden, sogar ohne Excel als Programm einzusetzen.
- Die Datei *styles.xml* nimmt ohne Wiederholungen alle Formatierungen von Zellen auf
- Der Ordner *theme* informiert über das verwendete Design der Arbeitsmappe, im Ordner *media* befinden sich eventuelle Bilder im Originalformat

Die Abbildung ist nicht vollständig. Sollten Datentabellen vorhanden sein, gibt es dafür einen Ordner *tables*, wurde eine Abfrage per MS Query eingerichtet, einen Ordner *queryTables*, für Diagramme gibt es *charts*.

Der Aufbau erzeugt schlanke Dateien und lädt damit auch umfangreichere Mappen relativ schnell. Er lässt »korrupte« Dateien zumindest in Abschnitten wiederherstellen. Entwickler können Daten, Informationen über Designs, selbst den gesamten Aufbau einer Arbeitsmappe per Code aus anderen Programmen anstoßen, Informationen können genutzt oder verändert werden, ohne dass Excel als Programm gestartet werden muss.

CD-ROM Experimentieren Sie mit dem Archiv unter *\Buch\Kap28\Beispieldateien\openxml* auf der CD-ROM zum Buch.

XML-Daten – Import und Export

Der Datenimport und -export auf XML-Basis ist bereits seit der Excel-Version 2002 im Gespräch. Die Version 2003 legte hier noch einmal kräftig zu. Mit der aktuellen Version hat sich nur Unwesentliches verändert. Dieser Abschnitt soll Ihnen helfen, die Möglichkeiten zu erfassen.

XML-Dateien mit Excel öffnen

Versuchen Sie, eine XML-Datei unter Excel zu öffnen, sind zwei Fälle zu unterscheiden:

- Die Datei wurde als XML-Kalkulationstabelle abgespeichert (Version 2002 bis 2010) bzw. nach den dafür geltenden Regeln anderweitig erstellt (SpreadsheetML). Sie erhalten eine voll funktionsfähige Arbeitsmappe (ohne VBA-Projekt, ohne eingebettete Objekte), weshalb der Name »XML-Kalkulationstabelle« für das Dateiformat etwas unglücklich gewählt wurde.
- Die Datei wurde auf anderem Wege erstellt und folgt nicht den Regeln für XML-Kalkulationstabellen

Kapitel 28 Excel und XML

Im letzten Fall ist zunächst folgende Frage zu beantworten: Enthält die XML-Datei einen Hinweis auf Formatierungsregeln (in Form von XSL-Stylesheets)? Wenn ja, wird in einem Dialogfeld nachgefragt, ob diese Formatierungsregeln angewendet werden sollen oder nicht.

Entscheiden Sie sich für die Verwendung eines Stylesheets aus der Liste, wird nach einer weiteren Sicherheitsnachfrage die Datei schreibgeschützt geöffnet. Der Schreibschutz ist sinnvoll, da die Quelle »nur« XML und nicht Excel ist. Beim Speichern würde die »einfache« Struktur der Datei durch die Kalkulationstabellen-Struktur einer Arbeitsmappe ersetzt.

Entscheiden Sie sich nicht für die Verwendung vorbereiteter Formatierungen, wird in einem nächsten Schritt gefragt, wie denn die Datei dann behandelt werden soll (Abbildung 28.2).

Abbildg. 28.2   Drei Möglichkeiten, eine XML-Datei zu öffnen, wenn diese keine XML-Kalkulationstabelle ist

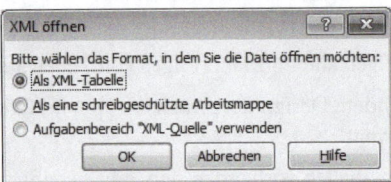

Sie haben drei Möglichkeiten zur Auswahl:

- **Als XML-Tabelle**   Hier wird durch Excel versucht, die Art der Knotenstruktur zu erkennen. Dabei sucht Excel möglicherweise vergebens nach der *XML Schema Definition* für die zu importierenden Daten, was sich in einer Meldung wie in Abbildung 28.3 niederschlägt. Die genaue Bedeutung dieser Meldung wird im letzten Teil dieses Abschnitts erläutert.

Abbildg. 28.3   Zu interpretieren als: Excel kann die Daten keinem Schema zuordnen. Die mögliche Anzeige dieser Meldung sollte man nicht unterdrücken.

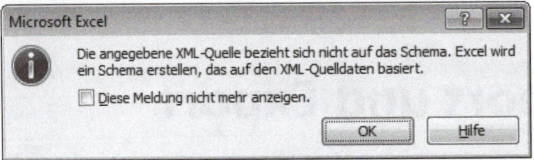

> **HINWEIS**   Die gleiche Meldung erhalten Sie, wenn Sie in der Gruppe *Externe Daten abrufen* der Registerkarte *Daten* die Befehlsfolge *Aus anderen Quellen/Vom XML-Datenimport* wählen, unabhängig, ob die dann ausgewählte XML-Datei den Hinweis auf ein Stylesheet hat oder nicht.

- **Als eine schreibgeschützte Arbeitsmappe**   Diese »Mappe« besteht aus einem Arbeitsblatt, auf welchem sich die (nicht notwendig übersichtliche) Knotenstruktur der XML-Datei abbildet. Auf diese Datei bezieht sich auch der Schreibschutz, denn es wird die XML-Datei geöffnet und keine Excel-Datei.

- **Aufgabenbereich "XML-Quelle" verwenden**   Dies entspricht dem zielgerichteten Vorgehen, welche Daten der Quelle in die (nicht notwendig leere) Arbeitsmappe importiert werden sollen. Unter Umständen kommt es zur gleichen Meldung wie in Abbildung 28.3. Der genannte Aufgabenbereich wird weiter unten in diesem Kapitel noch genauer beschrieben.

> **CD-ROM** Eine Datei zum Experimentieren finden Sie im Ordner *\Buch\Kap28\Beispieldateien\import* auf der CD-ROM zu diesem Buch

Arbeitsblätter – Formulare auf XML-Basis

Excel-Arbeitsblätter werden zum XML-Editor, der es gestattet, nur relevante Daten zu importieren und zielgerichtet zu exportieren. Diese Möglichkeit gibt es bereits mit Excel 2003, der Informationsbedarf unter Anwendern scheint nach wie vor hoch.

Die Vorbereitungen

Um den Datenaustausch im Unternehmen mit Werkzeugen wie Word oder Excel umsetzen zu können, bedarf es einiger Vorbereitungen. Diese lassen sich jedoch nicht unbedingt mit diesen beiden Werkzeugen allein bewerkstelligen.

Damit der Austausch von Informationen im XML-Format nicht »im Chaos« endet, muss dafür gesorgt werden, dass ein Regelwerk vorhanden ist. Sowohl Excel als auch Word benutzen *XSD* (*XML Schema Definitions*) zur Erkennung der Regeltreue. Die Erstellung der Regeldateien (die wiederum XML-Dateien sind) ist nicht ganz einfach. Einen ersten Eindruck gewinnen Sie, wenn Sie im Programm *InfoPath* des Office-Paketes ein Formular entwerfen (lassen) und dessen Informationen extrahieren oder einen entsprechenden Export von Tabelleninhalten oder Abfrageergebnissen unter *Access* durchführen.

> **CD-ROM** Beispieldateien für das im Weiteren benutzte InfoPath-Formular sowie die verwendeten XML-Dateien finden Sie auf der CD-ROM zu diesem Buch unter *\Buch\Kap28\Beispieldateien\xsd-import*. Die durch InfoPath 2010 erzeugte Schemadatei *myschema.xsd* wurde angepasst, um weitere nicht notwendige Details zu eliminieren.

Wir gehen im Weiteren davon aus, dass ein einfaches Formular entstanden ist, welches einzelne Rechnungen (*RNr*, *Datum*, *Betrag*) für einen Kunden (*Name*) erfassen hilft. Die durch InfoPath erstellte XSD-Datei soll hier nicht weiter untersucht werden, sie kann einfach aus der InfoPath-Vorlage extrahiert werden. Details zur *XSD Schema Reference* finden Sie auf der Website von Microsoft bzw. in der (leider unvollständigen) Datei *xmlsdk5.chm* im Ordner *C:\Program Files\Microsoft Office\Office14\1031*.

Der Import mit Schema

> **WICHTIG** Um den weiteren Ablauf verfolgen zu können, wählen Sie *Datei/Optionen*, aktivieren auf der Registerkarte *Menüband anpassen* das Kontrollkästchen der Hauptregisterkarte *Entwicklertools*.

Sie beginnen am besten mit einer leeren Arbeitsmappe, gehen zur *Entwicklerregisterkarte* und lassen sich über die Schaltfläche *Quelle* den Aufgabenbereich anzeigen. Sie finden dort eine Schaltfläche mit der Aufschrift *XML-Verknüpfungen*. Diese Schaltfläche erlaubt Ihnen per Dialogfeld Ihr Arbeitsblatt entweder mit der Struktur einer gewöhnlichen XML-Datei zu verknüpfen oder aber diese Struktur aus einer Regeldatei (.xsd-Datei) zu erfahren. Im ersten Fall erhalten Sie die Meldung aus Abbildung 28.3, Excel erstellt dann also seine eigenen internen Regeln für die Daten. Im zweiten Fall wird Excel die Regeln nur dann nicht akzeptieren, wenn die *.xsd*-Datei selbst nicht frei von syntaktischen Fehlern ist.

Für welches Schema (Verknüpfung zu einem Stammknoten) Sie sich auch entscheiden, der Aufgabenbereich (*XML-Quelle*) hat anschließend ein Aussehen ähnlich wie in Abbildung 28.4 dargestellt. Die Warnung im Beispiel, dass das Dokument mehrere Wurzelknoten enthält, ist so nicht korrekt. Sie haben die Möglichkeit, verschiedene Knoten mit Unterknoten zu selektieren. Wählen Sie *meine-Felder*.

Abbildg. 28.4 Deutlich zu erkennen: die Knoten- oder Baumstruktur eines XML-Dokuments. Die Zuordnung der Knoten zu Zellen des Arbeitsblatts erfolgt mittels Drag & Drop.

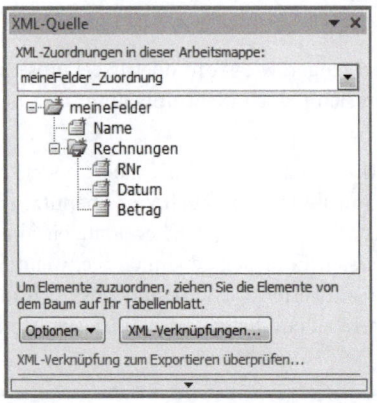

Auf die beschriebene Weise lassen sich einer Arbeitsmappe mehrere Verknüpfungen zu Schemadateien zuordnen. Die Verwaltung der *XML-Zuordnungen* (das ist der alternative Begriff zu *XML-Verknüpfung*) geschieht im gleichen Dialogfeld (*XML-Zuordnungen*) wie das *Hinzufügen*. Vorgenommene Zuordnungen werden nicht aktualisiert, d. h., ändert sich die *.xsd*-Datei, wird dies durch Excel nicht bemerkt. In solchem Falle ist die Zuordnung zu löschen und neu aufzubauen.

Die weiteren Schritte sind schnell beschrieben: Sie ziehen die Knoten des Schemas, die Sie auf Ihrem Arbeitsblatt mit Daten füllen möchten, mit der Maus auf die entsprechenden Zellen. Dabei spielt es keine Rolle, ob bereits Werte in den Zellen stehen oder erst später eingetragen werden sollen. Ein Knoten des Schemas kann dabei nur einer einzigen Zelle zugeordnet werden – so, wie eine Zelle auch nur eine einzige Zuordnung bekommen kann. Versuche, dies zu ignorieren, enden in einer entsprechenden Fehlermeldung.

Haben Sie die ausgewählten Zellen in Nachbarzellen mit Beschriftungen versehen, werden diese automatisch erkannt. Im Zweifel gibt ein Smarttag verschiedene Optionen.

Sind die Zellen, die zur Datenaufnahme bestimmt sind, noch leer, lassen sich nun Daten aus XML-Dateien, die dem eingerichteten Schema entsprechen, importieren (Abbildung 28.5) und weiter verarbeiten. Excel merkt sich in diesem Falle den Quellort der Daten, sodass im Bedarfsfall auch eine spätere Aktualisierung stattfinden kann.

XML-Daten – Import und Export

Abbildg. 28.5 Diese Befehlsgruppe gibt den Einstieg zu allen Aktionen, die XML-Daten betreffen, *Eigenschaften zuordnen* lesen Sie als *Eigenschaften der jeweiligen Zuordnung (Verknüpfung)*

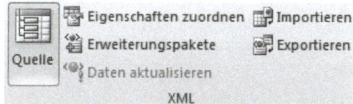

Somit ist es sinnvoll, dass auch Mustervorlagen entsprechend vorbereitet sind. Sind bereits Werte in den Zellen enthalten, kann mithilfe des Befehls *Eigenschaften zuordnen* der jeweiligen Zuordnung bestimmt werden, ob beim Import Daten ersetzt oder angefügt werden sollen und wie mit Layout bzw. Formatierung umgegangen werden soll. Es ist meist wichtig, dass zu importierende Daten validiert, also auf Regeltreue untersucht werden (diese Einstellung ist jedoch – und das ist eher bedauerlich – nicht Standardeinstellung!). Der Import erfolgt allerdings in jedem Fall. Wird die Gültigkeit verletzt, erhalten Sie eine Mitteilung, die dann aber nicht übersehen werden darf, da Sie den Import rückgängig machen sollten (durch Löschen der Daten, nicht über den *Rückgängig*-Befehl in der Symbolleiste für den Schnellzugriff).

Der Export

Haben Sie Ihr Arbeitsblatt, auf welchem bestimmte Zellen einem Schema zugeordnet sind (Import- und Export-Schema müssen nicht übereinstimmen), ausgefüllt, erweitert, vervollständigt, angepasst oder sonst wie verändert, ist es nunmehr möglich, die Daten, die durch das Schema betroffen sind, anderen Teammitgliedern oder auch Anwendungen zur Verfügung zu stellen. Dies kann, wie üblich, durch HTML-Veröffentlichung, E-Mail oder die im vorangegangenen Kapitel beschriebene Veröffentlichung als »Liste« auf einem SharePoint Server geschehen. Aber es gelingt auch der XML-Export der Daten (Abbildung 28.5), sodass diese an anderer Stelle ebenso leicht gelesen (importiert) werden können. Etwa beim Ausfüllen eines Rechnungsformulars unter Word, welches »rechentypische« Aufgaben (Berechnung der Mehrwertsteuer, Berechnung der Summe der Einzelposten, Berechnung des Zahlungsziels und Skontos) an Excel »delegiert« hat.

Validieren Sie bei diesem Vorgang »gegen« das Schema, kann nicht unbedingt verhindert werden, dass statt des Datums ein Text verwendet wird. Exportiert wird nach einer Meldung wie in Abbildung 28.6 trotzdem. Die so versehentlich exportierte Datei könnte im Windows-Explorer gelöscht werden, eleganter ist natürlich die Verwendung eines Schemas vor dem Einlesen der Daten durch eine andere Anwendung.

Abbildg. 28.6 Diese Meldung kommt leider zu spät – eventuell vorhandene Datendateien werden trotzdem überschrieben.

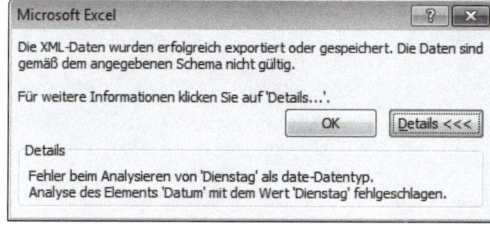

Kapitel 28 Excel und XML

> **TIPP**   Das COM-Objektmodell von Excel bietet genügend Raum, das »Fehlverhalten« beim Import und Export durch den Eingriff von Entwicklern – etwa VBA-Programmierung – zu korrigieren.

Zusammenfassung

Dieses Kapitel hat Sie mit den Grundlagen von XML (Extensible Markup Language, Seite 878) und dessen aktuellen Einsatzmöglichkeiten unter Excel bekannt gemacht.

Frage	Lösung
Welchen Aufbau haben Excel-Arbeitsmappen seit der Änderung 2007?	Einführung in das neue Dateiformat und die damit verbundenen Möglichkeiten des Einsatzes von SpreadsheetML als XML-Dialekt von Excel-Arbeitsblättern finden Sie ab Seite 880
Wie kommen XML-Daten in eine Excel-Arbeitsmappe?	Mehr zum Import von Datenmengen, die im XML-Format vorliegen, finden Sie ab Seite 881
Wie importiere ich Daten mit einem Schema?	Wie Sie Daten aus einer XML-Quelle importieren und dabei ein Schema verwenden, steht auf Seite 883
Können Excel-Daten auch im XML-Format ausgegeben werden?	Mehr zum Export von Datenmengen, die unter Excel im Ergebnis für Berechnungen aus XML-Daten entstanden sind, finden Sie auf Seite 885

Kapitel 29

Excel und die anderen Office-Anwendungen

In diesem Kapitel:

Umfangreicher Informationsaustausch mit Word	888
PowerPoint stellt etwas eigene Ansprüche	892
Der Partner fürs Leben – Access	893
Outlook – nicht nur E-Mail im Programm	897
InfoPath – Formulare erstellen, Auswertungen erleichtern	898
Auch Excel kann mal der »Andere« sein	900
Hyperlinks – der Weg nach draußen	902
Zusammenfassung	903

Vielleicht haben Sie auch schon einmal folgende Frage gehört: »Ich habe eine Excel-Datei in PowerPoint exportiert. Wie kann ich dies oder jenes tun?« Die Antwort darauf fällt in aller Regel schwer, da nicht bekannt ist: Was bedeutet Excel-Datei? Ganze Arbeitsmappe? Eine Tabelle? Ein benannter Bereich? Was bedeutet »in ... exportiert«? Erfolgte der Start der Operation aus Excel? Dann hieße es besser »nach ... exportiert«. Erfolgte der Start aus PowerPoint? Dann hieße es besser »in (oder unter) ... importiert«. Ganz zu schweigen von den vielen Möglichkeiten des Imports/Exports: als Bild, als Text, als Excel-Objekt usw.

Dieses Kapitel soll Sie sicher »durchs Gestrüpp« begleiten, dabei wird das Zusammenspiel von Excel mit den anderen Office-Programmen unter die Lupe genommen.

Umfangreicher Informationsaustausch mit Word

Wenn zwei Office-Programme Daten austauschen, kann dieser Austausch über die Zwischenablage (Ausgangspunkt ist dabei die Anwendung, welche die Daten bereitstellt) oder über das Einfügen eines Objekts (Ausgangspunkt ist hierbei die Anwendung, welche die Daten aufnimmt) erfolgen.

Import und Export, Quelle und Ziel

Es ist sicher vernünftig, immer dann von einem Import zu sprechen, wenn es gelingt, aus der laufenden Anwendung heraus anwendungsfremde Elemente einem Dokument hinzuzufügen. Unter Excel geschieht das mithilfe einiger Befehle der Registerkarte *Einfügen* des Menübands, wobei das Einfügen »allgemeiner Objekte« über den Befehl *Objekt* geschieht, der in der Gruppe *Text* etwas deplatziert scheint. Die eingefügten Objekte werden oft als *OLE-Objekte* bezeichnet (OLE – O*bject* L*inking* *and* E*mbedding*. Und gerade dieser Einbettungsvorgang ist es, der später einen Doppelklick auf das eingebettete Objekt gestattet, um es unmittelbar in der fremden Umgebung mit den Mitteln zu bearbeiten, die für das Objekt installiert sind. Sehr schön kann man das beobachten, wenn Excel-Arbeitsmappen in ein Word-Dokument oder eine PowerPoint-Folie eingebettet sind.

Der Export wird in aller Regel damit gestartet, dass Teile eines Dokuments einer Anwendung über den Befehl *Kopieren* (oder die Tastenkombination Strg+C) in die Zwischenablage gebracht werden und dort »auf ihren Einsatz warten«. Dann erfolgt durch den Bearbeiter der Wechsel in die andere Anwendung und der Inhalt der Zwischenablage wird über den Befehl *Einfügen* (oder die Tastenkombination Strg+V) an die beabsichtigte Stelle gebracht. Je nach Anwendung passiert jetzt ein Standardvorgang.

TIPP Gute Dienste leistet gelegentlich der Befehl *Als Bild kopieren*. Diesen finden Sie auf der Registerkarte *Start* unter *Kopieren* in der Gruppe *Zwischenablage*.

Die Begriffe *Quelle* und *Ziel* beziehen sich im engeren Sinne auf eine *Verknüpfung* bestehender Dokumente gleicher oder unterschiedlicher Anwendungen, im weiteren Sinne auf die Richtung des Datentransfers. Obwohl »oberflächlich« beim Verknüpfen der gleiche Effekt wie beim Einbetten zu beobachten ist, wird hier durch das Dokument (das ist das *Ziel*) eine Art Verweis auf die *Quelle* gespeichert. Damit werden Veränderungen der Quelldatei je nach Einstellung automatisch oder auf manuelle Anforderung in der Zieldatei sichtbar. Nicht immer ist das Einfügen einer solchen Verknüpfung in einer Anwendung vorgesehen.

TIPP Die Verwendung von Verknüpfungen will stets gut geplant sein. Stellen Sie sich vor: Sie verknüpfen in ein Word-Dokument (Ziel) den Bezug auf Teile einer Excel-Tabelle (Quelle), um wöchentliche Berichte erstellen zu können. Der Bearbeiter der Quelle ist ein anderer Mitarbeiter. Am Freitag schaffen Sie es nicht rechtzeitig, den Bericht fertigzustellen. Am Dienstag der Folgewoche würde eine Aktualisierung der Verknüpfung einen Zustand zeigen, der nicht der vom Freitag sein muss! Deshalb ist es oft sinnvoll, die Berichte in einer Word-Vorlage zu erstellen, die den »lebenden« Bezug zur Excel-Quelle gespeichert hat. Das auf der Vorlage beruhende neue Word-Dokument wird zum geeigneten Zeitpunkt von der Quelle getrennt.

Verknüpfungen bearbeiten Sie im Nachhinein mit dem Befehl *Verknüpfungen mit Dateien bearbeiten*, der in der Backstage-Ansicht genau dann erscheint, wenn es Verknüpfungen gibt. Sie finden ihn in der Kategorie *Informationen*, ganz unten rechts.

Export – von Excel nach Word

Häufig wird für den Datenaustausch die Zwischenablage benutzt. Beim Einfügen der Daten können Sie unter verschiedenen Möglichkeiten wählen.

Zwischenablage nutzen – der Normalfall

Dieser Vorgang ist der einfachste Weg des Informationsaustauschs, der Zellinhalte eines Arbeitsblatts ohne zusätzlichen Schreibaufwand (und damit unter Vermeidung von Fehlern) von Excel nach Word bringt. Sie markieren die gewünschten Zellen und wählen auf der Registerkarte *Start* in der Gruppe *Zwischenablage* den Befehl *Kopieren*. Dann wechseln Sie in Ihr Word-Dokument, kontrollieren die Position der Einfügemarke und fügen das »Gemerkte« über den Befehl *Einfügen* an der ausgewählten Stelle ein. Das endgültige Aussehen des Eingefügten bestimmen Sie (und das ist neu unter Office 2010) mithilfe der *Einfügeoptionen* aus Abbildung 29.1.

Abbildg. 29.1 Endlich – der Einfügestandard kann ab Office 2010 selbst bestimmt werden – nach Entschlüsselung der Symbole

Diese Optionen wurden sicher von vielen lange erwartet – der Standard »Als HTML einfügen« gehört der Vergangenheit an. Nur die Symbole bilden am Anfang eine kleine Hürde – man muss sie sich merken oder die QuickInfo lesen, die angezeigt wird, wenn Sie mit dem Mauszeiger auf ein Symbol zeigen.

Zwischenablage nutzen – Inhalte einfügen

Wollen Sie den *Einfügen*-Vorgang noch mehr unter Ihre Kontrolle bringen, gehen Sie im zweiten Schritt einen anderen Weg: An Stelle des »einfachen« Menübefehls *Einfügen* wählen Sie unter den Einfügeoptionen *Inhalte einfügen* aus.

Kapitel 29 Excel und die anderen Office-Anwendungen

Die Bedeutung dieses Vorgangs wird nicht aus der Beschriftung des Menübefehls selbst, sondern eigentlich erst aus dem folgenden Dialogfeld *Inhalte einfügen* (Abbildung 29.2) deutlich.

Abbildg. 29.2 Dieses Dialogfeld klärt auf, weshalb zunächst beim gewöhnlichen Einfügen der Zwischenablage das HTML-Format benutzt wird: Es ist die Standardeinstellung von *Inhalte einfügen* ...

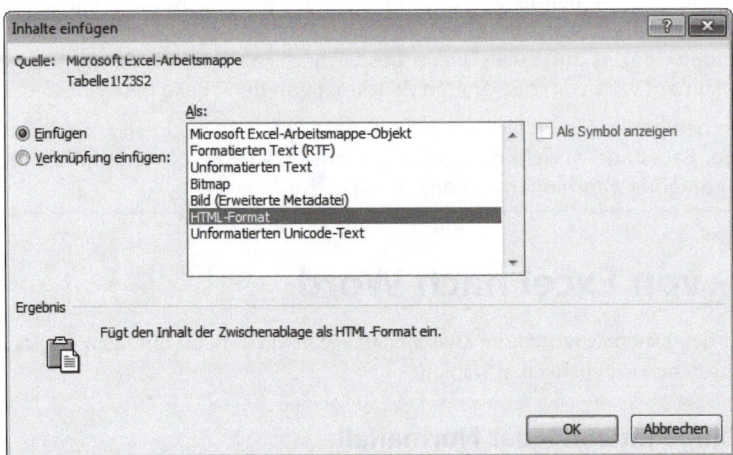

Schauen Sie sich das Dialogfeld aus Abbildung 29.2 in Ruhe an. Die erste Entscheidung, die Sie treffen müssen, ist folgende: Soll der von Ihnen einzufügende Teil als Text eingefügt bzw. als Objekt eingebettet werden (das ist die Option *Einfügen* auf der linken Seite) und in Zukunft ein eigenständiges, vom Original getrenntes »Leben« führen? Oder möchten Sie die Verbindung zum Original aufrecht halten (das ist die Option *Verknüpfung einfügen*)? Ist diese Entscheidung gefallen, stehen Sie noch vor der Wahl:

- Das Einfügen geschieht in Bildform mit einem noch auszuwählendem Grafikformat
- Das Einfügen geschieht in Textform. Hier ist HTML zunächst Standard (RTF leistet fast das Gleiche). Die Wirkung ist die gleichzeitige Übernahme von Formatierungen. Benötigen Sie die Anpassung an die Formate Ihres Word-Dokuments, ist die Entscheidung, unformatierten Text zu nehmen, richtig, da nur die Information, nicht jedoch ein Format übertragen werden.
- Und schließlich: das Einfügen geschieht als Excel-Arbeitsmappe-Objekt. Es wird in der Tat die gesamte Arbeitsmappe ins Dokument eingefügt und der gewählte Arbeitsblattausschnitt zunächst angezeigt. Sie kontrollieren den angezeigten Ausschnitt später durch den Doppelklick auf das Objekt.

HINWEIS Das Einfügen selbst einer einzelnen Excel-Zelle bewirkt die Speicherung der gesamten Arbeitsmappe im Word-Dokument! Damit können Dokumente mit redundanten oder gar überflüssigen, nicht sichtbaren Informationen regelrecht »zum Platzen« gebracht werden. Das passiert nicht, wenn eine Verknüpfung zwischen Quelle und Ziel eingerichtet wird.

Sind Sie sich sicher, dass die Daten nicht mehr bearbeitet werden müssen, verzichten Sie besser auf das Einfügen als Excel-Arbeitsmappe-Objekt und wählen eine der anderen Varianten.

Wenn beim Einfügen einer Verknüpfung statt der erwarteten Tabelle nur ein Bezug auf die Excel-Tabelle angezeigt wird, müssen Sie über *Datei/Optionen* im Dialogfeld *Word-Optionen* in der Kategorie *Erweitert* im Abschnitt *Dokumentinhalt anzeigen* das Kontrollkästchen *Feldfunktionen anstelle von Werten zeigen* deaktivieren.

Import und OLE-Objekte

Sicher wird es die seltene Ausnahme sein, Word-Dokumente oder deren Textausschnitte in Excel zu importieren. Aber umgekehrt ist das häufig der Fall.

Sie starten dazu in einem Word-Dokument mit dem Befehl *Einfügen/Objekt*.

Das anschließende Dialogfeld *Objekt* – Sie ahnen es – stellt Sie wieder vor eine Wahl:

- Einbetten durch Neuerstellung – dieser Vorgang verbirgt sich hinter der Registerkarte *Neu erstellen*, die in der Tat das Neuerstellen eines einzelnen Arbeitsblatts (natürlich als Bestandteil einer Arbeitsmappe) erlaubt. Das Einfügen selbst bzw. der spätere Doppelklick auf ein so eingefügtes Objekt ruft Excel in der Umgebung von Word auf, passt das Menüband an und lässt Sie dann wie gewohnt unter Excel weiterarbeiten. Sie haben also auch die Möglichkeit, die eingebettete Arbeitsmappe um weitere Arbeitsblätter zu erweitern, die Sie für Nebenrechnungen, wechselnde Anzeige u. a. nutzen.
- Erstellung des Objekts aus einer vorhandenen Datei (Registerkarte *Aus Datei erstellen*), was auf das Einbetten oder Verknüpfen der gewählten Arbeitsmappe hinausläuft.

Probieren Sie die Varianten an kleinen und übersichtlichen Beispielen Ihrer Wahl aus, damit Sie im »Ernstfall« mit »geschlossenen Augen« korrekt handeln können.

Etwas ganz anderes: Sendungen

Sendungen oder Seriendokumente (wie der Begriff bis Word 2003 lautete) unter Word gehören zu jedem Anwender-Training wie »die Luft zum Atmen«. Vielleicht gehören auch Sie zu den Nutzern, die eine Reihe von Datenlisten in Excel eingerichtet haben (CD-Sammlungen und andere Hobby-Notizen, Adressen von Geschäftspartnern, Freunden und Bekannten usw.). Excel bietet sich zum Anlegen und Auswerten von Listen ja auch unmittelbar an.

Sendungen (Briefe, E-Mail-Nachrichten, Umschläge, Etiketten und Verzeichnisse) sind Dokumente, deren Struktur (also etwa erst die Adresse, dann die individuelle Anrede, dann ein gemeinsamer Text, zum Schluss die Unterschrift) für alle zu verarbeitenden Vertreter einer Liste gleich sind. Nur die Individuen (Partner und deren Adressen, Interpreten und deren Lieder usw.) wechseln von Dokument zu Dokument.

Legen Sie also unter Excel eine Liste Ihrer Wahl (etwa die Adressen Ihrer Freunde und Bekannten, die Sie zu einem Sommerfest einladen wollen) an. Geben Sie dem Listenbereich einen Namen (wie das gemacht wird, lesen Sie in Kapitel 19). Diese Namensvergabe ist nicht notwendig, erleichtert aber den Umgang mit der Liste (Listen in diesem Sinne sind durch Überschriften charakterisierte Spalten eines Arbeitsblatts ohne Lücken in ganzen Zeilen nach unten oder ganzen Spalten nach rechts).

CD-ROM Sie können auch die Dateien im Ordner *\Buch\Kap29\Beispieldateien\Sendungen* auf der CD-ROM zum Buch nutzen.

Wechseln Sie zu Word. Hier ist es der Einstieg über den Befehl *Sendungen/Seriendruck starten*. Besonders einfach ist es, wenn Sie sich unter den Optionen des Befehls *Seriendruck starten* für *Seriendruck-Assistent mit Schritt-für-Schritt-Anweisungen* entscheiden:

1. Sie haben zunächst die Wahl zwischen *Briefen*, *E-Mail-Nachrichten*, *Umschlägen*, *Etiketten* und *Verzeichnissen* (einfache Kataloge). Wählen Sie eine Option aus und klicken Sie auf *Weiter: Dokument wird gestartet*.
2. Im zweiten Schritt wählen Sie das Dokument aus, welches als *Startdokument* (das ist das Dokument zum Vorbereiten dessen, was später in den mehr oder weniger zahlreichen Einzeldokumenten erscheinen soll) eingerichtet wird.
3. Klicken Sie auf *Weiter: Empfänger wählen*.
4. Im nächsten Schritt kommt Excel ins Spiel. Da Ihre Liste bereits vorhanden ist, müssen Sie nun nach ihr »suchen«. Im erscheinenden Dialogfeld *Datenquelle auswählen* suchen Sie Ihre Arbeitsmappe und werden dann (Dialogfeld *Tabelle auswählen*) aufgefordert, die benötigte Liste auszuwählen. Sie sehen, dass es sinnvoll war, die Adressliste selbst auf dem Blatt zu benennen (mit einem Namen zu versehen). Excel-Tabellen, die ja eigentlich benannte Listen sind, werden nicht berücksichtigt! Den vorläufigen Abschluss bildet nun ein Dialogfeld, in welchem Sie die Seriendruckempfänger direkt auswählen können (inklusive Sortierung und Filterung).

> **TIPP** Wird die Quelle häufiger benötigt, sollten Sie im Dialogfeld *Datenquelle auswählen* den Assistenten nutzen, der mit der Schaltfläche *Neue Quelle* startet. Mit seiner Hilfe wird eine ständige Verbindung zur Liste eingerichtet (es wird natürlich nicht die Datenquelle, sondern nur der Zugang zu ihr erstellt).

Eine Beschreibung des Assistenten finden Sie bei den Erläuterungen zum Umgang mit Access im Abschnitt »Datenimport durch Abfragen« auf Seite 893.

Die restlichen Schritte 4 bis 6 im Seriendruck-Assistenten betreffen die individuelle Gestaltung der Dokumente, haben mit Excel selbst nichts mehr zu tun und sollen deshalb, auch weil sie selbsterklärend sind, hier nicht im Detail besprochen werden.

PowerPoint stellt etwas eigene Ansprüche

Vom Prinzip her läuft der Informationsimport und -export mit PowerPoint genau so ab, wie oben für Word beschrieben. Sie sollten nur beachten, dass es oft wenig Sinn macht, Informationen mit den Formatierungen »Eins zu Eins« zu übernehmen. Das liegt daran, dass die Schriftgrößen, die Sie in Excel benutzen, für PowerPoint in der Regel zu klein sind. Oft gilt daher die Faustregel: »Will ich in PowerPoint etwas ordentlich sehen, muss ich das unter Excel entsprechend vorbereiten«.

> **HINWEIS** Seit Office 2007 gibt es ein »natürliches« Verhältnis zwischen Excel und PowerPoint: Diagramme, die in PowerPoint eingefügt werden, sind Excel-Diagramme. MS Graph gibt es nur aus Gründen der Abwärtskompatibilität. Darüber dürften sich neben den »Excelianern« auch Entwickler freuen, da die Programmierung von Diagrammen etwas angenehmer ausfällt.

Export – von Excel nach PowerPoint

Der Export startet unter Excel, wo Sie die zur Übertragung vorgesehenen Zellen markieren und mit dem Befehl *Kopieren* in die Zwischenablage bringen. Wechseln Sie dann zu PowerPoint, wo Sie im *Entwurfsmodus* eine Folie gestalten.

Sie haben jetzt die Möglichkeit, den Inhalt sofort (über den Befehl *Einfügen*) einzufügen – das Resultat ist die Übernahme des Texts (also in der Regel der Zahlen) mit den bereits für Word beschriebenen Einfügeoptionen. Eine auf der Folie entstehende PowerPoint-Tabelle muss oft vom Aussehen her angepasst werden.

Oder Sie gehen über den Zwischenablage-Befehl *Einfügen/Inhalte einfügen* vor. Dieser Weg lässt ein Dialogfeld *Inhalte einfügen* erscheinen, welches die Wahl des Einbettens (*Einfügen*) oder Verknüpfens (*Verknüpfung einfügen*) anbietet. Zu den Unterschieden zwischen beiden Varianten lesen Sie bitte die Ausführungen weiter oben in diesem Kapitel zu Word.

> **TIPP** Oft stören die Gitternetzlinien der Excel-Tabellenausschnitte. Diese sind unter Excel (entweder vor dem Export oder später durch Doppelklick auf das Arbeitsblatt-Objekt) und nicht unter PowerPoint unsichtbar zu machen.

Import und OLE-Objekte

Der Import von Informationen geschieht auch unter PowerPoint durch das Einfügen eines Objekts. Das Dialogfeld *Objekt einfügen*, welches sich nach dem Ausführen des Befehls *Einfügen/Objekt* zeigt, hat Ähnlichkeit zu dem von Word. Deshalb können die Erläuterungen wie zu diesem ausfallen (vgl. Abschnitt »Import und OLE-Objekte« auf Seite 891). Probieren Sie es im Zweifel einfach aus.

Haben Sie sich wie für den Eintrag *Microsoft Excel-Diagramm* entschieden, entsteht auf der bearbeiteten Folie ein Ergebnis, welches nicht identisch mit dem ist, was durch Einfügen eines »normalen« Diagramms geschieht – obwohl in beiden Fällen Excel am Werk ist. Achten Sie darauf, dass die Daten in einem Arbeitsblatt hinterlegt sind, welches *Tabelle1* heißt und einfach zu aktivieren ist. Oder Sie ändern durch Doppelklick das Diagramm in seine neue Form.

Der Partner fürs Leben – Access

Nicht alle Anwendungen ergänzen sich so ideal wie Excel und Access. Das liegt vor allem an der Gemeinsamkeit, Informationen in tabellarischen Strukturen aufzubewahren. Access tut das in einer Datenbank mit sogenannten Tabellen als Grundlage, aus denen heraus durch Abfragen eine flexible Zusammenstellung von Informationen zu deren Bearbeitung bzw. Auswertung möglich ist. Auch kann Access mit diesen Informationen (Stichwort: statistische Aggregat-Funktionen) rechnen – doch Excel hat hier eher »die Nase vorn«. Das liegt auch daran, dass es für die meisten Nutzer bequemer (weil gewohnter) ist, Tabellenkalkulation einzusetzen. Andererseits kennt Excel Listen, in denen sich – ähnlich wie in Access – Datensätze anlegen lassen. Jedoch besitzt Excel keinerlei Mechanismen (es sei denn, man »erfindet« mittels Programmierung »das Fahrrad neu«) zur flexiblen, effektiven und sicheren Verwaltung größerer Datenbestände. In einem solchen Fall ist Access ein Muss.

Datenimport durch Abfragen

Die Aufbewahrung von Datensätzen in einer oder mehreren Tabellen von Access sperrt diese keinesfalls in dessen Umgebung ein. Sie können bequem auf solche Informationen (die auch in einem Firmennetz liegen können) zugreifen, ohne Access am eigenen Arbeitsplatz installiert zu haben. Dieser Zugriff kann, muss aber nicht, über Microsoft Query (eine Anwendung, die schon sehr lange gemeinsam mit Excel ausgeliefert wird und auf Wunsch installiert werden kann) erfolgen.

Kapitel 29 Excel und die anderen Office-Anwendungen

Die nächsten Erläuterungen beziehen sich auf den Zugriff auf die Nordwind-Datenbank. Diese Datenbank muss unter Access aus der vorhandenen Vorlagendatei erstellt werden und hinkt qualitativ nach wie vor hinter den Vorbildern bis Version 2003 her.

CD-ROM Haben Sie Access nicht installiert, können Sie eine kleine Datenbank namens *Adressen.accdb* nutzen, die Sie auf der CD-ROM zu diesem Buch im Ordner *\Buch\Kap29\Beispieldateien\Access* finden.

Beginnen Sie auf einem (möglichst) leeren Arbeitsblatt Ihrer Wahl. Der Zugriff auf externe Daten erfolgt über Befehle der Gruppe *Externe Daten abrufen* der Registerkarte *Daten* des Menübands. Sie haben fünf Varianten zur Auswahl:

- Sie können sich für *Aus Access* entscheiden und bekommen nach Auswahl der entsprechenden Datenbankdatei deren Tabellen und gespeicherte Abfragen aufgelistet (Abbildung 29.3).

Abbildg. 29.3   Es werden Abfragen und Tabellen und einer Access-Datenbankdatei zur Nutzung angeboten

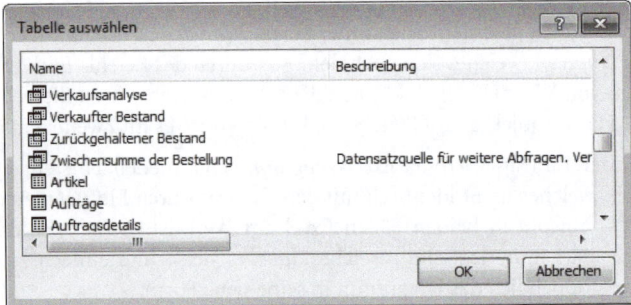

- Mit *Aus dem Web* erstellen Sie eine neue Webabfrage
- *Aus Text* ermöglicht den Zugriff auf eine Textdatei
- Sie können sich für *Aus anderen Quellen* und den damit verbundenen Zugriffsoptionen (die unter anderem den Zugriff auf Access mittels *Microsoft Query* erlauben) entscheiden
- Sie wählen eine bereits vorhandene Datenquellenverbindung aus

Im ersten Fall ist es notwendig, dass alle Zugriffsmöglichkeiten (vor allem also Abfragen) bereits in der Datenbank selbst geschaffen werden müssen.

Im Fall *Aus anderen Quellen* müssen Sie sich zwischen

- *Vom Datenverbindungs-Assistenten* bzw.
- *Von Microsoft Query* entscheiden.

Verbindungen, die der Datenverbindungs-Assistent erstellt, sind die, die im dritten Fall der Zugriffsvarianten als vorhandene Datenquellenverbindungen gelistet werden.

Der Datenverbindungs-Assistent arbeitet im Falle von Access 2007/2010 in folgenden Schritten, die recht analog im Falle anderer Datenbankformate verlaufen:

1. Im zuerst erscheinenden Dialogfeld wählen Sie den Eintrag *Weitere/erweiterte* und gelangen dann mit einem Klick auf die Schaltfläche *Weiter* zu einem Dialogfeld, welches zur Auswahl des

sogenannten Providers, das ist ein Schnittstellendienst, der die Unterhaltung zwischen Excel und der Datenquelle ermöglicht, auffordert.

2. Dieses zweite Dialogfeld hält auf der ersten Registerkarte den auf Access 12 zugeschnittenen Eintrag bereit, jedoch muss der Pfad zur Datenbank auf der zweiten Registerkarte von Hand eingetragen werden. Das ist unter Windows 7 mit eingerichteten Bibliotheken nicht ganz so einfach, da Sie in der Hierarchie bis ganz ans Ende gehen müssen, um den wirklichen Pfadnamen zu erfassen.

HINWEIS Der beschriebene Weg ist nicht der einzige. So können Sie auch den Dienst für ODBC-Treiber in Anspruch nehmen, der dann für *MS Access Databases* den weiteren Weg zur Datenbank über Verbindungszeichenfolgen einstellen lässt.

3. Wiederum wird eine Liste von Abfragen und Tabellen angeboten, von denen Sie eine für spätere Zugriffe permanent auswählen können.
4. Sie werden gebeten, den Namen der Verbindung sowie eine eventuelle Erklärung hinzuzufügen.
5. Nach Fertigstellung der Verbindung müssen Sie in einem Dialogfeld klären, wo und in welcher Form (Tabelle, PivotTable) die Daten »zu Papier« gebracht werden sollen.

Und »wie von Geisterhand« füllt sich das Blatt.

HINWEIS Wurde der Zugriff bereits eingerichtet, entfallen die Schritte 1 bis 4 nach Wahl der entsprechenden *.odc*-Datei (**O**ffice **D**ata **C**onnection). Den Zugriff haben Sie, wie bereits erwähnt, über den Befehl *Vorhandene Verbindungen*.

Der zweite wichtige und flexiblere Weg, eine Daten-Abfrage zu erstellen, ist der über die Befehlsfolge *Aus anderen Quellen/Von Microsoft Query*. Hier treffen Sie ggf. »den alten Bekannten« *Query*, ein Zugang, der weit in die Anfänge von Excel zurückreicht. Diese Anwendung kündigt sich im Dialogfeld *Datenquelle auswählen* (Abbildung 29.4) an.

Abbildg. 29.4 Query einsetzen: mit oder ohne Assistenten

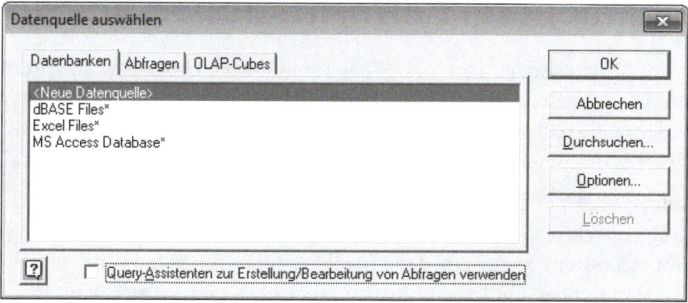

Der wichtigste Unterschied zur vorhergehenden Zugriffsart ist der, dass Abfragen nicht mehr in der Datenbank bereitgehalten werden müssen, sondern von Ihnen selbst im weiteren Verlauf erstellt werden können. Die Hilfe des Query-Assistenten ist dabei allerdings eine eher bescheidene, da er Sie in kniffligen Situationen allein lässt.

> **HINWEIS** Der »Nebeneffekt« von *Office Data Connections* ist folgender: Suchen Sie im Ordner *Dokumente* nach dem Ordner *Eigene Datenquellen*. Klicken Sie dort doppelt auf eine eingerichtete Verbindung. Es öffnet sich Excel mit einer neuen Arbeitsmappe, die die Daten bereits enthält.

Eine Datenbank greift auf Excel-Tabellen zu

Es wurde schon weiter oben angedeutet: Viele Anwender beginnen mit der Verwaltung von Listen (also ein Untereinanderreihen von Informationen, deren Gemeinsamkeiten in den Spaltenüberschriften charakterisiert werden) unter Excel. Eines Tages wird es »ernst«: Wie kommen die Daten ohne Verlust nach Access?

Haben Sie unter Access die notwendige Datenbank (mit oder ohne Tabellen) bereits angelegt, ist es einfach: Sie rufen den Befehl *Externe Daten/Importieren und Verknüpfen/Excel* auf und wählen im folgenden Dialogfeld unter den folgenden Möglichkeiten:

- Daten in eine neue Tabelle der Datenbank importieren (kopieren). Sie haben ab dann zwei voneinander unabhängige »Originale«. Das ist kein guter Zustand, da beide gepflegt werden müssen. Sie sollten also bei nächster Gelegenheit die Excel-Liste selbst entfernen. Brauchen Sie die Daten wieder in einer Arbeitsmappe, ist der erneute Import der Daten aus Access für Sie nach dem Lesen des vorigen Abschnitts kein Problem mehr.
- Daten an eine bestehende Tabelle (sinnvoll) anfügen (kopieren)
- Eine Verknüpfung zur Excel-Liste erstellen, die sich dann wie eine Tabelle der Datenbank behandeln lässt

> **TIPP** Der Import ist immer dann einfacher und übersichtlicher zu bewerkstelligen, wenn Sie den Listen *Namen* mithilfe des Namens-Managers gegeben haben.

Eine Datenbank liefert Informationen an Excel

Access kann, wegen der Möglichkeiten von SQL (**S**tructured **Q**uery **L**anguage) auch rechnen. Doch besser rechnet es sich oft unter Excel. Weiter oben haben Sie gesehen, wie Excel die Daten importieren kann, um dann damit zu rechnen. Aber auch ein Export aus Access gelingt. Access hält in der Befehlsgruppe *Exportieren* des Registers *Externe Daten* die notwendigen Werkzeuge bereit.

Die ausgewählten Daten werden in eine Excel-Arbeitsmappe exportiert, wobei hinsichtlich der Details ein Dialogfeld den Weg absteckt. Die Daten der Arbeitsmappe haben keinerlei Verbindung zum Original, allerdings erlaubt Access ein Speichern der Handlungsfolge für den Export einschließlich der Möglichkeit, für diese Handlungen Outlook-Aufgaben (auch als Serie) einzurichten. Das ist eine sehr sinnvolle und komfortable Erweiterung, die das Anfertigen von Berichten erleichtert.

Outlook – nicht nur E-Mail im Programm

Faszinierend ist, wie der Export aus Excel nach Outlook über die Zwischenablage arbeitet. Haben Sie eine E-Mail-Nachricht im HTML-Format vorbereitet, arbeiten Sie nahezu mit denselben Mitteln wie beim Export nach Word. Nutzen Sie zum Einfügen die Option *Einfügen/Inhalte einfügen*, haben Sie bei *Kalender*- und *Aufgaben*-Elementen in Outlook auch die Möglichkeit der Verknüpfung zum Original. E-Mails lassen eine solche Verknüpfung zwar auch zu, jedoch muss man je nach Empfänger über den Sinn nachdenken. Unter Umständen wandeln die beteiligten E-Mail-Programme die Objekte in Bilder ohne Verknüpfung bzw. (wenn möglich) normalen Text um.

E-Mails aus Excel versenden

Doch nicht nur die Zwischenablage gestattet den sofortigen Informationsfluss. Excel besitzt, wie andere Office-Anwendungen auch, die Fähigkeit, einen »Umschlag« für E-Mail-Nachrichten bereitzustellen. Weitere Details zum Thema »E-Mail-Versand mit Outlook« finden Sie in Kapitel 28.

Ordner-Informationen austauschen

Oft wird die Frage gestellt, wie denn Adresssammlungen als Listen unter Excel möglichst ohne Aufwand und ohne Informationsverlust zu Kontakten in Outlook werden. Hier ist folgende Detailkenntnis interessant: Outlook besitzt die Fähigkeit, Ordnerinhalte als Listen nach Excel zu exportieren. Das ist etwa sinnvoll, wenn Zahlenangaben der Elementfelder (bei Aufgaben kann das ohne weitere Zwischenschritte die eingesetzte Zeit oder auch die gefahrene Kilometerleistung sein) zur Auswertung mehrerer Elemente in einer Excel-Liste zusammengestellt werden sollen. Der Export beginnt in der Backstage-Ansicht von Outlook. Wählen Sie hier die Registerkarte *Optionen*. Dort gibt es in den *Outlook-Optionen* die Kategorie *Erweitert* mit der Schaltfläche *Exportieren*. Mit Auswahl von *In Datei exportieren* begleitet Sie ein Assistent. Diesem Assistenten folgen Sie, bis die Schaltfläche *Benutzerdefinierte Felder zuordnen* erscheint, welche Sie zum Zuordnen von Feldern (optional) auffordert. Diese Zuordnung überträgt die Outlook-Feldnamen zu Spaltenüberschriften auf dem Zielarbeitsblatt. Die Namen der rechten Seite, die zu Spaltenüberschriften werden, lassen sich Ihren Vorstellungen anpassen. Leerzeichen werden allerdings abgelehnt. Haben Sie sich »verzettelt«, gelingt die Wiederherstellung der vorgeschlagenen Standardzuordnung.

Die Schaltflächen der linken Seite dienen der Navigation zwischen den zu exportierenden Elementen und zeigen in erster Position die Feldnamen an.

Nach einem solchen Exportschritt, der auch nur zu Test- und Verständniszwecken ausgeführt worden sein kann, wissen Sie, was Outlook für den Import erwartet. Bereiten Sie also Ihre Excel-Liste (mit den Adressen oder anderen Informationen), die importiert werden soll, so vor, dass die Spaltenüberschriften möglichst mit den Standardfeldnamen von Outlook übereinstimmen. Dann wählen Sie in Outlook die gleiche Schaltfläche wie beim Export, obwohl Sie ja importieren wollen.

Nachdem Sie sich für *Aus anderen Programmen oder Dateien importieren* entschieden haben, begleitet Sie wiederum ein Assistent. Dieser fragt Sie in einem Zwischenschritt, wie Sie Duplikate beim Import behandeln wollen. Dieser detaillierte Umgang mit Duplikaten erlaubt es, Excel-Arbeitsblätter zur Archivierung von Informationen oder auch zum Informationsaustausch zwischen verschiedenen Outlook-Nutzern einzusetzen.

Die Feldzuordnung ist wiederum optional. Allerdings können Sie Feldnamen auf der rechten Seite nicht ändern. Die Zuordnung per Drag & Drop (von links nach rechts) ist wie beim Export möglich.

> **WICHTIG** Der Wermutstropfen: Der eben beschriebene Informationsaustausch funktioniert in beiden Richtungen nur mit Arbeitsmappen im Format von *Microsoft Excel 97-2003 (*.xls)*.

InfoPath – Formulare erstellen, Auswertungen erleichtern

InfoPath befindet sich seit 2003 in der Office-Familie. Es dient zum Entwurf und zum Ausfüllen von Formularen, die den Zugang zur Erfassung von Informationen schrittweise vereinheitlichen sollen. Mit InfoPath 2010 wurde der Entwurf der Formulare vom Ausfüllen derselben in zwei Programme gepackt, was die Nutzerfreundlichkeit bedeutend erhöht haben dürfte (*InfoPath Designer* und *InfoPath Filler*).

Hier trifft sich sozusagen alles, »was Rang und Namen hat«: Word kann XML-Daten aufnehmen und weitergeben, Excel kann beides und bringt seine rechnerischen Fähigkeiten mit ein. Access liefert Daten und deren Strukturen und kann solche auch verarbeiten. Die gemeinsame Sprache heißt XML (Extensible Markup Language).

Um die folgenden Betrachtungen nachvollziehen zu können, sollten Sie InfoPath auf Ihrem Rechner installiert haben.

> **CD-ROM** Haben Sie noch kein Formular erstellt, benutzen Sie einfach *Arbeitszeiten.xsn* aus dem Ordner *\Buch\Kap29\Beispieldateien\InfoPath* auf der CD-ROM zum Buch.

Das Formular der Begleit-CD hat einen sehr einfachen Aufbau (Abbildung 29.5) und erlaubt die Erfassung von Zeiten in verschiedenen Projekten.

Abbildg. 29.5 Einfache Arbeitszeiterfassung – dieses Formular begleitet Sie in diesem Abschnitt

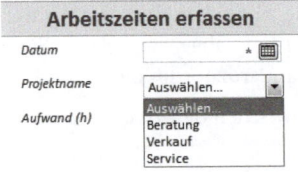

Wenn Sie das genannte Formular ausgefüllt haben, bietet InfoPath Ihnen anschließend die Möglichkeit, die darin enthaltenen Daten unmittelbar nach Excel zu exportieren (Backstage-Ansicht, *Speichern und Senden/In Excel exportieren*). Bei diesem Export werden Sie durch einen Assistenten begleitet, der Ihnen (vor allem bei sehr komplexen Formularinhalten) die Auswahl des zu exportierenden Datenbestands erleichtert.

Doch das ist nicht alles beim Zusammenspiel der beiden Office-Partner. Sie können Ihren Teammitgliedern auf verschiedene Weise Formulare zur Verfügung stellen: per E-Mail, per Windows-Installer, durch Veröffentlichung auf einem Webserver oder auf einer SharePoint Website. Dieser Fall soll etwas näher beleuchtet werden, da am Ende Excel wieder eingreifen kann.

InfoPath – Formulare erstellen, Auswertungen erleichtern

Für die weiteren Schritte brauchen Sie Zugriff auf eine SharePoint-Website. Mehr über SharePoint Server lesen Sie in Kapitel 28.

TIPP Damit das Formular nicht nur unter InfoPath sondern auch im Browser ausgefüllt werden kann, sollten Sie die Kompatibilitätseinstellungen des Entwurfs entsprechend anpassen (beim Entwurf im InfoPath Designer 2010 über die Befehlsfolge *Datei/Informationen/Designdetektiv*).

Wählen Sie bei geöffneter und gespeicherter Formularvorlage (Entwurf) den Befehl *Datei/Veröffentlichen/SharePoint-Server*, unterstützt Sie ein Assistent bei den notwendigen Schritten:

- Wahl der Art und des Orts der Bereitstellung
- Auswahl der darzustellenden Formularfelder (sichtbar auf der Website und in Outlook-Ordnern)
- sofortiger Zugriff auf die Website sowie der Versand des Formulars per E-Mail

Besuchern der Website, welche die entsprechenden Rechte zum Ausfüllen und Speichern von Formularen haben, bietet sich – nach entsprechendem Anpassen der SharePoint-Seite – ein Bild ausgefüllter Formulare auch in der sogenannten *Datenblattansicht* (siehe Abbildung 29.6).

Abbildg. 29.6 Das Datenblatt bezieht seine Informationen in Form von XML. Im Aufgabenbereich wartet Excel mit Tabellen, Diagrammen und PivotTable-Berichten auf.

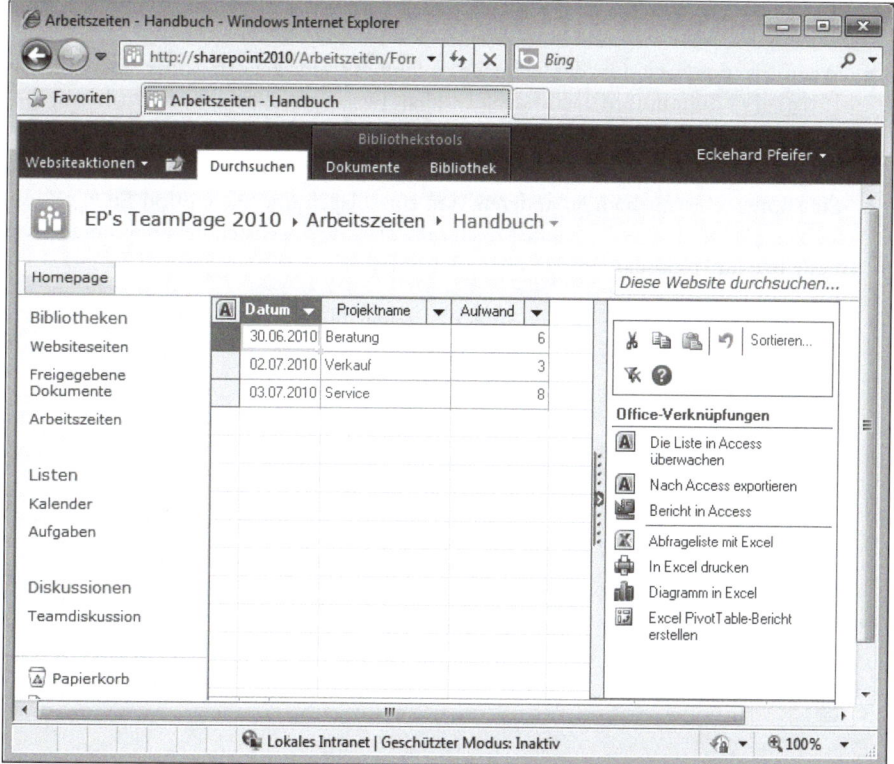

Auswertungen unter Excel gelingen nun mit den bekannten starken Werkzeugen, zu denen neben *Abfragelisten* (die in Excel selbst *Tabellen* heißen) auch Diagramme und PivotTable-Berichte gehören. Wagen Sie den Export nach Excel, wird nicht nur automatisch eine Tabelle, sondern darüber hinaus die Aktualisierbarkeit dieser »Liste« durch eine Verknüpfung zur Team-Website gesichert (lesen Sie dazu auch in Kapitel 28 nach).

Auch Excel kann mal der »Andere« sein

Nachdem Sie gesehen haben, wie sich Excel mit anderen Anwendungen »unterhalten« kann, entsteht die Frage: Gelingt auch die Unterhaltung einer Arbeitsmappe mit einer zweiten? Natürlich ist auch das möglich. Sicher haben Sie schon einmal in einer Arbeitsmappe mit Zellbezügen in einem Arbeitsblatt gearbeitet, welche auf ein anderes Blatt der gleichen Arbeitsmappe zielten. Es entstehen dann Formeleinträge nach dem Muster:

=Tabelle2!B6+Tabelle3!A1

Auf diese Weise können Sie auch zwischen Mappen korrespondieren. Mehr zu den verschiedenen Zellbezügen finden Sie in Kapitel 6.

Da die notwendige Formelstruktur nicht sofort offensichtlich ist, nutzen Sie wieder die Zwischenablage. Markieren Sie also in einer Arbeitsmappe Ihrer Wahl eine oder mehrere Zellen und bringen Sie deren Inhalt in die Zwischenablage (z. B. mit der Tastenkombination [Strg]+[C] oder über den Befehl *Kopieren*). Wechseln Sie nun in eine zweite Arbeitsmappe und suchen dort Ihre Zielzelle(n) aus:

- Wenn Sie sich jetzt für das »einfache« *Einfügen* entscheiden (oder die Tastenkombination [Strg]+[V] dazu nutzen), wird der Zellinhalt (also auch eventuelle Formeln mit ihren relativen oder absoluten Zellbezügen) samt Formatierung übergeben. Eine Schaltfläche mit Einfügeoptionen wartet auf seinen Einsatz.

- Sie können aber auch einen anderen Weg einschlagen und die Option *Einfügen* im Menüband wählen (Abbildung 29.7). Hier ist noch *Inhalte einfügen* gelistet, neben weiteren als Symbol dargestellten und sich selbst erklärenden Optionen.

Abbildg. 29.7   Vielfältige Möglichkeiten, den Inhalt der Zwischenablage zu verwenden

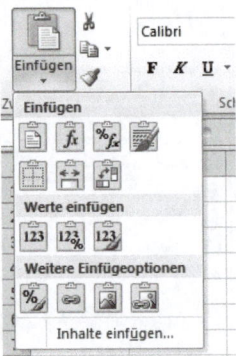

Haben Sie sich für die zweite Option entschieden, sehen Sie das Dialogfeld aus Abbildung 29.8, das auch eine Schaltfläche zum *Verknüpfen* bereithält. Auf diese Weise wird nicht die Formel einer Zelle eingetragen, sondern der Bezug auf die Zelle hergestellt.

Abbildg. 29.8   Excel erlaubt die Verknüpfung zu sich selbst – gemeint ist natürlich, dass eine Arbeitsmappe die Quelle und eine andere das Ziel ist

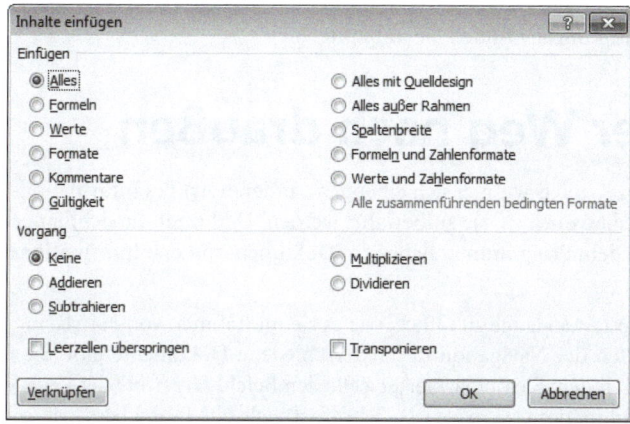

Eine typische Form des Bezugs auf eine Zelle in einer anderen Arbeitsmappe sieht so aus:

='E:\Eigene Dateien\[Mappe1.xlsx]Tabelle1'!A2

Hierbei verschwindet die Pfadangabe, wenn die Quelldatei geöffnet ist.

Verknüpfungen dieser Art lassen sich auch verwalten. Dazu wählen Sie auf der Registerkarte *Daten* den Befehl *Verknüpfungen bearbeiten* und nutzen das erscheinende Dialogfeld aus Abbildung 29.9:

- Verknüpfungen, die beim Öffnen der Arbeitsmappe nicht aktualisiert wurden, können den aktuellen Stand der Dinge (also in der fremden Arbeitsmappe, der *Quelle*) heranholen
- Die Quelldatei kann zur Einsichtnahme oder Bearbeitung geöffnet werden

Abbildg. 29.9   In diesem Dialogfeld können Sie Verknüpfungen bearbeiten

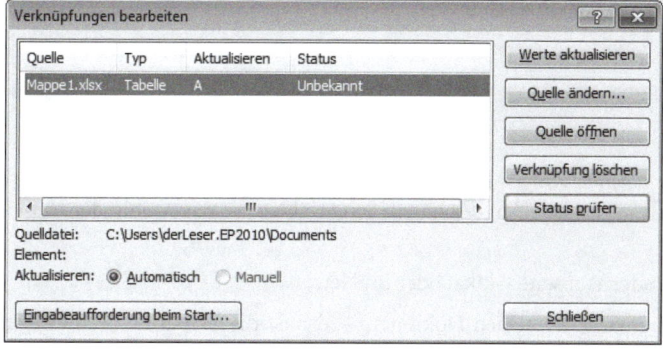

- Verknüpfungen können gelöscht werden. Dabei werden Formeln durch den aktuellen Zellwert ersetzt. Das ist wichtig für Berichte, die mithilfe von Mustervorlagen erstellt werden, welche die

Verknüpfungen eingerichtet halten. Auch lassen sich so nicht mehr aktuelle Verknüpfungen entfernen (Quellen wurden gelöscht oder unauffindbar verschoben).

- Quellen lassen sich anpassen. Das kann auf Grund von Verschiebungen der Quelldatei im Windows-Explorer notwendig sein. Wird die Quelle zusammen mit dem Ziel geöffnet und an anderer Stelle und/oder unter anderem Namen gespeichert, übernimmt Excel das Protokoll und trägt die richtige Verknüpfung selbst ein.

Mehr zum Thema »Verknüpfungen« finden Sie in Kapitel 6.

Hyperlinks – der Weg nach draußen

Der letzte Abschnitt dieses Kapitels widmet sich einer ganz anderen Art des Informationsaustauschs. Die Informationen verbleiben dort, wo sie aufbewahrt werden. Und wenn sie sichtbar gemacht werden sollen, passiert das in dem Programm, welches das Dokument mit den Informationen auch verwaltet.

Hyperlinks gehören schon fast so lange zu Office, wie es sie im Rahmen von HTML und den damit verbundenen Möglichkeiten der Navigation durch verschiedene Dokumente gibt. Sie fügen unter Excel einen Hyperlink ein, indem Sie in markierter Zelle den Befehl *Hyperlink* der Registerkarte *Einfügen* wählen (Tastenkombination [Strg]+[K]). Es öffnet sich ein Dialogfeld, wie in Abbildung 29.10 dargestellt.

Abbildg. 29.10   Im Dialogfeld *Hyperlink einfügen* verknüpfen Sie zu weiteren Informationen

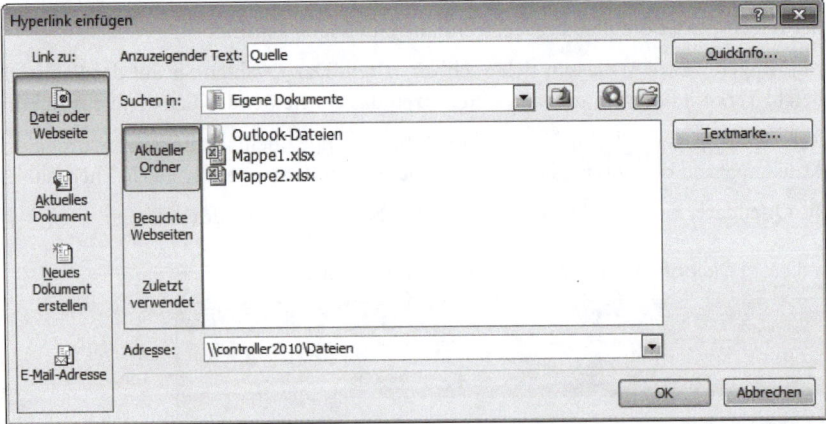

Das Dialogfeld *Hyperlink einfügen* bzw. *Hyperlink bearbeiten* ist in allen Office-Anwendungen etwa gleich und auch schnell erklärt. Auf der linken Seite wählen Sie aus, wohin der Hyperlink prinzipiell führen soll:

- zu einer Datei oder Webseite – lokal oder im Netz,
- zu einer Sprungmarke im selben Dokument – das ist die Ersparnis der Bewegung durch Bildlaufleisten,
- in ein Dokument, welches erst erstellt werden soll, oder
- das Standard-E-Mail-Programm wird gestartet.

Hatten Sie eine Zelle mit Inhalt ausgewählt, erscheint dieser als anzuzeigender Text. War die Zelle leer, haben Sie Gelegenheit, den Text nachträglich in der ersten Zeile des Dialogfelds einzugeben. Verzichten Sie darauf, erscheint die Adresse des Ziels.

Die Schaltfläche *QuickInfo* erlaubt es, einen erklärenden Text anzugeben, der beim Zeigen mit der Maus auf den Hyperlink als Kurzinformation erscheint.

> **TIPP** Die Schaltfläche *Textmarke* ist dafür vorgesehen, eine Sprungmarke im anzuspringenden Dokument anzuwählen. Unter Excel funktioniert das aber nur, wenn Sie eine Excel-Arbeitsmappe anspringen. Textmarken in Word werden nur dann erkannt, wenn Sie in einem Word-Dokument (und nicht im Dokument einer anderen Anwendung) einen Hyperlink einfügen. Sie können diesen kleinen Missstand jedoch überlisten.

Schauen Sie sich an, wie die einzelnen Programme ihre Textmarken handhaben. Starten Sie unter Word, erscheint etwas wie:

Dokumentpfad\Dokumentname#Textmarkenname

Excel kennt die gleiche Syntax im Falle benannter Bereiche, die angesprungenen werden sollen. Bestimmte Zellen werden mit

Mappenpfad\Mappenname#Tabellenname!Zellbezug

erreicht. Also durch

E:\Eigene Dateien\Meine Mappe.xls#Tabelle2!B2:C4

öffnet sich die entsprechende Arbeitsmappe mit *Tabelle2* obenauf und die Zellen *B2:C4* sind markiert.

Diese Technik des »Zusatzeintrags per Hand« lässt sich auch gut während einer PowerPoint-Präsentation einsetzen. Entfallen doch das eher ungeschickte Verlassen des Präsentationsmodus und der anschließende störende Aufruf der gewünschten Datei mit anschließender Suche der zu zeigenden Stelle. Die Dateien müssen sich dazu allerdings an einem im Sicherheitscenter als sicher einzustufenden Ort befinden.

Zusammenfassung

Lassen Sie sich nicht von der Vielzahl der Möglichkeiten und deren Details »überrennen«. Hier macht nur »Übung den Meister«. Dieses Üben sollte vor allem auch aus dem Training der technischen Abläufe bestehen, damit diese im Bedarfsfall wie »geschmiert« gehen. Wichtig ist in erster Linie, eine Vorstellung darüber zu entwickeln, was durch den Informationsaustausch erreicht werden soll. Ist es die einfache Übernahme, ist oft *Kopieren* und *Einfügen* erste Wahl. Geht es jedoch um permanente Verbindung der Dokumente (*Verknüpfungen*), so ist die Unterscheidung zwischen *Quelle* und *Ziel* schon 80 % der Lösung.

Hier noch einmal die wesentlichen Fundstellen dieses Kapitels:

Frage	Lösung
Welche Möglichkeiten bietet die Zwischenablage und wie sind die Daten nach dem Einfügen formatiert?	Der Inhalt wird optional mit auszuwählenden Formatierungen ins aktuelle Dokument eingefügt. Details finden Sie auf den Seiten 889 und 900 ff.
Wie werden Excel-Daten in Word bzw. PowerPoint festgehalten?	Unterscheiden Sie konsequent zwischen Quelle und Ziel der Datenübernahme. Details enthalten die Seiten 888 und 892.

Kapitel 29 Excel und die anderen Office-Anwendungen

Frage	Lösung
Können Excel-Listen für Sendungen (Seriendokumente) unter Word verwendet werden?	Die positive Antwort steht auf Seite 891
Wie kann man externe Daten in Excel-Arbeitsblätter einbeziehen?	Die zahlreichen Möglichkeiten finden Sie ab Seite 893
Gibt es einen Zusammenhang zwischen Excel-Listen und dem Inhalt von Outlook-Ordnern?	Dieser Zusammenhang wird ab Seite 897 erläutert
Arbeiten Excel und InfoPath zusammen?	InfoPath gestattet den Datenexport nach Excel. Richtig los geht es allerdings auf SharePoint-Seiten – Seite 898 ff
Zu welchen Zielen führen Hyperlinks?	Hyperlinks arbeiten nicht nur innerhalb einer Excel-Arbeitsmappe, sondern können ganz zielgerichtet zu anderen Dokumenten mit Textmarken führen – und umgekehrt. Einzelheiten dazu sind ab Seite 902 erläutert.

Teil J
Eigene Makros programmieren

Kapitel 30	Eigene Makros programmieren	907

Wenn Sie das vorliegende Buch bis zu dieser Stelle durchgearbeitet haben, werden Sie sicher zustimmen, dass Excel enorme Fähigkeiten im Umgang mit Zahlen hat. Wenn Ihnen dennoch an der einen oder anderen Stelle eine Funktion fehlt oder wenn Sie verschiedene Arbeitsgänge zusammenfassen und automatisieren wollen, ist auch diese Aufgabe mit Excel 2010 zu bewerkstelligen. Das folgende Kapitel wird Ihnen einen kurzen Überblick zur Makroprogrammierung mit Excel geben. Sie finden hier auch Informationen, wie Sie eine eigene Registerkarte und eigene Befehle im Menüband anzeigen können.

Im Einzelnen lernen Sie, wie Sie

- ein Makro mit dem Makrorekorder aufzeichnen,
- Meldungen anzeigen und Benutzereingaben verarbeiten,
- Werte vergleichen und mit Programmverzweigungen reagieren,
- mit Schleifen Aktionen wiederholt ausführen,
- eine eigene Funktion erstellen,
- ein eigenes Add-In erstellen
- dem Menüband eigene Befehle und Registerkarten mit XML hinzufügen.

Kapitel 30

Eigene Makros programmieren

In diesem Kapitel:

Vorbereitungen: Entwicklertools anzeigen lassen	908
Aufzeichnen mit dem Makrorekorder	909
Makros mit Schaltflächen starten	912
Der VBA-Editor	914
Benutzereingaben auswerten	915
Aktionen wiederholen mit Schleifen	916
Verzweigungen in Programmen	916
Eine eigene Tabellenfunktion erstellen	918
Ein eigenes Add-In erstellen	919
Anpassung des Menübands	920
Zusammenfassung	928

Kapitel 30 Eigene Makros programmieren

Viele Anwender führen immer wieder eine Folge von Befehlen aus, und bei manchen kommt der Wunsch auf, diese Schritte zu vereinfachen. Andere finden trotz zahlreichen Tabellenfunktionen nicht die gesuchte Funktion. Excel bietet als Lösung die Möglichkeit, Makros zu programmieren. Dazu wird eine Programmierumgebung bereitgestellt, mit der Makros unter Verwendung der in allen Office-Komponenten eingesetzten Programmiersprache Visual Basic for Applications (VBA) erstellt werden können.

Vor der Erstellung von Makrolösungen sollten Sie sich über folgende Punkte im Klaren sein:

- Bedenken Sie, dass der Benutzer einer Makroarbeitsmappe beim Öffnen die Ausführung von Makros verhindern kann
- Ohne Kenntnisse von VBA ist eine Makrolösung nicht anzupassen. Sie wollen sicher nicht jedem Anwender zumuten, sich Programmierkenntnisse anzueignen. Für eventuell notwendige Anpassungen müssen Sie also selbst Sorge tragen.
- Viele Lösungen erfordern nicht unbedingt ein Makro und lassen sich ebenso »von Hand« erledigen. Dennoch hat es einen gewissen »Charme«, häufig wiederkehrende Aufgaben oder Aufgaben mit festen Einstellungen von einem Makro erledigen zu lassen.

Dieses Kapitel soll eine kurze Einführung in das Thema Makroprogrammierung geben. Außerdem erfahren Sie hier, welche Möglichkeiten der Programmierer hat, um das Menüband zu ändern und dort eigene Befehle zu platzieren.

Vorbereitungen: Entwicklertools anzeigen lassen

Um den Zugriff auf einige spezielle Befehle für Entwickler zu erhalten, blenden Sie zunächst über *Datei/Optionen* die *Excel-Optionen* ein. Wechseln Sie in die Kategorie *Menüband anpassen* und aktivieren Sie im rechten Abschnitt das Kontrollkästchen *Entwicklertools*, um die gleichnamige Registerkarte im Menüband anzeigen zu lassen.

Abbildg. 30.1 Über die Befehlsgruppe *Code* haben Sie Zugriff auf den Makrorekorder und die Sicherheitseinstellungen

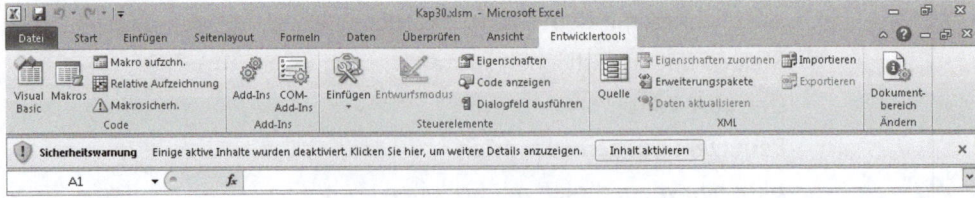

Bevor Sie mit diesem Kapitel fortfahren, soll noch ein wichtiges Thema angesprochen werden: die *Sicherheit*. Dass nicht jedes Makro harmlos ist, hat sich zwischenzeitlich weltweit herumgesprochen. Kein Tag vergeht, ohne dass neue Makroviren in Umlauf geraten. Microsoft hat daher verschiedene Sicherheitsmechanismen in die Office-Produkte integriert.

Neu in Excel 2010 ist das Sicherheitscenter, das zentral alle Einstellungen zum Thema Sicherheit einer Anwendung verwaltet. Das *Sicherheitscenter* verwaltet auch die Liste vertrauenswürdiger Herausgeber, Speicherorte und Dokumente. Außerdem prüft das Sicherheitscenter beim Öffnen einer Arbeitsmappe, ob Makros enthalten sind. Ist das der Fall, wird dies mit der Sicherheitswarnung unter dem Menüband angezeigt (siehe Abbildung 30.1).

Wählen Sie die Schaltfläche *Inhalt aktivieren* wird die Arbeitsmappe der Liste vertrauenswürdiger Dokumente hinzugefügt, beim erneuten Öffnen müssen Sie damit keine Meldung mehr aktivieren. Ebenso wird der gesamte Funktionsumfang enthaltener Makros zur Verfügung gestellt.

Der Link *Klicken Sie hier, um weitere Details anzugeigen* führt Sie in die Backstage-Ansicht, wo Sie den Inhalt einmalig aktivieren sowie weitere Einstellungen festlegen können.

Klicken Sie auf der Registerkarte *Entwicklertools* (siehe Abbildung 30.1) in der Gruppe *Code* auf den Befehl *Makrosicherh.*, wird das Dialogfeld *Sicherheitscenter* angezeigt.

Abbildg. 30.2 Die Sicherheitseinstellungen werden im *Sicherheitscenter* zentral verwaltet

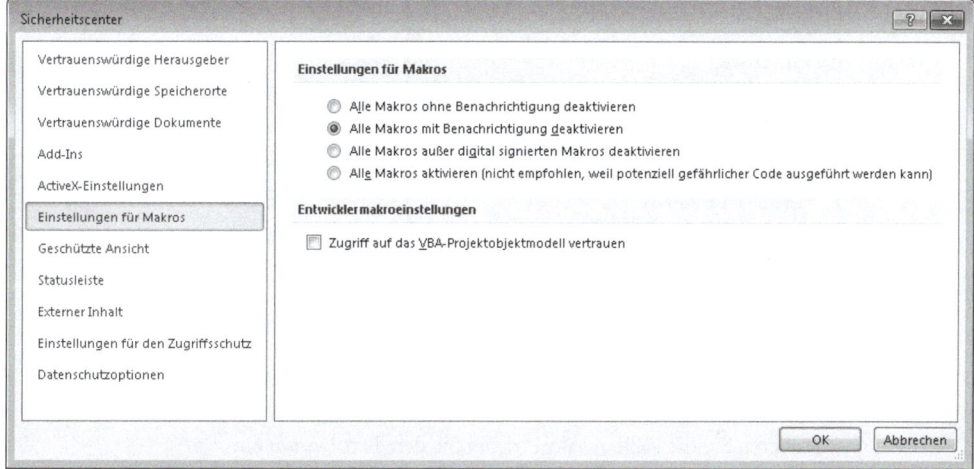

Mit der hier gezeigten Einstellung wird beim Öffnen von Dateien, die Makros enthalten, die Sicherheitswarnung aus Abbildung 30.1 angezeigt und die Arbeitsmappe wird in der geschützten Ansicht geöffnet. Bei Mappen unbekannter Herkunft können Sie dann zunächst prüfen, welche Aktionen die Makros ausführen wollen. Gleichzeitig bedeutet dies aber auch, dass die Funktionalität der Arbeitsmappe eingeschränkt sein kann. Sind beispielsweise benutzerdefinierte Tabellenfunktionen enthalten, liefern diese in Tabellen den Fehlerwert *#Name?*.

Aufzeichnen mit dem Makrorekorder

Um einen ersten Einblick in die Programmierung mit VBA zu erhalten, ist der Makrorekorder ein ideales Werkzeug. Mit seiner Hilfe zeichnen Sie die Aktionen Schritt für Schritt auf und können diese beliebig oft wiederholen. Zudem können Sie den Makrorekorder benutzen, um sich mit der »Sprache« VBA vertraut zu machen.

CD-ROM Die Beispiele zu diesem Kapitel finden Sie in der Datei *Kap30.xlsm* im Ordner *\Buch\Kap30* auf der CD-ROM zu diesem Buch.

Zellen ändern und formatieren

Das erklärt sich am besten an einem Beispiel: Sie wollen in Zelle *A1* den Text *Datum* und in Zelle *B1* die Formel *=Heute()* eintragen. Anschließend soll die Zelle *B1* im Schriftschnitt *Fett* formatiert und mit der Farbe *Gelb* ausgefüllt werden.

Wenn man davon ausgeht, dass eine Arbeitsmappe geöffnet ist, müssen Sie dazu folgende Aktionen ausführen:

1. Aktivieren Sie die Zelle *A2* und wählen Sie auf der Registerkarte *Entwicklertools* in der Gruppe *Code* den Befehl *Makro aufzchn.* oder klicken Sie auf das Symbol in der Statusleiste.

Abbildg. 30.3   Der Name ist Pflicht – der Kommentar die Kür

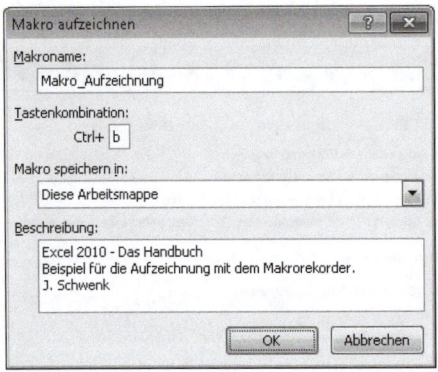

2. Füllen Sie das Dialogfeld *Makro aufzeichnen* wie in Abbildung 30.3 aus und bestätigen Sie die Eingabe mit *OK*.
3. Aktivieren Sie die Zelle *A1* und tragen Sie den Text *Datum* ein.
4. Wechseln Sie in die Zelle *B1* und tragen Sie die Formel =Heute() ein.
5. Markieren Sie erneut die Zelle *B1* und rufen Sie auf der Registerkarte *Start* in der Gruppe *Zellen* den Befehl *Format/Zellen formatieren* auf.
6. Aktivieren Sie im Dialogfeld *Zellen formatieren* die Registerkarte *Schrift* und stellen Sie hier den *Schriftschnitt* auf *Fett*.
7. Wechseln Sie im Dialogfeld zur Registerkarte *Ausfüllen* und weisen Sie als Zellschattierung unter *Hintergrundfarbe* die Farbe *Gelb* zu.
8. Bestätigen Sie die Änderungen per Klick auf die Schaltfläche *OK*.

9. Beenden Sie die Makroaufzeichnung über den Befehl *Aufzeichnung beenden* (*Entwicklertools/ Code*) oder das Symbol in der Statusleiste.

Das Makro testen

Das soeben aufgezeichnete Makro wollen Sie nun ausführen, um die Arbeitsweise zu prüfen. Damit Sie die korrekte Funktionsweise auch kontrollieren können, sollten Sie zuvor den Bereich *A1:B1* löschen oder in ein leeres Arbeitsblatt wechseln. Wenn Sie keine spezielle Tastenfolge für die Aufzeichnung festgelegt haben, führen Sie folgende Schritte aus, um das Makro zu starten:

Aufzeichnen mit dem Makrorekorder

1. Es ist eine probate Methode, vor dem Ausführen von Makros den aktuellen Stand der Arbeiten zu speichern. Falls Sie das noch nicht getan haben, ist jetzt die passende Gelegenheit.
2. Aktivieren Sie die Zelle *A2*.
3. Rufen Sie auf der Registerkarte *Entwicklertools* in der Gruppe *Code* den Befehl *Makros* auf.
4. Markieren Sie im Dialogfeld *Makro* den Namen Ihres soeben erstellten Makros.
5. Klicken Sie auf die Schaltfläche *Ausführen*.

Das Ergebnis sehen Sie in Abbildung 30.4.

Abbildg. 30.4 Die Eingaben und Formatierungen wurden vom aufgezeichneten Makro vorgenommen

	A	B	C	D
1	Datum	01.07.2010		
2				

B1 =HEUTE()

Grundeinstellungen bei der Makroaufzeichnung

Bevor Sie die eigentliche Aufzeichnung starten können, wird das Dialogfeld *Makro aufzeichnen* (siehe Abbildung 30.3) für allgemeine Informationen über das Makro angezeigt. Sie müssen einen für die jeweilige Arbeitsmappe eindeutigen Namen für das Makro vergeben. Excel wacht dabei über die Namenskonvention für Makros.

Ebenso müssen Sie festlegen, wo das Makro gespeichert werden soll. Wählen Sie hierzu im Dropdownfeld *Makro speichern in* unter den Einstellungen *Diese Arbeitsmappe*, *Persönliche Makroarbeitsmappe* und *Neue Arbeitsmappe*.

- In *Diese Arbeitsmappe* sollten Sie Makros speichern, die für die Bearbeitung von Daten der aktuellen Arbeitsmappe von Bedeutung sind

- Soll ein Makro, das unabhängig von bestimmten Voraussetzungen funktioniert, immer verfügbar sein, wenn Sie mit Excel arbeiten, speichern Sie es in der *Persönlichen Makroarbeitsmappe*. Diese Arbeitsmappe mit dem Namen *Personal.xlsb* wird unter Windows 7 im vertrauenswürdigen Ordner *C:\Users\<Benutzername>\AppData\Roaming\Microsoft\Excel\XLSTART* erstellt. Dateien, die hier abgelegt sind, öffnet Excel automatisch unmittelbar nach dem Start. Beachten Sie auch, dass Excel diese Einstellung dann für das Dialogfeld *Makro aufzeichnen* als Voreinstellung übernimmt.

HINWEIS Wenn Sie ein Makro in der persönlichen Arbeitsmappe ablegen und Excel beenden, wird eine Sicherheitsabfrage angezeigt. Wenn Sie das Makro erhalten wollen, müssen Sie hier auf *Speichern* klicken, damit die Arbeitsmappe gespeichert wird.

- In einer *Neuen Arbeitsmappe* sollten Sie Module immer dann speichern, wenn es sich um Module handelt, die nicht unter die vorgenannten Gruppen fallen.

Die Angabe zur Tastenkombination für den Programmstart ist optional. Wenn Sie eine Taste angeben, können Sie das Makro über die Tastenkombination [Strg]+[Taste] ausführen. [Taste] steht dabei für die einzelne Taste.

WICHTIG Beachten Sie, dass bereits zahlreiche Tasten mit Standardfunktionen belegt sind, deren Funktion Sie durch die Definition einer individuellen Tastenkombination möglicherweise außer Kraft setzen.

Das Einfügen einer Beschreibung ist optional. Die Beschreibung wird im Programmcode als Kommentar vor den aufgezeichneten Aktionen eingetragen. Alle Einstellungen, die Sie beim Starten der Aufzeichnung vornehmen, lassen sich auch nachträglich ändern.

Unterschiedliche Aufzeichnungsmodi verwenden

Bei der Eingabe von Formeln in einem Arbeitsblatt sind Ihnen die Bezugsarten bereits begegnet (siehe hierzu das Kapitel 6). Bei Makroaktionen verhält es sich in gleicher Weise.

WICHTIG Der Standard für die Aufzeichnung von Zellbezügen ist die Bezugsart *absolut*, d. h. bei der Ausführung des Befehls *Makro aufzchn.* wird exakt der bearbeitete Zellbereich festgehalten. Aktivieren Sie den Befehl *Relative Aufzeichnung*, ist es wichtig, welche Zelle beim Starten der Aufzeichnung aktiv ist, da der Bezug dann als relativer Bezug aufgezeichnet wird.

Makros mit Schaltflächen starten

Um ein Makro zu starten, verwenden viele Anwender Schaltflächen in den jeweiligen Arbeitsmappen. Für die Erstellung einer Schaltfläche über *Entwicklertools/Steuerelemente/Einfügen* können Sie das Symbol *Schaltfläche (Formularsteuerelement)* verwenden. Mehr zu Steuerelementen steht in Kapitel 13.

Sie möchten eine neue Schaltfläche erstellen und dieser ein Makro zuweisen. Gehen Sie dazu folgendermaßen vor:

1. Klicken Sie in der Registerkarte *Entwicklertools* in der Gruppe *Steuerelemente* auf den Befehl *Einfügen*.
2. Klicken Sie auf das Symbol *Schaltfläche (Formularsteuerelement)* der Gruppe *Formularsteuerelemente*.
3. Klicken Sie an die Stelle in der Arbeitsmappe, an welcher die Schaltfläche erstellt werden soll und halten Sie die linke Maustaste gedrückt. Ziehen Sie einen Rahmen für die Größe der Schaltfläche auf. Lassen Sie die linke Maustaste los.
4. Das Dialogfeld *Makro zuweisen* wird geöffnet. Markieren Sie in der Auswahlliste das gewünschte Makro und klicken Sie auf die Schaltfläche *OK*.
5. Klicken Sie auf eine beliebige Zelle, um den Bearbeitungsmodus für die Schaltfläche zu verlassen.

Wohin hat der Makrorekorder die Aktionen geschrieben?

Für die Bearbeitung von Makros enthält jede Office-Anwendung eine eigene Programmierumgebung. Ganz praktisch ist dabei, dass diese Umgebung immer gleich aussieht. Egal, ob Sie in Excel, PowerPoint, Outlook oder in Word programmieren – Sie finden die gleiche Umgebung vor.

Wechseln Sie über den Befehl *Entwicklertools/Code/Visual Basic* oder die Tastenkombination [Alt]+[F11] in den VBA-Editor und lassen Sie dort mit dem Menübefehl *Ansicht/Code* das Codefenster anzeigen.

Abbildg. 30.5 Die Arbeitsumgebung für die VBA-Programmierung mit dem aufgezeichneten Makro

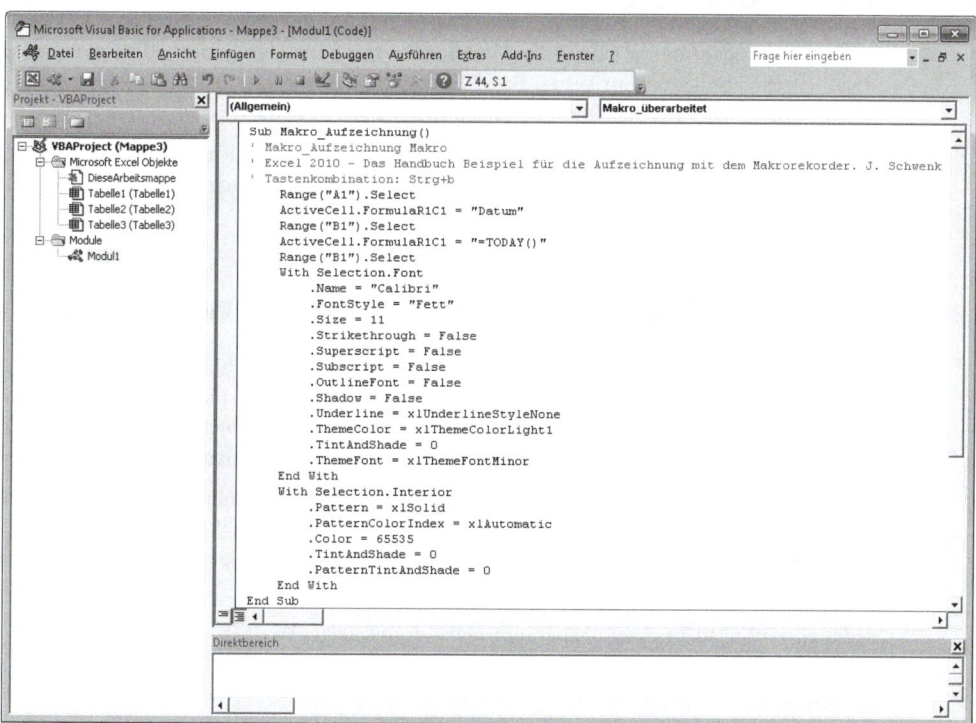

Aufzeichnung überarbeiten und kürzen

Wenn Sie den aufgezeichneten Programmcode ansehen, werden Sie feststellen, dass dieser wesentlich umfangreicher ist, als die Aktionen, die Sie eigentlich ausführen wollen (siehe Abbildung 30.5).

Das liegt daran, dass der Makrorekorder alle Optionen eines Dialogfelds protokolliert, wenn darin eine Änderung durchgeführt wurde. Sie können den Code jedoch verkürzen, indem Sie nicht benötigte Aktionen markieren und mit der [Entf]-Taste löschen. Das überarbeitete Makro ist erheblich kürzer und übersichtlicher. Bei umfangreichen Programmen wirkt sich das Löschen nicht benötigter Befehle positiv auf die Ausführungsgeschwindigkeit aus.

Kapitel 30 Eigene Makros programmieren

Listing 30.1   Optimierter Makrocode ohne unnötigen Ballast

```
Sub Makro_überarbeitet()
' Überarbeitung der Makro_Aufzeichnung
Range("A1").FormulaR1C1 = "Datum"
With Range("B1")
  .FormulaR1C1 = "=TODAY()"
  .Font.FontStyle = "Fett"
  .Interior.Color = 65535
End With
End Sub
```

Der VBA-Editor

Die Arbeitsumgebung im VBA-Editor ist nicht an das neue Design der Office-Anwendungen angepasst. Die Symbolleisten im Visual Basic-Editor können Sie (wie früher in Excel) über den Menübefehl *Ansicht/Symbolleisten/Anpassen* nach Ihren eigenen Bedürfnissen gestalten.

Das Fenster des Editors (Abbildung 30.5) enthält neben den Menü- und Symbolleisten verschiedene weitere Fenster. Im Menü *Fenster* stehen Befehle für die Anordnung der unterschiedlichen Arbeitsbereiche zur Verfügung.

Das Codefenster für die Makroanweisungen

Der eigentliche Programmcode wird im Codefenster (Abbildung 30.5) abgelegt. Angezeigt wird dieses Fenster nach einem Doppelklick auf ein Projekt im Projekt-Explorer oder über den Menübefehl *Ansicht/Code*. Im oberen Bereich stehen für die Auswahl der Objekte und der Prozeduren Dropdownlistenfelder zur Verfügung. Im unteren Teil stehen die Makroanweisungen.

Doppelklicken Sie im Projektfenster auf den Namen einer Arbeitsmappe oder einen Tabellennamen, wird das Codefenster für dieses Objekt angezeigt. Es handelt sich dabei um ein fest mit diesem Objekt verbundenes Modul, ein sogenanntes *Klassenmodul*. Im Gegensatz dazu werden aufgezeichnete Makros in Standardmodulen abgelegt.

Jedes Modul wird in einem separaten Fenster angezeigt. Wenn Sie jetzt im Listenfeld *Objekt* das Objekt *Workbook* auswählen, werden im Listenfeld *Prozedur* die Ereignisse angezeigt, denen Sie Makros zuweisen können. Sind bereits Makros zugewiesen, werden diese im Listenfeld in fetter Schrift dargestellt.

Über Ereigniseigenschaften können Sie den Start von Makros veranlassen, wenn ein bestimmtes Ereignis, etwa ein Doppelklick oder eine Neuberechnung, erfolgt.

Makros starten und unterbrechen über die Tastatur

Im VBA-Editor können Sie Makros schnell starten, wenn Sie an beliebiger Stelle im Code die F5-Taste drücken. Um ein Makro schrittweise auszuführen, drücken Sie die F8-Taste. Sie können damit das Ergebnis jeder Aktion verfolgen und damit eventuelle Fehler im Code aufspüren.

Um ein ablaufendes Makro zu unterbrechen, drücken Sie die Esc -Taste oder die Tastenkombination Strg + Pause . Damit befindet sich das Makro im Haltemodus, womit die Ausführung unterbrochen wird.

Hilfestellung im VBA-Editor

Aus dem VBA-Editor können Sie Hilfe zu VBA-Themen mit der Taste F1 aufrufen. Die prinzipielle Arbeitsweise in der Hilfe wird in Kapitel 2 beschrieben. Sie können zu einem bestimmten Objekt, einer Eigenschaft oder einem Schlüsselwort auch eine kontextbezogene Hilfe anzeigen. Klicken Sie dazu auf die entsprechende Stelle im Code oder eine Eigenschaft im Fenster *Eigenschaften* und drücken Sie die F1 -Taste.

Profitipp Über den Menübefehl *Ansicht/Objektkatalog* oder die Taste F2 können Sie den Objektkatalog einblenden. Im Objektkatalog finden Sie alle verfügbaren Objekte aufgelistet.

Benutzereingaben auswerten

Wie erstellen Sie eine einfache Eingabeaufforderung, die dem Benutzer das Eintragen eines Namens für ein neues Arbeitsblatt ermöglicht?

Um diese Aufgabe zu lösen, speichern Sie den Rückgabewert der VBA-Funktion

InputBox (Prompt,[Title],[Default],[XPos],[YPos],[Helpfile],[Context])

in der Variablen *v*. Der Inhalt dieser Variablen wird zunächst geprüft. Handelt es sich um eine leere Zeichenfolge oder ist die Zeichenfolge länger als ein gültiger Name, wird das Makro beendet.

Abbildg. 30.6   Hier kann der Benutzer unter zwei Optionen wählen

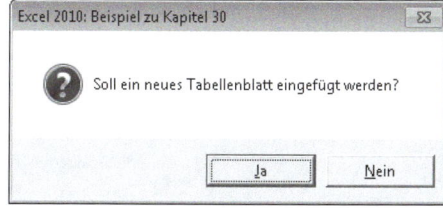

Listing 30.2   Das Beispiel zeigt ein Meldungsfeld und eine einfache Eingabemaske an

```
Sub neueTabelle()
On Error GoTo Err_NeuesBlatt
Dim r As Integer
Dim v As Variant
Dim wks As Worksheet
Const MeldungsTitel = "Excel 2010: Beispiel zu Kapitel 30"
r = MsgBox("Soll ein neues Tabellenblatt eingefügt werden?", _
          vbQuestion + vbYesNo, MeldungsTitel)
If r = vbYes Then
    v = InputBox("Geben Sie den Namen für das neue Tabellenblatt an.", _
                 MeldungsTitel, "Beispiel")
```

Listing 30.2 Das Beispiel zeigt ein Meldungsfeld und eine einfache Eingabemaske an *(Fortsetzung)*

```
        If v = vbNullString Or Len(v) > 31 Then Exit Sub
        Set wks = Sheets.Add
        wks.Name = v
    End If
    Set wks = Nothing
    Exit Sub
Err_NeuesBlatt:
    MsgBox Err.Description, vbCritical, MeldungsTitel
End Sub
```

Abbildg. 30.7 Die Eingabeaufforderung soll den Namen für das neue Tabellenblatt ermitteln

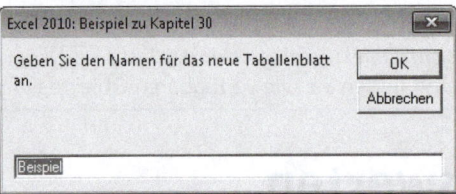

Aktionen wiederholen mit Schleifen

In Fällen, in denen eine oder mehrere Anweisungen mehrmals wiederholt werden sollen, kommen *Schleifen* zum Einsatz. Eine Schleife wird durch bestimmte Schlüsselwörter eingeleitet bzw. beendet und wiederholt eine Reihe von Anweisungen. Hierfür gibt es unterschiedliche Möglichkeiten, deren Einsatz sich danach richtet, ob Sie bereits beim Programmieren die Anzahl der erforderlichen Schleifendurchläufe kennen oder ob diese Zahl unbestimmt ist und damit eine andere Abbruchbedingung festgelegt werden muss.

Die Anweisung For...Next wiederholt eine Folge von Befehlen mehrmals. Die Anzahl der Wiederholungen ist dabei festgelegt. Beispiel:

```
For Zähler = Startwert To Endwert [ Step Schrittgröße ]
    [Anweisungsblock]
    [Exit For]
    [Anweisungsblock]
Next [Zähler]
```

Zähler ist eine numerische Variable, die als Schleifenzähler mit *Startwert* beginnt und mit *Endwert* endet. Mit der *Schrittgröße* definieren Sie den Wert, um den der Zähler bei jedem Schleifendurchlauf geändert wird. Wenn Sie keinen Wert für *Step* angeben, erhält *Schrittgröße* den Standardwert 1.

Verzweigungen in Programmen

Um eine Benutzereingabe wie im vorigen Beispiel zu prüfen und anschließend unterschiedliche Reaktionen auf die Eingabewerte auszuführen, wird die If...Then-Anweisung verwendet.

Beispiel für die Blockform von If...Then...Else:

```
If Bedingung1 Then
    [Anweisungsblock1]
[ElseIf Bedingung2 Then
    [Anweisungsblock2] ]
. . .
[Else
    [Anweisungsblockn] ]
End If
```

Beim Ausführen des `If`-Blocks überprüft VBA die *Bedingung1*. Wenn der Ausdruck *Wahr* ist, werden die nach `Then` folgenden Anweisungen ausgeführt. Wenn der erste Ausdruck *Falsch* ist, beginnt VBA, alle `ElseIf`-Bedingungen (sofern vorhanden) nacheinander auszuwerten. Sobald VBA eine wahre Bedingung findet, werden die auf `Then` folgenden Anweisungen ausgeführt. Wenn keine der `ElseIf`-Bedingungen *Wahr* ist, werden die nach der Anweisung `Else` folgenden Anweisungen ausgeführt. Bei der Verwendung von `ElseIf` können Sie auf alle `End If`-Anweisungen mit Ausnahme der letzten verzichten. Nach dem Ausführen der Anweisungen, die nach `Then` oder `Else` folgen, wird das Programm mit der Anweisung fortgesetzt, die nach `End If` folgt.

Beispiel: alle Blätter einer Arbeitsmappe alphabetisch sortieren

Nehmen wir an, Sie möchten mithilfe eines Makros alle Tabellenblätter der aktiven Arbeitsmappe alphabetisch sortieren. Über die Eigenschaft *Count* des *Sheets*-Objekts ermitteln Sie dazu die Gesamtzahl der Blätter. Über einen Index zeigen Sie dann auf die Position jedes einzelnen Objekts in der Liste. Für dieses Objekt wird dann die Eigenschaft *Name* ermittelt und mit dem Namen des nächsten Blatts verglichen (siehe dazu Listing 30.3).

Listing 30.3 Alle Arbeitsblätter einer Arbeitsmappe alphabetisch sortieren

```
Sub BlattregisterSortieren()
On Error GoTo Err_BlattregisterSortieren
Dim AnzahlRegister As Integer
Dim i, j As Integer
With ActiveWorkbook
  For i = 1 To .Sheets.Count
    For j = 1 To .Sheets.Count - 1
      If UCase$(Sheets(j).Name) _
          > UCase$(Sheets(j + 1).Name) Then
            Sheets(j + 1).Move before:=Sheets(j)
      End If
    Next j
  Next i
End With
Exit Sub
Err_BlattregisterSortieren:
MsgBox Err.Description, vbCritical, "Fehler bei der Blattsortierung"
End Sub
```

Kapitel 30 **Eigene Makros programmieren**

Eine eigene Tabellenfunktion erstellen

Prinzipiell unterscheidet man zwei unterschiedliche Prozedurtypen nach ihren Aufgaben. Beim ersten Prozedurtyp handelt es sich um die sogenannten *Prozeduren*. Eine solche Prozedur beginnt immer mit dem Schlüsselwort *Sub*, gefolgt von dem Namen der Prozedur und endet mit dem Schlüsselwort *End Sub*. Diese Prozeduren (wie die bisherigen Beispiele) führen Aktionen aus, können jedoch kein Ergebnis zurückgeben.

Der zweite Prozedurtyp wird unter dem Oberbegriff *Funktionen* zusammengefasst. Mit diesen Prozeduren können Sie eine Berechnung oder eine Wahrheitsprüfung durchführen und anschließend das Ergebnis zurückgeben.

Ein solches Makro beginnt mit dem reservierten Schlüsselwort *Function*, gefolgt vom Namen der Funktion und einem Klammernpaar. In diesem Klammernpaar können Argumente an die Funktion übergeben werden. Funktionen führen in der Regel mathematische Operationen aus, prüfen bestimmte Sachverhalte oder liefern einen Verweis auf ein Objekt. Das Ergebnis dieser Operationen wird dem Funktionsnamen mit dem Zuweisungsoperator »=« zugewiesen. Das Ende einer Funktion wird mit dem Schlüsselwort *End Function* angezeigt.

Die folgende Funktion gibt Informationen zu den Dateieigenschaften der aktiven Arbeitsmappe.

Listing 30.4 Eine benutzerdefinierte Funktion mit einem erforderlichen und einem optionalen Argument

```
Public Function Dateieigenschaft(intNum As Integer, ) _
            Optional ByVal eingebaute As Boolean = True)
Application.Volatile
On Error GoTo Err_Dateieigenschaft
Dim wb As Workbook
Set wb = ActiveWorkbook
If eingebaute = False Then
    Dateieigenschaft = wb.CustomDocumentProperties(intNum)
  Else
    Dateieigenschaft = wb.BuiltinDocumentProperties(intNum)
End If
Set wb = Nothing
Exit Function
Err_Dateieigenschaft:
Dateieigenschaft = "#Wert!"
End Function
```

Mehr zu Dokumenteigenschaften finden Sie in Kapitel 3 und in Kapitel 19.

Die Funktion *Dateieigenschaft* kann nun z. B. in einem Arbeitsblatt verwendet werden. Steht in der Zelle *A1* eine Zahl, können Sie in der Zelle *B1* die zugehörige Dateieigenschaft über die Formel = Dateieigenschaft(A1) ermitteln. Voraussetzung hierfür ist, dass sich das Modul und das Arbeitsblatt in derselben Arbeitsmappe befinden. Sie erhalten sonst den Fehlerwert *#NAME?*.

Aber auch in einer anderen Arbeitsmappe kann die Funktion verwendet werden. Bei geöffneter Arbeitsmappe erweitern Sie den Namen der Funktion um den Hinweis auf den externen Bezug:

```
=Funktionsmappe.XLSM!Dateieigenschaft(A1;WAHR)
```

bzw. wenn die Arbeitsmappe mit der Funktion nicht geöffnet ist inkl. Pfad z. B.

```
=C:\Daten\Funktionsmappe.XLSM!Dateieigenschaft(A1;WAHR)
```

> **TIPP** Wenn die Arbeitsmappe mit der benutzerdefinierten Funktion geladen ist, lassen sich die Tabellenfunktionen auch über den Funktions-Assistenten eintragen. Sie finden diese Funktionen in der Kategorie *Benutzerdefiniert*.

> **WICHTIG** Beachten Sie bei der Weitergabe von Dateien, die benutzerdefinierte Funktionen verwenden, dass diese Funktionen in der Arbeitsmappe gespeichert sein müssen oder die entsprechende Datei ebenfalls weitergegeben werden muss. Zellen, die benutzerdefinierte Funktionen verwenden, zeigen sonst den Fehlerwert *#NAME?* an.

Ein eigenes Add-In erstellen

Wenn Sie benutzerdefinierte Funktionen erstellt haben und diese weitergeben wollen, stellt sich die Frage, ob der Benutzer die Funktionen auch einsehen soll oder ob diese besser in einer ausgeblendeten Datei abgelegt werden. Excel bietet hierfür eine spezielle Speicherform an, ein sogenanntes *Add-In*.

Um ein eigenes Add-In zu erstellen, gehen Sie wie folgt vor:

1. Erstellen Sie die Module, die das Add-In enthalten soll.
2. Kompilieren Sie zunächst das Projekt im VBA-Editor über den Menübefehl *Debuggen/Kompilieren von VBAProject*. Sie stellen damit sicher, dass keine Syntaxfehler enthalten sind.
3. Wechseln Sie in das Excel-Fenster.
4. Wählen Sie den Befehl *Datei/Speichern unter*.
5. Wählen Sie das Dateiformat *Excel-Add-In (*.xlam)* aus und vergeben Sie einen Namen.
6. Schließen Sie die Datei.

> **WICHTIG** Standardmäßig bietet Excel den Ordner *C:\Users\<Benutzername>\AppData\Roaming\Microsoft\AddIns* für die Ablage benutzerdefinierter Add-Ins an. Sie sind in der Wahl des Ordners aber frei und können das Add-In auch an einem anderen Ort ablegen.

Wenn die Datei geladen ist, wird diese im Projekt-Explorer des VBA-Editors angezeigt (ein Add-In hat kein sichtbares Arbeitsblatt). Sie können die Datei hier markieren und bearbeiten.

Wenn Sie Änderungen an einem Add-In durchführen und Excel beenden, wird kein Hinweis angezeigt, dass die Arbeitsmappe geändert wurde. Ihre Änderungen gehen verloren, wenn Sie die Arbeitsmappe vor dem Beenden nicht speichern!

Das Add-In können Sie nun wie folgt einbinden:

1. Wählen Sie den Befehl *Datei/Optionen*.
2. Im Dialogfeld *Excel-Optionen* wechseln Sie in die Kategorie *Add-Ins*.
3. Im Listenfeld *Verwalten* stellen Sie den Eintrag *Excel-Add-Ins* ein und wählen die Schaltfläche *Gehe zu*.
4. Aktivieren Sie im Dialogfeld *Add-Ins* den Eintrag für das gewünschte Add-In. Wollen Sie Add-Ins verfügbar machen, die nicht im Standardordner abgelegt sind, wählen Sie die Schaltfläche *Durchsuchen* und wechseln Sie in den gewünschten Ordner.

5. Schließen Sie das Dialogfeld *Add-Ins* mit *OK*.

Abbildg. 30.8   Das Add-In mit der benutzerdefinierten Funktion ist jetzt eingebunden

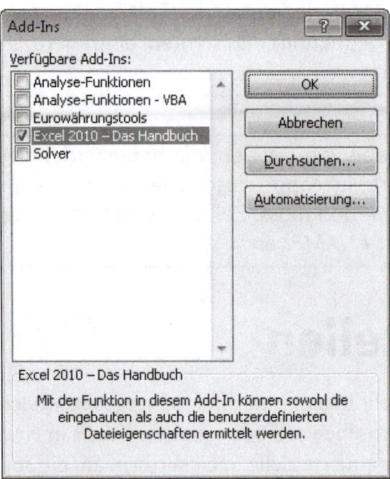

Für den Namen des Add-Ins und die Informationen im unteren Teil des Dialogfelds *Add-Ins* werden die Dokumenteigenschaften *Titel* und *Kommentare* verwendet.

CD-ROM   Dieses Beispiel finden Sie in der Datei *Kap30.xlsm* im Ordner *\Buch\Kap30* auf der CD-ROM zu diesem Buch. Dort ist das fertige Add-In in der Datei *Kap30.xlam* abgelegt.

Anpassung des Menübands

Nach einigen Zeiten der Abstinenz beim Anpassen der Oberfläche (unter Excel 2007 ist das Menüband für Anwender eingefroren) kann nunmehr wie von vielen gehofft die Schnellzugriffsleiste aber auch das Menüband durch den Anwender nach dessen Bedürfnissen angepasst werden. Das betrifft die Sichtbarkeit, die Anordnung und das Neueinfügen von Registern, aber auch das Entfernen oder Neueinrichten von Befehlsgruppen.

Für professionelle Lösungen, wie sie mit VBA-Code in Arbeitsmappen, Vorlagen oder Add-Ins entstehen, reicht das »oberflächliche« Anpassen u. U. nicht, Automatismen sind gefragt. Und diese sind nur mit Spezialkenntnissen umsetzbar, neben VBA spielt XML eine zentrale Rolle.

Was passiert mit Modifizierungen von Menü- und Symbolleisten der Versionen bis 2003?

Die bis Version 2003 erstellten Symbolleisten und Menüeinträge für Mappen und Add-Ins fallen auch mit der neuen Version nicht unter den Tisch. Vorausgesetzt, dass das VBA-Objektmodell die Funktionsfähigkeit schlechthin nicht in Frage stellt, werden in einer speziellen Registerkarte des Menübands, der Registerkarte *Add-Ins* (ansonsten nicht sichtbar), automatisch drei Befehlsgruppen eingerichtet: *Menübefehle*, *Symbolleistenbefehle* und *Benutzerdefinierte Symbolleisten*. Bei Letzteren ist allerdings im Code sicherzustellen, dass die Symbolleisten beim Erzeugen sichtbar gemacht werden (*Visible = True*). Auf Grund der beschränkten Abmessungen des Menübands kann es passieren, dass die Übersicht verloren geht, da einige der Befehle sich zunächst außerhalb des Bildschirms befinden. Aus diesem und in den folgenden Designtipps genannten Gründen wird es nicht selten dazu kommen müssen, die entsprechenden Codestellen zu überarbeiten.

Designtipps von Microsoft

Die folgenden Tipps sollten Sie beachten, bevor Sie an die konkrete Umsetzung gehen:

- Das Menüband beinhaltet Befehle, die den Inhalt eines Dokuments (Arbeitsmappe) betreffen. Neue Befehle, die eine Lösung charakterisieren und ebenfalls das konkrete Dokument betreffen, können in bereits bestehenden Gruppen, neuen Gruppen vorhandener bzw. neuer Registerkarten platziert werden.

- Sehr viele der möglichen neuen Befehle sollten sich von Anfang an in eine der bestehenden Registerkarten einordnen lassen. Eine neue Registerkarte sollte möglichst gefüllt sein. Liegt dazu zu wenig »Masse« vor, ist die *Add-Ins*-Registerkarte ein guter Ort der Platzierung der neuen Befehle in einer eigenen Gruppe. In Gruppen ist durch die Möglichkeit von Optionen hinter einem Befehl in der Regel viel Platz.

- Es sollten möglichst keine Konflikte erzeugt werden, die aus dem Prinzip »Wer zuletzt lacht, lacht am besten« entstehen. Deshalb sollte das Ausblenden von Befehlsgruppen bzw. sogar der gesamte Neuaufbau des Menübands durch Add-Ins gut überlegt sein. Das Wissen, dass Arbeitsmappen bzw. Mustervorlagen ihr eigenes Menüband (das nicht per VBA-Code erzeugt wird) immer dann anzeigen, wenn sie aktiviert sind, ist bei diesen Überlegungen sehr hilfreich. Per VBA sollten Sie (etwa im *Workbook_Open*-Ereignis) Anpassungen des Menübands nach dem »klassischen« *CommandBar*-Prinzip (wenn überhaupt) nur dann vornehmen, wenn die Befehle anwendungsübergreifend, also nicht dokumentbezogen wirken.

- Vermeiden Sie Unruhe im Aufbau des Menübands, die durch situationsbedingte Dynamisierung entsteht. Vermeiden Sie Überraschungen, das heißt Dialogfelder oder ähnliche Konstrukte erscheinen nur auf Anforderung und nicht automatisch. Gruppen sind logisch strukturiert und Befehle kommen im Allgemeinen nicht doppelt vor.

- Benutzen Sie Befehle (Menüs) in der Backstage-Ansicht, um die Anwendung bzw. deren Umgang mit einem Dokument zu steuern, nicht den Inhalt des Dokuments selbst. Es ist klar, dass hier die Grauzone gelegentlich auch breit sein kann, wie der Befehl *Informationen/Verknüpfungen mit Dateien bearbeiten* beweist.

- Nutzen Sie (das ist leider keine Angelegenheit für VBA-Entwickler) die Möglichkeit von Aufgabenbereichen (*Custom Task Panes* bzw. *Action Panes*) zur individuellen Steuerung von Dokumenten

Weitere Tipps finden Sie unter *http://msdn.microsoft.com/en-us/library/cc872782.aspx#guidelines*, wobei es inzwischen vielleicht schon die auf Office 2010 zugeschnittene Version gibt.

XML-Grundlagen der Gestaltung des Menübands

Alles, was nicht in den drei genannten Gruppen der Registerkarte *Add-In* passieren soll, kann nicht mit VBA eingeleitet werden, sondern beruht auf einer Anpassung der Arbeitsmappe (Mustervorlage, Add-Ins) in deren Struktur, wie es in Abbildung 30.9 angedeutet ist.

HINWEIS Entwickler, die Visual Studio 2008 mit den Visual Studio Tools for Office oder den Nachfolger benutzen, haben weitaus mehr Möglichkeiten, als die im Folgenden geschilderten.

Abbildg. 30.9   Die Orte, an denen eine Anpassung des Menübands geschieht

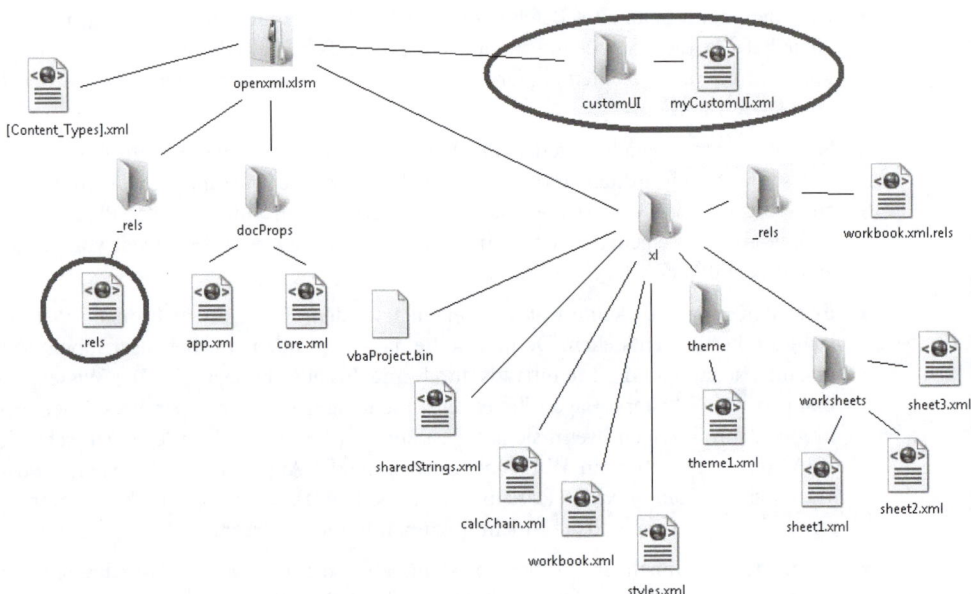

Es sind somit zwei Fragen zu beantworten:

- Wie kommt man ins Innere eines Dokuments?
- Was genau ist dort einzubringen?

Die erste Frage ist schnell geklärt: Sie ändern die Dateiendung von *.xlsx* (*.xlsm*, *.xlam*) temporär auf *.zip* und klicken doppelt im Windows-Explorer (vorausgesetzt, Sie lassen Dateiendungen bekannter Dateien nicht ausgeblendet, was die Standardeinstellung der aktuellen Windows-Versionen ist). Nun können Sie sich innerhalb der Datei durch die Ordner hangeln. Bereiten Sie außerhalb der Datei einen zunächst leeren Ordner namens *customUI* vor und schieben Sie diesen per Drag & Drop ins ZIP-Archiv.

Im ZIP-Archiv finden Sie einen Ordner namens *_rels*. Diesen öffnen Sie und ziehen die darin befindliche Datei *.rels* auf den Desktop. Doppelklicken Sie, wird der Dateiinhalt im Internet Explorer angezeigt. Klicken Sie dort rechts und wählen *Quelltext anzeigen*, können Sie im Windows-Editor die Datei bearbeiten.

Anpassung des Menübands

HINWEIS Natürlich können Sie die Datei auch mit jedem gängigen XML-Editor bearbeiten, ohne Sie vorher im Internet Explorer anzeigen zu lassen. Einen dieser Editoren lernen Sie im Abschnitt »XML Notepad – einer der unentbehrlichen Helfer« ab Seite 924 kennen.

Fügen Sie eine weitere *Relation* ein, die Excel erlaubt, den Zusammenhang innerhalb der Datei zu erkennen:

```
<Relationship
   Id="myRel"
   Type=http://schemas.microsoft.com/office/2007/relationships/ui/extensibility
   Target="customUI/myCustomUI.xml" />
```

Die *Id* können Sie frei wählen, der *Type* ist feststehend und *Target* richtet sich nach der Datei, die Sie im bereits erstellten Ordner *customUI* einfügen werden. Dass deren Typ *xml* ist, ist in dieser Situation zwingend.

Schieben Sie die so angepasste und gespeicherte Datei wieder ins ZIP-Archiv, um so die originale Datei zu ersetzen.

Das war der einfache erste Schritt. Für den zweiten bereiten Sie eine einfache Textdatei, Name und Endung *myCustomUI.xml* vor. Den Namen vor der Dateiendung können Sie frei wählen. Der Text der Datei soll zunächst wie in Listing 30.5 aussehen.

Listing 30.5 Eine erste Anpassung des Menübands um eine eigene Registerkarte. Auch die *Backstage*-Ansicht wird erweitert.

```xml
<?xml version="1.0"?>
<customUI xmlns="http://schemas.microsoft.com/office/2009/07/customui">
   <ribbon>
      <tabs>
         <tab id="myTab" label="Mein Register">
            <group label="Meine Gruppe" id="myGroup">
               <button idMso="VisualBasic" size="large" />
               <button idMso="MacroSecurity" size="normal" />
            </group>
         </tab>
      </tabs>
   </ribbon>
   <backstage>
      <tab id="MyTab" label="Mein Register">
         <firstColumn>
            <group id="MyGroup" label="Meine Gruppe">
               <bottomItems>
                  <button id="MyButton" label="Test"/>
               </bottomItems>
            </group>
         </firstColumn>
      </tab>
   </backstage>
</customUI>
```

Was wird bewirkt? Das Menüband (englisch *ribbon*) erhält in der Auflistung der Registerkarten (englisch *tabs*) eine neue Registerkarte mit der Bezeichnung (englisch *label*) *Mein Register*. Auf diesem befindet sich eine Gruppe (englisch *group*) mit der Bezeichnung *Meine Gruppe*, die zwei Befehlsschaltflächen (englisch *button*) aufnimmt. Beide Schaltflächen gibt es bereits unter Excel, was Sie an deren Identität erkennen, die durch *idMso* spezifiziert wird (es ist der Aufruf des Visual Basic-Editors sowie der Einstellungen zur Makrosicherheit). Jedes aufgeführte Element muss ein Identitätsattribut haben, wobei *id* auf benutzerdefinierte, *idMso* auf integrierte Elemente abzielt.

Analog einleuchtend ist die Erweiterung der Backstage-Ansicht angelegt. Die Schaltfläche kann noch mit einem Makro versehen werden, wie weiter unten beschrieben wird.

Woher weiß man, welche integrierten es gibt? Da ist zum einen die QuickInfo, die erscheint, wenn unter den Excel-Optionen das Menüband angepasst werden soll, zum anderen gibt es auf den Entwicklerseiten von Microsoft entsprechende Listen und andere Hilfsmittel.

Schieben Sie die so vorbereiteten Dateien in den Ordner *customUI* des ZIP-Archivs, schließen dieses wieder, entfernen die Endung *zip* und öffnen die Datei mit Excel: Die eingerichtete Registerkarte erscheint und verschwindet wieder, wenn eine andere Arbeitsmappe aktiv wird.

TIPP   Diese Erweiterung funktioniert nur für Excel 2010. Ist noch 2007 im Einsatz, ist dafür etwas (zusätzlich) vorzubereiten, was die Backstage-Ansicht nicht betrifft. Es ist möglich, die Menübänder für Arbeitsmappen/Add-Ins in Abhängigkeit von der verwendeten Excel-Version (2007 bzw. 2010) anzeigen zu lassen. Beachten Sie hierzu, dass der Namespace für die Ribbon-Anpassung unter Office 2007

```
xmlns=http://schemas.microsoft.com/office/2006/01/customui
```

heißt und der Typ der Relation zur Datei in den *_rels* mit

```
Type=http://schemas.microsoft.com/office/2006/relationships/ui/extensibility
```

angegeben werden muss. Jede Version wird nun die für sie zuständige Anpassung selbst suchen (es befinden sich also zwei Definitionsdateien im Container). Grund dieser Unterscheidung ist, dass es etwa mit der Backstage-Ansicht Elemente gibt, die zwar Excel 2010, nicht aber Excel 2007 kennt.

CD-ROM   Die Dateien zur Anpassung des Menübands finden Sie im Ordner *\Buch\Kap30\Beispieldateien* der CD-ROM zum Buch.

XML Notepad – einer der unentbehrlichen Helfer

Trotz der genannten Kenntnisse über mögliche Bezeichner bleibt der Aufbau einer solchen XML-Datei eine Herausforderung. Wie Sie aus dem Kapitel 28 über XML erfahren haben, müssen XML-Dateien, wenn ihr Gebrauch hieb- und stichfest sein soll, stets einem Schema folgen. Im vorliegenden Falle heißt die Schemadatei *customUI14.xsd* und bezieht sich auf den Namensraum *http://schemas.microsoft.com/office/2009/07/customui*. Sie finden diese Datei ebenfalls auf der Begleit-CD. Um diese Datei zielgerichtet nutzen zu können, brauchen Sie einen XML-Editor, der in der Lage ist, XML-Dateien mit einem Schema zu verbinden und dabei hilft, die Korrektheit der XML-Datei zu überwachen.

Wenn Sie nicht im Besitz von *Visual Studio 2008* (es reicht eine Express Edition) sind, sollten Sie XML Notepad 2007 von der Microsoft-Website

http://www.microsoft.com/downloads/en/details.aspx?familyid=72d6aa49-787d-4118-ba5f-4f30fe913628&displaylang=en

herunterladen und installieren.

Um eine Anpassung der Befehlsgruppe *Zwischenablage* wie in Abbildung 30.10 zu erreichen, erstellen Sie eine XML-Datei nach dem Muster von Listing 30.6.

Abbildg. 30.10 Angepasste Befehlsgruppe der Registerkarte *Start*

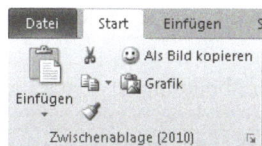

Listing 30.6 Die Gruppe *Zwischenablage* wird modifiziert

```xml
<?xml version="1.0"?>
<customUI xmlns="http://schemas.microsoft.com/office/2009/07/customui">
 <ribbon>
        <tabs>
          <tab idMso="TabHome">
             <group idMso="GroupClipboard" visible="false">
             </group>
             <group label="Zwischenablage (2010)" insertBeforeMso="GroupFont"
                    id="myGroupClipboard">
                <splitButton idMso="PasteMenu" size="large"/>
                <button idMso="Cut" showLabel="false" />
                <splitButton idMso="CopySplitButton" showLabel="false" />
                <control idMso="FormatPainter" showLabel="false" />
                <button idMso="CopyAsPicture" imageMso="HappyFace"/>
                <button idMso="PasteAsPicture" />
                <dialogBoxLauncher>
                    <button idMso="ShowClipboard" />
                </dialogBoxLauncher>
             </group>
          </tab>
        </tabs>
   </ribbon>
</customUI>
```

Einige Details:

- *TabHome* ist die Identität der *Start*-Registerkarte,
- bei *GroupClipboard* handelt es sich um die Befehlsgruppe *Zwischenablage*, diese wird mit *visible="false"* ausgeblendet und durch
- die benutzerdefinierte Gruppe *myGroupClipboard* ersetzt.
- Diese Gruppe erhält die Aufschrift *Zwischenablage (2010)* und wird vor der Gruppe mit den Befehlen zur *Schriftart* (*GroupFont*) platziert

- Zunächst erhält diese Gruppe die ursprünglichen Befehle, unter denen die beiden *splitButton*-Elemente interessant sind
- *showLabel* bzw. *showImage* sind Attribute, die das Aussehen (Text und/oder Icon) der Befehle beschreiben, *true* zeigt an, *false* nicht. Mit *size="normal"* bzw. *size="large"* lässt sich die Größe (16 mal 16 oder 32 mal 32) bestimmen.
- Eine Besonderheit ist das *control FormatPainter*, der Formatpinsel. Dieser wird zwar als *button* ausgewiesen, hat aber ein besonderes Verhalten (Sie erinnern sich an den möglichen Doppelklick zum »Einrasten«). Somit muss diese Schaltfläche durch ein »Steuerelement« geklont werden.
- Bleibt schließlich noch der *dialogLauncher*, das ist das kleine Quadrat in der rechten unteren Ecke zum Aufruf von Dialogfeldern u. ä.

Unter XML Notepad 2007 sieht das Gesamtbild der Datei wie in Abbildung 30.11 aus.

Abbildg. 30.11   Komfortables Erstellen mit Anbinden an das gültige Schema – XML Notepad 2007

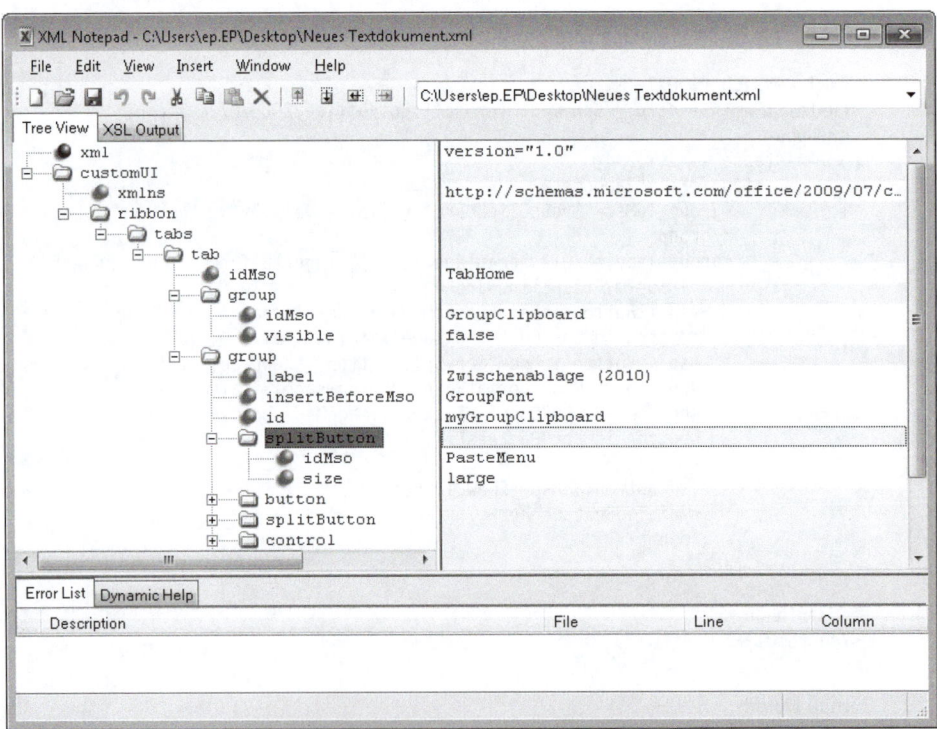

HINWEIS   Die Schemadatei für Office 2007 heißt *customUI.xsd* und hat einen anderen Aufbau als die für Office 2010. Wollen Sie für beide Versionen entwickeln, müssen Sie jeweils die korrekte Schemadatei verwenden.

Anpassung des Menübands

> **TIPP**   Gute Dienste leistet der *Custom UI Editor For Microsoft Office*, der unter *http://openxmldeveloper.org/archive/2009/08/06/7293.aspx* zum Download bereitsteht. Er kann die beiden möglichen XML-Dateien für die Versionen 2007 und 2010 einfügen, erledigt das Anlegen der *.rels*-Datei und hält Beispielcode bereit. Leider wird das Schema nicht angebunden, sodass ein XML-Editor weiterhin notwendig ist, um den Aufwand gering zu halten.

Callback-Prozeduren

Bleibt innerhalb dieser (naturgemäß kurzen) Einführung noch zu klären, wie Funktionalität nicht nur hinter integrierte, sondern auch individuelle Befehle kommt. Dazu bedient sich Office sogenannter Callback-Prozeduren, die für jedes der möglichen Elemente des Menübands (*button*, *label*, *splitButton*, *toggleButton*, *checkBox*, *comboBox* und einige andere) vorbereitet sind. Sehr oft wird das die zu nutzende Prozedur sein, die sich hinter dem Attribut *OnAction* verbirgt und somit als Nachfolger der *OnAction*-Eigenschaft »klassischer« Steuerelemente der Symbolleisten gelten kann.

Um einen eigenen Befehl mit Aktivität auszustatten, bereiten Sie etwas wie in Listing 30.7 vor und binden es so, wie weiter oben beschrieben, in die Arbeitsmappe (Mustervorlage, Add-In) ein.

Listing 30.7   Vorbereiten der *OnAction*-Callback-Prozedur

```xml
<?xml version="1.0"?>
<customUI xmlns="http://schemas.microsoft.com/office/2009/07/customui">
  <ribbon>
    <tabs>
      <tab id="myTab" label="Mein Register">
        <group label="Meine Gruppe" id="myGroup">
          <button id="myButton" label="Schaltfläche" tag="Schaltfläche"
            onAction="myMacro" imageMso="HappyFace" showImage="true" />
        </group>
      </tab>
    </tabs>
  </ribbon>
</customUI>
```

Die Prozedur *myMacro* ist nun in ein Modul der Arbeitsmappe (deren Dateiendung zwingend den Buchstaben *m* am Ende hat) einzubringen, wobei es auf die genaue Signatur und natürlich einen schlüssigen Inhalt ankommt. Das Listing 30.8 zeigt nur einen exemplarischen Ansatz.

Listing 30.8   Die Callback-Prozedur im Falle von *OnAction*

```vb
Sub myMacro(cmd As IRibbonControl)
    MsgBox "Befehl mit Aufschrift '" & cmd.Tag & "' gedrückt."
End Sub
```

Kapitel 30 Eigene Makros programmieren

Zusammenfassung

Um alle Themen zu VBA-Makros oder den verfügbaren Objekten zu behandeln, reicht der Platz in diesem Buch leider nicht aus. Aber dieses Kapitel hat anhand einiger Beispiele die Grundlagen und Möglichkeiten der Makroprogrammierung mit Excel vorgestellt. Vielleicht sind Sie neugierig geworden und beschließen nun, weitere Experimente anzustellen.

Frage	Lösung
Ist die Arbeit mit Makros sicher?	Bei Makros aus fremden Quellen sollten Sie generell vorsichtig sein. Die Makrosprache von Excel ist sehr mächtig und kann auch Unheil anrichten. Hinweise zum Einstellen der Makrosicherheit finden Sie auf Seite 909.
Wie schaffe ich den Einstieg in die Makroprogrammierung mit Excel?	Ein geeignetes Werkzeug für den Start ist der Makrorekorder, mit dem Sie Aktionen aufzeichnen und anschließend bearbeiten können. Wie Sie den Makrorekorder einsetzen, wird auf Seite 909 gezeigt.
Welche Möglichkeiten zum Starten von Makros gibt es?	Wollen Sie das Menüband nicht anpassen, können Sie Makros auch mit einer Tastenkombination, über Schaltflächen oder direkt aus dem VBA-Editor starten. Weitere Informationen finden Sie auf Seite 912.
Wie kann ich mit einem Makro einen einfachen Eingabedialog anzeigen lassen?	Dazu können Sie die Funktion *InputBox* verwenden. Ein Beispiel dazu finden Sie auf Seite 915.
Wie erstelle ich ein eigenes Add-In?	Erstellen Sie dazu zunächst die Makros und speichern Sie die Arbeitsmappe dann im Dateiformat *Excel-Add-In (*.xlam)*. Mehr dazu auf Seite 919.
Was sollte ich beachten, wenn ich Änderungen am Menüband anderer Nutzer vornehmen will?	Beachten Sie hierzu die Designtipps auf Seite 921
Wie kann ich das Menüband mit XML ändern?	Das können Sie durch Einfügen von XML-Dateien in die Dateistruktur einer Arbeitsmappe erreichen. Die Seite 922 zeigt, wie das geht.
Wie verknüpfe ich eigene Befehle im Menüband mit einem Makro?	Den Schlüssel hierzu – sogenannte Callback-Prozeduren – finden Sie auf Seite 927

Teil K
Anhang

Anhang A Inhalt der CD-ROM 931

Anhang A

Inhalt der CD-ROM

Anhang A Inhalt der CD-ROM

Alle im Buch beschriebenen Beispiele finden Sie im Ordner \Buch auf der CD-ROM zu diesem Buch. Entnehmen Sie aus der folgenden Tabelle jeweils den Speicherort und Namen der Beispieldatei sowie eine Kurzbeschreibung derselben. Beachten Sie auch die Hinweise zur Handhabung der Beispieldateien im jeweiligen Kapitel.

> **HINWEIS** Wenn Sie dieses Buch ohne Begleitmedium erworben haben (z.B. als E-Book), können Sie die für das Durcharbeiten notwendigen Dateien aus dem Internet herunterladen. Rufen Sie dazu die folgende Adresse auf und geben Sie – wie auf der Internetseite beschrieben – die Teilnummer der ISBN zu diesem Buch ein:
>
> *http://www.microsoft-press.de/support.asp?cnt=support*

Für die meisten Beispiele ist es grundsätzlich von Vorteil, wenn Sie den jeweiligen Ordner von der CD-ROM auf die Festplatte Ihres PC kopieren und das Schreibschutzattribut von den Dateien entfernen, falls dieses von Ihrer Windows-Version nicht automatisch entfernt wurde. Gehen Sie dazu wie folgt vor:

1. Markieren Sie dazu im Windows-Explorer die kopierte(n) Datei(en).
2. Klicken Sie mit der rechten Maustaste in die Markierung und wählen im Kontextmenü den Befehl *Eigenschaften*.
3. Deaktivieren Sie das Kontrollkästchen für den Schreibschutz und klicken dann auf *OK*.

Ordner	Dateiname	Kurzbeschreibung
\Buch\Kap01\		Kapitel ohne Beispieldateien
\Buch\Kap02\		Kapitel ohne Beispieldateien
\Buch\Kap03\	Dateiformat.xlsx	Diese Datei im Excel-XML-Format enthält eine Tabelle mit Daten und ein Diagramm
\Buch\Kap03\	Dateiformat.zip	Diese Datei ist eine Kopie der Datei Excel-XML-Format mit geänderter Dateiendung, um die Struktur des XML-Dateiformats zu demonstrieren
\Buch\Kap04\	Kap04.xlsx	In dieser Datei können Sie den Umgang mit der Maus in Excel üben und damit z. B. Reihen ausfüllen, Bereiche kopieren und verschieben, Tabellen transponieren und Rechenoperationen beim Einfügen vornehmen
\Buch\Kap05\	Kap05.xlsx	Hier finden Sie verschiedene Blätter vor, mit denen Sie die Seiteneinrichtung üben können. Außerdem ein Arbeitsblatt mit einem Wasserzeichen.
\Buch\Kap05\	Entwurf.bmp	Das Bild, welches in der Beispieldatei als Wasserzeichen verwendet wird
\Buch\Kap05\	Kap05_Logo.bmp	Beispiel für ein Logo zum Einfügen in die Kopfzeile
\Buch\Kap06\	Kap06.xlsx	Beispiele zu den verschiedenen Operatoren sowie zur Reihenfolge der Auswertung verschiedener Rechenschritte finden Sie hier. Außerdem Beispiele für den Umgang mit den verschiedenen Bezugsarten und Matrixformeln.
\Buch\Kap06\	Kap06_3D.xlsx	Ein Beispiel für die Berechnung mit einem 3D-Bezug über mehrere Arbeitsblätter

Inhalt der CD-ROM

Ordner	Dateiname	Kurzbeschreibung
\Buch\Kap07\	Kap07.xlsx	Die Funktion AutoSumme können Sie hier ausprobieren. Außerdem finden Sie hier Beispiele für die Summenbildung unter Berücksichtigung von Bedingungen und den Einsatz verschiedener Logikfunktionen.
\Buch\Kap08\	Kap08_Lösung.xlsx	In dieser Datei finden Sie die Beispiele zur Datenüberprüfung. Mit dieser Funktion können Sie eine Eingabemeldung anzeigen lassen, wenn eine Zelle ausgewählt wird, und die möglichen Eingabewerte einschränken.
\Buch\Kap08\	Kap08.xlsx	Übungsdatei zum Thema Datenüberprüfung
\Buch\Kap09\	Kap09.xlsx	Diese Datei enthält Beispiele für den Einsatz von Schriftformaten, Mustern, Zahlenformaten und verschiedenen Optionen für die Ausrichtung
\Buch\Kap09\	Kap09_Schnelleinstieg.xlsx	Anhand einer Beispieltabelle werden schrittweise verschiedene Formatoptionen vorgestellt
\Buch\Kap10\	Kap10_Zahlenformate.xlsx	Hier finden Sie Beispiele für die Möglichkeiten von benutzerdefinierten Zahlenformaten. So erfahren Sie beispielsweise, wie Sie mit einem Zahlenformat Farben zuweisen, Zahlen kürzen oder ein Füllzeichen anzeigen können.
\Buch\Kap11\	Kap11_Designs&Tabellen.xlsx	Diese Datei enthält Tabellen in verschiedenen Designs. So können Sie Ihr ganz persönliches Lieblings-Design finden.
\Buch\Kap11\	Kap11_Designs&Diagramme.xlsx	Diese Datei enthält ein Diagramm in verschiedenen Designs
\Buch\Kap12\	Kap12.xlsx	Die Beispiele zur bedingten Formatierung führen von der einfachen Markierung von Grenzwerten über das Hervorheben von Wochenenden in einer Datumsliste zum Hervorheben doppelter Werte. Für die Verwendung von Datenbalken, Farbskalen und Symbolsätzen finden Sie ebenfalls Beispiele.
\Buch\Kap12\	Kap12_Sparklines.xlsx	Beispiele zu den neuen Visualisierungsmöglichkeiten mit Sparklines
\Buch\Kap13\	Kap13.xlsx	Hier finden Sie verschiedene Einsatzgebiete für Kommentare. Mit Kommentaren können Sie zusätzliche Informationen in einer Tabelle speichern. Im zweiten Beispiel wird mit Steuerelementen ein Fragebogen erstellt, auch hier können Kommentare nützlich sein.
\Buch\Kap14\	Kap14.xlsx	Hier finden Sie Beispiele zum Einfügen und Bearbeiten von Grafiken, Fotos, Formen und SmartArts. Mit diesen Objekten können Sie Ihre Tabellen optisch aufwerten.
\Buch\Kap14\	Kap14_Planung2011	Beispiel für ein Deckblatt unter Verwendung von Symbolen mit Hyperlinks auf verschiedene Tabellenblätter in der Mappe
\Buch\Kap14\	Kap14_Excel_2010-Icon.png	Excel-Symbol für die Übung mit der Funktion *Freistellen*

Anhang A Inhalt der CD-ROM

Ordner	Dateiname	Kurzbeschreibung
\Buch\Kap14\	Kap14_Exceltorte.jpg	Foto der Excel-Torte für eigene Experimente
\Buch\Kap15\.xlsx	Kap15_Datzeit Kap15_Info.xlsx Kap15_Logik.xlsx Kap15_Matrix.xlsx Kap15_Runden.xlsx Kap15_Text.xlsx Kap15_Verweis.xlsx	Hier finden Sie zahlreiche Beispiele für den Einsatz von Tabellenfunktionen aus den verschiedenen Funktionskategorien
\Buch\Kap16\	Kap16.xlsx	Diese Datei enthält Beispiele für statistische Funktionen
\Buch\Kap16\	Kap16_EinfacheZinsrechnung.xlsx Kap16_Renten- und Tilgungsrechnung.xlsx Kap16_Zinseszinsrechnung.xlsx	Diese Dateien enthalten Beispiele für finanzmathematische Funktionen
\Buch\Kap16\	Kap16_modFunktionen.bas	Textdatei mit Funktionen, die im Buch nicht besprochen werden, als Beigabe
\Buch\Kap17\	Kap17.xlsx	Hier finden Sie Beispiele für verschiedene Diagrammtypen, wie z. B. Balken-, Säulen-, Kreis- und Netzdiagramm
\Buch\Kap18\	Kap18.xlsx	Diese Datei enthält verschiedene Lösungen für fortgeschrittene Aufgaben. So etwa ein Beispiel, wie Sie mit Tabellen dynamische Diagramme erstellen können. Damit können Sie das Zeitfenster für die Anzeige von Daten im Diagramm einstellen.
\Buch\Kap18\	Kap18_Trend.xlsx	Beispiele für das Einfügen einer Trendlinie in Diagrammen
\Buch\Kap19\	Kap19.xlsx	Hier finden Sie Beispiele für die Verwendung von Namen in Tabellen und Steuerelementen. Außerdem ein Beispiel für die Möglichkeiten von Tabellen und dem neuen Suchfilter.
\Buch\Kap20\	Kap20.xlsx	In dieser Datei können Sie mit den verschiedenen Sortiermöglichkeiten von Excel experimentieren
\Buch\Kap21\	Kap21.xlsx	Beispieldaten zum Filtern mit AutoFilter, Spezialfilter und dem neuen Textfilter *Suchen*
\Buch\Kap22\	Kap22.xlsx	Diese Datei enthält Beispiele für den Einsatz von Datenbankfunktionen und die Definition von Suchkriterien. Außerdem Beispiele zu den Tabellenfunktionen *TEILERGEBNIS* und *AGGREGAT*.
\Buch\Kap22\	Kap22_Textdatei.xlsx	Textdatei für den Import mit dem Textkonvertierungs-Assistent
\Buch\Kap23\	Kap23.xlsx	Enthält die Beispieldaten für eigene Experimente mit Teilergebnissen und Konsolidieren
\Buch\Kap23\	Kap23_Lösung.xlsx	Enthält die Beispieldaten und die fertigen Lösungen zu den Themen Teilergebnisse und Konsolidieren

Inhalt der CD-ROM

Ordner	Dateiname	Kurzbeschreibung
\Buch\Kap24\	Kap24_Gehalt.xlsx Kap24_Gehalt_Lösung.xlsx Kap24_Lösung.xlsx	Mit der PivotTable können Sie leistungsstarke und komfortable Auswertungen erstellen. Schauen Sie sich die Beispiele hierzu an.
\Buch\Kap24\	Kap24_PowerPivot.xlsx Kap24_PowerPivot_Lösung.xlsx	Beispiele zur Verwendung des Add-Ins PowerPivot. Um diese Beispiele nachvollziehen zu können, müssen Sie das Add-In von der Microsoft-Downloadseite herunterladen und installieren.
\Buch\Kap25\	Kap25.xlsx	Diese Datei zeigt die Beispiele zur Was-wäre-wenn-Analyse. Mit dem Szenario-Manager können Sie verschiedene Tabellenmodelle speichern und abrufen. Diese Datei enthält dazu die Beispiele. Hier finden Sie auch Beispiele zur Zielwertsuche und für den Einsatz der Datentabelle. Mit der Datentabelle können Sie eine Formel mit verschiedenen Variablen berechnen.
\Buch\Kap25\	Kap25_Iteration.xlsx	Beispiele zur Iteration zeigen, wie Sie z. B. die Anzahl der Neuberechnungen ermitteln oder die Eingabezeit festhalten können
\Buch\Kap26\	Kap26_Solver.xlsx	In diesem Kapitel geht es um Add-Ins. Die Datei enthält Beispiele zum Einsatz des Solver.
\Buch\Kap27\		Kapitel ohne Beispieldateien
\Buch\Kap28\	Beispieldateien\	Verschiedene Dateien zum Experimentieren mit HTML und XML
\Buch\Kap29\	Beispieldateien\	Beispieldateien für die Zusammenarbeit mit anderen Anwendungen im Format Access 2010 für den Datenimport durch Abfragen, Excel 2010 für den Export in andere Anwendungen sowie InfoPath 2010 für den Export und die anschließende Analyse in Excel.
\Buch\Kap30\	Kap30.xlsm	Enthält Beispiele für VBA-Makros
\Buch\Kap30\	Kap30.xlam	Beispiel für ein selbst erstelltes Add-In
\Buch\Kap30\	Beispieldateien\	Beispiel-Dateien für die Anpassung des Menübands mit XML

Praxisindex

Die Einträge in diesem Praxisindex verweisen auf Schritt-für-Schritt-Anleitungen zu spezifischen Arbeitsgängen.

A

Add-Ins einbinden   833
Add-Ins entfernen   835
Alle Bilder einer Datei extrahieren   459
Alle Zellen mit Kommentaren markieren   142
Anordnung der Datenreihen im Flächendiagramm ändern   599
Arbeitsblätter umbenennen   128
Arbeitsmappe auf Kompatibilität prüfen   97
Arbeitsmappe ausblenden   134
Arbeitsmappe digital signieren   123
Arbeitsmappe wiederherstellen   113
Auf mögliche Fehler hinweisen   270
Ausfüllen bei der Formeleingabe   225
Ausfüllen mit Doppelklick   226

B

Bedingte Formatierung auf andere Zellen übertragen   395
Benutzerdefinierte Ansicht erstellen   169
Benutzerdefinierte Designs erstellen und speichern   378
Benutzerdefinierte Farbpaletten löschen   377
Benutzerdefinierte Zahlenformate in andere Mappen übertragen   359
Benutzerdefinierte Zahlenformate löschen   359
Bereich der Mehrfachoperation verkleinern   823
Bildformatvorlage auf eine Grafik anwenden   457
Bildschirmkopie erstellen   614
Blattregister einfärben   131
Blattschutz einschalten   310
Blattschutz festlegen   310
Break-Even berechnen (Zielwertsuche)   802

C

ClipArts von Office.com herunterladen   462

D

Datei im PDF-Format speichern   100
Daten einer Tabelle in mehreren Fenstern anzeigen   132
Daten eingeben in markierten Bereich   144
Daten und Formelfluss verfolgen   232
Datensätze zählen   718
Datumswerte sortieren   535
Deckblatt mit Hyperlinks als Hauptmenü der Arbeitsmappe einrichten   465
Designfarbe ändern   376
Designs zuweisen   366
Diagramm kopieren   603
Diagrammtyp ändern   586
Die Farbe eines Bilds anpassen   458
Die Funktion AutoSumme einsetzen   238
Die Position des ersten Segments in einem Kreisdiagramm einstellen   593
Die Seitenränder einstellen   194
Die Textausrichtung in Formen ändern   444
Dokumenteigenschaft mit einem Namen verknüpfen   650
Drehen von Text in einer Zelle   320
Druckauftrag abbrechen   202
Druckvorschau aufrufen   305
Dynamische Liste festlegen   279

E

Eigene Diagramm-Vorlage erstellen   605
Eigene Farben für die Bedingte Formatierung verwenden   394
Eigene Tabellenformatvorlagen anlegen   373
Einzelne Reihenbeschriftung im Diagramm hervorheben   623
Excel-Vorlage anlegen   381

F

Fehlerüberprüfung konfigurieren   312
Fehlerwerte mit einer Formel unterdrücken   483
Fenster teilen   167
Feste Spaltenbreite definieren   304
Festen Bezug in Formeln verwenden   517
Flexible Projekt- und Terminplanung mit neuen Datumsfunktionen   533
Form durch eine andere ersetzen   448
Formate einer Zellenformatvorlage aus ausgewählten Zellen entfernen   370
Formate mehrfach übertragen   333
Formate übertragen   333
Formeln drucken   201
Formeln verbergen und schützen   251
Formen zeichnen   440

G

Geburtstag mit Anzeige des Wochentags   355
Gedrehte Kopie einer Tabelle mit einer Formel erstellen   500
Gewinn/Verlust-Übersicht mittels Sparklines anlegen   408
Grafiken einfügen   453
Grafiken zuschneiden   455
Größe einer Grafik anpassen   453
Größe von Kommentaren automatisch anpassen   430
Größte Werte einer Reihe ermitteln (Top-3)   552

Praxisindex

H

Hilfsspalte als Sortierkriterium einsetzen   535
Histogramm mit einem Assistenten erstellen   555

I

Inhalt einer Form mit einer Zelle verknüpfen   450

K

Kleinsten Wert ohne Null ermitteln   495
Kommentar verschieben   431
Kopf- und Fußzeile einstellen   189
Kopieren durch Ausfüllen   225
Kopieren mit der Maus   220
Kopieren über die Zwischenablage   220
Kosten für Eintrittskarten ermitteln   821

L

Leere Zellen füllen, ohne Inhalte zu überschreiben   143
Liste mit Werten für Gültigkeitsprüfung festlegen   278

M

Makro ausführen   910
Makro mit dem Makrorekorder aufzeichnen   910
Markierungstechniken mithilfe der Maus   140
Matrixformel ändern   501
Mehrere Objekte markieren   446
Mit der Datenüberprüfung doppelte Einträge verhindern   282
Mit der Iteration die Eingabezeit festhalten   807
Monatliche Rate für einen Kredit berechnen   247
Multiplikationsliste erstellen   818
Multiplikationstabelle ablesen   822
Multiplikationstabelle mit zwei Parametern   821

N

Namen aus einer Markierung erstellen   642
Neue Datenreihe in ein Diagramm einfügen   621
Nur Kommentare kopieren   432

P

PivotTable-Teilergebnisse ausblenden   766
Planung mit einem attraktiven Textwürfel starten   451
Projekte mit der bedingten Formatierung überwachen   387–390
Projektkosten mit der bedingten Formatierung überwachen   392
Prozentformat zuweisen   302

R

Rahmenlinien zuweisen   306, 328
Rang ohne doppelte Positionen berechnen   551
Reisekostenentwicklung mittels Sparklines vergleichen   412

S

Säulendiagramm erstellen   580
Schaltfläche ein Makro zuweisen   912
Schnell alle Formeln markieren   309
Schnellzugriffsleiste mit einer Mappe verbinden   58
Spaltenbreite optimal anpassen   303
Spaltenüberschrift auf zwei Zeilen verteilen   297
Spaltenüberschriften mittig anordnen   298
Standardschrift schnell wieder zuweisen   318
Standarvorgabe für Schriftgrad ändern   317
Startordner festlegen   53
Startprobleme finden   82
Steuerelemente erstellen   424
Suchkriterien überprüfen   721
Szenarien zusammenführen   813
Szenario erstellen   809
Szenario wiederherstellen   814

T

Tabelle drucken   666
Tabelle einfügen   654
Tabelle formatieren   294
Tabelle für den Datenbereich verwenden   714
Tabelle in eine Wertekopie umwandeln   250
Tabellenbereich drucken   666
Tabellenformatvorlage einem Zellbereich zuweisen   371
Tabellenformatvorlagen zuweisen   364
Tabellennamen mit einer Funktion ermitteln   505
Tabellenüberschrift einbauen   296
Tabellenüberschrift formatieren   296
Teil einer Grafik freistellen   455
Teilergebnis ermitteln mit Anzahl der Elemente je Kategorie   733
Text vom linken Spaltenrand wegbewegen   357
Texte einrücken   299
Texte gliedern mit Aufzählungszeichen   358
Textfelder als Infobox nutzen   446

U

Überlagernde Linien im Diagramm vermeiden   598
Überschriften beim Drucken fixieren   195
Umsatzentwicklung mittels Sparklines zeigen   410
Unterschiedliche Zeiträume für ein Diagramm auswählen   610

V

Verschieben mit der Maus   219
Verschieben mit der Zwischenablage   218
Vor Budgetüberschreitung warnen   285

W

WENN-Funktion im Funktions-Assistent 263
Wichtige Teile einer Tabelle schützen 308

Z

Zahlen besser lesbar machen und in die Spaltenmitte verschieben 321
Zahlen rechtsbündig in Spaltenmitte anordnen 303
Zahlungsziel berechnen und Wochenenden berücksichtigen 266
Zeilenumbruch erzwingen 524
Zeilenweise Eingabe erzwingen 283
Zellbereich schützen 179
Zellbereiche gezielt markieren 301
Zellen mit bedingter Formatierung finden 396–397
Zellen mit Kommentar finden 433
Zellen über Auswahl zentrieren 166
Zellen verbinden 165
Zellenformatvorlagen ändern 368
Zellenformatvorlagen duplizieren 369
Zellenformatvorlagen komplett neu anlegen 369
Zellenformatvorlagen löschen 370
Zellenformatvorlagen zuweisen 364
Zellenformatvorlagen zwischen Arbeitsmappen austauschen 370
Zellfarben zuweisen 329
Zusatzinformationen aus Tabellen im Diagramm zeigen 594
Zwischenergebnisse beobachten 234

Stichwortverzeichnis

_ als Formatcode 344
, als Formatcode 346
? als Formatcode 344
. als Formatcode 346
[FarbeX] als Formatcode 345
@
    als Formatcode 344
    als Platzhalter in Zahlenformaten 352
* als Formatcode 345
* als Stellvertreterzeichen 716
& als Textoperator 254
# als Formatcode 343
#BEZUG! 221, 228, 652
#DIV/0! 228
#NAME? 228, 918
#NULL! 228
#NV 228, 507, 623
#WERT! 228
#ZAHL! 228
% als Formatcode 346
0 (Null) als Formatcode 344
1904-Datumswerte 538
3D
    Bezug 212
    Drehung 452
    Funktionen für Grafiken 454

A

A1-Bezugsart 138
Abfrage bearbeiten 874
Abfragelisten 900
Abfragen 893
Abgesicherter Modus 84
Abgesicherter Office-Modus 83
ABRUNDEN-Funktion 259, 478
Absatzzahlen 625
Abschreibungsrechnung 573
ABS-Funktion 479, 520
Absoluter Bezug 223
Absolutwert einer Zahl 520
Access
    Datenimport 893
    Excel-Tabellen einbinden 896
    Excel-Tabellen zur Analyse nutzen 896
    Informationsaustausch mit 893
    Nordwind-Beispieldatenbank 894
    und XML 883
Achsenabschnitt 559
ACHSENABSCHNITT-Funktion 560
Active Directory 867
ActiveX-Steuerelemente 624
    Sicherheitswarnung 116

ActiveX-Steurelemente 420
Add-In 832
    Analyse-Funktion 835
    Analyse-Funktion – VBA 836
    Benutzerdefiniert 832
    Definition 832
    Einmalig laden 834
    Eurowährung-Tools 836
    Integrierte 832, 835
    Speicherort 832
Add-Ins
    PowerPivot 792
ADRESSE-Funktion 515
Adressierung 705
AGGREGAT-Funktion 725
Aktionen 176
Aktivierung 46
Aktualisieren
    Verknüpfung 216
Aktualisierung
    Daten 874
Alle leeren Zellen
    Suchkriterien 717
Alle nicht leeren Zellen
    Suchkriterien 717
Alle suchen 170
Als Bild kopieren 888
Alt-Taste beim Zeichnen von Formen 441
Amerikanische Zahlenformate umwandeln 172
Ampel-Symbolik für mehr Übersicht in Tabellen 402–403
An E-Mail-Empfänger senden 856
An Taskleiste anheften *siehe* Startmenü
An Zellgröße anpassen 323
Analyse (Gruppe) 840
Analyse-Funktionen 554
    Add-In 561, 835
    VBA Add-In 836
Andere Formate 862
Änderungen
    akzeptieren oder ablehnen 122
    eines Benutzers 122
    Freigabe 121
    hervorheben 121
Änderungsprotokoll
    Erstellung 121
    Freigabe 120
Angepasste Installation 47
Annuitätentilgung 572
Ansicht
    Benutzerdefinierte Ansicht 168
    Ganzer Bildschirm 169
    Normal 72
    Seitenlayout 72

Stichwortverzeichnis

Ansicht *(Fortsetzung)*
    Steuerelemente 72
    Umbruchvorschau 72
    Zoom 73
Anteile in Prozent 302
Antonyme *siehe* Thesaurus
Antwortbericht 848
ANZAHL 552
Anzahl
    der Duplikate 489
    mit Bedingungen 718
ANZAHL2-Funktion 280, 283, 552
ANZAHLLEEREZELLEN-Funktion 553
Anzeigesprachen 78
Äquivalenzprinzip (Finanzmathematik) 565
Arbeitsbereich freigeben 869
Arbeitsblatt
    schützen 179, 810
Arbeitsblatt-Register 77
Arbeitsmappe
    als Webseite speichern 862
    als Webseite veröffentlichen 865
    Andere Formate 862
    Arbeitsblatt aktivieren 127
    Arbeitsblatt aus- und einblenden 130
    Arbeitsblatt einfügen 130
    Arbeitsblatt löschen 129
    Arbeitsblatt umbenennen 128
    Arbeitsblatt verschieben 128
    Arbeitsblätter gruppieren 128
    Arbeitsblätter markieren 128
    Arbeitsblattregister farblich gestalten 131
    ausblenden 133
    Blattregister sortieren 917
    E-Mail im Team 856
    freigeben 120
    Hilfsdateien 861
    öffnen 90
    schließen 94
    schützen 104
    speichern 98
    speichern als Webarchiv 863
    speichern als Webseite 863
    veröffentlichen 864, 866
    Webseitenvorschau 863
    wiederherstellen 113
Arbeitsmappen
    Fenster wechseln 94
    verknüpfen 118
Arbeitsordner festlegen 100
ARBEITSTAG.INTL-Funktion 533
Arbeitszeit für Schichtarbeiter 538
Argumente 210, 243, 245
    Beschränkungen 245
Arithmetisches Mittel 544
    gewichtetes 545
    gewogenes 545
Array-Formel *siehe* Matrix-Formel
ASCII-Code 520
Assessment Center
    auswerten 602

Aufgabenbereich 69
    ClipArt 460
    XML-Quelle 882
Aufgabenbereich-Fenster 113
AUFRUNDEN-Funktion 258, 478, 493, 530
Ausblenden 130
    Daten 689
    Spalten 166
    Zeilen 166
Auschecken 871
Ausfüllen 225
    durch Doppelklick 226
    innerhalb einer Zelle 322
    mit der Formeleingabe 225
    mit der Maus 226
    mit eigener Reihe 153
    Richtung 225
Ausfüllkästchen 226
Ausgabebereich
    einrichten 703
    für gefilterte Daten 703
Ausgeblendet 332
Ausrichtung 319
    auf halber Höhe 319
    beim Drucken 193
    Blocksatz 319
    Einzug 322
    Einzug vergrößern 299
    horizontal 303, 319
    in Zellen 318
    linksbündig 319
    oben 319
    rechter Einzug 303
    rechtsbündig 319
    unten 319
    vertikal 319
    vertikal mittig 319
    von Zellinhalten 319
    zentriert 319
Auswahl
    drucken 197
    zentrieren 166
Auswahl und Sichtbarkeit
    Aufgabenbereich 585
Auswahlbereich 585
Auswahlliste
    Daten eingeben 146
Auswertekriterium *siehe* Teilergebnis
AUSZAHLUNG-Funktion 568
AutoAusfüllen 149
Auto-Ausfülloptionen 150
AutoFilter 686
    Anwenden auf Spalten 690
    benutzerdefinierter 690
    Formate 696
    Gruppierte Datumsliste 693
    Stellvertreterzeichen 694
    Top-10 692
    Über/unter Durchschnitt 698
    Verknüpfung 692
    wählen 690

Stichwortverzeichnis

AutoKorrektur 174–175
    Datei Mso1031.acl 175
    löschen 175
    mathematische 177
AutoKorrektur-Liste
    Rechtschreibprüfung 174
AutoKorrektur-Optionen 147
Automatische Trennlinien per bedingter
    Formatierung 390
AutoSumme 238
AutoVervollständigen
    Dateneingabe 145
    in Formeln 213, 665
    in Tabellen 663
AutoWiederherstellen 114
    Einstellungen 104

B

Backstage-Ansicht 55
    anzeigen 198
    schließen 200
Balkendiagramm 591
Barrierefreiheitsprüfung 107
Barwert 565, 569
Bausparen 567
Bearbeitungsleiste 71, 144, 146
Bearbeitungssprachen 78
Bedingte Formatierung 384
    abschalten 392
    als Symbol 397
    Ampel-Symbole 402–403
    ändern 395
    Automatische Kennzeichnung durch Umrandung 392
    Automatische Trennlinien 390
    Datenbalken 405
    Doppelte Werte kennzeichnen 389
    Eigene Farben 394
    Eindeutige Werte 390
    Farbskalen 404
    finden 396
    Formate übertragen 395
    Formatoptionen 386
    Formeln 398
    in PivotTables 405
    in Tabellen 662
    Kein Zellensymbol 403
    Konstanten 386
    löschen 396
    Manager 393
    mehrere Bedingungen 386
    mit Formel 390, 398
    Nur Symbol anzeigen 404
    Nur Symbole, keine Werte 403
    Obergrenzen 387
    Symbolsätze umkehren 403
    Werte aus aktuellem Monat 388
Befehlsgruppenbeschreibung 54
Benutzer entfernen, Freigabe 120
Benutzerdefiniert 326
    Zahlenformat 326

Benutzerdefinierte Add-Ins 832
Benutzerdefinierte Ansicht 168
Benutzerdefinierte Liste
    erstellen 677
    importieren 677
    sortieren 678
benutzerdefinierte Liste
    festlegen 152
    in PivotTable verwenden 756
Benutzerdefinierte Symbolleisten 920
benutzerdefinierte Tabellenfunktion 918
Benutzerdefiniertes Sortieren
    konsolidierte Daten 679
Benutzerinformationen 47
Benutzername 429
Berechnete Kriterien
    Datenbankfunktionen 827
Berechnung, automatische 227
Bereich 251
    füllen 145
    für Namen 640
BEREICH.VERSCHIEBEN-Funktion 280, 518, 647
Bereichsoperator 248, 251
Berichtsfilter
    PivotTable 748
Beschriftungen fixieren 168
Beschriftungsfilter *siehe* PivotTable
BESTIMMTHEITSMASS-Funktion 559
Bestimmtheitsmaß 558, 633
Bezeichner in Tabellen 663
Bezug
    externen aktualisieren 216
    in Wert umwandeln 249
    Spalte 252
Bezug außerhalb der Liste *siehe* Filter, Spezialfilter
Bezugsart 138
    ändern 225
Bezugsoperator 251
    strukturierte Verweise 664
Bibliotheken 90
BIC (Bankcode) 522
Bild kopieren 614
Bildformatvorlagen zuweisen 457
Bildlauf
    in Tabellen 656
    synchronisierter 163
Bildlaufleiste 74, 77
    ein-/ausblenden 75
Bildrecherche auf Office.com
    Ähnliche Bilder suchen 464
    Bilder herunterladen 465
    Suchergebnisse filtern 464
Bildrecherche im Internet
    Bing 463
    Office.com 462
Bitmapgrafik neu einfärben 458
Blasendiagramm 601
Blattschutz 308, 310, 332
    aktivieren 310–311
    aufheben 183
    Fehlermeldung 311

943

Stichwortverzeichnis

Blattschutz *(Fortsetzung)*
    individuell konfigurieren 310
    Kennwort vergeben 310
    testen 311
Blocksatz 319
    vertikal 323
Boolesche Vergleichsoperatoren 261
Branch & Bound-Verfahren 841
Break-Even-Point im Diagramm 620
Bruch
    Eingabe 147
    Zahlenformat 326
Bruttoinlandsprodukt 630
Buchhaltung, Zahlenformat 326
Bundesschatzbriefe 569
Business-Leiste 114
BW-Funktion 568, 570, 572

C

Callback-Prozeduren 927
Cascading Stylesheets 858
CHF als Währung hinzufügen 300
ClipArt 460
    Eigenschaften einsehen und bearbeiten 461
    Sammlungen 460
Codefenster anzeigen 913–914
CODE-Funktion 520
COM-Add-In aktivieren 792, 837
Compatibility Pack für frühere Versionen 98
Corporate Design 375–376
    mit Designs einhalten 366
    Zellfarben 329
CSS *siehe* Cascading Stylesheets
customUI14.xsd, customUI.xsd 924

D

DAISY *siehe* Digital Accessible Information System
Datei
    beschädigte öffnen und reparieren 92
    im Browser öffnen 91
    Kopie öffnen 91
    neue erstellen 88
    schreibgeschützt öffnen 91
    Versionen verwalten 115
    wiederherstellen 113
Dateieigenschaften *siehe* Dokumenteigenschaften
Dateiformat
    XML 880
Dateiformate 110
Dateiname
    ermitteln 505
Dateinamenerweiterung 95
    xlk 101
Dateityp öffnen 108
Dateivalidierung 117
Daten
    Aus Access 893
    Aus anderen Quellen 893
    Datenquellen einrichten 892

Einfügen mit der Maus 158
Eingabe 144
    einrücken 321
    hervorheben mit Formen 440
    über Kontextmenü einfügen 159
    Verbindungen 893
Datenaktualisierung 874
Datenausgabebereich 703
Datenbalken, bedingte Formatierung 401
Datenbank, Definition 712
Datenbankfelder vergleichen 724
Datenbankfunktionen 708
    Mehrfachoperation 825
Datenbereich
    automatisch erweitern 250
    Eigenschaften 874
Dateneingabe, Besonderheiten 146
Datenpunkte trotz fehlender Werte verbinden
    bei Sparklines 411
Datenreihen 149
    Diagramm 621
Datenschnitt 776
    Optionen 778
Datensicherheit 113
Datentabelle 817, 872
    kopieren und verschieben 822
Datenüberprüfung 270
    Änderung 277
    Auswahl 279
    Dynamische Listen 279
    Fehlermeldung 273
    im Formular 427
    in freigegebenen Arbeitsmappen 271
    Jeden Wert 274
    Liste verwenden 278
    löschen 277
    Lücken 271
Datenverbindung
    Sicherheitswarnung 117
Datenverbindungen 118
Datenverbindungs-Assistent 894
Datenzusammenhang erhalten *siehe* Sortieren
Datum
    Datenüberprüfung 275
    eingeben 528
    schnell eingeben 175
    Sommer- und Winterzeit 532
    Zahlenformat 326
DATUM-Funktion 530
Datumsangaben
    Tipps zur Eingabe 354
Datumserkennung 874
Datumsformat löschen 354
Datumsfunktionen
    ARBEITSTAG.INTL 533
    NETTOARBEITSTAGE.INTL 533
Datumswerte
    berechnen 528
    Reihe ausfüllen 152
    sortieren 534
DATWERT-Funktion 530

Stichwortverzeichnis

DBANZAHL2-Funktion 711
DBANZAHL-Funktion 711, 825
DBAUSZUG-Funktion 711
DBMAX-Funktion 711
DBMIN-Funktion 711
DBMITTELWERT-Funktion 711, 826
DBPRODUKT-Funktion 711
DBSTDABW-Funktion 549, 711
DBSTDABWN-Funktion 711
DBSUMME-Funktion 711, 828
DBVARIANZEN-Funktion 550, 711
DBVARIANZ-Funktion 550, 711
Deckblatt mit Hyperlinks 465
Dehnungsoptionen, Grafik 628
Designeffekte 378
Designfarben
    ändern 376
    neue Farbpalette speichern 376
    zwölf 376
Designfüllung 442
Designs 362
    Auswirkung auf Diagramme 375
    Auswirkung auf Tabellen 375
    Benutzerdefinierte löschen 379
    Bestandteile 365
    Definition 362, 365
    Design als Standard verwenden 375
    Designeffekte 378
    Designfarbe ändern 376
    Designschriften 378
    Eigene Farbpaletten löschen 377
    im Vergleich zu Formatvorlagen 365
    in Excel, Word und PowerPoint 365
    Speicherort für benutzerdefinierte 379
    THMX 379
    und Corporate Design 366
    Wirkung 365
    zuweisen 366
    Zweck 365
Design-Schriften 378
Designtipps (Menüband) 921
Dezimal, Datenüberprüfung 274
Dezimalstelle
    feste verwenden 146
    hinzufügen 300
    löschen 300
Dezimaltrennzeichen
    tauschen 172, 526
Diagramm 578, 870
    als Bild kopieren 614
    auf Tastendruck 578
    ausdrucken 592
    ausrichten 590
    Balkendiagramm 591, 623
    Beschriftung formatieren 623
    Beschriftungsposition 624
    Bestandteile 588
    Bilder für Datenpunkte 627
    Blasendiagramm 601
    Datenbereich anpassen 582
    Datenbeschriftungen 597, 628

Datenreihe in Werte umwandeln 615
Diagrammformatvorlagen 365
Diagrammtyp ändern 586
Doppelklick 587
Dynamischer Diagrammtitel 594
F11-Taste 578
Flächendiagramm 599
formatieren 587
Formatvorlagen 365
kopieren 603–604
Kreisdiagramm 592
Linie glätten 596
Linienbreite einstellen 596
Liniendiagramm 596
Markierungsoptionen 596
Musterfüllung 592
Namen für Datenreihen 622
Netzdiagramm 602–603
Neue Daten 613
Neuerungen 579
Objekt 578
Punktdiagramm 621
Säulendiagramm 580
Säulendiagramm gestapelt 625
Standarddiagrammtyp 606
statisches 614
Text einfügen 594
Tools 582
Verbunddiagramm 596
verschieben 598
Vorlage erstellen 605
XY-Diagramm 621
Zahlenformat 590
Zeile/Spalte wechseln 600
Diagramm-Assistent 578
Diagrammdatenbereich 600
Diagrammtyp für Trends 630
Diagrammvorlage löschen 606
Dialogblatt 421
Dialogfeld
    Bewegen in 68
    Drehfeld 69
    Dropdownlistenfeld 69
    Eingabefeld 69
    Kategorie 69
    Kontrollkästchen 69
    Optionsfeld 69
    Registerkarte 69
    Seiten 69
    skalieren 68
    Zellen formatieren 309
    Zellen formatieren, Registerkarte Schutz 309
Digital Accessible Information System 757
Digitale Signatur 123
Direkte Zellbearbeitung 146
Disagio 567
DISAGIO-Funktion 568
Division runden 481
Divisionsliste
    Mehrfachoperation 820
DM-Funktion 482

Stichwortverzeichnis

Document Sharing 869
Document Themes *siehe* Designs
Dokument als abgeschlossen kennzeichnen 127
Dokumenteigenschaften 100, 650
    Vorschaugrafik 100
Dokumentgenschaften 103
Dokumentprüfung 105
Dokumentverwaltungsserver 868
Dokumentwiederherstellung 113
Doppelpunkt 212
Doppelte Einträge
    Datenüberprüfung 282
    finden 389
    zählen 489
Drilldown 742
Druckauftrag abbrechen 202
Druckbereich
    aufheben 197
    festlegen 197
Drucken
    Auswahl 197
    Diagramme 200, 592
    Druckbereich ignorieren 200
    Druckereigenschaften 200
    Fehlerwerte 196
    Formeln 201
    Gitternetzlinien 198
    Grafik in der Kopfzeile 189
    Kommentare 196
    Mehrere Tabellenblätter 201
    Optionen 196
    Papierausrichtung 193
    Papierformat 193
    Reihenfolge 197
    Schnelldruck 199
    Schwarzweißdruck 196
    Seite einrichten 191
    Seitennummerierung 193
    Seitenränder einstellen 193
    Seitenumbruchvorschau 204
    Sortieren 198
    von Tabellen auf Schwarzweißdruckern 365
Druckerwarteschlange 202
Druckqualität 193
Druckränder 194
Druckreihenfolge ändern 197
Drucktitel 195
Druckvorschau 198, 305
    schließen 305
Duplikate zählen 490
Durchgestrichen 293, 317
Durchschnitt 544
    gleitender 632

E

Ebenen in Formeln 242
Effekte, Designeffekte wählen 378
EFFEKTIV-Funktion 573
Effektivzins 569, 573
Eigene Datenquellen 896

Eigenes Add-In erstellen 919
Eigenschaften einer XML-Zuordnung 885
Einbinden von Add-Ins 833
Einblenden 131
Einfache Zinsrechnung 565
Einfügen 888, 900
    Spalten 156
    Tabellenblatt 130
    Transponieren 162
    und Befehl ausführen 160
    Zeilen 156
    Zellen 156
Einfügeoptionen 227, 889
Eingaben
    rückgängig machen 154
    wiederholen 154
Eingabetaste
    Verhalten 144
Eingabewerte 210
Einmaliges Laden von Add-Ins 834
Einrichtung von Kriterienbereich *siehe* Kriterienbereich
Einzug 322
    rechts 303
    vergrößern 299
    verkleinern oder vergrößern 322
Elemente
    berechnete 786
    berechnetes Element in PivotTable 788
    Gruppierung 789
E-Mail 856
    verfassen 502
Energieverbrauch 512
Entf-Taste 154
Ergebniszellen, Szenario-Manager 815
Ersetzen 172, 175
ERSETZEN-Funktion 525–526
Erste Seitenzahl festlegen 193
Erweiterungsmodus 140
EUROCONVERT-Funktion 836
Euro-Symbol 300
Eurowährung-Tools (Add-In) 836
Evolutionärer Algorithmus 841
Excel
    beenden 53
    starten 52
Excel Web Apps 867
Excel4-Makrofunktionen 651
Excel-Optionen
    Berechnung 227
    In Schnellzugriffsleiste aufnehmen 57
Excel-Optionen *siehe* Optionen
Excel-Server, Excel Services 870
Excel-Vorlage
    anlegen 381
    Download-Angebot auf Office.com 380
Excel-Vorlage *siehe* Mustervorlage
Exponential-Schreibweise 147
Export 888
Extensible Markup Language (XML) 878
Externe Daten abrufen 708, 894

F

F11-Taste
    Diagramm 578
F1-Taste *siehe* Hilfe
FAKULTÄT-Funktion 561
Farbindex 345
    in Excel 356
Farbpalette 376
    auf andere Computer übertragen 377
    Eigene löschen 377
Farbskalen 404
    Bedingte Formatierung 401
    Eigene Farben 394
Farbsystem
    Akzentfarben 376
    Grundlagen 376
    Hauptfarben 376
    Hyperlinkfarben 376
    Überblick 376
Faulenzer-Listen 818
Features hinzufügen/entfernen 48
Feedback 869
Fehler
    ignorieren 312
    zurücksetzen 229
Fehlerindikator 229
Fehlermeldung
    #BEZUG! 221
    bei Blattschutz 311
    Datenüberprüfung 273
    Szenario-Manager 817
Fehlertoleranz von Funktionen 243
Fehlerüberprüfung 229, 233, 312
    für Zellen mit Formeln 312
    Optionen definieren 312
Fehlerwerte
    Druckeinstellung 196
    finden 229
    in Tabellen 228
    unterdrücken 483
Feldeinstellungen 764
Felder
    berechnete 786
    in PivotTable hinzufügen 759
Fenster
    anordnen 132
    ausblenden 134
    einblenden 134
    einfrieren 168
    fixieren 168
    in Taskleiste 77
    maximieren 76
    minimieren 76
    schließen 76
    teilen 167
Fensterteiler einstellen 167
Fester Bezug in Formeln 517
FEST-Funktion 482
Festgeld 566
Fettschrift 293
    zuweisen 298

Filter 686
    Absolute Adressen 705
    aufheben 689
    Auswahl hinzufügen 688
    Beschriftungsfilter 770
    löschen 661, 689
    PivotTable 748
    Spezialfilter, Bezug 704
    Stellvertreterzeichen 659
    Suchfeld 657
    Zellbasierter Filter 697
    Zielbereich 699
Filter löschen *siehe* Namens-Manager
Finanzierungsschätze 568
Finanzmathematische Grundaufgaben 565, 569
FINDEN-Funktion 522, 526
Firmenfarben *siehe* Zellfarben
Flächendiagramm 599
Format suchen *siehe* Suchen
Formatcode *siehe* Zahlenformate
Formatcodes 343, 350, 356
Formate
    einfach übertragen 333
    mehrfach übertragen 333
    und Formeln erweitern 250
Formatieren
    per Tastenkombination 314
    über das Menüband 313
formatieren
    Schrift 315
Formatvorlagen 362
    Definition 362
    Sparklines 409
    Tabellenformatvorlagen 364
    und Designs 362
    Zellenformatvorlagen 363
Formel
    auflösen 495
    ausblenden 251, 332
    ausfüllen 225, 501
    auswerten 235
    Automatisch prüfen 312
    bearbeiten 249
    Bearbeitungsmodus 231
    Bezug ändern 249
    Bezugszellen hervorheben 231
    drucken 201
    Eingabewerte 210
    für Datenüberprüfung 282
    in Bereich eintragen 489
    Konstanten 210
    kopieren 218, 220
    Operanden 210
    Operatoren 210
    PivotTable 787, 789
    Schnell alle markieren 309
    schrittweise auswerten 235
    schützen 308
    Teile auswerten 495
    Teile berechnen 495
    Tools 177
    ungeschützte 312

947

Stichwortverzeichnis

Formeleditor 177
Formelüberwachung 231
    Nachfolger 232
    Spur zum Vorgänger 231
    Spurpfeil 232–233
    Überwachungsfenster 234
    Vorgänger 232
Formen
    3D-Drehung 452
    Abstände angleichen 448
    als Textplatzhalter 439
    ausrichten 447
    bearbeiten 441
    Designfüllung ändern 450
    Duplizieren mit Strg+Umschalt 452
    durch andere ersetzen 448
    einfacher zeichnen 441
    Ellipsen 440
    Formkorrekturpunkte 448
    Gestalt ändern 448
    Infobox für wichtige Kennzahlen 449
    Inhalt mit einer Zelle verknüpfen 450
    Linien 439
    Mehrfachmarkierung 446
    mit Alt-Taste am Gitternetz ausrichten 449
    mit Text versehen 444
    Nützliche Tasten beim Zeichnen 441
    Objekte in kleinsten Schritten bewegen 452
    Pfeile 440
    Rechtecke 440
    Sonderfall Textfeld 445
    Standard für Formate festlegen 444
    Text anordnen 444
    Übersicht 439
    Verbindungslinien 449
    Verlauf gewinkelter Verbindungen anpassen 449
    Vorgefertigte Schablonen für Füllung und Linien nutzen 442
    Zahlen hervorheben 440
    zeichnen 440
Formular (InfoPath) 898
Formularsteuerelemente 420
Fragezeichen
    als Platzhalter in Zahlenformaten 352
Freihandanmerkungen 433
Funktion 242
    Argumentübergabe 245
    einfügen 247
    für Wahrheitswerte 487
    manuelle Eingabe 245
    MEDIAN 546
    optionale Argumente 476
    PIVOTDATENZUORDNEN 791
    RGP 557
    RKP 557
    Syntax 244
Funktions-Assistent 246
Fußzeilen 187

G

Ganze Zahl, Datenüberprüfung 274
Gehe zu
    Befehl 142
    Datenüberprüfung 275
    Dialogfeld 142, 511
    Fehler 229
    Tabellen 665
Gemischter Bezug 224
Genehmigung 869
Geschützte Ansicht 116
    Dateivalidierung 117
Gesperrt 308
GESTUTZTMITTEL-Funktion 545
Gewinn und Verlust, Nullpunkte in Sparklines 409
Gewinnmaximierung bei beschränkten Ressourcen 844
Gewinnschwelle 620
Gewogenes arithmetisches Mittel 545
Gitternetzlinien 198
    am Bildschirm 305
GLÄTTEN-Funktion 525
Gläubiger 565
Gleichheitszeichen 210
Gleichungssystem 502, 841
Gleitende Durchschnitte 632
Gliederung
    Teilergebnisse 734
Gliederungsebenen aus-/einblenden *siehe* Gliederung
Gradienten, reduzierte 840
Grafiken
    3D-Drehung 454
    einfügen 453
    freistellen 455
    Helligkeit und Kontrast anpassen 456
    Künstlerische Effekte 456
    skalieren 453
    spiegeln 454
    zuschneiden 455
Grafische Objekte einfügen 439
Grip-Punkt 688
GROSS2-Funktion 524
GROSS-Funktion 524
Größter Wert
    Zelle ermitteln 514
Gruppe
    Ausrichtung 293
    Schriftart 293
    Zahl 294
Gruppierung
    Zeichnungsobjekte 128, 615
Gültigkeitskreise löschen 276
Gültigkeitsliste 807
Gültigkeitsregel 512
    für Daten 270

H

Halbgeviertstrich 340
Haltemodus 915
HÄUFIGKEIT-Funktion 553

Stichwortverzeichnis

Häufigkeitsauszählung 554
Häufigkeitsverteilung 553
Häufigster Wert (MODALWERT-Funktion) 547
HEUTE-Funktion 264, 529
Hierarchie *siehe* SmartArts
Hilfe 80
    Thema suchen 81
    zu VBA-Themen 915
Hilfesprachen 78
Histogramm 554
Hochgestellt 293, 317
HSL 376
HTML 857
    Browser 858
    FrontPage Servererweiterungen 866
    FTP (File Transfer Protocol) 866
    HTTP (Hypertext Transfer Protocol) 859
    IIS (Internet Information Services) 858
    Office-Dokumente 859
    Server 858
    Tags 858
    XHTML (Extensible Hypertext Markup Language) 860
Hyperlink
    besuchter 376
    einfügen 902
    entfernen 503
    Farbe 376
    in Office-Anwendungen 902
    Sicherheitswarnung 117
    Sprungmarken einsetzen 903
    zuweisen 465
HYPERLINK-Funktion 502
Hypertext Markup Language (HTML) 857
Hypothekendarlehen 567

I

IBAN (Standardisierte Kontonummer) 522
IDENTISCH-Funktion 498
IKV-Funktion 570
Implizite Schnittmenge 253
Import 888
INDEX-Funktion 511, 558–559
    Bezugsversion 512
    Matrixversion 511
Indikator für Kommentare 430
INDIREKT-Funktion 516, 653
InfoPath 898
    und XML 883
Informationen, persönliche entfernen 105
Informationsfunktionen 503
Inhalte
    auswählen 142
    einfügen 889, 900
Inhalte einfügen (Befehl) 161
InputBox-Funktion 915
Installation 44
    Optionen 47
    Updates 79
Integrierte Add-Ins 832, 835

Interne Kapitalverzinsung 570
Internetadresse eingeben 147
Investitionsrechnung 573
ISTBEZUG-Funktion 504
ISTFEHLER-Funktion 527
ISTFEHL-Funktion 504
ISTGERADE-Funktion 504
ISTKTEXT-Funktion 504
ISTLEER-Funktion 503
ISTLOG-Funktion 504
ISTNV-Funktion 504
ISTTEXT-Funktion 504
ISTUNGERADE-Funktion 504
ISTZAHL-Funktion 504
Iteration 804
    Änderung 805
    Einstellungen 805
    Iterationsschritte einstellen 805

J

JAHR-Funktion 265, 530
JETZT-Funktion 264, 537, 807
Joker *siehe* Suchkriterien
Jugendschutzeinstellungen *siehe* Recherche
Jumplist 52

K

Kann-Fehler 274
KAPZ-Funktion 572
Kataloge 70
Kategorien für Zahlenformate 325
Kennwort 311
    für Blattschutz vergeben 310
    zum Ändern 102
    zum Öffnen 102, 105
Kennzahlen-Cockpit mit Sparklines 409
KGRÖSSTE-Funktion 552
KKLEINSTE-Funktion 552
Klammern 211
Klassenmodul 914
KLEIN-Funktion 524
Kombinationen 562
Kommawerte ausrichten 352
Kommentare 142, 196
    alle markieren 433
    auswählen 433
    drucken 433
    Editiermodus 430
    Eingabemodus 429
    Einsatzgebiete 429
    einzelne einblenden 433
    formatieren 430
    Größe automatisch anpassen 430
    Indikator 430
    Inhalte suchen 171
    Kontextmenü 430
    kopieren 432
    löschen 433
    Optionen 430

Stichwortverzeichnis

Kommentare *(Fortsetzung)*
    Position ändern 431
    Symbolleiste 432
    zu Szenarien 810
Kompatibilität (Funktionskategorie) 246
Kompatibilitätskategorie 547
Konsolidierung 737
    Verknüpfung mit Quelldaten 738
Konstanten 210–211
Kontextbezogene Registerkarte 64
Kontextmenü 64
    zum Formatieren 314
Konvertieren 108
    Textformate 110
    Verluste 110
    Zwischenablageformate 112
Kopf- und Fußzeilentools 189
Kopfzeilen 187
Kopieren 888, 900
Korrelationsanalyse 560
Korrelationskoeffizient 560
Kostenminimierung bei geforderter Produktion 844
Kreisdiagramme, erstes Segment 593
Kriterien
    Berechnete Kriterien 703
    Bereich aufbauen 699
    Bezüge 704
    Verknüpfungen 700
Kriterienoperatoren *siehe* Verknüpfung
KUMKAPITAL-Funktion 572
Kumulativsumme 242
KURSDISAGIO-Funktion 568
Kursivschrift 293
    zuweisen 298
Kursrechnung 573

L

Ländereinstellungen von Windows 354
LÄNGE-Funktion 520
Laufende Summe berechnen 242
Laufrahmen 239
Laufzeiten 823
Layoutabschnitt 751
Lebensversicherung 571
Leerzellen füllen 143
Linealeinheiten *siehe* Spaltenbreite
Lineare Optimierungsprobleme 844
Linien 439
Linien *siehe* Rahmen
Linienart auswählen 307
Liniendiagramm 596
    Überlagernde Linien 598
Linienfarbe auswählen 307
LinkedCell
    Eigenschaft 425
Linksbündig 319
LINKS-Funktion 520

Listen 653, 872
    auswerten 387
    Benutzerdefiniere Liste importieren 677
    Datenüberprüfung 274
    und SharePoint-Webseiten 873
ListFillRange
    Eigenschaft 425
Livevorschau 70, 366, 374, 378, 442, 457–458
    aktivieren 70
Lizenzbedingungen 45
Logik-Funktionen 483
Lohnabrechnung 540
Löschen
    AutoKorrektur 175
    Inhalte 154
    Spalten 154
    Szenarios 813–814
    Zeichen 144
    Zeilen 154
    Zellen 154
    Zellinhalte 154

M

Makro
    ausführen 910
    Bedingungen prüfen (If...Then Anweisung) 916
    im VBA-Editor starten 914
    Namenskonventionen 911
    schrittweise ausführen 914
    Sicherheitswarnung 116
    überarbeiten 913
    unterbrechen 915
Makrorekorder
    Aktionen aufzeichnen 909
Makro-Viren 908
Manuell neuberechnen 228
Markieren 140
    Erweiterungsmodus 140
    mit Maus 140
    mit Tastatur 140
    von Zellbereichen mit der Maus 301
    von Zellbereichen mit der Tastatur 301
Markierung
    Bereich vergrößern oder verkleinern 301
    Dateieigenschaft 100
    verschieben 144
Markierung *siehe* Dokumenteigenschaften
Markierung *siehe* Platzhalter
Markierungstechniken 301
Matrix
    Größe ändern 501
    inverse 502
    löschen 501
Matrix *siehe* SmartArts
Matrix, Matrizen 845
Matrixformel 217, 545
    eingeben 494
Maus, verschieben oder kopieren 158
MAX-Funktion 514
Maximum (Solver) 837

Stichwortverzeichnis

Median 546
Mehrfachoperation
　berechneter Kriterien 827
　erweitern 822
　mit unterschiedlichen Formeln 820
　verkleinern 823
MEHRFACHOPERATION-Funktion 817
Menüband
　anpassen 60
　ausblenden 64
　Elemente 54
　Größe 63
　Gruppe Schriftart 315
　Hauptregisterkarten 62
　Schriftformate zuweisen 315
　zurücksetzen 63
Menübefehle 920
Microsoft Office.com 460
Microsoft Office-Diagnose 84
Microsoft Query 895
MINA-Funktion 495
MIN-Funktion 495
Miniaturansicht (Dateivorschau) 100
Minimum (Solver) 837
Minisymbolleiste
　Kontextmenü 64
　zum Formatieren 314
Minuszeichen durch Halbgeviertstrich ersetzen 340
MINUTE-Funktion 537
MINV-Funktion 502
Mittelwert
　ohne Null 545
　ohne Randbereiche 545
MITTELWERT-Funktion 544
MITTELWERTWENN-Funktion 489
MITTELWERTWENNS-Funktion 492
MMULT-Funktion 502, 845
MODALWERT-Funktion 547
MODUS.EINF-Funktion 547
MODUS.VIELF-Funktion 547
MONAT-Funktion 265, 530, 535
MONATSENDE-Funktion 533
Monatserster 533
MSOCache 48
MTRANS-Funktion 500, 547
Multifunktionsleiste *siehe* Menüband
MultiInfo
　in Dialogfeldern 78
　zu Befehlen 67
Multiplikationstabelle 817
Muss-Fehler 274
Muster 293
Musterfüllung 592
Mustervorlage
　auswählen 366
　Dateiendung .xltx 366
　Definition 366
　herunterladen von Office.com 366
　vorinstalliert 366
Mustervorlagen
　Definition 362

N

Nachfolger 232
Nachschlagequellen 178
Name
　bezieht sich auf Formel 644
Namen 399
　ändern 640
　anzeigen 648
　auflisten 648
　aus Auswahl erstellen 642
　Benannte Bereiche markieren 649
　besondere 646
　definieren 640
　dynamische 646–647
　für Dokumenteigenschaft 650
　gelöschte 652
　Groß-/Kleinschreibung 640
　im Diagramm 621
　implizite 653
　in Formeln eintragen 649
　in Steuerelementen 423
　konstanter Wert 644
　löschen 640, 642
　mit relativem Bezug 644
　Namenfeld 638
　Namenskonventioinen 639
　Präfix 423
　Suchkriterien 713
　übernehmen 649
　Vorteile 667
Namenfeld 71, 138, 430
　Breite ändern 71
Namens-Manager 641
　Bezug ändern 642
　Filter löschen 642
　Namen sortieren 642
Namentyp 638
Navigation in Arbeitsmappen 467
Nebenbedingungen 841
Nebeneinander vergleichen (Menübefehl) 163
Negative Werte
　anzeigen 339
　in roter Farbe 302, 340
NETTOARBEITSTAGE.INTL-Funktion 533
Netzdiagramm 603
Netzwerkadresse eingeben 147
Netzwerkdateien nutzen 119
Neu
　Fülleffekte für Zellen 331
　Zugriffstasten 315
Neu in Excel 2010
　Freistellen 455
　Künstlerische Effekte 456
　Menüband 313
Neuberechnung 805–806
　beim Speichern 228
　kontrollieren 227
　Mehrfachoperation 819
　zählen (Iteration) 805
Neue Arbeitsmappe 88

Stichwortverzeichnis

Neue Funktionen
    ARBEITSTAG.INTL 533
    NETTOARBEITSTAGE.INTL 533
Neues Fenster 132
N-Funktion 498
NICHT-Funktion 487, 527
Normalengleichungen 632
Nullwert
    anzeigen 545
    Führende Nullen anzeigen 347
    nicht anzeigen 347
Numerischer Block (Datumseingabe) 148
N-Wert 487

O

Obergrenze überwachen 388
OBERGRENZE-Funktion 480
Object Linking and Embedding 888
Objekt 891
    drucken 443
    einfügen 891
    Mehrfachmarkierung 446
ODER
    Matrixfunktion 497
ODER-Funktion 486
Office Data Connection 895
Office Online *siehe* Office.com
Office Open XML 880
Office SharePoint Server 867
    Voraussetzungen 867
Office Web Apps 867
Office.com 380, 462
    als Online-Datenbank nutzen 462
Office-Organigramm 836
Öffnen
    Dateityp einstellen 108
    Schnellzugriff 93
    schreibgeschützt 119
    Versionen verwalten 115
    Zuletzt verwendet 92
OLE (Object Linking and Embedding) 888
OnAction-Eigenschaft 927
Online-Hilfe 249
Operanden 210
Operations Research 837
Operatoren 210
    arithmetische 210
    in Suchkriterien 716
Optimale Spaltenbreite per Doppelklick 303
Optimierungsaufgaben 837
Optionen
    1904-Datumswerte 148, 539
    Add-Ins 833
    Alle Fenster in Taskleiste 94
    Anzahl leere Blätter 89
    AutoKorrektur-Optionen 174
    AutoVervollständigen 145
    AutoVervollständigen-Formel 214
    Benutzerdefinierte Listen 152

    benutzerdefinierte Listen 152
Benutzerinformationen 48
Benutzername 120, 429, 810
Bezugsart 138
Bildlaufleisten 75
Datenbereich erweitern 250
Datenbereichsformate und -formeln erweitern 395
Datenschutzoptionen 46
Datumswerte gruppieren 661
Datumswerte im Menü AutoFilter gruppieren 694
des Solvers 850
Dezimalkomma 146
Direkte Zellbearbeitung 146
Einfügeoptionen 150, 227
Eingabetaste 144
Entwicklertools 420, 883
Fehlerüberprüfung 229, 312
Fenster in Taskleiste 77
Genauigkeit wie angezeigt 476
GetPivotData 792
Gliederungssymbole anzeigen 738
Internetadressen 147
Iterative Berechnung 231
Iterative Berechnung aktivieren 805
Kommentare 429–430
Linealeinheiten 187
Livevorschau 70
Microsoft Office-Diagnose 84
Neuberechnung 819
Nullwert anzeigen 545
Nullwerte anzeigen 347
Objekte anzeigen als 232
QuickInfo-Format 68
Regeln für die Fehlerüberprüfung 235
Seitenumbrüche einblenden 204
Sicherheitscenter 118
SmartList 153
Speicherintervalle 114
Spur zum Fehler 232
Standardansicht 186, 205
Standarddateiformat 98
Standardschriftgrad 317
Standardspeicherort 100
Tabellennamen in Formeln 665
Trennzeichen 110, 526
Versionen verwalten 104
Zuletzt verwendete Arbeitsmappen 92
Optionen *siehe* Excel-Optionen
Ordnen *siehe* Sortieren
Organigramm 836
Organigramm *siehe* SmartArts
Outlook
    Excel und E-Mails 897
    Informationsaustausch mit 897

P

Papierformat 192–193
Parallelinstallationen 50
Parameter 870
Passwort 311

PDF-Format 101
    Datei speichern 100
Permutationen 561
Personl.xlsb 911
Pfad mit Funktion ermitteln 505
Pfeil anpassen 448
PivotChart
    Diagrammlayout 784
    Diagrammtyp ändern 784
    Layouttyp 784
PivotChart-Bericht
    erstellen 783
    löschen 754
Pivotieren *siehe* PivotTable
Pivot-Table
    Analyseinstrument 742
PivotTable 742, 870
    anpassen 758
    Bedingte Formatierung 405, 772
    Berechnete Felder und Elemente 785
    Berichtsfilterbereich 775
    Berichtslayout 764, 795
    Beschriftungsfilter 769
    Datenschnitt 779
    Datenschnitt einfügen 775–776
    Datenschnitttools 778
    Dimensionen 774
    Element ohne Daten anzeigen 780
    Erweitern/Reduzieren 764
    Fehlerwerte anzeigen 756
    Feld entfernen/neu anordnen 761
    Feld neu positionieren 768
    Feldabschnitt 762
    Feldliste 745
    Feldtypen 758
    Filter 748
    Formatierung beibehalten 756
    Formatvorlagen 364
    Formeln 787, 789
    Gesamtes Feldes reduzieren 763
    Interaktives Filtern 775
    Kombatibilitätsmodus 753
    Kontextmenü 745
    Layoutabschnitt 744
    löschen 754
    Optionen 755
    PIVOTDATENZUORDNEN 786, 791
    Tabelle als Quelle 666
    Tabellenansicht 760
    Tabellenfelder filtern 769
    Teilergebnisse 766
    Top-10-Filter 782
    Werte anzeigen als 773–774
    Wertfeldeinstellungen 773, 789
    Zahlenformat 752
PivotTable-Bericht 744, 783
    Additive Filter *siehe* Filter
    Dynamische Datenquelle 666
    Elemente 762
    Filtern auf ausgewähltes Element 771
    Filtern auf Zeilenbeschriftungen 769
    Top-10-Filter 782

Pivot-Table-Feldliste
    Layoutaktualisierung zurückstellen 763
PivotTable-Feldliste 744–745, 783
    Ansichten 762
    Berichtsbereiche 759
PivotTable-Format 750
PivotTable-Szenariobericht 816
Plan-Ist-Kostenvergleich
    per bedingte Formatierung 392
Platzhalter
    in Zahlenformaten 350
    Suchen und Ersetzen 172
PLZ und Ort trennen 521
PowerPivot 792
    Add-In 837
    Beziehungen erstellen 795
    Feldliste 793
PowerPivot-Fenster 793
PowerPoint
    Export 892
    Gitternetzlinien in Excel-Tabellen 893
    Informationsaustausch mit 892
Praxis-Beispiel
    Tabelle formatieren 294
Preisangaben-Verordnung 573
Probleme
    Achse für Sparkline wird nicht angezeigt 412
    Änderungen durch Designs 374
    Änderungen im Eingabefeld 394
    Ansicht 205
    AutoAusfüllen 153
    Bedingte Formatierung in früheren Versionen 393
    beim AutoAusfüllen 150
    beim Start von Excel 82
    bekannte 83
    Bereiche auf eine Seite drucken 205
    Beschädigte Datei 92
    Bestimmte Namen früherer Versionen 640
    Bezug in Wert umwandeln 249
    Brüche eingeben 147
    CSV-Datei öffnen 110
    Daten suchen 172
    Externe Bezüge 653
    Fehlerwerte und bedingte Formatierung 404
    Gelöschte Namen 652
    Grenze im Drehfeld 428
    Große Zahlen 147
    Internetadressen eingeben 147
    Namen mit Fehlern 652
    Neue Daten formatieren und Formeln kopieren 250
    Neue Funktionen 96
    Nullwert 545
    Objekte markieren 446
    Problematische Dateien 82
    Rauten 148
    Sicherheitswarnung 117
    Suchfilter 661
    Suchkriterien 721
    SVERWEIS-Funktion 508
    Teil einer Datentabelle 822
    Temporäre Dateien 83

Probleme *(Fortsetzung)*
    Überlagernde Linien im Diagramm 598
    Verbundene Zellen 165, 817
    Zeichenobjekt ändert seine Größe 443
    Zeichenobjekte ausrichten 441
    Zeilenumbruch ersetzen 173
    Zelle zeigt immer einen Datumswert an 264
    Zellen einfügen 157
    Zirkelbezug 230
Product Key 45
Produktaktivierung 46
Produktschlüssel *siehe* Product Key
Prognosen 556
Prozedurtyp
    Funktionen 918
    Prozeduren 918
Prozent
    Format zuweisen 302
    Zahlenformat 326
Prozess *siehe* SmartArts
Pyramide *siehe* SmartArts

Q

Qualifikation von Namen 640
Quartal 530
    berechnen 493
Quelle 888
    Verknüpfung ändern 216
Query 895
QuickInfo 219
    für Funktionen 245
QUOTIENT-Funktion 481

R

Rahmen 327
    Gestaltungsvarianten 328
    Individuelle Formate definieren 328
    Linienart 293
    Linienart und -farbe 328
    Linienfarbe 293
    per Dialogfeld zuweisen 328
    Registerkarte 328
Rahmenlinie 386
    Alle Rahmenlinien 305
    Außen 307
    entfernen 327
    Innenlinien 307
    Linienart auswählen 307
    Linienfarbe auswählen 307
    Tipps 306
    zeichnen 327
    zuweisen 305
    zuweisen per Dialogfeld 306
Rahmenraster zeichnen 327
Rang ohne Duplikate 551
RANG.GLEICH-Funktion 550
RANG.MITTELW-Funktion 550
RANG-Funktion 550

Ratentilgung 571
Recherche
    Aufgabenbereich 178
    Optionen 179
    Thesaurus 179
    Übersetzung 179
Rechnen über die Tagesgrenze 539
Rechter Einzug 303
Rechtsbündig 319
Rechtschreibalternativen 178
Rechtschreibprüfung 173
RECHTS-Funktion 520
Registerfarbe 131
Registerkarte
    Add-Ins 920
    Information 54
    Schutz 309
    Zahlen 302
Registerkarte, neue *siehe* Menüband anpassen
Regressionsgerade 558
Regressionskenngrößen 558
Reihenfolge 672
    Sortierung 681
Reihentyp 151
Rendite 569
RENDITEDIS-Funktion 568
Rentenrechnung 570
Ressourcenplanung 389
RGB-Funktion 376
RGP-Funktion 557–558
RKP-Funktion 557–558
RMZ-Funktion 247, 568, 570, 572
Rubrikendiagramm 630
Rückgängig 155, 310
    Befehl 164
Rückgängig machen 310
Runden
    alle Werte 476
    auf ein Vielfaches 479
    kaufmännisch 257
RUNDEN-Funktion 477, 566

S

SÄUBERN-Funktion 525
Säulendiagramm 580
Schaltflächenmenü 66
Schaltjahr 529
Schattenpreise 850
Schema 882
Schleifen programmieren
    For...Next-Anweisung 916
Schnellzugriffsleiste
    anbinden 58
    Symbol löschen 58
    zurücksetzen 58
Schnittmenge 253
    implizite 253
    implizite in Tabellen 664
Schnittmengenoperator 253

Stichwortverzeichnis

Schrift 386
    Ausrichtung 319
    Einzelne Zeichen formatieren 318
    formatieren 315
    Schriftgrad 316
    Standardschriftgrad 317
    Text drehen 319
Schriftart 293, 316
    ändern 296
    schnell auswählen 316
Schriften
    Designschriften wählen 378
Schriftfarbe 293
    ändern 296
    zuweisen 298
Schriftformat
    per Symbol zuweisen 315
    über das Menüband zuweisen 315
Schriftgrad
    auch in halben Punkten 316
    Standarvorgabe ändern 317
    vergrößern oder verkleinern 296
Schriftgröße 293, 316
Schriftstil 293
Schuldner 565
Schutz
    Arbeitsmappenstruktur 134
    Blattschutz 179
    Registerkarte 332
    von Szenarien 810
    von Zellen und Tabellen 308
Schwarzweißdruck 196
Schwarzweißdrucker, geeignete
    Tabellenformatvorlagen 365
Scorecards 401
Screenshot 453, 615
Seitenansicht 305
Seitenlayout 72
Seitenlayoutansicht 186
Seitennummerierung 193
Seitenränder 194
Seitentitel 863
Seitenumbruch, manueller 204
Seitenumbruchvorschau 204
Seitenzahl anpassen 203
SEKUNDE-Funktion 537
Semikolon (Vereinigungsoperator) 252
Sendungen 891
Sensitivitätsbericht 849
Seriendokumente 891
Setup-Programm 45
SharePoint Server 898
Sheets-Auflistung 917
Sicherheit bei Makros 908
Sicherheitscenter 118, 909
    Makros 908
    Vertrauenswürdige Dokumente 118
Sicherheitswarnung bei E-Mail-Anlagen 117
Sicherungsdatei erstellen 101
Sicherungskopien 44
Sigma 239

Signaturzeile 126
Silverlight 464
    kostenlos herunterladen 464
Simplex-Verfahren 841
Skalierung von Seiten vor dem Druck 192
SkyDrive 867
SmartArt
    Beziehung 468
    Definition 467
    Farben anpassen 470
    Formatvorlagen 470
    Hierarchie 468
    Kategorien 468
    Layout wählen 470
    Liste 468
    Matrix 468
    Matrixdarstellung 470
    Prozess 468
    Schriftgrad anpassen 470
    Texte eingeben 470
    Von 2D nach 3D 470
    Wann verwenden? 468
    Zyklus 468
Smarttags *siehe* Aktionen
Snapshot 871
Soll-Ist-Kostenvergleich per bedingte Formatierung 392
Solver 837
Sommerzeit, Beginn und Ende ermitteln 532
Sonderformat, Zahlenformat 326
Sonderzeichen entfernen 525
Sortieren 670
    Daten mit Überschriftenzeile 671
    Gliederung 679
    Mehrfachsortierung 673
    mit bedingter Formatierung 681
    mit Funktionen 499
    nach Schriftfarbe 681
    nach Spalten 679
    nach Zellenfarben 680
    Text verbunden mit Zahlen 674
    von Text mit Zahlen 675
Sortieren.nach Symbolen 683
Sortierreihenfolge 670, 674
Sortierreihenfolge, benutzerdefiniert *siehe* Sortieren
Sortierung prüfen 498
Spalte
    ausblenden 166
    durchsuchen 507
    einfügen 154, 156
    fixieren 168
    löschen 154
Spaltenbezeichner in Tabellen 663
Spaltenbreite 164–165
    ändern 186
    bestimmtes Maß festlegen 304
    einstellen in cm 72
    exakt einstellen 187
    optimal per Doppelklick 303
Spaltenkopf
    markieren 303
Spaltensortierung 681

Stichwortverzeichnis

Spaltenüberschrift 195
    Text drehen 319
Spaltenunterschiede 143
Spannweite 548
Sparbrief 569
Sparklines
    Achse anpassen 414
    Anordnung 409
    anpassen 409
    Ausgeblendete Bereiche 412
    Darstellung von Nullpunkten 409
    Datenbereich 408
    Definition 407
    Diagrammarten 407
    einfügen 407
    Formatvorlage 409
    Gewinn/Verlust 408
    Größenverhältnisse anpassen 414
    Gruppierung aufheben 411
    Gruppierung auflösen 410
    Höchstpunkt 411
    Kostenentwicklung per Säulen 412
    Lücken im Datenbereich 411
    Negative Werte 409
    Positionsbereich 408
    Problematische Größenverhältnisse bei Säulen 413
    Tiefpunkt 411
    Umsatzentwicklung per Linie 410
Sparplan 566
Speicherort 47
Spesenabrechnung 380
Spezialfilter 721
    An andere Stelle kopieren 703
    Kriterienbereich 699
    Liste an gleicher Stelle filtern 702
    Namen 646
    Zielbereich 702
Spezialfilter *siehe* Filter
Sprache einstellen 78
Spreadsheet 138
Spur zum Fehler 230
Spurpfeil 232–233
STABW-Funktion 549
STABWN-Funktion 549
Standardabweichung 549
Standardarbeitsordner 100
Standarddateiformat 46
Standarddiagrammtyp festlegen 606
Standardfarben 376
Standardinstallation 45
Standardschrift
    erneut zuweisen 318
Standardschriftgrad ändern 317
Standardvorlage für Diagramme 606
Standardzahlenformat 325
Start
    Datei automatisch öffnen 53
    Excel 46
    Registerkarte 63
Startmenü beim Programmstart 52
Startordner, zusätzlicher 53

Startprogramm für Dialogfelder 67
Statistik 544
Statusleiste 73
    anpassen 73
Steigung 558–559
STEIGUNG-Format 560
Stellvertreterzeichen 172
    beim Filtern 694
    beim Suchen 172
    in Suchkriterien 716
    in SVERWEIS 507
Sternchen als Platzhalter 351
Steuerelemente
    Einträge ermitteln 511
    erstellen 424
    nicht drucken 426
    weitere 428
Streumaße 548
Streuung 548
Strg+F6
    Zwischen Mappen wechseln 370
Strg-Taste
    beim Zeichnen von Formen 441
Struktur für Tabellen per Rahmenlinien 305
Strukturierter Verweis 663
STUNDE-Funktion 537
Stundenlohn abrechnen 540
Suchen 170–172
    Fragezeichen 170
    in Kommentaren 171
SUCHEN-Funktion 526
Suchfeld 657
Suchkriterien
    Alle leeren Zellen 717
    Alle nicht leeren Zellen 717
    Beispiele 716
    berechnete 722
    Exakte Übereinstimmung 721
    Konstante Werte 723
    Leere Felder 722
    Leerzeichen 721
    mit ODER-Verknüpfung 720
    mit UND-Verknüpfung 719
    Namen 646
    Nicht leere Felder 722
    Operatoren 716
    Textkriterien 701
    überprüfen 721
    Zellbezüge 723
Suchkriterien, berechnete Kriterien *siehe* Kriterien
Suchkriterium
    Autofilter 696
Summe
    Dynamischer Bereich 518
    für Quartale 493
    mit Bedingungen 718
    mit einer Bedingung 487
SUMMENPRODUKT-Funktion 255
SUMMEWENN-Funktion 259, 488
SUMMEWENNS-Funktion 492
SVERWEIS-Funktion 507

Stichwortverzeichnis

Symbole
    Format mehrfach übertragen 333
    für Schriftformatierung 315
Symbolleiste
    für den Schnellzugriff 54, 57
    für den Schnellzugriff anpassen 334
    Makroeditor 914
Symbolleistenbefehle 920
Symbolsätze, bedingte Formatierung 401
Synomyme *siehe* Thesaurus
Syntax 244
Systemanforderungen 44
Systeminformationen 79
Szenario
    anzeigen 813
    bearbeiten 810, 813
    erstellen 809
    hinzufügen 811
    Werte ändern 812
Szenario-Manager
    Bereichsnamen 813
    Dialogfeld 809
    Dialogfeld Szenarien bearbeiten 810
    Dialogfeld Szenario-Manager 813
    Dialogfeld Szenariowerte 810
    Grenzen 816
    Kommentar 810
    Mehrfachoperation 824
    Meldungen 816
    Namenskonflikte 814
    PivotTable-Bericht 816
    Szenario anzeigen 813
    Szenario bearbeiten 813
    Szenario erstellen 809
    Szenario hinzufügen 809, 811
    Szenario löschen 813–814
    Szenario schützen 810
    Szenario zusammenführen 813
    Übersichtsbericht 815
    Veränderbare Zellen 810
    Zusammenfassung 815
Szenariozusammenfassung 815

T

Tabelle 900
    Bezeichner 663
    Datenquelle für PivotTable 666
    Datenüberprüfung 284
    Definition 653
    erweitern 662
    festlegen 666
    Größe anpassen 662
    hervorheben mit Formen 440
    in Bereich umwandeln 667
    markieren 656
    Optik verbessern 438
    Schnell und einheitlich formatieren 364
    schützen 308
    Spalten verschieben 663
    strukturierter Verweis 663
    Verschiedene nebeneinander 163
Tabellenbereich 75
    als Bild kopieren 614
Tabellenblatt
    aktivieren 127
    gruppieren 128
    Mehrfachauswahl 128
Tabellendaten exportieren 872
Tabellenelemente
    ein- oder ausblenden 372
Tabellenfehler, Übersicht 228
Tabellenformatvorlagen 364, 655
    Automatische Anpassung der Tabelle 372
    Eigene anlegen 373
    einem Zellbereich zuweisen 371
    und Tabellenattribute 372
    zuweisen 364
Tabellennamen in Formeln 665
Tabellentools *siehe* Tabellenformatvorlagen
TAGE360-Funktion 568
Tagesdatum eingeben 529
TAG-Funktion 265, 530, 535
Task beenden 53
Task-Manager aufrufen 53
Tastaturtipps 55
Tasten
    Bewegen in der Tabelle 139
    drucken 198
    Eingabe von Matrixformeln 217
    Markieren in der Tabelle 140
    Zeile/Spalte Löschen 156
Tastenkombinationen 340, 397, 399
    Alt+Eingabe 323
    anzeigen 55
    Übersicht der Tastenkürzel zum Formatieren 334
    zum Einfügen einer Zeile oder Spalte 296
    zum Formatieren 314
Tausendertrennzeichen 300
    tauschen 172, 526
TEILERGEBNIS-Funktion 655, 724
Teilergebnisse
    automatische 728
    Daten konsolidieren 736
    entfernen 730
    erstellen 728
    formatieren 734
    Gliederung 731
    Gruppierung 729
    komplexe 731
    PivotTable 746
    Seitenumbrüche 729
    Sortierung 728
Teilergebnisse ersetzen 732
Teilergebnisse *siehe* PivotTable
TEIL-Funktion 505
Teilungsfeld (Fenster) 167
Teilzeichenfolge extrahieren 521
Text
    An Zellgröße anpassen 323
    drehen 319, 323
    einziehen 322
    gegen den Uhrzeigersinn drehen 320

Stichwortverzeichnis

Text *(Fortsetzung)*
　gliedern per Zahlenformat 358
　im Uhrzeigersinn drehen 320
　in Formen anordnen 444
　in Spalten anordnen 111, 711
　mit Aufzählungszeichen gliedern 357
　nach oben drehen 320
　nach unten drehen 321
　vertikal anordnen 320
　Zahlenformat 326
　Zeilenumbruch in einer Zelle 323
Text anordnen *siehe* Text drehen
Text auf Spalten verteilen *siehe* Textkonvertierungs-Assistent
Textdatei öffnen 708
Textfeld, Unterschiede zu anderen Formen 445
Textformate 110
TEXT-Funktion 535
Textfunktionen 519
Textimport
　Probleme 710
Textkonvertierungs-Assistent 111, 708, 874
Textkörper 316
Textlänge, Datenüberprüfung 275
Textmarke 903
Textoperator 254, 488
Textrotation 323
Textsteuerung 323
Thesaurus
　Recherche 178
Thesaurus *siehe* Recherche
THMX 379
Tiefgestellt 293, 317
Tilgungsrechnung 571
Titelleiste, Anwendungsfenster 54
Transponieren beim Einfügen 162
Trend 556, 630
　exponentieller 556
　linearer 556, 632
　optischer 631
　Typ 632
TREND-Funktion 557
Trunkierung *siehe* Platzhalter

U

Übereinstimmungen zählen 498
Überschriften 316
　als Spaltenbeschriftung 656
　einfrieren 168
　fixieren 168
　in Tabellen 654
Übersetzung
　Recherche 178
Übersetzung *siehe* Recherche
Übersicht der Tastenkombinationen zum Formatieren 334
Übersichtsbericht Szenario-Manager 815
Überwachung von Formeln 312
Überwachungsfunktion *siehe* Fehlerüberprüfung

Uhrzeit
　berechnen 536
　Zahlenformat 326
Ultimo 533
Umsatzbericht 380
Umsatzzahlen 625
Umschalt-Taste
　beim Markieren 301
　beim Zeichnen von Formen 441
　beim Zeichnen von Linien und Pfeilen 441
UND-Funktion 485
Ungeschützte Formel 312
Ungleichungssysteme 841
Ungültige Daten
　einkreisen 276
　finden 276
UNTERGRENZE-Funktion 480
Unterschiedliche Werte finden 143
Unterstreichung
　Doppelt 318
　Doppelt (Buchhaltung) 318
　Einfach 318
　Einfach (Buchhaltung) 318
　einfach oder doppelt 293
　Varianten 318
Upgrade/Update 49
Upload 866

V

Validieren (Gültigkeit prüfen) 885
Variabler Bereich in Funktionen 518
Varianz 549
VARIANZEN-Funktion 549
VARIANZ-Funktion 549
VARIATIONEN-Funktion 563
VARIATION-Funktion 557
VBA-Editor 914
　starten 913
Vektorgrafik neu einfärben 458
Veränderbare Zellen
　Szenario-Manager 817
Verbinden über *siehe* Zellen verbinden
Verbinden und zentrieren *siehe* Zellen verbinden
Verbindungen 874, 893
Verbindungslinie, Verlauf anpassen 449
Verbunddiagramm 596
Verbundene Zellen
　Problem im Szenario-Manager 817
Vereinigungsoperator 248, 252
Vergleich 512
VERGLEICH-Funktion 281, 400, 510, 513–514, 518
Vergleichsoperatoren bei der Mehrfachoperation 828
VERKETTEN-Funktion 523
Verknüpfung
　auf Zellen 215
　einfügen 890
　erstellen 52
　löschen 216
　und/oder *siehe* Spezialfilter
Verknüpfung und/oder *siehe* Autofilter

Stichwortverzeichnis

Verknüpfungen 888, 900
Verlängerte Minuszeichen 450
Verluste beim Konvertieren 110
Veröffentlichen 864
    HTML 857, 870
    SharePoint 870
Version aktualisieren 49
Vertikal verteilen 323
Vertrauenswürdige Dokumente 117
    löschen 118
Vertrauenswürdige Speicherorte 115
Verweis 142
    nicht qualifizierter 664
    qualifizierter 664
    strukturierter 663
VERWEIS-Funktionen 506
Verzinsung, nachschüssig 567
Verzinsung, vorschüssig 567
Visual Studio Tools for Office 922
Vorgänger 232
Vorhandene Verbindungen 710
Vorjahr 532
Vorlage für Diagramme 605
Vorschaugrafik 100
Vorzeichen
    ermitteln 520
    umstellen 525
Vorzugsoperator 210
VRUNDEN-Funktion 479

W

WAHL-Funktion 281, 514
Wahrheitswerte in Zahlen umwandeln 498
Währung
    Symbol 300
    Zahlenformat 325
Wasserzeichen drucken 203
Was-wäre-wenn-Analyse 802
Web Apps 867
Webabfragen 873
Webarchiv 864
Webseite 863
Webseitenvorschau 863
Wechseln zwischen Mappen
    mit Strg+F6 370
WECHSELN-Funktion 525–526
Wechselrechnung 567
WENNFEHLER-Funktion 505
WENN-Funktion 261, 509
    verschachteln 484
Werkzeuge, kontextbezogene 64
Wert eines Bezuges 249
Werte aus aktuellem Monat kennzeichnen 388
Wertkopie 501
Wertpapiere 567
Wiederherstellung 113
WIEDERHOLEN-Funktion 521
Wiederholungsspalten 195
Wiederholungszeilen 195
Wildcard *siehe* Platzhalter

Windows
    Einstellungen für Region und Sprache 354
    Startmenü 52
Winterzeit 532
Wissenschaftliches Zahlenformat 326
Wochentage ausfüllen 153
WOCHENTAG-Funktion 265, 511, 531
Word
    Export nach 889
    Import unter 891
    Informationsaustausch mit 888
    Sendungen 891
WordArt
    Farbe und Größe anpassen 446
Workbook 138
Workflows 869, 871
Worksheet 138

X

XLSTART
    Startordner 53
XLTX *siehe* Mustervorlage
XML 878, 898
    Anzeige von Dokumenten im Internet Explorer 879
    Datei für Farbpaletten 377
    Dateien öffnen 881
    DTD (Document Type Definition) 879
    Editieren mit dem Windows Editor 879
    Export von Daten 885
    Extensible Markup Language 878
    Grundbegriffe am Beispiel 878
    Gültige Dokumente 879
    Gültigkeit 885
    Import von Daten 883
    Kalkulationstabelle 881
    Quelle 882
    Schema 882
    Stylesheet 882
    Tag 879
    Verknüpfungen 883
    Wohlgeformte Dokumente 879
    XHTML (Extensible Hypertext Markup Language) 860
    XSD (XML Schema Definition) 879
    Zuordnung 883
    Zuordnungen 883
XML Notepad 2007 925
XML-Datenimport 882
XSD 879

Z

Z1S1-Bezugsart 138, 222
Zahlen
    An Zellgröße anpassen 323
    Einzug 322
    fortlaufende 265
    hervorheben mit Formen 440
    lesbarer machen 321
    Zahlenformat 325

zählen
    Worte 528
Zahlenformate 292, 294
    _ (Textplatzhalter) 350
    _ (Unterstrich) 344
    ? (Fragezeichen) 344
    ? (Textplatzhalter) 352
    @ (Textplatzhalter) 344, 352
    * (Sternchen) 345
    * (Textplatzhalter) 351
    # (Raute) 343
    0 (Null) 344
    Abschnitte 340
    Benutzerdefiniert 326, 338
    Benutzerdefinierte Zahlenformate löschen 359
    Bruch 326
    Buchhaltung 326
    Datum 326, 353
    Dezimalkomma 346
    Farben 345
    Farben bestimmen 356
    Farbindizes 345, 356
    Formatcodes 343, 350
    Führende Nullen anzeigen 347
    in Mappen 359
    Kategorien 325
    Meldung bei falscher Eingabe 348
    Mio. € 349
    mit Sekunden 480
    Negative Werte anzeigen 339
    Nullwerte ausblenden 347
    Nur positive Werte ermöglichen 348
    Platzhalter 350
    Prozent 326, 346
    Punkt 346
    Sonderformat 326
    Standard 325
    Text 326, 352, 356
    Text gliedern 358
    Text mit Aufzählungszeichen gliedern 357
    Tsd. € 349
    Uhrzeit 326
    Währung 325, 340
    Werte verkürzt darstellen 349
    Wissenschaft 326
    Zahl 325
    zuweisen 300
Zahlenreihe 149
ZÄHLENWENN-Format 260, 282, 489
ZÄHLENWENNS-Funktion 491
Zähler (Iteration) 806
Zeichen
    durchgestrichen 317
    hochgestellt 317
    löschen 144
    tauschen 525
    zählen 527
Zeichenfolgen
    ersetzen 525
    zusammenfassen 523
ZEICHEN-Funktion 524

Zeichenobjekte
    unabhängig von Zellposition 443
Zeichnen
    Verbindungslinien 449
Zeichnungsobjekte 615
    Gruppierung aufheben 615
Zeile
    ausblenden 166
    durchsuchen 510
    einfügen 154, 156
    einfügen per Kontextmenü 296
    einfügen per Tastenkombination 296
    fixieren 168
    löschen 154
Zeilenhöhe 164, 166, 187
Zeilensortierung 681
Zeilenumbruch
    ersetzen 173
    in einer Zelle 297, 323
    mit Alt+Eingabe 320
    per Symbol 320
Zeilenunterschiede 143
Zeit, Datenüberprüfung 275
Zeitangaben
    runden 541
    Tipps zur Eingabe 354
Zeiten 537
    addieren 539
Zeitreihenanalyse 629
Zeitwerte
    Differenz 539
    runden 480
    schnell eingeben 175
Zellausrichtung siehe Ausrichtung
Zellbezug 138, 211
    absoluter 223
    durch Namen ersetzen 649
    externer 215, 900
    gemischter 224
    relativer 221
    von Formeln ändern 249
Zellen
    ausfüllen 322
    ausrichtung 318
    einfügen 154, 156
    formatieren 314
    formatieren mit Formatcodes 343
    formatieren über die Registerkarte Ausrichtung 321
    formatieren über die Registerkarte Rahmen 328
    formatieren über die Registerkarte Schrift 317
    formatieren über die Registerkarte Schutz 332
    formatieren über die Registerkarte Zahlen 325
    Horizontale Ausrichtung 322
    Horizontale Ausrichtung, verteilt 322
    Horizontale Einzüge 322
    Inhalt an Zellgröße anpassen 323
    kopieren 220
    löschen 154
    Mehrere markieren 139
    Mehrere verbinden 324
    schützen 332

Zellen *(Fortsetzung)*
    sperren   308–309, 332
    Textsteuerung   323
    verbinden   165, 320
    verschieben   218–219
    Vertikale Ausrichtung   323
Zellendropdown   278
Zellenfarben sortieren   680
Zellenformatvorlagen   363
    für Teilergebnisse   734
    in fünf Kategorien eingeteilt   363
    komplett neu anlegen   369
    löschen   370
    Neue durch Duplizieren anlegen   369
    und Designs   364
    zuweisen   364
    zwischen Arbeitsmappen austauschen   370
Zellfarbe
    Begrenzung auf 40 aufgehoben   329
    Fülleffekte   331
    über RGB-Werte selbst mischen   329
    zuweisen   298
Zellformate   293
    Ausrichtung   294, 299
    Einzug   299
    Muster   293
    Rahmen   293
    Rahmenlinien zuweisen   306
    Schutz   294
Zellinhalt
    als Bezug verwenden   516
    löschen   154
Zellmuster   386
Zellrahmen
    Rahmenlinie entfernen   327
    Rahmenlinie zeichnen   327
    Rahmenraster zeichnen   327
Zellschutz   179, 308
    aktivieren   332
    Formeln ausblenden   332
    Formeln verbergen   251
    in zwei Ebenen   308
    individuell konfigurieren   310
    und Blattschutz   332
Zellverknüpfungen (Übersicht)   215

Zentralwert   546
Zentrieren über Auswahl   166
Zentriert   319
Zertifizierungsstelle   124
Ziehen mit der Maus   140
Ziel   888
Zielbereich
    Namen   646
Zielbereich *siehe* Filter
Zielwertsuche   802
    Break-Even-Analyse   803
    schrittweise   804
    Zielwert   802
Zielzelle
    Zielergebnis   803
Zinseszinsrechnung   568
ZINS-Funktion   568, 570, 572
Zinsrechnung, einfache   565
Zinssatz   824
ZINSSATZ-Funktion   568
ZINSZ-Funktion   572
ZIP-Dateiformat   95
Zirkelbezug   230
    Definition   804
Zoom
    Ansicht   648
    Funktion   73
    Modus   73
ZUFALLSBEREICH-Funktion   560
Zufallszahl erzeugen   561
Zugriffstasten
    für den schnellen Befehlsaufruf   315
    Infos   315
Zukunftswert   565, 569
Zuletzt verwendete Arbeitsmappen   92
Zusammenfassung Szenario-Manager   815
Zusammenführen von Szenarien   813
ZW-Funktion   568, 570, 572
Zwischenablage
    Aufgabenbereich einblenden   158
Zwischenablage (Windows)   889
Zwischenablageformate konvertieren   112
Zyklus *siehe* SmartArts
ZZR-Funktion   568, 570, 572

Wissen aus erster Hand

Mit diesem Buch erlernen Sie die relevanten Konzepte und Techniken, mit deren Hilfe Sie Microsoft Visio 2010 erfolgreich nutzen können. Einsteiger erhalten Anleitungen zu den Grundfunktionen des Programms anhand konkreter und nachvollziehbarer Beispiele. Fortgeschrittene Anwender, die schon länger mit älteren Microsoft Visio-Versionen arbeiten, finden hier die Neuerungen des Programms ausführlich erläutert. Power User finden im Programmierteil interessante Anregungen aus der Praxis zur Shape-Sheet-Pogrammierung. Geben Sie sich nicht mit irgendeinem Buch zu Visio zufrieden, nehmen Sie *Microsoft Visio 2010 – Das Handbuch*.

Autor	René Martin
Umfang	706 Seiten, 1 CD-ROM
Reihe	Das Handbuch
Preis	39,90 Euro [D]
ISBN	978-3-86645-135-3

http://www.microsoft-press.de

Microsoft Press-Titel erhalten Sie im Buchhandel.

Wissen aus erster Hand

Für viele Menschen ist Outlook zu einer wichtigen Schaltzentrale ihres Lebens geworden – zumindest, was den Arbeitsalltag betrifft. Gerade durch einen geschickten Umgang mit E-Mails, Terminen, Kontakten und Aufgaben lässt sich viel an Gestaltungsfreiraum und persönlicher Zufriedenheit gewinnen und Stress reduzieren. Outlook bietet dazu viele hilfreiche Werkzeuge und hat in der Version 2010 z.B. mit den QuickSteps neue Möglichkeiten zur schnelleren Übersicht über E-Mails und weitere Verbesserungen zu bieten. Auf der Begleit-CD finden Sie eine E-Book-Version des Handbuchs.

Autor	Thomas Joos
Umfang	836 Seiten, 1 CD
Reihe	Das Handbuch
Preis	34,90 Euro [D]
ISBN	978-3-86645-144-5

http://www.microsoft-press.de

Microsoft Press-Titel erhalten Sie im Buchhandel.

Wissen aus erster Hand

Der einfache Einstieg in die Excel-Programmierung: In kurzen und leicht verständlichen Abschnitten führt Sie Monika Can-Weber von der ersten selbst geschriebenen Codezeile bis zur sicheren Beherrschung fortgeschrittener VBA-Programmierung. Sie lernen, wie Sie lästige Routineaufgaben automatisieren und Excel Ihren Bedürfnissen anpassen können. Nebenbei werden Ihnen die Grundlagen der VBA-Programmierung vermittelt, die auch auf andere Office-Programme übertragbar sind.

Autor	Monika Can-Weber
Umfang	320 Seiten
Reihe	Einzeltitel
Preis	24,90 Euro [D]
ISBN	978-3-86645-214-5

http://www.microsoft-press.de

Microsoft Press-Titel erhalten Sie im Buchhandel.

Wissen aus erster Hand

.NET Framework 4.0 eröffnet Entwicklern viele neue Möglichkeiten. Rolf Wenger geht in diesem Buch auf die Grundlagen der .NET-Programmierung ein: Wie funktioniert die Sprache C#? Welche elementaren Klassen enthält die .NET-Bibliothek? Wie greift man auf Datenbanken zu? Dieses Buch ist der erste Band einer dreiteiligen Reihe, mit der Wenger eines der umfassendsten Nachschlagewerke zur .NET-Programmierung liefert. In den folgenden Bänden werden u.a. Windows Forms, ASP.NET, WCF (Windows Communication Foundation), WPF (Windows Presentation Foundation) und Silverlight behandelt.

Autor	Rolf Wenger
Umfang	960 Seiten
Reihe	Fachbibliothek
Preis	49,90 Euro [D]
ISBN	978-3-86645-438-5

http://www.microsoft-press.de

Microsoft Press

Microsoft Press-Titel erhalten Sie im Buchhandel.

Wissen aus erster Hand

In diesem umfassenden Nachschlagewerk finden Sie alles, was Sie für die Arbeit mit Microsoft Access 2010 benötigen: vom Schnelleinstieg über die Grundlagen des Datenbankdesigns bis hin zur Erstellung kompletter Anwendungen. Der erfahrene Softwaredozent und Datenbankexperte Lorenz Hölscher zeigt anschaulich anhand von Beispieldatenbanken, worauf es bei der Erstellung von Tabellen, Abfragen, Formularen und Berichten ankommt und wie Sie die Leistungsfähigkeit von Access für Ihre Datenbank nutzen können. Selbstverständlich liegen sowohl die Beispieldatenbanken als auch eine E-Book-Version des Handbuchs auf der Begleit-CD bei.

Autor	Lorenz Hölscher
Umfang	900 Seiten, 1 CD
Reihe	Das Handbuch
Preis	39,90 Euro [D]
ISBN	978-3-86645-145-2

http://www.microsoft-press.de

Microsoft Press-Titel erhalten Sie im Buchhandel.

Wissen aus erster Hand

Das vorliegende Handbuch wendet sich an Windows 7-Anwender und Administratoren im Unternehmen. Hier erfahren Sie ausführlich und detailliert, wie Sie das neue Betriebssystem effizient und sicher am Arbeitsplatz nutzen. Unabhängig davon, mit welchem Betriebssystem Sie bisher gearbeitet haben, bietet Ihnen dieses umfassende Nachschlagewerk eine kompetente Quelle für den beruflichen Einsatz von Windows 7 Professional. Zusätzlich erhalten Sie das komplette E-Book auf CD!

Autor	Weltner & ITaCS Consulting Team
Umfang	938 Seiten, 1 CD
Reihe	Das Handbuch
Preis	39,90 Euro [D]
ISBN	978-3-86645-129-2

http://www.microsoft-press.de

Microsoft Press-Titel erhalten Sie im Buchhandel.

Wissen aus erster Hand

Das umfassende Lehr- und Nachschlagewerk zur Excel 2010-Programmierung. Die beiden Excel-VBA-Experten Monika Can-Weber und Tom Wendel haben ihren Erfahrungsschatz in diesem Handbuch gebündelt und bieten Ihnen eine schier unerschöpfliche Quelle an Beispielen, wie Sie mit VBA Excel automatisieren, anpassen und erweitern. Von den grundlegenden Programmiertechniken und dem Verständnis des Objektmodells bis hin zur API- und Klassenprogrammierung erlernen Sie praxisnah die VBA-Programmierung in Excel.

Autor	Can-Weber, Wendel
Umfang	1094 Seiten, 1 CD
Reihe	Das Handbuch
Preis	49,90 Euro [D]
ISBN	978-3-86645-460-6

http://www.microsoft-press.de

Microsoft Press-Titel erhalten Sie im Buchhandel.